PRÉCIS

DE

DROIT CRIMINEL

OUVRAGES DU MÊME AUTEUR.

La loi des 5-16 juin 1875 sur le régime des prisons départementales. Paris, Cotillon, 1877, in-8° 1 50

Examen du budget français. Lyon, Mougin-Rusand, 1878, in-8° .... 2 »

De la déconfiture et des améliorations dont la législation sur cette matière est susceptible. Paris, Maresq aîné, 1880, in-8° .... 4 »

Des liquidations judiciaires, de leur pratique et de leur légalité. Paris, Larose et Forcel, 1882, in-8° .... 1 »

PRÉCIS

DE

DROIT CRIMINEL

CONTENANT

L'EXPLICATION ÉLÉMENTAIRE DE LA PARTIE GÉNÉRALE DU CODE PÉNAL
DU CODE D'INSTRUCTION CRIMINELLE
ET DES LOIS QUI ONT MODIFIÉ CES DEUX CODES

PAR

R. GARRAUD

AVOCAT A LA COUR D'APPEL
PROFESSEUR DE DROIT CRIMINEL A LA FACULTÉ DE DROIT DE LYON
MEMBRE DE LA COMMISSION DE SURVEILLANCE DES PRISONS DU RHÔNE

DEUXIÈME ÉDITION

revue et corrigée

PARIS
L. LAROSE ET FORCEL
Libraires-Editeurs
22, RUE SOUFFLOT, 22

1885

IMPRIMERIE
CONTANT-LAGUERRE
LVX VITAM
BAR-LE-DUC

TABLE ANALYTIQUE DES MATIÈRES.

INTRODUCTION.

TITRE Ier.

DE L'OBJET DU DROIT CRIMINEL.

TITRE II.

DU DROIT SOCIAL DE PUNIR.

TITRE III.

INTRODUCTION HISTORIQUE A L'ÉTUDE DU DROIT CRIMINEL.

PREMIÈRE PARTIE.

DROIT PÉNAL OU THÉORIE GÉNÉRALE DE L'INFRACTION ET DE LA PEINE.

LIVRE PREMIER.

De l'infraction.

TITRE Ier.

NOTIONS GÉNÉRALES SUR L'INFRACTION.

TITRE II.

DES ÉLÉMENTS ESSENTIELS COMMUNS A TOUTE INFRACTION.

LIVRE SECOND.

De la peine.

TITRE Ier.

DU SYSTÈME PÉNAL.

TITRE II.

DE L'APPLICATION DES PEINES.

TITRE III.

DE L'EXTINCTION DES PEINES.

DEUXIÈME PARTIE.

PROCÉDURE PÉNALE OU THÉORIE GÉNÉRALE DE L'ACTION, DE L'ORGANISATION JUDICIAIRE, DE LA PROCÉDURE ET DE LA PREUVE.

INTRODUCTION.

LIVRE PREMIER.

Des actions qui naissent de l'infraction.

TITRE I.

DES DROITS D'ACTIONS PUBLIQUE ET CIVILE.

TITRE II.

DE L'EXERCICE DES ACTIONS PUBLIQUE ET CIVILE.

TITRE III.

DE L'EXTINCTION DES ACTIONS PUBLIQUE ET CIVILE.

LIVRE SECOND.

De l'instruction.

TITRE Ier.

NOTIONS GÉNÉRALES SUR LA COMPÉTENCE ET LES PREUVES.

TITRE II.

LA POLICE JUDICIAIRE.

TITRE III.

DE LA POURSUITE ET DE L'INSTRUCTION.

LIVRE TROISIÈME.

Du jugement.

TITRE Ier.

DES JURIDICTIONS DE JUGEMENT.

TITRE III.

LA SENTENCE ET SON EXÉCUTION.

FIN DE LA TABLE ANALYTIQUE DES MATIÈRES.

INTRODUCTION.

Bibliographie générale. — BERTAULD, *Étude sur le droit de punir* (en appendice à son *Cours de Code pénal*). — BINDING, *Die Normen und ihre Ubertretung* (2 vol., Leipzig, 1872-1877). — BRUSA, *Appunti per una introduzione al corso di diritto e Procedura penale* (Turin, 1880). — FRANCK, *Philosophie du droit pénal* (2e éd., 1880). — ELLERO, *Delle origine storiche del diritto di punire*, dans ses *Opusculi criminali* (Bologne, 1874). — DE GIRARDIN, *Le droit de punir* (1871). — LITTRÉ, *Origine de l'idée de justice* (*La science au point de vue philosophique*, 2e éd., 1873, p. 331). — Alberic ROLLIN, *Les phases du droit pénal* (*Rev. de droit international et de législation comparée*, 1882, t. XIV, p. 20 à 39). — ORTOLAN, *Cours de législation pénale comparée* (*Introduction philosophique*, 1 vol. in-8°, 1839; *Introduction historique*, 1 vol. in-8°, 1841). — TISSOT, *Introduction philosophique à l'étude du droit pénal* (1875); *Le droit pénal étudié dans ses principes, dans les usages et les lois des différents peuples du monde* (2e éd., 2 vol. in-8°, 1880).

INTRODUCTION.

TITRE PREMIER.

DE L'OBJET DU DROIT CRIMINEL.

I. NOTIONS GÉNÉRALES SUR LE DROIT CRIMINEL.

1. Le droit *criminel* ou droit *pénal*[1] se compose de l'ensemble des lois, établies et promulguées, suivant les formes constitutionnelles de chaque État, qui règlent l'exercice du droit social de punir.

Comme toutes les branches du droit positif, il embrasse trois parties essentielles à son fonctionnement : 1° le *précepte*, comprenant la détermination des infractions et le système des peines; 2° la *juridiction*, comprenant l'organisation et les attributions des autorités chargées d'assurer l'application du précepte; 3° la *procédure*, traçant la marche à suivre pour constater et réprimer les faits délictueux. Ainsi, déterminer les *infractions* et les caractériser; établir un système de *peines*; organiser des *juridictions*; régler la *procédure*, tel est l'objet du droit criminel. A ces divers points de vue, quelles sont les questions qui se posent en législation? Comment ces questions ont-elles été résolues par la nôtre?

2. De l'infraction. — La société ne peut punir ni les pensées, ni même les résolutions de commettre des actes qu'elle juge délictueux; elle ne peut punir que ces *actes*, lorsqu'ils sont consommés, manqués ou simplement tentés. L'*infraction* de la loi pénale ne correspond donc pas au *péché* de la loi théologique : le péché est « une désobéissance à la loi de Dieu », et Dieu peut tenir compte des pensées les plus intimes; l'infraction est une désobéissance à certains préceptes des

[1] Droit *criminel* ou droit *pénal*, suivant qu'on considère le fait individuel de la *transgression*, auquel la peine fait contre-poids, ou le fait social de la *punition*, conséquence de la transgression.

lois sociales; et les lois sociales ne doivent s'occuper que des relations des hommes entre eux; elles n'ont point d'empire sur les pensées, qui ne se sont pas manifestées par des actes.

Une action ou une inaction, pour être punissable, doit avoir été prohibée ou ordonnée à l'avance par la loi, sous menace de châtiment, car la *sanction pénale* étant réservée à l'État, il est nécessaire qu'une loi vienne proclamer ce qui, au point de vue social, est permis ou défendu. L'existence d'un droit pénal positif est la conséquence de cette idée, aujourd'hui universellement admise par les peuples civilisés.

Le droit pénal positif a pour objet l'*incrimination* et la *pénalité*, c'est-à-dire la détermination des faits punissables et l'indication des peines. Mais les règles de l'incrimination, comme celles de la pénalité, sont de deux sortes : — les unes, *générales*, les seules dont il sera question dans cet ouvrage, se réfèrent aux conditions que doit réunir tout délit, quel qu'il soit, et aux circonstances particulières qui peuvent le modifier; elles organisent un système général de peines; — les autres, *spéciales*, définissent les diverses espèces d'infractions et indiquent l'application de telle ou telle peine à tel ou tel délit.

Après avoir analysé la nature de l'infraction, il faut classer les diverses espèces d'infractions. Elles sont divisées, par notre législation pénale, d'après leur degré de gravité, en *crimes*, *délits*, *contraventions*. On reconnaît la gravité d'une infraction aux peines qui lui sont *légalement* applicables; les crimes sont les infractions « que les lois punissent d'une peine afflictive ou infamante »; les délits, les infractions que « les lois punissent de peines correctionnelles »; les contraventions, celles que « les lois punissent de peines de police » (C. p., art. 1er). Cette division tripartite des infractions, qui a un caractère plutôt pratique que scientifique, domine cependant notre législation criminelle : elle a servi de base à l'organisation des juridictions pénales, au règlement de leur compétence, aux formes de procédure à suivre devant elles.

Après avoir classé les infractions, on doit en déterminer les éléments essentiels. Or, dans toute infraction, on retrouve des éléments communs, au nombre de quatre, dont la juridiction compétente doit affirmer l'existence, pour pouvoir conclure à la *culpabilité* du prévenu :

Un élément *légal*. — La juridiction doit d'abord constater que *tel fait* est puni par *telle loi;* mais, sur quel temps, en quels lieux, sur quelles personnes, cette loi pénale exerce-t-elle son empire?

Un élément *matériel.* — La juridiction doit affirmer que le prévenu est l'auteur de *tel acte;* mais à quel degré de réalisation doit être arrivé l'acte délictueux pour être punissable? Est-il nécessaire qu'il soit consommé, ne suffit-il pas qu'il soit tenté, ou même résolu?

Un élément *moral.* — La juridiction doit affirmer que le prévenu est *responsable* de cet acte, et la responsabilité suppose, chez celui-ci, l'exercice de l'intelligence et de la volonté. Tous faits qui suppriment ces facultés ont un résultat commun : ils excluent la culpabilité. Le plus souvent même, l'intention délictueuse, qui suppose la volonté, mais qui est quelque chose de plus que la volonté, s'ajoute à ces conditions générales, comme un élément essentiel de la culpabilité pénale.

Un élément *injuste*, dans le sens de l'expression latine « *injuria.* » — Le fait peut avoir été exécuté dans des circonstances particulières et exceptionnelles qui le rendent légitime, bien qu'il rentre dans la définition légale de l'infraction, et qu'il ait été commis avec discernement et liberté : c'est ce qui a lieu lorsque l'auteur avait le droit ou le devoir de l'accomplir. L'existence d'une de ces circonstances exceptionnelles, telles que la légitime défense, doit entraîner la *justification* du prévenu.

3. De la peine. — Le mot « *peine* » indique, dans son acception ordinaire, une *douleur;* dans le sens technique, que nous lui donnons ici, la peine est une souffrance, que le pouvoir, au nom de l'intérêt public, fait subir à l'homme reconnu coupable d'un délit prévu par la loi, en vertu d'un jugement proclamant la culpabilité, en retour et, autant que possible, en proportion du mal dont cet homme est lui-même l'auteur ou le complice. La peine est distincte, et du mal fait ou rendu à l'agresseur au moment de l'agression et pour la repousser, mal qui est une conséquence du droit de défense, et de la réparation due à l'offensé pour le dommage qui lui a été causé par le délit, réparation qui s'ajoute au mal de la peine et qui a un tout autre objet que ce mal.

La souffrance, élément essentiel de toute peine, peut consister dans la privation ou la diminution d'un bien auquel, dans l'opinion commune, on attache de l'importance. Sur la question de savoir quels sont les biens, dont l'homme peut être privé par mesure pénale, des criminalistes ont voulu distinguer les biens *acquis*, tels que les droits de propriété, de cité, de famille, des biens *naturels*, tels que la vie et la liberté : la privation ou la diminution des premiers pourrait seule offrir la matière d'une peine légale. Cette distinction s'appuie sur une hypothèse : c'est qu'il existe, pour l'homme, des droits dont l'exercice est indépendant de l'état social. Aucune législation pénale n'a, du reste, admis cette distinction; toutes, plus ou moins, ont atteint le condamné dans son corps et sa liberté, comme dans son patrimoine et ses droits; mais, tandis que les législations anciennes, exclusivement préoccupées d'affliger l'homme, se distinguent par la *variété*, la *multiplicité* et la *cruauté* des supplices; les législations modernes visent, au contraire, à restreindre le nombre des peines et à en diminuer la rigueur : elles paraissent tendre de plus en plus à l'*assimilation légale de toutes les peines afflictives*, sans aucune différence entre elles que leur *durée*, leur *régime*, et les *conséquences* accessoires qu'elles peuvent entraîner après la libération. Établir, au moyen de l'*emprisonnement*, avec les variétés de régime et de durée auxquelles il se prête, l'*unité* de la peine principale, tel est le système pénal vers lequel convergent les législations des peuples civilisés[1]. La nôtre est encore éloignée de cette unité : en dehors des déchéances de l'exercice ou de la jouissance de certains droits, peines ordinairement complémentaires ou accessoires, nous trouvons, en effet, dans notre droit positif, trois grandes classes de peines principales : les peines *corporelles*; — les peines *privatives* ou *restrictives de liberté*; — les peines *pécuniaires*.

a) La seule peine corporelle, qui figure dans le Code pénal, est la peine de mort : cette peine ne consiste plus que dans la simple privation de la vie, sans tortures. C'est une peine unique, extrême, la plus forte expression de la puissance pénale; elle n'est ni réparable, ni réformatrice, ni divisible : on se demande si elle est légitime. Du reste, la peine de mort ne tient qu'une place accessoire dans tout Code pénal; une place de plus en plus restreinte dans le nôtre : elle est, en effet, destinée à la répression des attentats les plus graves contre les personnes, heureusement fort rares, et il faut organiser des peines pour cette multitude d'infractions que toute législation doit prévoir et réprimer.

Aussi, les peines privatives ou restrictives de liberté et les peines pécuniaires sont le fond de tout système pénal.

b) Les premières, — et c'est leur grand avantage, — peuvent se

1 Sur la question de l'assimilation légale de toutes les peines, V. la discussion qui a eu lieu au congrès pénitentiaire de Stockholm de 1878 : DESPORTES et LEFÉBURE, *La science pénitentiaire au congrès de Stockholm* (Paris, 1880), p. 31 à 54.

graduer suivant les nuances les plus diverses de la culpabilité : elles se composent, en effet, de deux éléments, la *durée* et le *régime*, qui, par leur combinaison, donnent la plus grande élasticité à leur organisation pratique. Au point de vue de la *durée*, il existe des peines perpétuelles, qui n'ont d'autre terme que la vie même du condamné et qui sont : les travaux forcés à perpétuité, la déportation dans une enceinte fortifiée et la déportation simple; des peines temporaires, qui durent de un jour à vingt ans, et qui sont : les travaux forcés à temps, la réclusion, la détention, le bannissement, la surveillance de la haute police, l'emprisonnement correctionnel et l'emprisonnement de simple police. La durée des peines est fixée par le juge dans les limites tracées par la loi. Au point de vue du *régime*, notre législation pénale s'est inspirée, pour organiser les peines privatives de liberté, de deux écoles, l'école *pénitentiaire* et l'école de la *transportation* : nous avons, en effet, des peines, dans lesquelles la privation de liberté s'exécute par un emprisonnement, plus ou moins rigoureux, sur le territoire continental; d'autres, dans lesquelles elle s'exécute par la transportation, avec ou sans travaux forcés, dans des colonies pénitentiaires.

c) Les peines pécuniaires, qu'organise notre législation pénale, sont au nombre de deux : l'amende et la confiscation spéciale.

L'amende, qui consiste dans la condamnation du coupable à une somme d'argent, a deux vices, qui tiennent à sa nature : elle est *inégale*, car elle frappe autrement le pauvre que le riche; elle est souvent *inefficace*, car elle ne peut s'exécuter sur l'insolvable. Pour paralyser ces vices, notre législation pénale écarte d'abord les amendes *fixes*, en donnant au juge une grande latitude dans la détermination de leur chiffre; de plus, elle organise la *contrainte par corps*, comme moyen de les recouvrer, et, par conséquent, de les remplacer pour l'insolvable.

La confiscation, qui consiste à enlever à son propriétaire un objet pour en attribuer la propriété à l'État ou pour le détruire, ne s'applique plus qu'à l'*objet*, au *produit* ou à l'*instrument* du délit. Elle est donc bien différente de la confiscation générale des biens du condamné, qui a été abolie, depuis 1814, comme une peine injuste par son étendue et ses conséquences.

Dans l'application des peines, une législation peut suivre l'un de ces trois systèmes : 1° ou bien admettre, pour les juges, le pouvoir de déterminer, d'après le témoignage de leur conscience, quelles actions ou inactions sont délictueuses et quelles peines il faut leur infliger; 2° ou bien poser, en principe, que le système des délits et celui des peines seront déterminés par la loi d'une manière inflexible, et que les juges n'auront qu'à appliquer exactement la peine prononcée par la loi au fait qu'ils reconnaîtront constant; 3° ou bien enfin, en décidant que tout délit, pour être incriminé, doit être prévu et puni par la loi, laisser aux juges divers moyens d'arriver à la constatation de la *culpabilité spéciale* de chaque fait et de chaque prévenu, et d'établir ainsi des proportions équitables entre la moralité particulière de chaque action et le châtiment qui sert à la réprimer.

De ces trois systèmes, le premier, celui des peines *arbitraires*, a été en vigueur dans la seconde période de l'histoire du droit romain, à l'époque des *judicia extraordinaria*. C'était également celui que suivait notre ancienne jurisprudence criminelle. On peut dire que les peuples, chez lesquels il existe, n'ont pas à proprement parler, de *droit pénal positif*. Le second, celui des peines *fixes*, en vigueur pendant la première période de l'histoire du droit romain, à l'époque des *quæstiones perpetuæ*, fut consacré législativement, dans notre histoire, par le Code pénal de 1791. Le troisième enfin, qui existe en germe dans le Code pénal de 1810, a été développé et perfectionné, lors de la révision dont ce Code a été l'objet en 1832, par l'institution des circonstances atténuantes.

Mais le problème de l'application des peines, que je viens de poser, ne se présente pas toujours par rapport à l'*agent unique* d'une *infraction unique* : plusieurs personnes peuvent prendre part à un délit; plusieurs délits peuvent être commis par une même personne. Ce sont là deux circonstances, que la législation pénale doit prévoir, pour mesurer, dans la première, la culpabilité de chacun des auteurs ou des complices du délit; dans la seconde, la peine ou les peines à appliquer à l'auteur de plusieurs délits. La théorie de la *complicité* et celle du *concours* d'infractions sont deux théories importantes, qui doivent prendre place dans l'étude des principes généraux du droit pénal.

Les peines sont naturellement éteintes par leur exécution; le condamné se libère, en les subissant, comme le débiteur, en payant sa dette. Mais, indépendamment de ce mode régulier d'extinction des peines, il est des circonstances qui ont pour effet, soit d'anéantir la peine principale, soit de faire disparaître les incapacités accessoires qui sont parfois la conséquence des condamnations pénales. Il faudra donc, après avoir déterminé comment les peines s'exécutent, rechercher comment elles s'éteignent.

4. Des juridictions. — Le procès pénal a sa cause originaire dans la violation de la loi, c'est-à-dire dans l'infraction, et son mouvement initial dans la nécessité de procéder contre l'auteur de cette violation, nécessité qui porte le nom d'*action pénale* ou *publique*. La série des actes qui conduisent, par degrés successifs, au jugement et à l'exécution, doit, autant que possible, être soustraite à l'arbitraire de l'homme; voilà pourquoi il faut, dans toute société civilisée, une loi, qui organise à l'avance : 1° la puissance chargée de juger, c'est-à-dire la *juridiction;* 2° la marche à suivre pour arriver au jugement, c'est-à-dire la *procédure*. Tel est le double objet d'un Code de procédure pénale. L'importance des garanties judiciaires qui en résulte est telle, que, chez les peuples qui ont le mieux compris et défendu la liberté individuelle, les Romains et les Anglais, par exemple, la procédure est mêlée au droit et même prime le droit[1]. Les peuples modernes ont une tendance à les séparer et à consacrer des Codes distincts, les uns aux lois de forme, les autres aux lois de fond.

Dans l'enfance des sociétés, c'est l'assemblée du peuple : à Rome, les comices; en Germanie, le *mallum*, ou bien le roi, représentant de la divinité, qui, lorsqu'un crime est commis, infligent la peine comme bon leur semble, n'ayant d'autre règle que la tradition ou leur bon plaisir. On ne connaît pas encore cette séparation savante, organisée dans presque toutes les sociétés modernes, entre le *pouvoir législatif*, qui fait les lois, et le *pouvoir exécutif*, qui les applique, et qui, suivant qu'il s'agit de les faire servir à la direction des affaires politiques, au règlement des détails de la vie publique, ou au jugement des contestations, s'appelle le *Gouvernement*, l'*Administration*, ou la *Justice*. Mais des raisons puissantes interdisant au

[1] Aujourd'hui, du reste, nous considérons la procédure comme une sorte d'accessoire distinct du droit qu'elle a pour objet de sanctionner : il n'en a pas été toujours ainsi. La procédure a eu, dans les législations anciennes, une importance bien plus grande que celle qui lui est attribuée par les lois modernes. On ne distinguait plus alors entre le droit lui-même et la manière de le faire respecter, et il semble, à lire les anciens codes, que la grande difficulté et la première préoccupation du législateur ait été d'amener le défendeur devant le juge. V. SUMNER MAINE, *De la codification d'après les idées antiques* (trad. franç.), p. 13. Sur l'importance comparée de la pénalité et de la procédure : ORTOLAN, *Cours de législ. pén. comp., Intr. phil.*, p. 77 à 81.

souverain d'être juge, il est de règle, chez les peuples modernes, que la justice doit être *déléguée* par le souverain ou par le peuple, c'est-à-dire qu'elle ne s'exerce et ne peut s'exercer que par des tribunaux chargés de prononcer des peines et de statuer sur les différends que les citoyens ont avec l'administration ou entre eux. L'unité de la juridiction civile et de la juridiction pénale est le principe de notre organisation judiciaire française. Il signifie que les mêmes tribunaux rendent la justice en matière civile comme en matière criminelle. La participation des citoyens au jugement des crimes, vient seule rompre cette unité. La composition des tribunaux et les formalités de leur procédure se compliquent suivant la gravité des infractions qu'ils ont à juger. Les cours d'assises connaissent des crimes; les tribunaux correctionnels, des délits; les tribunaux de simple police, des contraventions. A côté de ces tribunaux, qui sont dits tribunaux ordinaires, à cause de l'étendue de leur compétence, il existe, pour juger certaines *personnes* ou certains *délits*, des tribunaux exceptionnels, parmi lesquels figurent particulièrement les juridictions militaires et maritimes.

Une législation positive peut donner, aux juges qu'elle institue, le droit de procéder d'office à l'instruction et au jugement des affaires de leur compétence, et d'assurer eux-mêmes l'exécution de leur jugement. Mais notre législation préfère, avec raison, confier la mission de poursuivre les infractions et d'exécuter les jugements à des fonctionnaires spéciaux, établis près de chaque tribunal, et dépendant à la fois de l'autorité judiciaire et de l'autorité administrative. C'est à ces fonctionnaires qu'est confié l'exercice de l'action *publique*, c'est-à-dire de l'action qui a pour but l'application d'une peine aux individus reconnus coupables d'une infraction, tandis que l'action *civile*, c'est-à-dire l'action qui a pour objet la réparation du préjudice causé par l'infraction, appartient aux parties lésées, qui l'exercent, soit accessoirement à l'action publique devant les tribunaux de répression, soit séparément devant les tribunaux civils.

5. De la procédure. — La procédure pénale est la série des investigations auxquelles doit se livrer la justice pour constater les infractions et appliquer les peines. La société ne peut, sans danger, abandonner complètement aux autorités qu'elle institue le mode de procéder : aussi, toute législation positive détermine-t-elle la manière dont ces autorités devront agir et fonctionner. Dans les dispositions minutieuses qu'elle consacre à la procédure, la loi se propose de protéger deux intérêts également sacrés : l'intérêt de la société, qui veut la juste et prompte répression des délits, et l'intérêt des accusés, qui exige une complète garantie de la liberté individuelle et des droits de la défense.

Quand on analyse la procédure pénale, on peut la ramener à quatre opérations : la *poursuite* qui consiste à saisir la juridiction; l'*instruction* qui consiste à réunir les preuves de la culpabilité ou de la non-culpabilité; le *jugement*, à constater la culpabilité, s'il y a lieu, et à prononcer la peine; l'*exécution*, qui consiste à appliquer la sentence.

La loi peut exiger, et elle exige, en effet, souvent qu'une instruction spéciale précède l'instruction faite à l'audience de la juridiction chargée de juger. Cette instruction, dite *préparatoire*, a, dans notre législation positive, trois caractères qui la distinguent de l'instruction de l'audience : elle est secrète, elle est écrite, elle se fait sans défense contradictoire. Sur les pièces écrites de cette procédure, des juridictions spéciales *d'instruction* statuent sur le point de savoir s'il y a lieu d'arrêter la poursuite ou de renvoyer l'auteur présumé de l'infraction devant la juridiction de jugement. Celle-ci, saisie de la prévention, soit directement par le ministère public ou la partie civile, soit sur le renvoi qui est fait devant elle par la juridiction d'instruction, statue en audience publique; elle juge, non sur l'instruction préparatoire, qui a pu précéder la citation, mais sur l'instruction orale, publique, contradictoire de l'audience. C'est là une innovation considérable de notre législation criminelle moderne, car, avant 1789, les juges de la culpabilité feuilletaient le dossier de l'instruction écrite, et formaient leur conviction sur *pièces*. Aujourd'hui, ils la forment, après avoir entendu l'accusé, s'il comparaît, les témoins à charge et à décharge, le ministère public et le défenseur.

Aussi, le « Code d'instruction criminelle » devrait être intitulé « Code de procédure pénale », — de *procédure*, et non d'*instruction*, car l'instruction n'est, dans son système, qu'une partie de la procédure pénale, et la moins importante; — *pénale*, et non *criminelle*, car les dispositions de ce Code organisent la procédure en matière correctionnelle et de simple police comme en matière criminelle[1]. La qualification de ce Code est donc doublement inexacte.

[1] Aussi le législateur belge a préféré, pour le nouveau Code qu'il prépare, et dont les *dispositions préliminaires* ont été promulguées le 17 avril 1878, le titre de *Code de procédure pénale*. La plupart des Codes étrangers portent le même titre que le Code belge; en Hollande, *Wetboek von Strafvordering;* en Allemagne, *Strafprozes-*

II. DE LA PLACE DU DROIT CRIMINEL DANS LA LÉGISLATION.

6. Pour déterminer la place qu'occupe le droit criminel dans le système général d'une législation, il faut partir de la conception même du droit et de ses divisions rationnelles.

On sait que le droit gouverne les rapports des hommes entre eux, ou plutôt règle les droits et les obligations qui naissent de ces rapports. Il se divise donc en branches aussi nombreuses, que sont diverses les situations qu'il est appelé à prévoir et à régler. Les classifications du droit doivent varier d'après les points de vue auxquels on se place[1]; mais la classification la plus usitée, parce qu'elle est la moins arbitraire, est celle qui prend pour base la *nature* des rapports qu'il régit, et qui sépare ainsi, tout d'abord, le droit *privé* du droit *public* d'un peuple.

7. I. Le *droit privé* gouverne les rapports des individus entre eux, *quod ad singulorum utilitatem pertinet.* Le droit criminel ne fait aucunement partie de cette branche du droit. En effet, quand une infraction a été commise par un individu au détriment d'un autre individu, le droit de punir n'appartient pas à l'offensé, mais à la société. L'offensé avait bien le droit de se défendre au moment où il était attaqué pour prévenir le mal dont on le menaçait, mais, l'infraction une fois accomplie, ce n'est pas à lui qu'il appartient de punir; s'il tentait de rendre le mal qu'il a éprouvé, il n'infligerait pas une peine, il exercerait une vengeance. Ce qui est de droit privé, c'est la faculté qui lui est reconnue de demander en justice la réparation du dommage qu'il a souffert. Il faut ajouter toutefois que ce droit à une réparation, à raison de sa communauté d'origine avec l'infraction, rentre, à bien des points de vue, dans le domaine du droit criminel.

8. II. Le *droit public* se subdivise en droit public *externe* et droit public *interne. a*) Les nations ont nécessairement des rapports entre

sordnung; en Italie, *Codice di procedura penale.* Les savants traducteurs du Code de procédure pénale autrichien (*Die Strafprozessordnung*), MM. Bertrand et Lyon-Caen lui ont donné un titre de fantaisie en l'appelant *Code d'instruction criminelle.* Comp. Ortolan, t. II, n° 2170; Marcy, *Code de procédure pénale du royaume d'Italie* (Paris, 1881,) t. I, p. 12.

[1] Sur les différentes classifications, comp. : Ortolan, *Cours de législ. pén. comp., Introd. phil.,* p. 161 à 196.

elles; elles se rencontrent dans la paix et dans la guerre; de là, des situations que le *droit public externe* est appelé à régir. Les frontières ayant cessé, depuis longtemps, d'être des barrières infranchissables, cette branche du droit s'est beaucoup développée. Mais le droit public externe n'est pas un droit complet; il lui manque une sanction, des tribunaux, une procédure. Évidemment, le droit criminel n'en fait pas partie. D'après le droit naturel, il est vrai, des devoirs existant, dans les rapports des nations, comme dans les rapports des individus, on concevrait rationnellement que la violation de certains de ces devoirs puisse être punie. Mais, dans le cas même où, soit par l'accord général et tacite des peuples, soit par des traités, ces devoirs sont devenus l'objet d'une sorte de droit international, la violation n'en est pas punissable, puisqu'il n'existe pas de droit criminel *positif* entre les nations. C'est que, en effet, il est de l'essence du droit de punir d'être le fait d'un pouvoir supérieur; et, dans la sphère du droit international, un tel pouvoir n'existe pas encore. La sanction des droits internationaux est dans la guerre entre les peuples, c'est-à-dire dans la défense ou la vengeance. Et, tandis que, entre particuliers, c'est une règle que nul ne se fait justice à soi-même; entre nations, le principe est renversé. *b*) Le *droit public interne* s'occupe de l'organisation des pouvoirs publics, et des rapports des individus avec ces pouvoirs. Or, toute infraction supposant un rapport entre le coupable, qui est poursuivi, jugé et puni, et le pouvoir, au nom de qui la poursuite est intentée, le jugement prononcé et la peine infligée, il faut reconnaître que le droit criminel n'est qu'une des branches du *droit public* d'un peuple, qui se subdivise ainsi en *droit constitutionnel, droit administratif* et *droit criminel.*

9. L'objet propre du droit criminel est de sanctionner l'observation des préceptes du droit positif, en menaçant d'une *peine* ceux qui enfreignent ces préceptes (*prévention*), et en organisant des moyens propres à réaliser cette menace (*répression*). On a dit souvent, à raison même de ce caractère, en paraphrasant une idée de J.-J. Rousseau[1], que le droit criminel n'était qu'une face de tous les autres droits, qui trouvaient en lui leur sanction. Mais cette idée est trop absolue, et, par cela même, inexacte, car, si on rencontre, dans toutes les branches du droit, un certain nombre de règles qui sont sanctionnées par

[1] *Contrat social*, livre II, ch. XII.

des peines proprement dites et rentrent ainsi dans le droit criminel, il est vrai de dire que le droit civil, le droit commercial, le droit administratif ont, pour la plupart de leurs prescriptions, des sanctions particulières qui leur sont propres et qui leur suffisent, telles que les nullités d'actes, les réparations pécuniaires, les diverses saisies, etc.[1]. Le droit criminel est donc distinct des autres espèces de droits.

10. Ce moyen suprême de sanction, qui consiste à infliger un mal à l'auteur d'une violation de droit, a été pratiqué de tout temps et partout. L'existence des peines est contemporaine de l'existence des sociétés régulières. C'est un fait que l'histoire démontre[2].

Mais ce fait est-il légitime? et s'il est légitime, quel en est le fondement?

Comment ce fait s'est-il produit dans les sociétés, et avec quel caractère?

Ce sont là deux questions préliminaires, qui dominent le droit criminel et l'expliquent : la réponse à la première nous servira d'*Introduction philosophique*, la réponse à la seconde, d'*Introduction historique* à l'étude de notre législation criminelle.

---

[1] Comp. sur ce point : ORTOLAN, *Cours de législation pénale comparée, Int. philos.*, p. 61.

[2] Comp. PESSINA, *Elementi di diritto penale* (4e éd., Naples, 1880), § 1.

TITRE II.

DU DROIT SOCIAL DE PUNIR.

I. ORIGINE PHILOSOPHIQUE DU DROIT CRIMINEL.

11. Les sciences sociales[1] ont pour sujet l'homme, la société est le milieu où elles le placent; et ce qu'elles étudient, ce sont les relations sociales, considérées sous les aspects divers et complexes qu'elles embrassent. Toute science, qui a pour objet et pour sujet l'homme, doit prendre, comme point de départ de ses recherches, l'observation de l'homme. Or, un fait frappe tout d'abord quand on observe l'homme : tandis que tous les êtres de la création sont soumis à des lois fatales, l'homme, au contraire, paraît libre de ses actions. L'homme paraît libre : est-ce à dire qu'il ne soit soumis à aucune loi ? Non, cette liberté, dont nous avons conscience, n'a pas et ne saurait avoir cette étendue. Tout être a sa loi, l'homme, comme les autres êtres, c'est-à-dire que tout être a un but à atteindre, une fin à accomplir : parti d'un point, il doit arriver à un autre, et la loi n'est que le principe de direction qui préside à ce mouvement.

Mais, tandis que la loi est *imposée* aux autres êtres, elle est *proposée* à l'homme : car l'homme est libre de lui obéir; il peut suivre la règle qui lui est tracée ou s'en écarter.

Dans son sens le plus général, la loi est donc le principe de direction, qui est tantôt *imposé*, tantôt *proposé* aux êtres, dans leur développement.

Pour l'homme, cette loi a un caractère spécial : maître matériel-

[1] Existe-t-il une science sociale? H. Spencer, *Introduction à la science sociale*, chap. 2, a très finement réfuté les objections principales qui ont été élevées à ce sujet. La première est tirée de la liberté des actions humaines, qui semble exclure la matière d'une science de ces actions, puisque les lois auxquelles on prétendrait les soumettre n'auraient pas un caractère nécessaire et, par conséquent, scientifique. La seconde est fondée sur l'impossibilité de formuler des règles universelles et permanentes, en ce qui concerne la plupart des intérêts collectifs des sociétés, tandis qu'il est de l'essence des vérités scientifiques de s'imposer partout et toujours.

lement de faire ou de ne pas faire, l'homme est asservi rationnellement; à côté de la liberté de fait dont il est doué, il existe, pour lui, des nécessités rationnelles d'action ou d'inaction. Ces nécessités d'action ou d'inaction sont ce que l'on nomme les lois de la conduite de l'homme, ou lois *morales*, et cette faculté, qui apprécie les motifs des actes libres, qui met en rapport l'acte qu'il s'agit d'accomplir avec ces lois rationnelles, cette faculté s'appelle le *sens moral* ou la *conscience.*

Tous les philosophes sont d'accord pour constater l'existence *actuelle*, chez l'homme, d'un *sens moral*, mais ils diffèrent profondément sur l'origine de cette faculté, qui serait innée et primitive d'après les uns, qui serait acquise d'après les autres. Sans prendre parti dans la querelle, il faut reconnaître que la conception même du droit repose sur deux faits de conscience et, comme le disent les philosophes, sur deux postulats essentiels : l'existence d'une *loi morale* qui s'impose à l'homme comme règle de conduite, et la *liberté* pour l'homme d'y conformer ses actes. Du rapprochement de ces deux idées naissent, en effet, la *responsabilité*, c'est-à-dire le *devoir*, et l'*inviolabilité*, c'est-à-dire le *droit* : l'homme n'est responsable que parce qu'il est libre, et il n'est inviolable que parce qu'il est responsable; de sorte que, dans l'acceptation la plus haute du mot, le droit serait précisément la faculté inviolable pour l'homme de réaliser son devoir.

12. Si l'homme vivait isolé, la question de son droit ne se poserait pas. Il faut supposer, pour qu'elle se présente, que l'homme, voulant conformer sa conduite à la loi morale, rencontre un obstacle, dans un autre individu, qui l'empêche de faire son devoir : alors, en face de cet obstacle, il est tenté de se dire : « *C'est mon droit* », et de passer outre. Or, l'homme n'est pas fait pour vivre seul : *non est enim singulare nec solivagum genus hoc.* Il fut cependant une époque, qui n'est pas très éloignée de nous, où prévalut l'opinion que, pendant un temps indéterminé, les hommes avaient mené sur la terre une vie solitaire et sauvage. Les philosophes du dix-huitième siècle, Hobbes, Rousseau, Montesquieu, Puffendorf, Burlamaqui, avaient accepté cette opinion, dont ils firent le point de départ de leurs systèmes. De cet état primitif, appelé l'état de nature, les hommes étaient passés, disaient ces philosophes, à une certaine époque, à l'état de société où nous les voyons vivre aujourd'hui. Comment s'expliquait ce changement? Tantôt, en supposant que, parmi les hommes, les plus forts avaient soumis leurs semblables, plus faibles; tantôt, qu'une convention de société était librement intervenue entre eux. Rousseau a développé, avec une grande force, cette dernière hypothèse, dans son ouvrage célèbre, le *Contrat social*. Cette opinion reposait sur une fiction historique que contredisent les traditions de tous les peuples : il n'est pas exact qu'il y ait eu passage d'un état d'isolement absolu, qui serait l'état naturel de l'homme, à un état de société, qui serait un état factice. Sans doute, à l'origine de toutes les races, avant la constitution de lois permanentes et de pouvoirs chargés de les appliquer, c'est-à-dire avant l'organisation de la *société politique*, on rencontre une période d'association patriarcale, la famille, la horde, la tribu, mais on ne rencontre jamais une période d'isolement absolu. L'homme est né dans la société et pour la société : c'est là son véritable état de nature, car il ne l'a pas choisi et il ne dépend pas de lui de s'y soustraire. La société est un instrument nécessaire au développement individuel de l'homme : c'est ce que démontrent les conditions physiques, morales et intellectuelles de son être.

Mais alors que va devenir l'inviolabilité de l'homme? Quand des individus vivent côte à côte, leurs intérêts se croisent, s'entremêlent; presque toujours naissent entre eux des conflits? Ces conflits ne seront-ils tranchés que par la force? Comment assurer le triomphe du droit? Le voici : dans toute société politique, nous trouvons un *pouvoir*, c'est-à-dire un gouvernement constitué et organisé.

La mission du pouvoir est de protéger l'exercice des droits individuels. Quand un individu agit dans les limites de ses droits, il peut se trouver en face d'autres individus qui veulent entraver l'usage légitime de sa liberté. Sans le pouvoir, la lutte s'établirait entre les individus, et le triomphe resterait au plus fort. Le pouvoir intervient, il prend pour lui cette lutte, et, en écartant toute résistance coupable, il assure l'exercice des droits individuels. On pourrait donc définir le pouvoir : une force *collective* et *organisée* mise au service du droit. Du jour où le pouvoir ne protège plus le droit, il cesse d'être le pouvoir et devient la tyrannie.

13. Mais deux questions se posent : — Dans quelles limites s'exerce l'intervention du pouvoir? — Par quels moyens le pouvoir protège-t-il les droits qu'il a pour mission de sanctionner?

I. La première question nous amène à distinguer la *morale* et le *droit*. La morale, qui est l'ensemble des lois qui règlent l'exercice de l'activité humaine, en déterminant ce qui est permis, commandé ou défendu, comprend, sans doute, le droit, mais sa sphère d'action est plus étendue que celle du droit. En effet, l'analyse des divers rapports, que régit la morale, les fait partager en deux classes distinctes. Les uns sont les rapports extérieurs des hommes entre eux et avec la société dont ils sont membres. Les autres sont les rapports de chaque individu avec lui-même. Les premiers forment le domaine du *droit* ou *morale sociale*, les autres demeurent l'objet exclusif de la *morale pure* ou *morale individuelle*, qu'on appelle ainsi, par opposition à la *morale religieuse*, qui s'occupe des rapports de l'homme avec Dieu. Le droit seul peut être sanctionné par les législations humaines. Dans ce cas, il prend le nom de *droit positif*, et on l'oppose alors à cette partie du droit, dont les préceptes n'ont pas reçu de sanction effective, et que l'on désigne sous le nom de *droit naturel* ou *rationnel*. Les législations anciennes ont confondu le droit et la morale, la morale individuelle et la morale religieuse, et, par suite, exagéré la mission du pouvoir social. Ce n'est qu'à une époque de civilisation plus avancée qu'on a distingué ces choses. Le droit n'est appelé à régir que les *relations extérieures des hommes entre eux;* c'est seulement au maintien de ces relations dans les limites du juste, que le pouvoir peut employer la force collective et organisée.

II. Dans le cercle des rapports sociaux, quels *moyens* peut prendre le pouvoir pour *sanctionner* le droit? En fait, il use de trois procédés : il contraint à l'exécution de ce qu'exige le droit; il fait réparer le préjudice résultant de cette inexécution; enfin, il inflige une peine à l'auteur de la violation du droit. Dans quels cas l'emploi des deux premiers procédés est-il suffisant? Dans quels cas le pouvoir recourt-il à la peine, comme sanction suprême de ses commandements? C'est se demander quelles limites séparent le *droit civil* du *droit pénal;* quelle est la raison d'être de la distinction, faite par les législations positives, entre la violation de droit, dont le redressement ne peut être poursuivi que par les procédés de la loi civile, et la violation de droit, qui est une infraction, et dont la répression est assurée par l'application d'une peine. Pour le comprendre, j'analyse des faits qui se passent sous nos yeux. Un individu vend une maison; l'acheteur ne paie pas son prix : celui-ci commet-il une infraction? Nullement, le pouvoir social ne lui infligera aucune peine pour avoir violé les droits du vendeur; mais il mettra la force publique à la disposition de celui-ci pour contraindre l'acheteur à payer et à réparer le préjudice qu'il a causé en ne payant pas. Mais un individu met volontairement le feu à la maison de son voisin; outre la réparation du préjudice dont il sera tenu, celui-ci deviendra, par ce fait, passible d'un châtiment que lui infligera le pouvoir social. La raison d'être de ces différences de sanction, pour des violations de droit qui causent à la propriété le *même préjudice*, est facile à comprendre. Dans le premier cas, il suffit à chacun de nous, pour s'en préserver, d'être attentif et diligent dans la conduite de ses affaires. Avant de contracter avec quelqu'un, nous avons pu et nous avons dû examiner sa solvabilité; prendre contre lui des garanties; si nous ne l'avons pas fait, le préjudice, qui résulte de notre négligence, n'intéresse que nous, et, si le pouvoir social intervient, il ne le fait que pour garantir notre droit, en nous donnant la faculté d'en poursuivre la reconnaissance devant les tribunaux et l'exécution par toutes les voies civiles. Dans le second cas, au contraire, l'emploi de toutes nos facultés, de notre attention, de notre réflexion, serait insuffisant pour nous garantir du préjudice qui nous est causé; l'incendie est un fait qui n'intéresse pas seulement la conservation de notre propriété, mais la conservation de la propriété de tous; une société, dans laquelle ce fait ne serait pas énergiquement réprimé, tomberait en dissolution. Le pouvoir social intervient donc, dans l'intérêt, non-seulement *d'un propriétaire*, mais de *tous les propriétaires*, pour infliger une peine à l'agent coupable de ce fait. Ainsi, le dommage que produit l'action incriminée par la loi pénale, est un *dommage social*, c'est-à-dire tel qu'on n'ait pas d'autre moyen que de le punir, pour pourvoir à la défense de l'ordre extérieur. Si le dommage est *restreint* à l'*individu*, ou *réparable* par un *moyen direct*, le législateur excéderait ses pouvoirs en déclarant *délit pénal*, l'acte qui en a été la cause.

14. Cette distinction des lésions de droit, des « *injustices* », qui sont ou ne sont pas punissables, ne semble pas s'être dégagée immédiatement à l'origine des sociétés. Le sentiment de la justice brutale, tel que nous le rencontrons encore aujourd'hui chez l'homme du peuple, répugne à cette analyse, qui est le fait d'une civilisation avancée; il voit volontiers, dans toute violation de droit, un *délit*, et il réclame, par conséquent, non-seulement le redressement du tort qui lui est causé, mais l'application d'une peine à celui qui en est l'auteur. C'est ce sentiment brutal que nous trouvons consacré par des législations barbares, qui font, de presque toutes les lésions de droit, des délits, réprimés par une *peine privée*, qui joue le double rôle de dommages-intérêts et d'amendes. La séparation absolue du *droit privé* et du *droit pénal*, c'est-à-dire de la *justice réparative* et de la *justice pénale*, est un des caractères les plus saillants des législations civilisées.

Il est certain que l'emploi des deux premiers procédés pour sanctionner le droit, la mise en œuvre de la *justice indemnisante*, pour me servir d'une expression de Littré, est légitime de la part du pouvoir social; personne n'a jamais songé à contester la régularité de son intervention, quand il fait exécuter le droit ou qu'il fait réparer le préjudice résultant de sa violation. Mais l'emploi du troisième procédé, l'application d'une peine à l'auteur d'une lésion de droit, est-il également légitime? La *justice punissante* est-elle une création artificielle des sociétés civilisées? En un mot, ce fait, répété depuis tant de siècles, fait d'après lequel la loi prive un individu de ses droits les plus sacrés, de sa liberté, de ses biens, de sa vie même, est-il un abus de la *force sociale*, ou l'exercice d'un *droit social?* Et, s'il est *légitime*, quel en est le fondement?

II. FONDEMENT DU DROIT DE PUNIR.

15. Je ne crains pas de dire que, de ces deux problèmes, le plus important à résoudre n'est pas le premier, ainsi qu'on serait tenté de le croire, mais le second. Seuls, quelques esprits, amoureux du paradoxe, quelques savants, qui nient la responsabilité humaine, ou pour lesquels les criminels sont des fous, des ignorants ou des malades, contestent au pouvoir social le droit même de punir. Mais ceux qui lui reconnaissent ce droit ne sont guère d'accord pour en déterminer le fondement. Cette question est cependant essentielle à résoudre, car, seule, elle permettra d'assigner leur véritable but aux incriminations et aux peines, de dire quelles sont les conditions et les limites qui s'imposent au pouvoir social quand il punit, enfin, quelles sont les qualités que l'on doit rechercher dans un système pénal.

16. Je ne puis ni ne veux discuter toutes les théories qui ont été produites sur le fondement du droit de punir; toutes, du reste, peuvent se ranger soit dans le groupe des théories *contractuelles*, soit dans celui des théories *utilitaires*, soit dans celui des théories *spiritualistes*. Tous ces systèmes ont une part de vérité, qu'il suffit de dégager pour arriver à la solution du problème qui nous occupe.

A. *Systèmes contractuels.* — Les systèmes contractuels, qui font dériver le droit de punir, d'une *convention sociale*, ont inspiré la réforme pénale de la fin du XVIIIe siècle. Développés ou soutenus par Hobbes, Jean-Jacques Rousseau, Beccaria, etc., ils se présentent sous trois formes principales : *a*) Dans la première, le droit de punir serait le *droit de défense* qui appartient à l'individu et qu'il aurait cédé au pouvoir en entrant dans la société. *b*) Dans la seconde, tout individu aurait, dans l'état de nature, le *droit d'infliger une peine*, droit qu'il aurait transmis au pouvoir en consentant à vivre en société. *c*) Dans la troisième, les hommes, comprenant qu'ils ne pouvaient vivre sans lois, et que *toute loi devait être sanctionnée*, auraient donné au pouvoir, en entrant dans les liens du pacte social, le droit de les punir, s'ils violaient les lois de l'association.

Ces systèmes, qui reposent sur la supposition d'un prétendu contrat social, dont on ne trouve aucune trace dans les traditions des peuples, sont, par cela même, en dehors de la vérité historique. Mais démontrer seulement, comme le font beaucoup de publicistes, que le contrat social n'est pas l'origine historique de la société et du droit de punir qui lui appartient, ce n'est point prouver qu'il n'en est pas la forme la plus juste. Il est donc nécessaire d'établir rationnellement et directement l'erreur des systèmes qui font reposer ce droit sur une convention. Or, le premier confond le droit de punir, et le droit de défense; il oublie que le droit de défense s'exerce et s'épuise dans l'acte de repousser l'attaque injuste, et qu'il ne peut survivre au danger sans perdre son caractère de légitimité. Le second méconnaît cette idée rationnelle que le droit de punir, supposant le droit de commander, ne peut appartenir à un égal sur un égal. Le troisième enfin, en soutenant que le droit de punir est le droit que chaque individu a sur lui-même et qu'il transfère à la société pour le cas où il violerait les lois sociales, conduit à renfermer la pénalité dans le cercle restreint des amendes et des confiscations. Dans ce système, en effet, la société n'aurait le droit d'enlever aux individus, pour les punir, que les biens dont ils peuvent disposer; elle devrait, par conséquent, renoncer, non-seulement à la peine de mort, mais aux peines privatives de ces droits que l'homme ne peut volontairement abdiquer. Aussi, quand on donne à la peine le caractère d'une sorte de *clause pénale*, on enlève au système pénal toute efficacité, si l'on respecte la logique; toute justice, si l'on s'en écarte.

B. *Systèmes utilitaires.* — Les systèmes utilitaires, qui ont inspiré, au commencement de ce siècle, les rédacteurs de notre Code pénal, justifient le droit de punir par sa nécessité même. La peine est un moyen d'*intimidation* ou de *réparation*, dont l'emploi est légitime par cela seul qu'il est nécessaire pour le maintien de l'ordre social. Bentham, que nous pouvons considérer comme l'apôtre principal des doctrines utilitaires[1], a ainsi résumé ce système : « Par rapport à l'origine du droit de punir, il n'y a rien de particulier à en dire; elle est la même que celle de tous les autres droits du Gouvernement. Ce qui justifie la peine, c'est son *utilité*, ou, pour mieux dire, sa *nécessité* ».

Ces systèmes manquent de base morale. Ils confondent l'idée du juste et l'idée de l'utile. Ils tendent à introduire, dans l'application des peines, une excessive sévérité. Ils mesurent les châtiments, moins sur la moralité des actions humaines, que sur les nécessités extérieures de l'intimidation. Ils ont enfin pour résultat de sacrifier les droits de l'individu à la protection des intérêts sociaux.

C. *Systèmes spiritualistes.* — D'autres systèmes, partant d'un point de vue complètement opposé, fondent le droit de punir sur la seule moralité des actions humaines, et sur les nécessités de la justice absolue, qui exige que toute action coupable soit suivie d'un châtiment[2]. Ils ont pour base unique le principe d'*expiation* et ne diffèrent que dans la manière dont ils conçoivent ce principe. Ainsi, la théorie de la vengeance divine ou de la vengeance publique, sur laquelle l'antiquité et le moyen-âge ont fondé le droit de punir, est une des formes grossières de cette idée. Elle inspire encore l'école théocratique mo-

[1] Comp. sur la doctrine de Bentham, et ses conséquences, au point de vue de la pénalité, un intéressant article de Molinier, *Rev. de législation*, 1836, t. V, p. 209. — Les diverses variétés des systèmes utilitaires, professées surtout en Allemagne et en Italie, tiennent aux points de vue différents auxquels se placent leurs auteurs dans la recherche de l'effet immédiat et direct que doit produire la pénalité pour être un moyen de protection sociale. Parmi ces systèmes, les uns s'attachent à son effet préventif; de là, les théories de la *prévention* soit *générale*, soit *spéciale;* les autres, à son effet *réparateur;* de là, les théories de la *réparation*, de la *défense* soit *sociale*, soit *juridique*. Comp. Haus, t. I, nos 38 à 40; Brusa, *op. cit.*, nos 11 à 16.

[2] Le philosophe allemand Kant a développé ce système dans ses *Éléments métaphysiques de la doctrine du droit*, parus en 1797. Cet ouvrage a été traduit par Barni en 1853.

derne, dont l'un des plus brillants adeptes définit le droit social de punir : « *une délégation divine du droit de punir le mal*[1] ».

Mais aucun de ces systèmes ne peut rendre compte de l'exercice du droit de punir par la société. Assurément, s'il est un principe incontestable pour nous[2], c'est que le châtiment est légitime quand il frappe la violation du devoir, qu'il est infligé au vrai coupable, en proportion du mal dont il est l'auteur. Mais la société n'a pas pour mission, comme on l'a cru dans l'antiquité et le moyen-âge, de faire régner l'ordre moral ou l'ordre divin sur la terre; elle a pour mission de garantir la liberté de tous, en protégeant les droits de chacun. Le châtiment doit donc être un moyen nécessaire de protection et de défense sociales, non pour être juste en lui-même, mais pour l'être relativement à la société qui l'inflige. Aussi pensons-nous que le problème du droit social de punir ne peut se résoudre que par une combinaison des systèmes utilitaires et des systèmes spiritualistes, telle que la proposent les systèmes mixtes.

D. *Systèmes mixtes.* — Dans ces systèmes, qui, développés par Rossi[3], ont inspiré les réformes dont notre législation criminelle a

[1] Lucien Brun, *Introduction à l'étude du droit*, 1879, p. 254 et 259.

[2] Comp. cependant : Fouillée, *La science sociale*, p. 289 et 290 : « L'expiation est une de ces antiques idées religieuses qui se sont conservées dans nos législations pénales et que la science sociale contemporaine répudie. »

[3] Le *Traité de droit pénal* de Rossi, alors professeur de droit romain à l'Académie de Genève, a paru en 1829. M. de Broglie, dans un article célèbre, publié dans la *Revue française* du mois de septembre 1828, avait déjà posé les bases du système que Rossi n'a fait que développer. — Ce système a été adopté, sauf quelques nuances qui nous paraissent peu importantes, par Haus, *Principes généraux du droit pénal belge* (3e édit., 1879, t. II, nos 50 à 91); Ortolan, *Éléments de droit pénal* (4e édit., 1875, t. I, nos 185 et suiv.; Molinier, *Programme du cours de droit criminel*, 1851, p. 10; Carrara, *Programme du cours de droit criminel fait à l'Université de Pise*, trad. par Baret, *Prolégomènes*. Seulement, tandis que Rossi fait dériver, comme nous, le droit de punir de la justice morale, mais en le limitant par l'utilité sociale, quelques-uns, parmi ces auteurs, le font dériver de l'utilité sociale, et lui imposent comme condition la justice morale. Mais l'interversion des deux facteurs ne peut changer les résultats. — M. Bertauld, dans les Prolégomènes de son *Cours de Code pénal*, 4e édit., 1873, et son *Étude sur le droit de punir*, en appendice à ce volume, s'attache à faire ressortir, avec une grande force de logique, que le *droit de punir dérive pour la société du droit de commander*. Mais, à notre avis, l'éminent criminaliste, dans le problème du fondement du droit de punir, s'arrête à un *effet* et ne remonte pas à sa *cause* : la société a le droit de commander, sans doute : mais ce droit a sa source dans les nécessités de la conservation sociale. Le système de M. Bertauld, quoiqu'il s'en défende, est, au fond, une variété des systèmes utilitaires. Ce système a cependant été suivi par Villey, *Précis d'un cours de droit criminel* (2e édit., 1870).

été l'objet depuis 1832, le droit social de punir trouve son principe dans la *justice* et la mesure de son exercice dans l'*utilité*. L'expiation s'offre comme une chose bonne et juste en soi, dont l'emploi est légitime toutes les fois que la société a intérêt à y avoir recours. Le principe du juste et celui de l'utile, constituent, par conséquent, les deux éléments sur lesquels repose la légitimité de la peine sociale : ces deux éléments se combinent pour tracer les conditions et les limites qui s'imposent au pouvoir dans la détermination des infractions et l'organisation des peines.

a) Nous avons tous, en effet, une idée de justice qui nous indique que le mal doit être rétribué par le mal, le bien par le bien; que, à l'acte mauvais, il faut une peine; à l'acte bon, une récompense. C'est là une idée primordiale, une indication, pour ainsi dire, spontanée de notre conscience. Nous en reconnaissons l'exactitude, quand nous la soumettons à l'examen de notre raison. L'homme est responsable de ses actes, avons-nous dit : cette responsabilité est une conséquence de ces deux idées primordiales : le principe absolu du devoir qui s'impose à l'homme; et le libre arbitre qui lui permet de l'accomplir. Or, la responsabilité morale de l homme, appelle une sanction morale; et cette sanction ne peut consister que dans une récompense ou dans une peine, suivant que l'homme agit ou n'agit pas en conformité avec la loi de son être[1]. Considéré en lui-même, le châtiment, infligé à un acte coupable, est *juste*; il est même *nécessaire*, et la conscience ne peut être satisfaite que si toute action de l'homme, *librement accomplie*, a sa conséquence dernière dans un châtiment ou une récompense. Aussi, a-t-on pu dire, en se servant d'une formule concise que la peine était « *le rapport nécessaire de la douleur à la faute*[2] ».

b) Mais notre démonstration de la légitimité du droit de punir n'est pas complète; car une peine, juste en elle-même, pour rester juste dans son application, doit être infligée par une autorité à laquelle on reconnait le droit de demander compte des actions humaines. Il s'agit d'établir que la société a ce droit, c'est-à-dire de prouver que l'homme, responsable au point de vue moral, l'est également au point de vue social. Or, l'homme vit et ne peut vivre qu'en société; c'est une nécessité de son être, une loi de sa nature. Les hommes ont le droit de

[1] Voy. Haus, *Du principe d'expiation considéré comme base de la loi morale*, Gand, 1865; Pessina, *Dello svolgimento storico della doctrina dell' expiazione come fondamento del Diritto Penale*, Naples, 1863; Ellero, *Opuscoli criminali*, Bologne, 1874, p. 131.

[2] Cousin, *Du Vrai, du Beau et du Bien*, 14e leçon, p. 359 de la 2e édit.

maintenir la société et, par conséquent, ils ont le droit d'employer tous les moyens qu'exige la conservation sociale, du moins tous ceux que ne réprouve pas la morale. La pénalité est un de ces moyens. Si donc, la pénalité est nécessaire, elle est en même temps légitime, pourvu qu'elle s'exerce dans les limites de la justice.

17. On le voit, — et j'insiste sur cette idée, — tant que l'on considère *in abstracto* le droit de punir, son fondement unique est la justice absolue; mais, quand on le considère comme un acte social, son fondement est le droit, pour la société, de conserver l'harmonie des rapports sociaux par l'observation des devoirs et des droits de chacun. Ces deux points de vue, isolés l'un de l'autre, conduisent à des conséquences également dangereuses. En donnant à la pénalité, pour base unique, la justice absolue, on confond la morale et le droit, on autorise le pouvoir social à intervenir dans le domaine de la conscience, à ériger en *délits* des *vices* et des *péchés*. En lui donnant, au contraire, pour base unique, les nécessités de la conservation sociale, on reconnaît au pouvoir social le droit de punir des actes qui ne sont pas injustes, par cela seul qu'ils sont dangereux; on l'autorise à exagérer les peines pour les rendre plus exemplaires; on sacrifie enfin les droits de l'individu, sous prétexte de protéger, par l'application d'une peine, la société tout entière. Au contraire, en rattachant le droit social de punir à l'idée de la justice, mais en mesurant son exercice sur les nécessités de la défense sociale, on le renferme dans les limites suivantes : 1° la loi pénale, essentiellement *déclarative* de la moralité des actes humains, ne peut incriminer ceux que la morale honore; elle ne peut frapper que ceux qu'elle réprouve; 2° tout ce qui est commandé ou défendu par la loi morale, ne doit pas être commandé ou défendu par la loi pénale. Celle-ci ne peut, en effet, incriminer les actes immoraux que s'ils troublent l'ordre public qu'elle a pour unique raison de garantir, par les effets préventifs et répressifs de la peine. 3° La pénalité doit être renfermée dans ces deux limites, la justice et l'utilité. Pas plus qu'il n'est juste, pas plus qu'il n'est utile, telle doit être la formule de tout système pénal.

Le législateur, en édictant des peines, s'adresse aux deux mobiles les plus puissants qui déterminent la volonté humaine : le *mobile intéressé* et le *mobile moral*. Pour que la peine puisse agir sur le mobile intéressé, il faut qu'elle soit tout à la fois *répressive* et *préventive :* qu'elle ait en vue l'avenir, en même temps que le passé; pour qu'elle puisse agir sur le mobile moral, il faut qu'elle soit *rationnelle*, *juste* et *correctionnelle.* La peine est, en effet, destinée d'abord à prévenir la récidive, et la société doit poursuivre ce but, soit en s'appliquant à moraliser le coupable par le régime de la peine, lorsque ce résultat est possible, soit en le réduisant à l'impuissance de nuire, quand il n'existe aucun espoir d'amendement. Elle est aussi destinée, à exercer, par l'exemple, un effet d'intimidation sur les hommes en général, à les détourner des infractions qu'ils seraient tentés de commettre.

III. RAPPORTS DU DROIT CRIMINEL AVEC L'ANTHROPOLOGIE ET LA STATISTIQUE.

18. La nécessité, pour les sciences sociales, de ne pas se séparer des sciences biologiques et naturelles; l'emploi, dans leur étude, des méthodes d'observation directe et d'induction scientifique, ce sont là deux idées, devenues banales aujourd'hui, mais dont l'application est en voie de renouveler le savoir humain. Le droit pénal n'a pas échappé à cette direction d'étude, et il n'est plus permis aujourd'hui de considérer le crime comme le résultat unique et spontané de la liberté humaine; au même titre que la misère, la maladie et la mort, le crime est un phénomène social; et il existe des lois qui règlent le mouvement de la criminalité, comme il existe des lois qui règlent le mouvement de la population. La recherche de ces lois a été essayée par deux procédés scientifiques, qui se complètent et s'éclairent l'un l'autre. D'un côté, on a étudié le crime à un point de vue nouveau, en examinant directement et physiquement l'*homme criminel*, et en comparant les résultats qu'on obtient ainsi à ceux que fournit l'examen soit de l'homme sain, soit de l'aliéné. On s'est livré, dans cette direction, à des observations minutieuses; on a noté les caractères physiques, intellectuels et moraux du délinquant; on a étudié ses habitudes, ses mœurs, sa langue; on les a décrits dans de véritables monographies criminelles, et, en groupant les résultats qu'on obtenait, on a dégagé certains traits généraux qui ont permis de tracer les grandes lignes d'une *anthropologie criminelle*[1]. D'un autre côté, la *statistique* est venue four-

[1] Le travail le plus complet qui ait été fait sur ce sujet est l'œuvre d'un professeur de médecine légale de l'université de Turin, LOMBROSO, intitulée : L'*Uomo delinquente* (2e édit., Turin, 1878). On peut en rapprocher les travaux suivants : CORNE, *Essai sur la criminalité* (*Journ. des économistes,* 1868); LACASSAGNE (*Rev. scient.*, 1881,

nir à ces études des documents précieux. En effet, le nombre des crimes, les lieux et circonstances dans lesquels ils sont commis; le sexe, l'âge, le degré d'instruction, l'origine du criminel peuvent, presque toujours, être exactement relevés. Ce sont là des indications, dont le groupement méthodique est de nature à éclairer les causes qui produisent la criminalité, l'entretiennent, la font augmenter ou diminuer.

Si l'on en croyait une école nouvelle, ces travaux d'anthropologie et de statistique criminelles, auraient renversé les assises sur lesquelles reposait, jusqu'ici, le droit pénal et démontré : 1° que le crime n'est pas l'œuvre d'individus organisés comme les autres hommes; 2° et que la pénalité n'a aucune influence sur son développement[1]. Ces deux proportions sont inexactes ou, tout au moins, exagérées[2].

19. I. L'étude directe du criminel, affirme-t-on, semble d'abord démontrer que la loi pénale n'a pas à faire à un homme normal. Par ses caractères anthropologiques, sa constitution cérébrale, ses mœurs, ses habitudes, le criminel se rapprocherait du sauvage ou de l'animal. Il y aurait chez lui rétrogradation du type humain civilisé vers le type humain primitif : ses actions seraient souvent des cas d'atavisme qui feraient reparaître, sous l'homme d'aujourd'hui, le sauvage d'hier ou la bête[3]. Ce serait là une difformité qui, naturelle ou acquise, ne rendrait pas le criminel moins impropre à la vie en société que le fou furieux. La peine n'aurait donc pas pour objet de faire expier un acte, effet inévitable d'une cause déterminée, mais d'empêcher le penchant antisocial qu'il révèle de se développer en liberté : elle aurait pour fin dernière d'écarter les criminels d'une société où leurs infirmités organiques les rendent incapables de vivre.

n° 22); *Les tatouages; étude anthropologique et medico légale*, 1881; G. Le Bon, *La question des criminels* (*Rev. phil. de France*, t. VI, p. 519 à 548). Depuis 1880, une revue trimestrielle, rédigée par Lombroso, a été créée pour servir à l'étude de l' « *uomo alienato e delinquente*, » sous le titre : *Archivio di psichiatrià, scienze penali ed antropologià criminale* (Turin, Loescher, éditeur). Enfin, l'excellente revue allemande, fondée, en 1880, par les savants professeurs Dochow et von Liszt, sous le titre de *Zeitschrift für die gesamte Strafrechtswissenschafft* (Berlin et Leipsig, Guttentag, éditeur), consacre une large place à l'étude de ces questions.

[1] Comp. Enrico Ferri, *I nuovi orizzenti del diritto e procedura penale* (Bologne, 1881); *Dei limiti fra diritto penale ed antropologia criminale* (Bologne, 1881); *Di diritto di punire come funzione sociale* (Turin, 1882).

[2] Comp. Pessina, *Il naturalismo e li scienze giuridiche* (Naples, 1879).

[3] V. sur cette doctrine qui se rattache à la théorie de l'évolution : Lombroso, *op. cit., passim;* Virgilio, *Saggio di ricerche sulla natura morbosa del delitto*, 1874; Bordier, *Examen de trente-six crânes d'assassins* (Paris, 1879). « Les assassins que j'ai étudiés, dit ce dernier auteur, sont nés avec des caractères qui étaient propres

Si les conclusions de l'anthropologie criminelle devaient être acceptées sans réserve, il resterait, sans doute, à la société le droit de se défendre contre les criminels, comme elle se défend contre les fous furieux ou les animaux féroces; mais que deviendrait, je le demande, le droit de punir? Le criminel étant un individu destiné au délit par l'anomalie de sa constitution cérébrale, étranger à toute possibilité de crainte ou de repentir, le champ d'action d'une législation pénale se limiterait à l'énumération des actes délictueux, et à l'organisation d'un système défensif. Mais il n'appartiendrait ni au législateur ni au juge de mesurer la culpabilité et de graduer les peines en proportion de cette mesure. Je n'ai pas à rechercher ici ce qu'il peut y avoir d'exact ou d'erroné dans ces données anthropologiques. Les observations faites jusqu'ici sont bien limitées pour permettre d'asseoir des conclusions absolues, et il faudra poursuivre de telles recherches bien longtemps encore et sur un nombre considérable de types criminels pour aboutir à un résultat. Cependant, il est permis de dire, en empruntant à l'anthropologie criminelle elle-même ses observations et ses premières conclusions, que les individus, organiquement disposés pour le crime, sont en faible minorité. On peut, en effet, distinguer, parmi les criminels, trois types principaux, entre lesquels paraît se partager, inégalement du reste, la population de nos prisons[1] : 1° Le premier comprend les criminels *incorrigibles*, ceux dont l'aspect extérieur, les mœurs, la langue rappellent, en effet, les descriptions des anthropologistes. C'est l'hérédité ou l'entraînement qui les a faits ce qu'ils sont. Ils forment la classe des criminels d'*habitude*. Rien ne peut les intimider ou les corriger, et la société exerce simplement un droit

aux races préhistoriques, caractères qui ont disparu chez les races actuelles et qui reviennent chez eux par une sorte d'atavisme. Le criminel, ainsi compris, est un anachronisme, un sauvage en pays civilisé, une sorte de monstre, et quelque chose de comparable à un animal qui, né de parents domestiques, apprivoisés, habitués au travail, apparaîtrait brusquement avec la sauvagerie indomptable de ses premiers ancêtres. On voit, parmi les animaux domestiques, des exemples de ce genre; ces animaux rétifs, indomptables, insoumis, ce sont les criminels. » John Lubbock (*L'homme préhistorique,* trad. franç., p. 548), prétend, de son côté, que « notre population criminelle se compose de purs sauvages, dont les crimes ne sont en grande partie que des efforts insensés et désespérés pour agir en sauvages au milieu et aux dépens d'une société civilisée. » Voir, pour l'analyse et le résumé de ces conclusions : Brissaud, *Une nouvelle école de criminalistes* (*Rev. générale du droit,* 1880, p. 325 à 335); Brusa (*Rev. de droit international,* t. XII, p. 552, 553); Maury, *Le criminel* (*Journ. des savants*, 1879, p. 389 à 399). Comp. Adolphe Prins, *Essai sur la criminalité d'après la science contemporaine* (Bruxelles, 1880).

[1] Comp. Lacassagne, *op. cit.*, p. 683; Ferri, *op. cit.*, p. 35 et suiv.

de défense en les supprimant du milieu social, où ils ne peuvent vivre, soit par la mort, soit par la transportation perpétuelle, seules mesures qui puissent mettre cette catégorie de délinquants dans l'impossibilité de nuire. 2° Le second type comprend les criminels d'*occasion*, qui ont agi sous l'empire d'un mouvement passionnel ou de circonstances qui leur font espérer l'impunité. C'est pour cette catégorie de criminels, certainement la plus nombreuse, qu'est édictée la loi pénale et organisé le système pénitentiaire. Vis-à-vis d'eux, la société exerce vraiment le droit de punir, et doit chercher, dans la pénalité, un moyen tout à la fois d'intimidation et de réforme. 3° Le troisième type comprend les criminels *aliénés* ou *demi-aliénés*[1]. Leur état cérébral est le résultat de l'hérédité ou d'une disposition acquise. Il ne peut être question de les punir : il faut s'en défendre dans tous les cas; les guérir, si c'est possible. Ce résultat doit être essayé par la création d'asiles spéciaux, dans lesquels la détention sera organisée et mesurée dans un double but pénal et thérapeutique.

20. II. La statistique a pour objet le groupement méthodique des faits sociaux qui se prêtent à une évaluation certaine, particulièrement à une évaluation numérique. La statistique est aux sciences sociales, ce que la micrographie est à la physiologie; c'est plutôt une *méthode d'observation* qu'une science distincte; elle fournit des indications précises sans en tirer de conséquences. Ces observations sont rendues faciles, en France, au point de vue criminel, par « l'admirable statistique », qui, depuis 1825, est dressée, chaque année, à la chancellerie, sous le titre de « *Comptes généraux de l'administration de la justice criminelle*[2] ».

Les premiers qui ont étudié les résultats qu'elle fournit, frappés, sans doute, par la régularité de ce phénomène social qu'on appelle le crime, sont arrivés à des conclusions qui prouveraient, si elles étaient exactes, que la nature morale de l'homme est soumise, comme

[1] Sur cette catégorie de criminels : Maudsley, *Le crime et la folie* (trad. franç., 4e éd., 1880).

[2] En dehors des comptes annuels, il a paru, en France, trois rapports d'ensemble : l'un, en 1852, et embrassant une période de 25 années, de 1826 à 1850; l'autre, publié en 1862, et comprenant une période de dix ans, de 1851 à 1861; le dernier enfin, en 1880, qui n'est pas une simple continuation de ses deux aînés, mais qui embrasse toute la période de la statistique criminelle officielle, de 1826 à 1880. Comp. Paul Robiquet, *La criminalité en France de 1826 à 1880* (*L'Économiste français*, 1882, t. II, p. 703); G. Tarde, *La statistique criminelle du dernier demi-siècle* (*Rev. philos. de la France*, 1883).

sa nature physique, à des lois de développement soustraites au libre arbitre. Guerry[1] et Quetelet[2], par exemple, affirmaient, en 1835, que la part des prisons, des fers, de l'échafaud semblait fixée pour la société, avec autant de précision que les revenus de l'État. Mais des recherches postérieures, portant sur un plus grand nombre d'années, ont démontré l'inexactitude de ces premières conclusions[3]. Il n'est pas un phénomène, au contraire, qui subisse, plus que la criminalité, l'influence de causes diverses et multiples. Toute perturbation, toute modification dans les conditions physiques, biologiques ou sociales retentit, soit sur le nombre total des infractions, soit sur leur répartition proportionnelle. Les recherches de la statistique, qui permettent ainsi au criminaliste de découvrir, avec une certaine probabilité, les causes productives du délit, lui donnent, en même temps, un moyen sûr pour contrôler l'efficacité des mesures préventives et répressives employées pour améliorer la sécurité et la moralité sociales, mesures parmi lesquelles, se placent, en première ligne, le régime pénal et le système pénitentiaire. L'apparente régularité de certains résultats statistiques, expression des lois générales qui président au mouvement de la criminalité humaine, ne prouve pas, comme on l'a prétendu, que tout acte humain soit fatalement déterminé par des conditions physiologiques et sociales, mais simplement que, si l'homme est libre, il existe des limites tracées à sa volonté par les conditions du milieu physique ou social où son activité s'exerce, limites que ces efforts volontaires eux-mêmes peuvent indéfiniment reculer et modifier[4].

---

1 *Essai sur la statistique morale de la France*, 1840. *Statistique morale de l'Angleterre comparée avec la statistique morale de la France*, 1860.

2 *Physique sociale* (Bruxelles, 1835); *Du système social et des lois qui le régissent* (Paris, 1848).

3 Comp. Lacassagne, *op. cit.;* Chaussinand, *Contribution à l'étude de la statistique criminelle en France au point de vue médico-légal* (Lyon, 1881); Ferri, *Studi sulla criminatita in Francia dal* 1826 *al* 1878 (Rome, 1881).

4 Comp. de Pressensé, *Les origines* (1883), p. 408.

TITRE III.

INTRODUCTION HISTORIQUE A L'ÉTUDE DU DROIT CRIMINEL[1].

I. NOTIONS GÉNÉRALES SUR L'HISTOIRE DU DROIT CRIMINEL.

21. Plus on remonte dans l'histoire des législations, plus le droit criminel paraît tenir de place dans l'ensemble du droit : les premiers Codes sont surtout des Codes de pénalités[2]. Mais il ne faudrait pas croire que la notion complète d'une pénalité, infligée au nom du pouvoir, basée sur la justice, limitée par l'utilité sociale et appliquée à la défense du droit, se soit immédiatement dégagée : il a fallu bien des siècles pour arriver à cette conception.

22. Dans l'histoire générale du droit pénal, on peut distinguer trois périodes typiques : 1° la période *barbare*, durant laquelle les délits sont divisés en délits publics, punis de peines corporelles cruelles, et délits privés, poursuivis et réprimés par la victime ou sa famille; 2° la période *théocratique*, durant laquelle le délit, quel qu'il soit, est une atteinte à la constitution religieuse; 3° enfin, la période *politique*, durant laquelle le délit est considéré comme une lésion de l'ordre social et la peine comme un moyen de la prévenir et de la réparer. Ces trois phases ne se rencontrent pas partout. L'évo-

[1] BIBLIOGRAPHIE : DUBOYS, *Histoire du droit criminel des peuples anciens* (1845); *des peuples modernes* (1854-1860, 3 vol.); THONISSEN, *Étude sur l'histoire du droit criminel des peuples anciens* (2 vol., 1869); von BAR, *Handbuch des deutschen Strafrechts* (Berlin, 1882, t. I).

[2] « Toutes les collections connues d'anciennes lois se caractérisent par un trait qui les distingue nettement des systèmes de droit perfectionnés : la proportion des lois criminelles et des lois civiles y est tout à fait différente..... Je crois qu'on peut affirmer que plus un Code est ancien, plus les dispositions pénales y sont étendues et minutieuses. » SUMMER MAINE, *L'Ancien droit*, trad. COURCELLE-SENEUIL, p. 347 et 348. Deux faits contribuent, dans les civilisations anciennes, à renverser la proportion, aujourd'hui existante, entre les lois civiles et les lois pénales : d'un côté, les rapports civils sont alors moins nombreux, moins compliqués qu'ils ne le deviendront plus tard ; d'un autre côté, on ne distingue pas suffisamment à cette époque la violation de droit punissable de celle qui ne l'est pas; la séparation du droit civil et du droit pénal n'est pas nettement tracée.

lution du droit pénal n'est absolument complète que dans l'Europe moderne. Du reste, le passage d'une période à l'autre, obéissant à la loi du progrès lent et continu des idées, n'est ni subit ni absolu.

Chez tous les peuples, la vengeance privée, tirée de l'offenseur par l'offensé, a été l'instrument dont s'est servi la société primitive pour sauvegarder l'ordre social (*Blutrache*, *Vendetta*, *Faida* ou *Fehde*). Le pouvoir n'intervient que pour régulariser cet instinct. On le voit limiter d'abord les représailles par la loi du talion, en empêchant que le mal à rendre ne dépasse, dans l'exercice de la vengeance, le mal éprouvé. On le voit, plus tard, encourager d'abord, rendre obligatoires ensuite, des *compositions pécuniaires*, qu'il force l'offenseur à payer, l'offensé à recevoir. Par ce procédé, le pouvoir rétablit la paix privée entre les familles; il protège l'offenseur contre tout ressentiment, mais à la charge, par lui, de payer à l'autorité le prix de cette protection (*fredum, bannum*). Les intéressés, qui violent le *pacte de paix*, sont mis hors la loi. A ces époques, par conséquent, la *sanction civile* du délit existe à peu près seule. Cependant, des peines proprement dites, consistant dans la mort ou dans des mutilations, frappent certains crimes contre les êtres vénérés, la tribu et la divinité. Telle paraît avoir été partout la première phase de l'humanité. Nous constatons ces usages dans les lois de Moïse, dans les livres d'Homère, dans les coutumes primitives de Rome, chez les Gaulois et les Slaves. Mais c'est dans le droit pénal germanique qu'on trouve, sous sa forme la plus complète, le système de la vengeance privée. Il ne faudrait pas croire enfin que cette conception ait été particulière aux peuples de race aryenne, car nous voyons, au témoignage des voyageurs, que, chez certaines peuplades de l'intérieur de l'Afrique, chez les Aschantis, chez les Touaregs, par exemple, c'est encore par une composition pécuniaire qu'on se rachète d'un meurtre[1].

Comment de l'idée de compensation les hommes passèrent-ils à l'idée de châtiment? L'influence religieuse ne fut pas étrangère à ce

[1] Comp. : Lubbock, *Les origines de la civilisation*, trad. Barbier (Paris, 1873, p. 459, 460); Thonissen, *op. cit.*, p. 75, note 3; De Valroger, *Les Celtes et la Gaule celtique*, p. 181. — Nous constatons ces usages dans les lois de Moïse (*Lévitique*, chap. xxiv, v. 19; *Exode*, chap. xxi, v. 28); dans les livres d'Homère (*Iliade*, liv. IX, vers 632); dans les coutumes primitives des Romains (*Gaïus*, III, § 223); dans les lois barbares; dans les anciennes lois suédoises (Dareste, *Mémoires sur les anciennes lois suédoises*, p. 14). Enfin, des voyageurs les ont retrouvés chez les peuples sauvages de l'Afrique (Comp. Hartman, *Les peuples sauvages de l'Afrique*, p. 213, 216).

progrès. Les premiers civilisateurs furent des prêtres; seuls, ils eurent assez de puissance pour s'emparer de la direction des instincts de l'homme, et substituer à la notion de la vengeance privée, la notion de la vengeance divine. Durant la période théocratique, que l'on retrouve dans l'histoire de presque tous les peuples, la jurisprudence fit partie de la catégorie des sciences sacrées, et les prêtres, à peu près seuls chargés des fonctions de juges, furent ses dépositaires et ses interprètes naturels. Alors, le délit, quel qu'il soit, est une atteinte à la constitution religieuse, et la pénalité, qui est destinée à l'expier, revêt un caractère symbolique et sacré. C'est dans l'Orient mystique et cruel, dans les lois de l'Inde, de la Chine, de l'Iran, de l'Égypte et de Carthage, dans ce que nous connaissons des civilisations mexicaine et péruvienne, enfin dans les coutumes gauloises, que se rencontre nettement cette conception religieuse.

Plus tard, la civilisation déchire les langes théocratiques : l'idée de l'État, idée abstraite, dans laquelle se personnifie l'intérêt de tous, se dégage; et l'État comprend que le délit cause une lésion au peuple tout entier; il comprend qu'une réparation sociale est aussi nécessaire qu'une réparation privée. Cette phase de développement se retrouve dans les deux grandes civilisations anciennes; elle s'achève dans l'histoire des peuples modernes.

En Grèce, si on remonte aux origines, l'empreinte orientale est encore profonde dans le droit pénal. A Athènes, par exemple, les lois relatives à l'homicide sont de vieilles coutumes, encore mélangées de rites religieux. Mais la Grèce ne persiste pas dans cette conception du délit. L'État ou la cité qui, dans la vie sociale, est appelé à être l'organe du droit, apparaît confusément comme l'objet de la protection pénale[1]. Le caractère public, je dirai même le caractère politique du droit criminel, tend à s'accentuer dans la civilisation romaine[2]. On rencontre, il est vrai, dans son histoire, les trois phases du développement pénal; mais Rome s'est plutôt, et mieux que les autres peuples de l'antiquité, affranchie soit de la conception privée, soit de la conception religieuse du délit, dont il reste simplement des traces

[1] Comp. THONISSEN, *Le droit criminel de la République athénienne* (Paris, 1875); DARESTE, *Esquisse du droit criminel athénien* (*Journal des savants*, 1878, p. 625-639).

[2] Sur l'histoire du droit romain : REIN, *Das Kriminalrecht der Römer von Romulus bis auf Justinianus* (Leipzig, 1844); GEIB, *Geschichte des römischen Kriminalprocesses bis zum tode Justinians* (Leipzig, 1842); ZUMPT, *Das Kriminalrecht der römischen Republik;* RUDORF, *Römische Rechtsgeschichte;* WALTER, *Geschichte des römischen Recht*, buch V; *Verbrechen und Strafe* (Cette partie a été traduite par PICQUET-DAMESME, sous

dans les textes des lois qui nous sont parvenus. Puis les évolutions de l'histoire font reparaître, au milieu des peuples civilisés, le système de la composition qui avait à peu près disparu de leurs coutumes. Ce sont les Germains qui amènent le retour à cette antique barbarie. Mais, bientôt, l'idée de justice suit son développement un moment arrêté, et, malgré l'invasion violente d'un droit propre aux anciens hommes, le droit propre aux hommes civilisés reprend le dessus. L'idée de la composition disparaît la première du droit pénal des peuples du moyen-âge, mais l'idée religieuse, ravivée par le christianisme, se perpétue, du reste affaiblie et épurée, jusque dans les loi des peuples modernes. C'est le mouvement philosophique du XVIIIe siècle qui, en recherchant les titres du droit pénal, fait nettement apparaître cette idée que le fondement du droit de punir est la protection sociale et que le but de la peine est d'assurer cette protection. La législation pénale moderne, fille de cette philosophie, repose essentiellement sur cette base.

23. L'organisation des juridictions pénales et les règles de la procédure à suivre devant elles se sont constituées et développées avec le pouvoir social et suivant le degré de liberté des peuples. L'histoire du droit criminel nous en présente trois formes principales.

a) La première, dite *accusatoire*, répond à la notion même du procès-pénal, qui suppose une lutte entre deux adversaires, à laquelle le juge met fin en donnant tort à l'un ou à l'autre. Par suite même de ce caractère, elle apparaît tout d'abord dans l'histoire du droit criminel. On en retrouve l'origine dans les législations orientales; on la voit prendre une forme précise dans les législations grecque et romaine, puis décliner dans les temps du despotisme impérial. Après la chute de l'empire romain, nous la retrouvons, avec des formes grossières et rudes, organisée par les coutumes germaniques et féodales; et, tandis que, à l'époque moderne, elle disparaît sur le continent européen, elle se conserve et se développe dans les institutions judiciaires de la libre Angleterre.

Voici quels sont les principes qui forment le fond de ce système

le titre : *Histoire du droit criminel chez les Romains* (Paris, 1863); LABOULAYE, *Les lois criminelles des Romains concernant la responsabilité des magistrats* (Paris, 1845); DE VALROGER, *Esquisse du droit criminel des Romains* (*Revue critique*, 1860, t. XVI, p. 369, 400 et 519); LABATUT, *Essai sur le système pénal des Romains* (*Rev. crit.*, 1874, p. 630; 1875, p. 605, 709 et 757); MAYNZ, *Esquisse historique du droit criminel de l'ancienne Rome* (*Nouv. rev. hist.*, 1882, t. VI, p. 1 à 34); FAUSTIN HÉLIE, *Le droit pénal dans la législation romaine* (*Revue crit.*, 1882, t. XI, p. 27 à 42; p. 100 à 117).

de procédure : 1° l'accusation est librement exercée par tout citoyen : mais il n'y a pas de procès pénal sans un accusateur, de sorte que si personne ne prend l'initiative de la poursuite, le crime reste nécessairement impuni; 2° le juge est un arbitre de combat, qui doit être accepté par les deux parties; aussi retrouvons-nous, chez presque tous les peuples qui admettent ce système, soit le principe du jugement par les pairs de l'accusé, soit l'absence d'une procédure par défaut; 3° le juge ne peut procéder de lui-même ni pour se saisir, ni pour s'éclairer : son rôle consiste à répondre aux questions qui lui sont posées, à examiner les preuves produites devant lui, et à se décider sur ces preuves; 4° l'instruction, dans ce système, a trois caractères essentiels : elle est contradictoire, orale et publique.

b) La seconde forme de procédure, dite *inquisitoire*, a ses premiers germes dans les dernières institutions du droit romain impérial[1], germes développés au moyen-âge, devant les juridictions ecclésiastiques, par le principe, introduit au temps d'Innocent III, de l'*inquisitio ex officio*. Emprunté au droit canonique, ce système de procédure devint, à partir du XVIe siècle, le système dominant dans tous les pays de l'Europe, à l'exception de l'Angleterre.

Voici les principes qu'il met en œuvre : 1° le pouvoir social, au nom de l'intérêt public, procède d'office à la recherche, à la constatation et à la punition du délit; 2° le juge, délégué par le pouvoir, et non plus choisi par les parties, remplit une fonction publique et permanente; 3° son examen n'est pas limité aux preuves produites devant lui; il procède d'office, et, suivant certaines règles, à l'instruction (*inquisitio*), c'est-à-dire à toute recherche de preuves admises par la loi; 4° cette instruction, écrite et secrète, n'est pas contradictoire; 5° mais deux institutions viennent limiter, dans ce système, les pouvoirs du juge, et réduire les chances d'erreur : l'organisation d'un système de preuves légales qui enchaîne la conviction des juges, et l'institution de l'appel à des juges supérieurs des décisions des juges inférieurs.

c) Chacun des deux systèmes, accusatoire et inquisitoire, a ses qualités et ses défauts : aucun ne contient, en lui-même, les garanties nécessaires à la bonne administration de la justice pénale. Dans la procédure purement accusatoire, la poursuite et la recherche des dé-

[1] Comp. sur ce point : BIENER, *Beitrage zu des Geschichte des Inquisitions-Processes* (Leipsig, 1827), p. 11 et suiv.; FOURNIER, *Les officialités* (Paris, 1880), p. 256 et 257.

lits sont complétement abandonnées à l'initiative privée, qui peut sommeiller par inertie, par crainte ou par corruption. L'impunité, qui est ainsi la conséquence de ce système, est encore accrue, soit par la publicité qui existe à toutes les phases de la procédure, soit par la nécessité où se trouve le juge de limiter son examen aux seules preuves qui lui sont fournies par l'accusation. Mais, d'un autre côté, la procédure inquisitoire a des vices bien graves : c'est la poursuite et la recherche des délits exclusivement confiées au pouvoir; c'est le secret qui environne toute la procédure; c'est le défaut de contradiction sérieuse organisée entre l'accusation et la défense. Aussi, le progrès de la civilisation juridique a consisté à emprunter à chacun de ces systèmes quelques-uns de leurs éléments, et à organiser un système mixte de procédure pénale, dont une première partie emprunte ses caractères à la procédure inquisitoriale, mais dont la seconde reprend toutes les garanties de la procédure accusatoire. Il se caractérise par les principes suivants : 1° le juge ne peut se saisir d'office : il faut donc qu'il y ait une accusation; mais elle est confiée à des fonctionnaires spéciaux qui exercent ainsi un « *ministère public,* » et dont les parties privées ne doivent être, en principe, que les auxiliaires; 2° au jugement, concourent des magistrats permanents et expérimentés et des juges populaires; 3° la procédure se dédouble en deux phases : l'instruction préparatoire, écrite et secrète; l'instruction définitive, orale, publique, contradictoire; 4° enfin, les seuls moyens de s'éclairer, que la conscience et la raison peuvent admettre, servent à la conviction du juge, qui n'est pas enchaîné par un système de preuves légales.

II. L'ANCIEN DROIT CRIMINEL FRANÇAIS [1].

24. Au cinquième siècle de l'ère chrétienne, se sont rencontrés sur le sol de la Gaule deux droits complétement différents et pourtant issus de la même origine, puisque la race germanique, les races romaine et gauloise paraissent être des branches détachées de la grande souche arienne : le droit *germanique*, encore dans son enfance, et le

[1] Bibliographie : Duboys, *Histoire du droit criminel en France depuis le* XVIe *jusqu'au* XIXe *siècle* (1874); Allard, *Histoire de la justice criminelle au* XVIe *siècle* (Gand, 1868); Maury, *L'ancienne législation criminelle* (*Revue des Deux-Mondes*, 1877, t. V, p. 520; Esmein, *Histoire de la procédure criminelle en France* (1882).

droit *gallo-romain*, dans son complet développement. C'est par le christianisme et sous l'influence du droit canonique, que s'opéra, durant l'espace de quatorze siècles, la fusion de ces deux éléments. Les grandes périodes de ce travail incessant de législation se personnifient dans les noms : de Charlemagne, qui crée une première unité, par ses Capitulaires, au milieu des institutions confuses des temps barbares, et qui organise un pouvoir fort, capable de protéger l'individu; de Louis IX et de Louis XI, qui luttent contre l'organisation de la féodalité, comme avait lutté Charlemagne contre l'organisation des tribus barbares. Puis, au seizième siècle, la jurisprudence s'empare de tous les documents épars de notre droit : aidés par le droit romain, dont les recueils, remis en lumière, sont enseignés et commentés partout, nos grands jurisconsultes travaillent à mettre de l'*unité* dans toutes ces lois diverses et à élever l'édifice de la législation française. Louis XIV pourra, après ce travail préparatoire, créer ces ordonnances générales, parmi lesquelles marque l'ordonnance criminelle de 1670, qui sont les fragments épars d'un Code général des lois françaises; et Pothier n'aura qu'à codifier notre législation et à l'expliquer dans ses immortels traités. La Révolution achèvera l'unité législative, comme l'unité nationale. Notre droit est donc né d'une lutte de quatorze siècles : son caractère propre n'est pas d'avoir éliminé, mais d'avoir combiné les éléments divers qui le composent, de s'être approprié ces matériaux par un travail puissant d'assimilation, de leur avoir donné un caractère impersonnel, qui a permis à la plupart des nations de l'Europe de l'adopter.

Il est facile de comprendre que l'histoire de notre droit criminel, comme l'histoire de notre droit privé, a trois périodes principales :

La période de *formation*, pendant laquelle les trois sources de notre droit, les sources romaine, germanique et canonique, se combinent : cette période dure jusqu'au seizième siècle.

La période d'*unification*, pendant laquelle, l'œuvre d'unité étant accomplie sur le territoire de chaque coutume, la royauté et les légistes travaillent à la réaliser dans le royaume : cette période dure jusqu'à la fin du dix-huitième siècle.

La période d'*unité* dans laquelle nous sommes entrés depuis 1789, et qui se caractérise par la codification de notre législation nationale.

Je présenterai un tableau rapide de notre ancien droit criminel aux divers points de vue des juridictions, de la procédure et de la pénalité.

25. Juridictions. — L'organisation des juridictions pénales a passé, dans notre ancien droit, par trois phases distinctes. Mais, dans toutes, un trait commun se remarque : c'est l'*unité* de la justice criminelle et de la justice civile, administrées l'une et l'autre par les mêmes tribunaux.

I. Sous l'ère barbare, la justice est rendue par le chef (*rex, princeps, dux, comes, grafio,* etc.), avec le concours des hommes libres (*boni homines, rachimburgii, pagenses,* etc.), dans des réunions temporaires et périodiques. Le chef convoque les assises (*mallum*), préside l'assemblée des hommes libres, recueille, sans y prendre part, la sentence et la fait exécuter.

26. II. Sous l'ère féodale, les juridictions se divisent en deux grandes classes : les juridictions laïques, les juridictions ecclésiastiques.

a) Parmi les justices laïques, on en distingue de trois sortes : les justices seigneuriales, les justices royales, les justices municipales.

La justice était devenue patrimoniale en France; c'est là un des traits de la féodalité. Les justices seigneuriales se divisaient d'abord en *justices hautes* et *basses;* plus tard, apparurent les *moyennes justices.* Cette division avait surtout de l'importance au point de vue criminel, en ce sens que les cas et les peines graves étaient réservés à la haute justice. Exercé d'abord par le seigneur lui-même, assisté, lorsqu'il s'agissait d'un vassal, des pairs de celui-ci, le droit de rendre la justice fut plus tard délégué à des officiers qui prirent, suivant les lieux, les noms de *baillis* ou de *prévôts.*

Au début de la féodalité, le roi n'avait juridiction que sur son domaine; et, là, il rendait la justice au même titre et dans les mêmes conditions qu'un seigneur justicier. Lui aussi se fit bientôt remplacer, dans cette fonction, par des officiers qu'il investissait d'une délégation permanente. Au début, ce furent les *prévôts;* plus tard, probablement par suite d'un besoin de centralisation et de surveillance, des officiers supérieurs furent créés, ils prirent le nom de *baillis* dans le nord et le centre, de *sénéchaux* dans le midi de la France. Ces fonctionnaires eurent pour mission de tenir des assises solennelles dans les villes de leur ressort. Ils recevaient toutes plaintes contre les officiers royaux, réformaient leurs jugements, plus tard même, les crimes les plus graves, ceux qu'on appelait les *cas royaux*, leur furent réservés. Enfin, au dernier étage des juridictions royales était le *parlement,* qui sortait de deux institutions, distinctes de droit, mais non de fait : la *cour du roi* et la *cour des pairs.* Le parlement, tenu d'abord à des époques déterminées, devint un corps sédentaire. La royauté, pendant longtemps, n'eut qu'un parlement, celui de Paris; les parlements de province, tous de création postérieure à celui de Paris, apparaissent du XIVe au XVIIIe siècle.

Les bourgeois des villes de commune ou des villes d'échevinage, poursuivis en matière criminelle, devaient être jugés par leurs justices municipales, c'est-à-dire par leurs pairs. L'organisation de ces justices variait, du reste, pour ainsi dire, de commune à commune.

b) Les juridictions ecclésiastiques, les *cours de chrétienté*, comme on disait alors, avaient une double compétence, *personnelle* et *réelle.* Le privilège de clergie, qui embrassait tous les degrés du clergé régulier et tous ceux du clergé séculier jusqu'aux chantres, donnait à ceux qui pouvaient l'invoquer le droit d'être jugé par ces tribunaux. Ceux-ci connaissaient également de certains crimes, commis par toutes personnes, par exemple, des crimes d'hérésie et d'apostasie, de sorcellerie, d'adultère et d'usure. Cependant, si ces juridictions avaient toujours le droit de juger, elles n'avaient pas toujours celui de condamner : suivant la gravité des cas, elles livraient le coupable au bras séculier, qui prononçait la peine et la faisait exécuter.

Le juge était l'évêque, l'ordinaire : comme les seigneurs, et avant eux probablement, il délégua son droit de juridiction, d'abord à l'archidiacre, puis, à partir du XIIIe siècle, à un dignitaire particulier qu'on appela l'*official.* La hiérarchie savante des autorités ecclésiastiques permit d'organiser une série d'appels, de l'official à l'archevêque, de celui-ci au primat, puis, enfin, au pape, chef et juge suprême de la chrétienté.

27. III. Toutes ces juridictions ont existé jusqu'aux dernières années du XVIIIe siècle. Mais, tandis que les juridictions ecclésiastiques, seigneuriales et municipales perdent peu à peu leur importance, les juridictions royales grandissent, se développent et finissent presque par les absorber. Comment cette tranformation s'accomplit-elle? Quel est l'état des juridictions royales aux XVIIe et XVIIIe siècles?

a) Les juridictions royales se développèrent, comme la royauté elle-même, par une suite d'entreprises persévérantes, dont les légistes furent les instruments convaincus. Partant de cette idée que le roi représente l'intérêt général, qu'il doit à tous la sécurité et la justice, les légistes inventèrent divers procédés pour diminuer peu à peu la compétence des justices laïques et des justices ecclésiastiques au profit des justices royales. Le premier fut la théorie des *cas royaux.* Dès le XIIIe siècle, on voit naître cette idée que certains faits très-graves, parmi lesquels figurent les crimes de lèse-majesté, de port d'armes, de fausse monnaie, doivent être exclusivement réservés aux baillis royaux. La liste des cas royaux s'allonge toujours et n'est jamais close. Le droit romain fournit aux légistes leurs meilleures armes dans cette lutte, car cette puissance, qu'ils construisent au profit de la royauté, a pour type le droit impérial romain. Vint ensuite l'organisation de l'*appel.* La féodalité n'avait jamais eu l'idée de soumettre de nouveau à un juge supérieur le litige déjà tranché par un premier juge; elle ne connaissait point de juges inférieurs et de juges supérieurs; toutes les cours féodales, dans les limites de leur compétence, étaient des cours souveraines. Il n'existait dans la procédure féodale que deux voies de recours : l'*appel pour défaut de droit,* dans lequel le plaideur se plaignait d'un déni de justice, et l'appel *de faux jugement,* sorte de cassation barbare, de prise à partie brutale du plaideur contre les pairs qui le jugeaient. L'appel, dans le sens que nous donnons à ce mot, fut admis de bonne heure des justices seigneuriales aux justices royales, et le nombre des degrés de juridiction ne fut jamais limité. Enfin, les officialités virent diminuer leur compétence, par la revendication que faisaient les justices royales, comme crimes de lèse-majesté, de certains crimes qui relevaient d'elles à raison de leur nature, et par l'institution, au profit des juges royaux, des cas dits privilégiés.

b) En étendant ainsi leur compétence, les juridictions royales durent modifier leur organisation. D'un côté, on vit les anciens tribunaux se développer; de l'autre, des tribunaux d'exception se créer.

Les prévôts constituaient les juges ordinaires du premier degré; les baillis et sénéchaux, ambulants à l'origine, devenus sédentaires par la suite, formaient toujours le second degré des juridictions royales. Les baillis, grands officiers de la couronne, déléguaient leurs pouvoirs à des officiers inférieurs, qu'on appelait lieutenants du baillage. Au lieutenant criminel échut le jugement des causes criminelles; il devint le juge en matière répressive pour toutes les affaires soustraites, à raison de leur gravité, à la juridiction du prévôt. D'abord, il jugea seul; plus tard, il fut assisté par des assesseurs qui prirent le titre de conseillers. Sous Henri II, il fut créé des sièges d'une importance particulière, les présidiaux. Le Parlement de Paris eut une chambre spéciale pour juger les procès criminels, la *Tournelle.* Les Parlements de province naissaient les uns après les autres, avec le développement du pouvoir politique de la royauté. Outre les fonctions ordinaires, le Parlement de Paris et certains parlements de province, ceux de Toulouse, Rouen et Bordeaux, participaient à l'administration de la justice par les Grands-Jours, sortes d'assises solennelles et temporaires, tenues, dans une province, par des commissaires choisis par le roi.

Il y avait deux sortes de tribunaux d'exception : 1° Les uns ne connaissaient des causes criminelles qu'incidemment aux matières qui faisaient l'objet particulier de leur établissement : tels étaient le prévôt de l'hôtel des Monnaies et la Cour des Monnaies, les juges de l'amirauté; 2° les autres avaient une compétence criminelle principale : tels étaient les prévôts des maréchaux et les juges militaires.

28. Procédure. — La procédure criminelle a passé dans notre pays, comme dans les autres pays de l'Europe continentale, par deux phases principales, la phase *accusatoire* et la phase *inquisitoire*.

29. I. A l'époque barbare, la *procédure criminelle* ne se distingue pas de la *procédure civile :* l'une et l'autre sont fondées sur le même principe. Au civil, comme au criminel, deux parties se trouvent en présence : l'une, qui réclame contre un dommage causé par le délit et en poursuit la réparation pécuniaire; l'autre, qui se défend contre cette réclamation. L'accusation est donc exclusivement exercée par la partie lésée. L'*instruction* se fait *oralement* et *publiquement*, et elle a pour moyen principal les dépositions des témoins. On compte plutôt qu'on ne pèse ces témoignages : de là, l'usage des *conjuratores* ou jureurs qui viennent devant le tribunal, au nombre fixé par la loi, accompagner l'accusé, non pour déposer sur le fait, mais pour lui donner un certificat de moralité sous la foi du serment. Quand le juge ne peut former sa conviction sur les témoignages, que l'accusé nie le délit, et que le serment purgatoire est rejeté, intervient le jugement de Dieu. Ce sont les épreuves judiciaires (*ordalies*), par le combat, l'eau bouillante, le fer rougi, etc., qui décident entre l'accusateur et l'accusé.

30. Malgré la substitution, à l'époque féodale, d'un système de pénalité à un système de composition, la procédure criminelle conserve d'abord le double caractère qu'elle avait à l'époque barbare : droit d'accusation exclusivement réservé aux parties lésées par le délit; identité des formes de la procédure en matière criminelle et en matière civile. Les deux modes de preuves usitées à l'époque barbare, le serment purgatoire et les ordalies, disparurent d'assez bonne heure.

Mais le duel judiciaire, l'appel au jugement de Dieu, soutenu par le serment des deux adversaires, et décidé par la bataille, prit une extension considérable. Ce fut, en matière criminelle au moins, le mode de preuve ordinaire. Mais, peu à peu, et de plus en plus sans doute, l'accusateur, au lieu de procéder par l'appel direct au jugement de Dieu, offrit de faire la preuve de son dire par témoins, sauf le droit réservé à l'accusé de fausser ces témoins. De sorte que, l'enquête orale et publique, administrée suivant certaines règles rigoureuses et formalistes, finit par constituer, avec l'aveu, le mode de preuve le plus usité.

De bonne heure, la nécessité se fit sentir de donner au magistrat une initiative, qui ne lui appartenait pas tout d'abord, de le charger de poursuivre le crime, que personne ne poursuivait. La justice féodale y était d'autant plus intéressée que le produit des amendes et confiscations appartenait au fisc du seigneur. On admit donc que les juges pourraient prendre l'initiative des poursuites et même par créer, auprès des juridictions importantes, un représentant du seigneur, chargé de veiller à ses intérêts pécuniaires, qu'on appela pour ce motif *procureur fiscal*. Ce n'est que par degrés qu'on transforma ainsi le caractère de l'action pénale. Dans le principe, le magistrat ne put agir que quand il n'y avait pas d'héritiers de la victime. On admit également qu'en cas de flagrant délit, il n'était pas nécessaire qu'il y eût un accusateur. La procédure féodale avait même organisé une méthode formaliste et naïve pour conserver au fait son caractère de flagrant délit : c'était la poursuite avec la *clameur de haro*. Enfin, on fit un pas de plus en donnant, dans tous les cas, au magistrat le droit d'exercer lui-même la poursuite. A partir du jour où ce progrès fut accompli, ne cessa pas, pour les intéressés, la victime du délit ou ses parents, le droit de se porter accusateurs : mais l'accusation se présenta sous deux formes; l'*accusation directe*, dans laquelle la partie lésée menait le procès elle-même; et la *dénonciation*, par laquelle elle faisait appel à l'initiative du magistrat. La dénonciation était une façon de procéder dans la poursuite, dont l'Église avait fourni le modèle; elle avait deux avantages sur l'accusation directe : elle n'exposait pas son auteur, si elle était mal fondée, aux peines sévères du talion, usitées encore vers la fin du XIIIe siècle; de plus, en laissant au juge le soin d'apprécier au préalable la valeur de sa plainte, le dénonciateur se mettait à l'abri du ressentiment et de la vengeance. L'emploi de la dénonciation fut admis par le tribunal de l'inquisition, dès son institution dans le midi de la France, pour la poursuite des crimes d'hérésie et de magie, et de la procédure ecclésiastique, il passa dans la procédure laïque.

Au XIIIe siècle, Beaumanoir constate déjà que, au lieu de se porter accusateur, on peut se borner à dénoncer le fait incriminé au magistrat, qui agit alors comme il aurait fait, s'il y avait flagrant délit.

Ce fut d'abord le délégué même du seigneur ou du roi pour juger qui prit la direction de la poursuite. Mais lorsque le pouvoir royal se développa, il eut besoin, auprès de chaque juridiction, pour toutes les affaires qui intéressaient la royauté, de *procureurs* qui tenaient la plume et d'*avocats* qui portaient la parole. Ces procureurs ou ces avocats n'étaient, à l'origine, comme on le voit encore sous Philippe le Bel, que les agents particuliers du roi, poursuivant ou défendant, en son nom, dans toutes les affaires où il était intéressé. L'ordonnance du 25 mars 1303 qui fait, pour la première fois dans un document législatif, mention de ces officiers, enjoint aux procureurs du roi de prêter serment *de calumnia*, comme les autres plaideurs, et leur défend de se mêler des causes des particuliers. Chaque bailliage, chaque siège de prévôté, chaque juridiction ecclésiastique eut ses « gens du roi, » dont la délégation, d'abord temporaire, finit par devenir permanente, et dont le caractère se transforma comme le caractère de la royauté elle-même. L'ordonnance du mois de novembre 1553 prescrit « qu'en chacun siège de nos prévôtés des villes de notre dit royaume, ressortissant dûment par devant nos dits baillis et sénéchaux et où y a siège présidial, sera mis, institué, établi un procureur pour nous, pour assister aux expéditions de justice civile, politique et criminelle. » Le procureur du roi poursuivait les usurpateurs du domaine ou autres droits régaliens ; il intentait les procès dans les *cas royaux ;* il intervenait dans l'instruction de tous les procès criminels pour sauvegarder les intérêts du fisc royal qui s'enrichissait des amendes et des confiscations. On le vit même bientôt prendre l'initiative des poursuites. Les entreprises des procureurs du roi, en se multipliant, furent acceptées comme un usage, et cet usage s'imposa bientôt comme un droit. Aucune loi précise ne détermine ce progrès. Le ministère public, — ce fut le nom donné à ce corps de magistrats, — se révèle d'abord par son action, et, quand les premières ordonnances s'en occupent, il est déjà en exercice. Ces ordonnances ne le créent pas, elles l'adoptent. A partir de l'époque où le ministère public fut définitivement organisé, c'est-à-dire vers le commencement du XVIe siècle, le juge et le ministère public concoururent à la poursuite criminelle, et c'est cette double intervention qui constitua plus particulièrement ce qu'on entendait, dans notre ancien droit, par la *procédure extraordinaire*. Quand la réparation d'une infraction n'était poursuivie que par la partie lésée, la procédure était dite, au contraire, *procédure ordinaire*. C'est qu'en effet le système inquisitorial, destiné à remplacer complètement plus tard le système accusatoire qui ne répondait plus aux besoins ni aux mœurs, fut d'abord considéré comme un remède *extraordinaire*, et la procédure inquisitoriale garda cette qualification, qui marque son origine, même à l'époque où elle était devenue la procédure ordinaire.

31. II. Cette transformation du caractère de la poursuite eut une influence considérable sur l'organisation et le caractère de la procédure. Devant les juridictions germaniques et les premières juridictions féodales, l'instruction se faisait oralement devant tous : elle avait pour base principale les dépositions des témoins et pour moyen subsidiaire les ordalies et le combat judiciaire. Mais placées en face de l'Église, leur puissance rivale, les juridictions séculières finirent par reproduire les traits principaux d'une procédure en usage devant les tribunaux ecclésiastiques, et qui les séduisit par la simplicité et la régularité de sa marche. C'est dans les dernières années du XIIe siècle qu'Innocent III, en inaugurant le principe de la poursuite d'office devant les juridictions ecclésiastiques, avait organisé cette procédure, qui consistait essentiellement dans une enquête, faite par le juge, contradictoirement avec le prévenu, secrètement et par écrit, enquête à la suite de laquelle le juge rendait sa sentence. Cette procédure portait le nom d'*inquisitio*.

Les juges laïques n'osèrent pas tout d'abord imposer de force à l'accusé la substitution de l'instruction écrite et secrète, qui était la base de la procédure inquisitoire, au débat public et oral, qui était de l'essence du système accusatoire : ils n'usèrent de l'*inquisitio* que quand l'accusé y consentait. Mais, convaincus de l'utilité de cette procédure, ils ne se firent pas scrupule de recourir à la contrainte pour arracher le consentement de l'accusé, et nous voyons, par Beaumanoir, que pour y parvenir, rien ne les empêche de retenir quelquefois le prévenu en étroite prison, surtout « si malvaise renommée labore contre lui. » Le célèbre légiste du XIIIe siècle pose même en principe que le magistrat peut enquérir, quand même la partie ne voudrait pas se mettre en enquête. Mais ce n'est là qu'une opinion individuelle.

La procédure inquisitoriale ne s'introduisit, en effet, que peu à peu dans les juridictions laïques, par l'effet des mœurs, bien plus que par celui des lois, et on suit ce mouvement dans trois ordonnances successives, sources de notre ancienne procédure pénale. La première est l'ordonnance de Louis XII, du mois de mars 1498. La seconde, l'ordonnance de Villers-Cotterets, nommée l'ordonnance du chancelier Poyet, rendue en août 1539, sous François Ier, sur le fait de la justice et abréviation des procès. Enfin, l'ordonnance de Louis XIV, du mois d'août 1670, codification complète de la procédure criminelle, et qu'on appelle par ce motif, l'*ordonnance criminelle* par excellence. Les deux premières ne s'occupent de la procédure criminelle qu'incidemment; la troisième est exclusivement consacrée à en tracer les règles.

Voici quelle est la marche et quels sont les principes de cette procédure.

La poursuite est intentée, soit d'office, soit sur une plainte ou une dénonciation. L'information est d'abord l'œuvre des officiers de justice subalterne, tels que greffiers, sergents et huissiers, gens capables, au dire d'Imbert, de la « faire grasse ou maigre, » suivant la générosité des accusés. On s'aperçoit bientôt des inconvénients de confier une mission si grave à des hommes dont la moralité est, à bon droit, suspecte; et, pour contrôler leurs rapports et procès-verbaux, le *recolement* des témoins, fait séparément par le juge même, devient obligatoire. Pour faire venir les témoins, lorsque le crime est d'une certaine gravité, on a recours aux monitoires qui consistent dans un avertissement donné en chaire par le curé, à la messe paroissiale, à tous les assistants de venir lui communiquer ce qu'ils savent du crime commis.

Sur le vu des pièces de cette première information, le juge pouvait rendre ce qu'on appelait un règlement à l'extraordinaire ou un règlement à l'ordinaire, selon que le fait lui paraissait de nature ou non à entraîner une peine afflictive ou infamante, à être, par conséquent, du ressort de la juridiction criminelle ou de la juridiction civile. Après quoi avaient lieu : l'interrogatoire de l'accusé, auquel le juge imposait l'obligation de prêter serment, l'assimilant ainsi, en sa propre cause, aux témoins tenus à jurer toutes les fois qu'ils étaient entendus; le recolement des témoins; leur confrontation, soit entre eux, soit avec l'accusé; et, quand il y avait plusieurs accusés, ce qu'on appelait leur affrontation. Mais cette instruction, suivant l'expression d'Ayrault, se traitait « entre murailles muettes et sourdes; » elle se formulait par écrit dans les procès-verbaux de l'information. Si, après les différentes phases de l'instruction, au lieu de preuves certaines et péremptoires, il ne se dégageait contre l'accusé que des indices graves, si l'on n'avait pu « rien gagner sur lui, » suivant l'expression de l'ordonnance de 1539, on recourait, pour obtenir un aveu, objet constant, à cette époque, des préoccupations de la justice, à la torture, cette forme d'interrogation qui paraissait si naturelle, qu'on la désignait simplement, dans le langage usuel, sous le nom de *question judiciaire*. Si l'usage de la torture était général, les procédés employés pour l'administrer variaient de pays à pays, de parlement à parlement. Tandis que, dans le ressort du parlement de Paris, la question à l'eau et aux brodequins passait en jurisprudence; dans le ressort du parlement de Bretagne, on pratiquait la question par le feu. On distinguait, dans la pratique, deux genres de questions, la question *ordinaire* et la question *extraordinaire* : mais la législation ne précisa guère les cas où les juges devaient s'arrêter à la question ordinaire, les cas où ils pouvaient passer à l'emploi de l'extraordinaire, laquelle consistait, moins dans un mode de tourments nouveaux, que dans la réitération de celui auquel on avait eu recours. L'ordonnance de 1670, codifiant la pratique déjà en vigueur, voulait que le prévenu fût interrogé trois fois, avant, pendant et après la torture. A côté de la question ordinaire ou extraordinaire, dite *préparatoire*, il en existait une autre, dite préalable ou *définitive*, qu'on ne prononçait que contre les condamnés à mort pour obtenir des aveux ou la révélation de complices.

Un système très-savant de preuves légales enchaînait, dans cette procédure, le juge de la culpabilité, qui se prononçait sur les pièces écrites du dossier de l'information, sans débat oral, sans publicité et sans défense.

32. Droit pénal. — La pénalité débute, dans notre pays, à l'époque barbare, par le système de la vengeance privée, avec la guerre de famille et le talion, qui en sont les conséquences, et le rachat au moyen d'une composition pécuniaire (*wergeld*). La plupart des dispositions des lois barbares sont destinées à établir un tarif de compositions qui est proportionné à la nature du délit et à la qualité de la victime. Même à cette époque cependant, l'idée de châtiment prend la place de l'idée de dédommagement pour certains délits publics et religieux. Puis, par un progrès qu'il est difficile de suivre, la composition disparait ou plutôt se transforme; la vengeance du chef féodal prend la place de la vengeance privée. C'est lui qui est offensé par le crime; il empêchera la guerre privée, il accordera la paix que tous devront respecter, mais il l'accordera moyennant une rançon. A l'époque féodale, en effet, si des peines corporelles, et parfois fort cruelles, sont prononcées pour les grands crimes, ce sont plus ordinairement des amendes et des confiscations que le magistrat édicte contre le coupable. On retrouve, dans ce système, la trace des compositions de l'ancien droit germanique; mais, à la différence de ce qui s'était pratiqué dans le principe, l'amende, au lieu d'être surtout destinée à indemniser l'offensé ou les siens, revenait presque tout entière au seigneur ou à son représentant. La justice pénale prenait ainsi un caractère fiscal et les seigneurs en réclamaient l'exercice, spécialement en vue des profits qu'elle rapportait. La royauté s'inspira d'abord des mêmes principes, la peine fut poursuivie au nom de la vengeance royale. Cette idée persiste à travers toutes les phases que parcourt le droit pénal, jusqu'au XVIIIe siècle. Mais le système des incriminations et celui des peines se créent et se développent sous l'influence successive des coutumes, du droit romain et des ordonnances royales.

33. L'ancien droit pénal de la France n'a jamais été codifié, il se composait de lois et de coutumes si nombreuses, que l'on avait fini par reconnaître aux tribunaux, principalement aux parlements, la plus grande latitude dans la qualification des crimes, dans le choix et l'application des peines.

a) En matière d'*incrimination*, on distinguait, dans la doctrine et la jurisprudence, trois sortes d'infractions : 1° les crimes de lèse-majesté divine, c'est-à-dire les infractions à la loi religieuse, telles que le blasphème, le sacrilège, la magie, l'hérésie, l'apostasie, l'athéisme; 2° les crimes de lèse-majesté humaine, c'est-à-dire les attentats contre la personne du roi, contre les membres de sa famille, ou contre la sûreté de l'Etat : ils étaient au premier ou au second chef, suivant leur gravité; 3° enfin, les crimes contre les particuliers. Dans les crimes de lèse-majesté humaine au premier chef et dans les autres crimes énormes, on observait « certaines singularités. » Ainsi, les peines cessaient d'être personnelles, les descendants, les ascendants et le conjoint du coupable étaient ordinairement frappés du bannissement et de la confiscation. Ainsi encore, on ne recherchait pas si l'auteur du crime en avait eu conscience ou non : la démence et le jeune âge, succédant à peine à l'enfance, ne constituaient ni des causes de justification ni même des motifs d'excuse. Enfin, l'on faisait le procès au cadavre.

b) En ce qui touche la *pénalité*, on distinguait les peines, en peines *capitales*, peines *afflictives et infamantes*, peines *infamantes* et peines *non infamantes.*

Les peines capitales étaient : la mort, les galères à perpétuité, le bannissement perpétuel, le supplice de la claie pour le cadavre. Elles emportaient la mort civile et la confiscation générale des biens. La peine de mort ne consistait pas dans la simple privation de la vie; elle s'exécutait par divers genres de supplices, qui la rendaient inégale suivant la qualité des coupables ou la nature de leur crime : la potence était pour les roturiers; la décollation pour les nobles; la roue pour les crimes atroces, tels que l'assassinat; le feu pour les crimes de lèse-majesté divine; l'écartélement pour les crimes de lèse-majesté humaine au premier chef.

Les peines afflictives et infamantes étaient au nombre de neuf : les galères à temps, la réclusion, le fouet public, la mutilation de la langue ou de la lèvre, la pendaison sous les aisselles, le carcan, l'amende honorable, le bannissement à temps, la prison.

Le blâme, l'amende, la privation d'office étaient les principales peines simplement infamantes.

Parmi les peines non infamantes, ou peut citer : l'admonition en chambre du conseil, l'aumône.

34. Les principaux caractères de cette législation étaient l'*arbitraire* et l'*inégalité.*

a) D'après notre ancien droit, les juges avaient toute latitude pour réprimer les diverses sortes d'infractions. La loi ne leur dictait pas aussi strictement qu'elle le fait aujourd'hui la peine à infliger. Les légistes, en compilant les coutumes, en y associant des données prises dans les Codes théodosien et justinien et le Digeste, avaient composé des manuels, des traités, destinés à guider le magistrat; mais, en fait, l'*arbitraire des peines*, que consacrait le droit romain de l'empire, était le principe accepté. Au seizième siècle, un criminaliste fort estimé en son temps, Imbert, écrivait, dans sa *Pratique judiciaire :* « Aujourd'hui les peines sont arbitraires en ce royaume », et son commentateur, Bernard Automne, ajoutait, au siècle suivant : « Lorsqu'une peine est arbitraire et laissée à déclarer à l'office du juge, celui-ci peut condamner le criminel à mort ». Les ordonnances royales, il est vrai, édictèrent certaines peines pour des délits déterminés et restreignirent ainsi la liberté laissée au magistrat; mais, outre que le tribunal, en vertu du principe de l'arbitraire des peines, pouvait toujours tourner la loi, ces ordonnances ont été rarement assez catégoriques pour enchaîner absolument la décision du juge dans le choix des peines. Aussi, le commentateur de l'ordonnance de 1670, Jousse, au XVIIIe siècle, présente-t-il encore les peines comme étant arbitraires; seulement, il n'avance pas, comme Imbert, qu'elles le sont *toutes*, il dit *presque toutes*.

On le voit, il n'y avait point en France, sous l'ancien régime, de *droit pénal* proprement dit : il n'existait qu'une *procédure criminelle :* ni les délits ni les peines n'avaient été réglés et rigoureusement déterminés par la loi.

b) Le salutaire principe de l'*égalité* devant la loi demeure également absent de notre ancien droit criminel.

D'abord, le même crime n'amenait pas toujours ceux qu'on en accusait devant le même juge. Les tribunaux variaient suivant la condition des prévenus et des plaignants, bien plus que d'après la nature et la gravité des infractions. Il y avait le tribunal de droit commun et le tribunal d'exception ou de privilège.

Pareille inégalité reparaissait dans les pénalités : « Pour les crimes qui méritent la mort, disait Loysel, dans ses *Institutes*, le vilain sera pendu et le noble décapité : toutefois, où le noble serait convaincu d'un vilain cas, il sera pendu comme le vilain ».

La peine, variant suivant la qualité du coupable, devait aussi varier suivant le rang de la victime ou de l'offensé. Le principe de subordination, si strictement établi sous l'ancienne monarchie, voulait que le crime prît d'autant plus de gravité que l'offensé était entouré de plus de considération. Cette idée remontait au temps germanique, époque pendant laquelle le tarif des compositions variait d'après la qualité de la victime. Elle a conduit nos anciens criminalistes à cette classification des infractions, sur laquelle nous avons déjà insisté, en crimes de lèse-majesté divine, de lèse-majesté humaine, et crimes contre les particuliers.

III. LE DROIT CRIMINEL DE LA RÉVOLUTION FRANÇAISE.

35. Au XVIIe siècle, l'esprit public ne paraît pas hostile à la législation criminelle du temps. La cruauté du système pénal, son inégalité et son arbitraire, la procédure inquisitoire et secrète, ce sont là, pour les meilleurs esprits, des rigueurs nécessaires. Au XVIIIe siècle le point de vue change, et la Révolution, en modifiant le système du droit pénal et celui de la procédure, ne fait qu'accomplir des réformes depuis longtemps réclamées par l'opinion. C'est au mouvement philosophique qui signala la seconde moitié du XVIIIe siècle, qu'est dû, en grande partie, ce changement de l'esprit public. La législation de l'ancien régime s'en ressent elle-même. C'est ainsi qu'une déclaration royale du 24 août 1780, fait disparaître la question préparatoire. A la veille de la Révolution, le 8 mai 1788, un édit est rendu annonçant une réforme générale de la procédure criminelle, et, en attendant, abrogeant « plusieurs abus », auxquels il devenait urgent de remédier : 1° l'usage de la sellette est condamné; 2° il est défendu de rendre des sentences non motivées; 3° l'abolition de la question préparatoire est confirmée; la question préalable est abolie; 4° les sentences, portant condamnation à mort, ne peuvent, en principe, être exécutées qu'un mois après l'époque où elles sont devenues définitives; 5° les accusés absous ont droit à une réparation d'honneur. Cet édit n'a pas été appliqué, mais il indique que les réformes sont mûres. Ce sera à la nation à les accomplir. Sur aucune des questions qui agitèrent l'opinion publique à cette époque, on ne rencontre pareille unanimité. Dans les cahiers des États, nous retrouvons réclamées les réformes mêmes que l'Assemblée constituante va accomplir et qui reproduisent la pensée des philosophes et des criminalistes du XVIIIe siècle : 1° égalité, personnalité et adoucissement du système pénal; 2° suppression de l'arbitraire du juge, au double point de vue de la définition des faits délictueux et de la détermination des peines; 3° abolition des délits contre la religion et les mœurs; 4° publicité des procédures; 5° assistance d'un conseil à la cause; 6° abolition du serment imposé à l'accusé; 7° obligation de motiver les sentences et de les rendre publiquement; 8° institution du jury. Nous avons ainsi indiqué, dans leurs grandes lignes, les idées qui serviront de base au droit criminel nouveau[1].

[1] Comp. A. DESJARDINS, *Les cahiers des États généraux en* 1789 *et la législation criminelle* (Paris, 1883).

36. L'Assemblée constituante vota, sur le droit criminel, quatre lois d'une importance capitale : 1° la loi des 8-9 octobre 1789 qui opère, dans la procédure criminelle, la réforme immédiate des abus les plus graves, mais n'établit qu'un état de choses provisoire; 2° la loi des 16-29 septembre 1791 qui, sous le titre de *Décret concernant la police de sûreté, la justice criminelle et l'établissement des jurés*, adapte la procédure, en ce qui concerne les délits les plus graves, à l'institution nouvelle du jury; 3° la loi des 25 septembre-6 octobre 1791 qui, sous le titre trop général de *Code pénal*, établit un système d'incrimination et de pénalité en ce qui concerne les délits de l'ordre le plus grave; 4° la loi des 19 et 22 juillet 1791 qui, sous le nom de *Décret relatif à l'organisation d'une police municipale et d'une police correctionnelle*, règle la pénalité, en même temps que la juridiction et la procédure, quant aux délits d'un ordre inférieur. Le système pénal de l'Assemblée constituante fut respecté dans ses lignes principales, jusqu'en 1810; c'est encore lui qui régissait la France au moment de la promulgation de nos Codes. Il n'en a pas été de même de son système de procédure qui fut complétement remanié par le Code du 3 brumaire an IV. Sous le titre inexact de *Code des délits et des peines*, cette loi est presque tout entière consacrée à la juridiction et à la procédure. Elle fut elle-même profondément modifiée par la constitution du 22 frimaire an VIII et par les lois du 7 et du 18 pluviôse an IX. Cet ensemble de dispositions légales constitue les sources du droit criminel pendant cette époque.

37. Droit pénal. — Dans le domaine du droit pénal, l'œuvre de l'Assemblée constituante est double : c'est, en premier lieu, la proclamation des principes posés par la philosophie du XVIIIe siècle; puis, l'établissement des lois nouvelles.

38. Les principes sont contenus dans la Déclaration des droits de l'homme du 26 août 1789 et dans quelques autres textes, parmi lesquels nous citerons les décrets du 21 janvier 1790 et des 16-24 août 1790.

Aux termes de l'article 2 de la Déclaration des droits, le but de toute association politique est « *la conservation des droits naturels et imprescriptibles de l'homme* ». C'est un principe emprunté aux théories du *Contrat social*, et duquel il résulte que le pouvoir ne doit et ne peut se préoccuper que du *bon ordre* dans les rapports des hommes entre eux. D'où, ces deux conséquences : 1° En ce qui touche les incriminations : « *La loi n'a le droit de défendre que les actions nuisi-*

bles à la société ». Aussi, nul ne doit être inquiété pour ses opinions, même religieuses, pourvu que leur manifestation ne trouble point l'ordre public. Avec ce principe sacré de la liberté de conscience, disparaissent toutes les incriminations que nos anciens praticiens appelaient « *crimes de lèse-majesté divine* », tels que le blasphème, l'hérésie, la sorcellerie, etc. 2° En ce qui touche la pénalité : « *La loi ne peut établir que des peines strictement et évidemment nécessaires* ». Pour mettre le système pénal d'accord avec ces principes, l'Assemblée constituante s'attache à faire disparaître tous les vices de notre ancienne législation criminelle. Les peines étaient *arbitraires*; elle proclame, dans l'article 8 de la Déclaration, que « *nul ne peut être puni qu'en vertu d'une loi établie et promulguée antérieurement au délit et légalement appliquée* ». Les peines étaient *inégales*; elle décrète, dans l'art. 1er de la loi du 21 janvier 1790, « *que les délits du même genre seront punis par le même genre de peines, quels que soient le rang et l'état du coupable* », et le titre Ier de la Constitution du 3 septembre 1790 donne à ce principe le caractère d'une règle constitutionnelle. Les peines n'étaient pas toujours *personnelles* : la loi du 21 janvier 1790 déclare que « *le supplice d'un coupable et les condamnations infamantes quelconques n'impriment aucune flétrissure à sa famille* », que « *l'honneur de ceux qui lui appartiennent n'est nullement entaché* ». Le même article ajoute que les parents du criminel « *continueront à être admisssibles à toutes sortes de professions, d'emplois et de dignités* ». La confiscation générale des biens est supprimée. La peine ne survit pas à la mort du coupable : non-seulement on ne doit plus faire de procès au cadavre, mais le corps du *supplicié* devra être rendu à sa famille si elle le réclame. L'acte de décès ne mentionnera aucunement le genre de mort.

39. Après avoir proclamé les principes du droit pénal, il s'agissait de les appliquer. Dans l'œuvre législative dont nous avons cité les principaux monuments, on voit s'établir une division tripartite entre la police municipale, correctionnelle ou de sûreté, auxquelles correspondent trois ordres d'infractions, les délits de police municipale, de police correctionnelle et les délits de sûreté.

Pour marquer *matériellement* cette séparation, l'Assemblée constituante édicte deux Codes distincts, l'un pour les *crimes*, l'autre pour les *délits* : le Code pénal du 6 octobre 1791 pour les crimes; la loi du 22 juillet 1791 pour les délits. Ce système a des inconvénients, sur lesquels nous reviendrons.

Les peines correctionnelles et de police municipale sont : l'emprisonnement, l'amende et la confiscation du corps du délit. Le Code, qui les organise, laisse une certaine latitude au juge dans l'application de la pénalité, car il établit, pour l'emprisonnement et l'amende, un *maximum* et un *minimum*, entre lesquels le juge peut se mouvoir.

Les peines afflictives ou infamantes, du moins les peines principales, sont au nombre de huit : 1° la *mort;* 2° les *fers;* 3° la *réclusion* dans une maison de force; 4° la *gêne*, qui consiste à enfermer le coupable seul, dans un lieu éclairé, sans fers ni liens; 5° la *détention;* 6° la *déportation;* 7° la *dégradation civique;* 8° le *carcan.*

40. Ce système pénal est défectueux, surtout à trois points de vue :

1° Les droits de grâce et de commutation des peines sont enlevés au pouvoir exécutif pour toute infraction poursuivie par voie de jurés (C. p. de 1791, tit. VI, art. 13). Cette mesure a été prise par esprit de réaction contre les abus des *lettres de grâce*, qui avaient été très-fréquents sous l'ancien régime. Ce n'en était pas moins une erreur; car le droit de grâce, doit figurer dans une législation rationnelle, comme le complément nécessaire de la justice sociale.

2° Cette première erreur eut pour conséquence une seconde erreur, plus grave encore : la suppression des peines perpétuelles privatives de liberté. En effet, dans un système pénal qui ne connaît pas le droit de grâce, il est impossible de donner place à des peines perpétuelles, car on enlève tout espoir au condamné, et par conséquent, le mobile le plus puissant du repentir, si on ne lui fait pas entrevoir la possibilité d'une libération.

3° Enfin, et c'est là le vice capital de cette législation, en matière d'infractions punies de peines afflictives ou infamantes, on fixa la peine, pour chaque fait, d'une manière invariable, sans *maximum* ni *minimum*, entre lesquels le juge pût au moins se mouvoir. L'Assemblée constituante « ne crut pas pouvoir, dit Treilhard dans l'exposé des motifs du Code pénal de 1810, resserrer dans des limites trop étroites la délégation de pouvoir faite à la magistrature : elle régla, en conséquence, avec une grande précision, la durée de la peine qui devait être appliquée à chaque fait particulier et elle voulut qu'après la déclaration du jury, la fonction du juge fût bornée à l'application mécanique du texte de la loi. » Ainsi, en haine de l'arbitraire, dont l'ancienne jurisprudence avait tant abusé, on s'était jeté, comme en supprimant le droit de grâce, dans l'excès contraire, et on avait enlevé au juge la faculté de proportionner la peine à la culpabilité individuelle et variable des condamnés.

41. Procédure pénale. — L'Assemblée constituante, en remontant aux origines nationales, se trouvait en présence de deux systèmes opposés d'organisation judiciaire et de procédure pénale. L'un, qui avait régi la France depuis les invasions germaniques jusque vers le quinzième siècle, donnait à la victime du délit ou à ses parents le droit de se porter accusateurs, organisait le jugement par jurés, la preuve orale, la publicité des audiences, admettait le droit de défense à toutes les phases de la procédure. L'autre, qui, depuis trois siècles seulement, avait pris la place du premier, successivement organisé par les ordonnances de 1498, de 1539 et de 1670, donnait à des fonctionnaires spéciaux le droit d'accuser, ne réservant aux parties que le droit de dénoncer, établissait une procédure par enquêtes, une instruction écrite et secrète, des preuves légales, supprimait ou restreignait le droit de défense, et donnait aux juges le caractère de fonctionnaires publics, investis de la mission permanente et exclusive de juger.

Dans ses réformes, l'Assemblée constituante n'essaya pas de conserver l'ancienne procédure, en la débarrassant de ses vices et de ses duretés : elle sacrifia les institutions françaises aux principes de la procédure anglaise, dont elle s'est manifestement inspirée; elle ne sut pas, enfin, donner à l'intérêt social de la répression des garanties suffisantes. C'est le principal reproche qu'on peut lui faire. Une chose frappe tout d'abord dans son œuvre : c'est la séparation complète de la justice criminelle et de la justice civile ; chacune d'elles a son organisation distincte, son personnel différent. L'Assemblée constituante voulut ainsi réagir contre l'organisation judiciaire ancienne, qui n'avait, à aucune époque, connu cette séparation, et qui concentrait, en dernier lieu, dans les parlements, la justice civile et la justice pénale.

Trois ordres de tribunaux répressifs, correspondant aux trois catégories d'infractions, furent organisés : des tribunaux de police municipale et des tribunaux de police correctionnelle, destinés à remplacer les *basses* et *moyennes justices* et les *prévôtés;* des tribunaux criminels, destinés à remplacer les *hautes justices*, les *bailliages*, les *sénéchaussées*, les *présidiaux* et les *parlements*.

Nous avons à dire quelques mots sur l'organisation judiciaire et la procédure devant ces tribunaux.

42. En matière criminelle, la procédure parcourait trois phases successives : une instruction sommaire avait lieu, au canton, devant l'officier de police judiciaire; elle se continuait, au district, devant le jury d'accusation; enfin, les débats définitifs et le jugement avaient lieu, au chef-lieu du département, devant le tribunal criminel.

a) C'était le juge de paix qui, dans ce système, faisait fonction d'officier de police judiciaire. Il appelait l'inculpé devant lui par mandat d'amener, l'interrogeait, entendait les témoins, procédait aux premiers actes d'instruction et dressait les procès-verbaux. Puis, s'il estimait qu'il y eut lieu à poursuite, il faisait incarcérer l'inculpé en vertu d'un mandat d'arrêt. Le juge de paix agissait d'office en cas de flagrant délit, ou sous l'impulsion des particuliers. Ceux-ci le mettaient en mouvement au moyen d'une plainte ou d'une dénonciation. La plainte émanait des parties lésées : elle avait pour effet de saisir le juge de paix qui devait procéder aux actes de sa fonction. Si le juge de paix refusait de poursuivre, la partie lésée avait le droit de soumettre directement sa plainte au jury d'accusation. La dénonciation émanait d'une personne non intéressée : elle était un devoir pour tout citoyen et portait le nom de dénonciation civique. Signée et affirmée par le dénonciateur, elle avait le même effet que la plainte. Les officiers de gendarmerie exerçaient les fonctions de police judiciaire en concours avec le juge de paix, sauf dans les villes où il y avait plusieurs juges de paix. Ce système avait plusieurs vices : 1° il confiait à des magistrats, qui n'étaient ni assez nombreux ni assez haut placés dans la hiérarchie judiciaire, les fonctions délicates de l'instruction; 2° il confondait dans les mêmes mains le droit de poursuivre et le droit d'instruire; 3° sans ressusciter le système de l'accusation privée, il déférait, en partie, le droit de poursuite aux simples particuliers; 4° enfin, le ministère public, dont nous dirons tout à l'heure l'organisation, n'intervenait pas dans cette phase de la procédure.

b) Du canton, l'affaire était portée au district : là, siégeait le jury d'accusation; là, était en permanence un magistrat, appelé directeur du jury, pris, à tour de rôle, tous les six mois, parmi les juges du tribunal du district. C'était lui qui recevait l'affaire des mains du juge de paix et continuait l'instruction. S'il pensait qu'il n'y avait pas lieu à accusation, il soumettait l'affaire au tribunal du district, qui prononçait, le commissaire du roi entendu; s'il jugeait qu'il y avait lieu à accusation, ou si, contrairement à son avis, le tribunal l'avait ainsi décidé, il rédigeait l'acte d'accusation qui saisissait le jury. Ces règles étaient modifiées quand il y avait, au procès, un plaignant ou un dénonciateur en cause. Celui-ci devenant associé à la poursuite, l'acte d'accusation devait être rédigé d'accord, ou, en cas de désaccord, chacun dressait le sien et le jury choisissait.

Le jury d'accusation, composé de huit jurés, tirés au sort sur une liste de trente citoyens, « pris parmi tous les citoyens du district qui avaient les qualités requises pour être électeurs », était convoqué et présidé, à huis-clos, par le directeur du jury, qui exposait l'objet de la poursuite, remettait les pièces de la procédure, à l'exception des déclarations des témoins entendus oralement. Puis les jurés, laissés seuls par le directeur du jury, délibéraient sous la présidence du plus ancien d'âge; leur décision, prise à la majorité, était inscrite au bas de l'acte d'accusation soûs cette forme : « oui, il y a lieu »; ou « non, il n'y a pas lieu ». Suivant que le jury admettait ou n'admettait pas l'accusation, le directeur du jury rendait contre l'accusé une ordonnance de prise de corps ou le mettait purement et simplement en liberté.

c) L'affaire était alors portée au tribunal criminel du département, composé de deux éléments distincts : trois juges et un président, qui devaient statuer sur la peine; douze jurés qui devaient prononcer sur les questions de fait. Le président était nommé pour six ans par les électeurs du département; et les trois juges, qui l'assistaient, étaient pris à tour de rôle parmi les juges du tribunal de district. Pour la formation du jury de jugement, on suivait le système suivant. Tout citoyen, qui avait la qualité d'électeur, était tenu de se faire inscrire, au district, sur un registre spécial. Ces inscriptions, envoyées au procureur général syndic du département, formaient une *liste générale*, sur laquelle ce magistrat choisissait deux cents noms, qui, après approbation du directoire de département, formaient les listes de session. Le premier de chaque mois, le président du tribunal criminel faisait former le tableau des jurés de jugement pour la session qui devait s'ouvrir le quinze. Un droit de récusations successives et hors présence était accordé, dans des conditions de complications bizarres, à l'accusateur et à l'accusé.

La procédure devant le tribunal criminel avait trois caractères qui ont persisté, depuis, à travers toutes les phases de la législation : elle était essentiellement orale, publique, contradictoire. Après la clôture des débats, le président résumait l'affaire et posait par écrit, au jury, des questions qu'il devait résoudre par « oui » ou par « non ». La décision du jury, qui ne pouvait être prise contre l'accusé qu'à la majorité des deux tiers, était sans appel.

43. Pour les deux autres catégories d'infractions, il existait deux espèces de tribunaux. Les tribunaux de police municipale étaient composés de trois juges que les officiers de la commune choisissaient dans leur sein. Ils connaissaient de toutes les infractions en matière de police.

Les tribunaux de police correctionnelle étaient composés d'un juge de paix, président, et de deux autres juges de paix, s'il en existait dans la ville, ou, à défaut, d'assesseurs pris parmi les citoyens.

Par une anomalie de cette organisation judiciaire, l'appel des décisions de ces deux espèces de tribunaux, qui ne statuaient qu'en premier ressort, était porté au tribunal civil du district. Ce tribunal se trouvait ainsi, quoique en dehors de la hiérarchie des tribunaux criminels, juge des appels de simple police et de police correctionnelle.

La procédure devant les tribunaux de police municipale et correctionnelle se faisait tout entière à l'audience; il n'y avait pas d'instruction préparatoire aux débats.

44. L'institution du ministère public, à raison de son origine et des services qu'elle avait rendus à la royauté, parut suspecte à l'Assemblée constituante. Un moment il fut question de la supprimer; puis frappée surtout des avantages qu'elle présente, soit au point de vue de l'administration de la justice, soit au point de vue de la sûreté de la répression, elle conserva, auprès des tribunaux, des officiers du ministère public appelés *commissaires du roi* et nommés par lui. Mais par une double contradiction qu'expliquent seules ses préventions, d'une part, elles les rendit inamovibles et, par conséquent, indépendants du pouvoir dont ils étaient les organes, et, d'autre part, elle leur attribua seulement, en matière criminelle, le droit d'être entendus sur l'accusation et de requérir dans l'intérêt de la loi. L'initiative des poursuites criminelles fut réservée aux fonctionnaires de la police judiciaire, c'est-à-dire aux juges de paix et aux officiers de gendarmerie; et la charge de soutenir l'accusation fut donnée à un officier spécial, élu par le peuple, l'*accusateur public*. Dans ce système, le ministère public n'intervenait en personne que quand l'accusation était prononcée; le commissaire du roi et l'accusateur public n'apparaissaient que comme des avocats que l'on choisit quand le procès est engagé. En matière correctionnelle, il n'y avait pas d'accusateur public, et le commissaire du roi avait tout à la fois l'initiative de la poursuite et l'exercice de l'action publique contre les délinquants. L'Assemblée nationale fit cesser en matière criminelle la dualité des fonctions du ministère public, mais ce fut pour enlever au commissaire du roi toute part à l'exercice de l'action publique et pour transporter ses pouvoirs à l'accusateur public (D. 20-22 oct. 1792, art. 1). La Constitution du 24 juin 1793 passa entièrement sous silence le ministère public. Celle du 5 fructidor an III lui restitua les attributions que les lois de la Constituante lui avaient données, mais en le rendant amovible (art. 216 et 268). Il était enfin réservé à la Constitution du 22 frimaire an VIII de donner au ministère public l'organisation qu'il devait conserver à travers tous nos régimes politiques; pour cela faire, elle n'eut qu'à supprimer l'accusateur public et à transporter ses pouvoirs aux commissaires du gouvernement.

45. Le Code des délits et des peines du 3 brumaire an IV perfectionna, en la reprenant, l'œuvre de la Constituante. 1° Il distingua, plus nettement que ne le faisait la loi de 1791, l'action à fins pénales, qui n'appartient qu'au peuple et qui est exercée par les fonctionnaires qu'il choisit, et l'action à fins civiles qui appartient à la partie privée et a simplement pour but l'allocation de dommages-intérêts. 2° Il conserva les officiers de police judiciaire institués en 1791, les juges de paix et les officiers de gendarmerie; mais il en augmenta le nombre, en leur adjoignant les commissaires de police et les gardes champêtres et forestiers. 3° Il précisa plus minutieusement que ne l'avait fait la loi de 1791 les règles de la procédure du jugement. 4° Il modifia l'organisation du tribunal de police municipale, qui fut désormais composé du juge de paix et de deux assesseurs; et du tribunal de police correctionnelle, qui fut composé du directeur du jury, qui le présidait, et de deux juges de paix. 5° Enfin, il décida que l'appel des décisions rendues en matière de police correctionnelle serait désormais porté devant le tribunal criminel. Cette voie de recours ne fut pas organisée en matière de police municipale.

En présence du brigandage qui désola la France dans les dernières années du XVIIIe siècle, cette organisation parut impuissante pour la répression, et de profondes modifications y furent apportées. La loi du 7 pluviôse an IX, qui marque un retour très-net vers le passé, reconstitua la procédure d'instruction, que les lois de 1791 et de l'an IV avaient laissé tomber : 1° par la création d'un ministère public et d'un juge d'instruction; 2° par l'introduction du mandat de dépôt, à côté du mandat d'arrêt; 3° par l'audition des témoins hors la présence des prévenus; 4° par la substitution des preuves écrites aux débats oraux devant le jury d'accusation. Enfin la loi du 18 pluviôse an IX, inspirée par défiance du jury, établit des tribunaux criminels spéciaux pour juger certains crimes, tribunaux qui devaient être conservés par le Code d'instruction criminelle de 1808, se transformer en cours prévôtales en 1815, et dont l'article 54 de la charte de 1830 devait rendre la création impossible à tout jamais.

IV. DES SOURCES DU DROIT CRIMINEL FRANÇAIS, ACTUELLEMENT EN VIGUEUR.

46. Le droit criminel, actuellement en vigueur en France, se divise en droit *commun* et droit *spécial*. Les dispositions du Code pénal de 1810, celles du Code d'instruction criminelle de 1808, et les lois qui s'y rattachent, pour les modifier ou les compléter, constituent le droit commun en matière criminelle. Le droit particulier comprend les lois spéciales, qui répriment les infractions non prévues par le droit commun et qui dérogent aux règles ordinaires de la procédure.

47. I. Le droit commun criminel a été plusieurs fois codifié, réformé et révisé depuis la révolution de 1789. Il y a lieu, en effet, de distinguer, en ce qui concerne les lois criminelles et civiles, trois opérations législatives différentes : la *codification*, qui édifie sur un plan nouveau l'ensemble d'une législation; les *réformes* qui modifient les Codes et qui leur donnent une vie nouvelle; les *révisions* qui les perfectionnent, sans altérer cependant les règles fondamentales. Les dispositions du droit commun criminel sont aujourd'hui réunies dans deux Codes : le Code pénal et le Code d'instruction criminelle qui remplacent les lois de l'époque intermédiaire. Voici quelles furent les circonstances et les vicissitudes de la confection de ces deux Codes.

Une commission nommée sous le Consulat par un arrêté du 27 germinal an IX, et composée de MM. Vieillard, Target, Oudard, Treilhard et Blondel, avait été chargée de rédiger, en un seul Code, un projet embrassant, tout à la fois, les lois de fond et les lois de forme. En tête du projet, composé de 1167 articles, qui fut déposé par cette commission, étaient placées des observations générales, rédigées par M. Target, pour ce qui concerne la pénalité, et par M. Oudard, pour la partie qui se rapporte aux dispositions organiques et à la procédure. Ces travaux furent immédiatement imprimés et adressés au tribunal de cassation, aux tribunaux criminels et aux tribunaux d'appel, pour qu'ils eussent à présenter leurs observations. Ces observations[1] en général, peu favorables à la législation de l'Assemblée constituante et de la Convention, manifestèrent une tendance vers un retour à l'ancien droit criminel. Le 2 prairial an XII, l'empereur ordonne la rédaction d'une série de questions fondamentales, sur lesquelles la discussion devait s'établir au Conseil d'État. Ces questions, au nombre de quatorze, sont soumises à ce grand corps, dans la séance du 16 prairial an XII. La discussion, qui s'établit sur ces bases, est bientôt ajournée pour se mettre d'accord sur l'organisation du nouvel ordre judiciaire. Cette difficulté, jointe à d'autres, tient en suspens, pendant trois ans, les projets de codification. Lorsqu'on reprit la discussion, en janvier 1808, on sépara les lois de forme et les lois de fond : les premières furent présentées au Corps législatif dans un projet de Code d'instruction criminelle, les autres dans un projet de Code pénal. Le premier fut décrété à la fin de 1808, le second au commencement de 1810. On attendit, pour mettre en activité les deux Codes, que la magistrature, réorganisée par la loi du 20 avril 1810, fût régulièrement instituée. Ces deux Codes eurent force obligatoire à partir du 1er janvier 1811.

a) Le Code d'instruction criminelle est une œuvre éclectique, dans laquelle se combinent les principes de l'ordonnance de 1670 et ceux des lois de l'époque révolutionnaire. Il organise une procédure *mixte*, qui emprunte, à l'ordonnance de 1670, son information secrète et écrite, aux Codes de l'Assemblée constituante et de la Convention, l'instruction orale, avec publicité des débats qui précèdent le jugement. Le jury d'accusation fut supprimé, le jury de jugement maintenu. Mais, d'une part, la composition des listes du jury est placée entre les mains des préfets, et, de l'autre, l'institution de tribunaux criminels spéciaux vient restreindre les attributions des cours d'assises. La division dans l'instruction préparatoire entre le juge et le procureur est admise, avec ce tempérament essentiel que, en cas de flagrant délit, les attributions, distinctes, dans les cas ordinaires, appartiennent à celui du procureur de la République ou du juge d'instruction, qui est le premier averti.

[1] Elles ont été recueillies dans un volume in-8°, qui a pour titre : *Projet de Code criminel, avec les observations des rédacteurs, celles du tribunal de cassation et le compte-rendu par le grand-juge*. Paris, an XII, Garnery. Comp. Esmein, *op. cit.*, p. 485-499, qui analyse cette vaste enquête.

b) Le Code pénal de 1810 a pour base les principes de l'école utilitaire et pour but l'intimidation. Les idées de justice sont sacrifiées à l'intérêt réel ou prétendu de la société. Aussi, trouve-t-on dans ce Code des incriminations injustes, telles que le délit de non-révélation de complot, des assimilations exagérées, telles que celles de la tentative au délit consommé, du complice à l'auteur principal. Dans son système de pénalités, nous rencontrons la peine de mort et les peines perpétuelles prodiguées, des châtiments excessifs, des mutilations barbares, des peines injustes par leurs conséquences, telles que la confiscation générale et la mort civile. Mais, à d'autres points de vue, le Code pénal de 1810 a réalisé ou consacré des progrès importants : 1° Comme œuvre de codification, il est rédigé avec beaucoup de simplicité, de clarté et d'ordre; les crimes et les délits, faits de même nature, quoique de gravité différente, ne sont plus séparés; le législateur les réunit dans le livre III, et consacre le livre IV aux contraventions. 2° Le droit de grâce, qui avait été déjà rendu au chef de l'État par un sénatus-consulte du 16 thermidor an X, et les peines perpétuelles sont rétablies. 3° Les peines temporaires ne sont plus fixes, et le germe de l'institution des circonstances atténuantes existe dans l'article 463.

48. Nous n'étudierons pas ces deux Codes tels qu'ils ont été rédigés; bien des lois, promulguées depuis 1810, ont complété ou modifié leurs dispositions. Dans toutes ces lois, il est facile de reconnaître l'empreinte des régimes divers qui se sont succédé dans notre pays. En effet, toute révolution politique a une influence nécessaire sur le droit criminel, qui n'est qu'une branche du droit public d'un peuple.

Ces lois, que nous étudierons sous chacun des articles qu'elles complètent ou modifient, sont, du reste, de deux sortes : 1° Les unes ont été incorporées dans les textes mêmes des deux Codes. Ainsi, une révision d'ensemble du Code pénal et du Code d'instruction criminelle a été faite par la loi du 28 avril 1832; et, à cette époque, une nouvelle édition en a été officiellement donnée. Depuis lors, plusieurs lois très importantes, notamment la loi du 13 mai 1863, celle du 27 juillet 1866, du 29 juin 1867 et du 23 janvier 1874 ont encore modifié un certain nombre de leurs dispositions; 2° Les autres lois, qui se rattachent à nos Codes pour les compléter ou les modifier, sont, au contraire, restées en dehors de l'œuvre de codification; telles sont, par exemple, la loi du 8 juin 1850, sur la déportation, celle du 5 août 1850 sur l'éducation et le patronage des jeunes détenus, celle du 30 mai 1850 sur l'exécution de la peine des travaux forcés.

a) Les principales réformes dont notre droit pénal a été l'objet depuis 1810 se rattachent à trois idées principales : *l'adoucissement du système pénal; le développement de l'institution des circonstances atténuantes; l'amendement du condamné par la peine.* 1° Nous pouvons citer, au premier point de vue : l'abolition de la confiscation générale par l'article 66 de la charte de 1814; la suppression de la marque, de l'amputation du poing pour le parricide avant son exécution, par la loi du 28 avril 1832; la division, par la même loi, des peines en deux catégories, suivant deux échelles distinctes, l'une pour les crimes politiques, l'autre pour les crimes de droit commun; l'abolition de la peine de mort en matière politique par la constitution du 4 novembre 1848, et son remplacement par la peine de la déportation dans une enceinte fortifiée par la loi du 8 juin 1850; la suppression absolue de l'exposition publique par un décret du 12 avril 1848, et de la mort civile par la loi du 31 mai 1854; la réorganisation de la surveillance de la haute police par la loi du 23 janvier 1874. 2° Au second point de vue, l'extension des circonstances atténuantes, réalisée timidement d'abord par la loi du 25 juin 1824, complétement ensuite par la loi du 28 avril 1832, a changé toute l'économie du Code pénal. Cette réforme profonde investit les juges de la culpabilité du droit de déterminer, dans une certaine latitude, la moralité juridique des actes dont ils reconnaissent l'accusé ou le prévenu coupable, et leur procure le moyen d'arriver à une proportion plus exacte entre la peine et la gravité du fait pour lequel elle est appliquée. 3° Enfin, la législation tend à reconnaître de plus en plus que la peine doit satisfaire, autant que possible, à une condition qui avait fait entièrement défaut au système du Code pénal; qu'elle doit être exécutée de manière à produire l'amendement du condamné. C'est à cette idée que se rattachent la suppression des bagnes, que remplace la transportation dans les colonies, en vertu des décrets du 20 décembre 1851, 10 janvier 1852, 2 septembre 1863, et de la loi du 30 mai 1854; la réorganisation de la déportation, par les lois du 8 juin 1850, du 23 mars 1872 et du 25 mars 1873; la substitution, dans les prisons départementales, de l'emprisonnement cellulaire à l'emprisonnement en commun, par la loi du 5 juin 1875.

b) Sur la procédure, la lutte a continué entre les deux tendances, dont le législateur du Code de 1808 avait cru assurer l'équilibre définitif, par l'organisation d'un système *mixte* de procédure. Des deux parties qui composent le Code d'instruction criminelle, les règles sur le jugement ont eu un caractère plus stable, celles qui régissent l'instruction ont été plus complétement remaniées. 1° Sur le premier point, on peut noter : la suppression des cours prévôtales par les articles 53 et 54 de la charte de 1830; les modifications apportées à la position des questions devant le jury et au vote par les lois du 7 septembre 1835 et du 13 mai 1836; le droit donné au jury, en 1832, de reconnaître des circonstances atténuantes au profit de l'accusé; les modifications fréquentes aux lois sur le jury, contre-coups des courants politiques et des révolutions; le retour, par la loi du 4 mars 1831, à la règle que la décision du jury ne se forme contre l'accusé qu'à la majorité de plus de sept voix; l'extension du pourvoi en révision par la loi du 29 juin 1868; et, enfin, la suppression du résumé du président d'assises par la loi du 19 juin 1881. 2° L'instruction préparatoire était la partie la plus critiquable du Code d'instruction criminelle; aussi d'importantes réformes ont-elles été déjà réalisées sur ce point, et de plus importantes encore se préparent. Trois lois, se rattachant à la même inspiration, émanées du même régime politique, la loi du 17 juillet 1856, la loi du 14 juillet 1865, celle du 20 mai 1863, ont modifié, la première, l'organisation des juridictions d'instruction; la seconde, les règles de la détention préventive et de la liberté provisoire; la troisième, l'instruction et le jugement en matière de flagrants délits. Mais toutes ces réformes ne portent que sur des points spéciaux de l'instruction préparatoire. Un projet de loi, présenté au Sénat le 17 novembre 1879 et voté par lui au mois d'août 1882, tend à une réforme complète de l'instruction préparatoire en la rendant *contradictoire*[1]. Les mesures que l'on propose dans ce but paraissent se grouper autour de trois idées fondamentales : placer à côté du prévenu, dès le début de l'instruction, un défenseur qui recevra communication de tous les actes de la procédure; donner à ce défenseur un rôle actif, en lui permettant de provoquer, de la part du juge, ou de faire opérer directement les actes qui lui paraissent utiles à la découverte de la vérité; ouvrir à la défense une série de voies de recours contre les principales décisions du juge d'instruction. Quel que soit le sort de ce projet, il est permis de croire que, dans un temps plus ou moins voisin, la procédure inquisitoire et la procé-

[1] Sur ce projet, comp. Boullaire, *Bull. soc. légis. comp.*, 1883, p. 136; Esmein, *op. cit.*, p. 580 à 589; F. Dreyfus, *Le Droit*, 23 et 24 février 1883.

dure accusatoire, qui ont divisé les législations anciennes, s'uniront dans un système harmonieux qui, sans sacrifier les droits de la société, donnera au prévenu toutes les garanties propres à assurer cette vérité judiciaire qui est le but suprême de toute loi de procédure.

49. II. Les lois spéciales sont de deux sortes. *a*) Les unes ont pour but de réglementer certaines matières; ce n'est qu'accessoirement qu'elles sanctionnent leurs dispositions par des mesures pénales. Nous citerons notamment, comme appartenant à cette catégorie : 1° La loi des 28 sept.-6 oct. 1791, dite Code rural; 2° La loi du 3 mars 1822 sur la police sanitaire; 3° La loi du 21 mai 1827, dite Code forestier; 4° La loi du 15 mai 1829 sur la pêche fluviale; 5° La loi du 3 mai 1844 sur la police de la chasse; 6° La loi du 15 juillet 1845 sur la police des chemins de fer. *b*) D'autres lois sont exclusivement pénales. Telles sont : 1° Les deux Codes de justice militaire : l'un pour l'armée de terre, des 9 juin-4 août 1857; l'autre, pour l'armée de mer, des 4-13 juin 1858; 2° Les nombreuses lois sur les délits de presse, qui ont été toutes abrogées par la loi du 29 juillet 1881, qui forme le Code général de la presse en France.

50. Les principes généraux du droit commun, renfermés dans les deux Codes, doivent recevoir leur application non-seulement aux infractions réprimées par ces deux Codes, mais encore à celles qui sont prévues par des lois et réglements particuliers. Il n'en est autrement que dans le cas où les lois spéciales dérogent expressément aux règles générales de fond et de forme qui constituent le droit commun[1].

V. LE DROIT CRIMINEL COMPARÉ.

51. Le droit criminel, en Europe, est presque partout en voie de codification et de transformation[2]. Les principales tendances qui se font jour dans ce mouvement général consistent à mettre les lois cri-

[1] Comp., par exemple, l'art. 484 du C. p.; ORTOLAN, t. I, n. 641.

[2] Ce mouvement général, pour la réforme de la législation pénale, déjà constaté par Ortolan en 1848, *Cours de législation pénale comparée*, p. 39, est rattaché par lui à la révolution sociale de 89. On peut comparer le tableau du mouvement législatif qu'il traçait, en 1838, avec celui que nous traçons en 1882 (p. 44 à 50). V. BIRBAUM, *De peculiari ætatis nostræ jus criminale reformandi studio* (Louvain, 1828); BERGE, *De la réforme du doit criminel en Europe* (*Rev. gén. du droit*, 1878, t. III, p. 297, p. 375).

minelles d'accord avec les principes qui font reposer le droit de punir sur la justice et l'utilité sociale, et à organiser, dans la procédure, de nouvelles garanties en faveur des accusés. Dans quelques pays, les réformes du droit criminel sont achevées; dans quelques autres, elles sont en cours d'exécution ou s'achèvent.

On peut former, des principales législations criminelles européennes, quatre groupes distincts. Dans le premier, figure une législation complètement originale, celle de l'Angleterre. Dans le second, rentrent les législations qui s'inspirent plus ou moins des mêmes sources que la législation française, comme les législations belge et italienne. Le troisième groupe comprend les législations d'origine germanique. Le quatrième, la législation russe.

52. I. La législation criminelle anglaise a peu subi l'influence romaine : elle est presque entièrement germanique. C'est à l'institution du jury, conservée et développée, qu'elle doit ses caractères particuliers. Jusqu'ici, elle n'a pas été codifiée, et forme un chaos qui rend très-difficile l'administration de la justice pénale. Un des criminalistes les plus estimés de l'Angleterre, sir Stephen, pour démontrer la possibilité et même la facilité d'une codification, a publié, sous le titre de « *Digest of the criminal law*[1], » un recueil méthodique et résumé du droit criminel en vigueur sur les incriminations et les peines. Cette œuvre n'a pas seulement attiré l'attention du monde savant, le Gouvernement y a puisé l'idée de présenter un projet de Code pénal sur les « *indictable offences* », c'est-à-dire sur les infractions les plus graves et sur la procédure à suivre pour les constater et les punir[2]. Un acte du Parlement du 26 juin 1857 a aboli la peine de la déportation et a substitué à cette peine la servitude pénale, soit à temps, soit à perpétuité. La mise en pratique de ses diverses dispositions pénales a donné naissance à des essais de réforme pénitentiaire qui se sont produits dans des conditions différentes en Angle-

[1] Londres, 1877.

[2] Sur ce projet, comp. G. Louis, *Bull. de la soc. de légis. comp.*, 1877-78, p. 549. V. pour l'ensemble du droit pénal anglais : Stephen, *Commentaries of the law of England* (Londres, 1848, 2e éd.); A. de Fonblanque, *L'Angleterre, son gouvernement, ses institutions*, trad. par C. Dreyfus, chap. XVIII à XXI, p. 235 à 270 (Paris, 1881). Pour la procédure criminelle : Mittermaier, *Traité de la procédure criminelle en Angleterre, en Écosse et dans l'Amérique du Nord*, trad. par Chauffard (Paris, 1868); A. D. Elliot, *Criminal procedure in England and Scotland*, (Londres, 1878). Ce dernier ouvrage, bien qu'un peu bref, est très instructif. V. Adolphe Prins, *Étude comparative sur la procédure pénale à Londres et en Belgique* (Bruxelles, 1879).

terre et en Irlande. La peine de mort est conservée en Angleterre, mais devient d'une application de plus en plus rare.

Les principes fondamentaux, qui dominent encore aujourd'hui la procédure anglaise, sont : 1° Le droit d'accusation privé; 2° la faculté pour l'accusé de limiter le terrain du débat, en plaidant coupable ou non coupable (*guilty or not guilty*); 3° l'examen oral; 4° la publicité à toutes les phases de la procédure; 5° le concours du peuple à l'administration de la justice par l'organisation d'un double jury, le jury d'accusation et le jury de jugement. Du reste, ce système de procédure, qui rappelle beaucoup celui du droit romain à l'époque des *quæstiones perpetuæ*, tend à se transformer, soit par l'introduction, en Angleterre, d'un ministère public, soit par une organisation nouvelle des juridictions criminelles.

53. II. Au commencement de ce siècle, nos Codes, issus de la Révolution, ont étendu leur empire, ou tout au moins leur influence, sur tout le centre et le midi de l'Europe, sur l'Allemagne, l'Italie, l'Espagne, la Belgique et la Hollande, et leur autorité morale et pacifique, plus durable encore que la conquête, a survécu à la puissance de nos armes. Mais, tandis que nous vivons sur notre passé, les peuples qui nous ont emprunté notre législation criminelle ont travaillé à l'améliorer; si bien, qu'aujourd'hui leur législation, qui a pour point de départ notre droit criminel moderne, peut fournir, en retour, au législateur français plus d'un utile enseignement.

L'Espagne, par exemple, a révisé ses Codes en 1870[1], et il est encore question, dans ce pays, d'une refonte générale de la législation criminelle; le Portugal a réformé sa législation en 1852.

La Suisse, qui possède une législation pénale fédérale, régissant les rapports des cantons, a des Codes spéciaux, dans chaque canton, qui s'inspirent, les uns de la législation allemande[2], les autres de la législation française[3].

La Belgique, séparée de la France, a conservé la législation française, à laquelle on n'a apporté, pendant longtemps, que des changements partiels[4]. Ces réformes ne paraissant pas suffisantes, une refonte

[1] Comp. LAGET et VALDESSON, *Théorie du Code pénal espagnol* (Paris, 1882).

[2] Par exemple : le Code pénal de Zurich de 1874 : comp. BRUSA, *Il codice penale Zurighese entrato in vigore il 1° febbraio* 1871 (Venise, 1875).

[3] Par exemple : Le Code pénal de Genève du 29 oct. 1874 (V. *Analyse* par CHAUMAT, *Ann. de législ. étrang.*, 1876, p. 749).

[4] Sur ces changements, comp. HAUS, *op. cit.*, t. I, n°s 110-112.

complète de notre législation criminelle a été décidée. Elle a abouti, en ce qui concerne le Code pénal[1], en 1867; elle est en voie de s'accomplir, pour le Code de procédure pénale, dont le titre préliminaire fait l'objet d'une loi promulguée le 17 avril 1878[2].

La Hollande, où notre Code pénal de 1810 fut introduit en 1811, est entrée en possession, le 3 mars 1881, d'un Code pénal nouveau, qui offre peut-être l'expression la plus avancée de la science du droit criminel, et où ne figure pas la peine de mort[3].

Les lois actuellement en vigueur en Italie[4] sont : *a*) Les deux Codes de droit pénal, celui de Toscane de 1852, et celui de Sardaigne de 1859; *b*) le Code de procédure pénale et les lois d'organisation judiciaire de 1865, applicables à tout le royaume, et modifiées par les lois du 8 juin 1874 sur les jurés, et du 30 juin 1876 sur la liberté provisoire et les mandats de comparution, et sur le serment des témoins et des experts. Il faut y ajouter : la loi sur la sécurité publique du 20 mars 1865, modifiée par celle du 6 juillet 1871, qui forme un véritable Code de police répressive et régit toute l'Italie, à l'exception de la Toscane, où subsiste, également modifié par la loi du 6 juillet 1871, le règlement de police répressive de 1853. — Il résulte de ces renseignements que l'Italie a unifié tout son droit criminel, à l'exception des lois pénales proprement dites. Un projet de Code pénal général, préparé par de longs et brillants travaux, a été voté en partie par le Sénat et attend encore l'approbation de la Chambre des députés[5]. Remarquable par l'esprit scientifique qui l'anime, le projet italien en-

[1] Comp. : NYPELS, *Législation criminelle de la Belgique*, Bruxelles, 1867, 4 vol. in-8°; HAUS, *op. cit.;* THÉZARD, *Révision du Code pénal en Belgique* (*Rev. crit.*, 1867, t. XIII, p. 156, 302, 444).

[2] Comp. G. LOUIS, texte et notes sur cette loi (*Ann. de législ. étrang.*, 1879, p. 443 à 457).

[3] V. une étude sur le projet : Pierre DARESTE (*Bull. soc. leg.*, 1877, p. 281). M. Emile BRUSA a publié une traduction italienne du projet en la faisant précéder d'une remarquable préface : *L'ultimo progetto di codice pénale Olandese* (Bologne, 1878).

[4] On trouvera une bibliographie complète et raisonnée de la littérature pénale italienne dans BRUSA, *op. cit.*, §§ 117-124.

[5] Les diverses phases, par lesquelles a passé le projet de Code pénal italien, peuvent être groupées ainsi : *a*) Projet de 1868, élaboré par une grande commission gouvernementale; *b*) Révision de ce projet de 1870 à 1874, sous la direction des gardes-des-sceaux de Falio et Vighiani; *c*) Discussion et révision du projet par le Sénat italien en 1875; *d*) Révision par le garde-des-sceaux Mancini. — Sur ces phases, comp. : PAOLI, *Storia scientifica del primo libro di codice penale*, Florence, 1880. — Ces divers projets ont donné lieu à des travaux remarquables soit en France, soit à l'étranger. Citons seulement en France : Th. BROCHER (*Rev. gén. de droit*, 1877, t. I,

court le reproche d'abuser des distinctions et des classifications qui en rendront, peut-être, l'application difficile.

54. III. Si la France peut citer, comme monument antérieur à la Révolution, les ordonnances de 1539 et de 1670, si les Pays-Bas peuvent citer les ordonnances du 5 et du 9 juillet 1570, publiées par le duc d'Albe au nom de Philippe II, l'Allemagne peut citer la célèbre constitution criminelle donnée par Charles-Quint à l'Empire, en 1532, et appelée la *Caroline*, monument législatif bien supérieur soit à celui de Louis XIV, soit à celui de Philippe II [1]. Cette loi forme le droit commun allemand en matière criminelle jusqu'en 1751. Depuis lors, jusqu'à l'année 1866, ce qui frappe, quand on étudie l'histoire du droit criminel allemand, c'est un mouvement de décentralisation législative qui donne naissance, dans chaque État, à des Codes particuliers, dont les plus remarquables sont le *Codex juris bavarici criminalis* de 1751, la *Constitutio criminalis theresiana* de 1768, le Code pénal bavarois de 1813 [2], les Codes de droit pénal prussien de 1794 et de 1851.

Depuis 1870, un travail inverse de centralisation s'est opéré, soit en Allemagne, soit en Autriche.

La confédération de l'Allemagne du Nord, formée sous l'hégémonie de la Prusse, s'est donnée une législation pénale commune. Ce mouvement a commencé par l'établissement d'une Cour suprême judiciaire à Leipsig, et par la promulgation, le 31 mai 1870, d'un Code pénal qui est devenu, par suite des victoires prussiennes, à partir du 1er janvier 1872, le Code impérial fédéral germanique. Au Code pénal, ont fait suite une loi sur l'organisation judiciaire du 27 janvier 1879, et

p. 506 et suiv., 564 et suiv.); A. de Boville (*Bull. de la soc. de légis. comp.*, 1876-1877, p. 485); G. Vidal (*Journ. de droit intern. privé*, 1877, p. 344); Molinier, *Études sur le nouveau projet du Code pénal pour le royaume d'Italie* (1879-1880, Paris et Toulouse). V. dans le *Bull. de légis. comp.*, 1883, p. 175, où en est l'état d'avancement des travaux.

[1] Comp. sur l'histoire du droit criminel allemand : Stintzing, *Geschichte der deutschen Rechtswissenschaft*. La *Caroline*, avec ses divers projets préparatoires, se trouve dans l'édition suivante : *Die peinliche Gerichtsordnung kaiser Karl's V, nebst der Bamberger und Brandenburger Halsgerichtordnung,* publiées par Heinrich Zæpfl, 1876. M. Stintzing dit, très exactement, pour caractériser *la Caroline* : « C'est à la fois un Code et un manuel, à peu près comme les Institutes de Justinien. » *Op. cit.*, p. 629.

[2] Comp. sur ce Code et le Code pénal français de 1810, qui se sont partagés, en Europe, l'influence de domination et de propagande scientifiques : Bonneville de Marsangy, *Rev. crit. de légis.*, 1852, p. 616. On trouvera le tableau du travail législatif des états allemands, jusqu'en 1838, dans Ortolan, *Cours de légis. pénale comp.* (*Introduction philosophique*), p. 44.

un Code de procédure pénale du 1er février 1877, qui sont entrés en vigueur, pour tout l'Empire, le 1er octobre 1879. Ainsi se trouve unifiée la législation pénale de l'Allemagne [1]. L'Autriche, séparée de la Confédération germanique, est entrée dans la même voie par la promulgation, le 23 mai 1873, d'un Code de procédure pénale [2], qui se caractérise par un développement du système accusatoire, tel qu'il n'existe dans aucun autre Code des États du continent. L'application de ce Code doit être complété par un Code pénal, une première fois soumis aux Chambres, en 1874, par le ministre de la justice Glaser, et non encore voté [3]. La Hongrie a suivi la même voie de réforme. Il n'y a pas longtemps encore, son droit criminel se composait des éléments épars dans le *Corpus juris Hungarici*, dans les coutumes et dans les décisions judiciaires : un nouveau Code pénal, préparé par de longs travaux, a été promulgué le 29 mai 1878 [4].

55. IV. Le droit pénal de la Russie [5] a, comme celui de presque tous les peuples, son origine dans la vengeance privée. L'idée que le délit constitue une offense sociale apparaît dans une loi importante, le Sudeback d'Ivan III (1497). La cruauté et l'arbitraire du système pénal qui caractérisent, depuis lors, la législation russe, ne commencent à prendre fin que par les réformes de l'empereur Nicolas. Non-seulement ce prince abolit complètement la torture et adoucit les peines corporelles, mais, en 1845, il codifie la législation pénale. Son Code, d'une casuistique exagérée, comprend près de 2,000 articles; l'édition, revue en 1857, a servi de base à celle du 5 mai 1866, qui régit aujourd'hui la Russie. Mais une nouvelle législation se prépare, rendue nécessaire par la réforme des lois judiciaires russes [6].

[1] Comp. *Annuaire de législation étrangère*, 1872, p. 80 et suiv.; Boratinski, *Etude sur le Code pénal de l'Allemagne du Nord* (*Rev. prat.*, t. XXXVII, p. 274, t. XL, p. 131 et suiv.); Martinet, *Étude sur l'origine du C. p. allemand* (*Bull. soc. légis. comp.*, 1874, p. 149).

[2] Le Code de procédure criminelle autrichien a été traduit par MM. Lyon-Caen et Bertrand, sous le titre inexact de *Code d'instruction criminelle*.

[3] Ce projet a été présenté une seconde fois par M. Pragak, ministre de la justice, le 14 novembre 1881.

[4] Comp. *Annuaire de légis. étr.*, 1879, p. 272; Martinet, *Bull. soc. légis. comp.*, 1877, p. 15; Mayer, *Das ungarische Strafgesetzbuch*, 1878.

[5] Comp. : Lehr, *La nouvelle organisation judiciaire de la Russie* (Paris, 1875); *La nouvelle législation pénale de la Russie* (*Rev. de lég. franç. anc. et mod.*, 1875, p. 270 et suiv., 1876, p. 166 et suiv.); Tagantzef, *Cours de droit pénal* (en Russe), Saint-Pétersbourg, 3 fascicules parus, 1874-1880.

[6] A l'heure où j'écris, la Commission de rédaction a terminé la partie générale du Code pénal (art. 1 à 64).

PREMIÈRE PARTIE.

DROIT PÉNAL

OU

THÉORIE GÉNÉRALE DE L'INFRACTION ET DE LA PEINE.

Bibliographie générale. — Béranger, *De la répression pénale, de ses formes, de ses effets* (2 vol. in-8°, Paris, 1855). — Berriat Saint-Prix (J.), *Cours de droit criminel* (5e éd., in-8°, Paris, 1855). — Bertauld, *Cours de Code pénal et leçons de législation criminelle* (4e éd., in-8°, Paris, 1873). — Blanche (A.), *Études pratiques sur le Code pénal* (7 vol. in-8°, Paris, 1861-1872). — Boitard et Faustin Hélie, *Leçons de droit criminel, contenant l'explication complète des Codes pénal et d'instruction criminelle* (13e éd., Paris, 1874). — Dalloz, *Code pénal annoté* (in-4°, Paris, 1881-1882). — *Id.*, *Répertoire général, passim.* — Dieudonné, *Répétitions de droit criminel* (2e éd., 1 vol. in-8°, 1875). — Carnot, *Commentaire sur le Code pénal* (2e éd., 2 vol. in-4°, Paris, 1836). — Chauveau (A.), *Code pénal progressif.* Commentaire de la loi modificative du Code pénal (in-8°, Paris, 1832). — Chauveau et Faustin Hélie, *Théorie du Code pénal* (5e éd., 6 vol. in-8°, Paris, 1873).

— FAUSTIN HÉLIE, *Pratique criminelle des Cours et Tribunaux* (2 vol. in-8°, Paris, 1877). Le second volume est consacré au droit pénal. — HAUS, *Principes généraux du droit pénal belge* (3° éd., 2 vol. in-8°, Paris, 1879). — LAINÉ, *Traité élémentaire de droit criminel* (premier et deuxième fascicules) (in-8°, Paris, 1880-1881). — LEGRAVAREND, *Traité de la législation criminelle en France* (3° éd., 2 vol. in-4°, Paris, 1830). — LEFORT, *Cours élémentaire de droit criminel* (2° éd., in-8°, Paris, 1879). — LE SELLYER, *Traité de la criminalité, de la pénalité et de la responsabilité* (2° éd., 2 vol. in-8°, Paris, 1875). — MOLINIER, *Programme du cours de droit criminel fait à la Faculté de Toulouse* (in-8°, Toulouse, 1851). — MOUTON, *Les lois pénales de la France* (2 vol. gr. in-8°, Paris, 1868). — MORIN, *Répertoire général et raisonné du droit criminel* (2 vol. gr. in-8°, Paris, 1851). — NYPELS, *Le droit pénal français progressif et comparé* (Bruxelles, 1868). — ORTOLAN, *Éléments de droit pénal* (4° éd., 2 vol. in-8°, Paris, 1875); *Résumé des éléments de droit pénal* (1 vol. in-8°, 1874). — ROLLAND DE VILLARGUES, *Les Codes criminels interprétés par la jurisprudence et la doctrine* (5° éd., 2 vol. gr. in-8°, Paris, 1877). — ROSSI, *Traité de droit pénal* (4° éd., 2 vol. in-8°, Paris, 1872). — RAUTER, *Traité théorique et pratique de droit criminel français* (2 vol. in-8°, Paris, 1836). — RICHARD MAISONNEUVE, *Exposé de droit pénal et d'instruction criminelle* (in-8°, 1874). — TRÉBUTIEN, *Cours élémentaire de droit criminel* (2 vol. in-8°, Paris, 1854). Une deuxième édition de cet ouvrage, formant, en réalité, un ouvrage nouveau, a été publiée par MM. LAINÉ-DESHAYES, et GUILLOUARD (tome I, seul paru, in-8°, Paris, 1878). — TISSOT, *Le droit pénal étudié dans ses principes, dans les usages et les lois des différents peuples* (2° éd., 2 vol. in-8°, Paris, 1880). — VILLEY, *Précis d'un cours de droit criminel* (2° éd., in-8°, 1880).

LIVRE PREMIER.

DE L'INFRACTION.

TITRE PREMIER.

NOTIONS GÉNÉRALES SUR L'INFRACTION.

CHAPITRE PREMIER.

DÉFINITION DE L'INFRACTION.

56. Définition de l'infraction. — Le Code pénal ne définit pas l'infraction, mais les diverses espèces d'infractions, c'est-à-dire les *crimes*, les *délits* et les *contraventions*. Le Code de brumaire an IV contenait, dans son article premier, cette définition générale : « *Faire ce que défendent, ne pas faire ce qu'ordonnent les lois qui ont pour objet le maintien de l'ordre social et de la tranquillité publique est un délit* ». Cette définition a le tort de ne pas être complète; telle qu'elle est formulée, elle met cependant en relief deux caractères de l'infraction qui sont essentiels à son existence, mais elle en omet deux autres qui ne le sont pas moins.

A. L'infraction suppose toujours un *acte externe :* les pensées, les résolutions, même avouées, ne peuvent tomber sous le coup de la loi pénale : celle-ci ne doit gouverner que les rapports des hommes entre eux, en tant qu'ils se manifestent par des *actes*. Ces actes, dont l'ensemble forme le *corps du délit*, c'est-à-dire le délit lui-même envisagé dans ses élements *externes* ou *physiques*, abstraction faite de ses éléments *internes* ou *moraux* [1], peuvent consister, soit en des *actions*,

[1] Quelquefois ce mot « *corps du délit* » est pris dans un sens impropre pour désigner les *choses* qui forment l'objet de l'infraction et qui font seulement partie du corps du délit. C'est dans ce sens que le législateur autorise la confiscation du corps du délit (C. p., art. 11). Sur le *corps du délit* en général : Haus, t. I, n°s 289, 290; Ortolan, t. I, n° 1133. Sur le corps du délit dans les délits d'inaction : Ortolan (*Rev. prat.*, 1856, t. I, p. 338).

soit en des *inactions*. Les délits d'action ne comprennent pas seulement des *faits* proprement dits, tels qu'un homicide, un vol; ils peuvent se commettre aussi par des *paroles* ou des *écrits*, même par des *images* ou des *emblêmes*. Ils sont de beaucoup plus nombreux que les délits d'inaction, qui ont même, dans toute législation pénale, un caractère exceptionnel. On conçoit, en effet, que le *devoir de s'abstenir* d'actes coupables, qui compromettent la vie, l'honneur, la liberté, la fortune d'autrui, soit plus fréquemment imposé par la loi positive que le devoir d'agir pour protéger ces mêmes intérêts. La loi pénale défend plutôt qu'elle n'ordonne. Ce qu'il importe de remarquer, du reste, c'est que les délits d'inaction, comme les délits d'action, se manifestent par des faits extérieurs, et que la juridiction compétente ne peut incriminer une inaction que si elle les constate dans la déclaration de culpabilité[1].

B. L'infraction est une action ou une inaction accomplie en violation des lois « *qui ont pour objet le maintien de l'ordre social et de la tranquillité publique.* » Cette formule indique exactement le but qui doit être assigné, à la loi pénale. En effet, un caractère essentiel de l'infraction est de causer un *trouble social*, et, c'est seulement en raison de ce trouble social et des dangers qu'entraîne pour l'ordre et la tranquillité publique telle action ou telle inaction, que la loi la défend ou l'ordonne sous menace de châtiment. Aussi, d'après les législations pénales modernes, l'infraction donne essentiellement naissance à une action, intentée, *au nom de la société*, soit par des particuliers sans caractère officiel, soit par des fonctionnaires spéciaux, et qu'on appelle, pour ce motif, *action publique*. L'infraction peut également produire un dommage individuel et donner naissance à une *action privée* en réparation de ce dommage. Mais, tandis que l'action publi-

[1] Par exemple, la loi punit le citoyen, porté sur la liste du jury de session, qui, sans excuse valable, se dispense de ce service public (C. inst. cr., art. 396). Cette infraction résultera de ce fait que le juré, averti, par une notification individuelle, du jour et de l'heure de l'ouverture de la session, n'aura pas répondu à l'appel de son nom. Ainsi encore, la loi punit la violation du devoir, imposé à toute personne, qui assiste à un accouchement, de déclarer la naissance, dans les trois jours, à l'officier de l'état civil (C. p., art. 346). Cette infraction se manifestera : 1° par le *fait* de la naissance; 2° par la production des registres de l'état civil, sur lesquels on constatera l'*absence* de déclaration; 3° par l'*expiration* du délai de trois jours donné par la loi pour faire la déclaration. Que l'on soumette tous les délits d'inaction à l'analyse, et l'on déterminera facilement les faits extérieurs qui constituent, pour chacun d'eux, le *corps même du délit*.

que est la conséquence *nécessaire* de toute infraction[1], l'action privée est seulement la conséquence de l'infraction dommageable, et toutes les infractions n'ont pas ce caractère.

C. La définition du Code de brumaire est incomplète, en ce qu'elle omet l'élément principal de l'infraction : car le manquement à la défense ou à l'ordre de la loi n'est une infraction, que si la menace d'une peine y a été formellement attachée. Cette condition a même une telle importance qu'elle devrait suffire à une définition sommaire : on pourrait dire, et on a dit souvent : *l'infraction est une action ou une inaction punie par la loi pénale.* Du reste, si cette condition est oubliée par le Code de brumaire, elle est relevée par l'article premier du Code pénal de 1810, qui classe les infractions d'après les *peines* qui leur sont applicables. Ce qu'il faut observer, c'est que tout fait prévu par une loi pénale, est une infraction, quand même le droit d'appliquer la *peine afflictive* ou *infamante, correctionnelle* ou *de police*, est exceptionnellement attribué, par le législateur, soit aux tribunaux civils (C. civ., art. 50, 298, 308), soit à tous les tribunaux indistinctement (C. inst. cr., art. 505), soit au juge d'instruction (C. inst. cr., art. 80, 81). En effet, la nature de la juridiction qui applique la peine ne peut modifier la nature du fait punissable[2].

D. Toutefois, un fait peut être prohibé par la loi sous menace de châtiment et devenir juste parce que, telle circonstance étant donnée, l'auteur de ce fait avait le droit ou même le devoir de l'accomplir. Ainsi, l'homicide de l'agresseur, par celui qui est en état de légitime défense, est un droit, l'homicide du condamné est un devoir pour l'exécuteur. Ces circonstances font donc disparaître le caractère délictueux du fait prévu par la loi.

En résumé, si l'on veut embrasser, dans une définition complète, les éléments communs de toute infraction, on dira : *l'infraction est un fait ordonné ou prohibé par la loi à l'avance, sous la sanction*

[1] Nous ne connaissons plus aujourd'hui la distinction des *délits publics* et des *délits privés;* tous les *délits*, c'est-à-dire tous les faits punis par la loi d'une peine proprement dite, ne sont punis que parce que leur répression intéresse la société. Quelques auteurs appellent cependant *délits privés* ceux qui ne peuvent être poursuivis que sur la plainte de la partie lésée. Comp., par exemple, Dalloz, *Jur. gén.*, v° *Délit*, n° 8. Mais cette expression, qui prête à l'équivoque, doit être bannie du langage scientifique.

[2] Comp. en sens contraire : Dall., *Jur. gén.*, v° *Délit*, n° 12. Les distinctions faites par cet auteur sont très confuses et ne peuvent servir de base à une théorie satisfaisante.

d'une peine proprement dite, et qui ne se justifie pas par l'exercice d'un droit.

57. On doit distinguer des infractions à la loi pénale les *fautes de discipline*, c'est-à-dire les infractions que peuvent commettre, dans l'exercice de leurs fonctions, certaines personnes assujetties à des devoirs spéciaux par les règlements de leur corporation, les avocats, les notaires, les avoués, les huissiers, les magistrats, par exemple.

L'établissement du pouvoir disciplinaire a pour but d'assurer l'accomplissement des *devoirs professionnels* des membres de la corporation. Du but de cette institution, nous devons tirer trois corollaires : *a*) *quant aux infractions disciplinaires :* la juridiction disciplinaire, à la différence de la juridiction pénale, a le droit d'incriminer tous les actes qui constituent des infractions aux devoirs de toute nature imposés aux membres de la corporation, alors même que ces actes n'auraient pas été prévus à l'avance par la loi : elle jouit, en général, d'un pouvoir souverain d'appréciation pour déterminer quels sont les faits qui peuvent être considérés comme des fautes de discipline; *b*) *quant aux peines :* inspirées par une pensée de correction pour le coupable ou de dignité à sauvegarder pour le corps auquel il appartient, ces peines ont un caractère tout spécial; la juridiction disciplinaire peut, en effet, prononcer, suivant la gravité des cas, le rappel à l'ordre, la censure simple par la décision même, la censure avec réprimande, quelquefois même la suspension ou la destitution; *c*) *quant à l'action disciplinaire :* cette action, qui tend à la répression des infractions disciplinaires par des peines de cette espèce, est une action *sui generis*, qui n'a rien de commun avec l'action publique ou l'action civile. La conséquence en est que, dans le cas où un fait, de la nature de ceux qui peuvent provoquer l'action disciplinaire, est, en même temps, un délit pénal ou un délit ou quasi-délit civil, comme serait un faux commis par un officier ministériel, une décision disciplinaire intervenant ne pourrait faire obstacle à l'exercice ultérieur de l'action publique ou de l'action civile, pas plus qu'une décision civile ou pénale ne ferait, en principe, obstacle à l'exercice ultérieur de l'action disciplinaire[1]. Cependant, l'autorité appelée à statuer disciplinairement doit, dans une mesure que je déterminerai plus tard, respecter la chose jugée par les tribunaux de répression : ainsi, elle commettrait un excès de pouvoir si elle

[1] Sur ces divers points : GARSONNET, *Cours de procédure*, § LX, p. 237.

donnait ou refusait de donner au fait, objet de la poursuite, la qualification qui lui a été soit donnée soit déniée par la juridiction criminelle. Enfin, l'extinction de l'action publique par la prescription ou l'amnistie, ne paralyserait pas l'exercice de l'action disciplinaire à raison du fait prescrit ou amnistié[1].

58. Divers sens du mot « délit. » — Les infractions à la loi pénale prennent souvent la qualification générale de *délits;* le mot *délit*, ainsi entendu de tout acte punissable, est synonyme d'*infraction.* C'est la signification générale que lui donnait l'intitulé du « Code des *délits* et des *peines* » du 3 brumaire an IV. C'est avec cette signification qu'il est souvent employé en pratique, et qu'il figure dans plusieurs dispositions, soit de nos Codes criminels, soit de nos autres lois répressives, notamment en ces expressions consacrées : *flagrant délit* (C. inst. cr., art. 41, 59); *délits connexes* (C. inst. cr., art. 226 et 227); *corps du délit* (C. p., art. 11). Mais le mot « *délit* » est de nature à être employé dans des significations tellement variées, que je crois devoir l'écarter du langage technique; on donne, en effet, à ce mot, trois autres significations ou plus restreintes, ou plus étendues que la signification générale que je viens d'indiquer.

A. Ainsi, dans les textes du Code civil, on appelle *délit* tout fait illicite portant préjudice à autrui. Si ce fait a été commis précisément à dessein de nuire (*dolo*), il garde le nom de *délit;* s'il est simplement le résultat d'une négligence ou d'une imprudence (*culpa*), il prend le nom de *quasi-délit.* Le délit ou quasi-délit de droit civil est tout différent du délit de droit pénal. Il n'existe que par le *préjudice;* et la loi civile n'intervient que pour consacrer et organiser le principe d'une *réparation* au profit de la personne lésée (C. civ., art. 1382 et suiv.). Le délit pénal, au contraire, existe par cela seul que le fait prévu par la loi a été commis, sans qu'il soit nécessaire de prouver qu'il a causé un préjudice; l'existence du préjudice est un élément à considérer, surtout au point de vue des conséquences du délit; en effet, le délit pénal *préjudiciable* donne naissance à une *action civile,* tendant à des dommages-intérêts, distincte de l'*action publique*, tendant à l'application d'une peine.

De cette comparaison entre le délit pénal et le délit civil, nous pouvons tirer trois corollaires : 1° Le même fait peut constituer à la fois

[1] Comp. Paris, 25 août 1881 (S. 82, 2, 73); MORIN, *Discipline des cours et tribunaux*, t. II, n° 840.

un *délit de droit pénal* et un *délit de droit civil*. Ce double caractère appartient à la plupart des infractions envers les particuliers lorsqu'elles sont consommées, au meurtre, par exemple, au vol, à l'incendie, etc. Mais on trouve cependant des faits, qui sont des délits de droit pénal, sans être des délits de droit civil. Il en est ainsi de la tentative de délit punissable, du port d'armes prohibées, et de ces nombreuses infractions, telles que le complot, le vagabondage, la mendicité, etc., qui sont contraires à l'ordre social, sans avoir, du moins par elles-mêmes, de suites dommageables. 2° A l'inverse, la loi pénale n'incrimine pas tous les actes qui portent atteinte aux droits d'autrui, même lorsqu'ils sont commis avec intention de nuire. Par exemple, les faits de dol, tels que le stellionnat[1], le recel d'effets dépendant d'une succession ou d'une communauté (C. civ., art. 792 et 801), qui ne rentrent dans les termes ni de l'escroquerie ni du vol, sont des *délits de droit civil*, sans être des *délits de droit pénal*. 3° Enfin, il est des faits préjudiciables et illicites qui sont des *délits en droit pénal*, et des *quasi-délits en droit civil*. Il en est ainsi de l'homicide et des blessures causées par imprudence ou par négligence, faits prévus et punis par les articles 319 et 320 du Code pénal.

B. En droit pénal même, le mot *délit* peut être pris, *stricto sensu*, dans deux acceptions différentes. 1° Quand on oppose le *délit* à la *contravention*, le mot *délit* est employé pour désigner le fait qui implique l'intention d'enfreindre la loi pénale et qui n'est puni qu'en raison de cette intention; le mot *contravention*, pour désigner le fait qui est puni, même lorsqu'il est commis sans intention mauvaise, par imprudence, ou par négligence. 2° Dans un sens plus restreint encore, déterminé par l'article 1er du Code pénal, l'expression *délit* s'applique à toute infraction qui est réprimée par des peines correctionnelles : on oppose, dans ce sens, le *délit de police correctionnelle*, soit au *crime*, c'est-à-dire à l'infraction punie de peines afflictives ou simplement infamantes, soit à la *contravention*, c'est-à-dire à l'infraction punie de peines de simple police.

[1] Le stellionnat est défini par l'article 2059 du Code civil.

CHAPITRE II.

SUJETS ACTIF ET PASSIF DE L'INFRACTION.

59. Il existe dans tout délit deux termes, l'un actif l'autre passif : violation d'un devoir, si vous considérez le premier; violation d'un droit, si vous considérez le second. Il importe donc d'examiner qui peut être sujet actif, qui peut être sujet passif du délit.

60. I. **Sujet actif de l'infraction.** — Pour être imputable à quelqu'un, l'infraction doit avoir sa cause dans une *volonté* intelligente et libre, car il ne peut y avoir de culpabilité et, par conséquent, de *coupable* qu'à cette condition. Il est facile de conclure, puisque cette faculté ne se rencontre que chez l'homme, que l'*homme* seul peut être agent du délit. Nous écartons naturellement du cercle d'action de la loi pénale les animaux. Cependant, notre ancienne jurisprudence criminelle, qui s'inspirait des sentiments de vengeance et d'intimidation, a connu les procès faits « *aux bestes brutes et aux choses inanimées*[1]. »

L'homme est une personne. Or, les personnes sont *physiques* ou *morales*. Les premières, par cela seul qu'elles existent, s'imposent à la loi, qui n'a, en ce qui les concerne, d'autre mission que de les reconnaître. Les personnes morales, telles que l'État, les communes, les sociétés commerciales, etc., sont, au contraire créées par la loi, qui a pour but de donner satisfaction à des intérêts collectifs ou permanents, en leur constituant un patrimoine. Il est facile de déterminer, par le but même que poursuit la loi, en reconnaissant une personnalité à ces intérêts collectifs ou permanents leur situation au point de vue juridi-

[1] Ayrault, *De l'ordre, formalité et instruction judiciaires*, liv. IV, 1re partie, n. 25 et 26; Berriat Saint-Prix, *Rapports et recherches sur les procès faits aux animaux*, 1829; L. Menabrea, *De l'origine, de la forme et de l'esprit des jugements rendus au moyen-âge contre les animaux*, 1846; Dumeril, *Les animaux et les lois* (*Rev. gén. du droit*, 1880, p. 144); P. Croos, *Procès faits aux animaux* (*La France judiciaire*, 1880, p. 417 à 428). Les trois principes du talion, de l'intimidation, de la nécessité d'apaiser la colère divine par le châtiment, qui ont eu autrefois tant d'influence sur le droit pénal, expliquent ces singulières incriminations. La nouvelle école anthropologique criminelle tend, du reste, à les justifier, car elle trouve la criminalité chez l'animal comme chez l'homme et avec le même caractère. Comp. Lacassagne, *La criminalité chez les animaux* (*Rev. scientifique*, 1882, t. XXIX, p. 34 à 42); E. Ferri, *Le uccisioni criminose tra gli animali* (Rome, 1883).

que [1]. Les personnes morales, qui ne sauraient être reconnues *pénalement* responsables, peuvent l'être, au contraire, civilement, même par les tribunaux de répression [2], à raison des infractions commises par leurs agents. Ceci comprend deux propositions. Avant de les développer, une double observation doit être faite. 1° Une abstraction, telle que l'État, une commune, une société, n'agit pas; pour qu'elle manifeste sa vie juridique, le concours d'une ou plusieurs personnes physiques lui est nécessaire. Aussi, les personnes morales ont toutes des représentants : c'est le maire, par exemple, qui agit au nom de la commune; ce sont les gérants ou administrateurs qui agissent au nom d'une société. On comprend que ces représentants puissent, *à ce titre*, commettre une infraction : engagent-ils la responsabilité de l'être moral? Ainsi, l'administrateur d'une société de banque détourne les titres, qui ont fait l'objet d'un dépôt : la société, être abstrait, sera-t-elle responsable? 2° Il faut remarquer, d'autre part, qu'il existe deux catégories de personnes morales. Les unes, formées par une réunion d'individus et dont l'existence ne se conçoit pas sans cette réunion : ce sont les corporations (*Universitates personarum*); les autres, comprenant les établissements (*Universitates bonorum*), personnifient un intérêt général d'une nature permanente. Or, si l'on peut concevoir, en ce qui concerne les premières, deux situations : un délit commis par le représentant de la corporation; un délit commis par ses membres; on ne peut concevoir, en ce qui concerne les établissements, que la première situation. Ceci compris, nous avons à examiner distinctement la responsabilité pénale et la responsabilité civile des personnes morales.

A. Il est évident qu'on ne peut songer à déclarer les *universitates bonorum* pénalement responsables. La question se comprend, au contraire, pour les *corporations*, à raison des infractions commises par les individus qui en font partie. Mais comme l'action des personnes morales est restreinte aux droits et obligations qui se réfèrent au patrimoine, il n'est pas possible qu'elles tombent sous le coup de la loi pénale. Cela va de soi pour les infractions *intentionnelles*, puisque la collectivité n'a pas une volonté distincte de celle des individus qui la composent ou des représentants qui en sont les or-

[1] Sur la question, comp. : Haus, t. I, n. 265-268; Ortolan, t. I, n. 491 et suiv.; Ziegler, *Die Verbrechensunfähigkeit juristicher Personen* (Mitau, 1852); von Kries, *De delictis universitatum* (Berlin, 1876); Hugo Meyer, *Lehrbuch des deutschen Strafrechts*, § 23, p. 128; Lawenstein, *de Universitate non delinquente*, 1840; Savigny, *System.*, t. II, §§ 3, 4.

[2] Comp. Cass., 31 mai 1855 (*Bull.*, n. 116); Alger, 29 mai 1879 (S. 80, 2, 79).

ganes; mais nous l'affirmons également, en ce qui concerne les infractions *non-intentionnelles*, car, *pénalement*, on ne peut être responsable du fait d'autrui. L'action publique ne doit être exercée que contre les auteurs ou les complices de l'infraction : *peccata suos teneant auctores*. Aussi, lorsque le Code pénal a prévu et puni, dans les articles 123 à 126, les coalitions de fonctionnaires, les concerts de mesures contraires aux lois, pratiquées par « *des corps dépositaires de quelque partie de l'autorité publique* », il n'a pas songé à organiser une peine *collective* contre le *corps constitué*, mais il a frappé « *chaque coupable* » d'une peine individuelle. Dans notre système répressif, on ne pourrait songer à appliquer aux personnes juridiques qu'une peine, l'*amende*. On devra la prononcer, *individuellement*, contre tous ceux qui ont participé à l'infraction, et non collectivement contre la corporation. A la vérité, l'article 2 du titre IV de la loi du 10 vendémiaire an IV porte que « dans le cas où les habitants de la commune ont pris part aux délits commis sur son territoire par des attroupements ou des rassemblements, cette commune sera tenue de payer à la République une *amende* égale au montant de la réparation principale ». Mais cette disposition, sur laquelle nous reviendrons, doit être considérée comme une trace de ces responsabilités solidaires et collectives, si fréquentes autrefois[1]. En général, les législations modernes n'admettent pas la possibilité d'incriminer les personnes morales, sauf le droit de l'État de procéder à la destruction de leur existence juridique, quand, en violant la loi, elles menacent la sécurité publique et l'ordre social[2].

B. Les personnes morales ayant un patrimoine, rien ne s'oppose à ce qu'elles soient tenues de réparer *civilement* le dommage causé par le délit. La responsabilité civile, qui peut les atteindre, a sa base, dans une *faute*, prouvée ou présumée par la loi.

[1] La doctrine que les corporations pouvaient délinquer, a été admise dans notre ancien droit, par suite de traditions germaniques. Comp. *Const. Frederici* II, *anno* 1235, § III; *Henrici* VII, anno 1312 (Pertz, *Monumenta*, t. IV, p. 317, 527). L'ordonnance de 1670 réglait, dans le titre XXI, l'instruction criminelle contre les corps et communautés.

[2] La jurisprudence paraît admettre cependant que les corporations peuvent être *pénalement* responsables des infractions commises par les individus dont elles se composent, au moins des contraventions. — Elle décide notamment qu'en cas d'infraction à la police des mines, commise par des ouvriers et régisseurs d'une compagnie de mines, il doit être prononcé une seule amende contre la compagnie et non autant d'amendes qu'il y a de contrevenants : Cass., 6 août 1829 (S. 29, 1, 345). Faustin Hélie approuve cette jurisprudence, *Pratique criminelle des Cours et*

61. II. Sujet passif de l'infraction. — Tout être, ayant des droits, dont la lésion est matière à infraction, fût-il incapable lui-même de commettre cette infraction, peut être sujet passif du délit[1].

A. Ainsi d'abord, l'*homme*, parce qu'il constitue nécessairement une personne, c'est-à-dire un être ayant des droits, et cela, fût-il fou, fût-il mort civilement, lorsque la mort civile existait encore, fût-il Français ou étranger, peu importe, le seul fait de son existence lui assurant la protection sociale. L'homme est même protégé avant sa naissance et depuis sa conception : *infans conceptus pro nato habetur, quoties de commodis ejus agitur*[2]. Mais la loi pénale le protège-t-elle après sa mort? De son vivant, l'homme peut être lésé dans son honneur, dans son corps ou dans ses droits; lui mort, ses restes sont certainement protégés, car l'article 360 C. p. punit la violation des tombeaux, n'y eût-il aucun parent, aucun ami du mort lésé par cette violation[3]; mais sa mémoire l'est-elle également contre une diffamation dont elle serait l'objet? C'est une question célèbre, que nous retrouverons plus tard, et qui a été tranchée négativement par l'article 34 de la loi sur la presse du 29 juillet 1881.

B. A côté de l'homme, il y a d'autres êtres de pure création juridique, auxquels la loi donne une sorte d'existence, distincte de l'existence des intérêts individuels dont ils se composent. Ces êtres ont des droits, dans lesquels ils pourront se trouver lésés, non quant à leurs corps, mais quant à leurs intérêts matériels ou leurs intérêts moraux, leur état, leur existence légale, leur fortune. Que ces intérêts puissent être l'objet d'une infraction, on n'en saurait douter; et il n'est même pas nécessaire que ces êtres, corporations, communautés, soient reconnus comme personnes morales, il suffit qu'ils soient reconnus par

Tribunaux, t. II, n° 58. En sens contraire : Dijon, 9 juillet 1862 (S. 62, 2, 365). Sur une question voisine de la nôtre, la jurisprudence admet que les actes émanés d'une corporation peuvent être l'objet d'une *poursuite disciplinaire contre la corporation*. On peut citer un certain nombre d'exemples de répression, par la voie disciplinaire, d'actes imputés : — à une *chambre de notaires* (V. arrêts cités par Lefebvre, *Traité de la discipline notariale*, n° 64); — à un conseil de discipline d'avocats (Cass., 5 avril 1841, S. 41, 1, 289).

[1] Comp. sur la question : Haus, t. I, n° 269; Ortolan, t. I, n°s 536 et suiv.

[2] Voyez l'article 317 C. p., relatif à l'avortement.

[3] Du reste, cette disposition n'est pas seulement applicable aux *atteintes matérielles* portées à la cendre des morts, mais à tout acte qui tend à violer le respect dû aux tombeaux. Il peut s'y mêler un fait de *vol* : Comp. Cass. de Naples, 15 nov. 1880 (S. 81, 4, 29).

la loi comme *corps constitués* ou *administrations publiques* (L. 29 juillet 1881, art. 30).

C. Les êtres, tant animés qu'inanimés, en dehors de l'homme, ne peuvent être qu'*objets*, jamais *sujets* de droits. L'homme a la faculté de faire sur eux acte d'appropriation et n'a envers eux aucune obligation à remplir. Cependant, notre législation, dans une loi du 2 juillet 1850, dite loi-Grammont, du nom du député qui l'a proposée, réprime les mauvais traitements exercés sur les animaux. Mais le but de cette loi n'a pas été de conférer des droits aux animaux, de les considérer comme pouvant être *sujets* d'un délit; elle a seulement voulu punir des actes de cruauté qui, à raison de leur *gravité* et de leur *publicité*, sont de nature à exercer une influence fâcheuse sur les mœurs. Aussi, les traitements abusifs ne sont-ils punissables qu'exercés *en public*, et sans que la loi distingue suivant que l'auteur de ces actes est ou non propriétaire de l'animal[1].

CHAPITRE III.

CLASSEMENT DES INFRACTIONS.

62. On peut classer les infractions, — soit au point de vue de leur *gravité*, en crimes, délits, contraventions, — soit au point de vue de leur *moralité*, en infractions intentionnelles et non intentionnelles; — soit au point de vue de leur *matérialité*, en infractions simples et infractions collectives ou d'habitude; en infractions instantanées et infractions continues ou successives; en infractions flagrantes et infractions non flagrantes; — soit au point de vue de leur *objet*, en infractions contre la chose publique et infractions contre les particuliers; en infractions politiques et infractions non politiques; — soit enfin, au point de vue de leur *étendue*, en infractions ordinaires, et infractions spéciales.

J'examinerai, dans autant de paragraphes distincts, chacune de ces classifications.

[1] Comp. Tissot, *op. cit.*, t. I, p. 21 et 32.

I. CLASSEMENT DES INFRACTIONS AU POINT DE VUE DE LEUR GRAVITÉ.

63. L'article 1er du Code pénal contient une classification générale des infractions, en contraventions, délits et crimes : « *L'infraction que les lois punissent des peines de police est une contravention. — L'infraction que les lois punissent de peines correctionnelles est un délit. — L'infraction que les lois punissent d'une peine afflictive ou infamante est un crime* ».

Cette division tripartite des infractions, basée sur la peine qui leur est légalement applicable, a été critiquée à deux points de vue principaux : — « Elle est arbitraire, a-t-on dit; il n'y a aucune raison pour faire trois classes d'infractions, plutôt que deux, quatre, ou un plus grand nombre ». Remarquons cependant, pour répondre à cette critique, que les actes, dont la répression est commandée par la justice et l'utilité sociale, sont d'une nature et, par conséquent, d'une gravité bien différente : on peut donc les classer, en infractions graves, que l'on appellera des crimes, moins graves, que l'on appellera des délits, légères enfin, que l'on appellera des contraventions. Or, il est facile de comprendre, en lisant l'article 1er C. p., que, pour classer les infractions, le législateur s'est placé au point de vue de leur *gravité relative*, et que cette classification, loin d'être arbitraire, est bien naturelle. — « Mais, alors, ajoute-t-on, cette classification est *peu rationnelle*, puisque c'est de la gravité de la peine que le Code pénal fait dépendre la nature de l'infraction, tandis que, rationnellement, c'est de la nature de l'infraction que devrait dépendre la gravité de la peine. En disant, dans sa première disposition : *Distinctio delictorum ex pœna*, au lieu de dire : *Distinctio pœnarum ex delicto*, le Code pénal ne renverse-t-il pas les bases d'une classification rationnelle des infractions[1] »? Le législateur ne mérite pas ces critiques; il s'est bien placé au point de vue de la gravité de chaque in-

[1] Cette critique a pris, sous la plume de Rossi (t. I, p. 54), une forme très-vive et très-acerbe : « C'est dire au public : Ne vous embarrassez pas d'examiner la nature intrinsèque des actions humaines; regardez le pouvoir : fait-il couper la tête à un homme, concluez-en que cet homme est un grand scélérat. Il y a un tel mépris de l'espèce humaine, une telle prétention au despotisme en tout, même en morale, que l'on pourrait, sans trop hasarder, juger de l'esprit du Code entier par la lecture de l'article 1er ».

fraction pour graduer son système de peine; mais son œuvre achevée, il lui est permis de dire à l'interprète et au juge : « Vous reconnaîtrez la gravité d'une infraction à la peine dont je l'aurai frappée ». Ce que l'on doit demander à un Code pénal, c'est une classification à la fois *claire* et *pratique*, et tel est le caractère de celle que nous analysons. Aussi, a-t-elle été adoptée par bon nombre de lois étrangères [1].

Les juridictions pénales, en effet, leur compétence, les formes de procédure à suivre devant elles ont été mises en rapport, par nos lois criminelles, avec la gravité des infractions, gravité qui se révèle à un signe *matériel*, toujours facile à déterminer : la *peine légale*. Les *cours d'assises* sont organisées pour juger les *crimes*; les *tribunaux correctionnels*, pour juger les *délits*; les *tribunaux de simple police*, pour juger les *contraventions*. Cette classification des infractions donne donc, — et c'est là sa principale utilité, — *une règle sûre de compétence*. Nous ne trouverons pas, en effet, malgré la multiplicité des juridictions répressives, au début d'un procès criminel, ces difficultés de compétence *ratione materiæ*, si fréquentes au début d'un procès civil, qui naissent principalement de la séparation des contentieux administratif et judiciaire, et de la division du contentieux judiciaire, en contentieux civil et commercial. Veut-on savoir quel ordre de tribunaux répressifs est compétent pour juger telle infraction, on recherche sa gravité, et, pour déterminer sa gravité, on se demande quelle peine lui est applicable.

Plus on pénètre dans l'étude de notre législation criminelle, plus on apprécie le caractère, à la fois simple et pratique, de la classification adoptée par le Code pénal. Partout où il est nécessaire, au point de vue des règles de *fond* comme à celui des règles de *forme*, de prendre en considération la gravité de l'infraction, l'article 1er C. p. doit

[1] Le Code pénal belge, révisé en 1867, a conservé cette classification. Elle est adoptée par le Code pénal allemand (art. 1). Telle est encore la division fondamentale des infractions dans le projet de Code autrichien (*Bull. de la Soc. de législ. comp.*, 1876, p. 328), et le projet de Code pénal italien; mais elle est repoussée par le Code pénal des Pays-Bas (sur le projet, v. *Bull. législ. comp.*, 1877, p. 284). L'Angleterre même, si on y regarde de près, nous offre une division analogue à la nôtre, sous les noms de *félonies* (crimes primitivement capitaux), *misdemeanors* (crimes ou délits inférieurs), et *littl' offence* (petites offenses ou offenses de simple police). Mais le projet de Code pénal anglais rejette cette classification comme ne correspondant pas à l'organisation des juridictions pénales. Comp. Berge, *Rev. génér. du droit*, 1879, t. II, p. 301. Cette classification est également adoptée dans le projet du Code pénal russe (art. 1er). Le Code pénal espagnol, qui distingue trois espèces de peines, ne reconnaît que deux espèces d'infractions.

servir de *criterium :* par exemple, en matière de *tentative*. Plus tard, on verra quel en est l'intérêt aux divers points de vue de la *prescription*, du *cumul* des infractions, de la *récidive*, de la *complicité*, des *circonstances atténuantes*. Dans la procédure, cette distinction a une grande importance en ce qui concerne l'*instruction préparatoire*, la *détention préventive*. Enfin, elle a longtemps dominé l'application de la loi française, soit quant à l'*extradition*, soit quant aux *faits délictueux commis à l'étranger*, et, malgré les dispositions nouvelles de la loi du 27 juin 1866, et le développement tous les jours plus grand de l'extradition, cette distinction tient encore, dans ces matières, une place considérable.

64. Mais, avec la base adoptée par le Code pénal, la classification des infractions en crimes, délits, contraventions soulève deux difficultés : leur solution nous permettra d'en déterminer le *caractère* et l'*étendue*.

A. Les infractions prennent-elles leur *caractère* de crimes, délits ou contraventions dans la qualification qui leur est donnée, en conformité de la loi, par la *poursuite* ou le *jugement* dont elles sont l'objet, ou dans la *peine* qui leur est appliquée? — Pierre a été poursuivi pour « homicide volontaire », c'est-à-dire pour un fait qualifié *crime :* il a prétendu, devant la cour d'assises, qu'il avait été provoqué par sa victime : en effet, le jury, tout en déclarant Pierre coupable de meurtre, c'est-à-dire d'un *crime*, admet, en sa faveur, l'excuse légale de provocation, et la cour d'assises le condamne à cinq ans d'emprisonnement, c'est-à-dire à une *peine correctionnelle*. — Pierre est accusé de vol commis avec violence, fait qui est un *crime*, puisqu'il est puni de la peine des travaux forcés à temps; en déclarant Pierre coupable sur le fait principal et sur la circonstance aggravante, le jury lui accorde des circonstances atténuantes, et la cour, par application de l'article 463 C. p., ne le condamne qu'à cinq ans d'emprisonnement, c'est-à-dire à une *peine correctionnelle*. — Les faits commis par Pierre, dans ces hypothèses, sont-ils des *crimes* ou des *délits?* La question a de l'importance au point de vue de l'application des règles du droit criminel, et, par exemple, je ne cite que cet intérêt, — au point de vue de la durée de la prescription. Pierre est poursuivi le 15 janvier 1882, et l'infraction a été commise le 2 février 1874 : si l'infraction est un délit, et qu'il n'ait été fait aucun acte interruptif de prescription, Pierre doit être absous. Pour résoudre cette question, j'appliquerai à la lettre l'article 1er du C. p. : je dirai donc, dans le premier cas, que Pierre, n'étant punissable *légalement* que d'un emprisonnement correctionnel, puisque la loi a prévu l'excuse tirée de la provocation et déterminé son influence sur la culpabilité abstraite, n'a commis qu'un *délit;* qu'il a commis un *crime* dans le second, car, s'il n'est puni que d'une peine correctionnelle, ce n'est pas en vertu d'une appréciation *légale*, mais d'une appréciation *judiciaire*.

B. A quelles infractions s'étend cette classification? Comprend-t-elle seulement les infractions prévues par le Code pénal? Le texte de l'article 1er est conçu dans les termes les plus généraux : « L'infraction que *les lois* punissent... »; il doit être, par conséquent, appliqué à toutes les infractions. Cette solution est cependant contestée. On reconnaît que tous les faits punis, soit par le Code pénal, soit par une loi spéciale, de peines afflictives ou infamantes, et tous les faits punis de peines de simple police sont des *crimes* ou des *contraventions*, mais on conteste que tout fait puni de peines correctionnelles soit un *délit*. Il arrive, en effet, souvent que le législateur punit de *peines correctionnelles* une infraction à une loi ou à un règlement, sans que le juge ait à se préoccuper de la bonne foi de l'agent : ces infractions, qui, par leur *nature*, sont des *contraventions*, et par la *peine légale* qui les frappe, des *délits*[1], ressortissent certainement des tribunaux correctionnels : mais doit-on leur appliquer les règles des contraventions ou les règles des délits? La question a de l'intérêt, notamment au point de vue du *cumul des peines* et de la *complicité*. La jurisprudence, en ne s'attachant pas à la classification du Code pénal, en voulant y substituer une classification plus en rapport avec la *nature* des actes délictueux, s'est jetée, pour la solution de cette question, en des voies diverses et contradictoires.

En résumé, sur ces deux difficultés, je pense que lorsque, par exception, soit dans le Code pénal, soit dans les lois spéciales, le fait à réprimer a reçu une *qualification* qui n'est pas déduite de la *peine*, ou a été réprimé par une *peine* qui n'est pas en rapport avec la *nature* de l'infraction, l'article 1er du Code pénal est, en l'absence de textes explicites, la seule règle à appliquer pour déterminer le caractère de l'infraction[2].

[1] Aussi les appelle-t-on souvent : des *contraventions-délits*. Voy. DALL., *Code pénal annoté*, art. 1er, nos 132-253; Comp. Rapport de M. Dupray de la Maherie (D. 79, 2, 42).

[2] Comp., sur la question et dans ce sens : Paul BERNARD, *De la prescription des infractions dont le caractère est incomplètement défini par la loi pénale*, *Rev. crit. de*

II. DU CLASSEMENT DES INFRACTIONS AU POINT DE VUE DE LEUR MORALITÉ.

65. L'infraction, considérée dans sa moralité, suppose toujours la réunion de deux facultés dans la personne de l'agent : le discernement et la volonté. Mais, en étudiant les dispositions d'un Code pénal, et les actions punissables qu'il prévoit, on remarque que, parmi les infractions, les unes prennent leur criminalité morale dans l'*intention seule* de l'agent, les autres se constituent, malgré la bonne foi de l'agent, par la *simple contravention* aux prohibitions ou aux prescriptions légales. Les premières rentrent dans l'exercice du *pouvoir pénal* de l'État, les secondes dans l'exercice de son *pouvoir de police*, et le critérium qui sépare l'exercice de ces pouvoirs, c'est que le pouvoir pénal ne peut frapper que des faits immoraux et nuisibles, parce que son fondement est tout à la fois la justice et l'utilité sociale, tandis que le pouvoir de police peut frapper des faits, même innocents, parce que son seul fondement est l'utilité sociale[1].

En partant de ce point de vue, on divise les infractions, en *infractions intentionnelles* et *infractions non intentionnelles*. Les premières doivent, pour mériter une peine, avoir été commises avec l'intention de faire le mal défendu par la loi ; tandis que les secondes sont punies, même lorsqu'elles ont lieu de bonne foi, sans intention de transgresser la loi, par négligence ou imprudence. Si nous combinons cette classification, dont la loi ne paraît tenir aucun compte, au moins dans les textes du Code pénal, avec la précédente, nous remarquons que les infractions non intentionnelles se rencontrent à l'état d'*exception* dans la catégorie des *crimes* et des *délits*, à l'état de *règle*, au contraire,

légis., 1862, t. XXI, p. 321 ; VILLEY, *op. cit.*, p. 125 ; COUSTURIER, *Comment se déterminent le caractère d'une infraction et la prescription qui lui est applicable* (*Rev. de droit français et étranger*, 1848, t. XV, p. 241). En sens contraire : Conseil d'État, 29 déc. 1870 (D. 72, 3, 36) ; 8 mai 1874 (D. 75, 3, 44) ; *De la prescription des contraventions à la loi sur les Sociétés* (*Rev. des Sociétés*, 1883, 189-194).

[1] Le Code pénal des Pays-Bas du 3 mars 1881, groupe, dans un seul livre, le livre III, toutes ces infractions qui constituent une désobéissance à une injonction positive de la loi ou de l'autorité, plutôt qu'une infraction à la loi morale. Il les punit souvent de peines fort élevées. Il y a là une œuvre originale qui n'avait jamais été tentée que nous sachions par aucun législateur (Comp. sur l'examen du projet de ce Code pénal, *Bull. Soc. législ. comp.*, 1877, p. 293).

dans celle des *contraventions*. C'est un point qui sera expliqué plus loin, à propos de l'élément moral de l'infraction.

Mais il résulte de cette constatation que, soit au point de vue pratique, soit au point de vue théorique, la distinction des *crimes* et *délits*, d'une part, des *contraventions*, de l'autre, est fondamentale; aussi a-t-elle servi de base au législateur dans le dénombrement des infractions que contient la partie spéciale du Code pénal. Le livre IV est particulier aux *contraventions;* le livre III comprend à la fois les *crimes* et *délits*. Ce plan est l'inverse de celui qui avait été suivi sous la législation intermédiaire; à cette époque, deux Codes étaient consacrés, l'un aux crimes, l'autre aux délits de police correctionnelle et de police municipale[1].

III. CLASSEMENT DES INFRACTIONS AU POINT DE VUE DE LEUR MATÉRIALITÉ.

66. L'infraction, considérée dans sa *matérialité*, suppose un acte extérieur. De nombreuses différences distinguent les infractions, en ce qui concerne cet élément matériel, nécessaire à leur existence. Ainsi, certaines infractions, les plus nombreuses, se réalisent par un fait d'*action*, d'autres, par un fait d'*inaction*. Certaines, telles que le meurtre et le vol consommés, les délits commis par la voie de la presse, etc., laissent, après qu'elles sont accomplies, des traces matérielles désignées parfois, en prenant ce mot dans le sens restreint, sous le nom de *corps du délit;* d'autres, telles que les injures et diffamations verbales, etc., ne laissent, dès qu'elles sont accomplies, aucune trace matérielle. Ainsi encore, suivant que l'acte extérieur qui les constitue est commencé ou achevé, on distingue les infractions en infractions *tentées*, *manquées* et *consommées*. Suivant la nature de ce même acte,

[1] La division matérielle des crimes et des délits en deux Codes distincts « séduit et paraît utile », disait Berlier, en présentant au Corps législatif le Code pénal actuel, « parce qu'elle s'applique à des faits qui n'ont pas la même gravité et à des peines qui ne sont pas du même ordre. Cependant les avantages de cette division ne sont qu'éphémères, et les inconvénients en sont réels : car tel délit peut, avec une circonstance de plus, s'élever à la qualité de crime, et tel crime peut, avec une circonstance de moins, n'être qu'un délit. Un fait, parfaitement identique, s'il est considéré sans acception de personnes, peut changer de classe, suivant qu'il a été commis par un fonctionnaire public ou par un simple particulier ». LOCRÉ, t. XXIX, p. 423.

on sépare les infractions *continues* des infractions *instantanées;* les infractions d'*habitude* des infractions *simples*. Enfin, d'après la situation dans laquelle l'infraction est constatée, on distingue les infractions *flagrantes* et les infractions *non flagrantes*. Nous allons insister ici sur ces dernières classifications. Quant aux autres, nous les avons étudiées déjà où nous les étudierons plus tard.

67. Infractions instantanées; infractions continues[1]. — On appelle infractions instantanées celles qui prennent fin dès qu'elles sont accomplies, quelque temps qu'ait duré leur préparation ou leur exécution et quelles qu'en aient été les suites. C'est le caractère de la plupart des infractions : ainsi, l'homicide, les coups et blessures, l'escroquerie, l'incendie sont des faits délictueux dont la consommation implique nécessairement l'achèvement. D'autres, au contraire, sont susceptibles, même après leur premier accomplissement, de se prolonger, sans interruption, pendant un temps plus ou moins long. Tel est, par exemple, le caractère de la séquestration illégale, du port illégal de décorations ou d'armes prohibées, etc. Le fait qui constitue ces infractions se prolongeant identique à lui-même, pendant un temps indéfini, le nom d'infractions *continues* me semble préférable, pour les qualifier, à celui d'infractions *successives* qui est souvent employé comme synonyme.

Pour déterminer si une infraction rentre dans la catégorie des infractions instantanées ou dans celle des infractions continues, il faut, avant tout, analyser sa *définition légale*. Ainsi, le *vol*, qui consiste dans le fait de la *soustraction* et non dans celui de la *rétention* de la chose d'autrui (C. p., art. 379), est une infraction instantanée; il en est de même de la *bigamie*, qui résulte du fait d'avoir contracté un second mariage avant la dissolution du premier et non du fait de vivre avec le conjoint qu'on s'est donné contrairement à la loi (art. 340). La distinction, dont je m'occupe, s'étend, du reste, aux délits d'inaction, comme aux délits d'action. Si le manquement au devoir de se présenter en justice tel jour, à telle heure, pour déposer comme témoin ou remplir les fonctions de juré constitue, par exemple, un délit d'*inaction instantané*, le manquement au devoir imposé aux officiers de la police administrative et judiciaire de faire cesser une détention illégale ou de

[1] Nypels (*Code pénal interprété*, art. 371, n° 4), prétend que cette distinction repose sur une confusion entre les suites du délit et le *délit même*. Mais cette opinion isolée est facilement réfutée par les explications données au texte. V. du reste : Ortolan, t. I, nos 740-764; *Rev. crit.*, 1854, p. 323; Haus, t. I, n° 366 et la note.

la dénoncer à l'autorité compétente, dès qu'ils en ont connaissance, est certainement un délit d'*inaction continu* (C. inst. cr., art. 616; C. p., art. 119 et suiv.).

L'intérêt de cette division des infractions se rencontre en ce qui concerne soit la pénalité, soit la procédure, soit la prescription. *a*) La durée plus ou moins longue du fait matériel qui constitue l'infraction continue est tantôt une circonstance aggravante légale, comme dans le délit de séquestration arbitraire (C. p., art. 341 à 343), tantôt une circonstance aggravante judiciaire, comme dans le délit de port illégal de décoration. *b*) Si le délit, en se continuant, a été commis en plusieurs lieux, cette circonstance peut susciter des difficultés en ce qui concerne l'application de la loi pénale française, ou des conflits de compétence entre les diverses autorités chargées de le poursuivre, de l'instruire ou de le juger. *c*) Enfin, la prescription de l'action publique ne commence à courir, pour les délits continus, que du jour où ils ont pris fin, et non du jour où le premier fait qui les constitue a été accompli.

68. Infractions simples; infractions d'habitude. — L'expression infraction simple peut être prise dans deux acceptions différentes : 1° Souvent, on oppose les infractions qui sont commises avec des circonstances aggravantes, spécialement déterminées par la loi, sous le nom d'infractions *qualifiées*, à celles qui sont dépouillées de ces circonstances, et qu'on appelle alors infractions *simples*. Ainsi, le vol qualifié, est le vol accompagné de circonstances aggravantes qui en font un crime; on l'oppose au vol simple, qui n'est qu'un délit. 2° Dans un autre sens, l'infraction *simple* est celle qu'un seul acte suffit à constituer. On l'oppose à l'infraction *collective* ou d'*habitude*, qui résulte d'actes, dont chacun, pris isolément, est impuni, mais qui deviennent punissables, dès qu'ils sont réitérés, et dénotent ainsi une *habitude* chez leur auteur. Presque toujours, la loi pénale se contente d'un seul fait pour l'existence du délit. Parfois, cependant, elle exige la réunion d'un certain nombre de faits, dont l'ensemble seul constitue l'infraction. Je citerai, à titre d'exemples : 1° le délit d'habitude d'usure prévu et puni par la loi du 3 septembre 1807 (art. 4) et la loi du 15 décembre 1850 (art. 2); 2° l'attentat aux mœurs en excitant, favorisant ou facilitant *habituellement* la débauche ou la corruption de la jeunesse de l'un ou de l'autre sexe au-dessous de vingt et un ans (C. p., art. 334). 3° Le fait de procurer habituellement logement, lieu de retraite ou de réunion à certains malfaiteurs, avec connaissance de leur conduite criminelle (C. p., art. 61).

C'est encore en ce qui concerne la *pénalité*, la *compétence*, et la *prescription*, que cette division des infractions présente de l'intérêt. *a*) Le législateur n'ayant pas déterminé, dans les cas qu'il prévoit, le nombre de faits nécessaires pour constituer l'habitude, c'est au juge qu'il appartient d'apprécier, dans chaque affaire, en tenant compte des circonstances, si le prévenu a commis habituellement le fait dont il est inculpé. Malgré les doutes qui ont été élevés sur ce point, j'estime que l'habitude peut exister alors même que les faits, qui, par leur réunion, constituent le délit, auraient été commis à l'égard de la même personne, pourvu du moins que ces faits soient distincts les uns des autres[1]. Ainsi, la pluralité de victimes n'est pas une condition essentielle de l'habitude : il suffit de faits réitérés pour la constituer[2]. *b*) En raison des divers lieux où les délits d'habitude peuvent se commettre, il existe des difficultés qui tiennent soit à la compétence, soit à l'application de la loi pénale française, et que nous retrouverons au cours de cet ouvrage. *c*) Enfin, en raison des divers temps où les faits qui constituent le délit se commettent, il est difficile, comme nous le verrons plus loin, de fixer le point de départ de la prescription.

69. Il arrive souvent que l'agent accomplit l'infraction par une série de faits, dont chacun est délictueux, ce qui n'est pas l'hypothèse du *délit d'habitude*, et qui sont distincts et séparés, ce qui n'est pas non plus l'hypothèse du *délit continu*, mais qui forment, en se rattachant tous à une même résolution criminelle, dont ils ne sont que l'exécution successive, une *seule et même infraction*. Tel est le cas de celui qui, voulant dévaliser un appartement, voler le vin qui se trouve dans une cave, opère, en divers voyages, la soustraction de tous les meubles de l'appartement, de tout le vin de la cave. Dans ce cas, l'unité de bu et de conception entraîne l'unité de délit. Cette sorte d'infractions, que certains auteurs qualifient assez exactement d'infractions collectives par l'unité du but[3], doit être également opposée au cas de délits distincts qui forment soit des *délits concurrents*, soit des *délits connexes*.

[1] Comp. sur la question de savoir, si, pour constituer l'habitude, dans le délit prévu par l'article 334, il est nécessaire que l'agent ait excité ou facilité la débauche de plusieurs mineurs : Faustin Hélie, *De la jurisprudence sur l'attentat aux mœurs*, *Rev. crit.*, 1860, t. XVII, p. 486. L'habitude d'usure pourrait même résulter d'un seul prêt, si le prêt avait été l'objet de renouvellement à l'échéance.

[2] Sur la question générale, voy. Haus, t. I, nº 390. L'habitude doit être considérée dans l'agent et non dans les patients du délit.

[3] Haus, t. I, nºs 375 à 385.

En effet, tandis que le délit collectif par l'unité du but ne donne jamais lieu qu'à l'application d'une peine unique, les délits concurrents ou connexes peuvent ou doivent faire encourir plusieurs peines qui se combinent d'après un système légal. De plus, tandis que le délit collectif est l'objet d'une prescription unique, dont le point de départ se place à la fin des actes d'exécution, les délits qui forment, par leur réunion, des délits concurrents ou connexes, sont soumis chacun à une prescription distincte, qui prend cours à leur date respective.

70. Infractions flagrantes; infractions non flagrantes. — On divise souvent les infractions en infractions flagrantes et non flagrantes : au fond, cette division n'en est pas une. En effet, l'infraction est flagrante au moment où elle se commet; après quoi, elle cesse de l'être; ce sont là deux états successifs par lesquels passent toutes les infractions. Mais il est important de constater, surtout au point de vue des règles de la procédure, à quel moment l'infraction est saisie, et si l'agent a été ou non trouvé en état de flagrant délit. C'est pourquoi le Code d'instruction criminelle donne, dans l'article 41, la définition suivante du flagrant délit : « *Le délit qui se commet actuellement, ou qui vient de se commettre, est un flagrant délit. — Seront aussi réputés flagrant délit, le cas où le prévenu est poursuivi par la clameur publique, et celui où le prévenu est trouvé saisi d'effets, armes, instruments ou papiers faisant présumer qu'il est auteur ou complice, pourvu que ce soit dans un temps voisin du délit.* » Cette définition n'a été formulée par le législateur qu'en vue de modifier les règles ordinaires qui déterminent les attributions respectives du procureur de la République et du juge d'instruction dans la procédure d'instruction préparatoire. Elle doit, en principe, être restreinte à cette application spéciale, et à celle de la loi du 23 mai 1863, qui a modifié ces règles pour les délits de police correctionnelle. Dans tous les autres cas, — et ils sont nombreux[1], — où la flagrance du délit est à prendre en considération, le juge, à défaut d'un texte suffisamment explicite,

[1] V., par exemple, les art. 328, 321 à 325, 274, 277 et 278 ; 475, n. 12, du Code pénal et l'art. 106 du Code d'inst. crim. Comp. Haus, t. I, n. 412 à 416; Ortolan, t. I, nos 765 à 782. Ce dernier auteur fait du flagrant délit une étude très-complète. — Le flagrant délit a, dans les législations peu avancées, une place à part, soit au point de vue de la pénalité, en général plus sévère, soit au point de vue de la poursuite, en général plus facile. La différence de pénalité entre les délits flagrants et non flagrants, qui a sa raison d'être dans l'instinct de la vengeance, disparaît peu à peu, dès que ce sentiment cesse d'inspirer la législation pénale. Il n'en est pas de

a la faculté d'apprécier s'il doit ou non suivre l'assimilation que fait l'article 41 de situations plus ou moins voisines avec le véritable état de flagrant délit. En effet, dans le sens naturel du mot, un délit n'est *flagrant* qu'au moment où il se commet; alors seulement le prévenu est dans la *chaleur de l'action*. Si, au lieu de se commettre actuellement, le délit vient à peine de se commettre, on ne peut pas dire, sans doute, qu'il soit flagrant, mais il l'est presque, puisqu'il en reste des traces encore chaudes; et on comprend que cette situation puisse être, à presque tous égards, assimilée à la première. Mais les cas de *quasi-flagrance*, qui résultent de cette double circonstance : que le prévenu est poursuivi par la clameur publique ou est trouvé saisi d'effets, armes ou papiers faisant présumer qu'il est l'auteur du délit, et cela dans un temps voisin du délit[1], ces cas, dis-je, sont distincts de la *flagrance* proprement dite, et ne doivent, en principe, y être compris que pour l'application des règles de procédure qui gouvernent l'instruction criminelle ou correctionnelle.

IV. CLASSEMENT DES INFRACTIONS AU POINT DE VUE DE LEUR OBJET.

71. Infractions contre la chose publique; infractions contre les particuliers. — Toute infraction, quel qu'en soit le sujet passif, est nuisible à la conservation et au bien-être de la société, qui est toujours *partie lésée* dans l'infraction. Aussi, toute infraction donne naissance à une action, exercée, au nom de la *chose publique*, par le ministère public. La distinction que nous indiquons est cependant logique. Il est, en effet, des infractions, dans lesquelles le mal social est prédominant : ainsi celles qui attaquent directement l'État, en mettant en péril son existence, ses institutions, son indépendance, son crédit, la paix publique. Ce sont ces infractions que l'on qualifie d'infractions contre la *chose publique*. Les infractions, dont l'effet saillant et direct

même en ce qui concerne la procédure. Dans le délit flagrant, la vérité judiciaire, que la procédure a pour objet de rechercher, est plus facile à obtenir, et la procédure peut être plus prompte. C'est à ce point de vue surtout qu'il est utile, dans notre législation, de distinguer le délit flagrant et le délit non flagrant.

[1] Cette seconde condition s'applique évidemment aux deux cas prévus, c'est-à-dire au cas où le prévenu est poursuivi par la clameur publique, et à celui où il est trouvé saisi d'effets, armes, instruments ou papiers faisant présumer qu'il est l'auteur du délit.

est de causer, quand elles sont consommées, un préjudice aux personnes, aux propriétés, à l'honneur des citoyens, sont comprises au contraire dans la classe des infractions contre les *particuliers*. Ainsi en est-il de l'homicide et du vol.

Cette division n'a plus l'importance qu'elle présentait à ces époques primitives où les délits contre la chose publique étaient seuls punis de peines proprement dites, où les délits contre les particuliers ne donnaient lieu qu'à des poursuites privées. Aujourd'hui, les seconds, comme les premiers, donnent naissance à l'action publique, sont jugés de la même manière et méritent des peines proprement dites. Mais, comme les délits contre la chose publique, à la différence de ceux qui portent préjudice aux particuliers, attaquent la société d'une manière directe, cette différence peut motiver une classification, qui est de tradition dans les législations pénales.

En effet, dans beaucoup de Codes criminels modernes, les infractions, du moins celles qui sont de véritables délits, et non de simples transgressions, sont classées, d'après ce point de vue, à l'imitation de notre Code pénal, qui traite des *crimes et délits contre la chose publique*, dans le titre Ier du livre III (C. p., art. 75 à 294) et des *crimes et délits contre les particuliers*, dans le titre II (C. p., art. 295 à 462).

Quant aux contraventions, qui font l'objet du livre IV, et qui échappent par leur nature même à cette division, elles sont classées, d'après le taux des amendes : pour la première classe, l'amende est de 1 fr. à 5 fr.; pour la seconde, elle est de 6 à 10 fr.; pour la troisième, de 11 à 15 fr. C'est là une classification toute pratique.

72. Infractions de droit commun; infractions politiques[1]. — Ne confondons pas cette classification avec la précédente, car s'il est vrai qu'il faut chercher les infractions politiques parmi les infractions contre la chose publique, dont elles forment une variété, il n'est pas exact de prétendre que toutes les infractions contre la chose publique, soient des infractions politiques. Ainsi, les crimes des fonctionnaires dans l'exercice de leurs fonctions, qui sont compris, avec raison, parmi les infractions contre la chose publique, n'ont, par eux-mêmes, aucun caractère politique.

[1] Bibliographie : Molinier, *Abolition de la peine de mort en matière politique* (*Revue de droit français et étranger*, 1848, t. XV, p. 273 et suiv.); L. Renault, *Des crimes politiques en matière d'extradition* (*Journal de droit intern. privé*, 1880, t. VII, p. 55); Teichman, *Les délits politiques, le régicide et l'extradition* (*Rev. de droit intern.*, t. XI, p. 512); Albin Curet, *Des délits politiques* (*La France judic.*, 1882, p. 466).

Les contraventions, par leur nature même, échappent à cette classification qui forme ainsi une simple subdivision des crimes et délits.

73. La loi n'a pas déterminé à quel signe on reconnaissait un crime ou un délit politique. Cette recherche présente, cependant, trois intérêts principaux, soit au point de vue de la pénalité, soit au point de vue de la compétence des juridictions pénales, soit au point de vue de l'action de la loi pénale française.

A. Les peines destinées à réprimer les *crimes* politiques ne sont pas de même nature que les peines destinées à réprimer les crimes de droit commun. Il existe, surtout depuis la loi de révision de 1832, une échelle de peines, spéciale aux crimes politiques, qui se compose, par ordre de gravité descendante, de la *déportation dans une enceinte fortifiée*, de la *déportation simple*, de la *détention* et du *bannissement*. Dans une certaine mesure, par conséquent, si le Code pénal ne définit pas les *crimes politiques*, il les désigne au moins par les peines qu'il y attache. Mais cette indication ne nous dispense pas de toute recherche; car la peine de mort a été remplacée, aux termes de l'article 1er de la loi du 8 juin 1850, pour les crimes politiques, par la peine de la déportation dans une enceinte fortifiée. Dans quels cas, par conséquent, les juges, saisis de l'examen d'un crime, puni, par la disposition spéciale qui le prévoit, de la peine de mort, devront-ils prononcer la peine de la déportation dans une enceinte fortifiée? C'est poser une question qui ne peut se résoudre qu'en recherchant le caractère politique ou non politique de l'infraction.

Quant aux *délits* de police correctionnelle, il est inutile de se demander, au point de vue de la peine principale qui les frappe, s'ils ont ou non un caractère politique : le Code pénal n'organise pas deux ordres de peines correctionnelles, et l'amende et l'emprisonnement sont applicables à tous les délits. Seulement, aux termes de l'article 49 C. p., les délits, qui intéressent la sûreté intérieure ou extérieure de l'État, entraînent toujours, à titre de peine complémentaire, la surveillance de la haute police. A ce point de vue encore, il est important de déterminer le caractère de l'infraction.

B. Sous l'empire de la charte de 1830 et de la constitution de 1848, les *délits de police correctionnelle politiques* devaient être jugés par les cours d'assises. Cette compétence exceptionnelle leur fut retirée par le décret du 25 février 1852. Depuis, une loi du 15 septembre 1871, modifiée, du reste, dans un sens moins libéral par la loi du 29 décembre 1875, leur a restitué la connaissance des délits de presse qui sont, en temps ordinaire, les plus fréquents parmi les délits politiques, et la loi du 29 juillet 1881 a fait disparaître la plupart des exceptions à la compétence générale de la cour d'assises en matière de presse, que les lois antérieures avaient admises. De plus, l'article 7 de la loi du 20 mai 1863, qui modifie la procédure correctionnelle en matière de flagrant délit, déclare que les dispositions de cette loi sont inapplicables aux délits politiques.

C. Enfin, les délits, comme les crimes politiques, ne peuvent donner lieu à l'*extradition*. Une circulaire du garde des sceaux du 5 avril 1841, dit que la France « a toujours refusé depuis 1830 de pareilles extraditions » et que « elle n'en demandera jamais ».

En résumé, la question de savoir si un crime ou un délit a un caractère politique présente deux intérêts principaux : 1° au point de vue de l'extradition, qui ne doit être ni demandée par le Gouvernement français, ni accordée par lui pour infractions politiques; 2° au point de vue de l'application de la peine de mort, qui ne peut être prononcée par une cour d'assises ou un conseil de guerre pour crime politique. Dans le système de la loi, c'est au juge, ou, en matière d'extradition, au Gouvernement qu'il appartient de déterminer le caractère du fait incriminé. La doctrine cependant peut donner quelques indications, et nous allons rechercher, en l'absence d'une définition légale, ce qu'on doit entendre par un crime ou un délit politique.

74. L'infraction purement politique est celle qui ne porte atteinte qu'aux intérêts politiques d'une nation. Ces intérêts ont pour objet, à l'*extérieur*, l'indépendance de la nation, l'intégrité de son territoire et les rapports de l'État avec les autres États; à l'*intérieur*, ils comprennent la forme du gouvernement, l'organisation des pouvoirs publics, leurs rapports mutuels, enfin les droits politiques des citoyens. Il n'est pas possible de présenter une énumération des infractions politiques; le nombre en est infini, comme le nombre des combinaisons politiques et sociales qui régissent l'organisation des États, comme le nombre des moyens criminels qui peuvent être employés pour détruire ou modifier ces combinaisons [1]. Cependant on reconnaîtra, sans contestation, des délits purement politiques, dans le fait d'entretenir des intelligences avec l'ennemi, de porter les armes contre son pays; dans les conspirations pour changer la forme du gouvernement; dans l'affiliation à des sociétés illicites; dans les délits de presse

[1] Sur cette définition, comp. : ORTOLAN, t. I, n°s 717 et suiv.; HAUS, t. I, n°s 345 et suiv.; TEICHMAN, *op. cit.*, p. 15; A. DE STIEGLITZ, *Étude sur l'extradition*, Paris 1883.

(sauf les attaques contre les particuliers); dans les infractions aux règles relatives aux élections, aux réunions publiques, etc. : car tous ces délits ne lèsent que le droit et l'intérêt politiques [1].

Mais il arrive souvent qu'une infraction de droit commun a la politique pour mobile, pour but ou pour occasion : sera-t-elle, par cela même, transformée en infraction politique? La question se présente dans deux ordres d'hypothèses, parfois confondues.

A. La première est celle d'une infraction de droit commun isolée, ne se rattachant ni à une insurrection, ni à une guerre civile, mais inspirée par des mobiles politiques : tel est le cas de l'assassinat d'un souverain, commis dans le but, non de satisfaire une vengeance ou de faciliter un vol ou tout autre délit, mais de renverser le Gouvernement dont ce souverain est le représentant. Ce crime est-il politique? A notre avis, le caractère politique ou non politique d'un acte, qui est légalement criminel, n'est pas déterminé par l'existence ou la non-existence de motifs politiques, il dépend de la nature de l'acte considéré en lui-même. En d'autres termes, au point de vue juridique, il n'y a pas plus à distinguer l'assassinat, le vol, l'incendie politique, qu'il n'y a à distinguer suivant que l'assassinat, le vol, l'incendie ont été commis par vengeance, par cupidité, par amour. Le juge, dans l'examen de la *culpabilité individuelle*, peut et doit tenir compte des mobiles plus ou moins antisociaux, plus ou moins odieux de l'acte incriminé, mais cet acte reste, quel que soit le mobile qui l'a inspiré,

[1] Une loi du 8 octobre 1830, en attribuant aux cours d'assises (art. 6) la connaissance des délits politiques, ne voulut pas laisser une règle de compétence incertaine : elle réputa, dans son article 7, délits politiques, les délits prévus : 1° par les chapitres I et II du titre I, du livre III du Code pénal (il s'agit des délits contre la sûreté intérieure ou extérieure de l'État et contre la charte constitutionnelle); 2° par les paragraphes 2 et 4 de la section III, et par la section VII des chapitres III des mêmes titres et livres; 3° par l'article 9 de la loi du 25 mars 1822. Le conseil de révision de Paris a jugé que les crimes politiques, auxquels s'applique l'article 5 de la constitution de 1848 portant abolition de la peine de mort en matière politique, sont ceux et pas d'autres qu'énumère l'article 7 de la loi de 1830 (14 août 1871, S. 72, 2, 110). Mais nous ne pensons pas qu'il soit possible de considérer cette disposition comme ayant eu pour objet d'énumérer *limitativement* les infractions politiques, et comme étant restée en vigueur à ce titre. Tout au plus peut-elle fournir des indications. La loi de 1830 était une loi de compétence, ayant uniquement pour but d'indiquer, parmi les délits de police correctionnelle, ceux qui seraient jugés par le jury. J'ajoute que l'énumération de la loi de 1830 englobe des délits qui, par eux-mêmes, n'ont aucun caractère politique, comme l'association de plus de vingt personnes, sans l'autorisation du Gouvernement (C. p., art. 291), et laisse de côté des faits qui peuvent être des délits politiques, comme l'immixtion, sans titre, dans des fonctions publiques (C. p., art. 258). Comp. sur la question : LAINÉ, *op. cit.*, n° 116.

ce qu'il est, en lui-même, un assassinat, un incendie ou un vol, c'est-à-dire un crime de droit commun[1].

B. Mais si l'infraction a lieu au cours d'événements politiques, tels qu'une insurrection, une guerre civile, ne doit-on pas tenir compte de cette circonstance pour qualifier de *politiques* toutes les infractions de droit commun qui s'y rattachent, soit comme infractions complexes, soit comme infractions connexes[2]? Je résoudrai la question par une distinction, dont le *critérium* peut être ainsi formulé. 1° Tous les crimes de droit commun, tels que pillages, meurtres, incendies, qui seraient légitimés s'ils se produisaient dans un *état de guerre régulier*, seront absorbés, en quelque sorte, par le crime politique dont ils sont des nécessités ou des accidents. Ce crime devra les couvrir, soit au point de vue de l'extradition, soit au point de vue de l'application de la peine de mort. 2° Mais si, au cours de l'insurrection, il se commet des attentats contre les personnes ou les propriétés, qui seraient *réprouvés par le droit des gens, même dans un état de guerre régulier*, ces faits seront des crimes de droit commun[3]. S'il est juste, en effet, d'admettre que tout acte qui s'explique par l'insurrection,

[1] Westlake, dans un très-remarquable mémoire, lu, en 1876, à Liverpool, devant l'association britannique pour l'avancement des sciences, disait : « A mon avis, le caractère politique ou non politique d'un acte, qui est légalement criminel, n'est pas déterminé par l'existence ou la non-existence de motifs politiques, *mais il dépend de la nature de l'acte considéré en lui-même.* » Comp. Renault, *op. cit.*, p. 69; Hornung, *Rev. de droit intern.*, t. II, p. 518; Teichman, *op. cit.*, p. 512. Sur la question et les distinctions qu'on pourrait faire : de Stieglitz, *op. cit.*, p. 111; Ch. Selden, *L'extradition des criminels politiques* (*Rev. gén. du droit*, 1882, p. 512-534). Ce dernier auteur pense que, pour déterminer quels délits sont politiques, il faut tenir un très-large compte de l'*intention* indirecte du délinquant et des mobiles qui l'ont poussé à agir. V. la réfutation de cette idée par Lenepveu de Lafont (*Bull. soc. légis. comp.* 1883, p. 301). Le traité conclu entre la France et la Belgique, le 12 sept. 1856, a décidé que l'attentat contre la personne du chef d'un gouvernement étranger ou contre celle des membres de sa famille ne sera pas réputé délit politique ni fait connexe à un semblable délit, lorsque cet attentat constituera le fait soit de meurtre, soit d'assassinat, soit d'empoisonnement. Cette clause a été insérée dans presque tous les traités conclus par le Gouvernement impérial. Elle ne figure pas dans les traités conclus avec la Suisse, l'Italie, la Grande-Bretagne. S'ensuit-il que ces puissances considèrent comme politiques les attentats dont je viens de parler? Nullement; elles ont seulement voulu réserver leur liberté d'appréciation.

[2] On appelle délits complexes ceux dans lesquels un seul acte vise à la fois l'ordre politique et le droit commun (pillage d'un magasin d'armurier, par exemple), et délits connexes, les délits politiques, accompagnés d'infractions de droit commun.

[3] Clarke, *The law of extradition*, p. 170. Cette distinction a été adoptée par l'Institut de droit international d'Oxford, t. I, n°s 338 et 339; Lainé, n° 116 *in fine*. Beaucoup d'auteurs ne la font pas cette comp. Morin, *Rép.*, v° *Déportation*, n°s 15 et suiv., surtout n° 19; Molinier, *op. cit.*, p. 283; *op. cit.*, p. 453.

qui en est une conséquence directe, doive revêtir le caractère politique de cette insurrection, il serait immoral de considérer comme des inculpés politiques, des malfaiteurs qui profitent du désordre pour satisfaire leur vengeance ou leur cupidité [1].

75. Il est facile de se rendre compte, par la définition des infractions politiques, que le péril social, que font courir ces infractions, est, en général, plus grand que celui qui résulte des infractions ordinaires, que les effets en sont plus désastreux. Une législation, qui s'inspirerait exclusivement des idées de vengeance ou d'utilité, les punirait davantage et les poursuivrait avec plus d'acharnement. L'histoire, en effet, nous montre les législations anciennes, réservant toute leur rigueur pour les infractions politiques; et l'extradition s'appliquant particulièrement aux « crimes d'État [2] ». Pourquoi donc, tandis que l'ancien droit envisageait le délit politique comme un délit de droit commun qualifié, le droit moderne l'a-t-il enlevé de la classe des délits de droit commun pour lui créer une position exceptionnelle et plus favorable? Les motifs de cette évolution du droit pénal sont tirés, soit de la nature même des délits politiques, soit de considérations internationales. *a*) Les délits politiques sont moins dirigés contre les bases mêmes de la vie sociale que contre l'ordre établi : ils n'ont donc pas la même *nature* que les délits de droit commun. Les mobiles qui poussent à agir dans les délits politiques sont le plus souvent désintéressés et louables; les délits politiques n'ont donc pas la même *immoralité* que les délits de droit commun. Une législation rationnelle réprimera ces deux classes de délits par des peines différentes. *b*) D'autre part, la faculté, pour un gouvernement, d'accorder ou de

[1] Comp. Cass., 9 mars 1849 (Sir., 49, 1, 207), affaire des assassins du général Bréa. Dans ses conclusions, le procureur général Dupin s'exprimait en ces termes : « Gardons-nous d'admettre cette doctrine, que le mélange du caractère politique soustrait à la peine de mort les crimes d'une tout autre nature... Sans cela, voyez les conséquences : à la faveur d'une insurrection politique, tous les crimes deviendront permis! Le drapeau de l'insurrection, semblable au pavillon qui couvre la marchandise, protégera le mélange de tous les crimes accessoires, de toutes les atrocités, telles que les vengeances privées, les massacres de prisonniers, les meurtres, les tortures, les mutilations »... Cependant, la tendance, en matière d'extradition, est de ne pas tenir compte de cette distinction; cette tendance est bien caractérisée par l'attitude des gouvernements étrangers en 1871; le caractère politique de la Commune a protégé tous les faits dont elle a été la cause ou l'occasion, quelque odieux qu'ils aient été. V. cependant dans le *Journal officiel*, du 27 mai 1871, la circulaire de M. Jules Favre, ministre des affaires étrangères, aux agents diplomatiques de la France à l'étranger, qui relevait le caractère des faits reprochés aux insurgés.

[2] Comp. Renault, *op. cit.*, p. 56; Stieglitz, *op. cit.*, p. 86.

refuser l'extradition en matière politique, aurait fatalement pour conséquence d'appeler chaque État à s'immiscer dans les affaires intérieures d'un autre État, et à se faire juge du caractère plus ou moins excusable d'une attaque contre les pouvoirs établis : il vaut mieux qu'une pareille question ne soit pas soulevée[1].

V. CLASSEMENT DES INFRACTIONS AU POINT DE VUE DE LEUR ÉTENDUE.

76. Des infractions peuvent être *spéciales* à deux points de vue distincts :

1° Elles peuvent être spéciales, parce qu'elles résultent de la violation non des devoirs communs à tous les membres de la société, mais des devoirs spéciaux qui s'imposent à certaines personnes à raison de leur fonction ou de leur état. Parmi les infractions qui ont ce caractère, les plus importantes sont les infractions *militaires*. L'article 5 du Code pénal nous dit expressément que : « *Les dispositions du présent Code ne s'appliquent pas aux contraventions, délits et crimes militaires* ». En effet, ces infractions ont été l'objet de deux Codes particuliers, l'un des 9 juin-4 août 1857, qui est le Code de justice militaire pour l'armée de terre; l'autre des 4-13 juin 1858, qui est le Code de justice militaire pour l'armée de mer. Ces délits sont soustraits à la juridiction commune, et soumis à des tribunaux militaires, dont les Codes de 1857 et de 1858 présentent l'organisation, à côté de la détermination des infractions et des peines. Ils sont le plus souvent commis par des militaires; mais ils peuvent l'être quelquefois par des personnes étrangères à l'armée. D'un autre côté, ils ne sont pas les seuls que les militaires puissent commettre, car les militaires, assujettis à des devoirs spéciaux, demeurent, en outre, soumis aux devoirs communs; et, par conséquent, deux sortes de délits peuvent leur être imputés. Mais, ce qu'il importe de remarquer, c'est que, pour l'une et pour l'autre, les tribunaux militaires sont compétents. Ces tribunaux ont, en effet, une double compétence : l'une, *réelle*, concernant les infractions militaires, quels qu'en soient les auteurs; l'autre, *personnelle*, s'appliquant aux militaires, quelles que soient les infractions par eux commises.

[1] V. RENAULT, *op. cit.*, p. 61.

2° Les infractions sont encore *spéciales*, en ce sens qu'au lieu d'être prévues et punies par le Code pénal, qui constitue la loi commune, elles le sont par des lois particulières, distinctes du Code pénal. C'est en ce sens, qu'on appelle les *délits de presse*, les *délits de chasse* et de *pêche*, des délits spéciaux.

La distinction des délits ordinaires et des délits spéciaux offre de l'intérêt, soit au point de vue des *circonstances atténuantes*, qui ne peuvent être admises en matière de délits spéciaux, que si, un texte exprès autorise le juge à les prononcer, soit, au point de vue de la *compétence*, en ce sens que les délits spéciaux, tels que les délits de presse et les délits militaires, peuvent être soustraits, en raison de leur nature, à la juridiction commune, soit au point de vue l'*application de la loi pénale française* à l'étranger.

TITRE DEUXIÈME.

DES ÉLÉMENTS ESSENTIELS COMMUNS A TOUTE INFRACTION.

77. Toute infraction se *constitue* de deux espèces d'éléments bien distincts : les uns lui sont *communs* avec toutes les autres infractions; ce sont les éléments *généraux constitutifs* de tout délit; les autres lui servent d'éléments *propres*, lui assignent une place à part, lui donnent un caractère particulier : ce sont les éléments *spéciaux constitutifs* de tel délit. De sorte que toute infraction, comme tout individu, a deux noms : un nom de famille : on l'appelle une « infraction »; un nom propre : on l'appelle un « *vol* », un « *faux* », un « *meurtre* ».

Deux choses étant nécessaires à l'existence de l'infraction : la *perpétration du fait* d'action ou d'inaction prévu et puni par la loi; la *culpabilité* de l'agent auquel ce fait est imputable; on comprend que les éléments essentiels de l'infraction soient puisés, et dans le fait punissable, et dans la personne de celui qui l'a commis. On peut ramener ces éléments à quatre. En effet, lorsqu'une juridiction pénale déclare un individu *coupable* d'une infraction, cette déclaration implique qu'elle a constaté : 1° que tel individu avait participé à la perpétration de tel fait (*élément matériel*); 2° qu'il y avait participé avec discernement et liberté (*élément moral*); 3° que ce fait était prévu et puni par la loi à laquelle cet individu devait obéissance (*élément légal*); 4° que cet acte ne se justifiait pas par l'exercice d'un droit (*élément injuste*). Si l'un de ces éléments fait défaut, le juge ne peut *condamner* l'inculpé; il doit, suivant les cas, soit l'*absoudre*, soit l'*acquitter*. On voit par là que l'étude *générale* de l'infraction ou de l'incrimination, qui rentre seule dans le programme de cet ouvrage, comprend l'examen de ces quatre éléments, l'étude des éléments constitutifs spéciaux à chaque infraction appartenant à l'examen des incriminations et pénalités particulières.

Autour des éléments constitutifs de l'infraction, se groupent des circonstances *accidentelles*, qui augmentent ou diminuent la culpabilité, et dont la constatation a surtout de l'importance au point de vue de l'*application de la peine.* Voilà pourquoi j'examinerai la théorie des circonstances aggravantes ou atténuantes, légales ou judiciaires, dans le livre second qui traitera de la pénalité.

CHAPITRE PREMIER.

DE L'ÉLÉMENT LÉGAL DE L'INCRIMINATION.

78. Il faut, pour qu'une action ou une inaction constitue une infraction, qu'elle ait été défendue ou ordonnée par une loi pénale. En effet, il appartient au législateur, de déclarer, au nom de la société dont il est l'organe, quels actes sont illicites, parce qu'ils sont préjudiciables à la société. Aussi l'article 4 du Code pénal décide que « *Nulle contravention, nul délit, nul crime ne peuvent être punis de peines qui n'étaient pas prononcées par la loi avant qu'ils fussent commis* ».

Cette disposition est la consécration de deux principes, qui dominent l'un et l'autre l'interprétation et l'application des lois criminelles :

1° C'est, en effet, déclarer que nul acte ne saurait être incriminé et puni par le *juge*, aussi longtemps qu'il n'est pas incriminé et puni par le *législateur*.

2° C'est, en même temps, déclarer que le législateur n'incrimine et ne punit que pour l'*avenir*.

Ces deux principes, qui sont des corollaires l'un de l'autre, n'étaient pas reconnus par notre ancienne jurisprudence criminelle. Les juges pouvaient, en général, incriminer eux-mêmes des faits que la loi n'avait pas prévus et y appliquer, à leur choix, les peines qui leur paraissaient convenir, parmi celles établies par les usages ou les ordonnances. C'est en ce sens que nos anciens criminalistes disaient : *Les peines sont arbitraires en ce royaume.* Aujourd'hui elles sont *légales* : tout délit doit être prévu par une loi promulguée avant qu'il ait été accompli, comme toute peine doit être attachée par la loi aux injonctions ou aux prohibitions qu'elle contient. Ainsi donc la première recherche que devra faire le juge, dans tout procès pénal, consistera à déterminer si le fait reproché à l'inculpé, en le supposant prouvé, est ordonné ou prohibé à l'avance par la loi sous menace de châtiment.

SECTION PREMIÈRE.

Des actes de l'autorité publique qui ont force de loi en matière criminelle.

79. Le droit criminel français se compose d'un ensemble de dispositions, contenues dans des actes d'une nature bien différente, et qui sont : 1° Les *lois* proprement dites; 2° les *ordonnances* ou *décrets* du chef de l'Etat; les *arrêtés* des ministres; les *arrêtés* ou *ordonnances* du préfet de police; les *arrêtés* des préfets; les *arrêtés* des maires. Les lois procèdent directement du pouvoir législatif; les décrets, ordonnances et arrêtés, du pouvoir exécutif, par délégation du pouvoir législatif.

Pour comprendre cette distinction, quant aux sources du droit criminel, il faut partir d'une observation essentielle. On sait qu'il existe, dans toute société civilisée, deux pouvoirs, nécessaires au fonctionnement régulier du Gouvernement : le *pouvoir législatif* et le *pouvoir exécutif*. Le premier fait les lois, le second les applique. La séparation de ces pouvoirs est un principe fondamental du droit public moderne et le caractère le plus saillant qui distingue les gouvernements libres des gouvernements despotiques : en effet, la liberté n'existe pas chez un peuple où le pouvoir qui exécute la loi a le droit de transformer en loi toutes ses volontés; elle est menacée, si le pouvoir qui fait la loi est chargé de l'appliquer, et, suivant ses caprices, a la faculté de la modifier ou de la supprimer au lieu de l'appliquer. Aussi est-il de principe que le droit criminel positif ne peut avoir sa source que dans les lois votées et promulguées suivant les formes constitutionnelles de chaque époque. Mais ce principe reçoit un double tempérament. *a*) Le pouvoir exécutif, devant faire des règlements pour assurer l'exécution des lois, ne peut remplir cette mission que si l'exécution des règlements eux-mêmes est assurée, comme l'exécution des lois, par des sanctions pénales. *b*) De plus, en dehors des rapports sociaux qui ont un caractère permanent et uniforme, et que le législateur du pays peut régler, il existe une multitude de rapports, dont le caractère est d'être particuliers à certaines localités, et de varier avec les temps et les circonstances; ces rapports, le législateur doit les laisser régler et sanctionner par l'*autorité administrative*, dont l'action est tout à la fois plus locale et plus opportune. C'est pour cela que le droit criminel n'a pas seulement sa source dans les actes émanés directement et uniquement du pouvoir législatif, c'est-à-dire dans les lois votées par les deux Chambres[1], mais encore dans les actes du pouvoir exécutif, qui ont pour objet, tantôt d'assurer l'exécution des lois, tantôt d'établir des règles locales et temporaires. Mais, dans l'un et dans l'autre cas, l'autorité gouvernementale ou administrative n'exerce le pouvoir réglementaire que par *délégation* du pouvoir législatif; aussi l'acte réglementaire ne peut prononcer une sanction pénale obligatoire, pour les injonctions ou les prohibitions qu'il contient, que si un texte général ou spécial de loi l'y autorise. Cette sanction est très-souvent prononcée par la loi même qui, en déléguant à tel agent du pouvoir exécutif le soin de faire un règlement, édicte, en même temps, la peine applicable à la violation de ce règlement. Mais, à défaut de pénalité édictée par la loi spéciale, tout règlement, *légalement* pris par l'autorité administrative, vient se placer sous une disposition générale, qui a été ajoutée au Code pénal de 1810 par la loi de révision de 1832. « Seront punis d'amende, depuis un ranc jusqu'à cinq francs inclusivement.... : ceux qui auront contrevenu aux règlements *légalement faits par l'autorité administrative*, et ceux qui ne se seront pas conformés aux règlements ou arrêtés *publiés* par l'autorité municipale, en vertu des articles 3 et 4, titre XI de la loi du 16-24 août 1790 et de l'art. 46, titre Ier de la loi du 19-22 juillet 1791 ».

Cette disposition donne le droit, et même fait un devoir aux juges compétents pour connaître d'une contravention à un règlement, de ne prononcer la peine qu'après avoir examiné la légalité du règlement, c'est-à-dire les quatre questions suivantes : Émane-t-il d'une autorité ayant le pouvoir réglementaire? A-t-il été pris par cette autorité dans les limites de sa compétence? A-t-il été fait dans les formes exigées par la loi? A-t-il été rendu exécutoire par publication, affiche ou si-

[1] Dans notre régime constitutionnel, toute loi doit émaner du vote des Chambres (L. du 25 février 1875, art. 1). Cependant, le droit pour chacune des Chambres de faire son règlement intérieur, obligatoire pour ses membres, est implicitement consacré par les articles 5 et 11 de la loi constitutionnelle sur les pouvoirs publics du 16 juillet 1875. Une fois voté, le règlement a force de loi. Il ne saurait donc y avoir ni crime ni délit d'arrestation arbitraire, dans l'arrestation d'un député, ordonnée, à titre de mesure disciplinaire, par le président de la Chambre, et exécutée par les questeurs et le chef des huissiers, conformément au règlement de la Chambre : Cass. 4 janvier 1881 (S. 81, 1, 65).

gnification administrative? Mais il n'appartiendrait pas à l'autorité judiciaire de se préoccuper de l'opportunité, de la justice ou de l'efficacité des mesures ordonnées par l'autorité administrative, dans les limites de ses attributions [1].

Le principe de la séparation des pouvoirs a subi, à diverses époques, et par l'effet de nos révolutions, certaines éclipses, et nous ne serions pas complet si nous ne signalions, en note, les actes *irrégulièrement* rendus par des *pouvoirs réguliers* [2], ou les actes rendus par des *pouvoirs irréguliers*, qui sont considérés comme ayant force de loi, et qui s'ajoutent ainsi aux sources du droit criminel [3].

SECTION II.

De l'interprétation des lois criminelles.

80. En dehors de l'interprétation *privée* des lois pénales, qui est du domaine des jurisconsultes et qu'on appelle, pour ce motif, interprétation *doctrinale*, on distingue deux espèces d'interprétation *publi-*

[1] Comp. Cass., 11 janv. 1878 (S. 79, 1, 332); 24 février 1881 (S. 81, 1, 485).

[2] Ainsi, il a été rendu, de 1804 à 1814, des décrets relatifs à des matières législatives qui auraient pu être attaqués, dans les dix jours, devant le Sénat, comme inconstitutionnels (Const. 22 frim. an VIII, art. 37), mais qui, faute d'avoir été l'objet de ce recours, sont considérés, par la jurisprudence, comme ayant acquis force de loi (Cass., 3 fév. 1820; 24 août 1832, DALL., J. G., *Poudres et salpêtre*, n° 20); tels sont notamment les décrets du 6 avril 1809 et du 26 août 1811, qui frappent de confiscation, de mort civile et même de mort, les Français, restés dans un pays étranger en guerre avec la France, et y occupant certaines positions civiles ou militaires; ils frappent de confiscation les Français naturalisés en pays étranger sans autorisation. Il faut observer, toutefois, que la confiscation et la mort civile ont disparu du système pénal, et que la peine de mort a été abolie en matière politique. Voyez du reste, sur la mesure dans laquelle le décret de 1811 est encore en vigueur : DEMANTE, *Rev. étrangère et française de législation*, t. VII, p. 417.

[3] Ainsi, pendant la période dictatoriale qui s'est écoulée depuis le 2 décembre 1851 jusqu'au 29 mars 1852, de nombreux décrets ont été rendus; ils ont reçu force de loi en vertu de la constitution du 14 janvier 1852 (art. 58). — Il en est de même des décrets rendus par le Gouvernement de la Défense nationale, du 4 septembre 1870 au 16 février 1871 : ceux qui n'ont été ni abrogés ni modifiés ont force de loi, ainsi qu'il résulte de la discussion qui s'est engagée sur ce point, à l'Assemblée nationale, les 15 et 16 juin 1871 (*Journ. off.*, du 15, p. 1204 et suiv.; du 16, p. 1385 et suiv.; du 17, p. 1395 et suiv.). V. également le rapport déposé par M. Taillefert, le 24 février 1872, au nom de la commission chargée par l'Assemblée de rechercher ceux qui, parmi ces décrets, ayant un caractère définitif, devaient être maintenus, modifiés ou supprimés (*Impressions de l'Assemblée nationale*, n° 928).

que ou officielle, dont les caractères sont différents : l'interprétation *législative* et l'interprétation *judiciaire*.

A. Le droit d'interpréter la loi par voie de disposition générale, *obligatoire* pour les *tribunaux*, ne peut appartenir qu'au pouvoir législatif : *Ejus est interpretari legem, cujus est condere*. Ce principe a été admis et appliqué dans nos constitutions, depuis 1789 jusqu'en l'an VIII. Mais, après la promulgation de la constitution du 22 frimaire, le droit d'interpréter les lois fut confié, par le règlement du 3 nivôse an VIII et par la loi du 16 septembre 1807, au chef du gouvernement, en conseil d'État. De 1800 à 1814, le conseil d'État, agent du pouvoir exécutif, a donc rendu des avis ayant force de loi. La charte de 1814 a modifié cet état de choses, en restituant virtuellement le droit de développer le sens des lois au pouvoir législatif, qui l'a conservé depuis lors. C'est donc aux deux Chambres qu'il appartient aujourd'hui d'interpréter les lois. Cette interprétation est obligatoire pour les tribunaux, comme la loi elle-même. Nous nous demanderons seulement si les lois interprétatives peuvent avoir, en matière pénale, un effet rétroactif.

B. L'interprétation judiciaire est la recherche du sens de la loi faite par un tribunal dans le procès, et seulement pour le procès qui lui est soumis. Cette interprétation est-elle interdite à un tribunal de répression? Nullement. Dans le cas où un texte est obscur, ce tribunal doit, comme un tribunal civil, se demander quelle a été l'intention du législateur et s'aider, pour faire cette recherche, de tous les procédés d'interprétation : il peut aussi bien *étendre* que *restreindre* la portée des textes. Mais, lorsque le sens de la loi pénale est clair, ou qu'il a été fixé[1] par l'interprétation, le juge doit appliquer le texte à tous les cas qui sont compris dans ses termes, mais seulement à ces cas : il ne lui est permis de créer, par analogie ou par induction, ni *délit* ni *peine* (C. p., art. 4). Cette règle est absolue, et elle constitue un contraste intéressant à relever entre la mission des tribunaux civils, dans l'application des lois civiles, et la mission des tribunaux répressifs, dans l'application des lois pénales. Le tribunal civil, saisi d'un procès, doit le trancher, en faveur du demandeur ou du défendeur; il ne peut s'abs-

[1] Sur les principes de l'interprétation en matière pénale, V. : FAUSTIN HÉLIE, *Introduction* aux *Leçons sur les Codes pénal et d'instruction criminelle* de BOITARD, p. XIII. Selon lui, l'interprétation de la loi pénale ne doit être ni *restrictive* ni *extensive;* elle doit être *déclarative*. C'est, en d'autres termes, l'opinion que j'adopte. Comp. : HAUS, t. I, p. 148-151; LAFONTAINE, *Une tendance de la jurisprudence dans l'application des lois pénales* (*Rev. crit.*, 1860, t. XVI, p. 164); MOLINIER, *op. cit.*, p. 109.

tenir de *dire droit* aux parties, sous prétexte du silence, de l'obscurité ou de l'insuffisance de la loi. S'il le faisait, il se rendrait coupable d'un *déni de justice* (C. civ., art. 5; C. p., art. 185). Aussi, dans le silence de la loi positive, les tribunaux civils peuvent et doivent recourir, pour juger les espèces qui leur sont soumises, soit à l'argument d'*analogie,* soit à l'argument d'*équité*. Telle n'est pas la mission d'un tribunal de répression; sans doute, il ne peut s'abstenir de vider, par un jugement, le débat dont il est saisi; mais il ne doit retenir l'inculpé et le condamner que s'il constate : 1° que les faits relevés à sa charge constituent *tel* délit prévu par *telle* loi; 2° que cette loi attache *telle* peine à la violation des injonctions ou des prohibitions qu'elle contient. Si ces deux conditions ne se rencontrent pas dans le procès qui lui est soumis, le tribunal doit nécessairement renvoyer l'inculpé de la poursuite.

SECTION III.

De l'application des lois criminelles par rapport au temps qu'elles régissent.

81. L'action des lois criminelles, comme celle des autres lois, embrasse une durée qui se détermine par la date de leur *promulgation* et celle de leur *abrogation.* Quant au moment à partir duquel la loi, réputée connue, est obligatoire, il suffit de renvoyer à l'article 1er du Code civil, modifié par le décret du 5 novembre 1870, et les ordonnances du 27 novembre 1816 et du 15 janvier 1817, en observant, d'ailleurs, que ces textes ne statuent que sur la promulgation et la publication des lois proprement dites, des décrets et des ordonnances de chef de l'État. Les arrêtés des ministres, les ordonnances du préfet de police, les arrêtés des préfets et des maires sont portés à la connaissance des intéressés, tantôt par des notifications individuelles, tantôt par voie d'affiches, d'insertions dans les journaux, de publications à son de trompe.

Les lois cessent d'être obligatoires par leur abrogation, soit expresse, soit tacite. L'abrogation est *expresse*, quand elle est exprimée dans une disposition législative formelle. Elle est *tacite*, lorsqu'elle s'induit d'une loi postérieure, dont les dispositions impliquent l'inexistence de celles de la loi antérieure, relatives aux mêmes matières. Ainsi, l'article 484 du Code pénal a abrogé implicitement toute l'ancienne législation criminelle dans les matières réglées par ce Code [1]. L'abrogation par désuétude ou usage contraire n'est pas plus admise dans notre droit, que n'est admise la formation du droit par l'usage et la coutume [2].

Ainsi, c'est dans la loi positive, régulièrement promulguée et non abrogée, que le juge doit rechercher le caractère de l'infraction: il faut donc que le fait se trouve qualifié et puni par la loi, *avant qu'il ait été commis*. Ce principe, que proclame l'article 4 du Code pénal, est resté étranger à notre ancienne jurisprudence; il a été reconnu, par l'Assemblée constituante, dans la Déclaration des droits de l'homme du 26 août 1789 (art. 8).

Pour le justifier, on dit souvent : Il faut être averti, avant d'être frappé. « Le Code pénal », prétend quelque part M. Thiers, « est fouet par un bout et sifflet par l'autre ». Ce motif est excellent, pour ces transgressions aux lois de police, nullement ou faiblement répréhensible en droit naturel; il est évident, quant à ces transgressions, que la justice commande au pouvoir, s'il veut les punir, de le déclarer à l'avance. Mais ce motif est insuffisant pour ces infractions plus graves dont la criminalité est indiquée par la conscience avant de l'être par la loi; on pourrait dire, en effet, que les avertissements de la conscience suffisent pour rendre le châtiment de ces faits mérité. Il en serait ainsi, sans doute, si le droit de punir était exclusivement fondé sur la justice absolue; mais comme il a des limites tracées par les nécessités sociales, il est indispensable que la loi positive, essentiellement *déclarative* de la moralité des actions humaines au point de vue social, proclame et fasse connaître, à l'avance, ce qu'elle ordonne ou ce qu'elle défend. Jusque-là, les citoyens sont en droit de croire que tout ce qui n'est pas défendu est permis, que tout ce qui n'est pas ordonné est indifférent.

82. Ainsi, les lois criminelles, n'ont pas d'effet rétroactif et ne sont, en général, applicables que pour les infractions commises depuis qu'elles sont exécutoires. L'article 4 du Code pénal semble même se présenter, à ce point de vue, comme une répétition inutile du principe général énoncé dans l'article 2 du Code civil : « *La loi ne dispose que pour l'avenir, elle n'a point d'effet rétroactif* ». Mais il ne faudrait

[1] Mais quelques actes législatifs de notre ancien droit et du droit intermédiaire sont encore en vigueur. Ils se trouvent compris, parmi les lois et règlements particuliers auxquels fait allusion l'article 484 du Code pénal. Comp. ORTOLAN, t. I, n° 641.

[2] Sur tous ces points : MOLINIER, *op. cit.*, p. 107.

pas s'arrêter à cette apparence : nous avons à nous demander, en effet, si le principe de la non-rétroactivité des lois s'applique de la même manière au droit criminel et au droit civil, s'il a, pour ces deux branches du droit positif, le même caractère et la même portée.

A. A-t-il le même caractère? En matière civile, le principe de la non-rétroactivité des lois est plutôt un principe *d'interprétation judiciaire* qu'un principe *constitutionnel*, c'est-à-dire qu'il doit être considéré, non comme une restriction posée aux pouvoirs du législateur, qui, lui, peut faire des lois rétroactives, mais comme une règle tracée au juge dans l'application des lois, auxquelles le législateur n'a pas formellement attaché d'effet rétroactif. En est-il de même en matière pénale? Le principe de la non-rétroactivité n'est-il pas plutôt un principe constitutionnel qui s'imposerait au pouvoir législatif? Certaines constitutions lui ont donné ce caractère. Ainsi, la règle que « nul ne peut être puni qu'en vertu d'une loi, établie et promulguée antérieurement au délit et légalement appliqué », était écrite dans la *Déclaration des droits de l'homme et du citoyen*, qui servait de préambule à la constitution du 3 septembre 1791. L'article 14 de la *Déclaration des droits et devoirs*, qui précédait la constitution du 5 fructidor an III, allait même plus loin, en proclamant, comme un principe constitutionnel, qu'aucune loi, ni *criminelle* ni *civile*, ne pouvait avoir d'effet rétroactif. Mais ce principe ne se trouve répété, ni par la constitution du 14 janvier 1852, ni par les lois constitutionnelles de 1875; il n'est inscrit que dans le Code pénal et le Code civil, c'est-à-dire dans des lois, obligatoires pour les tribunaux tant qu'elles ne sont pas abrogées, mais qui cessent de l'être quand le législateur estime qu'il y a lieu d'y déroger. L'article 4 du Code pénal et l'article 2 du Code civil sont donc écrits pour les juges et non pour les législateurs, ils signifient que les juges ne doivent pas appliquer les lois civiles ou pénales de manière à leur faire produire un effet rétroactif, à moins que le législateur n'ait manifesté une volonté contraire [1].

Du *caractère* que je donne à ce principe, il faut conclure que les

[1] Du reste, alors même qu'on donnerait au principe de la non-rétroactivité des lois pénales le caractère d'une disposition constitutionnelle, il ne s'ensuivrait pas que les tribunaux auraient le droit de refuser l'application d'une loi pénale entachée d'effet rétroactif. L'autorité judiciaire, en France, n'a pas le pouvoir, comme aux États-Unis, d'apprécier la constitutionnalité des lois et d'en contester le caractère obligatoire. C'est la conséquence la plus grave et, en même temps, la moins rationnelle du principe de la séparation des pouvoirs législatif et judiciaire. Cette conséquence, incontestable sous l'empire de la constitution de 1852, qui chargeait le

lois pénales *interprétatives* ne peuvent rationnellement donner lieu à la question de savoir si elles s'appliquent aux faits accomplis avant leur promulgation. Comme ces lois ont pour objet de déterminer le sens des lois antérieures, elles font corps avec ces dernières et ne sont point à considérer comme des lois nouvelles. Sous ce rapport, il n'y a pas à distinguer entre les lois qui, en réalité, ne sont qu'interprétatives et celles auxquelles le législateur a entendu attribuer ce caractère, bien que, en fait, elles statuent par voie de disposition nouvelle, car le législateur, pouvant attacher un effet rétroactif à toute loi nouvelle, a usé de ce pouvoir, en appelant loi *interprétative*, une loi qui n'a pas ce caractère. Mais, il va de soi que les lois interprétatives n'ont aucune influence sur les jugements qui avaient acquis l'autorité de la chose jugée au moment où elles sont devenues obligatoires[1].

B. Considéré comme une simple règle d'interprétation judiciaire, le principe de la non-rétroactivité des lois criminelles a-t-il la même portée que le principe de la non-rétroactivité des lois civiles? C'est dans la loi pénale, avons-nous dit, que le juge doit rechercher le caractère de l'infraction et les règles qui lui sont applicables. Or, cette recherche ne présentera pas grande difficulté s'il se trouve en présence d'une loi unique qui n'a pas varié depuis le jour où le fait a été commis jusqu'au jour où il est poursuivi et jugé. Mais le juge peut se trouver en face de plusieurs lois successives et différentes; dans ce conflit entre les lois anciennes et la loi nouvelle, quelle loi appliquera-t-il? Question complexe, qui n'est pas susceptible d'une réponse unique : car ces lois peuvent être relatives, soit à l'incrimination et à la pénalité qu'elles modifient, soit à l'organisation des juridictions qu'elles changent, soit au temps pendant lequel l'infraction peut être poursuivie ou punie, temps dont elles augmentent ou diminuent la durée. Autant d'hypothèses à préciser et à examiner. Du reste, toutes sont dominées par une considération générale. La loi nouvelle qui intervient est présumée meilleure que celle qui l'a précédée : il est donc désirable qu'elle reçoive le plus tôt possible son application, en effaçant les traces d'une loi que le pouvoir social juge

Sénat de l'examen de la constitutionnalité des lois, est généralement admise encore aujourd'hui, quoiqu'aucun texte ne la proclame, parce qu'il serait trop facile, s'il en était autrement, d'arrêter l'exécution de toutes les lois, sous le prétexte qu'elles seraient contraires à des principes constitutionnels que chaque tribunal aurait le droit d'interpréter à son gré. Comp. GARSONNET, *Cours de procédure*, § V, p. 25; MACAREL, *Éléments de droit politique* (Paris, 1833), p. 419 et suiv.

[1] Comp. HAUS, t. I, nos 187 et 188.

défectueuse. Mais l'utilité sociale qui commande l'exécution prochaine de la loi nouvelle peut se trouver aux prises avec l'utilité particulière qui réclame un ajournement. Comment concilier ces exigences contradictoires? On a donné, sur ce point, une formule, qui, théoriquement, est irréprochable. Quand la loi nouvelle se trouve en face d'un simple *intérêt*, invoquée par un citoyen, elle peut rétroagir en forçant cet intérêt individuel à plier devant l'intérêt général; quand, au contraire, elle rencontre un *droit* appartenant à un particulier, elle est obligée à le respecter et ne peut avoir un effet rétroactif.

I. DU CONFLIT DES LOIS ANCIENNES ET DES LOIS NOUVELLES EN CE QUI CONCERNE L'INCRIMINATION ET LA PÉNALITÉ[1].

83. La question de la rétroactivité des lois pénales doit être décidée à l'aide d'une distinction. La loi nouvelle ne dispose que pour l'avenir, lorsqu'elle déclare punissable un fait qui n'était pas puni jusque-là ou qu'elle aggrave la peine portée par la loi antérieure. La loi nouvelle a un effet rétroactif, si elle enlève à un fait le caractère délictueux que lui donnait la loi précédente, ou si elle réduit la peine établie par celle-ci.

I. Si la loi nouvelle imprime un caractère délictueux à des faits jusque-là impunis, ou frappe de peines plus graves des faits déjà punissables, la loi nouvelle n'est pas applicable aux faits accomplis avant l'époque où elle est devenue exécutoire. C'est la conséquence même du principe posé par l'article 4 du Code pénal. Ainsi, la loi du 23 janvier 1873, qui a créé une nouvelle contravention, « l'ivresse publique », ne s'applique « qu'aux individus trouvés en état d'ivresse manifeste... », depuis sa promulgation. De même, la loi du 14 mars 1872, « qui établit des peines contre les affiliés de l'association internationale des travailleurs », n'atteint que les individus qui, « après la promulgation de la présente loi », s'affilieront à cette association (art. 2). Les individus, précédemment affiliés, échappent donc à l'application de cette loi, à moins qu'ils ne fassent, après sa promulgation, « *acte*

[1] BIBLIOGRAPHIE : BLONDEAU, *Thémis*, t. VII, p. 289; DUVERGIER, *Effet rétroactif des lois* (*Rev. de droit franç. et étr.*, 1845, p. 1).

d'affilié ». Cette disposition, que je relève dans l'article 2 de la loi du 14 mars 1872, me conduit à faire une observation essentielle.

Ce serait exagérer, en effet, les conséquences du principe de la non-rétroactivité de la loi pénale que de prétendre maintenir, sous l'empire d'une loi nouvelle qui le défend, un état de fait qui était licite sous l'empire de la loi ancienne qui le tolérait. La non-rétroactivité de la loi nouvelle s'oppose seulement à ce que les faits antérieurs à sa promulgation soient l'objet d'une poursuite[1].

II. Une loi, récemment promulguée, peut être moins sévère que la loi qu'elle remplace; elle peut supprimer une incrimination, adoucir une peine, admettre une excuse péremptoire, déclarer l'action irrecevable : appliquera-t-on la loi ancienne aux actes commis avant la promulgation de la loi nouvelle et qui ne sont pas encore jugés? Non certainement, car si le législateur a supprimé ou adouci la peine attachée à telle action ou à telle inaction, c'est qu'il jugeait cette peine injuste ou inutile; or, le droit social de punir a pour fondement tout à la fois la justice et l'utilité : une peine injuste ou inutile ne peut plus être infligée. Il suit de là que les lois criminelles doivent rétroagir toutes les fois que leur application à des faits antérieurs est favorable aux inculpés. Cette rétroactivité, qui est la conséquence nécessaire du fondement du droit de punir, si elle n'est pas textuellement formulée par le Code pénal[2], a été reconnue, à diverses reprises, par le législateur[3]. Aussi la jurisprudence a pris pour base de ces

[1] Ainsi, l'arrêté du maire défend de placer des bornes sur la voie publique; il s'appliquera aux bornes placées antérieurement à sa publication, si elles sont maintenues depuis : Cass., 30 juin 1836 (S. 36, 1, 848). — Une loi du 9 septembre 1835 défendait d'exposer ou de mettre en vente aucune gravure sans l'autorisation du gouvernement; cette loi s'appliquait aux gravures et lithographies publiées et déposées avant cette loi et qu'on avait persisté à exposer ou mettre en vente depuis : Cass., 12 décembre 1836 (S. 36, 1, 905). — Il a été également jugé que l'interdiction de pêcher, autrement qu'à la ligne flottante, ne comportait pas d'exception au profit du propriétaire d'une pêcherie établie antérieurement au règlement : Cass., 4 août 1871 (S. 72, 1, 200).

[2] Un certain nombre de Codes étrangers s'en expliquent formellement. L'art. 22 du Code pénal allemand contient la disposition suivante : *En cas de changement dans la loi du moment où l'infraction a été commise, jusqu'à l'époque où le jugement sera rendu, la disposition la plus favorable doit être appliquée*. Une disposition analogue se trouve dans le Code pénal italien de 1859 (art. 3). Le Code pénal belge de 1867 dont l'article 2 reproduit, dans un premier alinéa, l'article 4 du Code pénal français de 1810, ajoute, dans le second alinéa : *Si la peine établie au jour du jugement diffère de celle qui était portée au temps de l'infraction, la peine la moins forte sera appliquée.*

[3] Ainsi, le Code pénal du 25 septembre 1791 la consacrait dans son article final; les art. 18 et 19 de la loi du 25 frimaire an VIII, l'art. 6 du décret du 23 juillet 1810,

décisions sur ce point cette règle[1] : que, de deux lois, l'une antérieure, l'autre postérieure à l'infraction, c'est la plus douce qui doit être appliquée[2].

84. Ce principe soulève une difficulté d'application : de deux lois, successivement promulguées dans l'intervalle qui s'est écoulé entre l'infraction et le jugement, laquelle considérer comme la plus douce? La question sera facile à résoudre dans quatre hypothèses : 1° la loi nouvelle fait disparaître une infraction ou la déclare non punissable, à raison soit de la qualité de l'agent, soit du lieu où elle a été commise, admet une excuse péremptoire; 2° elle substitue une peine correctionnelle à une peine criminelle[3]; 3° elle substitue une peine criminelle à une autre peine criminelle, appartenant à la même échelle de peines, et occupant, sur cette échelle, un rang inférieur à la peine qui était encourue; 4° elle substitue la peine de l'amende à la peine de l'emprisonnement. Dans ces hypothèses, le Code nous indique, par son organisation pénale, que la loi nouvelle est plus douce, et qu'elle doit s'appliquer, même aux faits antérieurement commis. 5° Mais supposons que les deux lois infligent des peines de même *nature*, les travaux forcés, par exemple, qui ne diffèrent l'une de l'autre que par le *minimum* et le *maximum*; ainsi, un crime était punissable, au moment où il a été commis, des travaux forcés à temps, dont le *minimum* est de cinq ans, le *maximum* de vingt; une loi, promulguée avant qu'il soit jugé, fixe le *maximum* à vingt-quatre ans et le *minimun* à quatre ans. Il n'est pas possible de combiner les deux lois, car le juge ferait une loi mixte; il faut nécessairement choisir entre l'application de l'une ou l'application de l'autre.

sur la mise en application du Code pénal; les Codes de justice militaire de 1857 (art. 276) et de 1858 (art. 376) l'ont écrite textuellement dans leurs dispositions.

[1] V. notamment, Cass., 24 sept. 1868 (D. 69, 1, 312), les arrêts et les autorités cités en note : Cass., 2 août 1873 (D. 73, 1, 385).

[2] Ce principe s'applique, par identité de motifs, alors même que le conflit s'établit entre trois lois successivement publiées et relatives au même fait. Comp. Cass., 9, 15 juillet et 3 sept. 1813, D. J. G., *Peine,* n° 114; Cass., 30 juillet 1813, D. J. G.; *Lois,* n°s 367-50; Haus, t. I, p. 185; Bertauld, p. 173; Chauveau, et Hélie, t. I, p. 41, Le Sellyer, *Traité de la criminalité,* t. I, n° 25.

[3] La *gravité* d'un peine résulte, en effet, de la *nature* même de cette peine, du caractère que lui a imprimé la loi et non de l'espace de temps plus ou moins long pendant lequel elle peut être subie : ainsi, la peine *infamante* de deux années de détention, prononcée par le C. p. de 1791 pour outrages envers un magistrat dans l'exercice de ses fonctions, a été considérée, avec raison, par la jurisprudence comme étant plus grave que la peine *correctionnelle* de deux à cinq ans d'emprisonnement portée par l'art. 228 du Code pénal : Cass., 26 juillet 1811 (D. J. G., *Lois*, n. 371).

A notre avis, la loi ancienne étant plus douce, puisque la peine, prononcée d'après ses dispositions, ne peut, en aucun cas, dépasser vingt ans, sera seule applicable[1]. Pour déterminer la loi la plus douce, on doit donc s'attacher au *maximun* qui est prononcé par les deux lois, sans s'occuper du *minimum*[2]. 6° Supposons que les deux lois modifient, en même temps que la peine, la *qualification des faits*, en punissant, par exemple, d'une peine politique un crime puni jusque-là d'une peine de droit commun, ou réciproquement; quelle loi appliquera-t-on? Celle qui prononcera la peine la moins élevée dans l'échelle générale des peines criminelles. Les articles 6 et 7 du Code pénal énumèrent, en effet, *toutes les peines criminelles, dans leur ordre de gravité*, sans distinguer entre les peines politiques et les peines de droit commun. Il y a, dans cette fixation, une présomption légale qui s'impose aux juges et qui les dispense de tout autre examen[3].

85. Il est certain, que la loi, qui réduit ou supprime une peine existante, exerce son influence sur les faits non jugés, et même sur les condamnations, prononcées sous l'empire de la loi antérieure, mais encore *susceptibles d'être réformées*. Si donc, la condamnation est frappée *d'appel*, le tribunal d'appel doit acquitter, quand la peine est supprimée par la loi nouvelle, ou adoucir la condamnation, quand la peine est simplement réduite. Lorsque la loi nouvelle, qui modifie la peine dans un sens favorable au condamné, intervient après un *pourvoi* en cassation, la Cour de cassation doit annuler l'arrêt, sans prononcer de renvoi, si le fait a cessé d'être punissable, ou bien, en rejetant le pourvoi, renvoyer devant un tribunal répressif pour appliquer au condamné la peine édictée par la loi nouvelle, si la peine est simplement réduite. Ces points ne peuvent faire aucun doute[4]. Mais la loi nouvelle,

[1]. En sens contraire cependant : D. J. G., *Lois*, n° 372; Blanche, t. I, n. 3.

[2] Comp. : Tribunal correctionnel de Pont-l'Évêque, 1er août 1832, sous Cass., 1er février 1835, D. J. G., *Lois*, n° 375; Haus, t. I, n. 193; Bertauld, p. 172; Lucas (*Revue de législation*, t. XI, p. 211 et 212).

[3] C'est un des intérêts que présente l'échelle générale des peines criminelles des art. 6 et 7 du Code pénal.

[4] Comp. dans ce sens : Cass., 14 janvier 1876 (S. 76, 1, 433). Voir cependant, en sens contraire : Cass., 12 juin 1863 (S. 63, 1, 509). Cet arrêt contient, à notre avis, une véritable erreur de principe. Une loi du 25 frimaire an VIII, punissant de peines correctionnelles divers faits qui, auparavant, étaient considérés comme crimes, contenait, dans son article 15, une disposition ainsi conçue : « *Quant aux jugements rendus par les tribunaux criminels et contre lesquels il y a pourvoi, si le tribunal de cassation les confirme, il renverra l'affaire devant lesdits tribunaux pour appliquer aux condamnés la peine mentionnée en la présente*... » Cette disposition, qui n'est reproduite par aucun texte de la législation postérieure, doit être considérée, comme contenant

qui supprime ou réduit une peine, profite-t-elle à ceux qui ont été définitivement condamnés sous l'empire de la loi ancienne? La question est délicate : car, si l'autorité doit faire exécuter les jugements passés en force de chose jugée, si aucun texte ne lui permet de paralyser l'effet des condamnations pénales, il faut reconnaître que, lorsqu'une loi nouvelle supprime ou réduit une peine, il est juste que cette mesure profite aux personnes qui ont été irrévocablement condamnées sous l'empire de la loi ancienne; une peine que le pouvoir social juge inutile ou exagérée ne doit plus recevoir d'application. On doit donc décider que si la loi nouvelle ne profite pas, *de plein droit*, aux condamnés, il est du devoir du législateur de leur appliquer, par une disposition transitoire, le bénéfice de sa prescription[1]. Nous trouvons, dans l'histoire de nos Codes, plusieurs exemples de dispositions législatives prises dans ce but. Je n'en cite qu'un, parce qu'il est saillant. Le Code pénal de 1791 avait supprimé les peines perpétuelles; cette suppression transforma-t-elle, de plein droit, les peines perpétuelles, prononcées sous l'empire de la législation antérieure, en peines temporaires? Le législateur ne le pensa pas, car, pour faire jouir les individus condamnés du bénéfice de la loi nouvelle, l'article 5 du décret du 5 septembre 1792 ordonna qu'à l'avenir (c'est-à-dire du jour de la promulgation du décret et non du jour de la promulgation du Code pénal de 1791), la perpétuité des galères et des prisons cesserait pour tous ceux qui auraient pu y être condamnés avant le Code pénal de 1791[2]. Si le législateur a oublié de prendre une de ces mesures transitoires, il est du devoir du chef de l'État, par l'exercice du *droit*

l'expression d'un principe général, applicable à tous les changements de législations pénales. Tel est, notamment, l'avis de : HAUS, t. I, n. 186, 197, 198; BLANCHE, t. I, n. 28; TRÉBUTIEN, t. I, p. 83; MORIN, *Repertoire*, v° *Effet rétroactif*, n. 6.

[1] Des auteurs ont cependant soutenu que la loi nouvelle devait produire ses effets sur la condamnation devenue définitive. Comp., dans ce sens : BLONDEAU, Sir., *coll. anc.*, 1809, 2, 277; VALETTE, *sur Proudhon*, *État des personnes*, t. I, p. 36. « Il faut adoucir le jugement de condamnation, dit ce dernier auteur, ou le réputer non avenu, conformément à la loi nouvelle. Pourquoi appliquer une peine dont l'inutilité a été reconnue? » Sans doute, mais reste à savoir si, en l'absence d'une disposition légale transitoire, le ministère public a le pouvoir de ne pas exécuter la condamnation ou d'en modifier l'exécution. L'opinion de cet auteur n'a pas et ne pouvait pas triompher. Le projet de Code pénal italien décide cependant que si une peine a été prononcée par une sentence devenue irrévocable, on lui substituera la peine plus douce en nature ou en durée établie par la loi postérieure. Comp. pour l'appréciation de cette disposition : A. ROLLIN, *Rev. de dr. inter.*, t. IX, p. 471.

[2] L'article 6 de la loi du 31 mai 1854, qui supprime la mort civile, nous fournit un autre exemple, en disposant que : « *Les effets de la mort civile cessent pour l'avenir à l'égard des condamnés actuellement morts civilement...* »

de grâce, de faire profiter des suppressions ou des réductions de peines, prononcées par la loi nouvelle, les individus condamnés avant sa promulgation. De sorte que le principe de justice, qui proscrit une peine inutile, recevra son application, soit en vertu d'une disposition transitoire de la loi nouvelle, soit en vertu d'un décret de grâce du chef de l'État. Mais si l'intervention du pouvoir législatif ou celle du pouvoir exécutif ne s'est pas produite, les magistrats du ministère public devront, malgré la promulgation de la loi nouvelle, assurer l'exécution de la condamnation devenue irrévocable[1].

86. Une question voisine de celle que je viens d'examiner est celle de savoir si une loi nouvelle, changeant le *mode d'exécution* d'une peine, s'applique aux infractions commises avant sa promulgation? Deux situations sont à prévoir : l'infraction n'est pas encore jugée, au moment où la loi nouvelle est promulguée; — ou bien la loi nouvelle intervient après que la condamnation à une peine dont elle change l'exécution a été irrévocablement prononcée. — Quelle que soit la situation, notre solution s'inspire du même principe : si la loi nouvelle change la *nature* de la peine, en changeant son mode d'exécution, elle ne peut s'appliquer aux faits antérieurement commis, que si elle est plus favorable aux prévenus ou aux condamnés; si elle ne change que le *mode d'exécution* de la peine, sans changer sa nature, elle doit s'appliquer aux prévenus comme aux condamnés. Ces solutions ont été consacrées, et par l'article 8 de la loi du 8 juin 1850 *sur la déportation*, qui n'applique la loi nouvelle qu'aux faits postérieurs à sa promulgation, parce qu'elle change la nature de la peine qui s'exécutait jusque-là par une *détention* et non par une *déportation*, et par l'article 7 qui décide, au contraire, que « dans les cas où les lieux

[1] La loi du 23 janvier 1874, sur la *surveillance de la haute police*, modifiant l'article 46 du Code pénal, décide que, « en aucun cas, la durée de la surveillance ne pourra excéder vingt années. » Cette loi a-t-elle un effet rétroactif en faveur des condamnés soumis à la surveillance perpétuelle, en vertu de condamnations passées en force de chose jugée avant sa promulgation? Une circulaire du garde-des-sceaux du 21 février 1874 s'est prononcée dans ce sens, ainsi qu'un arrêt de la Cour d'Aix, en date du 15 mai 1878 (S. 79, 1, 177). Mais, comme le fait observer, dans une note très substantielle, M. Renault, ni cette circulaire, ni cet arrêt, ne font une exacte application des principes du droit pénal. En l'absence de dispositions législatives expresses, les condamnations doivent conserver leur plein et entier effet, sauf au Gouvernement à user de son droit de grâce pour les mettre en harmonie avec les dispositions nouvelles. Cela lui était d'autant plus facile, dans l'espèce, qu'il pouvait, soit recommander à ses agents de ne pas poursuivre les condamnés pour rupture de ban, soit plutôt faire remise de la surveillance, comme le nouvel article 46 du Code pénal lui en donne le droit.

établis pour la déportation viendraient à être changés par la loi, les déportés seraient transférés des anciens lieux de déportation dans les nouveaux, » parce que cette mesure modifie l'exécution de la peine de la déportation, sans en modifier la nature[1].

II. DU CONFLIT DES LOIS ANCIENNES ET DES LOIS NOUVELLES EN CE QUI CONCERNE L'ORGANISATION JUDICIAIRE, LA COMPÉTENCE ET LA PROCÉDURE.

87. Une infraction a été commise : avant qu'elle soit définitivement jugée, une loi modifie l'*organisation* ou la *compétence* des juridictions qui devaient en connaître, ou la *procédure* à suivre dans l'instruction, la poursuite ou le jugement : appliquera-t-on, à cette infraction, la loi nouvelle ou la loi ancienne? Si le but de la loi pénale est de donner une sanction au droit, en punissant celui qui l'a violé, le but de la procédure pénale est d'assurer la complète manifestation de la vérité judiciaire, en protégeant, par les formalités dont elle entoure la poursuite, l'instruction et le jugement, l'intérêt de l'accusation et l'intérêt de la défense; il ne faut pas qu'un coupable évite le châtiment, mais il ne faut pas non plus qu'un innocent soit condamné; tel est l'objet des lois de forme, en matière pénale. Si un changement se produit dans l'organisation des juridictions pénales, leur compétence et leur procédure, ce changement est présumé devoir amener une application plus *exacte* et plus *équitable* des lois pénales. Or, que peut légitimement demander l'accusé? que la loi lui donne les moyens de faire reconnaître son innocence. Qui détermine ces moyens, et organise les meilleurs procédés pour arriver à ce résultat? le pouvoir

[1] Nous devons conclure de ce dernier texte, que la loi du 23 mars 1872, qui désigne de nouveaux lieux de déportation, est applicable aux prévenus ou aux condamnés pour faits antérieurs. La loi du 23 janvier 1874, sur la surveillance de la haute police, s'applique aussi rétroactivement; car, ses dispositions ne changent que l'exécution de la peine, sans en modifier la nature. La loi du 16 juin 1875, sur le régime des prisons départementales, a dû s'appliquer également aux condamnés pour faits antérieurs à sa promulgation, car, en substituant l'emprisonnement cellulaire à l'emprisonnement en commun, comme mode d'exécution de l'emprisonnement correctionnel d'un an et un jour et au-dessous, la loi accorde une réduction du quart aux condamnés qui subissent leurs peines sous ce régime (art. 2). Mais la loi du 25 décembre 1880, sur la répression des crimes commis dans l'intérieur des prisons, ne peut être appliquée aux faits commis antérieurement à sa promulgation.

social, par l'organe du législateur. Les lois de procédure doivent donc, d'après leur nature, s'appliquer, du jour de leur promulgation, à toutes les infractions.

Peut-on argumenter, pour écarter cette solution, du silence du Code pénal et du Code d'instruction criminelle sur ce point? Mais nos Codes sont également muets pour donner un effet rétroactif aux lois pénales qui suppriment ou adoucissent une peine, et cependant cette rétroactivité ne fait aucun doute. La rétroactivité des lois de forme n'est pas écrite dans nos Codes, mais elle résulte des principes et aucune disposition de nos lois ne lui fait obstacle. A diverses reprises même, des lois spéciales ont reconnu cette rétroactivité et l'ont appliquée aux infractions antérieurement commises[1].

Peut-on prétendre que l'accusé ait un droit acquis à invoquer les garanties qui résultent pour lui des formes établies dans son intérêt, par la législation contemporaine du temps de l'infraction? Mais l'accusé a seulement le droit de manifester son innocence, et c'est à la loi de déterminer les juridictions devant lesquelles il fera valoir ses moyens de défense et la marche à suivre dans ce but. De sorte qu'en contestant au pouvoir social la faculté de modifier l'organisation des juridictions et les formes de procédure, par des lois, obligatoires du jour de leur promulgation, on entraverait, « dans sa sphère, l'exercice de la souveraineté[2] ».

88. La rétroactivité des lois de forme me paraît donc incontestable, et je l'étends, soit aux lois qui modifient la *procédure*, soit à celles qui changent l'*organisation judiciaire* ou la *compétence* des autorités qui concourent à la répression. Cependant, à ce dernier point de vue, des difficultés spéciales existent. Lorsque, dans l'intervalle qui s'est écoulé entre l'époque de l'infraction et l'époque où il s'agit d'en juger les auteurs, il est survenu une loi qui investit une autre juridiction de la connaissance des infractions de la nature de celle dont il s'agit, est-ce le nouveau tribunal qui sera compétent, ou bien est-ce l'ancien? Parmi les nombreuses opinions auxquelles la solution de cette question a donné lieu, il en est deux d'absolues. La première soutient que les lois modificatives de la compétence rétroagissent toujours, et que les procès criminels doivent être commencés ou continués dans les formes et devant les tribunaux nouvellement établis, parce que les change-

[1] D. 8 oct. 1789; L. 18 pluviôse an X, art. 3; D. 25-28 février 1852, art. 2.

[2] Arrêt de la Haute-Cour du 8 mars 1849 (S. 49, 2, 225).

ments de juridictions touchent à l'ordre public et que, en cette matière, il ne saurait y avoir de droits acquis[1]. La seconde, au contraire, considérant que les juges naturels du prévenu sont ceux qui fonctionnent au moment de la perpétration du délit, applique le principe de la non-rétroactivité aux lois modificatives de la compétence[2]. A côté de ces systèmes absolus, viennent se placer deux systèmes intermédiaires. D'après le premier, lorsqu'une juridiction a été complètement *saisie* et qu'une loi survient qui change la compétence, le procès doit suivre son cours là où il a été commencé, et la loi nouvelle est inapplicable[3]. D'après le second, au contraire, les lois de compétence régissent dès leur promulgation, les procès nés comme les procès à naître, et doivent être appliqués aux délits antérieurement poursuivis, quel que soit l'état de la procédure, à moins qu'il ne soit intervenu, *sur le fond*, un *jugement en premier ressort*. Ce tempérament, auquel je me rallie, est nécessaire, si on ne veut pas que la rétroactivité des lois de compétence lèse des droits véritablement acquis. En effet, imposer au prévenu, *acquitté* par un jugement frappé d'appel, l'obligation de subir un nouveau jugement devant une juridiction toute différente, qui pourra rendre une décision contraire; ou bien priver le prévenu, *condamné* en première instance, et qui a interjeté appel, du droit de se justifier devant la juridiction compétente au moment de l'appel, ce serait revenir sur le passé pour le changer au préjudice de droits acquis. La rétroactivité des lois de compétence

[1] Comp. Blanche, t. I, nº 35; Trébutien, t. I, p. 84.

[2] Chauveau et Hélie, qui avaient soutenu cette opinion dans la première édition de leur *Théorie de Code pénal* (t. I, p. 44 et suiv.), dans les éditions nouvelles ont émis, sur l'exactitude de leur première doctrine, des doutes qui équivalent à un abandon.

[3] Merlin, qui, le premier, a développé ce système (*Répertoire*, vº *Compétence*, nº 3), l'a soutenu, devant la Cour de cassation, dans la célèbre affaire Cadoudal (4 messidor an XII). Il s'appuie surtout sur le brocard, qu'il considère comme un principe de raison : *Ubi acceptum judicium, ibi et finem accipere debet*. Comp., également: Bertauld, p. 179, qui cite, dans le même sens, une circulaire du garde-des-sceaux Delangle, du 30 mai 1863. On peut cependant répondre à M. Bertauld par l'argument général qu'il donne lui-même pour justifier l'application rétroactive des lois de forme : « De deux choses l'une : ou les accusés sont innocents, ou ils sont coupables. Sont-ils innocents? La loi nouvelle doit être présumée offrir à l'innocence toutes les garanties dont elle peut avoir besoin pour triompher; car, sans cette présomption, la loi nouvelle serait illégitime, à l'égard même des faits postérieurs à la promulgation. Les accusés sont-ils coupables? On ne conçoit guère que la culpabilité puisse avoir un droit acquis contre la société à une loi vicieuse qui lui permettrait d'échapper à la répression ». Comp. Cass., 12 septembre 1856 (S. 57, 1, 76).

doit nécessairement fléchir quand elle rencontre un jugement rendu sur le fond même de la poursuite[1].

III. DU CONFLIT DES LOIS ANCIENNES ET DES LOIS NOUVELLES EN CE QUI CONCERNE LA PRESCRIPTION PÉNALE.

89. La prescription pénale est un moyen de se libérer, par l'effet d'un laps de temps, ou de l'*action* qui naît de l'infraction ou de l'*action* qui naît de la condamnation. On distingue, par conséquent, deux espèces de prescriptions pénales : celle de l'*action publique* et celle de la *peine;* mais l'une et l'autre ont un motif commun : l'*oubli présumé* de l'infraction commise ou de la condamnation prononcée qui, après un certain temps, rendant inutile la poursuite ou l'exécution, enlève à la société le droit même de poursuivre l'infraction ou de faire exécuter la condamnation. Eh bien! une loi nouvelle change la durée ou les conditions de la prescription de l'action ou de la peine : s'applique-t-elle aux infractions antérieurement commises, ou aux condamnations déjà prononcées, dont la prescription n'est pas acquise? La distinction, consacrée par la jurisprudence, et que nous adoptons, entre les lois de *forme* qui sont rétroactives et les lois de *fond* qui ne

[1] Conformément à cette distinction, la loi du 26 mai 1819 (art. 30) et celle du 8 octobre 1830 (art. 8), n'avaient attribué aux cours d'assises que les délits de presse *qui ne seraient pas encore jugés*. Bien que ces dispositions légales aient depuis longtemps été abrogées, leur autorité doctrinale a survécu et les règles qu'elles avaient sanctionnées n'ont jamais cessé d'être appliquées. Ce tempérament à la rétroactivité des lois de compétence a été admis par la Cour de cassation dans l'espèce suivante : un délit de presse avait été jugé par le Tribunal correctionnel de Bergerac et l'appel formé devant la chambre correctionnelle de la Cour de Bordeaux, lorsque la loi du 15 avril 1871 vint donner compétence à la Cour d'assises pour connaître de ce délit. La Cour de Bordeaux décidant que la juridiction correctionnelle avait cessé d'être compétente du jour où la loi du 15 avril 1871 était devenue exécutoire, avait refusé de statuer sur l'appel. Ensuite du pourvoi formé par le procureur général de Bordeaux, la Cour de cassation jugea que la rétroactivité des lois de compétence devait recevoir exception, toutes les fois que l'affaire avait subi, avant la loi nouvelle, l'épreuve d'une décision sur le fond, 7 juillet 1871 (S. 71, 1, 83). V. le rapport de M. Saint-Luc Courborieu, qui précède cet arrêt. A propos de cet arrêt, M. Bazot, a exposé et développé, avec beaucoup de vigueur, l'opinion d'après laquelle les lois de compétence, ne peuvent dessaisir les anciennes juridictions des procès régulièrement commencés devant ces juridictions. *De la rétroactivité des lois de compétence* (*Rev. crit.*, 1872-1873, p. 513 à 547). Mais la Cour de cassation a maintenu sa jurisprudence dans un arrêt du 18 février 1882, rendu contrairement aux conclusions du procureur général Bertauld (S. 82, 1, 185) et la note.

le sont pas, ne peut nous servir de *criterium* pour donner une réponse à cette question; car, les lois sur la prescription pénale n'ont pas de caractère bien tranché. Quand on les examine superficiellement, elles paraissent rentrer dans la catégorie des lois de *forme* : ne règlent-elles pas, en effet, un point de procédure, en statuant sur une des conditions de la poursuite d'une infraction ou de l'exécution d'une condamnation? N'est-ce pas, du reste, dans le Code d'instruction criminelle (art. 635 à 643), que le législateur s'est occupé de la prescription? Mais, après réflexion, il est difficile de considérer, comme des lois de pure forme, celles qui déterminent une des conditions essentielles de l'infraction ou de la peine. Aussi, la doctrine est-elle divisée sur la solution de la question qui nous occupe : on peut compter jusqu'à quatre opinions : deux *extrêmes,* appliquant toujours, l'une la loi ancienne, l'autre la loi nouvelle; et deux *intermédiaires*, appliquant, l'une la loi la plus favorable au prévenu ou au condamné, l'autre les deux lois, en proportion du temps de prescription qui a couru sous chacune d'elles[1].

A. Certains appliquent *toujours la loi contemporaine du temps de l'infraction ou de la condamnation.* C'est ainsi, dit-on, que l'article 2281 du Code civil résout le conflit entre les lois anciennes et les lois nouvelles sur la prescription. Cet article contient, en effet, deux dispositions : la première proclame le principe que « les prescriptions commencées à l'époque de la publication du présent titre (le titre 20 du livre III) seront réglées *conformément aux lois anciennes* »; la seconde restreint ce principe et déclare que si, sur le temps déterminé par la loi ancienne, il reste encore plus de trente ans à courir depuis la promulgation de la loi nouvelle, trente années, calculées sous l'empire de la loi nouvelle, suffiront pour compléter la prescription[2]. — Cet argument n'est qu'un argument d'*analogie;* il ne peut avoir d'autre valeur, car l'article 2264 du C. civ. nous dit que « les règles de la prescription sur d'autres objets que *ceux mentionnés dans le présent titre* sont expliquées dans les titres qui leur sont propres ». — Mais on complète cet argument en faisant re-

[1] Comp. : Faustin Hélie, t. II, n. 1038; Brun de Villeret, *Traité de la prescription*, n. 100; Blanche, t. I, n° 34.

[2] Une disposition analogue se trouve dans l'article 65 de la loi du 29 juillet 1881 sur la liberté de la presse : « *Les prescriptions commencées à l'époque de la publication de la présente loi, et pour lesquelles il faudrait encore, suivant les lois existantes, plus de trois mois à compter de la même époque, seront, par ce laps de trois mois, définitivement accomplies.* »

marquer que l'individu, qui a commis une infraction ou qui a subi une condamnation sous l'empire d'une loi, ne s'est préoccupé que de cette loi et n'a compté qu'avec elle; c'est également en se référant aux dispositions de cette loi, que le ministère public a calculé le temps qui lui était donné pour poursuivre l'infraction ou pour faire exécuter la condamnation. En appliquant la loi ancienne, si donc on n'améliore pas la situation des parties intéressées, on ne l'aggrave pas non plus: on la respecte. Mais ce raisonnement, excellent pour justifier le principe de l'article 2281 dans son application aux matières civiles, a peu de valeur quand on le transporte en matière pénale. La prescription ici est une institution d'ordre public et non d'intérêt privé : nul ne doit rappeler le souvenir d'un fait ou d'une condamnation que le législateur veut tenir pour oublié.

L'application de la loi abrogée pourrait, du reste, amener des contradictions singulières, si la prescription ancienne était plus longue que la prescription nouvelle : par exemple, un individu commet un meurtre sous l'empire du Code d'instruction criminelle de 1808, qui fixe la durée de la prescription de l'action criminelle à dix ans; avant qu'il soit poursuivi, deux ans, par exemple, après l'infraction, une loi nouvelle est promulguée, qui réduit le délai de la prescription à cinq ans. Si le système que nous venons d'exposer était appliqué, le ministère public pourrait poursuivre ce meurtre, accompli sous l'empire de la loi ancienne, alors qu'un fait, postérieur de trois ans peut-être, commis depuis la promulgation de la loi nouvelle, ne pourrait être poursuivi. C'est précisément pour éviter cette conséquence contradictoire que l'article 2281 restreint, dans son § 2, le principe qu'il pose.

B. Aussi, croyons-nous que la *loi nouvelle*, qui modifie la durée ou les conditions de la prescription, *doit s'appliquer aux infractions déjà commises ou aux condamnations déjà prononcées au moment de sa promulgation* [1]. La prescription pénale n'est pas fondée sur l'intérêt du coupable, mais sur l'intérêt de la société; or, la loi nouvelle, par cela seul qu'elle modifie la législation antérieure, doit être présumée meilleure que la loi qu'elle remplace et son application plus conforme à l'intérêt social; la rétroactivité des lois criminelles s'impose donc comme un principe *rationnel*. Si nous l'avons écartée en ce qui concerne les lois qui créent les délits ou aggravent des peines, c'est qu'il

[1] Dans ce sens : BERTAULD, p. 187 et suiv.; VILLEY, p. 67.

importait de respecter les principes de la justice qui s'opposent à ce qu'on prive un individu d'un droit acquis : or, ni le prévenu ou le condamné, ni le ministère public ne peuvent se plaindre qu'on fasse rétroagir la loi nouvelle qui modifie la durée ou les conditions de la prescription : — A quel titre, en effet, se plaindrait le prévenu ou l'accusé de voir la durée de la prescription augmentée ou d'en voir les conditions aggravées par la loi nouvelle? Le prévenu ou le condamné n'avait pas de droit acquis, car le fait d'avoir échappé jusque-là à la poursuite ou à la condamnation ne lui donnait pas le droit d'y échapper toujours. — A quel titre se plaindrait le ministère public si la durée de la prescription est diminuée ou si les conditions en sont adoucies par la loi nouvelle, puisque le ministère public représente la société, parle et agit en son nom, et que c'est précisément dans l'intérêt social que la durée ou les conditions de la prescription ont été modifiées? Une seule personne pourrait se plaindre : la *victime* de l'*infraction;* nous verrons, en effet, plus tard, que la loi française solidarise, au point de vue de la durée de la prescription, l'action publique et l'action civile; le même laps de temps, qui empêche le ministère public d'agir au point de vue de la *répression*, empêche la partie lésée d'agir au point de vue de la *réparation*. Or, dans le cas où la nouvelle loi abrège la durée de la prescription, cette loi, si nous lui donnons un effet rétroactif, pourra éteindre instantanément l'action de la partie lésée, en sorte que la victime de l'infraction se trouvera privée de son action en dommages-intérêts, alors qu'elle pouvait légitimement compter sur un certain temps pour l'exercer [1]. Ce résultat ne lèse-t-il pas un droit acquis? Sans dissimuler la gravité de l'objection, je ferai deux remarques pour l'atténuer : 1° En solidarisant la prescription de l'action publique et celle de l'action civile, le législateur s'est préoccupé de l'intérêt de la société et non de l'intérêt privé. Cela est si vrai que l'action en dommages-intérêts, naissant d'un délit pénal, dure bien moins que l'action naissant d'un simple délit civil. Or, la loi qui abrège la durée de la prescription est-elle réputée plus conforme à l'intérêt social? Si oui, — ce qui n'est pas douteux, — la victime de l'infraction doit sacrifier son intérêt individuel à l'intérêt général [2]. 2° Cette objection subsiste, du reste, dans le système in-

[1] L'objection est bien mise en lumière par LE SELLYER, *Traité de l'exercice et de l'extinction des actions*, t. II, n. 631.

[2] Comp. sur ce point : VILLEY, *De la durée de l'action civile après l'extinction de l'action publique* (*Rev. crit.*, 1875, p. 85).

termédiaire qui est le plus ordinairement soutenu et qu'adopte aujourd'hui la jurisprudence

C. Dans ce système, on traite les lois sur la prescription comme les lois pénales et on *applique, dans tous les cas, la loi la plus favorable au délinquant*. Cette solution, dit-on, est à la fois la plus *logique*, car les lois sur la prescription ne sont pas de simples lois de procédure, puisqu'elles déterminent une condition essentielle de l'infraction, et la plus *juste*, puisqu'elle laisse les conditions de l'infraction, telles qu'elles étaient au moment de son accomplissement, lorsque l'application de la loi nouvelle aurait pour résultat d'aggraver la situation du délinquant. Mais cette solution ne tient pas compte de la nature de la prescription pénale, dont les règles n'ont pas été organisées dans l'intérêt du prévenu ou du condamné, mais dans l'intérêt de la société : or, l'intérêt social demande que la loi nouvelle s'applique même aux infractions déjà commises ou aux condamnations déjà prononcées.

D. Merlin a proposé un système intermédiaire, d'abord suivi par la Cour de cassation, et qui consiste, dans le passage d'une législation à une autre, *à régler successivement la prescription par l'une et par l'autre loi* : on suppute le temps qui a couru sous l'empire de la première loi et sous celui de la seconde, on fait ainsi une règle de proportion dont le résultat sert à décider si la prescription est acquise ou non au prévenu. Ce système est ingénieux; mais il ne s'appuie sur aucun principe, il serait donc nécessaire qu'il se trouvât formulé par un texte de droit positif pour être admissible. Or, les textes font défaut; tout au plus pourrait-on invoquer, en faveur de cette opinion aujourd'hui abandonnée, un argument d'analogie tiré de l'art. 2266 du C. civ. Mais il est dangereux, comme l'a fait trop souvent Merlin, de transporter dans les matières pénales les règles du droit civil.

SECTION IV.

De l'application des lois criminelles par rapport aux lieux et aux personnes qu'elles régissent[1].

90. En supposant un Code pénal déterminé, le nôtre, par exemple, sur quelles *personnes* et quel *territoire* a-t-il autorité? On conçoit, *a priori*, trois systèmes de législations : d'après le premier, la loi pénale ne serait et ne pourrait être que *territoriale;* elle s'appliquerait donc à toute personne habitant le territoire, quelle que fût sa nationalité, mais ne s'appliquerait à personne hors du territoire; d'après le second, la loi pénale serait *personnelle;* elle s'appliquerait à tous les nationaux, en quelque lieu que l'infraction ait été commise, mais ne s'appliquerait qu'aux nationaux, même sur le territoire; d'après le troisième, la loi pénale aurait un caractère mixte : *territoriale*, elle s'appliquerait à toute personne sur le territoire; *personnelle*, elle s'appliquerait à certains individus commettant un délit, même en pays étranger. De ces trois systèmes, le second n'est consacré par aucune législation. On admet, dans tous pays, comme une conséquence de la souveraineté, que les délits commis sur le territoire sont soumis à l'empire absolu de la loi pénale, qui est appliquée indistinctement aussi bien dans le cas où l'auteur du délit est un national, que dans celui où il est un étranger. La divergence commence seulement à apparaître, lorsqu'il s'agit de choisir entre le premier et le troisième système. Doit-on admettre que tout fait délictueux quelconque, commis hors des frontières, échappe, de plein droit, à l'action de la loi pénale[2], ou bien que la loi peut être applicable aux individus

[1] BIBLIOGRAPHIE : BARD, *Précis de droit international* (1883) ; Pasquale FIORE, *Traité de droit pénal international*, trad. Charles ANTOINE (2 vol., 1880); RENAULT, *Étude sur les dispositions pénales des diverses législations relatives à la répression des crimes commis hors du territoire* (*Bull. de la société de légis. comp.*, 1880, p. 384-411 ; 420-423); VALETTE, *Mélanges*, t. III, p. 295-309 ; Ch. BROCHER, *Étude sur les conflits de législation en matière de droit pénal* (*Rev. de droit international*, 1875, p. 23-57) ; GODDYN et MAHYELS, *Le droit criminel belge au point de vue international* (Paris et Bruxelles, 1880) ; DELOUME, *Principes généraux du droit international en matière criminelle* (Paris, 1882) ; VILLEFORT, *Des crimes et des délits commis à l'étranger* (1855).

[2] En Angleterre, le principe général est toujours que la loi pénale ne s'applique qu'aux faits commis sur le sol britannique. *Criminal Code Bill*, proposé au Parlement en 1880 (art. 4); RENAULT, *Étude sur l'extradition en Angleterre*, p. 15 et 16; HEURTEAU (*Bull. de la soc. de légis. comp.*, 1880, p. 191 et 192).

qui sont venus résider sur le territoire, après avoir auparavant commis un délit en pays étranger? Il ne serait pas suffisamment pourvu à la sûreté publique et à la défense sociale par une législation qui ne réprimerait pas certains actes délictueux commis à l'étranger: aussi, la plupart des législations se gardent de restreindre d'une façon absolue l'empire de la loi pénale aux limites de l'État[1]. Mais, lorsqu'il s'agit de déterminer les cas dans lesquels on peut donner une autorité extraterritoriale à la loi pénale et les conditions d'application de la loi nationale aux délits commis à l'étranger, alors l'accord cesse d'exister, et chaque législation se laisse plus ou moins dominer par les deux idées opposées de la *personnalité* ou de la *territorialité* de la loi, idées qui ne peuvent servir de *criterium* juridique, car la question de savoir si la loi pénale d'un État peut s'appliquer aux infractions commises sur le territoire d'un autre État doit se résoudre d'après les principes qui justifient la pénalité[2].

I. A QUEL TERRITOIRE S'APPLIQUE LA LOI PÉNALE FRANÇAISE?

91. La loi pénale française, étant l'expression de la souveraineté française, s'applique, dans toute l'étendue du territoire où s'exerce cette souveraineté[3], aux *Français*, comme aux *étrangers* : « Les lois de police et de sûreté, *obligent tous ceux qui habitent le territoire* », ou plutôt tous ceux qui se trouvent sur le territoire, ne fût-ce que momentanément (C. civ., art. 3).

Ainsi, la loi pénale s'applique à tout le territoire français; elle saisit tous les actes qui s'y commettent, sans acception de personne: mais quelle est l'étendue du territoire au point de vue qui nous occupe? Dans quel cas une infraction devra-t-elle être considérée comme commise sur le territoire? Quelles seront les conséquences de ce fait? Les

[1] V. Renault, *Étude sur les dispositions pénales*, p. 391.

[2] Comp. Brusa, *Le délit politique et l'extradition* (*Rev. de droit intern.*, 1882, p. 403).

[3] « Chaque État, dit M. Laurent, a le droit et le devoir de veiller à sa conservation : or, comment un État pourrait-il se conserver et se maintenir s'il avait dans son sein des hommes qui peuvent impunément enfreindre sa police et troubler sa tranquillité ». Tout au plus y aurait-il lieu d'admettre pour l'étranger une excuse résultant de l'ignorance de la loi territoriale, dans le cas où il s'agit de lui appliquer des dispositions purement réglementaires, qu'il aurait été, en fait, dans l'impossibilité de connaître, et dont on ne peut pressentir l'existence. Comp. : Molinier (*Rec. de l'Ac. de législ.*, 1880, p. 209).

difficultés qui peuvent surgir au sujet de l'autorité territoriale de la loi pénale se ramènent à l'examen de ces trois questions.

92. I. **Quelle est l'étendue du territoire?** — La notion juridique du territoire ne comprend pas seulement l'espace continu, dans les limites de l'État, mais aussi les autres lieux où la *souveraineté* exerce son autorité, sa juridiction, c'est-à-dire : 1° la mer territoriale; 2° les navires; 3° les lieux occupés en dehors des frontières, soit en temps de paix, soit en temps de guerre, par nos armées; 4° les pays hors chrétienté, où les consuls ont juridiction en matière pénale.

A. On sait que, malgré les prétentions contraires de certaines nations maritimes, s'il est un principe reconnu par le droit international, c'est celui de la *communauté* et, par conséquent, de la *liberté* de la mer[1]. La mer est libre et commune à tous les peuples : 1° parce qu'il est impossible à aucun peuple de faire constamment acte de souveraineté sur elle; 2° et que, par sa destination même, la mer est la grande route de communication entre les nations, route qui doit toujours être libre pour être toujours ouverte. Ce double motif nous explique les restrictions que reçoit le principe de la liberté des mers. Il est, en effet, une portion de la mer qui, suivant les usages internationaux, est soumise à la *juridiction* des pays riverains, dans la mesure jugée nécessaire pour le droit de défense et le droit de punir. Cette portion de la mer, comprise entre la ligne des côtes et une ligne fictive tracée à une certaine distance parallèlement aux côtes, porte le nom de *mer territoriale*. Elle s'étend aussi loin que la mer peut être dominée par des moyens d'action établis sur le rivage[2]. La limite qui la sépare de la haute mer est donc déterminée par la plus forte portée du canon des côtes.

B. Mais la juridiction pénale de l'État riverain peut-elle s'exercer à bord des navires étrangers, mouillés dans les eaux de la mer territoriale? On sait que les navires sont traités comme une dépendance du territoire de la nation à laquelle ils appartiennent : ce qui a pour conséquence de placer les passagers et les matelots sous la juridiction pénale de cette nation. Ce principe, qui est réciproque dans les rap-

[1] Comp. : Arthur Desjardins, *Traité de droit commercial maritime*, t. I, n. 5.

[2] Comp. : L. Renault, *De l'exercice de la juridiction d'un État dans la mer territoriale* (*Rev. de droit international privé*, 1879, p. 238); Desjardins, *op. cit.*, t. I, n. 6; T. Ortolan, *Diplomatie de la mer*, t. I, p. 175; Le Sellyer, *Traité de la compétence et de l'organisation des tribunaux répressifs*, t. II, p. 285, et toutes les autorités que cite ce dernier auteur.

ports internationaux, ne s'applique qu'avec une distinction essentielle.

1° Le navire est-il en pleine mer? rien ne s'oppose, puisqu'il vogue sur la mer commune à tous, à ce qu'il soit réputé, par une sorte de fiction, faire partie intégrante du territoire de la nation dont il porte le pavillon[1]. C'est donc d'après la loi pénale de cette nation que les délits commis à bord seront réprimés, quelle que soit la nationalité du coupable.

2° Le navire est-il mouillé dans un port étranger ou dans les eaux de la mer territoriale? Alors, un conflit est de nature à s'élever entre la souveraineté de la nation à laquelle appartient le navire et la souveraineté de la nation sur le territoire de laquelle il se trouve. C'est le droit international qui règle ce conflit, par une distinction essentielle entre les navires de guerre et les navires de commerce. Les navires de guerre « portant, dans leur sein, une partie de la puissance publique de l'État auquel ils appartiennent », ne peuvent être soumis à la souveraineté étrangère que s'ils font acte d'hostilité[2]; entre les nations, qui sont des égales, comme entre les individus, c'est le *droit de défense* et non le *droit de punir* qui existe[3]. Les navires de commerce, représentant, sans doute, une propriété privée, mais couverts par leur pavillon national, restent soumis à leur loi, quant à leur régime intérieur, mais relèvent du pays dans les eaux duquel ils se trouvent dans une mesure qui varie suivant les coutumes ou les lois de chaque pays. Tandis que l'Angleterre applique aujourd'hui, dans toute sa rigueur, le principe que la mer territoriale est une partie du territoire et que toute infraction qui y est commise relève de la juridiction anglaise[4], la France conserve seulement son droit de juridiction :

[1] Comp. Cass., 25 fév. 1859 (S. 59, 1, 183); 29 fév. 1868 (S. 68, 1, 351); 11 fév. 1881 (S. 82, 1, 433).

[2] Si le capitaine du navire de guerre abuse de ses prérogatives, par exemple, pour protéger des révoltés, il fait acte d'hostilité. Affaire du *Carlo Alberto* : Cass., 7 septembre 1832 (S. 32, 2, 596).

[3] Comp., cependant, le réquisitoire du procureur général près la Cour de cassation, rapporté avec l'arrêt du 29 février 1868 (S. 68, 1, 351). Cet arrêt décide, — ce qui n'est pas contestable, — que les tribunaux français sont compétents pour connaître des délits commis *à terre*, envers des Français, par les marins d'un bâtiment de guerre étranger se trouvant dans un port français.

[4] C'est une loi du 16 août 1878 qui règle aujourd'hui en Angleterre, « le jugement de délits commis en mer à une certaine distance des côtes des possessions de Sa Majesté ». Il est décidé, dans l'article 2, que « une infraction (*offense*) commise par un individu, sujet ou non de Sa Majesté, tombe sous la juridiction de l'amiral, quand

1° quand l'infraction a été commise à bord, par une personne ou contre une personne ne faisant pas partie de l'équipage; 2° quand l'infraction, ayant été commise à bord par une personne ou contre une personne faisant partie de l'équipage, la tranquillité du port en a été compromise; 3° quand le secours de l'autorité locale est réclamé[1]. En accordant, dans ces sages limites, l'*exterritorialité* aux navires étrangers, la France réclame des autres puissances la réciprocité en faveur des navires français.

C. Une armée expéditionnaire, dans un pays étranger, est un démembrement de l'État auquel elle appartient; elle se trouve sur ce territoire pour affirmer sa nationalité et les volontés de cet État. Dans ces conditions, elle n'a pas à recourir à une justice étrangère pour juger les infractions qui s'y commettent. Il en résulte que le territoire occupé, en dehors des frontières, soit en temps de paix, soit en temps de guerre, par l'armée française, est réputé, au point de vue de l'application de la loi pénale, territoire français. Une distinction doit, du reste, être faite entre deux hypothèses : 1° Lorsque l'armée française traverse ou occupe un pays neutre ou allié, du consentement du gouvernement de ce pays, la compétence des juridictions militaires françaises est restreinte aux militaires et aux personnes attachées à l'armée. 2° Mais, si l'occupation a lieu sur le pied de guerre, leur compétence s'étend, non-seulement sur les militaires et employés de l'armée, mais encore sur tous les habitants, et les infractions qui se commettent sont jugées par application des lois pénales françaises[2].

même elle aurait été commise à bord d'un navire étranger ou au moyen d'un navire étranger ». C'est un fait particulier, l'affaire du navire allemand *Franconia*, qui a été l'origine de cette loi (V. pour le texte : *Annuaire de législation étrangère*, 1879, p. 69, 73).

[1] Un avis du Conseil d'État, en date du 20 novembre 1806, a tracé les règles que nous venons de résumer. Elles ont passé dans l'ordonnance du 20 octobre 1833 *sur la marine marchande*. Comp., pour l'application de ces règles : Bordeaux, 31 janvier 1838 (S. 1839, 2, 37); Cass., 25 février 1859 (S. 1859, 1, 182), et le rapport de M. V. Foucher, qui précède cet arrêt; Alger, 19 août 1873 (S. 74, 2, 282).

[2] Ces distinctions sont faites, soit par l'article 13 d'une loi du 13 brumaire an V, soit par l'article 63 du Code de justice militaire pour l'armée de terre, soit par un décret du 21 février 1808. Applications intéressantes dans les décisions suivantes : Cass., 19 janvier 1865 (S. 65, 1, 63); 23 juin 1865 (S. 65, 1, 428); 24 août 1865 (S. 65, 1, 466); et les notes sous ces divers arrêts. Du reste, la compétence des justices militaires françaises s'étendrait dans tous les cas, quels que soient le caractère de l'occupation et la nationalité du coupable, aux attaques individuelles dirigées contre les hommes qui composent le corps expéditionnaire. Comp. *De la juridiction des armées d'occupation en matière de délits commis par des étrangers contre les militaires* (*Journ. de droit intern. privé*, 1882, p. 511).

D. C'est un principe du droit public moderne que, sur le territoire d'un État, les autorités, relevant du gouvernement de cet État, ont seules le droit de commander et de juger. Cette sorte d'*exterritorialité*, si fréquente au moyen âge, en vertu de laquelle les consuls étrangers agissaient, au nom du gouvernement qu'ils représentaient, comme s'ils étaient sur le territoire de ce dernier, est donc repoussée par les lois modernes. Cependant le droit de *police* et le droit de *juridiction* sur les nationaux, qui étaient autrefois les attributs naturels des consuls à l'étranger, leur ont été maintenus dans certains pays, que l'on désigne sous le nom général de *pays hors chrétienté*. Ce sont les états Ottomans, dans lesquels les étrangers en général, les Français en particulier, ont une situation exceptionnelle, réglée par de vieilles conventions, connues sous le nom de *capitulations* [1]; ce sont les pays de l'Extrême-Orient, récemment entrés en relations avec les peuples occidentaux, la Chine, le Japon, le royaume de Siam, qui, par des dispositions formelles des traités de commerce, ont laissé les étrangers soumis à l'autorité et à la juridiction de leurs consuls nationaux. Des différences profondes de mœurs, de religion, d'institutions commandaient cette exception au principe d'après lequel le Français à l'étranger est soumis à la loi territoriale en même temps qu'il peut l'être, du reste, à sa loi personnelle. Mais cette situation même soulève une double question dont la solution n'est pas sans présenter des difficultés. Dans quelle mesure le droit de police et le droit de juridiction appartiennent-ils aux consuls français dans les pays hors chrétienté? Comment les consuls exercent-ils ces droits? Pour résoudre la première question, il faut étudier les *actes internationaux* qui ont établi cette situation, déterminer l'étendue des concessions faites par le

[1] Cependant, on sait que la juridiction des consuls, à l'égard des Français établis ou de passage en Égypte, est moins étendue depuis la loi du 17 décembre 1875, qui autorise le Gouvernement français à restreindre provisoirement cette juridiction pendant un temps qui ne pourra excéder cinq ans. On trouvera les documents diplomatiques relatifs à cette réforme, dans le *Journal officiel* des 7, 8 et 9 déc. 1875; le rapport, dans celui du 18 déc., et la loi dans celui du 25. Comp. les intéressants travaux de MM. Jozon et Renault sur la réforme judiciaire en Égypte et l'organisation des tribunaux mixtes (*Bull. de la soc. de législ. comp.*, 1875, p. 255 et suiv; 1877, p. 468 et suiv.); et un article de M. Charles Lavallée, sur le même sujet (*Revue des Deux-Mondes*, février 1875). On consultera également avec fruit la brochure suivante, qui contient un intéressant historique de la question: S. Genton, *De la juridiction française dans les échelles du Levant*, Lyon 1873. V. également Ch. Brocher, *Journ. de droit intern. privé*, 1881, p. 183, et la loi du 21 déc. 1882 autorisant le Gouvernement à proroger pendant cinq ans la réforme judiciaire en Égypte.

souverain territorial, les modifications que parfois y apporte l'usage. Pour résoudre la seconde, il suffit d'étudier la législation nationale. En effet, par cela même qu'un souverain renonce au droit de juger les Français qui se trouvent sur son territoire, il laisse au législateur français la faculté de déterminer la *juridiction*, la *pénalité* et la *procédure* qui seront applicables aux infractions commises par ces Français. Le texte fondamental en cette matière est une loi du 28 mai 1836, *relative à la poursuite et au jugement des contraventions, délits et crimes commis par les Français dans les échelles du Levant et de Barbarie*, loi successivement étendue aux autres pays où nos consuls ont le droit de juridiction[1]. D'après cette loi, les Français sont soumis à la loi pénale française et jugés par des juridictions françaises. C'est au tribunal consulaire, composé d'ordinaire du consul et de deux assesseurs, choisis parmi les nationaux, qu'appartient la connaissance des délits et des contraventions. La Cour d'Aix est juge d'appel pour tous les tribunaux consulaires siégeant dans le Levant; en outre, pour les affaires criminelles proprement dites, il n'est procédé par les consuls, en Orient, qu'à des mesures d'instruction. La chambre des mises en accusation de la Cour d'Aix statue, comme dans les cas ordinaires; s'il y a mise en accusation, la chambre des appels de police correctionnelle et la première chambre réunies de la Cour statuent, sans assistance du jury (art. 64). Enfin, la Cour de Saïgon a les mêmes fonctions que la Cour d'Aix, en ce qui concerne les juridictions consulaires de Chine, de Siam et du Japon[2].

[1] En Chine et dans les États de l'iman de Mascate (L. 8 juillet 1852, art. 1, 2 et 13); en Perse et dans le royaume de Siam (L. 18 mai 1858, art. 1 et 2); au Japon (L. 19 mars 1862, art. 1).

[2] Un arrêté du 16 mars 1880 a institué, près du ministère des affaires étrangères, une commission spéciale chargée de préparer un projet de révision des lois et ordonnances relatives à la juridiction consulaire. L'idée de cette révision a surgi à propos d'un projet de loi réglant la juridiction des consuls de France dans le royaume de Madagascar (Projet et exposé des motifs dans le *Journ. off.* du 19 mars 1879). Ce projet ne contenait aucune innovation et ne faisait guère que reproduire les dispositions de la loi du 8 juillet 1852 sur la juridiction des consuls en Chine. La commission de la Chambre des députés fit, à ce projet, diverses objections, qui amenèrent le Gouvernement à reconnaître la nécessité d'une révision des lois et règlements constitutifs de la juridiction consulaire dans les pays du Levant et de l'Extrême-Orient (V. le rapport de M. Maunoury, dans le *Journ. off.* du 18 février 1880). Mon collègue, M. Renault, qui fait partie de cette commission, a publié, sur le programme de ses travaux, une série d'articles fort intéressants (*Les réformes de la juridiction des consuls français en Orient, la Loi*, nos des 7 et 8 janvier 1881). Comp. : Féraud-Giraud, *De la juridiction française dans les échelles du Levant et de Barbarie*, 2 vol., 1871.

93. II. **Quand peut-on dire d'une infraction qu'elle est commise sur le territoire?** — Il n'est pas nécessaire, pour faire réputer l'infraction commise sur le territoire français, qu'elle y ait été commencée et entièrement terminée. Sans doute, des actes préparatoires, accomplis en France, ne seraient pas suffisants pour justifier la juridiction territoriale de l'État, mais tout fait, constituant un acte d'exécution, soit qu'il *commence*, soit qu'il *consomme*, soit même qu'il *continue* cette exécution, fait réputer l'infraction commise en France. En effet, pour déterminer le *lieu* où un délit a été commis, il faut considérer les faits qui le *constituent*, sans se préoccuper des actes simplement préparatoires et des conséquences qui, sans doute, peuvent former des délits spéciaux, mais n'entrent pas dans la composition même de l'infraction [1].

La détermination du lieu du délit peut présenter des difficultés, surtout dans deux ordres d'hypothèses : 1° Pour les délits *continus*, dans lesquels la violation du droit ne s'épuise pas en un instant, délits qui peuvent être commencés sur le territoire étranger et continués sur le territoire français; l'infraction sera considérée comme exécutée sur le territoire, seulement pour la série des actes qui s'y sont passés en réalité [2]; 2° Pour les délits d'*habitude*, qui exigent la répétition des mêmes actes pour être punissables; lorsque les faits constitutifs de ces délits sont accomplis, partie sur notre territoire, partie à l'étranger, les tribunaux français ne peuvent, en principe, tenir compte que des derniers.

94. III. **Quelles sont les conséquences de la territorialité de la loi pénale?** — Le principe, en vertu duquel les lois pénales « *obligent tous ceux qui habitent le territoire* », donne naissance à plusieurs corollaires : *a*) Il ne doit y avoir, sur le territoire, aucun lieu où la force de la loi pénale ne puisse se faire sentir, et il faut regarder comme une erreur des législations passées, ce privilège d'im-

[1] Comp. : Cass., 6 janv. 1872 (S. 72, 1, 255); 11 mars 1880 (S. 81, 1, 329), et la note (Le Sellyer, *Traité de l'organisation...*, t. II, n° 794; Faustin Hélie, t. IV, n° 688; Haus, t. I, n°s 247 et suiv.). La théorie des infractions commises sur deux territoires est traitée d'une manière très-précise et très-nette par ce dernier auteur.

[2] Ainsi, la Cour de Dijon, par arrêt du 29 août 1877 (S. 77, 2, 240), a jugé que l'article 2 de la loi du 14 mars 1872, punissant tout individu qui s'est affilié à l'association internationale des travailleurs, s'appliquait même à l'affiliation dans un pays étranger où cette association n'est pas atteinte par la loi pénale, si le Français, qui s'y est affilié, a continué depuis à en faire partie en France, cette affiliation constituant un délit continu.

munité locale, appelé le *droit d'asile*, qu'il s'agisse de l'asile religieux, ou de l'asile international[1]. *b*) Quiconque a enfreint la loi pénale, *sur le territoire français*, est punissable en France. La loi française saisit donc tous les auteurs, tous les complices[2] d'une infraction exécutée en France, quelle que soit leur nationalité ou leur résidence[3], et quelle que soit la nationalité de la victime, ou le lieu de sa résidence. Les infractions commises, en France, contre des étrangers qui habitent, ou se trouvent de passage en France, relèvent de la juridiction pénale française, comme en relèvent les infractions commises sur notre territoire, soit par des Français, soit par des étrangers, contre des étrangers habitant à l'étranger. *c*) L'infraction commise sur notre territoire, soit par un Français, soit par un étranger, doit être poursuivie, jugée et punie conformément à la loi pénale française, qui ne distingue pas, du reste, quant aux formes de la poursuite et quant à l'application des peines, entre Français et étrangers[4]. La prescription à appliquer aux

[1] Comp. Pessina, *op. cit.*, p. 93; de Beaurepaire, *Essai sur l'asile religieux dan l'Empire romain et la Monarchie française* (1855).

[2] Quand une infraction a été commise avec le concours de plusieurs personnes, le juge du territoire où le fait principal, l'acte constitutif du crime ou du délit a été exécuté, est-il compétent pour connaître de tous les actes de participation, même de ceux qui ont été commis à l'étranger? Ainsi, un Anglais, habitant Londres, donne à un Français des instructions pour commettre un empoisonnement : l'empoisonnement est commis en France : cet Anglais peut-il être poursuivi, en France, comme complice? Je le crois : les divers actes de participation formant, en effet, un *tout indivisible*, un *seul et unique délit, commis sur le territoire*, tous ceux qui y ont participé peuvent être poursuivis devant les tribunaux français, en même temps que l'auteur principal, pourvu qu'ils soient trouvés en France. Mais je n'irai pas plus loin, et je n'admettrai pas que l'étranger, coauteur ou complice d'un crime, *commis, hors du territoire de la France, par un Français*, puisse être poursuivi en France. La loi française, en effet, ne commande, en principe, aux étrangers qui si le crime est commis en France. Je reconnais, du reste, ce que cette solution a de fâcheux. Aussi la loi belge du 17 avril 1878, contenant le titre préliminaire du Code de procédure pénale (*Annuaire de législation étrangère*, 1879, p. 443 et suiv.), décide-t-elle expressément, dans l'article 11, que l'étranger « *coauteur ou complice d'un crime commis hors du territoire du royaume pourra être poursuivi*, *en Belgique*, *conjointement avec le Belge inculpé ou après la condamnation de celui-ci* ». Comp. Haus, t. I, n° 241; Goddyn et Mahiels, *op. cit.*, p. 39.

[3] Peut-on poursuivre et punir en France une infraction commise en France par un individu résidant en pays étranger, au préjudice d'un autre individu qui se trouve en pays étranger? Par exemple, l'usage fait sciemment en France d'une pièce fausse (C. p., art. 148 et 151) par un étranger absent, dans un procès qu'il soutient contre un étranger absent? L'ordre public français ayant été troublé, *puisque le délit a été commis sur le territoire*, je n'hésite pas à dire que l'auteur de ce trouble peut être poursuivi en France ou condamné, même par contumace.

[4] En Angleterre, l'étranger pouvait réclamer un jury composé mi-partie d'Anglais, mi-partie d'étrangers jusqu'à l'act du 12 mai 1870, dont l'article 5 dit que l'é-

délits, commis sur notre territoire par un étranger, sera réglée par la loi française; la peine à prononcer sera la peine portée par la loi française, quand même la loi étrangère punirait moins sévèrement le fait, ou même ne le punirait pas du tout. L'étranger, qui aura commis en France une infraction, pourra, comme un Français, être poursuivi et jugé par défaut et par contumace. La juridiction française sera seule compétente pour le juger et, par conséquent, s'il a été poursuivi et jugé, même contradictoirement, en pays étranger, pour cette infraction commise en France, il pourra être poursuivi et jugé en France, à raison du même fait. Le droit de *juridiction* de l'État français, à raison des infractions commises sur son territoire, dérivant de la souveraineté territoriale, ne peut être paralysé, parce qu'un jugement a été rendu, sur le même fait, par un tribunal étranger[1]. *d*) En principe, enfin, l'État français ne peut s'entremettre dans la poursuite des infractions commises hors de son territoire, alors que l'auteur de ces infractions ne se trouve pas sur ce territoire.

II. QUELLES PERSONNES, SUR LE TERRITOIRE, LA LOI FRANÇAISE PEUT ATTEINDRE.

95. Quiconque a enfreint, sur notre territoire, la loi pénale française doit subir les peines portées par cette loi et peut être poursuivi et jugé suivant les formes et par les juridictions qu'elle organise. Ce principe, qui résulte du caractère *général* et *commun* du précepte pénal, reçoit des exceptions, qui dérivent soit du *droit public intérieur*, soit du *droit international;* quelques personnes ne sont pas pénalement responsables des infractions ou de certaines

tranger sera jugé dans les mêmes formes que le citoyen britannique (*Annuaire*, 72, p. 6).

[1] Cette solution est contestée par certains criminalistes qui tirent surtout argument de l'article 5, § 3 du Code d'instruction criminelle. Comp., par exemple : Faustin Hélie, t. II, n° 671. Mais il sera facile de réfuter leur raisonnement en expliquant l'article 5, § 3. Le nouveau projet de Code pénal italien (art. 5) consacre formellement notre solution. Elle paraît être adoptée par les jurisprudences française et belge : V. Metz, 19 juillet 1859 (S. 59, 2, 641), et la note de M. Dutruc qui combat l'opinion que nous adoptons; Cass. belge, 31 décembre 1859 (*Journ. du minis. pub.*, t. III, p. 66); Cass., 21 mars 1862 (2 espèces) (S. 62, 1, 541), on lira avec intérêt le rapport de M. Faustin Hélie et le réquisitoire de l'avocat général Savary qui précèdent cet arrêt; Cass., 23 nov. 1866 (S. 67, 1, 457); Cass., 11 sept. 1874 (S. 74, 1, 335); Cour de Douai, 31 mars 1879 (*Rev. de droit intern. privé,* 1880, p. 576). Comp. Ch. Brocher (*Rev. de droit intern.*, 1875, p. 51); Bard, *op. cit.*, p. 32.

infractions qu'elles pourraient commettre; d'autres, quoique responsables des délits commis sur notre territoire, échappent à la juridiction de nos tribunaux répressifs.

96. I. L'*irresponsabilité pénale* appartient, dans les pays monarchiques, au roi, duquel émane la justice. Cette irresponsabilité était écrite dans la constitution de 1791 (art. 2), dans la charte de 1814 (art. 13) et dans celle de 1830 (art. 12). Il en est autrement dans les pays républicains. Le chef de l'État n'est plus irresponsable; mais sa responsabilité restreinte ne peut être mise en œuvre qu'à certaines conditions. En effet, l'indépendance du pouvoir exécutif, dans ses rapports avec l'autorité judiciaire, serait détruite, l'action du gouvernement se trouverait suspendue, si le chef de l'État devait être poursuivi et jugé, pour les délits politiques et communs qu'on lui reprocherait, comme tout autre citoyen. Aussi, le président de la République, responsable seulement en cas de *haute trahison*, ne peut être *mis en accusation* que par la Chambre des députés et *jugé* que par le Sénat (L. du 16 juill. 1875, art. 12).

Les *représentants*, dans les pays où le régime représentatif est organisé, ne doivent être ni poursuivis ni recherchés, à l'occasion des opinions et votes émis par eux dans l'exercice de leurs fonctions. Cette immunité parlementaire assure aux mandataires du peuple toute la sécurité et toute la liberté dont ils ont besoin pour l'accomplissement de leur mission; elle donne, du reste, une indépendance complète au pouvoir législatif dans ses rapports avec l'autorité judiciaire et l'autorité administrative, ces deux branches du pouvoir exécutif. Cette immunité, reconnue par l'Assemblée constituante, sur la motion de Mirabeau, dans la séance du 23 juin 1789, a passé dans les différentes constitutions et est aujourd'hui consacrée par l'art. 13 de la loi constitutionelle du 16 juillet 1875. Il en résulte que les opinions et votes des députés, non-seulement ne peuvent donner lieu à une action publique, mais ne peuvent motiver une action en dommages-intérets, quand même ils seraient étrangers à l'objet des délibérations de la Chambre dont l'orateur fait partie, et quand même ils auraient été émis en séance de commission et non en séance publique. Les écarts, qui se produisent dans les discussions, ne doivent être réprimés que par des mesures disciplinaires, autorisées par les règlements intérieurs des assemblées législatives [1].

[1] Il ne faudrait pas étendre ce principe aux opinions émises dans les autres assemblées délibérantes, telles que conseils municipaux, conseils d'arrondissement,

97. II. Le droit international reconnaît que les envoyés des puissances étrangères, compris sous la qualification d'*agents diplomatiques*, doivent être soustraits à la juridiction, soit civile, soit pénale, du pays dans lequel ils exercent leurs fonctions. Le projet de titre préliminaire du Code civil s'en expliquait formellement, dans ces termes : « Les étrangers revêtus d'un caractère représentatif de leur nation, en qualité d'ambassadeurs, de ministres, d'envoyés, ou quelque autre dénomination que ce soit, ne seront point traduits ni en matière civile, ni en matière criminelle, devant les tribunaux de France. Il en sera de même des étrangers qui composent leur famille ou qui sont de leur suite ». Cette disposition a été supprimée, non pour en méconnaître le principe qui n'est pas contesté, mais parce qu'elle appartenait au droit des gens plutôt qu'au droit civil. L'immunité de juridiction se justifie en matière pénale par une double considération : 1° L'agent diplomatique représente, tant qu'il n'est pas désavoué, vis-à-vis du gouvernement auprès duquel il est accrédité, la nation qui l'envoie : or, de nation à nation, existe le droit de défense et non le droit de punir; 2° l'indépendance de l'agent diplomatique est nécessaire pour qu'il puisse accomplir ses fonctions; si cet agent était justiciable des tribunaux français, l'autorité pourrait, sous prétexte d'un délit, soit le poursuivre ou l'arrêter, soit ordonner des visites domiciliaires dans son hôtel; et la possibilité seule de pareilles recherches mettrait obstacle à toute mission diplomatique.

Les motifs qui justifient l'immunité de juridiction en déterminent l'étendue :

A. Elle est *absolue*, quelle que soit l'infraction, sans distinction entre les *délits de droit commun* et les *délits contre l'État*. Une opinion assez accréditée, qui a été développée dans le mémoire célèbre du duc d'Aiguillon, ministre des affaires étrangères sous Louis XV, tend à soutenir que la juridiction territoriale est compétente pour connaître des attentats dirigés par l'agent diplomatique contre la sûreté de l'État dans lequel il exerce ses fonctions. Mais cette opinion, fausse

conseils généraux. La jurisprudence décide aujourd'hui que c'est même à l'autorité judiciaire et non à l'autorité administrative qu'il appartient de connaître des plaintes en diffamation dirigées contre des conseillers municipaux à raison d'imputations outrageantes insérées dans une délibération. Comp. : Tribunal des Conflits, 28 déc. 1878 (S. 80, 2, 188); 13 déc. 1879 (S. 81, 3, 31); Reverchon, *De la diffamation contenue dans la délibération d'un conseil municipal. Compétence* (*Rev. crit.*, 1867, t. XXX, p. 112); Sanlaville, *Des imputations diffamatoires insérées dans une délibération d'un conseil municipal* (*France judic.*, t. IV, p. 42).

dans son point de départ, est dangereuse dans ses conséquences [1]; elle doit être repoussée.

B. L'immunité est accordée à toutes les personnes revêtues d'un caractère *représentatif*, à tous les agents, quelle que soit leur dénomination : ambassadeurs, envoyés extraordinaires, nonces, chargés d'affaires, secrétaires d'ambassade, ministres plénipotentiaires, attachés à la mission diplomatique avec un *caractère officiel* [2].

C. L'immunité ne s'étend pas aux individus de la suite de l'agent diplomatique, quelle que soit leur nationalité, s'ils n'ont aucune mission du gouvernement que celui-ci représente et sont attachés à sa personne par sa propre volonté [3]. Toutefois, les *usages internationaux* font participer au privilège de l'agent diplomatique les personnes de sa famille; ils ne permettent pas non plus de poursuivre les gens de sa maison sans son assentiment préalable.

D. L'immunité de l'agent diplomatique, vis-à-vis de la justice française, a pour corollaire nécessaire, l'*inviolabilité de son hôtel*. Les autorités françaises ne doivent pénétrer dans l'hôtel qu'il habite qu'avec son agrément, même dans le cas où la loi permet de pénétrer dans le domicile des citoyens contre leur volonté. Est-ce à dire que l'hôtel de l'ambassadeur soit considéré, par suite d'une fiction d'*exterritorialité* [4], comme faisant partie du territoire du pays que celui-ci représente? Cette fiction, que semblent admettre quelques jurisconsultes, présente l'inconvénient grave de donner à l'inviolabilité à laquelle

[1] Comp. sur cette question : ORTOLAN, t. I, nos 515 et suiv.; FAUSTIN HÉLIE, t. II, nos 646 et suiv.; BERTAULD, p. 145; LE SELLYER, *Traité de la criminalité...*, t. II, no 532. « S'ils (les agents diplomatiques) abusent de leur être représentatif, dit Montesquieu (*Esprit des lois*, liv. 26, chap. 27), on le fait cesser, en les renvoyant chez eux : on peut même les accuser devant leur maître, qui devient par là leur juge ou leur complice ».

[2] Les consuls, vice-consuls, agents consulaires, n'ont point de caractère représentatif et ne participent pas aux prérogatives qui appartiennent aux agents diplomatiques. Ils ne sont pas accrédités auprès du président de la République, ni même auprès du ministre des affaires étrangères; leurs commissions sont simplement soumises à l'*exequatur*, c'est-à-dire à une simple autorisation donnée par le gouvernement du pays où ils exercent leurs fonctions. Comp. : LE SELLYER, *op. cit.*, no 527; HAUS, t. I, no 212; Paris, 28 avril 1841 (S. 41, 2, 544); Cass., 23 déc. 1854 (S. 54, 1, 811).

[3] Comp. : Cass., 11 juin 1852 (S. 52, 1, 467). V. cependant LE SELLYER, *op. cit.*, no 539. L'article 61 du Code de procédure criminelle autrichien consacre le principe de l'immunité de juridiction pour les gens de service qui appartiennent à la nationalité de l'ambassadeur.

[4] Sur la fiction d'exterritorialité, comp. : LAURENT, *Le droit civil international*, 1880, t. III, nos 67 à 74.

l'hôtel de l'ambassadeur participe, ainsi que sa personne elle-même, des conséquences qui n'en découlent pas. Si cette fiction était exacte, il faudrait, en effet, décider : 1° que l'hôtel de l'ambassadeur étant terre étrangère, les infractions commises dans cet hôtel, quelle que fût la nationalité du coupable, seraient réputées commises en pays étranger; 2° que les auteurs ou les complices de ces infractions ne pourraient être poursuivis en France que dans les mêmes cas et dans les mêmes conditions que les auteurs des infractions commises en pays étranger; 3° que les prévenus ou condamnés qui s'y réfugieraient n'en pourraient être enlevés que par une demande d'extradition régulière. Ces trois conséquences sont inadmissibles[1] : aucune d'elles n'est imposée par le respect dû à l'inviolabilité de l'ambassadeur ou des choses nécessaires à ses fonctions.

Il est, dans les usages internationaux, d'accorder l'immunité de juridiction aux chefs d'États étrangers, pendant leur séjour en France, quel que soit le but dans lequel ils s'y trouvent. Toutefois ce privilège est subordonné à une double condition : 1° il faut qu'il s'agisse d'un chef d'État régnant ou gouvernant; 2° et que ce chef d'État ait avisé de son séjour le gouvernement français.

III. QUELLES INFRACTIONS COMMISES HORS DU TERRITOIRE LA LOI PÉNALE FRANÇAISE PEUT ATTEINDRE.

98. La loi pénale française peut-elle atteindre les infractions commises en pays étranger? Faisons observer d'abord que l'on ne doit pas confondre l'*autorité de la loi* avec son *droit d'exécution :* en un mot, il ne s'agit pas, pour la loi pénale française, de faire, *à l'étranger*, acte de souveraineté, de punir, *à l'étranger*, en vertu de ses dispositions, un acte commis, soit par un Français, soit par un étranger. Mais on conçoit très bien qu'un fait, qualifié infraction par la loi française, étant commis à l'étranger, il puisse être question de le poursuivre, *en France,* lorsque son auteur se trouve, d'une manière ou d'une autre, sur le territoire français. De ce que la loi d'un peuple est renfermée dans les limites d'un territoire, il n'en résulte nullement, en effet, qu'elle ne puisse atteindre, *sur ce même territoire,* les

[1] Comp. : Cass., 13 oct. 1865 (S. 66, 1, 33) et la note de M. Dutruc.

infractions commises partout ailleurs. Or, si la territorialité des lois pénales est fondée sur le principe de la *souveraineté*, ce même principe conduit à cette conséquence que toutes les fois que la nation aura *intérêt* à punir, sur son territoire, une infraction commise en pays étranger, elle pourra et devra le faire, soit pour protéger sa propre existence, soit pour protéger ses nationaux. Pour nous, cet intérêt se rencontre dans une double hypothèse : 1° ou bien quand il s'agit d'une infraction offensant directement la sécurité de la nation ou son crédit; 2° ou bien quand il s'agit d'une infraction grave commise contre un national ou par un national. A raison soit de la *nature du fait*, soit de la *nationalité de l'agent*, soit de la *nationalité de la victime*, l'état français doit punir les infractions commises en pays étranger, parce que le châtiment, certainement juste en lui-même, est *utile* pour la conservation de l'ordre public français.

99. Avant la Révolution, les auteurs les plus considérables faisaient de la loi pénale une loi *personnelle* qui suivait le Français partout où il lui plaisait de résider, de même que la loi qui règle son état et sa capacité. Si donc, après avoir commis un crime à l'étranger, il rentrait en France, il y trouvait cette loi personnelle qui l'attendait pour le punir. Cette doctrine disparaît du Code pénal de 1791; mais elle revit dans le Code du 3 brumaire an IV, qui déclare formellement, dans l'article 11, que : « Tout Français qui s'est rendu coupable, hors du territoire de la République, d'un délit auquel les lois françaises infligent une peine afflictive ou infamante, est jugé et puni en France lorsqu'il y est arrêté. » L'article 12 décide, en outre, que les étrangers ne seront jugés et punis en France que pour certains crimes attentatoires à la sûreté et au crédit de l'État français, mais, pour les crimes d'une tout autre nature, l'article 13 ajoute que « les étrangers qui sont prévenus de les avoir commis hors du territoire de la République, ne peuvent être jugés ni punis en France ». La question de savoir quelle législation on adopterait à cet égard fut nécessairement posée lors de la discussion du Code d'instruction criminelle de 1808, qui précéda celle du Code pénal. Les rédacteurs partent de ce principe, dans les articles 5, 6 et 7, que la loi pénale doit être, avant tout, *territoriale*, et ils n'apportent à cette règle qu'un nombre restreint et exceptionnel de dérogations. Seules les infractions qualifiées *crimes*, commises en pays étranger, peuvent être poursuivies en France. Ces crimes sont-ils attentatoires à la sûreté de l'État? Ils peuvent être poursuivis sans condition, qu'ils aient pour auteurs des

Français ou des étrangers. Sont-ils attentatoires à la sûreté ou à la propriété des particuliers? Pour qu'ils puissent être poursuivis en France, la loi exige la réunion de cinq conditions : il faut : 1° que le crime ait pour auteur un Français; 2° qu'il soit commis contre un Français; 3° que la partie lésée ou ses héritiers aient porté plainte; 4° que le coupable soit de retour en France; 5° qu'il n'ait pas été poursuivi et jugé à l'étranger.

Cette législation ne faisait pas une part assez large aux moyens répressifs pour les infractions commises en pays étranger, et ses inconvénients se manifestaient surtout dans les départements frontières, où il est si facile, pour les étrangers ou les Français, de passer d'un pays dans l'autre. Du reste, elle n'était pas en rapport avec les autres législations européennes qui, presque toutes, punissaient les infractions graves commises par leurs nationaux en pays étranger [1]. En 1842, le Gouvernement présenta à la Chambre des députés un projet de réforme qui, entre autres points, traitait de la répression des infractions commises hors du territoire. Le projet fut voté par la Chambre en 1842. L'année suivante, il fut porté à la Chambre des pairs et rejeté après de brillants débats. En 1845, M. Roger reprenait, pour son compte, le projet du Gouvernement. Enfin, par lettre du 18 mars 1845, M. Martin (du Nord), garde-des-sceaux, consulta, sur ce projet, les cours royales et les facultés de droit, qui donnèrent leur opinion motivée [2]. C'est à ce point que s'arrêtent les travaux préparatoires antérieurs à la Révolution de 1848. Ils forment un ensemble de documents précieux, où la question est examinée et approfondie sous toutes ses faces. La réforme fut reprise en 1850 [3], puis en 1852. A cette époque, le projet du Gouvernement, adopté par le Corps législatif, ne put être soumis au Sénat par suite de difficultés diplomatiques. Mais il a servi de point de départ au nouveau projet qui est devenu la loi actuelle du 27 juin 1866 [4].

Cette loi se compose de deux articles : l'article 1er modifiant les articles 5, 6 et 7 du Code d'instruction criminelle a pris, dans ce Code, la place de ces textes; l'article 2 est en dehors du Code.

[1] Sur ces points : ORTOLAN, t. I, n° 916.

[2] On peut consulter, par exemple, le rapport présenté par M. ORTOLAN, au nom de la Faculté de droit de Paris (*Revue de législation*, 1847, t. XXVIII, p. 200 et suiv.).

[3] Sur le projet de 1850; consultez : VALETTE, *Mélanges*, t. II, p. 295-302.

[4] Sur cette loi, comp. : THÉZARD (*Rev. crit.*, 1866, t. XXVIII, p. 364); BERTAULD (*Rev. crit.*, 1866, t. XXIX, p. 24).

Pour étudier ces dispositions, je vais successivement supposer que l'infraction commise en pays étranger, soit par un Français, soit par un étranger, est qualifiée *crime*, *délit* ou *contravention* par la loi pénale française.

100. I. Crimes commis en pays étranger. — Une infraction, qualifiée *crime* par la loi française, c'est-à-dire punie d'une peine afflictive ou infamante, est commise à l'étranger : l'auteur peut-il être poursuivi en France et à quelles conditions? Pour répondre à cette question, je distinguerai, avec les articles 5 et 7, deux catégories de crimes.

A. Les crimes « *attentatoires à la sûreté de l'État, ou de contrefaçon du sceau de l'État, de monnaies nationales ayant cours, de papiers nationaux, de billets de banque autorisés par la loi* », commis hors du territoire de la France, peuvent être poursuivis et jugés en France, d'après les dispositions des lois françaises, quelle que soit la *nationalité* des auteurs et des complices. D'une part, en effet, l'État français est directement intéressé à réprimer les infractions de cette espèce, car, c'est contre lui que l'attentat est dirigé; et, d'autre part, il est contraint de punir lui-même de pareils faits, car ils sont indifférents au repos des autres nations. Mais il est nécessaire, à un double point de vue, de distinguer suivant que les auteurs ou complices de ces infractions sont de nationalité française ou étrangère : *a*) Les étrangers, à la différence des Français, peuvent être poursuivis en France pour crimes attentatoires à la sûreté de l'État français, dans le cas seulement où ces crimes constitueraient des infractions aux règles du droit des gens. Ainsi, le fait d'avoir « pratiqué des machinations ou entretenu des intelligences avec les puissances étrangères ou leurs agents, pour les engager à commettre des hostilités ou à entreprendre la guerre contre la France », qui, aux termes de l'article 76 C. p., serait un crime de la part d'un Français, ne le serait pas toujours venant d'un étranger; *b*) Si les faits, dont il s'agit dans l'article 7, sont commis par un Français, celui-ci peut être, avant son retour en France, poursuivi et jugé par contumace (C. instr. cri., art. 5 *in fine*); tandis que s'ils sont commis par un étranger, l'article 7 exige, comme condition préalable de la poursuite, que celui-ci soit arrêté en France ou que le Gouvernement ait obtenu son extradition[1].

[1] Cette distinction est peu rationnelle : la nature du fait motivant la répression, la loi n'avait pas à tenir compte, quant aux formes de la poursuite, de la *nationalité* de l'agent. Comp. : Molinier, *op. cit.*, p. 226.

B. Les autres crimes, punis par la loi française, ne peuvent être poursuivis et jugés en France, lorsqu'ils sont commis hors du territoire de la France, que s'ils ont pour auteurs des *Français*[1]. La loi de 1866 ne distingue plus, comme le faisait le Code d'instruction criminelle, par une sorte d'égoïsme national mal compris, suivant que la victime du crime est ou non de nationalité française; elle ne subordonne plus l'action du ministère public à une plainte préalable de la partie lésée ou de ses héritiers, estimant, avec raison, qu'il serait au moins singulier qu'un pacte fait avec la victime ou ses héritiers pût désarmer la justice française et assurer l'impunité du crime. A ces deux points de vue, la loi de 1866 réalise un progrès sur la législation antérieure. Mais ne faudrait-il pas étendre l'action de la loi pénale française au cas où les individus coupables de crimes commis en pays étranger sont eux-mêmes des étrangers? L'intérêt que nous avons à punir des crimes commis en pays étranger par des étrangers est incontestable, lorsqu'ils l'ont été contre la personne ou les biens d'un *Français* : car la protection des lois françaises doit s'étendre sur nos nationaux en quelque lieu qu'ils se trouvent. La loi de 1866 n'est cependant pas allée jusqu'à ce point[2]. L'étranger, qui commet un crime contre un de nos nationaux à l'étranger, ne s'expose nullement à être poursuivi s'il rentre en France. Le Gouvernement français a simplement le droit de l'*extrader*, si l'extradition est demandée, et, dans tous les cas, de l'*expulser* par simple mesure administrative[3]. Nul doute cependant que le châtiment infligé ne dût produire une im-

[1] Est-ce à l'individu poursuivi en France pour crime commis à l'étranger qu'incombe l'obligation de prouver qu'il est étranger, ou au ministère public, qui fonde la compétence du tribunal sur la qualité de Français de l'accusé, à en faire la preuve? Dans une affaire où l'accusé avait déclaré être né en France, il a été jugé que la preuve incombait à l'accusé : Cour d'assises de la Savoie, 11 février 1873 (D. 73, 1, 41, en note). Bien entendu, cette preuve peut être faite en tout état de cause : Cass., 10 janv. 1873 (S. 73, 1, 141). Sur la question générale : Bard, *op. cit.*, p. 12.

[2] Comp. : Valette, *Mélanges*, t. II, p. 297; Ortolan, t. I, nº 901; Deloume, *op. cit.*, p. 92; Molinier, *op. cit.*, p. 221.

[3] Le droit que possède chaque nation d'assurer sa sécurité l'autorise à repousser de son territoire l'étranger dont la conduite, les habitudes, les antécédents sont ou deviennent un danger. C'est pour cela que presque toutes les législations édictent, au profit du gouvernement, le *droit d'expulser* l'étranger par simple mesure administrative. C'est l'article 7 de la loi du 3 décembre 1849 qui réglemente ce droit en France : « Le ministre de l'intérieur pourra, par mesure de police, enjoindre à tout étranger, voyageant ou résidant en France, de sortir immédiatement du territoire français, et le faire reconduire à la frontière ». Aj. les art. 8 et 9. Comp. : Arthur Desjardins, *La loi de 1849, et l'expulsion des étrangers* (*Rev. des Deux-Mondes*, 1882, t. L, p. 657).

pression plus profonde que ne le ferait la simple expulsion ou la seule extradition du coupable. Du reste, l'étranger peut être poursuivi devant les tribunaux français pour réparation du préjudice qu'il a causé à un Français par un crime ou un délit commis en pays étranger. Mais l'action a le caractère d'une action en dommages intérêts ordinaire, intentée et poursuivie devant les juridictions civiles[1].

101. II. **Délits commis en pays étranger.** — Les délits commis en pays étranger ne sont jamais punissables en France si l'auteur est un *étranger*, ils peuvent l'être si l'auteur est un *Français* : car, aux termes de l'article 5, § 2 : « *Tout Français, qui, hors du territoire de la France s'est rendu coupable d'un fait qualifié délit par la loi française, peut être poursuivi et jugé en France, si le fait est puni par la législation du pays où il a été commis* ».

Cette disposition est nouvelle; car la législation précédente n'avait pas édicté de responsabilité pénale pour les délits commis en pays étranger; elle est générale; en effet, il importe peu que la peine édictée par la loi française soit celle de l'emprisonnement ou de l'amende; que le délit soit dirigé contre un Français ou contre un étranger; qu'il ait ou non un caractère politique : le texte ne fait aucune distinction entre les délits, suivant leur gravité ou leur nature. Mais il exige, pour qu'un délit commis en pays étranger soit punissable en France, qu'il soit également puni par la législation du pays où il a été commis[2]. Cette restriction est motivée par les considérations suivantes : 1° Ce fait qu'un délit, prévu et puni par la loi française, est prévu et puni par la loi étrangère, prouve qu'il s'agit d'un de ces actes réprouvés par la morale universelle. Cette communauté de réprobation, qui est un signe de la gravité de l'infraction, motive la poursuite en France.

[1] L'acticle 14 du Code civil permet, en effet, à un Français d'actionner, devant les tribunaux français, un étranger « *pour les obligations par lui contractées en pays étranger* ». Il est vrai que certains auteurs ont voulu se prévaloir des mots « obligations *contractées* », qui se trouvent répétées à deux reprises par l'article 14, pour soutenir que cet article ne donnait aux Français le droit d'actionner en France un étranger que pour les obligations dérivant d'un contrat. Mais il est aujourd'hui reconnu, par la jurisprudence et par la doctrine, que l'application de l'article 14 est indépendante du fondement de l'obligation dont le Français poursuit l'exécution : Cass., 12 août 1872 (S. 72, 1, 223); Paris, 11 mars 1873 (S. 74, 2, 145); Aubry et Rau, *Cours de droit civil*, t. VIII, § 748; notes 5, 6, 7.

[2] Cette restriction, qui ne figurait pas dans le texte du projet de loi de 1866, a été introduite, au cours de la discussion, par un amendement proposé par le Corps législatif et accepté par le Conseil d'État. Cet amendement s'était inspiré d'une disposition du Code pénal du royaume de Prusse de 1852 (art. 4, n° 8), reproduite par le Code pénal allemand de 1870 (art. 4, nos 2 et 3).

2° La justice veut que le Français, qui a échappé à une peine en pays étranger, pour une infraction qu'il a commise dans ce pays, n'échappe pas à la répression en rentrant en France; mais elle ne veut pas qu'il soit puni, parce qu'il rentre en France, alors que, s'il était resté en pays étranger, il aurait évité la répression. 3° Cette restriction doit amener une réduction notable dans la poursuite des délits politiques et de presse, des délits fiscaux et de police, etc. L'intérêt français se trouvant seul engagé à la répression de la plupart de ces délits, ils ne seront pas punissables en pays étranger; et ils ne le seront pas non plus en France, lorsqu'ils auront été commis hors de notre territoire.

C'est au ministère public, qui poursuit en France un délit commis en pays étranger, à faire la preuve que ce délit est puni par la loi étrangère : *onus probandi incumbit ei qui agit.* Il doit démontrer qu'il y a, entre la législation pénale française et la législation du pays où le fait a été commis, *identité quant à l'incrimination;* il n'est pas nécessaire qu'il y ait *identité quant à la peine.* — Il faut, en effet, que les deux législations prévoient et punissent le même *fait*, un fait identique et non similaire. C'est ce qui résulte du texte de l'article 5, § 2 et de la discussion à laquelle il a donné lieu [1]. — Mais il n'est pas nécessaire qu'il y ait, entre les deux législations, *identité* ni même *analogie* dans la peine dont elles le frappent : il suffit, en effet, que l'infraction, punie en France d'une peine correctionnelle, soit *punie* par la législation étrangère. Mais il importe peu que le fait soit puni d'une peine criminelle, correctionnelle ou de police : la condition est remplie, quand le *même fait est puni par la loi étrangère* [2].

L'article 5, § 4 apporte, aux règles de l'action publique, en ce qui concerne les délits commis en pays étranger *contre un particulier*, français ou étranger, deux exceptions : 1° En règle générale, la victime d'un *délit* peut citer directement l'auteur de ce délit devant

[1] Ainsi, en matière de presse, il est nécessaire que la loi étrangère prévoie et punisse, non pas généralement les délits de presse qui s'attaquent au gouvernement, mais les délits de presse dirigés contre les gouvernements étrangers. Ce point fut affirmé dans la discussion (Discours de M. Mège, membre de la commission, séance du Corps législatif du 21 mai 1866).

[2] Peu importe, du reste, que le fait ne puisse plus être puni à l'étranger par suite d'une *amnistie*, promulguée, avant tout jugement, par la souveraineté étrangère; ou d'une *prescription*, qui serait acquise aux termes de la loi étrangère; l'article 5 n'exige qu'une chose : que le fait soit puni *par la loi étrangère*, et non qu'il *puisse être encore puni à l'étranger*.

le tribunal correctionnel qui se trouve ainsi saisi de l'action en répression et de l'action en réparation : il en est autrement en cas de délit commis en pays étranger : « *La poursuite ne peut être intentée qu'à la requête du ministère public* ». 2° Le droit même du ministère public est subordonné à une *plainte préalable de la partie lésée ou à une dénonciation officielle du pays où le délit a été commis*, tandis que, s'il s'agit d'un délit commis en France, le ministère public a le droit d'intenter l'action de son propre mouvement, sans avoir besoin d'être provoqué. La loi, en exigeant le *concours*, dans la poursuite des délits commis en pays étranger contre les particuliers, du *ministère public* et de la *partie lésée*, a voulu laisser au magistrat la mission d'apprécier la gravité du délit et les difficultés de la procédure, tout en lui enlevant le droit de poursuivre, quand l'ordre public français paraît désintéressé, en raison même du silence de la victime.

102. Des règles communes aux crimes et délits commis en pays étranger. — Les règles communes aux crimes et aux délits commis en pays étranger sont au nombre de quatre.

A. Le crime ou le délit, commis en pays étranger, est poursuivi et jugé en France d'après les dispositions des lois françaises et non des lois étrangères, quelle que soit la nationalité du coupable. Dans quelques législations, au contraire, les tribunaux doivent prononcer le peine la plus douce édictée par les deux lois et régler le conflit entre la loi nationale et la loi étrangère comme on règle le conflit entre une loi ancienne et une loi nouvelle[1].

B. Le Français ou l'étranger ne peut être poursuivi en France, à raison d'une infraction commise en pays étranger, « *s'il a été jugé définitivement à l'étranger* ». Cette règle, édictée par l'article 5, § 3, C. inst. cr., est rationnelle mais, en même temps, elle est incomplète, et par cela même, imprévoyante.

Lorsque l'État français punit en France une infraction commise en pays étranger, ce fait même prouve que l'auteur de cette infraction a été soumis à l'empire de deux souverainetés, la souveraineté française et la souveraineté étrangère; en restant à l'étranger, il était justiciable des tribunaux étrangers; en rentrant en France, il devenait justiciable des tribunaux français. Mais quelle est la juridiction la plus naturellement compétente? celle du pays où l'infraction a été commise, puisque c'est là que l'infraction a produit ce trouble social qui

[1] Comp. : PESSINA, *op. cit.*, p. 120; MOLINIER, *op. cit.*, p. 222 et 223; DELOUME, *op. cit.*, p. 109.

en légitime la répression. C'est donc avant tout, pour respecter le principe de la *souveraineté territoriale* de l'État étranger, que la loi française ne permet pas à nos tribunaux de revenir sur ce qui a été définitivement jugé par les tribunaux étrangers[1]. C'est également, mais à un degré moindre, pour respecter le principe de justice *non bis in idem*. Mais la loi exige que l'auteur de l'infraction ait été *définitivement* jugé en pays étranger; il faut en conclure que les jugements rendus à l'étranger, *par défaut* ou *par contumace*[2], ne sont considérés que comme de simples actes de poursuite, à la différence des jugements ou arrêts *contradictoires* qui ont un caractère définitif.

Ainsi, les jugements rendus en pays étranger ont l'autorité de la chose jugée en ce qui concerne l'action publique intentée en France à raison du même fait, en ce sens qu'ils *épuisent* le droit de poursuite. Mais il ne faut pas aller plus loin, et conclure de l'article 5 que ces jugements sont *exécutoires* ou de nature à produire quelque autre effet direct en France; pas plus qu'aucune autre nation, la France n'admet l'exécution, sur son territoire, des jugements étrangers rendus en matière répressive et n'organise, pour ces jugements, une procédure d'*exequatur*[3]. Cette règle a de l'importance si nous supposons que le jugement étranger prononce une *condamnation*. 1° Il en résulte d'abord que le Français, condamné en pays étranger, qui se soustrait à l'exécution de la peine par sa fuite en France, jouit, avec le texte actuel de l'article 5, d'une complète impunité : en effet, les autorités françaises n'ont aucune compétence pour faire exécuter les sentences pénales d'un tribunal étranger; elles ne peuvent pas non plus livrer le condamné à l'autorité étrangère, puisque, en fait, l'extradition ne s'applique pas aux nationaux; elles n'ont même pas, à raison de sa nationalité, la faculté de l'expulser par voie administrative. Le projet primitif du Gouvernement, pour prévenir cette situa-

[1] En reconnaissant ainsi à une souveraineté étrangère le droit de juger un Français, qui a commis un crime ou un délit en pays étranger, la loi française entend évidemment faire respecter sur son territoire le principe de la souveraineté territoriale qu'elle ne méconnaît pas dans son application aux autres nations. Voilà pourquoi je pense que le jugement rendu, par un tribunal étranger, à raison d'une infraction commise par un étranger en France, n'arrêterait pas la poursuite, à raison du même fait, devant un tribunal français.

[2] Alors même que la loi étrangère admettrait que les jugements par défaut et par contumace peuvent devenir irrévocables, et que ces jugements le seraient effectivement devenus.

[3] Comp. : Bard, *op. cit.*, p. 123.

tion, exigeait, non-seulement que le prévenu prouvât qu'il avait été définitivement jugé en pays étranger, mais, en cas de condamnation, qu'il avait *subi* ou *prescrit* sa peine[1]. Il est regrettable que cette restriction ait disparu dans l'élaboration définitive de la loi. 2° Il résulte encore du principe d'après lequel les jugements étrangers, rendus en matière répressive, ne sont pas exécutoires en France, que les incapacités, dont les étrangers sont frappés par suite de ces jugements, ne peuvent produire aucun effet civil en France. C'est en vain que l'on prétendrait que ces incapacités modifient l'état et la condition de l'étranger, et que l'étranger, qui se trouve en France, est régi par les lois de son pays, quant à son état et à sa condition (C. civ., art. 3), car ces incapacités ne sont que l'accessoire de la peine principale ou du jugement qui les prononce, et elles ne peuvent, pas plus que la peine ou le jugement, produire d'effet hors du territoire de la souveraineté dont elles émanent[2]. 3° Nous en conclurons également qu'une condamnation prononcée par un tribunal étranger ne pourrait servir de base à l'application en France des règles de la récidive. 4° Enfin, ce principe nous permettra de résoudre la difficile question de savoir quelle est l'influence du jugement rendu en pays étranger sur les droits du Français, victime du délit. Cette question se pose dans deux ordres d'hypothèses, puisque l'action civile peut être intentée, au choix de la partie lésée, soit devant les tribunaux étrangers, soit devant les tribunaux français. Dans le premier cas, les jugements étrangers qui prononcent des condamnations civiles au profit de la victime du crime ou du délit doivent, aux termes des articles 2123 du Code civil et 546 du Code de procédure, être déclarés *exécutoires*, par un tribunal français, pour produire leur effet en France; dans le second cas, c'est-à-dire dans celui où la victime de l'infraction saisit d'une demande en dommages-intérêts la juridiction française, le jugement

[1] Le projet du Code pénal italien contient une disposition qui complète heureusement la règle, en imputant, sur la nouvelle répression infligée par les tribunaux italiens, la durée de la peine déjà effectivement subie en pays étranger. L'article 13 de la loi belge du 17 avril 1878 va même plus loin : « *Toute détention subie à l'étranger, par suite de l'infraction qui donne lieu à la condamnation en Belgique, sera imputée sur la durée des peines emportant privation de liberté* ». Comp. HAUS, t. I, n° 237.

[2] Dans ce sens : Cass. civ., 14 avril 1866 (S. 66, 1, 183); Cour d'appel de Turin, 14 décembre 1878, *Journ. de droit intern. privé*, 1881, p. 442; V. les observations de M. JOZON (*Revue de droit international*, 1869, p. 99-101); AUBRY et RAU, t. I, § 31, p. 98; HUMBERT, *Des conséquences des condamnations pénales*, 1855, n° 207; DEMOLOMBE, t. I, n° 198; BARD, *op. cit.*, p. 126. En sens contraire cependant : DELOUME, *op. cit.*, p. 124.

étranger sur l'action publique, acquittant ou condamnant le prévenu, ne peut avoir, dans la cause civile, d'autre valeur que celle d'un document. A défaut d'un texte spécial, il résulte, en effet, du principe général, qui refuse tout effet, en France, à un jugement étranger, que ce jugement, qui a force de chose jugée, en France, au point de vue de l'action publique, ne peut exercer sur l'action civile, née du même fait, l'influence nécessaire et forcée qu'exercerait un jugement rendu par un tribunal français[1].

C. Le Français, sauf quand il a commis un des crimes attentatoires à la sûreté de l'État français ou à son crédit (C. inst. cr., art. 5, § 5), ne peut être poursuivi, pour crime ou délit perpétré à l'étranger, *avant son retour* en France[2]. En effet, c'est la présence du criminel dans le lieu où il s'est réfugié, qui, par l'inquiétude et l'alarme qu'elle cause, justifie la poursuite en France. Le retour de l'inculpé devient donc une condition essentielle de l'application de la loi pénale française aux crimes et délits commis à l'étranger. Il faut conclure de la règle que nous venons de formuler, qu'une poursuite *commencée par contumace* ou *par défaut* serait irrégulière. Mais il ne pourrait dépendre du prévenu d'enrayer la poursuite régulièrement commencée en quittant le pays, soit qu'en raison de la nature du délit il n'ait pas été arrêté préventivement, soit qu'après son arrestation, il soit parvenu à s'échapper. Au jour du jugement, la justice prononcera, même en l'absence du prévenu, et la sentence, rendue par contumace ou par défaut, sera tout aussi régulière que si le débat avait été contradictoire[3].

Les expressions, dont se sert la loi, semblent indiquer que la *seule présence* du malfaiteur sur le territoire français ne suffirait pas à autoriser des poursuites contre lui, si cette présence n'était pas *volontaire*, en un mot, si l'inculpé n'était pas de « retour » en France. Ainsi interprété, le texte conduit à une double conséquence : 1° l'extradition ne pourrait être demandée par le Gouvernement français du chef d'un de ses nationaux, qui aurait commis à l'étranger un crime ou un délit punissable en France, et qui se serait réfugié sur le terri-

[1] Comp. : Bard, *op. cit.*, p. 128 à 132.

[2] La condition du retour dans la patrie n'est exigée ni par le Code pénal hongrois, ni par le Code pénal allemand, ni par le Code pénal hollandais, ni par le projet de Code pénal autrichien. Mais, au contraire, la loi belge du 17 avril 1878 (art. 12) ne permet de poursuivre le Belge que s'il se trouve en Belgique.

[3] Comp. dans ce sens : Paris, 17 juin 1870 (S. 71, 2, 66); Goddyn et Mahiels, *op. cit.*, p. 43.

toire d'une puissance tierce; 2° la poursuite ne devrait pas être intentée, si le malfaiteur se trouvait sur le territoire français par cas de force majeure, indépendant de sa volonté, par exemple, à la suite d'un naufrage. Mais ces deux conséquences sont l'une et l'autre contestées[1].

D. Lorsque un crime ou un délit est commis en France, trois juridictions peuvent se trouver compétentes, *ratione loci*, pour le juger : celle du lieu où habite l'inculpé, celle du lieu où il est arrêté, celle du lieu où l'infraction a été commise. Les juridictions *régulièrement* compétentes, en cas d'infractions commises en pays étranger, sont nécessairement réduites à deux; mais comme le tribunal du lieu où l'inculpé a été arrêté et celui du lieu où il réside peuvent être éloignés de la frontière du pays où le délit a été commis, et que cet éloignement est de nature à compliquer la procédure et à rendre difficile l'administration des preuves, la Cour de cassation, peut, aux termes de l'article 6, sur la demande du ministère public ou des parties, renvoyer la connaissance de l'affaire devant une cour ou un tribunal plus voisin du lieu du crime ou du délit.

103. Contraventions et délits spéciaux commis en pays étranger. — L'article 2 de la loi du 27 juin 1866, dont le texte est en dehors du Code d'instruction criminelle, autorise, en ces termes, la poursuite en France de certains délits et contraventions commis en pays étranger : « *Tout Français, qui s'est rendu coupable de délits et contraventions en matière forestière, rurale, de pêche, de douanes ou de contributions indirectes, sur le territoire de l'un des États limitrophes, peut être poursuivi et jugé en France, d'après la loi française, si cet État autorise la poursuite de ses régnicoles pour les mêmes faits commis en France. La réciprocité sera légalement constatée par des conventions internationales ou par un décret publié au Bulletin des lois* ».

Cette disposition n'a qu'un but : permettre à la loi française de protéger les intérêts de police et les intérêts fiscaux d'un pays voisin, à la charge, pour ce pays, de protéger les nôtres[2]. Le caractère anormal

[1] Comp. : Cass., 5 février 1857 (S. 57, 1, 220); Aix, 28 avril 1868 (S. 68, 2, 302); Faustin-Hélie, t. II, n° 679. Arrêté des consuls du 18 frimaire an VIII, en faveur des naufragés de Calais (S., *Lois annotées*, t. I, p. 516). V. cependant : Cour d'assises de la Seine, 20 mars 1846, arrêt rapporté avec l'arrêt de la Cour de cassation du 22 janvier 1847 (S. 47, 1, 316).

[2] Le Code pénal allemand pose une règle plus générale : aux termes de l'article 6 : « Les contraventions commises en pays étranger ne peuvent être punies que dans

de cette disposition nous indique qu'il faut la restreindre dans les termes mêmes où le législateur l'édicte. *a*) Ce sont les seules contraventions énumérées dans le texte, dont le caractère est essentiellement limitatif qui peuvent donner lieu à une poursuite en France. *b*) Ces infractions doivent avoir été commises dans un pays *limitrophe* de la France : la Suisse, l'Italie, l'Allemagne, l'Espagne. Il est même évident que les mots « États limitrophes » dépassent le but de la loi, qui n'a entendu punir, en France les infractions énumérées dans le texte, que lorsqu'elles sont commises dans le *rayon frontière* des États limitrophes. Il ne viendrait, par exemple, à l'esprit de personne de permettre la poursuite en France d'un délit forestier commis dans les Apennins. *c*) La loi française exige enfin que l'État limitrophe punisse les mêmes infractions lorsqu'elles sont commises en France, et la réciprocité entre les deux nations doit être *légalement et publiquement* constatée.

Le Français, qui se rendra coupable d'une contravention de cette espèce, sera jugé, « en France, d'*après la loi française.* » Le texte le dit expressément, mais ce n'est que l'application des principes généraux qui régissent la poursuite des infractions commises en pays étranger. Je crois aussi, quoique le texte ne s'en explique pas, que la poursuite ne pourra avoir lieu en France qu'à la suite d'un retour volontaire du prévenu, et s'il n'a pas été définitivement jugé en pays étranger.

§ V. DE L'EXTRADITION[1].

104. La souveraineté expire à la frontière; mais il est une institution complémentaire du droit de punir, qui vient étendre, dans les rapports internationaux, l'action de la justice répressive : c'est l'*extradition.* L'extradition est l'acte par lequel un État livre un individu,

les cas où il existerait à cet égard des lois spéciales ou des traités. » Disposition analogue, dans le projet de Code pénal autrichien (art. 5). Comp. également : Code pénal luxembourgeois (art. 3), loi belge du 17 avril 1878 (art. 9).

[1] BIBLIOGRAPHIE : BILLOT, *Traité de l'extradition,* 1874 ; Paul BERNARD, *Traité théorique et pratique de l'extradition,* 2 vol., 1882; DUCROCQ, *Examen doctrinal de la jurisprudence en matière d'extradition* (*Rev. crit.*, t. XXIX, p. 481 et t. XXX, p. 1); VILLEFORT, *Des traités d'extradition de la France avec les pays étrangers*, Paris, 1851; BONAFOS, *De l'extradition,* Lyon, 1866 ; BLONDEL, *Monographie de l'extradition,* Paris, 1866; BROUCHOUD, *De l'extradition entre la France et l'Angleterre,* Lyon, 1866; DE VAZELHES, *Étude sur l'extradition,* suivie du texte des traités franco-belge de 1874 et franco-anglais de 1843 et 1876, Paris, 1877; L. RENAULT, *Étude sur l'extradition*

accusé ou *condamné* à raison d'une infraction commise hors de son territoire, à un autre État qui le réclame, parce qu'il est compétent, pour le juger et le punir.

L'extradition rentre dans le droit international, car elle met en rapport deux États à l'occasion d'une infraction, commise ordinairement sur le territoire de l'un, par un individu qui s'est réfugié sur le territoire de l'autre. Aussi les règles qui la gouvernent n'ont rien d'absolu ni d'invariable. Elles résultent soit des coutumes, soit des traités internationaux. Jusqu'ici, elles n'ont pas été codifiées en France. Cependant, le 2 mai 1878, il a été présenté au Sénat, au nom du Gouvernement, un projet de loi sur l'extradition des malfaiteurs [1].

Ce serait une chose nouvelle, dans notre pays, qu'une loi sur l'extradition. L'Assemblée constituante, dans un décret du 19 février 1791, avait bien décidé « que le comité de constitution se réunirait incessamment au comité diplomatique pour proposer une loi sur l'extradition réciproque des prévenus de certains crimes entre la France et les autres nations de l'Europe ». Mais cette résolution était demeurée sans effet, et, jusqu'en 1878, aucun gouvernement n'avait repris le projet de l'Assemblée constituante et essayé de régler *législativement* la matière de l'extradition. On pensait que l'extradition, étant toujours le résultat d'une *convention* entre puissances, rentrait dans les attributions du pouvoir exécutif, qu'elle intéressait, avant tout, les relations internationales sur lesquelles ce pouvoir est chargé de veiller, et on y voyait matière, bien plus à conventions diplomatiques, qu'à prescriptions législatives. Depuis 1871, il est vrai, de même que sous la République de 1848, nos assemblées législatives ne sont pas restées étrangères aux questions d'extradition; aujourd'hui, comme à cette époque, les traités *généraux* d'extradition, conclus par le gouvernement, ont été soumis aux Chambres, et des lois *spéciales* ont été rendues pour en autoriser la mise à exécution. Mais, sans examiner si

en Angleterre, 1876. Aj., dans le *Bulletin de la soc. de légis. comp.* : Étude par M. Desjardins *sur les principes de l'extradition en Angleterre*, t. VI, p. 126; Étude par M. L. Renault *sur les travaux de la commission anglaise chargée d'examiner les questions relatives à l'extradition*, t. VIII, p. 175, p. 247; Communication de M. Heurteau, relative au traité d'extradition conclu entre l'Angleterre et l'Espagne, t. IX, p. 191 et 230. On trouvera, du reste, une bibliographie très-complète des divers articles publiés dans le journaux et revues, en France et à l'étranger, sur cette question, dans une intéressante thèse de doctorat : Weis, *Étude sur les conditions de l'extradition*, Paris, 1880.

[1] V. le *Journal officiel* du 16 mai 1878 (*Exposé des motifs*); des 16 et 17 janvier 1879 (*Rapport* de M. Bertauld); des 19, 23 et 28 mars 1879 (1re délibération du Sénat); des 4 et 5 avril 1879 (2e délibération).

la loi constitutionnelle du 16 juillet 1875 impose au gouvernement l'obligation de soumettre aux Chambres les traités d'extradition[1], je remarque que la décision des Chambres, rendue sous formes de ratification de traités, ne peut avoir d'effet que sur ces traités et à l'égard des puissances qu'ils engagent. Une loi générale sur l'extradition aurait une plus grande portée : 1° Elle inscrirait, dans notre législation un ensemble de principes et de garanties, qui servirait de base à tous les traités d'extradition que nous pourrions conclure avec les gouvernements étrangers; 2° Elle préciserait les pouvoirs du gouvernement dans le cas d'extraditions demandées par des puissances qui n'auraient pas de traités avec la France; 3° Enfin, elle déterminerait les formes générales de l'extradition[2]. Il est donc à souhaiter que ce projet de loi, qui paraît sommeiller, après avoir été adopté par le Sénat, soit repris par le gouvernement et aboutisse.

Nous allons examiner successivement : 1° le fondement de l'extradition, 2° ses conditions; 3° sa procédure; 4° ses effets.

105. Quel est le fondement de l'extradition ? — Un Belge commet un meurtre en France : de quels tribunaux est-il justiciable?

[1] La loi constitutionnelle du 16 juillet 1875, art. 8, porte que « *Les traités de paix, de commerce, les traités qui engagent les finances de l'État, ceux qui sont relatifs à l'état des personnes et au droit de propriété des Français à l'étranger ne sont définitifs qu'après avoir été votés par les deux Chambres* ». Les traités d'extradition rentrent-ils dans cette énumération? Malgré l'opinion du rapporteur de la loi, M. Laboulaye (D. 75, 4, 115), nous ne le croyons pas. Les traités d'extradition n'affectent pas, au sens propre du mot, *l'état des personnes,* qui n'est autre chose que l'ensemble des droits civils et politiques d'un individu. En effet, le gouvernement requis, en accordant l'extradition, n'enlève aucun droit à l'extradé; il le replace simplement dans la situation qu'il avait avant sa fuite. *Sic* A. Curet, *Des conventions d'extradition* (*La France jud.*, 1883, p. 286), qui en conclut même que le projet de loi voté par le Sénat en 1879 serait inconstitutionnel.

[2] Tel est, en effet, le triple but que se propose le projet de loi dont nous parlons. Ce projet a été, du reste, inspiré par l'exemple de plusieurs États, qui ont pratiqué la réglementation de l'extradition par voie législative. L'Angleterre, la Belgique, la Hollande, les États-Unis ont fait des lois qui contiennent les règles générales sur les cas d'extradition et sur les mesures d'instruction administrative et judiciaire qui doivent la précéder. La loi anglaise est de 1870; elle a été modifiée et complétée par un acte du 5 août 1873 (*Annuaire de légis. étrangère*, 1872, p. 11, et 1874, p. 75). Les Pays-Bas ont une loi du 6 avril 1875, sur l'extradition (*id.*, 1876, p. 650). Il en est de même de la Belgique : la loi du 15 mars 1874 établit les principes dont le gouvernement ne peut s'écarter dans la conclusion des traités (*id.*., 1875, p. 404); Comp. Haus, t. II, n. 951 à 979; Rolland, *France judiciaire*, t. III, p. 515. Il n'existe de loi sur l'extradition ni en Allemagne, ni en Autriche, ni en Italie. Mais, dans ce dernier pays, une commission officielle a été chargée, en 1882, de préparer un projet de loi.

Des tribunaux français et des tribunaux belges : la France et la Belgique sont donc pour lui des pays dangereux; il se réfugie en Italie, dont la juridiction pénale ne l'inquiétera pas, car la loi italienne, comme la nôtre, ne punit pas les crimes commis hors du territoire italien par des étrangers. Si nous en restions là, tous les pays deviendraient lieux d'asile vis-à-vis les uns des autres. Avec la facilité des communications internationales, quels ne seraient pas les inconvénients d'un pareil système? A condition de prendre le train assez vite et de passer la frontière, on jouirait de la plus complète impunité. Aussi l'idée *du droit d'asile*, au moins pour les délits de droit commun, n'est plus de notre temps : *l'intérêt réciproque des nations* les amène à livrer les malfaiteurs à leurs juges naturels, c'est-à-dire, avant tout, aux juges du pays où le crime a été commis : *prudentia politica*, dit un ancien auteur, *suadet deditionem universam*. L'extradition des malfaiteurs est donc dominée par le principe de la *réciprocité*, et les traités qui la régissent, et qui ne sont qu'une sorte d'*assurance mutuelle* entre nations, se sont développés, depuis quelques années, avec la même rapidité que les contrats d'assurance entre particuliers. Le principe de l'extradition *n'a donc pas* besoin d'être démontré; il n'est plus contesté, et « les discussions sur l'origine et la nature du droit ont fait place », ainsi que le remarque l'exposé des motifs du projet de loi de 1878, « à un débat plus circonscrit sur les *conditions* dans lesquelles il doit s'exercer ».

106. Du reste, on peut comprendre de deux manières bien différentes le rôle de l'État, à qui un gouvernement étranger demande une extradition. Suivant quelques publicistes, l'extradition serait un devoir international qui s'imposerait (*utilitatis causa*), au pays refuge[1]. Je crois plus vrai et plus prudent de partir du principe contraire. L'extradition n'est obligatoire que lorsque le gouvernement du pays refuge s'est engagé par sa signature[2]. Mais l'extradition, *obligatoire* en cas de traités, reste-t-elle *facultative* pour le gouvernement à qui elle est demandée en dehors soit de tout traité, soit des termes du

[1] GROTIUS, *De jure belli et pacis*, liv. II, ch. II, § 3 à 5 ; VATTEL, *Du droit des gens*, liv. II, ch. VI, § 76 et 77; BRUSA, *op. cit.*, p. 408; LE SELLYER, *op. cit.*, t. II, n° 1026.

[2] Comp. BILLOT, *op. cit.*, p. 33; FAUSTIN HÉLIE, *Rev. de légis.*, t. XVII, p. 236; de CUSSY, *Phases et causes célèbres du droit maritime des nations*, t. II, p. 434. Du reste, si les refus d'extradition sont si caractérisés et si persistants, qu'ils deviennent une atteinte au principe d'égalité des États, les faits peuvent prendre les caractères d'un *casus belli*.

traité? Certains gouvernements considèrent les traités comme essentiellement *limitatifs* et n'admettent pas qu'un crime ou un délit puisse motiver une extradition, qui n'aurait pas pour fondement un lien contractuel. Cette manière de voir conduit à donner à un prévenu, qui ne peut être partie dans une convention diplomatique, la faculté de l'invoquer, d'interpréter son silence, d'imposer à un État l'obligation de le protéger. La France n'a jamais admis ce système[1], et si le projet dont nous avons parlé est adopté, la question de savoir quels sont les pouvoirs du gouvernement en matière d'extradition ne soulèvera plus aucune difficulté. Le gouvernement aura la faculté d'accorder des extraditions, en dehors des traités, pourvu qu'il reste dans les limites de la loi. Mais il est évident qu'il ne saurait appartenir à l'autorité judiciaire *d'annuler, d'apprécier* ou *d'interpréter* les actes d'extradition, qui sont des actes libres de gouvernement à gouvernement, dont les formes et les conditions sont réglées, non au profit des accusés, mais au point de vue des nécessités internationales ou des convenances réciproques des gouvernements. Le principe fondamental de la séparation des pouvoirs s'oppose donc à ce que le prévenu puisse réclamer devant les tribunaux français, contre la *légalité* de son extradition[2].

107. Quelles sont les conditions de l'extradition? — L'extradition supposant, d'une part, une *infraction* commise, de l'autre, une *personne* convaincue d'en être l'auteur, il suit que les conditions d'où elle dépend sont relatives soit aux *faits* à raison desquels elle est demandée, soit aux *personnes* auxquelles elle s'applique.

108. A. En principe, tous les individus, accusés ou condamnés, qui se réfugient sur le territoire d'un pays, doivent ou peuvent être extradés. Mais deux exceptions importantes sont apportées à ce principe par la jurisprudence internationale; la première, relative aux

[1] Il suit de là que l'extradition peut être accordée à raison de faits commis antérieurement à la conclusion du traité qui en a déterminé les formes et les conditions, en un mot, que tout traité d'extradition a un effet rétroactif. Comp. Billot, *op. cit.*, p. 251; *Journal de droit internat. privé*, 1875, p. 222; Calvo, *Droit international*, Paris, 1880, t. I, p. 539; Bard, *op. cit.*, p. 38; A. Curet, *Des conventions d'extradition* (*La France judic.*, 1883, p. 281 à 297).

[2] Cass., 11 mars 1880 (S. 81, 1, 329); 4, 25 et 26 juillet 1867 (S. 67, 1, 409); 13 avril 1876 (S. 76, 1, 287). M. Bertauld, *op. cit.*, p. 664, admet cependant l'extradé à exciper de l'irrégularité ou de l'illégalité de l'extradition, dans le cas où cette illégalité ou irrégularité impliquerait que le gouvernement, qui a fait l'extradition, n'a pas réellement consenti. Comp. sur ce point : Le Sellyer, *Traité de la compétence*, t. II, p. 1044.

esclaves fugitifs, qui ne peuvent être extradés, soit qu'ils aient pris la fuite pour recouvrer leur liberté, soit qu'ils aient voulu se soustraire aux conséquences pénales d'un crime ou d'un délit commis par eux dans le pays de leur maître, trouve sa justification dans une idée d'humanité et de protection[1]; mais la seconde, qui s'oppose à l'extradition des *nationaux du pays refuge*, nous paraît contraire, soit aux intérêts de la société, soit aux intérêts de l'inculpé. Nous insisterons sur ce point, en examinant l'influence de la *nationalité* du réfugié sur les règles de l'extradition.

L'individu, dont l'extradition est réclamée, peut appartenir à la nationalité du pays requérant; il peut être le sujet d'une tierce-puissance; il peut être un national de l'État requis. Ni la première hypothèse ni la seconde ne peuvent présenter de difficultés sérieuses.— Un Français, poursuivi par la justice française à raison d'une infraction qu'il a commise en France, s'est réfugié à l'étranger, en Belgique, par exemple. La France réclame son extradition. L'identité du réfugié est-elle nettement établie; les faits qui lui sont imputés sont-ils passibles d'extradition; les autorités du pays requérant ont-elles compétence pour le juger ou pour lui faire subir sa peine : le gouvernement requis devra, sans aucune hésitation, le livrer à la justice de son pays. — Un Belge commet en Allemagne une infraction passible d'extradition; puis, il se réfugie sur le territoire français : Devra-t-il être livré au gouvernement allemand, si celui-ci en fait la demande? Sans aucun doute. Le gouvernement de l'État requérant, pas plus que celui de l'État requis, n'a à se préoccuper de la nationalité du fugitif, puisque l'extradition, reposant sur la nécessité d'assurer la répression du crime en quelque lieu qu'il ait été commis, est, en principe, indépendante de toute question de nationalité. — Mais que déciderons-nous, si le malfaiteur, dont on demande l'extradition, est un sujet du pays refuge? Un Français a commis une infraction sur le territoire belge; puis il vient se réfugier en France. La Belgique réclame son extradition. Devra-t-elle lui être accordée ? Je m'empresse de dire que si nul texte général[2] de notre législation positive, n'interdit au gouvernement

[1] Comp. : L. RENAULT, *Étude sur l'extradition en Angleterre*, Paris, 1879, p. 5, note 2. V. cependant : Henry WHEATON, *Revue de droit français*, t. IX, p. 346.

[2] L'ancien article 6 du Code d'instruction criminelle (art. 7 actuel), en prévoyant l'extradition à la France d'un étranger coupable envers elle d'un attentat contre la sûreté ou le crédit de l'État français, paraît bien admettre, par réciprocité, la possibilité, pour le gouvernement français, d'accorder à une autre puissance l'extradition de ses nationaux : et c'est bien là, en effet, l'interprétation qu'est venu consa-

français d'accorder l'extradition de ses nationaux, dès 1830, nous voyons la règle qui laisse les nationaux en dehors de l'extradition prendre place dans nos traités, et la circulaire ministérielle du 5 avril 1841, sur l'extradition, poser, comme un principe de droit public coutumier, que les puissances ne doivent pas se livrer leurs nationaux[1].

Cette exception, faite en faveur des nationaux, est aujourd'hui, admise par presque toutes les législations[2]. Est-elle juste et utile? Je ne le crois pas[3]. En matière criminelle, le juge naturel du prévenu

crer le décret du 23 octobre 1811. Quelques auteurs, il est vrai, ont soutenu que ce décret, qui permet l'extradition des Français et détermine la procédure à suivre, a été abrogé par les articles 4 et 62 de la charte de 1814, qui garantissent la liberté individuelle des citoyens et leur reconnaissent le droit d'être jugés par leurs juges naturels. En ce sens : RAUTER, *op. cit.*, n° 55; FAUSTIN HÉLIE, t. II, p. 671. Mais ces textes n'ont pas la portée qu'on a voulu leur attribuer. L'article 4 met les citoyens français à l'abri d'une arrestation arbitraire, voilà tout; et, quant à l'article 62, il ne s'oppose pas à l'extradition d'un Français, puisque les juges naturels de celui-ci sont, avant tout, ceux du lieu où l'infraction a été commise. Ce qui prouve, au surplus, que ce décret de 1811 n'a pas été considéré comme abrogé par la charte de 1814, c'est que, en fait, plus d'un Français a été extradé, soit sous la Restauration, soit sous le Gouvernement de Juillet. Comp. : BONAFOS, *op. cit.*, p. 121 ; MANGIN, *op. cit.*, n. 78. Je crois donc que le principe, qui interdit de livrer des Français à la justice étrangère, est consacré par la coutume ou par les traités, mais non par une loi générale. Comp. : DELISLE, *Principes de l'Interprétation des lois*, 1852, t. I, p. 377.

[1] L'exposé des motifs de la loi du 27 juin 1866 s'exprime ainsi à ce sujet : « Depuis la charte de 1830, l'interdiction de livrer des Français à la justice étrangère est devenue un principe de notre droit public ». Dall., 1866, 4, 75. Le projet de loi voté en 1879 par le Sénat, a consacré formellement ce principe (art. 3).

[2] Comp., par exemple : loi belge du 15 mars 1874, article 1er; loi néerlandaise du 6 avril 1875, article 8. En Angleterre, aux États-Unis, dont les législations pénales sont presque exclusivement territoriales, l'extradition des nationaux n'est nullement interdite. Comp., HEURTEAU, *Bull. soc. de légis. comp.*, 1880, p. 191 et 192. Sans doute, l'Angleterre a laissé inscrire, dans plusieurs traités signés par son gouvernement, une clause de non-extradition des nationaux (V. notamment les traités conclus avec l'Autriche, le 3 décembre 1873, article 3; et avec la France, le 14 août 1876, article 2), mais il ne faut voir dans cette clause qu'une application de la réciprocité diplomatique. La commission anglaise de 1878, chargée d'examiner les questions relatives à l'extradition, a même conclu : 1° à l'abandon pur et simple du principe de la réciprocité en matière d'extradition ; 2° à l'omission dans les traités futurs de toute clause prohibitive de l'extradition des nationaux, et à la modification en ce sens des traités existants. V. L. RENAULT, *op. cit.*, p. 231. Le traité espano-anglais d'extradition de 1878 est une première application de ces idées. D'après l'article 1er de cette convention, tandis que le gouvernement espagnol prend l'engagement de livrer au Royaume-Uni toutes personnes *autres que ses propres sujets*, le gouvernement britannique s'engage à livrer à l'Espagne tout malfaiteur, sans distinction de nationalité. Comp. sur ce traité : HEURTEAU, *op. cit.*, p. 192.

[3] *Sic* BILLOT, *op. cit.*, p. 64 et suiv.; Jules FAVRE, Discours prononcé au Corps législatif dans la séance du 20 mai 1866 (D. 66, 4, 82); BONAFOS, *op. cit.*, § 34 et

est, avant tout autre, le juge du lieu de l'infraction. C'est là que s'est fait sentir ce mal du délit qui en nécessite la répression. C'est là que les éléments de l'instruction seront le plus facilement réunis et que la découverte de la vérité aura le plus de chance de se produire. Pourquoi donc refuser à l'État, sur le territoire duquel la loi pénale a été enfreinte, l'extradition du malfaiteur? C'est que nous nous défions de la justice étrangère. Cette défiance n'est-elle pas exagérée? De deux choses, l'une, en effet : ou nous sommes ou nous ne sommes pas liés par un traité avec l'État qui requiert l'extradition. Dans le premier cas, en concluant un traité d'extradition avec cette puissance, n'avons-nous pas rendu hommage à son organisation administrative et judiciaire, et n'est-ce pas, parce que cette organisation offre des garanties de justice et d'impartialité, que nous livrons à cette puissance les malfaiteurs, même étrangers, qui viennent chercher un refuge sur notre territoire? Dans le second cas, nous devons, puisque l'extradition demandée est facultative, examiner si elle peut compromettre la condition de nos nationaux, et la refuser si le fonctionnement de la justice étrangère nous paraît irrégulier[1]. Ainsi, nos nationaux auront toujours les garanties d'un examen de l'autorité française; et, en bonne justice, ils ne devraient pas pouvoir demander davantage.

Le système de la non extradition des nationaux fait naître, dans toutes les circonstances qui peuvent changer l'état du criminel, en lui donnant une nationalité nouvelle, des difficultés considérables. Deux moyens d'y remédier ont été proposés et appliqués : — ou bien donner à ce changement un effet rétroactif, qui permettra aux tribunaux du pays refuge de juger le coupable, système qui a été adopté par le Code pénal allemand (art. 4) et par la loi belge du 15 mars 1874 (art. 10); — ou bien accorder l'extradition du réfugié, sans tenir compte d'une nationalité acquise depuis la perpétration du fait pour lequel l'extradition est réclamée, système adopté par un certain nombre de traités, et particulièrement, par la convention anglo-française

suiv.; Wouters, *Sub privilegio concesso ai nazionali in materia di estradizione* (*Rivista penale*, 1880, t. XIII, p. 149); A. de Stieglitz, *Etude sur l'extradition*, Paris, 1880, p. 51); Bard, *op. cit.*, p. 52.

[1] Le principe de la personnalité des lois pénales françaises, en ce qui concerne les nationaux, permettra bien, la plupart du temps, de punir, en France, les Français ayant commis une infraction en pays étranger. Mais il est une hypothèse, déjà relevée (*suprà*, n° 102), où la non-extradition des nationaux donne au malfaiteur, même sous l'empire de la loi de 1866, une scandaleuse impunité.

du 14 août 1876 (art. 2)[1]. C'est à ce dernier système qu'il convient, ce semble, en l'absence de toute disposition légale, de se rallier : c'est, en effet, le cas d'appliquer, à la naturalisation acquise dans le but d'échapper à l'extradition, la règle : *Fraus omnia corrompit*[2].

109. B. C'est en s'attachant tout à la fois à la gravité de l'infraction commise et à la criminalité de l'agent que les divers traités déterminent les faits passibles d'extradition. Les nomenclatures varient de traités à traités. Il s'en dégage ces idées générales que l'extradition peut être accordée pour *crimes* ou *délits*[3] d'une certaine gravité, mais non pour *contraventions*. Si large, du reste, que soit la liste des faits passibles d'extradition, les traités laissent toujours en dehors deux grandes catégories d'infractions : les infractions *politiques*[4] et certaines infractions *militaires*, telles que l'insoumission et la désertion[5].

110. De la procédure d'extradition. — La procédure d'extradition doit être examinée au double point de vue du gouvernement qui la réclame et de celui auquel elle est réclamée.

A. Toute demande d'extradition, formée par le gouvernement français, a son point de départ dans un *arrondissement* du territoire. Un délit est-il commis? une condamnation prononcée? Le procureur de la République, dès qu'il apprend le lieu de résidence du prévenu ou du condamné en pays étranger, donne l'éveil en adressant un rapport au procureur général. Celui-ci transmet la demande au garde-des-sceaux, avec toutes les pièces nécessaires, particulièrement avec le

[1] Je cite seulement deux hypothèses : 1° Une femme de nationalité belge commet un crime en Belgique, puis vient habiter en France et y épouse un Français : son mariage lui donnant la qualité de Française (C. civ., art. 12), quelle sera sa situation par rapport à l'extradition? Car, Belge au moment où l'infraction a été commise, elle ne saurait relever de la juridiction pénale française, à raison d'un crime commis à l'étranger; Française au moment des poursuites, elle peut se prévaloir de sa nationalité pour s'opposer à l'extradition; 2° Un individu est né en France de parents italiens; il a commis à l'étranger un crime ou un délit passible d'extradition; peut-il, en remplissant les formalités édictées par l'article 9 Code civil pour acquérir la qualité de Français, faire obstacle à une demande d'extradition dont il est l'objet?

[2] Comp. Renault, *op. cit.*, p. 403; Deloume, *op. cit.*, p. 156.

[3] C'est dans le traité franco-belge de 1867 que la France a, pour la première fois, étendu l'extradition aux simples délits.

[4] Comp. (*suprà*, n° 78) la définition des délits politiques au point de vue de l'extradition.

[5] Les nécessités de la navigation ont fait décider que les matelots déserteurs devraient être remis entre les mains de leur capitaine; c'est là une mesure de police maritime qui s'exécute par l'intermédiaire des consuls et avec l'assistance des autorités locales, sans les formalités de l'extradition.

mandat du juge d'instruction ou l'arrêt de condamnation. Le ministre de la justice, qui n'est pas le représentant de la France à l'étranger, adresse ce dossier au ministre des affaires étrangères, qui procède alors, par voie diplomatique, à la demande d'extradition.

B. En ce qui concerne la procédure d'extradition dans le pays où s'est réfugié le malfaiteur, trois systèmes principaux se partagent les législations européennes. 1° Ce qui caractérise le premier, suivi en Angleterre, c'est l'intervention préalable de l'autorité judiciaire dans l'examen de la question d'extradition, au point de vue de sa régularité. Après quoi, l'extradition est réalisée, s'il y a lieu, par un acte administratif. 2° En France, au contraire, et ce système est suivi dans la plupart des pays d'Europe, c'est l'autorité administrative qui statue seule et sans contrôle sur la demande d'extradition. Elle est reçue par le ministre des affaires étrangères et transmise, s'il y a lieu, au ministre de la justice. Autrefois, le ministre de la justice, s'il jugeait la demande conforme aux traités, préparait immédiatement le projet de décret. Le gouvernement statuait ainsi sur la demande d'extradition sans que l'individu arrêté pût fournir ses explications et même avant toute vérification d'identité. Depuis une circulaire du 12 octobre 1875, aucun décret autorisant l'extradition n'est proposé avant l'arrestation de l'étranger, qui est conduit devant le procureur de la République du lieu où l'arrestation est opérée, et admis à faire valoir ses fins de non-recevoir contre la mesure dont il est l'objet. Ce magistrat doit dresser un procès-verbal de cet interrogatoire qui, avec son avis motivé, et les observations du procureur général, est transmis au ministre de la justice, et ce n'est qu'après l'examen de ces pièces, que le garde-des-sceaux propose, s'il y a lieu, un décret d'extradition à la signature du président de la République. 3° La Belgique a organisé (L. du 15 mars 1874) un système intermédiaire. Lorsque le gouvernement belge est saisi d'une demande d'extradition, après un examen sommaire, il la transmet au pouvoir judiciaire, qui rend exécutoire, contre le prévenu, le mandat d'arrêt ou le jugement décerné à l'étranger. Le réfugié est arrêté en vertu de cet acte, et il comparaît, en audience publique, assisté d'un conseil, devant la chambre des mises en accusation de la cour d'appel du ressort. A la suite des débats, et sur les conclusions du procureur général, la cour formule un avis motivé sur la régularité de l'extradition. A la différence du tribunal anglais, elle ne prend pas de décision : c'est au gouvernement qu'appartient ce droit, et, s'il est obligé de consulter la cour, il n'est pas lié par son avis, et décide la question souverainement.

C'est de ce système intermédiaire que s'inspire le projet de loi sur l'extradition, voté par le Sénat[1].

Le gouvernement, auquel une demande d'extradition est adressée, peut lui opposer certaines exceptions et refuser l'extradition : par exemple, si, depuis les faits imputés, la poursuite, ou la condamnation, la prescription est acquise d'après les lois du pays où le prévenu s'est réfugié.

111. Des effets de l'extradition. — L'individu extradé ne doit être poursuivi ou puni dans le pays qui a requis l'extradition qu'à raison des chefs d'accusation ou de condamnation pour lesquels l'extradition a été demandée ou accordée, à moins que les clauses du traité conclu entre les deux gouvernements n'autorisent la poursuite ou la punition d'autres faits[2]. La *spécialité restrictive* des termes de la concession d'extradition est universellement admise et scrupuleusement observée. L'extradition ayant été demandée et accordée à raison d'un *fait* déterminé, le gouvernement qui l'a obtenue s'est tacitement engagé à ne poursuivre ou punir que pour ce fait la personne qui lui a été livrée. Si donc cette personne est poursuivie pour une infraction antérieure à l'extradition, elle peut opposer une exception dilatoire, et les juges sont tenus, même d'office, de déclarer l'action publique ou l'exécution non recevable quant à présent. Toutefois, si la *qualification* du *fait* pour lequel l'extradition a été demandée et accordée se trouve modifiée par suite des débats, il n'en résulte pas moins que la poursuite a été bien engagée, car elle trouve son titre légal dans la prévention et non dans lacondamnation[3]. En un mot, l'extradé doit être jugé selon le *fait* et non selon l'*infraction* qui motive l'extradition.

Cette sorte de fiction en vertu de laquelle l'extradé est réputé se

[1] N'y aurait-il pas des questions sur lesquelles les tribunaux devraient avoir plus que voix consultative? Comp. : MOLINIER, *op. cit.*, p. 289; L. RENAULT (*Le Droit*, n° du 8 avril 1879); DELOUME, *op. cit.*, p. 166.

[2] Principe constant. Pour l'application : Cass., 1er fév. 1845 (S. 45, 1, 502); 18 déc. 1858 (S. 59, 1, 632); Conseil de révision de Paris, 20 déc. 1860 (S. 62, 2, 229); Cour d'assises d'Oran, 17 avril 1868 (S. 68, 2, 165) : V. BILLOT, *op. cit.*, p. 309; TRÉBUTIEN, t. II, p. 141; DELOUME, *op. cit.*, p. 151.

[3] Comp. les arrêts précités du 1er fév. 1845 et 18 déc. 1858. La question cependant présente des difficultés spéciales, dans le cas où le fait, présenté comme *crime* dans la demande d'extradition, dégénère en simple *délit* par suite des débats V. FAUSTIN HÉLIE, t. II, n° 136; HAUS, t. II, n° 911; LE SELLYER, *Traité de l'organisation...*, t. II, n° 1051; BILLOT, *op. cit.*, 431; BARD, *op. cit.*, p. 101.

trouver hors du territoire en ce qui concerne toute autre infraction qu'il aurait commise avant l'extradition [1], cesse de couvrir celui-ci, lorsqu'il y a renoncé en consentant à être poursuivi et jugé contradictoirement à raison d'une de ces infractions, pourvu que son consentement soit libre [2].

CHAPITRE II.

DE L'ÉLÉMENT MATÉRIEL DE L'INCRIMINATION [3].

112. L'infraction suppose toujours l'*exécution physique* d'un fait, ou accomplie, ou parvenue à un certain degré de développement, c'est-à-dire un *corps de délit*. Mais, entre la première pensée d'une infraction, et son entière consommation, l'analyse des divers degrés par lesquels peut passer un délit, qui n'est pas exécuté aussitôt que conçu, découvre les états suivants : 1° la *pensée* et la *résolution*, faits internes; 2° la *préparation* par des actes extérieurs, fait externe; 3° la *tentative*, consistant dans un commencement d'exécution arrêté soit par la volonté du délinquant, soit par une cause indépendante de lui;

[1] Sur les conséquences de cette fiction au point de vue particulièrement des formes de la citation, comp. Billot, *op. cit.*, p. 308; Cass., 24 juin 1847 (S. 47, 1, 676); Paris, 9 mai 1882 (*Journ. de droit intern. privé*, 1882, p. 199).

[2] Comp. Cour de Bruxelles, 5 août 1875 (S. 77, 2, 73), et la note; Cass., 31 mai 1877 (S. 78, 1, 233). Cette règle a donné lieu à des difficultés entre les États-Unis et l'Angleterre, difficultés qui se sont terminées par la dénonciation du traité conclu entre ces deux puissances en 1842. V. l'exposé de ce débat international dans une communication de M. Desjardins (*Bull. soc. légis. comp.*, 1877, p. 126). Le texte du projet de loi sur l'extradition ne reproduit pas ce tempérament, et l'exposé des motifs en donne cette raison : « La déclaration de l'accusé, consentant, sur l'interpellation du magistrat, à être jugé sur les nouveaux chefs et se dépouillant ainsi des garanties qui l'entouraient, pouvait ne pas sembler suffisamment libre ou tout au moins suffisamment éclairée. » Il y a, à notre avis, une exagération dans cette sollicitude de l'Etat qui livre un malfaiteur; celui-ci est bien le meilleur juge; comment croire qu'il n'agira pas au mieux de ses intérêts.

[3] Bibliographie : Dalligny, *Essai sur les principes de la législation française en matière de tentative*, Paris, 1826; Sautois, *Des principes théoriques de la tentative*, 1847; Humbert, *De la tentative en droit romain* (*Recueil de l'Académie de législation de Toulouse*, 1862, p. 406 et suiv.); Nicolini, *De la tentative*, trad. par Lacointa (*Rev. crit.*, 1861, t. XIX, p. 217 et suiv.); Ortolan, *Corps du délit* (*Rev. prat.*, t. I, p. 337); Cohn, *Zur Lehre vom versuchten und unvollendeten Verbrechen* (in-8°, Breslau, 1880); Brugi, *La teoria del conato e l'influsso dei romanisti a proposito della recente opera dell dott. Cohn* (*Archivio giuridico*, t. XXV, 1880, p. 439); Geyer, *Del tentativo* (*Rivista penale*, t. XIV, 1881, p. 369 et suiv.).

4° l'*exécution complète* du fait, sans que le résultat qui sert, au point de vue légal, à qualifier l'infraction, ait été obtenu; 5° la *tentative* ou l'exécution complète du délit, mais dans de telles conditions que le résultat déterminé par la loi était *impossible*, de sorte que les actes accomplis par l'agent manifestent simplement une résolution criminelle qui ne peut aboutir; 6° la *consommation de l'infraction*. Il résulte de l'article 2 du Code pénal, qui contient le système de la loi, sur ce point, que la pensée, la résolution de commettre l'infraction, les actes qui servent à la préparer restent impunis. A la tentative seulement commence la criminalité sociale; mais, que l'infraction soit simplement tentée, qu'elle soit manquée ou consommée, peu importe: elle est, en principe, punie d'une peine égale. L'exécution d'une infraction impossible, de même que la résolution manifestée par des actes simplement préparatoires, n'encourt aucune peine.

113. Résolution criminelle. — L'infraction est d'abord conçue, projetée, résolue. Tant que la résolution criminelle reste renfermée dans la conscience, il ne saurait être question de la punir, puisqu'elle est encore inconnue du pouvoir social. Mais alors même qu'elle serait constatée par suite d'aveux, ou parce qu'elle aurait été communiquée à d'autres, verbalement ou par écrit, elle ne serait pas punissable. En effet, la loi sociale ne règle que les rapports des hommes entre eux, et ces rapports ne peuvent être troublés que par des *actes*. Sans doute, la connaissance d'une résolution criminelle est une cause d'inquiétude sociale; mais c'est à la *police* qu'il appartient d'agir pour *prévenir* sa réalisation, et non à la *justice* pour *réprimer* sa conception.

Le principe que la résolution de commettre un acte délictueux, même lorsqu'elle est constatée, échappe à toute répression, résulte, dans notre droit positif, de l'article 2 du Code pénal qui punit la tentative, alors seulement qu'elle est « *manifestée par un commencement d'exécution* ». Ce principe est absolu et n'admet aucune exception. C'est en vain qu'on a pensé[1] en trouver une dans les articles 305 et suiv. du Code pénal qui punissent les *menaces*: en effet, si la loi punit les menaces, ce n'est pas « qu'elle ait cru avoir une preuve matérielle et suffisante donnée par le coupable d'une résolution criminelle sérieuse[2] », mais parce que la menace est plus et moins

[1] Rossi, t. II, p. 56. Comp. Chauveau et Hélie, t. IV, n° 1311.
[2] Locré, t. XXX, p. 473, 506.

qu'une résolution, c'est un *fait extérieur*, de nature à causer, par lui-même, un trouble social. Que résulte-t-il de cette observation? C'est que vainement l'inculpé de menaces ferait valoir, prouverait même, pour sa justification, qu'il n'avait pas le projet de mettre ses menaces à exécution; l'intention de réaliser la menace n'est pas constitutive du délit et le défaut d'intention ne saurait amener un acquittement.

Nous en disons autant du *complot*, que l'article 89, § 5, punit de la détention, sans qu'il ait été suivi d'aucun « acte commis ou commencé pour en préparer l'exécution ». Le complot n'est pas, en effet, une simple résolution, mais une résolution d'agir, *concertée et arrêtée entre plusieurs personnes*, fait externe, que le pouvoir social peut et doit punir. C'est par suite de la même considération, que l'article 89 *in fine* punit la *simple proposition*, même non agréée, de former un complot. Cette *invitation* à prendre part à un complot est un fait externe, dangereux pour l'ordre social. Mais la seule résolution de prendre part au crime prévu par l'article 89, même communiquée à autrui, verbalement ou par écrit, pourvu que ce soit sans l'invitation d'y participer, ne serait pas punissable [1].

C'est enfin en qualité d'acte extérieur, alarmant pour la société, que le Code pénal punit, dans les articles 265 et suiv., *l'association de malfaiteurs* formée pour commettre des crimes ou des délits envers les personnes ou les propriétés.

C'est si peu la volonté, la résolution de commettre *telle infraction* que la loi veut atteindre, qu'elle érige les *menaces*, les *complots*, les *associations de malfaiteurs* en délits spéciaux, qu'elle ne considère pas ces faits comme des tentatives du délit que les coupables ont eu peut-être l'intention d'accomplir [2].

[1] Comp. Boitard, sous l'article 2 du Code pénal.

[2] Le Code pénal russe est le seul, parmi les Codes européens, qui punissent la simple résolution criminelle, lorsqu'elle est constatée (art. 111). Cette disposition me paraît contraire aux principes rationnels du droit pénal. Mais je comprends très-bien qu'une législation punisse, d'une manière générale, et comme *délits spéciaux*, les *propositions de commettre un crime*, car ces propositions sont certainement des faits extérieurs, que la société a le droit d'ériger en délits, puisqu'ils sont de nature à troubler la sécurité publique. Aussi la loi belge du 7 juillet 1875 qui punit, comme délits spéciaux, la provocation à un crime passible de mort ou des travaux forcés, l'offre de le commettre et l'adhésion à une proposition de cette nature; et la loi allemande du 26 février 1876 qui érige en délits les faits de même nature, quel que soit le crime projeté, loin d'être contraires, comme on l'a prétendu, aux principes du droit pénal, me paraissent en faire une saine application. Pour le texte de ces lois et les circonstances intéressantes qui les ont provoquées, V. l'*Annuaire de législation étrangère*, 1876, p. 634; 1877, p. 135. Comp. Haus, t. I, n°s 443 et 444.

114. Actes préparatoires. — Lorsque l'infraction est projetée, l'agent, s'il ne s'arrête, manifeste sa résolution par des *actes externes*, tendant à la réaliser. Les actes de cette nature sont ou des *actes de préparation* ou des *actes d'exécution* du délit. Il importe de les qualifier exactement, puisque les premiers sont, en principe, impunis, tandis que les seconds sont frappés d'une peine. La loi cependant n'a pas indiqué le *criterium* servant à les distinguer, car le point exact où commence l'exécution ne peut être fixé d'une manière abstraite et générale, il doit l'être d'après la nature et les circonstances de chaque infraction. Pour le déterminer, le juge recherchera : 1° *Quelle infraction* l'agent avait l'*intention* de commettre; ce qui sera une question de *fait;* 2° l'acte accompli est-il un *commencement d'exécution de l'infraction;* ce qui sera une question de *droit.* Mais, il n'est pas nécessaire, pour que la tentative légale existe, que le fait précis, constituant le crime ou le délit, soit commencé : par exemple, que le voleur ait mis la main sur les objets qu'il veut soustraire; que le meurtrier ait porté le premier coup : il est nécessaire, mais suffisant, que l'acte de l'agent, tende *directement* et *immédiatement* à l'accomplissement du délit qu'il a l'intention de commettre. La tentative, en effet, ne consiste pas seulement dans le commencement d'exécution de l'acte même qui constitue le crime, tel qu'il est défini par la loi, mais dans le commencement d'exécution du crime, par des actes distincts, qui en sont plus que la préparation, sans en être cependant l'exécution. Il y a là une nuance délicate à saisir, que notre ancien droit avait finement analysée, en distinguant la tentative éloignée (*conatus remotus*), de la tentative prochaine (*conatus proximus*), mais qu'il ne faudrait pas exagérer, jusqu'à confondre dans la tentative éloignée, ainsi que le faisaient nos anciens auteurs, les actes purement préparatoires; en un mot, ce que l'article 2 incrimine c'est le *commencement d'exécution du crime* : la loi veut que l'agent ait déjà commencé non pas le crime même, mais l'exécution du crime, ce qui n'est pas toujours la même chose [1]. Les exemples que nous allons donner éclairciront cette distinction. — Ainsi, un individu s'introduit, avec escalade et effraction, dans un appartement; il est surpris et arrêté avant tout autre acte : est-il coupable d'une tentative de vol avec escalade et effraction? Les juges rechercheront, pour résoudre

[1] Comp. Haus, t. I, n° 449, qui insiste, avec raison, sur cette distinction. V. également Lainé, moins formel, n° 145.

cette question, si l'agent avait l'*intention* de voler; et, cette intention, constatée en fait, ils devront, à notre avis, reconnaître dans l'escalade et l'effraction le commencement d'exécution du vol, puisque l'infraction, prévue et punie par l'article 381, § 4, est *exécutée* au moyen de l'escalade et de l'effraction [1]. — Un individu achète des substances vénéneuses dans le dessein d'empoisonner un de ses parents et il les remet à un domestique, qui s'engage, moyennant un prix, à faire prendre ces substances à la personne désignée; ce domestique, saisi de remords, avant tout autre acte, dénonce le marché à la justice : y a-t-il, dans ces faits, un commencement d'exécution du crime d'empoisonnement? Nullement; car ces actes : acheter du poison, le remettre à un tiers, s'entendre avec lui pour le faire prendre, ne sont que des actes préparatoires de l'empoisonnement [2]; mais si le domestique avait jeté le poison dans les aliments de la victime, il y aurait, par ce fait seul, commencement d'exécution du crime [3]. — Pierre a projeté un meurtre : il est venu se placer en embuscade : c'est un acte préparatoire; au passage de la personne attendue, il l'a couchée en joue, mais il est empêché de tirer parce que son arme est relevée par un tiers : y a-t-il tentative? Je le crois [4]; elle sera mieux caractérisée si Pierre s'est élancé sur sa victime, l'a saisie; mieux encore, s'il l'a frappée. — Paul, voulant incendier la maison de son voisin, se procure des matières inflammables : c'est un acte préparatoire; il les dispose et y met le feu : aucun doute, c'est un acte d'exécution; il les dispose, à côté d'un four, de telle sorte que, sans aucun autre acte de sa part, l'incendie sera le résultat nécessaire de l'acte du tiers qui allumera le feu; j'y verrai encore un commencement d'exécution de l'incendie, puisque ce fait est plus que la préparation du crime [5].

On comprend, par ces exemples, combien la distinction entre les

[1] Dans ce sens : Cass., 1er mai 1879 (S. 80, 1, 233) et la note; 29 déc. 1879 (S. 80, 1, 336). Comp. DELPECH, *De l'infraction....* (*Revue générale du droit*, 1879, p. 127 et 128). En sens contraire : Montpellier, 19 février 1852 (S. 52, 2, 68); CHAUVEAU, t. I, n° 256; TRÉBUTIEN, t. I, p. 98; BERTAULD, p. 211. Comp. loi 21, § 7, *Dig.*, *De furtis*.

[2] Dans ce sens : Amiens, 2 avril 1840 (S. 40, 2, 272). L'hypothèse prévue est d'autant plus intéressante à relever qu'aucun doute ne pouvait exister sur la *résolution criminelle*. V. le réquisitoire qui précède l'arrêt.

[3] Comp. Cass., 29 juillet 1861 (D. 61, 1, 405); 17 déc. 1874 (S. 75, 1, 385) et la note; ROSSI, t. II, p. 299; BERTAULD, p. 210; CALMÈTES (*Gaz. des tribunaux*, des 24 et 25 oct. 1831).

[4] Comp. Paris, 28 juillet 1848 (D. 49, 2, 166) et la note.

[5] Dans ce sens : Cass., 20 juillet 1861 (S. 61, 1, 1020). Comp. DELPECH, *op. cit.*, p. 129.

actes préparatoires et les actes d'exécution est, en fait, délicate à préciser. Est-ce à dire que la question de savoir si *tel* acte est le commencement d'*exécution* de *telle* infraction ou n'en est que la *préparation*, sera appréciée souverainement par les juges du fait, sans que leur décision, à cet égard, puisse être contrôlée par la Cour suprême? Je ne le pense pas; il appartiendra, sans doute, souverainement aux juridictions d'instruction ou de jugement, de constater que l'agent a accompli *tel* acte, dans l'intention de commettre *tel* délit; mais si les faits sont *faussement qualifiés d'actes d'exécution* ou *d'actes préparatoires*, cette qualification devra être rectifiée par la Cour de cassation, qui a toujours le droit de contrôler les conséquences légales que les juges tirent des faits qu'ils ont d'ailleurs souverainement constatés. La loi, sans doute, n'a pas défini les actes d'exécution constitutifs de la tentative, mais elle exige des actes d'exécution, et c'est la violer, que de refuser ou d'attribuer à tort ce caractère aux actes relevés dans le jugement[1].

Du reste, pour limiter la portée de la règle qui laisse impunis les actes de préparation du délit, il est nécessaire de faire une double observation. *a*) Pris en eux-mêmes, sans relation avec les actes coupables, qu'ils ont probablement pour but de faciliter, les actes préparatoires sont quelquefois incriminés par la loi pénale. Il s'en trouve, en effet, qui, par leur *nature* ou par la *condition* de ceux qui les commettent, sont généralement regardés comme des actes tendant à préparer ou à faciliter certains délits, et dont le danger est, par conséquent, trop grave pour que la loi les laisse impunis. Elle incrimine alors ces faits, non comme des *tentatives* de délits, mais comme des *délits particuliers*; on peut citer, à titre d'exemples, le port d'armes prohibées (C. p., art. 314); la contrefaçon ou l'altération de clefs (C. p., art. 399)[2]. *b*) Les actes préparatoires, par lesquels un individu participe à une infraction tentée ou consommée par un tiers, peuvent également être incriminés, puisqu'ils ne sont pas restés sans effet, non comme des tentatives, mais comme des *actes de complicité* (C. p., art. 60, § 2).

115. La règle ainsi expliquée et limitée, demandons-nous pourquoi les actes préparatoires ne sont pas punis comme des *tentatives* de

[1] Sur la question : Blanche, t. I, n° 12. La jurisprudence de la Cour de cassation, après quelques hésitations, s'est prononcée dans ce sens. Comp. les arrêts précités du 20 juillet 1861, du 14 octobre 1854 et du 17 décembre 1874.

[2] Comp. : Lainé, n° 140.

commettre l'infraction que l'agent avait l'intention d'accomplir? Les actes préparatoires ont tout d'abord un caractère *équivoque;* ils ne se rattachent pas à une infraction déterminée. Sans doute, l'achat, soit d'une arme non prohibée, soit d'une substance vénéneuse, peut constituer la préparation d'un assassinat ou d'un empoisonnement; mais cet acte peut être également indifférent, si l'acheteur n'a eu en vue qu'un usage licite de l'objet dont il s'est procuré la possession. La volonté de commettre le délit n'est, dans ces cas, aucunement manifestée par le fait considéré en lui-même, et cette incertitude sur la relation entre l'infraction et les actes qui ont servi à la préparer est, certes, un des motifs qui ont porté la loi à laisser les actes préparatoires impunis. Mais ce motif n'est pas le seul; car l'impunité existerait encore, même si la preuve était rapportée, par suite d'aveux ou par tout autre moyen, que tel acte a été accompli pour préparer telle infraction. Cet acte obtiendra néanmoins l'impunité, parce qu'il n'a produit jusqu'ici aucun mal déterminé; parce qu'il n'en produira que par suite d'une persistance de volonté chez l'agent dont la loi n'est certaine que par l'exécution même de l'infraction; parce que, jusqu'à cette exécution, il est plus utile à la société de pardonner, pour arrêter l'agent, que de le frapper pour le pousser à consommer l'infraction. Ces motifs nous expliquent que le législateur ait puni, par exception, un acte préparatoire dans l'article 89, § 1. Aux termes de cette disposition, le *complot*, formé en vue de détruire ou de renverser le gouvernement, qui est puni, par le simple fait de son existence, de la peine de la détention, est punissable d'une peine plus grave, la déportation, s'il est suivi d'un acte « commis ou commencé pour en préparer l'exécution. » Cette disposition s'explique, tout d'abord, par l'idée même qui a fait ériger en délit le complot, par le trouble immédiat qu'il entraîne. Elle s'explique aussi par le caractère exceptionnel des délits qui ont pour objet de renverser le gouvernement établi. On ne saurait attendre, en effet, que le complot soit suivi d'un commencement d'exécution pour le punir, car une tentative heureuse rendrait toute répression impossible.

116. Tentative. — Pour que la tentative soit punissable, la loi exige expressément ou implicitement trois conditions (C. p., art. 2) :

1° Il faut qu'il soit démontré, en fait, que l'agent a *voulu* commettre *telle* infraction. Pour être coupable d'avoir tenté tel délit, il est, en effet, nécessaire que ce délit soit dans l'*intention* du délinquant (*tendere ad*). Ainsi, Pierre frappe Paul d'un coup d'épée; il ne peut être question de déclarer Pierre coupable d'une tentative de meurtre, que si on démontre d'abord que Pierre a eu l'*intention* de donner la mort à Paul. Cette première condition exclut la possibilité de commettre des tentatives d'infractions non intentionnelles, telles que des tentatives d'homicide ou d'incendie involontaires[1].

2° Il faut que la volonté de commettre telle infraction ait été *manifestée*, ainsi que je viens de l'expliquer, *par un commencement d'exécution*.

3° Il est nécessaire, enfin, que la consommation de l'infraction ait été *empêchée par un événement fortuit et indépendant de la volonté de l'agent*. Celui-ci n'est pas punissable s'il s'est arrêté *volontairement* avant d'avoir consommé l'infraction, ou s'il a contribué par sa volonté à en empêcher la consommation[2]. C'est là une faveur qui a pour but de provoquer le repentir de l'agent. La société a certainement plus d'intérêt à pardonner l'acte qui n'a pas consommé le délit, pour prévenir le mal à faire, qu'à punir le mal déjà fait; or, il ne suffit pas, pour que la société punisse, que le châtiment soit juste en lui-même, il faut encore qu'il soit utile dans ses effets, condition qui ne se rencontre pas dans la punition de la tentative arrêtée par la volonté du délinquant. Quant à la question de savoir si la tentative, ainsi que le veut la loi, *n'a été suspendue ou n'a manqué son effet que par des circonstances indépendantes de la volonté de son auteur*, c'est un point à examiner, en fait, dans chaque espèce. Ce qu'il faut seulement observer, c'est que le *désistement volontaire* de l'auteur d'une tentative doit l'amnistier, quel qu'en ait été le *motif;* il n'y a pas à rechercher si l'agent s'est arrêté par repentir ou par crainte[3], s'il a définitivement abandonné ou s'il a simplement ajourné l'exécution de son projet[4]. Mais un acte d'exécution, suspendu volontairement, qui, dans l'intention de l'agent, était une tentative pour accomplir tel délit, peut constituer la consommation d'un autre délit, si bien que l'agent, qui ne doit pas être poursuivi pour le délit qu'il a tenté, puisqu'il s'est désisté, peut l'être pour le délit qu'il a consommé. Ainsi, l'individu qui, voulant tuer, s'est arrêté après avoir porté un

[1] Comp., pour les développements : HAUS, t. I, n°s 431 à 436.

[2] La plupart des Codes étrangers subordonnent la répression de la tentative à cette condition. Comp. Code pénal belge (art. 51); Code allemand (art. 46). Du reste, cette disposition a été souvent critiquée.

[3] En sens contraire, l'arrêt précité de Paris, 28 juillet 1848. Sur les difficultés, V. LACOINTA, *op. cit.*, p. 470; BERTAULD, p. 215; RAUTER, n° 204.

[4] Comp. PESSINA, *op. cit.*, p. 240.

premier coup, alors qu'il pouvait achever sa victime, n'est pas coupable de tentative de meurtre, mais l'est certainement de coups et blessures (C. p., art. 307).

Telles sont les conditions essentielles de la tentative punissable. L'existence de ces conditions doit être exprimée dans toutes les décisions des juridictions d'instruction, qui mettent en prévention ou en accusation pour crime ou délit tenté, comme dans toutes les décisions des juridictions de jugement, qui condamnent pour les mêmes causes[1]. Ainsi, pour les tentatives de *crime*, l'arrêt de la chambre des mises en accusation renverra devant la cour d'assises pour tentative, *manifestée par un commencement d'exécution et n'ayant été suspendue ou n'ayant manqué son effet que par une cause indépendante de la volonté de son auteur*. En cour d'assises, la question posée aux jurés devra comprendre, à peine de nullité, ces éléments légaux de la tentative; le président ne devra donc pas se borner à demander : *L'accusé est-il coupable d'une tentative de meurtre?* mais : *L'accusé est-il coupable de la tentative de tel crime, laquelle tentative a été manifestée par un commencement d'exécution et n'a été suspendue ou n'a manqué son effet que par des circonstances indépendantes de la volonté de son auteur?* De même encore, pour les tentatives de délit, dans l'opinion qui impose, pour la légalité de ces tentatives, les conditions prescrites pour la légalité des tentatives de crime, le tribunal correctionnel devra exprimer, dans sa décision, qu'il condamne pour tentative de tel délit, *manifestée par un commencement d'exécution*, etc.

117. Infractions tentées, manquées, consommées. — L'article 2 du Code pénal, qui définit la tentative punissable, confond deux hypothèses distinctes, ou, plutôt, applique la même règle à deux situations différentes, à l'infraction *tentée* et à l'infraction *manquée* : « Toute tentative..., si elle n'a été *suspendue* ou si elle n'a *manqué* « son effet... » Le délit tenté et le délit manqué sont des délits *imparfaits* : tel est leur caractère commun : aussi les oppose-t-on l'un et l'autre au délit *consommé*. Mais leur imperfection ne tient pas à la même cause : et c'est en quoi ils diffèrent. En effet, un délit peut être imparfait, parce que la série des actes qu'il suppose a été interrompue ou insuffisamment exécutée : mais il peut l'être aussi, quand l'action étant parfaite pour produire le mal du délit, l'agent n'a cependant pas

[1] Comp. Cass., 4 avril 1872 (S. 73, 1, 46); Chauveau, t. I, n° 169; Faustin Hélie, t. VIII, n° 3676; Blanche, t. I, n° 14; Le Sellyer, *Traité de la criminalité*, t. I, n° 31.

obtenu le résultat qu'il en attendait : on dit, dans le premier cas, que la tentative a été « *suspendue* »; qu'elle a été « *manquée* », dans le second. Ainsi, un individu verse une substance vénéneuse dans le verre de la personne qu'il veut empoisonner; au moment où celle-ci porte le verre à ses lèvres, le pharmacien, qui a vendu cette substance, intervient et empêche la consommation du délit; l'empoisonnement a été tenté. Le poison a été bu par la personne à laquelle on le destinait, mais un antidote, pris à temps, a neutralisé ses effets; l'empoisonnement a été *manqué*. Dans ce cas, il y a plus qu'un commencement d'exécution de l'empoisonnement, car, si nous consultons la définition de l'art. 301 du Code pénal, le crime a été même *consommé;* en effet, pour la loi, qu'est un empoisonnement? « Tout attentat à la vie d'une personne par l'effet de substances qui peuvent donner la mort plus ou moins promptement, de quelque manière que ces substances aient été employées ou administrées, et *quelles qu'en aient été les suites* ». Cette définition prouve que, dans le sens légal, l'empoisonnement est un crime *consommé*, même lorsque son effet est *manqué*. Quelle est donc la portée de l'art. 2 du Code pénal, qui assimile les *délits tentés* aux *délits manqués*, sous le nom générique de *tentatives*, en les distinguant des *délits consommés?* La question est délicate : pour en comprendre l'intérêt, il faut distinguer deux catégories d'infractions: *a*) Souvent, la loi punit un *fait* déterminé, un fait dont *l'exécution seule* constitue le délit. Ce fait peut avoir des conséquences préjudiciables, que le coupable a eues certainement en vue lorsqu'il l'accomplissait; mais le délit est *consommé*, encore que ces conséquences n'aient pas été produites. Ainsi, le crime de fausse monnaie, prévu par l'art. 132, est accompli dès que les monnaies ont été contrefaites ou altérées, alors même qu'elles n'auraient pas été émises; le faux, prévu par les articles 145 et suiv., est consommé, alors même que le faussaire n'aurait pas obtenu les avantages qu'il attendait de l'acte falsifié; l'empoisonnement est accompli dès que les substances propres à donner la mort ont été absorbées, alors même que la mort ne s'en serait pas suivie. On ne peut donc considérer l'altération de monnaies, le faux, l'empoisonnement, dans le cas où ils n'ont eu aucun résultat, comme des *tentatives qui auraient manqué leur effet :* ce sont bien des crimes *consommés*. *b*) Mais la loi ne se borne pas toujours à incriminer des actes, abstraction faite de leur conséquence; elle exige, comme condition même de la consommation d'un grand nombre d'infractions, que l'exécution de l'acte délictueux ait produit son effet et que l'agent ait obtenu le résultat immédiat qu'il en attendait[1]. Les infractions de cette nature ne sont donc *consommées* qu'au moment où le mal du délit a été accompli. Il en est ainsi du meurtre, qui n'est consommé que par la mort volontairement donnée à la victime (C. p., art. 295); de l'avortement, qui n'est consommé que par la réussite des manœuvres abortives (C. p., art 317). Toutes les fois donc que l'infraction, telle qu'elle est définie par la loi pénale, consiste dans un effet déterminé, tel que un homicide, un avortement, etc., l'action, exécutée dans l'intention de réaliser cet effet, ne forme qu'une tentative, quand cet effet n'a pas été produit, et doit être traitée, au point de vue légal, comme une *tentative* de crime et non comme un crime *consommé*. Or, il importe de fixer avec précision le moment où l'exécution du fait délictueux cesse d'être une tentative et prend le caractère d'une infraction consommée : cela importe, non au point de vue de la peine, puisque l'infraction tentée est punie de la même peine que l'infraction consommée, mais au point de vue du *désistement volontaire de l'agent*. Tant que l'infr action n'est pas consommée, la tentative pour la commettre reste impunie, si elle n'a manqué son effet que par la volonté même de l'auteur. Or, pour que l'agent puisse invoquer cette disposition, il faut que le fait, à raison duquel il est poursuivi, ne constitue qu'une tentative. Dès que l'infration est consommée, les actes par lesquels le délinquant essayerait de réparer le préjudice causé, anéantirait même, autant qu'il dépendrait de lui, les conséquences de de l'acte délictueux n'empêcheraient pas l'infraction d'avoir été consommée et la peine d'être encourue. La réparation du préjudice pourrait être une circonstance atténuante de la culpabilité, mais non un fait justificatif[2]. Ainsi, la décision, qui prendrait, pour fait interruptif d'une tentative de *vol*, la restitution volontaire de l'objet volé, serait rendue en violation de l'article 379, puisque le vol est consommé par la soustraction frauduleuse de la chose, c'est-à-dire dès que le

[1] Je dis le résultat immédiat; car un crime, tel qu'un meurtre, peut n'être qu'un moyen d'atteindre un but déterminé, par exemple, de recueillir la succession de la victime. Mais peu importe que le délit n'ait pas procuré à l'agent ce résultat, dernier but de son crime, l'infraction est consommée si le but immédiat de l'acte (dans le cas prévu, l'homicide) en est résulté.

[2] Certaines législation, admettent, — et cette règle me paraît fort raisonnable, — que, même après la consommation de l'infraction, la réparation volontaire et complète du préjudice peut être un fait justificatif. Le Code pénal allemand, par exemple, contient une disposition ainsi conçue (art. 46, § 2) : « *La tentative ne sera pas punie, lorsque l'auteur aura, à une époque où l'acte n'a pas encore été découvert, détourné par son propre fait l'effet qui constitue la consommation du crime ou du délit.* »

voleur s'en est emparé dans l'intention de se l'approprier[1]. Ainsi encore, ce serait en vain que l'individu, qui a fait prendre une substance vénéneuse, en aurait paralysé les effets, en administrant lui-même un antidote : car, aux termes de l'article 301, l'empoisonnement est un crime consommé, alors même que son effet est manqué[2].

En résumé, pour savoir si telle infraction est consommée ou s'il n'y a qu'une tentative, il faut examiner, non pas si l'auteur a atteint le but qu'il se proposait en commettant le délit, mais uniquement si le fait qu'il a accompli pour réaliser son projet, renferme tous les éléments constitutifs du crime, tels qu'ils sont précisés dans la définition qu'en donne la loi[3].

118. Infractions impossibles. — Je viens de mettre en garde contre une première confusion, souvent faite, entre les crimes *manqués* et les crimes *consommés;* je dois mettre également en garde contre une seconde confusion, qui consisterait à assimiler les infractions *impossibles* à des infractions *manquées*. Ainsi une femme, qui se croit enceinte et qui ne l'est pas, pratique des manœuvres abortives; un individu, qui veut acheter du poison, par erreur, achète une substance inoffensive et la fait prendre : y a-t-il, dans ces hypothèses, avortement

[1] Comp. Cass., 16 juin 1842 (S. 42, 1, 853); Cour de Bruxelles, 26 août 1874, arrêt cité par Haus, t. II, n. 422. La même solution était donnée par la loi romaine : Loi 65, *Dig.*, 47, 2.

[2] Cette proposition, dont l'énoncé seul implique une sorte de contradiction, montre le vice de la définition légale de l'empoisonnement donnée par l'article 301. Plus exactement, le Code pénal de 1791 qualifiait l'empoisonnement : *l'homicide commis volontairement au moyen de substances vénéneuses* (2me partie, tit. 2, sect. 1, art. 12); indiquant, par là, que la consommation de ce crime ne pouvait avoir lieu que par la mort de la victime. Le Code pénal belge de 1867 a repris la définition du Code pénal de 1791. Comp. Haus, t. I, n. 429; Blanche, t. IV, n. 514. Comp. cependant Locré, t. XXX, p. 501.

[3] L'application de ce principe présente quelques difficultés. On peut éprouver des doutes sur le point de savoir si l'on classera un délit dans l'une ou l'autre de ces catégories. Ainsi pour l'*incendie :* l'art. 434 du C. p. considère comme incendiaire « quiconque aura volontairement *mis le feu* à des édifices, navires, etc... » Est-ce à dire que l'incendie soit consommé dès que l'agent a mis le feu à l'objet qu'il voulait incendier? Est-ce à dire que le repentir, qui porterait l'agent à éteindre, aussitôt après, l'incendie qu'il a allumé, serait trop tardif? Des criminalistes le pensent, Chauveau et Hélie, t. VI, p. 71; il nous semble cependant résulter de l'ensemble des dispositions de l'art. 434, qu'il n'y a d'incendie *consommé* que si le feu a causé un dommage sérieux, un « préjudice », suivant les expressions plusieurs fois répétées du texte. Par conséquent, si, avant que l'incendie eût causé un dommage sérieux, l'auteur avait lui-même fait manquer le délit, son repentir serait assez prompt pour lui mériter l'impunité. Dans ce sens : Cass., 21 août 1845 (D. 45, 1, 502); Haus, t. I, nº 495; Lainé, nº 176.

et empoisonnement *manqués?* Le délit impossible est si voisin du délit manqué qu'il semble n'en être qu'une variété : dans le délit impossible, comme dans le délit manqué, le mal que voulait l'agent n'a pas été produit, mais l'agent a fait tout ce qu'il a pu pour le produire : n'y a-t-il pas tentative *manquée par des circonstances indépendantes de la volonté de l'auteur?* Ces ressemblances entre le délit impossible et le délit manqué sont exactes; mais le délit impossible se sépare du délit manqué en un point essentiel : c'est que *le résultat voulu par l'agent ne pouvait être atteint.* Il résulte de cette différence que la fin du délit étant en dehors du pouvoir de l'agent, les actes destinés à l'accomplir ne peuvent être considérés comme en étant l'exécution. Pour assimiler une infraction impossible à une infraction manquée, il faudrait, de deux choses l'une : ou que la loi pénale punisse la résolution de commettre une infraction, lorsque cette résolution est certaine; ou que les actes accomplis puissent être considérés comme le commencement d'exécution de l'infraction que l'agent voulait commettre. Or l'exécution d'une infraction impossible est, en quelque sorte, imaginaire; il n'en subsiste, en réalité, qu'une résolution criminelle. Sans doute, les actes accomplis pour exécuter l'infraction manifestent, de la part de l'agent, la volonté bien arrêtée de produire le mal du délit; mais, pour la justice sociale, *l'intention* seule, quelque certaine et quelque perverse qu'elle soit, ne peut imprimer aux faits qui la révèlent, un caractère de criminalité qu'ils n'ont pas par eux-mêmes. Les infractions impossibles, dans l'état actuel de notre loi pénale, restent donc impunies. Cette conclusion, qui s'appuie sur l'interprétation même de l'artcle 2 du Code pénal, est encore confirmée par l'article 301, qui, en qualifiant l'empoisonnement, un « attentat au moyen de substances, *propres à donner la mort* », montre que la tentative, rendue impossible par l'innocuité des substances administrées, ne constitue pas la tentative du crime d'empoisonnement [1].

Si tout le monde est d'accord sur le principe, les divergences commencent, lorsqu'il s'agit de l'appliquer : il reste, en effet, à se demander dans quels cas l'infraction peut être considérée comme impos-

[1] Cependant nous ne critiquerions nullement une législation qui punirait la tentative d'un délit, impossible à consommer à raison des *moyens* employés par l'auteur. Il y a, en effet, plus qu'une résolution criminelle; il y a un acte qui, sans doute, n'a produit aucun mal par suite d'une erreur de l'agent, mais qui cause cependant un trouble social par la crainte qu'il fait naître. Comp. VILLEY (*La France judiciaire*, t. II, p. 150).

sible à accomplir[1]. En soumettant à l'analyse les diverses hypothèses où la question peut se présenter, on remarque que l'impossibilité, réelle ou apparente, de commettre telle infraction peut provenir, soit de l'*objet* même de l'infraction, soit des *moyens* employés pour la commettre, et qu'elle peut être, dans l'un et l'autre cas, tantôt radicale ou absolue, tantôt relative ou individuelle.

a) L'impossibilité, qui tient à l'*objet* du délit, est *absolue*, lorsque cet objet n'existe point ou qu'il n'a pas la qualité qui est essentielle pour l'existence du délit. Ainsi, administrer des substances abortives à une femme qui n'est pas enceinte; tirer un coup de fusil pour blesser ou tuer une personne déjà morte; soustraire frauduleusement une chose que l'agent croyait appartenir à autrui et qui était sienne; c'est essayer un délit qu'il est *absolument* impossible de commettre, puisque le délit manque d'objet. Dans ces hypothèses, la jurisprudence et la doctrine sont d'accord pour écarter toute répression[2].

L'impossibilité, qui tient à l'objet du délit, est *relative*, si l'objet du délit existe réellement, mais qu'il n'existe pas ou qu'il n'existe plus là où l'agent croyait le trouver. Deux hypothèses sont saillantes et ont fait l'une et l'autre l'objet de décisions de jurisprudence en sens divers : — un individu tire un coup de fusil dans une chambre où il croyait que se trouvait la personne qu'il voulait homicider; cette personne s'y tenait habituellement en effet; par hasard, elle était absente[3]. — Un malfaiteur essaye de soustraire l'argent que renferme le tronc d'une église; mais ce tronc est trouvé vide[4].

[1] Sur la question, comp. : HAUS, t. I, nos 464-470; BERTAULD, p. 202 à 209; Hugo MEYER, *Lehrbuch des deutschen Strafrechts* (Erlangen, 1881), p. 216, et les nombreux travaux allemands qui s'y trouvent cités; LAINÉ, nos 167 à 174; Joseph LEFORT, *De la tentative des crimes impossibles* (*Rev. gén. du droit*, t. II, 1878, p. 8); VILLEY, *Du délit impossible* (*France judic.*, t. II, p. 185). V. également le texte de la célèbre sentence du Tribunal suprême de l'empire allemand en date du 24 mai 1880 (*Rivista penale*, 1881, t. XIV, p. 202) qui a donné lieu, en Allemagne, à des dissertations nombreuses, dans lesquelles la théorie de la tentative a été reprise sous tous ses aspects.

[2] Comp. Cass., 6 janvier 1859 (S. 59, 1, 362); BLANCHE, t. I, p. 10 et suiv.

[3] La Cour de Montpellier a refusé de voir dans ce fait une tentative de meurtre, 26 février 1852 (S. 52, 2, 464). La Cour de Chambéry a suivi le même système, dans un arrêt du 20 janvier 1877. Mais la Cour suprême a cassé l'arrêt de Chambéry par arrêt du 12 avril 1877 (D. 1878, 1, 33), rendu contrairement aux conclusions de M. Robinet de Cléry. Comp. DELPECH, *Rev. générale du droit*, 1879, p. 356; ORTOLAN, t. I, p. 458 en note; VILLEY, *op. cit.*, p. 188.

[4] BOURGUIGNON, *Codes criminels*, t. III, p. 10, cite un arrêt qui considère le vol comme impossible dans ce cas. Mais la Cour de cassation s'est prononcée en sens contraire par arrêt du 4 novembre 1876 (D. 1878, 1, 33).

b) L'impossibilité peut aussi résulter des *moyens* employés par l'agent pour commettre l'infraction, et être absolue ou relative : — *Absolue :* ainsi, dans le dessein de commettre un meurtre, un individu s'arme d'un fusil qu'il avait chargé à l'avance, ajuste sa victime, fait partir la détente; mais, à son insu, le fusil avait été déchargé[1]; voulant commettre un empoisonnement, l'agent a fait prendre des substances qu'il croyait vénéneuses et qui étaient inoffensives[2] : dans ces conditions, le meurtre et l'empoisonnement étaient *radicalement* impossibles à accomplir avec les moyens employés. — *Relative :* quand les moyens mis en œuvre sont de nature à réaliser l'infraction, mais qu'elle ne peut être consommée par des circonstances indépendantes de la volonté de l'agent : ainsi, voulant tuer, l'agent charge son fusil, ajuste, fait partir la détente; mais le fusil manque à tirer, ou la poudre ne s'enflamme pas; ou bien l'agent tire, mais à une trop grande distance pour tuer la personne qu'il visait; ou bien encore, l'agent ne sait pas manier l'arme à feu ou les instruments dont il est muni.

Sans entrer dans une discussion qui sortirait des cadres de ce travail, voici quel est, à mon sens, le *criterium* qu'il ne faut jamais perdre de vue : Pour exclure l'application des règles de la tentative aux hypothèses que je viens de prévoir, il est nécessaire que le résultat délictueux voulu par l'agent soit impossible à atteindre non-seulement par lui, mais par tout autre agent. Qu'est-ce qu'un délit impossible, en effet? C'est un délit qui, tel qu'il est défini par la loi, avec les moyens employés pour le commettre, n'a pu recevoir d'exécution. Je crois donc que, sans qu'on doive s'attacher à la distinction entre l'impossibilité *relative* et l'impossibilité *absolue*[3], il faut poser, comme règle, qu'il n'y a pas délit *manqué* ou *tenté*, mais délit *impossible*, toutes les fois que l'impossibilité de commettre le délit tient à l'objet ou que, tenant aux *moyens* employés par l'agent, elle est *absolue*, qu'elle

[1] La Cour d'Agen a considéré que ce fait constituait une tentative de meurtre, par arrêt du 8 décembre 1849 (S. 52, 2, 66). Sur cette décision, comp. en sens divers : Blanche, t. I, p. 9 et 15 ; Carrara, *op. cit.*, § 364; Lacointa, *op. cit.*, p. 473.

[2] Sans discussion aucune, ce fait ne peut être incriminé sous la qualification de tentative d'empoisonnement, car l'article 301 exige, comme élément constitutif du crime d'empoisonnement, que les substances administrées soient susceptibles de donner la mort plus ou moins promptement. Mais ce fait peut être incriminé, aux termes de l'article 317, sous une qualification différente. Comp. Blanche, t. I, p. 13.

[3] C'est cependant le *criterium* auquel la Cour de cassation paraît se rattacher dans son célèbre arrêt du 12 avril 1877. Il n'a rien de précis, et les auteurs qui l'admettent sont en divergence sur son application. Comp., par exemple : Haus, t. I, n°s 422 et suiv.; Ortolan, t. I, n°s 1001 et suiv.

est telle, en un mot, qu'aucun agent, avec les mêmes moyens et dans les mêmes conditions, n'aurait pu commettre le délit[1].

II. DANS QUELS CAS LA TENTATIVE EST-ELLE PUNIE ET DE QUELLE PEINE?

119. La loi n'a pas une règle unique : elle distingue suivant que la tentative a été commise en matière de *crimes*, auquel cas la tentative est punissable, sauf exception; en matière de *délits*, auquel cas elle reste impunie, sauf exception; en matière de *contraventions*, auquel cas elle est toujours impunie. Ces distinctions s'appuient sur cette idée rationnelle que la loi ne doit déclarer punissables que les tentatives qui ont pour objet des infractions graves. En effet, l'intérêt social, en ce qui concerne les infractions légères consommées, est déjà si faible, qu'il devient presque nul lorsqu'il ne s'agit plus que de simples tentatives.

120. I. **De la tentative en matière de crimes.** — La tentative de crime est, en principe, punissable de la *même peine* que le crime consommé. Notre ancienne jurisprudence criminelle s'était généralement arrêtée à cette solution que la tentative devait être punie, mais d'une peine moindre que le crime consommé : « *Aliud est crimen*, avait dit Alciat, *aliud conatus, hic in itinere, aliud in meta est* ». Mais, pour les crimes réputés atroces, c'est-à-dire pour les crimes de lèse-majesté au premier chef, de parricide, d'assassinat, d'empoisonnement, la tentative était punissable de la même peine que le crime accompli[2]. Ce fut par suite de ce précédent, que le Code pénal de 1791 punit la tentative d'empoisonnement ou d'assassinat à l'égal du crime consommé[3]. Il s'écarta de notre ancienne jurisprudence en laissant impunies toutes les autres tentatives. C'était une lacune; elle fut comblée par une loi du 23 prairial an IV, qui vint étendre à toutes les tentatives les dispositions du Code pénal de 1791 sur les tentatives d'empoisonnement et d'assassinat. Le texte de cette loi, qui passa, avec quelques modifications sans importance, dans l'article 2 du Code

[1] Comp. Lainé, nos 172 et 173, dont la solution est encore plus radicale que la mienne.

[2] Ord. de 1670, titre XVI, art. 4.

[3] Tit. II, art. 13, 15, 16.

pénal de 1810, fut maintenu, en 1832, avec un léger changement de rédaction.

Ainsi, notre législation ne fait aucune différence, au point de vue de la pénalité, entre les crimes, suivant qu'ils sont consommés, tentés ou manqués. Il semblerait rationnel cependant de graduer la pénalité sur le développement même de l'infraction. 1° Au crime *consommé* seulement devrait s'appliquer la peine prononcée par la loi contre l'infraction. 2° Le crime *manqué* devrait être puni d'une peine moindre que le crime consommé, mais plus forte que celle prononcée contre le crime simplement tenté. En effet, si le crime manqué est achevé quant à l'*agent*, si celui-ci « a commis le crime autant qu'il pouvait le commettre », il ne l'est pas quant à la *victime*, quant au *mal* qui en constitue la fin. Or, une législation, qui ne fonde pas la pénalité sur la moralité seule des actions humaines, mais qui considère le préjudice causé par ces actions, punira moins sévèrement le crime manqué que le crime consommé. 3° Enfin, au dernier degré, sera placé le crime simplement tenté. Il existe, en effet, entre le crime manqué et le crime tenté, une différence du côté de l'agent. Celui-ci n'a pas parcouru tous les degrés de l'infraction; sans doute, il a été arrêté en route par une cause indépendante de sa volonté : mais qui peut affirmer qu'il ne se serait pas arrêté volontairement avant la consommation dernière du crime? Il reste une possibilité pour le repentir, et cette possibilité suffit pour que la loi ne punisse pas l'agent, comme elle l'aurait puni s'il avait consommé le crime ou même s'il l'avait manqué[1].

121. Quoi qu'il en soit, la règle est précise : la tentative de crime est punie comme le crime même. Cette règle, qui est certainement générale[2], ne subit-elle pas quelques exceptions?

A. Une première exception est faite par l'article 317 en matière d'*avortement;* mais la jurisprudence et les auteurs sont en désaccord sur son étendue : 1° à l'égard de la femme, qui a travaillé à se *procu-*

[1] L'article 52 du Code pénal belge punit la tentative de crime qui n'a été suspendue ou n'a manqué son effet que par des circonstances indépendantes de la volonté de l'auteur « de la peine immédiatement inférieure à celle du crime même ». Comp. pour la législation étrangère en matière de tentative : Berge, *op. cit.*, p. 303.

[2] Le principe de l'article 2 est général, il s'applique non-seulement aux tentatives de crimes prévus par le Code pénal, mais à celles des crimes prévus par les lois spéciales. Comp. : Code du 9 juin 1857, art. 202; Code du 4 juin 1858, art. 260. Ces textes ont mis fin à la question de savoir si les tentatives de crimes militaires étaient punissables. Comp. : Cass., 13 nov. 1852 (D. 52, 1, 332).

rer l'avortement, le texte est formel, et la peine de la réclusion n'est encourue que « si l'avortement s'en est suivi »; la tentative d'avortement de la femme reste donc toujours impunie; 2° à l'égard des médecins, chirurgiens, officiers de santé ou pharmaciens, qui auront indiqué ou administré des substances abortives, le texte est formel en ce qui concerne l'aggravation de peine prononcée contre eux, en raison de leur qualité personnelle : cette peine, qui est celle des *travaux forcés*, n'est prononcée que « dans le cas où l'avortement aurait eu lieu »; mais, en ce qui concerne la peine ordinaire de l'avortement, la *réclusion*, prononcée contre « quiconque par aliments, breuvages, médicaments, violences, ou par tout autre moyen, aura procuré l'avortement d'une femme enceinte..... », le texte ne fait pas, en termes *exprès*, la même restriction. La Cour de cassation décide, en présence de ce texte, et sa jurisprudence sur ce point paraît bien établie, que les tentatives d'avortement, opérées par des chirurgiens, médecins, etc., n'échappent pas à toute pénalité, mais seulement à l'aggravation de peine, qui atteindrait ces personnes, si l'avortement avait été *consommé*[1]. Presque tous les auteurs se prononcent, avec raison, contre cette jurisprudence. Je n'invoquerai pas contre elle les expressions mêmes du texte : « Quiconque... *aura procuré l'avortement* », comme si ces expressions marquaient, par elles-mêmes, et par elles seules, l'intention bien arrêtée du législateur de punir seulement l'avortement *consommé;* car beaucoup de dispositions pénales sont rédigées dans des termes tels qu'elles paraissent ne viser que le crime consommé, et cependant personne ne doute de l'application, aux crimes prévus par ces textes, de l'article 2 du Code pénal, qui contient une règle générale. Mais il est facile de trouver, soit dans les motifs de la loi, soit dans l'histoire de sa rédaction, des raisons décisives contre cette jurisprudence[2].

[1] Comp., par exemple : Cass., 3 mars 1864 (D. 64, 1, 406); DE VASSON, *Tentative d'avortement* (*Rev. crit.*, t. XV, 1859, p. 179).

[2] La commission du Corps législatif avait proposé d'ajouter à la fin de chaque alinéa de l'article 317 une disposition n'appliquant à la tentative d'avortement que la peine d'un emprisonnement de six mois à deux ans, et elle motivait cet amendement sur cette considération que, avec le texte proposé, la tentative d'avortement restait toujours impunie. L'amendement fut rejeté; mais il résulte de ce fait que, dans la pensée du législateur, l'article 317 ne punit que l'avortement *consommé*. Berlier, du reste, l'un des rédacteurs du Code pénal, expliquant, dans la séance du 26 juin 1809, au Conseil d'État, l'immunité accordée à la femme, qui ne réussit pas à se procurer l'avortement, disait : « Si le législateur doit désirer que les mœurs s'épurent, il doit aussi craindre de donner ouverture à des procédures indiscrètes et qui amèneraient

B. Une deuxième exception au principe de l'article 2 est admise en matière de faux témoignage. Remarquons d'abord que la loi punit seulement, dans l'article 361, le faux témoignage porté dans les débats qui ont précédé le jugement, « soit contre l'accusé, soit en sa faveur ». Les fausses déclarations faites dans *l'instruction préparatoire* ne tombent pas sous l'application de la loi pénale[1]. Mais le témoin qui, même dans le cours des débats, a fait une déposition mensongère, ne peut être poursuivi pour faux témoignage s'il l'a rétractée avant leur clôture. En effet, la déposition n'est pas terminée tant que les débats sont ouverts; jusqu'à leur clôture, le témoin a toujours le droit et le devoir de compléter, de modifier et, par conséquent, de rétracter sa déposition. C'est donc seulement après la clôture des débats que le crime de faux témoignage existe : de telle sorte qu'on ne conçoit même pas *légalement* la tentative de faux témoignage; dans cette matière, ou bien il n'y a pas de délit du tout, ou bien il y a délit consommé[2].

122. II. **De la tentative en matière de délits.** — Aux termes de l'article 3, la tentative de délits n'est punissable « *que dans les cas déterminés par une disposition spéciale de la loi* ». Ainsi, sur la question de savoir dans quels cas la tentative est punissable, nous trouvons dans notre législation, deux principes opposés et qui paraissent contradictoires, suivant qu'il s'agit de délits ou de crimes. A l'empereur qui demandait, en Conseil d'État, la raison d'être de cette différence, deux motifs furent donnés. La tentative de crime serait d'abord plus facile à constater que celle de délit. Ce motif est loin d'être satisfaisant; les crimes et les délits ne sont pas autant séparés les uns des autres qu'on pourrait le croire, puisque le même fait, le *vol* par exem-

souvent, pour tout résultat, beaucoup de scandale » (Locré, t. XXX, p. 426, 453, 463, 503). Or, ce motif, pour laisser impunies les tentatives d'avortement, s'applique, que l'auteur soit la femme ou toute autre personne. L'application judaïque du texte, ainsi que l'interprète la Cour de cassation, conduit, du reste, à des conséquences inadmissibles : supposons, en effet, une tentative d'avortement, pratiquée par une femme enceinte, avec l'aide d'une sage-femme : avec la jurisprudence, la femme, c'est-à-dire l'auteur principal, resterait impunie et sa complice serait punissable! — D'après le Code pénal belge, la tentative du crime d'avortement n'est punie que si les moyens employés pour faire avorter une femme *qui n'y a pas consenti* ont manqué leur effet (art. 353); Haus, t. I, n° 481.

[1] Comp. : Faustin Hélie, t. V, p. 599; Chauveau et Hélie, t. IV, p. 441; Cass., 31 janvier 1859 (D. 59, 1, 239). Ces dépositions sont faites à titre de simples renseignements, sans que le serment soit exigé du témoin à peine de nullité.

[2] Comp., sur ce point : Haus, t. I, n° 467, qui met très bien en relief cette idée que la tentative du crime de faux témoignage est juridiquement impossible. V. *Gazette des Tribunaux*, n° du 2 juin 1882.

ple, avec une circonstance de plus ou de moins, peut être un délit ou un crime. Le véritable motif de la différence, c'est que les délits, étant moins graves que les crimes, le législateur peut plus facilement en négliger la tentative. Ce qui prouve que telle est bien la portée de la règle, c'est que toutes les fois que la tentative d'un délit est de nature à troubler l'ordre social, elle est, par exception, punissable. Ainsi, pour le vol (C. p., art. 388 à 401), pour le détournement d'objets saisis (C. p., art. 406, § 2), pour l'escroquerie (C. p., art. 405), pour l'évasion de détenus (C. p., art. 241 à 245), la tentative est punie de la même peine que le délit consommé.

Il nous paraît évident que toutes les fois que la tentative de délit est punissable, elle doit réunir les conditions prévues par l'article 2 pour la tentative de crime, c'est-à-dire : 1° être manifestée par un commencement d'exécution; 2° n'avoir été suspendue ou n'avoir manqué son effet que par une cause indépendante de la volonté de son auteur. La jurisprudence fait cependant quelque difficulté pour admettre l'application de ces principes à la tentative de délit[1]. Est-ce à raison du silence de l'article 3? Mais l'article 3 se borne à nous dire que la tentative de délit ne sera punie que par exception, sans définir la tentative punissable; or, il résulte du rapprochement des articles 2 et 3, que la *définition générale* de la tentative punissable se trouve dans le premier, auquel le second paraît se référer. Ce qui le prouve, c'est que la loi du 25 frimaire an VIII, origine de l'article 3 du Code pénal, définissait, dans son article 17, la tentative de délit *punissable* de la même manière qu'était définie la tentative de crime.

123. III. **De la tentative en matière de contraventions.** — Les articles 2 et 3 ne font pas mention de cette tentative; de ce silence, on peut conclure, à bon droit, que la tentative de contravention n'est pas punissable. D'une part, les contraventions sont des fautes trop légères pour que la tentative en soit dangereuse pour l'ordre social; d'autre part, les contraventions, constituant, en général, des infractions que la loi punit, sans rechercher si elles ont été commises avec ou sans intention, il est naturel d'en négliger la tentative, et de n'incriminer que des faits accomplis.

[1] Comp. : Cass., 1er juillet 1880 (S. 81, 1, 237); Le Sellyer, *Traité de la criminalité*, t. I, p. 142; Chauveau, t. I, n° 267; Blanche, t. I, n°s 21 et 22.

CHAPITRE III.

DE L'ÉLÉMENT MORAL DE L'INCRIMINATION.

I. NOTIONS GÉNÉRALES.

124. L'homme n'est *responsable,* au point de vue pénal, comme au point de vue civil, du fait illicite qu'il a matériellement commis, que lorsque ce fait lui est *imputable,* c'est-à-dire quand on peut le mettre à son compte. Mais pour que la justice sociale ait le droit de mettre une action sur le compte de l'agent, dans le but de régler ce compte avec lui, il faut que l'agent ait commis une faute (*culpa*), qu'il soit coupable. De là, trois idées, qui se lient et se complètent : les idées d'*imputabilité,* de *responsabilité* de *culpabilité.* Imputer un fait à quelqu'un, c'est, en effet, le mettre à son compte pour lui en faire subir les conséquences; c'est dire qu'il en est coupable et, par conséquent, responsable. La *culpabilité* et la *responsabilité,* sont des conséquences si directes, si immédiates de l'*imputabilité,* que les trois idées sont équivalentes et les trois mots synonymes.

125. L'agent, qui a commis le fait matériel qui constitue l'infraction à telle disposition de la loi pénale, ne peut en être responsable que s'il a compris qu'il faisait mal et s'il a librement agi. L'*intelligence* et la *liberté* de l'agent sont donc des éléments constitutifs de toute infraction, des contraventions, comme des crimes et des délits, des infractions non intentionnelles, comme des infractions intentionnelles. Par *intelligence,* j'entends la faculté de discerner l'illégalité de l'acte qu'il s'agit d'imputer; avoir agi avec intelligence, c'est avoir fait usage de cette faculté dans l'acte particulier dont on est l'auteur. Par *liberté,* j'entends la faculté *interne* (*libre arbitre*) de vouloir ou de ne pas vouloir, de se déterminer, sans y être contraint, à accomplir un acte; et la faculté *externe* d'agir ou de ne pas agir, de faire ou de s'abstenir; avoir agi avec *liberté,* c'est avoir voulu l'acte délictueux et l'avoir librement accompli [1]. En déclarant un individu coupable

[1] Le droit criminel moderne repose, avant tout, sur la notion du libre arbitre, considéré comme une condition essentielle de la responsabilité légale. Mais il ne considère la notion du libre arbitre qu'à un point de vue empirique, il ne discute ni avec

d'une infraction, la justice pénale affirme par cela même que cet individu a pu comprendre l'illégalité de l'acte qu'il commettait, que cependant il l'a voulu, ou, tout au moins, n'a pas employé sa volonté à l'éviter, et que, par conséquent, il est en faute. L'intelligence et la liberté sont toutes deux nécessaires, mais il est évident que, sans la première, la seconde ne se conçoit pas, car l'agent, qui ne distingue pas le bien du mal, ne peut librement choisir entre l'un et l'autre; tandis que l'intelligence existant toujours, la liberté peut néanmoins faire défaut. Du reste, dans un grand nombre d'infractions, il ne suffit pas, pour établir la responsabilité criminelle, de prouver que l'agent a été intelligent et libre, il faut encore prouver qu'il a eu l'*intention de violer la loi*. D'où, quant à ces faits, une troisième condition de l'imputabilité : l'*intention criminelle*. Il suit de là que la *culpabilité civile* et la *culpabilité pénale* ne s'apprécient pas de la même manière. Lorsqu'il s'agit de la réparation à laquelle l'auteur d'un fait dommageable est tenu, la culpabilité, et, par conséquent, la responsabilité naît de toute faute, qu'elle soit intentionnelle ou non intentionnelle. Il en est autrement quand il s'agit d'appliquer une peine à l'auteur d'une infraction. En effet, le plus souvent la loi punit seulement la faute intentionnelle.

126. Les causes de non-culpabilité, en matière pénale, résident dans la *faiblesse de l'âge*, la *démence*, la *contrainte*, l'*absence d'intention criminelle*. Le *sexe* est considéré par la loi comme n'exerçant aucune influence sur la responsabilité, qui est égale pour les hommes et pour les femmes.

II. DE L'INFLUENCE DE L'AGE SUR LA RESPONSABILITÉ PÉNALE[1].

127. La vie humaine, au point de vue de l'imputabilité pénale, peut être partagée en trois grandes périodes : pendant la première, il est *certain* que l'enfant n'est que l'agent inconscient des actes qu'il

le matérialisme et le déterminisme qui le nient, ni avec le spiritualisme qui l'exagère; il prend pour point de départ ce fait d'observation qu'à dater d'un certain âge, l'individu a acquis une somme de facultés physiques et psychiques suffisante pour reconnaître, dans un cas donné, l'importance légale d'un acte (*discernement*), et pour se décider librement à le commettre ou non (*libre abitre*). C'est sur cette base que repose to ute la législation pénale.

[1] BIBLIOGRAPHIE : ORTOLAN, *De l'âge chez l'agent des délits quant à l'imputabilité pénale* (*Rev. de législ.*, 1843, t. I, p. 453; t. II, p. 181).

accomplit : ces actes ne lui sont donc pas imputables; pendant la seconde, le discernement de l'enfant et de l'adolescent est *douteux;* le délit qu'il commet lui est-il imputable? C'est une question à examiner et à résoudre dans chaque espèce; pendant la troisième, on *sait* que l'homme a acquis la plénitude de son intelligence; le délit qu'il commet lui est donc imputable, à moins qu'il ne prouve l'existence, au moment où il l'accomplissait, d'une circonstance *accidentelle* qui lui ôtait le discernement. Mais il est difficile, impossible même de fixer, d'une manière absolue, la limite précise qui sépare ces périodes. Le développement intellectuel, comme le développement matériel, se produit, chez chacun de nous, par succession lente et continue; il varie, du reste, d'individu à individu. La loi pénale peut donc choisir entre deux systèmes absolus : ou bien laisser aux juges de la culpabilité, en permettant de poursuivre tout individu, quel que soit son âge, le droit d'examiner, dans chaque espèce, le discernement du prévenu; ou procéder par présomption, c'est-à-dire poser des règles générales, qui seront nécessairement fausses dans quelques cas. Notre législation pénale a combiné ces deux procédés. Elle partage la vie humaine en deux périodes : l'une qui va jusqu'à seize ans, l'autre qui commence à cet âge; pendant la première, les enfants ou adolescents, qu'on appelle, par abréviation, *mineurs de seize ans,* peuvent, sans doute, être poursuivis à raison des infractions qu'ils commettent, mais ils sont couverts par une présomption d'innocence, qui doit tomber devant la preuve qu'ils ont agi avec discernement; pendant la seconde, les adultes sont, au contraire, présumés coupables, et cette présomption ne doit tomber que devant la preuve qu'ils ont agi sans discernement. C'est dans l'article 66 que se trouvent formulées ces règles.

128. Ce système, qui a son origine dans le Code pénal de 1791 (Partie I, t. V, art. 1 à 4), suggère une double observation.

A. La loi française n'a pas fixé un âge au-dessous duquel l'irresponsabilité absolue existerait, de droit, en vertu d'une présomption qui n'admettrait pas de preuve contraire : au lieu de distinguer trois périodes dans la vie humaine, elle n'en distingue que deux[1]. Faut-il l'en blâmer? Il est certainement un âge, où l'innocence de l'agent d'un délit est une certitude : cet âge est *l'enfance;* quoique le Code pénal

[1] Des criminalistes ont réclamé la fixation d'une limite d'âge au-dessous de laquelle le ministère public ne pourrait poursuivre l'enfant : Rossi, t. I, p. 56; Ortolan, t. I, nos 263, 269; Chauveau et Hélie, t. I, no 325.

n'établisse, par rapport à l'âge, qu'une seule limite, il ne s'ensuit pas que tout individu, âgé de moins de seize ans, et commettant un délit, doive être traduit en justice, sauf à l'acquitter, s'il a agi sans discernement : la loi n'a pu vouloir une poursuite qui, tout en étant inutile pour la répression, serait peut-être irréparable pour l'avenir de l'enfant; mais, ce qui caractérise son procédé, c'est qu'elle laisse à l'appréciation des magistrats, dans chaque espèce, la question de savoir si l'agent doit être traduit en justice. Ce système me paraît préférable à celui des législations étrangères qui ont fixé un âge au-dessous duquel l'homme serait couvert par une présomption d'innocence, n'admettant pas de preuve contraire. A quel âge fixer la limite qui sépare *l'enfance* de *l'adolescence?* Cette limite est si difficile à tracer, si variable, que ces législations n'ont pas adopté les mêmes règles[1]. Serait-il d'ailleurs, possible, dans notre pays, où des races diverses, sous des climats différents, sont soumises à une loi générale, de dire d'une manière absolue jusqu'à quel âge se prolonge l'enfance? En fait, du reste, on ne voit guère qu'il y ait d'abus avec notre système de législation. Le ministère public ne poursuit un enfant que s'il y a vraiment doute sur son discernement, ou si la mise en prévention peut être utile, soit pour confronter l'enfant avec ses complices, soit pour l'enlever à sa famille, qui l'élève mal, au moyen d'une déclaration de culpabilité, sans discernement : de telle sorte que la fixation d'un âge, au-dessous duquel l'homme serait couvert par une présomption d'innocence absolue, aurait l'inconvénient grave d'enlever au ministère public le droit de poursuivre, quand la poursuite est utile, sans avoir aucun avantage sérieux.

B. La majorité pénale ne correspond pas à la majorité civile : l'une arrive plus tôt que l'autre. Cette différence tient à la nature même des

[1] Le Code pénal allemand (art. 55) établit les règles suivantes : « *Ne pourra être poursuivi en justice, l'individu qui n'aura pas accompli sa douzième année lors de l'infraction* ». Au-dessus de cet âge, jusqu'à 18 ans, le mineur « sera acquitté s'il a agi sans le discernement nécessaire pour comprendre la culpabilité de son action ». — Dans le Code pénal russe de 1866 la limite où s'arrête la présomption d'irresponsabilité absolue est fixée à 7 ans; de 7 à 10, il ne peut y avoir lieu contre l'enfant qu'à des mesures de correction domestique; de 10 à 14, la question de discernement doit être posée et résolue contre lui; jusqu'à 21 ans, les peines prononcées sont atténuées. — Le projet de Code pénal italien établit un système qui nous paraît trop compliqué : aux termes de l'art. 66, l'imputabilité ne peut commencer qu'à 9 ans : de 9 à 14, imputabilité douteuse; de 14 à 18, imputabilité certaine, avec abaissement de peine de deux à trois degrés; de 18 à 21 ans, abaissement de la peine d'un seul degré. Comp. BERGE, *op. cit.*, p. 377.

dispositions civiles et des dispositions pénales. La loi pénale, dans ses prohibitions ou ses injonctions, fait appel, avant tout, au sens moral, à cette impérissable distinction du bien et du mal qui se développe chez l'homme de très bonne heure. La loi civile, au contraire, cherche, dans ses prévisions, à régler les relations les plus diverses de la vie sociale : elle suppose, pour être comprises, un certain apprentissage de la vie pratique, une appréciation de l'utilité des choses. Or, chez l'homme, la notion du *juste* arrive plus tôt que la notion de *l'utile*. La loi civile, elle-même, tient si bien compte de ce fait d'observation, qu'elle déclare le mineur responsable de ses délits ou quasi-délits civils, alors qu'elle lui permet de faire annuler ses obligations conventionnelles, s'il prouve qu'il a été lésé (C. civ., art. 1310).

129. De la condition des mineurs de seize ans. — Si l'on veut résumer, dans son ensemble, le système des articles 66 à 69 C. p., sur les mineurs de seize ans, il faut poser quatre règles : 1° Tous les mineurs de seize ans sont couverts par une présomption d'irresponsabilité pénale, qui oblige le ministère public à prouver contre eux qu'ils ont agi avec discernement, et la juridiction compétente à résoudre affirmativement ou négativement, mais d'une manière spéciale, la question de discernement; 2° Si la réponse à cette question est négative, devant toute juridiction, l'acquittement en est la conséquence; mais les juges peuvent ordonner, en matière de crime ou de délit, des mesures de détention et d'éducation contre le mineur; 3° Si la réponse est affirmative, le jeune âge de l'inculpé devient, mais en matière criminelle et correctionnelle seulement, une excuse atténuante de la peine qui doit être prononcée; 4° En principe, le mineur de seize ans n'est justiciable, même pour les faits qui sont en général de la compétence de la cour d'assises, que du tribunal correctionnel.

130. I. On ne procède pas de la même manière pour apprécier la responsabilité d'un enfant ou d'un adolescent et la responsabilité d'un homme fait. Un enfant de seize ans, par exemple, a tué un de ses camarades; le meurtre fût-il prouvé, nous doutons de la responsabilité de l'agent; mais un homme de vingt ans a commis le même crime; dès que le fait est constant, nous sommes disposés à affirmer que l'agent est responsable. Ces deux conclusions sont légitimes, si elles se renferment dans une présomption simple, et si elles se traduisent ainsi : 1° Tout enfant ou tout adolescent est *irresponsable*, à moins qu'on ne prouve que le discernement du bien et du mal était développé en lui avant le fait qu'il a commis; 2° Tout adulte est *responsable*, à moins qu'on ne prouve que le discernement lui était enlevé par une cause accidentelle au moment où il a commis l'infraction. Ces présomptions sont bien celles de la loi : en effet, pour condamner un individu, qui n'avait pas seize ans au moment de l'infraction dont il est inculpé, il faut examiner et résoudre contre lui la question de discernement : cette question doit être l'objet d'un examen spécial devant toutes les juridictions pénales; elle doit être posée et résolue par toutes, et les arrêts et les jugements, qui condamnent un mineur de seize ans, doivent porter la trace que cet examen a été fait, car son omission entraînerait cassation pour fausse application des articles 66 C. p. et 340 C. inst. cr. Démontrons et développons ce principe, en supposant successivement le mineur traduit devant une cour d'assises, un tribunal correctionnel et un tribunal de simple police.

A. Un individu est traduit devant la cour d'assises, il est accusé d'un crime, par exemple, d'un meurtre : l'article 340 C. inst. cr. oblige le président, « si l'accusé a moins de seize ans », à poser, « à peine de nullité, cette question : *L'accusé a-t-il agi avec discernement?* » Pour comprendre cette règle, il faut savoir qu'on ne pose en général au jury qu'une question à la fois unique et complexe, la question de *culpabilité*. Si donc l'accusé a plus de seize ans au moment où il commet le meurtre, on demande seulement au jury : *V... est-il coupable d'avoir volontairement donné la mort à X...?* c'est-à-dire qu'on n'appelle pas spécialement l'attention du jury sur l'état mental de l'accusé : le jury estime-t-il que l'accusé était en état de démence au temps de l'infraction, il doit répondre négativement à la question de culpabilité; car l'accusé ne peut être coupable, s'il n'a pas le discernement de ses actes. Pourquoi donc obliger le président de la cour d'assises à poser, pour l'accusé mineur de seize ans, une question de *discernement*, distincte de la question de *culpabilité?* C'est que la loi ne pouvait se contenter de voir le jury, en répondant affirmativement à la question de culpabilité, résoudre *implicitement*, contre le mineur, la question de discernement; elle devait couvrir le mineur, *même déclaré coupable*, de cette présomption d'irresponsabilité, qui est la conséquence de son jeune âge.

Mais, en posant au jury une question spéciale de discernement, distincte de la question de culpabilité, la loi a séparé les deux éléments de l'imputabilité pénale, en général confondus dans la question de culpabilité : la *volonté* de commettre l'infraction, et la *connaissance* de l'immoralité de l'infraction. Pour répondre à la première question : *L'accusé est-il coupable?* le jury doit se demander si le fait a été matériellement commis, si l'accusé en est l'auteur, s'il a eu l'intention de le commettre; pour répondre à la seconde question : *L'accusé a-t-il agi avec discernement?* le jury doit se demander si l'accusé a agi avec l'appréciation exacte de la gravité du fait qu'il commettait. Ainsi, un mineur de seize ans, est accusé de meurtre : le jury décide, *en le déclarant coupable*, qu'il a voulu tuer sa victime, que ce n'est pas par imprudence qu'il a accompli le crime; mais, *en déclarant qu'il a agi sans discernement*, le jury décide que sa volonté n'était pas intelligente, qu'il ne se rendait pas compte de la nature et de la portée de son action. En conséquence, il n'y aurait pas plus de *pléonasme* dans la réponse du jury qui déclarerait l'accusé *coupable* d'avoir agi *avec discernement*, qu'il n'y aurait de *contradiction* dans celle qui déclarerait l'accusé *coupable* d'avoir agi *sans discernement*. La déclaration de *non-culpabilité* et la déclaration de *culpabilité sans discernement* doivent avoir pour résultat un *acquittement*, mais cet acquittement ne peut pas être aussi absolu dans le second cas que dans le premier. J'en conclus que si le jury estime que le défaut de discernement du mineur est *exclusif de toute volonté coupable*, c'est en répondant négativement à la question de culpabilité, qu'il manifestera sa manière de voir.

B. Un mineur de seize ans est traduit en *police correctionnelle* pour crime ou pour délit : la nécessité pour le tribunal d'examiner la question de discernement existe-t-elle? Il semble que non, à lire l'article 66 C. p., qui ne s'occupe que du mineur *accusé*, et, par conséquent, traduit en cour d'assises, et l'article 340, C. inst. cr. qui ne statue qu'en vue des *affaires soumises au jury;* mais on commettrait une erreur en s'attachant littéralement à ces textes. L'examen spécial de la question de discernement s'impose évidemment aux tribunaux de police correctionnelle, lorsqu'ils jugent les *crimes* commis par des mineurs de seize ans, puisque l'article 68 *in fine* ordonne que ces tribunaux se conforment à l'article 66. Or, il ne saurait en être autrement lorsque les tribunaux correctionnels jugent les *délits* suivant leur compétence normale.

C. Mais, le mineur est traduit devant un *tribunal de simple police* pour contravention : la question de discernement se pose-t-elle au juge et doit-elle être spécialement examinée par lui? On pourrait hésiter :

d'une part, les articles 66 et suivants gardent un silence complet sur la question; d'autre part, les contraventions sont, en principe, punissables sans qu'on ait égard à l'intention de l'agent. Mais le premier argument n'est pas suffisant, car l'article 66 est l'expression d'un principe qui n'avait pas besoin d'être écrit dans la loi, puisqu'il résultait de la nature même des choses; le second n'est pas satisfaisant, car autre chose est le défaut d'intention, autre chose le défaut de discernement. La loi, quand elle punit une contravention, punit toujours une *faute*, une négligence, une imprudence, une ignorance : et toute faute, si minime qu'elle soit, ne peut se concevoir que de la part d'une personne qui a le discernement de ses actes. La mission de toute juridiction devant laquelle un mineur de seize ans est traduit, des tribunaux de simple police, comme des cours d'assises et des tribunaux correctionnels, est d'examiner spécialement la question de discernement, puisqu'à l'âge de l'inculpé, l'imputabilité est au moins incertaine[1].

Concluons-en que cette présomption d'irresponsabilité qu'il faut détruire, étant attachée à la *personne même du mineur*, le protège, que l'infraction dont il est inculpé soit prévue par le Code pénal, ou par une loi spéciale en dehors de ce Code. Ce n'est pas, en effet, à raison de la *nature* de l'infraction, mais à raison de la *personne* de l'inculpé, que se pose la question de discernement[2].

131. II. Il résulte de ce que je viens de dire que la juridiction, qui juge un mineur de seize ans, doit résoudre une double question : une question de *culpabilité* et une question de *discernement*.

A. Si le juge déclare le mineur *non coupable*, la conséquence en est un acquittement absolu : non-seulement aucune peine ne doit être prononcée contre lui, mais aucune mesure préventive de détention ou d'éducation ne peut être ordonnée. La question de discernement ne venant qu'après la question de culpabilité, et dans le cas seulement où cette première question aurait été résolue pour une réponse affirmative, ne se pose même pas.

[1] La Cour de cassation, après avoir admis en matière de contraventions, par nombre d'arrêts, que l'article 66 était applicable aux contraventions dans la partie qui ordonne d'acquitter, si le mineur a agi sans discernement, s'était écartée de cette jurisprudence par un arrêt du 12 février 1863, rapporté par Blanche, t. II, n° 356. Elle est depuis revenue à sa première jurisprudence; comp. notamment, 17 février 1876 (D. 76, 1, 415) et les arrêts cités en note.

[2] La jurisprudence, qui avait hésité longtemps à appliquer l'article 66 aux infractions prévues par les lois spéciales, est aujourd'hui revenue à la véritable solution : Cass., 9 avril 1875 (D. 77, 1, 508).

B. Ce n'est donc qu'après une déclaration de culpabilité que le juge examine si le mineur a agi avec discernement, question à laquelle il peut faire une réponse, soit affirmative, soit négative.

Si le mineur, déclaré coupable, a agi sans discernement, il doit être « *acquitté* », aux termes de l'article 66 C. p. Mais quelle est la nature et quels sont les effets de cet acquittement? Sur cette question, nous trouvons, dans la doctrine, deux manières de voir complètement opposées et que nous croyons trop absolues l'une et l'autre. — Pour certains, la déclaration que le mineur a agi sans discernement équivaut à une déclaration de non-culpabilité. Les expressions : « sera *acquitté* », dont se sert l'article 66, en sont, disent-ils, une preuve; car, aux termes de l'article 358 C. inst. cr., l'acquittement n'est prononcé qu'en faveur d'un individu qui n'est pas trouvé coupable. Mais l'expression de l'article 66 ne saurait prévaloir contre ce fait que le mineur a été déclaré coupable, et il faut concilier deux décisions : celle sur la culpabilité et la décision sur le défaut de discernement. Aussi, la loi ne nous dit pas dans l'article 66, comme dans les articles 64, 327 et 328, alors qu'elle prévoit de véritables causes de non-imputabilité : « *Il n'y a ni crime ni délit* », lorsque le mineur est déclaré avoir agi sans discernement, mais simplement : « *Lorsque l'accusé aura moins de seize ans, s'il est décidé qu'il a agi sans discernement, il sera acquitté* ». L'acquittement pour défaut de discernement ne peut pas avoir la même nature et produire les mêmes effets que l'acquittement sur déclaration de non-culpabilité. — Aussi, d'après d'autres auteurs, le défaut de discernement, chez le mineur de seize ans, ne serait qu'une excuse absolutoire et la sentence rendue en sa faveur qu'une sentence d'*absolution*. Mais cette opinion ne tient aucun compte des expressions de l'article 66 qui déclare le mineur *acquitté* et non *absous*.

Pour moi, l'acquittement, basé sur le défaut de discernement, a un caractère tout spécial : aussi, la sentence qui le prononce est, à certains points de vue, une sentence d'*absolution*, puisque le mineur est déclaré coupable; à d'autres, une sentence d'*acquittement*, puisqu'il n'est pas pénalement responsable.

Ainsi, le défaut de discernement ressemble à une excuse absolutoire aux points de vue suivants : 1° La question de discernement, comme la question d'excuse, n'est pas examinée par les juridictions d'instruction, mais par les juridictions de jugement. Je ne veux pas dire que le juge d'instruction et la chambre des mises en accusation seraient sans pouvoir et sans droit pour arrêter le zèle exagéré du ministère public requérant la mise en prévention ou en accusation d'un enfant à qui manquerait tout discernement. Mais je veux dire que, dès qu'il y a le moindre doute sur la question, les juridictions d'instruction n'ont pas à l'examiner pour empêcher la poursuite; elles doivent laisser aux juridictions de jugement, seules compétentes, le soin de tirer, s'il y a lieu, les conséquences du défaut de discernement, telles qu'elles sont indiquées par la loi. 2° La question de discernement, comme les questions d'excuse, n'est pas comprise dans la question générale de culpabilité; elle est posée d'une manière distincte et subsidiaire. 3° En cour d'assises, l'acquittement du mineur, qui a agi sans discernement, est prononcé, comme une sentence d'absolution, par un arrêt de la cour, et non par une ordonnance du président, comme le serait l'acquittement ordinaire. En cas de déclaration de non-culpabilité, en effet, aucune question contentieuse appelant une décision de la juridiction ne peut être soulevée; il s'agit d'enregistrer un verdict qui s'impose, de le mettre à exécution en prononçant la mise en liberté de l'accusé : c'est au président seul que ce droit appartient; mais, en cas d'acquittement pour défaut de discernement, il y a peut-être lieu de prendre des mesures de détention contre le mineur, de le condamner aux frais du procès : un arrêt de la cour est nécessaire pour cela. 2° Enfin, en admettant, avec la jurisprudence, que l'accusé absous puisse être condamné aux dépens, j'incline à croire que le mineur acquitté pour défaut de discernement doit payer les frais du procès[1].

Le défaut de discernement ressemble, au contraire, à une cause de non-imputabilité aux deux points de vue suivants : 1° La sentence, basée sur le défaut de discernement, ne peut condamner[2] le mineur à aucune peine, pas même au renvoi sous la surveillance de la haute police qui est prononcé parfois quand, à raison d'une excuse absolutoire, la peine principale est supprimée; pas même, en matière fiscale, à ces amendes qui ont un caractère mixte, et représentent tout à la fois la réparation du préjudice causé par l'infraction et la répression pénale de l'infraction. 2° La sentence d'acquittement pour défaut de discernement en cour d'assises, étant la conséquence d'un

[1] Dans ce sens : Cass., 10 février 1876 (D. 76, 1, 415).

[2] D'où cette conséquence : si le mineur déclaré coupable d'avoir donné ou tenté de donner la mort au *de cujus* est acquitté comme ayant agi sans discernement, il ne peut être déclaré indigne de lui succéder (C. civ., art 727).

verdict du jury, qui s'impose au point de vue de l'exemption de toute peine, est, comme tout autre acquittement, à l'abri d'un recours en cassation : les articles 350 et 360 C. inst. cr. lui sont donc applicables.

Si l'acquittement est une conséquence nécessaire, en toute matière, du défaut de discernement; en matière de crimes et de délits, des mesures de correction peuvent être prises contre le mineur acquitté. Ces mesures de correction, dont il est question dans l'article 66, et qui ont leur origine dans le C. p. de 1791, consistent dans le renvoi du mineur acquitté dans une maison de correction « pendant tel nombre d'années », ou, plutôt, *pendant tel temps*[1] que le jugement déterminera, mais qui ne pourra, en aucun cas, excéder l'époque où le mineur aura accompli sa *vingtième année*.

Ces mesures de correction sont motivées par cette circonstance que le mineur, *déclaré coupable*, a commis une action qui révèle de mauvais instincts, un penchant précoce au vice. Ces instincts lui viennent probablement de sa famille, du milieu dans lequel il a vécu jusque-là; il importe de le soustraire à ces influences, dans son intérêt, comme dans celui de la société. Ces mesures ne sont donc pas en contradiction avec l'acquittement qui a été prononcé pour défaut de discernement, car la détention, ordonnée par la cour ou le tribunal, n'est une peine, ni dans son but, ni dans ses effets. Aussi ne pourra-t-elle être prise comme un élément de récidive si le mineur vient à commettre plus tard une nouvelle infraction.

Nous verrons que la loi du 8 juin 1850, sur l'éducation et le patronage des jeunes détenus, a essayé d'organiser cette détention.

132. III. Lorsque la décision de la juridiction, devant laquelle comparait le mineur, porte qu'il a agi avec discernement, le jeune âge devient, en matière criminelle et correctionnelle, une excuse atténuante qui diminue la culpabilité et, par conséquent, la peine. Nous déterminerons, à propos de la théorie des excuses, son influence sur la pénalité. Il est à regretter seulement que, relativement au mineur de seize ans, qui est jugé avoir agi avec discernement, la juridiction

[1] Les tribunaux peuvent fixer à moins d'une année le temps pendant lequel le mineur acquitté restera dans une colonie ou une maison pénitentiaire. Certains auteurs ont conclu des expressions « *pendant tel nombre d'années* », que le minimum de la détention correctionnelle est d'une année. Cette solution est évidemment inexacte; si l'on suppose, en effet, le mineur, âgé de plus de 19 ans au jour du jugement, il faudra bien donner au juge le droit d'ordonner une détention inférieure à une année. *Sic* Cass., 6 fév. 1833 (S. 33, 1, 368).

compétente n'ait pas été investie du pouvoir de faire suivre l'emprisonnement *pénal*, qui peut être de courte durée, de ces mesures de garde et d'éducation, qui, pour celui qui a agi sans discernement, peuvent se prolonger jusqu'à vingt ans. Il est singulier que la privation de liberté, infligée, à titre correctionnel et non pénal, au mineur ayant agi sans discernement, soit, en général, plus longue, que celle infligée à titre pénal, à celui chez qui le discernement a été reconnu [1].

133. IV. L'article 68 décide que, au lieu d'être traduits devant la cour d'assises, pour les crimes qu'ils commettent, les mineurs de seize ans sont jugés par les tribunaux correctionnels. Cette disposition, qui n'existait pas dans le Code pénal de 1810, a été introduite par la loi du 25 juin 1824 et insérée, lors de la révision de 1832, dans l'article 68. Son *but* est d'épargner au mineur la flétrissure des débats au grand criminel, de lui donner une justice plus prompte et moins solennelle : son *résultat*, de mettre la compétence d'accord avec la nature de l'infraction, puisque le mineur de seize ans ne peut être légalement puni que de peines correctionnelles, à raison des crimes qu'il commet. Mais les exceptions, que l'article 68 apporte à la compétence des tribunaux correctionnels, absorbent presque le principe, qui a, dès lors, l'inconvénient de compliquer, sans grande utilité, les règles de la compétence.

Le mineur, en effet, est justiciable de la cour d'assises dans les trois cas suivants : 1° Lorsqu'il a des coauteurs ou des complices, âgés de plus de seize ans, qui doivent être jugés par la cour d'assises. L'indivisibilité de la poursuite et du jugement impose l'obligation de déférer l'affaire à cette juridiction, pour tous les accusés. Mais la loi exige que les complices soient *présents*. Cette expression ne se trouvait pas dans la loi de 1824; elle a été ajoutée en 1832, et les travaux préparatoires ne nous en donnent pas le sens : a-t-on voulu dire que le mineur devait être traduit devant le tribunal correctionnel quand le majeur était contumax? Je crois que ces mots ont d'abord ce sens, mais qu'ils ont même une plus large étendue d'application. Toutes les fois que, pour une cause ou une autre, la même poursuite ne peut embrasser le mineur et ses complices, parce que les complices sont morts ou inconnus, etc., le mineur est justiciable du tribunal correctionnel. 2° C'est la cour d'assises qui est également compétente pour juger le mineur de seize ans, qui a commis un crime, puni de la

[1] Aussi voit-on très-souvent en pratique des adolescents dissimuler leur âge et, alors qu'ils n'ont pas seize ans, essayer de prouver qu'ils ont dépassé cet âge.

peine de mort, des travaux forcés à perpétuité, de la déportation ou de la détention. Cette exception se justifie soit par la *gravité*, soit par la *nature* du crime commis par le mineur. 3° La cour d'assises ne serait-elle pas également compétente dans une troisième hypothèse? Un mineur de seize ans a commis un délit de presse de la compétence ordinaire de la cour d'assises : doit-il être traduit devant cette juridiction? Je le croirais volontiers, car la juridiction de la cour d'assises est considérée, en matière de presse, comme une garantie pour l'accusé, dont on ne doit pas priver le mineur.

134. De la condition des majeurs de seize ans. — Après seize ans accomplis, l'homme est présumé responsable de ses actes au point de vue de la loi pénale. Ce principe conduit à une double conséquence : *a*) Sans doute, il arrive parfois que des circonstances particulières, telles qu'une maladie, le défaut d'éducation, un vice organique, retardent le développement intellectuel et moral; de sorte qu'il peut se faire qu'un individu, ayant dépassé l'âge de seize ans, ne possède pas encore le discernement complet de ses actes; mais, à la différence de ce qui se passe pour un mineur de seize ans, la question spéciale de discernement ne sera pas posée à l'occasion des infractions commises par cet individu, elle rentrera dans la question unique et complexe de *culpabilité*. Si les juges estiment que le prévenu ou l'accusé, à raison de son âge, a agi sans discernement, ils le déclareront non coupable et l'acquitteront, comme ils acquitteraient tout individu qui, pour une cause quelconque, n'aurait pas l'intelligence de ses actes. *b*) L'âge, quelque avancé qu'il soit, ne peut, *par lui-même*, ni effacer, ni diminuer la culpabilité. Mais la vieillesse amène souvent un affaiblissement des facultés intellectuelles : par une triste loi de la nature, l'homme finit souvent par où il a commencé, l'*enfance*. Le vieillard, retombé en enfance, peut être déclaré irresponsable des délits qu'il a commis, non à cause de son âge, mais à cause de l'affaiblissement de son intelligence. Toutefois, on comprend que la loi adoucisse, dans leur application aux vieillards, l'*exécution* de certaines peines qui, par les travaux et les fatigues qu'elles entraînent, se changeraient pour eux en une condamnation à mort, que l'âge puisse être ainsi, non précisément une excuse, mais une cause de *mitigation de peine*. Aussi, l'article 5 de la loi du 30 mai 1854, qui modifie l'article 70 du Code pénal, décide que : « Les peines des travaux forcés à perpétuité et des travaux forcés à temps ne seront prononcées contre aucun individu âgé de *soixante ans accomplis au* *moment du jugement :* elles seront remplacées par celles de la réclusion, soit à perpétuité, soit à temps, selon la durée de la peine qu'elle remplacera. » Les articles 70 et 71 remplacent également la peine de la *déportation* par la peine de la détention à perpétuité, pour les individus âgés de *soixante-dix ans accomplis au jour du jugement.* Ces dispositions n'ont pas eu pour but de modifier la nature des peines encourues par les sexagénaires pour les crimes par eux commis, mais seulement d'établir un *mode d'exécution*, différent du mode d'exécution régulier de ces peines[1]. Du reste, cette substitution de la réclusion ou de la détention aux travaux forcés ou à la déportation n'a pas lieu de plein droit; elle doit être prononcée par le juge, et la Cour de cassation a souvent décidé qu'il y avait lieu d'annuler, en ce qui concernait l'application de la peine seulement, l'arrêt qui prononçait la peine des travaux forcés ou de la déportation contre un individu âgé de soixante ans ou de soixante-dix ans.

La présomption de responsabilité, qui résulte de ce fait que l'inculpé avait dépassé seize ans au moment de l'infraction, peut tomber devant la preuve contraire, par exemple, par suite de l'état de démence ou de contrainte dans lequel se trouvait l'agent au moment du délit (art. 64).

135. Question d'âge; jusqu'à quel moment peut-elle être soulevée. — Quatre points doivent être successivement examinés.

I. Puisque l'âge de seize ans est un point de démarcation si important, il est nécessaire de constater quel âge avait le prévenu au moment où le délit a été commis; la première question, qui se pose *implicitement* au début de toute procédure pénale, est donc celle-ci : l'inculpé avait-il moins de seize ans, ou plus de seize ans *accomplis*[2] au jour de l'infraction? La plupart du temps cette question ne sera même pas examinée, parce qu'il n'existera aucun doute sur sa solution; mais si quelque doute s'élève, ce sera au ministère public à faire

[1] De là résulte une double conséquence : 1° Si la réclusion perpétuelle est prononcée à la place des travaux forcés à perpétuité, elle emportera la double incapacité de disposer et de recevoir à titre gratuit (L. du 31 mai 1854, art. 3); 2° Si la peine des travaux forcés ne peut être prononcée contre un accusé âgé de plus de 60 ans, elle n'en doit pas moins, au cas où des circonstances atténuantes ont été reconnues par le jury, servir de base et de point de départ pour l'application de l'article 463 : Cass., 18 déc. 1856 (D. 57, 1, 44).

[2] La majorité pénale, comme la majorité civile, ne peut commencer que lorsque la dernière heure de la seizième année ou de la vingt et unième année est sonnée. L'article 66 ne le dit pas d'une manière formelle, comme le disait l'article 1er, tit. V, du Code pénal de 1791, mais ce point ne fait aucun doute.

la preuve que l'inculpé avait plus de seize ans accomplis au moment de l'infraction et non à l'inculpé à prouver qu'il n'avait pas cet âge. Une condamnation ne peut être, en effet, prononcée que si la juridiction compétente a reconnu l'existence de tous les éléments constitutifs de la criminalité, et c'est au ministère public à les établir : or, l'âge est un de ces éléments [1].

II. Comment cette preuve sera-t-elle faite? Ce qu'il importe de connaître, c'est l'âge de l'inculpé au moment du délit et non au moment de la poursuite : or, l'acte de naissance, qui est le moyen de preuve ordinaire de l'âge, ne suffira pas toujours à établir l'époque du délit et l'âge de l'inculpé à ce moment-là; du reste, l'acte de naissance peut manquer au dossier; il doit être, dès lors, permis au ministère public d'établir l'âge de la même manière que tous les faits qui servent à la conviction du juge, c'est-à-dire par présomptions, par témoins, par écrit, etc.

III. Lorsqu'un débat sur l'âge s'élève, qui doit le trancher? La question ne se présente que devant la cour d'assises, puisque, devant cette juridiction seule, la mission de juger est confiée à la fois au jury et à la cour; est-ce au jury, est-ce à la cour qu'il appartient de décider si le mineur avait seize ans accomplis au jour de l'infraction? L'âge étant un des éléments de la culpabilité pénale, et toutes les questions relatives à la culpabilité rentrant dans les attributions du jury, il faut, quand il y a doute ou incertitude sur l'âge, soumettre au jury la question de savoir si l'accusé avait seize ans, et, subsidiairement ou éventuellement, celle de savoir s'il a agi avec discernement [2].

IV. La question d'âge peut et doit être soulevée, dans le procès, non-seulement en première instance, mais encore en appel, soit par l'inculpé, soit par le ministère public, soit même d'office par le tribunal; mais peut-elle l'être, pour la première fois, devant la Cour de cassation? En un mot, doit-on considérer le seul défaut de vérification de l'âge de l'inculpé par les juges du fait comme une cause de nullité du jugement ou de l'arrêt de condamnation? Ainsi, Pierre est traduit en cour d'assises pour meurtre : Quel âge avait Pierre le jour

[1] Dans ce sens : ORTOLAN, t. I, n° 287; BLANCHE, t. II, n° 296; CHAUVEAU et HÉLIE, t. I, n° 332; LE SELLYER, *Traité de la criminalité*, t. I, n° 111. Cass., 26 sept. 1850 (S. 50, 1, 691); 12 août 1880 (S. 81, 1, 386). En sens contraire : Cass., 19 avril 1821 (S. *Coll. nouv.*, t. VI, 1, 422).

[2] Cass., 4 mai 1839 (S. 39, 1, 947); 26 sept. 1856 (S. 46, 1, 756).

du crime? Le président des assises n'a pas posé la question d'âge au jury, parce que l'accusé ne l'a pas demandée et que rien, dans les débats, n'a fait croire que Pierre eût moins de seize ans ce jour-là. Pierre est condamné aux travaux forcés à perpétuité, comme s'il était majeur : peut-il, pour la première fois, dans son pourvoi en cassation, venir dire : « *J'étais mineur de seize ans* » ; et, en le prouvant, faire annuler la condamnation? La jurisprudence décide, avec raison, qu'il résulte *implicitement* du verdict du jury que l'accusé était âgé de seize ans et qu'on ne peut désormais attaquer une décision, souveraine sur le fait, et qui ne viole aucune loi. Nulle part, en effet, la loi ne fait de la vérification de l'âge une formalité à remplir; sans doute, elle suppose que les juges se préoccuperont de l'âge de l'inculpé; elle exige même que la question d'âge, *si la procédure a signalé quelque incertitude sur l'âge de l'accusé*, soit posée et résolue, sous peine de nullité [1]; mais lorsque rien n'a appelé l'attention des juges sur l'âge de l'accusé, la loi, n'ordonnant pas formellement de le vérifier, n'a pu être violée. Il résulte alors implicitement de l'arrêt que l'inculpé avait seize ans accomplis, comme il résulte implicitement d'un arrêt de condamnation que l'accusé n'était pas en état de démence ou de contrainte au temps de l'infraction. Sans doute, le condamné peut n'avoir pas eu seize ans, comme il peut avoir été en état d'aliénation mentale ou de contrainte, mais ce n'est pas à la Cour de cassation qu'il appartient de rectifier les erreurs de fait des décisions judiciaires [2].

III. DE L'INFLUENCE DE LA DÉMENCE SUR LA RESPONSABILITÉ PÉNALE [3].

136. L'agent peut être en état de démence « *au temps de l'action* » : c'est la seule hypothèse expressément prévue par l'article 64. Mais l'agent, qui avait la plénitude de son intelligence au moment de l'in-

[1] Comp. Cass., 12 août 1880 (S. 81, 1, 385).

[2] Comp. cependant, en sens contraire : Trébutien, t. I, p. 119.

[3] Bibliographie : Kraft-Ebing, *La responsabilité criminelle et la capacité civile*, trad. par Chatelain (Paris, 1875); Mittermaier, *Disquisitio de alienationibus mentis quatenus ad jus criminale spectant* (Heidelberg, 1825); Brière de Boismont, *De la responsabilité légale des aliénés* (Paris, 1863); Cazauvielh, *Du suicide, de l'aliénation mentale, et des crimes contre les personnes, comparés dans leurs rapports réciproques* (Paris, 1840); Esquirol, *Des maladies mentales, considérées sous les rapports médical, hygié-*

fraction, peut devenir fou, soit avant ou pendant les *poursuites*, soit après la *condamnation*.

Il est évident que, dans le premier cas seulement, la démence est de nature à exercer une influence sur la responsabilité pénale : dans le second, elle ne peut en avoir que sur la *poursuite* ou *l'exécution de la condamnation*.

137. L'effet de la démence « *au temps de l'action* » est de rendre l'infraction non imputable à l'agent qui l'a commise. L'article 64, pour caractériser l'influence de la démence sur l'imputabilité, se sert de cette expression énergique : « *Il n'y a ni crime ni délit* »; ajoutons, bien que le texte ne le dise pas, qu'il n'y a pas non plus « *contravention* » : le principe de l'article 64 est, en effet, général, puisqu'il résulte de la nature des choses, et il s'applique à toute infraction, qu'elle soit intentionnelle ou non intentionnelle, prévue par le Code pénal ou par une loi spéciale[1].

Du principe que la démence est une cause de non-culpabilité résultent les conséquences suivantes : *a*) L'examen de l'état mental de l'inculpé appartient aux juridictions d'*instruction*, comme aux juridictions de *jugement :* dès que les premières constatent l'état de démence de l'inculpé, elles doivent rendre des décisions de non-lieu mettant fin à la poursuite (C. inst. cr., art. 128 et 229); et cela, sans avoir besoin de surseoir à statuer jusqu'à ce que le tribunal civil ait prononcé l'interdiction, car « la question de savoir s'il y a lieu de faire interdire le prévenu est absolument indépendante de celle de savoir s'il y a lieu de le poursuivre pour les délits qui lui sont imputés[2] ». Si le fait de la démence n'est pas suffisamment établi, et qu'il y ait renvoi devant les juridictions de jugement, la question de savoir si l'accusé ou le prévenu est en état de démence rentre dans la *question générale de*

nique et médico-légal (Paris, 1838, 2 vol.); THULIÉ, *La folie et la loi* (2e édit., 1866); ED. LABATUT, *De la responsabilité morale et légale dans le crime et la folie* (*Rev. gén. du droit*, 1877, p. 19, 114, 221, 359).

[1] Le Code pénal belge de 1867, a modifié dans ce sens la rédaction du Code pénal français : l'article 71 dit, en effet : « Il n'y a pas d'infraction lorsque l'accusé ou le prévenu était en état de démence au moment du fait. » Le Code pénal allemand se sert même, dans l'art. 51, d'une formule plus compréhensible, qui embrasse toutes les circonstances de nature à influer sur l'état mental : « *Il n'y a pas d'acte punissable, lorsque son auteur était, lors de la perpétration de cet acte, privé de connaissance ou dans un état mental qui excluait le libre exercice de sa volonté.* » Comp. MEYER, *op. cit.*, § 25, p. 144. Sur le droit pénal anglais en matière de démence, comp. BABINET (*Bull. de la soc. de légis. comp.*, 1879, p. 20).

[2] Cass., 9 déc. 1814 (S. 15, 1, 284).

culpabilité. En cour d'assises, par conséquent, si le défenseur réclame la position d'une question spéciale de démence, distincte de la question de culpabilité, la cour n'est pas obligée de faire droit aux conclusions, car, « en posant la question de savoir si l'accusé est coupable, on demande, par cela même, au jury si cet accusé était sain d'esprit et si sa volonté était libre et indépendante au moment de l'action[1] ». Cependant, si rien n'oblige la cour d'assises à poser la question de démence, rien ne lui défend de le faire : il lui appartient d'apprécier, suivant les circonstances, s'il n'est pas utile, en posant une question spéciale sur le fait de la démence, d'appeler l'attention du jury sur ce point. Du reste, pour atteindre le même but, il suffit que la cour déclare expressément, dans l'arrêt par lequel elle refuse de poser la question de démence, que cette question est renfermée dans celle de culpabilité et que le président le fasse observer aux jurés[2]. *b*) Lorsqu'un inculpé a été renvoyé d'instance pour cause d'aliénation mentale ou qu'il a été l'objet d'une ordonnance de non-lieu basée sur la même cause, l'autorité judiciaire ne peut plus le retenir, et il doit être mis en liberté. La société ne se trouve pas pourtant désarmée, le législateur a pris certaines mesures et l'article 18 de la loi du 30 juin 1838 sur les aliénés permet « à Paris, au préfet de police, et, dans les départements, aux préfets, d'ordonner *d'office* le placement dans un établissement d'aliénés de toute personne dont l'aliénation compromet l'ordre public ou la sûreté des personnes ». Du reste, la loi de 1838 ne contient aucune disposition spéciale sur les *aliénés* dits *criminels*, soit au point de vue de leur placement dans des asiles spéciaux, soit au point de vue des pouvoirs à donner, dans ce cas, aux autorités administratives ou judiciaires[3].

[1] Cass., 11 mars 1813; Cass., 23 sept. 1847 (D. 47, 4, 118).

[2] Si la question spéciale de démence avait été posée, y aurait-il contradiction entre une réponse affirmative sur la culpabilité et une réponse affirmative sur l'état de démence? La Cour de cass. estime que le jury a voulu seulement déclarer, dans ce cas, « qu'il était matériellement établi que l'accusé était l'auteur de l'action qui avait donné lieu aux poursuites; mais qu'il n'y avait apporté que la volonté d'un homme en démence, volonté *quasi-animale*, qui, d'après le vœu de l'art. 64, et d'après les plus simples lumières de la raison, est évidemment hors de toute culpabilité légale. » Cass., 4 janvier 1817 (S. 17, 1, 268). Cet arrêt nous paraît juste; quand on pose une question spéciale de démence, on sépare les deux éléments de l'imputabilité : or, l'absence d'un de ces éléments suffit pour que l'acquittement doive être prononcé.

[3] Il y a, à ce point de vue, dans notre législation, une lacune à combler. Beaucoup de criminels sont des aliénés. Le crime a été commis dans la période d'incuba-

138. Si les effets de la démence ont été nettement précisés par l'article 64, ce texte ne nous donne pas de définition de la démence[1]. A-t-il entendu comprendre, sous ces expressions, tous les faits quelconques qui privent un individu du *discernement* de ses actes? Sur ce point, nous trouvons dans la doctrine deux manières de voir : *a*) Pour certains, la loi n'aurait voulu dire qu'une chose dans l'article 64 : c'est que, pour être imputable à quelqu'un, l'infraction doit être le résultat d'une volonté intelligente et libre. Ce texte ne serait que la répétition, en d'autres termes, du principe posé par l'article 901 C. civ., en matière de testament; nous pourrions le traduire ainsi : « *Pour être coupable d'une infraction, il faut être sain d'esprit* ». Mais, pas plus dans l'article 64 C. p. que dans l'article 901 C. civ., le législateur n'aurait déterminé les faits qui constituent la *démence* ou l'*insanité*. Il se serait servi d'un mot très vague, afin que ce mot pût embrasser toutes les causes qui privent l'homme de raison. Pourrait être reconnu, par conséquent, en état de démence, dans le sens légal du mot, l'individu en état d'ivresse, de somnambulisme, etc., comme l'individu frappé d'aliénation mentale. *b*) Il y a, dans cette manière de voir, quelque chose d'exact : il est bien certain, en effet, qu'il ne saurait y avoir culpabilité, si l'agent, pour une cause quelconque, s'est trouvé privé de son intelligence au moment de l'infraction. Toutes les fois, par conséquent, qu'une juridiction pénale reconnaîtra qu'il existait, chez l'inculpé, au moment du délit, une altération suffisante des facultés mentales pour détruire sa culpabilité, elle devra le renvoyer de la poursuite. Mais pourra-t-elle toujours motiver, *en droit*, sa décision sur l'article 64? Je ne le crois pas, et c'est en quoi je me sépare de l'opinion exposée. L'expression « démence » n'a certainement pas en droit criminel le sens restreint que lui donne le Code civil,

tion de la folie; ou bien le crime marque la période où la tendance à l'insanité est devenue l'insanité elle-même. (Sur les aliénés dits criminels, comp. les discussions qui ont eu lieu à la Société générale des prisons (*Bull.*, 1880, p. 849 et suiv.), à propos du projet de loi portant révision de la loi du 30 juin 1838 sur les aliénés (*Journ. off., Docum. parl., Sénat, Annexe*, nº 37, 1883). Ce projet propose la création d'asiles spéciaux destinés à recevoir les aliénés dits criminels, art. 32 et 33). Mais tous les criminels ne sont certainement pas des aliénés : V. Jacoby, *Études sur la sélection* (Paris, 1881), p. 484 à 494.

[1] En ne fournissant de la démence aucune définition, le Code abandonne la question de savoir quand il y a démence au jury, dont le verdict n'est même pas circonstancié. En Angleterre, sous l'influence des magistrats, des règles ont été établies pour le jury qui limitent le champ de la discussion et restreignent la mission des médecins experts. Comp. Babinet, *op. cit.*, p. 20.

dans l'article 489, où elle est opposée « à l'imbécillité » et à la « fureur ». Elle est prise dans une acception générale et vulgaire. Mais laquelle? Les causes qui suspendent ou modifient le libre arbitre, en dehors bien entendu de la faiblesse de l'âge, peuvent se classer en trois catégories distinctes, à savoir : 1° Lorsque des arrêts de développements et des dégénérescences pathologiques ont affecté le cerveau *avant* l'époque où il doit normalement acquérir sa maturité complète (idiotie, imbécillité, faiblesse d'esprit avec perversion des instincts, folie morale). 2° Lorsque, après cette époque normale de maturité, des causes organo-pathologiques viennent entraver le libre jeu des facultés intellectuelles (folie proprement dite, sous toutes ses formes). 3° Lorsque l'individu adulte est sous le coup de troubles psychiques passagers, provenant d'une altération transitoire des fonctions cérébrales (états de rêve, délire des affections fébriles ou aiguës, ivresse, etc.). Eh bien! ce que le législateur appelle « démence », ce sont les états psychiques qui rentrent dans les deux premières catégories, c'est-à-dire les cas d'absence de raison provenant, soit d'une organisation cérébrale incomplète, soit d'une maladie du cerveau.

Mais cette expression ne comprendrait pas ces altérations passagères de l'entendement, qui ont pour cause l'ivresse, le somnambulisme[1], l'hypnotisme, le sommeil, la surdi-mutité. Certainement les rédacteurs du Code pénal n'ont pu vouloir faire allusion, par l'expression *démence*, à des états psychologiques, qui portent un nom spécial dans la langue pratique, comme dans la langue scientifique. Un jugement qui constaterait, *en fait*, que l'accusé se trouvait en état d'ivresse au temps de l'infraction et qui motiverait, *en droit*, l'acquittement, prononcé à raison de cette circonstance, sur l'article 64, contiendrait donc une fausse application de ce texte. J'admets bien que la non-imputabilité résultera souvent, non-seulement de la démence, c'est-à-dire d'une maladie du cerveau, mais de causes de diverses sortes, comme l'ivresse, le somnambulisme, le surdi-mutisme, etc., qui ont pu produire, chez l'agent, l'inconscience. Mais je ne crois pas qu'il soit permis aux juridictions d'instruction et aux tribunaux correctionnels ou de simple police de motiver sur l'article 64 un acquittement[2]. Pour moi,

[1] Comp. Paris, 26 janvier 1881 (Le *Droit* du 27 janvier 1881).

[2] La jurisprudence paraît arrêtée en ce sens : Cass., 25 juin 1827; 1er juin 1843 (S. 13, 1, 843). Ces arrêts exagèrent, du reste, le principe dont ils s'inspirent : car ils paraissent interdire à la justice de chercher la non-culpabilité et de la fonder sur des états psychologiques voisins de la démence, comme le surdi-mutisme et l'i-

les divers états psychologiques, où l'on doit admettre un obscurcissement de l'intelligence, supprimant ou diminuant la responsabilité pénale, rentreront dans l'examen général de la culpabilité. La doctrine ne peut poser que les principes : il appartient aux juges, avec le secours et l'expérience de la médecine, de les appliquer dans chaque espèce[1].

139. Dans tous les cas, pour être une cause de non-imputabilité, la démence a dû exister « *au temps de l'action* ». L'interdiction d'un individu, prononcée par un tribunal civil, ne produit donc, au point de vue pénal, aucun des effets qu'elle produit au point de vue civil. L'interdit contracte-t-il, aliène-t-il postérieurement au jugement d'interdiction? tous ces actes sont considérés par la loi civile comme les actes d'un fou : il peut en demander la nullité, sans avoir besoin de prouver qu'il était en état de démence au moment où il les a accomplis et sans que les tiers puissent même démontrer qu'il était dans un intervalle lucide à ce moment-là. Au point de vue pénal, au contraire, l'interdiction ne fera obstacle ni à la mise en jugement ni à la condamnation de l'interdit[2]. Sans doute, le ministère public, en présence d'un interdit, aura la charge de prouver qu'il était sain d'esprit au moment de l'infraction; car l'état *habituel* de démence, sur lequel se fonde le jugement d'interdiction, constitue tout au moins une *présomption* de folie, qui mettra la preuve de l'imputabilité à la charge du ministère public; mais les juges pourront condamner l'interdit s'ils sont convaincus qu'il jouissait de sa raison. La mission des tribunaux civils en matière d'interdiction, et celle des tribunaux de répression en matière d'imputabilité, sont donc toutes différentes : tandis que, pour prononcer l'interdiction, le tribunal civil se demande si telle personne est dans un *état habituel* d'imbécillité, de démence ou de fureur : pour condamner un individu, le tribunal répressif se demande si, en fait,

vresse. Que le surdi-mutisme et l'ivresse ne soient pas des causes d'*excuse légale;* que le défenseur ne puisse pas demander à la cour de poser une question spéciale sur ces faits, distincte de la question de culpabilité; personne ne le conteste. Mais on ne peut pas interdire à une juridiction de déclarer non coupable un individu qui ne jouissait pas de sa raison au jour du délit.

[1] La démence étant une *maladie,* il conviendra, toutes les fois qu'elle sera alléguée, de provoquer l'examen d'un médecin. C'est ce qui se fait en pratique. La loi, du reste, n'en impose pas l'obligation.

[2] Ceci n'est que l'application d'un principe que je développe plus loin : *la chose jugée au civil n'a aucune influence sur la chose jugée au criminel.* — Dans ce sens : Cass., 4 décembre 1856 (D. 57, 1, 77). La question est bien traitée par Le Sellyer, *Traité de la criminalité,* t. I, n° 52.

au moment où l'infraction a été commise, celui-ci avait le discernement de ses actes.

En résumé, s'il y a défaut de discernement au temps de l'infraction, acquittement; s'il n'y a qu'affaiblissement, le juge, tout en constatant l'imputabilité, accordera des circonstances atténuantes. Tels sont les principes. Je me borne à les appliquer à la surdi-mutité et à l'ivresse.

140. La *surdi-mutité* n'est point, *par elle-même*, exclusive, chez celui qui en est atteint, de l'intelligence du bien et du mal : par conséquent, elle n'est pas une cause d'irresponsabilité pénale. Cela résulte même des précautions prises par la loi, en faveur des sourds-muets, pour entendre leurs explications quand ils sont *accusés* (C. inst. cr., art. 332 et 333). Il faut reconnaître cependant que, chez la plupart des sourds-muets, le développement des facultés mentales est, en général, incomplet. Il sera donc du devoir du juge de prendre en considération cette infirmité, soit pour exclure l'imputabilité, soit pour diminuer la culpabilité. Peut-être même notre législation pénale devrait-elle, comme certaines législations étrangères, protéger le sourd-muet par une présomption de non-discernement, analogue, dans son caractère et ses effets, à celle qui protège le mineur de seize ans[1].

141. L'*ivresse*, lorsqu'elle est volontaire et publique, constitue un trouble social : il peut être *juste* et *utile* de la punir. C'est ce qu'ont fait beaucoup de législations étrangères : c'est ce qu'a fait la nôtre par la loi du 23 janvier 1873, *tendant à réprimer l'ivresse publique et les progrès de l'alcoolisme*[2].

Mais si, pendant la durée de l'ivresse, l'agent a commis quelque infraction, en est-il responsable? L'ivresse *complète* a des effets comparables à ceux de la démence : elle ôte entièrement la conscience du bien et du mal. Si une telle ivresse a été accidentelle, celui qui y est tombé, et qui a commis une infraction, est irresponsable, et doit être acquitté. On soutiendrait à tort que l'article 64, en parlant de la démence et en gardant le silence le plus absolu sur l'ivresse, a voulu, par cela seul, l'exclure comme cause de non-imputabilité. Il n'y a pas

[1] L'article 58 du C. p. allemand décide que : « *Le sourd-muet, dépourvu de l'intelligence nécessaire pour comprendre la criminalité de l'acte par lui commis, devra être acquitté* ». C'est l'expression du principe que nous développons : on le retrouve dans l'article 98 du C. p. russe : mais le C. p. belge, dans son article 76, et le projet du C. p. italien, dans son article 69, vont plus loin, en protégeant le sourd-muet, comme le mineur de seize ans, par une présomption de non-discernement.

[2] Comp. Pujos, *De la répression de l'ivresse* (*Rev. pratique*, t. XIX, p. 97; Th. Muteau, *L'ivresse doit-elle être punie?* (*Rev. pratique*, 1871, t. XXXI, p. 305, 404, 513).

démence, il est vrai, dans le sens technique du mot, mais il n'y a pas conscience de l'acte, il n'y a pas culpabilité. C'est en vain qu'on opposerait à cette solution l'article 65, qui défend d'appliquer une excuse quand elle n'est pas formellement prévue par la loi : car nous ne prétendons pas que l'ivresse soit une *excuse légale*[1] : lorsqu'elle est alléguée par la défense, elle ne peut faire l'objet, comme les excuses, d'une question à poser au jury; mais s'il apparaît, *en fait*, que l'ivresse a anéanti complètement la raison de l'accusé, le jury devra répondre par un verdict négatif à la question de culpabilité.

Si c'est à dessein que l'agent s'est mis en état d'ivresse, afin d'y puiser l'énergie d'exécuter le délit qu'il méditait, je crois qu'il doit être déclaré responsable; l'homme, qui exécute en état d'ivresse le projet en vue duquel il s'est enivré, a, en quelque point, conscience de ses actes; cette exécution est la preuve certaine, ce me semble, que toute raison n'était pas éteinte chez lui[2].

IV. DE L'INFLUENCE DE LA CONTRAINTE SUR L'IMPUTABILITÉ PÉNALE.

142. Toutes les hypothèses où le libre arbitre disparaît supposent que l'agent du délit a subi une *contrainte;* mais cette contrainte peut enlever la liberté externe ou la liberté interne, être *physique* ou *morale*. Quel en est l'effet sur l'imputabilité pénale?

A. La *contrainte physique* est celle qui, provenant d'une action extérieure de l'homme ou des forces de la nature, s'exerce directement sur les *corps* de l'agent. Un individu, frappé de bannissement, est jeté par une tempête sur le territoire de la France : lui appliquera-t-on l'article 33 C. p. qui punit la rupture de ban? Un individu est saisi par des malfaiteurs, dépouillé de ses vêtements et laissé nu sur la place

[1] Comp., Aix, 1er juin 1870 (S. 71, 2, 98) et la note.

[2] Sur l'effet de l'ivresse en général, comp. : P. Grand (*Rev. pratique*, t. IX, p. 67); Haus, t. I, n° 643; Chauveau et Hélie, t. I, n° 360; Ortolan, t. I, n° 324; Lainé, n° 187; Niccola Nicolini, *Principes philosophiques et pratiques de droit pénal* (trad. Flotard, 1851, p. 192). Le C. p. russe prononce le *maximum* de la peine applicable au crime contre celui qui s'est volontairement enivré pour le commettre. Sans aller aussi loin, le C. p. autrichien admet, en ce cas, l'imputabilité complète. Le projet du C. p. italien contient, dans les articles 63 et 64, toute une théorie sur l'ivresse. Comp. l'article 20 du projet de C. p. anglais, *Bull. soc. legis. comp.*, 1879, p. 25.

publique : lui appliquera-t-on l'article 330 C. p. qui punit l'outrage public à la pudeur? Un juré, désigné pour la session, est mis, par suite d'une inondation, dans l'impossibilité de se rendre à la cour d'assises : le condamnera-t-on aux peines de l'article 396 C. inst. cr.? Dans ces cas et autres semblables, on ne peut reprocher aucune faute à celui qui, en faisant ce que la loi défend, n'a été qu'un instrument matériel mis en mouvement par une force à laquelle il n'a pu résister, ou qui a été empêché par des obstacles insurmontables de faire ce que la loi ordonne. C'est le cas d'appliquer l'article 64 : il n'y a ni crime, ni délit, ajoutons ni contravention. Mais l'article 64 ne s'applique-t-il qu'à cette hypothèse? Ne s'applique-t-il pas aussi à la contrainte morale?

B. La *contrainte morale* est l'oppression du libre arbitre par la crainte d'un mal imminent. Comme la contrainte physique, elle peut résulter du fait de l'homme ou des forces de la nature, mais elle ne prive pas l'individu qui la subit de la possibilité de faire ce que la loi ordonne ou de ne pas faire ce qu'elle défend : elle n'agit que sur le moral de l'agent, et, c'est à raison de ce caractère, qu'on se demande si elle peut être une cause de non-imputabilité. En supposant, par exemple, un faux commis sous l'empire de menaces de mort, il est certain que la liberté de l'agent n'a pas complètement disparu, qu'il lui reste un choix, mais un choix *limité* entre le mal à faire et le mal à subir : s'il a commis l'infraction, on pourra dire de lui : « *coactus voluit, sed voluit.* » Il faut en conclure qu'aucune contrainte morale ne donne le *droit* de faire un acte condamnable. Mais la question n'est pas là : il s'agit de savoir si, chez celui qui agit sous l'empire d'une telle contrainte, existe une volonté suffisante pour constituer l'imputabilité; si la liberté, restreinte dans l'alternative d'une infraction à commettre ou d'un mal à subir, est telle qu'elle puisse justifier la peine. Or, posée en ces termes, la question n'est pas douteuse : lorsque, sous l'empire de la contrainte morale, un fait, prohibé par la loi pénale, est commis, il a lieu dans un état d'esprit qui n'est pas celui où l'on doit être pour mériter le châtiment. Aussi tout le monde est d'accord pour reconnaître que l'article 64 s'applique à la contrainte morale comme à la contrainte physique[1].

143. Mais reste à savoir quand il y a contrainte suffisante pour exclure l'imputabilité. L'article 64 n'exige qu'une condition, que l'a-

[1] L'article 52 du Code pénal allemand prévoit la contrainte morale comme la contrainte physique.

gent n'ait *pu résister*. Le vague même des expressions légales nous indique que le législateur a entendu laisser au juge toute latitude pour mesurer le *degré* de la contrainte. Il devra comparer la gravité de danger dont l'agent ou quelqu'un de sa famille ou des personnes qui lui sont chères, était menacé, à la gravité du délit qui a été commis, tenir compte de l'âge, du sexe et de la condition des personnes. Dans le cas où une contrainte sera constatée, mais insuffisante pour affranchir de toute culpabilité, le juge aura à sa disposition, pour mesurer son influence, non l'article 64, qui conduit à un acquittement, mais l'article 463, c'est-à-dire une déclaration de circonstances atténuantes.

144. Les passions, lorsqu'elles sont exaltées peuvent être une cause de perturbation de l'intelligence et de la volonté. Cependant, elles ne sont jamais une cause de non-culpabilité et ne peuvent être assimilées à la démence ou à la contrainte, car l'homme a le devoir et le pouvoir de les dompter. Mais, dans des cas déterminés par la loi, et lorsque le ressentiment a une cause légitime, elles peuvent servir d'excuse légale. On trouve des exemples d'excuses de cette sorte dans les articles 321, 324 et 325 du Code pénal. Dans les cas non prévus par la loi, la circonstance que l'acte délictueux a été exécuté sous l'empire d'un emportement dont la cause est légitime, serait atténuante et devrait amener l'application de l'article 463.

V. DE L'INFLUENCE DE L'INTENTION SUR L'IMPUTABILITÉ PÉNALE[1].

145. L'imputabilité pénale suppose le concours de l'intelligence et de la volonté dans l'acte particulier dont on veut rendre l'auteur responsable. Sur la nécessité de ces conditions comme éléments moraux de l'infraction, aucun doute ne s'élève : l'absence de l'une ou de l'autre, quelle que soit le caractère de l'infraction, quelle que minime qu'en soit la peine, a pour conséquence de faire disparaître le crime, le délit ou la contravention, parce qu'elle a pour conséquence de faire disparaître toute faute. Mais ces conditions suffisent-elles? L'agent ne peut-il pas prétendre qu'il était « de bonne foi », qu'il n'avait pas

[1] Bibliographie : Villey, *De l'intention en matière pénale* (*La France judiciaire*, 1876, t. I, p. 1 et 313) ; Le Sellyer, *De l'intention en matière pénale* (*id.*, t. I, p. 111); Ortolan, t. I, nos 247 à 256 ; 378 à 409; Haus, t. I, nos 298 à 329, 702 à 713; Lainé, nos 196 à 207.

« l'intention » de commettre le délit, et, en le prouvant, démontrer qu'il n'y a point de faute à lui reprocher?

146. I. La question ne peut être examinée que si l'on se garde tout d'abord d'une double confusion, souvent faite, d'une part entre l'*intention* et la *volonté* et, d'autre part, entre l'*intention de commettre un délit* et les *motifs* qui déterminent à le commettre.

A. L'intention, dans le sens étymologique du mot, est la direction de la volonté vers un but (*tendere in*); en matière pénale, la direction de la volonté vers l'acte incriminé. Dans ce sens, il est vrai de dire que « il n'y a pas de délit sans intention », que « c'est l'intention qui fait le délit », car l'intention se confond alors avec la volonté, et la volonté est une condition de toute culpabilité. Mais on conçoit que cette direction de la volonté soit de deux natures : 1° Le plus souvent, l'agent ayant conscience de l'immoralité, de l'illégalité de l'acte qu'il commet, ou des conséquences qu'il peut avoir, *veut* cependant l'accomplir malgré cette connaissance : on dit alors de lui qu'il a l'intention criminelle, qu'il agit par dol (*dolo*); et, suivant que cette intention a été déterminée par une préméditation ou un premier mouvement, on dit qu'elle est réfléchie (*dolus deliberatus*) ou irréfléchie (*dolus repentinus*). 2° Au contraire, quand l'agent ne s'est pas proposé pour but, dans son action ou dans son inaction, l'accomplissement du délit qui en est résulté, on dit de lui qu'il n'a pas eu l'intention de commettre le délit, et, pour qualifier le manquement au devoir commis sans intention d'y manquer, on parle de simple faute (*culpa*), qu'on oppose alors au dol. Mais ces expressions, mal à propos empruntées au droit civil, manquent de précision et de clarté; il est préférable de dire que la *faute*, toujours nécessaire pour qu'il y ait *culpabilité*, est tantôt *intentionnelle*, tantôt *non intentionnelle*. — On comprend par ces explications en quoi consiste la volonté quand elle est opposée à l'intention, et comment la volonté peut exister là où l'intention fait défaut. On affirme, par exemple, d'un individu qui, en s'amusant à jeter des pierres, a tué quelqu'un, qu'il a agi *sans intention :* qu'est-ce à dire ? qu'il a agi sans *volonté*? Nullement : car, l'acte même, reproché à cet individu, le jet de la pierre, est absolument volontaire de sa part. Ce qui ne l'est pas, c'est la *conséquence* qui en est résultée : l'*homicide*. Aussi, tout en reconnaissant que l'agent a voulu l'acte, on nie qu'il l'ait voulu en tant que délit, et c'est ce qu'on exprime en disant : « il l'a commis sans intention », « il l'a fait sans le vouloir ». L'intention criminelle consiste donc dans la conscience de l'immoralité ou de l'illégalité d'une action, qui est accompagnée de la volonté de l'accomplir.

B. Pas plus qu'il ne faut confondre, en droit civil, la *cause* avec le *motif* d'une obligation, il ne faut confondre, en droit criminel, avec l'*intention* de commettre le délit, les *motifs* qui déterminent l'agent à le commettre. Un homicide est accompli; vous constatez que l'auteur a voulu donner la mort : voilà *l'intention directe*, en l'absence de laquelle il n'y a pas meurtre. Mais cet homicide a été commis pour satisfaire un sentiment, soit de vengeance, soit de cupidité, soit de jalousie, peut-être même pour rendre service à la personne homicidée, et, sur sa demande; voilà le *motif*, *l'intention indirecte*, dont la loi, en principe, ne tient nul compte pour effacer la culpabilité. De même, en effet, qu'on peut accomplir de bonnes actions par des motifs blâmables, de même on peut commettre des délits par des motifs honorables. D'où il suit que ni l'intention de nuire (le *dol civil*), ni le dessein de procurer à soi-même ou à autrui des bénéfices illicites ne peuvent être considérés comme des conditions générales de la culpabilité pénale. Toutefois, cette règle est loin d'être absolue. Bien souvent, la loi fait, au contraire, dépendre la culpabilité de l'illégitimité des motifs qui ont déterminé l'agent, soit qu'elle s'en explique formellement, en faisant entrer dans la définition du crime ou délit la mention du « *dessein méchant* », de l' « *intention frauduleuse* », ou toute autre expression équivalente, soit que la nature même de l'acte incriminé suppose nécessairement cette condition, qui est sous-entendue par la loi.

147. II. Ces confusions écartées, il faut, pour déterminer le rôle de l'intention dans la culpabilité, examiner successivement trois hypothèses.

148. A. *Du cas où l'auteur du fait nie directement l'intention criminelle.* — L'inculpé, tout en reconnaissant qu'il est l'auteur du fait incriminé, nie qu'il l'ait voulu en tant que délit. Accusé d'avoir fabriqué un faux testament, il prétend l'avoir fait par simple plaisanterie; d'avoir donné la mort à quelqu'un, il prétend n'avoir pas voulu l'homicide; accusé d'avoir fait inhumer un corps sans l'autorisation préalable de l'officier public, il dit n'être coupable que de légèreté, d'inattention. Le résultat de ce moyen de défense, s'il est, en fait, accueilli par le juge, sera, tantôt de faire disparaître toute infraction, tantôt d'en modifier simplement le caractère et la gravité, tantôt, au contraire, il sera sans influence sur la criminalité. On doit, en effet, distinguer, au point de vue de l'intention, trois classes de délit. 1° Il est un grand nombre de faits, pour lesquels la loi recherche l'*intention* et qu'elle déclare impunis en l'absence de cette intention, quand même ils impliqueraient une imprudence, une négligence. Ainsi, dans le cas cité, celui qui fabrique un testament, même par plaisanterie, commet, sans doute, une faute. La loi cependant ne le punit pas; elle considère que l'altération d'écritures est le plus souvent intentionnelle et que, dans le cas contraire, le préjudice social qui en résulte n'est pas assez grave pour mériter une peine; elle laisse donc échapper les faits de cette nature commis sans intention. 2° Il est d'autres faits que la loi punit plus ou moins sévèrement suivant qu'ils sont ou non commis sans intention, pourvu, dans ce dernier cas, qu'une *faute*, consistant dans un *défaut de précaution ou de prévoyance*, puisse être reprochée à leurs auteurs. La loi pense que ces faits sont souvent commis sans intention, mais que les conséquences n'en sont pas moins dommageables, et elle exige, pour les éviter, des précautions et une prévoyance qui ne sont pas exigées dans d'autre cas. Il en est ainsi, par exemple, de l'homicide, des coups et blessures, de l'incendie (C. p. 295 et 319; 309 et 320; 434 et 458). 3° Enfin, il est d'autres faits que la loi punit sans avoir égard à l'intention. Elle pense qu'ils sont presque toujours commis par simple négligence; elle tient cependant à les réprimer, car leur fréquence, dans le cas contraire, compromettrait l'intérêt public.

Les *crimes* et les *délits de police correctionnelle* rentrent dans la première catégorie[1]. Pour ces infractions, même dans le silence de la loi, l'intention criminelle est une condition distincte qui s'ajoute aux conditions générales de la culpabilité. Il n'en est autrement que

[1] En ce qui concerne les crimes, cette proposition trouve sa justification dans l'histoire même de nos Codes : sous l'empire du Code de brumaire an IV, le jury était, par une question distincte et séparée, interrogé sur le point de savoir si l'accusé avait eu l'*intention* coupable, et l'accusé devait être acquitté, en cas de réponse négative du jury (art. 374, 379, 393 et 397). Le C. d'inst. cr. a modifié, il est vrai, la forme des questions à poser au jury et supprimé la question spéciale d'intention; mais ce n'est qu'à cause des inconvénients pratiques résultant, dans le système du Code de brumaire, de l'extrême division des questions; et il a été entendu, dans la discussion du Code, que l'intention devrait toujours être appréciée et examinée par le jury comme une condition constitutive de la criminalité (Locré, t. XXV, p. 574 et 605). Or, les délits sont des faits de même nature, quoique moins graves, que les crimes : les mêmes principes leur sont appliqués par le législateur dans les trois premiers livres du C. p. Il apparaîtra cependant que l'intention n'est pas constitutive de la criminalité pour ces infractions, quelle qu'en soit la peine, qui consistent dans la simple désobéissance à un règlement. Comp. Ortolan, t. I, n° 404.

lorsque la loi le déclare formellement ou lorsque la nature même du fait ou le but que s'est proposé la loi en l'ordonnant ou en le défendant, démontrent que la faute, même non intentionnelle, est punissable. A l'égard des *contraventions de police*, c'est la règle inverse qui doit être suivie : l'intention, à moins d'exception contraire, qui ne peut résulter que d'un texte de loi, n'y est pas exigée comme condition générale de la culpabilité[1].

L'agent, en avouant l'intention criminelle quant au *fait* du délit, peut la nier quant à certaines *conséquences* de ce fait; par exemple, voulant blesser, l'agent a tué; voulant incendier une maison, il a brûlé quelqu'un qu'il ne savait pas s'y trouver. Dans ces cas et autres semblables, les conséquences du délit ayant dépassé l'intention de l'agent, la question se pose de savoir s'il en est responsable. Pour la résoudre, il faut faire une distinction. Si l'agent a pu et dû prévoir les suites de l'acte qu'il accomplissait, il en est certainement responsable, car il l'a commis au risque de tout le mal qui pourrait en advenir[2]. Mais s'il n'a pas pu et dû prévoir cette conséquence, il n'en est certainement pas responsable. Néanmoins, si le délit est un de ceux dans lesquels la loi punit l'inattention et la négligence, il résultera du mal produit par le fait de l'agent un surcroît de responsabilité pénale à sa charge, car l'imprudence est évidente.

149. B. *Du cas où l'auteur du délit invoque l'ignorance ou l'erreur de fait.* — L'absence d'intention criminelle peut être indirectement établie par l'agent qui invoque et prouve une ignorance ou une erreur de fait dans laquelle il est tombé : ainsi, croyant administrer une substance inoffensive ou même bienfaisante, il a, par erreur, administré un poison; croyant épouser une veuve, il a épousé une femme mariée. Dans ces cas et autres semblables, quelle sera l'influence de cette ignorance ou de cette erreur de fait sur l'imputabilité? Nous avons déjà les éléments de la solution. *a*) Toute culpabilité

[1] Ce caractère des contraventions résulte : 1° de leur *nom* même, qui indique le simple fait matériel d'être venu contre la loi (*contra-venire*); 2° de l'*énumération* par les articles 471 et suiv. du Code pénal des infractions à la police générale, énumération qui nous montre le législateur punissant de simples faits de négligence ou d'imprudence ; 3° enfin des *exceptions* par lesquelles le législateur confirme la règle, puisqu'il indique expressément les hypothèses dans lesquelles l'intention est nécessaire pour donner lieu à une répression (C. p., art, 479, n°s 1 et 9). Comp. Cass., 13 nov. 1858 (S. 59, 1, 447); 27 avril 1866 (S. 67, 1, 47); Perrot de Chézelles (*Rev. crit.*, t. XIV, p. 70); Blanche, *op. cit.*, t. II, n° 256.

[2] V. par exemple : C. p., art. 434; loi du 15 juillet 1845, art. 16.

disparaît certainement si le mal causé doit être considéré comme un *accident*, si tout homme raisonnable eût pu, dans les mêmes circonstances, se trouver dans la même ignorance ou tomber dans la même erreur, en un mot, si *aucune faute* ne peut être reprochée à l'agent. Et il en est ainsi quelle que soit l'infraction. Sans doute, l'absence de toute faute sera difficilement admissible en matière de contraventions. Cela toutefois est possible : ainsi, quelqu'un, en courant rapidement, me heurte et me jette sur un enfant que j'écrase ; ou bien je ne déclare pas, aux employés de l'octroi d'une ville, un objet, qui, à mon insu, a été glissé dans ma voiture : ces faits ne me sont pas personnellement imputables, ils constituent de purs accidents. *b*) Une faute non intentionnelle peut-elle être reprochée à l'agent? il faut rechercher alors si, dans le délit dont il est question, la loi punit une faute de cette nature. Si oui, l'absence d'intention, résultant de l'erreur ou de l'ignorance, n'empêchera pas la culpabilité : c'est ce qui doit être décidé en matière d'empoisonnement (C. p., art. 301). Si non, — et il en est ainsi en matière de bigamie, — l'imputabilité pénale disparaît.

Ce que je dis de l'ignorance ou de l'erreur, portant sur le fait principal, doit être appliqué à l'ignorance ou à l'erreur portant sur une *circonstance* du fait, comme, dans le parricide, si le meurtrier ignore que celui à qui il a donné la mort est son père. La criminalité s'étend aux faits connus et non pas aux circonstances ignorées, sauf l'imputation de négligence, dans le cas où la loi punit la faute non intentionnelle.

150. C. *Du cas où l'auteur du fait invoque l'ignorance ou l'erreur de droit.* — L'agent peut-il établir sa bonne foi en prouvant que, soit par ignorance de la loi, soit par l'interprétation fausse qu'il en a donnée, il n'a pas connu le caractère illicite du fait qui lui est reproché? Évidemment non : la loi, publiée et promulguée, doit être appliquée à toute personne, qu'elle l'ait ou non connue, parce que toute personne est à même de la connaître et de s'en faire instruire au besoin et peut se reprocher à faute de l'avoir ignorée [1]. Tout au plus, pourrait-on admettre que, dans des circonstances exceptionnelles, l'a-

[1] C'est dans ce sens, et seulement dans ce sens, qu'il faut entendre l'adage : *nemo jus ignorare censetur*. Comp. ORTOLAN, t. I, n° 388; BLANCHE, t. II, n° 268; LAINÉ, n° 204. *Sic* Cass., 17 juillet 1839 (S. 39, 1, 718) ; 28 juin 1862 (D. 62, 1, 305); Orléans, 22 avril 1863 (D. 63, 2, 88). Le projet de Code pénal italien, dans son article 62, § 2, proclame que « l'ignorance de la loi n'exclut pas l'imputabilité. » Nous signalons, du reste, une disposition assez intéressante à relever, dans le décret du

gent devra échapper à toute responsabilité pénale, en prouvant qu'il lui a été absolument impossible d'avoir connaissance de la loi et qu'il n'a commis aucune faute en la violant[1].

CHAPITRE IV.

DE L'ÉLÉMENT INJUSTE DE L'INCRIMINATION.

I. NOTIONS GÉNÉRALES.

151. L'acte, qui constitue l'infraction, doit avoir lieu en violation du droit. Or, un fait, bien que rentrant dans la définition légale d'un délit, bien qu'exécuté par l'agent avec intelligence et volonté, peut n'être pas criminel, parce que l'agent avait le *droit* ou même le *devoir* de l'accomplir. Je réserve à ces circonstances, qui détruisent la criminalité d'une action, le nom de *faits justificatifs*. L'agent, qui les invoque, peut, en effet, répondre, si on lui reproche l'acte accompli : « *Feci, sed jure feci* »; et la conséquence de son moyen de défense, s'il est accueilli, sera la *justification* même de l'acte. C'est ce qui arrive dans les deux cas suivants : 1° Le fait était ordonné par la loi et commandé par l'autorité légitime; 2° Le fait a été commis par l'auteur en état de légitime défense.

Entre les *causes* de *non-imputabilité*, comme la démence, et les *causes* de *justification*, comme la légitime défense, il y a des ressemblances telles que beaucoup d'auteurs ne les distinguent pas : la loi, elle-même, dans les textes où elle s'occupe des unes et des autres, se sert d'une même expression : « il n'y a ni crime ni délit » (C. p., art. 64, 327, 328), pour en caractériser les effets. Les causes de non-imputabilité et les causes de justification ont la même conséquence, au point de vue de la responsabilité pénale : le renvoi de toute poursuite

5 nov. 1870, qui a modifié les principes sur la promulgation des lois. L'article 4 de ce décret porte : « Les tribunaux et les autorités administratives ou militaires pour» ront, selon les circonstances, accueillir l'*exception* d'*ignorance*, alléguée par les » contrevenants, si la contravention a eu lieu dans le délai de trois jours francs, à » partir de la promulgation ».

[1] *Sic* Haus, nos 659-666; Lainé, n° 205.

et l'acquittement de l'inculpé. Les mêmes règles de procédure leur sont applicables : en cour d'assises, le jury n'est pas davantage interrogé sur les causes de justification que sur les causes de non-imputabilité : car la question de culpabilité les embrasse toutes. Enfin, les juridictions d'instruction, pour se prononcer sur le point de savoir s'il y a lieu de mettre en prévention ou en accusation, doivent examiner les faits justificatifs, comme les cas de non-imputabilité.

Il existe cependant des différences dans la situation de l'inculpé qui invoque un fait justificatif, comme la légitime défense, ou une cause de non-imputabilité, comme la contrainte. *a*) La légitime défense a donné à l'inculpé le droit de faire l'acte : il n'est responsable de cet acte, ni au point de vue *pénal*, ni au point de vue *civil*; on ne peut pas plus le punir qu'exiger de lui des dommages-intérêts[1]. La contrainte, au contraire, ne donne pas le droit de faire l'acte : il peut subsister, par conséquent, malgré la contrainte, une certaine responsabilité à la charge de l'agent; et il n'y aurait aucune contradiction entre deux décisions, dont l'une acquitterait un individu du chef de meurtre, parce qu'il a été contraint par une force à laquelle il n'a pu résister, et dont l'autre le condamnerait cependant, à raison du même fait, à des dommages-intérêts. *b*) La légitime défense est une cause de justification pour tous ceux qui ont assisté l'agent; car, on ne peut concevoir une participation criminelle à des actes justifiés par la loi; c'est donc une circonstance qui agit *in rem*, pour effacer la criminalité du fait. La contrainte et la démence ne peuvent être invoquées, en cas de participation de plusieurs à l'infraction, que par celui des codélinquants dans la personne duquel elles se sont rencontrées; ce sont des circonstances qui agissent *in personam*, pour détruire, non la criminalité du fait, mais la culpabilité de l'agent.

152. La légitime défense et l'ordre de la loi sont les seules causes de justification qui aient un caractère général; spéciales à certaines infractions déterminées, les autres, ne sont, à vrai dire, que l'absence de l'un des *éléments constitutifs* du délit poursuivi. Ainsi, l'article 27 de la loi sur la presse du 25 juillet 1881, qui reproduit l'an-

[1] Le C. p. de 1791, en disant de l'homicide commis en état de légitime défense qu'il n'existe point de crime et qu'il n'y a lieu à prononcer aucune peine, ajoutait : « *ni même aucune condamnation civile* ». Ces mots ont disparu du Code pénal actuel. Comp. : Cass., 19 déc. 1817, cité par Billart, *Étude sur l'autorité, au civil, de la chose jugée au criminel*, p. 135. Cet auteur discute complètement la question examinée au texte. En sens contraire : Griolet, *De l'autorité de la chose jugée* (1868), p. 355.

cienne définition de la diffamation, punit, sous ce nom, la médisance comme la calomnie; mais l'article 35 décide que « la vérité du fait diffamatoire », quand il est relatif aux fonctions, pourra être établie, dans le cas d'imputation contre certaines personnes et amener le renvoi d'instance du prévenu : qu'est-ce à dire? sinon, que la loi de 1881 ne punit, dans l'espèce, que la calomnie. Eh bien, la vérité de l'imputation prétendue diffamatoire est moins un fait justificatif de la diffamation que l'absence d'un des éléments constitutifs du délit lorsqu'il est commis contre certaines personnes[1]. Ainsi encore, le vol est la soustraction frauduleuse de la chose d'autrui (C. p., art. 379); or, une chose mobilière, qui vous appartient, est possédée par un individu qui la retient à tort : vous enlevez cette chose dans le lieu où elle se trouve, sans violation de domicile, sans voies de fait ou menaces : si on vous traduit en police correctionnelle pour vol, la preuve que la chose vous appartenait sera moins la preuve d'un fait justificatif du vol que la preuve de l'absence d'un élément constitutif de ce délit. De même, vous incendiez votre propre maison, qui n'était ni habitée ni servant à l'habitation, sans porter préjudice à autrui : si on vous poursuit pour incendie, vous établirez, en prouvant cette circonstance, l'absence d'une des conditions essentielles de l'incendie punissable (C. p., art. 434).

Je raisonnerai de la même manière dans les hypothèses où le *consentement de la partie lésée* efface le caractère délictueux d'un fait. On comprend, en effet, que certaines infractions supposent, pour être punissables, que le fait a eu lieu contre la volonté de la personne qui en est victime; qu'il n'y ait pas *vol*, par exemple, si le propriétaire de l'objet soustrait a consenti à son enlèvement; qu'il n'y a pas *viol* ou *attentat violent à la pudeur*, si la victime ne s'est pas opposée à l'accomplissement de l'acte incriminé : or, l'inculpé, en démontrant; dans ces divers cas, qu'il a agi du gré de la victime, invoque moins un fait justificatif que l'absence d'un des éléments constitutifs du vol, du viol ou de l'attentat violent à la pudeur. Mais il ne faudrait pas croire que le consentement de la personne lésée par l'infraction ait toujours pour résultat de faire disparaître la criminalité de l'acte poursuivi; car le pouvoir social ne punit pas seulement dans l'intérêt particulier d'un individu, mais dans l'intérêt général de la société : un

[1] Il en résulte que le point de savoir si le prévenu a fait la preuve de la vérité du fait diffamatoire n'est pas nécessairement l'objet d'une question spéciale, distincte de la question de culpabilité. Comp. : Le Sueur (*Jour. de dr. crim.*, 1883, n° 10989).

individu ne peut donc pas accorder à un autre le droit de violer, *en sa personne*, les lois qui intéressent l'ordre public et les bonnes mœurs. Ainsi, le fait d'avoir donné volontairement la mort à un individu, de son consentement et sur son ordre, est un meurtre; la mutilation d'un individu, qui l'a sollicitée, est un crime ou un délit, suivant les cas.

153. Cependant, une difficulté célèbre se présente en ce qui concerne l'homicide ou les blessures faites en duel, à raison même du silence du Code pénal sur ce point[1]. Tandis que les édits de Louis XIV (1652 et 1679) frappaient le duel de peines sévères, la législation intermédiaire l'avait complètement passé sous silence : était-ce un oubli? Nullement, car deux projets de loi sur le duel avaient été présentés et rejetés, et un décret du 20 messidor an II renvoyait à la commission de la rédaction des lois *pour examiner et proposer les moyens d'empêcher les duels et la peine à infliger à ceux qui s'en rendraient coupables et les provoqueraient.* Ce décret indiquait ainsi les deux faces du problème que soulève la question du duel : quelles mesures y a-t-il à prendre pour *prévenir* les duels? quelles mesures y a-t-il à prendre pour les *réprimer?* Lorsque le projet de loi, qui contenait les articles composant le chapitre Ier du livre II du Code pénal, relatif aux crimes et délits contre les personnes, fut soumis au Corps législatif, le rapporteur, Monseignat, s'exprima, à l'égard du duel, en ces termes, dans la séance du 17 février 1810 : « Vous vous demandez, peut-être, Messieurs, pourquoi les auteurs du projet de loi n'ont pas désigné particulièrement un attentat aux personnes, trop malheureusement connu sous le nom de duel : *c'est qu'il se trouve compris dans les dispositions qui vous sont soumises...* Le projet n'a pas dû particulariser une espèce qui est comprise dans un genre dont il donne les caractères. » Mais l'un des jurisconsultes qui ont le plus contribué à la rédaction de nos lois pénales, Merlin, a affirmé que ce n'était là que l'expression de l'opinion personnelle du rapporteur; que jamais les rédacteurs du Code pénal n'avaient entendu assimiler le duel au meurtre ou à l'assassinat[2]. Qui est dans la vérité, de Monseignat ou de Merlin? La jurisprudence a suivi successivement l'une et l'autre opinion. Pendant longtemps, elle a admis et déclaré : « *que les arti-*

[1] Sur le duel comp. : AUZOUY, *Du duel* (*Revue prat.*, 1877, t. XLIII, p. 5 et suiv.); FLANDIN, *Du duel* (*Revue crit.*, 1863, t. XXII, p. 168); CAUCHY, *Du duel* (2 vol., Paris, 1863).

[2] MERLIN, *Répertoire*, v° *Duel.*

cles 295 et 304 C. p. ne peuvent être appliqués à celui qui, dans les chances réciproques d'un duel, a donné la mort à son adversaire, sans déloyauté ni perfidie ». Divers projets, présentés aux Chambres en 1829, 1830, tendant à réprimer le duel, attestaient la lacune de la législation sur ce point et confirmaient indirectement cette jurisprudence. Cependant, par un arrêt du 22 juin 1837, rendu à la suite d'un réquisitoire du procureur général Dupin, la Chambre criminelle de la Cour de cassation abandonna la jurisprudence qu'elle avait suivie jusque-là, en déclarant que « *l'homicide et les coups et blessures reçus en duel rentraient dans les dispositions générales du droit pénal* »; et le 15 décembre suivant, toutes les Chambres de la même Cour, réunies en audience solennelle pour juger la même affaire, après renvoi, confirmèrent ce changement de jurisprudence, dans lequel la Cour suprême a invariablement persisté depuis cette époque[1]. Cette opinion a prévalu, non sans une certaine résistance de quelques cours d'appel, particulièrement de celle de Paris : elle forme donc aujourd'hui la règle dans cette matière en jurisprudence[2].

Je ne la crois pas fondée. Le duel, quand il n'est entaché ni de déloyauté ni de perfidie, ne constitue, dans l'état actuel de notre législation, ni crime ni délit. Sans doute, l'homicide donné et les blessures faites dans un duel régulier pourraient et devraient être incriminés

[1] Sir., 1837, 1, 465. Ainsi, comme l'a fait remarquer M. Vallette, « dans un pays où l'on tient pour maxime que la loi pénale doit s'appliquer suivant son texte et sans interprétation extensive, la même loi a pu servir, soit à absoudre complètement le duel, soit à le placer au rang des crimes les plus odieux ».

[2] On peut résumer en sept propositions les conséquences de cette jurisprudence : 1° Les duellistes, qui ont eu l'*intention de se donner la mort*, doivent être poursuivis pour tentative d'homicide commis avec préméditation, crime punissable de la peine de mort (C. p., art. 2 et 302); 2° Les deux combattants, s'ils survivent tous les deux, doivent être compris dans la même poursuite; 3° Les témoins du duel en sont complices par « aide et assistance », et, dès lors, passibles des mêmes peines que les duellistes (C. p., art. 59); 4° Les combattants, qui n'ont pas eu l'intention de se donner la mort, ne sont responsables que des blessures qu'ils ont faites, et si le duel n'est suivi d'aucune blessure, il n'en résulte qu'une tentative de blessure indéterminée qui échappe à toute répression; 5° Si la blessure faite dans un duel, sans intention de donner la mort, l'a pourtant occasionnée, le fait rentre dans les termes des articles 309 et 310 C. p.; il est puni, suivant les cas, des travaux forcés à temps ou à perpétuité; 6° Si la blessure, sans occasionner la mort, a été suivie de mutilation ou a eu pour conséquence une maladie de plus de vingt jours, le fait est puni par les mêmes articles; 7° Si la blessure ne présente pas ces caractères, si c'est une simple égratignure, elle est passible, aux termes de l'article 311 C. p., d'un emprisonnement de six jours à deux ans et d'une amende de seize francs à deux cents francs. En résumé le duel, lorsqu'il est punissable, constitue tantôt un *crime*, tantôt un *délit*.

par la loi pénale, mais comme infractions *sui generis*, car la circonstance du duel, librement convenu, régulièrement livré, ne peut être indifférente dans le caractère qu'il convient de donner à l'homicide et aux coups et blessures. De ce que le Code pénal ne contient pas de dispositions spéciales sur le duel, il s'ensuit que le duel est impuni; il serait, en effet, contraire aux règles les plus élémentaires de l'interprétation pénale de faire rentrer le duel dans le meurtre, l'assassinat ou les coups et blessures[1].

II. DE LA LÉGITIME DÉFENSE.

154. Le pouvoir social est organisé pour protéger l'exercice des droits individuels : c'est donc à lui que l'individu doit remettre le soin de sa protection. Mais cette loi de toute société civilisée, absolue quand l'injustice est *consommée*, ne l'est plus quand elle est *imminente*. On m'attaque : la force sociale n'est pas présente; même présente, elle est impuissante à me protéger; j'ai le droit incontestable de me protéger moi-même et de repousser la force par la force. La défense sociale a un caractère *subsidiaire* : elle n'agit pas à l'exclusion, mais à l'appui de la défense individuelle.

155. De la légitime défense en général. — Le droit de légitime défense est reconnu par l'article 328 C. p. en ces termes : *Il n'y a ni crime ni délit, lorsque l'homicide, les blessures et les coups étaient commandés par la nécessité actuelle de la légitime défense de soi-même ou d'autrui* ». La place de cette disposition était marquée dans la partie générale du Code pénal, à la suite de l'article 64, qui s'occupe de la *démence* et de la *contrainte*; l'expression devait en être plus gé-

[1] Une législation particulière sur le duel a été établie, particulièrement dans le Code pénal belge de 1867 (art. 423 à 433), et dans le Code pénal allemand (art. 210). En France, diverses propositions de loi ont été présentées, mais aucune n'a abouti. La première en date, due à Portalis, fut adoptée par la Chambre des pairs en 1829. Deux propositions, dans le même sens, furent présentées, en 1849, par divers membres de l'Assemblée nationale. L'Assemblée prit en considération tous ces projets et nomma, le 26 juin 1850, une commission spéciale chargée de les examiner, commission qui choisit le regretté Valette pour rapporteur. On trouvera le texte de son remarquable rapport dans ses *Mélanges de droit, de jurisprudence et de législation*, 1880, t. II, p. 625 et suiv. Cette proposition fut reprise et présentée, le 2 février 1877, au Sénat, par M. Hérold. Après de nombreuses vicissitudes, elle a été rejetée par le Sénat, dans la séance du 1er mars 1883.

nérale aussi, de manière à comprendre toutes les conséquences préjudiciables que peut avoir la défense personnelle. Il est vrai que les conséquences seront ordinairement un homicide, des blessures, des coups, et l'on s'explique ainsi comment le législateur, qui ne procédait pas doctrinalement, et qui suivait, en cela, le Code pénal de 1791 (2e partie, titre 2, sect. 1, art. 5 et 6), a été conduit à ne parler de la légitime défense qu'en traitant de ces sortes de délits. Mais d'autres faits, tels que celui de saisir, garrotter et détenir temporairement l'agresseur, pourraient être nécessités par la lutte; il est certain qu'ils seraient légitimés par le droit de défense, en vertu des principes généraux.

Le texte est, du reste, très clair; si l'agent est dans les conditions de la loi, la *justification* est complète. Mais dans quels cas y a-t-il légitime défense? C'est à cette question que se ramènent toutes les difficultés du sujet.

156. Pour que l'agent se trouve en état de légitime défense, il est de règle absolue que le danger, dont il est menacé, soit *grave*, *injuste*, *inévitable*.

157. I. La gravité du danger couru par l'agent résulte de l'*irréparabilité* du mal qu'on veut lui infliger. Si le mal était réparable autrement que par les actes de défense, ces actes cessent d'être légitimes, car ils ne sont plus commandés par la « nécessité ».

Quand peut-on considérer le mal dont l'agent est menacé comme irréparable? La question est bien plus de fait que de droit : néanmoins, nous pouvons tracer quelques règles, en supposant l'attaque dirigée contre une *personne* ou contre une *propriété*.

A. L'article 328 n'autorise, dans ses termes, l'emploi de la force que pour la défense de « *soi-même ou d'autrui* ». La loi légitime donc, non-seulement les actes commandés par la sûreté personnelle de l'individu, mais encore ceux qui ont pour but la sûreté d'autrui : il suffit qu'une personne soit injustement attaquée, pour que nous ayons, sinon le *devoir légal*, du moins le *droit* de la défendre. Il résulte de là que, dans tous les cas où la défense de soi-même par la force est un fait justificatif, il en est de même de la défense d'autrui; mais les mêmes conditions doivent se rencontrer : quelles sont-elles? Il faut considérer comme *grave*, parce qu'il est *irréparable*, le mal qui menace la *vie*, le *corps* ou la *pudeur* de la personne attaquée. Il n'est pas nécessaire, en effet, pour légitimer l'emploi de la défense individuelle, que le péril couru soit un péril de mort : la personne menacée de coups, de blessures, de mutilation, de séquestration, a le droit de se défendre par la force. La femme menacée de viol ou d'un attentat violent à la pudeur a le même droit. On l'a contesté cependant pour le cas d'attentat violent à la pudeur; mais ce n'est que par suite d'une confusion, que l'on a voulu, en se fondant sur l'article 325 C. p., restreindre l'emploi de la légitime défense au cas de tentative de viol; l'article 325 suppose un attentat à la pudeur *consommé*, rendant *excusable*, par le sentiment de colère qu'il excite chez la femme outragée, le crime de castration; mais la femme pourrait *prévenir* l'attentat dont elle est menacée, et les actes qu'elle accomplirait dans ce but, les coups qu'elle porterait, l'homicide qu'elle donnerait, seraient *légitimés*. Du reste, le simple outrage à l'*honneur*, comme un soufflet, des menaces, n'autoriserait pas l'emploi de la force; le mal est réparable; c'est aux tribunaux que la personne outragée devra s'adresser pour obtenir la réparation qui lui est due.

B. L'agression injuste n'est pas dirigée contre une personne, mais contre une *propriété* : le propriétaire repousse l'attaque par la force : il tue ou blesse l'agresseur; est-il en état de légitime défense? Comprenons bien la question; le propriétaire a certainement le droit de s'opposer par la force à la *consommation* du dommage, d'arrêter le voleur pris en flagrant délit (C. inst. cr., art. 106); et, si le voleur oppose la *violence* pour terminer l'acte qu'il a commencé ou se dégager et s'enfuir, le propriétaire est certainement autorisé à employer la force pour vaincre sa résistance. Mais le propriétaire a-t-il le droit de tuer ou de blesser le voleur, non pour l'arrêter dans son délit, mais pour lui faire restituer la chose soustraite; a-t-il le droit, par exemple, lorsqu'il le voit fuir, emportant l'objet volé, de tirer sur lui? L'article 328 ne permet pas l'emploi de la force lorsque l'agression qu'il s'agit de repousser est uniquement dirigée contre les biens; nous dirons donc qu'en principe la *défense violente de la propriété n'est pas légitime* : rien de plus conforme à notre principe, puisque la perte d'un bien matériel n'est pas absolument *irréparable*, comme le serait la perte de la vie, de la santé, de la liberté, de l'honneur. Mais ce motif devrait limiter, ce nous semble, la portée de la règle : si le mal dont on nous menace est irréparable, autrement que par les actes délictueux, la société, qui garantit la propriété comme la liberté, qui n'hésite pas à priver un homme de sa liberté pour punir le vol, doit reconnaître au propriétaire le droit de défendre son droit par tous les moyens en son pouvoir. Qu'on suppose un voleur, dérobant, dans le coffre-fort d'un négociant, les titres qui constituent la majeure partie de sa fortune, fuyant avec ces titres, sans que l'obscurité permette de le reconnaître : le mal sera *irréparable*, si le propriétaire ne parvient pas à blesser ou à tuer le voleur : il tire et le tue; n'en a-t-il pas le droit ? L'article 328 ne le lui donne pas dans ses termes : mais, aucun tribunal n'hésitera à déclarer que cet acte n'est pas imputable à son auteur, soit qu'on le considère comme *justifié* par la légitime défense, soit qu'on le considère plutôt comme *imposé* par une contrainte morale à laquelle l'agent n'a pu résister [1].

158. II. Toutes les fois que l'agression est légale, c'est-à-dire qu'elle a pour auteur un agent de la force publique, agissant dans l'exercice régulier de ses fonctions, la défense n'est pas « légitime », car la résistance, avec violences et voies de fait, constitue déjà, par elle-même, le délit de *rébellion* (C. p., art. 209). Mais lorsque l'agression a lieu *sans droit*, les actes de défense seront légitimes, quelles que soient la qualité et la situation de l'agresseur. Déduisons de ce principe un double corollaire. *a*) *La défense peut justifier des actes que la provocation n'excuserait pas* : — le parricide, par exemple. Aux termes de l'article 323 C. p., il n'est pas *excusable*, sans doute; mais de ce que la culpabilité, lorsqu'elle existe, ne peut être atténuée par une *provocation*, il n'en résulte nullement qu'elle existe toujours : le fils, qui est placé par son père dans l'alternative de le tuer ou de se laisser tuer par lui, ne commet pas de parricide s'il le tue. Nous en dirons autant du meurtre de l'un des époux par l'autre : ce meurtre qui, en principe, ne serait pas excusé par la provocation, serait légitimé s'il avait été accompli en état de défense. L'article 324 soulève, du reste, à ce point de vue, des difficultés d'interprétation que nous retrouverons plus loin. *b*) *Le droit de défense peut exister là même où le droit de punir n'existerait pas.* — Ainsi, qu'un enfant, qu'un fou nous attaquent, nous avons le droit de nous défendre contre eux, bien que la société n'ait pas le droit de punir ces êtres privés du discernement de leurs actes. La défense n'est pas, en effet, le *châtiment*, qui serait illégitime dirigé contre un enfant ou un fou, mais la *protection*, qui est légitime, quel que soit l'auteur de l'agression, si l'agression est faite sans droit.

Mais, si tel est le principe, il existe deux cas dans lesquels son application devient délicate :

A. Est-il permis de résister à un acte *illégal* de l'autorité ? Cette ré-

[1] Pour la législation comparée sur ce point : Berge, *Rev. gén. du droit*, 1879, t. III, p. 377. Sur la question : Nicolla Nicolini, *op. cit.*, p. 250.

sistance, quand elle se manifeste par des voies de fait, peut-elle constituer l'agent en état de légitime défense? C'est une question difficile, comme toutes celles où il s'agit de concilier deux intérêts opposés : la liberté des citoyens, les droits du pouvoir. — Toute résistance à un acte de l'autorité, dit une opinion, si illégal, si irrégulier que soit cet acte, est illégitime. Le premier devoir du citoyen est de se soumettre, car provision est due au titre en vertu duquel on agit, ou à la qualité du fonctionnaire qui agit. Du reste, le fonctionnaire est responsable de ses abus de pouvoir, et les citoyens, qui en ont été les victimes, pourront se pourvoir devant les tribunaux compétents pour obtenir contre lui des dommages-intérêts[1]. — La résistance est légitime, prétend une autre opinion, car l'agression est injuste. L'article 11 de la Déclaration des droits de l'homme, insérée dans la Constitution du 24 juin 1793, le décidait ainsi : « Tout acte, exercé contre un homme, hors des cas et sans les formes que la loi détermine, est arbitraire et tyrannique; celui contre lequel on voudrait l'exécuter par la violence a le droit de le repousser par la force ».

Ce système, s'il était admis, serait la négation de l'ordre social : accorder aux citoyens le droit de résister à tout acte illégal d'un fonctionnaire, serait leur donner le droit de contrôler, tant en la forme qu'au fond, au moment où ils sont exécutés contre eux, les actes de l'autorité, et rendre tout gouvernement impossible[2]. Évidemment la vérité est entre les deux opinions : les particuliers n'ont ni le droit absolu de résister, ni l'obligation absolue de se soumettre aux actes illégaux de l'autorité : l'article 209 C. p., qui définit le délit de *rébellion*, donne la solution de la difficulté : « Toute attaque, toute résistance avec violence et voies de fait envers les officiers ministériels, les officiers ou agents de police administrative ou judiciaire, *agissant pour l'exécution des lois*, des ordres ou ordonnances de l'autorité publique, des mandats de justice ou jugements, est qualifiée, selon les circonstances, crime ou délit de rébellion ». Il nous semble résulter de ce texte, qu'il n'y aurait pas de rébellion, mais que la résistance serait légitime : 1° si elle était opposée à un individu, agissant sans être fonctionnaire public, ou à un fonctionnaire public, agissant hors de ses fonctions; 2° si elle était opposée à un fonctionnaire agissant sans

[1] Cette opinion paraît être celle de la jurisprudence : BLANCHE, t. IV, n° 46, et les arrêts qu'il cite; Cass., 15 sept. 1864 (S. 65, 1, 152); 27 août 1867 (S. 68, 1, 142).

[2] Lire les plaidoyers d'ODILON BARROT et ARMAND CARREL, rapportés dans S. 32, 2, 178.

ordre, ou refusant de produire l'ordre dont il se dit porteur; 3° si elle était opposée à un fonctionnaire voulant faire un acte défendu par un texte précis de loi.

L'article 209, en effet, ne considère comme une rébellion que la résistance aux *fonctionnaires publics* qu'il énumère, agissant *pour l'exécution des lois ou des ordres de justice.* Or, dans les deux premiers cas, le citoyen ne résiste qu'à un individu, sans qualité; dans le troisième, il ne résiste qu'à un fonctionnaire, agissant non *pour*, mais *contre* l'exécution des lois. Dans ces hypothèses, la résistance ne serait pas une rébellion, mais un acte de défense; elle deviendrait légitime dans les termes de l'article 328. On a bien objecté que l'article 328 est étranger, par la place qu'il occupe dans le Code pénal, aux crimes et délits contre la chose publique, qu'il ne peut donc justifier la *rébellion*, qui est un crime ou un délit contre la chose publique; mais il ne s'agit pas de justifier la rébellion, il s'agit de savoir si, dans la résistance qui nous occupe, il y a vraiment rébellion. Du reste, l'article 328 n'est que l'expression d'un principe qui n'avait pas besoin d'être consacré par les textes et qui, tel qu'il est formulé, a le défaut de ne pas être à sa place dans la partie spéciale du Code pénal.

Nous déciderions au contraire, que la résistance à un fonctionnaire, agissant dans l'exercice de ses fonctions, pour l'exécution d'une loi ou d'un acte de l'autorité, pourrait être qualifiée de rébellion, alors même que ce fonctionnaire, dans l'accomplissement de son mandat, commettrait quelque illégalité. L'article 209 ne met pas comme condition constitutive du délit de rébellion, que la loi ou le commandement de l'autorité publique soit exécuté suivant les formes légales, dans les lieux prescrits par la loi, aux jours et aux heures qu'elle détermine. Les dépositaires de la force publique, à raison de leur qualité, sont présumés, dans l'exercice de leurs fonctions, n'agir que conformément aux lois. Cette présomption suffit pour que le citoyen soit tenu de se soumettre; s'il résiste, non-seulement il ne peut invoquer la légitime défense, mais encore il est en état de rébellion.

B. Peut-on réputer en état de légitime défense l'individu qui, après avoir provoqué ou attaqué une personne, se défend à son tour contre les violences que celle-ci exerce sur lui, et commet un homicide parce que ces violences mettaient sa vie en péril? En un mot, l'agression serait-elle *injuste*, si elle avait été provoquée par une agression antérieure? La question doit être résolue par une distinction. — Si l'agression a mis la personne attaquée dans le cas de légitime défense, l'agresseur ne pourrait légitimement se défendre par de nouvelles violences; et, s'il continuait la lutte, l'homicide, les coups et blessures, provenant de lui, ne se justifieraient pas, car ils seraient la conséquence directe de l'agression dont il est l'auteur. — Mais si l'agression n'a pas mis la personne attaquée dans le cas de légitime défense, si elle n'est qu'une provocation, l'agresseur, quand sa vie est mise en péril par la personne provoquée, a le droit de réagir, même par la force.

159. III. Si la personne attaquée a pu se soustraire au mal dont on la menaçait autrement qu'en commettant l'infraction, l'homicide, les coups et blessures doivent lui être imputables. Or, nous pouvons nous soustraire au danger dont on nous menace, soit en le prévoyant à l'avance, soit en prenant ultérieurement des précautions pour l'éviter, soit en usant d'expédients au moment où nous sommes attaqués. Aussi le danger contre lequel nous sommes autorisés à nous défendre par la force doit-il avoir trois caractères : être *imprévu*, *actuel*, *absolu*.

A. Il faut que le danger soit *imprévu*. Si la personne attaquée avait pu le prévoir, elle serait en faute de l'affronter, de s'exposer au risque de perdre la vie ou de l'enlever à autrui; la nécessité où elle se trouverait n'aurait eu d'autre cause qu'elle-même. Ainsi, le duelliste, qui tue son adversaire, ne pourrait pas invoquer la nécessité de la éfense pour justifier l'homicide.

B. Il faut que le danger soit *actuel*. C'est au moment de l'attaque qu'il est permis de se faire justice. Si le danger était passé, le sentiment qui porterait à agir serait, non le sentiment de la défense qui est permis, mais celui de la vengeance qui est interdit, et les conditions de l'*excuse de provocation* pourraient se rencontrer, mais non celles du *fait justificatif de légitime défense*. Il est souvent difficile, du reste, de distinguer les actes de défense des actes de vengeance; ce sera une question de fait à résoudre dans chaque espèce.

C. Il faut que le danger soit *absolu*, c'est-à-dire qu'il ne puisse être évité *autrement* que par l'homicide, les coups et blessures, etc. C'est ce qu'expriment ces mots de l'article 327 : « *Commandés par la nécessité* ». La défense par l'infraction doit être *nécessaire* pour légitimer l'infraction, en ce sens : 1° *qu'elle doit être l'unique ressource de la personne attaquée*; 2° *qu'elle ne doit pas excéder les bornes de la nécessité*. Si la personne attaquée avait d'autres moyens de se soustraire au danger que l'homicide, les coups et les blessures, elle a eu tort de ne pas les employer. Si la personne attaquée pouvait se défendre autrement qu'en donnant la mort à l'agresseur, par exemple en l'enfermant, en s'emparant de ses armes, l'homicide ne serait pas légitime, parce que la réaction défensive ne serait pas proportionnée à la gravité du danger qu'il s'agissait d'éviter.

160. Quand toutes les conditions de la légitime défense sont réunies, l'acte est *justifié* : si l'une de ces conditions manque, l'acte est *illégitime*. Faut-il en conclure que l'acte sera toujours pénalement imputable à son auteur? Nullement; le juge devra examiner si les circonstances, qui n'ont pas suffi à justifier l'acte, n'ont pas été de nature à exclure ou diminuer la culpabilité. L'agent avait-il conservé sa liberté d'esprit pour mesurer le danger, l'éviter par d'autres moyens, proportionner la défense à l'attaque? Si le juge estime que les circonstances ont été telles qu'elles ont enlevé toute liberté à l'agent, il l'acquittera, en tenant compte de la contrainte morale qui a pu résulter de ces circonstances[1].

161. Cas exceptionnels de légitime défense. — Nous aurions terminé ce que nous avions à dire de la légitime défense, si nous ne trouvions dans le Code pénal un texte qui soulève des difficultés, c'est l'article 329, ainsi conçu :

« *Sont compris dans le cas de nécessité actuelle de défense les cas suivants :* 1° *si l'homicide a été commis, si les blessures ont été faites, si les coups ont été portés en repoussant pendant la nuit l'escalade et l'effraction des clôtures, murs ou entrée d'une maison ou d'un appartement habité ou de leurs dépendances;* 2° *si le fait a eu lieu en se défendant contre les auteurs de vols ou de pillages exécutés avec violence* ».

Quel est le caractère de cette disposition? Pour certains auteurs, ce texte n'est qu'un exemple d'hypothèses où se rencontrent les conditions de la légitime défense, le développement, par voie d'application, du principe de l'article 328. Mais alors quelle en serait l'utilité? Pourquoi d'ailleurs le législateur aurait-il pris soin de préciser si nettement, dans les espèces qu'il prévoit, les conditions de la légitime défense, alors que, pour les autres cas, la détermination de ces conditions est abandonnée à la sagesse des magistrats? Pour nous, avec

[1] L'article 53 du C. p. allemand est très-explicite sur ce point : « Le fait n'est pas punissable quand il est commandé par la légitime défense. La légitime défense est celle qui est nécessaire pour détourner de soi-même ou d'autrui une agression présente et illégale. *L'agent ne sera pas punissable lorsque, dans le trouble, la crainte ou la terreur, il aura dépassé les bornes de la légitime défense.* »

la jurisprudence, nous croyons que la loi a entendu créer une double présomption de légitime défense, qui exclut la preuve contraire, lorsque les circonstances, prévues par le texte, sont reconnues constantes par les juges[1]. L'article 329 qualifie, en effet, les deux cas qu'il prévoit : « cas *de nécessité actuelle de défense* », ce qui indique bien que ces hypothèses réunissent les conditions exigées pour la légitime défense, en vertu d'une présomption légale, qui n'admet pas de discussion.

Si telle est la portée de l'article 329, nous devons restreindre cette présomption dans les termes mêmes de la loi, toute présomption étant de droit étroit.

A. Dans la première hypothèse, l'homicide, les coups et blessures ne seront justifiés qu'à trois conditions : — 1° Il faudra qu'ils aient été accomplis *en repoussant l'escalade et l'effraction*... L'article 329 serait-il encore applicable si l'escalade ou l'effraction était *consommée?* Cette situation ne répond pas exactement aux termes du texte, qui suppose l'escalade ou l'effraction seulement *tentée;* mais presque tous les auteurs et la jurisprudence[2] estiment qu'elle y est implicitement comprise. Nous ne le croyons pas; sans doute, les personnes de l'intérieur qui, se trouvant en face d'un malfaiteur, le blesseront ou le tueront, pourront invoquer, pour justifier leurs actes, la légitime défense, mais dans les termes de l'article 328, et sans pouvoir se couvrir de la présomption légale de l'article 329. La loi permet de repousser l'escalade, et non de la punir, de s'opposer à ce fait menaçant, et non de le réprimer quand on l'a laissé s'accomplir. — 2° Il faudra que la maison soit *habitée*. Aux termes de l'article 390 C. p., est réputé maison « habitée » tout bâtiment, tout appartement et généralement tout lieu qui, « sans être actuellement habité, est destiné à l'habitation ». Cette définition ne nous paraît pas devoir être appliquée ici. L'article 329 donne le droit de repousser par la force l'escalade et l'effraction, parce qu'il envisage ces actes comme des attentats qui menacent les personnes : il doit donc supposer que la maison est *actuellement habitée*. — 3° L'homicide, les coups et blessures ne seraient justifiés que si l'escalade et l'effraction avaient eu lieu *pendant la nuit*. Nous aurons à comparer, à ce point de vue, à propos des excuses, l'article 329 et l'article 322.

[1] Comp. dans ce sens : Le Sellyer, *op. cit.*, t. I, n° 196; Trébutien, *op. cit.*, t. I, p. 155; Blanche, t. V, art. 329.

[2] Comp. : Cass., 8 déc. 1871 (S. 72, 1, 346) et les arrêts cités en note; Chauveau et Hélie, t. IV, n° 1339; Trébutien, t. I, p. 155; Blanche, t. V, n° 72.

Ce qu'il faut remarquer, c'est que la présomption légale de légitime défense justifie les actes accomplis dans les termes de la loi, quel qu'ait été le *but* de l'escalade ou de l'effraction, que l'auteur de l'agression en ait voulu à la vie des personnes habitant la maison, à leur propriété, ou même à leur honneur. C'est surtout à ce point de vue que la disposition de l'article 329 est dangereuse : elle permet de justifier, en effet, jusqu'au meurtre commis dans des circonstances où il serait avéré qu'aucun des habitants de la maison n'a couru de danger personnel. Le législateur eût mieux fait de laisser les hypothèses qu'il prévoit sous la règle générale de l'article 328[1].

B. L'article 329 justifie, en second lieu, l'homicide, les blessures et les coups, si le fait a eu lieu en se défendant contre les auteurs de vols ou de pillages exécutés avec violence contre les personnes. Ici, le but de l'agression est le vol ou le pillage; les violences envers les personnes en sont la conséquence ou le moyen. Or, il était inutile d'exprimer formellement que les violences à l'égard des personnes, exercées à l'occasion d'un délit relatif aux biens et afin de le faciliter, rendent les actes de défense légitimes, puisque ce n'est là qu'une simple application de la règle de l'article 328.

III. DE L'ORDRE DE LA LOI AVEC COMMANDEMENT DE L'AUTORITÉ LÉGITIME.

162. En disant : « *Il n'y a ni crime ni délit, lorsque l'homicide, les blessures et les coups étaient ordonnés par la loi et commandés par l'autorité légitime* », le texte de l'article 327 s'occupe spécialement de l'homicide, et des coups et blessures; car c'était sur ces hypothèses qu'avaient surtout porté les discussions de nos anciens criminalistes, qui qualifiaient alors l'homicide d'*homicide licite*. Mais il est certain que le principe, dont l'article 327 fait l'application, doit être généralisé : sont légitimes, en effet, les arrestations commandées, en vertu d'un texte de loi, sous forme de mandats, par les magistrats instruc-

[1] Comp., par exemple, l'arrêt du 8 déc. 1871, cité à la note précédente, et Limoges 17 juin, et Cass., 11 juillet 1844 (S. 44, 1, 777). Le C. p. belge a ajouté à l'art. 417, qui correspond à notre art. 329, cette restriction : « à moins qu'il ne soit établi que l'agent n'a pas pu croire à un attentat contre les personnes, soit comme but direct de celui qui tente l'escalade ou l'effraction, soit comme conséquence de la résistance que rencontreraient les desseins de celui-ci ». Comp. : Haus, t. I, n° 594.

teurs ou les officiers du ministère public; les violations de domicile, dans les cas prévus par la loi, par les autorités ou les agents qui en ont reçu le pouvoir, comme les exécutions à mort faites en vertu d'une condamnation irrévocable et sur l'ordre de l'autorité compétente.

Pour la justification de ces faits, l'article 327 exige la réunion de deux conditions : l'*ordre de la loi* et le *commandement de l'autorité légitime*. Par là, le législateur empêche les violences arbitraires des agents de l'autorité, puisqu'il faut que l'homicide, les coups et blessures aient été ordonnés par la loi; il empêche aussi que la loi ne soit appliquée d'une manière aveugle, puisque la nécessité de cette application devra être appréciée par l'autorité légitime, qui demeurera responsable du faux usage qu'elle en aura fait. On avait proposé de substituer, dans la rédaction de l'article 327, la disjonctive *ou* à la conjonctive *et*, en prétendant que, dans certains cas, l'ordre de la loi devait suffire, dans d'autres, le commandement de l'autorité légitime. Cette proposition ne fut pas admise par le Conseil d'État. Il faut donc, pour qu'un acte soit *justifié*, par application de l'article 327, qu'il soit ordonné ou permis par la loi, commandé par l'autorité compétente, et régulièrement exécuté.

163. Si l'une ou l'autre de ces conditions fait défaut, « *il y a crime ou délit* ». — Ainsi, les arrestations, opérées par un agent de la force publique, dans un cas où la loi les autorise, mais sans l'accomplissement des formalités légales, protectrices de la liberté individuelle, constituent le délit d'arrestation ou de détention arbitraire (C. p., art. 120). — A l'inverse, les arrestations, commandées par un agent de la force publique, dans un cas où la loi ne les autorise pas, peuvent, suivant les circonstances, tomber sous le coup des articles 114, 184, 186, 188 du Code pénal. Que ces actes constituent des crimes ou des délits pour le fonctionnaire qui les aura ordonnés, cela n'est pas douteux : mais seront-ils imputables aux agents inférieurs qui auront exécuté ou fait exécuter l'ordre qu'ils ont reçu? Cette question, qui concerne les agents civils comme les agents militaires, quoiqu'elle ait été plus particulièrement agitée pour ces derniers, doit se résoudre, au moins en principe, de la même manière pour les uns et pour les autres. Il est des hypothèses où la loi reconnait une excuse absolutoire au profit des fonctionnaires qui ont agi par ordre de leurs supérieurs hiérarchiques : tels sont les cas prévus par les articles 114 et 190 du Code pénal. Ces textes sont conçus de la même manière : il suffira de rapporter le premier. L'article 114 frappe de la dégradation civique tout fonctionnaire public, agent ou préposé du gouvernement, qui aura ordonné ou fait quelque acte arbitraire, ou attentatoire soit à la liberté individuelle, soit aux droits civiques d'un ou plusieurs citoyens, soit à la constitution ; mais il ajoute : « Si néanmoins il justifie qu'il a agi *par ordre de ses supérieurs, pour des objets du ressort de ceux-ci, sur lesquels il leur était dû obéissance hiérarchique*, il sera exempt de la peine, laquelle sera, dans ce cas, appliquée seulement aux supérieurs qui auront donné l'ordre ». L'agent inférieur est donc irresponsable, dans le cas prévu : 1° s'il prouve qu'il a reçu un ordre du supérieur hiérarchique auquel il devait obéissance ; 2° s'il prouve que cet ordre concernait quelque objet du ressort de ce supérieur. La loi a voulu, dans ces hypothèses, par un motif d'ordre politique, que le subordonné s'en rapportât à son supérieur, dont la responsabilité doit le couvrir.

Mais, dans les autres cas qui n'ont pas été prévus par la loi, la question de savoir si le délit commis par un inférieur, sur l'ordre de son supérieur, lui est imputable, est, avant tout, une question d'intention, qui ne peut être résolue *à priori* ni dans un sens ni dans l'autre. Dire que le subordonné n'est jamais coupable, c'est proclamer qu'il doit toujours l'obéissance passive, c'est mettre la loi à la disposition des chefs du gouvernement et ouvrir ainsi la porte aux coups de force. Mais dire que le subordonné est toujours coupable, c'est le faire toujours juge de la légalité des ordres qu'il reçoit, c'est détruire la subordination hiérarchique et rendre impossible l'exercice du pouvoir. L'ordre du chef civil ou militaire sera, pour le subordonné, une cause de non-imputabilité quand il aura conduit l'agent à la croyance raisonnée qu'il ne commettait pas de délit [1]. Mais si, malgré l'ordre qu'il a reçu, le subordonné a eu conscience qu'il servait d'instrument à un délit, il est difficile de ne pas l'en déclarer responsable. Au reste, là où la responsabilité sera encourue, la peine, du moins, pourra être diminuée par l'admission de circonstances atténuantes, car le juge devra tenir compte, en mesurant la culpabilité, de la situation de l'agent. Et, si le subordonné peut craindre de perdre la vie ou la liberté par son refus d'obéir, sa liberté morale disparaissant, l'infraction ne lui sera pas imputable, par suite de la contrainte qu'il aura subie.

[1] Dans ce sens : Bourges, 30 déc. 1870 (D. 71, 2, 226).

LIVRE SECOND.

DE LA PEINE.

TITRE PREMIER.

DU SYSTÈME PÉNAL.

CHAPITRE PREMIER.

NOTIONS GÉNÉRALES SUR LE SYSTÈME PÉNAL.

164. La peine proprement dite, c'est-à-dire le mal que le pouvoir, au nom seul de l'intérêt public, inflige à l'homme déclaré par jugement coupable d'une infraction, se distingue, soit des *réparations civiles* (C. p., art. 10), soit des *mesures disciplinaires*, soit des *nullités d'actes*, des *incapacités* et *déchéances de droits*, soit enfin du *mal* fait à l'agresseur dans l'exercice du droit de défense. Aussi, la règle *non bis in idem*, qui défend de prononcer successivement deux peines pour le même fait, ne s'oppose pas à ce que la sanction pénale se cumule et s'ajoute aux autres sanctions, et que le même fait, tel qu'un faux, commis par un notaire, ne donne lieu, tout à la fois, à une réparation civile, à une peine disciplinaire, à une nullité d'acte, et à une peine proprement dite.

165. Voici quels sont les principes qui résument notre système pénal : *a*) La peine n'est pas *arbitraire*, elle est *légale;* ce n'est pas qu'elle soit *fixe;* mais elle est déterminée à l'avance et avec précision par la loi, dans sa *nature*, dans sa *durée* ou sa *quotité*, comme le châtiment de telle ou telle infraction, également définie. *b*) La peine est *égale* pour tous, et la loi pénale s'applique *sine acceptione personarum.* Du reste, certaines peines, qui ne pourraient être supportées à raison du sexe ou de l'âge du condamné, ne sont pas exécutées, à l'égard des femmes ou des vieillards, telles qu'elles le sont à l'égard de tous autres. *c*) La peine est *personnelle*, c'est-à-dire uniquement infligée à l'auteur de l'infraction, sans qu'elle puisse être *directement* prononcée ou appliquée contre la famille ou les héritiers. *d*) La peine ne peut être exécutée qu'en vertu d'un jugement irrévocable; d'où il suit qu'en matière criminelle, tout recours contre une condamnation, qu'il soit formé, ou qu'il soit simplement possible, a pour effet d'en suspendre l'exécution. *e*) L'objet du droit pénal étant le rétablissement de l'ordre extérieur qui a été troublé par le délit, la peine doit agir, à la fois sur le coupable, par le mal qu'elle lui inflige, et sur ceux qui ont connu l'infraction, par l'intimidation qu'elle produit; elle est *expiatrice* et *exemplaire*. Mais l'amendement ne doit pas être le but, il doit être l'effet de la peine[1]. *f*) Toute peine est prononcée et exécutée *publiquement*. *g*) La pénalité frappe l'homme dans sa liberté, son patrimoine, ses droits, mais elle ne peut avoir pour objet la lésion d'un organe du corps. Une seule peine, la peine de mort, fait exception à cette règle.

166. La peine est la conséquence de l'infraction. Cependant, aux termes de l'article 1er du Code pénal, elle la qualifie, en ce sens que la peine prononcée par la loi marque la gravité d'une infraction, en la classant parmi les crimes, les délits, les contraventions. La classification des peines correspond, par conséquent, à la classification des infractions, c'est-à-dire que, parmi les châtiments qu'organise la loi pénale, il en est qui sont propres, soit aux crimes, soit aux délits, soit aux contraventions; il en est d'autres qui sont communs aux crimes et aux délits; d'autres, qui peuvent être appliqués aussi bien en matière criminelle et correctionnelle qu'en matière de simple police.

Cette classification *générale* des peines est la seule qu'adopte le Code pénal; les articles 6 à 11 contiennent *l'énumération* des peines en matière criminelle et correctionnelle; l'article 464, celle des peines de simple police. Mais cette énumération n'est ni *complète*, ni *exacte*.

167. I. Les *peines exclusivement applicables en matière criminelle* sont : la mort, les travaux forcés à perpétuité, la déportation dans une enceinte fortifiée, la déportation simple, les travaux forcés à temps, la détention, la réclusion, le bannissement, la dégradation

[1] L'école pénitentiaire, qui se préoccupe, avant tout, dans l'organisation du système pénal, de la correction du condamné, ébranle l'idée même de la pénalité; car, il semble, en exagérant le système dont elle s'inspire, que la société n'ait pas le droit de punir le coupable, mais seulement de le contraindre à se corriger. Dans notre droit, la peine conserve son caractère principal d'intimidation, sans écarter toutefois l'élément de correction du coupable, auquel notre législation ne fait même pas une assez large place.

civique, l'interdiction légale, la double incapacité de disposer et de recevoir à titre gratuit par donation ou par testament, l'assignation de domicile après prescription de la peine (C. p., art. 7, 8 et 29; L. 31 mai 1854, art. 3; C. inst. cr., art. 635).

Cette énumération a subi, depuis 1810, des modifications en un double sens.

Certaines peines, qui figuraient dans le Code pénal, ont disparu. Ainsi se trouve confirmée cette profonde parole d'Ihering : « L'histoire de la peine est une abolition constante ». — L'abrogation de la *confiscation générale*, qui consistait dans l'attribution de tous les biens du condamné au domaine de l'État, a été prononcée par la Charte de 1814 (art. 66). Cette peine avait le défaut de faire retomber directement sur la famille, qu'elle privait du patrimoine du condamné, les conséquences d'une faute qui lui était étrangère. — La *marque*, qui avait été recueillie dans notre ancienne législation criminelle par le Code pénal de 1810, en a été retranchée en 1832. Les condamnés, frappés de cette peine, étaient flétris sur la place publique par l'application d'une empreinte, avec un fer rouge, sur l'épaule droite. Infligée aux condamnés aux travaux forcés à perpétuité, cette peine constituait une cruauté inutile; appliquée aux condamnés à temps, elle était un obstacle à leur réhabilitation. — Parmi les peines criminelles, figurait aussi, avant la loi du 28 avril 1832 qui l'a supprimée, la peine du *carcan*. Par son mode d'exécution, cette peine, avilissante pour le condamné qui conservait quelque sentiment d'honneur, était insignifiante pour le criminel d'habitude. — Enfin, la *mort civile* n'existe plus, une loi du 31 mai 1854 l'ayant abolie.

A l'inverse des peines supprimées, nous trouvons une peine ajoutée à l'énumération des peines criminelles par la loi du 28 avril 1832 : c'est la *détention*. — De plus, la peine de la *déportation*, inscrite déjà dans le Code pénal, a été réorganisée par la loi du 8 juin 1850, qui distingue, désormais, deux degrés dans la peine : la *déportation dans une enceinte fortifiée* et la *déportation simple*.

168. Les peines criminelles peuvent être classées : 1° en peines afflictives et peines infamantes; 2° en peines principales, peines accessoires et peines complémentaires; 3° en peines politiques et peines de droit commun; 4° en peines temporaires et peines perpétuelles.

A. Aux termes de l'article 6 : « Les peines en matière criminelle sont ou *afflictives* et *infamantes*, ou seulement *infamantes* ». Le Code pénal, sans donner de définition des peines afflictives et infamantes, et des peines simplement infamantes, énumère les unes dans l'article 7, les autres dans l'article 8. Les premières sont celles qui atteignent directement le condamné dans sa vie et sa liberté; elles ont surtout pour objet de l'affliger, de là le nom d'*afflictives* qui leur est donné; si elles produisent l'infamie, c'est un effet qui n'est recherché qu'accessoirement par le législateur. Les peines, seulement infamantes, atteignent principalement le condamné dans sa considération et sa capacité juridique, ses droits de cité et de famille.

Nos anciens criminalistes distinguaient deux espèces d'infamie : l'infamie de *fait*, qui dérive de l'opinion publique; l'infamie de *droit*, qui dérive d'un jugement la prononçant[1]. Deux manières d'infliger la seconde avaient prévalu : tantôt, l'infamie était simplement déclarée par jugement; tantôt, elle était accompagnée d'une exécution matérielle par le carcan, l'exposition publique, la dégradation. Mais le principe même des peines infamantes doit être condamné, à raison de la flétrissure inutile ou injuste que leur application imprime au coupable et des obstacles qu'elle apporte à leur relèvement moral[2].

Du reste, une législation, qui conserve la note d'infamie, peut l'attacher soit à la *peine* appliquée, soit à l'*infraction* commise. Le premier système est celui de notre Code pénal; il résulte de l'article 6 : *a*) que la loi note d'infamie certains condamnés en donnant cet effet, non à l'*infraction* qu'ils ont commise, mais à la *peine* qu'ils ont encourue; *b*) que les seules peines *infamantes* sont les peines *criminelles*. Ainsi, la condamnation de l'un des époux à une peine infamante est, pour l'autre époux, une cause de séparation de corps (C. civ., art. 232 et 306). Or, les peines criminelles, même les peines politiques, sont toutes infamantes, et il n'y a que les peines criminelles qui aient cet effet.

B. Les peines *principales* ont deux caractères qui les distinguent des peines *accessoires* : 1° elles fonctionnent comme instrument direct de pénalité et constituent l'expiation principale de l'infraction; 2° elles ne peuvent être subies, sans avoir été prononcées par l'arrêt de condamnation. Ce sont celles que le juge inflige par une disposition spéciale et expresse de sa décision.

[1] Comp. : HEPP, *De la note d'infamie*, 1862.

[2] V. la critique de ce système : ROSSI, t. III, p. 127; CHAUVEAU, *Code pénal progressif*, p. 92. Le système des peines infamantes est répudié par le Code pénal belge et le projet du Code pénal italien.

Les peines *accessoires* ont surtout pour but d'assurer l'efficacité de la peine principale ou de prévenir la récidive; elles sont encourues, *de plein droit*, en vertu de la loi, et viennent s'adjoindre à la peine principale pour la corroborer et pour en consacrer les conséquences juridiques.

Il est, du reste, des peines qui fonctionnent avec ce double caractère, tantôt comme peines principales, tantôt comme peines accessoires.

Les peines, toujours accessoires, sont : 1° l'interdiction légale; 2° la double incapacité de disposer et de recevoir à titre gratuit par donation ou par testament; 3° l'assignation de résidence au condamné après prescription de la peine principale; 4° quelques incapacités particulières, comme celle d'être juré (L. 21 nov. 1872, art. 2).

Les peines, tantôt principales, tantôt accessoires, sont : 1° la dégradation civique; 2° le renvoi sous la surveillance de la haute police, qui est, du reste, une peine commune aux matières criminelles et correctionnelles.

Les articles 7 et 8 du Code pénal contiennent seulement l'énumération des peines principales; si la dégradation civique y est indiquée, c'est qu'elle fonctionne parfois comme peine principale.

Les peines *complémentaires* tiennent le milieu entre les peines accessoires et les peines principales; comme les premières, elles sont le complément d'autres peines et ne sont jamais encourues seules; comme les secondes, elles doivent être prononcées d'une manière formelle et sont attachées, non à certaines peines, mais à certains délits. L'interdiction des droits civiques, civils et de famille, édictée par l'article 42, peut être citée comme un exemple de peine complémentaire. Il en est de même de l'amende en matière criminelle.

C. Les articles 7 et 8 du Code pénal énumèrent les peines principales en matière criminelle dans l'ordre de leur gravité relative, suivant une échelle générale, allant de la peine la plus grave, la *mort*, à la peine la moins grave, la *dégradation civique*. Mais ces dispositions, qui ont l'avantage d'établir une gradation pour fixer les pénalités, leur force et leur importance, pour permettre de décider laquelle est plus grave, spécialement en cas de concours d'infractions, de récidive, de conflit entre deux lois, ont le tort de confondre, dans une même nomenclature, les *peines politiques* et les *peines de droit commun*. Or, ces peines sont distinctes par leur nature, et la loi ne permet pas aux juges de les appliquer les unes pour les autres. Il est donc nécessaire, à côté de l'échelle générale des peines, d'établir deux échelles spéciales, l'une pour les peines de droit commun, l'autre pour les peines politiques[1]. Si cette distinction n'est pas formulée par les articles 7 et 8, c'est que, au moment où le Code pénal fut promulgué, elle était sans importance. Les cours d'assises devaient appliquer la peine, prononcée par la loi, en conséquence du verdict du jury, dans les limites du *maximum* ou du *minimum*, sans pouvoir l'abaisser d'un ou de deux degrés, par suite de l'admission des circonstances atténuantes, dont le système n'était pas encore organisé en matière criminelle. Est-ce à dire que la distinction entre les peines politiques et les peines de droit commun n'existât pas dans le Code pénal? Nullement; l'examen des textes démontre, en effet, que le législateur avait réservé certaines peines, et particulièrement la déportation, aux infractions politiques. Lorsque, en 1832, fut organisé le système des circonstances atténuantes, qui donnait à la cour d'assises le droit d'abaisser la peine criminelle encourue par l'infraction d'un ou de deux degrés, les articles 7 et 8 du Code pénal devaient être modifiés; mais on se contenta de fixer l'application et les conséquences de la distinction des deux échelles de peines criminelles dans l'article 463. Une peine cependant restait commune aux crimes politiques et aux crimes ordinaires, c'était la *peine de mort*. Elle a été abolie, en matière politique, en 1848, et la loi du 8 juin 1850 l'a remplacée par la déportation dans une enceinte fortifiée. Ces dispositions ont complètement séparé les deux échelles de peines : si donc cette distinction des peines politiques et des peines de droit commun n'est pas expressément déterminée par la loi, elle résulte de l'ensemble de ses dispositions, et elle est, en général, observée, dans les cas où il est juste de tenir compte de la nature de l'infraction pour appliquer la peine.

D. Les seules peines, qui soient susceptibles d'une mesure de durée, sont les peines privatives ou restrictives de liberté et les peines privatives de droit. Parmi ces peines, il en est qui sont perpétuelles, d'autres temporaires, et quelques-unes qui fonctionnent, tantôt comme perpétuelles, tantôt comme temporaires.

Les peines correctionnelles sont considérées par la loi, du reste bien à tort, comme essentiellement réformatrices; elles ne sont, en

[1] Entre les peines politiques et les peines de droit commun, la différence qui existe doit être moins une différence de *gravité* qu'une différence de *nature*.

conséquence, que temporaires, et le législateur ne les a pas déclarées infamantes. Cette classification des peines n'a donc d'application qu'en matière criminelle.

169. II. Les peines *exclusivement applicables en matière correctionnelle* sont au nombre de quatre : 1° l'emprisonnement de police correctionnelle; 2° l'interdiction, en tout ou en partie, de l'exercice de certains droits civiques, civils et de famille (C. p., art. 9); 3° certaines incapacités et déchéances spéciales; 4° l'amende, dont le *minimum* est seize francs et dont le *maximum* varie suivant les délits.

170. III. Les peines *exclusivement applicables en matière de simple police* sont celles qui ont été attachées par la loi aux seules contraventions de police. Ce caractère appartient : 1° à l'*emprisonnement de un à cinq jours*, subi dans un autre lieu qu'une maison de correction, sans l'obligation du travail; 2° à l'amende, dont le *minimum* est un franc, le *maximum* quinze francs (C. p., art. 464 et 466).

171. IV. La seule peine qui soit *commune aux matières criminelles et correctionnelles* est le renvoi sous la surveillance de la haute police.

172. V. Les peines *communes aux matières criminelles, correctionnelles et de simple police* sont : 1° la confiscation spéciale; 2° la publicité du jugement ou de l'arrêt de condamnation.

CHAPITRE II.

DES DIVERSES ESPÈCES DE PEINES.

173. Les peines, établies par la loi, infligent un mal au condamné, en le frappant : 1° dans son corps; 2° dans sa liberté; 3° dans ses droits civils ou politiques; 4° dans son patrimoine; 5° dans sa considération (*existimatio*). C'est en me plaçant à ces divers points de vue que j'étudierai le système pénal, dans lequel se résume l'action de la loi répressive.

SECTION PREMIÈRE.

Des peines corporelles.

174. Le Code pénal de 1810 avait recueilli, dans notre ancienne législation criminelle, certaines peines corporelles, telles que la mutilation du poignet avant l'exécution à mort du parricide et l'imposition, sur l'épaule droite des condamnés aux travaux forcés, d'un fer brûlant destiné à les marquer. Elles ont été effacées par la loi de révision de 1832, de sorte qu'il ne reste plus aujourd'hui d'autre *peine corporelle* que la *peine de mort.* Mais, tandis que, dans notre ancien droit, la loi et le juge mesuraient la souffrance, comme ils mesurent aujourd'hui la privation de liberté, tandis que la mort même était une peine à plusieurs degrés, dans notre droit, elle ne consiste plus que dans la seule privation de la vie, sans tortures. Même avec ce caractère, que lui ont donné les législations pénales modernes qui la conservent, la peine de mort soulève un des plus graves problèmes du droit pénal, le problème de sa *légitimité*[1]. S'il suffisait, pour le résoudre, de montrer que toujours et partout la peine de mort a été appliquée, il serait facile d'écarter toute discussion : la peine de mort est, en effet, contemporaine de l'existence du droit de punir et ses cas d'application sont d'autant plus nombreux qu'on remonte plus haut dans l'histoire du droit pénal. Mais cette constatation, pour la justifier, n'est peut-être pas suffisante, puisqu'il est des institutions qui ont été pratiquées par presque tous les peuples à certaines époques de l'histoire, sur la légitimité desquelles aucun doute ne s'élevait alors, et qui ont été condamnées par la science et emportées par la civilisation. Qui songerait à défendre aujourd'hui l'esclavage et les tortures? Se passera-t-il pour la peine de mort, ce qui s'est passé pour ces institutions? Disparaîtra-t-elle, à son tour, de l'arsenal de nos peines? Il est certain que la peine de mort s'en va de tous les pays de l'Europe; ici, un peu plus vite, là, plus lentement : elle paraît reculer devant la civilisation. Il est peu de pays où elle n'ait des adversaires; quelques nations l'ont même abolie de *fait* ou de *droit* sans qu'on ait constaté

[1] La question de la peine de mort, envisagée au point de vue des doctrines religieuses, fut l'objet de vives polémiques dès les XIIe et XIIIe siècles, ainsi qu'au XVIe, entre les docteurs catholiques et ceux des sectes dissidentes. Comp. : MOLINIER (*Rec. de l'Acad. de législ.*, t. X, p. 492). Mais c'est à partir du XVIIIe siècle, que la question fut agitée au point de vue social. BECCARIA (*Op. cit.*, chap. XVI), en contesta la légitimité, qui fut soutenue par J.-J. ROUSSEAU, FILANGIERI et MABLY. On consultera sur la question : MITTERMAIER, *De la peine de mort* (trad. Leven, 1865); MOLINIER (*Rec. de l'Acad. de législ.*, 1861, p. 492); THÉZARD, *Observations sur la peine de mort* (*Rev. de législ. anc. et mod.*, 1871, p. 561); HAUS, *De la peine de mort*, 1866; BÉDARRIDE, *De la peine de mort*, 2me éd., 1867; d'OLIVRECONA, *De la peine de mort*, 1868; HELLO, *Rev. crit.*, 1867, t. XXXI, p. 322 (On trouvera, dans cet article, le relevé et l'énumération, par ordre chronologique, des personnes qui ont pris la part la plus notable au mouvement abolitioniste); PIERANTONI, *Movimento storico della legislazione intorno l'abolizione della pena di morte dell'anno* 1865, *sino al* 1872 (Rome, 1872).

une aggravation sensible dans le mouvement de leur criminalité[1]. En France, il a été bien souvent question de l'effacer de notre Code[2], et, cependant, je ne crois pas qu'on puisse absolument refuser au pouvoir social le droit même de l'infliger.

1 Pays où la peine de mort a été abolie en *droit*. — Suisse. La Constitution fédérale suisse du 29 mai 1874 a aboli la peine de mort (art. 65). Elle avait été déjà supprimée avant cette époque : dans le canton de Fribourg, en 1848; dans celui de Neufchâtel, en 1854; dans celui de Genève, en 1871. A la suite d'une campagne très-active de pétitionnement pour le rétablissement de la peine de mort, le conseil national a décidé qu'une nouvelle disposition constitutionnelle serait soumise au vote populaire; elle a été adoptée le 18 mai 1879, et revise l'article 65 en ce sens qu'il est permis à chaque canton de rétablir la peine de mort pour *crimes de droit commun*. Quelques cantons ont profité de cette faculté, entre autres ceux de Zurich, de Lucerne, de Zug. La Roumanie, en 1864; le Portugal, en 1866; les Pays-Bas, en 1870; plusieurs États de l'Amérique du Nord : le Michigan, en 1848, le Rhode-Island et le Wisconsin, en 1852, ont également fait disparaître cette peine de leur législation. — Plusieurs États d'Allemagne avaient également supprimé la peine de mort, mais elle s'est trouvée rétablie, grâce à l'intervention énergique de M. de Bismark, par l'adoption, en 1870, du Code pénal allemand. — La Toscane mérite une mention particulière. Elle fut la première à abolir, en 1786, la peine de mort. Rétablie en 1790, puis supprimée de nouveau en 1848, pour être rétablie en 1852, la peine de mort a disparu le 30 avril 1859. La question de savoir si elle sera rétablie en Toscane, ou supprimée dans tout le royaume d'Italie, est l'une des principales causes du retard que subit le vote du projet de Code destiné à unifier la législation pénale de l'Italie. — En Belgique, le projet d'un nouveau Code pénal, proposé en 1853, et adopté en 1867, donna lieu à des débats intéressants sur la question de la peine de mort. Conservée en droit, à raison de la situation particulière du petit État belge, au milieu de l'Europe, elle est abolie de fait : les condamnations capitales, font toutes l'objet d'une commutation de peine.

2 La question de savoir si la peine de mort devait être supprimée, fut agitée par les philosophes du XVIIIe siècle; elle se posa devant l'Assemblée constituante (V. Charles LUCAS, *Recueil des débats des assemblées législatives de la Framce sur la question de la peine de mort*, Paris, 1831), sur le rapport remarquable de Lepelletier-Saint-Fargeau, concluant à son abolition. La Convention, saisie plusieurs fois de la question, déclara, le 14 brumaire an IV, alors qu'elle allait se dissoudre, que « *la peine de mort serait abolie à dater du jour de la publication de la paix générale* ». Mais, cette disposition platonique ne fut jamais exécutée. Une loi du 8 nivôse an X, décida que « *la peine de mort continuerait d'être appliquée dans les cas déterminés par la loi* ». Le Code pénal de 1810, en fit un fréquent usage. Mais la loi de révision de 1832, réalisa deux progrès : 1° elle supprima l'application de la peine de mort dans plusieurs cas; 2° elle donna au jury le pouvoir de l'écarter par une déclaration de circonstances atténuantes. La Révolution de 1848 marque un nouveau progrès et un revirement dans la position de la question. Au XVIIIe siéle, et sous la Révolution, ceux même qui demandaient l'abolition de la peine de mort, la réservaient pour les crimes politiques; et ce fut plus tard pour les crimes politiques que se révélèrent surtout les inconvénients de la peine de mort. GUIZOT, en 1822 (*De la peine de mort en matière politique*), l'avait attaquée dans cette application, et la Révolution de 1848, devait l'abolir. Depuis cette époque, notre législation n'a pas fait de pas nouveaux dans cette voie. Nos Assemblées législatives ont été saisies à plusieurs reprises de la question

175. En effet, la peine de mort, comme toute peine, doit, pour être légitime, satisfaire à une double condition : être *juste*, c'est-à-dire méritée et proportionnée à la fois à la gravité du délit et à la culpabilité du délinquant; être *nécessaire*, c'est-à-dire seule propre à garantir la conservation de la société où l'infraction s'est produite. La question de la légitimité de la peine de mort a donc deux aspects : l'un absolu, indépendant des temps et des lieux; l'autre relatif, variable de pays à pays, de civilisation à civilisation.

I. Au premier point de vue, qui pourrait soutenir qu'appliquée à un individu qui en a tué un autre, froidement, lâchement, après avoir prémédité son crime, la peine de mort dépasse la mesure de la justice absolue? La peine de mort est certainement conforme, dans cette hypothèse, à la notion abstraite du juste, puisqu'elle est proportionnée à la gravité du délit et à la culpabilité du délinquant, et qu'elle constitue, par cela même, la seule expiation méritée par l'infraction. Mais la société a-t-elle le droit de l'infliger? Pourquoi pas, si elle juge cette expiation suprême nécessaire à la conservation de l'ordre? La société étant la condition hors de laquelle la fin de l'homme est irréalisable, sa conservation « est, pour elle, le premier des droits et, pour le pouvoir qui la représente, le premier des devoirs[1] ». L'homme, sans doute, a droit à la vie, comme il a droit à la liberté; mais il n'a pas plus droit à la vie qu'à la liberté, et les objections qui ont été faites contre la légitimité de la peine de mort pourraient être faites, avec tout autant de raison, contre la légitimité de toutes les peines. On conteste le droit social de punir par la privation de la vie. Mais ne donne-t-on pas à la société la faculté de supprimer ou de restreindre tous les droits placés sous sa protection? n'a-t-elle pas, sur la vie de l'homme, les mêmes pouvoirs que sur sa liberté, puisqu'elle protège également l'une et l'autre? La vie est, sans doute, plus inviolable qu'aucun autre des droits de l'homme : mais, à vrai dire, tous nos droits, quoiqu'inviolables, ont une limite : les droits d'autrui. S'il faut, pour sauver la vie de l'honnête homme, faire périr le malfaiteur, comment affirmer l'inviolabilité de la vie

d'abolition de la peine de mort pour les crimes de droit commun, mais elles ont toujours repoussé cette abolition (V. proposition de loi de Louis Blanc tendant à l'abolition de la peine de mort, *Journ. off., Chambre, Débats et documents parlementaires*, 1881, pp. 229-230). Aucune exécution de femme n'a eu lieu, en France, depuis 1875.

[1] Haus, t. II, n. 682. Comp. Rossi, *op. cit.*, t. III, p. 144.

humaine? Cette inviolabilité cesse nécessairement pour l'un ou l'autre, et il faut opter. Or, le droit de l'individu à l'existence, ne peut être supérieur au droit de la société de protéger ses membres.

II. Mais suffit-il que la peine de mort soit juste en elle-même, pour que la société ait le droit de la conserver dans ses codes? Évidemment non; il faut qu'elle soit un moyen *nécessaire* de protection et de défense sociales. Or, considérée sous cet aspect, la question de l'abolition de la peine de mort n'est pas susceptible d'une réponse *absolue* et *générale*, mais d'une réponse *relative* et *locale*. Il s'agit de savoir, en effet, si la peine de mort est ou n'est pas nécessaire dans le pays où l'on demande son abolition. En France, on est généralement d'avis de conserver la peine de mort. Je n'en veux pour preuve que l'indifférence ou l'hostilité avec laquelle les diverses propositions de loi, dues à l'initiative parlementaire, et tendant à l'abolition de la peine de mort, ont toujours été accueillies par l'opinion publique. Tant qu'il sera admis que la peine de mort est la seule et unique peine capable d'empêcher certains crimes et surtout d'intimider certains malfaiteurs, il serait imprudent de la rayer de nos lois. Pour moi, partisan de son abolition, je crois qu'il faut poursuivre ce résultat par l'œuvre lente et graduelle de trois facteurs : la *loi*, qui doit restreindre de plus en plus le nombre des crimes punis de la peine de mort; le *jury*, qui peut toujours écarter la peine de mort, par une déclaration de circonstances atténuantes, même dans le cas où elle est prononcée par la loi; le *chef de l'État*, qui en évite l'application par la grâce, même dans le cas où elle est prononcée par le juge. Mais, laissons agir ces trois facteurs; gardons la peine de mort dans nos Codes, au moins comme une menace, comme une de ces armes dont on n'use pas d'ordinaire, mais dont on peut se servir dans un danger pressant.

176. Les cas d'application de la peine de mort, encore trop nombreux, ont cependant été réduits, depuis la promulgation du Code pénal de 1810, par deux ordres de mesures : la révision de 1832, qui a supprimé cette peine, principalement pour les crimes de fausse monnaie, de contrefaçon du sceau de l'État, des effets publics, de la Banque, et les vols qualifiés[1]; la Révolution de 1848, qui l'a abolie en matière politique[2]. La peine de mort n'existe plus de nos jours que

[1] La suppression de la peine de mort fut prononcée dans onze cas, dont je cite simplement les principaux.

[2] Pour la définition des crimes politiques, *supra*, n° 74. Si cette définition est

pour protéger la vie humaine, lorsqu'elle est *directement* ou *indirectement* attaquée[1]. Mais, il est certainement rigoureux que l'application des règles sur la *tentative*, la *complicité*, la *récidive* puisse, comme elle le fait, amener une condamnation à mort (C. p., art. 2; 59 et 60, §§ 2 et 3; 56, § 7).

SECTION II.

Des peines privatives de liberté.

177. La privation de liberté n'est pas toujours employée à titre de mesure pénale.

A. Il existe, en effet, des incarcérations que les lois civiles ou administratives autorisent. *a*) Ainsi, les débiteurs insolvables étaient fréquemment soumis à la *contrainte par corps* avant la loi du 23 juillet 1867, dont l'article 1er fait disparaître cette cause de privation de liberté « en matière civile, commerciale et contre les étrangers ». Elle n'existe plus aujourd'hui que comme moyen d'assurer le recouvrement des dommages-intérêts, des amendes et des frais en matière pénale. *b*) Ainsi encore, les enfants mineurs, contre lesquels les parents ont des « sujets de mécontentement très-graves », peuvent être détenus par voie de correction paternelle, dans les formes et les conditions précisées par le Code civil (art. 375-383) et la loi du 5 août 1850 (art. 1-16). *c*) Enfin, dans un but de sécurité publique,

exacte, la peine de mort serait remplacée par celle de la déportation dans une enceinte fortifiée, pour les crimes prévus par les articles 75, 76, 77, 79, 80 et 81, 87, 91, 92, 93, 96, 97, 125 Code pénal.

[1] La peine de mort est encore applicable : 1° aux coups portés et aux blessures faites, avec intention de donner la mort, aux magistrats, fonctionnaires ou agents de la force publique désignés dans les articles 228 et 230 (C. p., art. 233); 2° à l'assassinat, à l'infanticide, à l'empoisonnement (C. p., art. 302); 3° aux crimes accompagnés de tortures ou d'actes de barbarie (C. p., art. 303); 4° au meurtre, accompagné d'un autre crime (C. p., art. 304, § 1); 5° au meurtre, accompagné d'un délit avec lequel existe la connexité prévue par l'article 304, § 2; 6° à la castration ayant entraîné la mort (C. p., art. 316); 7° à la séquestration, avec tortures corporelles (C. p., art. 344); 8° au faux témoignage et à la subornation de témoins qui ont eu pour résultat une condamnation à mort (C. p., art. 361 et 365); 9° à l'incendie dans certaines circonstances et à des crimes analogues (C. p., art. 434, 435 et 437); 10° d'après l'article 16 de la loi du 15 juillet 1845 sur la police des chemins de fer, aux déraillements et autres accidents volontairement occasionnés; 11° d'après les articles 7, 9 à 11 de la loi du 3 mars 1822, à la violation, même non intentionnelle, de certaines prescriptions de police sanitaire. La peine de mort frappe donc ici une *contravention*, c'est-à-dire une infraction non intentionnelle.

la loi du 30 juin 1838, *sur les aliénés*, autorise l'incarcération des fous, sous certaines conditions, dans des établissements spéciaux qui portent, dans la langue administrative, le nom d'*asiles* (articles 8-25).

B. Il existe aussi des incarcérations qui, sans avoir de caractère pénal, sont cependant autorisées et organisées par les lois pénales.

a) Ainsi, l'emprisonnement est employé contre les individus sur lesquels pèse l'inculpation de certains délits pour s'assurer de leur personne et les empêcher de se soustraire à l'action de la justice. Cet emprisonnement, que certains auteurs désignent sous le nom d'*emprisonnement de garde*, peut avoir deux caractères : un caractère *provisoire*, ou un caractère *préventif* : un caractère provisoire, quand la détention résulte d'une arrestation en flagrant délit, ou d'un mandat d'amener; un caractère préventif, lorsqu'elle résulte d'un mandat de dépôt ou d'arrêt. L'incarcération provisoire se subit dans les *dépôts* ou *chambres de sûreté;* l'incarcération préventive dans les maisons d'*arrêt* ou de *justice*.

b) Les mineurs, acquittés pour avoir agi sans discernement, peuvent aussi être détenus jusqu'à l'accomplissement de leur vingtième année. Cette détention, autorisée par l'article 66 du Code pénal, n'est pas une peine, mais une mesure de correction et d'éducation, à la fois dans l'intérêt du mineur lui-même et de la société. L'idée de *répression,* dans l'organisation de cette détention, doit donc disparaître pour faire place à l'idée d'*amendement*. Aussi l'article 66 du Code pénal dit-il que cette détention doit s'effectuer dans des *maisons de correction*. On avait ainsi en vue, en 1810, des maisons spéciales. Mais cette sage disposition était restée d'abord, dans la pratique, à l'état de lettre morte. L'insuffisance de nos prisons amena, en effet, à confondre les enfants et adolescents, acquittés pour défaut de discernement, avec les prévenus, les accusés et les condamnés à moins d'un an de prison. L'opinion publique s'émut à la longue de cet état de choses, et, sous la monarchie de Juillet, l'administration d'un côté, la charité privée de l'autre, essayèrent de remédier à ces abus. Mais il était nécessaire qu'une loi vînt coordonner tous ces efforts et donner, aux expériences qui avaient été faites, une sanction législative. Tel a été l'objet de la loi du 5 août 1850, *sur l'éducation et le patronage des jeunes détenus*.

Cette loi a trois ordres de dispositions : 1° Elle ordonne la séparation des jeunes détenus, soit avant, soit après leur jugement, d'avec les autres condamnés ou prévenus. Cette séparation doit être réalisée, soit par la création de quartiers distincts dans les maisons d'arrêt ou de justice, soit par la fondation de colonies pénitentiaires ou correctionnelles. 2° Elle déclare que, dans ces divers établissements, les jeunes détenus des deux sexes devront recevoir une éducation morale, religieuse et professionnelle. 3° Elle place les jeunes détenus, pendant les trois années qui suivent leur libération, sous le patronage de l'assistance publique[1].

C'est de la privation de liberté employée comme mesure pénale que nous devons exclusivement nous occuper.

I. NOTIONS GÉNÉRALES SUR LA DURÉE ET LE RÉGIME DES PEINES PRIVATIVES DE LIBERTÉ.

178. La privation de liberté s'offre, comme la répression ordinaire des infractions, c'est « la peine par excellence dans les sociétés civilisées », mais cette privation de liberté, à titre de peine, prend des formes très-diverses, qui amènent à distinguer, *par ordre de gravité*, dans notre droit : les travaux forcés à perpétuité, la déportation dans une enceinte fortifiée, la déportation simple, les travaux forcés à temps, la détention, la réclusion, l'emprisonnement correctionnel, l'emprisonnement de simple police.

On peut obtenir des résultats très-divers de la privation de liberté, quant à la *répression* et quant à l'*amendement* des détenus, selon la manière dont on l'établit et dont on l'applique. Cette peine se compose, en effet, de deux éléments : la *durée* et le *régime*. « Il s'agit, pour le législateur, de mesurer l'une et d'organiser l'autre, le tout suivant le motif qui justifie et suivant le but auquel tend la privation de liberté. C'est de là que sortent les variétés de l'emprisonnement[2] ».

179. Durée des peines privatives de liberté. — Dans notre système pénal, la durée de toutes les peines privatives de liberté est déterminée par le *juge*, dans les limites fixées par la *loi*[3]. Mais parmi

[1] Sur l'application de cette loi : d'HAUSSONVILLE, *op. cit.*, ch. XI à XVI; ORTOLAN, t. II, n° 1542; LAINÉ, p. 395.

[2] ORTOLAN, t. II, n° 1420. On trouvera, dans cet auteur, une étude très-complète des peines privatives de liberté.

[3] La durée des peines privatives de liberté doit-elle être déterminée, soit par le juge, soit par la loi? Comp. sur la question, aujourd'hui très-agitée : DESPORTES et LEFÉBURE, *op. cit.*, p. 72 et suiv.; *Bull. soc. des prisons*, 1883, p. 520.

ces peines, les unes sont prononcées *à temps*, les autres *à perpétuité*.

A. Les peines privatives de liberté *perpétuelles* sont au nombre de trois : les *travaux forcés à perpétuité*, la *déportation dans une enceinte fortifiée*, la *déportation simple*.

La perpétuité dans la peine doit-elle être conservée dans un système répressif rationnel? N'est-elle pas destructive de toute chance d'amendement? N'est-elle pas inégale suivant l'âge du condamné? Certes, des peines perpétuelles, qui seraient, en même temps, *irrémissibles*, devraient être effacées de tout Code pénal; et nous pouvons louer la Constituante, qui n'avait pas admis le droit de grâce, de les avoir supprimées du Code pénal de 1791. Mais, avec un emploi sage et mesuré du droit de grâce, qui laisse toujours l'espoir de la liberté aux condamnés et qui corrige l'inégalité qui leur est inhérente, je crois à l'utitité des peines perpétuelles[1]. Dans une législation qui exclut la peine de mort, les peines perpétuelles sont nécessaires pour la remplacer : dans une législation qui la maintient, elles servent de transition utile entre la peine de mort et les peines temporaires : combien de crimes, en effet, pour lesquels la peine de mort est trop sévère, et les peines temporaires trop indulgentes!

B. Les peines privatives de liberté *temporaires* n'ont pas toutes la même durée : 1° Les *travaux forcés à temps* sont prononcés au minimum pour cinq ans, au maximum pour vingt ans; la récidive même peut faire augmenter du double le temps de la peine (C. p., art. 19 et 56). 2° La *détention* a la même durée; mais elle peut se trouver plus courte que la limite inférieure de cinq ans, lorsqu'elle est prononcée contre le banni qui a rompu son ban, dans les termes de l'article 33 du Code pénal (C. p., art. 20 et 56). 3° La durée de la *réclusion* est au moins de cinq années, et de dix ans au plus (C. p., art. 21). 4° L'*emprisonnement de police correctionnelle* a une durée de six jours à cinq ans (C. p., art. 40). Mais cette fixation d'un *minimum* et d'un *maximum* n'a pas, en matière correctionnelle, le même caractère qu'en matière criminelle. La loi, en effet, détermine la durée des peines criminelles temporaires une seule fois; puis, dans les différentes hypothèses où elles sont méritées, elle se contente de les prononcer, sans revenir sur leur durée, *qui est toujours la même*. Pour l'emprisonnement correctionnel, elle agit autrement : la durée de

[1] Sur la question : MITTERMAIER, *Des peines perpétuelles* (*Rev. de légis.*, t. IV, p. 21 et 96).

l'emprisonnement est déterminée *pour chaque délit*, qui a, ainsi, son maximum et son minimum particuliers. Dans l'article 40 C. p., la loi se borne donc à constater, en fait, que la durée de l'emprisonnement correctionnel oscille entre un minimum de six jours et un maximum de cinq ans. Ces limites ne sont même pas toujours infranchissables, car l'emprisonnement peut être réduit au-dessous de six jours pour cause de circonstances atténuantes, sans cesser d'être une peine correctionnelle, comme il peut être élevé au-dessus de cinq ans pour cause de récidive ou pour certains crimes commis par un mineur de seize ans (C. p., art. 56, 67, 463). 5º *L'emprisonnement de simple police* a une durée d'un à cinq jours (C. p., art. 465). Le minimum d'une peine privative de liberté est donc de vingt-quatre heures; on ne peut condamner à l'emprisonnement pour une fraction de jour.

180. Régime des peines privatives de liberté. — Au point de vue de leur *régime*, les peines privatives de liberté, surtout les peines temporaires, ne doivent pas être seulement *répressives* : l'intérêt social exige qu'elles soient *réformatrices* et la justice absolue commande qu'elles ne soient pas elles-mêmes *corruptrices*. Il faut, autant que possible, que l'homme sorti de prison n'y rentre pas, que le criminel d'*occasion* ne devienne pas un criminel d'*habitude*. La recherche des voies et moyens propres à réduire progressivement le nombre des récidives, par le régime de la peine, constitue le *problème pénitentiaire*.

Pour le résoudre, on a proposé deux procédés principaux, celui de l'*emprisonnement* et celui de la *transportation*. Les partisans du premier veulent organiser le régime de l'emprisonnement dans le but d'amender le prisonnier. Les partisans du second, en contestant l'influence réformatrice de l'emprisonnement, proposent de transporter le condamné dans des colonies pénitentiaires.

Les deux systèmes peuvent et doivent se combiner et se compléter l'un par l'autre; mais, suivant qu'une législation s'inspire davantage de l'un ou de l'autre, elle applique, plus ou moins largement, dans son organisation pénale, l'emprisonnement ou la transportation.

181. I. Les partisans de l'*emprisonnement* doivent se préoccuper, pour résoudre le problème de la récidive, de l'*amendement* du *condamné* dans la prison et du *reclassement* du *libéré* dans la société.

L'amendement du condamné ne peut être réalisé, ou tout au moins essayé, que par un régime d'emprisonnement, organisé dans le but non-seulement de punir, mais aussi de réformer les détenus. Or, tous les régimes, auxquels les détenus ont été soumis, peuvent être ramenés à l'un de ces trois types : le régime de la réunion pendant le jour et pendant la nuit; le régime du travail en commun pendant le jour et de la séparation pendant la nuit; le régime de l'emprisonnement individuel ou cellulaire.

A. Le régime de l'emprisonnement en commun engendre la corruption que la peine a pour but de prévenir et de réprimer; il permet aux criminels de se connaître et de se concerter pour de nouveaux délits; il fait de la prison l'école normale du crime; aussi n'est-il conservé, dans les pays qui le maintiennent, que par suite des difficultés pratiques que l'on éprouve pour le remplacer. C'est le système qui domine encore aujourd'hui dans nos prisons. L'administration a essayé, en distinguant les condamnés, en les divisant en catégories diverses et en quartiers séparés, selon le degré présumé de leur perversité, d'atténuer en partie, pour les moins pervers, le mal de la corruption. Il faut louer l'effort; il faut, en même temps, reconnaître l'insuffisance du résultat. A côté de quelque bien obtenu, une somme énorme de mal n'a pas été empêchée.

B. Le régime du travail en commun pendant le jour, sous la loi du silence, et de la séparation pendant la nuit, dit régime *auburnien*, du nom de l'une des prisons les mieux organisées de l'État de New-York où il fut appliqué à partir de 1820, n'offre guère plus de garanties à la société que le régime de l'emprisonnement en commun. Il est difficile, sans user de châtiments corporels qui transforment la prison en lieu de torture, de faire respecter aux détenus la loi du silence, impossible même, quelque moyen que l'on emploie, d'empêcher entre eux toute communication.

C. Aussi l'école pénitentiaire est-elle unanime pour recommander le régime de l'isolement de jour et de nuit, dit régime *pensylvanien* ou *philadelphien*. Ce régime admet, du reste, les modifications les plus variées dans son *organisation* et son *application*.

1° A son origine, il fut vicié par des rigueurs exagérées : les détenus, enfermés dans une cellule, étaient complètement séquestrés; ils n'avaient aucune communication, même avec leur gardien. L'expérience ne tarda pas à prouver que l'isolement *absolu* conduisait le prisonnier à la phthisie, à l'hébétement, à la folie, au suicide : on fut donc obligé, à Philadelphie même, de remplacer le système de l'isolement absolu par un régime de séparation adouci, régime qui a été introduit, sous le nom de *régime pénitentiaire*, dans un grand nombre de prisons de l'Europe. Dans cet emprisonnement, qu'il ne faut pas appeler *solitaire*, le détenu n'est complètement séparé que de ses compagnons de captivité; mais il a, avec les employés de la prison, les représentants des divers cultes, les membres des sociétés de patronage, des communications journalières. Il se livre, dans sa cellule, à un travail manuel constant, tempéré par la lecture et par l'étude. Il y reçoit l'instruction scolaire qui lui manque, l'éducation morale qui le préservera d'une rechute. Il en sort, une ou deux fois par jour, pour faire des promenades dans un préau solitaire.

2° Le régime de la séparation, ainsi appliqué avec circonspection, et ayant le travail pour base, mérite certainement nos préférences; mais convient-il de l'organiser pour toutes les détentions, quelle qu'en soit la durée? Tout d'abord, on a parlé d'appliquer ce régime surtout aux longues peines; aujourd'hui, l'opinion contraire tend à prévaloir, au moins en France; on semble reconnaître que le régime cellulaire est fait pour les courtes et non pour les longues détentions[1]. Par la courte durée de l'isolement, disparaissent, en effet, toutes les objections que soulèverait la mise en cellule des condamnés à de longues peines. Appliqué dans certaines limites, le régime de la séparation est le moyen le plus propre pour produire l'amendement du condamné lorsque ce résultat est possible, et, dans tous les cas, s'il n'a pas cette puissance, il a, du moins, l'incontestable avantage de préserver le détenu de la corruption, inséparable de l'emprisonnement en commun; s'il ne rend pas les condamnés meilleurs, il ne les rend pas plus mauvais à la société.

D. L'emprisonnement cellulaire prépare au condamné, par des habitudes laborieuses et une instruction professionnelle, des moyens d'existence pour le jour où il quittera la prison; mais il est forcément incomplet, car il ne se préoccupe pas d'assurer les mesures de transition nécessaires entre la prison et la liberté. Un système progressif, qui consiste dans la combinaison du régime cellulaire avec la vie en

[1] Le congrès pénitentiaire de Stockholm a discuté complètement la question d'application du régime cellulaire : Desportes et Lefébure, *op. cit.*, p. 55. Les membres du congrès ont paru, en majorité, pencher pour l'application de ce système pendant toute la durée de la peine. La Belgique admet la séparation pour une durée de dix ans; la Norwège, de quatre ans; le Danemark, de trois ans et demi; l'Allemagne et l'Autriche, de trois ans; la Hollande et la Suède, de deux ans; la Suisse, d'un an. La loi de chaque pays doit évidemment tenir compte des exigences du climat et du caractère national; le sexe, l'âge et la situation du détenu doivent également être pris en considération.

commun et dans une succession d'épreuves par lesquelles passent graduellement les détenus au fur et à mesure que se manifeste leur amendement, a été introduit, d'abord dans les prisons d'Irlande, et porte, pour cette raison, le nom de système irlandais[1]. Il se résume dans les trois idées suivantes : 1° division de la durée de la détention en trois périodes, dont la première s'écoule en cellule et ne saurait être moindre de neuf mois; la seconde, dans une prison en commun; et, la troisième, dans une prison dite intermédiaire où le détenu, avant sa libération définitive, vit à l'état de demi-liberté[2]; 2° adoption d'un système de bons points ou de marques (*licence* ou *ticket of leve*), dont l'obtention réduit, proportionnellement à leur nombre, la durée de la détention; 3° libération conditionnelle, comme dernier terme et couronnement de ce système[3].

182. II. *L'école de la transportation* croit peu à l'efficacité du système pénitentiaire pour corriger le détenu et surtout pour le reclasser; elle part de cette idée que, dans une société vieillie, comme la nôtre, il est à peu près impossible au libéré, même repentant et converti, de retrouver sa place. « La loi ne condamne que pour un temps; l'opinion, elle, condamne à perpétuité[4] ». Avec notre organisation sociale, tout libéré devient donc presque fatalement un

[1] Comp. Albert Gigot, *Rapport sur le système pénitentiaire irlandais* (*Bull. soc. légis. comp.*, 1870, p. 3); Molinier (*Rec. de l'Acad. de légis.*, 1873, p. 111); Robin, *La question pénitentiaire* (1873, viii-204 p.); Adriani (*Bull. soc. légis. comp.*, 1880, p. 801). Ce système, né des résistances de l'Australie à la transportation, a été introduit et successivement développé par les bills de 1837, de 1847, de 1853, de 1864, de 1877.

[2] Sir Walter Crofton, l'organisateur des maisons intermédiaires, comparaît ces établissements à des *filtres* placés entre la prison et la société.

[3] L'organisation de la libération conditionnelle, si souvent demandée, réaliserait, dans notre régime pénitentiaire, un double progrès : 1° elle fortifierait la répression, aujourd'hui énervée par l'application trop fréquente des courtes peines, car le jury et les tribunaux se montreraient certainement plus sévères en pensant qu'il dépend du condamné lui-même d'abréger la durée effective de sa détention; 2° elle raffermirait la discipline des prisons, en offrant au détenu le plus puissant stimulant à la régénération : la liberté. Sur la question : Soret de Boisbrunet (*Bull. soc. gén. des prisons*, 1880, p. 877); Bonneville de Marsangy, *Des diverses institutions complémentaires du système pénitentiaire*, p. 201 à 724; *De l'amélioration de la loi criminelle*, t. I, p. 593-624; t. II, p. 28-173. La libération conditionnelle n'existe encore, dans notre droit, que pour les jeunes détenus (L. 5 août 1850, art. 9).

[4] Michaux, *Étude sur la question des peines* (Paris, 1872). — La discussion du système de la transportation au congrès de Stockholm (Desportes, *op. cit.*, p. 86 et suiv.) a abouti à cette proposition : « La peine de la transportation présente des difficultés qui ne permettent pas de l'adopter dans tous les pays ni d'espérer qu'elle y réalise toutes les conditions d'une bonne justice ».

déclassé qui va grossir d'une recrue l'armée des malfaiteurs. C'est l'office de la transportation de débarrasser la société régulière de cette population dangereuse. Utile ainsi à la métropole, la transportation sera avantageuse au point de vue de la colonisation. Ce qui manque dans une colonie, ce n'est pas la terre, ce sont les bras; la transportation les fournira. Elle servira de pionnier à la civilisation, elle lui ouvrira les voies dans des contrées encore inexplorées. Ce serait, du reste, une illusion de croire qu'on puisse créer des colonies seulement avec des condamnés. Il est nécessaire qu'un courant de libre émigration se forme; que des travailleurs libres et honnêtes s'engagent dans les voies tracées par les convicts. Mais la transportation provoquera et facilitera ce mouvement, sans lequel toute colonisation serait stérile. Avantageuse au point de vue colonial, la transportation sera utile au point de vue pénitentiaire : car elle permettra au condamné de se reclasser. Une société en voie de formation est la seule dans laquelle le titre de libéré ne soit pas un insurmontable obstacle au reclassement; dans cette société, tourmentée de besoins, avide de main-d'œuvre, sans préjugés, c'est le travail qui crée à chacun sa place; chacun peut donc se mouvoir, dans la sphère de son activité et de son aptitude, sans se heurter, à chaque instant, à des conventions ou à des préjugés sociaux.

Les avantages du système de la transportation sont, du reste, compensés par des inconvénients bien graves.

A. Le premier, c'est que la transportation, au point de vue pénal, ne présente pas un caractère suffisant d'intimidation. L'idée du châtiment disparaît pour faire place à l'idée du voyage. La perspective d'une vie nouvelle, d'un horizon inconnu, d'un travail libre, de concessions de terres, n'est pas sans un certain attrait, au moins relatif. C'est à cet attrait qu'il faut attribuer le défaut essentiel de ce système. Mais il suffit, pour y remédier, de faire précéder la transportation d'un stage plus ou moins long dans une prison continentale. C'est dans cette voie, mais pour une hypothèse exceptionnelle, qu'est entrée la loi du 25 décembre 1880 *sur la répression des crimes commis dans l'intérieur des prisons* [1].

Cette loi a eu pour objet, en protégeant la vie des détenus paisibles et des gardiens de prisons, de déjouer le calcul d'un grand nombre

[1] V. pour le texte et les documents parlementaires : Sirey, *Lois annotées*, 1881, p. 98.

de condamnés qui, préférant le régime de la transportation à celui de l'emprisonnement ou de la réclusion, commettent des crimes graves dans l'intérieur des prisons pour se faire condamner aux travaux forcés[1]. Elle contient deux ordres de mesures : 1° Elle *oblige*[2] la cour d'assises, qui prononce la peine des travaux forcés à temps ou à perpétuité, pour un crime commis dans une prison par un détenu, à ordonner que cette peine sera subie dans la prison même où le crime a été commis, à moins d'impossibilité, pendant la durée qu'elle déterminera, et qui ne peut être inférieure au temps de réclusion ou d'emprisonnement que le détenu avait à subir au moment du crime. 2° Elle donne à la cour d'assises, dans le même cas, la *faculté* d'ordonner, en outre, que le condamné sera resserré plus étroitement, enfermé seul et soumis, pendant un temps qui n'excèdera pas un an, à l'emprisonnement cellulaire.

B. Le système de la transportation entraîne des frais considérables; il nécessite une flotte, une armée coloniale; et les transports deviennent d'autant plus coûteux que la colonie est plus lointaine. On ne peut nier ces inconvénients; mais la métropole achète, avec ces sacrifices, le bien le plus précieux, qui est la sécurité, et elle fonde une colonie destinée à accroître ses possessions et son influence.

Une législation sagement progressive s'attachera donc à combiner le système pénitentiaire et le système de la transportation.

Pour les *condamnés à temps*, quelle que soit la durée de la peine, elle organisera un régime d'épreuves graduées : l'emprisonnement cellulaire, prolongé pendant un temps qui ne pourra jamais excéder cinq ans; puis, l'admission dans une prison intermédiaire, sous le régime du travail en commun; enfin, la libération conditionnelle.

Pour les *condamnés à perpétuité*, l'emprisonnement cellulaire à temps, comme stage; la transportation perpétuelle, comme terme[3].

183. Historique du système pénitentiaire. — La question pénitentiaire a suivi les phases suivantes :

I. L'idée que la peine doit, autant que possible, amender le condamné est d'origine religieuse. Aussi, l'emprisonnement solitaire,

[1] Elle ne pourrait être appliquée aux crimes commis antérieurement à sa promulgation sans violation du principe de la non-rétroactivité des lois pénales : *Cour d'assises de la Seine*, 27 déc. 1880 (S. 81, 2, 73).

[2] Comp. Cass., 5 mai et 8 juin 1882 (S. 83, 1, 430).

[3] Comp. : Ortolan, t. II, n°s 1426-1490; Bonneville de Marsangy, *Institutions complémentaires*, p. 101-274; Lainé, p. 421.

qui a pour but de réaliser cette idée, est d'abord appliqué par l'Église, au moyen-âge; et, c'est à Rome, en 1702, qu'est établie la première maison cellulaire, celle Saint-Michel, sur le portique de laquelle se lisait cette devise, qui est devenue celle de la science pénitentiaire : *Parum est coercere improbos pœna, nisi probos efficias disciplina.* Cette initiative n'est pas tout d'abord comprise par les autres gouvernements de l'Europe, et c'est seulement vers la fin du XVIIIe siècle, que les États de Flandre font ériger, à Gand, une maison de détention individuelle, et que l'Angleterre, sous l'inspiration de Howard, de Blackstone et de Bentham, décrète l'emprisonnement solitaire (*solitary confinement*) et l'applique aux peines de longue durée dans le pénitencier de Glocester. Les quakers font admettre ce régime dans la législation de l'Amérique du Nord; et c'est là que l'Europe doit aller plus tard étudier son application expérimentale dans les prisons de Philadelphie et d'Auburn.

II. La France a connaissance de ces innovations, par Howard, qui fait, dans notre pays, trois voyages successifs, de 1775 à 1787; par le duc de Larochefoucauld-Liancourt, qui visite la prison de Philadelphie et publie, en 1796, le récit de son voyage; par Bentham, qui adresse un mémoire à l'Assemblée législative et lui propose de créer lui-même une prison modèle. Mais le législateur n'entre pas dans cette voie. Les Codes de 1808 et de 1810 prescrivent seulement la séparation des condamnés et des inculpés dans des prisons distinctes, et la répartition des condamnés entre trois catégories d'établissements : les *bagnes*, les *maisons de force* et les *maisons de correction* (C. inst. cr., art. 603 et 604). Ces dispositions qui ne furent guère observées, en ce qu'elles avaient d'utile, consacrent le régime de l'emprisonnement en commun.

III. De 1814 à 1853, se dessine, en France, un mouvement qui, s'il n'avait pas été brusquement arrêté à cette époque, aurait amené sinon la réforme de notre système pénal, du moins celle de notre système pénitentiaire. Il se manifeste : 1° par l'ordonnance, non exécutée du reste, du 9 septembre 1814, décrétant la création, à Paris, d'une prison d'essai d'après le système philadelphien; 2° par celle du 2 avril 1817, réorganisant les maisons centrales; 3° par celle du 9 avril 1819, créant une *Société royale des prisons*, qui vécut jusqu'en 1827, et institue des commissions de surveillance auprès des prisons départe-

[1] *Des prisons de Philadelphie, par un Européen*, 1796.

mentales; 4° par les travaux des publicistes, à la tête desquels se trouvent MM. Charles Lucas et Bérenger[1]; 5° par les missions officielles données, à MM. de Beaumont et de Tocqueville, en 1831, à M. Blouet, architecte, et à M. Demetz, en 1837, pour aller étudier, en Amérique, les pénitenciers d'Auburn et de Philadelphie[2]; 6° enfin, par le projet de loi, présenté au nom du Gouvernement, en 1840, qui embrassait toutes les peines de droit commun privatives de liberté et reposait sur le système d'Auburn. Ce projet, objet de deux rapports de M. de Tocqueville, et d'une longue discussion à la Chambre des députés, qui l'adopta le 18 mai 1848, fut soumis aux corps judiciaires et aux préfets; il allait être adopté à la Chambre des pairs, sur le rapport de M. Bérenger, lorsque la Révolution de 1848 vint arrêter la réforme pénitentiaire. Mais tous ces efforts ne furent pas sans résultats. Le Gouvernement, avant même le vote de la loi, avait fondé à Paris deux prisons cellulaires qui devaient subsister : celle de la Roquette, pour les jeunes détenus, et celle de Mazas, pour les prévenus et accusés; de plus, il avait invité les départements à réparer ou à reconstruire leurs prisons pour y appliquer le système cellulaire.

IV. Mais, tandis que le système pénitentiaire poursuit sa marche progressive en Europe et trouve, dans divers pays, en Allemagne, en Prusse, en Suède, en Norwège, dans le Danemark, la Toscane et les Pays-Bas, une application expérimentale, une sorte de réaction suit, en France, la Révolution de 1848. Elle se manifeste par deux faits. Le premier est la circulaire néfaste du 17 août 1853, par laquelle M. de Persigny, ministre de l'intérieur, déclare, au nom du Gouvernement, renoncer au régime d'emprisonnement cellulaire pour s'en tenir à celui de la séparation par quartiers. Le second consiste dans l'application de la transportation à l'exécution de la peine de la déportation et des travaux forcés. Au contraire, vers cette même époque, l'Angleterre substitue à la transportation la servitude pénale et organise un système pénitentiaire qui a la cellule pour point de départ et la libération provisoire pour couronnement, système qui, sous le nom de système irlandais, tend, de plus en plus, à s'introduire dans les législations pénales les plus récentes.

[1] Ch. Lucas, *De la réforme des prisons ou de la théorie de l'emprisonnement*, 1836-1838, 3 vol.; *Du système pénal et du système répressif en général, et de la peine de mort en particulier*, 1827; Bérenger, *Des moyens propres à généraliser en France le système pénitentiaire*, 1837.

[2] De Beaumont et A. de Tocqueville, *Du système pénitentiaire aux États-Unis et en France*, 1833; Demetz et Blouet, *Rapport sur les pénitenciers des États-Unis*, 1839.

V. L'année 1872 marque le réveil de la question pénitentiaire en France. C'est à cette époque, en effet, que l'Assemblée nationale, sur l'initiative de M. d'Haussonville, ordonne cette vaste enquête sur le régime des prisons, enquête qui a pour résultat le triomphe du principe de la séparation individuelle[1], établi, pour les *inculpés* et pour les *condamnés à la peine d'un an et un jour d'emprisonnement*, par une loi du 5 juin 1875. Deux institutions, issues l'une de l'autre de cette loi, le *Conseil supérieur des prisons* et la *Société générale des prisons*, sont créées pour maintenir et développer la réforme qu'elle consacre. Mais, sans attendre qu'elle ait produit ses résultats, l'initiative, soit parlementaire, soit gouvernementale, a, dans ces derniers temps, saisi les Chambres de propositions ou projets de loi, tendant à appliquer la transportation dans les colonies à la répression de la récidive[2].

184. La *loi pénale* détermine la peine. Le *juge* la prononce. *L'administration* la fait exécuter. Quelles règles, dans un législation bien ordonnée, doivent présider au devoir ainsi imposé à l'administration? Faut-il s'en rapporter à sa prudence? ou bien faut-il ne rien abandonner à son pouvoir discrétionnaire? C'est le premier système que suit notre législation. Il en résulte que le fait et le droit sont souvent en désaccord, et qu'entre l'organisation des peines privatives de liberté dans la loi et leur exécution dans la pratique, il existe bien des différences. Les auteurs du Code pénal de 1810 n'ont pas aperçu cette vérité, que toute législation, qui édicte des peines, est incomplète et presque impuissante, si elle ne statue, en même temps, par des dispositions spéciales et détaillées, sur le mode d'exécution de ces peines. Les inconvénients de ce système de législation sont encore aggravés par une dualité fâcheuse : deux pouvoirs différents se partagent l'administration des établissements pénitentiaires de droit commun. Ceux où s'exécutent les *travaux forcés* et la *déportation* dépendent du *ministère de la marine*. Ceux où s'exécutent la *détention*, la *réclusion*, l'*emprisonnement*, du *ministère de l'intérieur*. Depuis longtemps, on réclame la réunion de tous ces services, dans les mains

[1] Le rapport de M. d'Haussonville sur cette enquête forme l'ouvrage intitulé : *Les établissements pénitentiaires en France et aux colonies*, 1875.

[2] D'un autre côté, M. Bérenger a présenté au Sénat une proposition de loi très-complète sur les moyens préventifs de combattre la récidive, proposition qui traite du *régime des prisons*, de la *libération conditionnelle*, du *patronage*, de la *réhabilitation*. V. la discussion de cette proposition au Sénat (*J. off., Débats*, 1884, p. 749 et suiv.). Elle a été adoptée dans les séances des 21 et 29 mars 1884.

du même ministre, qui devrait être le ministre de la justice. Il est naturel, en effet, que ce soit l'autorité judiciaire, dont il est le représentant, qui surveille l'exécution des condamnations qu'elle prononce.

II. DES PEINES PRIVATIVES DE LIBERTÉ QUI S'EXÉCUTENT EN DEHORS DU TERRITOIRE CONTINENTAL.

185. Ces peines sont : 1° les *travaux forcés à perpétuité;* 2° les *travaux forcés à temps;* 3° la *déportation dans une enceinte fortifiée;* 4° la *déportation simple.*

186. De la nature des travaux forcés à perpétuité et à temps. — Ces deux peines sont de même nature, mais de durée différente : l'une est perpétuelle, l'autre est temporaire; le minimum des travaux forcés à temps est de cinq ans, son maximum de vingt (C. p., art. 19). La peine peut s'élever au double en cas de récidive. Ces deux peines sont des peines *criminelles, principales, afflictives* et *infamantes*, de *droit commun.* Mais elles diffèrent quant à leurs conséquences, en ce sens, que certaines incapacités spéciales sont attachées aux seules condamnations perpétuelles.

La peine des travaux forcés existait, dans notre ancien droit, sous le nom de peine des galères; elle devint la peine des *fers* dans le Code pénal de 1791 (1re partie, tit. I, art. 16). Elle a toujours consisté dans l'*assujettissement du condamné à des travaux publics, pénibles, exécutés au dehors.* En cela surtout, elle diffère des autres peines privatives de liberté, qui consistent dans la soumission au travail, mais à l'intérieur d'une prison.

Quant au mode d'exécution de la peine des travaux forcés, il a varié suivant les époques.

A. Sous le régime du Code pénal, il fallait distinguer trois catégories de condamnés aux travaux forcés : 1° Les *hommes* subissaient leur peine, comme par le passé, dans les bagnes; ils devaient être employés aux travaux les plus pénibles; ils traînaient à leurs pieds un boulet, ou étaient attachés deux à deux avec une chaîne (C. p., art. 15). Les bagnes étaient au nombre de trois, à Brest, à Rochefort et à Toulon; 2° Quant aux *femmes*, les travaux qui leur étaient imposés étaient plus en rapport avec la faiblesse de leur sexe. Elles y étaient employées dans une maison de force, avec les femmes condamnées à la réclusion (C. p., art. 16); 3° La loi s'occupait enfin spécialement des *vieillards*. Ceux qui, au moment du jugement, étaient âgés de soixante-dix ans accomplis n'étaient pas condamnés aux travaux forcés : on prononçait contre eux la réclusion, soit à perpétuité, soit à temps. Les condamnés aux travaux forcés, dès qu'ils avaient atteint l'âge de soixante-dix ans accomplis, en étaient relevés et étaient enfermés dans une maison de force (C. p., art. 70 et 71).

L'institution des bagnes et leur régime avaient donné lieu aux critiques les plus vives[1]. Sans les discuter, ce qui n'aurait aujourd'hui qu'un intérêt rétrospectif, il faut reconnaître que ce mode d'exécution de la peine des travaux forcés avait un vice grave : si la peine était longue, elle laissait, dans le sein de la société française, des hommes dangereux, toujours prêts à l'évasion; si la peine était courte, elle rendait à la liberté des hommes dont le passé était difficilement ignoré, et qui ne pouvaient, à cause de cela, trouver du travail et se reclasser. De là des protestations énergiques contre l'institution des bagnes, protestations qui amenèrent le législateur à modifier profondément l'exécution de la peine des travaux forcés, en substituant, au régime du bagne, le régime de la transportation.

B. C'est la loi du 30 mai 1854 qui, bien qu'intitulée *loi sur l'exécution de la peine des travaux forcés*, donne à cette peine une *nature nouvelle*. Elle contient trois ordres de dispositions : 1° Elle substitue, *obligatoirement* pour les hommes (art. 1, 2 et 3) et *facultativement* pour les femmes (art. 4), au régime des travaux forcés dans les bagnes ou les maisons de force, celui des travaux forcés dans des colonies pénitentiaires, situées hors du territoire continental, ailleurs qu'en Algérie; elle met ainsi, comme on l'a dit justement, les *travaux forcés dans la transportation*. Quant aux vieillards, s'ils sont âgés de soixante ans accomplis au moment du jugement, ils sont condamnés à la réclusion, soit à perpétuité, soit à temps : les condamnés aux travaux forcés, qui atteignent l'âge de soixante ans, restent dans la colonie (art. 5); 2° Cette loi permet de débarrasser le territoire continental de la France des forçats libérés, dont la présence constituait, avec le régime des bagnes, un danger permanent pour la tranquillité publique. A l'expiration de leur peine, en effet, les forçats libérés sont astreints à la *résidence forcée* dans la colonie : ceux qui ont été condamnés à moins de huit ans, pendant un temps égal à la durée de

[1] Comp. LAUVERGNE, *Des forçats considérés sous le rapport physiologique, moral et intellectuel*, 1841.

la condamnation ; ceux dont la peine est de huit ans ou plus, pendant toute leur vie (art. 6) ; 3° Enfin, la loi tente la colonisation du lieu de transportation avec les forçats libérés ou graciés. Pour obtenir ce résultat, des concessions provisoires ou définitives de terrain peuvent être faites aux libérés qui restent dans la colonie (art. 14). Le régime même de la peine peut s'adoucir pour les condamnés qui, par leur bonne conduite, leur travail et leur repentir, se seront rendus dignes d'indulgence, et se transformer, soit en autorisation de travailler, aux conditions déterminées par l'administration, chez les habitants de la colonie, soit en concessions provisoires de terrain, avec faculté de culture pour leur propre compte (art. 11).

187. Nature de la déportation dans une enceinte fortifiée et de la déportation simple. — La déportation est une peine *afflictive* et *infamante, perpétuelle*, applicable aux infractions *politiques*. L'article 7 du Code pénal, la classe au troisième rang des peines criminelles *principales*. En 1810, la peine de mort étant encore applicable aux crimes politiques, la peine de la déportation formait le second degré dans l'échelle des peines appliquées à ces crimes. Elle correspondait, par conséquent, à la peine des travaux forcés, dans l'échelle des peines de droit commun. Mais l'article 5 de la constitution de 1848, ayant aboli la peine de mort en matière politique, il devint nécessaire de réorganiser l'échelle des peines politiques. Tel fut l'objet de la loi du 8 juin 1850, qui créa, pour remplacer la peine de mort en matière politique, la *déportation dans une enceinte fortifiée*, et, par opposition, qualifia de *déportation simple*, la peine dont il était question dans l'article 7 du Code pénal. Aujourd'hui donc, il existe deux espèces de déportation, qui sont, l'une et l'autre, *perpétuelles*, *afflictives* et *infamantes*, et qui ne diffèrent que par leur régime. Tandis que la déportation simple laisse au condamné sa liberté dans l'étendue du territoire où il doit demeurer à perpétuité, la déportation dans une enceinte fortifiée, la réserre davantage. Les condamnés ne sont pas enfermés dans une citadelle, comme le portait le projet de 1850 ; mais ils le sont dans une *enceinte fortifiée*, ce qui suppose une enceinte spacieuse, comprenant des terrains dont ils ont l'usage et où ils peuvent se mouvoir.

La déportation consiste dans la simple transportation du condamné, hors du territoire continental, dans un lieu déterminé, qui lui est assigné comme résidence. Elle correspond à cette peine dont les Romains ont fait un si fréquent usage, surtout en matière politique, la *relegatio*. L'article 17 dit, en effet, qu'elle consiste, pour le condamné, « *à être transporté et à demeurer à perpétuité dans un lieu déterminé par la loi, hors du territoire continental* », et la loi du 8 juin 1850 n'a pas modifié cette définition. Quelle est donc la différence essentielle qui la sépare des travaux forcés? C'est que la déportation, peine politique, n'emporte pas l'*obligation au travail pénal*, tandis que cette obligation constitue le caractère principal de la peine des travaux forcés, peine de droit commun. Cette différence est d'autant plus essentielle à constater, que la loi du 30 mai 1854, ayant substitué au régime des bagnes le régime de la transportation, comme mode d'exécution des travaux forcés; et la loi du 13 mars 1872, ayant affecté aux déportés la Nouvelle-Calédonie, déjà affectée aux transportés, il y a aujourd'hui identité de lieu d'exécution pour les deux peines. Mais la différence essentielle, *en droit*, c'est que les transportés sont *condamnés au travail*, tandis que les déportés ont *droit à l'oisiveté*.

Si les principes, suivant lesquels la peine de la déportation devait être appliquée, avaient été arrêtés par le Code pénal, il n'en était pas de même du lieu où elle devait s'exécuter. Sur ce point, le Code pénal était muet. Le gouvernement, auquel la désignation du lieu d'exécution avait été laissée par cela même, ne s'occupa guère de choisir une colonie pénitentiaire, et la peine de la déportation fut remplacée, en fait, par une détention perpétuelle dans une forteresse. La loi de révision de 1832, qui créa législativement la détention, vint légaliser cette substitution, jusqu'à l'établissement d'un lieu de déportation, et pour le cas où l'accès de la colonie destinée à recevoir les déportés serait fermé. C'est la loi du 8 juin 1850 qui a restitué à ce châtiment son véritable caractère en désignant l'île de Noukahiva, comme lieu de déportation simple, et la vallée de Waïthau, aux îles Marquises, comme lieu de déportation dans une enceinte fortifiée. Peu après, un décret des 22 et 25 juillet 1850 affectait la citadelle de Belle-Isle-en-Mer aux déportés, condamnés antérieurement à la loi du 8 juin 1850, et pour lesquels la loi nouvelle ne devait pas produire d'effet rétroactif. Enfin, la loi du 23 mars 1872 a déclaré la presqu'île Ducos, dans la Nouvelle-Calédonie, lieu de déportation dans une enceinte fortifiée; l'île des Pins et, en cas d'insuffisance, l'île Maré, dépendances de la Nouvelle-Calédonie, lieu de déportation simple (art. 2 et 3).

188. Avec le régime de la transportation et de la déportation, des évasions sont à craindre. La loi les a sévèrement réprimées.

A. Pour les *forçats*, il y a lieu de distinguer trois situations :

1° les *condamnés à temps* seront punis de deux ans de travaux forcés, qui s'ajouteront à ceux qui ont été antérieurement prononcés; 2° les *condamnés à perpétuité* subiront l'application de la double chaîne pendant deux ans au moins et cinq ans au plus; 3° les *libérés* seront punis d'un an à trois ans de travaux forcés (L. 30 mai 1854, art. 7 et 8). Ces pénalités sont prononcées par des conseils de guerre permanents établis dans les colonies (D. 21 juin-6 juillet 1858, art. 12), et la reconnaissance de l'identité est faite par ces conseils ou par la cour qui a prononcé la condamnation (L. 30 mai 1854, art. 9).

B. Pour les *déportés*, il y a lieu de distinguer deux hypothèses, prévues, l'une et l'autre, par l'article 17 du Code pénal, combiné avec l'article 3 de la loi du 25 mars 1873. 1° Tout d'abord, les articles 237 et 248 C. p., qui, d'une manière générale, établissent des peines, tant contre les personnes qui ont favorisé l'évasion que contre les évadés eux-mêmes, sont déclarés applicables à l'évasion ou à la tentative d'évasion des déportés, commises même sans bris de clôtures et sans violences; 2° de plus, si le déporté a rompu son ban et est rentré en France, l'article 17 prononce contre lui la peine des travaux forcés, qui doit lui être appliquée *sur la seule preuve de son identité;* d'où l'on conclut, avec raison, que la procédure à suivre est la procédure en *reconnaissance d'identité*, réglée par l'article 519 C. inst. cr., qui exige, à peine de nullité, la présence de l'accusé : le déporté, en rupture de ban, ne pourrait donc être condamné par contumace.

189. Régime de la transportation et de la déportation. — L'Angleterre a fait de la transportation une double expérience. De 1718 à 1776, elle a transporté, aux Antilles et en Amérique, tous les individus frappés d'un emprisonnement de plus de trois ans. De 1788 à 1868, elle les a transportés en Australie. Nous ne referons pas l'histoire de la transportation anglaise[1]. Mais on nous permettra de constater que si, après les essais successifs de trois ou quatre systèmes pénitentiaires différents, la transportation a disparu du système pénal anglais, ce n'est pas que les critiques, dirigées contre le système de la transportation, aient définitivement triomphé dans l'esprit du législateur anglais, c'est parce que le refus absolu, op-

[1] Elle a été faite dans les ouvrages suivants : DE BLOSSEVILLE, *La colonisation pénale de l'Angleterre en Australie;* MICHAUX, *Étude sur la question des peines*.

posé par les colonies à tout envoi de condamnés, a obligé la métropole à chercher et à organiser un nouveau régime pénal. Cette expérience prouve, en somme, que la transportation peut, durant un certain temps, figurer dans le système pénitentiaire d'un peuple, à la double condition : que ce peuple ait des colonies importantes, et que la population libre, suivant le courant d'émigration tracé par la transportation, soit assez nombreuse pour former à la nouvelle société des cadres puissants, pour donner du travail aux condamnés, enfin pour les recevoir et les confondre tous en son sein. Mais il ne faut pas chercher dans la transportation la base unique d'un système pénitentiaire : elle ne peut être qu'une peine accessoire, utile surtout dans deux cas : 1° pour les condamnés de droit commun à perpétuité; 2° pour les récidivistes.

C'est avec ce dernier caractère qu'elle a été introduite en France. En effet, le système de la transportation avait trouvé place dans le Code pénal de 1791. L'article 1er du titre Ier de ce Code déclarait que tout individu, coupable d'un second crime, serait déporté dans une colonie, après avoir subi sa peine. La loi du 24 vendémiaire an II, qui appartient à la même époque, ordonnait la transportation des vagabonds aux colonies, lorsqu'ils seraient tombés trois fois par récidive dans le délit de mendicité. Mais les guerres maritimes avec les Anglais empêchèrent la mise à exécution de ces essais. Peut-être faut-il attribuer à ces difficultés pratiques le silence du Code pénal sur la transportation, comme peine de droit commun. Malgré ce silence, la question de la transportation resta posée dans l'opinion publique, et elle avait été bien souvent agitée, lorsque le décret du 27 mars 1852 déclara que, « sans attendre la loi qui doit modifier le Code pénal, quant au mode d'application de la peine des travaux forcés », les condamnés aux travaux forcés pourraient être envoyés à la Guyane et y être employés aux travaux de la colonisation. Ce décret arrêtait, en même temps, les dispositions principales du régime auquel les transportés seraient soumis. La loi du 30 mai 1854, *sur l'exécution de la peine des travaux forcés*, n'a donc eu, en réalité, qu'à sanctionner un fait accompli, en modifiant les articles du Code pénal qui réglaient l'exécution des travaux forcés.

Les actes du 27 mars 1852 et du 30 mai 1854 assignèrent d'abord, à l'exécution de la peine des travaux forcés, la Guyane française. L'insalubrité de cette colonie fit désigner, par décret du 2 septembre 1863, la Nouvelle-Calédonie, pour y recevoir, à titre d'essai, les individus astreints à la résidence perpétuelle, c'est-à-dire condamnés à plus de huit ans de travaux forcés. Cette première expérimentation ayant été heureuse, l'administration décida, en 1867, de ne plus diriger sur la Guyane aucun convoi d'Européens, condamnés aux travaux forcés, et de les concentrer tous à la Nouvelle-Calédonie. Ces instructions ayant été exécutées depuis 1867, on ne doit considérer la Guyane que comme une colonie pénitentiaire destinée à s'éteindre progressivement, car les évasions, les décès et les rapatriements des transportés antérieurement à 1867 ne sont pas compensés par les nouveaux convois de condamnés qui y sont dirigés depuis lors. Ces convois ne se composent plus que de forçats ou de réclusionnaires de race africaine et asiatique, condamnés par les tribunaux de la Guyane, de la Martinique, de la Guadeloupe et de la Réunion, qui, d'après un décret du 30 août 1853, peuvent subir leur peine dans les établissements situés à Cayenne, et de condamnés aux travaux forcés de race arabe. Un règlement d'administration publique du 18 juin 1880 détermine le régime des établissements des travaux forcés. Il divise les transportés en cinq classes, d'après leur situation pénale et leur conduite, avec des différences de régime pour chaque classe; il supprime les peines corporelles, et détermine les punitions disciplinaires dont peuvent être frappés les condamnés.

C'est la loi du 23 mars 1872 qui établit, au moins en principe, le régime *pénitentiaire* auquel sont soumis les déportés. Aux termes de l'article 4, les condamnés à la déportation dans une enceinte fortifiée doivent jouir de toute la liberté compatible avec la nécessité d'assurer la garde de leur personne et le maintien de l'ordre. Ils sont soumis à un régime de police et de surveillance déterminé par le décret du 31 mars 1872, rendu en forme de règlement d'administration publique. Les condamnés à la déportation simple, jouissent, aux termes de l'article 5, dans le lieu d'exécution de leur peine, d'une liberté qui n'a d'autres limites que les précautions indispensables pour empêcher les évasions et assurer la sécurité et le bon ordre.

III. DES PEINES PRIVATIVES DE LIBERTÉ QUI S'EXÉCUTENT PAR L'EMPRISONNEMENT SUR LE TERRITOIRE CONTINENTAL.

190. Ces peines sont : 1° la *détention ;* 2° la *réclusion ;* 3° l'*emprisonnement correctionnel ;* 4° l'*emprisonnement de simple police.*

191. De la nature de la détention. — La détention a été mise au nombre des peines légales par la loi de 1832. C'est une peine *principale*, *criminelle* et *afflictive*, destinée particulièrement à la répression des *crimes politiques :* elle occupe, dans l'échelle des peines politiques, une place correspondante à celle de la réclusion dans l'échelle des peines de droit commun; mais elle diffère de la réclusion aux points de vue de sa *durée*, de son *régime* et du *lieu de son exécution* (C. p., art. 20). 1° La détention est temporaire : elle est prononcée pour cinq ans au moins, et vingt ans au plus. Le maximum de la réclusion n'est que de dix ans. 2° Comme la réclusion, c'est une peine privative de liberté, mais elle en diffère : en ce que la réclusion emporte obligation au travail, tandis que la détention ne l'entraîne pas; en ce que le détentionnaire peut communiquer librement, soit avec les habitants de la forteresse, soit avec les personnes du dehors, tandis que toute communication est interdite au réclusionnaire. La liberté de communiquer et la dispense du travail sont deux avantages de la détention, qui la rendent moins sévère, dans son régime, que la réclusion; et si le législateur l'a placée sur un plus haut degré de l'échelle des peines, c'est, sans doute, à cause de sa durée plus longue. 3° La détention est subie dans des forteresses et non dans des maisons de force, de sorte que les condamnés à la détention ne sont pas en contact avec les criminels de droit commun.

192. Nature de la réclusion et de l'emprisonnement correctionnel. — L'emprisonnement correctionnel et la réclusion consistent dans une *privation de liberté, avec assujettissement au travail dans l'intérieur d'une prison.* Tel est leur caractère commun, mais ces deux peines diffèrent à plusieurs points de vue :

1° La réclusion est une peine *criminelle infamante;* l'emprisonnement une peine simplement *correctionnelle.* La première, seule, emporte donc la dégradation civique et l'interdiction légale.

2° Les deux peines ont une durée inégale, elles peuvent avoir un point de départ différent.

3° La réclusion doit être subie dans une *maison de force ;* l'emprisonnement dans une *maison de correction* (C. p., art. 21 et 40). Mais la volonté de la loi de constituer *deux établissements distincts* pour l'exécution de ces deux peines a rencontré un obstacle matériel dans l'insuffisance de nos prisons, et des actes législatifs, postérieurs à 1810, ont dû essayer de mettre le *fait* d'accord avec le *droit.* Dès le principe, une ordonnance de 1817 (art. 1) constitua les *maisons centrales de détention*, qui avaient été créées par un décret du 16 juin 1810, à la fois *maisons de force* pour les condamnés à la réclusion, et *maisons de correction* pour les condamnés à un emprisonnement d'un an ou plus. Puis, une ordonnance du 6 juin 1830, dans le but d'établir un rapport entre la peine qui s'exécute dans les maisons centrales et la peine que motive une aggravation légale pour cause de récidive en matière correctionnelle, décida que ces établissements ne recevraient que les condamnés à l'emprisonnement pour plus d'un an. Enfin, la loi du 5 juin 1875 (art. 2) a reculé encore la limite qui divise en deux catégories les condamnés à l'emprisonnement. Aujourd'hui, les maisons centrales sont constituées *maisons de correction* pour les individus frappés d'une *condamnation supérieure à un an et un jour*, tandis que les condamnés à une peine moindre subissent leur peine dans des *prisons* dites *départementales.*

4° Une autre différence semble ressortir des termes des articles 21 et 40 : les correctionnels auraient la faculté de choisir entre les travaux établis dans la prison où ils subissent leur peine, tandis que ce droit serait refusé aux réclusionnaires. Mais il ne paraît pas que cette différence soit observée dans la pratique; car, pour les uns comme pour les autres, c'est l'entrepreneur de la prison qui réglemente la distribution du travail.

5° Une dernière différence, relative à l'affectation des gains résultant du travail des condamnés, paraît également avoir été faite, par les articles 21 et 41, entre la réclusion et l'emprisonnement; mais, ici encore, des actes législatifs postérieurs sont intervenus. Une ordonnance du 27 décembre 1843, rendue pour les maisons centrales, mais étendue, par un arrêté du 17 mars 1844, aux prisons départementales, accorde aux réclusionnaires, comme aux correctionnels, une part bien déterminée des produits de leur travail, qui est, en principe, des quatre dixièmes pour les premiers, des cinq dixièmes pour les seconds.

193. Exécution de la réclusion et de l'emprisonnement cor-

rectionnel. — Les *maisons centrales* et les *prisons départementales*, constituent les principaux établissements pénitentiaires continentaux. Quelle est leur organisation? leur régime de travail? la discipline qui y règne?

194. I. J'étudierai distinctement l'organisation des maisons centrales et celle des prisons départementales.

A. Les maisons centrales appartiennent à l'État. Destinées uniquement à contenir des *condamnés*, elles sont constituées : 1° *maisons de force*, pour les individus des deux sexes condamnés à la peine de la réclusion et pour les femmes condamnées aux travaux forcés, conformément aux articles 21 et 16 du Code pénal; 2° *maisons de correction*, pour les individus condamnés à plus d'un an et un jour d'emprisonnement (O. du 2 avril 1817, art. 1; O. du 6 juin 1830, art. 1; L. du 5 juin 1875, art. 2). Dans l'organisation des maisons centrales, l'administration a réalisé, depuis quelques années, une double distinction : les unes sont destinées aux *femmes*, les autres aux *hommes*, et, parmi ces derniers, il en est d'affectées exclusivement aux *réclusionnaires*, d'autres aux *correctionnels*[1]. Mais le régime de toutes se caractérise par les traits suivants : 1° l'entassement, dans chaque prison, d'un trop grand nombre de condamnés; 2° la promiscuité des détenus, qui subissent leur peine sous le régime de l'emprisonnement en commun, de jour et de nuit.

B. Les prisons départementales sont établies dans les chefs-lieux de département et d'arrondissement[2]. La propriété en a été transférée aux départements où elles sont situées par un décret du 9 avril 1811 : ce qui met à la charge des départements les dépenses de construction et de grosses réparations; les dépenses d'entretien devant incomber à l'État, qui est également chargé, depuis la loi de finances du 5 mai 1855, de l'administration de ces établissements. Sous la qualification générale de *prisons départementales*, ces établissements sont constitués : 1° *maisons de correction* pour les condamnés à un emprisonnement correctionnel d'un an et un jour et au-dessous; 2° elles servent également, dans la plupart des villes, de *maisons d'arrêt* pour les

[1] On compte, en France, 15 maisons centrales pour les hommes, 6 pour les femmes; en Corse, 3 pénitenciers agricoles, assimilés aux maisons centrales; en Algérie, 2 maisons centrales pour les hommes et 1 pénitencier agricole; enfin, une maison de détention et un dépôt de forçats, en France, sont assimilés aux maisons centrales.

[2] Il existe, en France, 381 prisons départementales. L'Algérie en possède 51.

prévenus et de *maisons de justice* pour les accusés; 3° enfin, les individus soumis à la contrainte par corps, en vertu de la loi du 22 juillet 1867, y sont également détenus. Dans toutes les prisons départementales, on trouve deux quartiers, l'un pour les hommes, l'autre pour les femmes. Mais, le plus généralement, on se borne à cette division élémentaire. La séparation par quartiers, suivant l'âge, les antécédents, la situation des détenus, n'est observée que dans quelques-unes. Les prisons départementales ont été aménagées ou construites sans plan bien arrêté. Quelques-unes étaient cellulaires avant même la loi du 5 juin 1875 sur la réforme des prisons départementales qui est venue les soumettre *légalement* à ce régime.

Cette loi, dont j'ai dit l'origine, contient, au point de vue pénitentiaire, cinq ordres de dispositions [1] :

1° Elle ordonne l'application du régime cellulaire, avec séparation de jour et de nuit, aux *inculpés*, *prévenus* et *accusés* (art. 1er);

2° Elle rend *obligatoire* ce même régime pour l'exécution de l'emprisonnement correctionnel d'un an et un jour et au-dessous (art. 2);

3° Elle le rend *facultatif* [2], sur la demande du condamné, pour l'exécution de l'emprisonnement de plus d'un an et un jour (art. 4);

4° Comme d'après cette loi et pour la *même peine*, il y a coexistence de deux modes d'exécution, l'*emprisonnement individuel*, l'*emprisonnement en commun*, et que le premier est plus sévère que le second, la loi réduit, *de plein droit*, d'un *quart*, la durée des peines subies sous le nouveau régime (art. 26). Ainsi, le juge applique, comme auparavant, la loi pénale, puis, sans autre intervention de la justice, et par une opération mathématique, la peine se trouve réduite d'un quart à raison du temps passé en cellule. L'article 4 pose une double limite au système de la réduction, qui ne s'opère pas, d'abord, « *sur les peines de trois mois et au-dessous* [3] »; et qui ne profite ensuite aux

[1] Sur cette loi, comp. mon article : *Rev. crit.*, 1877, p. 482 et suiv.

[2] *Facultatif*, en quel sens? en ce sens d'abord que le condamné à un emprisonnement de plus d'un an et un jour ne pourrait pas, contre sa volonté, être soumis au régime cellulaire; d'autre part, en ce sens, que l'administration aurait le droit de rejeter la requête d'un correctionnel, condamné à plus d'un an et un jour, demandant à subir sa peine en cellule (*Sic*, Paris, 8 fév. 1876, D. 76, 2, 107). Dans le cas où l'administration accueille la requête du condamné, celui-ci est maintenu dans une maison de correction départementale jusqu'à l'expiration de sa peine, sauf décision contraire prise par l'administration, sur l'avis de la commission de surveillance de la prison (art. 4).

[3] Deux individus, coauteurs d'un même délit, ont été condamnés, l'un à *trois mois*, l'autre à *quatre mois* d'emprisonnement; le juge, tenant compte des circonstances, a

condamnés que s'ils ont passé « *trois mois consécutifs dans l'isolement et dans la proportion du temps qu'ils y auront passé* ».

5° La loi eût laissé son œuvre incomplète si elle ne s'était pas préoccupée des moyens d'exécution de la réforme pénitentiaire. Pour arriver à la réaliser, il faudrait reconstruire ou, du moins, transformer la plupart des prisons départementales : c'est une œuvre longue et difficile qui ne peut s'accomplir que sous la direction de l'État. Or, les prisons départementales sont des établissements où l'État exerce, sans doute, un droit d'administration direct, mais dont il n'est pas le propriétaire, et la loi de 1875 n'a pas modifié la situation administrative des prisons départementales[1], *qui restent la propriété du département.* C'est donc au département qu'il appartiendra de prendre l'initiative de la reconstruction ou de l'appropriation de ses prisons pour l'application du régime cellulaire : mais l'intervention de l'État, le premier intéressé à la réforme pénitentiaire, se manifestera de deux manières. Désormais, « la reconstruction ou l'appropriation des prisons départementales ne pourra avoir lieu qu'en vue de l'application » du régime cellulaire. Les projets, plans, devis des travaux nécessaires seront soumis à l'approbation du ministre de l'intérieur de qui dépendent les prisons départementales, et les travaux, s'il les autorise, seront exécutés sous son contrôle (art. 6). De plus, des subventions *pourront* être accordées, par l'État, aux départements qui voudront reconstruire ou transformer leurs prisons; mais ces subventions ne sauraient dépasser un certain chiffre, variant d'après les ressources du département (art. 7).

Enfin, pour constituer un surveillant actif et fidèle de la réforme

voulu marquer, par la différence de peine, la différence de culpabilité. Eh bien! si nous prenons le texte à la lettre, — et il est difficile de l'interpréter différemment, — l'un et l'autre subiront, en fait, la même peine, puisque l'un profitera d'une réduction du quart que l'autre ne pourra pas invoquer.

[1] La commission avait proposé de restituer à l'État la propriété des prisons départementales, ce qui aurait rendu facile la réforme pénitentiaire. C'est la résistance du ministre des finances qui amena l'Assemblée nationale à reculer devant cette mesure. Aussi, la plupart des prisons départementales se trouvent encore soumises au système de la détention commune. Il n'y en a que dix qui soient définitivement affectées au régime individuel. Le ministre de l'intérieur, dans la séance du 27 avril 1883 à la Chambre des députés, a donné, sur l'état des prisons départementales, des détails navrants. Un projet de loi, sur la réforme des prisons de courtes peines, a, depuis, été présenté au Sénat par le Gouvernement, dans la séance du 28 janvier 1884, il tend à imposer aux départements, dans un délai et dans des conditions déterminés, l'obligation d'approprier leurs prisons pour l'application du régime cellulaire.

pénitentiaire, un conseil supérieur des prisons est institué (art. 9)[1].

195. II. Le travail est *obligatoire* dans les prisons centrales et les maisons départementales. Mais le principe du travail dans les prisons soulève des problèmes, à la fois *pénitentiaires* et *économiques*, sur lesquels je dois m'arrêter.

Le Code pénal de 1810 a considéré le travail comme un complément de pénalité. D'après les articles 40 et 41, les condamnés à l'emprisonnement correctionnel *doivent* être employés à l'un des travaux organisés dans la prison où ils subissent leur peine, et le produit *doit* en être appliqué, partie aux dépenses communes de la prison, partie à leur procurer quelques adoucissements pendant leur détention, partie à former, pour eux, au temps de leur sortie, un fonds de réserve. Le travail est également *obligatoire* pour les condamnés à la réclusion, et le produit en est *facultativement* appliqué à leur profit (art. 31). Enfin, les condamnés aux travaux forcés *doivent* être employés aux travaux les plus pénibles, sans qu'il soit fait mention qu'une partie du produit de leur travail doive ou puisse leur être appliquée (art. 15 et 16). Le Code pénal paraît donc implicitement consacrer une distinction entre le travail *salarié* ou *industriel*, et le travail *pénal*, *sans salaire*. Si l'administration appliquait la loi à la lettre, le travail serait *forcément industriel* pour les correctionnels, *facultativement industriel* ou *pénal* pour les réclusionnaires, *purement pénal* pour les forçats. En fait, la pratique s'est écartée de ces indications du Code, et les ordonnances du 2 avril 1817 et du 17 décembre 1843 ont attribué à *tous les condamnés* une part dans les produits de leur travail, part qui varie de 3 à 5/10es, soit d'après la nature des condamnations qui les frappent, soit d'après leurs antécédents judiciaires, de sorte que le *travail pénal* n'existe plus dans nos prisons : il a été remplacé par le *travail industriel*.

C'est ce qui a donné lieu à une double question.

1° En accordant un salaire au détenu, qui est nourri, logé et garanti contre tout chômage, ne rend-t-on pas sa condition préférable à celle de l'ouvrier libre et n'enlève-t-on pas ainsi à l'emprisonnement le caractère répressif qu'il doit avoir? L'expérience a répondu à cette

[1] Un premier décret du 3 novembre 1875 a réglé la composition et les attributions du conseil supérieur des prisons : il a été modifié par deux décrets postérieurs du 3 janvier et du 15 janvier 1881 (S., *Lois annotées*, 1881, p. 51). Une *Société générale des prisons*, a été fondée, en 1877, dans le même but. Elle publie, depuis, lors un *Bulletin mensuel*, qui contient une série d'études, de renseignements et de documents précieux.

question, car les maisons centrales, où le travail est bien organisé et procure un salaire relativement élevé aux détenus, sont certainement les prisons les plus redoutées des malfaiteurs. Au point de vue pénitentiaire, du reste, en organisant le travail dans les prisons, on recherche un double résultat : diminuer les dépenses nécessitées par l'entretien des malfaiteurs au moyen des produits de leur travail : et régénérer les détenus, en leur faisant contracter, dans la prison, des habitudes laborieuses. Or, ni l'un ni l'autre de ces résultats ne peuvent être atteints si le travail n'a pas un caractère industriel. Comment donner à un détenu le goût du travail, s'il ne connaît que l'effort, sans récompense? Comment rendre son travail productif, s'il n'est pas excité par l'espoir d'un salaire proportionné à ses efforts?

2° Mais le travail industriel, dans les prisons, à raison des conditions dans lesquelles il s'exerce, ne va-t-il pas faire une concurrence désastreuse au travail libre? On l'a souvent soutenu; mais une sage réglementation peut atténuer cet inconvénient qu'il ne faut pas nier, mais qu'il faut bien se garder d'exagérer[1].

Le travail est organisé dans les prisons, suivant deux procédés: par *entreprise*, ou par *régie*. Au premier cas, un entrepreneur général assume toutes les charges de la prison; il l'entretient; nourrit les détenus, leur fournit du travail et leur paye une rétribution. Aussi, tout le produit du travail lui est abandonné, et, de plus, il reçoit, de l'État, par jour et par détenu, une allocation qui varie, surtout par suite de la différence du prix des vivres dans chaque région, mais dont la moyenne est de 30 à 35 centimes. Au second cas, c'est l'État qui procure directement le travail aux détenus, les nourrit, les entretient, leur paie un salaire, mais recueille toutes les recettes provenant de leur industrie. Parfois, les deux systèmes sont combinés : l'État passe des marchés spéciaux avec certains entrepreneurs, qui exploitent, moyennant une somme déterminée, une ou plusieurs des branches d'industrie organisées dans la prison. La différence entre le système de la régie et celui de l'entreprise est caractéristique, car, dans le premier, l'État conserve la direction absolue du travail et il peut l'organiser dans un but pénitentiaire; dans le second, l'État délègue une partie de l'administration de la prison à un traitant qui a pour but

[1] Sur la question : *Bull. soc. des prisons*, 1883, p. 603. V. Ord. du 15 avril 1882 par laquelle le ministre de l'intérieur, pour donner satisfaction à l'industrie réclamant contre le travail fait dans les prisons, soumet les entrepreneurs et les adjudicataires à des règlements spéciaux.

unique de rendre son exploitation commerciale lucrative. Le plus grand nombre des maisons centrales et toutes les prisons départementales sont données à l'entreprise : les avantages de ce système, au double point de vue économique et financier, ont fait oublier ses inconvénients au point de vue pénitentiaire[1].

196. III. A la tête de chaque maison centrale se trouve un directeur, qui concentre dans ses mains l'autorité disciplinaire. Il est secondé, par un personnel laïque dans les maisons affectées aux hommes, par des religieuses appartenant aux ordres de Marie-Joseph et de la Sagesse, dans les maisons affectées aux femmes. Le seul contrôle auquel il soit soumis consiste dans la visite annuelle des inspecteurs généraux des prisons. Les commissions de surveillance près les maisons centrales, dont l'organisation avait été prescrite par une ordonnance du 5 novembre 1847, n'ont jamais été constituées.

A la tête de chaque prison départementale, et suivant son importance, se trouve placé un directeur ou un gardien-chef qui a, sous ses ordres, un personnel, soit laïque, soit religieux. Le contrôle s'exerce par les visites des inspecteurs généraux et par celles des directeurs départementaux. De plus, les articles 611, 612 et 613 Code instruction criminelle prescrivent des visites, qui ont rarement lieu, aux préfets, sous-préfets, présidents d'assises, juges d'instruction et maires. Enfin, des commissions de surveillance pour les prisons départementales ont été créées par une ordonnance de 1819; mais, outre qu'elles ne sont pas organisées partout, leur rôle est absolument insignifiant là où elles existent[2].

197. De l'emprisonnement de simple police. — L'emprisonnement de police consiste dans une simple privation de liberté, *sans assujettissement au travail*. Sa durée a pour minimum un jour complet de vingt-quatre heures et pour maximum cinq jours. Il est subi, soit dans les prisons dites *cantonales*, établies dans les chefs-lieux de canton, soit dans les prisons dites *municipales*, établies dans les communes importantes, soit dans les maisons d'*arrêt*.

[1] Sur la question : *Bull. soc. des prisons*, 1879, p. 98 et 108; 1880, p. 455; 1881, p. 148; 1882, p. 519; 1883, p. 575.

[2] V. *Bull. soc. des prisons*, 1883, p. 562.

SECTION II.

Des peines restrictives de liberté.

198. La privation ou la restriction de la liberté de locomotion par l'expulsion des lieux où on réside, ou par l'obligation d'une résidence forcée dans un lieu déterminé, peuvent fournir des peines, qui ont l'avantage financier de ne pas se résoudre en une détention, tout en conservant cependant un caractère relativement répressif[1]. Ces peines appartiennent à trois catégories.

199. Du bannissement. — Le bannissement est une peine *afflictive* et *infamante*, *principale*, plus spécialement réservée aux crimes *purement politiques*, de gravité secondaire. Elle consiste dans l'expulsion du condamné hors du territoire; et, si l'on s'en tient aux articles 32 et 33 du Code pénal, qui l'organisent, elle ne comporte rien de plus qu'un simple *exil*, puisque, dès qu'il a franchi la frontière, le banni jouit de la liberté commune à tous; c'est par ce côté que cette peine se distingue de la détention. Elle diffère aussi de la déportation; et par son *exécution*, puisque le banni n'est pas transporté dans des colonies pénitentiaires, mais simplement conduit sous escorte à la frontière; et par sa *durée*, puisque le bannissement est temporaire, et va de cinq ans au moins à dix ans au plus, tandis que la déportation est perpétuelle (C. p., art. 31). Le bannissement pouvant être facilement entravé, dans son exécution, par le refus des gouvernements étrangers, de recevoir les condamnés, une ordonnance du 2 avril 1817, décide que, dans ce cas, le bannissement sera transformé en une détention dans une forteresse.

La rupture de ban était punie de la déportation par le Code pénal de 1810. La loi de 1832 a substitué, à ce châtiment excessif, une détention d'une durée au moins égale au temps qui reste à courir jusqu'à l'expiration du bannissement, et qui peut même être portée jusqu'au double (C. p., art. 33). La procédure, pour l'application de cette peine subsidiaire, est celle qui est organisée par les articles 518 et 519, C. inst. cr., et dans laquelle l'identité du condamné repris,

[1] Sur ces peines : Molinier, *Études sur le nouveau projet de Code pénal italien*, p. 101.

est constatée par la cour d'assises seule, en l'absence du jury, mais *contradictoirement* avec l'accusé.

On a reproché au bannissement d'être peu afflictif, de n'offrir qu'une peine incertaine, pas du tout exemplaire et très-inégale par rapport aux individus qui la subissent. Mais ces critiques ne pourraient être vraies que si le bannissement était un châtiment de droit commun. Avec le caractère spécial et accessoire que lui donne notre législation, il présente beaucoup d'avantages et peu d'inconvénients [1].

200. Du renvoi sous la surveillance de la haute police. — Le renvoi sous la surveillance de la haute police est, dans son but, moins une peine qu'une garantie sociale à l'effet d'empêcher la récidive. Le droit même de la société de se protéger contre les libérés, en les soumettant à une surveillance spéciale, ne peut être contesté; mais les difficultés commencent lorsqu'il s'agit de l'organiser. Il faut, en effet, que le surveillé soit constamment sous l'œil de la police, si l'on veut rendre la surveillance efficace; mais il faut aussi que sa situation reste ignorée de tous, si l'on veut lui laisser les moyens de gagner sa vie par le travail. Concilier la surveillance de l'État, avec la nécessité de cacher à tous la situation du libéré, tel est donc le problème qu'une législation doit résoudre quand elle conserve la surveillance, et les vicissitudes, par lesquelles a passé cette institution, prouvent assez que, si le législateur s'est souvent posé ce problème, il n'en a jamais trouvé une solution satisfaisante [2].

Le renvoi sous la surveillance de la haute police est d'institution assez récente dans notre système répressif. Si nous remontons jusqu'aux Codes de 1791, et de l'an IV, nous voyons que, sous leur régime, les condamnés, qui avaient subi leur peine, rentraient dans la société pour y jouir de la liberté commune à tous les citoyens. Un décret du 19 ventôse an XIII prit l'initiative de mesures de précaution

[1] Comp. MOLINIER, *op. cit.*, p. 104; de PEYRONNET, *Pensées d'un prisonnier*, liv. I, ch. VIII.

[2] Je crois, en effet, le problème insoluble. Comment trouver un moyen de surveillance assez *discret* pour ne pas signaler celui qui en est l'objet au mépris public, et ne pas mettre ainsi obstacle à son reclassement? Malgré les louables efforts des législateurs de 1874 pour en améliorer le régime, l'institution de la surveillance est aujourd'hui jugée et condamnée; il faudra tôt ou tard en venir à une large application du système de la transportation aux récidivistes. C'est dans cette direction que se trouve la solution du problème redoutable des libérés. Il est à remarquer cependant que les Anglais nous ont, depuis quelques années, emprunté l'institution de la surveillance de la police : acte du 21 août 1871 (*Annuaire de légis. étrang.*, 1872, p. 66 et s.).

contre les libérés : il fut complété par un second décret du 17 juillet 1806. Le Code pénal s'empara de ces dispositions, et la loi du 28 avril 1832 les maintint, en les modifiant. Cette législation fut elle-même remaniée presque complètement par un décret du 8 décembre 1851 et par la loi du 23 janvier 1874, qui contient le dernier état de la législation sur ce point.

Nous devons étudier le *régime* de la surveillance; ses *caractères*; sa *durée*; la *sanction* de la contravention aux prescriptions de la loi[1].

201. I. Trois modes de surveillance ont été, tour à tour, appliqués ou combinés. On peut, en effet, interdire au surveillé l'accès de certains lieux; le confiner dans d'autres, dont il ne pourra s'éloigner sans autorisation; le laisser libre de choisir le lieu de sa résidence, ou d'en changer, à de certaines conditions qui permettront à la police de ne pas le perdre de vue. L'interdiction de certains séjours, par exemple des grandes villes, des lieux où le condamné a commis son crime, est une mesure si impérieusement exigée, que le droit de la prononcer a été maintenu à l'administration sous tous les régimes de surveillance qui se sont succédé depuis 1810. Mais la législation a oscillé entre les deux autres systèmes[2].

A. Celui qui prévalut, dans le Code pénal de 1810, consistait à exiger du condamné, soumis à la surveillance, une caution solvable de bonne conduite jusqu'à concurrence d'une somme dont le chiffre était fixé, à l'avance, par l'arrêt ou le jugement. Faute de fournir ce cautionnement, le condamné était à la disposition du gouvernement qui avait le droit, soit de lui assigner une résidence, soit de lui interdire certains séjours. L'infraction à l'arrêté administratif était réprimée par un emprisonnement, dont la durée pouvait égaler le temps de surveillance qui restait à courir, c'est-à-dire, dans bien des cas, la vie même

[1] Cette loi se compose de deux articles : le premier modifie les articles 44, 46, 47, et 48 du Code pénal et fait corps par conséquent avec ces textes; le second porte que « des règlements d'administration publique détermineront le mode d'exercice de la surveillance et fixeront les conditions sous lesquelles, après un temps d'épreuve, cette surveillance pourra être suspendue ». En conséquence de cette disposition, un décret du 30 août 1875 a complété les dispositions de la loi. On trouvera : l'*Exposé des motifs* du projet de loi au *Jour. offic.* du 31 janvier 1873; le *Rapport*, dans celui du 12 nov. 1873; la *Discussion*, dans les nos des 26 et 27 nov. 1873, 23 et 24 janvier 1874. — Sur l'ensemble de la loi : Renault (*Rev. crit.*, 1874, p. 667). — Dans la discussion de la loi de 1874, quelques membres de l'Assemblée proposèrent la suppression absolue du renvoi sous la surveillance de la haute police : V. notamment, dans la séance 25 nov. 1873, un discours de M. Raudot dans ce sens.

[2] Comp. : Migneret, *De la surveillance légale* (*Rev. crit.*), 1871-1872, p. 362 et suiv.

du condamné. Cette répression n'était pas prononcée *judiciairement*, mais *administrativement*. Ce système plaçait en dehors de toute surveillance les condamnés qui, à raison de leur situation sociale, pouvaient être plus dangereux, pour traiter avec une rigueur extrême ceux qui, privés de toute ressource, avaient besoin de leur travail pour vivre; de sorte qu'il était à la fois inefficace pour la société et excessif pour les condamnés. Le danger social de cette organisation de la surveillance préoccupa seul le gouvernement, et un avis du Conseil d'État du 4 août 1812, approuvé le 20 septembre, *interprétant* en apparence, *modifiant* en réalité le Code pénal, décida que le cautionnement ne devait être fixé que sur la demande du ministère public, de sorte que, dans le silence de ce dernier, le condamné ne pouvait demander à la justice de le fixer. Bien plus, même fixé en justice, même offert par le condamné, le cautionnement pouvait être refusé par l'administration, qui restait toujours libre d'imposer une résidence au libéré.

B. Lors de la révision de 1832, on fut d'accord pour maintenir l'institution, mais en la modifiant profondément. La loi supprima l'obligation, pour le condamné, de fournir une caution de bonne conduite; au surveillé furent reconnus, et le droit de choisir sa résidence, pourvu qu'il la fît connaître à l'administration, et le droit d'en changer, pourvu qu'il prévînt le maire trois jours à l'avance. La seule restriction à sa liberté consista dans la faculté donnée au gouvernement de lui interdire certains lieux où sa présence pouvait être dangereuse. L'article 45 décida qu'en cas de rupture de ban, les surveillés seraient *condamnés, par les tribunaux correctionnels*, à un emprisonnement qui ne pourrait dépasser cinq ans.

Ni le système du Code pénal, ni celui de la loi de 1832 ne donnèrent les résultats qu'on en attendait : la société s'était nui, en voulant trop se protéger dans le Code pénal; en désarmant, dans la loi de 1832, elle se nuisit encore davantage. Les libérés abusèrent du droit illimité de changer de résidence. Aux surveillés qui se rendaient d'une localité dans une autre, des secours de route étaient payés : bon nombre ne cherchèrent pas d'autres moyens d'existence. Sans s'arrêter nulle part, ils allaient de ville en ville, mendiant sur tous les chemins et troublant la sécurité des campagnes. On s'aperçut bientôt que la loi de 1832 avait organisé le *vagabondage légal*. Aussi, dès 1844, les Chambres étaient saisies d'une proposition, qui ne devait pas aboutir, ayant pour but de modifier le régime de la surveillance.

C. Mais un décret du 8 décembre 1851, rendu sous l'influence de cette réaction, enleva au surveillé la double faculté de choisir sa résidence au moment de sa libération, et d'en changer par la suite, en donnant au gouvernement le droit absolu de lui assigner un domicile. C'était un retour au système du Code pénal de 1810, mais avec une *aggravation*, qui consistait dans la suppression du cautionnement, et une *atténuation*, relative à l'organisation de la répression. Les tribunaux correctionnels seuls avaient, en effet, mission de constater la rupture de ban et de condamner à l'emprisonnement. Mais l'administration avait le choix, entre l'application de la peine de l'emprisonnement, et une transportation dans une colonie pénitentiaire, *par mesure de sûreté générale*, pendant cinq ans au moins et dix ans au plus.

La surveillance, ainsi organisée, devint un fléau pour les libérés, auquel ils cherchèrent à échapper par tous les moyens, et un danger pour la société ; car, au lieu de surveillés en état de vagabondage légal, comme sous le régime de 1832, on eut, avec le décret de 1851, des surveillés en rupture de ban. On sentit bientôt le besoin de modifier la législation introduite par ce décret et de rendre la surveillance tolérable pour le condamné. Le 17 juin 1870, le Corps législatif vota, à l'unanimité, une loi, dont l'article 1er abrogeait le décret de 1851, et dont l'article 2 remettait en vigueur l'article 44 du Code pénal, tel qu'il avait été révisé en 1832 ; mais la révolution du 4 septembre éclata avant le vote du Sénat.

D. Le gouvernement de la Défense nationale reprit la question et, à la date du 24 octobre 1870, rendit un décret qui abrogeait celui du 8 décembre 1851. Mais la portée de ce décret donna lieu à une grave difficulté : en effet, tandis que l'article 1er abrogeait le décret de 1851, l'article 2 ajoutait que l'effet du renvoi sous la surveillance de la haute police serait « *ultérieurement réglé* ». Ces expressions signifiaient-elles que toute surveillance était provisoirement supprimée, jusqu'à ce qu'il eût été statué sur ce point par une loi nouvelle ? Ou bien voulaient-elles dire que, provisoirement, la loi antérieure au décret de 1851, celle de 1832, revivrait ? La jurisprudence se prononca dans ce dernier sens, par cette considération qu'en abrogeant le régime de la surveillance, organisé par le décret de 1851, les auteurs du décret de 1870 n'avaient pas eu l'intention de supprimer l'institution et de la laisser non réglementée pendant un certain temps[1].

[1] Dans ce sens : Pau, 31 janvier 1872 (D. 73, 2, 69) ; Dijon, 3 juillet 1872 (D.

E. La loi du 23 janvier 1874, qui a fait cesser cette fâcheuse incertitude, substitue au *domicile obligatoire*, fixé par l'administration, qui était le principe même du décret de 1851, le *domicile librement choisi*, à la condition, pour le surveillé, de le faire connaître à l'administration quinze jours avant sa mise en liberté, sous la réserve des interdictions générales ou spéciales de séjour que l'administration conserve toujours le droit de prononcer. A ce point de vue, la loi de 1874 reprend le système de la loi de 1832[1]; mais elle ne tombe pas dans les exagérations de cette loi qui, en reconnaissant au surveillé le droit de changer à son gré de domicile, sans autre formalité que de prévenir le maire de la localité trois jours à l'avance, avait créé, au profit des surveillés, « le droit au vagabondage légal, avec feuille de route et secours de l'administration[2] ». Ce n'est qu'après un séjour de six mois au moins dans la résidence qu'il a choisie ou qui lui a été assignée, que le surveillé a le droit de changer de domicile, à la charge de prévenir le maire huit jours à l'avance. On espère, par ce séjour forcé, empêcher le vagabondage, sans cependant porter à la liberté du libéré une atteinte assez grave pour le pousser à la rupture de ban. Du reste, l'individu, soumis à la surveillance, peut avoir de justes motifs de changer de résidence avant le délai de six mois : par exemple, s'il ne trouve pas, ou ne trouve plus de travail là où il est, et qu'il espère en trouver ailleurs.

72, 2, 180). La Cour de cassation ne fut pas appelée à se prononcer sur la question. Le ministre de l'intérieur, dans une circulaire du 25 nov. 1871, déclara que l'article 44 C. p., était en vigueur. *Sic,* Bertauld, p. 266; Renault, p. 573. La commission de l'Assemblée nationale, chargée de rechercher, parmi les décrets du gouvernement de la Défense nationale, ceux qui avaient un caractère législatif, s'est prononcée cependant en sens contraire. Elle dit, en effet, dans son rapport (*Jour. off.* du 18 avril 1872) : « Il n'existe plus aujourd'hui aucune disposition légale réglementant l'une des mesures qui intéressent au plus haut degré la sûreté générale ».

[1] La loi de 1832 exigeait que la déclaration du condamné fût faite seulement « avant la mise en liberté ». Elle ne prévoyait pas l'omission de déclaration : un arrêt de la cour de Paris du 26 nov. 1836 avait décidé que, dans ce cas, il y avait infraction à l'art. 44, et que, par conséquent, l'art. 45 était applicable comme dans le cas de rupture de ban. C'était une solution rigoureuse et, à notre avis, inexacte. La loi nouvelle fait disparaître ces difficultés.

[2] Cette feuille de route, aux termes de l'art. 1er du décret du 30 août 1875, est établie « en la forme ordinaire des passeports gratuits, sauf l'insertion, avant la date, de la mention suivante écrite à la main : « *Délivré en exécution de la loi du 23 janvier* 1874 ». Avant ce décret, il était d'usage d'inscrire, sur la feuille de route du surveillé, C, R ou F, suivant qu'il avait été condamné à une peine correctionnelle, à la réclusion ou aux travaux forcés. C'était là une note qui le suivait partout et l'empêchait souvent de trouver du travail.

Aussi la défense de la loi n'est pas inflexible; elle peut être levée par le ministre de l'intérieur. L'autorisation du préfet est même suffisante quand il s'agit d'un simple déplacement dans l'intérieur du département ou qu'il y a urgence; mais, dans ce dernier cas, l'autorisation n'est que provisoire. Tout condamné, qui change de résidence, reçoit une feuille de route réglant l'itinéraire dont il ne peut s'écarter et la durée de son séjour dans chaque lieu de passage. Il est tenu de se présenter, dans les vingt-quatre heures de son arrivée, devant le maire de la commune qu'il doit habiter. Tel est, en résumé, sur le régime de la surveillance, le système de la loi de 1874, qui a été précisé et complété par un décret du 30 août 1875 et une circulaire ministérielle du 5 novembre 1875.

202. II. Quels étaient, d'après le Code pénal, les caractères du renvoi sous la surveillance de la haute police? Dans quelle mesure ont-ils été modifiés par la loi nouvelle?

1° La surveillance de la haute police est qualifiée de « peine » par l'article 11 du Code pénal. Sans doute, par sa nature et son objet, c'est moins une peine de *répression* qu'une mesure de *prévention :* ce qui la motive, en effet, ce sont les dangers que les antécédents du condamné peuvent faire craindre à la société. Mais elle n'en est pas moins une peine : aussi l'article 50 du Code pénal interdit de la prononcer en dehors des cas où des textes formels l'autorisent [1].

2° Le renvoi sous la surveillance est quelquefois prononcé par le Code pénal d'une manière *principale*, indépendamment de l'application de toute autre peine, dans le très petit nombre de cas où le coupable est exempté de la peine *ordinaire* de l'infraction par l'admission d'une excuse absolutoire. Hors ces cas accidentels, le vrai rôle de la surveillance est de fonctionner, soit comme peine *accessoire*, c'est-à-dire comme peine résultant de plein droit d'une condamnation, et sans que celle-ci ait besoin d'en faire mention, soit comme peine *complémentaire*, c'est-à-dire comme peine prononcée en même temps qu'une autre peine regardée comme principale; de telle sorte que la surveillance de la haute police est une peine *criminelle* ou *correctionnelle*, suivant la nature de la peine principale dont elle est l'accessoire ou le complément (C. p., art. 11).

[1] Du caractère pénal de la surveillance, nous avons déjà tiré cette conclusion que le mineur, *acquitté pour avoir agi sans discernement*, ne pouvait être renvoyé sous la surveillance de la haute police : Cass., 28 février 1852 (D. 1852, 1, 288); Paris, 26 avril 1863 (D. 74, 5, col. 371, n° 5).

3° C'est également une peine dont la durée varie : mais, tantôt elle est prononcée à vie, tantôt à temps par le Code pénal.

D'après la loi de 1874, la surveillance conserve toujours son caractère de *peine*, mais elle devient une peine *facultative* et *temporaire*, dans tous les cas où elle était, d'après le Code pénal, une peine *accessoire* et *perpétuelle*. Telles sont les deux principales innovations réalisées, à ce point de vue, par la loi de 1874.

203. A. L'article 46, § 1, déclare que, « *en aucun cas, la durée de la surveillance ne pourra excéder vingt années* ». Absolue dans ces termes, cette disposition est applicable à tous les cas où la surveillance à vie est prononcée par le Code pénal. En fixant à vingt années le maximum de cette peine, la loi n'a pas déterminé de minimum général : légalement, il n'en existe donc aucun[1].

204. B. La surveillance figure, dans notre système pénal, avec le caractère de peine soit *accessoire*, soit *complémentaire*, soit *principale*.

a) Le régime de la surveillance, considérée comme *peine accessoire*, a été modifié par la loi de 1874. Aux termes de l'ancien article 47, la surveillance à vie était encourue, de plein droit et comme peine accessoire, par les condamnés à des peines *afflictives temporaires*, les travaux forcés à temps, la détention, la réclusion. C'était donc à la peine *principale* que la loi attachait, directement et comme accessoire obligé, la surveillance, sans se préoccuper de la *durée* et de la *gravité* de cette peine, pas plus que de la *nature* et des *circonstances* du crime pour lequel elle était encourue; de telle sorte que le Code pénal de 1810 soumettait au même régime, pour toute leur vie, des individus qui, soit en droit, soit en fait, étaient dans des situations bien différentes. De plus, les condamnés au bannissement, peine *infamante*, encouraient la surveillance, de plein droit, pour un temps égal à celui de la peine principale.

La loi de 1874 (art. 46, § 3; 47, § 1) n'a laissé à la mise en surveillance son caractère accessoire que sous cette réserve : « *Néanmoins, l'arrêt ou le jugement de condamnation pourra réduire la durée de la surveillance ou même déclarer que les condamnés n'y seront pas sou-*

[1] C'est un point qui a été reconnu par le garde-des-sceaux, dans la circulaire du 21 janvier 1874, relative à l'exécution de la loi; mais, en se fondant sur l'esprit de la loi, qui a voulu que la surveillance fût sérieuse et effective, le garde-des-sceaux recommande aux magistrats de ne pas assigner à la surveillance une durée inférieure à deux ans.

mis ». Ainsi, la surveillance est devenue une peine tout à la fois accessoire et facultative : *accessoire*, en ce que, dans le silence de l'arrêt ou du jugement, sur sa remise ou sa réduction, elle accompagne, de plein droit, les travaux forcés à temps, la détention, la réclusion et le bannissement; *facultative*, en ce que le jugement peut, en prononçant une peine afflictive temporaire ou la peine infamante du bannissement, réduire la durée de la surveillance au-dessous de son maximum ou même en exempter complètement le condamné. Et comme il était à craindre que le juge n'oubliât la faculté nouvelle dont la loi l'investit, l'article 47, § 2, décide que « *si l'arrêt ou le jugement ne contient pas dispense ou réduction de la surveillance, mention sera faite, à peine de nullité, qu'il en a été délibéré*[1] ».

b) Comme peine complémentaire, le renvoi sous la surveillance est *ordonné* ou *permis* dans certains cas. Mais il ne peut frapper le coupable sans avoir été judiciairement prononcé. Ainsi, l'article 49 dispose que « devront être renvoyés sous la même surveillance ceux *qui auront été condamnés pour crimes ou délits qui intéressent la sûreté intérieure ou extérieure de l'État* ». La surveillance dépend, ici, de la nature de l'*infraction* et non de la nature de la *peine* : aussi doit-elle être expressément prononcée par la sentence de condamnation. Dans le cas où celle-ci omettrait de le faire, la surveillance ne pourrait être appliquée. Il resterait, bien entendu, le droit pour le ministère public d'obtenir cassation de l'arrêt; mais, s'il lui laissait acquérir force de chose jugée, cette omission profiterait au condamné. Cette disposition est surtout utile pour les *délits* politiques; elle l'est aussi pour les

[1] Ainsi donc, il faut, d'après cette disposition, que l'arrêt s'explique sur la surveillance de la haute police, soit pour la réduire ou la supprimer, soit pour faire mention qu'il a été délibéré sur la remise ou la réduction : l'omission de cette mention motiverait la cassation de l'arrêt. Mais il importe de remarquer que la cassation d'un arrêt de cour d'assises, fondée sur ce motif, ne conférerait à la cour de renvoi que la mission de statuer sur la question de réduction ou de dispense de la surveillance et de faire mention, au cas où il n'y aurait ni réduction ni dispense, qu'il en a été délibéré; elle ne lui donnerait pas le droit de modifier la peine principale qui a été régulièrement prononcée. Comp. Cass., 28 septembre 1876 (S. 76, 1, 487); 15 juin 1878 (S. 78, 1, 399); 26 février 1880 (S. 80, 1, 488). Qu'arriverait-il si toute mention relative à la surveillance avait été omise dans un arrêt condamnant aux travaux forcés à temps, à la réclusion, à la détention ou au bannissement, et qu'un pourvoi n'ayant pas été formé *en temps utile* par le ministère public ou le condamné, cet arrêt eût acquis force de chose jugée? Nous croyons que la surveillance existerait alors de plein droit pendant vingt années, car l'article 46, § 2 et l'article 47, § 1, font de la surveillance une peine *accessoire* de la peine principale, qui, seule, a besoin d'être prononcée pour être encourue.

crimes punis de la dégradation civique et pour ceux qui ne sont punis que d'une peine correctionnelle par suite d'une déclaration de circonstances atténuantes. Mais quelle est la durée de la surveillance qui doit être prononcée par les juges? L'article 49 ne le dit pas : car ces mots : « *devront être renvoyés sous la même surveillance* », n'ont plus aujourd'hui de sens, puisque l'article 48 n'a nullement trait à l'indication des cas où s'exerce la surveillance et à sa durée. Il faut conclure de cette observation que les juges ont, dans ce cas, un pouvoir discrétionnaire pour fixer la durée de la surveillance, sans qu'ils puissent cependant la prononcer pour plus de vingt années (art. 46, § 1).

L'article 50, en posant le principe que « *les condamnés ne seront* « *placés sous la surveillance de la haute police de l'État que dans les* « *cas où une disposition particulière de la loi l'aura permis* », renvoie aux dispositions spéciales, assez nombreuses, par lesquelles le législateur *ordonne* ou *permet* au juge de prononcer la surveillance comme complément d'une peine *correctionnelle* (C. p., art. 57 et 58, 246, 271, 305 et suiv., 401, etc.):

Les articles 46 et 47 n'investissent les juges du droit de réduire la durée de la surveillance ou de la remettre que par rapport aux matières criminelles où la surveillance fonctionne à titre de peine accessoire, mais la disposition, qui rend la surveillance facultative dans le cas de *crimes*, doit être étendue aux *matières correctionnelles*. En un mot, les juges, qui statuent sur de simples délits, peuvent toujours, même lorsque les dispositions du Code pénal sont conçues, par rapport à la surveillance, en *termes impératifs* (art. 57, 58, 271, 282, par exemple), réduire la durée de cette peine, ou même ne pas la prononcer. Le but du législateur, en 1874, a été, en effet de restituer à la surveillance son caractère *préventif*, en permettant aux juges d'en dispenser les coupables qu'ils ne croient pas dangereux.

c) Le renvoi sous la surveillance est une peine *principale* dans les cas prévus par les articles 100 et 213, 108, 138 et 144, 271, cas dans lesquels l'inculpé est exempté de la peine ordinaire de l'infraction par suite de certaines circonstances déterminées par la loi.

205. III. Le renvoi sous la surveillance a une durée fixée par la loi, ou par le jugement ou l'arrêt de condamnation dans les limites de la loi. L'*amnistie*, qui anéantit la condamnation avec toutes ses conséquences pénales, et la *réhabilitation* qui, sans effacer la condamnation, fait cesser, pour l'avenir, toutes les incapacités qu'elle entraîne, mettent fin au renvoi sous la surveillance de la haute police. Mais quel est l'effet, sur cette peine, de la *grâce* ou de la *prescription?*

a) La grâce peut porter, soit sur la peine principale, dont la surveillance de la haute police est l'accessoire, soit sur la surveillance elle-même. 1° Dans le premier cas, il est certain que la remise de la peine principale n'entraîne pas, de plein droit, celle de la peine accessoire. L'article 46, § 4, tranchant du reste, une question discutée avant 1874, décide même que « *tout condamné à des peines perpétuelles qui obtiendra remise de sa peine sera, s'il n'en est autrement disposé par la décision gracieuse, de plein droit, sous la surveillance de la haute police pendant vingt ans* [1] ». 2° Si la surveillance n'est pas supprimée par voie de conséquence, au cas où la peine dont elle est l'accessoire est remise, peut-elle, au moins, faire directement l'objet d'une mesure de grâce ou de réduction? Jusqu'en 1874, on pensait que la loi ne permettait pas d'appliquer la grâce à la surveillance de la haute police. Désormais, aux termes de l'art. 48, « *la surveillance pourra être remise ou réduite par voie de grâce; elle pourra être suspendue par mesure administrative* ».

b) Le condamné, qui a prescrit une peine principale entraînant la surveillance, en est-il, par cela même, affranchi? La question, douteuse avant 1874, a été tranchée dans le sens de la négative (art. 48, §§ 2, 3 et 4). Il serait peu rationnel, en effet, que l'extinction de la peine principale, par prescription, pût produire un effet plus complet que celui produit par la grâce, ou par l'exécution même de la peine.

206. IV. La surveillance de la haute police, pouvant être facilement éludée, doit être corroborée par une peine subsidiaire, menaçant celui qui viendrait à s'y soustraire : aussi l'art. 45 C. p., qui contient la sanction des obligations qu'impose la surveillance, déclare qu'en cas de désobéissance aux dispositions prescrites par l'art. 44, « *l'individu mis sous la surveillance de la haute police sera con-*

[1] L'article 47 ne donne pas aux juges, qui condamnent à une peine perpétuelle, la faculté de réduire ou de supprimer la surveillance de la haute police pour le cas de remise ou de commutation de peine, pas plus qu'il ne leur impose l'obligation de la prononcer, et il faudrait considérer comme non avenue, par application de l'art. 50, C. p., toute disposition de l'arrêt de condamnation qui ferait mention de la surveillance. En effet, les magistrats ne peuvent, sans excès de pouvoir, régler une éventualité qu'il ne leur appartient pas de prévoir et qui dépend uniquement de l'initiative du gouvernement. Dans ce sens : Cass., 27 mars 1880 (S. 81, 1, 32 et la note).

damné par les tribunaux correctionnels à un emprisonnement qui ne pourra excéder cinq ans ».

La *rupture de ban*, — nom que porte l'infraction, — consiste dans le fait du condamné de paraître dans un lieu où il lui est interdit de résider, aussi bien que dans le fait d'avoir quitté la résidence qu'il avait choisie, sans l'accomplissement des conditions et des formalités qui lui sont prescrites. Mais la rupture de ban n'est pas une infraction purement matérielle; elle suppose, comme tout *délit*, l'intention d'enfreindre la loi. Le condamné à la surveillance, trouvé en état de rupture de ban, sera bien présumé avoir eu cette intention, mais il pourra, ce semble, démontrer sa bonne foi devant le tribunal correctionnel, et échapper ainsi à la répression.

L'emprisonnement prononcé suspendra, pendant sa durée, le cours de la surveillance. Il est, en effet, impossible que deux peines restrictives de liberté, pesant sur le même individu, puissent s'exécuter en même temps.

207. Des interdictions spéciales de certains séjours. — On trouve, dans nos lois pénales, en dehors de la surveillance de la haute police, des restrictions spéciales, prononcées à titre de peine, au droit de libre circulation ou de résidence. Je renvoie aux articles 229, C. p., et 633 C. inst. cr., qui établissent une sorte de *bannissement local*, mais pour des cas exceptionnels.

SECTION IV.

Des peines privatives de droits[1].

208. Les déchéances de droits, organisées à titre de peine par nos lois criminelles, peuvent se ranger en deux classes. — Les unes sont la conséquence de l'indignité du coupable; il est des droits dont la jouissance ou l'exercice doit être refusé à certains condamnés; à cette classe appartiennent : la *dégradation civique*, l'*interdiction de certains droits civiques, civils et de famille*, la *faculté accordée au conjoint du condamné de demander la séparation de corps*. — D'autres déchéances ont été établies principalement, pour maintenir, entre les

[1] Bibliographie : Humbert, *Des conséquences de condamnations pénales relativement à la capacité des personnes* (1855); Nusse, *Étude sur les droits civils des condamnés aux peines du grand criminel* (1876).

détenus, l'égalité dans le châtiment, mais aussi parce qu'il eût été difficile aux condamnés d'exercer, pendant l'exécution de leur peine, les droits dont ils sont privés : telles sont *interdiction légale*, la *double incapacité de disposer et de recevoir à titre gratuit par donation ou par testament*, la *privation, pour le mari, du droit d'autorisation maritale.*

Pour traiter cette matière, on pourrait emprunter, en n'y ajoutant qu'un mot, l'intitulé d'une section du Code civil : *De la privation des droits civils et politiques par suite de condamnations judiciaires* (art. 22 à 34). Malgré la généralité de cet intitulé, ce Code ne s'occupait pas de toutes les privations de droits civils qui peuvent résulter de condamnations pénales; il traitait exclusivement de la *mort civile*, abolie par la loi du 31 mai 1854. Mais il importe de remarquer qu'en dehors de la mort civile, diverses dispositions du Code pénal avaient établi un ensemble de déchéances civiles et politiques, accompagnant, tantôt comme peines complémentaires, tantôt comme peines accessoires, les peines principales en matière criminelle ou correctionnelle. Ainsi la condamation à la peine de mort ou à des peines afflictives perpétuelles entraînait, de plein droit, la mort civile; la condamnation aux peines afflictives temporaires entraînait également, de plein droit, la dégradation civique et l'interdiction légale; la condamnation à la peine infamante du bannissement emportait la dégradation civique. En matière correctionnelle, l'interdiction de certains droits civiques, civils et de famille pouvait être le complément de la peine d'emprisonnement. Enfin, toutes les peines criminelles donnaient, au conjoint du condamné, le droit de demander la séparation de corps et privaient le mari du droit d'autoriser sa femme. C'est l'ensemble de ce système que je dois étudier, en faisant tout d'abord remarquer que, jamais, les condamnations en matière de simple police ne portent atteinte aux droits civils ou politiques du condamné, car une déchéance de droit serait toujours hors de proportion avec le peu de gravité des contraventions.

I. NATURE DE CES PEINES.

209. De la dégradation civique. — La dégradation civique est une peine *criminelle*, *infamante*, qui entraîne, d'après l'article 34 : 1° La privation de tous les *droits politiques*, c'est-à-dire des droits en vertu desquels chaque citoyen contribue au gouvernement du pays; 2° la privation d'un certain nombre de *droits publics*, droits qui sont, soit des facultés assurées à tous, comme le droit de port d'armes; soit des distinctions accordées ou autorisées par le chef de l'État, comme le droit de porter des décorations; soit une participation à la puissance publique, comme le droit d'occuper une fonction, un emploi ou un office public, le droit de servir dans les armées, et d'être juré, expert, témoin[1], professeur ou surveillant dans une maison d'enseignement[2]; 3° enfin, la privation de *certains droits de famille*, tels que celui de faire partie d'un conseil de famille, d'être tuteur, curateur, conseil judiciaire, si ce n'est de ses propres enfants, et sur l'avis conforme du conseil de famille, auxquels il faut ajouter le droit de puissance maritale, qui est perdu *pendant la durée de la peine* (C. civ., art. 221).

a) La dégradation civique fonctionne quelquefois comme peine *principale* : c'est à ce titre qu'elle est comprise dans l'énumération de l'article 8, C. p. Elle est alors réservée aux crimes *politiques*, les moins graves. Mais, telle est la nature de cette peine, qu'elle ne peut également atteindre tous les coupables : s'il tombe sur des étrangers, ou sur des Français ayant perdu la qualité de citoyens ou ne se souciant guère de leurs droits politiques, publics ou de famille, le châtiment perd toute son efficacité; aussi l'article 35, C. p., autorise les juges,

[1] En principe, le témoignage en justice n'est pas l'exercice d'un droit : c'est l'accomplissement d'un devoir. Déclarer, d'une manière absolue, incapable de déposer en justice, celui qui a subi une condamnation criminelle, c'est l'affranchir d'une obligation que la loi impose à toutes personnes et s'exposer à se priver des renseignements utiles qu'il peut donner. Comp. sur ce système : Molinier, *op. cit.*, p. 166. Du reste, les inconvénients en sont, en pratique, très amoindris par la faculté d'entendre le témoignage de ces individus à titre de renseignement.

[2] Le dégradé est *destitué* pour le passé, *exclu* pour l'avenir « de toutes *fonctions, emplois* ou *offices* publics ». La formule dont se sert la loi est des plus larges. Non-seulement le condamné ne peut plus être dépositaire d'une portion de l'autorité gouvernementale ou administrative, mais toute participation, même lointaine, à titre d'employé, aux fonctions publiques, lui est interdite. La loi va plus loin encore : elle lui défend d'être officier public, de remplir pour l'avenir une de ces charges dont le titulaire a le droit de présenter un successeur à l'agrément du chef de l'État; elle l'en déclare destitué pour le passé. Or, l'article 91 de la loi du 28 avril 1816 dispose que la faculté de présentation « n'aura pas lieu pour les titulaires *destitués* »; de telle sorte que la dégradation civique, encourue par un avocat à la Cour de cassation, un notaire, un avoué, un greffier, etc., emporte *confiscation* de la valeur pécuniaire du droit de présentation, c'est-à-dire de la propriété de l'office. C'est là une disposition rigoureuse, qui devra être modifiée le jour où cette « loi particulière », annoncée par l'article 91 et qui n'a pas encore été faite depuis 1816, viendra organiser le droit des officiers ministériels sur leurs offices.

toutes les fois que la dégradation civique est prononcée comme peine principale, à l'accompagner d'une peine *complémentaire* d'emprisonnement. Le maximum de cet emprisonnement est fixé à cinq ans; la loi n'ayant pas déterminé son minimum, il faut donner au juge le droit de l'abaisser jusqu'au minimum de l'emprisonnement correctionnel. La prononciation de cette peine complémentaire est *obligatoire*, pour le juge, quand le coupable est un étranger, ou un Français ayant perdu la qualité de citoyen; elle est *facultative*, dans les autres cas.

b) Le plus souvent, la dégradation civique fonctionne comme une peine *accessoire* des peines principales criminelles; elle existe alors de plein droit, c'est-à-dire que, dès l'instant où les tribunaux ont prononcé l'une des condamnations auxquelles elle est attachée, la dégradation civique est encourue, sans qu'il soit besoin pour les juges d'en faire mention dans leur sentence, et sans qu'il soit en leur pouvoir d'en dispenser le condamné. Aux termes de l'article 28, C. p. : « *La condamnation à la peine des travaux forcés à temps, de la détention, de la réclusion, du bannissement, emportera la dégradation civique* ». Ce texte n'attachait la dégradation civique qu'aux condamnations à des peines criminelles *temporaires*, la mort civile, dans laquelle la dégradation civique se trouvait comme absorbée, étant déjà la conséquence nécessaire des condamnations aux peines perpétuelles. Depuis l'abolition de la mort civile, les condamnations aux peines *perpétuelles* emportent également la dégradation civique, qui est l'ensemble le plus considérable de déchéances de droits qui existe dans notre système répressif (L. 31 mai 1854, art. 3). La dégradation civique est donc l'accessoire de toutes les condamnations à des peines *criminelles*, *afflictives* ou simplement *infamantes*, émanant d'un tribunal français.

Prononcée comme peine principale ou encourue comme peine accessoire, la dégradation civique a toujours deux caractères : elle est indivisible et perpétuelle; *indivisible*, c'est-à-dire qu'elle se compose d'un ensemble de déchéances qu'il est interdit aux juges de scinder; *perpétuelle*, c'est-à-dire que les juges ne sauraient décider qu'après un certain laps de temps le condamné sera relevé des déchéances qu'elle entraîne. La dégradation civique ne peut cesser que par l'effet de l'*amnistie* ou de la *réhabilitation*.

La dégradation civique avait été organisée par le Code pénal de 1791, avec un certain appareil théâtral, dans les mœurs de l'époque. Elle résulte simplement aujourd'hui de l'arrêt de condamnation.

210. Cette peine a, du reste, de graves défauts : non-seulement elle est *inégale*, puisque l'exclusion et la destitution de tous emplois publics, déchéances très-dures pour certains condamnés, sont des peines nominales pour d'autres; mais elle est encore *inefficace*, puisqu'elle accorde souvent une dispense là où elle entend frapper d'une déchéance. C'est ainsi que l'incapacité de servir dans l'armée n'est pas considérée comme un déshonneur par beaucoup de condamnés, heureux de se voir exonérer ainsi du service militaire. La dégradation civique est même *nuisible* aux tiers, car, en dépouillant le condamné de l'aptitude légale pour être juré, expert ou témoin, elle frappe en réalité ceux qui auraient besoin de son assistance. Pour donner satisfaction, en partie, à ces critiques, il suffirait de faire, dans tous les cas, de la dégradation civique une peine *complémentaire* et *divisible*, en lui assurant ainsi l'élasticité propre à un châtiment correctionnel, l'interdiction des droits civiques, civils et de famille [1].

211. De l'interdiction des droits civiques, civils et de famille. — Cette peine est ainsi organisée par l'article 42 : « *Les tribunaux jugeant correctionnellement pourront, dans certain cas, interdire, en tout ou en partie, l'exercice des droits civiques, civils et de famille suivants : 1° de vote et d'élection; 2° d'éligibilité; 3° d'être appelé ou nommé aux fonctions de juré ou autres fonctions publiques, ou aux emplois de l'administration, ou d'exercer ces fonctions ou emplois; 4° du port d'armes; 5° de vote et de suffrage dans les délibérations de famille; 6° d'être tuteur, curateur, si ce n'est de ses enfants et sur l'avis seulement de la famille; 7° d'être expert ou employé comme témoin dans les actes; 8° de témoignage en justice autrement que pour y faire de simples déclarations* ».

Cette peine se rapproche de la dégradation civique, toutefois elle en diffère à plusieurs points de vue : 1° La dégradation civique est une peine *criminelle, infamante*; l'interdiction, une peine *correctionnelle*. 2° La dégradation civique est quelquefois une peine *principale*, le plus souvent, une peine *accessoire*; elle est alors encourue de plein droit et sans avoir besoin d'être prononcée. L'interdiction n'a jamais ce dernier caractère; elle doit toujours être prononcée et ne peut l'être, aux termes de l'article 43, que dans le cas où son application « *aura été autorisée ou ordonnée par une disposition particulière de la loi* ». 3° Les

[1] Comp. CHAUVEAU et HÉLIE, t. I, n° 59; ROSSI, t. II, p. 234; cette réforme a été accomplie par le Code pénal belge de 1867 (art. 19 et 31 à 33); HAUS, t. II, n°s 746, 747.

déchéances résultant de la dégradation civique constituent un tout *indivisible*, tandis que l'article 42 permet aux juges de diviser celles qu'il prononce pour les approprier au caractère de chaque délit. Cet article se borne donc à indiquer les déchéances qui peuvent être appliquées en matière correctionnelle : il forme un réservoir commun, dans lequel le juge peut puiser, pour choisir, parmi les diverses incapacités qu'il contient, celles qui lui semblent le plus en rapport avec le délit qu'il constate. 4° Les déchéances, dont se compose la peine correctionnelle, sont également *moins complètes* que celles qui forment la peine criminelle : ainsi, le droit de servir dans l'armée française; celui de porter des décorations, de tenir école, d'être employé dans un établissement d'instruction publique, ne sont pas retirés par la peine correctionnelle qui nous occupe. Bien plus, l'article 42, qui permet aux juges correctionnels d'interdire l'exercice des *fonctions* ou des *emplois publics*, ne leur donne même pas, dans ses termes, le droit d'interdire aux condamnés l'exercice des *offices publics* : ce silence est significatif si l'on compare l'article 42, § 3 à l'article 34, § 1er du Code pénal et si l'on se souvient que toute pénalité est de droit étroit. Aussi faut-il décider qu'un jugement ou un arrêt, condamnant un officier ministériel à la peine de l'emprisonnement, pour un de ces délits à la répression desquels les juges sont autorisés à ajouter les peines de l'article 42, Code pénal, ne peut ordonner qu'il sera, à l'expiration de sa peine, interdit pendant un certain nombre d'années de l'exercice de ses fonctions[1]. 5° Enfin, tandis que la dégradation civique est toujours *perpétuelle*, l'interdiction est presque toujours *temporaire*. Dans les cas prévus par les articles 171 et 175 elle est cependant perpétuelle; dans deux autres cas, prévus par les articles 89 et 91, la loi n'en a pas fixé le terme et en a laissé l'indication aux tribunaux, qui sont libres, par conséquent, de lui donner une durée temporaire ou de la rendre perpétuelle.

212. De l'interdiction légale. — Le législateur n'a parlé de l'interdiction légale que dans trois articles du Code pénal, les articles 29, 30 et 31, mais sous une forme tellement concise, qu'il n'est presque aucune des nombreuses questions que soulève cette institution qui ne puisse être et ne soit, en effet, controversée. Quel est le but de l'interdiction légale? Quelles sont les incapacités qu'elle entraîne? Quelle est la sanction de ces incapacités? Dans quels cas

[1] Cass., 30 avril 1863 (S. 63, 1, 327).

est-elle encourue? Ce sont là autant de problèmes, pour la solution desquels nous ne trouvons dans la loi que des indications insuffisantes. Nous allons les reprendre et les examiner.

213. Il n'existait, dans notre ancienne législation criminelle, aucune institution qui pût être comparée à l'interdiction légale : c'est le Code pénal de 1791 (tit. IV, art. 2) qui l'a organisée en ces termes : « *Quiconque aura été condamné à l'une des peines des fers, de la réclusion, de la gêne, de la détention..., ne pourra, pendant la durée de la peine, exercer, par lui-même, aucun droit civil; il sera, pendant ce temps, en état d'interdiction légale et il lui sera nommé un curateur pour gérer et administrer ses biens* ». Ainsi, l'interdiction légale avait pour effet d'enlever au condamné l'exercice de *tous* ses droits civils. Sur l'étendue de l'incapacité, la loi était donc formelle; mais elle ne l'était pas sur le point de savoir par qui serait nommé le curateur de l'interdit : la jurisprudence avait conclu de son silence que ce curateur devait être désigné par les tribunaux. Le Code pénal de 1810 reproduisit, à peu près dans les mêmes termes, la disposition que je viens de citer, mais en y ajoutant que le curateur serait nommé « *dans les formes prescrites pour la nomination des tuteurs aux interdits* ». En outre, une phrase, insérée dans le texte du Code pénal de 1791, disparut du texte de l'article 29 du Code pénal de 1810, celle dans laquelle il était dit que le condamné ne pourrait plus « *exercer, par lui-même, aucun droit civil* ». La loi de révision de 1832 a substitué, dans l'article 29, comme étant plus exacts, au mot « *curateur* », ces mots « *tuteur* » et « *subrogé-tuteur* », de telle sorte que le texte actuel est ainsi conçu : « *Quiconque aura été condamné à la peine des travaux forcés à temps, de la détention ou de la réclusion, sera, de plus, pendant la durée de sa peine, en état d'interdiction légale; il lui sera nommé un tuteur et un subrogé-tuteur, pour gérer et administrer ses biens, dans les formes prescrites pour les nominations des tuteurs et subrogés-tuteurs aux interdits* ».

Ainsi, l'interdiction légale est la *privation, par suite de condamnations pénales, de l'exercice des droits civils*. Le condamné qu'elle frappe est assimilé, par la loi elle-même, à l'individu interdit par décision des tribunaux civils. Il existe donc deux institutions, qui ont, dans leurs effets comme dans leur organisation, de profondes analogies, mais qui diffèrent évidemment dans leur but : l'*interdiction légale* et l'*interdiction judiciaire*. Le but de la loi civile, en permettant aux tribunaux de mettre en tutelle, est d'organiser un moyen de protection pour les personnes dont l'esprit est affaibli ou dérangé; mais quel est le but de la loi pénale, en enlevant l'exercice de leurs droits civils aux individus condamnés à certaines peines? L'explication qu'on en donne d'ordinaire, c'est que le condamné, s'il n'était pas interdit, conserverait l'administration de son patrimoine et pourrait user de ses ressources pour adoucir sa position, si bien que, contrairement au principe de l'égalité des peines, la situation du condamné riche serait préférable à celle du condamné pauvre[1]. Mais ne suffit-il pas d'un régime pénitentiaire bien organisé, et surtout bien surveillé, pour enlever au condamné tout moyen d'adoucir sa position par ses ressources personnelles? On a cherché, à l'institution qui nous occupe, une autre raison d'être, dans la crainte que le condamné, s'il conservait l'administration de sa fortune et sa capacité, ne s'en servît peut-être pour se procurer à prix d'argent des moyens d'évasion. Ce motif, meilleur que le précédent, ne me satisfait pas complètement non plus, car l'organisation du régime pénitentiaire suffira encore pour prévenir ce danger. Le principal motif de l'interdiction légale, motif qui me paraît justifier à la fois cette institution et en limiter la portée, c'est que la capacité du condamné serait incompatible avec sa situation. En définitive, et tant qu'il subit sa peine, le condamné n'a pas, *en fait*, l'administration de sa fortune; lui conserverait-on sa capacité, *en droit*, qu'il ne pourrait pas s'en servir? Privé d'un administrateur, son patrimoine resterait en souffrance. La loi lui enlève cette capacité; elle lui donne un tuteur, et organise ainsi, dans l'interdiction légale, une *incapacité de droit*, parallèle à l'*incapacité de fait*. En cela, l'interdiction légale, tout en assurant l'efficacité du châtiment principal, sauvegarde aussi les intérêts du condamné : elle est, à la fois, pour lui, une peine et une mesure de protection.

214. Ce double caractère de l'interdiction légale va nous permettre d'expliquer : 1° en quoi elle diffère de la dégradation civique; 2° de l'interdiction judiciaire; 3° et quels sont les condamnés qu'elle atteint.

I. Elle diffère de la dégradation civique aux points de vue suivants :

a) L'interdiction légale n'est pas, comme la dégradation civique, une perte de la *jouissance* des droits civils, mais simplement une in-

[1] Locré, t. XXIX, p. 208.

capacité relative à leur *exercice :* elle ne prive pas le condamné du droit d'être propriétaire, créancier, usufruitier, etc., mais elle lui enlève la faculté d'exercer ces droits par lui-même.

b) C'est surtout après l'exécution de la peine principale, à laquelle elle est attachée, que la dégradation civique présente quelque utilité; aussi survit-elle à l'exécution de cette peine; c'est, au contraire, pendant la durée de la peine principale que l'interdiction légale peut s'appliquer; elle n'a plus de raison d'être quand la peine a cessé : elle est attachée à la peine plutôt qu'à la condamnation :

c) Aussi, tandis que la dégradation civique est la conséquence d'une condamnation par contumace, l'interdiction légale ne peut résulter que d'une condamnation contradictoire, car aucune peine corporelle prononcée par contumace, ne doit être exécutée.

d) L'interdiction légale, à l'inverse, n'accompagne pas les condamnations au bannissement, qui entraînent cependant la dégradation civique, différence qui s'explique, puisque le *bannissement*, qui ne consiste, *en droit*, que dans un simple exil, n'enlève pas, *en fait*, au condamné l'administration de sa fortune, et ne nécessite pas, légalement parlant, l'établissement d'une tutelle.

II. Le double caractère de l'interdiction légale nous expliquera également en quoi elle diffère de l'interdiction judiciaire, en quoi elle lui ressemble.

L'une et l'autre ont un but commun : assurer la conservation et l'administration de biens appartenant à une personne qui est incapable de les gérer elle-même. D'où il suit : 1° que le personnel de la tutelle est composé de la même manière en cas d'interdiction légale et en cas d'interdiction judiciaire; 2° que la loi n'organise pas seulement, dans l'interdiction légale, une *tutelle;* elle frappe le condamné d'une *incapacité*[1].

Mais l'interdiction judiciaire n'est qu'une mesure de protection, tandis que l'interdiction légale est aussi une mesure pénale. D'où les différences suivantes entre les effets de l'une et de l'autre : 1° Le tuteur de l'individu en démence doit employer les revenus de ses biens à adoucir son sort (C. civ., art. 510); celui du condamné ne peut rien lui

[1] L'interdiction légale n'enlève donc pas seulement au condamné l'administration de ses biens; « elle lui enlève de plus le droit de consentir tout acte d'aliénation et de dessaisissement qu'il ne pourrait faire par lui-même sans porter atteinte aux règles qui régissent l'administration » de ses biens. *Sic,* Cass., 27 février 1883 (S. 84, 1, 65).

remettre (C. p., art. 31). 2° Tandis que l'interdiction judiciaire place l'individu qu'elle atteint dans un état d'incapacité complète, l'interdiction légale, en enlevant au condamné le droit général d'*administrer* ses biens et d'en *disposer*, lui laisse cependant l'exercice des droits personnels pour lesquels le tuteur ne peut le représenter; par exemple, celui de reconnaître un enfant naturel, de faire son testament[1], de se marier, de consentir au mariage de ses enfants. L'article 29 du Code pénal ne dit pas, en effet, comme le faisait le Code pénal de 1791, que l'interdit ne pourra exercer, par lui-même, aucun droit civil, et ce silence est significatif. 3° D'après l'article 1125 Code civil, l'interdit judiciaire peut seul attaquer ses engagements pour cause d'incapacité; au contraire, lorsqu'il s'agit de l'interdiction pénale, les actes, pour lesquels l'interdit n'avait pas capacité, sont frappés d'une *nullité absolue* qui peut être invoquée par tous les intéressés, parce qu'il s'agit d'une mesure d'intérêt général, établie non-seulement en vue de protéger l'incapable, mais en vue d'assurer l'action des lois répressives[2].

III. L'interdiction légale étant destinée tout à la fois à protéger l'exécution de la peine principale, que la capacité du condamné pourrait rendre inefficace, et à pourvoir, par l'organisation d'une tutelle, à l'abandon dans lequel se trouvent les biens du condamné qui subit sa peine, a son application limitée aux points de vue des *peines* dont elle est l'accessoire, de sa *durée* et des *condamnations* d'où elle résulte. Les seuls condamnés qu'elle atteint sont ceux qui ont à subir une peine *afflictive*, c'est-à-dire, d'après l'article 29, Code pénal, les condamnés à la peine des travaux forcés à temps, de la détention et de la réclusion, et pendant la durée de leur peine seulement. Les condamnés aux peines perpétuelles, qui échappaient, sous le système du Code pénal, à l'interdiction légale, parce qu'ils étaient frappés de mort civile, y sont aujourd'hui soumis depuis la loi du 31 mai 1854 (art. 2). Mais si le domaine de l'interdiction légale s'est élargi, sa nature n'a pas changé; elle est demeurée l'accessoire des peines afflictives, puisque les peines perpétuelles ont ce caractère. De plus, ainsi que nous le prouverons plus tard, elle ne peut résulter que d'une condamnation contradictoire.

215. De la mort civile, de son abolition, des déchéances qui l'ont remplacée. — C'était à côté et au-dessus de ces déchéances, que se plaçait la mort civile, dont les effets étaient énumérés par l'article

[1] Dans ce sens : Cass., 27 février 1883, déjà cité.
[2] Comp. Demolombe, t. I, n° 183.

25 du Code civil. Sans rechercher, — ce qui n'aurait aujourd'hui qu'un intérêt rétrospectif, — si cette énumération était complète, on s'aperçoit que le législateur, par une cruelle fiction, s'était efforcé de faire produire à la mort civile tous les effets de la mort naturelle [1]. Ainsi d'abord, la succession du condamné était ouverte et ses héritiers venaient la recueillir « de la même manière que s'il était mort naturellement »; mais, par une inconséquence difficile à expliquer, la loi refusait aux légataires le bénéfice du testament fait par le condamné en temps de capacité. Après lui avoir ainsi enlevé toute sa fortune, on consentait à lui laisser les moyens de vivre par son travail; il était donc, en principe, capable d'acquérir d'autres biens, de les vendre, de les échanger. Mais il ne pouvait recueillir aucune succession, ni disposer de ses biens, en tout ou en partie, soit par donation entre-vifs, soit par testament, ni recevoir à ce titre, si ce n'est pour cause d'aliments. Ses liens de parenté semblaient même rompus; car, à sa mort naturelle, ses biens ne passaient pas à sa famille par droit de succession, ils appartenaient à l'État « par droit de déshérence ». Le condamné était incapable de contracter un mariage valable; et, même, le mariage, par lui contracté précédemment, était dissous quant à tous ses effets civils.

Ainsi, la mort civile rompait, de vive force, les liens de la famille et du mariage. Elle faisait revivre, sous le nom de déshérence, la confiscation que la charte de 1814 avait abolie; et, en écartant des successions le condamné, elle en écartait en même temps sa famille. Peine anti-sociale, anti-chrétienne et anti-juridique, elle n'avait pu être inventée que par une législation admettant l'esclavage, et constituait ainsi, comme l'écrivait Rossi en 1829, « un anachronisme dans les législations modernes ». Aussi, fut-elle abolie de bonne heure dans la plupart des pays où nos Codes survécurent à la domination de nos armes. En Belgique, ce fut la constitution même qui la supprima en 1831. Bien souvent, en France, il fut question de prendre la même mesure. La loi du 8 juin 1850 porta à la mort civile une première atteinte, en décidant que la déportation, réorganisée, emporterait seulement la dégradation civique et l'interdiction légale. Au reste, l'article 8 de cette loi déclarait que cette mesure n'était pas applicable aux crimes commis avant qu'elle fût promulguée; les condamnés pour

[1] Le cercle des incapacités produites par la mort civile était difficile à tracer. Le condamné était un *mort vivant;* il s'agissait toujours de savoir ce qui l'emporterait de la réalité ou de la fiction.

crimes antérieurs, toujours détenus dans des forteresses, continuèrent à être soumis au régime de la mort civile. Ce fut une loi du 31 mai 1854 qui supprima entièrement la mort civile.

Parmi les dispositions que contient cette loi, les unes ont pour but d'abolir la mort civile et d'y substituer de nouvelles incapacités, les autres de régler la situation des condamnés antérieurement frappés de mort civile. Ces dernières, contenues dans les articles 5 et 6 de la loi, ont un caractère transitoire. Nous allons en dire quelques mots, avant d'aborder l'étude des incapacités qui ont remplacé la mort civile[1].

216. I. En reconnaissant qu'une loi nouvelle, supprimant une peine, n'a pas pour effet d'anéantir les condamnations passées en force de chose jugée qui ont appliqué cette peine antérieurement à sa promulgation, nous avons indiqué qu'il était du devoir du législateur, par une mesure transitoire, d'étendre le bénéfice de la loi nouvelle à ces condamnations. C'est ce qui a été fait par l'article 5 de la loi de 1854; ce texte décide que les effets de la mort civile, déjà encourue lors de la promulgation de la loi, cesseront pour l'avenir, « *sauf les droits acquis aux tiers* ». Le condamné revient donc à la vie civile; mais sa succession, qui avait été ouverte, ne lui est pas rendue. Il ne peut pas davantage prétendre aux successions que son incapacité l'avait empêché de recueillir et qui, à son défaut, étaient devenues la propriété d'autres personnes. Les droits d'usufruit, qui, par suite de sa condamnation, avaient fait retour à la nue-propriété, sont pour lui irrévocablement perdus. Celui qui a été son conjoint, et qui est devenu libre par sa condamnation, conserve le droit de se remarier. Mais, pour l'avenir, le condamné est placé sous le régime établi par la loi du 31 mai 1854: il peut désormais recueillir des successions, et, à sa mort naturelle, les biens qu'il aura acquis depuis sa condamnation n'appartiendront plus à l'État; ils seront dévolus à ses héritiers naturels. Seulement, le condamné sera soumis, d'après la loi nouvelle, à la dégradation civique, à l'interdiction légale, à la double incapacité de recevoir et de disposer à titre gratuit.

217. II. Le législateur de 1854 ne pouvait, en effet, supprimer la mort civile sans la remplacer, puisque, dans le système du Code pénal, toutes les peines afflictives temporaires emportaient la dégradation civique et l'interdiction légale, et qu'il eût été injuste de frapper moins durement les condamnés à des peines perpétuelles que

[1] Sur cette loi : BERTAULD, *Questions controversées sur la loi du 31 mai, portant abolition de la mort civile.*

les condamnés à des peines temporaires. Aussi, la loi de 1854 a remplacé la mort civile par l'ensemble des déchéances suivantes : 1° la dégradation civique; 2° l'interdiction légale; 3° la double incapacité de disposer et de recevoir à titre gratuit, à laquelle s'ajoute la nullité du testament fait par le condamné en temps de capacité (art. 2 et 3).

Les peines *perpétuelles*, qui emportent cet ensemble de déchéances, sont : *les travaux forcés à perpétuité*, la *déportation*, soit *simple*, soit *dans une enceinte fortifiée*, et la *peine de mort*. Qu'on ne s'étonne pas de voir ces déchéances frapper un condamné à mort. Si la peine n'est pas exécutée par suite d'une commutation ou d'une remise de peine, d'une évasion, de la prescription, ces déchéances n'en seront pas moins encourues; si elle est exécutée, le testament du condamné, fait avant ou après la condamnation, sera sans effet.

L'interdiction légale et la dégradation civique forment aujourd'hui l'état général de tous les condamnés à des peines *afflictives*. Mais la double incapacité de disposer et de recevoir s'ajoute, pour les condamnés aux peines afflictives perpétuelles, à ces deux déchéances. L'article 3 de la loi de 1854 est ainsi conçu : « *Le condamné à une peine afflictive perpétuelle ne peut disposer de ses biens, en tout ou en partie, soit par donation entre-vifs, soit par testament, ni recevoir à ce titre, si ce n'est pour cause d'aliments. — Tout testament par lui fait antérieurement à sa condamnation contradictoire, devenue définitive, est nul* ».

Cette incapacité spéciale est un débris de la mort civile, recueilli par la loi de 1854 dans l'article 25, C. civ.; le législateur a voulu laisser subsister une différence entre les condamnés aux peines perpétuelles et les condamnés aux peines temporaires. Mais la survivance de cette déchéance n'est pas heureuse, car, peu utile au point de vue de la répression[1], elle a, au contact des faits, des résultats souvent injustes et contradictoires. Je signale deux de ces conséquences. On sait que la loi permet au père de famille de faire, de son vivant, le partage de tous ses biens entre ses enfants : cet acte, favorisé de la loi, sera cependant empêché si, parmi les enfants, il s'en trouve un qui ait été condamné à une peine perpétuelle, car le

[1] Sur ce point, comp. les observations de MOLINIER, *op. cit.*, p. 145. Les Codes les plus récents laissent aux condamnés le droit de disposer de leurs biens à cause de mort : C. p. belge (art. 22); C. p. hollandais (art. 37); C. p. espagnol (art. 43); C. p. génevois (art. 11 et 12). Cette incapacité est cependant maintenue par le projet de C. p. italien.

partage d'ascendants n'est valable qu'à deux conditions, impossibles à réaliser : il faut qu'il soit fait sous forme de donation ou de testament, et qu'il comprenne tous les enfants (C. c., art. 1076 et 1078). La déchéance de l'article 3 entravera donc ici un acte utile. Ailleurs, elle aura pour résultat une inconséquence. Le condamné à une peine perpétuelle, malgré l'interdiction légale qu'il encourt, peut néanmoins contracter mariage. Eh bien! la loi l'empêche, par l'incapacité dont elle le frappe, de faire ces libéralités usuelles entre futurs époux, qu'elle encourage ordinairement. Il est vrai que, d'après l'article 4 de la loi du 31 mai 1854, le Gouvernement a le droit de relever le condamné de ces déchéances, ce qui viendra remédier aux inconvénients dont nous parlons. Mais n'aurait-il pas mieux valu les empêcher de se produire?

218. S'il est facile de constater que l'article 3 ajoute, pour les condamnés à des peines perpétuelles, à l'interdiction légale dont ils sont frappés, l'incapacité de *recevoir* à titre gratuit, il est plus difficile, si on n'y réfléchit pas, de comprendre en quoi l'article 3 ajoute aux effets de l'interdiction légale, en ce qui touche la faculté de *disposer* à titre gratuit. L'interdit légal, privé de l'exercice de tous ses droits civils, ne peut, avons-nous dit, ni *disposer à titre gratuit*, ni disposer à titre onéreux : ne le prive-t-on pas d'une faculté qu'il ne possède pas, en lui enlevant le droit de disposer par donation ou par testament? Ne nous arrêtons pas à cette objection : car la *déchéance* de l'article 3, bien loin de faire double emploi avec l'interdiction légale, ajoute, d'une manière considérable, aux conséquences de cette *incapacité*. *a*) D'abord, elle fait disparaître certaines difficultés qui s'élèvent, relativement aux effets de l'interdiction légale. L'interdit légal peut-il faire un testament? C'est une question controversée; mais, quelle que soit la solution que l'on adopte, on refusera, dans tous les cas, ce droit à l'individu condamné à une peine perpétuelle. *b*) Si même cet individu n'était frappé que d'interdiction légale l'incapacité, qui en résulterait, lui enlèverait tout au plus le droit de faire un testament pendant la durée de l'interdiction; mais le testament qu'il aurait fait en temps de capacité continuerait de subsister, tandis que l'article 3 de la loi de 1854 le frappe de nullité. *c*) L'interdiction légale n'atteint le condamné que pendant la durée de sa peine; tandis que l'incapacité de disposer et de recevoir à titre gratuit subsiste alors même que la peine principale cesse d'être subie; sans doute, elle est attachée à des peines principales, perpétuelles de leur nature; mais le condamné peut être gràcié; il peut prescrire sa peine; et alors l'interdiction légale tombera, bien que la double incapacité de disposer et de recevoir à titre gratuit ait toujours ses effets. *d*) Nous verrons que l'interdiction légale ne frappe pas les condamnés par contumace; au contraire, cinq ans après l'exécution par effigie de la condamnation, l'incapacité de l'article 3 est encourue. *e*) Enfin, — et c'est le point essentiel à remarquer, — l'article 3 contient une *déchéance* proprement dite, c'est-à-dire enlève la *jouissance* et non pas seulement l'*exercice* du droit de disposer à titre gratuit, tandis que l'interdiction légale est une simple *incapacité d'exercer* ce droit. Or, supposons admis que le condamné frappé d'interdiction légale ne puisse faire lui-même une donation : du moins, son tuteur pourra-t-il la faire à sa place, dans les termes de l'article 511, pour doter ses enfants, si, à l'interdiction légale, ne vient pas s'ajouter, pour le condamné, l'incapacité de disposer à titre gratuit. Mais le rapporteur de la loi de 1854, M. Riché, s'est trompé en supposant que l'on pouvait recourir à l'article 511, C. civ., pour doter les enfants d'un condamné à une peine perpétuelle, car, ce qui manque à ce condamné, c'est la *jouissance* même du droit de disposer à titre gratuit. Or, le tuteur du condamné, comme tuteur, n'a pas de droits qui lui soient propres et qui n'appartiennent pas à la personne qu'il représente. L'interdit légal ne pouvant pas donner, son tuteur ne peut pas donner à sa place et en son nom. Quelque regrettable que soit cette solution, on ne saurait y échapper. Mais c'est une raison nouvelle pour critiquer le système de la loi de 1854.

219. La loi du 8 juin 1850 avait déjà, comme on le sait, supprimé la mort civile pour les personnes, condamnées à la déportation depuis sa promulgation, en les soumettant simplement à la dégradation civique et à l'interdiction légale. Il est bien entendu que, depuis la loi du 31 mai 1854, la double incapacité de disposer et de recevoir à titre gratuit a dû s'ajouter à ces deux déchéances pour les condamnés à la déportation, à raison de crimes postérieurs à la promulgation de la loi de 1854. Mais il ne fallait pas que la loi nouvelle pût aggraver l'état des condamnés à la déportation pour faits commis du 8 juin 1850 au 31 mai 1854, en frappant ces condamnés *intermédiaires* de la double incapacité de disposer et de recevoir à titre gratuit. L'article 6 de la loi de 1854, dont la mauvaise rédaction a fait naître quelques difficultés, n'a eu d'autre but que de s'expliquer sur ce point et dans ce sens.

220. Incapacités édictées par des lois spéciales. — Un certain nombre de lois, en dehors du Code pénal, établissent des incapacités spéciales, qui ont toujours le caractère de peines accessoires, n'ayant pas besoin d'être prononcées et dont le juge n'a pas la faculté de dispenser le condamné. On peut classer ces lois en deux catégories.

a) L'article 42 du Code pénal n'attache pas aux condamnations correctionnelles certaines déchéances qui sont la suite de la dégradation civique. Il a paru que, pour quelques délits graves, il était nécessaire de combler cette lacune. Ainsi : 1° l'article 7 de la loi du 27 juillet 1872 déclare incapables de servir dans l'armée, tous ceux qui, « ayant été condamnés à une peine correctionnelle de deux ans d'emprisonnement et au-dessus, ont, en outre, été placés par le jugement de condamnation sous la surveillance de la haute police et interdits, en tout ou en partie, des droits civiques, civils ou de famille ». 2° Les articles 26 et 65 de la loi du 15 mars 1850 déclarent incapables de tenir un établissement public ou libre d'instruction primaire ou secondaire, ou d'y être employés « les individus qui ont subi une condamnation pour crime ou pour un délit contraire à la probité ou aux mœurs, et les individus privés par jugement de tout ou partie des droits mentionnés en l'article 42 du Code pénal ». L'article 8 de la loi du 12 juillet 1875 décide que les mêmes condamnations entraîneront, pour celui qu'elles frappent, l'incapacité d'ouvrir un cours et de remplir les fonctions d'administrateur ou de professeur dans un établissement libre d'enseignement supérieur.

b) D'un autre côté, comme les incapacités de l'article 42 ne peuvent être prononcées par les juges que dans un nombre restreint de cas, les lois sur les élections et le jury ont, par des dispositions précises, enlevé, de plein droit, la capacité d'être électeur ou éligible et d'être juré à certains condamnés (D. 2 février 1852, art. 15, 16 et 27; L. 30 nov. 1875, art. 22; L. 24 nov. 1872, art. 2).

II. DANS QUELLE MESURE LE CONDAMNÉ PEUT ÊTRE, ADMINISTRATIVEMENT, RELEVÉ DE CES DÉCHÉANCES, PENDANT LA DURÉE DE LA PEINE PRINCIPALE.

221. L'administration a le droit de relever les condamnés, mais seulement dans la *colonie pénitentiaire*, de quelques-unes des déchéances ou des incapacités qui les frappent. Cette faculté, qui a pour origine l'article 18 du Code pénal, aujourd'hui abrogé [1], est donnée à l'administration dans le but de lui permettre, soit d'organiser, avec les transportés et les déportés, le premier noyau d'une colonie, soit de moraliser les condamnés, en leur montrant, dans l'avenir, la restitution de leurs droits ou de leur capacité comme récompense de leur bonne conduite. C'est ce double programme, qui a fait la grandeur et le succès des colonies pénitentiaires de l'Angleterre. L'article 4 de la loi du 31 mai 1854, *portant abolition de la mort civile*, qui contient les principes de la législation sur ce point, doit être combiné avec les articles 11 à 14 de la loi du 30 mai 1854, *sur l'exécution de la peine des travaux forcés*, et les articles 7 à 17 de la loi du 25 mars 1873, *qui règle la condition des déportés à la Nouvelle-Calédonie*. Pour étudier ces dispositions, j'examinerai : 1° Quelles sont les déchéances dont les condamnés sont ou peuvent être relevés dans la colonie pénitentiaire? 2° Quelles mesures ont été prises pour reconstituer, en leur faveur, la famille et la propriété?

222. I. La condition des transportés varie, au point de vue qui nous occupe, d'après la *nature* de la condamnation qui les frappe.

a) Les *condamnés aux travaux forcés* sont soumis au régime de l'article 4 de la loi du 31 mai 1854 et de l'article 12 de la loi du 30 mai. Or, ces articles mettent à la disposition du Gouvernement deux facultés : — L'administration peut affranchir les condamnés aux travaux forcés *à perpétuité* de l'incapacité de disposer et de recevoir à titre gratuit par donation ou par testament; — Elle peut aussi rendre, à *tous les condamnés aux travaux forcés*, l'exercice de tout ou partie des droits civils dont l'interdiction légale les a privés.

[1] L'article 18 était ainsi conçu : « Le Gouvernement pourra accorder au condamné à la déportation l'exercice des droits civils ou de quelques-uns de ses droits ». Cet article ne fut jamais appliqué dans la pratique, puisque la peine de la déportation était, en fait, commuée en une détention.

Mais l'article 4 ajoute que « les actes faits par le condamné, dans le lieu d'exécution de la peine, *ne peuvent engager les biens qu'il possédait au jour de la condamnation, ou qui lui sont échus à titre gratuit depuis cette époque* [1] ». Ainsi, les effets de la faveur administrative, qui rend au condamné l'exercice des droits civils, sont limités au territoire de la colonie. Capable dans la colonie, le forçat est incapable partout ailleurs. Il ne reprend pas l'administration des biens de France, qui reste confiée au tuteur. Il a donc deux patrimoines, comme il a deux capacités [2]. Mais cette restriction, dans les effets de la faveur gouvernementale, ne serait pas applicable à la mesure qui consiste à relever le condamné de la double incapacité de disposer et de recevoir à titre gratuit. L'effet de la restitution de la *jouissance* du droit se fera sentir hors de la colonie. Le condamné, s'il est relevé de cette déchéance, pourra recueillir, *en France*, le bénéfice d'une donation ou d'un legs que son tuteur acceptera, en son nom, comme il pourra, représenté par son tuteur, constituer, en France, une dot à l'un de ses enfants, dans les conditions de l'article 511 du Code civil. La mesure gracieuse de l'administration viendra, dans ce cas, corriger ce qu'il y a d'excessif, et souvent de préjudiciable aux tiers, dans les déchéances organisées par la loi du 31 mai 1854.

b) La condition des *déportés dans une enceinte fortifiée* est, presque à tous égards, la même, au point de vue qui nous occupe, que celle des condamnés aux travaux forcés à perpétuité. Le Gouvernement a le droit de leur faire remise des incapacités de disposer et de recevoir à titre gratuit, comme il peut les relever, dans la colonie, des effets de l'interdiction légale. Cependant, la loi du 25 mars 1873 est venue améliorer leur sort à deux points de vue principaux : 1° Le déporté peut faire, au profit de son conjoint, qui l'a suivi dans la colonie, toutes les libéralités qui lui seraient permises s'il était pleinement capable (art. 13, § 4). Ce n'est pas une faveur administrative; c'est un bienfait *légal*, dont le but est de permettre au déporté de récompenser la fidélité du conjoint qui a voulu associer son sort à celui de

[1] Échus par *succession*, si le forçat est condamné à perpétuité; par succession, *donation* ou *testament*, s'il est condamné à temps.

[2] Le principe que le forçat peut avoir deux patrimoines entraîne, comme une conséquence forcée, qu'il doit avoir deux domiciles. La loi du 25 mars 1873 le dit d'une manière expresse pour les *déportés*. Il doit en être de même des condamnés aux travaux forcés.

son époux. Ces libéralités peuvent comprendre, non-seulement les biens acquis par le travail du condamné aux lieux où la peine est subie, mais les biens qu'il possédait avant sa condamnation, et qui sont administrés par le tuteur. 2° Le Gouvernement a également, sur l'avis du gouverneur en conseil, la faculté d'accorder aux déportés, « l'exercice dans la colonie, de tout ou partie des droits » dont ils sont privés par la dégradation civique (art. 16 *in fine*). Sans doute, il est permis au Gouvernement d'accorder aux forçats les droits dont ils sont privés par les §§ 3 et 4 de l'article 34 (L. 30 mai 1854, art. 12), mais seulement après libération de la peine.

c) La situation des condamnés à la *déportation simple* n'est jamais inférieure à celle des condamnés à la déportation dans une enceinte fortifiée, mais elle est, à deux points de vue, préférable : 1° A la différence des autres déportés, ou des forçats, qui ne peuvent reprendre l'exercice de leurs droits civils, dans la colonie, que par une faveur du Gouvernement, les déportés simples tiennent ce bienfait de la loi elle-même. Dès qu'ils ont posé le pied sur le territoire affecté à l'exécution de la peine, l'interdiction légale est, pour eux, levée de plein droit. 2° Le condamné à la déportation simple peut même recevoir du Gouvernement le droit d'administrer lui-même ses biens situés en France[1]. C'est là un avantage considérable; car le plus souvent les bénéfices que le déporté a pu faire dans la colonie sont bien insignifiants, si on les compare au patrimoine qu'il a laissé en France, et qui s'est augmenté, peut-être, par des successions opulentes.

Lorsque le Gouvernement a restitué aux transportés quelques-uns de leurs droits, peut-il revenir sur cette mesure et replacer les condamnés dans l'état d'incapacité où ils se trouvaient auparavant? Nous ne le croyons pas. Les mesures administratives, dont il est question, étant analogues, dans leur *but* et dans leur *caractère*, aux mesures de grâce et de réhabilitation, doivent avoir, comme la grâce et la réhabilitation, des effets *incommutables*, et constituer des *droits acquis* pour toutes les parties intéressées, les condamnés et les tiers. Il est vrai que, d'après l'article 16 de la loi du 25 mars 1873, l'autorisation donnée à un déporté par l'administration de s'établir hors du territoire de la déportation peut lui être retirée : mais l'aurait-on dit, si tel eût été le droit commun? Ne faut-il pas y voir la preuve

[1] Dans ce cas, l'unité de son patrimoine sera reconstituée entre ses mains.

que les faveurs administratives, accordées par le Gouvernement, sont, en principe, irrévocables[1].

223. II. Pour faciliter et développer l'œuvre de la colonisation, deux choses étaient surtout à faire : il fallait organiser la *propriété* et reconstituer la *famille* en faveur des transportés. Ces deux points de vue ont préoccupé le législateur, soit dans la loi de 1854, soit dans celle de 1873.

a) Les *condamnés* des deux sexes aux *travaux forcés* peuvent déjà, d'après l'article 11 de la loi du 30 mai 1854, obtenir de l'administration des concessions de terrain et la faculté de les cultiver pour leur propre compte. Mais ces concessions ne sont définitives qu'après la libération du condamné. La loi du 25 mars 1873 a développé et complété ce système de concessions, en faveur des *déportés* (art. 10, 11 et 12). Les concessions, qui leur sont accordées, ont tout d'abord un caractère *provisoire*, comme celles faites aux forçats; elles peuvent leur être retirées pour inconduite ou indiscipline, évasion ou tentative d'évasion, ou pour tout crime ou délit ayant entraîné des peines correctionnelles, même simplement pour défaut de mise en culture des terres. Mais, après que le déporté aura joui pendant cinq ans de la concession provisoire, celle-ci deviendra *définitive*, en ce sens qu'elle ne pourra plus être enlevée qu'en cas d'évasion.

b) Pour favoriser la reconstitution de la famille, la loi encourage l'émigration volontaire vers la colonie pénitentiaire du conjoint et des enfants du déporté qui serait en état de subvenir aux besoins de sa famille[2]. Et même, pour leur en donner le désir, le législateur

[1] En sens contraire : Blanche, t. I, n° 165. L'argumentation de l'auteur que nous citons se ramène à soutenir que ce qui peut être accordé par un décret peut être retiré de même. Mais cette proposition est sans portée; car la grâce, elle aussi, est accordée par un décret, et le Gouvernement ne pourrait, par un changement de volonté, faire subir au gràcié le châtiment pour lequel est intervenue soit une commutation, soit une remise de peine.

[2] « La femme et les enfants des condamnés, est-il dit dans l'article 7 de la loi du 25 mars 1873, auront la faculté d'aller le rejoindre, dans la limite du crédit spécial ouvert annuellement au budget de la déportation. Le Gouvernement se chargera du transport gratuit des femmes et des enfants de ceux qui seront en mesure, soit par l'exploitation d'une concession, soit par l'exercice d'une industrie, de subvenir aux besoins de leur famille. Dans les mêmes limites, et en outre du passage gratuit, des subsides en vivres et en vêtements et un abri temporaire pourront être accordés à l'arrivée dans la colonie aux femmes et aux enfants de ceux qui seront reconnus aptes à remplir l'engagement de satisfaire dans le délai de deux ans aux besoins de leur famille ». — Sur l'exécution de cette disposition, V. d'Haussonville, *op. cit.*, p. 606.

déroge au droit commun à un triple point de vue : 1° il autorise le Gouvernement, dans le cas où il croirait devoir retirer au déporté les concessions *provisoires* qui lui ont été faites, à les restituer à sa femme et à ses enfants, et même, dans l'hypothèse d'une évasion, à leur transférer la concession *définitive*, qui est alors, comme on le sait, confisquée sur le déporté (art. 10 et 12); 2° il déclare que les concessions accordées au déporté seront considérées comme des acquêts de communauté, si les époux sont mariés en communauté ou avec société d'acquêts, mais qu'elles ne pourront être, contrairement au droit commun, ni aliénées ni hypothéquées, sans le consentement des deux époux (art. 11); 3° enfin, il donne à la femme, qui a suivi son mari dans la colonie, et qui habite avec lui, un droit de succession *ab intestat* sur le patrimoine colonial du déporté. Ce droit varie, suivant que la femme vient en concours avec des enfants ou des descendants légitimes, ou avec d'autres héritiers. Dans le premier cas, elle n'a qu'un droit d'usufruit sur le tiers de la concession et des biens de son mari, situés dans la colonie; dans le second, elle hérite de la moitié en pleine propriété de ces biens (art. 13). Cette disposition déroge au droit commun à un double point de vue : d'une part en ce que la veuve est appelée à la succession en concours avec les héritiers légitimes ou naturels, alors que, d'après l'article 767 C. civ., elle est, en général, écartée par ces successibles; de l'autre, en ce que la loi tient compte de l'origine et de la nature des biens pour en régler la dévolution, contrairement à la règle de l'article 732 C. civ.[1].

SECTION V.

Des peines pécuniaires.

224. Les peines pécuniaires consistent dans une *diminution du patrimoine*, autorisée par la loi à titre de châtiment d'une infraction. Elles sont de deux sortes : tantôt leur effet est de rendre le fisc propriétaire d'un objet en nature qui appartenait au condamné, tantôt de le rendre créancier d'une somme d'argent; suivant qu'elles procèdent par *translation de propriété* ou par *création d'obligation*, au

[1] V. le décret du 10 mars 1877, relatif à la succession des déportés et aux mesures conservatoires à prendre dans l'intérêt des ayants-droit (*J. O.* du 11 mars 1877).

préjudice du condamné, elles portent le nom de « *confiscations* » ou « d'*amendes* ». Mais il est de l'essence de ces peines que la propriété qui est transférée, ou la créance qui est créée, ne soit pas affectée à la réparation du préjudice privé, et reste ainsi distincte des restitutions et des dommages-intérêts dus par suite de l'infraction (C. p., art. 10).

225. De l'amende. — L'amende *répressive* a toujours trois caractères qui la distinguent des autres sanctions pécuniaires, qui peuvent être la conséquence d'une violation de droit.

a) Elle est prononcée en vertu d'une *loi* ou d'un *règlement* qui défend ou ordonne certains faits sous la menace d'une amende : elle se distingue ainsi de la *clause pénale*, qui résulte d'une *convention* dont l'effet est de déterminer, par avance, et à titre de forfait, la quotité des dommages-intérêts dus à un créancier par le débiteur qui n'exécuterait pas son obligation ou qui l'exécuterait d'une manière incomplète. La clause pénale a simplement le caractère d'une peine privée, que la loi permet aux parties de stipuler comme sanction civile de leurs obligations.

b) L'amende, ainsi attachée par la loi à telle action ou à telle inaction, a besoin d'être prononcée par les *juges*, après constatation préalable de la culpabilité du délinquant. Car, si elle résultait, en vertu de la disposition légale qui l'édicte, de la contravention elle-même, si bien que les juges n'aient à intervenir que dans le cas d'une contestation sur son existence ou sur sa quotité, l'amende serait *civile* et non *répressive*. Tel est le caractère des amendes fiscales pour contraventions aux lois sur l'enregistrement et le timbre. Ces amendes sont, en effet, dues et exigibles par voie de *contrainte*, indépendamment de toute décision judiciaire, comme les droits dont elles garantissent la perception : et les tribunaux *civils* n'interviennent, sur une *opposition* des parties, que pour examiner si l'administration de l'enregistrement ne les impose pas à tort. Ces amendes n'appartiennent donc pas au droit pénal. Mais tel n'est pas le caractère des amendes fiscales pour contraventions aux lois sur les douanes et les contributions indirectes : en effet, celles-ci sont prononcées par les tribunaux répressifs, après constatation préalable de la *culpabilité* du délinquant, et sont des peines, dans le sens strict du mot.

c) Pour que l'amende ait un caractère pénal, il faut qu'elle soit prononcée à raison d'une *infraction* proprement dite, c'est-à-dire d'un crime, d'un délit, d'une contravention. En cela, les amendes répressives se distinguent des amendes *civiles* et de *procédure* dont nos lois nous offrent tant d'exemples, ainsi que des amendes *disciplinaires*.

226. L'amende, qui réunit ces conditions, est certainement une peine, qu'elle soit prononcée par les tribunaux civils ou par les tribunaux répressifs, car la juridiction chargée de l'infliger n'en change pas le caractère[1]. Ce principe est incontestable : il résulte des articles 9, 11, 464, C. p. L'amende est appliquée, tantôt seule, comme peine *principale;* tantôt accessoirement à une peine corporelle, comme peine *complémentaire :* elle est commune aux matières criminelles, correctionnelles et de police. Mais il faut observer qu'elle est rarement prononcée par la loi en matière criminelle, où elle n'intervient jamais que comme une peine complémentaire, par exemple en matière de faux, et en cas de destruction d'édifices appartenant à autrui (C. p., art. 64 et 437). Plus fréquemment prononcée en matière correctionnelle, soit seule, soit jointe à l'emprisonnement, elle est, en matière de simple police, la peine ordinaire des contraventions.

227. L'amende étant une peine (C. p., art. 9, 11, 464), les règles propres aux peines lui sont applicables.

a) Ainsi, d'abord, comme toute peine, l'amende doit être *personnelle*, c'est-à-dire qu'elle ne peut être appliquée qu'aux *auteurs* ou aux *complices* de l'infraction et qu'elle doit être *proportionnée à leur culpabilité.* C'est là une idée fondamentale d'où découlent les conséquences suivantes :

1. Si l'amende n'a pas été *prononcée* avant la mort du prévenu, elle ne peut l'être contre ses héritiers. L'action publique pour l'application d'une peine, corporelle ou pécuniaire, est éteinte par le décès de l'auteur de l'infraction (C. inst. cr., art. 2). Commencer ou continuer une instance, pour obtenir, après la mort du délinquant, une condamnation à l'amende, serait faire, en réalité, ou un procès à la mémoire du défunt, ce qui serait absurde, ou un procès à ses héritiers, ce qui serait injuste. Mais, si l'amende a été prononcée contre le prévenu, *avant son décès*, par une condamnation passée en force de chose jugée, le *recouvrement* peut-il en être poursuivi contre les héritiers? Quoique les textes soient muets sur la question, que les principes paraissent conduire à une solution opposée, la doctrine et la jurisprudence admettent l'affirmative par ce motif que la condamnation, ayant créé une *obligation pécuniaire à la charge du patrimoine* du coupable,

[1] Comp. : Lainé, p. 321; Nancy, 30 août 1844 (S. 44, 2, 630).

cette obligation a été transmise aux héritiers avec ce patrimoine même[1].

2. Lorsque plusieurs personnes ont participé à la même infraction, toutes ayant encouru à la violation de la loi, il faut que chacune d'elles supporte l'intégralité de l'amende infligée par la disposition pénale, de même que chacune d'elle subit individuellement et intégralement la peine d'emprisonnement qui pourrait être encourue. Aussi, les juges ne doivent pas prononcer une amende *unique* contre tous les codélinquants ensemble, mais une amende *individuelle* contre chacun d'eux[2]. Il est juste, en effet, que chacun des condamnés soit puni d'une amende et qu'il le soit dans la mesure de sa culpabilité. La règle de l'*individualité* de l'amende est absolue et c'est à tort qu'on a prétendu y apporter une double exception. La première serait relative au cas où l'amende est prononcée contre un *être collectif*, tel qu'une société; bien que les associés aient été mis individuellement en cause, il ne devrait être prononcé qu'une amende contre le représentant de la société[3]. Mais j'ai déjà dit qu'une corporation ne pouvait encourir de responsabilité pénale distincte de la responsabilité des individus qui la composent, de sorte que l'amende devra toujours être prononcée individuellement contre ceux qui ont participé à l'infraction et non collectivement contre la corporation. La seconde exception concernerait le cas où la loi détermine l'amende en s'attachant à la gravité matérielle du fait, ou à l'importance du bénéfice illicite qui en résulte pour son auteur[4]. Mais en quoi cette circonstance modifierait-elle le caractère de l'amende et la rendrait-elle, ainsi que l'expriment certaines décisions

[1] Cette solution est conforme aux traditions de notre ancien droit. Mais il faut observer qu'elle ne pouvait être sérieusement attaquée, alors que l'amende avait pour caractère dominant d'être une indemnité des frais que les rois et les seigneurs avançaient pour la poursuite des affaires criminelles. Dans notre droit, où la condamnation à l'amende est distincte de la condamnation aux frais, les traditions de notre ancienne jurisprudence ne peuvent donc être invoquées qu'avec une extrême réserve, et l'opinion de nos anciens auteurs ne serait pas à elle seule un argument suffisant en faveur de cette doctrine. Mais elle a été formellement admise dans la discussion qui a eu lieu au Conseil d'État sur l'article 2 C. inst. cr., Comp. Locré, t. xxv, p. 118. Dans ce sens : Blanche, t. I, n° 300 ; Chauveau et Hélie, t. I, p. 213. En sens contraire : Carnot, t. I, p. 60; Paringault (*Rev. prat.*, 1857, p. 305 et suiv.); Rauter, t. I, p. 277 ; Haus, t. II, n° 771.

[2] Comp. : Blanche, t. I, n° 279; Cass., 11 juillet 1873 (S. 74, 1, 45).

[3] Blanche, t. I, n° 280.

[4] V. par exemple : C. forestier, art. 144, 192, 194 ; L. 28 avril 1816, art. 19; C. p., art. 164, 172, 175, 406.

de jurisprudence, *réelle* plutôt que *personnelle?* Le juge, dans ce cas, fixera simplement la quotité de l'amende due par chacun des co-délinquants, de manière à ce que le chiffre total, ainsi que le veut la loi, soit en rapport avec la gravité matérielle du fait, ou avec la quotité du dommage causé par l'infraction.

3. L'amende ne doit pas être prononcée contre les personnes étrangères au délit, qui n'en sont que *civilement* responsables. La responsabilité du fait d'autrui s'étend seulement aux « restitutions, indemnités et frais », adjugés à ceux à qui l'infraction a causé quelque dommage (C. p., art. 72)[1].

b) L'amende, comme toute peine, ne peut être prononcée qu'en vertu d'un texte de loi l'édictant.

c) Comme toute peine encore, elle s'éteint, si elle n'est pas exécutée, par la prescription pénale de vingt ans, de cinq ans ou de deux ans, suivant la nature de l'infraction pour laquelle elle est prononcée.

d) En matière criminelle et correctionnelle enfin, l'amende est soumise aux principes qui régissent le concours d'infractions.

228. A côté des amendes, soit exclusivement *pénales*, soit exclusivement *civiles*, dont j'ai déjà déterminé les caractères, n'existe-t-il pas des amendes prononcées à la fois à titre de peines et à titre de dommages-intérêts? Ce caractère mixte est attribué par la jurisprudence de la Cour de cassation aux amendes fiscales prononcées en matière de douanes et de contributions indirectes, d'abord par cette considération que les contraventions aux lois d'impôts, n'étant punies qu'en raison du préjudice qu'elles causent au fisc et non à raison de leur immoralité intrinsèque, l'amende fiscale est prononcée bien plus pour réparer un dommage que pour punir un coupable. C'est ce qui explique, du reste, que les administrations des douanes et des contributions indirectes aient, à la fois, comme représentant le fisc, le droit d'intenter l'action publique pour faire appliquer la peine pécuniaire, et le droit de transiger sur cette peine soit avant, soit après la condamnation prononcée. Trois textes empruntés à la législation fiscale semblent confirmer ce point de vue. Le premier est l'article 20 du titre XIII de la loi du 6-22 août

[1] Comp. : Blanche, t. I, n° 125; Cass., 9 juin 1832 (S. 32, 1, 744); 28 sept. 1838 (S. 39, 1, 445); 25 fév. 1842 (S. 42, 1, 431). Le caractère pénal de l'amende a été reconnu et appliqué à ce point de vue par l'article 206 du Code forestier et l'article 74 de la loi du 15 avril 1825 sur la pêche fluviale.

1791 sur les douanes, d'après lequel : « Les propriétaires des marchandises seront *responsables civilement* du fait de leurs facteurs, agents, serviteurs et domestiques, en ce qui concerne les droits, confiscations, *amendes* et dépens ». Une disposition analogue se retrouve, soit dans l'article 8 du titre III du décret du 4 germinal an II qui, après avoir frappé d'une amende les conducteurs de messageries et voitures publiques coupables de certaines contraventions aux lois de douanes, ajoute que « les fermiers ou régisseurs intéressés seront *solidaires* avec les conducteurs pour cette amende », soit dans l'article 35 du décret du 1er germinal an XIII sur les droits réunis, ainsi conçu : « Les propriétaires des marchandises seront *responsables* du fait de leurs facteurs, agents ou domestiques, en ce qui concerne les droits, confiscations, *amendes* et dépens ». En présence de ces considérations et de ces textes, la jurisprudence estime que l'amende, sans cesser d'être une peine, prend, dans l'espèce, le caractère de réparation civile. Ainsi, tout en affirmant que, en matière de contraventions aux lois fiscales, comme dans toutes les autres matières, l'amende ne peut être prononcée, après la mort du délinquant, contre ses héritiers[1], la Cour de cassation dit que toutes les personnes, en général civilement responsables du fait d'autrui, sont tenues des amendes fiscales[2]. Ces solutions, évidemment contradictoires ne répondent pas, à mon sens, à la véritable pensée de la loi. Si les maîtres et commettants, propriétaires des marchandises, si les fermiers ou régisseurs sont responsables des amendes prononcées contre leurs agents, c'est qu'ils ont commis une faute, d'autant plus grave qu'elle leur est profitable, celle de n'avoir pas surveillé leurs préposés. La loi a donc pu ériger en délit *sui generis* ce défaut de surveillance[3], sans déroger à la règle que toute peine

[1] Comp. les arrêts cités par Blanche, t. I, n° 299. *Adde*, Besançon, 21 déc. 1854 (S. 55, 2, 181).

[2] La jurisprudence admet cette solution non-seulement lorsque les auteurs du délit peuvent être réputés agents et préposés dans les termes des lois précitées, elle l'admet alors même que les rapports de maîtres à préposés n'existent pas, en se fondant uniquement sur les art. 74 C. p. et 1384 C. civ. Comp. Cass., 30 nov. 1869 (S. 70, 1, 115). Cette jurisprudence a reçu l'approbation de Trébutien (t. I, p. 260), de Blanche, t. I, nos 295 et 296.

[3] Ce point de vue me paraît plus exact que celui adopté par quelques auteurs (Sourdat, *Traité général de la responsabilité*, t. I, n° 80; Chauveau et Hélie, t. I, n° 130) d'une sorte de complicité présumée par la loi, entre le maître et le préposé. La loi frappe les complices des mêmes peines que les auteurs du délit (C. p., art. 59), et, ici, c'est la peine d'*amende* qui, seule, est commune au maître et au préposé.

doit être personnelle. C'est ce qu'elle a fait, non-seulement dans les textes que j'ai cités, mais dans deux autres textes, sur l'interprétation desquels la jurisprudence est d'accord avec nous[1]. Le premier est l'article 9 de l'arrêté du 17 prairial an IX, sur les défenses faites aux entrepreneurs de voitures de transporter les lettres et journaux : il décide que « les maîtres de poste, les entrepreneurs de voitures libres et messageries sont personnellement responsables des contraventions de leurs postillons, conducteurs, porteurs et courriers, sauf leur recours ». Les deux autres sont l'article 45 C. forest., qui constitue les adjudicataires de coupes de bois responsables de tout délit forestier commis dans leurs ventes et à l'ouïe de la cognée, si leurs facteurs ou gardes-ventes n'en font leurs rapports à l'agent forestier dans le délai de cinq jours, et l'art. 46 qui les constitue responsables des amendes encourues pour délits et contraventions commis soit dans la vente, soit à l'ouïe de la cognée, par les facteurs, gardes-ventes, ouvriers, bûcherons, voituriers, et tous leurs autres employés. Il est bien certain, en effet, que la responsabilité, que ces lois imposent subsidiairement à des personnes qui ne sont pas les auteurs des délits prévus, est la *responsabilité pénale*, fondée sur un défaut de surveillance, érigé lui-même en délit, et non la *responsabilité civile*.

229. Dans notre ancienne législation criminelle, la peine de l'amende était *fixe* ou *arbitraire*, suivant les délits : dans ce dernier cas, le juge en mesurait la quotité en tenant compte, non-seulement des circonstances de l'infraction, mais encore de la situation de fortune et même de la *qualité* de l'inculpé[2]. Cet arbitraire, dangereux pour toute autre peine, avait, en matière d'amende, un avantage, en ce sens qu'il permettait au juge, pour égaliser le châtiment, de proportionner le chiffre de l'amende aux ressources pécuniaires du coupable[3]. Notre législation moderne écarte, en principe, aussi bien le système des amendes *fixes*, que celui des amendes *arbitraires*. Pour concilier la règle qui veut que les peines ne soient pas arbitraires, avec la nécessité de prendre en considération la position de fortune des délinquants, elle laisse au juge une grande latitude dans la

[1] Comp. : Blanche, t. I, nos 287, 293, 294.

[2] O. de 1670, tit. 25; Jousse, t. I, p. 63.

[3] Filangieri (*Science de la législation*, t. III, ch. 32) a proposé, pour obvier à l'inégalité de l'amende, un système, peu pratique, consistant à imposer pour amende une somme abstraite, au lieu d'une somme fixe : par exemple, le 1/10e du patrimoine.

détermination de leur chiffre; mais cette latitude n'est pas sans limites.

En règle générale, la loi détermine un *minimum* et un *maximum* fixes, dans lesquels l'amende doit se renfermer. Les juges peuvent alors, suivant les circonstances, prononcer soit le minimum, soit le maximum, soit un chiffre intermédiaire entre ces deux limites extrêmes; mais ils ne pourraient ni descendre au-dessous du minimum, sans déclaration de circonstances atténuantes, ni monter au-dessus du maximum. Ce procédé de fixation de l'amende, qui est le procédé *ordinaire* de nos lois pénales, n'a-t-il pas pour résultat d'imposer des amendes, dont le minimum sera toujours fort lourd pour le pauvre, et dont le maximum sera presque illusoire pour le riche? On l'a prétendu : mais il faut observer, d'une part, que la déclaration des circonstances atténuantes, lorsqu'elle est possible, permet aux juges de réduire presque indéfiniment l'amende au-dessous de son minimum légal, d'autre part, que la loi prononce presque toujours, en même temps que l'amende, la peine de l'emprisonnement; et que les juges peuvent ainsi, par une combinaison intelligente et une application modérée de ces deux peines, atténuer l'inégalité de répression qui serait inhérente à l'amende fixe et isolée.

Le procédé de fixation de l'amende est exceptionnel dans trois cas : 1° Quant au lieu de fixer la quotité de l'amende à une certaine somme d'argent, la loi la rend proportionnelle au bénéfice illicite ou au dommage résultant du délit, ce qui oblige les juges à une estimation préalable; 2° Quand la loi se borne à fixer le *maximum* de l'amende, sans en déterminer le *minimum*. Selon que le chiffre de l'amende dépasse seize francs ou est inférieur à ce chiffre, l'infraction est ou bien un crime ou un délit, ou bien une contravention; dans le premier cas, le juge peut descendre jusqu'au minimum seulement de l'amende criminelle ou correctionnelle; dans le second, jusqu'au minimum de l'amende de simple police [1]; 3° Enfin, quand la loi prononce l'amende, sans dire quelle en sera la quotité. Si l'on peut reconnaître le caractère de l'infraction, le juge doit prononcer le minimum de seize francs ou celui de un franc, suivant que le fait est un crime ou un délit, ou bien une contravention. S'il est impossible de classer le

[1] Dans l'opinion la plus générale, il serait, dans tous les cas, permis au juge de descendre à l'amende de simple police.

fait, le juge ne peut prononcer que le minimum de l'amende de simple police [1].

230. L'amende, qui consiste dans la création d'une dette de monnaie courante que le condamné doit verser dans les caisses du fisc, appartient, en principe, à l'État. Mais l'État n'en retient le bénéfice qu'en matière criminelle : en matière correctionnelle, l'amende forme un fonds commun pour le département, applicable : pour un tiers, au profit des enfants assistés; pour les deux autres tiers, au profit des communes les plus pauvres; en matière de simple police, l'amende, d'après l'article 466 C. p., est appliquée « au profit de la commune où la contravention a été commise ». Du reste, ce sont là les règles générales, et, dans des cas assez nombreux, l'amende reçoit d'autres destinations, très-diverses [2].

231. L'amende, à raison de sa nature même, ne peut atteindre l'insolvable. L'état d'indigence ne doit cependant pas procurer l'impunité au condamné. Aussi la contrainte par corps a été conservée par la loi de 1867 pour assurer le recouvrement de l'amende [3].

232. De la confiscation. — La confiscation est *générale* ou *spéciale*, suivant qu'elle porte sur l'ensemble du patrimoine ou sur un objet déterminé en faisant partie. La première, abolie par l'Assemblée constituante, rétablie, pour certains cas, par le Code pénal, a été définitivement retranchée de notre législation par la Charte de 1814. La confiscation spéciale, la seule qui ait été maintenue, ne frappe que des objets particuliers, déterminés par la loi, qui ont une *relation directe* avec l'infraction, parce qu'ils en sont le *corps* même,

[1] D'après la jurisprudence, le juge ne doit jamais prononcer qu'une amende de simple police dans tous les cas, mais il a la faculté de se mouvoir entre le minimum et le maximum de cette amende. Il a été rendu, en ce sens, de nombreux arrêts, tous relatifs à l'exercice illégal de la médecine, qui, aux termes de l'article 35 de la loi du 19 ventôse an XI, est punie « *d'une amende pécuniaire envers les hospices* ». Cass., 20 juillet 1833 (S. 33, 1, 536); *Sic*, Chauveau, t. I, n° 91; Bertauld, p. 394. V. Dubrac, *Traité de jurisprudence médicale* (1883), p. 329.

[2] C'est ainsi qu'elle est attribuée parfois, à titre de récompense, aux agents qui ont constaté le délit (Comp. L. 3 mai 1844 sur la police de la chasse, art. 10 et 19); ou bien à certains établissements de bienfaisance (D. 12 déc. 1806, art. 53).

[3] Certaines lois modernes, pour donner effet à l'amende, ont organisé un double système : 1° elles ont admis le condamné à se libérer en faisant, pour le compte de l'État, un travail qui ait une valeur égale au montant de sa dette; 2° et, s'il est impossible qu'il s'acquitte soit en argent, soit en travail, elles ont permis la prononciation contre lui d'un emprisonnement, à titre de peine subsidiaire, pour remplacer l'amende et même pour châtier le refus d'accomplir l'ouvrage offert comme moyen de libération.

l'*instrument* ou le *produit*. En effet, les objets qui peuvent être confisqués sont, d'après les articles 11 et 470 du Code pénal, de trois sortes :

1° Les choses qui forment le « *corps du délit* », c'est-à-dire, celle sur lesquelles le fait délictueux a été exécuté, comme les monnaies contrefaites ou altérées dans le crime d'altération ou de contrefaçon de monnaies (C. p., art. 132); les armes, dans le crime de port d'armes probibées (C. p., art. 314, § 2).

2° Les choses « *produites par le délit* », c'est-à-dire, le gain ou l'objet procuré par l'infraction : telles seraient les recettes qu'un entrepreneur de spectacle aurait obtenues par des représentations illicites (C. p., art. 427) ; les sommes au moyen desquelles auraient été corrompus de faux témoins ou des fonctionnaires publics (C. p., art. 364, 180) ;

3° Les choses « *qui ont servi ou qui ont été destinées à commettre le délit* », par exemple, les armes ou engins, avec lesquels aurait été commis un délit de chasse (L. 3 mai 1844, art. 16).

Est-ce à dire que la confiscation de ces objets doive ou puisse toujours être autorisée par le juge, alors même qu'elle n'est pas expressément ordonnée par la loi qui punit et prévoit l'infraction? Nullement : la confiscation est comprise parmi les peines, par les articles 11 et 464 du Code pénal, et, comme toutes les peines, elle doit être *ordonnée* ou *autorisée* par la loi pour pouvoir être prononcée par le juge. L'article 470 est, du reste, formel, pour ne reconnaître aux tribunaux de police, le droit de prononcer la confiscation que « dans les cas déterminés par la loi ». C'est donc à chaque texte spécial qu'il faut se reporter pour savoir quels sont les objets dont la confiscation *peut* ou *doit* être prononcée par le juge et dans quelles limites.

233. La confiscation porte sur l'objet même que désigne la loi, et le juge ne pourrait lui substituer une condamnation en argent de la valeur de cet objet; car, la peine consistant essentiellement dans la privation d'une chose qui a un certain rapport avec l'infraction, ce serait en changer la nature que de condamner à en payer la valeur. Cette solution, qui, à une certaine époque, avait fait difficulté, mais qui est aujourd'hui acceptée par la jurisprudence[1], souffre quelques exceptions. On sait, par exemple, qu'au cas de délit de chasse, si les

[1] Comp. : Blanche, t. I, n° 75; Cass., 11 juin 1840 (S. 40, 1, 968); 14 août 1871 (S. 71, 1, 116).

armes et engins qui ont servi à commettre le délit n'ont pas été saisis, le délinquant est condamné à les représenter ou à en payer la valeur.

234. L'effet de la confiscation est, en principe, de rendre l'État propriétaire; mais il est des cas particuliers, où des textes spéciaux attribuent l'objet confisqué, soit à quelque établissement public, comme un hospice[1], soit même à la partie lésée par l'infraction, à titre de réparation[2]. Il arrive aussi que la loi ordonne la destruction des objets confisqués, dans l'intérêt de la morale, de la sûreté ou de la santé publique[3].

235. En législation, la confiscation se présente avec deux caractères différents. Elle équivaut à une *amende*, acquittée en nature, lorsqu'elle porte sur des objets dont la possession n'offre rien de dangereux, ni d'illicite, objets qui font partie des biens du condamné et dont elle lui enlève la propriété. Elle a les caractères d'une *mesure de police*, lorsqu'elle frappe des choses dont la possession est illicite ou peut présenter des dangers pour la sûreté ou l'honnêteté publique. Cette distinction, entre les deux espèces de confiscation, n'est pas faite expressément par notre législation, mais elle résulte de l'ensemble des textes qui sont difficilement conciliables si l'on en fait abstraction[4]. Une première règle est, du reste, commune à tous les cas : la confiscation, qu'elle soit une peine ou une mesure de police, ne peut jamais être prononcée que par les tribunaux, dans les cas et relativement aux objets indiqués par la loi, et à l'occasion d'une infraction constatée (C. p., art. 470).

a) On peut citer, comme ayant le *caractère exclusif d'une peine*, la confiscation appliquée : aux présents qui ont pour but de corrompre un fonctionnaire public ou un témoin (C. p., art. 180 et 364); aux recettes illégalement obtenues par un entrepreneur de spectacle (C. p., art. 428). Dans ces cas, il faut appliquer à la confiscation les règles propres aux peines : 1° ainsi, elle ne peut être prononcée que contre un inculpé déclaré coupable et condamné[5]; 2° elle ne

[1] Par exemple, le gibier saisi en contravention à la loi de la police de la chasse, doit être immédiatement livré à l'établissement de bienfaisance le plus voisin (L. 3 mai 1844, art. 3). Voir aussi article 180 du Code pénal.

[2] Par exemple, dans le cas de contrefaçon artistique et littéraire (C. p., 429), ou de contrefaçon industrielle (L. 5 juillet 1844, art. 49).

[3] Code pénal, articles 433 et 477; L. 3 mai 1844, article 16.

[4] Comp. sur le principe de la distinction : MANGIN, *De l'action publique*, t. II, n° 28; BERTAULD, p. 267; LAINÉ, n° 442. BLANCHE (t. I, n° 68), exprime la même distinction, mais dans des termes qui prêtent à la critique.

[5] Cass., 28 sept. 1850 (S. 51, 1, 458).

peut l'être après le décès du coupable [1]; 3° elle ne peut atteindre les personnes civilement responsables [2]; 4° et, dans le cas où la confiscation porte sur le corps du délit, elle ne doit être prononcée que si l'objet dont il s'agit appartient au condamné (C. p., art. 11).

b) On peut citer, comme ayant le caractère d'une mesure de police, la confiscation appliquée : aux faux poids et fausses mesures (C. p., art. 481); aux denrées alimentaires et boissons falsifiées contenant des mixtions nuisibles à la santé (L. 27 mars 1851, art. 1 et 5; L. 5 mars 1855, art. 1); aux armes prohibées (C. p., art. 314). Dans ces cas, les règles propres aux peines ne sont pas applicables : 1° ainsi, la confiscation peut être prononcée, même après la mort de l'inculpé, contre ses héritiers; 2° elle peut atteindre les personnes civilement responsables; 3° elle peut être prononcée, pourvu que le délit matériel ait été constaté, non-seulement envers le délinquant condamné, mais même s'il est acquitté ou absous [3]; 4° elle peut l'être, même au cas où le délinquant est inconnu, toujours à la condition que le délit soit constant [4]; 2° enfin, dans le cas où la confiscation porte sur le corps du délit, elle peut être prononcée, alors même que l'objet du délit n'appartient pas au condamné [5].

[1] Mais si la confiscation a été prononcée par une décision passée en force de chose jugée, elle peut être recouvrée contre les héritiers, puisque le délinquant est mort après avoir perdu la propriété des choses confisquées.

[2] Cass., 6 juin 1850 (S. 50, 1, 815). Mais il faut appliquer à la confiscation prononcée en matière de douanes et de contributions indirectes tout ce que nous avons dit de l'amende (L. 22 août 1791, tit. XIII, art. 20; D. 1er germinal an XIII, art. 35).

[3] Cette règle est exprimée dans des textes assez nombreux : L. 5 juillet 1849 sur les brevets d'invention, art. 49; L. 23 juin 1857 sur les marques de fabrique, art. 14. L'art. 23, tit. X, de la loi du 22 août 1791 sur les douanes, déclare que si le procès-verbal de saisie est nul pour vice de forme, la peine d'amende ne pourra être prononcée, mais que la confiscation des marchandises prohibées à l'entrée n'en sera pas moins poursuivie. Comp. également l'art. 109 de la loi du 19 brumaire an VI sur la garantie des matières d'or et d'argent, d'après lequel les ouvrages marqués de faux poinçons seront confisqués dans tous les cas. On trouve une disposition semblable dans les art. 34 et 38 du décret du 1er germinal an XIII sur la fabrication des poudres de guerre. V. BLANCHE, t. I, p. 108; Bourges, 12 mars 1867 (S. 70, 2, 22).

[4] On trouvera un exemple dans l'art. 16 de la loi du 3 mai 1844 sur la police de la chasse. Dans ce cas, le tribunal est saisi par voie de réquisition du ministère public.

[5] C'est dans cette hypothèse seulement que s'applique la restriction faite par l'art. 11, d'après lequel la confiscation du corps du délit n'est autorisée que « *quand la propriété en appartient au condamné* ». Comp. BLANCHE, t. I, n° 72.

SECTION VI.

Des peines qui atteignent le condamné dans sa considération.

236. Les peines d'ordre moral sont celles qui, frappant le condamné dans sa considération, ont pour but direct et pour résultat unique de l'humilier. Le législateur ne doit pas abuser de ces peines, car elles ont le double défaut d'être inégalement ressenties et d'être destructives de la dignité humaine. Ces peines sont : la réparation dont parlent les articles 226 et 227 du Code pénal; l'appareil qui accompagne l'exécution à mort du parricide, d'après l'article 36 du Code pénal; et la publicité de la condamnation pénale. Nous insisterons seulement sur cette dernière peine.

237. La publicité des décisions judiciaires est *autorisée* ou *ordonnée* par la loi, tantôt comme une *mesure pénale*, tantôt comme une *mesure de réparation*, tantôt comme une *mesure d'ordre public.*

1° Aux termes de l'article 36 du Code pénal, tous arrêts, portant condamnation à une peine criminelle, doivent être imprimés par extrait et affichés dans les communes où il est le plus nécessaire que la condamnation soit connue. Lorsqu'il s'agit de condamnation prononcée en matière correctionnelle et de simple police, la publicité du jugement ou de l'arrêt n'est pas *de droit*. Elle doit s'appuyer, si elle est prononcée à titre de peine, sur un texte formel l'ordonnant ou l'autorisant [1].

2° La partie lésée par un délit peut demander, à titre de réparation du préjudice qui lui a été causé, la publication, aux frais du cou-

[1] V. l'énumération des textes principaux : ORTOLAN, t. II, n° 1547. La législation sur la presse, antérieure à celle qui nous régit depuis 1881, contenait deux dispositions relatives à ce sujet : 1° L'art. 11 de la loi du 9 juin 1819 décidait que les éditeurs du journal ou écrit périodique seraient tenus d'insérer, dans l'une des feuilles ou des livraisons qui paraissaient dans le mois du jugement ou de l'arrêt intervenu contre eux, un extrait contenant les motifs et le dispositif dudit jugement ou arrêt; 2° L'art. 26 de la loi du 26 mai 1819 permettait de plus aux juges, en cas de condamnation contre les auteurs ou complices de crimes ou délits commis par voie de publication, d'ordonner l'impression ou l'affiche de l'arrêt aux frais du condamné. Aucune de ces dispositions n'a été recueillie par la loi du 29 juillet 1881. Il résulte de son silence que ni la cour d'assises ni le tribunal correctionnel ne pourraient ajouter, aux peines prononcées par la loi contre un délit de presse, l'impression et l'affiche du jugement de condamnation.

pable, du jugement de condamnation. Si aucun texte ne donne aux tribunaux le droit d'ordonner la publicité de leurs jugements à ce titre, aucun texte non plus ne leur enlève : or, il est de principe que les tribunaux ont toute latitude pour choisir le mode d'indemnité qui peut le mieux convenir à la situation dont ils sont saisis (C. civ., art. 1382 et 1384; C. p., art. 51); et il est bien certain, par exemple, qu'en cas de diffamation ou d'injure, la publicité du jugement de condamnation sera souvent la plus naturelle, comme la plus efficace des indemnités[1]. Mais cette publicité, — et, en cela, elle diffère de la publicité pénale, — ne peut être ordonnée par les tribunaux de répression que s'il y a une partie civile en cause et si elle y conclut formellement. Ainsi, les tribunaux ne doivent pas la prononcer d'office, car ils statueraient sur ce qui ne leur est pas demandé, ni sur les conclusions du ministère public, qui n'a aucune compétence pour poursuivre la réparation privée du préjudice causé par l'infraction[2].

3° L'article 1036, C. pr. civ., contient une disposition qui a soulevé des difficultés de plusieurs sortes. Elle est ainsi conçue : « *Les tribunaux, suivant la gravité des circonstances, pourront, dans les causes dont ils seront saisis, prononcer, même d'office, des injonctions, supprimer des écrits, les déclarer calomnieux, et ordonner l'impression et l'affiche de leur jugement* ». Dans une opinion qui a pour elle la lettre de la loi[3], la faculté, pour un tribunal, d'ordonner, d'office, l'impression et l'affiche de son jugement, ne pourrait être exercée qu'autant que ce tribunal prononcerait des injonctions, supprimerait des écrits et les déclarerait calomnieux : l'article 1036 servirait ainsi de sanction aux abus du droit de défense et la publicité du jugement deviendrait la conséquence de la suppression d'un mémoire calomnieux ou d'une plaidoirie injurieuse. Si l'on admet cette interprétation restrictive du texte qui nous occupe, il est certain que la publicité de la décision peut être ordonnée par toute juridiction pénale ou civile devant laquelle se produit un abus de défense, car l'article 1036 est alors complété par les dispositions générales de la loi sur la presse (L. 29 juillet 1881, art. 41, § 4). Mais la Cour de

[1] Comp. dans ce sens : DALLOZ, *Rép. pér.*, v° *Affiche*, n° 373; LAROMBIÈRE, *Obligations*, t. V, sur l'article 1382, n° 27; Aix, 24 mars 1860 (S. 60, 2, 473). En sens contraire : SOURDAT, *Responsabilité*, t. I, n° 134 et 135; ROUSSET, *Code général des lois sur la presse*, n°s 2307 à 2311.

[2] Comp. LAINÉ, *op. cit.*, n° 427.

[3] LAINÉ, *op. cit.*, n° 428.

cassation paraît aller plus loin[1] : elle considère que « la mesure d'intérêt public que l'article 1036 permet d'ordonner n'est pas prononcée à titre de peine, mais comme une réparation du scandale public produit par le fait de la partie condamnée »; et que les tribunaux civils, comme les tribunaux de répression, ont le droit, même quand aucun abus de défense n'a eu lieu au cours du procès, d'ordonner, dans tous les cas, l'impression et l'affiche de leur jugement. Une telle opinion est en contradition avec cette idée que la publicité est une forme d'exécution des décisions judiciaires qui a un caractère pénal, et avec ce fait que la loi l'ordonne ou l'autorise, par une disposition *expresse*, toutes les fois qu'elle juge cette mesure nécessaire ou simplement utile comme complément de pénalité[2].

Tableau synoptique présentant l'ensemble du système pénal consacré par la législation française.

I. Peines criminelles.

N. B. — Les *chiffres* indiquent la gradation des peines dans l'échelle générale; les *majuscules*, l'échelle spéciale des peines de droit commun, et les *lettres italiques*, l'échelle affectée aux crimes politiques.

Principales.	**Accessoires.**
1. A). La *mort*, infligée sur une place publique par la décapitation (C. p., art. 7, 12, 26).	1. La *dégradation civique*. Elle frappe, à perpétuité, les condamnés aux peines afflictives et à la peine infamante du bannissement (C. p., art. 28; L. 31 mai 1854, art. 2).
2. B). Les *travaux forcés à perpétuité*, infligés au moyen d'une transportation dans une colonie pénale (C. p., art. 7, 15; L. 30 mai 1854).	2. L'*interdiction légale*. Elle est encourue, pendant la durée de leur peine, par les condamnés aux peines afflictives (C. p., art. 29 à 31; L. 31 mai 1854, art. 2).
3. *a*). La *déportation à perpétuité dans une enceinte fortifiée* (L. 8 juin 1850, art. 1 et 4).	

[1] Cass., 16 mai 1873 (S. 73, 1, 235); 23 mai 1874 (*Bull. cr.*, n° 144). Dans le même sens : Martin Le Neuf de Neuville, *De l'impression et de l'affiche du jugement en matière correctionnelle* (*France judic.*, t. II, 1re partie, p. 529).

[2] Toutes les fois que les tribunaux peuvent ordonner l'impression et l'affiche de leur jugement, ils peuvent remplacer l'affiche par l'insertion dans les journaux, car la mesure qu'ils prennent a pour but de rendre le jugement public, et cette publicité se réalise aussi bien par voie d'insertion que par voie d'affiche. *Sic*, Cass., 14 juin 1854 (S. 54, 1, 611); Chassan, *op. cit.*, t. II, n° 1892. Mais le gérant du journal, dans lequel l'insertion a été ordonnée, peut-il être contraint de la faire? et sous quelle sanction? Sur ces questions, comp. mon article : *De la responsabilité civile en matière de délits de presse* (*France judic.*, t. VII, 1re partie, p. 354).

4. *b*). La *déportation simple à perpétuité* (C. p., art. 17; même loi).

5. C). Les *travaux forcés à temps,* de cinq ans à vingt ans (C. p., art. 7, 15, 19; L. 30 mai 1854).

6. *c*). La *détention*, de cinq ans à vingt ans (C. p., art. 7, 20).

7. D). La *réclusion*, avec soumission au travail, de cinq à dix ans (C. p., art. 7, 21).

8. *d*). Le *bannissement*, de cinq à dix ans (C. p., art. 8, 32).

9. E. *f*). La *dégradation civique,* peine perpétuelle (C. p., art. 8, 34).

3. La *double incapacité de disposer et de recevoir à titre gratuit,* par donation ou par testament, autrement qu'à titre d'aliment. Elle est perpétuelle, et frappe les condamnés à mort, aux travaux forcés à perpétuité, à la déportation (L. 31 mai 1854, art. 3).

II. Peines correctionnelles.

Principales.

1. L'*emprisonnement* de six jours à cinq ans dans un lieu de correction, avec soumission au travail (C. p., art. 9, 40, 41; L. 5 juin 1875).

2. L'*interdiction* à temps de l'exercice de certains droits civiques, civils et de famille (C. p., art. 9, 42, 43).

Accessoires.

Les peines accessoires en matière correctionnelle, consistent dans la privation des droits politiques et de quelques autres droits, prononcée par des lois spéciales contre ceux qui ont encouru certaines condamnations.

III. Peines communes aux matières criminelles et correctionnelles.

1. La *surveillance de la haute police*, toujours temporaire; maximum : vingt ans; pas de minimum général (C. p., art., 11, 44, 45 et s.).

2. L'*amende* de seize francs et au-dessus (C. p. art. 11, 55).

IV. Peines de simple police.

1. L'*emprisonnement* de un à cinq jours (C. p., art. 464 et 465).

2. L'*amende* de un à quinze francs (C. p., art. 466).

V. Peines communes aux matières criminelles, correctionnelles et de police.

La *confiscation* spéciale (C. p., art. 11, 464, 476).

TITRE SECOND.

DE L'APPLICATION DES PEINES.

238. La peine doit être proportionnée à la *gravité* du fait punissable et à la *culpabilité* du délinquant; mais ces deux éléments, qui influent sur l'application de la peine pour l'aggraver ou l'atténuer, peuvent être appréciés de deux manières : d'une manière *abstraite* par le *législateur;* celui-ci déterminera, par exemple, quelle peine doit encourir le meurtre, le vol, l'incendie; d'une manière *concrète* par le *juge;* celui-ci déterminera quelle peine doit encourir tel meurtrier, tel voleur, tel incendiaire, etc. Cette distinction entre la culpabilité *absolue* ou *légale* et la culpabilité *individuelle* ou *judiciaire*, est fondamentale et domine l'application des peines. L'histoire du droit criminel présente, quant à la solution du problème, un perpétuel contraste entre deux tendances opposées : celle qui consiste à accorder au juge un pouvoir arbitraire pour proportionner la peine à la culpabilité; celle qui consiste à ne lui en accorder aucun : l'arbitraire de l'homme ou l'arbitraire de la loi. Notre législation admet, entre ces deux tendances, un système mixte, que nous allons résumer, en supposant, successivement, une seule infraction commise par un seul agent (*circonstances aggravantes et atténuantes*), une seule infraction commise par plusieurs agents (*complicité*), plusieurs infractions commises par le même agent (*concours d'infractions*).

CHAPITRE PREMIER.

DE L'APPLICATION DES PEINES A L'AGENT UNIQUE D'UNE INFRACTION.

239. L'application des peines est aggravée ou atténuée par des circonstances prévues par la loi ou abandonnées à l'appréciation des juges. Ces circonstances se rattachent 1° à la *préparation* de l'infraction ; 2° à son *exécution*, c'est-à-dire au lieu, au temps, à la durée de l'infraction, à la situation de l'agent et du patient, aux relations qui peuvent exister entre eux, aux moyens d'exécution; 3° enfin aux *conséquences* de l'infraction.

SECTION PREMIÈRE.

Des circonstances aggravantes, légales et judiciaires.

240. Un fait, qualifié infraction par la loi pénale, peut être accompagné de circonstances qui aggravent soit la *criminalité* de l'action elle-même, soit la *culpabilité* de l'agent; ces circonstances ont une influence nécessaire sur la peine; et le juge, qui est chargé de l'appliquer, doit en tenir compte en élevant le taux de la peine dans les limites du maximum et du minimum fixés par la loi. Mais il ne pourrait dépasser ces limites, et appliquer une peine supérieure en degré à la peine légale, même en déclarant, dans sa décision, *qu'il existe des circonstances aggravantes*. Permettre aux juges de dépasser, en cas de circonstances aggravantes, la *peine* prononcée *par la loi*, ce serait revenir au système des *peines arbitraires*. Ce qui est en dehors des pouvoirs du juge, est dans les pouvoirs du législateur, qui peut déterminer, à l'avance, des circonstances qui aggraveront la peine à appliquer soit à toutes les infractions, soit à telle infraction spéciale.

Ainsi, il existe deux espèces de circonstances aggravantes, comme il existe deux espèces de circonstances atténuantes. 1° Les unes sont spécialement prévues et définies par la loi, qui en caractérise les éléments essentiels, et qui y attache, comme conséquence, une peine plus forte que celle dont l'infraction, dépouillée de ces circonstances, serait passible : elles influent sur la culpabilité abstraite. Leur effet est donc d'aggraver légalement, et, par conséquent, nécessairement la peine, et de modifier, par cela même, dans une mesure plus ou moins large, la nature de l'infraction, qui dépend, aux termes de l'article 1er Code pénal, de la nature de la peine légale. C'est pour cela que leur existence doit être constatée, sauf une exception concernant l'état de récidive, par les juges du fait, c'est-à-dire, en cour d'assises, par le jury, qui est spécialement interrogé sur chacune d'elles. 2° Les autres sont abandonnées à l'appréciation des juges : elles n'ont qu'un effet, c'est de permettre à ceux-ci, quand la peine n'est pas fixe de sa nature, d'en élever le taux dans les limites du minimum au maximum : c'est à raison de ce caractère que leur appréciation doit appartenir, en cour d'assises, à la cour, qui est seule chargée d'appliquer la peine. On peut les définir *des circonstances aggravantes judiciaires.* Ayant indiqué, d'une part, qu'elles échappent, par leur nature même, à toute énumération, et, d'autre part, qu'elles n'ont qu'un effet restreint, je n'ai plus rien à en dire, et je les laisse de côté pour traiter seulement des circonstances aggravantes légales.

241. On ne trouve nulle part dans le Code pénal une théorie générale des circonstances aggravantes légales; le législateur, en cette matière, ne procède que par dispositions isolées. Mais, en réunissant, ces dispositions, on peut les classer, soit quant à leur *nature*, en circonstances objectives et subjectives, soit, quant à leur *étendue*, en circonstances générales et spéciales.

a) Les circonstances aggravantes *objectives*, sont celles qui se rattachent aux éléments matériels de l'infraction, comme la circonstance de *nuit* ou de *maison habitée* dans le vol. Les circonstances *subjectives* sont celles qui se rattachent, au contraire, à la culpabilité individuelle de l'auteur de l'infraction, comme l'état de *préméditation* dans l'*assassinat*. Cette classification n'est pas purement théorique : on en retrouve l'intérêt en cas de participation de plusieurs personnes au fait délictueux. Les circonstances aggravantes objectives, étant inhérentes à l'infraction, ne peuvent pas ne pas être *communes* à tous ceux qui ont pris part au délit qu'elles aggravent. Ces circonstances, en effet, sont tellement attachées au fait criminel, que celui qui a voulu le fait qui en est accompagné, qui y a participé, ne peut décliner la responsabilité de leurs conséquences. Au contraire, les circonstances *subjectives* aggravent la peine de l'auteur ou du complice, dans la personne duquel elles se rencontrent, mais ne peuvent être mises, en principe, comme raison d'aggravation, à la charge des autres codélinquants. De là, cette conséquence : quand plusieurs personnes sont traduites, à raison du même crime, devant la cour d'assises, il faut, de toute nécessité, que le jury soit spécialement interrogé sur toute circonstance aggravante objective, à l'égard de chacun des accusés auquel elle est imputée. Au contraire, si la circonstance aggravante se rattache au fait lui-même et ne peut en être séparée, on en fera l'objet d'une question unique, qui sera posée et résolue par le jury *in rem*, contre tous les codélinquants, et non spécialement *in personam*, contre chacun d'eux.

b) Les circonstances aggravantes sont *générales* ou *spéciales*, suivant qu'elles sont communes à toutes les infractions, ou propres à certains genres d'infractions. Je suivrai cette classification.

I. DES CIRCONSTANCES AGGRAVANTES SPÉCIALES.

242. On sait que toute infraction se compose d'éléments *constitutifs* de deux sortes; les uns lui sont communs avec tous les autres délits : ce sont les éléments généraux constitutifs du genre de fait qu'on appelle « infraction ». Les autres lui sont des éléments propres; ils servent à la distinguer, à lui assigner un nom particulier. L'étude des éléments constitutifs spéciaux à chaque infraction appartient à la partie du droit pénal, concernant les incriminations et les pénalités particulières. Mais, il importe, quand on étudie chaque infraction, de déterminer quels en sont les éléments *constitutifs*, et d'en séparer les *circonstances aggravantes spéciales*. Cela importe pratiquement, au point de vue de la position des questions au jury. En effet, tous les éléments constitutifs de l'infraction sont réunis dans une question générale et unique : la question de *culpabilité;* tandis que chaque circonstance aggravante, relevée par l'acte d'accusation ou résultant des débats, fait l'objet d'une question spéciale et distincte, à peine de nullité (L. 13 mai 1836, art. 1). On comprend très bien qu'il en soit ainsi : car tout élément constitutif étant essentiel pour l'existence de l'infraction, il suffit que le jury estime que l'un de ces éléments manque pour qu'il doive répondre négativement à la question de culpabilité : tandis que chaque circonstance aggravante, ayant un effet spécial, doit être spécialement résolue contre l'accusé.

Le Code pénal ne contient pas, sur la distinction des circonstances aggravantes et constitutives, de règles fixes, et la jurisprudence et la doctrine sont loin d'être d'accord sur le *critérium* qu'il convient d'établir. Tandis que les faits constitutifs de l'infraction sont ceux qui font l'objet de l'incrimination établie par la loi et sans lesquels il n'y aurait pas de délit ou il n'y aurait qu'un délit d'une autre nature, les circonstances aggravantes consistent dans des faits qui, se rattachant aux éléments matériels ou moraux du délit, augmentent la criminalité de l'action ou la culpabilité de l'agent. On peut les détacher de l'infraction qu'elles accompagnent sans en changer le caractère intrinsèque; au contraire, en l'absence d'un élément constitutif, le fait prévu par la loi cesse d'être délictueux, ou se transforme en un délit d'un autre genre. Prenons le *vol* pour exemple : ce qui *constitue* ce genre de délit, d'après l'article 379, ce sont les trois éléments suivants :

1° la soustraction d'une chose; 2° la circonstance que cette chose appartenait à autrui; 3° l'intention frauduleuse. Faites disparaître le premier élément, il restera peut-être un fait délictueux, par exemple un *abus de confiance* ou un *détournement*, qui se distinguera du vol, aux termes de l'article 408, par cette particularité que la chose, appartenant à autrui et détournée, avait été mise en la possession du délinquant, par un acte impliquant confiance en lui, et obligation pour lui de restituer, mais il n'y aura pas *vol*, car les trois circonstances, prévues par l'article 379, sont essentielles à l'existence du vol. Mais, d'autres circonstances peuvent venir s'adjoindre à celles-là, pour en aggraver la criminalité et, partant, la peine, par exemple, la circonstance que le vol a été commis avec escalade ou effraction, ou en faisant usage de fausses clefs, etc., la circonstance que le voleur était le domestique de la victime, etc.; et, tandis que le vol simple, qui forme le premier degré de l'infraction, n'est puni que d'une peine correctionnelle, le vol, aggravé et *qualifié* par ces circonstances, est puni de peines criminelles (C. p., art. 407, 381 et s.). Ainsi encore, ce qui constitue le *meurtre*, c'est la réunion des deux éléments spéciaux qui résultent de la définition donnée par l'art. 295, C. p. : 1° l'homicide; 2° la volonté, ou plutôt l'*intention* de tuer. Faites disparaître ce second élément, il pourra rester une infraction d'un tout autre genre, l'*homicide par imprudence*. Mais ajoutez à ce premier degré, et, pour ainsi dire, à ce *substratum* de l'infraction, les circonstances de *préméditation* ou de *guet-apens*, et vous aurez un meurtre aggravé, que la loi qualifiera *assassinat* (C. p., art. 296); supposez que la victime soit un *ascendant* légitime ou *naturel* du coupable, vous aurez un *parricide* (C. p., art. 395); supposez qu'elle ait la qualité d'*enfant nouveau-né*, vous aurez un *infanticide* (C. p., art. 300). Il est même des circonstances qui, suivant la nature du délit, interviennent parfois à titre d'éléments constitutifs, parfois à titre de circonstances aggravantes. Ainsi, l'*âge* est un fait constitutif du crime d'attentat à la pudeur sans violence qui est réprimé par l'article 331 du Code pénal. Mais, lorsqu'il s'agit d'un attentat à la pudeur qui a été exécuté avec violence, l'âge ne constitue plus qu'une circonstance aggravante, d'après la dernière disposition de l'article 332 du Code pénal.

Deux choses résultent de ces explications : 1° Une circonstance n'est pas constitutive par cela seul qu'elle change la *qualification* de l'infraction, si elle n'en change pas le caractère intrinsèque : ainsi, pour moi, l'*assassinat*, le *parricide*, l'*infanticide*, qui ont des noms spéciaux dans la langue de la loi, sont des variétés du *meurtre*, des meurtres aggravés, et non des crimes *sui generis*. En effet, le Code pénal, dans les articles 296, 299 et 300, qualifie *meurtre* le fait principal de l'infraction; et ce fait principal persiste comme meurtre, alors même que les circonstances qui l'accompagnent, et qui lui méritent une qualification différente et une peine plus élevée, viennent à disparaître [1]. 2° Une circonstance n'est pas non plus constitutive par cela seul qu'elle change une *contravention* en *délit*, ou un *délit* en *crime*, si elle laisse subsister le caractère même de l'infraction. Le Code pénal classe les infractions d'après la peine qui leur est applicable : mais cette classification, toute pratique, n'empêche pas qu'un même fait, sans changer de nature, puisse être, suivant les circonstances qui l'accompagnent, tantôt un délit, tantôt un crime. Ainsi l'effraction, l'escalade, etc., ne sont que des circonstances aggravantes du *vol*, bien que cette infraction, dépouillée de ces circonstances, soit un *délit*, et devienne un *crime* quand elle en est accompagnée [2].

II. DES CIRCONSTANCES AGGRAVANTES GÉNÉRALES.

243. On trouve, dans notre législation pénale, deux circonstances aggravantes qui ont un caractère de généralité : la *qualité de fonctionnaire* ou d'*officier public*; la *récidive*.

244. Qualité de fonctionnaire. — L'article 198 prononce une aggravation générale de peine contre tout fonctionnaire ou officier public qui s'est rendu coupable, soit comme auteur principal (cela est évident, quoique le texte ne le dise pas), soit comme complice, de *crimes* ou de *délits*, qu'il était chargé de surveiller ou de réprimer. Le système d'aggravation peut se résumer ainsi : pour les peines de

[1] *L'empoisonnement*, au contraire, n'est pas, dans le système assez peu logique du Code pénal, un meurtre dont la criminalité serait aggravée par une circonstance particulière, l'emploi du poison; c'est, suivant les expressions de l'article 301, un « *attentat* à la vie d'une personne par l'effet de substances qui peuvent donner la mort plus ou moins promptement, de quelque manière que ces substances aient été employées, et *quelles qu'en aient été les suites;* » de sorte que le Code considère comme *consommé* l'empoisonnement qui n'a pas eu pour résultat un homicide.

[2] Comp. sur la question : Trébutien, t. II, p. 430. Cet auteur admet, contrairement à l'opinion générale, que toutes les fois qu'une circonstance fait d'un délit un crime, elle est constitutive de l'infraction. Cette opinion est suivie par MM. Laisné et Guillouard dans la 2e édit., t. II, p. 503.

droit commun, on monte d'un échelon, en appliquant au fonctionnaire la peine immédiatement supérieure à la peine portée contre le crime, mais sans aller jusqu'à la peine de mort; si la peine encourue est une peine politique, on applique la peine correspondante dans l'échelle des peines de droit commun, sauf toutefois la peine de mort; s'il s'agit d'un délit de police correctionnelle, on applique le maximum. Trois conditions sont constitutives de l'aggravation portée par le texte : 1° Le coupable doit être un fonctionnaire ou un officier public; 2° il faut que la loi ne prononce, pour le fait qu'il a commis, aucune aggravation spéciale de peine, en raison de sa qualité; 3° enfin, s'il n'est pas nécessaire qu'il ait commis le crime ou le délit dans l'exercice de ses fonctions, il faut, au moins, qu'il ait participé à un crime ou délit dont il avait la surveillance ou la répression.

245. De la récidive[1]. — La récidive, c'est la rechute dans l'infraction. La loi considère cette rechute, lorsqu'elle a lieu après une première condamnation et dans les conditions qu'elle détermine, comme une *circonstance aggravante du dernier délit* soumis à l'appréciation du juge; elle n'entraîne pas l'application d'une peine spéciale; elle motive simplement l'aggravation de la peine portée contre le délit nouveau, de sorte que le fait d'avoir été déjà condamné est, dans le système de notre législation criminelle, un motif pour aggraver une seconde condamnation. Or, c'est là une idée inexacte. La récidive n'est pas plus une circonstance aggravante d'un fait délictueux, qu'elle n'est un délit spécial; c'est la situation d'un individu qui, par la fréquence des infractions qu'il a commises, s'est mis en état de rébellion contre la société et qui doit être considéré comme son ennemi déclaré et dangereux. La loi doit donc sévir *directement* contre la récidive; elle doit la frapper de peines spéciales, combinées de manière à corriger, chez le récidiviste, l'habitude délictueuse, si ce résultat peut être espéré, et à le mettre dans l'impossibilité de nuire, si tout espoir de réforme est

[1] Bibliographie : Bertauld, *Rev. prat.*, t. V, p. 278; Bazot, *De la récidive d'après la loi du* 18 *avril* et 13 *mai* 1863 (Paris, 1864); Bonneville de Marsangy, *De la récidive, ou des moyens les plus efficaces pour constater, rechercher et réprimer les rechutes dans toute infraction à la loi pénale,* t. I (seul publié), Paris, 1844; Yvernès, *De la récidive et du régime pénitentiaire en Europe,* Paris, 1874; Fernex de Montgex, *Étude sur la récidive* (Mémoire couronné par la Faculté de Grenoble) (Chambéry, 1868); Hoorebeke, *De la récidive dans ses rapports avec la réforme pénitentiaire* (Gand, 1848); Nypels, *De delictis recidivis* (Gand, 1848); Olivecrona, *Des causes de la récidive, et des moyens d'en restreindre les effets* (Paris, 1873); J. Reinach, *Les récidivistes* (Paris, 1882). On trouvera une bibliographie plus complète de la récidive dans le *Bull. de la Société génér. des prisons*, 1883, p. 108 à 113.

perdu[1]. C'est pour n'avoir pas accepté cette idée que le système du Code pénal sur la récidive est devenu insuffisant et qu'il n'a pas empêché le nombre des repris de justice d'augmenter dans des proportions effrayantes.

Tout en constatant l'inexactitude du point de vue légal, nous devons rechercher les *conditions*, les *caractères* et les *effets* de cette circonstance aggravante.

246. I. *Conditions de la récidive.* — La récidive étant la rechute, après une condamnation, dans un nouveau fait punissable, se compose de deux éléments : la *condamnation* déjà prononcée, la *seconde infraction.* « Quiconque ayant été *condamné* »... disent les articles 56 et suivants, « aura commis un *second crime* ...»

247. A. Pourquoi la récidive est-elle constituée par un second fait délictueux, commis après une *condamnation*, et non pas seulement après une première *infraction?* On a pensé que, si plusieurs faits punissables, commis successivement, démontraient, chez leur auteur, une tendance mauvaise, ils n'étaient pas, du moins, la preuve que le coupable ne peut être ramené au bien par les châtiments ordinaires de l'infraction. Il y a cette différence essentielle, entre *l'état de récidive* et le *concours d'infractions*, que le fait de la condamnation constitue, pour le récidiviste, un avertissement que n'a pas reçu l'auteur d'infractions répétées, et cette circonstance explique que notre législation ne considère pas comme une cause d'aggravation de peine la répétition de plusieurs infractions par le même délinquant.

[1] C'est ce système que suivit le Code pénal de 1791, et qu'il est question de faire revivre (V. Reinach, *op. cit.*, p. 1 et suiv.). Ce Code décidait, en effet, que la récidive ne modifierait pas la peine, mais que le condamné, après l'avoir subie, serait transféré à perpétuité dans le lieu fixé pour la transportation. — Certains auteurs ont essayé de soutenir que la culpabilité morale des récidivistes, loin de surpasser celle des premiers crimes, était, au contraire, bien moindre. V. Hercule Bourdon, *Rev. de légis.*, 1856, p. 450; Tissot, *Le droit pénal*, etc., t. I, p. 101 et 117. Carnot, (*Commentaire sur le Code pénal*, p. 196, n° 1), a prétendu que le système de la récidive, en infligeant une peine en raison d'un fait déjà puni, violait le principe de justice : *non bis in idem;* qu'il méconnaissait aussi la règle d'après laquelle le juge ne peut se prononcer que sur l'infraction elle-même, sur les circonstances qui s'y rattachent, qui l'accompagnent, qui la caractérisent. Cette double objection atteint en effet le système qui voit dans la récidive une circonstance aggravante de la nouvelle infraction commise par l'agent. Mais elle ne s'adresse pas à celui qui y voit un symptôme alarmant contre lequel des mesures doivent être prises. Une première condamnation, suivie d'une rechute, établit chez l'agent une culpabilité spéciale qui exige une répression spéciale. Comp. sur ces points : Carrara, *Stato della doctrina sulla recidiva* (Lucca, 1863); E. Brusa, *Della recidiva, Studi* (Milan, 1866).

Cela posé, il faut que cette condamnation, premier terme de la récidive, soit *définitive, pénale*, et qu'elle émane d'un *tribunal français légalement organisé.*

a) Il faut que la condamnation soit *définitive;* car, jusque-là, l'agent a pu ne pas tenir compte d'une décision sans effet légal, et qu'il espérait faire réformer. En conséquence, le condamné qui, dans les délais ou pendant la durée de l'appel ou du pourvoi en cassation, a commis une nouvelle infraction, n'est pas en état de récidive, quand même il aurait ensuite succombé dans ces voies de recours. J'appliquerai la même solution en cas d'infraction commise après une condamnation par contumace, mais avant que cette condamnation soit devenue irrévocable par l'expiration du délai de la prescription [1], et après une condamnation prononcée par défaut, tant que cette condamnation est susceptible d'opposition [2].

Si la condamnation doit être définitive, il n'est pas nécessaire, pour qu'il y ait récidive, que la peine qu'elle prononce ait été subie, en totalité ou en partie, au moment de la seconde infraction; c'est la condamnation et non l'exécution de la peine qui a dû servir d'avertissement au coupable. Aussi la *prescription* de la peine, sa remise par voie de *grâce*, n'empêchent pas la récidive, puisqu'elles n'effacent pas la condamnation. Il serait, du reste, contradictoire que les condamnés, qui ont subi leur peine, fussent dans une situation pire que ceux qui l'ont prescrite, ou qui ont obtenu leur grâce. La *réhabilitation* elle-même n'empêche pas la condamnation, pour laquelle elle est intervenue, d'être un élément de récidive, car, aux termes de l'article 634 C. inst. cr., elle a simplement pour effet de relever le condamné, dans l'avenir, des incapacités résultant de la condamnation, mais en la laissant subsister [3]. La récidive ne serait exclue que dans le cas où la condamnation aurait été mise en oubli par un acte d'*amnistie* [4] ou annulée par suite de la *révision* du procès.

[1] On sait que le contumax a vingt ans pour purger sa condamnation. Pendant ce délai, il commet un nouveau crime; on l'arrête. La cour d'assises, ne peut certainement pas, après avoir statué d'abord sur la première infraction dont l'accusé est reconnu coupable, et, s'il y a confirmation de la condamnation par contumace, appliquer, pour le second fait, dont l'accusé est également reconnu coupable, l'aggravation due à la récidive. Mais je pense qu'il en est de même si le condamné par contumace laisse la condamnation devenir *rétroactivement* définitive par l'expiration des délais qui lui sont donnés pour purger sa contumace.

[2] Comp. Cass., 13 août 1880 (S. 82, 1, 143).

[3] Cass., 6 février 1823 (S. 23, 1, 176).

[4] Cass., 6 mars 1874 (S. 74, 1, 449).

b) La condamnation, qui sert de premier terme à la récidive, doit être une condamnation *pénale*. C'est ce qui résulte des articles 56 et suivants : « Quiconque ayant été condamné à une *peine*... » D'où il suit que le mineur, acquitté pour avoir agi sans discernement, mais renvoyé dans une maison de correction, n'est pas en état de récidive, s'il commet une nouvelle infraction. Mais on a voulu en conclure que la condamnation, prononcée pour un fait qui a cessé, depuis, d'être incriminé par la loi, ne pouvait être un élément de récidive. Cette opinion avait été consacrée par la loi du 23 floréal an X, qui exigeait, pour qu'il y eût lieu à récidive, que le fait de la première condamnation fût qualifié crime *par les lois existantes* au moment où intervient la seconde infraction; mais le Code pénal n'a pas reproduit cette disposition, et son silence laisse libre application au principe d'après lequel une loi nouvelle, qui supprime ou réduit une peine, ne peut profiter à ceux qui ont été définitivement condamnés sous l'empire de la loi ancienne [1].

c) Il faut et il suffit que la condamnation ait été prononcée par un *tribunal français*. C'est-à-dire qu'il importe peu d'abord qu'elle émane d'une juridiction *ordinaire* ou d'une juridiction *spéciale*. Ainsi, une condamnation, prononcée par une haute-cour de justice, par un tribunal civil, dans le cas d'adultère de la femme, ou par un tribunal maritime ou militaire pour un *délit commun*, doit amener les peines de la récidive [2]. Ce principe résulte, par un *a contrario* décisif, de l'exception même que l'article 56, *in fine*, y apporte : « Toutefois l'individu, condamné par un tribunal militaire ou maritime, ne sera, en cas de crime ou délit postérieur, passible des peines de la récidive, *qu'autant que la première condamnation aurait été prononcée pour des crimes ou délits punissables d'après les lois pénales ordinaires* [3] ».

[1] Dans ce sens : Cass., 19 août 1830 (S. 31, 1, 185). En sens contraire : HAUS, t. II, nos 899 et 900.

[2] Nous citerons une espèce remarquable dans laquelle ce principe a été appliqué. Un journaliste, rédacteur de la *Tribune*, avait été condamné à un emprisonnement de plus d'une année par la Chambre des députés. Après cette condamnation, il fut poursuivi pour un nouveau délit, et les peines de la récidive lui furent appliquées. Il se pourvut en cassation, sur ce motif que la première condamnation émanait d'une juridiction exceptionnelle. La Cour suprême rejeta son pourvoi : 19 oct. 1833 (S. 34, 1, 46).

[3] Comp. Cass., 26 août 1880 (S. 81, 1, 232). Mais *quid* quand il y a eu condamnation par un conseil de guerre à une peine unique pour deux infractions, l'une militaire, l'autre ordinaire? Sur cette hypothèse délicate, comp. Cass., 9 nov. 1878 (S. 80, 1, 89).

Mais la condamnation, qui forme le premier terme de la récidive, ne peut être considérée comme suffisante, que quand elle émane du pouvoir judiciaire de l'État français. En effet, les lois pénales étrangères n'étant pas applicables en France, soit aux étrangers, soit aux Français qui commettent un crime en pays étranger, les jugements, fondés sur ces lois, ne peuvent avoir pour effet, en France, d'aggraver *légalement* les peines[1].

248. B. Le second terme de la récidive, c'est la nouvelle infraction. Si le législateur a distingué trois sortes d'infractions, les *crimes*, les *délits* et les *contraventions*, cette division, utile pour fixer la compétence, n'a aucune prétention scientifique. D'après leur *nature*, toutes les infractions se divisent en deux catégories : les infractions *intentionnelles* et les infractions *non intentionnelles*. Les crimes et les délits rentrent, en principe, dans la première catégorie; les contraventions, dans la seconde. Cela posé, il n'y a réellement que deux genres d'infractions, les crimes et délits d'une part, faits de même *nature*, qui ne diffèrent entre eux que par leur gravité, et les contraventions d'autre part. Au point de vue de la récidive, il ne doit donc y avoir rien de commun entre ces deux genres d'infractions : le principe général de la récidive et le but que s'est proposé le législateur en la punissant, entraînent naturellement ce résultat. La récidive se divise, par conséquent, en deux grandes classes : récidive de *crimes* à *délits* et de *délits* à *crimes*, avec des précisions et dans des limites que nous ferons connaître; et récidive de *contraventions* à *contraventions*. Mais il n'y a pas récidive, de contraventions à crimes ou délits, et de crimes ou délits à contraventions. Cette distinction faite, il est indifférent que l'infraction, commise après une première condamnation, ait ou non rapport avec le premier fait : en un mot, pour les crimes et délits, d'une part, et pour les contraventions, d'autre part, le législateur admet le principe de la récidive *absolue*, en se basant seulement

[1] Comp. dans ce sens : BLANCHE, t. I, n° 450; CHAUVEAU et HÉLIE, t. I, n. 216; BERTAULD, p. 456; PESSINA, *op. cit.*, p. 307; L. RENAULT, *Rev. crit.*, 1881, p. 467 à 469; Aix, 14 avril 1875 (D. 76, 2, 108); Cass., 3 avril 1875 (D. 75, 1, 150) et les conclusions; Besançon, 15 janvier 1879 (S. 79, 104). En sens contraire : PARINGAULT, *Rev. crit.*, 1858, t. XIII, p. 469; Nicola NICOLINI, *Principes philosophiques et pratiques de droit pénal* (trad. FLOTARD, Paris, 1851), p. 67 et suiv. Du reste, si la première condamnation avait été prononcée par une juridiction, française au moment de la condamnation, mais détachée du territoire par suite de traités, l'aggravation due à la récidive serait légalement encourue.

sur la gravité de la peine encourue. La récidive *spéciale* n'existe qu'à l'état d'exception dans nos lois[1].

Mais, tandis que, en matière de *crimes* et de *délits*, la loi ne tient aucun compte, pour la récidive, du *temps* qui sépare la seconde infraction de la première condamnation, ni du *lieu* où a été prononcée la première condamnation et commise la deuxième infraction, ni de ce fait que l'une des infractions est punie par le *Code pénal* et l'autre par des *lois spéciales*[2]; en matière de *contraventions*, au contraire, pour qu'il y ait récidive punissable, il faut, aux termes de l'article 483, C. p. : 1° que le contrevenant ait été condamné dans les douze mois précédents, c'est-à-dire qu'il ait commis la contravention dans les douze mois, à compter du jour où la première condamnation a acquis force de chose jugée[3]; 2° qu'il ait été condamné par le même tribunal, en d'autres termes, que les deux contraventions aient été commises dans le ressort du même tribunal de police; 3° que les deux contraventions soient prévues et punies par le Code pénal, mais il n'est pas nécessaire, ainsi

[1] Ces exceptions sont, du reste, assez nombreuses et se rencontrent surtout en matière de *délits spéciaux*. Dans ce cas, le système de la loi est tout différent de son système ordinaire. *a*) Ainsi d'abord, tandis que, dans la récidive générale, la loi ne va pas au delà de la première rechute; dans la récidive spéciale, elle prévoit souvent, pour aggraver encore la peine, les rechutes consécutives (V. par exemple : C. p., art. 199 et 200; L. 23 janv. 1873, *relative à l'ivresse publique*, art. 2 et 3); *b*) En cas de récidive spéciale, il n'est pas toujours nécessaire, comme en cas de récidive générale, que la peine prononcée pour la première condamnation correctionnelle soit supérieure à une année d'emprisonnement (L. 3 mai 1844, *sur la police de la chasse*, art. 15); *c*) En cas de récidive générale, on ne prend pas en considération le temps qui s'est écoulé entre la première condamnation et la deuxième infraction. En cas de récidive spéciale, la loi impartit le plus souvent un délai dans lequel doit se produire la deuxième infraction. Il en est particulièrement ainsi en matière forestière, de chasse, de pêche fluviale (Comp. également : L. 12 juillet 1875, *relative à la liberté de l'enseignement supérieur*, art. 19, § 2). — Aux termes de l'article 63, l'aggravation des peines résultant de la récidive n'est pas applicable aux infractions prévues par la loi sur la presse du 29 juillet 1881.

[2] Comp. Blanche, t. I, n° 469; Cass., 28 nov. 1868 (S. 69, 1, 365); 4 sept. 1868 (S. 70, 1, 142). V. Desjardins (*Rev. crit.*, 1883, p. 86); Cass., 20 janv. 1882 (S. 82, 1, 285).

[3] Suivant quelques auteurs, il suffirait que le jugement ait été rendu dans les douze mois qui ont précédé la nouvelle contravention. Dans cette opinion, le tribunal de simple police n'aurait à se préoccuper que de la date du premier jugement, combinée avec la date de la seconde contravention. Il nous semble plus exact de compter les douze mois, non à partir du jour où la première condamnation a été prononcée, mais à partir du jour où elle a acquis force de chose jugée. La récidive, en effet, suppose toujours, comme premier terme, une condamnation antérieure, *irrévocable*.

qu'on l'a prétendu, que les deux contraventions appartiennent à la même classe, sauf le cas prévu par l'article 478[1].

249. Pour donner lieu à l'application des règles de la récidive, le deuxième fait punissable doit être indépendant de la première condamnation. Dans le cas contraire, la peine infligée pour le deuxième fait devrait être subie après ou avant la peine déjà encourue, mais ne devrait pas être aggravée. Lorsque le deuxième fait a été la conséquence de la première condamnation, comment dire, en effet, que le coupable est incorrigible et ne tient aucun compte de l'avertissement qu'il a reçu? Ainsi, la *rupture de ban* d'un condamné à la surveillance, et l'*évasion* d'un détenu n'entraînent pas les peines de la récidive, car ces faits sont moins des délits nouveaux, que l'inexécution des peines prononcées par la première condamnation[2]. Mais si un condamné pour une rupture de ban commettait une seconde fois le même délit ou un autre délit, il serait en état de récidive[3].

250. II. *Caractère de la récidive.* — La récidive a pour effet une aggravation de peine; mais a-t-elle le caractère d'une véritable circonstance aggravante de l'*infraction*, n'est-elle pas plutôt une circonstance aggravante de la *peine?* En un mot, agit-elle sur la peine directement, ou seulement par voie de conséquence, en agissant sur le fait? Un grand intérêt s'attache à la solution de cette question. Si la récidive est une circonstance du fait délictueux, c'est au juge du fait à statuer sur son existence; si, au contraire, elle n'a d'influence que sur la peine, elle ne peut être appréciée que par les juges chargés de l'appliquer. En jurisprudence et en doctrine, cette question est restée quelque temps indécise. Un arrêt de la Cour de cassation du 18 floréal an VII, porte que la question sur la récidive doit être proposée, lors des débats, comme circonstance aggravante, et résolue par le jury. Mais une décision postérieure du 11 juin 1812, approuvée par la majorité des auteurs, et qui a fait jurisprudence, décide, au contraire, que la cour d'assises seule doit faire cette appréciation[4]. En effet, la récidive constitue, non un *état de l'infraction*, mais un *état de l'infracteur :* son examen rentre dans le problème de l'appli-

[1] Blanche, t. VII, n° 525; Cass., 29 avril 1869 (D. 69, 1, 143); 3 juin 1875 (D. 76, 1, 334).

[2] Cass., 14 avril 1864 (S. 1864, 1, 376); Caen, 20 avril 1875 (S. 76, 2, 6); Cass., 24 juillet 1875 (S. 81, 1, 141).

[3] Limoges, 4 janv. 1845 (S. 45, 2, 207); Blanche, t. I, n° 227.

[4] Sir., 1817, 1, 326. Cependant, l'opinion contraire, qui a été soutenue par Carnot, est encore vivement défendue par Haus, t. II, n° 883.

cation de la peine, puisqu'il s'agit seulement de vérifier l'existence d'une condamnation antérieure[1].

251. C'est à l'accusation qu'il appartient de faire la preuve de la récidive. Pour l'administrer, le ministère public doit établir : 1° l'identité du prévenu ou de l'accusé; 2° l'existence de la condamnation antérieure.

Si la contestation porte sur l'identité, il est procédé à la reconnaissance d'après la marche indiquée par les articles 518 à 520, C. inst. cr.; si elle porte sur l'existence de la condamnation, le seul moyen légal consiste à fournir un extrait en forme du jugement ou de l'arrêt de condamnation. *a*) En matière *criminelle* et *correctionnelle*, la recherche en est rendue facile par le système des *casiers judiciaires*, dont l'idée essentielle consiste à *localiser, au greffe de l'arrondissement natal*, toutes les décisions judiciaires concernant chaque condamné[2]. Grâce à ce système, toutes les fois qu'un individu comparaît devant les tribunaux, il est facile, en connaissant le lieu de sa naissance, de se procurer des renseignements complets sur ses antécédents. Les condamnations prononcées par des tribunaux de répression (sauf ceux de simple police) sont relevées sur des bulletins individuels, qui sont transmis au parquet du tribunal de l'arrondissement du *lieu de naissance*, si le prévenu est né en France, ou au *ministère de la justice*, si le prévenu est né à l'étranger, aux colonies, ou si son ori-

[1] Je ne crois pas, en effet, que la récidive soit une circonstance aggravante, analogue aux autres circonstances aggravantes *subjectives*. Il existe, par exemple, une différence capitale entre un vol commis par un individu en état de récidive, et un vol dont un *domestique* s'est rendu coupable. Qu'est-ce que le vol? la soustraction frauduleuse de la chose d'autrui : voilà les éléments constitutifs de cette infraction. La qualité de domestique, chez l'auteur, est une circonstance aggravante de ce fait, parce qu'elle le modifie dans une certaine mesure. Au contraire, quelle modification est apportée au vol, lorsqu'il est commis par un individu déjà condamné? Quel élément intrinsèque nouveau cette circonstance y ajoute-t-elle? Cette différence est si vraie, qu'elle est passée instinctivement dans le langage ordinaire : on dira un vol domestique, mais on ne dira pas un vol récidiviste. Comp. BLANCHE, t. I, n° 460; TRÉBUTIEN, t. I, p. 291.

[2] Ce système est dû à M. BONNEVILLE DE MARSANGY (*De la nécessité de localiser à l'avenir, au greffe de l'arrondissement natal, tous les renseignements judiciaires concernant chaque condamné*, 1848). L'idée fut trouvée juste et adoptée par une circ. min. just. du 6 nov. 1850. Comp. sur les mesures qui avaient été prescrites, antérieurement à 1850, pour la constatation des récidives, leur désuétude et leur inefficacité, l'ouvrage déjà cité de cet auteur sur la *Récidive*, p. 41 à 52. Dans nos anciennes coutumes, on parvenait à la constatation et à la reconnaissance de l'état de récidive par certains procédés signalétiques : tantôt par la décalvation, plus souvent par la mutilation des membres et la marque proprement dite. On trouvera les documents sur la question : BONNEVILLE, *De l'amélioration de la loi criminelle*, 2e append.

gine n'a pu être légalement constatée sur les actes de l'état civil. Ces bulletins, qui doivent également contenir l'état de faillite ou de réhabilitation d'un commerçant, sont classés, par ordre alphabétique, dans des *casiers*, soit au greffe de chaque tribunal d'arrondissement, soit au bureau de la statistique établi au ministère de la justice. Chaque fois qu'un individu est poursuivi, le ministère public demande un extrait du casier d'arrondissement ou du casier central : cet extrait contient le relevé de tous les bulletins des condamnations précédentes, ou est négatif, suivant les cas. Il est joint au dossier, de sorte que le tribunal de répression a, sous les yeux, la biographie judiciaire de tout prévenu[1]. *b*) En matière de *simple police*, les renseignements sur les antécédents du prévenu peuvent être directement fournis par le greffe de la justice de paix qui a prononcé la condamnation, puisqu'il n'y a de récidive punissable de contravention à contravention que si les deux infractions ont été commises dans le ressort du même tribunal depuis moins d'un an.

La preuve de la récidive pourrait-elle se faire autrement que par un extrait de l'arrêt ou du jugement de condamnation, relevé dans le casier judiciaire[2], et résulter, par exemple, d'un *aveu* du prévenu? Nous n'en doutons pas, car il s'agit de constater un simple fait — la condamnation antérieure — et tous les moyens de preuves peuvent servir à l'établir[3]. Du reste, l'aggravation de peine doit être prononcée, même d'office, et malgré le silence du ministère public, si l'état de récidive est constaté par la juridiction, sans que celle-ci puisse, du reste, après un premier jugement de condamnation, prononcer, par jugement nouveau, la peine de la récidive qu'elle aurait omise lors du premier jugement[4].

252. III. *Effets de la récidive.* — J'étudierai distinctement les effets de la récidive en matière de *contraventions* et en matière de *crimes* et de *délits*.

[1] Comp. sur le fonctionnement des casiers judiciaires : Despatys, *Traité théorique et pratique des casiers judiciaires en France et à l'étranger* (Paris, 1870); Le Poitevin, *Traité des casiers judiciaires* (Paris, 1880). Le régime des casiers judiciaires, appliqué, depuis 1850, en France, a été introduit en Italie, dans le Portugal, dans le Wurtemberg et la Bavière : comp. Yvernès, *De la récidive et du régime pénitentiaire en Europe*, p. 21 et suiv.; Lefébure et Desportes, *op. cit.*, p. 256-259.

[2] Mais le casier judiciaire n'établit pas légalement la force probante des mentions qu'il contient : Cass., 11 septembre 1882.

[3] *Sic*, Cass., 10 avril 1880 (S. 81, 1, 91).

[4] Comp. Trébutien, t. I, p. 296.

253. A. La récidive punissable oblige le juge, en matière de contraventions, à prononcer la peine de l'emprisonnement, indépendamment de l'amende, dans le cas où cette peine est seule édictée par les dispositions du Code pénal, ou à élever le taux de l'emprisonnement et à le porter au maximum, lorsque cette peine est prononcée par la loi en même temps que l'amende (C. p., art. 471, 473, 475, 478, 479, 482). Mais cette aggravation de peine peut être écartée par une déclaration *formelle* de circonstances atténuantes (C. p., art. 483).

254. B. Pour que la récidive, en matière de crimes et de délits, soit punissable, il faut nécessairement que le premier et le second terme de la récidive soient un *crime* ou un *délit*. Ceci compris, le Code pénal fait dépendre l'aggravation de peine, qui est l'effet légal de la récidive constatée, de la gravité tout à la fois de la première et de la seconde infraction. Mais cette gravité, doit-elle être appréciée d'après la *nature* intrinsèque de l'infraction commise, c'est-à-dire d'après la *qualification* de celle-ci, ou d'après la *peine* réellement prononcée? Il peut se faire que, par suite de l'admission d'une excuse, ou de la déclaration de circonstances atténuantes, un fait, qualifié crime par la loi, poursuivi et jugé comme crime, ait été frappé de peines correctionnelles : considère-t-on ce fait, au point de vue des règles de la récidive, comme un crime ou comme un délit? Rationnellement, c'est de la *peine* prononcée et non de l'*infraction* commise que le juge doit tenir compte. S'agit-il, en effet de la première condamnation qui sert de base à la récidive? cette condamnation est considérée par la loi comme un avertissement donné au coupable, et la portée de cet avertissement se mesure à la gravité de la *peine* prononcée. S'agit-il, au contraire, de l'infraction nouvelle? c'est la peine réellement encourue à raison de ce fait, et seulement cette peine, qu'il est question d'aggraver pour cause de récidive. Ce principe rationnel est aujourd'hui le principe légal. Les lois de révision de 1832 et de 1863, en modifiant les articles 56, 57 et 58 du Code pénal, ont fait cesser quelques-uns des doutes qui s'étaient élevés à cet égard dans la doctrine et la jurisprudence[1]. Il reste malheureusement un point essentiel sur lequel des difficultés subsistent encore.

Puisque la récidive a sa base dans la *gravité* des peines encourues par l'agent, nous pouvons, pour étudier ses effets, supposer quatre combinaisons.

[1] Comp. BLANCHE, t. I, n° 569; CHAUVEAU et HÉLIE, t. I, n° 210; Cass., 3 juillet 1863 (*Bull. crim.*, n° 188).

255. *a*) *Récidive de peine criminelle à peine criminelle.* — L'article 56, révisé en 1832, prévoit le cas où un individu, ayant été condamné « *à une peine afflictive ou infamante* », commet un second crime qui, abstraction faite de la récidive, devrait être puni d'une peine *afflictive* ou simplement *infamante.* Le système d'aggravation, qui est la conséquence de cette récidive, consiste à obliger le juge à monter, dans chaque échelle pénale, l'échelle de droit commun et l'échelle politique, d'un échelon à l'échelon immédiatement supérieur, si ce n'est toutefois : 1° qu'on ne passe pas d'une peine *temporaire,* par exemple, des travaux forcés à temps, à une peine *perpétuelle,* les travaux forcés à perpétuité; l'aggravation consiste alors à prononcer le *maximum* de la peine, qui peut même être portée jusqu'au double; 2° qu'on passe de la *déportation*, peine politique, aux *travaux forcés à perpétuité,* peine de droit commun[1]; 3° qu'on ne passe à la *peine de mort*, qu'autant que les deux peines, celle qui a été prononcée par la première condamnation, celle qui devrait l'être pour la seconde infraction, sont toutes deux les travaux forcés à perpétuité. Mais lorsque cette double condition se rencontre, l'application de la récidive amène, — ce qui est excessif, — une condamnation à la peine de mort.

256. *b*) *Récidive de peine criminelle à peine correctionnelle.* — Lorsqu'une première condamnation à une *peine criminelle* aura été prononcée, cette condamnation devra aggraver, pour cause de réci-

[1] La loi du 8 juin 1850 a créé un nouveau degré de déportation, la *déportation simple,* qui n'existait pas dans le Code pénal, révisé en 1832. Il serait plus conforme au système général de la récidive, lorsque la peine à appliquer est la peine de la *déportation simple*, de ne prononcer, à raison de la récidive, que la *déportation dans une enceinte fortifiée,* sauf à réserver la peine des *travaux forcés à perpétuité*, comme aggravation de la *déportation dans une enceinte fortifiée*. Mais cette modification à l'article 56, dont tout le monde reconnaît la justice, peut-elle être admise, en l'absence d'une disposition formelle de la loi du 8 juin 1850? Nous le croyons, malgré des doutes bien légitimes; car une loi nouvelle qui introduit, dans l'échelle pénale, une nouvelle peine et qui y change l'ordre des degrés, réagit sur toutes les dispositions qui emploient cette échelle, et les modifie dans tout ce qu'elles ont de contraire à l'état de choses qu'elle consacre. Cela est si vrai que, dans l'article 2 de la loi de 1850, on lit : « En cas de déclaration de circonstances atténuantes, si la peine prononcée par la loi est celle de la déportation dans une enceinte fortifiée, les juges appliqueront celle de la déportation simple ou de la détention ». Puisque la loi indique expressément comment on doit abaisser la peine, n'indique-t-elle pas virtuellement comment on doit l'élever? Du reste, dans le silence de la loi, cette interprétation doit être adoptée comme favorable au condamné. Comp. en sens divers : Molinier (*Rev. crit.*, t. I, p. 49); *Rec. de l'Acad. de législation*, 1862, t. II, p. 119, note; Bertauld, p. 444; Ortolan, t. II, n° 1650; Blanche, t. I, n° 488.

dive, la peine *correctionnelle*, encourue pour une nouvelle infraction. Le coupable sera condamné au *maximum* de la peine portée par la loi, et cette peine pourra être élevée jusqu'au double. Le condamné sera de plus mis sous la surveillance spéciale de la haute police pendant cinq ans au moins et dix ans au plus.

Cette aggravation s'applique, d'après l'article 57, au condamné qui aura commis soit un « *délit* », soit un « *crime qui devra n'être puni que de peines correctionnelles* ». Ces derniers mots ont été ajoutés par la loi de 1863, mais on est loin d'être d'accord sur l'hypothèse qu'ils prévoient [1]. On peut leur donner, en effet, trois significations : 1° Un fait poursuivi comme *crime*, par exemple, un *vol*, commis avec *escalade* et *effraction*, peut être puni de peines correctionnelles parce que les circonstances aggravantes, qui en faisaient un crime, auraient été écartées par le jury; il est certain que ce n'est pas cette hypothèse que visent les mots de l'article 57, car alors il n'y a plus un « *crime* « puni de peines correctionnelles, mais simplement un « *délit* ». Ici, la *qualification légale* change et non pas seulement la peine. 2° Un fait, poursuivi comme *crime*, peut n'être puni que de peines correctionnelles, par suite de l'admission d'une *excuse légale*, par exemple, de la *provocation* ou de la *minorité de seize ans*. Il est non moins certain que cette hypothèse est visée par ces mots du texte, qui s'y appliquent *à la lettre;* et il faut reconnaître, par un argument décisif, puisque c'est un argument de texte, que, dans l'application de la peine, l'atténuation de l'excuse légale doit être faite avant l'aggravation de la récidive. 3° Un fait, poursuivi comme *crime*, peut être puni de peines correctionnelles par suite de l'admission de *circonstances atténuantes*. Eh bien! ces mots « crime qui devra n'être puni que de peines correctionnelles » visent-ils le cas où, par suite de la déclaration de circonstances atténuantes, la peine *criminelle*, qui devrait être prononcée, descend, en vertu des pouvoirs du juge, à une peine *correctionnelle?* Si on l'admet, c'est que le calcul de l'atténuation due aux circonstances atténuantes précède le calcul de l'aggravation due à la récidive. Or, la question a un grand intérêt, car, suivant que, dans l'application de la peine, on suivra l'une ou l'autre marche, qu'on atténuera, avant d'aggraver, ou qu'on aggra-

[1] Leur interprétation a donné lieu, à ma connaissance, à sept systèmes différents. Comp., pour leur exposé, FERNEX DE MONTGEX, *op. cit.*, p. 168 et suiv.

vera, avant d'atténuer, la peine définitivement prononcée pourra être bien différente. Nous posons la question ici, nous réservant de l'examiner plus loin.

257. c) *Récidive de peine correctionnelle à peine criminelle.* — Lorsque, après une condamnation à une *peine correctionnelle*, le condamné a commis un crime, puni d'une peine *afflictive* ou *infamante*, il n'y a pas de récidive dans le sens et avec l'effet légal du mot, car l'article 56 exige, pour qu'il y ait récidive, que la première condamnation soit d'une peine afflictive ou infamante, et nous la supposons correctionnelle; et l'article 57, qui prévoit le cas où la première condamnation est correctionnelle, suppose la seconde également correctionnelle. Cette règle est fondée sur cette considération qu'une peine correctionnelle, antérieurement prononcée, n'a pas été un avertissement suffisant pour faire aggraver par la loi une peine criminelle. La pénalité ordinaire a paru devoir offrir, dans ce cas, au juge, des éléments suffisants pour la répression de la récidive [1].

Que la peine correctionnelle antérieure ait été prononcée pour *crime* ou pour *délit*, la solution reste la même : les difficultés élevées sur ce point lors de la première rédaction de l'article 57, en 1810, ont disparu lors de la révision de 1832 [2]. Mais si la seconde infraction, quoique qualifiée *crime*, était déclarée excusable par la loi, le coupable encourrait, au contraire, une aggravation de peine, comme s'il était retombé d'un *délit* dans un *délit*, pourvu qu'il ait été précédemment condamné à une peine supérieure à une année d'emprisonnement. En serait-il de même si le juge, admettant des circonstances atténuantes, commuait la peine prononcée *par la loi* contre un fait qualifié *crime*, en un emprisonnement correctionnel? Nullement; d'une part, les circonstances atténuantes ne changent pas la qualification légale de l'infraction, qui reste un crime, et, de l'autre, il serait contradictoire, pour le juge, d'aggraver une peine qu'il vient de réduire, et précisément parce qu'il l'a réduite. Du reste, cette question se rattache encore au problème qui consiste à déterminer l'ordre qu'il convient de donner, dans l'application de la peine, à l'atténuation due aux circonstances atténuantes et à l'aggravation due à la récidive. Nous l'examinons plus loin.

[1] « La loi n'a attaché aucune aggravation de peine à la récidive de délit à crime, par le motif que la peine applicable au crime laisse au juge une latitude suffisante pour assurer la répression ». Arrêt de la Cour de cass., 21 déc. 1871 (S. 72, 1, 447).

[2] Cass., 6 janvier 1881 (S. 82, 1, 281) et la note.

258. *d) Récidive de peine correctionnelle à peine correctionnelle.* — Cette récidive est une cause légale d'aggravation, lorsque la peine correctionnelle, qui a été prononcée pour le premier *crime* ou le premier *délit*, est supérieure à une année d'emprisonnement (C. p., art. 57 et 58). Le législateur n'a voulu attacher à la première condamnation d'effet aggravant sur la seconde que lorsqu'elle est d'une certaine gravité. Cette limite de plus d'une année d'emprisonnement, est donc très-importante dans l'application des peines correctionnelles, car d'un côté, elle influe sur la récidive et, de l'autre, sur le lieu et le mode d'exécution de l'emprisonnement correctionnel. C'est même ce qui explique, en pratique, ces condamnations si fréquentes à un an et *un jour* d'emprisonnement.

L'aggravation pour cause de récidive de peine correctionnelle à peine correctionnelle est toujours l'application du *maximum*, avec faculté d'élever la peine jusqu'au double, et le renvoi sous la surveillance de la haute police pendant cinq ans au moins et dix ans au plus (C. p., art. 58).

259. La pénalité correctionnelle applicable soit aux crimes, soit aux délits, se compose, en général, de plusieurs espèces de peines, que le législateur a réunies, afin de fournir aux juges des combinaisons différentes propres à adapter le châtiment aux exigences spéciales de chaque affaire. On se demande si les articles 57 et 58 imposent aux tribunaux correctionnels et aux cours d'assises l'obligation de porter toutes les peines au *maximum*, pour cause de récidive, lorsque la pénalité qui est applicable au prévenu ou à l'accusé se compose ainsi de divers éléments. L'expression *peine* étant employée, dans ces textes, avec un sens *collectif*, il faut décider, je crois, que tout l'*ensemble* de la pénalité, applicable à chaque fait, doit être porté au maximum, en maintenant toutefois aux juges les pouvoirs *discrétionnaires* dont la loi les investit par rapport à l'application de chaque peine. D'où trois règles : 1° Lorsque la loi prononce *cumulativement* plusieurs peines qui sont également *obligatoires* (V., par exemple, les hypothèses prévues par les art. 338, 411, 412 C. p.), elles doivent toutes être portées au maximum, avec faculté de les élever jusqu'au double; 2° Lorsque la loi prononce à la fois des peines *obligatoires* et des peines *facultatives* (V., par exemple, l'art. 401 C. p.), le juge doit porter au maximum les peines obligatoires et peut les élever jusqu'au double. Il peut ne pas infliger les peines facultatives, et, s'il les prononce, ne pas les aggraver; car, libre de ne pas les prononcer du tout, il ne saurait être tenu de les porter au maximum[1]; 3° Lorsque la loi laisse au juge le pouvoir d'appliquer, sous une *alternative*, ou toutes les peines, ou l'une des peines seulement (V., par exemple, les art. 311 et 413 C. p.), le juge conserve ce pouvoir, en cas de récidive, et il l'exerce en élevant au maximum la peine qu'il croit devoir appliquer[2].

SECTION II.

Des circonstances atténuantes légales et judiciaires.

260. Les causes d'atténuation des peines sont déterminées, les unes par la *loi* elle-même et portent le nom d'*excuses*, les autres, par le *juge*, et gardent celui de *circonstances atténuantes* : l'effet des premières est d'atténuer *légalement* la peine; elles influent sur la culpabilité *absolue*; l'effet des secondes est d'atténuer *judiciairement* la peine; elles influent sur la culpabilité *relative*. Aussi, tandis que les excuses peuvent modifier, suivant les cas, la *qualification* même de l'*infraction*, les circonstances atténuantes modifient seulement l'*application* de la *peine*.

I. DES EXCUSES[3].

261. J'examinerai trois questions : Quelle est la *nature* des excuses? Quelles en sont les *causes?* Quels en sont les *effets?*

262. De la nature des excuses. — Dans le sens ordinaire du mot, on appelle *excuse*, une circonstance qui diminue, sans la faire disparaître, la criminalité d'une action, ou la culpabilité de son auteur. Toute excuse suppose donc deux choses : un fait contraire au droit; un agent coupable de ce fait. Le sens vulgaire du mot *excuse* en est aussi le sens légal; ainsi, dans la rubrique du livre II

[1] S'il inflige une peine facultative, certains prétendent cependant que le juge est obligé de l'élever au maximum et ils repoussent notre raisonnement en disant : *fecit quod non potuit, quod non potuit fecit.*

[2] S'il prononce toutes les peines édictées par la loi, il est simplement obligé de porter l'une ou l'autre au maximum. V. sur ce point cependant la note précédente.

[3] Bibliographie : Arthur Desjardins, *Des excuses en droit criminel* (*Rev. crit.*, 1859, t. XIV, p. 517; t. XV, p. 312); E. Lasserre, *Étude sur les cas de non-culpabilité et les excuses en matière pénale* (Paris, 1879); de Sarrau de Boynet, *Des excuses légales en droit pénal* (Paris, 1875).

du Code pénal, il est parlé des « *crimes* et *délits excusables* », expressions desquelles on peut conclure que l'excuse laisse subsister l'infraction. Mais l'excuse, qui est toujours un fait déterminé *a priori* par la loi (C. p., art. 65) [1], a une influence nécessaire sur la peine qui doit être proportionnée à la criminalité de l'infraction et à la culpabilité de l'agent; tantôt elle a pour résultat simplement de l'atténuer, tantôt d'en exempter le condamné. Suivant l'étendue de ces effets, on la qualifie d'*atténuante* ou d'*absolutoire*.

A. Les excuses *absolutoires*, encore appelées *péremptoires*, sont celles qui, sans détruire l'infraction, ont pour effet d'exclure la peine, de telle sorte que, leur existence étant reconnue en faveur d'un prévenu ou d'un accusé, celui-ci, quoique *déclaré coupable*, ne peut être condamné à aucune peine. Parfois cependant la loi autorise formellement le juge à prononcer le renvoi sous la surveillance de la haute police, qui est une mesure plutôt préventive que répressive. Ce qu'il importe de remarquer, c'est que les excuses absolutoires diffèrent, par leur nature, comme par leurs conséquences, et des faits qui légitiment une infraction (*faits justificatifs*), et des faits qui effacent la culpabilité de l'agent (*causes de non-imputabilité*). *a*) Ainsi tout d'abord, l'accusé ou le prévenu ne peut invoquer d'autres faits d'excuse que ceux qui sont admis comme tels par une disposition formelle de la loi (C. p., art. 65); tandis que les circonstances, qui rendent une infraction légitime ou qui en effacent la criminalité, peuvent être accueillies par le juge, alors même qu'elles n'auraient pas été formellement prévues par la loi. Un individu, reconnu coupable d'une infraction, doit, en effet, être puni, à moins qu'un texte formel n'autorise le juge à l'exempter du châtiment. Mais un individu ne peut être puni que s'il est coupable, et la loi qui donne au juge la mission d'examiner la culpabilité, a dû lui donner, par cela même, le droit général de tenir compte de toutes les circonstances qui l'excluent. *b*) Cette différence de *nature* entre les excuses et les faits justificatifs ou les causes de non-imputabilité exerce son influence sur la *procédure*. Ainsi, les juridictions d'instruction ont le droit et le devoir d'examiner si le prévenu ou l'accusé est coupable et, par conséquent, d'arrêter la procédure, s'il existe, en sa faveur, des faits justificatifs, tels que la légitime défense, ou des causes de non-imputabilité, telles que la démence. Au contraire, les

[1] Comp. Cass., 26 janvier 1877 (*France judic.*, 1877, t. II, p. 304).

excuses, même absolutoires, échappent à l'appréciation de ces juridictions, qui ne sont pas chargées d'appliquer la peine, mais d'examiner s'il y a des présomptions graves de culpabilité : cependant, si l'excuse est telle qu'elle n'autorise même pas le juge à renvoyer le prévenu ou l'accusé sous la surveillance de la haute police, peut-être appartiendra-t-il aux juridictions d'instruction d'examiner si elle existe, pour arrêter une poursuite qui ne pourrait aboutir qu'à une déclaration platonique de culpabilité [1]. *c*) En cour d'assises, le jury n'est que *facultativement* interrogé sur les causes de justification ou de non-imputabilité que propose l'accusé, car la question générale de culpabilité lui permet d'en tenir compte; tandis que, aux termes de l'article 339, C. inst. cr. : « Lorsque l'accusé aura proposé pour excuse un fait admis comme tel par la loi, le président devra, *à peine de nullité,* » poser une question spéciale et distincte sur ce fait; et le jury ne résoudra cette question, pour ou contre l'accusé, qu'après avoir résolu au préalable, *contre lui*, la question de culpabilité. *d*) Enfin l'accusé, déclaré *non coupable* par suite d'une cause de justification ou de non-imputabilité, doit être *acquitté* par une ordonnance du président, tandis que l'accusé, déclaré *coupable*, mais en faveur de qui le jury a admis l'existence d'une excuse péremptoire, est *absous* par arrêt de la cour. Car, dans le premier cas, la sentence d'acquittement est rendue en vertu d'un verdict qui l'impose et qui ne laisse place à aucune interprétation, tandis que, dans le second, l'absolution résulte d'une disposition de la loi qui doit être interprétée par arrêt de la juridiction. Nous verrons, du reste, que l'*acquittement* et l'*absolution* diffèrent, non-seulement par leurs formes, mais par leurs effets.

B. Les excuses atténuantes sont des faits qui, en diminuant la culpabilité, diminuent la peine, et qu'on peut définir « *des circonstances atténuantes, spécialement prévues par la loi* ». Elles se distinguent donc essentiellement des circonstances atténuantes proprement dites, dont la détermination est abandonnée à l'appréciation des juges [2].

[1] La plupart des auteurs n'admettent même pas, dans ce cas, le droit d'appréciation des juridictions d'instruction. Comp. Blanche, t. I, n° 609; Chauveau et Hélie, t. II, n° 542; Desjardins, *Rev. crit.*, t. X, 1881, p. 177. Leur opinion est certainement plus conforme à la rigueur des principes; la mienne, aux nécessités de la pratique.

[2] Sur la distinction : Nicola Nicolini, *op. cit.*, p. 156 et 172.

263. Des causes d'excuse. — Les excuses sont générales ou spéciales suivant qu'elles s'appliquent à toutes les infractions ou seulement à certaines infractions.

264. I. Dans notre système pénal, nous ne trouvons que deux causes générales d'excuse atténuante : la *minorité de seize ans* et la *provocation*.

265. A. *De la minorité de seize ans.* — Lorsque le tribunal estime que l'infraction a été commise, avec discernement, par un mineur de seize ans, l'âge devient, en principe, une *excuse atténuante* qui diminue la culpabilité et, par conséquent, la peine.

Pour étudier l'application des articles 67 et 69 C. p., qui contiennent le système de la loi sur ce point, je supposerai le mineur de seize ans convaincu, soit de *crime*, soit de *délit*, soit de *contravention*.

a) En toute matière *criminelle*, l'âge de l'accusé change la *nature* des peines à prononcer et substitue, aux peines afflictives ou infamantes, un *emprisonnement correctionnel*, toujours temporaire[1]. 1° Si le crime emporte la peine de mort ou une peine afflictive perpétuelle, les travaux forcés à perpétuité ou la déportation, le mineur sera condamné à la peine de dix à vingt ans d'emprisonnement dans une maison de correction. 2° Si le crime n'emporte qu'une peine afflictive temporaire, les travaux forcés à temps, la détention, la réclusion, le mineur sera condamné à être renfermé dans une maison de correction, pour une durée égale au tiers au moins et à la moitié au plus « du temps pour lequel il aurait pu être condamné à l'une de ces peines ». Il résulte de ces expressions que ce n'est ni le *maximum*, ni le *minimum* de chacune de ces peines que la cour d'assises et le tribunal correctionnel doivent prendre en considération; mais qu'ils doivent déterminer d'abord la peine qui serait encourue par un majeur et opérer, sur cette peine, le calcul indiqué par le texte[2]. Il faut ajouter que, dans ces deux premiers cas, le mineur de seize ans peut être mis sous la surveillance de la haute police pendant cinq ans au moins et dix ans au plus. 3° Si le crime emporte une peine

[1] En changeant la *nature* de la peine, l'excuse change-t-elle la nature de l'infraction, transforme-t-elle un crime en délit? C'est une question que nous examinons plus loin.

[2] Est-ce à dire que, dans le calcul nécessaire pour arriver à appliquer la peine, l'atténuation des circonstances atténuantes doive précéder l'atténuation de la minorité? C'est une question que je réserve. Comp., du reste, Cass., 11 janvier 1855 (S.56, 1, 633); 2 avril 1864 (S. 66, 1, 134).

seulement infamante, le bannissement et la dégradation civique, le mineur sera frappé d'un emprisonnement correctionnel d'un an à cinq ans.

Le mineur, étant condamné, pour crime, à une peine correctionnelle seulement, n'encourra pas les incapacités qui sont la conséquence des condamnations à des peines afflictives et infamantes, telles que l'interdiction légale et la dégradation civique. Mais l'amende et la confiscation spéciale, qui accompagnent parfois, à titre de peines complémentaires, les peines afflictives ou infamantes, ne sont pas modifiées dans leur application au mineur de seize ans. C'est ce qui résulte du silence de l'article 67 sur ces peines.

b) En matière *correctionnelle*, l'âge du prévenu ne change légalement que la *durée* ou la *quotité* de la peine, qui ne peut excéder alors, aux termes de l'article 69, « la moitié de celle à laquelle le mineur aurait pu être condamné s'il avait eu seize ans ». Cette disposition s'applique seulement à deux peines correctionnelles : l'*emprisonnement* et l'*amende*. La confiscation spéciale, lorsqu'elle est prononcée pour délit, et l'interdiction de certains droits civiques, civils et de famille, ne sont donc pas modifiées par le jeune âge du condamné. En effet, ce sont là deux peines complémentaires, qui ont un but spécial et distinct des peines qui constituent le châtiment direct du délit[1].

[1] Pour appliquer l'article 69, le tribunal doit déterminer d'abord la durée de l'emprisonnement et la quotité de l'amende qui seraient applicables au mineur, s'il avait eu seize ans accomplis au jour de l'infraction, et ne prononcer contre lui au *maximum* que la moitié de ces peines. Le tribunal estime-t-il que le prévenu, indépendamment de sa qualité de mineur, n'a encouru, suivant les circonstances de la cause, que le *minimum* de la peine prononcée par la loi contre le délit qui lui est imputé? il doit lui appliquer, à raison de son âge, la moitié de cette peine, *alors même que cette moitié serait au-dessous de l'amende ou de l'emprisonnement correctionnel.* Il résulterait, en effet, d'une solution contraire que le mineur de seize ans devrait être condamné à la même peine que s'il avait eu seize ans, dans le cas où, indépendamment de sa qualité de mineur, il n'aurait encouru que le *minimum.* Par exemple, un mineur de seize ans est prévenu d'avoir chassé sans permis; à raison des circonstances qui ont entouré l'infraction, le tribunal correctionnel estime que le mineur, s'il était majeur, ne devrait être frappé que du *minimum* de l'amende, 16 francs; c'est ce *minimum* dont le tribunal prendra la moitié, soit 8 francs, pour l'appliquer au mineur : de sorte que l'âge du prévenu, sans déclaration de circonstances atténuantes, pourra transformer la peine correctionnelle en peine de simple police. Ceux qui ont contesté au tribunal correctionnel la faculté de substituer ainsi, à raison seulement de l'âge du prévenu, une peine de simple police à une peine correctionnelle, n'ont peut-être pas remarqué que la déclaration de circonstances atténuantes ne serait pas inutile, même dans ces hypothèses, car elle permettrait au tribunal de descendre jusqu'au *minimum* des peines de simple police, c'est-à-dire jusqu'à un franc d'amende : je pense, en effet, que si le tribunal correctionnel ne peut pro-

c) En matière de *simple police*, le jeune âge de l'inculpé est-il une excuse atténuante légale? Par application de l'article 65 du Code pénal, d'après lequel nulle infraction ne peut être excusée ni la peine mitigée « que dans les cas et les circonstances où la loi déclare le fait excusable ou permet de lui appliquer une peine moins rigoureuse », nous devons conclure du silence de la loi sur ce point, que l'âge ne peut entraîner un abaissement légal des peines de simple police, prononcées à raison de contraventions. Ces peines sont peu graves, et le juge a toujours la faculté de tenir compte de l'âge du prévenu pour les réduire jusqu'au minimum des peines de simple police, par une déclaration formelle de circonstances atténuantes.

266. B. *De la provocation.* — Les excuses fondées sur la provocation, dont il est question dans les articles 321 à 326, C. p., sous la rubrique trop générale : « *crimes et délits excusables, et cas où ils ne peuvent être excusés* », ne concernent que le *meurtre*, les *coups et blessures* et la *castration*[1], c'est-à-dire les délits de sang.

La *provocation*, à la différence de l'*agression*, qui légitime les actes de défense, ne met pas le prévenu en danger de perdre la vie, mais, par l'irritation qu'elle cause à celui qui a été provoqué, elle obscurcit son intelligence et lui enlève, en partie, sa liberté; si donc le meurtre et les coups et blessures ne sont pas *justifiés*, du moins, ils sont *excusés* par la provocation. Mais il faut, comme condition essentielle et générale de l'excuse, que la provocation et le crime ou le délit qui en est la suite soient assez rapprochés, qu'il ne se soit pas écoulé entre eux un intervalle de temps suffisant pour permettre à la réflexion de faire place à la colère et à la vengeance. En effet, l'excuse a son principe dans l'emportement que soulève une provocation violente : l'agent est *coupable* de céder à cette passion violente qu'il eût dû surmonter, mais il est *excusable*, parce qu'il a agi sous l'empire d'un mouvement impétueux qui l'a

noncer contre un mineur de seize ans *plus* de la moitié de la peine à laquelle il serait condamné s'il était majeur, il ne peut prononcer non plus *moins* de la moitié : le *maximum* de l'article 69 me paraît être en même temps un *minimum*. Pour appliquer au mineur de seize ans une peine inférieure à la moitié du *minimum* de la peine correctionnelle qu'il aurait encourue, les juges devraient motiver leur décision sur une déclaration de circonstances atténuantes. Comp. Cass., 3 févr. 1849 (S. 49, 1, 665); Orléans, 17 oct. 1864 (S. 65, 2, 112); Cass., 9 avril 1875 (D. 77, 1, 508); BLANCHE, t. II, n° 331.

[1] L'excuse tirée de la provocation est encore admise : en matière d'injures publiques ou non publiques (L. 29 juillet 1881, art. 33); en matière de violences légères (L. 3 brumaire an IV, art. 605, n° 8).

surpris. La provocation n'a donc pour effet d'atténuer la culpabilité que tant que se prolonge l'émotion violente dont elle a été la cause[1]. Mais si la réflexion avait eu le temps de faire son œuvre, l'action coupable ne serait plus excusée, car, au lieu d'être le résultat d'un mouvement de passion, elle serait l'effet d'une délibération qui en aggraverait la criminalité. Je conclurai de là qu'il y aurait *contradiction* entre deux réponses du jury, dont l'une admettrait l'existence de la *préméditation* dans le *meurtre*, et dont l'autre reconnaîtrait, en faveur de l'accusé, l'excuse de la *provocation*, et que la Cour de cassation devrait annuler le verdict comme impliquant deux affirmations inconciliables[2]. Aussi les articles 321 et suiv. excusent, dans les conditions qu'ils prévoient, le « *meurtre* » et non l'*assassinat*.

La provocation ne rend excusables le meurtre et les coups et blessures qu'à certaines conditions, Il faut, en effet, qu'elle résulte, comme toute excuse, d'une des *causes déterminées par la loi* : or, les faits de provocation, auxquels la loi attache ce caractère, sont au nombre de quatre : les *coups et violences graves envers les personnes*; l'*outrage violent à la pudeur*; le *flagrant délit d'adultère*; la *violation à l'aide d'escalade ou d'effraction du domicile pendant le jour*. La provocation étant *qualifiée* par la loi, il est nécessaire, en cour d'assises, de poser la question d'excuse, non sous cette forme générale : « *Un tel a-t-il été provoqué?* » mais sous cette forme légale : « *A-t-il été provoqué par des coups ou violences graves envers les personnes*, etc. ». Je reprends les quatre hypothèses de provocation.

267. *a*) Aux termes de l'article 321, C. p. : « *Le meurtre ainsi que les blessures et les coups sont excusables, s'ils ont été provoqués*

[1] C'est ce que veulent exprimer ces mots : « *dans le moment même* », « *à l'instant* », « *immédiatement* », dont se servent les articles 324 et 325, C. p. Sans doute, l'acte de provocation et l'acte de réaction pourront être séparés par un intervalle de temps qui, par lui-même, n'empêchera pas l'accusé ou le prévenu de faire valoir l'excuse; mais à la condition de *fait*, à examiner par les juges, dans chaque espèce, que cet intervalle de temps ne soit pas trop prolongé (Comp. Nicolini, *op. cit.*, p. 258).

[2] Il ne s'ensuit pas que la cour d'assises ait le droit, dans une accusation d'*assassinat*, de refuser de poser une question sur l'excuse de provocation qui est invoquée par l'accusé : car le jury peut toujours, en admettant la culpabilité sur le fait principal, écarter la circonstance aggravante de préméditation, et accueillir l'excuse. Ce que je veux dire, c'est que le jury ne pourrait répondre affirmativement sur la question de préméditation et d'excuse sans que son verdict impliquât contradiction. Comp. Haus, t. II, n° 832. *Contra*, Cass., 20 déc. 1883.

par des coups ou violences graves envers les personnes. » Cette excuse ne peut être admise que si les conditions suivantes se rencontrent : 1° La première, c'est que l'attaque ait consisté en *violences physiques*[1]. Ainsi, l'injure par paroles, par écrits ou par gestes, l'imputation calomnieuse ne pourraient être prises en considération comme causes d'excuse légale. Ce que je dis des injures verbales, il faudrait le dire également des menaces verbales, quand il ne s'y joint pas de voies de fait. Mais il est possible que les menaces soient accompagnées de circonstances, et notamment de gestes, qui puissent faire craindre leur exécution immédiate : ainsi, par exemple, un individu s'avance vers un autre en le menaçant de le frapper, et, en même temps, il lève sa canne comme pour mettre sa menace à exécution : bien qu'il n'y ait pas eu de coup porté, comment ne pas voir dans ce fait une provocation véritable? Cette interprétation a été adoptée par la jurisprudence, qui a décidé, dans plusieurs arrêts, que la provocation, cause d'excuse du meurtre, peut exister, sans qu'il y ait eu blessure, par la seule menace, avec une arme, rapprochée du corps. 2° La seconde condition, c'est que les violences aient été exercées *contre les personnes.* Ainsi, les violences exercées contre les animaux domestiques, l'enlèvement, la destruction ou la dégradation des propriétés, ne sont pas des causes d'excuse[2]. Mais la loi n'exige pas que les violences aient été exercées contre le prévenu ou l'accusé[3]. 3° La troisième condition, c'est que les violences soient *graves*, c'est-à-dire qu'elles aient été de nature à faire une vive impression sur l'esprit du provoqué et à l'entraîner à réagir avec une force à laquelle il lui était *possible*, sans doute, mais *difficile* de résister. La gravité des violences doit être appréciée, par conséquent, non *in abstracto*, mais *in concreto*, eu égard à l'intensité de l'irritation que ces violences ont exercées sur l'agent qui invoque l'excuse. C'est ainsi, par exemple, qu'un soufflet, après examen des circonstances, du caractère et de la situation de la personne qui l'a reçu, peut être considéré par un tribunal comme une provocation suffisante. 4° Enfin les violences doivent être *injustes :* cette condition est sous-entendue

[1] Le Code pénal attache, en effet, cette signification à l'expression « *violence* ». Comp., par exemple, l'article 381, § 5.

[2] Comp. Cass., 13 déc. 1880 (S. 82, 1, 141); Blanche, t. I, n° 32; Chauveau et Hélie, t. IV, n° 1431.

[3] Argument d'analogie de l'article 328 du Code pénal.

par l'article 321, mais elle est, néanmoins, certaine; car si l'auteur des violences, avait le droit de les exercer, celui qui en a été la victime avait le *devoir* de les subir. Ainsi, lorsque des gendarmes procèdent *régulièrement* à l'arrestation d'un malfaiteur, ou lorsque les agents de la force publique reçoivent l'ordre de disperser un rassemblement, les violences qu'ils exercent, étant commandées par la loi, ne constituent pas une provocation et ne peuvent servir d'excuse aux violences exercées contre eux. Mais il importe peu que les violences aient été exercées par un simple particulier ou un fonctionnaire public, pourvu, dans ce dernier cas, que l'illégalité de l'acte de provocation soit évidente. La Cour de cassation décide, au contraire, que la provocation, par des violences graves et illégales, ne rend pas excusables le meurtre ou les coups et blessures commis sur un agent de la force publique dans l'exercice de ses fonctions[1]. Elle se fonde sur deux arguments. Le premier consiste à dire que les dispositions de l'article 321 n'ont pas été insérées, comme les dispositions sur les effets de l'âge et de la démence, dans un titre général, commun à toutes les parties dont le Code pénal se compose, mais dans le titre « Des crimes et délits *contre les particuliers* », et que, par conséquent, ces dispositions ne sont pas applicables au meurtre et aux coups et blessures, commis sur un agent de la force publique. Mais ce n'est pas en matière pénale qu'on peut invoquer sérieusement, et comme une raison décisive, la classification des matières et la rubrique des chapitres; car on sait combien peu les rédacteurs du Code se sont attachés aux divisions rationnelles. Le deuxième argument de la Cour de cassation consiste à dire que l'agent de la force publique est toujours présumé, lorsqu'il agit dans l'exercice de ses fonctions, ne faire que

[1] Cass., 29 nov. 1855 (D. 56, 1, 96); 25 avril 1857 (D. 57, 1, 268). Voici quelles sont les conséquences de cette jurisprudence : 1° Lorsqu'un individu est traduit en cour d'assises pour meurtre d'un agent de la force publique, dans l'exercice de ses fonctions, s'il demande, sans contester la qualité de la victime, à ce que la question de provocation soit posée, la cour, par application de l'article 65, C. p., doit rejeter la requête, le fait de provocation, dans ce cas, ne constituant pas une excuse légale. 2° Cependant, la question de provocation doit être posée subsidiairement pour le cas où le jury ferait une réponse négative sur la qualité de la victime, lorsque l'accusé conteste cette qualité ou qu'il y a doute. 3° Si la question de provocation a été posée et que le jury réponde affirmativement sur la question concernant la qualité de la victime comme sur la question de provocation, la cour ne doit pas tenir compte de cette réponse, pour atténuer la peine conformément à l'article 326, C. p. V. Blanche, t. IV, n° 131.

ce que la loi lui permet. Sans doute; aussi exigeons-nous, pour l'existence de la provocation, une *illégalité flagrante :* mais, lorsque cette condition se rencontre, la qualité de fonctionnaire chez le provocateur est de nature à rendre plus excusable le sentiment de colère de l'agent du délit.

268. Il existe une double exception à la règle qui admet l'excuse de provocation en cas de violences envers les personnes. — 1° L'article 323 décide que le « *parricide n'est jamais excusable* ». Cette disposition, reproduite de l'ancien droit, est fondée sur ce que « le respect religieux que l'on doit à l'auteur de ses jours, ou à celui que la loi place au même rang, impose le devoir de tout souffrir plutôt que de porter sur lui une main sacrilège[1] ». L'article 328 ne mentionnant que le parricide, on peut en conclure qu'il ne s'applique pas aux *coups* et *blessures* portés par un fils contre son père. L'article 323 déroge, en effet, à la théorie des excuses : une extension de cette dérogation serait d'autant plus contraire aux règles d'interprétation des lois pénales, qu'elle aurait un résultat défavorable au prévenu ou à l'accusé. Je déciderai également, et par les mêmes motifs, que l'homicide volontaire, commis, sans intention de donner la mort, par un enfant sur ses parents (C. p., art. 309, *in fine*), profiterait du bénéfice de l'excuse, s'il avait été provoqué : ce n'est pas là un parricide[2]. La place de l'article 323, à la suite des articles 321 et 322 qui s'occupent de l'excuse de provocation, indique même que, malgré les expressions générales dont le législateur s'est servi, c'est seulement la provocation, dont il est question dans ces articles, qui n'est pas admise comme cause d'excuse du parricide. Je refuserai donc d'étendre ce texte, quoique la question soit douteuse, au cas de provocation prévu par l'article qui suit, c'est-à-dire au cas d'un meurtre commis sur un ascendant surpris par son fils en flagrant délit d'adultère. L'article 323 ne ferait pas non plus obstacle à ce que la peine fût réduite, conformément à l'article 67, C. p., lorsque le parricide a été commis, avec discernement, par un mineur de seize ans. L'excuse, qui a son principe dans la minorité de l'accusé, est générale, car elle est fondée sur l'ignorance présumée de la criminalité des actes jusqu'à l'âge de seize ans accomplis. — 2° « Le meurtre commis par l'époux sur l'épouse, ou par celle-ci sur son époux, n'est pas non plus *excu-*

[1] Locré, t. XXX, p. 477.

[2] L'article 299 qualifie « parricide » le « meurtre », c'est-à-dire l'homicide commis avec *intention de donner la mort* (art. 295).

sable », aux termes de l'article 324, « si la vie de l'époux ou de l'épouse n'a pas été mise en péril dans le moment même où le meurtre a eu lieu ». Cette disposition prête à l'équivoque, et il faut bien distinguer l'acte commis en état de légitime défense, qui est *justifié*, de l'acte commis en état de provocation, qui est seulement *excusé*. Le meurtre est justifié si le conjoint, dont la vie était mise en péril, n'a dû son salut qu'à l'acte incriminé; le meurtre est excusé, si le conjoint, malgré le danger qu'il a couru, n'était pas dans la nécessité absolue de repousser l'attaque par l'homicide, s'il pouvait fuir, appeler du secours, etc. L'article 324 n'est donc pas une exception à l'article 328; car, si on admettait le contraire, il en résulterait que l'article 324 aurait établi, par rapport aux époux, une exception qui n'existe pas entre un père et son enfant. L'enfant aurait le droit de légitime défense, même contre son père, et ce droit serait refusé à l'épouse que la loi obligerait, en quelque sorte, à se laisser assassiner par son époux! Une pareille interprétation serait bien peu rationnelle.

269. *b*) « Le crime de castration », nous dit l'article 325, « s'il a été *immédiatement provoqué* par un outrage violent à la pudeur, sera considéré comme meurtre ou blessures excusables ». Le législateur a cru devoir s'expliquer d'une manière spéciale sur la castration, parce que ce crime semble supposer une préméditation et une réflexion, en général incompatibles avec le motif qui a fait créer l'excuse de provocation. Ceci posé, du moment où l'outrage à la pudeur a le caractère de *violence* exigé par la loi, il n'y a pas à distinguer s'il a eu pour objet l'auteur du crime, ou l'un des siens, ou même un tiers inconnu, car tous les témoins, qui opèrent la castration, immédiatement et pour punir cet outrage, agissent sous la même impression de colère, et la même cause d'excuse modifie leur criminalité.

270. *c*) Le meurtre et, à plus forte raison, les blessures et les coups[1] commis par l'époux sur l'épouse et sur son complice, à l'instant

[1] Le Code pénal, dans l'article 324, ne déclare excusable que le *meurtre* : est-ce à dire que les coups portés, les blessures faites par le mari à la femme et à son complice, ne seraient pas excusables? HAUS, t. II, n° 841, l'affirme, et il part de là pour critiquer cette « choquante anomalie ». Mais il n'a pas remarqué que l'article 324, dans son premier alinéa, déclare que le « meurtre » commis par l'époux sur son épouse « n'est pas excusable », sans parler des coups et blessures : or, le second alinéa de l'article n'ayant pour objet que d'apporter, dans le cas d'adultère, une exception à ce principe, ne devait parler que du *meurtre*. Mais, les coups et blessures étant moins graves que le meurtre, doivent *a fortiori* profiter du bénifice de l'excuse.

où il les surprend en *flagrant délit d'adultère dans la maison conjugale*, sont excusables, aux termes de l'article 324, § 2, C. p. Ainsi, l'excuse n'est admise qu'en faveur du mari, qui tue sa femme, et non de la femme, qui tue son mari. Cette différence de situation entre les deux époux est inexplicable. En admettant, en effet, que les conséquences de l'adultère des deux époux soient différentes (ce qui peut légitimer, au point de vue social, une différence de pénalité); il est certain que, dans les rapports réciproques des époux, la gravité de l'offense est la même; et l'indignation de la femme, qui surprend son mari en flagrant délit d'adultère, est aussi vive, aussi excusable, que celle du mari qui surprend sa femme. Il n'existe donc aucune raison théorique, au point de vue de la provocation, de faire de différences entre l'adultère de la femme et celui du mari. Quoi qu'il en soit, ce qui est certain, c'est que l'excuse fondée sur l'adultère est essentiellement *personnelle* au mari offensé : lui seul est présumé avoir ressenti assez vivement l'outrage pour que l'irritation, qui en est la suite, excuse le meurtre qu'il commet. L'excuse ne se communiquerait ni aux parents et aux amis du mari, qui, en son absence, auraient vengé l'injure qui lui est faite par sa femme [1], ni à ceux qui auraient participé, comme coauteurs ou comme complices, à l'acte de vengeance exercé par l'époux offensé [2].

Deux conditions sont exigées par l'article 324 pour que l'adultère de la femme puisse être invoqué par le mari comme une cause d'excuse légale du meurtre. 1° Il faut d'abord que l'époux offensé ait *surpris* sa femme en *flagrant délit* d'adultère, c'est-à-dire, soit au moment même du délit, soit dans une situation telle qu'elle ne lui permette pas de douter que l'adultère vient d'être commis ou va se commettre. Car c'est tout à la fois l'*actualité* et la *certitude* du délit, qui, par la colère qu'elles provoquent chez le mari, rendent le meurtre excusable. Si donc le crime était prémédité, si le mari, ne *soupçonnant* pas seulement ces relations coupables, mais les connaissant, dressait un guet-apens, et allait, avec une vengeance calculée, tuer les coupables, les

Cependant, la jurisprudence paraît se prononcer en sens contraire : Alger, 3 mai 1879 (S. 80, 2, 20) et la note.

[1] La loi romaine accordait au père le droit de tuer sa fille surprise en flagrant délit d'adultère, pourvu qu'elle fût sous sa puissance : *Patri datur jus occidendi adulterum cum filia quam in potestate habet* (Loi 20, Dig., *Ad legem Jul. de adult.*). Ce principe ne fut pas admis par notre ancien droit : Jousse, t. III, p. 451.

[2] *Sic*, Cass., 19 janvier 1838 (S. 38, 1, 128).

conditions de l'excuse ne se rencontreraient pas [1]. 2° Il faut que l'adultère ait lieu dans la *maison conjugale*; l'injure est d'abord plus grave; de plus, le législateur a craint que si le meurtre commis dans tout autre lieu était excusable, la tranquillité des familles ne fût troublée par les recherches d'époux méfiants. La maison conjugale est celle où habite le mari, où la femme a le droit d'être reçue. Lorsque la séparation de corps a été prononcée, bien que le mari puisse toujours poursuivre l'adultère, comme il n'y a plus de domicile conjugal, commun aux deux époux, et comme il est essentiel que l'adultère y soit commis, l'excuse n'est pas admissible.

Le mari, du reste, ne pourrait invoquer l'excuse s'il était lui-même convaincu d'avoir entretenu une concubine dans la maison conjugale. En effet, l'article 324 n'établit l'excuse que pour le cas prévu par l'article 336, et l'article 336 refuse au mari le droit de dénoncer l'adultère de la femme, s'il a entretenu une concubine au domicile conjugal.

271. *d*) Le meurtre, ainsi que les blessures et les coups, est excusable, si ces crimes ou délits ont été commis en repoussant, *pendant le jour*, l'escalade ou l'effraction des clôtures, murs ou entrée d'une maison ou d'un appartement habité ou de leurs dépendances (C. p., art. 322). La violation de domicile tentée *pendant la nuit* est comprise dans le cas de légitime défense. C'est avec raison que le Code pénal conserve cette distinction traditionnelle entre les deux situations. L'individu, dont l'habitation est attaquée pendant le jour, est exposé à moins de dangers que celui dont l'habitation est attaquée pendant la nuit. Les secours sont plus prompts; la nécessité d'employer la force individuelle est moins évidente. Mais, si l'impossibilité d'obtenir immédiatement du secours, le plaçait dans la nécessité de repousser les assaillants par la force, l'homicide serait justifié par application de l'article 328 du Code pénal.

272. II. Les excuses absolutoires sont assez nombreuses. — Les unes sont fondées sur l'idée d'un service rendu par le coupable à la société, service qui lui mérite une exemption de peine; nous signalons, à titre d'exemples, les dispositions des articles 100 et 213, 108, 138, 144, 285 du Code pénal. — D'autres, sur l'idée que le mal du délit a été postérieurement réparé : articles 247, 357 du Code pénal. — D'autres, sur certaines relations de parenté ou d'al-

[1] Lyon, 3 janvier 1845 (S. 45, 2, 547).

liance entre l'agent et les personnes en faveur desquelles ou contre lesquelles le délit a été commis : articles 248, 380 du Code pénal. — D'autres, enfin, sur la nécessité de ne pas affaiblir les liens de la discipline hiérarchique : articles 114, § 2, 190 du Code pénal. — Toutes ces excuses sont *spéciales* à certains délits particuliers. Nous n'avons donc pas à y insister autrement.

273. Des effets de l'excuse. — Toute excuse, dont l'existence est constatée, exerce une influence légale sur la peine, qu'elle écarte ou atténue, suivant qu'elle est absolutoire ou atténuante.

274. A. L'*excuse atténuante* diminue *légalement* la peine. Le rôle du juge, qui constate un fait d'excuse, est donc de déterminer la peine qui devrait être prononcée, en faisant abstraction de l'excuse, et d'opérer, sur cette peine, conformément à la loi, le calcul de l'atténuation. Les articles 67 et 69 du Code pénal déterminent l'atténuation de peine qui est la conséquence de la minorité de seize ans; l'article 326, celle qui résulte de la provocation.

Deux hypothèses distinctes sont prévues par ces textes :

a) Lorsque la provocation sera prouvée, s'il s'agit d'un *délit*, la peine sera réduite à un emprisonnement de six jours à six mois. Dans ce cas, l'excuse, fondée sur la provocation, n'a donc pas pour effet de *changer* la nature de la peine, mais simplement de l'*atténuer :* la peine reste, après comme avant l'admission de l'excuse, une peine *correctionnelle*. Il en est de même si l'excuse est fondée sur la minorité de seize ans de l'auteur d'un *délit*, car, aux termes de l'article 69, la peine *correctionnelle*, qui doit être prononcée dans ce cas, ne pourra s'élever au-dessus de la moitié de celle à laquelle le mineur aurait pu être condamné s'il avait eu seize ans.

b) S'il s'agit, au contraire, d'un *crime*, la provocation a pour effet de substituer à la peine *criminelle* une peine *correctionnelle :* le crime était-il puni de la peine de mort, des travaux forcés à perpétuité ou de la déportation? il n'est punissable que d'un emprisonnement d'un an à cinq ans; était-il puni d'une autre peine criminelle, des travaux forcés à temps, de la réclusion, etc.? il n'est punissable que d'un emprisonnement de six mois à deux ans. Pour l'excuse de la minorité, la loi suit un système analogue (C. p., art. 67). De là une question capitale : en transformant la *nature de la peine*, l'excuse transforme-t-elle la *nature de l'infraction?* Le fait non excusé était un *crime;* excusé devient-il un *délit?* Contrairement à une opinion générale, je crois que l'excuse, en substituant à la peine criminelle, dont l'infraction était punissable, une peine correctionnelle, a pour résultat de faire dégénérer le *crime* en *délit.* — J'invoque, dans ce sens, l'article 1er du Code pénal, qui définit le « *délit* », toute infraction « *que les lois punissent de peines correctionnelles* ». Or, dans le cas de *provocation*, comme dans le cas de *minorité*, c'est la loi même qui prononce *directement* une peine correctionnelle contre le meurtre ou les coups et blessures qui ont été provoqués dans les conditions qu'elle prévoit, ou contre les crimes qui ont été commis par des mineurs de seize ans. Aussi, cet effet, que je donne à l'excuse, je ne le donne pas aux circonstances atténuantes. Sans doute, ces dernières ont souvent pour résultat de substituer une peine correctionnelle à une peine criminelle; mais la transformation de peine, qui s'accomplit en ce cas, n'est pas l'œuvre directe de la loi, elle est l'œuvre du juge; ce n'est pas en vertu de circonstances prévues à l'avance par le législateur que la peine est modifiée, mais en vertu de circonstances laissées à l'appréciation du juge, et ces circonstances ne peuvent ni ne doivent changer la qualification *légale* du fait incriminé. — J'invoque, de plus, une analogie évidente entre les circonstances aggravantes et les excuses : les premières aggravent la peine, comme les secondes l'atténuent, en vertu d'une appréciation *légale :* or, quand le résultat d'une circonstance aggravante est de rendre l'infraction qu'elle accompagne punissable d'une peine *criminelle*, alors que, dépouillée de cette circonstance, l'infraction n'est punie que d'une peine correctionnelle, on n'hésite pas à dire que le délit devient un crime. Pourquoi en serait-il autrement quand le résultat d'une excuse est de substituer une peine correctionnelle à la peine criminelle dont le fait non excusé serait passible? « Mais, nous dit-on, l'excuse n'a trait qu'à la criminalité *subjective;* la gravité sociale du fait, la criminalité *objective*, reste la même : et, de ce que l'excuse modifie la nature de la peine, parce que l'agent qui peut l'invoquer est moins coupable qu'un autre, on ne saurait légitimement conclure qu'elle métamorphose le caractère de l'infraction ». Ce raisonnement repose sur une équivoque; car, enfin, la qualité de *domestique*, chez l'auteur d'un vol, ne modifie pas davantage la criminalité *objective* du vol que le rôle de provoqué ne modifie la criminalité objective du meurtre? Ce qui est vrai, c'est que toute infraction se compose de deux éléments : la matérialité du fait; la moralité de l'agent : or, les circonstances qui se rattachent à tous ces éléments, et à raison desquelles *la loi elle-même* modifie la peine de l'infraction, doivent avoir le même effet dans une législation, qui qualifie l'infraction *crime* ou *délit*, d'après la peine légale dont elle est passible. — J'ajoute enfin que l'opinion que je soutiens a dominé la discussion de la loi du 13 mai 1863 et notamment la révision des articles 57 et 58 du Code pénal. Le législateur, dans ces textes, a consacré ce principe que celui-là seul est condamné pour *crime* auquel la loi inflige des peines afflictives ou infamantes; celui qui n'a été condamné, en vertu de la loi, qu'à des peines correctionnelles est condamné pour *délit*.

Ainsi donc, l'excuse atténuante, toutes les fois qu'elle transforme la *nature de la peine*, transforme aussi la *nature de l'infraction*. L'intérêt pratique de cette théorie ne se présente pas, qu'on le remarque bien, au point de vue de la *compétence*, car les juridictions de jugement ont seules le droit d'examiner l'existence des excuses et d'en tenir compte pour appliquer la peine [1]; il se présente surtout au double point de vue de la durée de la prescription et du droit de déclarer l'existence des circonstances atténuantes en cour d'assises :

1° La durée de la prescription de l'action publique est de dix ans en matière criminelle, de trois ans en matière correctionnelle (C. inst. cr., art. 637 et 638). Or, si nous supposons que l'infraction, qualifiée crime, mais excusée à raison de la provocation ou de la minorité, ait été commise depuis plus de trois ans, mais depuis moins de dix ans, l'admission de l'excuse doit amener l'*absolution* du prévenu ou de l'accusé, puisqu'elle a pour résultat de transformer la *nature* de l'infraction [2].

2° Lorsque le verdict du jury réduit le fait à n'être plus qu'un simple délit, le jury n'a pas qualité pour déclarer des circonstances

[1] A ce point de vue cependant, les juridictions du jugement doivent examiner la question d'âge pour fixer la compétence, conformément à l'art. 69, C. p.

[2] La Cour de cassation, après avoir longtemps décidé que la prescription applicable à l'individu poursuivi et condamné pour crime, mais qui, à raison de son âge, n'encourait qu'une peine correctionnelle, était la prescription de dix ans, a modifié sa jurisprudence depuis la loi du 25 juin 1824, dont l'art. 1er forme le nouvel art. 68, révisé en 1832, loi qui rend les mineurs justiciables, en principe, des tribunaux correctionnels pour les crimes qu'ils commettent : Cass., 25 août 1864 (S. 65, 1, 101); 10 déc. 1869 (S. 70, 1, 230) et la note sous cet arrêt; 12 août 1880 (S. 81, 1, 385). — La Cour de cassation décide, au contraire, que l'admission de l'excuse de provocation n'influe pas sur la durée de la prescription : Cass., 17 janvier 1833 (S. 33, 1, 413). — Ces décisions sont évidemment contradictoires, car un changement de juridiction ne peut avoir pour effet de changer la nature de l'infraction. Si la durée de prescription de l'action publique pour les crimes commis par les mineurs dépendait de la compétence des tribunaux correctionnels ou des cours d'as-

atténuantes et doit laisser à la cour d'assises le soin d'examiner s'il en existe. Par application de notre théorie, nous disons que l'admission d'une excuse doit enlever au jury le droit de déclarer des circonstances atténuantes [1].

275. B. Parmi les excuses absolutoires, il en est de deux sortes au point de vue de leurs effets. — Les unes produisent une exemption totale de peine entraînant une *absolution* complète. Le Code pénal nous en offre quelques exemples dans les articles 114, §§ 2, et 190, 248 et 380, 247 et 357. Non-seulement ces circonstances doivent exonérer de la peine, mais il arrivera fréquemment, dans les hypothèses prévues par ces textes, qu'il ne devra pas même y avoir de poursuite ou, du moins, de renvoi devant une juridiction de jugement. — Il en est d'autres, qui, tout en exemptant le coupable de la peine principale, donnent au juge la faculté, ou quelquefois lui imposent l'obligation de prononcer le renvoi sous la surveillance de la haute police (C. p., art. 100, 213, 108, etc.). Dans ces hypothèses, la poursuite devra toujours avoir lieu.

II. DES CIRCONSTANCES ATTÉNUANTES [2].

276. Les circonstances, qui diminuent la criminalité de l'infraction ou la culpabilité de l'agent, sont *illimitées* et *indéfinissables*. Le juge, qui doit en tenir compte, le peut, d'abord, en descendant, dans l'application de la peine, jusqu'aux limites du *minimum* fixé par la loi. Mais ce procédé, pour proportionner la peine à la mesure de la culpabilité individuelle, outre qu'il n'est pas toujours

sises, il faudrait donc décider que, suivant que le mineur aurait ou n'aurait pas de complices majeurs, la prescription, *pour le même crime*, durerait dix ans ou trois ans. Comp. sur la question : Brun de Villeret, *op. cit.*, n° 195; Paul Bernard, *Rev. crit.*, 1862, t. XII, p. 321.

[1] Dans ce sens : Cass., 22 juillet 1852 (S. 53, 1, 48); 20 juin 1867 (S. 68, 1, 140), pour l'excuse de la provocation. — En sens contraire : 1er août 1866 (S. 67, 1, 185), pour l'excuse de la minorité. Comp. : Molinier, *Rev. crit.*, t. I, p. 233; Nicola Nicolini, *op. cit.*, p. 172.

[2] Bibliographie : Bertin, *Des circonstances atténuantes* (Paris, 1859); Flandin, *De la mansuétude dans la répression* (*Rev. crit.*, 1859, t. XV, p. 403); Collard, *Du système des circonstances atténuantes* (Paris, 1840); Ch. Ballot, *De la répression pénale et du droit d'atténuation des peines* (*Rev. prat.*, 1859, t. VIII, p. 497); Chassan, *Des circonstances atténuantes et de la récidive* (*Rev. étrang. et franç. de légis.*, 1841, t. VIII, p. 458).

applicable, par suite de l'établissement de peines *fixes*, telles que les peines perpétuelles et la peine de mort, n'est pas non plus toujours *suffisant*, car il est quelquefois nécessaire, pour tenir équitablement compte de la culpabilité, de faire descendre, même au-dessous du minimum, la peine ordinaire de l'infraction. Aussi, le Code pénal autorise-t-il les juges, en déclarant d'une manière générale qu'il existe des circonstances atténuantes, non définies au préalable par la loi, et qu'ils n'ont même pas besoin de préciser dans leur jugement, à abaisser la peine au-dessous de sa mesure ordinaire. Les juges ont ainsi, pour atténuer la peine, un pouvoir qu'ils n'ont pas pour l'aggraver; car l'existence de circonstances aggravantes, non prévues par la loi, ne les autorise jamais à dépasser le maximum de la peine. De nos jours, c'est dans un intérêt d'adoucissement, dégénérant presque en impunité, qu'on a établi l'arbitraire des peines; tandis que, dans notre ancien droit, il avait été constitué dans une pensée d'intimidation qui allait jusqu'à la cruauté.

L'institution de ce système de circonstances atténuantes n'existait qu'en germe dans le Code pénal de 1810[1]; l'ancien article 463, qui s'appliquait aux matières correctionnelles seulement, et non aux matières criminelles, autorisait le juge, lorsque le préjudice causé par le délit ne dépassait pas vingt-cinq francs, et que les circonstances paraissaient atténuantes, à abaisser l'emprisonnement et l'amende au-dessous du minimum légal, et même à substituer l'amende à l'emprisonnement. La loi du 25 juin 1824 transporta le système de l'article 463 en matière criminelle, en autorisant, *non le jury*, mais la *cour d'assises*, à substituer une nature de peine à une autre, notamment une peine correctionnelle à une peine afflictive, par rapport à *certains crimes seulement*, et par rapport aux accusés qui ne seraient ni *vagabonds* ni *récidivistes*. La loi du 28 avril 1832 acheva plus tard cette réforme, que la loi du 25 juin 1824 n'avait fait qu'ébaucher. Elle confia aux *jurés* le droit de déclarer des circonstances atténuantes dans toutes les affaires criminelles, et elle les admit, sans restriction, pour toutes les affaires correctionnelles et pour les affaires de simple police. La loi du 13 mai 1863, revenant en arrière, fixa une limite au pouvoir d'atténuation du juge en matière correctionnelle, limite qui a

[1] Sur l'histoire ce cette institution, comp. CHAUVEAU, *Code pénal progressif*, p. 33; on y verra avec quelles appréhensions l'institution des circonstances atténuantes fut essayée; voy. également : BEUDANT, *De l'indication de la loi pénale*, p. 127.

été, de nouveau, supprimée par le décret du gouvernement de la Défense nationale du 27 novembre 1870. Nous devons examiner : — Quel est le caractère des circonstances atténuantes? — Dans quel cas et par qui elles peuvent être déclarées? — Quels en sont les effets?

277. Caractère des circonstances atténuantes. — Les circonstances atténuantes ont, avec les excuses, un caractère commun : elles modifient la peine de l'infraction, dans sa *nature*, dans sa *durée* ou dans sa *quotité*. Mais les circonstances atténuantes ne sont pas, comme les excuses, *prévues et définies par la loi :* elles sont laissées à l'*appréciation du juge*, qui peut les trouver dans toutes les causes qui affaiblissent soit la matérialité de l'action, soit la culpabilité de l'agent, qui peut même les déclarer pour rectifier, dans l'espèce qui lui est soumise, l'application d'une loi qu'il trouve mauvaise[1]. De ce caractère des circonstances atténuantes résultent trois conséquences : *a*) Elles n'ont pas besoin d'être précisées par le juge de la culpabilité. Ni les jurés, en cour d'assises, ni les juges, en police correctionnelle ou en simple police, n'ont à déclarer dans quels faits, dans quel ensemble de considérations, ils voient des circonstances atténuantes : ils se bornent à dire qu'il en existe. Le jury déclare : *A la majorité, il existe des circonstances atténuantes* »; le juge : « *Attendu qu'il existe des circonstances atténuantes* ». Des esprits, qui s'alarment de la multiplicité des déclarations de circonstances atténuantes, ont souvent proposé d'obliger la défense, dans ses conclusions, ou les juges, dans leur déclaration, à préciser les circonstances invoquées ou reconnues comme atténuantes : mais ce procédé, qui aurait l'inconvénient pratique de ne pas permettre aux juges de puiser dans une appréciation d'ensemble les motifs de leur atténuation, serait contraire à l'essence des circonstances atténuantes qui sont, de leur nature « *indéfinissables* et illimitées[2] ». Il serait du reste défectueux, en ce qu'il encouragerait des clauses de style pour tourner la loi qui voudrait l'imposer.

[1] Le législateur, en 1832, a surtout envisagé le système des circonstances atténuantes comme un moyen, pour les juges, de réviser, dans les espèces qui leur sont soumises, notre système pénal, d'abroger ou de maintenir la peine de mort, d'assimiler ou de ne pas assimiler la tentative au crime consommé, le complice à l'auteur principal, etc. C'est ce qui paraît démontré jusqu'à l'évidence par les travaux préparatoires de la loi de 1832 : Chauveau, *Code pénal progressif*, p. 16. Comp. : Bertauld, p. 397; Ortolan, t. I, n° 1123 et suiv.; Beudant, *De l'indication de la loi pénale*, p. 154. Ainsi, la loi de 1832 a reconnu comme légitime une cause d'atténuation résultant de la sévérité de la loi.

[2] Voir, pour les inconvénients pratiques d'une pareille réforme : Ortolan, t. I, n° 1125; Ballot, *op. cit.*, p. 404. Sur ses avantages : Bonneville, *op. cit.*, p. 289.

b) L'effet des circonstances atténuantes est de modifier la *peine*, sans modifier la *nature* de l'infraction, car, c'est par suite d'une appréciation *judiciaire* et non d'une appréciation *légale*, que tel *crime* ou tel *délit* n'est puni que d'une peine correctionnelle ou d'une peine de simple police : or, l'art. 1er, C. p., classe les infractions d'après la peine prononcée par la loi et non d'après celle que le juge peut appliquer. *c*) Enfin, l'appréciation des circonstances atténuantes n'appartient, en aucune manière et dans aucun cas, aux juridictions d'instruction, qui ne sont pas juges des degrés de la *culpabilité*[1].

278. Quand et par qui peuvent être déclarées des circonstances atténuantes. — A quelles sortes de crimes, de délits ou de contraventions est applicable le bénéfice des circonstances atténuantes? Il est d'abord certain que des circonstances atténuantes peuvent être déclarées pour toutes les infractions qui sont prévues et punies par un texte du Code pénal[2] : ce principe résulte de la rédaction même des articles 463 et 483. Mais que décider pour les infractions qui sont prévues par des lois spéciales? Il faut distinguer : *a*) L'article 463 s'applique aux *peines criminelles* d'une manière générale, qu'il s'agisse de crimes prévus par le Code pénal lui-même ou par quelque loi particulière, en dehors du Code : l'absence de toute restriction dans l'article 463 et la généralité des termes de l'article 341 C. inst. cr. : « *En toute matière criminelle*, le président avertit le jury, » rendent cette solution indiscutable. *b*) Mais, en *matière correctionnelle* et *de simple police*, à moins d'une disposition expresse, l'article 463 et l'article 483 ne s'appliquent qu'aux *délits* et aux *contraventions* prévus par le Code pénal : cette solution est d'autant plus certaine que, dans la discussion de la loi de 1832, un amendement, tendant à appliquer l'article 463 à toutes les infractions sans distinction, fut proposé et rejeté par ce motif qu'il eût été impossible de déterminer les limites de l'innovation[3]. Il est à remarquer, du reste, que presque toutes les lois, promulguées depuis 1832, déclarent expressément que l'article

[1] Il en est différemment en Belgique (L. 4 oct. 1867). Comp. TIMMERMANS, *Commentaire de la loi belge du 4 oct.* 1867 (Bruxelles, 1880); HAUS, t. II, n° 856 et suiv. Quelques criminalistes ont proposé d'introduire ce système en France : BONNEVILLE, *op. cit.*, p. 380.

[2] Même pour le parricide. Comp. cependant JACOTTON, *Des circonstances atténuantes en matière de parricide* (*Rev. prat.*, t. V, p. 35).

[3] Cass., 24 sept. 1868 (S. 70, 1, 42); 10 mai 1872 (S. 72, 1, 311); Agen, 27 août 1879 (S. 80, 2, 328). Les motifs du législateur sont très bien expliqués par HAUS, t. II, n° 850 ; la même règle existe, en effet, dans la législation belge.

463 ou l'article 483 du Code pénal, sera applicable aux infractions qu'elles prévoient et répriment.

On avait longtemps hésité sur le point de savoir si l'article 463 s'appliquait aux *crimes militaires*. La jurisprudence s'était généralement arrêtée à la négative par cette raison déterminante que le système des peines n'étant pas le même en matière de crimes militaires et en matière de crimes ordinaires, il eût été souvent matériellement impossible d'appliquer à ces peines le système d'atténuation de l'article 463. Aujourd'hui, il n'y a plus de question possible, en présence du Code du 5 juin 1857, qui a introduit lui-même, non pas d'une manière générale, mais seulement dans *certains cas spécialement déterminés* (art. 248, 250 à 252, 254, 255, 257, 261, 263, 265), le bénéfice des circonstances atténuantes. Bien entendu, si un crime de *droit commun*, à raison d'une circonstance particulière, par exemple, de la qualité de militaire chez son auteur, ou de la mise en état de siège, est déféré à la juridiction militaire, l'article 463 devient, *de plein droit*, applicable (C. just. mil., art 198 et 257).

279. La question de savoir par qui sont déclarées les circonstances atténuantes ne peut se poser qu'en cour d'assises, c'est-à-dire devant la seule juridiction où la mission de juger soit scindée en deux, et confiée à la fois au jury et à la cour. Logiquement, c'est le jury, c'est-à-dire le pouvoir, maître de déclarer la culpabilité, qui doit rester maître aussi d'en atténuer la déclaration. Il serait à craindre, du reste, s'il en était autrement, que le jury, incertain de ce que feront les magistrats, et craignant qu'ils n'appliquent trop rigoureusement une peine qui, d'après son impression, doit être atténuée, n'opte pour un *acquittement injuste* plutôt que pour une *condamnation excessive*. Conformément à ces principes rationnels, l'art. 341, C. inst. cr., confie au jury la mission de se prononcer sur l'existence des circonstances atténuantes, au moins *en matière criminelle*. Ces dernières expressions ont un sens restrictif et sont d'autant plus significatives qu'un amendement, tendant à y substituer les mots : « *en toute matière soumise au jury* », fut repoussé lors de la discussion de la loi de 1832[1]. Si donc le fait, dont la cour d'assises est saisie, est un *délit* ou *dégénère en un délit*, c'est à la cour, jugeant *correctionnellement*, qu'il appartient de déclarer des circonstances atténuantes. La cour

[1] Comp. : CHAUVEAU, *op. cit.*, p. 13 et 18; BEUDANT, *op. cit.*, p. 151 ; MOLINIER (*Rev. crit.*, t. 1, p. 230).

d'assises peut avoir à se prononcer sur des infractions qui ne constituent pas des crimes dans les trois cas suivants : 1° Lorsque le fait, dont l'a saisi la chambre d'accusation, se trouve réduit, par suite de la déclaration du jury qui écarte les circonstances aggravantes, à un simple *délit correctionnel* (C. inst. cr., art. 365); 2° Lorsqu'il s'agit d'un *délit de presse* (L. 29 juillet 1881, art. 45); 3° Lorsqu'il s'agit d'un *crime excusé*. D'après les dispositions combinées des art. 463, C. p., et 341 C. inst. cr., les jurés n'ont pas, dans ces trois cas, à statuer sur les circonstances atténuantes[1]. La cour d'assises est seule investie du droit de vérifier si elles existent et d'abaisser la peine dans la proportion qu'elle juge convenable. La déclaration du jury, qui statuerait sur l'existence de circonstances atténuantes, serait entachée d'excès de pouvoir, et, sans vicier le verdict relatif au fait principal qui demeurerait acquis, elle ne lierait pas la cour d'assises.

280. En matière criminelle, c'est donc au jury qu'il appartient de déclarer qu'il existe des circonstances atténuantes : mais que décider si l'accusé est jugé par contumace? Alors, aux termes de l'article 470 C. inst. cr., la cour prononce, « sur l'accusation..., sans assistance ni intervention de jurés » : peut-elle accorder des circonstances atténuantes? Nullement, dit-on, car au jury et non à la cour appartient, *en matière criminelle*, le droit de les reconnaître, et, d'ailleurs, elles ne sauraient l'être que par le résultat d'un débat oral et contradictoire[2]. — L'opinion contraire me semble préférable : la cour ne doit pas nécessairement condamner le contumax; elle

[1] Je dis « dans ces trois cas », me prononçant ainsi sur deux questions très-délicates. La première consiste à savoir qui, du jury ou de la cour, a le droit de déclarer des circonstances atténuantes, s'il existe, au profit de l'accusé, une excuse provenant de la minorité ou de la provocation? Je me suis déjà expliqué sur ce point. La seconde se pose à propos des délits de presse, de la compétence de la cour d'assises. L'art. 1er de la loi du 15 avril 1871, remettant en vigueur l'art. 23 de la loi du 27 avril 1849, accordait, par cela même, au jury, le droit de se prononcer sur les circonstances atténuantes en matière de délits de presse. La loi du 29 juillet 1881 ne donne, dans aucun de ses textes, le même pouvoir au jury; c'est évidemment par oubli, car, dans tous les documents parlementaires, le droit du jury est toujours supposé (V. du reste, l'art. 64). Mais, est-il possible, pour entrer dans les *intentions certaines* du législateur, de suppléer au défaut de texte et de reconnaître au jury, jugeant *correctionnellement*, le droit de statuer sur les circonstances atténuantes, alors que, aux termes de l'art. 463, le jury a ce pouvoir en matière *criminelle* seulement? Je ne le pense pas. C'est, du reste, une des nombreuses difficultés de cette loi si rapidement votée et si mal rédigée. Je ne sache pas qu'en pratique, la question ait été soulevée. Par une sorte d'accord tacite, le ministère public et les cours ont laissé jusqu'ici au jury la faculté d'accorder des circonstances atténuantes.

[2] Comp. : BLANCHE, t. VI, n° 674; Cass., 4 mars 1842 (S. 42. 7, 471).

peut l'acquitter ou l'absoudre, reconnaître que le fait ne constitue pas un crime, qu'il existe des excuses légales; pourquoi ne pourrait-elle pas admettre en sa faveur des circonstances atténuantes? On reconnaît, d'ailleurs, que la cour d'assises, statuant par contumace, a tous les pouvoirs des tribunaux correctionnels et peut admettre, comme eux, des circonstances atténuantes, si le fait n'est qu'un délit; ni les textes, ni les principes ne s'opposent en effet, à ce qu'on déclare des circonstances atténuantes en faveur du prévenu qui fait défaut [1]. Or, ne serait-il pas contradictoire de donner à la cour d'assises, en matière correctionnelle, un droit qu'on lui refuse en matière criminelle? L'art. 341, qui est l'argument de texte invoqué dans le système que nous combattons, a eu seulement pour but d'indiquer que, en matière criminelle, c'est le jury et non la cour qui statue, en thèse générale, sur les circonstances atténuantes. Ce qu'a voulu le législateur, c'est simplement conférer au jury des pouvoirs qu'il n'avait pas, d'après la loi de 1824; mais son attention ne s'est pas arrêtée sur les rares hypothèses où le jury n'intervient pas; et la cour d'assises, qui, dans ces hypothèses, a la double mission de se prononcer sur la culpabilité et sur l'application de la peine, doit avoir le droit, qu'aurait le jury, dont elle remplit les fonctions, de déclarer des circonstances atténuantes [2].

281. Effets des circonstances atténuantes. — L'effet général des circonstances atténuantes est une diminution de peine. Pour comprendre le mécanisme des art. 463 et 483, il faut distinguer les peines *afflictives* ou *infamantes*, des peines *correctionnelles* et des peines de *simple police*.

282. I. Si on lit avec attention l'art. 463, on voit que la loi, pour l'application des circonstances atténuantes en *matière criminelle*, a tenu compte de la distinction des peines, en peines de droit commun et peines de l'ordre politique : elle n'a pas voulu que l'on pût passer, par l'effet d'une déclaration de circonstances atténuantes, d'une peine ordinaire à une peine politique, et réciproquement. Il en résulte que, pour comprendre l'art. 463, il faut se reporter à la double échelle des peines criminelles, telle que nous l'avons formulée, en observant toutefois que les peines de l'art. 401 du C. p., c'est-à-dire

[1] Cass., 1er déc. 1842 (S. 43, 1, 364). Les motifs de cet arrêt s'appliquent aussi bien à l'hypothèse d'un jugement par contumace qu'à celle d'un jugement par défaut.

[2] Sur la question et dans ce sens, comp. : BERRYAT SAINT-PRIX, *Rev. étr. et franc. de légis.*, 1842, p. 521.

l'emprisonnement de 1 à 5 ans, avec faculté d'y ajouter l'amende de 15 à 500 francs, l'interdiction de certains droits civiques, civils et de famille, et la surveillance de la haute police de 5 à 10 ans, forment un échelon commun, le dernier, aux deux catégories de peines criminelles.

Ceci posé, la déclaration de circonstances atténuantes par le jury a deux effets, dont l'un est *obligatoire* et l'autre simplement *facultatif* pour la cour. L'effet nécessaire, c'est l'abaissement de la peine d'un degré; l'effet facultatif, c'est la permission donnée à la cour, quand elle veut s'associer à l'indulgence du jury, d'abaisser la peine de deux degrés. Avec ce système, si la *déclaration* de circonstances atténuantes appartient exclusivement au jury en matière criminelle, l'*appréciation de leur degré*, quand leur existence est reconnue, appartient à la cour, qui est ainsi juge de la culpabilité dans la mesure de l'application de la peine [1].

A cette règle de l'abaissement obligatoire d'un degré et de l'abaissement facultatif de deux degrés, la loi apporte les restrictions suivantes. *a*) Les peines du bannissement et de la dégradation civique ne sont pas assez répressives; aussi, lorsque l'atténuation fait tomber sur l'une de ces deux peines, le juge doit les franchir et descendre jusqu'aux peines de l'art. 401, C. p. *b*) Lorsque les peines de l'art. 401 sont substituées, par suite d'une déclaration de circonstances atténuantes, aux travaux forcés à temps, l'emprisonnement ne peut être moindre de deux ans, tandis que son minimum ordinaire est d'une année. *c*) Lorsque la loi prononce, pour cause de récidive, le *maximum* d'une peine temporaire, le *minimum* forme le premier degré de l'atténuation : dans ce cas, le juge ne pourrait prononcer une peine supérieure au *minimum*, mais il pourrait descendre à la peine inférieure, qui servirait alors de second degré. *d*) Quand il s'agit des crimes politiques prévus aux articles 96 et 97, C. p., et punis de la déportation dans une enceinte fortifiée, l'abaissement n'est que d'un degré et fait descendre la peine à la déportation simple. L'origine de cette disposition se trouve dans l'art. 2 de la loi du 8 juin 1850, qui voulait que, dans les cas prévus par les art. 86, 96 et 97, C. p., la déclaration de circonstances atténuantes obligeât le juge à substituer à la déportation dans une enceinte fortifiée la déportation simple. La loi du 13 mai 1863 a fait passer, en supprimant

[1] Sur ce point, comp.: BEUDANT, *op. cit.*, p. 159.

la mention de l'art. 86, la disposition de la loi de 1850 dans le texte même de l'art. 463. Il résulte aujourd'hui de l'art. 463, § 4, que, du moment où les juges, estimant que le crime dont ils sont saisis est politique, lui appliquent la peine de la déportation dans une enceinte fortifiée au lieu de la peine de mort, l'atténuation, pour cause de circonstances atténuantes, s'opère, d'après le droit commun, en descendant forcément d'un degré et facultativement de deux, sur l'échelle des peines politiques. Mais, par exception, si le crime *politique* rentre dans les prévisions des art. 96 et 97, et devient ainsi punissable de la déportation dans une enceinte fortifiée, les juges, au lieu de pouvoir abaisser la peine de deux degrés et descendre jusqu'à la détention, ne peuvent plus l'abaisser que d'un seul et doivent prononcer la déportation simple [1].

En résumé, la faculté d'atténuation, qui résulte de l'admission de circonstances atténuantes, ne fait pas revivre, au moins en matière criminelle, le système des *peines arbitraires*, puisqu'elle a des bornes *légales* que les juges ne peuvent dépasser.

283. II. En matière *correctionnelle*, les peines de l'emprisonnement et de l'amende ne formant pas une échelle à plusieurs degrés, et les juges, chargés de déclarer les circonstances atténuantes, étant les mêmes que ceux chargés d'appliquer la peine, la loi a dû organiser un procédé d'atténuation, différent de celui qu'elle organise en matière criminelle [2]. Pour comprendre le § dernier de l'article 463, qui s'occupe de l'effet des circonstances atténuantes en matière correctionnelle, il faut distinguer trois hypothèses : 1° Si la peine prononcée par la loi est un *emprisonnement*, le juge a la faculté, par une déclaration de circonstances atténuantes, ou de réduire cet emprisonnement, même au-dessous de *six* jours (*minimum* de l'emprisonnement correctionnel), jusqu'à *un* jour (*minimum* de l'emprisonnement de simple police), ou même de lui substituer une *amende*. 2° Si la peine prononcée par la loi est d'une simple *amende*, le juge peut l'abaisser, par une déclaration de circonstances atténuantes, jusqu'au *minimum* des amendes de simple police, c'est-à-dire jusqu'à *un franc*. 3° Enfin, si la loi prononce à la fois un *emprisonnement* et une *amende*, le juge peut n'appliquer qu'*une de ces deux peines*, et

[1] V. pour l'application de cette règle : Cass., 14 août 1873 (*Bull. cr.*, n. 231).

[2] Sur les détails de ce système, comp. : Marion, *Tableau des peines en matière correctionnelle au point de vue de l'application de l'article* 463 (Paris, 1880).

encore a-t-il la faculté d'abaisser cette peine unique jusqu'à *un jour* d'emprisonnement ou *un franc* d'amende.

Le système d'atténuation, en matière correctionnelle, diffère donc de celui adopté par la loi en matière criminelle à deux points de vue principaux :

1° Même en constatant l'existence de circonstances atténuantes, les juges ne sont pas tenus d'abaisser la peine au-dessous de son minimum *légal*. L'article 463 les *autorise* simplement à réduire l'emprisonnement et l'amende, sans leur en imposer l'obligation. L'atténuation est *in facultate*, non *in obligatione judicis*[1].

2° On peut donc dire, avec vérité, que le pouvoir d'abaisser les peines correctionnelles n'a pas de limites dans l'état actuel de la législation, puisque l'appréciation des circonstances atténuantes est livrée aux juges et puisqu'elles ont pour effet de pouvoir conduire jusqu'à l'unité de la peine qui est la plus minime, un franc d'amende. Or, le but de la loi du 13 mai 1863, qui modifiait le dernier alinéa de l'article 463, avait été précisément de restreindre, dans des limites plus étroites, ces pouvoirs si étendus du juge : si la peine prononcée par la loi était un emprisonnement d'une année au minimum, ou une amende de 500 fr. au minimum, les tribunaux ne pouvaient pas réduire l'emprisonnement au-dessous de six jours, l'amende au-dessous de 16 fr.; pour les autres délits, ils conservaient la faculté illimitée d'atténuation. Cette distinction, qui était conforme au

[1] Un arrêt, qui, en déclarant l'existence de circonstances atténuantes en faveur du prévenu, ne prononcerait pas une peine inférieure au minimum de la peine légale, serait donc inattaquable. Sans doute, les juges auraient exprimé inutilement ces circonstances dans leur décision, puisque, en l'absence même de toute déclaration expresse de circonstances atténuantes, ils ont le pouvoir de descendre jusqu'au minimum de la peine, mais cette déclaration, à laquelle la loi n'attache aucune atténuation obligatoire, ne peut vicier leur décision. Jurisprudence constante : Cass., 15 janv. 1852 (S. 52, 1, 678); 10 août 1877 (*Bull. cr.*, n° 188). En sens contraire : HAUS, t. II, n° 846, note 6. Cette solution, qui résulte du texte même de l'article 463, est *rationnellement* critiquable : les juges devraient être tenus, lorsqu'ils constatent l'existence de circonstances atténuantes, d'abaisser la peine légale. On comprend, en effet, qu'en exprimant ces circonstances dans le jugement ou l'arrêt, ils déclarent par cela même que le prévenu ou l'accusé ne mérite pas cette peine, qu'il y a lieu, par conséquent, de l'abaisser pour proportionner le châtiment à la culpabilité. L'article 64 de la loi sur la presse du 29 juillet 1881, reproduisant, à ce point de vue, l'article 23 de la loi du 27 juillet 1849, décide, par exception, que lorsqu'il y aura lieu de faire l'application de l'article 463 aux délits de presse, « *la peine prononcée ne pourra excéder la moitié de la peine édictée par la loi* ». Est-ce la moitié du *minimum* ou la moitié du *maximum?* Le texte ne s'explique pas sur ce point. Mais comp. l'article 23 de la loi du 27 juillet 1849, origine de cette disposition.

principe de la distribution proportionnelle des peines[1], a été supprimée, par un décret du gouvernement de la Défense nationale, en date du 27 nov. 1870, qui a ramené l'article 463 au texte primitif de 1832.

284. III. L'article 483, par une disposition ajoutée à son texte en 1832, a rendu l'article 463 applicable à toutes les contraventions prévues par le Code pénal, c'est-à-dire que, *même en cas de récidive*, le juge, par une déclaration de circonstances atténuantes, peut abaisser la peine jusqu'à un jour d'emprisonnement ou un franc d'amende, ou même substituer l'amende à l'emprisonnement.

285. Il existe, dans l'art. 463, deux lacunes, que la loi du 13 mai 1863 n'a pas fait disparaître.

1° Le juge a aujourd'hui, dans tous les cas, en matière *correctionnelle*, comme en matière de *simple police*, la faculté de substituer, en déclarant des circonstances atténuantes, une *amende* à l'emprisonnement prononcé par la loi : or, ni en matière de délits, ni en matière de contraventions, la loi ne fixe le *maximum* auquel pourra s'élever cette amende[2]. Est-ce à dire qu'il n'y en ait aucun? Est-ce à dire que les tribunaux puissent élever le chiffre de l'amende par laquelle ils remplacent l'emprisonnement, autant qu'ils le jugeront convenable? Une pareille solution n'irait à rien moins, si elle était admise, qu'à ressusciter le système des peines *arbitraires*, et à mettre, sous prétexte d'atténuation, la fortune des prévenus à la discrétion des juges : aussi doit-elle être repoussée, et c'est à la jurisprudence, dans le silence de la loi, à fixer une limite précise au pouvoir des tribunaux. Lorsqu'il s'agira de contraventions de simple police, la limite sera facile à trouver : ce sera celle du *maximum* des amendes de simple

[1] Sur l'appréciation de la loi du 13 mai 1863, en ce point, comp. : MOLINIER, *Rec. de l'Acad. de législ. de Toulouse*, t. XI, p. 139-192. V. également, BERTAULD, p. 425 et suiv.

[2] L'article 463 n'autorisait pas expressément les juges, dans sa rédaction antérieure à 1832, à remplacer l'emprisonnement par l'amende. Il avait même été jugé par la Cour de cassation, que cette faculté leur était interdite, 17 mai 1822 (S. 23, 1, 35). Le projet présenté à la Chambre des députés ne contenait rien sur ce point. Mais, dans le cours de la discussion, un député proposa, par voie d'amendement, d'autoriser les tribunaux correctionnels à substituer l'amende à l'emprisonnement, dans les cas où cette dernière peine serait seule prononcée par la loi. Cet amendement fut voté sans discussion. Mais, après le vote, quelques membres de la Chambre comprirent qu'il fallait le compléter en fixant le montant de l'amende que les juges pourraient infliger à la place de l'emprisonnement. La question ne fut pas comprise et, par conséquent, ne fut pas résolue. Comp. : CHAUVEAU, *Code pénal progressif*, p. 348 ; MOLINIER, *Rec. de l'Acad. de législ.*, t. XI, p. 142.

police, c'est-à-dire quinze francs. Mais, en matière de délits, aucun *maximum* général n'est fixé par notre Code au chiffre de l'amende correctionnelle, qui est déterminé, pour chaque infraction, par la disposition qui la prévoit et la punit : comme il faut de toute nécessité prendre pour limite un chiffre donné par la loi, nous déciderons, avec la jurisprudence, que le juge ne pourra dépasser le *minimum général* de l'amende correctionnelle, c'est-à-dire seize francs[1].

2° L'article 463 ne s'occupe de l'effet des circonstances atténuantes qu'en ce qui concerne les peines *principales* : la faculté d'atténuation s'applique-t-elle aux peines *additionnées*, *accessoires* ou *complémentaires*[2] ?

Pour les peines *additionnées*, le doute n'a pu se produire qu'en matière criminelle, dans les cas rares où la loi ajoute, à titre de châtiment de certains crimes, une peine d'amende à la peine afflictive ou infamante (C. p., art. 164, 172, 174, 177, 181, 437, 440). Quel sera, sur cette peine d'amende, l'effet d'une déclaration de circonstances atténuantes? La cour aura-t-elle la faculté soit de la supprimer, soit de la réduire au-dessous de son *minimum* légal? La jurisprudence décide, avec raison, que l'amende doit toujours être prononcée, lorsque la loi l'édicte, et telle que la loi l'édicte. En effet, la déclaration de circonstances atténuantes ne donne au juge d'autre faculté d'atténuation que celle qui lui est ouverte par la loi : en dehors du texte, le juge est sans pouvoir. En matière correctionnelle ou de simple police, le doute n'est pas possible, puisque l'article 463 fait rentrer la peine additionnelle de l'amende dans son cadre d'atténuation.

En ce qui concerne les peines *accessoires*, le juge n'acquiert aucun pouvoir, pour les supprimer ou les réduire, par une déclaration de circonstances atténuantes : en effet, les peines accessoires marchent toujours avec les peines principales auxquelles elles sont forcément attachées : selon que le juge, par suite de l'abaissement pour cause de circonstances atténuantes, applique telle peine principale ou telle autre, les conséquences de cette peine se produisent, sans qu'il soit en son pouvoir d'en libérer le condamné. Ainsi, par exemple, la réclusion aura toujours pour conséquence l'interdiction légale, la dégradation civique, l'affiche par extrait de l'arrêt de condamnation, etc.[3].

[1] Comp. : Cass., 3 janvier 1880 (S. 80, 1, 437) et la note; Albert DESJARDINS, *Rev. crit.*, 1881, p. 177; Cass., 7 janv. 1883 (*France judic.*, 1883, t. II, p. 208); BLANCHE, t. VI, p. 706.

[2] Sur ce point, comp. MOLINIER, *op. cit.*, p. 144.

[3] Comp. : Cass., 2 janvier 1836 (S. 36, 1, 74). Du reste, nous avons déjà vu que

Quant aux peines *complémentaires*, telles que l'interdiction de l'art. 42, le renvoi sous la surveillance prononcé en matière correctionnelle, la jurisprudence autorise les juges à en décharger l'accusé ou à diminuer la peine au-dessous du minimum fixé par la loi. Sans doute, l'art. 463 ne parle pas de ces peines : mais, comme il donne au juge la faculté d'abaisser la peine principale jusqu'au minimum des peines de simple police, il lui donne implicitement la faculté de supprimer des peines complémentaires, communes aux matières criminelles et correctionnelles, mais incompatibles avec les peines de simple police[1]. Cependant, en ce qui concerne la confiscation à titre spécial, nous croyons qu'elle doit toujours être prononcée : d'une part, cette peine, commune aux trois classes d'infractions, n'est incompatible avec aucune d'elles, et le motif principal, qui permet, dans le silence de l'art. 463, de supprimer les peines complémentaires, ne s'applique pas à la confiscation : d'autre part, le but même de la confiscation, qui est souvent de mettre hors du commerce une chose dont la circulation serait nuisible ou dangereuse, ne permet pas d'en exempter le condamné[2].

SECTION III.

Du concours des circonstances atténuantes et des circonstances aggravantes[3].

286. Il est possible que, dans la même infraction, se rencontrent à la fois des causes d'*aggravation* de peine, telles que la récidive ou la qualité de fonctionnaire, et des causes d'*atténuation*, telles que la provocation ou d'autres faits non prévus par la loi, qui méritent au prévenu un châtiment moins sévère. Il est certain que chacune des circonstances, qui ont précédé ou accompagné l'infraction, y intervient, avec son caractère atténuant ou aggravant, sans que l'une soit

l'art. 46, C. p., modifié par la loi du 23 janvier 1874, donnait aux juges, le pouvoir de réduire la surveillance de la haute police au-dessous de son maximum légal, ou même d'en faire complètement remise au condamné.

[1] La question a été tranchée, en ce qui concerne le renvoi sous la surveillance de la haute police, par la loi du 23 janvier 1874.

[2] *Sic,* Blanche, t. I, n° 78 ; Chauveau et Hélie, t. VI, n° 2445.

[3] Bibliographie : Bertauld, *Rev. crit.*, 1863, t. XXIII, p. 386 ; Labbé, *Rev. crit.*, 1864, t. XXIV, p. 305 ; Molinier, *Rev. crit.*, 1851, t. I, p. 59 ; *Rec. de l'Acad. de législ.*, 1862, t. XI, p. 119.

exclusive de l'autre. Le législateur, afin qu'il n'y eût pas d'hésitation sur ce point, a formellement décidé, par exemple, dans les art. 463 et 483, C. p., et dans l'art. 341, C. inst. cr., que le bénéfice des circonstances atténuantes pourrait être reconnu et appliqué, « *même en cas de récidive* ». Mais, comment et dans quel ordre le juge doit-il combiner, pour prononcer la peine, ces causes d'aggravation ou d'atténuation?

La marche générale à suivre dans l'application des peines est facile à tracer : le juge détermine d'abord la peine légale, qui frappe l'infraction, en tenant compte des éléments *constitutifs* et des circonstances aggravantes *spéciales* constatées dans les faits particuliers du délit : il réduit alors la peine, en faisant bénéficier l'agent des *excuses* que celui-ci peut invoquer. Mais, il est trois causes d'aggravation ou d'atténuation de la peine, qui ne sont pas nécessairement puisées dans les circonstances particulières de l'infraction, qui portent sur l'*ensemble de la culpabilité de l'agent*, et il est difficile, lorsqu'elles se rencontrent dans la même affaire, de régler leur fonctionnement respectif : je veux parler de la *minorité de seize ans*, de la *récidive* et des *circonstances atténuantes*. Pour comprendre les difficultés que soulève, au point de vue de l'application des peines, le concours de ces trois éléments, j'examinerai deux hypothèses.

287. Concours de la récidive et des circonstances atténuantes. — Lorsqu'un récidiviste obtient des circonstances atténuantes, les juges doivent-ils aggraver la peine pour cause de récidive avant de l'atténuer pour cause de circonstances atténuantes, ou, au contraire, l'atténuer avant de l'aggraver?

La question se rattache à l'interprétation des art. 57 et 58, C. p., révisés par la loi du 13 mai 1863. J'en précise l'intérêt en formulant trois hypothèses :

1° Un individu, antérieurement condamné à la réclusion, commet un nouveau crime, punissable des *travaux forcés à temps*, et obtient le bénéfice de circonstances atténuantes : suivant que la cour, chargée d'appliquer la peine, en conséquence du verdict du jury, commence par l'aggraver avant de l'atténuer, ou par l'atténuer avant de l'aggraver, la pénalité applicable sera différente. En effet, si la cour applique d'abord l'aggravation, qui a sa cause dans la récidive, elle doit porter la peine, en visant l'art. 56, au maximum des travaux forcés à temps : l'atténuation pour cause de circonstances atténuantes intervenant alors, la cour prononce le minimum des travaux forcés ou même la réclusion, mais sans pouvoir descendre jusqu'à l'emprisonnement correctionnel. La cour commence-t-elle, au contraire, par atténuer, au lieu d'aggraver? Elle a d'abord à examiner si elle ne doit user que de l'abaissement *obligatoire*, ou profiter de l'abaissement *facultatif* : dans le premier cas, la peine sera celle de la réclusion, et la récidive, l'aggravant ensuite, fera, par application de l'art. 56, remonter la peine aux travaux forcés à temps, que la cour pourra prononcer dans les limites du minimum au maximum, de telle sorte que l'accusé devra, au minimum, être condamné à cinq ans de travaux forcés : dans le second cas, la peine sera réduite aux dispositions de l'art. 401, et les art. 57 et 58 s'appliquant, porteront la peine, pour cause de récidive, au maximum et, facultativement, jusqu'au double.

2° Un repris de justice commet un nouveau crime passible de la *réclusion* et obtient le bénéfice des circonstances atténuantes : si la cour applique d'abord l'aggravation de la récidive, la peine montera aux travaux forcés à temps, que les circonstances atténuantes convertiront en réclusion, avec faculté, pour la cour, de ne prononcer que les peines correctionnelles de l'art. 401, jusqu'au minimum de deux ans; si la cour suit une marche inverse, et atténue avant d'aggraver, la peine descendra aux dispositions de l'art. 401, que la récidive portera nécessairement au maximum, et pourra porter jusqu'au double.

3° Un individu, antérieurement condamné à plus d'une année d'emprisonnement, commet un crime qui, par l'application des circonstances atténuantes, ne serait punissable que d'une peine correctionnelle : est-il récidiviste de peine correctionnelle à peine correctionnelle? Oui, si l'aggravation due à la récidive n'intervient qu'après l'application des circonstances atténuantes; non, si l'atténuation intervient en dernier lieu.

La jurisprudence paraît arrêtée en ce sens que, dans le calcul de la peine, l'aggravation pour cause de récidive doit *précéder* l'atténuation pour cause de circonstances atténuantes. Mais cette jurisprudence ne s'est assise qu'après bien des hésitations, qui avaient une double raison d'être. Il semble, en effet, qu'il ait été dans la pensée des législateurs de 1863, d'appliquer les art. 57 et 58 au cas où le fait incriminé n'est puni d'une peine correctionnelle que par suite de l'admission de circonstances atténuantes, et, par conséquent, de faire fonctionner les circonstances atténuantes *avant* la récidive.

On peut, en effet, remarquer que la récidive n'est pas une cause d'aggravation de la peine prise dans les faits mêmes du délit; elle est motivée par les antécédents judiciaires du condamné. Il semble donc, qu'avant d'aggraver la peine pour cause de récidive, les juges soient obligés de la fixer, telle qu'elle résulte des faits principaux ou accessoires du délit, et, par conséquent, des circonstances qui s'y rattachent pour l'aggraver ou l'atténuer [1].

Malgré l'exactitude de ces deux considérations, nous jugeons la jurisprudence actuelle plus conforme aux *textes* et aux *principes* de notre droit.

a) Sans doute, il n'a pas été dans l'intention des législateurs de 1863 de donner l'ordre de priorité, dans le calcul de la peine, à l'aggravation pour cause de récidive sur l'abaissement imposé par les circonstances atténuantes : mais devons-nous tenir compte de cette intention, qui ne s'est pas manifestée dans un texte clair et précis, alors qu'elle est contredite par des textes formels? En effet, d'après l'art. 463, C. p., les modifications apportées à la condamnation par les circonstances atténuantes, s'appliquent aux « *peines prononcées par la loi* ». Or, la peine prononcée par la loi, et qu'il s'agit d'atténuer, est celle qu'emporte le fait reconnu constant, aggravé par l'état de récidive, qui est une circonstance influant sur la *culpabilité légale*. C'est bien ainsi, du reste, que l'a entendu le législateur : l'art. 341, C. inst. cr., indique clairement que l'aggravation de la récidive *précède* l'atténuation des circonstances atténuantes quand il dit : « En toute matière criminelle, *même en cas de récidive*, le président... avertit le jury que s'il pense, à la majorité, qu'il existe en faveur d'un ou de plusieurs accusés reconnus coupables, des circonstances atténuantes, il doit en faire la déclaration..... » L'art. 463, C. p., *in fine*, qui a été révisé par la loi du 13 mai 1863 *elle-même*, n'est pas

[1] La Cour de cass. avait jugé d'abord que les art. 57 et 58, C. p., s'appliquaient au cas où le second crime est puni de peines correctionnelles par l'effet de circonstances atténuantes : c'était dire, par conséquent, que l'aggravation de la récidive n'opérait qu'après l'atténuation des circonstances atténuantes : Cass., 26 mars 1864 (S. 64, 1. 146); 15 sept. 1864 (S. 65, 1, 101). Cette théorie rencontra, dans la doctrine et la jurisprudence, d'énergiques contradictions : Comp. : Cour d'assises de Saône-et-Loire, 7 déc. 1863 (S. 64, 2, 41) et la note de M. Labbé. La Cour suprême fut amenée ainsi à modifier sa jurisprudence, qui est aujourd'hui fixée en ce sens que l'aggravation pour récidive doit précéder l'application de l'art. 463 : Cass., 5 avril 1866 (S. 67, 1, 48); 15 mai 1874 (S. 75, 1, 95); 9 juin 1877 (S. 78, 1, 281); 6 nov. 1879 (S. 81, 1, 192); 29 avril et 29 juillet 1880 (S. 82, 1, 336). — Sur cette question : Blanche, t. II, n° 690; Bertauld, p. 465 et suiv.; Ortolan, t. II, n° 1666 *bis*.

moins explicite : « Dans tous les cas où la peine de l'emprisonnement et celle de l'amende sont prononcées par le Code pénal, si les circonstances paraissent atténuantes, les tribunaux sont autorisés, *même en cas de récidive....* ».

b) La solution de la jurisprudence est, du reste, conforme aux principes qui ont inspiré le législateur dans l'organisation des circonstances atténuantes. Si l'institution des circonstances atténuantes avait conservé, dans notre Code, sa fonction normale, qui est de permettre aux juges de tenir compte des éléments matériels ou moraux qui influent sur la culpabilité individuelle et que la loi ne peut prévoir, peut-être serait-il rationnel, dans l'application des peines, de calculer l'atténuation due aux circonstances atténuantes avant l'aggravation due à la récidive. Mais le but des circonstances atténuantes indique, au contraire, qu'elles ne doivent opérer qu'après que la pénalité a été fixée d'une manière *abstraite* et *légale*, puisqu'elles ont été destinées, dans la pensée du législateur de 1832, à corriger, par une appréciation de conscience, les imperfections de la loi, notamment en matière de *récidive*. Les juges apprécient la loi avant de l'appliquer. Or, les circonstances atténuantes pouvant précisément être accordées par les juges pour amener une atténuation des peines établies *à priori* par la loi contre le *crime* et contre le *récidiviste*[1], doivent fonctionner, dans le règlement de la pénalité, après la récidive.

288. Concours de la minorité de seize ans, des circonstances atténuantes et de la récidive. — Le pouvoir d'admettre, en faveur du prévenu ou de l'accusé, âgé de moins de seize ans, et ayant agi avec discernement, des circonstances atténuantes, indépendamment de l'excuse résultant du jeune âge, est implicitement accordé aux juges par les articles 67 et 69, C. p., qui mesurent la peine applicable au mineur sur « *celle à laquelle il aurait pu être condamné s'il avait eu seize ans* ». Ces dispositions semblent indiquer, en même temps, dans quel ordre doit agir la double atténuation motivée par la réunion simultanée de l'excuse de la minorité et des circonstances atténuantes. Ne faut-il pas, en effet, pour se con-

[1] Comp. : CHAUVEAU, *Code pénal progressif*, p. 20, qui cite ce passage du rapport de M. Dumon : « Enfin le système des circonstances atténuantes sert à éluder de très-graves difficultés qui se présentent dans la législation criminelle : il résoudra, dans la pratique, les plus fortes objections contre la peine de mort, contre la *théorie de la récidive...* ».

former à l'intention exprimée par le législateur, que le juge fixe d'abord la peine, en appréciant non-seulement le fait principal de l'infraction, mais toutes les circonstances qui l'aggravent ou l'atténuent? N'est-ce pas, sur la peine ainsi fixée, qu'il doit opérer l'abaissement prescrit par la loi à raison de l'âge du condamné? Ainsi, en autorisant la double réduction de peines pour cause de minorité et pour cause de circonstances atténuantes, ces articles indiqueraient, en même temps, du moins virtuellement, l'ordre dans lequel elle doit s'opérer. Ne nous arrêtons pas à cette apparence[1]. Il résulte, en effet, des expressions mêmes des articles 57 et 58 du Code pénal, que l'atténuation résultant de la minorité doit être calculée avant l'aggravation résultant de la récidive : si les circonstances atténuantes sont accordées à un mineur de seize ans déjà frappé par la justice, on ne peut, sans aboutir à une contradiction flagrante, faire fonctionner les circonstances atténuantes avant l'excuse de la minorité, alors que l'application de la récidive doit précéder, comme règle générale, l'application des circonstances atténuantes.

[1] La jurisprudence paraît admettre, en effet, que, dans l'application à faire de la peine à un mineur de seize ans, auquel on accorde des circonstances atténuantes, l'effet des circonstances atténuantes doit précéder l'atténuation de la minorité : Cass., 2 avril 1864 (S. 66, 1, 456). Mais la Cour de cassation n'a jamais été appelée, du moins à notre connaissance, à déterminer dans quel ordre fonctionneraient l'excuse de la minorité, la circonstance aggravante de la récidive et les circonstances atténuantes, si ces trois causes d'atténuation ou d'aggravation de peine se rencontraient dans la même affaire. Je me demande comment elle concilierait, avec la solution qu'elle a donnée dans le cas de concours de la récidive et des circonstances atténuantes, sa jurisprudence pour le cas de concours de la minorité et des circonstances atténuantes. —Les auteurs, qui admettent que, dans le calcul de la peine, l'effet des circonstances atténuantes précède l'atténuation de la minorité (Comp. : Bertauld, p. 417), semblent en conclure que l'excuse de la minorité devant fonctionner avant les circonstances atténuantes, celles-ci ne peuvent être déclarées, au profit du mineur, en cour d'assises, que par la *cour* seule, tandis que les auteurs, qui appliquent l'atténuation des circonstances atténuantes avant celle de la minorité, réservent au *jury* seul le droit de les déclarer. Mais les deux questions de savoir — qui déclarera les circonstances atténuantes au profit du mineur accusé, — dans quel ordre opéreront les deux causes d'atténuation dues à la minorité et aux circonstances atténuantes, — me paraissent indépendantes l'une de l'autre. Il importe peu, en effet, que l'atténuation de la minorité fonctionne *après* ou *avant* celle des circonstances atténuantes, puisque l'effet *certain* de l'excuse de la minorité, abstraction faite de tout abaissement dû aux circonstances atténuantes, est de transformer le *crime* en *délit*, et d'enlever, par conséquent, au jury le droit de déclarer des circonstances atténuantes. Comp. cependant : Molinier, *Rev. crit.*, t. I, p. 236 et 237.

CHAPITRE II.

DE L'APPLICATION DES PEINES EN CAS DE PARTICIPATION DE PLUSIEURS AGENTS A UNE MÊME INFRACTION [1].

289. Une même infraction peut être commise par *plusieurs personnes;* il y a alors *unité* de délit, et *pluralité* d'agents. Si la justice veut que tous les codélinquants soient appelés à rendre compte de leur participation à l'infraction, elle exige qu'on mesure leur criminalité, et, par conséquent, la peine à leur appliquer, en proportion de l'influence qu'ils ont eue dans sa perpétration. Le Code pénal, dans les art. 59, 60, 61, distingue deux catégories de *faits,* auxquels correspondent deux catégories d'*agents :* les faits de participation directe aux actes que détermine la loi, qu'elle qualifie, et qui constituent l'infraction; les faits de participation indirecte ou accessoire, qui ont pu procéder, accompagner ou même suivre l'infraction. Ceux qui ont *exécuté* l'infraction en sont les *auteurs;* ceux qui l'ont *provoquée, préparée* ou *aidée* en sont les *complices.* Mais le Code pénal ne s'est pas préoccupé de proportionner la pénalité à l'importance du rôle de chacun. Il frappe de la même peine tous ceux qui ont *coopéré* à l'infraction de la manière qu'il indique, et met, sur la même ligne, au point de vue du châtiment, les *coauteurs* et les *complices*, c'est-à-dire ceux qui n'ont participé au délit que d'une manière accessoire et en qualité d'auxiliaires, et ceux qui en sont la cause efficiente. Pour la loi, la distinction entre les coauteurs et les complices n'est pas puisée dans la criminalité plus ou moins grande des uns ou des autres, mais dans la manière dont ils ont pris part à l'infraction, et des deux problèmes, qui se posent, en ces termes, à toute législation : Quelles sont les conditions de la complicité punissable? Quelle est la peine à appliquer aux complices? la loi française n'a vraiment résolu que le premier : car la règle, qui consiste à mettre sur la même ligne et à

[1] BIBLIOGRAPHIE : HOOREBEKE, *Traité de la complicité en matière pénale* (Gand, 1846); G. BENOIT-CHAMPY, *Essai sur la complicité* (Paris, 1861); VOISIN, *Interprétation de l'art.* 59 *du Code pénal* (*Rev. prat.*, 1862, t. XIII, p. 188). La théorie de la complicité serait, du reste, à reprendre complètement, et je ne puis que m'associer aux observations faites sur ce sujet par CARRARA, *Programma* (*Parte speciale*), § 1147, note 1.

confondre dans la même peine les auteurs et les complices de l'action, n'est pas une solution, puisqu'elle a pour résultat de laisser au *juge seul* la mission de proportionner la peine à la culpabilité des codélinquants, en tenant compte de la mesure et des conditions de leur participation au délit.

I. DES CONDITIONS DE LA COMPLICITÉ PUNISSABLE.

290. On pourrait déclarer coupables de *participation accessoire*, et, par conséquent, qualifier de *complices*, tous ceux qui, *sciemment* et *volontairement*, ont coopéré à une infraction d'une manière quelconque, sans en être cependant les *auteurs*. Mais la loi assigne à la participation accessoire des limites plus étroites, en exigeant, pour qu'elle soit *punissable*, un certain nombre de conditions qui sont précisées par les art. 60, 61, 62 du Code pénal. La *complicité légale* n'existe ainsi qu'autant qu'elle renferme les éléments, au nombre de quatre, que la loi elle-même a déterminés : il faut que les actes de participation, incriminés comme actes de complicité, se rattachent *sciemment* à une *infraction*, qualifiée *crime* ou *délit*, dans les *conditions précisées par la loi*.

291. I. Il est d'abord évident que, pour être coupable de complicité, il faut avoir coopéré à une *infraction*. On ne peut donc concevoir une participation criminelle à un acte qui n'est *pas* ou n'est *plus* punissable. Ainsi l'individu qui procure à une autre personne les moyens de se donner la mort, qui l'assiste même dans les actes d'exécution, ne peut être puni comme complice d'un suicide, puisque le suicide est impuni[1]. De même, dans les délits d'habitude, les actes de complicité ne sont punissables qu'autant qu'ils se rattachent à un ensemble de faits suffisants pour constituer l'habitude chez le même agent; ainsi, un notaire, qui prêterait sciemment son ministère à plusieurs actes usuraires, commis par différentes personnes, ne pourrait être recherché comme le complice d'aucun d'eux, puisque aucun d'eux n'a commis *habituellement* l'acte incriminé[2]. Enfin, l'*amnistie*, qui a pour résultat d'effacer le caractère délictueux d'une

[1] Si l'auxiliaire d'un suicide, qui a fourni sciemment le moyen de le commettre, qui a procuré l'arme ou le poison, ne peut être puni comme *complice*, puisque le fait principal du suicide est impuni, l'individu qui, sur la prière d'un ami, lui a porté le coup mortel, serait au contraire punissable comme auteur matériel d'un homicide.

[2] Comp. : BERTAULD, p. 508.

infraction, profite nécessairement aux complices, ainsi que la *prescription* qui n'est, comme l'amnistie, qu'une mise en oubli de l'infraction[1].

S'il est nécessaire, du reste, de rattacher les actes de complicité à une infraction principale, il n'est pas indispensable que celle-ci soit *consommée*, il suffit qu'elle soit *tentée* ou *manquée*. Les termes des art. 60, 61, 62, qui incriminent la participation de plusieurs personnes à un même *crime* ou à un même *délit*, semblent supposer, il est vrai, une infraction consommée et exclure, par conséquent, la participation à une tentative. Mais ces textes n'ont pas de signification restreinte : en parlant de « crime » ou de « délit », ils veulent exprimer tous faits punissables de peines criminelles ou correctionnelles, par opposition aux faits punissables de peines de simple police dont la complicité n'est pas incriminée. Ce qui est donc à la fois *nécessaire* et *suffisant*, c'est qu'il existe un *corps de délit*, auquel les actes de complicité puissent se rattacher. Aussi, doit-on tenir pour constant que si l'infraction, à laquelle l'agent a essayé de participer, n'a pas reçu de commencement d'exécution, il n'existe pas de complicité, parce qu'il est impossible d'être complice d'une infraction qui n'a pas été commencée. C'est dire que la *tentative de complicité* n'est passible d'aucune peine, quand même elle a manqué son effet par des circonstances indépendantes de la volonté de son auteur[2]. De deux choses l'une en effet : — ou les actes de complicité, par eux-mêmes indifférents, ne sont punissables que parce qu'ils se rattachent à un fait principal qui leur imprime un caractère délictueux; et, si ce fait principal n'existe pas, comment la complicité punissable, qui en est l'accessoire, existerait-elle? — ou ces actes peuvent constituer par eux-mêmes, dès qu'ils sont accomplis, des délits spéciaux; mais alors s'ils sont punissables, même en l'absence du fait principal auxquels ils se rattachaient dans l'intention de l'agent, ils ne le sont pas comme actes de complicité, mais comme infractions *sui generis*. Si donc, l'auteur principal, après avoir préparé avec son complice tous les détails de l'infraction, au moment de l'exécuter, s'arrête, cédant à

[1] La Cour de cass., s'appuyant sur ce principe, a décidé que le *recel*, n'étant qu'un mode de complicité du vol, ne peut plus être poursuivi quand le vol est prescrit : 26 juin 1873 (S. 73, 1, 345), et la note. Comp., sur la question : Bertauld, p. 607; Brun de Villeret, *op. cit*., n° 142; Ed. Rémy, *De la prescription de l'action publique naissant du recel* (*La Belgique judiciaire*, 1880, t. XXXVIII, n° 30).

[2] Comp. sur ce point : Blanche, t. II, n° 68; Le Sellyer, *De la criminalité et de la pénalité*, t. I, n° 26; Haus, n°s 498 et suiv.; Carrara, *op. cit*., § 451.

un mouvement de repentir ou de crainte, ce désistement, auquel le complice n'a pris aucune part, qu'il regrette peut-être, lui profitera puisqu'il n'y a pas d'infraction, et qu'il ne peut pas y avoir de complice.

Mais le complice profite-t-il de son propre désistement? En d'autres termes, lorsque, par un changement de volonté, l'inculpé, qui avait prêté son concours à l'auteur de l'infraction, a fait, avant qu'elle soit consommée, mais sans succès, tout ce qui était en lui pour déterminer l'auteur de l'infraction à abandonner son projet, peut-il invoquer en sa faveur l'art. 2, C. p., qui amnistie la tentative volontairement interrompue? Je pense que le repentir, postérieur au fait de participation punissable, ne peut, en principe, soustraire le complice au châtiment, car, dès qu'il est accompli, l'acte de complicité a produit son effet propre, qui est de faciliter le délit. Toutefois, le motif de ma décision en restreint l'application à la complicité dont le repentir du complice n'a pu détruire l'effet : elle ne concerne pas la complicité par *provocation*. En révoquant en temps utile le mandat qu'il a donné; en portant ce changement de volonté à la connaissance de l'auteur principal, le complice détruit l'influence que la provocation a pu exercer sur celui-ci, il supprime donc la cause même de la complicité, et rompt, pour ainsi dire, le lien qui l'unissait à l'infraction [1].

292. II. Il ne suffit pas d'avoir participé à une infraction quelconque pour être puni comme complice, il faut avoir participé à une infraction qualifiée, par une loi pénale [2], *crime* ou *délit* (C. p., art. 59 et 60). Quant aux *contraventions de simple police*, la complicité, à moins de dispositions spéciales contraires, n'y est frappée d'aucune peine [3]. Les contraventions sont, en effet, des infractions trop peu graves, et qui causent trop peu de préjudice à la société

[1] Comp. sur cette question, en sens divers : HAUS, t. I, nos 498 et 499; ORTOLAN, t. I, no 1291; ROSSI, t. II, p. 203; BERTAULD, p. 486 et suiv. — Le Code pénal russe contient, sur ce point, une disposition intéressante : Les *meneurs*, les *instigateurs* du délit, qui se sont dégagés volontairement, *mais sans avertir à temps l'autorité*, jouissent simplement d'un abaissement de peine de deux ou trois degrés (art. 119, 120, 121).

[2] Cass., 27 juillet 1852 (S. 53, 1, 77).

[3] A titre d'exemple de ces dispositions exceptionnelles, nous citerons les art. 479, n. 8 et 480, n. 5, C. p., en vertu desquels, au cas de bruits ou tapages injurieux ou nocturnes, troublant la tranquillité des habitants, les complices sont soumis à la même peine que les auteurs. — Sur l'exemption de peine des complices de contraventions : Cass., 13 avril 1861 (D. 61, 1, 235); Pau, 6 août 1874 (D. 75, 2, 50).

pour qu'on punisse au delà de l'auteur principal. Au surplus, toute complicité suppose un concert entre plusieurs individus ayant un projet commun et se réunissant dans l'*intention* de le réaliser, en sorte que les infractions non intentionnelles admettent difficilement la participation de complices; or, la plupart des contraventions de simple police sont punissables, bien qu'elles aient été commises par simple faute, sans que la loi ait égard au défaut d'intention coupable [1].

Ce dernier motif, qui, à mon sens, justifie le mieux la règle légale, a soulevé, dans la doctrine et dans la pratique, une difficulté sérieuse. La complicité n'est pas punissable en matière de contravention; mais que faut-il entendre par *contravention*, au point de vue de la complicité? Il est certain que les contraventions proprement dites, c'est-à-dire les infractions punies de peines de simple police, n'admettent de complicité punissable que dans le cas où les textes répriment cette complicité par des dispositions particulières; il est non moins certain que la participation à des crimes, c'est-à-dire à des infractions punies de peines afflictives ou infamantes, même à des crimes prévus par des lois spéciales, est punissable dans les conditions du Code pénal. La difficulté ne porte que sur ces infractions qualifiées, par certains auteurs, de « *contraventions-délits* »; de contraventions, parce qu'elles sont punies sans qu'on ait égard au défaut d'intention; de délits, parce qu'elles sont, malgré ce caractère, frappées de peines correctionnelles : les complices de telles infractions sont-ils ou ne sont-ils pas punissables? J'ai déjà dit que l'art. 1er du Code pénal, qui a pour but de donner une définition générale des diverses espèces d'infractions, devait servir de *critérium*, toutes les fois qu'il était question de savoir à quelles infractions s'appliquait une règle légale : par contraventions, au point de vue de la complicité, j'entends donc simplement les infractions punies de peines de simple police, et je ne comprends pas, sous cette dénomination, de prétendues contraventions punies de peines correctionnelles qui, pour la loi, sont des délits [2].

[1] Le Code pénal belge ne punit la participation accessoire à un crime ou à un délit que dans le cas où ce crime ou ce délit est prévu par le Code pénal (art 100). Comp. : Haus, t. I, n. 490.

[2] La jurisprudence est arrêtée en ce sens que la complicité en matière de *contraventions-délits* n'est pas punissable : Dall., *Code pénal annoté,* art. 59-60, nos 36 à 53.

293. III. Pour être considéré comme complice d'un crime ou d'un délit, il faut que l'inculpé y ait participé *de la manière déterminée par la loi*. On peut, en effet, provoquer à commettre une infraction, aider son auteur dans les actes qui l'ont préparée, facilitée ou consommée, de bien des manières différentes : la loi autorisera-t-elle le juge à réprimer tous actes de participation? ou spécifiera-t-elle les faits par lesquels on doit avoir coopéré à un crime ou à un délit pour en être le complice? De ces deux systèmes, le premier, qui laisse un pouvoir presque arbitraire aux juges, est trop éloigné de l'esprit général de notre législation pour avoir été adopté par elle; aussi convient-il de remarquer que, dans la législation française, comme dans presque toutes les législations européennes, la complicité punissable est *qualifiée* par la loi. Ainsi donc, en dehors des faits prévus et définis par les articles 60, 61 et 62, comme faits de complicité, aucun autre fait de participation *indirecte* ne pourrait être incriminé. D'où nous concluons que les juridictions d'instruction et de jugement ne doivent pas se borner à dire que le prévenu ou l'accusé est *coupable par complicité;* il faut que leur décision précise, en se référant aux textes de la loi, qui les ont prévus et punis, les faits qu'elles relèvent comme faits de complicité. En cour d'assises particulièrement, les caractères légaux, qui constituent la complicité punissable, doivent être énoncés, *à peine de nullité*, dans la question posée au jury, de sorte que celui-ci a, dans cette matière, le devoir de résoudre une question où le *droit* et le *fait* sont nécessairement mêlés[1].

294. IV. Une dernière condition de la complicité punissable, c'est que le complice, en exécutant le fait de participation, ait agi *sciemment*, c'est-à-dire ait donné son adhésion au délit et ait pu avoir une notion de la moralité de l'acte auquel il a fourni son concours.

II. DES FAITS CONSTITUTIFS DE LA COMPLICITÉ.

295. Théoriquement, l'*auteur* d'un crime ou d'un délit est celui qui en est la *cause*. Or, comme toute infraction a deux éléments essentiels, l'un matériel, l'autre moral, — la *résolution* d'enfreindre la loi pénale; le *fait* qui la réalise, — l'individu, qui a donné nais-

[1] Voyez sur la question : CHAUVEAU et HÉLIE, t. I, n° 202; BLANCHE, t. II, n°s 279 et suiv.; BERTAULD, p. 457; LE SELLYER, *De la criminalité et de la pénalité*, n°s 373 et suiv.

sance, soit à ces deux éléments à la fois, soit à l'un ou à l'autre, est la cause de l'infraction, parce qu'il a contribué d'une manière *principale* et *directe* à son existence. Si le même agent a lui-même conçu, arrêté et exécuté l'infraction, il en est certainement l'*auteur*. Mais les rôles peuvent se diviser. Il est possible, en effet, que celui qui a conçu et résolu le crime l'ait fait exécuter par un autre, qui sciemment lui a servi d'instrument. Dans ce cas, les deux individus dont nous parlons sont *causes* et par conséquent *auteurs* de l'infraction; le premier, sans lequel la résolution de commettre le crime n'aurait pas été prise, en est l'auteur *moral* ou *intellectuel;* le second, sans lequel le crime n'aurait pas été exécuté, en est l'auteur *physique* ou *matériel*. D'autres personnes peuvent intervenir dans la perpétration du crime ou du délit et prêter leur concours, physique ou moral, pour en faciliter l'exécution. Mais leur rôle n'étant qu'accessoire, puisque, en l'absence de leur participation, le crime ou le délit aurait été commis par ceux qui l'ont résolu et exécuté, on les appellera des *auxiliaires* ou des *complices* [1].

Ces distinctions simples et rationnelles n'ont pas servi de base aux dispositions du Code pénal destinées à régler la matière de la complicité. Il résulte bien de l'art. 60 que notre Code sépare les participants au crime ou au délit en deux classes : les *auteurs* et les *complices*. Mais il considère, comme étant *seul auteur* de l'infraction, *celui qui, agissant dans l'exercice de ses facultés morales, a exécuté physiquement les actes constitutifs du délit*. Parmi les *complices*, le Code pénal comprend, au contraire, tous les agents *qui ont participé au délit par des faits déterminés qui n'en constituent pas l'exécution, mais à raison desquels la perpétration de l'acte, ou une adhésion à l'acte, peut leur être imputée*. Les auteurs intellectuels, c'est-à-dire ceux qui ont provoqué l'agent à commettre l'infraction, sont donc exclus de la catégorie des auteurs, et confondus, avec les autres complices, dans la catégorie des agents dont la participation au délit n'a été qu'accessoire.

296. Lorsque plusieurs personnes prennent part au même crime ou au même délit, leur concours peut se présenter sous des formes

[1] Les auxiliaires et les auteurs d'une infraction, comme on l'a fait remarquer, sont tous *complices*, c'est-à-dire liés entre eux dans le même délit; cependant, dans le langage de la pratique, comme dans le langage de la loi, le mot *complice*, opposé à celui d'*auteur*, désigne les auxiliaires. C'est ce dernier sens que nous donnerons toujours au mot *complice*.

diverses. Il y a, suivant les circonstances, un *auteur* et des *complices;* des *coauteurs* et des *complices;* des *coauteurs, sans complices.* Mais il est impossible qu'un individu soit à la fois *coauteur* et *complice* dans une même infraction. Vainement, dirait-on, avec certains criminalistes et avec certains arrêts, que si les complices proprement dits ne peuvent être coauteurs, les coauteurs sont nécessairement complices les uns des autres, puisqu'ils s'aident réciproquement dans les faits qui consomment l'infraction [1]. Cette forme de langage implique une contradiction, car il est impossible que le même fait constitue à la fois une participation *principale* et une participation *accessoire*, et qu'en séparant les complices des auteurs d'une infraction, les art. 59, 60 et suivants n'ont pu vouloir les confondre. Le coauteur joint ses efforts à ceux d'autrui, pour la réalisation de son acte propre. C'est lui-même qu'il aide en favorisant, dans une action commune, le fait d'autrui : aussi, la coopération directe entraîne, sans doute, *a fortiori*, l'assistance, mais elle est *bien plus*, et, par conséquent, *autre chose* que l'assistance [2]. J'en conclus : 1° que la décision du jury qui déclarerait l'accusé auteur *et* complice du même crime devrait être annulée comme contradictoire; 2° que celle qui déclarerait l'accusé auteur *ou* complice devrait être également annulée comme ne faisant pas suffisamment connaître la criminalité.

297. Le Code pénal, dans les articles 60, 61 et 62, ramène à cinq, les faits constitutifs de la complicité; ce sont : 1° la provocation à un crime ou délit, accompagnée de certaines circonstances déterminées; 2° les instructions données pour le commettre; 3° le fait d'avoir procuré les moyens matériels qui ont servi à l'exécution du crime ou du délit; 4° l'assistance dans les faits secondaires qui

[1] Rauter, t. I, n° 110; Bertauld, p. 513; Blanche, t. II, n° 21. Comp. sur la question : Voisin (*Rev. prat.*, t. XIII, p. 188); Delpech, (*Rev. gén. du droit*, 1879, t. III, p. 364).

[2] Dans un arrêt du 9 juin 1848 (S. 48, 1, 527), la Cour de cass. justifie l'application, au *coauteur* étranger d'un parricide, de la peine du parricide, conformément à l'art. 59, en déclarant que les coauteurs sont nécessairement complices les uns des autres, puisqu'ils s'aident réciproquement dans les faits qui consomment l'action. Mais cet argument n'était nullement nécessaire pour justifier la solution, car si l'on admet avec la Cour de cass., du reste contrairement à notre opinion, que la qualité d'ascendant légitime ou naturel soit un élément *constitutif* du parricide, la présence d'un enfant comme auteur principal du meurtre suffit, et, par cela même qu'on participe à ce fait comme *coauteur* ou comme *complice*, on encourt les peines de ce fait, tel qu'il est qualifié par la loi. — Comp. : Trébutien, t. I, p. 180; Chauveau et Hélie, t. I, n° 209.

l'ont préparé, accompagné ou facilité; 5° le recel, soit des personnes qui ont pris part à un crime ou à un délit, soit des choses obtenues par ce moyen.

Ce simple énoncé démontre que la complicité ne peut résulter que d'un fait *positif* de participation à l'infraction, et non d'un fait *négatif* d'abstention. Celui qui, pour favoriser la perpétration d'un crime ou d'un délit, ne l'a point prévenu ou ne l'a pas arrêté dans son exécution, alors qu'il avait le pouvoir de le faire, son abstention fût-elle *concertée* et *achetée*, est, sans doute, *moralement* coupable, mais il ne saurait être déclaré complice d'une infraction à laquelle il n'a pris aucune part : son inaction peut seulement être constitutive d'un délit *sui generis* [1].

Considérée sous le rapport des faits qui la constituent, la complicité peut être *morale* ou *matérielle*. Elle est morale, lorsqu'elle résulte de faits purement psychologiques qui ont déterminé la volonté de l'agent; elle est matérielle, lorsqu'elle consiste dans des faits physiques, qui manifestent un concours ou une adhésion au délit. Envisagée sous le rapport du temps où elle se produit, la complicité peut intervenir *avant*, *pendant* ou *après* la consommation du délit. Les faits constitutifs de la complicité sont énumérés dans l'ordre chronologique par le Code pénal.

298. Complicité par des faits antérieurs à l'exécution du délit. — I. Celui qui figure, en premier lieu, dans l'énumération de l'art. 60 est la *provocation*. Mais la provocation à un crime ou à un délit n'est pas toujours punie par la loi comme un acte de complicité : elle n'a ce caractère que si elle a pu exercer une action déterminante sur la volonté de l'auteur, si elle est appuyée de *dons*, de *promesses*, de *menaces*, d'*abus d'autorité* ou *de pouvoir*, de *machinations* ou *artifices coupables*. Pour être complice, il ne suffit donc pas d'avoir eu l'initiative de l'idée criminelle, de l'avoir même conseillée à celui qui l'a mise à exécution : car, en présence d'un simple conseil ou d'une simple provocation, celui-ci a pu conserver sa liberté : il faut une provocation *qualifiée* dans les termes de l'art.

[1] Sur la complicité négative : CARMIGNANI, *Teoria delle leggi della sicurezza sociale*, lib. 2, cap. 21 (t. II, p. 406 de l'édit. de Pise de 1831). — Cependant, par une exception que rien ne justifie, l'art. 616 C. inst. cr., punit, comme complices de la détention illégale dont une personne a été victime, les fonctionnaires ou officiers publics, chargés de la police judiciaire, qui, ayant le pouvoir, ont négligé ou refusé de faire cesser cette détention portée à leur connaissance.

60[1]. Mais, quelquefois, des conseils ou des provocations simples empruntent aux circonstances qui les accompagnent ou à la publicité avec laquelle ils sont donnés une gravité particulière, qui a porté le législateur, soit à les considérer comme des faits de complicité, soit à leur attribuer le caractère de délits *sui generis*[2].

a) La provocation par *dons* ou *promesses*, pour exercer une influence sur la volonté de l'agent, doit être antérieure à la consommation de l'infraction. Sans doute, si une récompense avait été promise *avant* l'exécution du délit et ne se réalisait qu'après, il y aurait, dans une telle promesse, contemporaine du délit, un fait de participation et, par conséquent, de complicité. Mais si l'intervention que je suppose ne se produit qu'*après* l'accomplissement entier du délit, elle est un fait distinct, qui peut, sans doute, constituer, par lui-même, une infraction *sui generis*[3], mais non un acte de participation à un délit qui a déjà pris fin.

b) La loi punit également, comme complice d'une infraction, celui qui a provoqué à la commettre par des *menaces*, quel que soit le mal qu'il ait fait redouter à l'agent, pourvu que la crainte de ce mal ait été une des causes déterminantes de l'action.

c) La provocation par *abus d'autorité ou de pouvoir* diffère du

[1] Comp. : Chauveau et Hélie, t. I, n° 202; Blanche, t. II, nos 279 et suiv.; Bertauld, p. 494; Le Sellyer, *De la criminalité et de la pénalité*, t. II, nos 373, 374, 378 à 385; Lyon, 4 janv. 1860 (D. 61, 5, 39); Poitiers, 31 mai 1855 (D. 55, 2, 267), hypothèse intéressante; Cass., 28 nov. 1856 (D. 57, 1, 28).

[2] La provocation par la voie de la presse, s'exerçant à l'aide de moyens qui ne sont pas identiquement et absolument ceux spécifiés dans l'art. 60 du Code pénal, donne lieu à une double question : 1° Convient-il de considérer la provocation à commettre un crime ou un délit, soit par des discours, cris ou menaces, proférés dans des lieux ou réunions publics, soit par des écrits, des imprimés vendus ou distribués, mis en vente ou exposés dans des lieux ou réunions publics, soit par des placards ou affiches exposés aux regards du public, comme un *acte de complicité*, soit du crime consommé, soit du crime tenté? Toutes nos législations sur la presse l'ont pensé; et, malgré la vive opposition que l'adoption de cette idée a rencontrée dans la Chambre des députés, la loi sur la presse du 29 juillet 1881 a admis, dans l'art. 23, que le provocateur *direct* serait réputé complice, lorsqu'il aurait atteint le but qu'il avait en vue, le délit ou le crime consommé ou tenté étant alors le résultat de l'impulsion donnée à l'agent. 2° La provocation non suivie d'effet doit-elle rester impunie? Les art. 24 et 25 de la loi du 29 juillet 1881 considèrent que la provocation *directe* à commettre certains crimes graves, doit être réprimée comme ayant exposé la société à un danger.

[3] La loi sur la presse du 29 juillet 1881, dans son art. 40, fait un délit spécial de l'annonce publique et de l'ouverture d'une souscription ayant pour objet d'indemniser des amendes, frais et dommages-intérêts prononcés par des condamnations judiciaires en matière criminelle et correctionnelle.

simple mandat et du simple conseil criminels, qui ne sont pas des actes de complicité, en ce point essentiel, qu'elle est faite à des personnes soumises à notre autorité ou à notre pouvoir. Par *autorité*, le Code pénal entend, en matière de complicité, la puissance, soit de droit, soit de fait, que des personnes privées, tels qu'un père, une mère, des ascendants, des maîtres ou des instituteurs, etc., exercent sur d'autres personnes. Par *pouvoir*, le Code pénal entend l'autorité que les fonctionnaires civils ou militaires et les ministres du culte exercent sur leurs subordonnés [1].

d) Parmi les moyens de provocation, le Code range, enfin, les *machinations ou artifices coupables ;* il comprend, sous cette expression vague, ces fraudes et ces ruses qui ont pour but et pour résultat de faire naître une erreur dans l'esprit de l'agent, erreur qui devient une des causes déterminantes de l'action. Ce moyen de provocation, c'est le *dolus malus*, que la loi romaine définit : *omnem calliditatem, fallaciam, machinationem ad circumveniendum, fallendum, decipiendum alterum adhibitam.*

299. II. Le second mode de complicité consiste dans le seul fait d'avoir donné des *instructions* sur la manière de s'y prendre et d'agir pour l'exécution du crime ou du délit, sans que ces instructions aient été accompagnées de dons, de promesses, de menaces. Mais suffit-il pour encourir la responsabilité pénale du complice, d'avoir seulement donné des indications à l'aide desquelles celui qui les reçoit a pu commettre l'infraction : ou bien faut-il, de plus, que celui qui fournit les instructions les donne, sachant qu'elles doivent servir à la perpétration d'un délit déterminé et dans le dessein d'en faciliter l'exécution ? Cette dernière façon d'envisager la question me paraît seule en rapport avec le texte et l'esprit de la loi. Comment admettre, en effet, qu'un domestique, par cela seul qu'il aura indiqué, devant un malfaiteur, la place où son maître cache ses valeurs, devienne ensuite complice de ce malfaiteur, si celui-ci commet un vol en mettant à profit ces renseignements ? Il est indispensable, pour comprendre ce domestique dans la poursuite dirigée contre le voleur, de démontrer qu'il a agi et parlé avec l'intention d'aider à commettre le crime. L'intention de participer au délit est,

[1] L'autorité, dont il s'agit dans cet article, ne doit pas s'entendre, ainsi que l'ont pensé certains auteurs et que l'ont jugé quelques arrêts, de l'autorité *légale* seulement.

en effet, une condition de toute complicité; on ne peut admettre une complicité par simple faute [1].

300. III. Le § 2 de l'article 60 désigne comme complices *ceux* « *qui auront procuré des armes, des instruments, ou tout autre moyen qui aura servi à l'action, sachant qu'ils devaient y servir* ». Comme les cas précédents, ce cas de complicité doit être résolu par une question de fait : à savoir, si les moyens fournis ont réellement servi à la perpétration du crime ou du délit et s'ils devaient y servir. Mais je fais remarquer que la loi dit *tout moyen*, et par conséquent n'assigne pas de limites à l'appréciation du juge : je n'essaierai donc pas d'en tracer.

301. Complicité par des faits qui se produisent en même temps que ceux qui constituent le délit. — La loi range encore, parmi les complices, « *ceux qui, avec connaissance, ont aidé ou assisté l'auteur ou les auteurs de l'action dans les faits qui l'ont préparée ou facilitée, ou dans ceux qui l'ont consommée* », c'est-à-dire les individus qui, soit avant, soit pendant l'exécution de l'infraction, et en vue de l'infraction, ont aidé ou assisté les auteurs du délit, pourvu que leur participation n'ait pas été telle, que, sans leur assistance, le délit n'eût pu être commis, car dans ce cas, il seraient *auteurs* et non *complices* de l'infraction.

302. C'est à propos de l'assistance matérielle donnée dans les actes qui ont consommé l'infraction, que se pose, en pratique, la question de savoir si les faits incriminés engagent comme *complice* ou comme *codélinquant* la responsabilité de leur auteur. Si on se demande quelle sorte d'intérêt il peut avoir encore dans notre droit à distinguer l'*auteur* du *complice*, en présence de l'article 59 qui applique à l'un comme à l'autre la peine édictée par la loi contre l'infraction, on remarquera que la constatation de ce point est importante à plusieurs égards.

a) D'abord la *qualification légale* du fait incriminé peut en dépendre. Citons le *vol*, où la réunion de plusieurs coauteurs constitue une cir-

[1] Doit-on imposer, pour la régularité du verdict, en cour d'assises, l'obligation de demander au jury si l'accusé est coupable d'avoir donné des instructions pour commettre tel crime, *sachant qu'elles devaient y servir et dans le dessein d'en faciliter l'exécution?* Cette addition peut être utile, mais je ne la crois pas nécessaire. En effet, du moment où une décision judiciaire déclare un individu coupable d'avoir donné des instructions *pour* commettre un crime ou un délit, elle reconnaît implicitement par cela même que ces instructions ont été fournies en vue de cette infraction et pour en faciliter l'exécution. En ce sens : Cass., 12 avril 1872 (D. 73, 1, 223).

constance aggravante qui transforme le *délit* en *crime*[1]. Citons encore l'espèce d'un fils, qui ne pourra, s'il est considéré seulement comme complice de celui qui a tué son père, être puni comme *parricide*, puisque c'est la personne de l'auteur et non celle du complice qui sert de type pour déterminer quel est le crime ou le délit qui a été commis.

b) Aussi les questions à poser et à résoudre sont bien différentes à l'égard des divers accusés ou prévenus d'une même infraction, suivant qu'ils en sont les auteurs ou les complices. C'est sur la personne de l'auteur que se posent les questions concernant le fait principal du crime ou du délit, et les questions sur les circonstances aggravantes réelles, de nature à affecter la criminalité de ce fait. Quant aux complices, la question à poser est celle de savoir s'ils ont participé à l'infraction suivant l'un des modes de complicité prévus par les articles 60 et suiv., sans qu'on soit obligé de répéter la question principale pour chacun d'eux.

c) De plus, tandis que les coauteurs d'un fait qualifié infraction sont toujours punissables, il n'en est pas de même des complices qui ne peuvent l'être qu'autant qu'il existe un crime ou un délit auquel ils ont participé. Ainsi, l'auxiliaire d'un suicide ne saurait être puni à titre de *complice*, puisque le fait principal auquel il a participé est impuni; mais si, à la prière d'un ami qui veut en finir, il lui a porté le coup mortel, il peut l'être comme *auteur* d'un homicide. Ainsi encore, lorsqu'il s'agit d'une *contravention*, la criminalité de la participation est subordonnée à la question de savoir si elle est principale ou accessoire, s'il y a un coauteur ou simplement un complice.

d) Cette constatation peut encore avoir une influence sur la *pénalité* applicable, car l'article 59, *in fine*, nous indique que, dans quelques cas, le complice est moins sévèrement puni que l'auteur principal.

Le principe de la distinction peut être ainsi formulé : tout acte, qui, par lui-même, n'est pas *constitutif* du crime ou du délit, est un fait de complicité. En d'autres termes, *l'acte du coauteur tombe sous le coup de la loi qui punit le crime ou le délit; l'acte du complice n'y tombe pas*. En prenant le vol comme exemple, je dirai que l'acte de coopération directe sera l'acte de celui qui met la main sur les objets à soustraire; l'assistance dans les faits qui ont *préparé* le crime sera

[1] C. p., art. 385 et 386. Comp. : ORTOLAN, t. II, nº 1316.

l'acte de celui qui va reconnaître les lieux pour s'assurer que nul obstacle ne s'oppose à l'exécution du vol. Le complice par assistance dans les faits qui ont *facilité* le crime sera celui qui fait le guet pendant le vol ou qui tient l'échelle dont s'est servi le voleur pour s'introduire dans la maison et la dévaliser. Le complice par assistance dans les faits qui ont *consommé* le crime sera celui qui reçoit les objets volés à mesure qu'on les enlève[1].

303. Complicité par des faits postérieurs à la perpétration du délit. — La complicité proprement dite, dont s'occupe l'art. 60, suppose des actes qui précèdent on accompagnent l'action principale. Mais on ne conçoit pas une complicité *postérieure* à l'infraction, puisqu'il est matériellement impossible de prendre part, même indirectement, à un délit qui est déjà consommé. Sans doute, après que l'infraction a été accomplie, de nouveaux agents peuvent surgir et commettre des faits qui s'y rattachent, comme l'effet se rattache à la cause[2]. Mais ces faits, nouveaux et distincts, ne sauraient constituer des actes de complicité; et, si la loi les juge punissables, elle devra *rationnellement* leur donner le caractère d'infractions *sui generis*, qui seront unies par un simple lien de *connexité* à l'infraction antérieure, déjà consommée. Parmi tous ces faits, qui ont pour objet soit de soustraire le coupable à la peine dont il est menacé, soit d'assurer et de partager le bénéfice illégitime du délit, le *recel* est le plus fréquent. Le législateur français fait du recel tantôt une *infraction spéciale*, tantôt un *fait de complicité*. Le recel, considéré comme moyen de favoriser des coupables, peut avoir pour objet ou des personnes ou des choses.

304. *a*) Le *recel des personnes* n'est incriminé comme fait de complicité que dans un cas unique, celui de l'art. 61, ainsi conçu : « *Ceux qui, connaissant la conduite criminelle des malfaiteurs exerçant des brigandages ou des violences contre la sûreté de l'État, la paix publique, les personnes ou les propriétés, leur fournissent habituellement logement, lieu de retraite ou de réunion, seront punis comme leurs complices* ». Cette disposition, qu'on le remarque bien, ne concerne

[1] Sur les difficultés de cette distinction entre les auteurs et les complices, comp. : Ortolan, nos 1259 et suiv.; Bertauld, p. 481; Blanche, t. II, no 20. Sur les règles spéciales de la responsabilité, comme auteurs ou comme complices, de tous ceux qui ont participé à un délit de presse, V. mon article : *De la responsabilité pénale en matière de délits de presse* (*La France judiciaire*, t. VII, p. 49 à 59).

[2] Certains auteurs appellent *fauteurs* ceux qui, par des faits postérieurs, favorisent sciemment et volontairement, les auteurs ou les complices d'un crime ou d'un délit.

pas l'individu qui, connaissant le projet de *tel* crime ou de *tel* délit déterminé, fournit à celui ou à ceux qui se proposent de l'accomplir, un logement, un lieu de réunion ou de retraite, dans le dessein d'*aider* à l'exécution de ce crime ou de ce délit : car, celui-là serait un complice, dans les termes mêmes de l'art. 60, pour avoir, *avec connaissance, aidé ou assisté l'auteur ou les auteurs de l'action dans les faits qui l'ont facilitée.* Non, il s'agit ici d'une sorte de complicité générale, qui pèse sur le logeur à raison de crimes et de délits *commis même à son insu*, complicité qui a son point de départ dans la *présomption légale* d'une *association* entre les malfaiteurs et lui. Cette disposition a donc un caractère exceptionnel : aussi doit-elle être restreinte dans les termes mêmes de la loi. En lisant attentivement le texte, et en s'inspirant de ces motifs, on voit que les conditions de cette complicité présumée sont au nombre de cinq : 1° Il faut qu'il s'agisse d'un ou de plusieurs *malfaiteurs, exerçant des brigandages ou des violences* de la nature de celles définies par la loi; le logement habituel fourni aux filous, aux gens vivant d'escroquerie ou de vol, échappe donc à l'application de l'article; 2° il faut qu'il ait été fourni *logement, lieu de retraite ou de réunion;* le seul fait d'avoir procuré la nourriture ne serait pas suffisant; 3° que cela ait été fait avec *connaissance* de la conduite criminelle de ces malfaiteurs : de simples soupçons ne suffiraient pas; 4° que cela ait été fait *habituellement;* l'habitude doit résulter de la réitération ou de la permanence de ces actes; 5° que le crime soit un de ceux qui rentrent *dans le but de l'association*, par exemple, la présomption de complicité ne s'étendrait pas au cas où, dans une rixe, l'un des malfaiteurs aurait blessé ou tué l'autre[1].

Dans toute autre hypothèse, le recel de personnes peut constituer un délit spécial, mais il n'est pas un fait de complicité[2].

305. *b*) Le *recel des choses* enlevées[3], détournées[4] ou obtenues[5] à

[1] Le texte ne s'explique pas sur cette dernière condition; mais elle est imposée par les motifs mêmes qui ont fait créer par le législateur cette présomption de complicité. V. Ortolan, n° 1308, où la question est bien traitée.

[2] V. les articles 99 et 268 qui incriminent certains faits de recel comme délits *sui generis*.

[3] *Enlevées*, par exemple, au moyen d'un vol (C. p., art. 379).

[4] *Détournées*, dans le cas d'un abus de confiance (C. p., art. 408); d'un détournement frauduleux commis par un banqueroutier (C. com., art. 591; C. p., art. 402 et 403).

[5] *Obtenues*, au moyen d'une escroquerie (C. p., art. 405), d'un faux (C. p., art.

l'aide d'un crime ou d'un délit, constitue, dans tous les cas, aux termes de l'article 62, un fait de complicité. Cette sorte de complicité *a posteriori* est encore plus difficile à justifier que la précédente, qui supposait un acte de participation, au moins indirecte, par une association générale et tacite, antérieure à l'infraction. En assimilant les recéleurs aux voleurs, conformément aux traditions de notre ancien droit, le législateur est parti de cette idée que le recel a *décidé* ou *facilité* l'infraction, en provoquant l'agent à l'accomplir, par la certitude de pouvoir mettre à couvert les bénéfices illicites qui en résultent[1].

Dans l'acception grammaticale du mot, *recéler* une chose, c'est la *cacher*, mais, dans l'acception juridique de l'article 62, c'est simplement la *détenir, dans une intention frauduleuse, sachant qu'elle a été détournée.* L'existence de la complicité par recel de choses est donc subordonnée à trois conditions, tenant soit à la matérialité, soit à la moralité de l'acte.

1° Le recel exige d'abord le fait même de la *détention.* Peu importe, du reste, à quel titre on détient tout ou partie des choses provenant d'un crime ou d'un délit. Celui qui, sans se les approprier, les conserve uniquement en dépôt, se rend complice par recel. Celui qui achète un de ces objets, en connaissance de cause, est coupable comme s'il lui avait été donné par le voleur[2]. Bien plus, le créancier qui, sciemment, accepte en paiement des sommes obtenues à l'aide d'un crime ou d'un délit, doit être considéré comme complice par recel[3]. Peu importe que le recel soit habituel ou accidentel; peu importe qu'on tienne la chose du voleur même ou d'un tiers.

2° La complicité par recel exige, de plus, que le prévenu ait agi « *sciemment* », c'est-à-dire ait su que la chose provenait d'un crime ou d'un délit[4]. Cette connaissance doit, selon nous, avoir existé au moment où la chose est entrée en ses mains. C'est, en effet, une règle du droit que le caractère de la possession s'apprécie au jour où elle a commencé.

132 à 162); de l'abus des besoins, des faiblesses ou des passions d'un mineur (C. p., art. 406).

[1] Notre législation réunit et confond, pour l'application de la peine, tous ceux qui ont voulu le délit et tous ceux qui y ont adhéré par un contact frauduleux avec la chose dont il a procuré la possession. Les Codes européens font, en général, du recélé, l'objet d'une incrimination spéciale, système qui nous paraît préférable. Comp.: Montesquieu, *Esprit des lois,* liv. 29, chap. 12; Carrara, *Du recel frauduleux des choses volées* (*Rev. crit.,* 1865, t. XXVII, p. 403).

[2] Cass., 24 déc. 1869 (D. 70, 1, 382).

[3] Cass., 16 déc. 1871 (S. 72, 1, 254).

[4] Cass., 4 avril 1878 (S. 78, 1, 440).

Or, l'article 63 démontre que cette règle est applicable à la détention du recéleur, puisque celui-ci n'est responsable, dans certains cas, des circonstances aggravantes de l'infraction, qu'autant qu'il en a eu connaissance « au temps du recélé ». On ne pourrait donc pas condamner, comme complice par recel, l'individu qui aurait gardé la chose, après avoir appris son origine criminelle[1]. Sans doute, l'article 1938, C. civ., oblige le dépositaire, s'il découvre qu'un objet mis entre ses mains a été volé et s'il sait quel est le véritable propriétaire, à dénoncer à ce dernier le dépôt; mais la désobéissance à l'injonction de l'article 1938 n'entraîne qu'une *responsabilité civile.*

3° Enfin, pour être complice par recel, il ne suffit pas d'avoir reçu sciemment des choses obtenues à l'aide d'un crime ou d'un délit, il faut, de plus, les avoir reçues dans une *intention frauduleuse*, c'est-à-dire dans le dessein de procurer à soi-même ou à autrui des bénéfices illégitimes. A la vérité, cette condition n'est pas formellement exigée par l'article 62, mais elle doit être sous-entendue, par ce motif que toute complicité suppose, chez l'agent, la volonté de favoriser le délit[2]. Or, la connaissance du vice de la chose que l'on recèle n'implique pas nécessairement l'intention frauduleuse du recéleur : ceux, par exemple, qui ont reçu des objets soustraits par un époux ou des proches parents peuvent avoir agi avec connaissance de l'origine criminelle des objets, sans avoir eu cependant l'intention de favoriser le délit. Nous croyons qu'ils ne doivent pas être réputés complices, s'il parviennent à démontrer leur bonne foi[3].

[1] Comp. en ce sens : CHAUVEAU et HÉLIE, t. I, n° 213; TRÉBUTIEN, t. I, p. 188; — en sens contraire : LE SELLYER, *De la criminalité et de la pénalité*, t. II, n° 413; BLANCHE, t. I, n° 154; Cass., 10 août 1878 (S. 78, 1, 385) et la note.

[2] Le Code pénal de 1791 (part. II, tit. III, art. 1er) exigeait formellement, pour l'existence de la complicité, le concours tout à la fois de la connaissance et de la volonté : « Quiconque sera convaincu d'avoir *sciemment, dans le dessein du crime*, aidé ou assisté le coupable... ». Le Code pénal de 1810, en exigeant la connaissance, n'a pas reproduit la condition relative à la volonté de coopérer au crime, par la raison qu'il a jugé inutile de l'exprimer, la connaissance impliquant le plus souvent et presque toujours la volonté.

[3] BLANCHE, qui combat cette solution, t. II, n° 149, cite, comme y étant contraire, un arr. de cass. du 15 mars 1821, qui répute complice, la femme qui recèle des choses volées par son mari. Mais cet arrêt semble bien faire, avec nous, du point de savoir si la femme peut être réputée complice, une question de fait, c'est-à-dire d'intention. — Comp. : CHAUVEAU et HÉLIE, t. I, n° 214; HAUS, t. I, n° 599.

III. DES PEINES APPLICABLES AUX COMPLICES.

306. I. Aux termes de l'art. 59 : « *Les complices d'un crime ou d'un délit seront punis de la même peine que les auteurs mêmes de ce crime ou de ce délit, sauf les cas où la loi en aurait disposé autrement* ». Si c'est la *même peine* qui est édictée contre l'auteur principal et son complice, il ne s'ensuit pas qu'une *seule peine* doive leur être appliquée : il faut une peine contre chacun. L'art. 59 dit, en effet, qu'ils sont passibles de la même peine, et non d'une seule et même peine. Ainsi compris, ce texte peut être lu de trois manières différentes, dont une seule est exacte :

a) *Les complices seront punis identiquement de la même peine que celle qui est prononcée contre les auteurs mêmes de l'infraction.* — Personne aujourd'hui ne soutient que ce soit là le sens de l'art. 59; on reconnaît, sans difficulté, que des différences en plus ou en moins peuvent exister entre la peine du complice et celle de l'auteur principal.

b) *Les complices seront punis de la peine qu'ils encourraient s'ils étaient eux-mêmes les auteurs du crime ou du délit.* — Ainsi, dans cette interprétation, le fils, complice du meurtre de son père dont un étranger est l'auteur, devrait être puni des peines du *parricide*, et non des peines du *meurtre* ordinaire, car, s'il était l'auteur principal du fait, il serait coupable de parricide et non de meurtre. — Certaines législations ordonnent, en effet, aux juges de rechercher la peine que la loi infligerait aux complices, s'ils étaient auteurs de l'infraction, pour la leur appliquer[1]. Mais tel n'est pas le système de notre législation; car l'art. 59 ne dit pas : « Les complices seront punis comme s'ils étaient les auteurs du crime ou du délit »; mais, ce qui est bien différent : « Les complices seront punis de la même peine que les auteurs ».

[1] Ainsi, dans le C. p. belge, l'art. 69 qui correspond à notre art. 59, est ainsi conçu : « Les complices d'un crime seront punis de la peine immédiatement inférieure à celle qu'ils encourraient *s'ils étaient auteurs de ce crime,* conformément aux art. 80 et 81 du présent Code. — La peine prononcée contre les complices d'un délit n'excédera pas les deux tiers de celle qui leur serait appliquée *s'ils étaient auteurs de ce délit* ». Ce système est peut-être plus logique que le nôtre, mais enfin ce n'est pas celui du Code pénal français.

c) L'expression doit donc être entendue en ce sens que *les complices seront punis de la même peine que celle prononcée par la loi contre le crime ou le délit commis par l'auteur principal.* En un mot, au point de vue de la *culpabilité absolue*, le législateur a jugé que les complices et les auteurs étaient *également coupables;* mais il laisse mesurer la *culpabilité relative* des uns et des autres par le juge de l'infraction. Celui-ci doit donc déterminer d'abord la peine du crime ou du délit, telle que la loi l'a édictée contre l'auteur principal : et il tient compte de la culpabilité individuelle de l'auteur et du complice, en prononçant le *maximum* contre l'un, le *minimum* contre l'autre, ou réciproquement; en accordant à l'un le bénéfice des circonstances atténuantes qu'il refuse à l'autre, ou réciproquement; et, si la loi prononce plusieurs peines alternatives, en frappant l'un de telle peine et l'autre de telle autre, ou réciproquement. Dès lors, bien que, en *droit*, le sort du complice soit le même que celui de l'auteur principal, *en fait*, il pourra se trouver bien différent.

L'article 59 nous indique que la règle qu'il pose, règle générale du reste, et qui s'applique aux complices d'infractions prévues par des lois spéciales, n'est pas sans réserve. Il y a des cas où la peine prononcée par la loi contre le complice n'est pas la même que celle prononcée contre l'auteur principal (C. p., art. 63, 267, 268, 293, 338, 415, 441).

Quoique l'ordonnance de Blois, dans son art. 194, posât formellement la règle de l'assimilation dans la peine de l'auteur et du complice, on n'a pas manqué, même parmi les anciens jurisconsultes français, de critiquer ce principe. Frapper, en effet, d'une peine égale tous ceux qui ont coopéré à l'infraction, c'est blesser à la fois les principes de la justice et les règles de la prudence : — *Les principes de la justice :* car l'équité veut qu'on distingue, parmi les codélinquants, ceux qui sont la cause efficiente de l'infraction, et ceux qui y ont simplement aidé. Puisque les premiers sont les *auteurs*, tandis que les seconds ne sont que les *auxiliaires* du délit, le rôle de ceux-ci est évidemment inférieur au rôle de ceux-là, et, par conséquent, leur part de responsabilité est moindre. — *Les règles de la prudence :* en effet, la loi qui punit de la même peine les auteurs et les complices de l'infraction doit nécessairement engager tous ceux qui prennent part au délit à ne pas se contenter d'une participation accessoire, mais à concourir, de tous leurs moyens, à l'exécution même du projet criminel; car, en quittant le rôle de complices pour prendre celui d'agents principaux, ils n'ont rien à perdre et tout à gagner : rien à perdre, puisque, quel que soit leur rôle, la même peine leur est applicable; tout à gagner, puisqu'ils ont chance d'augmenter, par une participation plus active, la réalisation de l'infraction.

Une législation rationnelle séparera donc, quant aux conséquences pénales de la participation criminelle, les auteurs des complices : contre les auteurs, tant intellectuels que matériels, elle édictera la peine du délit; les uns et les autres sont, en effet, également coupables, car, si les auteurs matériels ont exécuté le crime, les auteurs intellectuels, sans y contribuer matériellement, en ont été la cause efficiente, en donnant naissance à la résolution de le commettre; mais contre les complices, qui n'ont figuré dans l'infraction qu'à titre d'auxiliaires, elle prononcera la peine du délit abaissée de certains degrés[1]. La plupart des législations étrangères frappent, en effet, les provocateurs de la même peine que les auteurs matériels, et appliquent aux complices une peine mitigée[2]. Si même les rédacteurs de la loi du 17 avril 1832 ont conservé, dans la révision du Code pénal, la règle d'assimilation entre les auteurs et les complices, ce n'est pas qu'ils l'aient trouvée juste, mais ils ont pensé que l'institution des circonstances atténuantes serait un correctif pratique suffisant à l'égalité de peine prononcée par la loi.

307. II. Du système de la loi en matière de complicité, résulte

[1] Comp. sur ce point : Ortolan, n° 1257. Cependant Trébutien, t. I, p. 197, approuve complètement le système du Code pénal.

[2] Comp. l'art. 69 du C. p. belge déjà cité, et les art. 48 et 49 du C. p. allemand, qui mettent le provocateur sur la même ligne que l'auteur matériel, et qui réduisent la peine pour le complice par assistance. Le projet de Code italien (art. 77) contient des dispositions semblables. Le Code danois punit le complice d'une peine qui varie entre la moitié du minimum et les trois quarts du maximum de la peine principale, sauf celui qui a déterminé la volonté de l'auteur principal qui est puni comme lui. Dans le Code pénal russe, les divers cas de complicité, comme les divers degrés de tentative, sont l'objet d'une réglementation minutieuse (art. 117 et suivants). Les *meneurs* (en cas de crime concerté) et les *instigateurs* (les provocateurs) sont punis de la peine la plus forte portée contre le crime; parmi les autres complices ou *fauteurs*, ceux dont l'assistance était indispensable pour commettre le crime, sont punis de la même peine que les auteurs principaux; les autres subissent une peine inférieure d'un degré. Le Code de Genève assimile aux *auteurs directs* les *auteurs par mandat* et les *auteurs par instigation*, et n'applique aux autres participants qu'une peine inférieure (art. 43 et suiv.). Sur la législation comparée en matière de complicité, en trouvera des renseignements très-étendus dans Pessinia, *op. cit.*, p. 254-258; Berge, *op. cit.*, p. 304. La solution qui paraît prévaloir consiste à frapper les provocateurs de la même peine que les auteurs principaux et à appliquer aux autres complices une peine mitigée.

un double corollaire : 1° les actes de participation accessoire empruntent leur criminalité et, par conséquent, leur qualification aux actes de participation principale; ils sont des crimes et des délits, si ceux-ci sont des crimes et des délits, et ils sont tel crime ou tel délit, parce que ceux-ci constituent tel crime ou tel délit. 2° La peine, qui frappe ces deux catégories d'actes, est légalement la même. Cette assimilation dans la *qualification* et dans la *pénalité*, ainsi établie par la loi entre les actes de complicité et les actes de coopération directe, rend délicate la solution de deux problèmes, que je formule ainsi :

Quelle est l'influence de l'*impunité* de l'un des auteurs de l'infraction sur le sort des autres?

Quelle est l'influence des *circonstances aggravantes*, des *excuses* et des *circonstances atténuantes* sur la peine applicable aux codélinquants?

308. A. Quiconque a participé à un fait, qualifié crime ou délit, de la manière déterminée par la loi, comme auteur ou comme complice, encourt les peines de l'infraction. Mais la culpabilité étant individuelle, et le juge devant l'apprécier *in concreto*, pour chacun des codélinquants, l'impunité de l'un ne peut profiter aux autres, quand elle a sa cause dans une circonstance qui n'efface pas le caractère délictueux du fait. En conséquence, lorsque le crime ou le délit aura été commis par plusieurs *auteurs*, l'un pourra être puni, quoique l'autre ne le soit pas; et, si, de plusieurs codélinquants, les uns sont *auteurs*, les autres *complices*, l'impunité des premiers n'empêchera pas la condamnation des seconds, et réciproquement.

On peut ramener à trois les situations où le coparticipant d'une infraction est à l'abri de toute peine, sans que son impunité profite à ses coauteurs ou complices.

a) La première se présente quand il existe, au profit du coparticipant, une *cause de non-imputabilité*, c'est-à-dire une de ces circonstances qui, sans effacer le caractère délictueux d'un fait, efface la culpabilité de celui qui l'a commis. Il est bien évident, par exemple, que l'individu, qui a provoqué un enfant ou un insensé à commettre un meurtre, un incendie, ou tout autre crime, ne peut échapper à la punition, parce que l'enfant ou l'insensé échappe à toute responsabilité [1].

[1] C'est pour cela que l'acquittement de l'accusé, poursuivi comme auteur prin-

b) La seconde suppose que l'auteur de l'infraction échappe à la peine par suite d'une *exception péremptoire* et *personnelle*, c'est-à-dire d'une de ces circonstances, qui, sans faire disparaître l'infraction, empêchent ou suspendent le droit du ministère public d'agir contre l'auteur principal. Ainsi, la cause qui paralyse l'action du ministère public, contre les agents diplomatiques qui se rendent coupables d'un crime ou d'un délit en France, ne paralysera pas l'action dirigée contre leurs complices français. Ainsi encore, que l'auteur principal soit inconnu, ou absent, ou décédé, et que le ministère public ne puisse pas le poursuivre pour une de ces causes, il n'importe; il suffit que l'existence d'un fait principal, constituant un crime ou un délit, soit reconnue contradictoirement avec le complice, pour que celui-ci soit punissable [1]. Mais il est possible que les motifs qui ont porté la loi à suspendre l'exercice de l'action publique n'aient rien de personnels à l'auteur principal et puissent être invoqués par tous ceux qui ont participé à l'infraction. C'est ce qui arriverait dans les deux cas prévus par les art. 336 et 357 du Code pénal.

Le principe que je viens de poser est-il applicable aux *soustractions* commises entre proches parents ou alliés et entre époux, avec la coopération de complices étrangers? Ces soustractions, dont s'occupe l'art. 380, C. p., sont des *vols :* la loi elle-même leur donne cette qualification : car, dans son texte, elle nous parle du « vol », et des « objets volés ». Mais, bien qu'ils constituent des *crimes* ou des *délits*, ces vols ne donnent lieu, à l'égard du conjoint, des proches parents ou alliés, qu'à « des réparations civiles ». La loi supprime donc l'*action publique*, non pas, comme on l'a prétendu, à cause d'une sorte de communauté de biens qui existerait entre personnes aussi intimement unies [2], mais simplement dans l'intérêt des familles.

cipal, n'empêche pas la condamnation des complices, car la déclaration du jury, négative sur la culpabilité de l'auteur principal, n'implique nullement la non-existence d'un fait, qualifié crime ou délit par la loi, auquel les actes de complicité peuvent se rattacher : Cass., 9 mars 1876 (S. 76, 1, 188). Comp. : BERTAULD, p. 501.

[1] Ainsi il a été décidé à bon droit que celui qui s'est rendu coupable, par recel, du délit d'abus de confiance, connu dans l'industrie sous la dénomination de *piquage d'onces*, en achetant des matières premières (des soies) détournées par des ouvriers, peut être poursuivi et puni, bien que les auteurs des détournements et les propriétaires des marchandises n'aient pu être découverts : Cass., 12 déc. 1863 (S. 67, 1, 463).

[2] Ce qui le prouve, c'est qu'elle laisse subsister l'action « en réparation civile », cette action que les Romains appelaient la *condictio furtiva*. Comp. : BERTAULD, p. 503.

Est-ce à dire que la qualité d'époux ou de proche parent de la victime, invoquée par l'auteur de la soustraction, soit une cause de *justification* de l'acte? Je ne le crois pas, puisqu'il subsiste néanmoins, à la charge de l'auteur, une responsabilité civile; la qualité dont il s'agit a seulement pour effet de fournir au conjoint ou aux proches parents une exception péremptoire pour repousser toute poursuite répressive. Mais cette exception est purement *personnelle* : elle ne profite pas aux complices. Vainement objecterait-on, pour donner à ceux-ci le droit de l'invoquer, que le but de l'art. 380 est d'empêcher la constatation d'un fait qui peut déshonorer la famille? La réponse à cette objection se trouve dans l'art. 380 *in fine*, qui prescrit expressément de punir les *recéleurs des objets volés et ceux qui les appliquent à leur profit*; ce qui ne peut se faire sans une constatation préalable du fait de vol. Il en est de même de la réparation civile, qui subsiste dans tous les cas. Si les recéleurs étrangers, coupables seulement d'une participation *postérieure* à l'infraction, sont punissables, à plus forte raison, quoique la loi ait jugé inutile de le dire, les complices dans la résolution, la préparation ou l'exécution doivent l'être [1].

c) Enfin, la troisième situation suppose invoquée par l'auteur une *excuse absolutoire*, c'est-à-dire une de ces circonstances qui, sans détruire l'infraction, ont pour effet d'exclure la peine, de sorte que leur existence étant reconnue en faveur d'un prévenu ou d'un accusé, celui-ci, quoique déclaré coupable, doit échapper au châtiment. Nous trouvons des exemples de situations de cette nature dans les art. 100, 213, 114, § 2 du Code pénal.

309. B. Toutes les circonstances *constitutives* de l'infraction, sans

[1] La jurisprudence étend aux complices dans la résolution, la préparation ou l'exécution, mais non aux coauteurs, l'impunité que l'art. 380 assure à l'auteur des soustractions, époux, proche parent ou allié de la victime : Cass., 25 mars 1845 (S. 45, 1, 290); 2 janvier 1869 (S. 70, 1, 367); Toulouse, 27 avril 1877 (S. 77, 2, 284). — Sur cette question : Blanche, t. II, nos 55 et suiv.; Le Sellyer, *De la criminalité et de la pénalité*, t. I, no 224; Bertauld, p. 502 et suiv.; Trébutien, t. II, p. 192; Faustin Hélie, *Revue de législ.*, t. II, p. 90. — L'art. 462 du C. p. belge a une disposition explicite sur ce point : « Ne donneront lieu qu'à des réparations civiles, les vols commis par les époux au préjudice de leurs conjoints, etc... — *Toute personne qui aura participé à ces vols ou recélé tout ou partie des objets volés, sera punie comme si la disposition qui précède n'existait pas* ». La disposition de l'art. 380 a son origine dans la loi romaine (L. 4, *De jud.*; LL. 16 et 17 princ., *De furtis*). Or, il est à remarquer que, dans les hypothèses prévues par ces textes, le fait conserve son caractère de *furtum*, ce qui a pour conséquence de donner l'action *furti* contre les complices (L. 1, *Rer. amot.*).

lesquelles le délit cesserait d'exister ou se transformerait en un délit d'un autre genre, sont nécessairement *communes* à tous les codélinquants; car c'est à *tel* délit déterminé que ceux-ci ont entendu participer. Mais c'est une question délicate, et qui n'est pas résolue par la loi, que de décider comment et jusqu'à quel point les causes d'aggravation ou d'atténuation, s'il en existe dans l'infraction, exerceront une influence sur la peine applicable aux codélinquants. Écartons tout d'abord deux points qui ne peuvent faire difficulté. *a*) Les circonstances, qui, au point de vue *judiciaire* seulement, aggraveront ou atténueront la culpabilité, devront être appréciées d'une manière *concrète* à l'égard de chacun des codélinquants, auteurs ou complices, sans que leur existence, étant reconnue au profit ou à la charge de l'un, puisse profiter ou nuire aux autres[1]. *b*) Les circonstances qui, au point de vue *légal*, aggraveraient ou atténueraient la culpabilité des complices, s'ils étaient eux-mêmes auteurs de l'infraction, seront sans influence sur la culpabilité de l'auteur principal et même sur celle du complice, puisque c'est dans la personne de l'auteur matériel, et non dans celle du complice, que doivent être puisées la qualification et la gravité de l'infraction (Cp., art. 59). Ainsi, le fils, qui fait à prix d'argent donner la mort à son père, n'encourt pas la peine du parricide, car il n'est complice que d'un meurtre, tandis que, s'il était l'auteur du fait, il serait coupable de parricide. Ainsi, le fonctionnaire public, qui aide, par un fait de complicité, un particulier à commettre un faux en écriture authentique et publique, n'est punissable que de la peine des travaux forcés à temps (art. 147), tandis qu'il serait puni de la peine des travaux forcés à perpétuité, s'il était lui-même l'auteur de ce faux. Le domestique, complice d'un vol simple, commis au préjudice de son maître, n'est punissable que des peines du vol, tandis que, s'il était lui-même auteur du vol, il serait puni des peines du vol domestique (art. 386)[2].

La question, ces deux points écartés, se ramène à savoir quel est l'effet, sur la culpabilité du *complice*, des causes légales d'aggravation ou d'atténuation de peine, qui modifient la culpabilité de l'*auteur* principal?

Circonstances aggravantes. — On distingue deux espèces de cir-

[1] Comp. : Cass., 9 janv. 1848 (D. 48, 1, 154); 11 mars 1866 (D. 68, 5, 96).

[2] Comp. : Cass., 5 octobre 1871 (S. 72, 1, 255); ORTOLAN, t. I, n° 1304; BLANCHE, t. II, n°s 36 à 43; BERTAULD, p. 514. — V. toutefois : CHAUVEAU et HÉLIE, t. I, n° 210, dont le système est évidemment inexact.

constances aggravantes légales : les unes sont *objectives* ou *réelles;* les autres sont *subjectives* ou *personnelles.*

a) Les premières sont prises dans l'infraction elle-même; elles lui sont inhérentes, et se communiquent, par conséquent, à tous ceux qui ont pris part à l'infraction, quand même ils les auraient ignorées; car, ceux qui ont voulu l'infraction qui en est accompagnée, qui y ont contribué, ne peuvent pas décliner la responsabilité de ses conséquences. En s'unissant dans un but commun, ils se sont, en effet, soumis à toutes les chances de l'entreprise, ils ont éventuellement, en donnant une sorte de blanc-seing, consenti à l'emploi de tous les moyens propres à réaliser le délit. Ces sortes de circonstances aggravent donc la culpabilité des complices comme celle de l'auteur même de l'infraction, à moins que les premiers ne prouvent que le moyen mis en œuvre a été *expressément* exclu par eux. Cette règle rationnelle résulte, dans notre droit, non-seulement du principe posé par l'article 59, mais encore de l'article 63, qui, en exigeant spécialement, pour l'application aux recéleurs des peines des travaux forcés à perpétuité ou de la déportation, la preuve qu'ils ont eu connaissance, au temps du recélé, des circonstances d'où résulte l'aggravation de peine, démontre bien qu'en thèse ordinaire cette preuve n'est pas nécessaire. Ainsi, lorsqu'un vol a été commis par plusieurs personnes avec les circonstances d'*effraction*, de *fausses clefs* ou de *violences*, les codélinquants, *auteurs* ou *complices*, seront tous punis de la même peine, même celui qui, ayant fait le guet dans la rue, ou ayant tenu l'échelle, a ignoré les violences exercées par les auteurs du vol, ou les effractions dont ils se sont rendus coupables[1].

b) Les circonstances aggravantes, qui résultent de qualités et de rapports personnels, doivent rester, au contraire, à la charge de l'agent dans la personne duquel elles se rencontrent, sans pouvoir nuire à ses complices. Mais ce principe est-il absolu?

1° Il existe des circonstances aggravantes, si évidemment personnelles, qu'elles ne réagissent ni sur la qualification de l'infraction commise, ni sur sa criminalité intrinsèque : pour celles-là, aucun doute n'est possible : elles sont *inhérentes* à la personne de l'auteur, et ne se communiquent pas à ses complices. Ainsi, l'*état de récidive* n'amène une élévation de pénalité qu'à l'égard de celui des coauteurs

[1] Comp. : Cass., 23 mai 1877 (S. 81, 1, 41); Chauveau et Hélie, t. I, n° 208; Bertauld, p. 509; Blanche, t. II, n°s 11 à 15; Le Sellyer, *De la criminalité et de la pénalité*, t. II, n° 433; Trébutien, t. I, p. 198.

ou complices qui a subi une précédente condamnation. C'est un point certain en doctrine et en jurisprudence.

2° Mais, il est des circonstances aggravantes, qui, sans doute, ne tiennent pas au fait matériel de l'infraction, qui émanent d'une qualité personnelle dont l'un des délinquants est investi, mais qui, néanmoins, influent sur le *titre* même du délit. Le complice doit-il subir l'aggravation qui en résulte? Ainsi, la qualité de *domestique* chez l'auteur du vol se communique-t-elle aux complices *non domestiques?* La qualité d'*officier public* rend-t-elle pire la condition de ceux qui prennent part au faux commis par un *notaire?* La qualité de *fils* chez le meurtrier aggrave-t-elle la responsabilité des complices du parricide? L'état de *préméditation* de l'auteur principal d'un meurtre a-t-il une influence aggravante sur la situation des complices de ce meurtre[1]?

Il n'est certainement pas *juste* de punir de la même peine le complice du fils parricide, et ce fils lui-même, le complice du domestique infidèle et ce domestique, car le crime n'est pas *également* coupable pour l'un et pour l'autre, puisque l'agent, fils ou domestique, a méconnu des sentiments et violé des devoirs qui sont étrangers au complice. En vain, dira-t-on[2], que la qualité de fils ou de domestique, modifiant la criminalité du fait principal auquel le complice a participé, aggrave, par cela même, sa culpabilité : car, cette modification,

[1] La préméditation, consistant dans le dessein *réfléchi*, formé *avant* l'action, de commettre un délit et, particulièrement, d'attenter à la vie de quelqu'un, est une circonstance aggravante *personnelle*, puisqu'elle est une forme particulière de la volonté, qui est évidemment propre à chaque individu. Il résulte du caractère que nous donnons à la préméditation que, dans une accusation d'*assassinat*, c'est-à-dire de meurtre prémédité, dirigée contre plusieurs personnes, la question de préméditation doit être posée distinctement pour chacune d'elles. L'application au complice de la qualification d'*assassin* n'est donc possible qu'à deux conditions : 1° il faut que l'un au moins des auteurs matériels du fait incriminé ait été reconnu coupable d'un meurtre commis avec préméditation; 2° que le complice soit reconnu coupable du fait de complicité, avec la circonstance aggravante de préméditation. Sans doute, la participation de complices dans une infraction suppose presque toujours, chez ceux-ci, comme chez les auteurs de l'infraction, le dessein formé à l'avance de commettre le délit, c'est-à-dire la préméditation : mais il n'est pas absolument impossible de trouver des complices qui n'aient pas prémédité le meurtre. Comp. : HAUS, n° 497 et la note; DELPECH, *Revue générale du droit*, 1879, t. III, p. 125. La Cour de cassation décide que, si, au cas d'assassinat imputé à plusieurs coauteurs, la circonstance aggravante de préméditation doit être posée et résolue distinctement contre chacun d'eux, il n'en est pas de même par rapport aux complices : 18 mai 1865 (S. 65, 1, 468); 18 janv. 1873 (D. 73, 1, 164); 30 mai 1879 (S. 80, 1, 481) et la note.

[2] ORTOLAN, t. I, n°s 1284 à 1287; MOLINIER, *op. cit.*, p. 207.

résultant d'une qualité personnelle à l'auteur, ne doit produire d'effet aggravant que pour celui-là seul en la personne duquel cette qualité se rencontre. Si cette circonstance existait dans le crime ou le délit à titre d'élément *constitutif*, elle serait nécessairement commune à tous ceux qui y auraient participé comme auteurs ou comme complices; mais elle aggrave la criminalité du crime ou du délit, sans le transformer en un autre genre de crime ou de délit : or, le complice est puni de la peine qui est prononcée par la loi contre le fait du délit, parce qu'il participe à ce fait, mais, puisqu'il ne participe pas à la qualité qui l'aggrave, il ne peut être plus sévèrement puni à raison de cette qualité. Tout système, qui étend aux complices les circonstances aggravantes personnelles à l'auteur principal, oublie une règle fondamentale : à savoir que la complicité n'est pas *accessoire* à la *personne* de l'auteur, mais au *fait* du délit, qu'elle est *réelle* et non *personnelle*. C'est pourquoi l'article 196 du Code de justice militaire pour l'armée de terre, et l'article 253-3° du Code de justice militaire pour l'armée de mer, disposent que les *complices*, *non militaires*, des infractions militaires ne subiront, sauf exception, que les peines de droit commun[1].

La jurisprudence, se fondant sur le texte absolu de l'article 59, qui punit le complice de la même peine que l'auteur principal, applique cependant l'aggravation au complice[2], à la condition que l'agent, dont la qualité personnelle est cause de l'aggravation de peine, soit reconnu coupable[3]. Il est difficile si l'on admet le système de la jurisprudence, de ne pas exiger au moins, pour appliquer au complice l'aggravation résultant des circonstances personnelles à l'auteur, qu'il ait connu ces circonstances[4]. En effet, l'ignorance de ses rapports personnels avec celui qu'il a tué exclut le *titre* de parricide, même chez celui qui a tué son père, parce que, quant au crime qualifié « parri-

[1] L'article 50 du C. p. allemand porte que les circonstances aggravantes personnelles n'auront effet qu'à l'égard du complice chez lequel elles se rencontrent. L'article 47 du C. p. genevois consacre la même règle. L'article 78 du projet de C. p. italien déclare aussi que les circonstances de cette espèce restent personnelles, si ce n'est dans le cas où la circonstance, bien connue des auteurs ou des complices, aura facilité le délit, par exemple, dans le vol domestique.

[2] Comp. : Blanche, t. II, n°s 15 à 19; aux arrêts qu'il cite, ajoutez : Cass., 23 août 1877 (*Bull.*, n° 201). — Dans le sens de cette jurisprudence : Ortolan, t. I, n°s 1285, 1286; Trébutien, t. I, p. 198, où la question est bien traitée.

[3] Il y a, sur cette condition, des dissidences, dont on trouvera l'exposé dans Blanche, t. II, n°s 61 à 66. Comp. : Bertauld, p. 513.

[4] V. Bertauld, p. 513, qui adopte cette opinion intermédiaire.

cide », c'est une erreur *essentielle*, et l'on pourrait soutenir que cette ignorance ne profite pas au complice !

Excuses. — De même que les circonstances aggravantes, les excuses sont *personnelles* ou *réelles*.

a) Les premières méritent une diminution de peine à celui des codélinquants dans la personne duquel elles se rencontrent, sans profiter aux autres. Ainsi, lorsqu'un crime ou un délit a été commis par un mineur de seize ans, avec l'aide de complices, la jeunesse de l'auteur ne peut être invoquée comme excuse par les complices majeurs. Le meurtre commis par l'époux sur son épouse, ainsi que sur le complice, à l'instant où il les surprend en flagrant délit d'adultère dans la maison conjugale, est excusable aux termes de l'art. 324, mais cette cause d'excuse ne peut être invoquée par celui qui aurait, comme complice, assisté le mari[1].

b) Les excuses inhérentes au fait du crime ou du délit se communiquent, au contraire, nécessairement aux complices. Ainsi, les personnes qui ont prêté, pendant le jour, au propriétaire ou locataire d'un appartement ou d'une maison, aide ou assistance pour repousser une escalade ou une effraction, sont également excusables, si elles ont frappé, blessé ou tué l'agresseur. Aussi, ceux qui ont pris part, comme coauteurs ou comme complices, à la séquestration ou à la détention d'un individu, jouiront du bénéfice de l'article 343, C. p., lorsque la personne détenue ou séquestrée aura été rendue à la liberté dans les conditions prévues par cet article.

[1] Comp. : *supra*, n° 270. Ainsi encore, l'excuse de la provocation, admise au profit, de l'auteur principal, ne profite, en principe, au complice, que si celui-ci est dans les conditions voulues pour l'invoquer. En sens contraire : Cass., 20 juin 1861 (D. 61, 1, 102).

CHAPITRE III.

DE L'APPLICATION DES PEINES EN CAS DE CONCOURS DE PLUSIEURS INFRACTIONS COMMISES PAR LE MÊME AGENT[1].

310. Il y a *concours* ou *cumul d'infractions*, lorsque le même agent s'est rendu coupable de plusieurs infractions avant d'avoir été condamné pour aucune d'elles. Ces infractions peuvent être déférées en même temps à la justice pénale : c'est l'hypothèse ordinaire; ou bien, ce qui est encore possible, faire l'objet de poursuites distinctes et successives. Mais, quelle que soit la forme dans laquelle se présente, en pratique, le concours d'infractions, deux conditions sont nécessaires pour qu'il existe. *a*) Il faut que la même personne ait commis au moins deux infractions. En cela, le concours d'infractions est distinct, soit de l'hypothèse d'un délit unique, de nature à se prolonger pendant un certain temps (délit *successif* ou *continu*), soit de celle d'un délit également unique, mais constitué par la réitération d'actes qui, considérés isolément, n'ont pas assez de gravité pour mériter un châtiment (délit *collectif* ou d'*habitude*), soit, enfin, de l'hypothèse d'un *délit collectif par suite de l'unité du but*. *b*) Il faut également que l'agent n'ait pas été définitivement condamné pour l'une des infractions, au moment où il commet l'autre. C'est par là que le concours d'infractions diffère de la *récidive*. Dans le cas de concours, il y a pluralité de délits à punir; il n'y en a qu'un, dans la récidive. Il est, du reste, possible qu'une personne, déjà frappée d'une condamnation répressive passée en force de chose jugée, commette plusieurs infractions. Dans ce cas, il y a tout ensemble concours d'infractions et récidive, et les règles de ces deux situations deviennent applicables.

311. Le concours d'infractions peut se présenter sous une forme matérielle, lorsqu'il y a, de la part de l'agent, *plusieurs actes* commis, constituant chacun séparément et distinctement un délit,

[1] BIBLIOGRAPHIE : BONNEVILLE DE MARSANGY, *De l'amélioration de la loi criminelle* (Paris, 1864); le tome II contient une monographie intéressante sur le concours d'infractions.

ou sous une forme idéale, lorsqu'un *seul fait* commis par l'agent contient à la fois plusieurs délits. Dans le premier cas, le cumul est qualifié par les auteurs de cumul *réel* ou *matériel;* dans le second, de cumul *intellectuel* ou *moral.*

312. L'influence de la récidive sur la répression des délits commis par l'agent est facile à déterminer. Chacun des délits, commis par le récidiviste, encourt la peine qui lui est propre; de plus, en ce qui touche le dernier délit, c'est-à-dire celui qui a été commis après une condamnation, la peine ordinaire est augmentée; car, en multipliant ses infractions, malgré les avertissements de la justice, l'agent fait preuve d'une perversité qui aggrave sa culpabilité et donne lieu de craindre de nouvelles rechutes, contre lesquelles la société a besoin d'une protection plus efficace. La récidive a donc deux conséquences : le *cumul* des peines spéciales à chaque infraction; une *aggravation* de peine en ce qui concerne la dernière. Cette double conséquence ne saurait être étendue au simple *concours* de plusieurs délits ayant un auteur commun. Ce concours révèle, sans doute, de mauvaises tendances; mais l'agent, au moment où il réitère ses infractions, n'a pas encore subi la leçon d'une condamnation; il ne peut, dès lors, être assimilé au récidiviste qui, lui, s'insurge contre la loi, malgré les avertissements de la justice. Le législateur doit donc, dans l'hypothèse du concours d'infractions, écarter l'application *simultanée* des deux conséquences attachées à la récidive. Mais doit-il adopter l'une ou l'autre, c'est-à-dire *cumuler* les peines propres à chacune des infractions, ou bien, s'il se contente d'une peine unique, l'*aggraver?*

On conçoit deux systèmes radicaux : l'un qui consiste à infliger au coupable les peines additionnées de toutes les infractions qu'il a commises : *à chaque délit, sa peine;* l'autre qui consiste à n'infliger à l'agent que la plus grave des peines attachées aux délits concurrents : *la plus forte peine absorbe toutes les autres.* Mais ces deux systèmes pèchent, l'un par excès, l'autre par insuffisance dans la répression.

Sans doute, en justice absolue, celui qui s'est rendu coupable de plusieurs délits doit subir la peine de chacun de ces délits : car un délit ne peut effacer ni atténuer la peine d'un autre délit, et cette solution, qui est commandée par la justice, l'est encore par la prudence. En effet, si en cas de conviction de plusieurs crimes ou délits, la peine la plus forte devait seule être prononcée, l'agent, après avoir commis une infraction, aurait carte blanche pour toutes les infractions moindres qu'il viendrait à commettre. Mais une législation ne peut consacrer sans restriction le principe du cumul. — Il est des cas où elle se heurterait à des impossibilités matérielles ou morales d'exécution. Une peine privative de liberté ne laisse aucune place à l'exécution d'autres peines de même nature, quand elle est perpétuelle. De même, la peine de mort absorbe toutes les peines privatives de liberté, fussent-elles temporaires. Dans ce dernier cas, il est vrai, l'exécution successive des deux peines serait matériellement possible, si l'on faisait d'abord subir au condamné la peine qui lui enlève sa liberté. Mais la peine de mort, ainsi précédée des angoisses d'une détention, serait monstrueuse d'inhumanité. — Lorsque le cumul des peines est possible, on aboutirait, en l'appliquant, à une rigueur excessive. En effet, pour peu que les infractions soient multipliées, le total des peines atteint bientôt des chiffres exorbitants : les amendes, par exemple absorbent, par leur cumul, toute la fortune du délinquant et dégénèrent ainsi en confiscation générale; l'emprisonnement temporaire, cumulé indéfiniment, finit par dépasser la durée probable de la vie du condamné et se transforme ainsi en peine perpétuelle. De pareils résultats ne sont certainement pas nécessaires pour donner satisfaction à l'intérêt social. Sont-ils, du moins, commandés par les principes de la justice? Non encore : de ce que la culpabilité s'accroît avec le nombre des délits, il ne s'ensuit pas que la mesure de son accroissement corresponde au total que fournit l'addition des faits délictueux : leur multiplicité peut être atténuée par l'entraînement sous l'empire duquel tous ont été commis; elle l'est d'ailleurs par les retards qu'a mis la justice à saisir le coupable : si celui-ci avait été condamné après son premier méfait, peut-être n'eût-il pas commis le second?

Un système mixte, qui corrige les vices de ces deux systèmes radicaux en leur enlevant leur caractère absolu, est le seul qui soit conforme tout à la fois aux exigences de la justice et de l'utilité sociale. Le législateur peut atteindre ce but, en ce qui touche le système du *cumul*, en limitant son application à l'emprisonnement et aux peines pécuniaires, puis en décidant que le total des peines cumulées ne pourra dépasser une certaine quotité. Cette limite une fois fixée, on n'a pas à craindre l'excès de rigueur auquel conduit l'addition illimitée des peines propres à chaque infraction. On peut également remédier à l'excès d'indulgence qu'entraîne le système absolu du *non-cumul*, en aggravant la peine la plus forte, c'est-à-dire la peine unique, qui, dans cette théorie, pourvoit à la répression collective des infractions cumulées. Les législations pénales les plus récentes se sont ralliées à ce système mixte[1]. En ce qui touche les peines afflictives ou infamantes, elles repoussent le cumul; elles l'admettent, au contraire, quant aux peines d'un ordre inférieur. Mais, dans les deux cas, elles tempèrent ce que chacune de ces solutions pourrait avoir d'excessif dans ses résultats. Là où elles se contentent d'une peine unique, elles augmentent son *maximum*, et permettent ainsi au juge de tenir compte de la multiplicité des infractions, quand la peine applicable est une peine temporaire. Dans les cas où la règle du cumul prévaut, l'étendue de ses conséquences varie dans les différentes législations. Mais, presque toujours, le cumul qu'elles autorisent a des limites qui réduisent la quotité des peines applicables bien au-dessous du taux que pourrait atteindre leur addition indéfinie[2].

313. Il serait difficile d'indiquer quel a été le système de notre ancienne jurisprudence sur le concours d'infractions[3]; tandis que Jousse et Muyart de Vouglans se prononcent pour le cumul des peines, Loysel enseigne que « la plus grande peine et amende attire et emporte la moindre ». La législation intermédiaire, au lieu de résoudre la question d'une manière directe, en posant nettement un principe, ne s'occupa que des dispositions relatives à la procédure,

[1] On l'appelle parfois le système du *cumul juridique*.

[2] Le Code pénal belge admet le cumul des peines pour le concours des délits, sans que ces peines puissent dépasser le double du *maximum* (art. 60). En cas de concours de crimes, la peine la plus forte est prononcée, sauf la faculté accordée aux juges d'aggraver cette peine, lorsqu'elle consiste dans une privation temporaire de liberté (art. 62). En cas de concours d'un crime avec un ou plusieurs délits, la peine la plus forte absorbe toutes les autres (art. 61). Pour les détails, HAUS, t. II, nos 911 à 928, inventeur de ce système compliqué, qui a été, du reste, modifié ou plutôt expliqué par une loi du 26 décembre 1881 (*Annuaire*, 1882, p. 457). — Le Code pénal allemand semble, au premier aspect, faire une part plus grande au principe de non-cumul. Il le consacre d'abord dans les termes les plus larges (art. 74), en adoptant seulement, comme correctif, l'aggravation de la peine la plus forte dans des limites analogues à celles du Code belge. Mais, bientôt, il restreint le bénéfice du principe; il l'écarte d'une manière complète quant aux peines pécuniaires; puis il prescrit le cumul de la peine de la détention dans une forteresse avec celle de l'emprisonnement, et n'apporte d'autres limites à l'addition de ces deux peines qu'un maximum de quinze ans (Voir les art. 74, 75, 77, 78). — Le Code pénal russe prononce seulement le *maximum* de la peine la plus forte; LEHR, *Rev. de légis.*, 1876, p. 193. Pour l'Angleterre : G. LOUIS, *Bull. de la soc. de lég. comp.*, 1877-1878, p. 557 et note 4. Pour les Pays-Bas : C. DARESTE, *id.*, 1876-1877, p. 290. Pour la Hongrie : MARTINET, *id.*, 1878-1879, p. 214. Pour l'Autriche, *id.*, 1877-1878, p. 282. Pour le Danemark, *id.*, 1876-1877, p. 18.

[3] Sur ce point, voir : BERTAULD, p. 329; ORTOLAN, t. II, nos 1161 à 1163.

d'où semble résulter cependant la règle de la non-cumulation des peines en cas de concours de plusieurs crimes[1]. Les rédacteurs des Codes criminels de 1808 et de 1810, qui ont suivi ce système, ne paraissent pas avoir mieux compris toute la portée de la règle à établir : ils se sont bornés à tracer, sur le concours d'infractions, quelques règles dans les articles 365 et 379 du Code d'instruction criminelle, et ils ont confondu ce qui se réfère à la procédure avec ce qui touche au fond du droit.

Ces textes ne prévoient, dans leurs termes, que le concours *matériel* et non le concours *intellectuel* d'infractions. Quel que soit le système que l'on adopte sur l'application des art. 365 et 379, il faut donc reconnaître, — et ce point ne fait aucune difficulté, — qu'il ne peut y avoir qu'un seul châtiment, en cas de concours intellectuel de délits, parce qu'il n'y a qu'un fait unique et une seule résolution criminelle, et que le principe de raison *non bis in idem* ne permet pas d'appliquer, en même temps, deux qualifications pénales et deux peines au *même fait*. C'est par la plus grave des infractions, suite de ce fait unique, que le fait sera caractérisé et la peine appliquée[2].

I. DE L'ÉTENDUE D'APPLICATION DU PRINCIPE DU NON-CUMUL.

314. Le principe du non-cumul a deux aspects, l'un relatif aux *infractions*, l'autre aux *peines*.

315. Des infractions auxquelles s'applique le principe du non-cumul. — La règle du non-cumul des peines est générale : elle constitue un principe de droit commun qui domine toutes les branches de la législation criminelle. Le silence ou l'obscurité des textes ne suffit pas pour l'exclure : elle ne cesse d'être applicable qu'en cas de dérogation certaine de la part du législateur[3].

[1] L. des 16 et 20 sept. 1791, art. 39 et 40; Code du 3 brumaire, an IV, art. 446.

[2] BERTAULD, p. 316 et suiv.; ORTOLAN, t. I, nos 1149 et 1178 *bis;* HAUS, t. II, no 908; Paris, 18 juillet 1883 (*La France jud.*, 1883, p. 31). — Les législations, qui n'admettent pas, en cas de concours matériel, le système de l'absorption des peines, admettent unanimement, au contraire, qu'en cas de concours intellectuel, une seule peine doit être appliquée : Comp., par exemple, l'art. 65 C. p. belge; l'art. 73 C. p. allemand.

[3] Des jurisconsultes, peu nombreux il est vrai, mais d'une haute autorité, n'attribuent à la prohibition du cumul des peines qu'un caractère exceptionnel, et soutiennent, en conséquence, qu'en dehors des cas où le cumul des peines se trouve

316. A. Les art. 379 et 365, qui consacrent le principe du non-cumul, sont placés sous la rubrique : « *Des affaires qui doivent être soumises au jury* ». On en a conclu, et la Cour de cassation a d'abord jugé [1], que ces dispositions étaient écrites pour les infractions déférées aux cours d'assises, mais non pour les infractions déférées aux tribunaux correctionnels ou aux tribunaux de simple police. Aujourd'hui, on est à peu près d'accord pour appliquer le principe aux crimes et aux délits, et ne pas l'appliquer aux contraventions. Ces deux solutions sont exactes.

a) En ce qui concerne les *crimes* et les *délits*, l'art. 365 est, en effet, conçu dans les termes les plus généraux, et l'argument tiré de la place qu'occupe ce texte n'est pas assez puissant pour établir une distinction contre les infractions déférées aux cours d'assises et les infractions déférées aux tribunaux correctionnels. Comment admettre, en effet, que le changement de juridiction, pour des infractions de même nature, puisse changer la règle de pénalité? Quelle justice y aurait-il à ce que, pour les mêmes faits, le coupable fût plus ou moins sévèrement puni, suivant la juridiction devant laquelle il serait traduit? Comment admettre, par exemple, que le mineur de seize ans, poursuivi devant la cour d'assises, parce qu'il a des complices, puisse invoquer le bénéfice de l'art. 365, qui lui serait refusé, s'il était poursuivi devant le tribunal correctionnel [2]?

b) En matière de *contraventions de simple police*, des raisons spéciales de texte et de principe doivent autoriser, au contraire, la prononciation d'autant de peines qu'il y a de contraventions commises. D'une part, l'art. 365 est complètement muet à l'égard de ces infractions, et son silence est d'autant plus significatif, qu'il énonce, comme étant régies par le principe du non-cumul, les deux autres

formellement prohibé par le texte de l'art. 365, la règle du cumul doit s'appliquer : Dupin (S. 42, 1, 496); Trébutien, t. I, p. 317. Mais cette opinion, qui est contraire au texte de l'art. 365 et à l'exposé des motifs, a été, avec raison, abandonnée depuis longtemps par la doctrine et la jurisprudence.

[1] En ce sens : Trébutien, t. I, p. 318, et les arrêts qu'il cite.

[2] La question me paraît aujourd'hui tranchée par l'art. 60 du Code de justice militaire de 1857, qui décide qu'en cas de concours de plusieurs infractions, dont l'une est de la compétence des conseils de guerre, l'autre de la compétence des tribunaux ordinaires, s'il y a double condamnation, *la peine la plus forte est seule subie*. Comp. les art. 109 et 165 du Code de justice militaire pour l'armée de mer de 1858, qui reproduisent la même disposition. — *Sic*, Chauveau et Hélie, n° 121; Bertauld, p. 337; Blanche, t. I, n° 302; Le Sellyer, *op. cit.*, n° 295. — En sens contraire : Laisné et Guillouard, (2e éd. de Trébutien), n° 676.

catégories de faits punissables, de telle sorte que l'omission des contraventions paraît avoir été faite à dessein pour montrer qu'elles n'étaient pas comprises dans la disposition. D'autre part, les motifs, qui ont fait prohiber le cumul des peines en matière de crimes ou de délits, sont inapplicables aux contraventions. En effet, les peines de simple police, soit d'emprisonnement, soit d'amende, sont si minimes, qu'il n'est pas à craindre, comme pour les peines correctionnelles et criminelles, que leur addition ait pour effet de frapper le condamné d'une privation perpétuelle de liberté ou d'une confiscation générale de biens. On peut donc, sans inconvénient, les cumuler, et, si même on ne le faisait pas, il pourrait y avoir de tels profits à retirer de certaines contraventions, que les contrevenants trouveraient avantage à courir la chance d'une condamnation, si, quel que fût le nombre des infractions commises, une seule peine devait leur être appliquée [1].

C'est de la combinaison de cette double règle, dont l'une ne permet pas de cumuler les peines en cas de concours de crimes ou de délits, et dont l'autre autorise ce cumul, qu'est née la question de savoir si l'art. 365 s'applique à ces infractions appelées par certains auteurs *contraventions-délits?* Poser la question, c'est la résoudre; car l'art. 1er du Code pénal ne tient compte que de la nature des peines infligées pour distinguer les délits des contraventions, et l'art. 365, C. inst. cr., se réfère évidemment aux classifications du droit commun [2].

317. B. Le principe du non-cumul est-il applicable aux infractions prévues par des lois spéciales, en dehors du Code? Qu'il régisse les lois spéciales postérieures au Code d'inst. cr., c'est ce

[1] La jurisprudence, après des oscillations en sens contraire, est aujourd'hui fixée à cette décision que le principe du non-cumul des peines n'est pas applicable aux contraventions de police : comp. les conclusions du procureur général Dupin, et l'arrêt de la Cour de cassation, toutes chambres réunies, en date du 7 juin 1842, qui ont fixé la jurisprudence (S. 42, 1, 496). Pour la jurisprudence plus récente : Cass., 30 déc. 1875; 6 et 7 janvier 1876 (S. 76, 1, 389); 29 mars 1878 (S. 79, 1, 390). Dans le même sens : Ortolan, n° 1172; Bertauld, p. 338 ; Le Sellyer, *op. cit.*, t. I, n° 294; Trébutien, t. I, p. 326. — En sens contraire : Chauveau et Hélie, t. VI, n° 2470.

[2] Aussi la jurisprudence paraît aujourd'hui fixée dans le sens de l'application du principe du non-cumul aux *contraventions-délits* : Cass., 16 nov. et 1er déc. 1877 (S. 78, 1, 330). L'art. 63, § 2 de la loi du 28 juill. 1881 sur la presse applique le droit commun : « *En cas de conviction de plusieurs crimes ou délits prévus par la présente loi, les peines ne se cumuleront pas, et la plus forte sera seule prononcée* ».

qui nous paraît certain[1]. Mais s'applique-t-il aux lois antérieures? La difficulté vient de ce que l'art. 484 du Code pénal a maintenu les lois et règlements antérieurs, quand ils ont pour objet des matières spéciales qu'il n'a pas réglées? Mais l'art. 484 du Code pénal n'a pas ici d'application, puisqu'il s'agit d'une règle posée par le Code d'instr. cr.; et l'art. 365, édicté en 1808, a dû statuer pour les crimes ou délits existants à l'époque où il a été promulgué, suivant les lois alors en vigueur, comme aussi pour ceux qui pourraient être prévus par la suite. Ces termes n'exprimant aucune restriction, nous ne devons en faire aucune[2].

318. Des peines auxquelles s'applique le principe du non-cumul. — Par rapport aux peines, le principe du non-cumul soulève deux difficultés d'application : — Quelle est la gravité respective des peines, et comment reconnaître, de deux ou plusieurs peines, qui concourent entre elles, quelle est la plus forte? — Toutes les peines sont-elles soumises à la règle de l'absorption, ou y en a-t-il quelques-unes, par exemple, les peines pécuniaires ou les peines accessoires, qui y échappent?

a) Au premier point de vue[3], on doit poser, en règle absolue, que c'est à l'ordre de gravité, marqué par le Code pénal, qu'il faut se reporter pour déterminer quelle est la peine la plus forte. Or, les articles 6, 7, 8, 9 et 464, C. pén., mesurent la gravité des peines à la fois d'après leur *nature* et d'après le *degré* qu'elles occupent dans l'échelle pénale. Cette double base nous conduit à deux conséquences principales : 1° Les peines criminelles l'emportent, par leur *nature*, sur les peines correctionnelles. Dès lors, toute condamnation correctionnelle se trouve nécessairement absorbée par une condamnation criminelle. Peu importe la durée respective des peines prononcées : cinq

1 Des auteurs et des arrêts ont cependant refusé d'appliquer l'art. 365 aux infractions forestières, prévues par le Code forestier du 21 mai 1827, en donnant à l'art. 207 de ce Code une extension qu'il ne comporte pas. Comp. : Le Sellyer, *op. cit.*, t. I, n° 288; Nancy, 27 août 1872 (S. 73, 2, 5). Mais la Cour suprême a jugé que l'art. 365 s'appliquait aux matières forestières, en faisant seulement exception pour les amendes, à raison de leur prétendu caractère de réparations civiles : 21 nov. 1878 (S. 79, 1, 137).

2 La jurisprudence avait, pendant longtemps, pour l'application de l'art. 365 aux lois spéciales, distingué si ces lois spéciales étaient antérieures ou postérieures au Code pénal : Cass., 3 mai 1866 (S. 66, 1, 456). Elle paraît abandonner cette distinction et se ranger à l'opinion contraire, dans un arrêt du 28 janvier 1876 (S. 76, 1, 89). Comp., sur la question : Ortolan, t. I, n° 1175.

3 Comp. sur les difficultés : P. Collet (*Rev. crit.*, 1867, p. 388).

ans de réclusion constitueront toujours une peine plus forte que dix ans d'emprisonnement. 2° Entre peines de même nature, la plus grave est celle qui occupe le *degré le plus élevé* dans l'échelle pénale, telle qu'elle est établie par les articles 7 et 8 pour les peines criminelles, et par l'article 9 pour les peines correctionnelles. Ici encore, le juge n'a pas à tenir compte de la durée ou de la quotité respective des peines entre lesquelles il doit opter. C'est ainsi qu'une peine d'emprisonnement, fût-elle réduite à un jour par le bénéfice de circonstances atténuantes, l'emporte sur une amende de 5,000 fr. De même, quand le concours existe entre plusieurs peines criminelles, cinq ans de travaux forcés sont supérieurs à dix ans de réclusion[1].

Les peines en concours sont-elles de *même nature* et de *même degré?* La loi ne nous trace aucune règle pour discerner la peine la plus forte; mais il est facile, en général, de suppléer à son silence. La solution devra dépendre, avant tout, de la comparaison du *maximum* respectif des deux peines. Quand ce *maximum* est le même, la supériorité appartient à la peine dont le *minimum* est le plus élevé. En cas d'égalité sur ces deux limites, il faudra puiser la solution dans les peines *additionnelles* qui parfois sont ajoutées à la peine ordinaire, commune aux diverses infractions.

b) La prohibition du cumul domine toutes les peines de notre droit criminel[2]. Néanmoins, son application a fait naître quelques

[1] Il n'y a même pas lieu de distinguer les peines spéciales aux crimes politiques des peines de droit commun; car les articles 7 et 8 du Code pénal ne tiennent pas compte de cette distinction dans la gradation générale des peines criminelles. Il en résulte que la *détention* doit être réputée peine plus forte que la *réclusion*, bien qu'en réalité elle soit plus douce dans son mode d'exécution. De même, la *déportation simple* doit être considérée comme plus grave que les travaux forcés à temps, puisqu'elle occupe un rang supérieur dans l'article 7. Faut-il dire également que la *déportation dans une enceinte fortifiée* l'emporte sur les *travaux forcés à perpétuité?* L'affirmative semblerait résulter de la destination de cette nouvelle peine; elle a été créée par la loi du 8 juin 1850, pour remplacer, à l'égard des crimes politiques, la peine capitale. La négative nous paraît néanmoins préférable; car la peine nouvelle, dont nous nous occupons ici, n'est après tout qu'une variété de la déportation; elle n'a pas de rang spécial dans l'article 7, et reste ainsi primée par les travaux forcés à perpétuité. Nous pensons donc qu'une condamnation à cette dernière peine absorberait une condamnation à la déportation dans une enceinte fortifiée. Comp. : ORTOLAN, t. II, n° 1638.

[2] La jurisprudence paraît admettre cependant que la règle ne s'applique pas aux délits spéciaux auxquels la loi inflige une pénalité spéciale en rapport avec la nature du fait qu'elle a voulu réprimer. Comp. : Cass., 14 mai 1880 (S. 82, 1, 329) et la note. Mais, en partant de cette idée, on arriverait à supprimer le principe du non-cumul : le législateur n'a-t-il pas dû choisir pour chaque infraction des peines qui soient, autant que possible, en rapport avec les faits à punir?

difficultés, en ce qui touche les peines *pécuniaires* et les peines *complémentaires* et *accessoires*.

Sur le premier point, aucune hésitation ne nous semble possible. L'*amende* est désignée et classée comme peine par les articles 9, 11 et 464, C. pén.; on ne saurait donc, en principe, méconnaître son caractère pénal et la soustraire à la règle de l'absorption. Dès lors, quand deux délits concurrents sont passibles de simples amendes, une seule doit être prononcée ; si l'un des délits entraîne l'emprisonnement, cette dernière peine absorbe l'amende et devient ainsi l'unique châtiment des deux infractions. Toutefois, la jurisprudence fait exception pour les amendes prononcées en matière fiscale, qui sont toutes encourues, quel qu'en soit le nombre ou le taux, sans que la plus forte absorbe les autres, et qui s'ajoutent, s'il y a lieu, aux peines d'emprisonnement. Si l'on donne, en effet, à ces amendes le caractère de réparations civiles, il est évident que le fisc doit pouvoir obtenir autant de condamnations qu'il y a de délits qui lui causent dommage. Mais, dans l'opinion qui distingue ces amendes des dommages-intérêts, la solution contraire doit prévaloir [1].

Quant aux peines complémentaires et accessoires, l'application de l'article 365 est plus délicate. Lorsqu'une peine principale est écartée, parce qu'elle s'absorbe dans une peine plus grave, il est évident que la peine *accessoire* qui y est attachée est écartée par voie de conséquence [2]. Mais en est-il de même des peines *complémentaires*, telles que la confiscation à titre spécial, la publicité par voie d'affiche du jugement de condamnation, la surveillance de la haute police, etc., que la loi attache, non à telles *peines principales*, mais à telles *infractions déterminées?* Nous ne le croyons pas [3]. En effet, ces peines sont établies à raison du caractère propre de certaines infractions, et comme le moyen le plus efficace soit de les punir, soit d'en empêcher le renouvellement : le but du législateur serait donc manqué, si celui contre lequel la mesure a été édictée pouvait s'en affranchir en commettant une autre infraction plus grave. De plus, le texte de l'article 365 est inapplicable aux peines accessoires, car, à la différence des peines principales, elles ne sont pas classées par le Code pénal dans

[1] Comp. : Blanche, t. I, n° 310 ; Villey, *op. cit.*, p. 156.

[2] V. Trébutien, t. I, p. 323 ; Mangin, *op. cit.*, t. II, n° 459 ; Villey, *op. cit.*, p. 157.

[3] V. en ce sens : Cass. 6 et 13 mars 1856 (S. 56, 1, 625), la note et les renvois ; 30 juin 1881 (S. 83, 1, 333) ; Blanche, t. I, n° 79 ; Ortolan, t. II, n° 1644 ; Bertauld, p. 339 et 341 ; Le Sellyer, *Traité de la criminalité*, t. I, n° 365.

un ordre qui permette d'apprécier leur gravité respective et de les comparer soit entre elles, soit avec les peines principales. La conséquence pratique de cette opinion, c'est que les peines complémentaires sont indépendantes de la peine la plus forte dont parle l'article 365 : elles doivent donc être prononcées, même quand elles ne sont édictées que par la disposition qui prononce la peine la plus faible.

319. Exceptions. — Le principe du non-cumul, admis d'une manière trop absolue dans nos Codes[1], a été modifié par un grand nombre de lois spéciales. Depuis 1844 notamment, des lois nombreuses ont *ordonné* ou *permis* le cumul des peines en cas de plusieurs délits spéciaux, lorsque ces délits ont été séparés par l'avertissement d'une poursuite. Il arrivait souvent qu'un individu, poursuivi par une première infraction, en commettait impunément plusieurs autres pendant la poursuite, parce qu'il ne pouvait subir, pour toutes les infractions réunies, qu'une seule peine. C'est pour obvier à cet inconvénient que des lois nombreuses ont ordonné ou permis le cumul des peines[2] en cas de concours de plusieurs délits spéciaux, lorsque ces délits ont été séparés par l'*avertissement* d'une *poursuite*.

II. DES EFFETS DU PRINCIPE DU NON-CUMUL DES PEINES.

320. Les effets de la règle du non-cumul sont faciles à déterminer dans le cas prévu par l'article 365, c'est-à-dire dans le cas où les diverses infractions commises par l'accusé ou le prévenu ont été compri-

[1] Quelques exceptions sont apportées par le Code pénal à la règle du cumul des peines. Voir, par exemple : articles 228 et 245. D'autres textes font de la coexistence de certaines infractions une cause d'aggravation de la pénalité. Tels sont les articles 279 et 304. Ce dernier texte prévoit le concours du crime de *meurtre*, soit avec un autre crime, soit avec un simple délit, et, dans les deux cas, il aggrave considérablement la pénalité ; car, aux travaux forcés à perpétuité, qui constituent la peine ordinaire du meurtre, il substitue la peine de mort. Toutefois, depuis la révision de 1832, les conditions de l'aggravation diffèrent notablement dans les deux hypothèses dont s'occupe le législateur. Au cas de coexistence du meurtre avec un autre crime, l'aggravation est encourue par cela seul que les deux faits ont été simultanés, c'est-à-dire qu'ils ont été commis *in eodem tractu temporis*. Quand, au contraire, le fait accessoire au meurtre n'est qu'un simple délit, il ne devient une circonstance aggravante du crime qu'autant qu'il existe un rapport de cause à effet entre les deux actes : il faut alors, dit le second alinéa de l'article 304, que le meurtre ait eu pour objet, soit de préparer, faciliter ou exécuter un délit, soit de favoriser la fuite ou d'assurer l'impunité des auteurs ou complices de ce délit.

[2] On trouvera l'énumération de ces lois dans Ortolan, t. I, n° 1147 et note 2.

ses dans la *même poursuite :* les juges appliqueront alors la peine la plus forte dans les limites du *maximum* et du *minimum* fixés par la loi.

321. Le cas de *poursuites successives* (ce qui comprend l'hypothèse de l'article 379, et l'hypothèse, non prévue, dans laquelle la nouvelle infraction n'est découverte qu'après la première condamnation) offre plus de difficulté. Cette division des poursuites laisse évidemment subsister, au profit de l'inculpé, le bénéfice de la règle prohibitive du cumul[1]. C'est aux juges, saisis de la seconde poursuite, qu'est confiée l'observation de cette règle : que doivent-ils faire pour la respecter? Peuvent-ils prononcer une nouvelle peine à raison de l'infraction qui leur est déférée, bien qu'ils aient connaissance de la première condamnation? Pour résoudre complètement cette question, nous avons à distinguer trois situations :

a) Si la première poursuite a eu lieu pour l'infraction la moins grave, par exemple pour un crime puni de la réclusion, la seconde ayant lieu pour un crime puni des travaux forcés, il est certain que le juge devra prononcer la peine la plus grave, attachée par la loi au fait dont il est saisi, en ordonnant que la première peine se confondra avec la seconde.

b) Si, au contraire, la première poursuite a eu lieu pour l'infraction la plus grave, et que les juges aient prononcé le *maximum* de la peine qui y est attachée par la loi, il est également certain que les poursuites nouvelles ne peuvent aboutir à l'application d'une peine inférieure en nature ou en degré à celle déjà prononcée.

Mais que dire si le *maximum* n'a pas été épuisé par les premiers juges? Les tribunaux, saisis de la seconde poursuite, auront-ils la faculté d'aggraver la peine prononcée par la première condamnation dans les limites du *maximum?* Il est certes probable que si les premiers juges avaient eu connaissance de toutes les infractions reprochées à l'agent, ils eussent plus sévèrement condamné celui-ci : mais, ce qu'ils n'ont pas fait, ne peut être fait par les seconds juges qui excéderaient leur compétence, nécessairement restreinte au fait dont ils sont saisis, en aggravant la situation du prévenu, à raison d'un délit déjà jugé; car ils prendraient la pénalité disponible, servant d'aliment à la nouvelle condamnation, non pas sur le délit à juger, mais sur celui qui a été déjà réprimé, ce qui serait une violation de la chose jugée[2].

[1] Cass., 27 janv. 1881 (S. 82, 1, 439).

[2] Comp. : Ortolan, t. I, n° 1169; Bertauld, p. 334.

c) Si les faits, objets de poursuites successives, entraînent des peines de même nature et de même degré, par exemple, chacun les travaux forcés à temps, ou la réclusion, pour savoir si la première condamnation peut être aggravée par les seconds juges, il faut constater si elle a ou non atteint le *maximum* de la peine commune aux deux infractions. Si ce *maximum* a été épuisé dès les premières poursuites, il est évident que les seconds juges ne peuvent rien y ajouter. Quand, au contraire, le *maximum* n'a pas été atteint par la première condamnation, les seconds juges peuvent toujours compléter ce qui manque à ce *maximum*, soit par un supplément de peine, en ordonnant que ce supplément s'ajoutera à la première condamnation, soit par une peine intégrale prononcée à nouveau, en ordonnant que cette peine se confondra avec celle déjà prononcée. En effet, lorsque les infractions cumulées sont de même nature et ont toutes été englobées dans les mêmes poursuites, les juges ont certainement le droit d'appliquer à leur auteur le *maximum* de la peine la plus forte. Or, la division des poursuites ne peut nuire à la partie publique, pas plus qu'au condamné : elle ne saurait donc enlever aux juges de la seconde poursuite la latitude dont ils ont besoin pour proportionner la répression au nombre des infractions. L'article 379, C. inst. cr., semble, il est vrai, contraire à cette solution, car il ne parle de poursuites nouvelles que dans le cas où les « crimes nouvellement manifestés méritent une peine plus grave que les premiers ». Mais, de ce que l'article 379 n'impose pas, en pareil cas, l'obligation d'une poursuite nouvelle, il ne s'ensuit pas que cette poursuite ne puisse jamais être utilement exercée[1].

322. Connaissant la portée du principe du non-cumul, il reste à rechercher quel est son caractère. Sur ce point, nous trouvons dans la doctrine deux manières de voir. — Pour certains auteurs, le principe du non-cumul dominerait l'*exécution* des peines; il serait placé, à ce titre, sous la sauvegarde directe du ministère public : de plein droit, la peine la plus grave absorberait les autres, de telle sorte que, de deux condamnations à des peines distinctes pour crimes ou délits concurrents, le ministère public ne devrait faire exécuter que celle qui prononcerait la peine la plus forte, alors même que les juges en auraient ordonné le cumul[2]. — Mais on oublie, lorsqu'on

[1] En ce sens : Bertauld, p. 334 et suiv.; Ortolan, t. I, n° 1169; Le Sellyer, *op. cit.*, t. I, n° 259.

[2] Chauveau et Hélie, t. I, n° 171; Le Sellyer *op. cit.*, t. I, n° 260; Rodière, *op. cit.*, p. 295 et 296.

soutient une telle opinion, que, dans l'exécution des peines, le ministère public n'est pas l'agent de la *loi*, mais du *juge*. Au juge, il appartient d'appliquer la loi, au ministère public de faire exécuter la décision du juge. C'est donc à l'autorité judiciaire que le législateur s'adresse lorsqu'il défend le cumul des peines : aussi ne dit-il pas, dans l'art. 365 : « En cas de concours..., la peine la plus forte sera seule *subie* »; il dit : « la peine la plus forte sera seule *prononcée*[1] ».

L'application de cette idée ne soulève pas de difficultés sérieuses quand les infractions cumulées ont été l'objet d'une seule poursuite et partant d'une seule condamnation; alors, une seule peine a dû être prononcée. Si plusieurs avaient été infligées cumulativement, au mépris de la loi, l'emploi des voies de recours ferait bientôt justice d'une pareille erreur; néanmoins, si le condamné, par son inaction, avait laissé la décision devenir inattaquable, il faudrait bien l'exécuter, à moins que remise ne fût faite, par la voie de la grâce, de la peine indûment prononcée.

La solution n'est plus aussi simple, lorsqu'il y a eu plusieurs poursuites successives, et, par suite, plusieurs condamnations distinctes. Pour savoir si les diverses peines qui ont été prononcées doivent être intégralement subies, on doit avoir égard à deux points principaux. D'abord, il faut vérifier si la première condamnation était devenue irrévocable avant la perpétration du fait qui a motivé la seconde condamnation. Dans ce cas, en effet, l'auteur des diverses infractions n'a aucun droit au bénéfice de l'absorption des peines; si, par exemple, il a d'abord été condamné à l'emprisonnement, et que, postérieurement à l'époque où cette condamnation est devenue définitive, il ait commis un crime entraînant les travaux forcés, la seconde condamnation ne saurait absorber la première; les deux peines devront être subies successivement. En second lieu, il faut distinguer le cas où des peines de même nature et de même degré ont été prononcées, du cas inverse. Quand les diverses infractions ont été frappées de peines de nature différente, l'une d'emprisonnement, par exemple, l'autre de réclusion, la condamnation à la peine la plus grave par sa nature absorbe nécessairement l'autre, et, par

[1] Comp. BERTAULD, p. 342; VILLEY, p. 158; Cass., 22 juillet 1880 (S. 82, 1, 89) et la note.

conséquent, doit seule être exécutée, quelle que soit la différence de durée entre les deux peines [1].

Mais que faut-il décider quand les peines successivement infligées sont de même nature, par exemple, quand toutes deux consistent dans l'emprisonnement ou les travaux forcés à temps? Ici, des difficultés peuvent naître sur l'exécution des diverses condamnations. Ces difficultés disparaissent quand le tribunal, qui a prononcé la dernière, a nettement déclaré s'il entendait cumuler les deux peines ou, au contraire, les confondre. Dans ce dernier cas, le ministère public ne peut qu'exécuter la décision du tribunal, alors même qu'elle violerait la loi. Mais souvent, le juge garde le silence sur ce point, soit parce qu'il ignore la première condamnation, soit parce qu'il ne sait pas si elle est devenue définitive avant les faits qui motivent la condamnation nouvelle. Quelle doit être la conséquence de ce silence? Faut-il en conclure que les deux peines infligées doivent être subies cumulativement par le condamné?

Tout le monde reconnaît, par application des principes que nous avons développés, que le cumul a ici pour limite le *maximum* commun aux deux peines prononcées, et que, par conséquent, l'exécution doit s'arrêter dès que ce *maximum* est épuisé. Mais doit-on aller plus loin et dire, pour le cas où la réunion des deux peines est inférieure au *maximum*, que la plus grave, par sa durée, doit seule être exécutée? Faut-il, au contraire, se décider pour l'exécution intégrale des deux peines, par cela seul que leur total ne dépasse pas le *maximum* [2]?

Aucune de ces deux solutions ne nous paraît acceptable. Sans doute, le législateur a laissé ici au second juge une pleine liberté d'option entre ces deux partis. Mais, avant de décider quel est celui qui doit être mis à exécution, il faudrait connaître celui pour lequel le juge a opté; or, comment deviner cette option, quand le juge, qui a prononcé la dernière condamnation, n'a rien dit au sujet du cumul des deux peines? Son silence soulève au moins un doute, et ce doute devrait faire pencher la balance en faveur du condamné, c'est-à-dire en faveur du non-cumul. Si l'on veut sortir du doute,

[1] Comp. : Cass., 15 juin 1877 (S. 78, 1, 329); Le Sellyer, *De la criminalité*, t. I, n° 260.

[2] Telle paraît être l'opinion dominante en jurisprudence : Cass., 24 avril 1856 (S. 56, 1, 627); 13 fév. 1880 (S. 81, 1, 233). Comp. sur la question : Bertauld, p. 334.

il faut s'adresser au juge de qui émane la dernière condamnation, et lui demander s'il a entendu la cumuler ou la confondre avec celle qui avait été antérieurement prononcée [1].

[1] L'intérêt d'une prompte solution conseille d'attribuer compétence, pour résoudre cette difficulté d'exécution, au tribunal correctionnel du lieu où le condamné est détenu. C'est ce que nous avons soutenu. Mais il a paru difficile à la jurisprudence de dépouiller la juridiction qui a rendu la décision, du droit d'apprécier si les condamnations par elle prononcées doivent ou non se cumuler; la jurisprudence réserve donc cette appréciation à la juridiction qui a prononcé la dernière condamnation, et, quand il est impossible de la saisir, comme cela arrive pour une cour d'assises, dissoute par la clôture de la session, elle permet de s'adresser à la chambre d'accusation, en laquelle se concentrent les pouvoirs de la cour d'appel en matière criminelle. Cass., 11 déc. 1879 (S. 80, 1, 392) et la note; 23 déc. 1880. Comp. : Bertauld, p. 342; Le Sellyer, *op. cit.*, t. I, n° 261.

TITRE TROISIÈME.

DE L'EXTINCTION DES PEINES.

323. Les peines s'éteignent quand elles sont exécutées, comme les dettes quand elles sont payées. Mais, de même qu'un débiteur peut être libéré sans avoir payé sa dette, de même l'auteur d'une infraction peut éviter l'application du châtiment, par suite de circonstances exceptionnelles qui préviennent ou font cesser l'effet des peines. Je devrai traiter successivement : 1° de l'extinction des peines par leur *exécution;* 2° de leur extinction par le *décès*, l'*amnistie*, la *grâce*, la *réhabilitation* et la *prescription*. Mais il sera question de l'exécution des peines à propos des effets de la sentence pénale, et de la prescription de la peine en même temps que de la prescription de l'action.

I. DU DÉCÈS DE L'INCULPÉ OU DU CONDAMNÉ.

324. Le décès de l'auteur ou du complice d'une infraction a des effets bien distincts, suivant qu'il intervient *après* ou *avant* la condamnation.

a) Le décès de l'*inculpé* éteint l'action qui a pour objet l'application des peines soit pécuniaires soit corporelles : le prévenu meurt *integri status*, lorsqu'il meurt avant qu'une condamnation passée en force de chose jugée soit intervenue contre lui[1].

[1] L'art. 2, C. inst. crim., est formel sur ce point : « L'action publique, pour l'application des peines, s'éteint par la mort du prévenu ». Comp. : PARINGAULT, *Rev. prat.*, t. III, p. 305. Le même principe était admis par le droit romain. Comp. : Loi 2, Dig., 48, 4 : « *Is qui in reatu decedit, integri status decedit. Exstinguitur enim crimen mortalitate* ». Toutefois, le droit romain y faisait exception dans le cas où l'inculpé s'était donné la mort *ob metum criminis* (Cod., liv. 9, tit. 50, §§ 1 et 2). D'après l'ord. de 1670 (tit. XXII, art. 1er), le procès pouvait être fait au cadavre ou à la mémoire du défunt « pour crime de lèse-majesté divine ou humaine, duel, homicide de soi-même, ou rébellion à justice avec force ouverte, dans la rencontre de laquelle il a été tué ». Sur les procès contre les cadavres dans l'ancien droit, comp. : BRÉGEAULT,

b) Le décès du *condamné* met fin à l'exécution des peines corporelles, comme il met fin à l'application des peines privatives de droits. Mais j'ai déjà dit que l'effet des peines pécuniaires (amendes, confiscations) subsistait, malgré le décès du condamné, et que l'exécution pouvait en être poursuivie contre les héritiers.

II. DE L'AMNISTIE, DE LA GRACE, DE LA RÉHABILITATION.

325. Lorsqu'une infraction a été commise, le pouvoir social peut, par des motifs de *justice* ou d'*intérêt*, renoncer en totalité ou en partie au droit qui lui appartient, soit de poursuivre le coupable, soit de mettre à exécution la condamnation prononcée contre lui. Dans ce but, tantôt le pouvoir social empêche ou arrête la poursuite, ou efface la condamnation; tantôt il accorde une remise, une réduction, une commutation de peine; tantôt il fait cesser les incapacités prononcées par les juges ou attachées par la loi à certaines condamnations. Dans tous ces cas, on dit, en prenant cette expression dans un sens large, que le pouvoir fait *grâce;* mais, suivant sa portée, ses effets et son but, la grâce prend le nom d'*amnistie*, de *grâce* proprement dite, ou de *réhabilitation.*

326. De l'amnistie. — L'amnistie est un acte de souveraineté qui a pour objet et pour résultat de mettre en oubli certaines infractions, et, en conséquence, d'abolir les poursuites faites ou à faire, ou les condamnations prononcées à raison de ces infractions. L'amnistie intervient donc, soit avant, soit après la condamnation; mais, dans les deux cas, elle efface tout ce qui s'est passé avant elle, elle supprime l'*infraction*, la *poursuite*, le *jugement*, tout ce qui peut être détruit, et ne s'arrête que devant l'impossibilité du fait : « *Quod factum est, infectum reddere non potest*[1] ». On disait, dans l'ancien droit, que le

Nouv. Rev. hist., 1879, p. 619; Ch. de Lajudie, *Des procès contre les cadavres ou contre la mémoire des défunts dans l'ancien droit français, Rev. cathol. des inst.*, t. IX, p. 125-152. Du reste, il ne faut pas exagérer le principe d'après lequel le prévenu meurt *integri status*, et, par exemple, contester au tribunal saisi de l'action civile contre les héritiers, le droit de qualifier l'infraction commise par leur auteur. Comp. Cass., 2 mai 1864 (S. 64, 1, 321) et la note.

[1] Ainsi, il a été décidé, à bon droit, par le conseil de préfecture de la Seine que, si l'amnistie a pour effet d'effacer les conséquences de la condamnation et de restituer la capacité civile et politique, elle ne peut attribuer *rétroactivement* au condamné une résidence de *fait* qui lui serait nécessaire pour être éligible : arrêté du 4 nov. 1879 (Humbert). Comp., sur ce point, la discussion qui a eu lieu à la Chambre des

souverain accordait des « *lettres d'abolition* », terme énergique qui exprime bien le caractère de la mesure.

L'amnistie a pour objet non des faits isolés, mais tous les délits d'un genre déterminé, quels qu'en soient les auteurs : elle s'accorde à des personnes désignées seulement par le genre d'infractions qu'elles ont commises.

Le droit d'amnistie, qui a été reconnu de tout temps et partout, se justifie par l'*utilité* qu'il peut y avoir pour la société de mettre en oubli certains faits, de sorte que, quand cette utilité existe, l'une des deux causes fondamentales du droit de punir venant à manquer, ce droit même cesse d'exister.

327. En théorie, c'est une question délicate que celle de savoir si l'amnistie doit être un acte du pouvoir législatif ou du pouvoir exécutif. Si on examine la question uniquement au point de vue des principes, on n'hésitera pas à revendiquer le droit d'amnistie pour le pouvoir législatif. L'amnistie, en effet, a pour résultat d'abroger la loi dans un cas spécial, de lui imposer silence : or, une loi ne peut être abrogée que par une loi. Mais si on examine la question au point de vue de l'intérêt social, on sera tenté de revendiquer, au contraire, le droit d'amnistie pour le pouvoir exécutif : car, l'amnistie, qui est une mesure d'apaisement, outre qu'elle deviendra une arme de guerre entre les mains de l'opposition, ne produira pas les effets qu'on en attend, si elle doit être soumise au contrôle du pouvoir législatif et être précédée d'une discussion publique, souvent longue et toujours passionnée. En fait, le droit d'amnistie a été exercé autrefois par le roi, qui concentrait les pouvoirs législatif et exécutif en ses mains; puis, dans le droit intermédiaire, par les assemblées législatives. Sous les monarchies qui ont précédé la République de 1848, l'amnistie fut accordée par le souverain, quoique les chartes de 1814 et de 1830 fussent muettes sur ce point. Mais la constitution du 4 novembre 1848 décida, dans l'article 55, que l'amnistie ne serait accordée que par une loi, disposition qui a été reproduite par les lois des 17 juin 1871 (art. 1er) et 25 février 1875 (art. 3).

328. Les effets de l'amnistie doivent être examinés, au double point de vue des conséquences *pénales*, et des conséquences *civiles* de l'infraction :

A. Au premier point de vue, l'amnistie *éteint l'action publique*, si

députés, à propos d'une question de M. Taillandier : *Journ. off.* du 25 déc. 1880, p. 12860; Albert Desjardins, *Rev. crit.*, 1881, t. XI, p. 98.

elle intervient avant qu'une condamnation irrévocable ait été prononcée; elle *efface cette condamnation*, si elle intervient après. — *L'action publique est éteinte*, de telle sorte que les personnes comprises dans l'acte d'amnistie ne peuvent renoncer à son bénéfice et demander leur mise en jugement : l'amnistie s'impose donc, car on ne peut concevoir l'intérêt qu'aurait une personne à rappeler le souvenir d'une infraction que le pouvoir social tient pour oubliée[1]. — *La condamnation est effacée*, de sorte que tous les effets qu'elle a produits sont rétroactivement anéantis[2] : les condamnés, frappés de peines corporelles, doivent être mis immédiatement en liberté; les amendes et les frais payés à l'État doivent être restitués[3]; et, si les amnistiés viennent à commettre de nouveaux délits, ils ne sont pas en état de récidive[4].

B. Au point de vue des conséquences civiles de l'infraction, l'amnistie laisse subsister les actions en réparation du dommage que le fait a causé et les condamnations prononcées à raison de ce fait. Le pouvoir social, en accordant l'amnistie, renonce, en effet, simplement à se prévaloir du caractère délictueux de l'infraction pour obtenir contre le coupable l'application d'une peine ou l'exécution d'une condamnation pénale, mais il ne peut effacer ni le caractère dommageable du fait, puisque ce caractère ne dépend pas de lui, ni les obligations auxquelles ce fait a donné naissance, puisque ces obliga-

[1] La Cour de cassation a hésité sur cette question. Un arrêt du 25 novembre 1826 (S. 28, 2, 69) décide « que l'amnistie est une faveur que des prévenus, qui soutiennent n'avoir commis aucun délit, sont libres de ne pas invoquer ». Mais un arrêt du 10 juin 1831 déclare, avec plus de raison, « que les ordonnances d'amnistie ayant pour but et pour résultat de ramener la concorde dans la société, les tribunaux ne peuvent se dispenser de les appliquer ». Comp., dans le même sens : Cass., 22 janv. et 12 mai 1870 (S. 70, 1, 324).

[2] Un individu a été condamné pour délits politiques et non politiques à la fois, et la peine du délit politique étant la plus forte a seule été prononcée (C. inst. cr., art. 365) : une amnistie est accordée, abolissant les condamnations prononcées pour délits politiques : efface-t-elle entièrement la condamnation, même pour le délit non politique? Nul doute que la condamnation politique ne soit effacée avec toutes ses conséquences; nul doute, par conséquent, que la peine unique qui a été prononcée ne doive disparaître. Cette peine effacée, il n'en reste pas d'autre. Comp. sur la question : Ad. Lair, *Rev. prat.*, t. X, p. 27.

[3] L'article 3 de la loi d'amnistie du 2 avril 1878, pour faire cesser toute difficulté en ce qui concerne la restitution des amendes, dispose que : « *Les amendes acquittées par suite de condamnations prononcées pour les infractions amnistiées seront restituées* ».

[4] Voir encore l'article 3 de la loi d'amnistie du 2 avril 1878 (*Jour. off.* du 3 avril 1878).

tions constituent des droits acquis pour les parties. Aussi, la loi d'amnistie est considérée comme respectant les droits des tiers, quand même elle serait muette à cet égard[1]. Mais elle pourrait, dans l'intérêt social, déclarer, par une clause expresse, que toutes actions privées, naissant des infractions amnistiées, seront éteintes, à la charge, par l'État, d'indemniser lui-même les personnes lésées par ces infractions[2].

En résumé, l'effet de l'amnistie est d'effacer le caractère délictueux d'un fait : aussi, est-il contraire à l'essence de cet acte, qu'il soit accordé sous certaines *conditions* ou avec certaines *restrictions*. Néanmoins, si la loi d'amnistie contenait des conditions ou des restrictions, nul doute qu'elles ne dussent être respectées par les autorités administrative et judiciaire qui ont pour mission, chacune dans sa sphère, de procurer l'application des lois.

329. De la grâce[3]. — La grâce est le pardon que le chef de l'État accorde à un *condamné*, en lui faisant remise de l'*exécution* de tout ou partie de sa peine. A la différence de l'amnistie, qui va rechercher et détruire jusque dans le passé les conséquences du jugement, quand le jugement a été rendu au moment où elle intervient, la grâce ne produit d'effets que dans l'avenir. Elle laisse subsister l'*infraction;* elle laisse subsister la *condamnation :* elle dispense seulement de son *exécution*. Ajoutons que la grâce est individuelle et ne s'accorde qu'à des personnes qu'elle désigne, tandis que l'amnistie est collective et s'applique aux délits plutôt qu'aux personnes.

Le droit de grâce est un moyen puissant d'opérer la réforme des condamnés, un correctif nécessaire des imperfections des lois et des

[1] Principe constant : Cass., 2 mai 1878 (S. 78, 1, 48) ; 20 juillet 1878 (S. 80, 1. 301). — La partie civile, après l'amnistie, a-t-elle le droit de faire exécuter la condamnation à des dommages-intérêts qu'elle a obtenue au moyen de la contrainte par corps ? Lorsque l'amnistie intervient avant que la condamnation soit devenue définitive, il me paraît résulter de l'article 5 de la loi du 22 juillet 1867, que le jugement ne peut point être exécuté au moyen de la contrainte par corps, puisque ce moyen d'exécution n'est possible que si l'infraction est « reconnue » par la juridiction criminelle. Mais si la partie civile a obtenu une condamnation susceptible d'être exécutée par cette voie avant l'amnistie, ce serait lui enlever un droit acquis que de lui refuser d'en user. V. sur la question et en sens divers : Paris, 30 mars 1882 (S. 82, 2, 158); Alger, 27 février 1882 (S. 83, 2, 17). Je donnerai la même solution en ce qui concerne le point de savoir si une séparation de corps, fondée sur une condamnation à une peine infamante amnistiée, pourrait être obtenue.

[2] Au point de vue de mesures disciplinaires qui ont été prises en suite de la condamnation, objet plus tard d'une loi d'amnistie : Paris, 30 mars 1882 (S. 82, 2, 159).

[3] BIBLIOGRAPHIE : LEGOUX, *Le droit de grâce en France, comparé avec les législations étrangères*, Paris, 1865; J. LACOINTA, *Le droit de grâce* (*Bull. de la Soc. gén. des prisons*, 1881, p. 725).

jugements humains, un palliatif indispensable du danger des peines perpétuelles ou de la peine de mort. Aussi le droit de grâce doit-il figurer dans une législation rationnelle comme le complément de la justice sociale. Avoir rayé le droit de grâce du Code pénal de 1791, fut donc une des erreurs de la Constituante, erreur qui s'expliquait, du reste, par une réaction exagérée contre les abus auxquels son exercice avait donné lieu dans notre ancien droit. Mais cette erreur fut réparée par le sénatus-consulte du 16 thermidor an X, qui vint rendre le droit de grâce au *pouvoir exécutif*. Depuis lors, il lui a été conservé par toutes nos constitutions. Il est, en effet, rationnel que le droit de remettre ou de réduire l'exécution des condamnations pénales appartienne au pouvoir qui est chargé de cette exécution[1].

330. Ainsi, je constate, entre l'amnistie et la grâce, une différence essentielle : tandis que l'amnistie ne peut être accordée que par une loi, la grâce peut l'être par un décret du Président de la République[2]. C'est ce qui m'amène à rechercher les prérogatives comprises dans le droit de grâce. Question difficile, car aucun texte de loi n'a défini nettement l'étendue et les limites de ce droit.

a) Le droit de grâce comprend le droit de *remettre*, de *réduire* ou de *commuer* les peines[3]; mais il ne peut s'exercer que lorsque la con-

[1] A certaines époques, du reste, l'exercice du droit de grâce a été subordonné à certaines conditions. C'est ainsi, par exemple, que, d'après le sénatus-consulte du 16 thermidor an X, le droit de grâce ne pouvait être exercé par le Premier Consul que dans un conseil privé, composé du grand-juge, de deux ministres, de deux sénateurs et de deux conseillers d'État. Ainsi encore, il y a quelques années, la loi du 17 juin 1871, en déléguant le droit de grâce au Président du Conseil, chef du Pouvoir exécutif de la République française (art. 2), mettait deux restrictions à son exercice : *a*) La grâce ne pouvait être accordée aux personnes condamnées pour infractions qualifiées crimes par la loi, à raison des faits se rattachant à l'insurrection de 1871, que s'il y avait accord entre le chef du Pouvoir exécutif et une commission de l'Assemblée nationale, dite *commission des grâces* (art. 4). Le mandat de la commission des grâces a cessé, en même temps que les pouvoirs de l'Assemblée nationale elle-même. *b*) La grâce ne pouvait être accordée que par une loi aux ministres et autres fonctionnaires, dont la mise en accusation aurait été ordonnée par l'Assemblée nationale (art. 3). Cette seconde restriction à l'exercice du droit de grâce par le pouvoir exécutif nous paraît être restée en vigueur, malgré les termes généraux de l'article 3 de la loi du 25 février 1875. — Du reste, sauf en ce qui concerne la peine capitale, le droit de grâce est, en fait, exercé par des délégués du Président de la République, qui se borne à sanctionner leurs travaux.

[2] Une loi du 3 mars 1879, loi de circonstance et, on peut bien le dire, d'expédient, a délégué au Président de la République le droit d'accorder à certains condamnés une sorte de *grâce-amnistie,* dans les limites qui sont précisées par son texte.

[3] Pourvu, bien entendu, que la *commutation* soit l'équivalent d'une *réduction* de peine.

damnation est devenue irrévocable. Tant que l'agent est en situation d'obtenir, par voie de justice, la réformation du jugement ou de l'arrêt qui le condamne, quel besoin a-t-il de la grâce, puisque le pouvoir renonce, en faisant grâce, au droit d'exécuter une condamnation *pénale*, et qu'une condamnation ne peut être exécutée tant qu'elle n'est pas irrévocable Si le droit de grâce était exercé avant que la condamnation fût devenue définitive, il aboutirait à une abolition des poursuites, c'est-à-dire à une *amnistie*, acte qui dépasse les pouvoirs constitutionnels du Président de la République. Il suit de là que le Chef de l'Etat ne peut réduire ou remettre les peines prononcées par contumace, puisque la condamnation n'étant pas définitive, tant que durent les délais de la prescription, le droit de la faire tomber subsiste au profit du condamné[1].

b) Le droit de grâce s'applique à toutes les peines *corporelles* ou *pécuniaires* qui ont besoin d'être exécutées pour produire leurs effets; mais il ne s'applique pas aux incapacités ou déchéances prononcées par les juges ou attachées par la loi à certaines condamnations. Donner au Président de la République le droit de faire disparaître ces déchéances, par un simple décret de grâce, ce serait, en effet, lui permettre tout à la fois d'abolir la condamnation, c'est-à-dire d'accorder une amnistie individuelle, acte qui est en dehors de ses pouvoirs, et de rendre inutile la réhabilitation, dont la procédure a été précisément créée pour faire cesser, « dans la personne du condamné, toutes les incapacités qui résultent de la condamnation » (C. inst. cr., art. 634)[2].

[1] Aussi, dans un projet de loi, présenté, au nom du Gouvernement, le 28 janvier 1879, était-il question de déléguer *législativement* au Président de la République le droit d'accorder des grâces aux contumax, condamnés pour participation à l'insurrection de 1871. Mais ces grâces devaient être acceptées pour enlever au contumax le bénéfice de l'article 476, C. inst. cr.

[2] Telle était l'opinion de M. Dufaure dans le projet de loi dont il est question à la note précédente, puisqu'il proposait aux Chambres l'adoption d'une disposition ainsi conçue : « *Les conséquences des peines prononcées contradictoirement ou par contumace pour faits relatifs à l'insurrection de 1871 pourront être remises par voie de grâce* ». Dans la pratique de la chancellerie, on distingue, du reste, entre les incapacités ou déchéances attachées par la loi elle-même à certaines condamnations, et celles qui sont prononcées par les juges soit à titre de peines complémentaires, soit à titre de peines principales : les premières seules ne pourraient être remises par voie de grâce. Mais cette distinction nous paraît contraire à l'article 634, C. inst. cr., qui organise la réhabilitation pour faire cesser « toutes les incapacités » résultant d'une condamnation pénale, et à l'article 620, C. inst. cr., qui détermine à quel moment on pourra demander la réhabilitation pour faire cesser l'effet de la dégradation civique, prononcée comme peine principale. La réhabilitation s'applique donc certainement à toutes les incapacités ou déchéances pénales; elle est, par conséquent, le seul moyen de les

331. Il est facile de comprendre, par ce que je viens de dire, quels sont les effets de la grâce?

La grâce n'infirme pas la condamnation : celle-ci continue donc de produire tous les effets que le décret de grâce n'a pas expressément anéantis ou qu'il n'a pu anéantir. En conséquence, *a*) la remise ou la commutation de la peine *principale* n'affranchit pas et ne pourrait pas même affranchir le condamné des déchéances prononcées par les juges ou attachées par la loi à certaines condamnations, telles, par exemple, que la dégradation civique, l'interdiction des droits civiques, civils et de famille, l'infamie, etc. *b*) Mais la grâce fait cesser, de plein droit, l'interdiction légale si le condamné a obtenu la remise de la peine principale ou sa commutation en une autre peine qui n'emporte pas cette interdiction; car celle-ci, bien qu'elle résulte, de plein droit, de la condamnation aux peines afflictives, est attachée par l'article 29 du Code pénal, à la durée de la peine principale dont elle est l'accessoire. *c*) Le décret de grâce n'affranchit pas, de plein droit, le condamné, en lui faisant remise de la peine principale, de la surveillance de la haute police, à laquelle il est soumis soit par la loi, soit par le juge; mais le Président de la République a aujourd'hui le droit, aux termes de l'article 48 du Code pénal, modifié par la loi du 23 janvier 1874, de remettre ou de réduire expressément cette peine. *d*) Tout condamné à une peine perpétuelle, ou à la peine de mort, qui obtient une commutation ou une remise de peine, est, si la décision gracieuse n'en a autrement disposé, de plein droit, sous la surveillance de la haute police pendant vingt ans. Ce condamné ne peut, en effet, se trouver dans une situation plus favorable que celui qui aurait obtenu commutation ou remise d'une peine criminelle temporaire à laquelle la loi joint, à titre de pénalité accessoire, la surveillance (C. pén., art. 46). *e*) Le condamné gracié, qui commet une nouvelle infraction, est coupable de récidive. *f*) Enfin, la grâce laisse nécessairement subsister la condamnation à des dommages-intérêts, prononcée au profit de la partie civile, et la condamnation aux frais, prononcée au profit de l'État.

faire disparaître. Comp. dans ce sens : Aubry et Rau, t. I, nº 336; Demolombe, t. I, nº 235. Un avis du Conseil d'État du 8 janvier 1833 (Duvergier, t. XXIV, p. 227), se prononce dans le même sens et conclut : « que l'effet de la réhabilitation est de relever le condamné de toutes les incapacités, soit politiques, soit civiles qu'il a encourues; que ces incapacités sont des garanties données par la loi, soit à la société, soit aux tiers, et que la grâce accordée au condamné ne peut pas plus le relever de ces incapacités que de toutes les autres dispositions du jugement qui auraient été rendues en faveur des tiers ».

La grâce, quoiqu'on ait écrit le contraire, ne peut être refusée, car le condamné n'a pas droit à la peine : il subit l'expiation, mais il serait inadmissible qu'il pût la revendiquer et contraindre le pouvoir à une répression que celui-ci juge contraire à la justice ou à l'utilité sociale[1].

332. C'est évidemment à l'autorité judiciaire qu'il appartient d'appliquer et d'interpréter les effets de la grâce.

Les lettres de grâce, en matière criminelle, doivent être entérinées avant de recevoir leur exécution. Cet entérinement se fait, d'après l'article 20 du décret du 6 juillet 1810, par un enregistrement en audience solennelle de la cour d'appel, sans que la cour puisse, comme le faisaient autrefois les parlements, faire aucune remontrance, ni prononcer une peine quelconque. En matière correctionnelle, les lettres de grâce sont simplement exécutées, par le ministère public, sur l'ordre du garde-des-sceaux.

333. De la réhabilitation[2]. — La réhabilitation diffère à la fois de la grâce, de l'amnistie, de la révision : *a*) de la grâce, en ce que tandis que celle-ci remet au condamné ou réduit sa peine, la réhabilitation n'intervient qu'en faveur de celui qui l'a subie ou qui a été gracié; *b*) de l'amnistie, en ce sens que l'amnistie met en oubli le fait, les poursuites, la condamnation, tandis que la réhabilitation laisse subsister le jugement et ne rétroagit pas dans le passé; *c*) de la révision, en ce que tandis que celle-ci est une voie extraordinaire à laquelle on a recours pour annuler une condamnation qui est le résultat d'une erreur de fait, la réhabilitation n'attaque pas la condamnation dont les effets seuls sont anéantis. La réhabilitation est donc un acte de pouvoir social qui fait cesser, pour l'avenir, dans la personne du condamné, les incapacités ou déchéances prononcées par les juges ou attachées par la loi à certaines condamnations. Le droit de réhabilitation ne peut être contesté au pouvoir social. En effet, si les coupables, qui ont réparé leur faute par le repentir et l'expiation, perdaient irrévocablement les droits que la condamnation leur enlève, sans espoir de jamais les recouvrer, la loi mettrait elle-même

[1] Comp. Lacointa, *op cit.*, p. 730.

[2] Bibliographie : Lair, *De la réhabilitation des condamnés dans le droit romain et dans le droit français ancien et moderne* (Paris, 1859); Billecoq, *De la réhabilitation en matière criminelle, correctionnelle et de police*, (Paris, 1868); Sarraute, *De la réhabilitation en matière criminelle, correctionnelle et de police* (*Journal du ministère public*, 1881, p. 229, 262, 272 et suiv.); Molinier, *De la réhabilitation des condamnés* (*Rev. de l'Acad. de légis. de Toulouse*, t. XVIII, 1869, p. 445).

obstacle à leur régénération morale. Aussi, retrouvons-nous cette institution en droit romain, où elle était une application spéciale de la *restitutio in integrum*, dans notre ancien droit, et dans la législation intermédiaire[1]. Les rédacteurs de Code d'inst. cr. de 1808 organisèrent la réhabilitation, dans les articles 619 à 634, mais seulement pour les condamnés à des peines afflictives ou infamantes. Le décret du 18 avril 1848 l'étendit aux condamnés correctionnels et investit le ministre de la justice des attributions que le Code de 1808 avait réparties entre l'autorité judiciaire et l'autorité administrative; mais il fut, sous ce rapport, abrogé par la loi des 3-6 juillet 1852, qui modifia les articles 619 et suivants du Code d'instruction criminelle, avec lesquels elle fait corps. Ses dispositions ont été modifiées elles-mêmes, quant à l'autorité chargée de statuer sur la réhabilitation, par un décret du 7 sept. 1870[2].

Nous devons étudier les *conditions* de la réhabilitation, ses *formes* et ses *effets*.

334. A. La réhabilitation peut, en principe, être demandée par tout condamné à une peine criminelle ou correctionnelle (C. inst. cr., art. 619), ayant entraîné quelque déchéance ou incapacité. La loi exclut cependant du bénéfice de la réhabilitation deux catégories de condamnés : *a*) Ceux qui, après une première condamnation à une peine afflictive ou infamante, ont subi une nouvelle condamnation à une peine afflictive ou infamante (C. inst. cr., art. 634); ce n'est donc pas tout récidiviste, mais seulement celui qui tombe sous le coup de l'article 56 C. p., qui est privé du bénéfice de la réhabilitation; *b*) Ceux qui, après avoir obtenu la réhabilitation, auront encouru une nouvelle condamnation (C. inst. cr., art. 634).

La loi exige la justification de quatre conditions, pour que la réhabilitation soit accordée[3] : 1° Le condamné doit avoir subi sa peine ou avoir obtenu des lettres de grâce (C. inst. cr., art. 619); en effet, la réhabilitation entraîne nécessairement l'idée d'une expiation; elle ne peut donc avoir lieu que si le coupable a subi sa peine ou est réputé l'avoir subie, par suite de la grâce qui lui a été accordée : la prescrip-

[1] Sur la législation intermédiaire et l'ancien droit, comp. : Ortolan, t. II, n° 1924.

[2] Des lois diverses, dont il a été déjà question, ont donné au gouvernement le droit de relever certains condamnés, dans le lieu d'exécution de leur peine, sans employer les formes de la réhabilitation, sans même en remplir les conditions, de tout ou partie des droits que la condamnation leur avait fait perdre.

[3] Ces conditions rendent la réhabilitation presque impossible à obtenir.

tion, qui ne s'acquiert que par une révolte contre la loi, ne peut tenir lieu de l'exécution. 2° Le condamné doit justifier d'une conduite irréprochable depuis sa libération : aussi la loi lui impose un stage de repentir, dont la durée est de cinq ans, s'il a été frappé d'une peine criminelle; de trois ans, s'il a été frappé d'une peine correctionnelle. Ce délai court, en général, du jour de la libération de la peine principale. Néanmoins, ce délai court, au profit des condamnés à la dégradation civique, du jour où la condamnation est devenue irrévocable ou du jour de l'expiration de la peine de l'emprisonnement si elle a été prononcée. Il court, au profit des condamnés à la surveillance de la haute police, du jour où la condamnation est devenue irrévocable, (C. inst. cr., art. 620). 3° Le condamné doit avoir résidé, dans le même arrondissement, pendant cinq ans, s'il a été frappé d'une peine afflictive ou infamante; pendant trois ans, s'il a été frappé d'une peine correctionnelle; et, dans tous les cas, pendant les deux dernières années dans la même commune. Cette résidence prolongée dans les mêmes lieux est une garantie d'habitude d'ordre et d'un établissement stable (C. intr. cr., art. 621). 4° Le condamné doit justifier du paiement des amendes, dommages-intérêts et frais auxquels il a été condamné à raison de l'infraction, ou de la remise qui lui en a été faite, ou de la contrainte qu'il a subie (C. inst. cr., art. 623)[1].

335. B. La réhabilitation, étant un acte d'administration, de justice et de souveraineté, suppose l'intervention de trois autorités, de l'autorité administrative, de l'autorité judiciaire, et de l'autorité politique. Aussi la procédure à suivre pour l'obtenir passe par trois phases.

a) Le condamné adresse sa demande au procureur de la République, en faisant connaître : 1° la date de sa libération; 2° les lieux où il a résidé depuis sa libération, s'il s'est écoulé depuis cette époque un temps plus long que celui fixé par l'article 620 (C. inst. cr., art. 622). Le procureur de la République provoque une instruction administrative, dont les formes sont déterminées par les articles 624 et 625.

b) Il transmet les pièces de cette instruction, avec son avis, au procureur général. Dans les deux mois du dépôt de ces pièces au greffe de la cour, l'affaire est rapportée à la chambre des mises en

[1] Sur cette condition : G. Leloir, *De la réhabilitation : étude sur le sens et la portée de l'article 623 du Code d'inst. crim.* (*La France judiciaire*, t. VI, p. 413).

accusation. Le procureur général doit donner par écrit ses conclusions motivées (art. 626, 627, 628). Si la cour rend un avis défavorable à la demande, l'affaire s'arrête[1], et aucune nouvelle demande ne peut être formée avant l'expiration de deux années (art. 629). Si la cour rend un avis favorable, cet avis, qui doit être motivé, est transmis, avec les pièces produites à l'appui de la demande, au ministre de la justice.

c) Celui-ci, d'après le décret du 7 septembre 1870, qui modifie l'article 631, statue lui-même, sans en référer au Président de la République, mais après communication au conseil des ministres. Il statue avec pleine indépendance, et il est libre de rejeter la demande, comme il est libre de l'admettre. Les lettres de réhabilitation, quand elles sont accordées, doivent être transcrites en marge de la minute de l'arrêt ou du jugement.

336. C. La réhabilitation n'a point d'effet rétroactif, elle ne fait cesser que pour l'avenir toutes les incapacités qui frappent le condamné, aussi bien les déchéances politiques que les déchéances civiles (C. inst. cr., art. 634); mais elle n'efface pas la condamnation elle-même qui pourrait servir de base à l'application des peines de la récidive, en cas de nouvelle infraction. Il y aurait lieu, à notre avis, de rendre à la réhabilitation les effets qu'elle avait en France sous l'ancien régime et sous l'empire de la législation intermédiaire, lorsqu'on la considérait comme un *baptême civique* effaçant la tache qu'avait produite le crime (C. p. 1791, 1re part., t. VII, art. 6).

337. A côté de la réhabilitation *pénale*, il existe une réhabilitation *commerciale* qui a pour but de relever le commerçant failli des incapacités et déchéances qui résultent du jugement déclaratif de faillite (C. com., 604 à 614). On peut signaler, entre elles, les différences suivantes : *a*) La réhabilitation commerciale est un droit pour le failli qui a acquitté toutes ses dettes, en capital et intérêts. La réhabilitation pénale est une faveur. *b*) La réhabilitation commerciale est prononcée par arrêt de la cour d'appel. La réhabilitation pénale est accordée par le ministre de la justice après avis de la cour. *c*) La réhabilitation commerciale peut être prononcée après la mort du failli, tandis qu'un condamné ne peut être réhabilité après sa mort. *d*) La

[1] Il a été jugé, avec raison, que les avis des cours d'appel sur les demandes en réhabilitation ne sont pas susceptibles de pourvoi en cassation, si ce n'est sur l'ordre du ministre de la justice : Cass., 18 janvier 1867 (S. 67, 1, 266); 17 nov. 1871 (*Bull.*, n° 158).

réhabilitation commerciale peut être obtenue plusieurs fois, en cas de faillites successives. La réhabilitation pénale ne peut l'être qu'une fois. *e*) Le condamné pour banqueroute frauduleuse ne peut être réhabilité commercialement, tandis qu'il peut l'être pénalement (C. inst. cr., art. 634); il est alors réhabilité comme criminel, il ne l'est pas comme commerçant. *f*) Aucune des conditions particulières exigées pour la réhabilitation en matière criminelle ne s'applique au cas de faillite. Ainsi, le failli n'est astreint à aucun stage, à aucune résidence fixe, à aucun certificat de bonne conduite.

DEUXIÈME PARTIE.

PROCÉDURE PÉNALE

OU

THÉORIE GÉNÉRALE DE L'ACTION, DE L'ORGANISATION JUDICIAIRE, DE LA PROCÉDURE ET DE LA PREUVE.

Bibliographie générale. — BONNIN, *Commentaire du Code d'instruction criminelle* (1 vol. in-8°, 1845). — BUCHÈRE, *Étude pratique sur l'instruction et la procédure criminelle en France et en Angleterre* (in-8°, 1860). — CARNOT, *De l'instruction criminelle considérée dans ses rapports avec les lois nouvelles et la jurisprudence de la Cour de cassation* (2e éd., 4 vol. in-4°, 1846). — FAUSTIN HÉLIE, *Traité de l'instruction criminelle* (2e éd., 8 vol. in-8°, 1866-67); *Pratique criminelle des cours et tribunaux* (Le premier volume est consacré à la procédure). — LE SELLYER, *Traité de la compétence et de l'organisation des tribunaux chargés de la répression* (2 vol. in-8°, 1875). — RODIÈRE, *Éléments de procédure criminelle* (1 vol. in-8°, 1845). — TRÉBUTIEN (2e éd., par MM. LAISNÉ-DESHAYES et GUILLOUARD, t. II, 1884).

INTRODUCTION.

338. Les lois de procédure comprennent l'organisation judiciaire, la théorie des actions et de leur compétence, celle des preuves et la procédure proprement dite. En matière criminelle, elles ont peut-être plus d'importance que les lois de pénalité : car si on a vu des peuples corriger, avec une bonne loi de procédure, les inconvénients d'un système pénal défectueux, le phénomène inverse ne s'est jamais rencontré. Le problème à résoudre, dans cette partie de la législation, consiste à combiner les nécessités de la répression avec les garanties dues aux accusés.

339. L'organisation judiciaire actuelle a sa source dans les trois lois suivantes : celle du 27 ventôse an VIII; celle du 20 avril 1810; celle du 30 août 1883, auxquelles il faut joindre les décrets réglementaires et les textes du Code d'instruction criminelle.

Cette organisation est dominée par trois idées : *a) L'unité de la justice civile et de la justice pénale*, unité qui signifie que les mêmes autorités et les mêmes tribunaux connaissent des matières civiles et des matières pénales. Cette unité existe : 1° en la personne du garde-des-sceaux, chef suprême de l'une et de l'autre justice; 2° du juge de paix qui, en matière pénale, est tout à la fois officier de police judiciaire et juge de simple police; 3° elle se réalise dans le tribunal de première instance, qui fournit le juge d'instruction et forme le tribunal correctionnel du premier degré; 4° dans la cour d'appel, dont deux chambres, la chambre correctionnelle et la chambre des mises en accusation, fonctionnent en matière pénale; 5° enfin, dans la Cour de cassation qui juge les pourvois formés en matière criminelle comme en matière civile. L'unité ne fait pas que les jugements civils et criminels se rendent absolument de la même manière. Une première différence, concernant le nombre de juges nécessaires pour former la décision, existait avant la loi sur la réforme de l'organisation judiciaire du 1er août 1883, qui l'a fait disparaître dans son art. 1er. Les chambres civiles des cours jugeaient au nombre minimum de *sept;* les chambres des mises en accusation ou correctionnelle au nombre de *cinq;* en toute matière aujourd'hui, « les arrêts des cours d'appel sont rendus par *cinq juges au moins, le président compris* ». Mais, tandis qu'il existe un jury en matière criminelle, il n'en existe pas en matière civile, sauf de très rares exceptions. *b*) *Une étroite hiérarchie est établie entre ces diverses autorités et ces divers tribunaux. c*) *Une concordance absolue existe entre la division des infractions en crimes, délits, contraventions et l'organisation des juridictions pénales.*

Dans cette organisation, la loi a introduit le principe de la division du travail en confiant à des autorités distinctes les fonctions de *poursuite,* d'*instruction,* de *jugement* et d'*exécution,* et en décidant que les agents qui exercent l'une de ces fonctions ne pourraient en exercer d'autres. En effet, les autorités, qui concourent à l'application de la loi pénale, sont : les *officiers de police judiciaire,* chargés des actes de recherche et d'instruction; les *juridictions d'instruction,* chargées de statuer sur la mise en prévention ou en accusation des inculpés; les *juridictions de jugement,* chargées de se prononcer sur la culpabilité ou la non-culpabilité des accusés ou prévenus; les *officiers du ministère public,* chargés de provoquer, par voie d'action ou de réquisition, le fonctionnement de ces diverses autorités et de faire exécuter leurs décisions en mettant en mouvement la force publique. Les fonctions de la police judiciaire et du ministère public, qui consistent principalement à *agir,* sont exercées par des personnes *individuelles* sous les ordres et la surveillance de supérieurs hiérarchiques. Les fonctions de juridiction, qui consistent à *délibérer* et à *juger,* sont, en général, confiées à des *corps collectifs,* dont les décisions peuvent être réformées ou annulées, mais qui n'ont d'ordre à recevoir de personne sur la manière de remplir leur mission. Les officiers de police judiciaire et les membres du ministère public dépendent, en principe, du pouvoir exécutif qui peut les révoquer *ad nutum.* Les juges, au contraire, sont indépendants et inamovibles.

Pour que la loi pénale puisse être appliquée, il faut que l'infraction à cette loi soit constatée, que le prévenu soit convaincu d'en être l'auteur, et que sa culpabilité soit reconnue. L'autorité doit donc rechercher les crimes, les délits et les contraventions, en rassembler les preuves, s'assurer, s'il y a lieu, de la personne des inculpés et les livrer aux tribunaux chargés de les punir. La puissance publique, qui a cette mission, est la *police judiciaire*. Il importe de ne pas la confondre avec la *police administrative* qui a pour objet de maintenir l'ordre et, particulièrement, de prévenir les infractions aux lois. Cette dernière est une partie de l'administration. La police judiciaire, bien qu'elle ne juge point, est une partie de la justice : elle recherche les délits que la police administrative n'a pu empêcher, elle prépare et facilite l'action des tribunaux de répression.

L'infraction une fois constatée, il faut l'instruire. Nous distinguons aujourd'hui, dans la procédure pénale, ce qu'on nomme l'*instruction préparatoire*, qui a pour but de préparer le procès pénal, de l'*instruction définitive*, qui a pour but de le faire juger. L'instruction préparatoire, *inutile* en matière de *contraventions*, *facultative* en matière de *délits*, *obligatoire* en matière de *crimes*, est confiée au procureur de la République et au juge d'instruction : le premier a le droit de rechercher et de poursuivre les crimes et les délits; mais il n'a pas le pouvoir, dans les cas ordinaires, de faire des actes d'instruction, ni celui d'ordonner l'arrestation et la détention des inculpés. Ces dernières attributions appartiennent au juge d'instruction; mais celui-ci ne doit pas *informer* d'office, il ne peut commencer une instruction sans en être requis; car, s'il agissait d'après sa propre impulsion, il exercerait le droit de poursuite et usurperait ainsi l'action publique qui ne lui est pas confiée. Toutefois, la règle de la séparation entre les fonctions d'instruction et les fonctions de poursuite reçoit une exception notable dans les cas requérant célérité, savoir : ceux de crimes ou de délits flagrants, ou autres qui y sont assimilés. Si le procureur de la République réunit temporairement, dans ce cas, aux pouvoirs de la poursuite, les pouvoirs de l'instruction, de son côté, le juge d'instruction supplée le procureur de la République; il peut instruire d'office et faire acte de poursuite.

Lorsque l'instruction préparatoire est terminée, le rôle de la *justice* commence. Mais l'inculpé n'est pas immédiatement traduit devant la juridiction chargée de l'acquitter s'il est innocent, de le condamner s'il est coupable. L'intérêt de la société et celui de l'inculpé exigent que celui-ci ne soit mis en jugement et soumis à des débats publics que lorsque l'inculpation repose sur des indices graves. Aussi, la loi confère à des autorités, intermédiaires entre les magistrats chargés de l'instruction et les magistrats chargés du jugement, l'examen des charges résultant de l'instruction, et le règlement de la compétence. Ces autorités, appelées *juridictions d'instruction*, sont le *juge d'instruction* au premier degré, et la *chambre des mises en accusation* au second.

Les juridictions de jugement, chargées de se prononcer sur la culpabilité ou la non-culpabilité des prévenus et accusés, se divisent en deux classes : les juridictions *ordinaires* et les juridictions *exceptionnelles*. Les tribunaux ordinaires sont ceux qui, investis de la plénitude du pouvoir judiciaire pour la répression d'un certain ordre d'infractions, exercent, par rapport à ces infractions, une juridiction générale, embrassant tout ce qui concerne l'action publique et l'action civile. Les tribunaux spéciaux sont ceux qui n'exercent leur juridiction que par rapport à certains faits, distraits de la juridiction ordinaire par des dispositions expresses de la loi. Les premiers comprennent les tribunaux de police et les tribunaux correctionnels, qui sont des juridictions permanentes; les cours d'assises, qui sont des juridictions temporaires. Les seconds comprennent principalement les tribunaux militaires et les tribunaux maritimes.

340. Le procès pénal a trois phases principales et distinctes : il débute par l'exercice d'une action; il se continue par une instruction; il se termine par un jugement. De là une division naturelle en trois parties : l'*action*, l'*instruction* et le *jugement*.

LIVRE PREMIER.

DES ACTIONS QUI NAISSENT DE L'INFRACTION[1].

341. L'étude des *actions* doit précéder celle de l'*organisation judiciaire* et de la *procédure*, car le pouvoir judiciaire n'agit, en principe, qu'après avoir été mis en mouvement par une action et la procédure trace précisément la marche à suivre pour l'exercer.

L'infraction donne naissance au droit de la société de punir le délinquant et au droit de la personne lésée d'obtenir la réparation du dommage que lui a causé le fait illicite. On appelle action *pénale* ou *publique* le recours à l'autorité judiciaire exercé, au nom et dans l'intérêt de la société, pour arriver à la constatation du fait punissable et à l'application des peines établies par la loi. De toute infraction naît une action publique, qui est exercée, au nom de la société à laquelle elle appartient, par un corps de fonctionnaires, remplissant, suivant l'expression consacrée, un *ministère public.* Indépendamment du mal social qui en résulte, quand le fait délictueux a causé un dommage à une personne physique ou morale, celle-ci a également le droit de poursuivre en justice la réparation de ce dommage : on appelle action *privée* ou *civile* ce recours à l'autorité judiciaire, qui est exercé par la partie lésée et qui a pour objet de procurer la réparation du préjudice que lui a causé l'infraction.

[1] Bibliographie : Delpon, *Essai sur l'histoire de l'action publique et du ministère public*, 2 vol. in-8°, 1830 ; Ferlet, *Étude sur l'action civile résultant d'un fait punissable*, in-8°, 1866 ; Hersch, *Des fonctions de l'officier du ministère public près les tribunaux de simple police*, in-8°, 1851 ; Mangin, *Traité de l'action publique et de l'action civile en matière criminelle.* 3e éd., revue par Sorel, 2 vol. in-8°, 1876 ; Massabiau, *Manuel du ministère public*, 4e éd., 3 vol. in-8°, 1876 ; De Molènes, *Traité pratique des fonctions du procureur du roi*, 2 vol. in-8°, 1843 ; Le Sellyer, *Traité de l'exercice et de l'extinction des actions publique et privée*, 2 vol. in-8°, 1874 ; Ortolan et Ledeau, *Le ministère public en France*, 2 vol. in-8°, 1830 ; Schenck, *Traité sur le ministère public*, 2 vol. in-8°, 1813 ; L. Thézard, *Le ministère public*, in-8°, 1857.

L'action publique et l'action civile sont *indépendantes* l'une de l'autre. En effet, bien qu'elles résultent du même fait, l'infraction, elles ont cependant une *cause* différente. L'action publique naît du délit, considéré, au point de vue social, comme une infraction à la loi pénale; et l'action civile, du délit, considéré, au point de vue privé, comme un fait dommageable. Aussi ces deux actions n'ont pas le même *objet*. L'une tend à l'application d'une peine, l'autre à la réparation du préjudice causé. Elles appartiennent à des *personnes différentes :* l'action publique, à la société, qui, ne pouvant l'intenter elle-même, en délègue simplement l'exercice, non pas à tous les membres du corps social, mais à des fonctionnaires spéciaux; l'action civile, à la personne lésée, qui en dispose et l'exerce elle-même. Enfin, ces deux actions ne *s'éteignent* pas de la même manière; ainsi, l'action publique s'éteint par le décès du délinquant, tandis que l'action civile subsiste contre ses héritiers.

Ces deux actions ayant dans l'infraction à la loi pénale une source commune, cette parité d'origine les unit l'une à l'autre par des liens intimes. Ainsi, l'action civile n'est pas de la compétence exclusive des tribunaux civils, elle peut être intentée en même temps et devant les mêmes juges que l'action publique, et lorsque le ministère public n'a pas encore exercé l'action publique, l'exercice de l'action civile devant les tribunaux de répression met nécessairement en mouvement l'action publique. Ainsi encore, ces deux actions sont soumises à la même prescription, et les actes, qui interrompent la prescription de l'action publique, interrompent la prescription de l'action civile. Enfin, la poursuite ou le jugement de l'action publique a une influence nécessaire sur la poursuite ou le jugement de l'action civile.

Les rapports étroits qui unissent l'action publique et l'action civile nous obligent à faire une étude distincte, mais parallèle de ces deux actions : aussi diviserons-nous ce sujet en trois titres, dont le premier sera consacré aux *droits d'actions publique et civile*, le second, à l'*exercice de ces droits* et le troisième, à leur *extinction*.

TITRE PREMIER.

DES DROITS D'ACTIONS PUBLIQUE ET CIVILE.

CHAPITRE PREMIER.

DE L'ACTION PUBLIQUE.

I. QUI PEUT EXERCER L'ACTION PUBLIQUE.

342. Notions générales. — L'action pénale, étant la nécessité juridique qui s'impose à l'État de poursuivre le délit, pour obtenir la punition du coupable, a deux caractères essentiels : 1° d'être une action *sociale* ou *publique;* 2° et d'être une conséquence *nécessaire* et *irrévocable* de tout délit. Ces deux caractères résultent d'un seul et même principe : à savoir, que l'État, en vertu du devoir qui lui incombe de pourvoir à la défense sociale, dès que le délit apparaît, doit poursuivre la punition de celui qui est présumé en être l'auteur. De là l'institution du *ministère public*, dont l'origine n'est ni *romaine* ni *germanique* mais purement *française*, et qui a pour mission principale de rechercher et de poursuivre les infractions à la loi pénale[1].

[1] L'institution du ministère public existe aujourd'hui dans presque tous les pays européens. Comp. sur le ministère public en Italie : *Bull. de la Soc. de légis. comp.*, 1872-73, p. 151; *Ann.*, 1874, p. 291; 1876, p. 567; en Belgique : Haus, t. II, n° 1102; dans les Pays-Bas, une loi du 9 avril 1877 a créé un ministère public près les justices de paix qui n'en avaient pas encore : *Ann.*, 1878, p. 543. Le Code de procédure pénale allemand de 1877 proclame le principe que le juge ne peut être saisi que par les officiers du ministère public : *Bull. de la Soc.*, 1879, p. 383. En Angleterre cependant, le système accusatoire est encore en vigueur. La poursuite peut être intentée par toute personne, qu'elle ait été lésée ou non. Les magistrats n'ont pas le droit d'informer contre une personne sans qu'elle ait été l'objet d'une accusation précise et la loi ne leur donne pas, sauf dans certains cas, le droit de se porter accusateurs. Au reste, la poursuite est intentée, quelle que soit l'accusation, au nom du souverain, et toutes les formules indiquent que le débat a lieu entre le prévenu et la Reine. Le système accusatoire anglais, comme le système accusatoire romain, ne repose donc pas sur l'idée barbare que le crime ou le délit n'est qu'un dommage privé, mais bien plutôt sur cette idée que chaque citoyen, ayant le droit et le devoir de défendre l'intérêt public, a le droit et le devoir de poursuivre la répression des faits délictueux. Sur ce système, et le mouvement qui se produit en Angleterre pour le remplacer par

L'accusation peut être exercée suivant l'un de ces trois systèmes : 1° par les parties lésées, dans leur intérêt personnel ; 2° par tout citoyen, dans l'intérêt public ; 3° par des fonctionnaires spéciaux. Le premier système est celui des peuples barbares ; le second et le troisième divisent les peuples civilisés. Chacun d'eux a ses avantages et ses inconvénients. L'accusation populaire peut sommeiller par peur, corruption ou indifférence ; elle peut devenir un moyen de chantage entre les mains de gens sans aveu. Personne ne conteste, à ce double point de vue, les avantages de l'institution d'un accusateur public. Mais, soumis au pouvoir exécutif, cet accusateur peut être soupçonné de subordonner l'action publique à des considérations politiques : magistrat, comme le juge, son caractère même est de nature à détruire l'égalité nécessaire entre l'accusation et la défense. D'où un double danger, que le droit d'accusation subsidiaire réservé aux parties lésées et l'extension de la compétence du jury peuvent également conjurer[1].

343. Il importe, du reste, pour déterminer d'une manière précise les fonctions du ministère public par rapport à l'action publique, de distinguer trois choses : la *disposition*, l'*exercice* et la *mise en mouvement* ou *impulsion* de cette action.

a) Au premier point de vue, l'action publique n'*appartient* pas, comme le dit l'article 1er C. instr. cr., « aux fonctionnaires à qui elle

le système inquisitorial mitigé, dans lequel un fonctionnaire spécial est chargé de la poursuite, comp. Chauveau (*Bull. Soc. légis.*, 1876, p. 81). Ce mouvement n'a abouti jusqu'ici qu'à la création d'un directeur des affaires criminelles par la loi du 3 janvier 1879, devenue exécutoire le 1er janvier 1880. Ce directeur, institué par le conseil des ministres, est assisté de six lieutenants ; il est chargé d'entreprendre et de conduire une partie des procès criminels, dans des conditions qui ne sont pas encore déterminées et de conseiller ou d'assister les officiers de police et accusateurs privés : *Bull.*, 1880, p. 260 et suiv. ; Garsonnet, *op. cit.*, p. 274 ; Prins, *Étude comparative sur la procédure pénale à Londres et en Belgique* (Bruxelles, 1879, p. 5). Le Code de procédure pénale autrichien de 1873 a inauguré un système intermédiaire entre le système accusatoire et le système inquisitorial. Sauf le cas où le délit a un caractère absolument privé, les actes punissables sont du domaine de l'accusation publique, qui est exercée par le ministère public (art. 2). Seulement le ministère public peut se désister de l'action publique, ce qui, dans la législation autrichienne, entraîne abandon de la procédure et dessaisissement des juges : mais alors la partie civile a le droit de reprendre l'action publique dans les trois jours de la notification du désistement (art. 48). Cette partie toutefois n'exerce l'action publique qu'à titre d'accusation proprement dite ; elle n'a point tous les pouvoirs du ministère public. Voir, sur l'ensemble de ce Code, une étude de M. Vainberg (*Bull. de la Société de légis. comp.*, 1875, p. 61). Comp : Napodano, *Del publico ministerio nei popoli civili e delle sue condizioni in Italia*, Naples, 1880.

[1] Comp. : Cherbuliez, *Du jury comme garantie politique* (*Rev. de légis.*, t. XLII, p. 292).

est confiée par la loi » ; à la société seule appartenant le droit de punir, à la société seule appartient l'action qui a pour objet la punition du coupable. Celle-ci en délègue seulement l'*exercice* à des fonctionnaires ou à certaines administrations publiques, et notamment, en règle générale, à un corps judiciaire, institué dans ce but, et nommé collectivement le *ministère public*. De ce principe découlent diverses conséquences, qui se résument toutes en cette idée, que ces fonctionnaires n'ont pas la faculté de *disposer* de l'action publique soit avant de l'avoir intentée, soit après l'avoir mise en mouvement. Seule la société peut renoncer à l'action publique : elle exerce ce droit dans les lois d'amnistie [1].

En pratique, les corollaires à tirer de ce principe se ramènent à trois. 1° Le ministère public, à la différence des parties lésées (C. civ., art. 2046; C. inst. cr., art. 4), n'a pas le droit de transiger sur l'infraction ni avant, ni après les poursuites commencées, et moins encore après la condamnation prononcée. 2° Le ministère public ne peut, par un désistement, arrêter les suites, soit de l'action qu'il a intentée, soit du recours qu'il a formé [2]. Sans doute, après avoir commencé les poursuites, il peut reconnaître, à la suite de l'instruction préparatoire ou des débats, que son action est sans fondement et requérir le renvoi d'instance du prévenu ou de l'accusé, car il a le droit et le devoir de ne s'inspirer, dans ses réquisitions, que de sa conscience et de l'intérêt de la vérité; mais, par ses conclusions favorables au prévenu ou à l'accusé, il ne dessaisit pas et ne peut pas dessaisir les juges de l'action qu'il leur a soumise. L'effet propre d'un désistement valable serait d'arriver à ce résultat : tandis que les juges ont le *droit* et le *devoir* de statuer sur l'action publique dès qu'ils en sont saisis, et par cela seul qu'ils en sont saisis [3]. 3° Enfin, le ministère public n'a pas la faculté, par un acquiescement exprès ou tacite, de *renoncer* d'avance aux voies de recours qui lui sont ouvertes. En conséquence, il peut attaquer, par la voie de l'appel ou du pourvoi en

[1] Le Code autrichien de 1873 donne au droit du ministère public une plus large étendue. Celui-ci n'a pas seulement l'initiative et l'exercice de l'action publique; il a aussi celui de retirer ou de restreindre à tout instant, pendant l'instruction et même pendant les débats publics, son acte d'accusation, et cet abandon ou cette restriction est impérative pour les magistrats chargés de rendre le jugement (art. 48 et 49). C'est un système peut-être moins logique que le nôtre, mais certainement plus pratique.

[2] Cass., 18 avril 1859 (S. 59, 1, 777); 21 juin 1877 (S. 78, 1, 46). Comp. : Faustin Hélie, t. II, nos 578 et 579; Le Sellyer, *op. cit.*, t. I, nos 255 et 256.

[3] V. Cass., 25 février 1873 (D. 73, 1, 168); 21 juin 1877 (D. 77, 1, 408).

cassation, un jugement rendu conformément à ses conclusions. La signification faite au condamné du jugement, avec sommation de l'exécuter, n'enlève pas au ministère public le droit de se pourvoir, tant que les délais ne sont pas expirés. Enfin, le procureur général a le droit d'interjeter appel d'un jugement correctionnel, bien que le procureur de la République ait laissé passer le délai qui lui est donné pour appeler, ou ait consenti à l'exécution (C. instr. cr., art. 205).

b) L'*exercice* de l'action publique comprend tous les actes qui sont nécessaires pour atteindre l'objet qu'elle se propose, c'est-à-dire la *prononciation d'une peine contre l'auteur d'une infraction*. L'action publique n'est déléguée dans toute sa plénitude, en règle générale, qu'au ministère public : celui-ci l'exerce, en saisissant les juridictions d'instruction ou de jugement compétentes pour en connaître; en dirigeant, devant ces juridictions, par ses réquisitions, les mesures d'instruction qu'il y a lieu de prendre; en requérant, devant elles, l'application des peines édictées par la loi; enfin, en formant un appel ou un pourvoi en cassation contre tout jugement ou arrêt qui lui paraît devoir être réformé ou annulé.

c) L'action publique, comme toute autre action, est *mise en mouvement* par tout acte dont l'effet est de saisir légalement le juge. D'où résulte que le droit d'exercer l'action publique implique le droit de la mettre en mouvement; mais, à l'inverse, le droit de la mettre en mouvement n'implique pas nécessairement le droit de l'exercer. Ainsi, le ministère public a seul, en principe, l'exercice de l'action publique. C'est là son domaine propre. Mais d'autres que lui ont le droit de lui imprimer un mouvement initial. La partie civile qui saisit le juge d'instruction et provoque une information, ou qui agit, par voie de citation directe, devant le tribunal correctionnel ou le tribunal de simple police; le juge d'instruction qui, en cas de flagrant délit, commence d'office une instruction, mettent l'action publique en mouvement, mais ne l'exercent pas, car, devant les juridictions d'instruction et de jugement, même dans le cas où l'action publique est mise en mouvement par d'autres que par lui, c'est le ministère public qui l'exerce, en prenant les réquisitions qu'il juge convenables. Toutes les fois donc que l'on sépare le droit de mettre l'action publique en mouvement du droit d'exercer cette action, le premier se borne à la faculté de commencer la poursuite en saisissant le juge, tandis que l'autre consiste dans le pouvoir de poursuivre l'action jusqu'à ce qu'elle soit éteinte par une décision passée en force de chose jugée.

344. Organisation du ministère public. — Les règles suivantes résument les principes qui régissent, dans notre droit, l'organisation du ministère public au point de vue pénal.

345. I. L'exercice de l'action publique est délégué dans sa plénitude à des fonctionnaires nommés par le pouvoir exécutif et dépendant de lui (D. 16 et 24 août 1790, tit. VIII, art. 1). En effet, le pouvoir exécutif, qui a pour mission de procurer l'application des lois et spécialement des lois pénales qui servent de sanction suprême à toutes les autres, doit avoir, sous sa direction et sous sa dépendance, les fonctionnaires chargés de veiller à l'exécution des lois. Aussi les officiers du ministère public sont tous *amovibles* et *révocables*.

346. II. La loi a donné pour base à l'organisation du ministère public un principe qui en fait la force, le principe de *l'unité hiérarchique*. Les procureurs généraux, les avocats généraux, les substituts du procureur général, les procureurs de la République, leurs substituts, les commissaires de police, les maires et adjoints, tous fonctionnaires du ministère public, sont *unis* entre eux par un lien *hiérarchique*[1], qui aboutit au ministre de la justice, et qui permet à celui-ci, à titre de représentant direct du pouvoir exécutif, de communiquer à l'exercice de l'action publique, en France, la puissance de l'unité (D. 30 mars 1808, art. 80 et 81; L. 20 avril 1810, art. 60). Le garde-des-sceaux peut proposer, contre les membres du ministère public, au président de la République, toutes les mesures que comporte leur amovibilité; il est armé, à leur égard, d'un pouvoir absolu de discipline; et peut provoquer leur changement de résidence ou leur révocation. De même, chaque officier du ministère public a, sur ceux qui sont placés au-dessous de lui, une autorité disciplinaire et un droit de commandement, qui se concilient, du reste, comme nous le verrons plus loin, avec l'indépendance des magistrats qui exercent, avec lui et en sous-ordre, les fonctions de ministère public.

347. III. Aucune juridiction pénale n'est *complète* sans son ministère et ne peut valablement tenir audience sans la présence de ce ministère public. La loi a, du reste, établi une exacte correspondance entre l'organisation du ministère public et celle des juridictions pénales.

A. Près des tribunaux de police, les commissaires de police et,

[1] Comp. : Bruneau, *De la hierarchie du ministère public* (*Rev. hist.*, 1860, t. VI, p. 171).

seulement en cas d'absence ou d'empêchement de tous commissaires de police, les maires ou adjoints ont l'exercice de l'action publique en matière de contraventions. Ils ont reçu leur délégation de la loi même (C. inst. cr., art. 144) et ne sont, comme officiers du ministère public, les délégués de personne; ils exercent l'action publique en leur nom, eux seuls peuvent l'exercer. Toutefois, le procureur général a, sur ces officiers, un pouvoir de surveillance. S'il y a plusieurs commissaires de police au lieu où siège le tribunal, c'est le procureur général qui nomme celui ou ceux d'entre eux qui feront le service. En cas d'empêchement du commissaire de police du chef-lieu, ou s'il n'en existe point, les fonctions du ministère public sont remplies, soit par un commissaire résidant ailleurs qu'au chef-lieu, soit par un suppléant du juge de paix, soit par l'adjoint ou le maire du chef-lieu, soit par un des maire ou adjoints d'une autre commune du canton, lequel est désigné à cet effet par le procureur général pour une année entière et, en cas d'empêchement, est remplacé par le maire, par l'adjoint ou par un conseiller municipal du chef-lieu du canton (C. inst. cr., art. 144).

B. A la Cour de cassation, dans les cours d'appel et dans les tribunaux de première instance, il existe un *parquet*, expression qui désigne la réunion des magistrats qui exercent le ministère public auprès d'une même juridiction. Chacun de ces groupes forme une *unité* morale qui s'incarne en son chef.

a) Le parquet de la cour d'appel se compose du *procureur général* de la République près la cour d'appel, des *avocats généraux* et des *substituts du procureur général* (L. 20 avril 1810, art. 6). Il y a autant d'avocats généraux que de chambres, moins une : l'un d'eux est attaché à la fois à la chambre des mises en accusation et à une autre, sauf à Paris où il y a sept avocats généraux, et neuf chambres (D. 6 juillet 1810, art. 46; D. 28 mars 1863, art. 2; L. 30 août 1883, art. 2). Quant au nombre des substituts, il dépend de l'importance de la cour (D. 6 juill. 1810, art. 47; O. 1er août 1821, art. 1; D. 12 déc. 1860, art. 1; L. 30 août 1883, art. 2).

Les procureurs généraux près les cours d'appel sont investis, dans le ressort de chaque cour, de la direction suprême de l'action publique. Tous les autres fonctionnaires du ministère public dans le ressort sont leurs subordonnés : ils surveillent les commissaires de police, les procureurs de la République et leurs substituts, et maintiennent, entre ces divers fonctionnaires, les liens de la discipline et de la hiérarchie. Les procureurs généraux sont, en outre, *personnellement* chargés de l'exercice de l'action publique auprès de la cour d'appel, auprès de la cour d'assises du département où siège la cour d'appel, et même, s'ils le jugent utile, auprès des autres cours d'assises de leur ressort. Au procureur général, se relient les avocats généraux et les substituts. Mais les uns et les autres ne participent à l'exercice des fonctions du procureur général que sous sa direction : il en résulte qu'ils ne peuvent intenter l'action publique, former un appel contre un jugement correctionnel ou se pourvoir en cassation contre un arrêt, qu'autant que le procureur général les y autorise expressément ou tacitement. On doit, du reste, présumer le consentement du procureur général, et cette présomption ne doit céder que devant son désaveu formel, qui rendrait l'acte nul [1]. Les avocats généraux ont pour mission plus spéciale de porter la parole, au nom du procureur général, aux audiences civiles et correctionnelles de la cour d'appel; ils sont distribués, entre les diverses chambres dont elle se compose, par une décision de leur chef. Les substituts du procureur général sont placés immédiatement au-dessous des avocats généraux, mais sans rapport de subordination des uns aux autres; leurs attributions ne sont pas réglées d'une manière précise. Il résulte cependant des textes qui les instituent qu'ils sont plus spécialement chargés, sous la surveillance *immédiate* du procureur général, du service intérieur du parquet, et de porter la parole aux audiences de la cour d'assises du département où siège la cour d'appel. En cas d'absence ou d'empêchement, les avocats généraux et les substituts se remplacent réciproquement.

b) Le parquet d'un tribunal d'arrondissement se compose du *procureur de la République* et de ses *substituts*, souvent appelés, en style d'audience, les avocats de la République (L. 20 avril 1810, art. 6 et 43). Le nombre de ces derniers varie suivant l'importance du tribunal; il y en a un, dans les tribunaux d'une chambre; deux, dans ceux de deux chambres; quatre, dans ceux de trois chambres, vingt-huit à Paris (D. 18 août 1810, art. 16; L. 21 juill. 1875, art. 3; L. 30 août 1883, art. 5).

Le procureur de la République a un double caractère. Il est le substitut du procureur général pour l'exercice de l'action publique. Mais si, en cette qualité, il est tenu d'exécuter les ordres de son chef et

[1] Comp. : FAUSTIN HÉLIE, t. II, n° 586.

de suivre la direction qu'il lui donne, c'est de la loi même qu'il tient la délégation directe de l'action publique pour la poursuite des crimes et délits commis dans son arrondissement (C. inst. cr., art. 22); il l'exerce en son propre nom, il en est personnellement investi. Les substituts du procureur de la République sont chargés, sous la direction immédiate de ce magistrat, de porter la parole aux audiences civiles et correctionnelles du tribunal d'arrondissement, et aux audiences de la cour d'assises qui se tient dans les lieux où ne siège pas la cour d'appel, et d'assister le procureur de la République dans le service intérieur du parquet. Les substituts ont-ils reçu de la loi[1], comme le procureur de la République lui-même, une délégation directe et personnelle pour l'exercice de l'action publique? La question ne présente pas d'intérêt pratique : car, si le procureur de la République est présent, tout le monde reconnaît que lui seul a le droit de faire les actes qui rentrent dans l'exercice de l'action publique, et, s'il est absent ou empêché, ses substituts peuvent faire tous ces actes à sa place, sans avoir besoin de son consentement, dont l'existence est présumée.

c) Le parquet de la Cour de cassation se compose du procureur général de la République, des avocats généraux au nombre de six, deux attachés à chaque chambre, et du secrétaire général.

348. IV. Près de chaque juridiction *déterminée*[2], le ministère public constitue un groupe de magistrats, considéré comme *indivisible*. En effet, devant quelque tribunal, et par quelque officier qu'il s'exerce, le ministère public représente toujours une seule et même personne en instance : la *société*. Et, de même que, dans une association en nom collectif, chaque associé, qui se sert de la signature sociale, engage la personne morale de la société, de même tout acte, fait, *dans la*

[1] Comp. : Faustin Hélie, qui tient pour l'affirmative, t. II, n° 496; il invoque l'article 43 de la loi de 1810 et l'article 9 C. d'inst. cr.; Mangin, *op. cit.*, t. I, n° 94; Le Sellyer, *op. cit.*, t. I, n° 250, qui tiennent pour la négative, et argumentent des articles 22 et 26 C. inst. cr. Cette dernière opinion nous paraît mieux fondée.

[2] Il ne faudrait pas conclure de l'indivisibilité du ministère public que les officiers qui l'exercent se représentent, à quelque juridiction qu'ils appartiennent. En effet, tous les officiers du ministère public ne sont pas indistinctement compétents pour exercer l'action publique, puisque chacun ne peut agir que dans l'étendue de son ressort. Ainsi, l'acte de poursuite du procureur de la République qui ne serait celui ni du lieu du délit, ni du lieu du domicile du prévenu, ni du lieu où celui-ci a été arrêté, n'interromprait pas la prescription de l'action publique, car l'officier d'un parquet, incompétent pour poursuivre, ne représente pas les officiers des autres parquets qui sont compétents.

mesure de ses pouvoirs, par un des magistrats du ministère public qui composent le parquet, est réputé fait par le parquet entier. En conséquence : 1° les membres d'un même parquet se représentent et se remplacent les uns les autres, sans qu'il soit indispensable qu'un acte ait été achevé par l'officier même qui l'a commencé. Ainsi, il n'est nullement essentiel que ce soit le même membre du parquet qui assiste aux audiences de la même affaire[1]. 2° Tout membre d'un parquet est apte à faire tous les actes que pourrait faire le chef du parquet, pourvu qu'il agisse de son consentement exprès ou tacite. Ce consentement est supposé jusqu'à désaveu. 3° Les membres d'un parquet se substituant les uns aux autres, il suffit qu'un seul soit libre pour qu'on ne soit pas obligé de pourvoir au remplacement du ministère public, soit par des juges suppléants (L. 10 déc. 1830, art. 3), soit, à défaut de ces derniers, par un magistrat que la cour ou le tribunal choisissent dans leur sein (D. 18 août 1810, art. 20).

349. V. Les citoyens ont-ils des garanties *préventives* ou *répressives* contre l'exercice abusif de l'action publique par le ministère public ?

a) Le ministère public ne peut certainement être récusé en matière criminelle : ce principe incontestable résulte, non du Code d'instruction criminelle, qui ne s'explique pas sur ce point, mais de l'article 381 C. pr. civ., lequel dispose que les causes de récusations relatives aux juges sont applicables au ministère public, lorsqu'il est partie jointe, mais qu'elles ne le sont pas, lorsqu'il est partie principale : or, tel est toujours son rôle en matière criminelle[2]. Il est regrettable que cette règle ait été consacrée par la loi. On allègue, il est vrai, pour la justifier, que le ministère public, quand il est partie principale, est le véritable adversaire de celui contre lequel le procès est dirigé, et qu'on ne peut récuser son adversaire, puisque ce serait récuser le procès lui-même. Ce motif serait excellent, s'il s'agissait de récuser tous les membres du ministère public ; mais quel inconvénient verrait-on à permettre de faire porter la récusation sur quelqu'un des officiers du parquet, sur sa personne même qui peut être facilement remplacée par une autre moins suspecte au prévenu ou à l'accusé ?

b) Les officiers du ministère public, qui, par leur *faute*, dans

[1] Comp. : Cass., 10 mai 1875 (S. 75, 1, 292) ; 29 janv. 1879 (D. 79, 1, 76) ; Massabiau, *op. cit.*, t, I, p. 3 ; Garsonnet, *op. cit.*, LXXI, p. 184 ; Périer, *Rev. crit.*, 1865, t. XXVII, p. 507.

[2] Comp. : Cass., 18 août 1860 (D. 60, 1, 470).

l'exercice de leurs fonctions, ont causé *volontairement* un dommage à autrui sont certainement responsables, mais leur responsabilité ne peut être mise en œuvre qu'à certaines conditions. Si le fait commis par l'officier du ministère public constitue un crime ou un délit, la partie lésée peut provoquer des poursuites par une plainte adressée au procureur général ou au ministre de la justice (C. inst. cr., art. 483). Le procureur général a seul le droit de saisir la cour qui doit prononcer sur l'affaire. La partie lésée, si l'action est mise en mouvement, se constitue partie civile, soit devant le magistrat instructeur, soit devant la cour. Si aucune poursuite n'est exercée, ou si le fait dommageable n'a aucun caractère délictueux, la personne lésée ne peut obtenir de dommages-intérêts que par la voie de la prise à partie (C. proc. civ., art. 505 à 516), qui, aux termes d'une jurisprudence incontestable, s'applique aux membres du ministère public, comme aux membres des tribunaux[1].

350. Du droit de certaines administrations financières sur l'action publique. — Quelques administrations publiques ont le droit de poursuivre directement, devant les tribunaux de répression, les infractions qui blessent les intérêts qu'elles sont chargées de sauvegarder. Ces administrations, qui constituent ainsi de véritables ministères publics spéciaux, sont les *administrations des contributions indirectes, des douanes, des postes, des eaux et forêts.*

A. Aucun texte formel ne donne à l'administration des contributions indirectes l'exercice de l'action publique, mais son droit résulte assez directement de l'article 23 de l'arrêté du 5 germinal an XII, de l'article 10 de l'ordonnance du 3 janvier 1821, et enfin de différentes dispositions du décret du 1er germinal an XIII. Les deux premiers textes permettent à l'administration de *transiger* sur les contraventions fiscales : on en a conclu à bon droit, que, pouvant arrêter l'action publique, l'administration pouvait l'exercer elle-même : car le droit d'empêcher l'application de la peine entraîne logiquement celui de l'exiger. Le décret du 1er germinal an XIII confirme cette induction en donnant aux commis de l'administration le droit de verbaliser (art. 23) et d'assigner le prévenu (art. 28) et en qualifiant, à diverses reprises, l'administration de *partie poursuivante* (art. 31, 34, 36). Enfin, la loi du 21 juin 1873 (art. 15) ne laisse aucun doute sur le droit de l'administration de poursuivre les contraventions aux lois sur les contribu-

[1] Comp. : Cass., 14 juin 1876 (D. 76, 1, 30).

tions indirectes. Mais ce droit est-il *exclusif* de celui qui appartient, en règle générale, aux officiers du ministère public? La jurisprudence admet une distinction essentielle. 1° L'initiative des poursuites, pour la répression des fraudes en matière de contraventions entraînant seulement des *peines pécuniaires*, appartient *exclusivement* à l'administration des contributions indirectes, représentée par son directeur de département, agissant à la requête du directeur général[1]. 2° Chaque fois que la peine d'*emprisonnement* est prononcée, l'article 15 de la loi du 21 juin 1873 donne au ministère public le droit d'exercer *exclusivement* l'action publique, mais pour l'application de la peine corporelle seulement. Si l'action qui lui incombe est mise en mouvement, il avertit l'administration du jour où l'affaire sera appelée, et celle-ci intervient pour prendre des conclusions au sujet des peines pécuniaires. Si, au contraire, il ne croit pas devoir poursuivre, l'administration peut saisir directement le tribunal, mais elle n'a d'action et n'obtient de condamnation que relativement aux amendes et confiscations. Cette distinction, critiquée par quelques auteurs, nous paraît résulter de l'ensemble des textes sur la matière[2].

B. Il faut appliquer à l'administration des douanes[3], ce que je viens de dire de l'administration des contributions indirectes, avec cette différence que le droit de la première n'est pas exclusif, comme celui de la seconde, du droit du ministère public.

C. La poursuite des infractions aux lois sur la poste est exercée à la requête exclusive de l'administration, qui a le droit de transiger (L. des 4 juin et 6 juillet 1859, art. 9).

D. Enfin, l'administration des eaux et forêts a, pour la poursuite des délits forestiers et des délits de pêche fluviale, un droit de poursuite à la fois mieux défini et plus étendu que celui des administrations des contributions indirectes et des douanes[4]. — Le droit de l'administration est *plus étendu :* en effet, les agents forestiers exercent

[1] Cass., 12 juillet 1878 (S. 79, 1, 17); 10 juin 1882 (*La France judic.*, 1883, t. II, p. 56).

[2] Comp. : Duplessis, *Du contentieux des contraventions en matière de contributions indirectes et d'octroi* (Paris, 1880), p. 62 à 65; Cass., 11 décembre 1875 (S. 76, 1, 93). En sens contraire : Faustin Hélie, t. I, n° 505.

[3] Comp. les textes suivants : L. 16-22 août 1791, t. XII, art. 7; L. 5 août 1793, art. 3 et 4; L. du 4 floréal an II, t. VI, art. 14 et 18; L. 4 fructidor an III, art. 5 et 6; L. 9 floréal an VII, t. IV, art. 6.

[4] Comp. : L. des 15-29 septemb. 1791, tit. IX, art. 1; C. inst. cr., art. 19 et 182; C. forest., art. 159 et 183; L. du 15 avril 1829, art. 36; D. des 14-28 déc. 1859 et D. du 22 déc. 1879 qui modifie ce dernier texte.

l'action publique dans sa plénitude, en ce sens qu'ils peuvent requérir, non-seulement l'application des peines pécuniaires, mais encore l'application des peines corporelles, et transiger, *avant* le jugement, sur toutes les infractions. — Le droit de l'administration est aussi *mieux défini* : car la loi réserve expressément au ministère public le droit d'agir en concurrence avec l'administration. Mais le rôle du ministère public, en matière d'infractions forestières, doit se borner à une simple surveillance, soit pour empêcher de fausses applications de la loi, soit pour suppléer à la négligence des agents forestiers.

II. CONTRE QUI PEUT ÊTRE EXERCÉE L'ACTION PUBLIQUE.

351. L'action publique ne peut être exercée que contre les *auteurs* mêmes ou les *complices* de l'infraction : concevrait-on que d'autres personnes soient citées devant un tribunal de répression à l'effet d'être déclarées *pénalement responsables* d'infractions qu'elles n'auraient pas commises? *Tous les délits sont personnels*, disait, avec raison, notre vieux Loysel; *en crimes, il n'y a point de garants : « L'action publique pour l'application de la peine s'éteint par la mort du prévenu »*; par conséquent, elle n'est pas donnée contre les héritiers, à la différence de l'action civile (C. inst. cr., art. 2). Il importe peu qu'à l'époque du décès de l'auteur ou du complice, l'action publique n'ait pas encore été intentée, ou que le ministère public ait déjà commencé des poursuites, et que, dans ce dernier cas, le prévenu soit décédé avant le jugement ou après la condamnation; il suffit que la condamnation n'ait pas acquis force de chose jugée, soit parce que le condamné l'a attaquée par la voie de l'appel ou du pourvoi en cassation, soit même parce qu'il est mort dans les délais de l'appel ou du pourvoi, pour que son décès anéantisse l'action publique non définitivement jugée, et, par suite, la *procédure* et le *jugement*[1].

352. Dans l'instance liée entre le ministère public et le prévenu, un tiers peut-il intervenir[2]? On sait que l'*intervention* est l'action de se placer *volontairement* ou d'être placé *forcément* dans un procès auquel on était d'abord étranger, à l'effet d'y défendre ses intérêts

[1] Comp. : Mangin, t. II, n° 278. Du reste, la mort de l'auteur d'une infraction n'éteindrait pas l'action publique contre ses coauteurs ou ses complices. Il en est autrement, du reste, en matière d'adultère.

[2] Sur ce point : Vallier-Colombier, *Étude sur le droit d'intervention des tiers en matière criminelle* (*La France judiciaire*, t. I, p. 510).

ou ceux d'une des parties en cause. Le Code de procédure organise l'intervention en matière civile dans les articles 339 à 341, mais aucun texte du Code d'inst. cr. n'en parle. C'est donc une question délicate que celle de savoir si l'intervention est possible devant les tribunaux de répression.

Il est d'abord certain que la *partie lésée* a le droit de joindre son action à l'action du ministère public, en tout état de cause, jusqu'à la clôture des débats (C. inst. cr., art. 67). Cette *constitution de partie civile* n'est autre chose qu'une *intervention*, bien que le mot ne soit pas employé par la loi. Il me paraît également certain qu'aucune intervention, autre que celle de la partie civile, ne peut être admise *contre* le prévenu. Sur quoi se baserait, en effet, cette intervention? sur un intérêt particulier? Mais alors que l'intervenant se porte partie civile. Sur un intérêt général? Mais le ministère public est le seul gardien de cet intérêt qui se confond avec l'intérêt social.

La question, ces deux points écartés, est de savoir si le prévenu, cité par le ministère public ou la partie civile devant un tribunal de répression, a le droit de forcer des tiers à intervenir pour le garantir, ou si des tiers peuvent intervenir volontairement à l'effet de prendre fait et cause pour le prévenu, ou pour se garantir eux-mêmes des suites d'une condamnation prononcée contre lui.

Trois opinions ont été soutenues sur cette question. 1° Quelques auteurs ne voient d'autre intervention possible devant les tribunaux de répression que celle de la *partie civile*[1]. 2° D'autres distinguent entre les poursuites intentées par le ministère public et celles de la partie civile; il leur paraît que, dans le premier cas, il n'est pas possible d'admettre l'intervention, parce qu'on ne peut, sans porter atteinte à la liberté de l'action publique, modifier la marche que le ministère public entend imprimer à son action; mais que, dans le second cas, au contraire, cette intervention est régulière, parce qu'il s'agit d'intérêts privés, et que le principe qui régit l'intervention en matière civile doit être appliqué[2]. 3° Dans une troisième opinion que je crois mieux fondée, et qui paraît consacrée par la jurisprudence[3], l'intervention des *personnes civilement responsables* dans une poursuite

[1] Comp. dans ce sens : Vente, *Rev. crit.*, 1852, p. 676; Berriat St-Prix, *Traité de la procédure des trib. crim.*, 2e partie, nos 889 et 1170; Cass., 18 juin 1863 (S. 64, 1, 517) et la note.

[2] Dalloz, *Répert.*, vo *Intervention*, no 167.

[3] Comp. : Cass., 7 janvier 1853 (D. 53, 1, 66); 7 mars 1874 (D. 74, 1, 278).

est admissible, lorsqu'elle a lieu à l'effet de prendre fait et cause pour le prévenu et de se garantir elles-mêmes des suites d'une condamnation qui pourrait être prononcée contre lui. A la vérité, ce droit d'intervention n'est formellement réglé par aucun texte du Code d'instr. cr., mais aucun non plus ne l'exclut, et cela suffit pour l'admettre. En effet, la personne, qui vient prendre fait et cause pour le prévenu, se déclare, par là même, ou son coprévenu, ou responsable de l'infraction. Elle ne fait donc que réunir, en intervenant dans l'instance, les différents éléments du procès. Or, n'est-il pas utile à la justice de grouper toutes les personnes qui ont des intérêts divers dans l'affaire[1]? L'intervention se formera, comme la constitution de partie civile, par des conclusions à l'audience. Par cet acte, l'intervenant deviendra *partie* au procès, en sorte qu'il pourra être condamné à une *peine*, soit comme auteur, soit comme complice, et à des *dommages-intérêts* envers la partie civile, si celle-ci le requiert, Et, en effet, lorsqu'une juridiction pénale est légalement saisie de la connaissance d'une infraction[2], elle est compétente pour juger toutes les personnes parties au procès. Mais on ne conçoit pas, devant les tribunaux de répression, une *intervention forcée*, en ce sens que, tout en reconnaissant au prévenu le droit de faire citer, comme témoins, les personnes qu'il juge utiles à sa défense, on ne peut lui donner celui de les forcer à comparaître pour qu'elles s'entendent condamner, comme respons bles de l'infraction, soit au point de vue *pénal*, soit au point de vue *civil*[3].

[1] JOUSSE, t. III, p. 8. Dans le sens de cette opinion : FAUSTIN HÉLIE, t. VI, nos 2647, 2648; HOFFMAN, *Questions préjudicielles*, t. I, no 29, et t. II, nos 665 à 685; MANGIN, t. I, no 217.

[2] Il est admis, par une jurisprudence constante, que l'article 147 Code inst. cr. est applicable à la comparution volontaire en matière correctionnelle.

[3] Si le prévenu pouvait mettre en cause la personne qu'il prétend coupable, il exercerait contre elle l'action publique et usurperait des fonctions qui ne leur appartiennent pas. S'il pouvait la forcer à intervenir pour la faire condamner à des dommages-intérêts en sa faveur, il lui serait permis de s'exonérer, au moyen d'un recours en garantie, des suites de l'infraction qu'il a commise. Comp. Cass., 10 février 1882 (S. 82, 1. 312) et la note.

CHAPITRE II.

DE L'ACTION CIVILE[1].

I. QUI PEUT EXERCER L'ACTION CIVILE.

353. Des faits qui donnent naissance à l'action. — Un fait ne donne ouverture à l'action civile, que s'il constitue une *infraction dommageable*.

a) Sans doute, un fait, qui n'est pas prévu et puni par la loi pénale, mais qui, cependant, est tout à la fois injuste et dommageable, — un *délit* ou *quasi-délit civil*, — peut donner naissance à une action en dommages-intérêts (C. civ., art. 1382). Mais il importe de remarquer que l'action en dommages-intérêts, naissant d'un délit ou quasi-délit civil, qui n'est pas, en même temps, un délit pénal, diffère, à plusieurs points de vue, de l'action civile, naissant d'un délit pénal, qui est, en même temps, un délit ou quasi-délit civil. La première ne peut être intentée que devant les tribunaux civils, elle s'éteint par la prescription civile; tandis que la seconde peut être portée, accessoirement à l'action publique, devant les tribunaux répressifs et s'éteint par la prescription pénale. De plus, les condamnations à des dommages-intérêts sont exécutoires par voie de contrainte par corps, lorsqu'elles sont prononcées à raison d'un fait incriminé par la loi pénale, tandis que les condamnations, prononcées à raison d'un simple délit ou quasi-délit civil, ne sont pas exécutoires par cette voie, depuis que la loi du 22 juillet 1867 (art. 1er) a supprimé la contrainte par corps « en matière civile ». Enfin l'article 55 du Code pénal, établit la solidarité légale pour les dommages-intérêts, entre les personnes condamnées pour un même crime ou un même délit, et nous n'avons pas de disposition semblable dans la législation sur les délits civils.

Ce qui motive ces différences entre ces deux actions qui tendent cependant au même but, la *réparation du préjudice*, et qui ont la même cause, le *dommage résultant du fait illicite*, c'est qu'il y a quelque chose de plus dans le délit pénal qu'une lésion de l'intérêt privé, il y a une lésion de l'intérêt social, et l'action civile, à laquelle le délit pénal donne naissance, doit être affectée, dans une certaine mesure,

[1] Cocito, *La parte civile in materia penale* (Turin, 1881).

par les principes spéciaux du droit criminel. Dans un délit ou quasi-délit civil, l'intérêt social n'est pas directement en cause : et lorsque la partie lésée agit en réparation, le débat s'engage simplement entre un créancier et un débiteur; tandis que, dans le défendeur à l'action civile, il y a, non-seulement un débiteur, mais un coupable.

b) L'infraction doit être *dommageable* pour donner lieu à une action civile (C. inst. cr., art. 1, § 2). Or, si toute infraction produit un *mal social*, et fait naître une action publique, ce serait une erreur de croire que toute infraction cause nécessairement un *dommage privé*. En effet, la loi pénale incrimine certains actes qui menacent simplement ou compromettent l'existence ou l'exercice de certains droits, sans y porter une atteinte actuelle, et sans qu'il en soit résulté, pour une personne physique ou morale, un dommage quelconque. C'est ainsi qu'elle punit la simple tentative des crimes et celle des certains délits, et que, dans un but de police, elle frappe de peines légères une foule de contraventions qui, par elles-mêmes, n'entraînent pas nécessairement de dommage.

Dans un sens large, on entend par *dommage* la privation ou la lésion d'un *bien*, que ce bien soit susceptible d'être apprécié et payé en argent, parce qu'il fait partie de notre patrimoine, ou qu'il soit inappréciable par sa nature même, comme la vie, la santé, la liberté, l'honneur, l'état et la condition des personnes, etc. La loi n'ayant exigé nulle part la nécessité d'un dommage *pécuniaire* pour donner ouverture à l'action civile, on en a conclu, à bon droit, qu'un dommage *moral* pouvait lui servir légalement de base. En effet, l'article 1382, Code civil et l'article 1 C. inst. cr. parlent d'une manière générale du « dommage », sans distinguer entre le dommage pécuniaire et le dommage moral. Sans doute, la réparation d'un dommage inappréciable en argent, se résolvant en une indemnité pécuniaire, est forcément arbitraire; mais de ce que le juge ne peut accorder une réparation *exacte* du préjudice qui a été causé, il ne s'ensuit pas qu'il ne puisse en accorder aucune. La difficulté d'évaluer le préjudice ne saurait être une fin de non-recevoir contre l'action [1]. Ce dommage doit être : 1° *actuel*, c'est-à-dire consommé au moment même où l'on agit; 2° *personnel*, à celui qui s'en plaint; 3° enfin il faut que l'infraction en

[1] Voir les conclusions du procureur général Dupin, précédent l'arrêt du 15 juin 1833 (S. 33, 1, 461). Comp. Laurent, *Principes du droit civil*, t. XX, nos 395; Rauter, *op. cit.*, t. I, nos 333 : Larombière, *Traité des obligations*, t. V, p. 714 et 716; Cass. belge, 17 mars 1881 (S. 82, 4, 9).

soit *l'unique et véritable cause.* Si le dommage a sa raison d'être dans une circonstance étrangère au délit, alors même que, sans le délit, cette circonstance ne se serait pas produite, comment pourrait-on en rendre le *délinquant* responsable[1]? Ainsi, nous n'admettrons pas, d'accord en cela avec la jurisprudence, la personne injustement poursuivie à se porter ensuite partie civile contre l'auteur véritable de l'infraction : le dommage qu'elle a éprouvé n'a pas, en effet, sa cause dans l'infraction, mais dans la fausse direction donnée aux poursuites[2].

354. De l'objet de l'action civile. — L'action civile tend à la réparation directe du préjudice causé par l'infraction (C. inst. cr., art. 1er). Elle se distingue, par ce caractère, d'autres actions civiles, qui naissent bien de l'infraction, mais qui n'ont cependant pas pour objet la réparation du préjudice, telles que l'action en séparation de corps pour cause d'adultère (C. civ., art. 306); l'action qui tend à faire déclarer indigne de succéder celui qui a été condamné pour avoir donné ou tenté de donner la mort au défunt (C. civ., art. 727); l'action en désaveu fondée sur l'adultère que le mari est autorisé à intenter, en cas de recel de l'enfant (C. civ., art. 313). Ces actions ne participent aux règles spéciales de l'action civile ni au point de vue de la *compétence* des tribunaux criminels, ni au point de vue de la *prescription.*

355. La réparation du dommage, soit matériel, soit moral, causé par une infraction, se résout en une indemnité, ordinairement pécuniaire, dont les trois chefs possibles : les *restitutions*, les *dommages-intérêts*, et les *frais*, sont nettement distingués par les articles 10, 51 et 52 du Code pénal[3].

356. I. Les *restitutions*, auxquelles peut être tenu l'auteur d'une infraction, consistent dans le rétablissement de l'état de choses antérieur au délit : par exemple, dans la remise au propriétaire de la chose qui a été volée ou détournée; dans la destruction des plantations faites sur le terrain d'autrui; dans l'annulation des actes surpris ou extorqués; dans la suppression ou la réformation des actes déclarés faux. Mais, ordinairement, les restitutions, dont s'occupe la loi, et qu'elle oppose aux dommages-intérêts, ont pour cause unique le droit de propriété ou de possession reconnu à la partie lésée sur les

[1] Comp. : Cass., 21 mai 1874 (D. 1875, 1, 137).

[2] Comp. : Faustin Hélie, n° 552; Le Sellyer, *op. cit.*, t. I, n° 278; Trébutien, 2e édit., t. II, n° 132.

[3] Comp. sur l'ensemble de la question : Blanche, *Des restitutions et dommages-intérêts en matière criminelle et correctionnelle* (*Rev. prat.*, t. XI, p. 353).

choses qui lui ont été soustraites, alors que ces choses sont retrouvées en nature et mises sous la main de justice. Le rétablissement de l'état de choses antérieur au délit doit toujours être ordonné, quand il est possible, comme la réparation la plus naturelle de l'infraction; quand il ne l'est pas, il ne reste à la victime, comme moyen d'indemnité, qu'une réparation par équivalent, celle qui résulte de dommages-intérêts.

Au fond, les restitutions et les dommages-intérêts ont donc un but commun, puisque ces indemnités sont prononcées pour réparer le préjudice causé à des intérêts privés par l'acte délictueux; mais elles diffèrent par leur caractère, puisque la restitution est la réparation *directe* et *régulière* de l'infraction, tandis que les dommages-intérêts en sont la réparation *indirecte* et *exceptionnelle*. De cette différence résultent plusieurs conséquences : 1° Tandis que les restitutions des choses soustraites par le délit, retrouvées en nature et mises sous la main de justice, doivent toujours être prononcées d'office, dans tous les cas où l'on connaît la personne à qui elles appartiennent, les dommages-intérêts ne peuvent être accordés que sur la demande de la partie lésée; il faut que celle-ci les *requière*, suivant l'expression de l'article 51 C. p., en se constituant *partie civile* au procès (C. inst. cr., art. 366). Cette différence a, du reste, été critiquée : on a soutenu que la condamnation aux dommages-intérêts était d'ordre public au même titre que les restitutions; on a demandé qu'elle fût toujours prononcée sans intervention nécessaire de la partie lésée[1]; 2° Les tribunaux militaires, qui ne se prononcent jamais sur l'action civile en dommages-intérêts, peuvent ordonner la restitution des objets saisis (C. just. mil., art. 55); 3° C'est l'infraction, sans doute, qui oblige la partie lésée par un délit à demander la restitution de la chose qui lui a été enlevée ou la réparation pécuniaire du préjudice qui lui a été causé; mais, tandis que l'infraction est la *seule cause* de l'action en dommages-intérêts, elle est simplement l'*occasion* de l'action en restitution, qui a, dans un droit préexistant, une raison d'être antérieure à l'infraction : aussi ces deux actions ne sont liées, ni au point de vue de leur *exercice*, ni au point de vue de leur *prescription*.

A raison des nécessités de la procédure, les restitutions peuvent être

[1] Comp. : Bonneville, *Des diverses institutions complémentaires du régime pénitentiaire*, p. 511; Lainé, n° 452.

différées ou n'être accordées qu'à certaines conditions (C. inst. cr., art. 366, 474 §§ 2 et 3).

357. II. Les dommages-intérêts consistent dans les indemnités qui sont dues, à la personne lésée par suite de l'infraction, pour la perte qu'elle a faite et le gain qu'elle a manqué. Les dommages-intérêts peuvent s'ajouter aux restitutions, ou être dus sans qu'il y ait lieu à restitution. La partie qui les a obtenus est libre d'en disposer comme il lui convient, mais il est interdit aux juges, par l'article 51 C. p., d'ordonner l'application des sommes dont ils prononcent la condamnation à titre de dommages-intérêts, au profit d'une œuvre quelconque, même du consentement et sur la demande de la victime du délit. S'il en était autrement, les parties, obéissant peut-être à une fausse honte ou à une délicatesse excessive, renonceraient souvent au bénéfice des réparations qui leur sont dues; et les juges, à raison de la destination particulière des dommages-intérêts, pourraient être tentés d'en grossir le chiffre. C'est à ce double abus, que le Code, éclairé par l'expérience du passé, a voulu remédier par la disposition de l'art. 51.

358. III. Les frais de justice constituent la réparation, envers l'État ou la partie civile, d'un dommage spécial causé par le délit. Nous nous en occupons plus loin.

359. Des personnes qui peuvent exercer l'action civile. — L'action civile appartient à toute personne physique ou morale qui a souffert du dommage causé par une infraction à la loi pénale. Pour pouvoir l'intenter, il faut avoir personnellement éprouvé le dommage dont on demande la réparation et être capable d'ester en justice. Reprenons l'examen de chacune de ces propositions.

360. I. L'article 1er C. inst. cr. ne s'exprime pas d'une manière exacte en disant que l'action pour l'application des peines *n'appartient* qu'aux fonctionnaires auxquels elle est confiée par la loi, et que l'action en réparation *peut être exercée* par tous ceux qui ont souffert du dommage. C'est l'inverse qu'il fallait dire. L'action publique *ne peut être exercée* que par les fonctionnaires auxquels elle est confiée par la loi; et l'action civile *appartient* aux personnes lésées par l'infraction. Celles-ci peuvent librement en disposer; elles peuvent donc y renoncer, transiger sur les dommages-intérêts, se désister de l'action intentée (C. civ., art. 2046; C. inst. cr., art. 66). Mais l'art. 4 C. inst. cr. indique expressément que : « *La renonciation à l'action civile ne peut arrêter ni suspendre l'exercice de l'action publique*[1] ».

[1] L'art. 2046 C. civ. et l'art. 4 C. inst. cr., abrogent complètement les principes

Puisque l'action en dommages-intérêts, résultant d'une infraction, appartient aux parties lésées, elle est susceptible d'être cédée, comme toute autre action ayant pour objet un intérêt pécuniaire. Le cessionnaire l'intentera au nom du cédant auquel il est subrogé. Dans ce cas, les juges, qui trouvent la demande fondée, peuvent, sans doute, dépasser, dans la fixation du montant de l'indemnité, le prix réel de la cession [1], mais, en fait, ils le dépasseront rarement, car il leur paraîtra que la partie lésée, en cédant son action, a estimé elle-même au prix de la cession le taux de l'indemnité qui lui est due [2].

361. II. A. La première personne naturellement indiquée pour se porter partie civile est celle qui a souffert *directement* de l'infraction, la *victime du délit*. Toutefois, il n'est pas nécessaire que l'infraction ait été dirigée contre nous-mêmes; il suffit qu'en frappant directement d'autres personnes, elle porte, en même temps, atteinte à notre honneur ou à notre fortune : car on peut être lésé *personnellement* par une infraction, sans en être *directement* victime. En conséquence, il faut autoriser le mari à poursuivre, *en son nom*, la réparation de la diffamation ou de l'injure faite à sa femme, lorsque les propos injurieux ou diffamatoires rejaillissent sur lui. De même, le dommage causé par une infraction à la fortune de la femme retombe presque toujours sur le mari qui a, dans ce cas, une action *personnelle*. Le père peut agir *en son nom*, lorsque le fait qui a lésé ses enfants, mineurs ou majeurs, a porté à sa propre fortune ou à son propre honneur un dommage matériel ou moral. Les maîtres et les commettants, ainsi que les instituteurs et les artisans, peuvent agir en leur *nom personnel*, toutes les fois que l'infraction, qui a lésé soit leurs domestiques ou préposés, soit leurs élèves ou apprentis, les a eux-mêmes lésés [3].

de l'ancien droit et notamment de l'ord. de 1670, d'après lesquels la transaction entraînait l'extinction de l'action publique pour tous les *délits privés*, c'est-à-dire qui n'étaient pas passibles de peines infamantes. Il résulte implicitement du principe nouveau que la transaction ne peut être considérée comme l'aveu d'un crime ou d'un délit de la part de celui qui la souscrit, car elle suppose bien la reconnaissance d'un fait *dommageable*, mais non d'un fait *coupable*. Aussi ne ferait-elle pas obstacle à ce que l'accusé ou le prévenu soit acquitté; mais, à l'inverse, l'acquittement ne porterait pas atteinte à la validité de la transaction, quel que soit le motif sur lequel il serait fondé : Cass., 16 mai 1876 (D. 76, 1, 399).

[1] En sens contraire : HAUS, t. II, nº 1376.

[2] Comp. sur la question : LE SELLYER, *op. cit.*, t. I, nº 277; FAUSTIN HÉLIE, t. II, nº 609.

[3] Comp. sur tous ces points : LE SELLYER, *op. cit.*, t. I, nº 263; FAUSTIN HÉLIE, t. I,

J'ai déjà dit que la seule difficulté d'évaluer le préjudice, alors du reste, que certainement un préjudice a été causé, ne rendait pas non recevable l'action civile. Cette idée doit aider à résoudre une question délicate. Les personnes, qui exercent une profession soumise à certaines conditions d'aptitude et de capacité, les médecins, les pharmaciens, les notaires, etc., peuvent-ils demander des dommages-intérêts aux tiers qui s'immiscent indûment dans l'exercice de leur profession, ou doivent-ils se borner à dénoncer l'infraction au ministère public? La solution dépend pour moi d'une question de fait : que l'on suppose la concurrence illicite, qui résulte de l'infraction, se produisant dans un grand centre, où le nombre des membres exerçant la profession est très-étendu ou même illimité, il me semble que l'action intentée par un des membres de la corporation est irrecevable, car non-seulement le tribunal est dans l'impossibilité d'apprécier le chiffre du dommage, mais encore l'*existence* même de ce dommage est incertaine. Si la concurrence s'établit, au contraire, dans un village, une petite ville, où n'existent que quelques membres de la corporation, comment refuser à ceux-ci l'action en dommages-intérêts, alors que l'existence du préjudice est incontestable, et que l'incertitude ne porte que sur son évaluation[1]? Mais, donner, dans tous les cas et sans distinction, comme le fait la jurisprudence, l'action civile à tous les membres de la corporation, c'est confondre l'*intérêt général* qu'ils peuvent avoir à la répression du délit, intérêt dont le ministère public est le seul gardien, avec l'*intérêt spécial*, fondé sur un dommage personnel, dont tout plaignant doit justifier et qui est le seul titre de son action civile.

B. L'action civile peut-elle appartenir aux héritiers de la personne *directement* lésée par l'infraction? Cette question n'est pas susceptible d'une réponse absolue; nous devons, en effet, distinguer trois hypothèses.

nos 542, 543, 544; HOFFMAN, *Questions préjudicielles*, t. I, no 33; HAUS, t. II, nos 1371 et 1372.

[1] On peut compter, sur la question, jusqu'à trois opinions bien distinctes, en dehors de celle que nous suivons : *a*) D'après certains auteurs, l'action serait, dans tous les cas, non recevable : HOFFMAN, *op. cit.*, t. I, no 33; FAUSTIN HÉLIE, t. I, no 564; HAUS, t. II, no 1061. *b*) Dans une seconde opinion, l'action ne serait recevable que si tous les membres de la corporation se portaient parties civiles : SOURDAT, *Traité de la responsabilité*, t. I, nos 48 et 49. *c*) D'après une troisième opinion, l'action serait toujours recevable sans condition : TRÉBUTIEN, t. II, p. 26; LE SELLYER, *Actions publique et privée*, t. I, no 269. La jurisprudence paraît fixée dans le sens de cette dernière opinion. Voyez les arrêts cités par LE SELLYER, et ajoutez : Poitiers, 11 mars 1869 (S. 69, 2, 260).

L'infraction a été commise antérieurement à la mort de la victime. — Si l'infraction a porté atteinte à la fortune du défunt, les héritiers, qui deviennent propriétaires des biens, sont directement lésés par ce fait : ils peuvent donc se porter parties civiles en leur nom personnel. Si l'infraction a atteint le défunt dans ses biens innés, sa santé, sa liberté, les héritiers peuvent encore intenter l'action civile, car l'infraction leur a causé un dommage pécuniaire ou moral dont il leur est dû réparation. Mais si l'infraction n'a atteint que l'honneur ou la considération du défunt, si c'est une injure, une diffamation, les héritiers peuvent-ils commencer une instance pour obtenir, au nom du défunt, la réparation d'un dommage que lui seul a éprouvé? Je ne le pense pas : d'une part, l'action civile manquerait ici de base, puisque le fait, dont se plaignent les héritiers, ne leur a pas causé personnellement un dommage; d'autre part, celui qui est décédé sans avoir intenté l'action est présumé avoir pardonné; et la loi sur la presse du 29 juillet 1881 (art. 60) en exigeant, pour que le ministère public poursuive la diffamation ou l'injure, une plainte préalable de la personne qui se prétendra lésée, semble bien subordonner la poursuite civile comme la poursuite criminelle à la volonté *exclusive* de la victime de la diffamation ou de l'injure[1]. Mais les motifs mêmes de cette solution indiquent assez qu'elle ne s'appliquerait pas au cas où l'action civile aurait été mise en mouvement, avant le décès, par le défunt lui-même : les héritiers pourraient alors *continuer* l'instance, car l'action formée et tendant à des dommages-intérêts, quelle qu'en soit la base, est un bien que les héritiers recueillent, comme tous les autres biens, dans le patrimoine du défunt (C. civ., art. 957).

L'infraction a causé la mort de la victime. — Dans ce cas, l'action civile appartient aux héritiers, quels qu'ils soient, car l'infraction contre la vie d'un individu apporte toujours à la fortune de celui qui en est victime un préjudice dont la réparation peut être exigée par lui-même ou par ses héritiers[2]. L'action civile se donne ensuite à ceux

[1] Cette solution était admise dans le droit romain (Inst., liv. IV, tit. XII; loi 13, loi 16, § 14, Dig., *De injuriis*), et dans notre ancien droit (Jousse, t. III, p. 633). Comp. sur la question : Sourdat, *De la responsabilité*, nos 53 et suiv.; Faustin Hélie, t. I, no 559; Le Sellyer, *op. cit.*, t. I, no 276; Trébutien, t. II, p. 28 et suiv.

[2] Il n'existe, à ma connaissance, qu'un très petit nombre de décisions sur le point de savoir si les héritiers des personnes tuées instantanément, par exemple dans un accident causé par une imprudence, ont, en leur seule qualité d'héritiers, une action en réparation du préjudice éprouvé par leur auteur. La jurisprudence paraît exiger que les héritiers justifient d'un préjudice matériel : Bourges, 16 déc. 1872 (S. 74, 2,

que l'infraction a lésés dans leur patrimoine, bien qu'ils ne soient pas héritiers : par exemple, à la veuve dont le mari décédé était le soutien; au mari qui profitait des revenus de sa femme; aux ascendants, qui touchaient une pension alimentaire du défunt, etc. [1]. Et toutes ces personnes, qui ont à faire valoir un dommage pécuniaire, peuvent intenter *concurremment* l'action civile, car l'intérêt de l'une n'exclut pas l'intérêt de l'autre. Mais je n'admettrai pas les proches parents ou les amis de la victime, par cela seul qu'ils ont été frappés dans leurs affections, à se porter parties civiles. L'intérêt d'affection peut être un motif de provoquer des poursuites, de dénoncer l'auteur du délit, mais il ne saurait servir de base à une action pécuniaire en réparation, puisque l'art. 1er C. inst. cr. ne la donne qu'à ceux qui ont souffert un dommage [2].

L'infraction a été commise après la mort de la personne qu'elle atteint. — Ce sont des injures, des diffamations à la mémoire d'un défunt, par exemple. Si les propos injurieux ou diffamatoires rejaillissent sur les héritiers ou sur la famille du défunt, les héritiers ou les parents pourront certainement demander des dommages-intérêts, et agir, non du chef du défunt, comme héritiers ou comme parents, mais de leur propre chef, comme victimes du délit. Ils auront alors le choix, suivant les circonstances, ou de considérer la diffamation ou l'injure comme un *simple fait dommageable* et *illicite*, commis avec ou sans intention de nuire, et d'agir alors au *civil*, en vertu des art. 1382 et suiv., ou de considérer le fait comme une *infraction*, et, en prouvant que la diffamation a été faite dans l'*intention de leur nuire personnellement*, d'agir, soit devant les tribunaux *civils*, soit devant les tribunaux *répressifs*, en vertu de l'art. 1er C. inst. cr. Ainsi, les héritiers ou les parents, qui sont *personnellement* quoiqu'*indirectement*

71); Besançon, 1er déc. 1880 (S. 18, 2, 20); Tribunal de la Seine, 9 janv. 1879 (S. 81, 2, 21). On trouvera, sous ce jugement, une note de M. Labbé dans laquelle la question est examinée sous toutes ses faces.

[1] Comp. Lyon, 18 mars 1865 (S. 65, 2, 258).

[2] Dans notre ancienne jurisprudence, on admettait l'intervention, de plein droit, *jure sanguinis et propter causam doloris*, de certains parents. On a enseigné que ces règles seraient encore applicables aujourd'hui : Faustin Hélie, t. I, n° 557; Sourdat, *op. cit.*, t. I, n° 33; Larombière, *op. cit.*, t. V, p. 714; Le Sellyer, *op. cit.*, t. I, n° 263. Mais le texte même de l'art. 1er du Code d'inst. cr., en ne donnant l'action civile qu'à ceux qui ont souffert du dommage, ne peut se concilier avec cette solution. Voir sur la question : Haus, t. I, n° 1373; Trébutien, t. II, p. 29; Villey, *op. cit.*, p. 194; Carette (S. 1846, 1, 657); Cass. belge, 17 mars 1881 (S. 82, 4, 9) et la note.

lésés par une diffamation ou une injure qui rejaillit sur eux en passant par la personne du défunt, ne sont nullement désarmés, car la loi pénale et la loi civile les protègent également[1].

Mais, en supposant une injure ou une diffamation, uniquement dirigée contre le défunt, ne rejaillissant, en aucune sorte, sur les héritiers du sang, ceux-ci pourront-ils se porter parties civiles et poursuivre, devant les *tribunaux de justice répressive*, la réparation pécuniaire du préjudice moral qui résulte de la diffamation ou de l'injure? C'est se demander si la loi française prévoit et punit comme une *infraction* la diffamation ou l'injure envers les morts? Examinée en législation, cette question est difficile à résoudre, comme toutes celles qui mettent aux prises des intérêts opposés : nous trouvons, en effet, engagés dans sa solution, l'intérêt d'une famille qui demande à défendre l'honneur d'un de ses membres, et l'intérêt de l'histoire qui a besoin de pouvoir discuter librement les éléments de la mémoire de chacun. La jurisprudence de la Cour de cassation déclarait punissable, dans tous les cas, l'injure ou la diffamation envers la mémoire des morts[2]. La loi sur la presse du 29 juillet 1881 a condamné cette jurisprudence : elle décide, en effet, que les articles 29, 31 et 32, qui punissent la diffamation et l'injure, ne seront applicables, aux diffamations ou injures dirigées contre la mémoire des morts, que dans le cas où les auteurs de ces diffamations ou injures « auraient eu l'intention de porter atteinte à l'honneur ou à la considération des héritiers vivants ». Ainsi, la diffamation contre la mémoire des morts n'est un *délit* que dans le cas seulement où l'auteur a *l'intention*[3] de causer un *préjudice* aux héritiers[4]. Dans le cas contraire, les héritiers n'auraient certainement pas le droit de porter

[1] Comp. : Paris, 17 avril 1858 (D. 1860, 2, 109) ; et l'arrêt de la Cour de cass. du 1er mai 1867 (D. 67, 1, 129); Le Sellyer, *op. cit.*, t. I, n° 266.

[2] Comp. pour les renseignements rétrospectifs sur la question, la 1re éd. de cet ouvrage, p. 453.

[3] Je fais remarquer que, dans ce cas, l'intention de nuire aux héritiers doit être directement prouvée; elle n'est pas présumée. On sait, au contraire, que, d'après une jurisprudence très-discutable, l'intention de nuire, qui est un élément constitutif de toute diffamation, résulte suffisamment de l'imputation ou de l'allégation du fait diffamatoire.

[4] Reste à déterminer ce que la loi entend par « héritiers ». Trois significations principales peuvent être données à ce mot : 1° les héritiers seraient les *parents*, qu'ils fussent ou non appelés à recueillir la succession; 2° ou bien les parents appelés à la succession; 3° enfin, tous ceux qui recueilleraient, à titre universel, les biens du défunt diffamé. Il semble que le législateur ait eu seulement en vue les *parents héritiers*.

leur action devant les tribunaux de répression; mais pourraient-ils, en la fondant sur l'article 1382 C. civ., et en la motivant sur ce qu'il est de leur *intérêt* de ne pas laisser diffamer ou injurier leur auteur, la porter devant les tribunaux civils? Je le croirai volontiers, à condition toutefois, pour les héritiers, d'établir que la diffamation ou l'injure, même commise sans *intention*, leur cause à eux-mêmes un préjudice matériel ou moral quelconque[1]. Du reste, l'article 34 *in fine* met, *dans tous les cas*, à la disposition des héritiers, un moyen très-simple de réparer le préjudice qui peut leur être causé, sans recourir aux tribunaux; les héritiers pourront « *toujours user du droit de réponse* prévu par l'article 13 » de la loi de 1881.

C. Les créanciers de la partie lésée par un délit peuvent-ils exercer l'action civile? Il est certain que l'action en dommages-intérêts est ouverte aux créanciers, qui peuvent l'exercer au nom de leur débiteur, toutes les fois que l'infraction a privé celui-ci de tout ou partie de sa fortune (C. civ., art. 1166). Les créanciers peuvent même être lésés *personnellement* par une infraction commise contre la personne du débiteur; c'est ce qui arrive, quand ils n'ont d'autre sûreté que son industrie, et que l'infraction a causé sa mort ou une incapacité de travail permanente ou temporaire. Les créanciers intenteront, en ce cas, l'action de leur chef, comme ayant été personnellement lésés[2].

362. III. Les règles relatives à la *capacité* requise pour intenter l'action civile sont tracées par le Code civil, et le Code d'inst. cr. n'y apporte aucune dérogation. Ainsi donc, l'action en réparation du dommage causé par une infraction à un mineur non émancipé sera intentée, en son nom, par le père, administrateur légal, ou par le tuteur (C. civ., art. 372 et 450). Le mineur émancipé pourra lui-même exercer l'action (C. civ., art. 481 et 482 *a contrario*). Les individus en état d'interdiction judiciaire ou légale seront représentés par leur tuteur (C. civ., art. 507). La femme mariée agira en son nom, mais après y avoir été autorisée par son mari ou par justice (C. civ., art. 215 et 216). Les étrangers pourront intenter l'action civile; mais ils seront tenus, devant quelque tribunal qu'ils agissent, si le prévenu français le requiert avant toute exception, de donner caution pour le paiement

[1] Comp. : Cass., 27 mai 1881 (S. 83, 1, 41) et mon article : *De la responsabilité civile en matière de délits de presse* (*La France judiciaire*, t. VII, 1re part., p. 354).

[2] Sur la question, du reste délicate, comp. une intéressante note de M. Labbé (S. 81, 2, 21).

des frais et des dommages-intérêts résultant du procès [1]; à moins qu'ils ne possèdent en France des immeubles d'une valeur suffisante pour assurer ce paiement, ou qu'ils ne soient autorisés par le gouvernement français à établir leur domicile en France, ou, enfin, que, par un traité, les Français ne soient dispensés du cautionnement dans le pays auquel appartient l'étranger demandeur[2] (C. civ., art. 16). Enfin, les communes, corporations, et autres personnes juridiques ne pourront intenter l'action civile que suivant les règles qui président à leur capacité.

II. CONTRE QUI PEUT ÊTRE EXERCÉE L'ACTION CIVILE.

363. Je me demanderai : 1° qui est obligé de réparer le dommage causé par l'infraction; 2° contre qui l'action civile en réparation doit être dirigée.

364. I. La réparation du dommage est due, non-seulement par les personnes qui l'ont causé, mais encore par d'autres personnes qui sont responsables civilement du fait d'autrui. Nous allons examiner ces deux sortes de responsabilité : la responsabilité *directe* et la responsabilité *indirecte.*

365. A. Toute infraction à la loi pénale, qui porte un *préjudice* matériel ou moral à autrui, oblige les *auteurs* et les *complices* de cette infraction à le réparer, qu'ils aient commis le préjudice sciemment et volontairement (*dolo*), ou qu'ils aient négligé les soins et les précautions qu'ils pouvaient ou devaient prendre pour éviter le mal qu'ils ont causé sans intention de nuire (*culpa*). Toute culpabilité, et, avec elle, toute responsabilité disparaît donc si l'agent n'a pas eu le *discernement* ou la *liberté* de ses actes. Il suit de là que l'insensé et le mineur de seize ans, privés de *tout discernement* [3], ne sont pas responsables du dom-

[1] L'étranger défendeur ne saurait, à notre sens, réclamer le bénéfice de la caution *judicatum solvi*, qui a été établie comme la garantie des *Français* plaidant contre des étrangers. En ce sens : AUBRY et RAU, *op. cit.*, t. VIII, p. 131, et note 22.

[2] *Sic*, Cass., 18 février 1846 (S. 46, 1, 320). Sur la nécessité de la caution *judicatum solvi*, devant les tribunaux de répression : LE SELLYER, *Actions publique et privée*, t. I, n°s 281 et 282; FAUSTIN HÉLIE, t. I, n°s 548, 549, 550; GODDYN, *Le droit criminel belge au point de vue international*, p. 65. En sens contraire : Dijon, 13 juillet 1881 (S. 84, 2, 3), et la note.

[3] Mais ne confondons pas le discernement au point de vue *civil* et au point de vue *pénal*. Un mineur, acquitté pour avoir agi sans discernement au point de vue pénal, peut être poursuivi en réparation civile du préjudice qu'il a causé par son fait, en vertu de l'art. 1382 C. civ. : Cass., 22 juillet 1868 (D. 71, 5, col. 63, n. 6).

mage qu'ils causent par leur fait. Sans doute, les personnes, à la garde desquelles le fou ou l'enfant était confié, peuvent être tenues des suites de leur négligence. Mais il serait inexact de soutenir, comme l'ont fait quelques auteurs, que les biens du fou ou de l'enfant répondent du dommage qu'il a causé, puisque la loi civile n'ouvre l'action en dommages-intérêts qu'à la condition de justifier d'une *faute* commise par celui contre qui elle s'exerce (C. civ., art. 1382)[1].

Du reste, un fait dommageable ne constitue une infraction et ne donne lieu à une responsabilité civile, que s'il est injuste. On doit donc décider, par application de ce principe incontestable, que le prévenu ou l'accusé, renvoyé de toute poursuite, comme ayant agi en état de *légitime défense*, ne peut être condamné à des dommages-intérêts envers la partie civile[2].

366. B. D'ordinaire, chacun n'est responsable, au point de vue *civil* comme au point de vue *pénal*, que de son propre fait. Parfois cependant, certaines personnes sont obligées de réparer le préjudice causé par un fait auquel elles sont restées étrangères. Cette obligation, désignée communément par le terme de *responsabilité civile* (C. p., art. 74), a pour fondement une *faute*, qui consiste à n'avoir pas exercé sur certaines personnes une surveillance suffisante pour les empêcher de commettre un acte préjudiciable et illicite. Le *fait d'autrui* vient donc démontrer la *faute* de la *personne* qui n'a pas empêché le délit qu'elle pouvait et devait prévenir; et cette faute, qui est un *fait personnel*, motive l'application de l'art. 1382 C. civ. et de l'art. 1er C. inst cr., et justifie une condamnation à des dommages-intérêts envers ceux qui en ont souffert. Mais il est évident que cette négligence, fait d'inaction, ne peut être l'équivalent du fait positif intentionnel, nécessaire pour constituer la participation à l'infraction comme auteur ou comme complice. Aussi n'existe-t-il de responsabilité du fait d'autrui qu'au point de vue *civil* et non au point de vue *pénal*. De là, il faut conclure que la responsabilité civile ne comprend que les *restitutions*, les *dommages-intérêts* et les *frais*[3], auxquels l'in-

[1] Comp. : LABBÉ, *De la démence au point de vue de la responsabilité et de l'imputabilité en matière civile* (*Rev. crit.*, 1870, p. 107); Cass., 14 mai 1866 (S. 66, 1, 37); SOURDAT, *op. cit.*, t. I, n° 16.

[2] En ce sens : Cass., 19 déc. 1817 (S. 18, 1, 170); Rennes, 25 avril 1836 (S. 37, 2, 271). V. cependant : Cour d'assises de l'Aveyron, 13 nov. 1835 (S. 36, 2, 257).

[3] On s'est demandé si le ministère public pouvait citer les personnes civilement responsables devant les tribunaux de répression, en même temps que les auteurs de l'infraction, pour obtenir contre elles la condamnation solidaire aux frais de la

fraction a pu donner lieu; qu'elle ne s'étend pas à la *peine*, quelle qu'elle soit, pas même à l'amende prononcée, à moins que cette extension n'ait été consacrée par une disposition formelle de la loi. Pour le recouvrement de ces condamnations, les personnes civilement responsables ne sont certainement pas contraignables par corps, mais je crois, malgré quelques doutes, qu'elles sont tenues *solidairement*, comme les auteurs mêmes et les complices de l'infraction[1].

Il nous reste à déterminer les cas de responsabilité civile. Sur ce point, un principe doit être mis en relief. Si la règle qu'on ne doit pas causer de dommage à autrui, règle consacrée par l'article 1382 C. civ., commande à chacun de s'abstenir de tout fait illicite qui pourrait nuire à quelqu'un, il est certain que nul n'est tenu, en vertu d'un principe juridique, de prendre soin des intérêts d'autrui et de prévenir, par une surveillance personnnelle, le dommage dont une personne est menacée par le fait d'une autre. S'ensuit-il que la responsabilité civile du fait d'autrui ne puisse résulter que de textes précis l'établissant? Je crois qu'il faut faire une distinction. Chacun est responsable du dommage qu'il cause, non-seulement par son fait, « *mais encore par sa négligence ou son imprudence* » : ainsi s'exprime l'article 1383 C. civ. D'où il suit, que le fait des personnes que nous devons et pouvons empêcher de nuire, quand il constitue une négligence ou une imprudence propre, est de nature à ouvrir contre nous une action en responsabilité fondée sur le principe supérieur de l'article 1383. Mais cette responsabilité, ayant sa cause dans un fait personnel de négligence ou d'imprudence, ne peut être mise en œuvre qu'à la charge, par celui qui a souffert du préjudice, de *prouver* que le défaut de surveillance constitue une *faute personnelle*. Telle est la règle. La loi peut y faire exception et créer, par

procédure. L'affirmative, ne fait, pour moi, aucun doute, puisque la condamnation aux frais a le caractère de simple réparation d'un préjudice spécial causé par l'infraction.

[1] D'une part, en effet, les personnes civilement responsables sont condamnées pour le *même crime* ou le *même délit*, avec les individus qui ont causé le dommage dont elles doivent répondre, et cette condition suffit, aux termes de l'article 55 C. p., pour que la solidarité existe; d'autre part, l'article 156 du décret du 18 juin 1811, contenant le tarif général des frais en matière criminelle, a interprété dans ce sens, au moins en ce qui concerne la condamnation aux frais, l'article 55 C. p.: « La condamnation aux frais, porte ce texte, sera prononcée, dans toutes les procédures, *solidairement* contre tous les auteurs et complices du même fait, *et contre les personnes civilement responsables du délit*. » — En sens contraire : Haus, t. I, n° 1068; Laurent, *Principes du droit civil*, t. XX, n° 619.

suite des rapports qu'elle établit ou constate entre deux personnes, un *devoir légal de surveillance* à la charge de l'une d'elles, la rendre responsable de tous les actes de l'autre, et dispenser celui qui invoque cette responsabilité de toute preuve de négligence. C'est le cas visé par l'article 1384, d'après lequel on est responsable, « *non-seulement du dommage que l'on cause par son propre fait, mais encore de celui qui est causé par le fait des personnes dont on doit répondre* ». Ainsi, les articles 1383 et 1384 visent deux cas bien différents de responsabilité indirecte; et tandis que les applications de l'article 1383 sont illimitées, celles de l'article 1384 sont restreintes. En effet, les dispositions qui rendent, de plein droit, une personne responsable du fait d'une autre ont un caractère exceptionnel et, par cela même, limitatif[1]. On trouve les principales dans le livre III, titre IV, chapitre II du Code civil (art. 1382 à 1386), auxquels renvoie l'article 74 du Code pénal, et dans les articles 1952 et 1953. La loi pénale n'ajoute qu'un seul cas de responsabilité civile à ceux que prévoit le Code civil; c'est le cas de l'article 73, relatif aux aubergistes et hôteliers, convaincus d'avoir logé, plus de vingt-quatre heures, quelqu'un qui, pendant son séjour, aurait commis un crime ou un délit. Faute par eux d'avoir inscrit sur leur registre le nom, la profession et le domicile du coupable, ils sont civilement responsables des restitutions, des indemnités et des frais adjugés à ceux à qui ce crime ou ce délit aurait causé quelque dommage. En dehors du Code civil et du Code pénal, certaines lois spéciales, qu'il me suffira de citer en note, ont établi des cas assez nombreux de responsabilité civile, dont l'étude appartient plutôt au droit civil et au droit administratif qu'au droit pénal[2].

[1] Comp. Rouen, 18 nov. 1878 (S. 80, 2, 316).

[2] V. notamment la loi du 6 octobre 1791 sur la police rurale, titre II, article 7, qui édicte la responsabilité civile des *maris*, pères, mères, tuteurs, maîtres ou entrepreneurs de toute espèce; — l'arrêté du 7 nivôse an VI, qui déclare les employés des arsenaux responsables du vol des armes; — la loi du 22 août 1791, sur les douanes, t. XIII, art. 2, et la loi du 1er germinal an XIII, sur les droits réunis (contributions indirectes), qui déclarent les propriétaires de marchandises responsables des faits de leurs agents et facteurs; — les décrets des 6 juillet 1810, article 59, et 18 août 1810, article 27, édictant la responsabilité des greffiers relativement aux délits commis par leurs commis-greffiers dans les fonctions qu'ils leur confient; — l'article 206 du Code forestier; — l'article 74 de la loi du 14 avril 1829, sur la pêche fluviale; — l'article 28 de la loi du 3 mai 1844, sur la police de la chasse; — l'article 44 de la loi sur la presse du 27 juillet 1881 qui déclare les propriétaires de journaux ou écrits périodiques responsables des condamnations pécuniaires prononcées contre les gérants et écrivains.

367. II. Ainsi, l'action civile peut être exercée contre les auteurs et les complices de l'infraction, les personnes civilement responsables et leurs représentants, c'est-à-dire leurs *héritiers* (C. inst. cr., art. 2, § 2). Mais si le défendeur est *incapable*, la nature de l'action modifie-t-elle la procédure à suivre? Je crois qu'il faut faire une distinction : *a*) La femme mariée peut être actionnée en dommages-intérêts[1] devant la *juridiction répressive*, sans que le demandeur ait besoin de justifier de l'autorisation du mari ou de justice (C. civ., art. 216). Cette dispense d'autorisation existe, non-seulement quand la partie civile intervient dans une poursuite commencée par le ministère public, mais encore lorsqu'elle use du droit de citation directe devant le tribunal correctionnel ou de police[2]. En effet, le *droit de se défendre* ne peut être, en aucune manière et pour aucun motif, enlevé aux personnes menacées d'une condamnation pénale. Or, la partie civile, qui cite directement la femme devant le tribunal correctionnel ou de police, en même temps qu'elle saisit celui-ci de l'action civile, met en mouvement l'action publique, de telle sorte que le juge doit statuer à la fois sur les deux actions et peut condamner la femme à une peine comme à des dommages-intérêts. On ne concevrait donc pas que le droit de défense de la femme fût entravé par la nécessité d'obtenir l'autorisation maritale. *b*) Mais l'art. 216 doit-il être généralisé? Que *l'action publique* puisse être dirigée contre des incapables, mineurs ou autres, sans que ceux-ci soient assistés de leurs représentants, on ne saurait en douter. Mais il nous semble qu'on ne peut, au contraire, former une demande en dommages-intérêts, devant les tribunaux de répression, contre des personnes complètement incapables d'ester en

[1] Il est bien question dans l'art. 216 de la poursuite de la femme « *en matière criminelle ou de police* », ce qui, pour beaucoup d'auteurs, fait seulement allusion au cas où la femme est aux prises avec *l'action publique*. Mais telle ne peut être la signification de ce texte, car non-seulement il serait inutile, mais il constituerait une anomalie dans notre droit. Il est bien évident, en effet, que le cours de la justice pénale ne peut être arrêté par le défaut d'autorisation de la femme contre laquelle des poursuites criminelles sont dirigées. La loi n'avait donc pas besoin de dire que le ministère public serait dispensé d'obtenir l'autorisation du mari ou de justice. Elle ne s'en est pas expliqué à l'égard de la femme, et n'avait pas à s'en expliquer, plus qu'à l'égard des autres incapables. D'où il faut conclure que la loi a voulu parler de la poursuite *civile* de la femme en matière criminelle ou de police.

[2] Cette opinion est adoptée par la plupart des auteurs : Demolombe, t. IV, n° 43; Mourlon, t. I, p. 395, note; et la jurisprudence : Cass., 31 mai 1826 (S. 26, 1, 271); Tribunal de Rouen, 22 août 1882 (*La France judic.*, 1883, t. II, p. 212). Cette solution est vivement contestée par : Aubry et Rau, t. V, § 172, note 14; Baudry-Lacantinerie, *Précis de droit civil*, t. I, n° 604.

jugement, particulièrement contre des mineurs, qu'en mettant en cause leurs représentants légaux. En effet, l'action en réparation du dommage causé par un délit, même exercée devant les tribunaux de répression, est essentiellement *civile* : or, la loi veut que le tuteur représente le mineur dans tous les actes de la vie civile (C. civ., art. 450), et aucune disposition du Code d'inst. criminelle ne déroge à cette règle de droit commun [1].

[1] La question est très-délicate. En dehors de l'opinion que nous indiquons, opinion qui est soutenue pas Haus, t. II, n° 1397 ; Chauveau et Hélie, t. II, p. 102, et qui a été adoptée par quelques décisions de jurisprudence : Cour d'assises de la Moselle, 1er août 1829 (S. 29, 2, 289) ; Cour d'assises du Haut-Rhin, 15 mars 1831 (S. 33, 2, 182), on compte deux autres opinions. Certains auteurs enseignent, d'une manière générale, qu'il n'est jamais nécessaire de mettre le tuteur en cause sur les demandes à fins civiles formées contre un mineur devant un tribunal de justice répressive : Demolombe, t. VII, nos 802 à 806 ; Rauter, *op. cit*, t. II, n° 723; Villey, *op. cit.*, p. 177. C'est l'opinion vers laquelle paraissent incliner les jurisprudences française et belge : Cass., 29 mars 1849 (S. 50, 1, 78); v. également : les arrêts et jugements cités par la *Belgique judiciaire*, 1877, p. 44 et 45. D'autres auteurs font la distinction suivante : l'assistance du tuteur n'est pas nécessaire dans le cas où une demande civile en dommages-intérêts vient à être formée, par la partie lésée, dans le cours de l'instance poursuivie par le ministère public; mais l'action civile, portée directement, et par voie principale, devant un tribunal correctionnel ou de simple police, doit être dirigée, non contre le tuteur seul, mais tout à la fois contre le tuteur et le mineur. Cette distinction est enseignée par Aubry et Rau, t. I, p. 430. Le principal argument sur lequel repose cette opinion, c'est que la partie lésée par une infraction a le droit de former sa demande à fins civiles devant le tribunal de justice répressive saisi par les poursuites du ministère public, jusqu'à la clôture des débats (C. inst. cr., art. 67), et que ce serait restreindre ce droit ou le rendre complètement illusoire que d'obliger la partie civile à assigner le tuteur. Mais cet argument n'est point fondé. L'art. 67 n'abroge pas l'art. 450 C. civ., car rien n'indique que telle ait été l'intention du législateur; il faut donc concilier ces deux textes, et rien n'est plus facile. L'action civile peut être intentée devant la juridiction répressive en tout état de cause, et jusqu'à la clôture des débats, à moins pourtant qu'elle ne soit dirigée contre un incapable ; car, dans ce cas, elle doit être exercée en temps utile pour que le représentant de l'incapable puisse être mis en cause. Cette restriction est une conséquence nécessaire du principe général de l'article 450, C. civ., et rien n'indique qu'il ait été dans l'intention du législateur d'y déroger.

TITRE SECOND.

DE L'EXERCICE DES ACTIONS PUBLIQUE ET CIVILE.

368. En principe, l'exercice de l'action publique et celui de l'action civile sont *indépendants* l'un de l'autre dans les mains, soit du ministère public, soit des parties lésées : chacune de ses actions se meut, en effet, dans la sphère qui lui est propre et peut suivre une marche différente. Mais il est des cas où cette indépendance cesse, où l'une des actions publique ou civile est subordonnée à l'autre. J'étudierai, dans ce titre, le principe et les exceptions qu'il comporte.

CHAPITRE PREMIER.

DE L'EXERCICE DE L'ACTION PUBLIQUE.

369. L'exercice de l'action publique est confié dans sa plénitude au ministère public (C. inst. cr., art. 1). Investi de cette fonction par délégation de la loi même, le ministère public a d'abord la faculté d'*agir* ou de *ne pas agir*, suivant les inspirations de sa conscience; il a, de plus, le droit de prendre, dans toutes les affaires qu'il dirige, les *conclusions* que lui dicte sa conviction. Sous ce dernier rapport, son indépendance est complète; l'est-elle sous le premier? Le pouvoir d'agir ou de ne pas agir, c'est-à-dire de *poursuivre* ou de *ne pas poursuivre*, serait dangereux, s'il était absolu. A la rigueur, les particuliers auraient une garantie dans la sagesse et l'impartialité du tribunal de répression, contre la *témérité* des poursuites; mais quelle garantie auraient-ils contre *l'inaction* volontaire du ministère public, si cette inaction ne pouvait être vaincue par aucun moyen? Aussi la loi circonscrit, dans certaines limites, l'indépendance du ministère public. Tantôt, il est obligé d'agir sous une impulsion étrangère; tantôt, il ne peut agir qu'à certaines conditions. Examinons ces deux propositions.

I. DES CAS OU LE MINISTÈRE PUBLIC EST OBLIGÉ D'EXERCER L'ACTION PUBLIQUE.

370. Le ministère public est obligé d'agir, quand il en reçoit l'ordre de la *cour d'appel*, ou de ses *supérieurs hiérarchiques*, ou lorsque l'action publique est mise en mouvement par les *parties lésées*, de sorte qu'au point de vue de l'exercice de l'action publique, le ministère public est soumis à une *surveillance judiciaire*, qui est exercée par les cours d'appel; à une *surveillance administrative*, qui est exercée par le ministre de la justice, le procureur général près la Cour de cassation, et les supérieurs hiérarchiques; à une *surveillance privée*, qui est exercée par les parties lésées.

371. Surveillance judiciaire. — En règle générale, les magistrats chargés d'exercer l'action publique, quoique faisant partie, à titre d'élément indispensable, de la juridiction à laquelle ils sont attachés, ne dépendent, en aucune manière, de cette jurdiction : les fonctions d'*action* et les fonctions de *jugement* s'exercent dans des sphères distinctes et indépendantes. Ce principe, qui domine notre organisation judiciaire, n'existait pas dans l'ancien droit. La maxime : « *Tout juge est procureur général* », exprimait cette idée que si l'action publique n'était pas mise en mouvement par le ministère public, tout magistrat avait le droit de lui donner l'impulsion et de l'exercer. Autre est le système de notre droit. 1° Ainsi, les magistrats ne sont jamais investis du droit de poursuivre et du droit de juger dans la même affaire, car on ne peut être à la fois juge et partie dans un procès. 2° Les magistrats du parquet sont aussi indépendants des juges que ceux-ci le sont des membres du parquet[1]. Par application de cette règle, les tribunaux ne peuvent enjoindre au ministère public de poursuivre des individus contre lesquels il n'avait pas cru devoir procéder[2]. Ils n'ont pas le droit, en cas d'inertie ou en cas de refus de sa part, de commettre un de leurs membres pour poursuivre et conclure. Ils ne peuvent entraver l'exercice de l'action publique, en refusant d'instruire ou de statuer sur les réquisitions du ministère public, ou en le condamnant aux dépens. Si les juges sont requis d'informer, ils doivent se

[1] V. sur cette règle : FAUSTIN HÉLIE, t. I, n°s 572 à 574; LE SELLYER, *op. cit.*, t. I, n°s 166 et suiv.

[2] *Sic*, Cass., 14 déc. 1867 (S. 68, 1, 278).

prononcer. Mais, d'un autre côté, ils ne sont pas liés par les conclusions du ministère public; ils ont le droit de les admettre ou de les rejeter, d'ordonner ou de ne pas ordonner telle mesure d'instruction, de diminuer ou même d'augmenter la peine requise. 3° Les officiers du ministère public doivent, pour respecter l'indépendance des tribunaux, s'abstenir d'assister aux délibérations qui précèdent leurs jugements[1].

372. Toutefois, il existe deux cas où les *cours d'appel* peuvent intervenir dans *l'exercice* de l'action publique : ils sont prévus par l'art. 11 de la loi du 20 avril 1810 et par l'art. 235 du Code d'instruction criminelle.

a) La loi de 1810 donne à toute cour d'appel, chambres réunies, le pouvoir d'entendre les dénonciations de crimes ou de délits, qui lui seraient faites par un de ses membres, de mander le procureur général pour lui enjoindre de poursuivre et pour entendre le compte qu'il rendra des poursuites commencées en exécution de cet ordre[2]. Cette attribution a été confiée à la cour d'appel soit pour vaincre l'inertie possible du ministère public, soit pour lui apporter, dans les affaires graves et délicates, surtout dans les affaires politiques, l'appui et l'énergie qui lui sont nécessaires.

b) L'art. 235 décide que les chambres d'accusation peuvent d'office, qu'il y ait ou non une instruction commencée par les premiers juges, ordonner des poursuites, se faire apporter des pièces, informer ou faire informer, et statuer ensuite ce qu'il appartiendra.

Ces dispositions ne font pas double emploi[3] : il existe, en effet, entre ces deux attributions des cours d'appel, deux différences importantes.

[1] Ils assistent seulement à celles qui regardent l'ordre et le service intérieur (D. 30 mars 1808, art. 88); ils ont même voix délibérative dans les cours et tribunaux assemblés pour donner les avis qui leur sont demandés par le Gouvernement sur un projet de loi ou sur quelque autre objet d'intérêt public (O. 28 avril 1841, art. 2). D'ailleurs, l'article 88 du D. de 1808 n'est pas reproduit par les règlements de la Cour de cassation, et les membres de son parquet peuvent assister à ses délibérations.

[2] L'article 11, qu'on le remarque bien, n'autorise, en effet, la cour d'appel à demander compte au procureur général que des poursuites commencées en exécution de cette disposition, et non de toutes les instructions ouvertes par lui, en vertu de sa propre initiative : Cass., 12 juillet 1861 (S. 61, 1, 905) et la note de M. Dutruc. Du reste, l'art. 11 n'a pas de sanction effective, car la poursuite, dépendant toujours du procureur général, celui-ci, en opposant la force d'inertie, peut, s'il est appuyé par le garde-des-sceaux, entraver l'exercice du droit de surveillance conféré à la cour d'appel.

[3] Comp. : Faustin Hélie, t. I, nos 328 et suiv., Mangin, t. I, n° 25.

1° La loi de 1810 n'accorde la faculté dont elle parle qu'aux *chambres assemblées;* l'art. 235 l'accorde aux *chambres d'accusation*. Ce dernier texte se sert, il est vrai, de l'expression : « Dans toutes les affaires, les *cours* », mais les mots qui suivent : « *tant qu'elles n'auront pas décidé s'il y a lieu de prononcer la mise en accusation* », prouvent qu'il ne s'agit que d'une section de la cour d'appel, la chambre d'accusation.

2° Le droit établi par l'art. 235 est moins étendu que celui résultant de la loi de 1810 : les chambres réunies de la cour d'appel peuvent provoquer des poursuites *nouvelles* de la part du ministère public, sans être déjà saisies; les chambres d'accusation n'ont d'autre droit que d'ordonner l'*extension* des poursuites, dont elles sont saisies, en les faisant diriger, soit contre des *faits connexes*, non compris dans la première instruction, soit contre des *personnes* qui ne figurent pas dans la procédure. Cette interprétation résulte des termes mêmes de l'art. 235, qui ne donne à la cour le pouvoir d'ordonner des poursuites qu'autant qu'elle n'a pas encore décidé *s'il y a lieu de prononcer la mise en accusation*, et suppose évidemment par là l'action publique déjà intentée et soumise à l'appréciation de la cour. La loi ajoute, il est vrai, que la chambre d'accusation peut user de la faculté dont elle parle, qu'il y ait ou non une instruction commencée par les premiers juges; mais ces expressions ne s'appliquent certainement qu'aux nouveaux faits sur lesquels la cour peut ordonner des poursuites. La chambre d'accusation exerce le droit que lui reconnaît l'art. 235, dans deux situations distinctes, et ce n'est pas sans peine que la juris prudence et la doctrine ont réussi à dégager de l'art. 235 les deux hypothèses qu'il contient. Voici la première : la chambre d'accusation est saisie par le renvoi du juge d'instruction d'une procédure. En examinant cette procédure, elle croit découvrir la trace d'un crime imputable au prévenu traduit devant elle, ou à une tierce personne. Elle peut alors, par dérogation aux principes généraux du droit criminel, mettre l'action publique directement en mouvement, même d'office, c'est-à-dire sans que le ministère public l'y ait invitée, sans qu'il ait formulé des réquisitions à cette fin. Voici la seconde : un crime a été commis : l'instruction est confiée à un magistrat du tribunal de première instance; mais, soit pour des motifs d'ordre politique, soit même pour des raisons d'administration intérieure, il y a quelque inconvénient à laisser la direction de l'instruction au magistrat qui en est chargé. La chambre d'accusation peut alors évoquer la poursuite et remettre à l'un de ses membres le soin de faire l'instruction.

373. Surveillance administrative. — La surveillance administrative, à laquelle les officiers du ministère public sont soumis, est exercée; 1° par le procureur général près la Cour de cassation; 2° par le ministre de la justice; 3° par les supérieurs hiérarchiques.

I. Aux termes de l'art. 84 du sénatus-consulte du 16 thermidor an X, le *procureur général près la Cour de cassation*, surveille les procureurs généraux près les cours d'appel. Cette surveillance, dont le *mode* et *l'étendue* ne sont déterminés par aucune disposition législative ou réglementaire, est évidemment renfermée, comme la juridiction de la Cour de cassation elle-même, dans la sphère de l'application de la loi. Elle s'exerce par des observations, des avis que le procureur général près la Cour de cassation peut adresser aux procureurs généraux sur la manière d'entendre et de pratiquer les prescriptions légales. Mais ce fonctionnaire n'aurait aucun pouvoir, soit pour intimer l'ordre aux membres du ministère public de poursuivre une infraction, soit pour demander à la Cour de cassation l'annulation d'un arrêt ou d'un jugement en dernier ressort contraire à la loi. Il importe de remarquer, en effet, que, sauf dans des cas exceptionnels où il procède à des actes directs de poursuite ou d'instruction (C. inst. cr., art. 441, 442, 444, 486, 491, 532, 542), le procureur général près la Cour de cassation n'a pas, devant cette juridiction, *l'exercice* de l'action publique. Il prend, sans doute, par lui-même ou par ses avocats généraux, des *conclusions* dans toutes les affaires criminelles portées devant la Cour suprême. Mais, dans ces affaires mêmes, il n'est entendu que comme *partie jointe*; car le *pourvoi*, qui saisit la Cour, est *formé* et *dirigé* par la partie qui a attaqué la décision, c'est-à-dire le *condamné*, le *ministère public*, la *partie civile*.

II. Les officiers du ministère public sont soumis au garde-des-sceaux qui représente, vis-à-vis d'eux, le pouvoir exécutif (D. 30 mars 1808, art. 80 et 81; L. 20 avril 1810, art. 60), et qui est armé, à leur égard, d'un droit de surveillance et d'un pouvoir de discipline, auxquels leur amovibilité donne la plus énergique de toutes les sanctions. Le garde-des-sceaux a certainement le droit d'adresser aux membres du ministère public des *injonctions* afin qu'ils exercent ou s'abstiennent d'exercer l'action publique, et, en cas de résistance, de provoquer leur changement de résidence ou leur révocation; mais là s'arrêtent ses pouvoirs. Le droit *d'exercer* l'action publique ne lui appartient pas. D'où trois conséquences :

1° Les membres du ministère public sont bien tenus d'adresser aux tribunaux les réquisitions qu'il leur est ordonné de formuler ou de se démettre de leurs fonctions; mais ils ont le droit de *conclure*, à l'audience, suivant leur opinion personnelle, même au rejet de leurs réquisitions : car les conclusions, qui ne sont que *l'opinion* du magistrat qui les donne, doivent rester libres, pour être conciencieuses. Le ministère public tient à honneur d'affirmer, aujourd'hui comme autrefois, que si « la plume est serve, la parole est libre ». La loi elle-même a reconnu cette indépendance du ministère public dans l'art. 6 de l'ordonnance du 1er juin 1828 sur les conflits [1].

2° Le garde-des-sceaux ne peut se substiuer au procureur général ou au procureur de la République qui refuserait *d'agir* : cette résistance ne serait vaincue que par un déplacement ou une révocation.

3° L'action publique, intentée par un membre du ministère public, malgré la défense du garde-des-sceaux, est régulièrement introduite; la juridiction compétente, valablement saisie, ne peut donc se refuser à statuer [2].

III. Les membres du ministère public sont régulièrement subordonnés les uns aux autres; le procureur général près la cour d'appel exerce et dirige l'action publique dans le ressort de cette cour (L. 20 avril 1810, art. 45). Le procureur de la République l'exerce et la dirige, dans le ressort du tribunal d'arrondissement, sous la surveillance du procureur général. Mais il ne faut pas croire que les liens hiérarchiques, qui unissent entre eux les membres du ministère public, donnent, *de plein droit*, à chaque magistrat supérieur, le droit de faire, *par lui-même*, les actes attribués aux agents immédiatement placés sous ses ordres. Chaque magistrat a ses attributions *propres* et sa compétence *spéciale;* le procureur général ne peut pas plus agir aux lieu et place du procureur de la République devant

[1] Il s'agit, dans ce texte, du déclinatoire d'incompétence, que le préfet doit présenter à l'autorité judiciaire avant d'élever le conflit : « Le procureur de la République fera connaître, dans tous les cas, au tribunal, la demande formée par le préfet et requerra le renvoi, *si la revendication lui paraît fondée* ». Comp. sur le principe : Faustin Hélie, t. I, n° 472; Ortolan, t. II, nos 2031 et 2032; Garsonnet, *op. cit.*, § LXXI, p. 579; Robinet de Cléry, *Les droits du ministère public et du ministre de la justice en matière de poursuites criminelles* (*Rev. crit.*, 1876, p. 424).

[2] Comp. : Alglave, *Action du ministère public* (2e éd., Paris, 1874), t. I, p. 195 et suiv.

le tribunal correctionnel, que celui-ci ne peut se substituer au commissaire de police pour exercer l'action publique devant le tribunal de simple police. L'*unité* du ministère public consiste simplement dans l'*unité* de *direction*, et cette unité se manifeste en ce que tous les membres du ministère public doivent obéir à *l'impulsion* de leurs chefs hiérarchiques et exécuter les ordres qu'ils en reçoivent. Mais si l'officier du ministère public, à qui il est enjoint de poursuivre, est tenu d'entamer la poursuite, il peut prendre toutes les conclusions que lui dicte sa conviction. Les règlements tracent la marche à suivre pour concilier, *dans le même parquet*, cette indépendance de la parole, que l'on doit toujours respecter, avec les exigences de la discipline et de la direction qui appartient au chef du parquet[1].

374. Surveillance privée. — Les personnes qui ont souffert d'une infraction et même des tiers à qui elle n'a causé aucun préjudice peuvent *provoquer* l'exercice de l'action publique par des *plaintes* ou des *dénonciations*, adressées au procureur de la République ou à un de ses auxiliaires. Le ministère public est-il obligé d'y donner suite et de poursuivre? Sous l'empire de la loi du 29 septembre 1791 et sous celui du Code de l'an IV, le devoir d'agir, même en cas de simple plainte ou de simple dénonciation, était impérieusement prescrit aux officiers de police judiciaire[2]. L'article 47 C. inst. cr., pourrait faire supposer qu'aujourd'hui encore le ministère public est *tenu* de poursuivre tout crime ou tout délit qui lui est signalé. Cependant, il est certain que le législateur, en rédigeant ce texte, n'était nullement préoccupé du droit des parties privées vis-à-vis du ministère public, mais bien de la délimitation des pouvoirs du ministère public et du juge d'instruction : ces expressions « *sera tenu*

[1] D. 6 juillet 1810, art. 48 et 45; O. 15 janv. 1826, art. 45. Ces dispositions peuvent se résumer ainsi : dans les causes importantes ou difficiles, l'avocat général ou le substitut de service à l'audience peut communiquer au procureur général les conclusions qu'il se propose de prendre; il le doit même, si le procureur général le requiert. Quand ce dernier n'est pas d'accord avec son substitut, l'affaire est portée à l'assemblée générale de tous les membres du parquet qui en délibère et émet un avis à la majorité des voix : l'officier du ministère public de service à l'audience est tenu de se conformer à l'opinion de la majorité ou de céder la parole à un de ses collègues. Dans tous les cas, le procureur général a le droit, s'il n'est pas de l'avis de la majorité, de siéger à l'audience et de soutenir son opinion. Sur le caractère d'ordre intérieur de ces dispositions : Cass., 28 janv. 1864 (S. 64, 1, 374). Comp. : Ortolan, t. II, n° 2033; Ortolan et Ledeau, *op. cit.*, t. I, p. 27; Garsonnet, § LXXII, p. 289.

[2] Comp. : Esmein, *op. cit.*, p. 426 et 442.

de requérir » doivent s'entendre, non pas de l'obligation pour le ministère public de commencer des poursuites contre tous les faits délictueux qui lui sont signalés, mais de la nécessité de faire commencer l'information, *lorsqu'il la juge nécessaire*, par le juge d'instruction et non de la commencer lui-même[1]. Il est, en effet, incontestable que ni les dénonciations des tiers, ni la plainte de la victime n'obligent le ministère public à agir; et cela doit être. Les plaignants et les dénonciateurs se bornent à signaler des faits, ils restent étrangers à une poursuite dont ils veulent laisser l'initiative au ministère public. Imposer à celui-ci le devoir de donner suite à une plainte ou à une dénonciation, sans pouvoir en examiner le bien fondé, ce serait en faire l'agent passif des rancunes et des vengeances des particuliers, ce serait oublier que la poursuite s'exerce, au nom de la société, par des fonctionnaires auxquels elle est exclusivement confiée par la loi. Aussi, en cas de simple plainte ou de dénonciation, l'indépendance du ministère public est complète.

Mais la victime d'une infraction peut aussi, soit dans la plainte, soit par tout autre acte, se constituer *partie civile*, c'est-à-dire soumettre à la juridiction répressive son action en réparation du préjudice dont elle a souffert par suite du délit. En ce cas, la partie civile ne se borne pas à dénoncer le fait dont elle est victime : elle demande à être indemnisée du préjudice qu'elle a éprouvé; elle *poursuit* une réparation; et comme son action a sa cause dans le *même fait* qui produit l'action publique, elle devient tout naturellement l'auxiliaire du ministère public. Mais, ce qu'il faut remarquer, c'est qu'en saisissant la juridiction répressive de l'action civile qui lui appartient, elle met nécessairement en mouvement l'action publique, qui appartient à la société, lorsque cette action n'est pas intentée, de sorte que toute constitution de partie civile, dans notre système de législation, a pour effet de vaincre l'inertie du ministère public et de le forcer à agir.

Il faut reconnaître à la partie lésée le droit de mettre ainsi en mouvement l'action publique, dans deux hypothèses bien distinctes.

a) Toute personne, lésée par un *délit* ou par une *contravention*, peut citer *directement* le prévenu devant le *tribunal de police correctionnelle* ou de *simple police* et obtenir, par cette voie, la réparation

[1] Ce point ressort de la discussion au Conseil d'État. Comp. : LOCRÉ, t. XXV, p. 106 et suiv.; MANGIN, *op. cit.*, t. I, n° 18.

du préjudice dont elle a souffert (C. inst. cr., art. 145 et 182). Par cette *citation directe*, le tribunal de répression est saisi tout à la fois de l'action civile et de l'action publique, puisque la première ne peut être régulièrement portée devant les juridictions de répression qu'accessoirement à la seconde[1] (C. inst. cr., art. 3). Sans doute, le ministère public aura seul, au cours des débats, l'*exercice* de l'action publique : seul, il pourra conclure, au point de vue de l'intérêt public, soit au renvoi, soit à la condamnation du prévenu; mais le tribunal de répression aura le droit de prononcer une peine, encore que le ministère public ait conclu au renvoi du prévenu, ou même n'ait pas conclu du tout[2].

b) Toute personne, lésée par un *crime* ou par un *délit*, peut, aux termes de l'article 63 C. inst. cr., en porter plainte et se constituer, dans la plainte, *partie civile devant le juge d'instruction*. En agissant ainsi, elle saisit le juge de l'action civile, ce qui ne peut avoir lieu qu'autant que l'action publique lui est, en même temps, soumise : car, en vertu de l'article 3 C. inst. cr., la première doit être exercée simultanément avec la seconde devant les juridictions répressives. La partie lésée provoque donc une *information* et, par suite, une *décision* du juge d'instruction. A la vérité, celui-ci est obligé de communiquer la plainte, dans laquelle la victime de l'infraction se constitue partie civile, au procureur de la République avant de commencer

[1] Comp. : Cass., 11 août 1881 (S. 82, 1, 142); 7 déc. 1854 (motifs de l'arrêt) (S. 55, 1, 73).

[2] On a soutenu, il est vrai, que la citation directe de la partie lésée ne saisissait le tribunal de répression que sous la *condition* de conclusions à prendre par le ministère public : Le Sellyer, *Actions pub. et privée*, t. I, nos 70 et suiv. Si cette opinion était fondée, il en résulterait, non-seulement que le tribunal de répression ne pourrait prononcer aucune peine contre le prévenu dans le silence du ministère public, mais même qu'il deviendrait incompétent pour statuer sur les intérêts civils. Cette conséquence, qui n'a pas été aperçue par l'auteur dont nous combattons l'opinion, suffit pour condamner son système, car le droit de la partie lésée serait illusoire, s'il était à la discrétion absolue du ministère public. L'erreur de cette opinion, c'est de confondre deux choses distinctes : *l'exercice de l'action publique*, qui appartient exclusivement au ministère public, et *le droit de la mettre en mouvement*, qui appartient à la partie lésée, comme au ministère public, en cas de *délit* ou de *contravention*. Sur la question : Faustin Hélie, t. I, no 518; Hoffman, *Traité des questions préjudicielles*, t. I, no 16; Trébutien, t. II, no 40. Bien entendu, tout jugement, rendu par un tribunal de répression, doit constater, pour être valable, que le ministère public a donné ses conclusions ou a été mis en demeure de les donner. Si, après avoir été mis en demeure, celui-ci ne prend pas de conclusions, c'est qu'il s'en rapporte à justice, ce qui est suffisant. Comp. : Cass., 26 mai 1853 (D. 53, 5, 309); Le Sellyer, *op. cit.*, t. I, no 69.

l'instruction (C. inst. cr., art. 61). Le procureur de la République peut prendre, dans sa pleine liberté, ses réquisitions, conclure même à l'abstention de poursuites qu'il juge mal fondées. Mais, quelles que soient ses réquisitions, le juge d'instruction, qui est définitivement saisi de l'*action publique* par la partie civile, doit commencer l'instruction et rendre une décision, alors même que le procureur de la République est d'avis qu'il n'y pas lieu d'informer. Si le juge d'instruction rend une ordonnance portant refus d'informer, la partie civile aura le droit de faire opposition à sa décision devant la chambre d'accusation qui, saisie de l'affaire par cette opposition, pourra user de la faculté que lui confère l'article 235 C. inst. cr., c'est-à-dire *ordonner des poursuites*, informer ou faire informer[1]. Si le juge s'abstient de toute décision, il peut être pris à partie pour déni de justice.

[1] Il semblait résulter jusqu'ici de la pratique des parquets, qu'une plainte, contenant constitution de partie civile, pouvait, comme toute autre plainte, être classée *sans suite* par le procureur de la République et le juge d'instruction. Avec cette pratique, on arrivait au double résultat que voici : 1° D'une part, on amoindrissait la portée de l'article 67 C. inst. cr., qui ouvre au plaignant le droit de se constituer partie civile, « en tout état de cause », et on se mettait en contradiction avec l'article 63 qui permet au plaignant de se constituer partie civile « devant le juge d'instruction ; 2° D'autre part, on créait une véritable impossibilité à la constitution de partie civile en *matière criminelle*, puisque, avec cette pratique, la victime d'un crime, qui ne pouvait citer directement l'accusé devant la cour d'assises, se voyait enlever le droit de provoquer une information. Dans les actions nombreuses et diverses auxquelles a donné lieu, en 1881, la dispersion administrative des communautés religieuses, il semble que la majorité des tribunaux soit revenue à une plus saine appréciation de la loi. Des juges d'instruction ont commencé à instruire sur la plainte des religieux expulsés, malgré les conclusions d'abstention des procureurs de la République; sans doute, ils ont été dessaisis, mais par des considérations juridiques qui ne portaient pas sur le fond du droit dont ils sont investis par la loi. Le devoir d'un juge d'instruction de rendre décision sur une plainte contenant partie civile, sauf le droit d'opposition du procureur de la République, ou de la partie civile devant la chambre d'accusation, est une garantie essentielle de l'intérêt privé qu'il importe de conserver intacte. Qu'on le remarque bien, cette doctrine n'est pas, comme on l'a dit, une doctrine de circonstance : elle était enseignée, avant 1881, par d'éminents jurisconsultes : Ortolan, t. II, n° 2191; Faustin Hélie, t. I, n°s 519 et suiv.; Haus, t. II, n° 1142. Comp. dans ce même sens : Boullaire, *Gaz. des trib.*, 1er février 1881 ; Alb. Desjardins, *Rev. crit.*, 1881, p. 192; Sir. 1882, 3, 58, note 3; Bordeaux, 22 déc. 1881 (S. 82, 3, 57). En sens contraire : Nîmes 6 nov. 1882 (S. 83, 2, 79); Villey, 3me éd., p. 307. D'après le texte du projet de loi portant révision du Code d'instruction criminelle, tel qu'il a été voté par le Sénat, le juge d'instruction ne pourra jamais ouvrir une information, sans avoir été requis par le procureur de la République. C'est un retour déplorable au système inquisitoire pur. Comp. Alb. Desjardins, *Le juge d'instruction et le ministère public dans le nouveau Code d'instruction criminelle* (*La France judiciaire*, 1883, p. 250).

II. DES CAS OU LE MINISTÈRE PUBLIC N'EST PAS LIBRE D'EXERCER L'ACTION PUBLIQUE.

375. L'action publique peut rencontrer un obstacle de droit ou de fait qui s'oppose à son exercice, soit quant à présent, soit d'une manière permanente. Dans certaines circonstances, en effet, la loi *suspend* l'action publique ; dans d'autres, elle la *supprime* ou la déclare *éteinte*. *a*) L'action publique rencontre un obstacle temporaire, qui s'oppose à son exercice : 1° quand elle est subordonnée à la nécessité d'une *autorisation* préalable ; 2° quand elle est subordonnée à la nécessité d'une *plainte* ou d'une *dénonciation ;* 3° quand elle est suspendue par une *question préjudicielle*, c'est-à-dire par une question qui doit être jugée dans une instance préalable et séparée; 4° quand il s'agit d'une infraction punissable en France, mais dont *l'auteur réside à l'étranger ;* 5° quand le prévenu ou l'accusé est en état de démence. *b*) L'action publique est non recevable d'une manière absolue, lorsque le fait, bien que constituant une infraction, ne donne pas ouverture à l'action publique ou que celle-ci est éteinte. Les causes d'extinction de l'action publique formant l'objet d'un titre particulier, nous nous bornerons, ici, à indiquer les faits délictueux pour lesquels la loi supprime l'action publique et, par suite, l'application de la peine. Ces faits sont : 1° les soustractions commises entre époux ou proches parents (C. p., art. 380); 2° les infractions commises en pays étranger, par des étrangers ou par des Français, en tant qu'elles échappent à la répression en France; 3° les infractions commises sur notre territoire par des agents diplomatiques accrédités auprès du gouvernement français, ou par toute autre personne jouissant de l'immunité de juridiction; 4° le rapt, lorsque la validité du mariage contracté entre le ravisseur et la fille enlevée a été reconnue par le tribunal civil.

Je vais examiner les diverses causes de suspension de l'action publique, en réservant celle qui résulte de l'existence d'une question préjudicielle.

376. Des cas où la poursuite est subordonnée à une autorisation préalable. — L'article 75 de la constitution de l'an VIII, les chartes, constitutions et sénatus-consultes postérieurs avaient établi une double garantie : une garantie *politique*, d'après laquelle les ministres ne pouvaient être poursuivis sans une autorisation préalable du Sénat; les sénateurs, conseillers d'État et les députés, sans une autorisation préalable du corps auquel ils appartenaient; et une garantie *administrative*, en vertu de laquelle les *agents* du Gouvernement ne pouvaient être poursuivis, *pour faits relatifs à leurs fonctions*, sans l'autorisation préalable du Conseil d'État. Nous allons voir ce qu'il subsiste dans nos lois actuelles de cette double garantie.

377. La garantie politique, aux termes des lois constitutionnelles de 1875, existe encore au profit du président de la République, des ministres, et des membres de l'une et l'autre Chambre.

a) Le *président de la République* est *irresponsable*, sauf pour crime de haute trahison, et, dans ce cas même, il ne peut être mis en accusation que par la Chambre des députés et jugé que par le Sénat (L. 16 juillet 1875, art. 12).

b) Les *crimes* et *délits*[1], commis par les *ministres*, sont ou relatifs ou étrangers à leurs fonctions. 1° Dans le premier cas, les lois constitutionnelles confèrent à la *Chambre des députés* l'exercice de l'action publique, soit que les inculpés exercent encore leurs fonctions, soit qu'ils aient cessé de les exercer : c'est devant le *Sénat*, constitué en haute cour de justice, qu'est poursuivie l'accusation par un ou plusieurs commissaires désignés par la Chambre. Cette action, qui est la sanction dernière de la responsabilité ministérielle devant le Parlement, est-elle exclusive de l'action ordinaire devant les juridictions pénales? C'est un point discuté. Pour soutenir, comme je serai tenté de l'admettre, que les ministres sont soumis à une double action et à une double juridiction pour les crimes et délits qu'ils commettent dans l'exercice de leurs fonctions, on peut invoquer l'opposition de rédaction qui existe entre le § 1 et le § 2 de l'article 12 de la loi du 16 juillet 1875 : le président de la République « *ne peut être* mis en accusation que par la Chambre », ce qui exclut toute action du ministère public, tandis que les ministres « *peuvent être* mis en accusation par la Chambre », ce qui laisse subsister le droit commun[2]. 2° En ce

[1] L'article 12 de la loi du 16 juillet 1875 ne parle que des « crimes » commis par les ministres, mais cette expression ne me paraît pas avoir le sens technique et restreint que lui donne l'article 1er du Code pénal. La question est, du reste, discutée.

[2] Sur cette question, v. les conclusions de M. Laferrière, devant le Conseil d'État (*Rec. des arrêts du Conseil*, 1877, p. 437). V. également la discussion qui s'est élevée incidemment devant la Chambre entre M. Ribot et M. Allain-Targé (*Journ. off.* du 17 nov. 1880, p. 11162). En suivant l'opinion de M. Ribot, d'après laquelle l'action de la Chambre n'est pas exclusive de l'action du ministère public, y aurait-il lieu à sursis de la part des tribunaux judiciaires, si la mise en accusation était votée par la Chambre? Je le croirais volontiers et m'appuierais, au besoin, sur le § 4 de l'article 12 de la loi du 16 juillet 1875. Sur la responsabilité civile des ministres,

qui concerne les *crimes et délits ordinaires*, que les ministres peuvent commettre hors de l'exercice de leurs fonctions, et les *contraventions*, la poursuite de ces infractions n'appartient à la Chambre des députés, ni en vertu des lois constitutionnelles, ni en vertu des principes généraux : elle doit être exercée conformément au droit commun.

c) Aux termes de l'article 14 de la loi du 16 juillet 1875, aucun membre de l'une ou de l'autre Chambre ne peut, pendant la durée de la session, être poursuivi ou arrêté, en matière criminelle ou correctionnelle, qu'avec l'autorisation de la Chambre dont il fait partie, sauf le cas de flagrant délit. Le flagrant délit, dont il s'agit en cette matière, est le délit qui se commet actuellement ou qui vient de se commettre, délit qui nécessite l'intervention *immédiate* de la police judiciaire, et, par conséquent, le droit, pour elle, d'arrêter et de poursuivre l'inculpé. Cette prérogative, accordée aux membres des deux Chambres, est moins une garantie *personnelle* qu'une garantie *constitutionnelle*, établie dans l'intérêt de tous, et dont l'objet est d'assurer la liberté des mandataires de la nation et l'accomplissement de leur mandat[1].

Si l'on veut déterminer la portée de cette garantie, on y est conduit par les trois observations suivantes : 1° Le titre de député ou de sénateur ne suspend pas les actes qui tendent à constater l'infraction et à en recueillir les charges, tels que les procès-verbaux, l'audition des témoins, les vérifications et les expertises; il suspend seulement la *poursuite personnelle*. En conséquence, tous les actes qui peuvent gêner la liberté du mandataire de la nation sont interdits; celui-ci ne doit être soumis ni à un interrogatoire, ni à une visite domiciliaire; aucun mandat ne peut être décerné, aucune poursuite, devant la juridiction répressive, ne peut être commencée contre lui. 2° Cette garantie s'applique à tous les *crimes* ou *délits* imputés à un sénateur ou à un député et relatifs ou étrangers à ses fonctions; mais elle ne s'étend

comp. : Adolphe FAUSTIN HÉLIE (*La France judiciaire*, t. VI, p. 42). Le ministre de la justice, M. Humbert, constatait, à la Chambre des députés (séance du 4 mai 1882), l'impossibilité de trouver un tribunal compétent pour juger de la responsabilité civile d'un ministre.

[1] Cette prérogative appartient-elle aux sénateurs ou députés dont les pouvoirs n'ont pas été vérifiés? La Cour de cass., dans un arrêt du 10 avril 1847, s'est prononcée pour la négative. Cette solution nous paraît inexacte. En effet, l'élection est le seul titre du député ou du sénateur. Sans doute, ce titre doit être vérifié par les Chambres, mais, tant que l'élection n'est pas annulée, provision est due au titre. En ce sens : HAUS, t. II, n° 1150.

pas aux *contraventions*. En effet, les contraventions ne donnent lieu ni à une information préparatoire, ni à une arrestation provisoire ou à une détention préventive; le prévenu n'est pas même obligé de comparaître en personne devant le tribunal de police, il peut se faire représenter par un fondé de procuration spéciale; enfin, les contraventions n'emportent, la plupart du temps, qu'une amende; la peine d'emprisonnement, quand elle est prononcée par la loi, étant le plus souvent purement facultative pour les juges. Il n'existe donc aucun motif pour déroger, en matière de contraventions, aux règles du droit commun. 3° La garantie constitutionnelle ne protège les sénateurs et les députés que pendant la *durée de la session;* ils peuvent donc être poursuivis et arrêtés, sans autorisation préalable, avant l'ouverture ou après la clôture de la session. Toutefois, aux termes de l'article 14 *in fine*, « la détention ou la poursuite d'un membre de l'une ou de l'autre Chambre est suspendue pendant la session, et pour toute sa durée, *si la Chambre le requiert* ».

378. Indépendamment de la garantie politique, accordée par toutes nos constitutions aux mandataires de la nation, la constitution de l'an VIII avait établi, dans son article 75, en faveur des agents du gouvernement, une garantie administrative, en ne permettant de les poursuivre, à raison des faits relatifs à leurs fonctions, qu'en vertu d'une autorisation préalable du Conseil d'État. Si la garantie politique se justifie par la nécessité de mettre le pouvoir *législatif* à l'abri des entreprises du pouvoir *exécutif*, la garantie administrative s'explique par la nécessité de sauvegarder le principe de la séparation des *autorités administrative* et *judiciaire*. C'est, en effet, dans ce but que l'Assemblée constituante, en proclamant la *responsabilité pénale* et *civile* des fonctionnaires publics, et en donnant aux *tribunaux judiciaires* le droit de juger cette responsabilité, avait décidé, dans la loi des 7-14 octobre 1790, qu'aucun administrateur ne pouvait être traduit, « *devant les tribunaux, pour raison de ses fonctions* », à moins qu'il n'y eût été renvoyé par l'autorité supérieure, conformément aux lois [1]. La constitution de l'an VIII n'avait donc fait que re-

[1] Sous l'ancienne monarchie, la responsabilité des fonctionnaires publics, quand elle était reconnue, ne pouvait être appréciée que par des juridictions exceptionnelles. L'Assemblée constituante proclama le principe général de la responsabilité des fonctionnaires publics *devant les tribunaux ordinaires*. Mais, en même temps, pour protéger les fonctionnaires contre des poursuites vexatoires, et pour sauvegarder le principe de la séparation des fonctions judiciaires et des fonctions administratives, elle soumit cette responsabilité à une garantie, consistant dans le renvoi préalable,

produire et préciser, dans son article 75, un principe déjà formulé par l'Assemblée constituante, principe qui avait survécu à la constitution elle-même, et qui était, il n'y a pas longtemps encore, comme l'a dit très-heureusement Cormenin, « *le bouclier de l'administration contre les rancunes des particuliers et les entreprises de l'autorité judiciaire* ». Un décret du 19 septembre 1870 a formellement abrogé l'article 75. Mais, pour apprécier les conséquences de cette abrogation, nous devons tout d'abord étudier la portée de la garantie administrative, aujourd'hui supprimée.

379. I. L'autorisation préalable du Conseil d'État n'était nécessaire que si la poursuite, dirigée contre un fonctionnaire public, *ayant la qualité d'agent du gouvernement*, pour *faits relatifs aux fonctions*, était de la compétence, non d'une juridiction administrative, mais d'un *tribunal de l'ordre judiciaire*, civil ou pénal. Cette règle recevait une double sanction : une sanction *civile*, consistant dans la nullité absolue de tous actes judiciaires et décisions intervenus sans qu'il eût été satisfait à la nécessité de l'autorisation préalable ; une sanction *pénale*, consistant dans les peines de la forfaiture, de la dégradation civique et d'une amende de 100 à 500 francs, autorisées par les articles 127 et 129 C. p., contre chacun des officiers de police judiciaire ou du ministère public et des juges, qui, après réclamation du fonctionnaire poursuivi, et avec volonté de violer la loi, auraient méconnu la prescription de l'article 75 de la constitution de l'an VIII.

Mais il importe de remarquer que l'article 3 de l'ordonnance du 1er juin 1828 refusait expressément à l'administration le droit d'élever le conflit d'attribution pour défaut d'autorisation. C'était aux tribunaux judiciaires qu'il appartenait de se dessaisir soit d'office, soit sur la réquisition du ministère public ou de la partie. Le tribunal, devant lequel on poursuivait un fonctionnaire public, quoique irrégulièrement saisi par suite du défaut d'autorisation, était, en effet, *compétent*, pour apprécier les faits reprochés au fonctionnaire public et en dégager les éléments du délit civil ou du délit pénal dont on deman-

par l'autorité administrative supérieure, du fonctionnaire incriminé devant la juridiction ordinaire (L. des 14-22 déc. 1789, art. 61 ; L. des 16-24 août 1790, art. 13 ; L. des 7-14 oct. 1790, art. unique). Ainsi, se trouvent consacrés, *par les mêmes textes*, — le principe de la séparation des autorités administrative et judiciaire, — le principe de la responsabilité des fonctionnaires publics, pour faits relatifs à leurs fonctions, sous la réserve d'une formalité de procédure, — et le principe de la compétence des tribunaux judiciaires, pour apprécier cette responsabilité. Comp. de SAINT GIRONS, *Essai sur la séparation des pouvoirs* (Paris, 1881), p. 393.

dait la réparation ou la répression[1]. Cette compétence de l'autorité judiciaire rendait impossible un conflit *d'attribution*, qui est toujours motivé par un empiètement des tribunaux judiciaires sur le domaine de la compétence administrative.

380. II. L'article 1er du décret du 19 septembre 1870 est ainsi conçu : « *L'article 75 de la constitution de l'an VIII est abrogé. — Sont également abrogées toutes autres dispositions des lois générales ou spéciales, ayant pour objet d'entraver les poursuites dirigées contre les fonctionnaires publics de tout ordre* ». Ce texte a donc une portée très large; non-seulement il efface l'article 75, mais encore il abroge, — à le prendre à la lettre, — toutes dispositions légales ayant pour objet d'entraver les poursuites dirigées contre les fonctionnaires de tout ordre. Malgré ces termes absolus, l'interprétation de ce texte a soulevé des difficultés de deux ordres, que je vais examiner en étudiant la double abrogation qu'il consacre[2].

381. A. De l'abrogation de l'article 75, prononcée par le § 1 de l'article 1er du décret de 1870, il résulte, comme conséquence directe : 1° que l'*action publique*, redevenue indépendante en cette matière, n'est plus soumise à aucune autorisation préalable et peut être librement intentée par le ministère public, quand il s'agit d'infractions commises par des agents du gouvernement, même dans l'exercice de leurs fonctions; 2° que l'*action civile* de la partie qui se prétend lésée par ces infractions peut être, conformément au droit commun, portée directement devant les tribunaux civils ou les tribunaux de répression; 3° que la portion des articles 127 et 129 du Code pénal, qui formait la sanction répressive de l'article 75, est abrogée comme cet article. Tous ces points sont incontestables.

[1] C'est ainsi que, dans sa circulaire du 5 juillet 1828, le garde-des-sceaux motivait l'art. 3 de l'ord. de 1828 : « Dans les deux cas prévus par l'art. 3, disait-il, il ne s'agit que d'exceptions dilatoires qui ne peuvent modifier la compétence des tribunaux et des cours quant au fond ». C'est là une observation essentielle à retenir pour apprécier la portée du décret de 1870.

[2] L'article 2 du décret de 1870 dispose qu' « *il sera ultérieurement statué sur les peines civiles qu'il peut y avoir lieu d'édicter, dans l'intérêt public, contre les particuliers qui auraient dirigé des poursuites téméraires contre les fonctionnaires* ». La commission de l'Assemblée nationale, chargée de l'examen des décrets législatifs du gouvernement de la Défense nationale, s'est refusée à entrer dans cette voie (Rapport de M. Taillefert, séance du 24 février 1872, *Journ. off.* du 18 avril 1872, p. 2614). Les fonctionnaires n'auront donc, en cas de poursuite téméraire des particuliers, que la ressource du droit commun, c'est-à-dire la faculté d'obtenir une condamnation à des dommages-intérêts, l'impression et l'affiche du jugement, et de provoquer une condamnation pénale pour dénonciation jugée calomnieuse.

Mais, pour appliquer une peine ou pour prononcer des dommages-intérêts à raison d'un fait accompli par un agent du gouvernement, il faut apprécier ce fait, le qualifier, examiner s'il est un acte légitime ou abusif de la fonction : peut-on donner ce droit aux tribunaux judiciaires, valablement saisis, du reste, soit de l'action publique, soit de l'action civile? Il est certain que si le fait imputé au fonctionnaire constitue un *fait personnel*, distinct de l'acte administratif qui en a été l'occasion, il appartient à l'autorité judiciaire d'en apprécier les conséquences au point de vue pénal, comme au point de vue civil[1]. Mais en est-il de même si le fait est un acte de la fonction? Cette question a donné lieu à deux opinions qui ont divisé, pendant quelque temps, la jurisprudence.

a) Un premier système soutient que si le décret du 19 septembre 1870 a rendu toute liberté d'action aux tribunaux pour apprécier la responsabilité *pénale* ou *civile* des fonctionnaires publics, il n'a pas étendu les limites de leur compétence, et n'a pas supprimé la prohibition qui leur est faite, par d'autres dispositions que celles spécialement abrogées par le décret, de *connaître des actes administratifs*[3]. Toutes les fois donc que le fait reproché à l'agent du gouvernement se rattachera aux fonctions administratives et renfermera une application du pouvoir qu'elles confèrent, cette application fût-elle illégale, abusive, dictée par l'intention de nuire, le tribunal, valablement saisi du reste, devra surseoir à statuer, jusqu'à ce que l'ab[us] ou l'illégalité de l'acte soit apprécié par l'autorité administrative compétente. Et si le tribunal retient l'affaire, l'administration au[ra] le droit de prendre un arrêté de conflit pour empêcher cette atteinte a[u] principe de la séparation des autorités administrative et judiciaire[2].

[1] Comp. Cass., 10 déc. 1879 (S. 80, 1, 265); 12 mai 1880 (S. 81, 1, 215); Trib. conf., 11 déc. 1880 (S. 82, 3, 10) et la note.

[2] Comp. : Tribunal des conflits, 30 juillet 1873 (D. 74, 3, 5); 28 oct. 1874 (D. 75, 3, 75); 29 juillet 1876 (D. 77, 3, 17) et la note; 4 mai 1877 (*Rec. des arrêts du* [Con]*seil*, 1877, p. 435) et la note; 24 nov. 1877 (D. 1878, 3, 17) et les conclusions; [...] déc. 1877 (*Rec. des arrêts du Conseil*, 77, p. 1077); 12 janv. 1878 (*Rec. des arr*[êts] 78, p. 47). La Cour de cass. paraît s'être ralliée à ce système dans deux arrêts [du] 3 août 1874 et 8 février 1876 (S. 76, 1, 199), et la note. Comp. un arrêt de [la] Cour de Bourges du 10 février 1879 (D. 79, 2, 164).

[3] Sans doute, dit-on pour soutenir ce système, la prohibition pour les tribunaux d[e] connaître des actes d'administration, et la prohibition de poursuivre les agents d[u] gouvernement sans autorisation préalable, dérivent l'une et l'autre du principe de l[a] séparation des pouvoirs, dont elles ont pour effet d'assurer l'exacte application; mai[s] elles ne tendent pas au même but; elles n'ont pas la même sanction. La prohibitio[n]

b) Une deuxième opinion permet aux tribunaux judiciaires d'apprécier librement et de qualifier les actes imputés aux agents du gouvernement, lorsqu'ils donnent lieu à une action tendant à l'application d'une peine, ou à la réparation civile du préjudice causé : elle ne reconnaît donc pas à l'administration le droit d'élever légalement le conflit de ce chef [1].

En fait, un agent du gouvernement, dans l'exercice de sa fonction, a abusé des pouvoirs qu'elle lui confère, soit de manière à porter simplement préjudice à autrui, soit dans des conditions telles, que l'acte réunit les éléments d'une infraction à la loi pénale. Que pourrait faire l'administration, d'après le premier système? Interdire aux tribunaux judiciaires de dégager, de l'accomplissement abusif d'un acte d'administration, les éléments d'un délit civil ou d'un délit pénal. Mais la Cour de cassation a eu raison de faire remarquer, dans sa première jurisprudence, combien un tel droit serait contraire au but poursuivi par les auteurs du décret de 1870. Non-seulement il ferait « revivre, sous une autre forme, la garantie stipulée par l'article 75 [2] », mais il entraverait bien plus encore les poursuites contre des fonctionnaires que ne le faisait la garantie administrative; car, l'appréciation du Conseil

faite aux tribunaux judiciaires de connaître des actes d'administration, de quelque espèce qu'ils soient, constitue une règle de *compétence*, destinée à protéger l'*acte administratif* lui-même, et qui trouve sa sanction dans le droit conféré à l'autorité administrative de proposer le déclinatoire et d'élever le conflit d'attribution, lorsque, contrairement à cette prohibition, les tribunaux judiciaires sont saisis de la connaissance d'un acte administratif. Au contraire, la prohibition de poursuivre les agents du gouvernement, sans autorisation préalable, destinée surtout à protéger les *fonctionnaires publics* contre les poursuites téméraires, ne constituait pas une règle de compétence, mais créait une fin de non-recevoir formant obstacle à toutes poursuites dirigées contre ces agents, alors même que les faits qui leur étaient reprochés n'avaient pas un caractère administratif et constituaient des crimes ou délits de la compétence des tribunaux judiciaires. Cette fin de non-recevoir ne relevait que des tribunaux, qui devaient la respecter sous les peines des articles 127 et 129 C. p.; mais elle ne pouvait jamais donner lieu de la part de l'autorité administrative à un conflit d'attribution. Or, l'abrogation de l'article 75 n'a eu d'autre effet que de supprimer la *garantie personnelle* des fonctionnaires publics et de rendre, aux tribunaux judiciaires, toute leur liberté d'action *dans les limites de leur compétence réelle*, mais elle n'a pu avoir pour conséquence de déplacer les bornes de leur juridiction, de supprimer la prohibition qui leur est faite de connaître des actes administratifs, puisque rien n'indique que telle ait été l'intention des rédacteurs du décret.

[1] En ce sens : Cass., req., 3 juin 1872 (D. 72, 1, 392), conclusions de M. Reverchon; Cass., 25 janvier 1873 (D. 73, 1, 293); 15 déc. 1874 (D. 76, 1, 289); Alger, 7 juillet 1874 (D. 75, 2, 218); Dijon, 15 déc. 1876 (S. 77, 2, 53).

[2] Ce sont les expressions d'un arrêt de la Chambre des requêtes du 3 juin 1872, cité à la note précédente.

d'État étant désormais supprimée, il n'y aurait plus, dans ce système, aucune autorité, ni administrative ni judiciaire, compétente pour connaître des poursuites dirigées contre les agents du gouvernement, pour faits relatifs à leurs fonctions. Ce serait là un résultat bien imprévu du décret de 1870, qui, au lieu de supprimer toute *entrave* à la poursuite des fonctionnaires, aurait rendu cette poursuite plus difficile. Sans doute, dans notre opinion, le principe de la séparation des autorités judiciaire et administrative a reçu une grave atteinte, par suite de la suppression de la garantie administrative, mais il est impossible de croire que les rédacteurs du décret de 1870 n'aient pas aperçu cette conséquence de leur innovation. Déjà, en 1835, M. Vivien faisait repousser un projet d'abrogation de l'art. 75 par ce motif qu'il « *livrerait aux tribunaux l'appréciation des actes administratifs dont se plaindraient les particuliers*[1] ». Tel était le résultat de l'abrogation de l'article 75 prévu par M. Vivien; et c'est à ce résultat que le décret de 1870 doit aboutir[2]. On n'a pas assez remarqué, du reste, que, sous l'empire de l'article 75, le droit reconnu aux tribunaux judiciaires d'apprécier la responsabilité civile ou pénale des agents du gouvernement pour faits relatifs à leurs fonctions était déjà une atteinte au principe de la séparation des autorités, administrative et judiciaire; ou plutôt que, en ce qui concerne le droit d'apprécier les actes d'un fonctionnaire public, soit au point de vue pénal, soit au point de vue civil, ce principe n'était protégé que par une *formalité de procédure* : la nécessité d'une autorisation préalable du Conseil d'État. Cette autorisation, une fois obtenue, les tribunaux judiciaires avaient, en effet, sans contestation possible, le droit d'apprécier l'acte administratif; et leur compétence était telle que l'ord. du 1er juin 1828 n'autorisait pas l'administration à élever le conflit. Or, la même compétence, reconnue aux tribunaux avant l'abrogation de l'article 75, lorsque l'autorisation du Conseil d'État était obtenue, doit leur rester aujourd'hui, alors que la nécessité d'une autorisation préalable est supprimée. Ainsi justifié, le système que nous soutenons a l'avantage de donner au décret de 1870 son véritable caractère et sa part exacte d'application.

382. B. Le décret de 1870 abroge non-seulement l'article 75 de la

[1] *Moniteur* des 25 et 27 mars 1835.

[2] Comp. dans ce sens : Molinier, *Mémoire sur l'abrogation de l'article 75 de la constitution de l'an VIII* (*Rec. de l'Acad. de légis.*, t. IX, 1870, p. 400); Corentin-Guyho (*Rev. prat.*, 1873, t. XXXVI, p. 439); Bernard (*Rev. crit.*, 1877, p. 17, 29, 474); de Saint Girons, *op. cit.*, p. 412 et suiv.; A. Rendu, *De la responsabilité des fonctionnaires publics* (*La France judiciaire*, t. V, p. 487).

constitution de l'an VIII, mais encore toutes les lois générales ou spéciales et, à plus forte raison, tous les règlements qui, fondés sur le même principe, avaient « pour objet d'entraver les poursuites dirigées contre les fonctionnaires publics de tout ordre ». Telles sont un certain nombre de lois spéciales qui, tout en maintenant la nécessité d'une autorisation préalable pour la mise en jugement, conféraient, dans un but de rapidité et de simplification, à une autorité moins élevée que le Conseil d'État, le droit de la donner pour les agents de certaines administrations financières [1].

Mais, quelle que soit la généralité de ses termes, le décret de 1870 n'a pu exercer aucune influence sur un certain nombre de garanties purement *judiciaires*, qui, n'étant pas une émanation de l'article 75, doivent subsister malgré l'abrogation de cet article. Tels sont le privilège de juridiction des art. 479 et 483 du Code d'inst. cr. et de l'art. 10 de la loi du 20 avril 1810 [2], et la procédure de la prise à partie [3].

[1] Tels étaient les agents des forêts (O. 1er août 1824, art. 7 et 39), ceux des postes (Arrêté du 9 pluviôse an X), ceux de l'enregistrement et des domaines (Arrêté du même jour que le précédent), les percepteurs des contributions directes (Arrêté du 10 floréal an X), les préposés d'octroi (Arrêté du 19 thermidor an X). Ces dérogations ne s'appliquaient que dans le cas où l'autorisation était accordée; le refus d'autorisation ne pouvait émaner que du Conseil d'État.

[2] Ce privilège, qui investit la chambre civile de la cour d'appel du droit de juger, en premier et dernier ressort, les délits de police correctionnelle commis par les fonctionnaires ou les dignitaires énumérés dans l'article 479 et dans l'article 10 de la loi de 1810, et qui paraît réserver au procureur général le droit de saisir cette juridiction, ne peut être considéré comme constituant une entrave aux poursuites et comme ayant été abrogé par le décret de 1870 à ce titre. En ce sens : Cass., 19 février 1872 (S. 72, 1, 45) et la note ; 24 déc. 1874 (S. 74, 1, 48); Amiens, 8 janvier 1874 (S. 74, 2, 3); Douai, 21 déc. 1874 (D. 76, 2, 88). Sur la question, lire la discussion qui a eu lieu à la Chambre des députés, séance du 19 juillet 1881 (*J. off., Débats parlementaires, Chambre*, p. 1670 à 1676).

[3] En ce qui concerne les règles de la *prise à partie*, trois opinions se sont formées sur les conséquences du décret de 1870. 1° Une première admet que le § 2 de l'article 1er de ce décret a eu pour conséquence de supprimer la procédure de la prise à partie. *Sic*, Duvergier, *Rec. des lois*, 1870, p. 335. 2° Une seconde opinion admet que le décret de 1870 laisse subsister, en principe, les règles de la prise à partie, mais abroge spécialement l'art. 500 du Code de procédure civile qui subordonne cette procédure à l'autorisation préalable du tribunal. 3° Une troisième opinion soutient que le décret de 1870 laisse subsister toutes les règles de la prise à partie. Nous nous rallions à cette opinion, par ce motif que le décret de 1870 s'est exclusivement reporté à l'article 75 de la constitution de l'an VIII et aux autres dispositions spéciales qui se rattachaient à cet article. Ceci, pour nous, résulte surtout de la disposition de l'article 2 de ce décret, indiquant qu'il serait « ultérieurement statué sur les peines civiles qu'il peut y avoir lieu d'édicter, dans l'intérêt public, contre les particuliers qui auraient dirigé des poursuites téméraires contre des fonctionnaires ». Les rédacteurs du décret de 1870 n'avaient donc pas en vue, en abrogeant toutes les dispositions-

383. Du cas où la poursuite est subordonnée à la nécessité d'une plainte ou d'une dénonciation préalable. — On peut classer, sous deux ordres différents d'idées, le motif principal qui a fait subordonner à la condition d'une plainte ou d'une dénonciation préalable l'exercice de l'action publique. Dans certains cas, le législateur consulte l'intérêt de la paix et du repos des familles, celui de l'honneur et de la considération des personnes. Dans d'autres, il considère qu'il s'agit d'infractions qui blessent bien plus directement l'intérêt privé que l'intérêt public, et que ce dernier est si légèrement atteint qu'il convient de ne pas intenter l'action tant que la partie lésée n'a pas provoqué la poursuite.

Mais le droit, pour le ministère public, d'exercer des poursuites d'office, étant la règle générale, ne saurait souffrir d'exception qu'en vertu de dispositions formelles de la loi. En dehors des hypothèses que je vais énumérer, la poursuite, quel que soit le caractère de l'infraction, n'est jamais subordonnée à une plainte préalable de la partie lésée ou à une dénonciation[1].

Ces exceptions au principe de l'indépendance du ministère public s'appliquent à trois classes d'infractions. *a*) La première comprend les infractions qui ne peuvent être poursuivies sans une *plainte* de la partie lésée, telles que : l'adultère; le rapt par séduction, lorsque le ravisseur a épousé la fille qu'il a enlevée; la diffamation et l'injure; les délits de chasse ou de pêche sur le terrain ou dans les eaux d'autrui; les délits de contrefaçon industrielle. *b*) La seconde classe comprend les infractions qui ne peuvent être poursuivies que sur l'*initiative* de l'administration publique qui est pécuniairement intéressée à leur répression; tels sont : les délits des fournisseurs des armées de terre ou de mer, et la plupart des infractions fiscales. *c*) Enfin, dans la troisième classe, rentrent les infractions dont la poursuite a besoin d'être provoquée soit par une *plainte* des personnes lésées, soit par

tions qui entravent la poursuite des fonctionnaires, les règles de la prise à partie, puisque la responsabilité des plaideurs téméraires a été organisée dans cette procédure (C. proc. civ., art. 513 et 519). Ajoutons que le rapporteur de la commission de l'Assemblée nationale de 1871, chargée de la révision des décrets du gouvernement de la Défense nationale, a déclaré «que, depuis ce décret, pour les magistrats soumis aux règles de la prise à partie, la situation restait la même » (V. *J. O.*, 18 avril 1872, p. 2614). La jurisprudence a consacré cette opinion : Cass., 4 mai 1881 (S. 81, 1, 79). V. Glasson (*Rev. prat.*, 1873, p. 380).

[1] V. Le Sellyer, *op. cit.*, nos 238 à 242, et les décisions de jurisprudence qu'il cite; Faustin Hélie, t. II, nos 742 et suiv.; Hoffman, *Questions préjudicielles*, t. I, nos 19 et 20; Trébutien, t. II, p. 58.

une *dénonciation* émanant du corps ou du gouvernement indirectement atteint par le délit. A cette classe appartiennent : les diffamations ou injures contre tous dépositaires ou agents de l'autorité publique; les délits commis, hors du territoire de la France, par des Français, contre un particulier français ou étranger.

384. Une observation générale domine toutes ces hypothèses. Lorsque l'action publique peut être intentée d'office, pour que le ministère public soit autorisé à exercer son action, il n'est pas nécessaire que la plainte ou la dénonciation réunisse les conditions de forme exigées par les articles 31 et 63 C. inst. cr.; puisque le ministère public peut agir de quelque manière qu'il ait acquis la connaissance de l'infraction. Au contraire, dans tous les cas où elle est exigée pour que la poursuite puisse avoir lieu, la plainte où la dénonciation doit être *régulière*, c'est-à-dire adressée au fonctionnaire compétent pour la recevoir, écrite et signée conformément aux prescriptions des articles 31 et 63 : car la plainte ou la dénonciation est alors la *base* même de l'action, et il est nécessaire qu'elle constate l'intention formelle du plaignant ou du dénonciateur de provoquer la poursuite[1].

Mais, dès que la plainte ou la dénonciation est régulièrement formée, le ministère public reprend son *indépendance* : il demeure donc libre de ne pas agir; et, s'il agit, il peut exercer l'action sans avoir besoin du concours ultérieur du plaignant. En conséquence : 1° lorsqu'un jugement est intervenu sur l'action, il peut interjeter appel ou se pourvoir en cassation sans nouvelle plainte de la partie intéressée. 2° Bien plus, le désistement de la partie lésée ne peut, en principe, arrêter l'exercice de l'action publique, lors même qu'il interviendrait avant toute poursuite[2].

[1] *Sic*, Faustin Hélie, t. II, nos 751 et suiv.; Haus, t. II, nos 1158 et 1159; Villey, p. 211. — En sens contraire : Le Sellyer, *op. cit.*, t. I, n° 244; Cass., 20 juin 1873 (S. 73, 1, 488), en matière de diffamation; Caen, 5 janv. 1871 (D. 72, 1, 170), en matière de délit de chasse.

[2] En ce sens : Faustin Hélie, t. II, n° 758; Le Sellyer, *Actions publique et privée*, t. I, n° 242; Hoffman, *Questions préjudicielles*, t. I, n° 19; Dijon, 15 janvier 1873 (D. 74, 2, 92); Cass., 11 août 1881 (S. 82, 1, 142). — En sens contraire, lorsque le désistement intervient avant toute poursuite : Rauter, p. 297. Cette doctrine a été consacrée en Belgique par l'article 2 de la loi du 17 avril 1878, ainsi conçu : « Lorsque la loi subordonne l'exercice de l'action publique à la plainte de la partie lésée, le désistement de cette partie, avant tout acte de poursuite, arrête la procédure. En matière d'adultère, ce désistement peut être fait en tout état de cause. » Je fais remarquer, du reste, qu'il existe, dans notre droit, deux exceptions qui absorbent presque la règle : 1° en matière d'adultère, où le désistement, en quelque état de cause qu'il intervienne, arrête la poursuite; 2° en matière de diffamation ou d'injure

385. *De l'adultère.* — La loi, qui punit l'adultère de la femme et celui du mari convaincu d'avoir entretenu une concubine dans la maison conjugale, subordonne la poursuite de ce délit à la plainte de l'époux offensé (C. p., art. 336 et 339) [1]. Il a été dit [2], pour justifier cette règle, que l'adultère n'est un délit que dans les rapports des époux : l'action doit être interdite à tout autre qu'au conjoint offensé, parce que tout autre est sans qualité et sans intérêt. Ce motif est inexact. La loi punit l'adultère, non-seulement en faveur de l'époux qui est blessé dans ses affections et son honneur, mais encore pour garantir le mariage, qui est une des bases de la société. L'adultère est donc un délit *social*. Mais, parallèlement à l'intérêt public qui en réclame la répression, il y a l'intérêt contraire de la famille et des enfants, dont l'époux offensé est le seul juge. Lorsque celui-ci garde le silence, le ministère public ne doit pas d'office soulever la poursuite, à moins que l'adultère n'ait dégénéré en un autre délit [3].

Il n'est pas nécessaire, du reste, que le conjoint offensé se constitue partie civile devant la juridiction d'instruction ou de jugement : il lui suffit de porter plainte. Mais la demande en séparation de corps, formée par l'époux outragé, peut-elle être assimilée à une plainte? Sans doute, elle ne constate pas sa volonté formelle de faire *punir* son conjoint : néanmoins, comme elle rend l'adultère *public*, les motifs qui suspendaient l'action répressive n'existent plus. Aussi, l'article 308 C. civ., déclare que la femme, contre laquelle la séparation de corps sera prononcée pour cause d'adultère, devra être « *condamnée*

envers un particulier, où le désistement du plaignant produit le même effet, aux termes de l'article 60, *in fine*, de la loi du 29 juillet 1881 sur la liberté de la presse. Les articles 116 et 117 du C. de proc. pén. italien proclament, comme règle générale, que « dans les faits coupables où l'action pénale ne peut s'exercer sans instance de la partie lésée, celle-ci peut se désister de sa plainte », et que ce désistement « arrête l'action pénale ». Comp. MARCY, *op. cit.*, t. II, p. 77.

[1] L'adultère de la femme est par lui-même un délit; l'adultère du mari n'a ce caractère que lorsque le mari a entretenu une concubine dans la maison conjugale (C. p., art. 337 et 339). De plus, la loi, qui frappe de la peine d'*emprisonnement* la femme convaincue d'adultère, punit d'une *amende* seulement le mari convaincu d'avoir entretenu une concubine dans la maison conjugale. C'est établir une flagrante inégalité dans la répression du délit d'adultère, avec lequel, d'ailleurs, l'amende, comme on l'a fait remarquer, n'a aucune analogie. Le Code belge de 1867, corrigeant cette iniquité, a attaché la peine d'emprisonnement au délit d'adultère commis par l'un et par l'autre époux (art. 387 et 389).

[2] LOCRÉ, t. XXX, p. 480.

[3] Bien entendu, si le fait d'adultère dégénérait en outrage public à la pudeur, en attentat, avec violence à la pudeur, le ministère public pourrait poursuivre d'office : Rouen, 27 février 1859 (D. 69, 5, 181).

par le même jugement, et sur la réquisition du ministère public, à la réclusion dans une maison de correction pendant un temps déterminé, qui ne pourra être moindre de trois mois, ni excéder deux années[1]. Nous appliquerons la même solution en cas d'adultère du mari, avec cette différence toutefois que le tribunal civil, qui prononce la séparation de corps au profit de la femme, ne peut pas condamner le mari à la peine de l'amende; mais le ministère public a le droit, par le fait seul de la demande, de poursuivre le mari devant le tribunal correctionnel[2].

Du reste, la plainte de l'époux outragé, nécessaire pour qu'il y ait poursuite, n'est pas toujours recevable. *a*) L'article 336 élève d'abord contre la faculté qu'il donne au mari de dénoncer l'adultère de sa femme, au point de vue pénal, une fin de non-recevoir tirée de ce qu'il a lui-même entretenu une concubine dans la maison conjugale[3]. La femme peut opposer la non-recevabilité de l'action au moment où elle est poursuivie : si elle apporte, en preuve, un jugement de condamnation, déjà prononcé pour adultère contre le mari, et passé en force de chose jugée, le tribunal doit la renvoyer de la plainte[4]; si, au con-

[1] Lors de la rédaction du titre *Du divorce*, au Code civil, on était encore régi par le Code pénal de 1791, qui ne contenait point de disposition punissant l'adultère, même commis par la femme. Les rédacteurs du Code civil, en attendant la rédaction d'un nouveau Code pénal, jugèrent utile de punir l'adultère de la femme, lorsque son délit aurait donné lieu à la séparation de corps; et ils décidèrent, dans l'article 308, que le tribunal, en prononçant contre elle la séparation de corps pour cause d'adultère, lui appliquerait la peine de la « réclusion » ou plus exactement de l' « emprisonnement ». Tel est le motif historique qui explique, sans la justifier, cette compétence *correctionnelle* donnée à un tribunal civil. Le Code pénal de 1810, qui reproduit la même pénalité contre la femme, aurait dû abroger le dernier alinéa de l'article 308. C'est ce qu'a fait implicitement l'article 390 du Code pénal belge de 1867. Ce texte dispose, en effet, « que la poursuite ou la *condamnation* pour adultère ne pourra avoir lieu que sur la plainte de l'époux qui se prétendra lésé ».

[2] Dans le silence du Code civil, le mari, dont l'adultère a donné lieu à la séparation de corps, ne peut être condamné à l'amende par le *tribunal civil;* à cet égard, le tribunal correctionnel est seul compétent. Cela est de toute évidence.

[3] De ce que le mari perd le droit de dénoncer l'adultère de la femme au point de vue *pénal*, on ne doit pas conclure que, dans le même cas, il perde le droit de demander la séparation de corps : ce serait aller trop loin, et la loi ne dit rien de semblable. On conçoit très bien, en effet, que l'adultère de la femme ait rendu la vie commune impossible, et, en même temps, que la faute du mari lui enlève le droit de faire prononcer une peine contre sa femme. Bien entendu, malgré le texte général de l'article 308 C. civ., dans ce cas, l'emprisonnement ne pourra pas être prononcé contre la femme par le tribunal civil qui prononcera la séparation de corps : Amiens, 1er août 1842 (S. 42, 2, 418).

[4] Les termes de l'article 336 sont généraux : nous croyons, par conséquent, que le mari *condamné* pour adultère, quoique revenu à une conduite plus régulière, a pour

traire, ce qui est le plus fréquent, il n'y a pas encore eu de jugement sur ce point, l'inculpation portée par la femme contre son mari forme un incident à juger *préalablement* par le tribunal correctionnel. Cette singulière fin de non-recevoir, accordée à la femme à raison de l'adultère du mari, n'est pas accordée réciproquement au mari à raison de l'adultère de la femme[1]. *b*) La connivence du mari aux débordements de sa femme l'empêcherait-elle de porter plainte? Dans notre ancienne jurisprudence, bien que le ministère public ne pût, en thèse générale, poursuivre d'office l'adultère, cependant on laissait à son action toute indépendance lorsque le mari était le complice de sa femme. Cette restriction n'existe plus aujourd'hui : quelque honteux que soit le calcul du mari, le ministère public est impuissant à le déjouer. Mais si le mari se plaint de l'adultère qu'il favorise, sa plainte est-elle recevable? L'adultère étant un délit *social*, le consentement du mari ne peut ni faire disparaître l'infraction, ni effacer la culpabilité de la femme et du complice : il constitue tout au plus une circonstance atténuante, dont le juge tiendra compte dans l'application de la peine[2]. *c*) On a cru trouver, dans l'interdiction du conjoint, une autre fin de non-recevoir[3]; cette opinion ne saurait être admise, quand l'interdiction est postérieure à la plainte : même lorsque l'interdiction a précédé toute plainte, elle conduirait à donner au conjoint de l'interdit un brevet d'impunité : sans doute, l'interdit ne peut porter plainte, mais pourquoi son tuteur ne le pourrait-il pas à sa place? *d*) La séparation de corps prononcée enlève-t-elle à la femme le droit de dénoncer l'adultère du mari? Quoique le lien du mariage ne soit pas rompu, il n'y a plus d'habitation *conjugale* commune après la séparation de corps, et le

jamais perdu le droit de dénoncer sa femme. C'est, sans doute, donner à la femme, et à ses complices, un brevet d'impunité. Mais le texte conduit à ce résultat. En sens contraire cependant : Paris, 18 juin 1870 (S. 70, 2, 338); Le Sellyer, *Actions publique et privée*, t. II, n° 196; Hoffman, *Questions préjudicielles*, t. III, n° 536.

[1] V. cependant en sens contraire : Marcadé, *Rev. crit.*, 1851, p, 118. Le projet primitif du Code pénal belge étendait au mari le droit d'opposer à la plainte la fin de non-recevoir que l'article 336 donne à la femme. Après une longue et intéressante discussion, cette disposition fut simplement supprimée par le Sénat. Comp. : Haus, t. II, n° 1163. Cette fin de non-recevoir n'existe donc plus dans la législation belge, et nous croyons que c'est avec raison qu'elle a été supprimée.

[2] En ce sens : Caen, 29 nov. 1855 (S. 56, 2, 421). La cour de Bruxelles, dans un arrêt du 31 juillet 1874 (S. 75, 2, 256), a consacré la même opinion. V. sur la question : Le Sellyer, *Actions publique et privée*, t. I, n° 199. Bien entendu, si le mari se constituait partie civile, son action en dommages-intérêts serait certainement écartée par une exception fondée sur le principe de droit commun : *Volenti non fit injuria.*

[3] Faustin Hélie, t. II, n° 277.

mari ne peut être incriminé, que s'il a entretenu une concubine dans la maison conjugale[1]. *e*) La réconciliation des époux, postérieure à l'adultère, est une fin de non-recevoir commune au mari et à la femme. La jurisprudence et la doctrine sont d'accord pour admettre ce principe comme une conséquence nécessaire de l'article 337 du Code pénal[2]. En effet, lorsque la femme est condamnée pour adultère, le mari reste le maître d'arrêter l'effet de la condamnation en consentant à reprendre sa femme (C. p., art. 337, § 2). Il suit de là qu'il peut se désister de sa plainte, tant qu'un jugement passé en force de chose jugée n'est pas intervenu et que son désistement doit éteindre l'action publique. On ne comprendrait pas, en effet, qu'il ne fût pas permis au mari de prévenir une condamnation, dont il peut arrêter les effets. Le Code pénal ne confère expressément ces prérogatives qu'au mari outragé, parce que le mari coupable d'adultère n'est puni que d'une amende[3]. Mais si, dans l'intérêt du rétablissement de la paix du ménage, le mari a le droit d'arrêter la poursuite en pardonnant à sa femme, la femme doit avoir le même droit en pardonnant à son mari. C'est un point qui ne fait aucun doute.

Ainsi, le *désistement* de l'époux plaignant doit être accueilli, dans toutes les phases de la procédure, comme la preuve légale que l'adultère n'a pas été commis; et l'action publique est éteinte lorsque, dans le cours des poursuites et avant qu'elles soient terminées par une condamnation passée en force de chose jugée, le plaignant renonce à sa plainte, soit *expressément*, par une déclaration formelle, soit *tacitement*, par une réconciliation dont il appartiendra aux tribunaux saisis de la poursuite d'apprécier les circonstances. En un mot, la loi donne aux époux le droit réciproque d'*amnistie*, c'est-à-dire le droit d'éteindre l'action publique et le jugement même de condamnation, tant qu'il n'est pas devenu irrévocable[4]. De plus, elle donne au mari,

[1] Comp. en ce sens : Cass., 17 avril 1838 (S. 38, 1, 358); Tribunal de la Seine, 28 mai 1872 (D. 73, 3, 56); Lyon, 7 janv. 1873 (D. 73, 2, 8); Tribunal de la Seine, 1er déc. 1880 (*Gaz. des Trib.*, nº du 16 déc. 1880). En sens contraire cependant : Lyon, 15 juin 1837 (S. 38, 2, 164); Le Sellyer, *op. cit.*, nº 193.

[2] Le rapprochement des articles 272 et 273 du Code civil avec l'article 339 du Code pénal fortifierait encore, s'il en était besoin, l'opinion qui voit dans la réconciliation des époux une fin de non-recevoir de la poursuite en adultère.

[3] Aussi le Code pénal belge de 1867, qui attache la peine d'emprisonnement au délit d'adultère commis par l'un ou par l'autre époux, confère à la femme, comme au mari, la faculté d'arrêter la condamnation provoquée par la plainte de l'un ou de l'autre (art. 387 et 389).

[4] Cette sorte d'amnistie, émanant de la partie lésée par l'infraction, éteint l'action

mais au mari seul, le droit de faire *grâce*[1], c'est-à-dire d'arrêter l'effet de la condamnation, passée en force de chose jugée, qui continue néanmoins de subsister à d'autres points de vue[2].

386. Le Code pénal a dérogé, en matière d'adultère, aux règles générales de la complicité. Il édicte, dans son art. 338, une peine spéciale contre le complice de la femme, peine plus forte que celle qui frappe l'auteur principal : il n'en édicte aucune, dans l'art. 339, contre la concubine entretenue par le mari dans la maison conjugale[3].

civile comme l'action publique. La Cour de cassation, dans un arrêt du 1er décembre 1873 (D. 74, 1, 345), a donc décidé, avec raison, que le mari qui s'est réconcilié avec sa femme, ne peut former contre le complice une demande en dommages-intérêts.

[1] De nombreux arrêts décident, en effet, qu'il ne s'agit point, dans l'art. 337 § 2, d'une amnistie, mais seulement d'une grâce, qui, sans anéantir la condamnation prononcée contre la femme, fait à celle-ci remise de la peine encourue. En conséquence, ils décident que le pardon accordé par le mari à sa femme, après que le jugement de condamnation est devenu définitif à l'égard de celle-ci, ne profite pas au complice qui frappe d'appel ce jugement : Cass., 27 janvier 1829 (*Journal du droit criminel*, art. 93), 20 avril 1854 (*Journal du droit criminel*, art. 5736); Agen, 21 juin 1854 (D. 55, 2, 85); Nîmes, 27 nov. 1879 (*Gaz. des Trib.* du 21 déc. 1879). Comp. sur la question : Paradan, (*Revue crit.*, 1880, p. 337). Du reste, le droit du mari de faire grâce n'enlève pas au Président de la République le droit de gracier la femme condamnée pour adultère.

[2] L'action publique exercée pour délit d'adultère, qui est anéantie par le désistement du plaignant, est-elle éteinte par son décès? L'effet de la condamnation de la femme à l'emprisonnement, qui est arrêté par le pardon du mari, est-il paralysé par sa mort? Tandis que, sur la première question, les opinions sont partagées, elles ne le sont pas sur la seconde; il est certain, en effet, que la femme condamnée ne peut pas obtenir la remise de sa peine, au cas où son mari est décédé après la condamnation devenue irrévocable, par ce seul motif qu'elle a perdu de ce fait la chance d'être graciée par celui-ci. Cependant, on a soutenu, et la Cour de cassation a décidé, dans sa première jurisprudence, que la mort du conjoint, impuissante à arrêter l'exécution de la condamnation, mettait nécessairement fin aux poursuites commencées, que, dans le délit d'adultère, l'action publique avait besoin, à toutes les époques de la procédure, du concours, soit exprès, soit présumé du plaignant, et que le décès de celui-ci, en faisant disparaître ce concours, élevait contre l'action publique une fin de non-recevoir insurmontable : Cass., 27 sept. 1839 (S. 40, 1, 85). Mais cette objection est peu fondée. En effet, dès qu'une plainte est portée, l'obstacle qui s'opposait à l'exercice de l'action publique est levé : le ministère public recouvre son indépendance; il peut exercer l'action, dans toutes les phases du procès, sans avoir besoin du concours du plaignant, sauf la faculté, pour celui-ci, de paralyser l'action par un désistement exprès ou tacite. *Sic*, Cass., 3 juin 1863 (S. 63, 1, 401) ; Aix, 14 juillet 1876 (S. 77, 2, 136) ; Haus, t. II, nos 1168 et 1169.

[3] Il résulte, ce semble, de ces textes spéciaux, que, en matière d'adultère, le Code pénal laisse impunies les autres personnes qui ont aidé au délit, soit en y provoquant, soit en le facilitant, soit en procurant aux coupables les moyens de le commettre. En d'autres termes, il n'y aurait pas, dans le délit d'adultère, de complicité punissable : car celui que la loi appelle le *complice* de la femme est, en réalité, le *coauteur* du délit. Cette opinion n'est partagée ni par tous les auteurs ni par la jurisprudence.

Que le complice de la femme soit puni, et puni plus sévèrement que la femme, cela doit être, car, dans l'état de nos mœurs, il est presque toujours l'auteur de la séduction. Que la concubine du mari soit à l'abri de toute peine, cela se comprend encore, car la femme, qui consent à vivre en concubinage avec le mari dans la maison conjugale, a cédé le plus souvent à la séduction exercée sur elle. Aussi croyons-nous, malgré une jurisprudence contraire, que la concubine du mari n'est pas passible des peines de la complicité[1]. Cela résulte pour nous du silence du Code pénal sur ce point. Enfin, la loi a organisé un système légal de preuves, en matière de complicité d'adultère; car, aux termes de l'art. 338, § 2 C. p., les seules preuves, qui peuvent être admises contre le prévenu de complicité, sont, « outre le *flagrant délit*, celles résultant de *lettres* ou *autres pièces* écrites par lui ». Quant à la femme, la preuve de l'adultère peut être faite par tous les moyens.

Le complice de la femme profite nécessairement de toutes les exceptions qu'elle peut invoquer, tant qu'il n'est pas intervenu de jugement passé en force de chose jugée. La cause de la femme et celle de son complice étant indivisibles, il suffit que le mari ait dénoncé sa femme pour que le complice puisse être poursuivi, quand même il n'a pas été désigné dans la plainte, comme il suffit que le mari se désiste à l'égard de sa femme, pour que ce désistement mette le complice à l'abri soit d'une peine, soit d'une condamnation à des dommages-intérêts[2]. Il résulte de là que le décès de la femme, avant tout jugement définitif, éteint l'action publique à l'égard du complice[3]. Mais, dès qu'un jugement irrévocable a constaté l'adultère, le sort du complice est indépendant de celui de la femme, et le mari ne peut plus exercer, soit le droit de grâce, soit le droit d'amnistie, qu'à l'égard de la femme.

Une difficulté particulière se présente lorsque le complice de la femme est lui-même un homme marié. La plainte de l'époux outragé est-elle suffisante pour autoriser le ministère public à agir contre le complice? Celui-ci peut-il être poursuivi, malgré le silence de sa femme? Il me paraît résulter de l'article 338 que le complice de la

[1] En ce sens : ORTOLAN, t. II, n° 1695 et la note. — En sens contraire : Cass., 28 février 1868 (D. 68, 1, 233); Paris, 20 déc. 1873 (D. 75, 2, 72).

[2] Cass., 1er déc. 1873, arrêt déjà cité.

[3] La femme, en effet, comme tout autre inculpé, est présumée innocente jusqu'au jour de la condamnation : or, comme le sort de la femme et celui du complice sont indivisibles, celui-ci profite de cette présomption qui ne peut plus être détruite par suite du décès de la femme : Cass., 8 juin 1872 (S. 72, 1, 346).

femme est punissable, qu'il soit marié ou non, et, dans ce dernier cas, qu'il ait été ou non dénoncé par sa propre femme, alors que le mari de la femme adultère a porté plainte[1].

387. *Du rapt par séduction.* — Dans le crime du rapt par séduction, prévu par l'article 356 C. p., lorsque le ravisseur a épousé la fille qu'il a enlevée, la poursuite, tant contre lui que contre ceux qui ont participé à l'enlèvement[2], est subordonnée à une double condition, exigée *cumulativement* par la loi : l'*annulation* du mariage prononcée par les tribunaux civils, et une *plainte* déposée par les personnes qui ont le droit de demander cette annulation (C. p., art. 357). Ainsi, lorsque l'enlèvement n'a pas été suivi de mariage, le ministère public peut librement poursuivre le ravisseur et ses complices[3]. Mais, si celui-ci a épousé la personne enlevée, la poursuite ne peut avoir lieu que sur la plainte des personnes qui ont le droit de demander la nullité du mariage et qu'après que cette nullité a été prononcée. Cette question d'annulation suspend non-seulement le *jugement* de l'action publique, mais *l'exercice* même de cette action, qui ne peut être intentée par le ministère public, tant que la nullité du mariage n'a pas été prononcée[4].

[1] L'arrêt de cass. du 28 février 1868, déjà cité, qui déclare, contrairement à notre opinion, la concubine du mari punissable, décide que la plainte en adultère, formée par la femme contre son mari, saisit le tribunal correctionnel, aussi bien à l'égard de la concubine qu'à l'égard du mari, encore bien que cette concubine serait mariée et que le mari ne se plaindrait pas ou même protesterait contre la poursuite.

[2] Les poursuites pénales contre les complices du ravisseur auraient les mêmes inconvénients que celles contre le ravisseur; il serait, du reste, injuste de permettre de poursuivre les complices, alors qu'on ne permet pas de poursuivre l'auteur principal, aussi croyons-nous que l'exception qui couvre le ravisseur couvre également les complices.

[3] Il n'en est donc pas de ce crime comme du délit d'adultère; dès que l'infraction est commise, l'action publique prend naissance; le ministère public peut agir d'office, et le procès ira jusqu'au bout, si le ravisseur n'épouse pas la fille enlevée.

[4] Cependant, le texte de l'article 357 fait naître des difficultés sur ce point. En décidant que le ravisseur « ne pourra être *poursuivi* que sur la plainte...., ni *condamné* qu'après que la nullité du mariage aura été prononcée », il semble mettre une différence entre la poursuite et le jugement : le ministère public pourrait poursuivre sur la plainte seule, le tribunal de répression ne pourrait juger qu'après l'annulation du mariage. Mais la rédaction de ce texte est évidemment vicieuse : comment comprendre, en effet, des poursuites provisoires qui ne pourraient être suivies d'une condamnation? Concevrait-on que le ravisseur puisse indéfiniment rester sous le coup de poursuites criminelles, être indéfiniment maintenu en état de détention préventive, jusqu'à ce qu'il plaise aux personnes qui en ont le droit de demander la nullité de son mariage? Les travaux préparatoires démontrent, au surplus, que

388. *Des délits de chasse ou de pêche sur le terrain ou dans les eaux d'autrui.* — L'action publique, en cas de délit de *chasse*, est, en principe, indépendante de la plainte de la partie lésée (L. 3 mai 1844, art. 26, § 1er). Le ministère public peut l'intenter d'office, toutes les fois qu'il s'agit de délits ne tenant pas à la lésion du droit de propriété, mais à la police générale de la chasse : tel serait le fait de chasser, soit en temps prohibé ou sans permis, soit avec emploi de moyens ou d'instruments défendus par la loi. Toutefois, l'indépendance du ministère public cesse, lorsque le délit consiste uniquement dans le fait d'avoir chassé sur le terrain d'un particulier[1] sans le consentement du propriétaire ou de l'ayant-droit[2]. Dans ce cas, en effet, la seule condition à remplir pour que le fait soit légitime, c'est de chasser avec le consentement du propriétaire ou de l'ayant-droit. Or, l'existence de ce consentement, qui peut être exprès ou tacite, est naturellement présumée par la loi, tant que la personne intéressée ne porte pas plainte. Toutefois, le législateur, puisant cette indication dans ce qui a lieu le plus communément (*de eo*

le texte ne répond pas à la pensée du législateur : « Il ne suffit pas, disait M. Faure, pour que l'époux puisse être poursuivi criminellement, que la nullité du mariage ait été demandée ; il faut encore qu'en effet le mariage soit déclaré nul ». Voir Locré, t. XV, p. 442 ; Hoffman, *op. cit.*, t. III, nos 686 et suiv. ; Ortolan, t. II, no 1713.

[1] Nous disons d'un « particulier », car le ministère public et l'administration forestière pourraient poursuivre d'office les délits de chasse commis dans les bois soumis au régime forestier (C. forestier, art. 1er et 159) ; Cass., Chamb. réunies, 27 février 1865 (D. 67, 1, 95) ; Rouen, 16 janvier 1868 (D. 68, 1, 61). Mais on sait que le droit de chasse dans ces bois peut être cédé : le droit de porter plainte appartient alors à l'administration ou au cessionnaire, suivant que le droit cédé est purement personnel ou, au contraire, sans réserve. Sur ce dernier point, d'une application pratique délicate, voir : Faustin Hélie, t. II, no 817 ; Le Sellyer, *Actions publique et privée*, t. I, no 189.

[2] L'article 26, § 2, de la loi du 3 mai 1844 se sert de cette expression générale « *la partie intéressée* », c'est-à-dire la partie à qui appartient le droit de chasse. Or, l'article 26 lui-même considère le droit de chasser comme un élément du droit de propriété. C'est donc le propriétaire qui a tout d'abord le droit de porter plainte. Les ayants-droit, quant à la chasse, sont ceux à qui ce droit est transféré et qui l'exercent comme le propriétaire. Tels sont l'emphytéote et l'usufruitier du fonds ; tels sont également les cessionnaires du droit de chasse, à titre onéreux, ou même à titre gratuit. Le fermier n'a pas, à notre avis, le droit de chasse qui est un élément de la propriété ; il ne peut donc ni laisser chasser sur les terres affermées ni porter plainte d'un fait de chasse non autorisé. Comp. sur cette dernière question : Haus, t. II, no 1178 ; Le Sellyer, *Actions publique et privée*, t. I, no 186 ; Faustin Hélie, t. II, no 815 ; Paris, 28 janvier 1869 (D. 69, 2, 155) ; Caen, 6 décembre 1871 (D. 72, 3, 68) ; Alger, 27 décembre 1876 (S. 77, 2, 206) ; Rouen, 7 décembre 1878 (S. 79, 2, 84).

quod plerumque fit), ne présume pas ce consentement et permet au ministère public d'agir d'office : 1° lorsque le fait de chasse a eu lieu sur un terrain clos attenant à une habitation[1]; 2° ou bien lorsqu'il a lieu sur des terres non dépouillées de leurs fruits, c'est-à-dire, — car les deux hypothèses sont entrées dans les prévisions du législateur, — sur des terres simplement ensemencées, ou dont les semences étaient déjà levées[2].

L'action publique est également suspendue, jusqu'à la plainte du propriétaire ou de l'ayant-droit, à l'égard des délits qui consistent uniquement dans le fait d'avoir pêché dans les eaux d'autrui, les autres conditions légales étant d'ailleurs remplies. Cette décision n'est, il est vrai, consacrée par aucun texte : mais elle résulte, tout à la fois, du rapport d'analogie qui unit les délits de chasse et les délits de pêche et de l'intention formellement exprimée par le législateur de soumettre ces deux espèces de délits à une même règle[3].

389. *Des délits des fournisseurs.* — Lorsque le service des armées de terre ou de mer aura manqué, soit par la négligence, soit par la fraude des fournisseurs, la poursuite de ces infractions, prévues par les articles 430 à 433 C. p., ne pourra avoir lieu que sur la dénonciation du gouvernement, c'est-à-dire sur la plainte du ministre que le service concerne[4]. Cette exception à l'indépendance du

[1] La loi exige *cumulativement* ces deux conditions. Cela résulte du texte même de l'article 26 de la loi de 1844.

[2] Comp. sur le sens de ces mots : FAUSTIN HÉLIE, t. II, n° 810; LE SELLYER, *op. cit.*, t. I, n° 182; ORTOLAN, t. II, n° 1733.

[3] La question est délicate. Avant la loi du 15 avril 1829, *relative à la pêche fluviale*, on était généralement d'accord pour la résoudre dans le sens indiqué par nous. Mais la discussion de cette loi a jeté, sur cette question, beaucoup d'incertitude. En effet, l'article 36 exige que les procès-verbaux, constatant les délits commis au préjudice des particuliers, soient transmis au procureur du roi. Or, le rapporteur à la Chambre des pairs avait attiré l'attention sur ce point, et c'est précisément, après discussion, et pour consacrer le droit du ministère public d'agir d'office, que la rédaction de l'article 36 a été adoptée. Aussi beaucoup d'auteurs et la jurisprudence estiment que les délits de pêche commis dans les eaux des particuliers peuvent être poursuivis sans plainte préalable de la partie intéressée : ORTOLAN, t. II, n° 1735; LE SELLYER, *Actions publique et privée*, t. I, n° 191; FAUSTIN HÉLIE, t. II, n° 818. Mais on peut répondre à cet argument que, d'après la déclaration même du rapporteur, la rédaction de l'article 36 avait été modifiée pour la mettre d'accord avec l'article 70; or, cet article 70 a été rejeté, et voici le motif qu'en donnait le commissaire du gouvernement à la Chambre des pairs : « La Chambre des députés a supprimé l'article 70 de l'ancien projet : elle a pensé qu'à l'égard de la pêche, comme à l'égard de la chasse, les particuliers devaient demeurer libres de dénoncer les délits pour lesquels la loi leur donne action directe ». Dans ce sens : MANGIN, *op. cit.*, t. I, n° 159.

[4] LE SELLYER, *op. cit.*, t. I, n° 220; Cass., 13 juillet 1860 (S. 61, 1, 90).

ministère public a été inutilement formulée, car, faute de moyens d'investigations, la poursuite n'aurait jamais pu avoir lieu qu'avec le concours du gouvernement.

390. *De la contrefaçon industrielle.* — L'action publique est encore subordonnée à la nécessité d'une plainte en matière de contrefaçon, non pas en ce qui concerne la propriété littéraire ou artistique (C. p., art. 425; D. 5 février 1810, art. 41 et 47), mais seulement en ce qui concerne la propriété industrielle (L. 5 juillet 1844, art. 45).

391. *Des diffamations, injures, offenses, outrages.* — La loi du 17 mai 1819 a établi, dans une définition très-précise, que la loi du 29 juillet 1881 a répétée (art. 29), la différence essentielle entre la *diffamation* et l'*injure*. La diffamation est « toute allégation ou imputation d'un *fait* (vrai ou faux) qui porte atteinte à l'honneur ou à la considération de la personne, ou du corps auquel le fait est imputé », l'injure est « toute expression outrageante, terme de mépris ou invective, *qui ne renferme l'imputation d'aucun fait* » déterminé. L'élément de gravité prédominant de l'injure et de la diffamation consiste dans la *publicité* qui leur est donnée. C'est ce qui explique comment ces deux délits ont été prévus et définis dans les lois relatives à la presse et aux autres moyens de publication. A l'égard du chef de l'État, de la personne des souverains ou chefs des gouvernements étrangers, les lois sur la presse ne parlent pas d'injure ou de diffamation, elles se servent, sans la définir, de l'expression *offense*, expression qui comprend, sans aucun doute, non-seulement l'injure et la diffamation, mais encore tous les autres faits indéterminés qui, à l'appréciation du juge, peuvent être considérés comme offensants (L. 29 juillet 1881, art. 26, 36). Enfin, lorsqu'un fait rentre dans les prévisions des articles 222 et suivants du Code pénal, bien qu'il puisse contenir une diffamation ou une injure proprement dite, il est qualifié *outrage* par la loi[1]. Ce qui caractérise l'outrage, c'est qu'il est adressé soit à un magistrat de l'ordre administratif ou judiciaire, soit à un juré, soit à un officier ministériel ou agent dépositaire de la force publique, ou même à un citoyen chargé d'un ministère public, *dans l'exercice* ou *à l'occasion de l'exercice de ses fonctions*. L'outrage peut se commettre par faits, paroles, gestes ou menaces. La publicité n'est point requise, à titre d'élément essentiel du délit.

[1] Que les articles 222 et 227 n'aient pas été abrogés par la loi du 29 juillet 1881, cela est évident. Mais quels sont les outrages qu'ils répriment? V. sur ce point : Cass., 15 mars 1883 (S. 83, 1, 425).

Pour savoir si les injures, diffamations, offenses et outrages peuvent être poursuivis d'office, il y a lieu de faire les distinctions suivantes : 1° En ce qui concerne les *diffamations* ou les *injures* contre les *particuliers*, la règle est simple : l'action n'est ouverte au ministère public que sur la plainte de la partie qui se prétend lésée. L'article 60 de la loi du 29 juillet 1881 pose formellement ce principe au sujet des diffamations ou injures publiques, qui constituent des délits; une jurisprudence constante l'applique, avec raison, aux injures ou diffamations moins graves, qui ne sont punies que de peines de simple police. La raison d'être de cette règle, c'est que la répression de ces infractions intéresse principalement ceux qui ont été offensés. La personne lésée, qu'elle soit victime d'une médisance ou d'une calomnie, peut avoir intérêt à éviter le scandale d'un procès; elle peut mépriser l'offense; elle peut préférer prendre pour juge l'opinion publique. De quel droit le ministère public l'engagerait-il dans un débat « où la justice même et le triomphe ne sont pas toujours exempts d'inconvénients? » 2° En ce qui concerne les *diffamations* et *injures* contre les cours, tribunaux ou autres corps constitués, c'est-à-dire les corps dont l'existence est permanente et dont les membres se réunissent pour délibérer, ces délits ne peuvent être poursuivis (L. 29 juillet 1881, art. 47, § 1), que sur la délibération de ces corps administratifs ou judiciaires, prise en assemblée générale et requérant les poursuites, ou, si le corps n'a pas d'assemblée générale, sur la plainte du chef du corps, ou du ministre duquel ce corps relève. 3° La loi de 1819 subordonnait également à la nécessité d'une plainte préalable de la partie lésée la poursuite des injures et des diffamations dirigées contre tous dépositaires ou agents de l'autorité publique. Avec ce système de législation, il arrivait souvent que des fonctionnaires hésitaient à saisir les tribunaux de leurs griefs personnels et rendaient ainsi impossible une répression à laquelle ils ne sont pas seuls intéressés. La loi du 29 juillet 1881 (art. 47, § 3) permet au ministère public de poursuivre ces infractions, soit sur la plainte de la partie offensée, soit d'office sur la demande adressée au ministre de la justice par le ministre dans le département duquel se trouve le fonctionnaire diffamé ou injurié[1]. 4° En cas d'offense envers la personne des souverains ou chefs des gouvernements étrangers, ou d'outrage envers les agents diplomatiques étrangers, la poursuite aura lieu soit à leur re-

[1] La loi du 29 décembre 1875 édictait déjà la même règle.

quête, soit d'office sur leur demande adressée au ministre des affaires étrangères et par celui-ci au ministre de la justice (art. 47, § 5). 5° Enfin, en cas d'outrage prévu par les articles 222 et 227 C. p., la poursuite aura lieu d'office.

392. Du cas où la poursuite est suspendue par l'état de démence de l'inculpé. — Si la démence ne survient que postérieurement à l'infraction, elle n'a aucune influence sur l'imputabilité, qui reste entière, puisque l'agent était sain d'esprit « au temps de l'action » : mais pourra-t-on poursuivre, la démence survenant avant ou pendant les poursuites? pourra-t-on exécuter la condamnation, la démence survenant après que la peine a été prononcée? Nous ne trouvons, dans l'article 64 C. p., aucune réponse à ces questions.

a) L'*inculpé*, frappé d'aliénation mentale, ne peut se défendre; la poursuite doit donc s'arrêter; et la poursuite s'arrête, à quelque degré qu'elle soit parvenue. La folie, survenue après la déclaration d'appel ou de pourvoi, suspendrait, sans aucun doute, le jugement à rendre par la cour d'appel ou la Cour de cassation. Mais j'irai même plus loin : l'accusé a été frappé d'aliénation mentale au moment où il entendait la lecture de l'arrêt de la cour d'assises le condamnant à la peine de mort : cet arrêt n'est pas définitif, puisque le condamné a trois jours pour se pourvoir : étant fou, il ne songe pas à profiter de cette dernière et suprême ressource : le délai du pourvoi sera suspendu à son profit, tant qu'il n'aura pas recouvré la raison.

b) La démence survient après la *condamnation devenue irrévocable* : peut-on appliquer au *condamné*, en état d'aliénation mentale, la peine prononcée contre lui? Il est deux catégories de condamnations à propos desquelles aucune difficulté ne s'élève. — La condamnation à la peine de mort ne sera pas exécutée avant que le condamné ait recouvré la raison. La peine n'a pas été seulement prononcée pour l'exemple des autres, mais pour l'expiation du condamné. Or, ne serait-il pas absurde de faire monter sur l'échafaud un insensé, en expiation d'un crime dont il n'aurait plus conscience? — Si la peine prononcée est une peine pécuniaire, une amende, une confiscation, la démence du condamné ne fera pas obstacle à son exécution. L'amende et la confiscation, dès qu'elles sont prononcées, perdent, à certains points de vue, leur caractère pénal : elles deviennent des dettes, grevant le patrimoine, et peuvent être exécutées, sur le patrimoine, en quelque main qu'il ait passé, et quelle que soit la condition du débiteur. Mais, si l'insensé était insolvable, pourrait-on employer la contrainte par corps contre lui? Nous ne le pensons pas : la contrainte par corps joue un double rôle en matière pénale; elle est tout à la fois une *peine* et une *épreuve de solvabilité :* or, ni à titre de peine, ni à titre d'épreuve de solvabilité, on ne la conçoit employée contre un insensé, puisque cet insensé ne sait plus ce qu'il possède et ne peut comprendre pourquoi on le punit.

Si la condamnation est d'une peine privative de liberté, l'emprisonnement, la réclusion, les travaux forcés, elle ne peut certainement être exécutée contre un aliéné, telle qu'elle a été prononcée : on n'écroue pas un fou dans une maison centrale, on ne l'embarque pas pour la Nouvelle-Calédonie : on l'enferme dans un hospice d'aliénés. Mais cette détention dans un hospice, détention qui est une mesure de *précaution* et non une mesure *pénale*, comptera-t-elle dans la durée de la peine? Je le crois, malgré l'avis contraire de la plupart des auteurs; est-ce que le temps, passé par un condamné malade à l'infirmerie, ne compte pas dans le calcul de la durée de la peine[1]? pourquoi n'en serait-il pas de même du temps passé par un fou dans l'asile? On objecte que l'homme ne peut être châtié que s'il comprend le châtiment qu'on lui inflige et que la peine est, avant tout, expiatrice: nous sommes d'accord sur ce point : mais, la condamnation étant devenue irrévocable, la peine *s'exécutait;* la maladie est survenue : pourquoi arrêterait-elle cette exécution dans un cas, alors qu'elle ne l'arrête pas dans l'autre[2]?

[1] Le temps passé par un condamné dans un hospice ne s'impute sur la durée de la peine, d'après la pratique de la chancellerie, que lorsque le dépôt dans l'hospice a eu lieu conformément aux articles 15 et 16 de la loi du 4 vendémiaire an VI, relative à l'exécution des peines par les condamnés malades. La question a été discutée à la Chambre des députés (*J. O.*, 25 mars 1877).

[2] Une question d'un grand intérêt, et que nous examinerons plus loin, est celle de savoir si la prescription de l'action publique ou de la peine peut continuer à courir pendant la démence. Le prévenu frappé d'aliénation mentale ne peut être poursuivi; certaines peines ne peuvent être exécutées contre un fou; le temps fait-il, malgré cela, son œu re pour empêcher la poursuite ou l'exécution?

CHAPITRE II.

DE L'EXERCICE DE L'ACTION CIVILE.

393. Le droit de juger les contestations qui rentrent dans la compétence de l'autorité judiciaire est distribué entre des tribunaux de justice civile et des tribunaux de justice répressive. Or, l'infraction peut donner lieu à deux procès : un procès *pénal* et un procès *civil*; de même que les tribunaux de répression sont seuls compétents pour connaître de *l'action publique*, de même les tribunaux civils devraient être seuls compétents pour connaître de *l'action civile*. C'est à cette conséquence que conduiraient les principes mêmes de l'organisation judiciaire. Mais il est à remarquer que les preuves de l'infraction servent le plus souvent à établir le principe et à déterminer le chiffre des dommages-intérêts qui sont l'objet de l'action civile; aussi a-t-il paru *utile* de donner aux tribunaux de répression le droit de se prononcer sur les dommages-intérêts dus à raison de l'infraction, *en même temps* qu'ils se prononcent sur la peine qui y est applicable. Seulement, cette attribution *exceptionnelle* des tribunaux répressifs n'a pas fait disparaître l'attribution *ordinaire* des tribunaux civils; de sorte que les parties lésées par une infraction peuvent, *à leur choix*, intenter leur action, en même temps et devant les mêmes juges que l'action publique, ou, séparément, devant les tribunaux civils (C. inst. cr., art. 2)[1].

[1] L'art. 4 de la loi belge du 17 avril 1878, contenant le titre préliminaire du Code de procédure pénale, reproduit, à peu près dans les mêmes termes, l'art. 3 du Code d'instr. cr. Cependant, la question de savoir s'il ne convenait pas d'admettre la compétence *exclusive* des tribunaux civils pour statuer sur l'action de la partie lésée par une infraction a été l'objet d'une discussion très-intéressante dans le sein de la commission de révision du Code d'instruction criminelle. Cette commission s'est prononcée pour le maintien du système actuel, « parce qu'il fonctionne sans inconvénient sensible depuis plus d'un siècle en France et en Belgique ». Tel a été aussi l'avis de la commission de la Chambre des députés; mais celle-ci a pensé que, tout en maintenant le système de l'option pour la majorité des cas, il y avait lieu d'introduire, après la première phrase de l'article 4, une disposition ainsi conçue : « *Toutefois, le tribunal criminel pourra ordonner le renvoi devant le tribunal civil, s'il estime que ce renvoi est motivé par la nécessité d'une plus longue instruction* ». D'après cette disposition, empruntée à l'art. 4 du Code de proc. pén. autrichien de 1873, le tribunal de répression aurait pu déclarer d'office que les éléments fournis par la procédure criminelle n'étaient pas suffisants pour lui permettre de statuer sur l'action civile. La Chambre belge a repoussé cette innovation dont l'utilité nous paraît certaine (*Ann. de légis. étrang.*, 1879, p. 447).

I. DU DROIT D'OPTION DE LA PARTIE LÉSÉE ENTRE LA JURIDICTION CIVILE ET LA JURIDICTION RÉPRESSIVE.

394. La règle qui accorde à la partie lésée par une infraction le choix entre la voie civile et la voie criminelle est *générale ;* elle s'applique à l'action civile, qu'elle soit intentée contre les personnes civilement responsables, ou qu'elle soit intentée contre les auteurs mêmes ou les complices de l'infraction[1]. Mais la partie lésée ne peut citer les personnes civilement responsables devant le tribunal de justice répressive qu'à la condition d'y *appeler* ou d'y *trouver* l'auteur même de l'infraction, car la juridiction répressive n'est compétente pour connaître de l'action civile que si elle est saisie *en même temps* de l'action publique, et cette action ne peut être dirigée que contre les *auteurs* et les *complices* du délit[2].

395. Le droit d'option de la partie lésée, quoique général, n'est pas absolu. *a*) Ainsi, les juridictions exceptionnelles, investies, par la loi, d'une compétence pénale, ne peuvent se prononcer sur l'action civile qui naît du délit qu'elles ont le droit de juger[3]. Elles n'ont pas à exercer leur juridiction dans l'ordre des intérêts privés. *b*) Ainsi encore, l'action civile résultant des délits de diffamation envers les

[1] Il est certain, car c'est ce qui résulte des art. 174 et 190 C. inst. cr., que la partie lésée a la faculté de traduire devant les *tribunaux correctionnels* ou de *police* les personnes civilement responsables de l'infraction. Mais, lui est-il permis de les citer devant la *cour d'assises?* On l'a contesté, en se fondant sur ce que les cours d'assises ne sont investies du pouvoir de connaître de la responsabilité civile par aucune disposition expresse de la loi : *sic,* Haus, t. II, n° 1398. Mais l'art. 3 du Code d'inst. cr. contient un principe général, applicable à l'action civile dirigée contre les personnes civilement responsables, comme à l'action civile dirigée contre les auteurs mêmes de l'infraction. Il suffit donc qu'aucun texte ne déroge au droit commun, pour que le droit commun reste applicable. Du reste, l'art. 74 C. p. comprend les cours, devant lesquelles sont portées les affaires criminelles, au nombre des tribunaux éventuellement appelés à statuer sur les cas de responsabilité civile. Dans ce sens : Hoffman, *op. cit.*, t. I, n° 98; Cass., 18 juin 1847 (S. 48, 1, 783); 25 février 1848 (S. 48, 1, 415); Faustin Hélie, t. VIII, p. 209.

[2] La jurisprudence a conclu, à bon droit, de cette règle, qu'un tribunal correctionnel ne pouvait, en acquittant un prévenu, prononcer une condamnation à des dommages-intérêts contre la personne civilement responsable : Cass., 16 avril 1875 (S. 75, 1, 240). L'acquittement démontre, en effet, que le prévenu a été traduit à tort devant la juridiction répressive. Mais rien n'empêche la partie lésée de diriger ses conclusions uniquement contre la personne civilement responsable : Cass. 19 fév. 1866 (S. 66, 1, 214); 2 déc. 1881 (S. 83, 1, 44).

[3] Il en est ainsi, par exemple, des juridictions militaires et maritimes qui peuvent,

personnes publiques, et à l'occasion desquels il est permis de faire la preuve de la vérité des faits diffamatoires, ne peut pas être poursuivie séparément de l'action publique (L. du 29 juillet 1881, art. 46). Cette exception a pour but unique de sauvegarder, au profit de l'auteur du fait incriminé, le droit d'anéantir la poursuite, en prouvant la vérité des faits prétendus diffamatoires[1]. c) Enfin, « dans tous les cas de poursuite et de condamnation pour *banqueroute simple ou frauduleuse*, les actions civiles, autres que celles dont il est parlé dans l'article 595 », doivent rester séparées, et toutes les dispositions relatives aux biens, prescrites pour la faillite, doivent être exécutées, sans qu'elles puissent être attribuées ni évoquées aux tribunaux de police correctionnelle, ni aux cours d'assises (C. com., art. 601). Cette disposition a pour but de protéger l'égalité entre créanciers, base de la loi des faillites, égalité qui interdit l'allocation de dommages-intérêts au profit exclusif de l'un des créanciers qui se prétendrait lésé par un fait de banqueroute[2]. Dans ces divers cas, l'exception d'incompétence est d'ordre public; elle peut être proposée pour la première fois en appel[3].

396. La personne lésée par une infraction a donc la faculté de porter son action devant les tribunaux répressifs ou devant les tribunaux civils : mais peut-elle varier dans son choix? Peut-elle, après avoir soumis son action au tribunal civil, se désister, avant le juge-

néanmoins, ordonner, au profit des propriétaires, la restitution des objets saisis ou des pièces de conviction, lorsqu'il n'y a pas lieu d'en prononcer la confiscation (C. de just. mil. de 1857, art. 53 et 54; et C. de 1858, art. 74 et 75). Il en est de même des conseils de préfecture en ce qui concerne les contraventions de grande voirie (Avis du Conseil d'État du 20 septembre 1809). Comp. : Faustin Hélie, *op. cit.*, n° 462.

[1] Si tel est le motif de cette règle, de tradition dans notre droit (Comp. L. du 15 avril 1871, art. 4), il faut reconnaître qu'elle aurait dû être étendue, par la loi de 1881, à l'action civile qui naît d'une diffamation commise contre « les directeurs ou administrateurs de toute entreprise industrielle, commerciale ou financière, faisant publiquement appel à l'épargne ou au crédit » : dans ce cas, en effet, la vérité du fait diffamatoire peut être établie par les voies ordinaires (art. 35). Cependant, par un de ces oublis si fréquents dans la loi de 1881, l'article 46 ne vise pas cette hypothèse, et il est difficile de suppléer à son silence. Comp. mon article : *La responsabilité civile en matière de délit de presse* (*La France jud.*, 1883).

[2] Sur les difficultés que soulève cette disposition : Mangin, *op. cit.*, t. I, n° 126 ; Hoffman, *op. cit.*, t. II, n° 86; Cocito, *op. cit.*, n° 19; Pessina, *Del diritto dei creditori del faillito a costituirsi parte civile nel giudicio penale di bancarotta* (Naples, 1880).

[3] N'existe-t-il pas une autre exception, en ce qui concerne l'action civile dirigée contre les magistrats et certains fonctionnaires? Comp. : Cardot, *Action civile contre les magistrats* (*Rev. crit.*, 1867, p. 257); Merville (*Revue pratique*, t. IX, p. 281); Paris, 31 janv. 1860 (S. 60, 2, 307).

ment, pour saisir le tribunal répressif, ou réciproquement? Nullement : elle exerce le seul droit que la loi lui donne, en prenant l'une des deux voies qui lui sont ouvertes; dès qu'elle a saisi l'une des deux juridictions, elle ne peut plus se désister pour saisir l'autre : *electa una via, non datur recursus ad alteram*. Cette règle était suivie par notre ancienne jurisprudence qui la basait sur l'article 2, titre XVIII, de l'ord. de 1667 : elle n'est implicitement consacrée par notre législation pénale que dans une application particulière[1]; nous la considérons néanmoins comme générale, car elle résulte à la fois de l'équité et du droit. L'équité ne permet point, en effet, que la partie civile décline, au préjudice de l'inculpé, la juridiction qu'elle a volontairement saisie, parce qu'elle ne la croit peut-être plus favorable à sa demande; et les principes du droit indiquent que l'instance liée, devant quelque juridiction qu'elle le soit, forme, en quelque sorte, un contrat judiciaire qui ne peut plus être rompu par la volonté unilatérale du demandeur.

Ainsi, lorsqu'une fois la partie lésée par un délit aura fait choix de l'une ou l'autre juridiction, elle ne pourra plus abandonner celle qu'elle a d'abord saisie pour recourir à l'autre, et le passage de la juridiction criminelle à la juridiction civile sera aussi peu permis que le passage de la juridiction civile à la juridiction criminelle. Si la seconde de ces deux propositions est, en général, admise[2], la première est, au contraire, contestée. En effet, quand la partie lésée a formé sa demande devant le tribunal civil, on est d'accord pour reconnaître qu'elle ne peut plus la porter, à l'encontre des intérêts du prévenu, au tribunal de répression, car ce serait passer de la voie la plus favorable à la voie la plus rigoureuse; mais, quand elle a d'abord formé sa demande devant un tribunal de répression, il semble qu'elle doive

[1] Je fais allusion à l'article 5, § 5 de la loi du 25 mai 1838, *sur les justices de paix*, qui est ainsi conçu : « Les juges de paix connaissent également....: 5° Des actions civiles pour diffamation verbale et pour injures publiques ou non publiques, verbales ou par écrit, autrement que par la voie de la presse, des mêmes actions pour rixes ou voies de fait; *le tout, lorsque les parties ne se sont pas pourvues par la voie criminelle* ». Ce texte ne dit certainement pas, en termes exprès, qu'il soit défendu d'intenter l'action civile devant le juge de paix, quand la partie a déjà porté son action devant le tribunal de simple police, mais il paraît bien le laisser supposer. Comp.: Garsonnet, *op. cit.*, § CXLI, p. 609; Molinier, *De l'étendue de la compétence des juges de paix, par rapport à l'action civile en matière de diffamations, d'injures, de voies de fait, d'après les dispositions de la loi du 25 mai* 1838 (Paris, 1865).

[2] V. cependant : Le Sellyer, *op. cit.*, t. II, n° 74. Mais comp. Faustin Hélie, t. II, n°s 617-18; t. III, n°s 716 et suiv.

avoir le droit de la porter au tribunal civil, car le prévenu ne saurait se plaindre de ce que la partie civile prend une voie moins rigoureuse[1]. Les motifs qui empêchent la partie lésée de passer du civil au criminel lui défendent également, à mon avis, de passer du criminel au civil. En effet, la partie n'abandonne la voie qu'elle a choisie, que lorsqu'elle s'aperçoit que cette voie ne lui présente aucune chance de succès. Or, le prévenu a évidemment intérêt à ne pas recommencer devant un autre tribunal le procès qu'il a déjà soutenu, et à pouvoir repousser, à la fois et devant les mêmes juges, l'action publique et l'action civile. Aussi l'article 5, § 5 de la loi du 25 mai 1838, le seul texte de nos lois réellement fondé sur la maxime *electa una via*, paraît défendre précisément à celui qui s'est pourvu d'abord au criminel de se pourvoir ensuite au civil[2].

397. L'application de la règle : *electa una via*, *non datur recursus ad alteram*, exige le concours de deux conditions.

a) Il faut, en premier lieu, que la demande, successivement portée devant les deux ordres de tribunaux, soit identiquement la même, c'est-à-dire qu'elle ait le même *objet*, la même *cause*, et qu'elle soit formée entre les *mêmes parties*[3]. A défaut de l'une de ces conditions, il y a deux actions distinctes, et le demandeur est libre, après avoir soumis l'une d'elles à la juridiction criminelle, de s'en désister pour porter l'autre à la juridiction répressive, et réciproquement. Ainsi, par exemple, le mari a le droit de se désister de la plainte en adultère, dans laquelle il s'était constitué partie civile, et de former, devant le tribunal civil, une demande en séparation de corps[4]. En effet, les deux actions, bien que nées du même fait, l'adultère, n'ont pas le même *objet*. C'est donc avec raison que l'article 250 C. pr. civ., permet à la partie lésée par un faux d'abandonner la voie civile du faux incident, quoique prise en connaissance de cause, et d'in-

[1] Dans ce sens : Faustin Hélie, t. II, n° 620, mais avec des restrictions; Garsonnet, *op. et loc. cit.*, p. 609 et la note 31; Paris, 4 déc., 1874 (S. 75, 2, 169); Montpellier, 10 mai 1875 (S. 75, 2, 328).

[2] Dans ce sens : Haus, t. II, n°s 1379 et suiv.; Trébutien, t. II, p. 34 et suiv.; Hoffman, t. II, n° 113. Comp. : Bazot, *Rev. prat.*, t. XXXI, p. 553; Regnault, *Rev. crit.*, t. I, p. 409.

[3] Sur cette condition, comp. : Cass., 23 mai 1868 (S. 68, 1, 370); 6 juillet 1878 (S. 79, 1, 486); 29 janvier 1877 (S. 78, 1, 309); Aix, 7 janv. 1882 (S. 83, 2, 218.).

[4] La jurisprudence a décidé, — ce qui est encore plus délicat à raison du droit que l'article 308 confère aux tribunaux civils, — qu'une demande en séparation de corps, formée par le mari contre la femme, ne faisait pas obstacle à une plainte correctionnelle pour délit d'adultère : Cass., 22 juin 1850 (S. 50, 1, 629).

tervenir, comme partie civile, dans la poursuite en faux principal. Cette disposition n'est pas, comme on l'a cru, une exception à la règle : *electa una via...*; car les deux actions, successivement intentées par le même demandeur, quoique nées du même fait, le faux, ont un *objet* différent, puisque l'une tend à la suppression, la lacération, la radiation, la réformation ou le rétablissement des actes déclarés faux, et l'autre à la réparation du préjudice que le faux a causé. Il résulte de ces principes que, dans le cas où les tribunaux civils ont été saisis d'une demande dont les éléments paraissent purement civils, si, depuis l'introduction de cette demande, il se révèle des faits qu'on avait dû ignorer et qui donnent à l'affaire un caractère délictueux, on doit être admis à agir devant la juridiction répressive, car l'action, quoique formée pour le même objet, et entre les mêmes parties, est fondée sur une autre *cause*. Ainsi, le déposant qui, après avoir demandé la restitution des objets déposés devant le tribunal civil, découvre que le dépositaire les a détournés, peut agir en violation de dépôt devant le tribunal correctionnel. A l'inverse, le déposant qui, après avoir traduit le dépositaire devant le tribunal correctionnel en violation de dépôt, conçoit des doutes sur le caractère frauduleux du fait imputé au prévenu, peut se désister et intenter, devant le tribunal civil, l'action en restitution du dépôt, action qui a sa cause, non dans le *délit*, mais dans le *contrat*.

b) Il faut aussi, pour qu'il y ait lieu d'appliquer la règle *electa una via...*, que la juridiction, saisie la première, ait eu le droit de statuer sur l'action civile. Si elle n'a pas eu ce droit, la partie lésée se trouve dans la même situation qu'avant d'avoir intenté son action. En conséquence, la partie lésée, qui avait pris la voie criminelle, pourra revenir à la voie civile : 1° lorsque la juridiction répressive se déclarera incompétente[1]; 2° lorsque le tribunal correctionnel ou de police, saisi de l'action civile, aura renvoyé le prévenu de la poursuite, cas dans lequel ce tribunal perd le droit de statuer sur les dommages-intérêts réclamés par la partie lésée[2]; 3° lorsque la juridiction répressive sera dessaisie de l'action publique, et, par conséquent, de l'action civile, par le décès du prévenu ou par une amnistie.

[1] Agen, 4 mars 1874 (S. 76, 2, 21).

[2] Du reste, la cour d'assises, dans ce cas, peut et doit se prononcer sur la demande en dommages-intérêts formée par la partie civile. Il n'existe d'exception à cette règle qu'en matière de presse (L. 29 juill. 1881, art. 58).

II. DE L'EXERCICE DE L'ACTION CIVILE DEVANT LA JURIDICTION RÉPRESSIVE.

398. Les tribunaux de répression, *quoique saisis de l'action publique*, ne peuvent statuer sur la réparation civile du dommage causé par l'infraction, que si l'action en réparation de ce dommage leur est soumise par la personne lésée, qui doit se constituer, dans ce but, *partie civile* dans l'instance. Toutefois, la *restitution* des objets mobiliers, enlevés, détournés ou obtenus à l'aide d'un crime ou d'un délit et retrouvés en nature, doit être ordonnée par la juridiction répressive, au moins quand la propriété n'en est pas contestée, lors même que le propriétaire ne s'est pas constitué partie civile. Ayant ainsi indiqué le but de la constitution de partie civile, je me demanderai : 1° à quelles conditions elle est admissible; 2° comment et quand elle peut être formée; 3° quels en sont les effets.

399. A quelles conditions la constitution de partie civile est-elle admissible? — L'action, qui a pour objet la réparation du dommage causé par l'infraction, ne peut être portée devant la juridiction répressive qu'*accessoirement* à l'action qui a pour objet l'application de la peine. Les tribunaux de répression n'ont donc le droit de statuer sur l'action civile que lorsqu'ils sont, en même temps, régulièrement saisis de l'action publique, car leur compétence est exceptionnelle. De ce principe, découle un double corollaire.

a) Si le fait qui a produit le dommage ne constitue pas une *infraction*, la juridiction répressive est incompétente pour statuer sur l'action en dommages-intérêts.

Ainsi, dans le délit d'*usure*, qui est un délit *collectif* ou *d'habitude*, la personne, lésée par un prêt particulier, ne peut certainement saisir de son action, par voie de citation directe, le tribunal correctionnel, car le fait qui lui cause un préjudice n'est pas tout le délit, mais seulement un des éléments du délit d'usure[1]. Il ne faudrait pas, du reste, exagérer cette doctrine et affirmer, comme semble le faire la jurisprudence, que c'est à la juridiction civile qu'appartient, *exclusivement*, la connaissance des actions d'intérêt privé en réparation du

[1] Cass., 23 mai 1858 (S. 59, 1, 144); Cass., 8 juillet 1881 (S. 82, 1, 387). Comp. LE SELLYER, *De la compétence*, t. II, n° 1147; HAUS, t. II, n° 1392; BLANCHE, t. I, n° 264; PETIT, *Traité de l'usure* (Paris, 1840), p. 196 et suiv.

dommage causé par des contrats usuraires. En supposant, en effet, qu'un certain nombre de faits, suffisants pour constituer le délit d'habitude, aient été commis par le *même agent*, au préjudice de la *même personne*, celle-ci peut certainement saisir de son action le tribunal correctionnel. D'autre part, les personnes lésées par des prêts usuraires, imputés au même prévenu, ont indistinctement le droit d'*intervenir* comme parties civiles dans la poursuite intentée par le ministère public; car tous les faits d'usure constituant par leur réunion le délit, tous ceux, à qui le délit cause un dommage, doivent pouvoir en poursuivre la réparation devant la justice répressive [1].

Du même principe, il faut conclure que la juridiction de répression ne peut statuer sur l'action civile, si elle reconnaît que le fait n'est prévu par aucune loi pénale ou que le prévenu n'en est pas coupable, car, dans les deux hypothèses, elle décide qu'il n'y a ni crime, ni délit, ni contravention. Sans doute, malgré l'acquittement ou l'absolution du prévenu, il peut rester, à sa charge, un fait dommageable et illicite (*délit* ou *quasi-délit civil*), dont la partie lésée a le droit de poursuivre en justice la réparation, mais pas une action, qui est une action en dommages-intérêts ordinaire, de la compétence des tribunaux civils. Cette conséquence d'un principe incontestable vient certainement limiter la compétence des tribunaux correctionnels et de simple police (C. inst. cr., art. 159, 191 et 212) [2], mais elle ne limite pas la compétence des cours d'assises. Celles-ci, aux termes de l'article 366, peuvent et doivent statuer sur les dommages-intérêts prétendus par la partie civile, dans le cas d'absolution, comme dans celui d'acquittement. La loi, pour faire ainsi exception aux règles générales de la compétence, s'est fondée sur une considération pratique [3] : elle a

[1] Comp. en ce sens : HAUS, t. II, n° 1392; VILLEY, p. 237; HOFFMAN, *op. cit.*, t. I, p. 88. *Nec obstant* les art. 3 et 4 de la loi du 3 sept. 1807, les art. 2 et 3 de celle du 19 déc. 1850.

[2] Si l'article 191 est obscur, l'article 212 est très-clair sur ce point : « Si le jugement est réformé (par la cour d'appel) parce que le fait n'est réputé délit ni contravention de police par aucune loi, la cour renverra le prévenu et statuera, s'il y a lieu, sur *ses* dommages-intérêts ». Aussi, le principe de l'incompétence des tribunaux correctionnels et de police pour accorder des dommages-intérêts à la partie civile, au préjudice du prévenu renvoyé de la poursuite, n'a jamais été méconnu par la jurisprudence : V. Cass., 2 mai 1851 (S. 51, 1, 367); 10 août 1860 (D. 60, 1, 513); 7 nov. 1873 (D. 74, 1, 96).

[3] Comp. FAUSTIN HÉLIE, t. V, n° 2722. La loi du 29 juillet 1881 sur la presse (art. 58) décide, par exception à l'art. 366, qu' « en cas d'acquittement par le jury, s'il y a partie civile en cause, la cour ne pourra statuer que sur les dommages-intérêts réclamés par le prévenu ».

voulu épargner à la partie civile, qui a déjà engagé dans l'instance criminelle des frais considérables, la nécessité de recourir à d'autres juges pour obtenir le dédommagement auquel elle a droit. Elle le pouvait, du reste, sans craindre qu'on abusât de l'exception pour porter devant la cour d'assises des affaires purement civiles, puisque le ministère public seul a le droit de saisir cette juridiction. Néanmoins, les avantages de cette disposition sont contestables : d'un côté, en effet, elle prive l'accusé de la garantie des deux degrés de juridiction; de l'autre, elle fait décider, en premier et dernier ressort, par trois conseillers de cour d'appel, ou un conseiller et deux juges du tribunal, une question qui, en suivant la voie régulière, ne pourrait être jugée, et en dernier ressort, que par cinq conseillers.

b) La juridiction répressive est incompétente pour statuer sur l'action civile, si l'action publique est elle-même *irrecevable;* car elle n'a le droit de connaître de la première, que parce qu'elle peut connaître de la seconde. Ainsi, lorsque le fait dommageable, bien que constituant une infraction, ne donne *pas* ou ne donne *plus* ouverture à l'action publique, lorsqu'il s'agit, par exemple, d'un vol entre parents ou alliés à certains degrés, d'une infraction commise en pays étranger et non punissable en France, la juridiction répressive est sans qualité pour connaître de l'action civile. Il en est de même lorsque l'action publique est éteinte par le décès du prévenu, la chose jugée[1] ou l'amnistie. Toutefois, la loi établit une exception à cette règle en matière correctionnelle et de simple police. L'article 202, § 2, C. inst. cr., suppose qu'un jugement en premier ressort est intervenu à la fois sur l'action publique et l'action civile, nées d'une contravention ou d'un délit; le ministère public ne forme pas appel dans les délais légaux, et le jugement acquiert, en ce qui concerne l'action publique, autorité de chose jugée; mais la partie civile a formé appel : la juridiction d'appel est saisie de l'action civile et doit y statuer, quoique l'action publique soit éteinte par la chose jugée[2]. Il en est de même, quand un pourvoi en cassation a été formé exclusivement par la partie civile; si l'arrêt ou le jugement est annulé, l'affaire est renvoyée devant une autre cour ou un autre tribunal de *répression* qui doit statuer exclusivement sur

[1] Qu'il soit intervenu, en faveur du prévenu, une décision de la juridiction de jugement ou bien une ordonnance ou un arrêt de non-lieu de la juridiction d'instruction. Comp. : Douai, 10 mars 1880 (S. 82. 2, 79).

[2] Comp. : Cass., 2 mai 1851 (S. 51, 1, 367) et le rapport de M. Isambert; 15 avril 1865 (S. 65, 1, 426).

l'action civile, malgré l'extinction de l'action publique. Cette exception était nécessaire, car, à moins d'enlever à la partie civile le droit de former un recours contre un jugement ou un arrêt qui lèse ses intérêts, ou d'obliger le ministère public à suivre la partie civile devant le tribunal d'appel ou la Cour de cassation, il fallait bien autoriser la juridiction répressive supérieure à se prononcer sur un jugement ou un arrêt qui émane d'une juridiction de répression. Il résulte de là que l'action civile, dès qu'elle est jugée, vit de sa vie propre, qu'elle se sépare complètement de l'action publique et peut être l'objet d'un débat *principal* devant les juridictions répressives. Cette règle nous donne la solution d'une difficulté qui a beaucoup préoccupé les auteurs et la jurisprudence.

L'action publique et l'action civile ont été portées *ensemble* devant un tribunal de répression : la survenance, au cours de l'instance, et avant qu'une décision irrévocable ait été rendue, d'une cause d'extinction de l'action publique, telle que le *décès* du prévenu ou l'*amnistie*, a-t-elle pour effet de dessaisir nécessairement de l'action civile le tribunal de répression? Deux systèmes absolus et opposés ont été soutenus sur cette question. Le premier admet que les tribunaux de répression cessent, dans tous les cas, d'être compétents pour statuer sur l'action civile[1]. Le second décide que, lorsque la juridiction répressive a été régulièrement saisie, elle doit prononcer sur l'action civile, quels que soient les événements postérieurs[2]. Je me rallie à une opinion intermédiaire qui distingue suivant qu'il est intervenu ou non, antérieurement au décès ou à l'amnistie, un jugement sur le fond. S'il n'y a pas eu de jugement ou d'arrêt au fond, les tribunaux de répression sont irrévocablement dessaisis, et la partie lésée se voit forcée de porter son action devant la juridiction civile. Au contraire, s'il y a eu

[1] Quelques cours d'appel ont adopté ce système. Paris, 13 juin 1872 (S. 72, 2, 96); Rouen, 1er février 1872 (S. 72, 2, 230). *Sic*, Le Graverend, t. I, p. 67. L'art. 5 du Code italien de procédure pénale de 1865 a prévu la question et l'a résolue dans ce sens : « *Si l'inculpé meurt avant qu'il ait été jugé définitivement, l'action publique s'exerce contre ses héritiers devant le tribunal civil* ». Cependant, malgré ce texte absolu, certains auteurs admettent des distinctions. V., par exemple, Saluto, *Commenti al Codice di procedura penale*, 2e éd., t. I, no 94.

[2] En ce sens : Cass., 16 mars 1882 (S. 83, 1, 89); Lyon, 15 août 1880 (S. 81, 2, 75); Bourges, 24 nov. 1881 (S. 82, 1, 79). Bien entendu, les auteurs qui admettent cette opinion sont obligés, en cas de *décès*, d'en restreindre l'application à l'action civile portée devant le tribunal correctionnel ou de simple police : car, si l'action civile était pendante devant une cour d'assises, je ne vois pas comment on assignerait les héritiers en reprise d'instance.

un jugement ou un arrêt au fond, bien que ce jugement ou cet arrêt soit frappé d'un appel ou d'un pourvoi en cassation, les juridictions répressives seront seules compétentes pour statuer sur l'action civile en appel ou en cassation. Cette distinction n'est qu'une application de l'article 202 du Code d'instruction criminelle[1].

400. Comment et quand peut-on se constituer partie civile? — Pour résoudre cette question, j'examinerai deux hypothèses.

a) *Le ministère public n'a pas encore intenté l'action publique.* — L'exercice de l'action civile devant la juridiction répressive met nécessairement l'action publique en mouvement : de sorte que cette juridiction est saisie à la fois de l'une et de l'autre action. Si le dommage a été causé par un *crime* ou un *délit*, la personne lésée a le droit de se constituer partie civile dans la plainte adressée au juge d'instruction et de provoquer par ce moyen une *information* (C. inst. cr., art. 63). Si le dommage a sa cause dans un *délit* ou une *contravention*, la partie lésée a même le droit de citer directement le prévenu devant le tribunal correctionnel ou de police, qui se trouve ainsi compétent pour le condamner à la fois à la peine légale et à des dommages-intérêts (C. inst. cr., art. 145, 182).

b) *Le ministère public a déjà engagé l'action devant la juridiction répressive.* — La personne lésée peut *intervenir* dans la poursuite commencée et joindre son action à l'action publique; elle le peut, alors même qu'elle n'aurait pas porté plainte, car, de même que tout plaignant n'est pas réputé, par cela seul qu'il a déposé une plainte, partie civile, de même la partie civile n'a pas besoin d'avoir déposé une plainte préalable pour que son intervention soit recevable[2]. La constitution de partie civile, au cours de l'instance, résulte d'une déclaration positive ou de conclusions à fin de dommages-intérêts[3]. Elle peut être formée en tout état de cause et jusqu'à la clôture des débats (C. inst. cr., art. 66), c'est-à-dire, soit devant le juge d'instruction, soit devant

[1] Dans ce sens : TRÉBUTIEN, t. II, p. 42; HOFFMAN, *op. cit.*, t. I, nos 57 et s.; LE SELLYER, *De la compétence*, t. II, no 1184. Comp. : Cass., 10 mai 1872 (S. 72, 1, 397), et la note où sont rappelés les arrêts antérieurs. V. la note sous Cass., 9 février 1849 (S. 49, 1, 240); BAZOT, *Rev. prat.*, t. XX, p. 63. Le principe, d'après lequel l'amnistie est accordée sous réserve des droits des tiers, ne fait par obstacle à ce que le tribunal de répression, régulièrement saisi de l'action civile, à l'occasion d'une infraction amnistiée depuis l'ouverture de l'instance, se déclare incompétent, car, la partie civile ne peut prétendre avoir un droit acquis à être jugée par le tribunal devant lequel elle a porté son action.

[2] Comp. : LE SELLYER, *op. cit.*, t. I, no 192.

[3] Comp. : Douai, 16 avril 1874 (S. 76, 2, 83).

la chambre des mises en accusation, soit devant les juridictions de jugement. Toutefois, en matière correctionnelle et de simple police, elle doit avoir lieu devant la juridiction de premier degré, car la partie civile, qui interviendrait seulement devant la juridiction d'appel, priverait le prévenu, si son intervention était recevable, d'une garantie judiciaire, le bénéfice des deux degrés de juridiction[1].

401. Quels sont les effets de la constitution de partie civile? — L'effet immédiat de la constitution de partie civile est de donner à l'inculpé la victime de l'infraction comme adversaire dans le procès pénal. Désormais, les actes importants de la procédure doivent être signifiés à la partie civile (C. inst. cr., art. 68); son témoignage cesse d'être recevable : *Nullus idoneus testis in re sua intelligitur* [2]; enfin, son intervention engage sa responsabilité et peut l'exposer à une condamnation à des dommages-intérêts envers le prévenu ou les personnes civilement responsables, aux frais du procès, et même à l'application d'une peine pour dénonciation jugée calomnieuse[3].

De même que la partie civile a la faculté de *renoncer* à l'action civile, avant de l'avoir intentée, de même elle a la faculté de se *désister* de la poursuite, après l'avoir soumise à la juridiction répressive. Ce désistement, par suite de la règle : *electa una via,* n'est pas seulement un abandon de l'*instance*, mais un abandon de l'*action*, et, c'est à raison de ce caractère, qu'il n'a pas besoin, pour produire ses effets propres, d'être accepté par le prévenu ou l'accusé[4]. Du reste, cette faculté de désistement est restreinte par la loi dans des limites étroites. La personne, qui s'est constituée partie civile, doit se désister *avant* le jugement, et elle ne peut le faire que dans les *vingt-quatre heures de sa déclaration* de se porter partie civile (C. inst. cr., art.

[1] En sens contraire : Bourges, 18 déc. 1882 (*Le Droit*, n° du 24 fév. 1883).

[2] Si donc la partie lésée a déposé comme témoin devant la juridiction de jugement, la constitution de partie civile est irrecevable. V. Rodière, *op. cit.*, p. 55.

[3] Les dénonciations et les plaintes provoquent seulement l'exercice de l'action publique, les citations directes ou les constitutions de partie civile devant le juge d'instruction mettent en mouvement cette action : par cela même, tous ces actes engagent la reponsabilité de leurs auteurs. Il y a lieu de distinguer, pour apprécier cette responsabilité, la dénonciation calomnieuse et celle qui n'est que téméraire et légèrement faite. La première est un *délit* (C. p., art. 373) ; la seconde ne donne lieu qu'à une action civile en dommages-intérêts (C. inst. cr., art. 66, 159, 191, 358). La citation directe est certainement une plainte ou une dénonciation par écrit dans le sens de l'art. 373 C. p.

[4] On nous dit, il est vrai : dans le cas où la partie lésée a porté son action devant les tribunaux civils, il n'est pas possible de considérer le désistement comme un

66 et 67). Si le désistement n'est pas intervenu dans ce délai, la loi n'en tient nul compte; le plaignant reste *partie* au procès, et, par conséquent, responsable de tous les frais et des dommages-intérêts. Ses effets, quand il intervient en temps utile, et qu'il est signifié au ministère public et au prévenu, sont de décharger la partie civile des frais ultérieurs de la procédure; mais la partie civile, qui a porté plainte, n'est pas plus soustraite par son désistement à l'obligation d'indemniser le prévenu acquitté, qu'à la peine prononcée par la loi, si la plainte est jugée calomnieuse.

III. DE L'EXERCICE DE L'ACTION CIVILE DEVANT LA JURIDICTION CIVILE.

402. L'action civile peut toujours, et doit même quelquefois[1] être portée devant la juridiction civile, c'est-à-dire devant la juridiction régulièrement compétente pour connaître d'une action en dommages-intérêts. Pour l'*intenter*, comme pour l'*exercer* jusqu'au bout, la partie lésée se conformera aux règles du Code de procédure civile. Nous n'aurions rien de plus à ajouter, si les deux actions, qui naissent de l'infraction, exercées alors *séparément*, l'action privée devant la juridiction civile, l'action publique devant la juridiction répressive, restaient sans influence l'une sur l'autre. Mais, dans ce cas même, leurs rapports sont plus ou moins étroits, suivant les trois hypothèses qui peuvent être prévues.

403. **L'action civile est jugée avant l'exercice de l'action publique.** — En principe, le jugement rendu par les tribunaux civils sur l'action en réparation de dommage causé par l'infraction n'a

abandon de l'action et l'article 402 C. de proc. civ. s'applique évidemment; par quel motif pourrait-on traiter la partie lésée autrement quand, au lieu de porter son action devant les tribunaux civils, elle l'a portée devant les tribunaux de répression? Nous répondons : devant les tribunaux civils, le désistement doit être accepté; si l'acceptation est faite sans réserve, le prévenu est censé avoir renoncé à se prévaloir du bénéfice de la règle : *electa una via...* Dans ce sens : Mangin, t. I, n° 68; Le Graverend, *op. cit.*, t. I, p. 200 et 201; Rauter, t. II, n° 685. En sens contraire : Villey, p. 245; Faustin Hélie, t. IV, n° 1743; Rodière, *op. cit.*, p. 59; Le Sellyer, *op. cit.*, t. I, n° 432; Sourdat, *op. cit.*, t. I, n° 372; de Panthou, *Du désistement de la partie civile devant la juridiction répressive* (*Rev. prat.*, 1859, t. VIII, p. 368 à 380). Du reste, le désistement de la partie lésée n'arrête pas l'action publique. Je me suis déjà demandé si cette règle ne reçoit pas exception quand l'action du ministère public est subordonnée à une plainte préalable de la partie lésée.

[1] Par exemple, si l'action publique est éteinte par le décès ou l'amnistie.

aucune autorité à l'égard de l'action publique; car il n'y a, entre les deux procès, dont l'un a été définitivement jugé par le tribunal civil, et dont l'autre l'a été par le tribunal de répression, ni identité d'objet, ni identité de cause, ni identité de parties (C. civ., art. 1351). C'est un point sur lequel je reviendrai, dans le dernier titre de cet ouvrage; mais il importe, dès maintenant, de poser en règle générale, que la juridiction répressive, même après une décision définitive de la juridiction civile, a le droit de se prononcer sur l'existence du fait incriminé et la culpabilité de l'agent avec la même liberté et la même étendue de pouvoir, que si la juridiction civile n'avait pas statué. Il est fait toutefois exception à ce principe, lorsque la question décidée par le tribunal civil est *préjudicielle* à l'action publique.

404. L'action publique est intentée avant ou pendant la poursuite de l'action civile. — Dans le cas, où l'action civile est poursuivie séparément devant les tribunaux civils, l'exercice en est suspendu tant qu'il n'a pas été statué définitivement sur l'action publique intentée devant les tribunaux de répression avant ou pendant la poursuite de l'action civile (C. inst. cr., art. 3, § 2). C'est ce que l'on exprime en disant : « *Le criminel tient le civil en état* ». Cette règle, qui (est) de tradition dans notre droit, s'explique par plusieurs considérations. D'une part, la loi veut protéger le débat criminel contre les préventions de fait, sinon de droit, qui pourraient naître d'une décision de la juridiction civile. Elle veut, d'autre part, faire réfléchir sur le débat civil les lumières qui auront jailli de l'instruction criminelle, et éviter ainsi que deux juridictions, saisies de deux actions, distinctes sans doute, mais cependant nées du même fait, ne prononcent des jugements contradictoires. Ce but ne serait pas atteint, si la décision criminelle devait rester sans influence sur la décision à rendre par la juridiction civile; aussi peut-on légitimement conclure de l'article 3, que la loi n'ordonne aux tribunaux civils de surseoir à statuer sur l'action privée, que parce que le jugement criminel doit avoir, à l'égard de cette action, l'autorité de la chose jugée. C'est là, pour nous, le principal motif de l'article 3 : il le justifie, en limite la portée et en indique le caractère, qui est d'ordre public [1].

Mais il faut, pour que l'exercice de l'action civile soit suspendu jusqu'au jugement définitif de l'action publique, que les deux actions *naissent du même fait*, et que l'action publique soit *intentée*. La pre-

[1] Cass., 7 mai 1851 (S. 51, 1, 434); Rennes, 22 juillet 1880 (S. 82, 2, 133).

mière condition est évidente : car si l'action publique, portée devant la juridiction répressive, et l'action privée, pendante devant le tribunal civil, dérivent de faits distincts, le jugement de l'action publique ne peut exercer son influence nécessaire sur l'action privée [1]. La seconde condition résulte du texte; et il est bien certain que le tribunal civil ne doit et ne peut surseoir à statuer sur l'action privée que si l'action publique est *intentée*. Mais que faut-il entendre par cette expression? L'action publique est intentée, ou plutôt mise en mouvement, si le prévenu est traduit directement devant le tribunal correctionnel ou de police, ou si une instruction préparatoire est provoquée contre lui soit par le ministère public, soit par la partie lésée [2]. Mais l'action civile conserve son indépendance, s'il y a eu simplement dénonciation ou plainte des parties intéressées [3].

Le concours de ces deux conditions est à la fois nécessaire et suffisant [4] : quelles que soient donc les *personnes* contre lesquelles l'action civile est dirigée, quel qu'en soit l'*objet*, le sursis, en cas de poursuite répressive, doit être prononcé *d'office* par la juridiction civile, à peine de nullité de la procédure : *a*) En conséquence, l'action intentée par le ministère public contre le prévenu a pour effet de suspendre l'exercice de l'action en dommages-intérêts intentée contre les personnes civilement responsables du délit [5]. *b*) L'exercice de toute action

[1] Ainsi, des poursuites en faux témoignage, dirigées par le ministère public contre des témoins qui ont déposé dans une enquête civile, ne peuvent pas autoriser le tribunal civil à surseoir au jugement du procès qui a donné lieu à cette enquête. C'est ce qui a été décidé par la Cour de cassation dans deux arrêts des 22 nov. 1815 et 5 janv. 1822, cités par MANGIN, t. I, n° 165.

[2] La loi ne distingue pas entre le cas où l'action publique est intentée par le ministère public et le cas où elle est mise en mouvement par la partie lésée. Je ne saurais donc approuver un arrêt de la Cour de Bourges du 4 mars 1873, qui admet et consacre cette distinction (S. 74, 2, 311). Sans doute, la partie lésée, qui a saisi de son action le tribunal civil, ne peut plus la porter devant le tribunal de répression : *electa una via*.... ; — mais c'est à ce dernier qu'il appartient d'examiner la fin de non-recevoir qui résulte de l'application de cette règle. Le tribunal civil doit provisoirement surseoir à statuer. Comp. : FAUSTIN HÉLIE, t. II, n° 962.

[3] V. cependant les art. 239 et 240 C. pr. civ. rappelés par l'art. 460 C. instr. cr., en matière de faux. Mais il a été jugé que, même en cette matière, la règle du sursis ne s'applique pas au cas où, nulle poursuite criminelle n'ayant été commencée, le sursis n'a été demandé ni par les parties, ni par le ministère public : Cass., 3 janv. 1872 (S. 72, 1, 270), et les conclusions de M. Reverchon. Cette solution nous laisse quelques doutes, par suite du caractère d'ordre public qui semble appartenir à ces dispositions.

[4] Comp. : Cass., 29 janv. 1877 (S. 78, 1, 318); Rennes, 22 juillet 1880 (S. 82, 2, 133).

[5] Comp. : HAUS, t. II, n° 1412, qui cite, comme étant contraire à cette solution, un arrêt de la Cour de cass. du 7 janvier 1813, que je n'ai pu retrouver.

privée, naissant exclusivement du fait délictueux, doit être suspendu, si ce fait est l'objet d'une poursuite répressive. Sans doute, sous cette expression « *action civile* », l'article 3 ne comprend que l'action en dommages-intérêts, mais les motifs mêmes de la loi commandent aux tribunaux civils de surseoir à statuer, en cas de poursuite d'un fait délictueux, sur toutes les actions privées qui naissent de ce fait, alors même qu'elles auraient pour objet autre chose que des dommages-intérêts; car, la solution qui sera donnée au procès pénal devant avoir une influence nécessaire sur la solution à donner au procès civil, il importe que le criminel tienne le civil en échec. Ainsi, l'instance en séparation de corps, fondée exclusivement sur l'adultère de la femme, est suspendue par la poursuite de celle-ci devant le tribunal correctionnel, à raison précisément des rapports nécessaires de l'instance civile et de l'instance correctionnelle[1]. J'admettrai même que l'action disciplinaire, fondée uniquement sur les faits incriminés, devrait être suspendue en cas de poursuites criminelles[2].

L'action civile reprend son indépendance, lorsqu'il a été prononcé « définitivement » sur l'action publique; et le jugement ou l'arrêt, qui statue sur le procès pénal, doit être considéré comme définitif, lorsqu'il a acquis l'autorité de la chose jugée, quand même cette autorité n'est que provisoire. Ceci a besoin d'explication. Remarquons, en effet, qu'une décision sur l'action publique peut être prise, soit par une juridiction d'*instruction*, soit par une juridiction de *jugement*. Un jugement ou un arrêt *irrévocable* des juridictions de jugement, acquittant ou condamnant le prévenu ou l'accusé, mettrait certainement un terme au sursis. Mais, une ordonnance ou un arrêt de non-lieu rendu par une juridiction d'instruction, un arrêt de contumace prononcé par une cour d'assises, auraient-ils le même effet? Ces décisions n'épuisent pas la poursuite, qui peut toujours être reprise, dans le premier cas, s'il survient de nouvelles charges, dans le second, si le condamné se représente ou est arrêté. Mais cette possibilité d'une reprise d'action ne fera pas obstacle à l'exercice de l'action civile; car une solution contraire conduirait à prolonger le sursis, tant que durerait la menace de nouvelles poursuites, c'est-à-dire pendant tout le délai de la prescription de l'action publique : or, l'action civile se prescrivant par le même laps de temps que l'action publique, il en

[1] En sens contraire : Cass., 22 juin 1850 (S. 50, 1, 629).

[2] En sens contraire : Cass., 4 janv. 1880 (S. 81, 1, 80); Lyon, 7 nov. 1873 (S. 74, 2, 288).

résulterait que l'action civile serait éteinte, le jour seulement où elle pourrait s'exercer utilement[1].

405. L'action civile est intentée après que l'action publique a été définitivement jugée. — Si le jugement de l'action civile n'a généralement aucune autorité à l'égard de l'action publique, nous savons déjà, et nous verrons plus loin, que le jugement de celle-ci exerce, au contraire, sur l'action civile, qui n'est pas encore jugée, une influence nécessaire et forcée.

[1] Ce motif, à lui seul, est-il déterminant? ne pourrait-on pas dire, en effet, dans ce cas, que l'action civile, engagée devant le tribunal, est, par cela même, conservée, par application de l'adage : *actiones quæ tempore pereunt semel inclusæ judicio salvæ permanent?* C'est un point que je ne veux pas examiner. Dans tous les cas, ce serait prolonger indéfiniment le sursis, que d'astreindre le tribunal à attendre qu'il n'y ait plus possibilité d'une reprise de l'action publique. La loi n'a pu vouloir ce résultat. Une solution contraire aboutirait à un véritable déni de justice. Comp. : Bidart, *Étude sur l'autorité, au civil, de la chose jugée au criminel* (Paris, 1865), p. 206.

TITRE III.

DE L'EXTINCTION DES ACTIONS PUBLIQUE ET CIVILE.

406. L'action publique et l'action civile sont éteintes ou plutôt *épuisées*, lorsqu'elles ont fait l'objet d'une décision passée en force de chose jugée. Mais, sans parler de cette cause d'extinction régulière dont je m'occupe plus loin, il est des causes exceptionnelles, extinctives des droits d'actions publique et civile, que je vais examiner ici.

CHAPITRE PREMIER.

DE L'EXTINCTION DE L'ACTION PUBLIQUE.

407. Les causes d'extinction de l'action publique sont *communes* à tous les délits ou *propres* à certains d'entre eux.

Parmi les causes particulières, il nous suffit de mentionner la *transaction*, intervenue entre l'administration et le prévenu, en matière de douanes, de contributions indirectes, de régimes postal et forestier[1]; le *pardon* de l'offense, en matière de diffamation ou d'adultère.

Les causes générales d'extinction de l'action publique sont : le *décès* de l'inculpé, *l'amnistie*, *l'autorité de la chose jugée* et la *prescription*. Je m'occupe plus loin de l'autorité de la chose jugée, et j'ai étudié déjà les effets du décès de l'inculpé et de l'amnistie sur les droits d'action publique; il resterait donc à examiner ici la prescription. Mais certains auteurs ajoutent à ces quatre causes d'extinction de

[1] La jurisprudence décide que les transactions consenties soit par l'administration des contributions indirectes, soit par l'administration des douanes, empêchent non-seulement de prononcer l'amende et la confiscation, mais même de prononcer l'emprisonnement dans les cas où il est prononcé par la loi (Cass., 26 mars 1830, *Bull.*, n° 80). Comp. : Faustin Hélie, t. III, n° 1098; Le Sellyer, *op. cit.*, t. I, n° 425.

l'action publique, *l'épuisement de la pénalité*, dans le cas de non-cumul des peines. Je vais démontrer que cette doctrine est dénuée de fondement.

SECTION PREMIÈRE.

De l'épuisement de la pénalité.

408. L'application de la peine la plus forte, en cas de concours d'infractions commises par le même agent, a-t-elle pour effet d'éteindre l'action publique, à l'égard de toutes les infractions découvertes dans le cours des débats ou après la condamnation, et emportant des peines moins graves que la première? Pour le soutenir, on raisonne ainsi : L'action publique a pour objet l'application de la peine, et lorsque la pénalité applicable au prévenu est épuisée, par une première condamnation (C. inst. cr., art. 365), la poursuite n'a plus de raison d'être relativement aux crimes ou délits antérieurs à cette condamnation; elle se trouve, par conséquent, éteinte. L'article 379 semble justifier cette solution : ne dispose-t-il pas, en effet, que lorsque l'accusé se trouve, pendant les débats, inculpé sur d'autres crimes que ceux dont il était accusé, la cour d'assises ne doit ordonner de nouvelles poursuites, que si les crimes nouvellement manifestés méritent une *peine plus grave* que les premiers?

Mais cette doctrine exagère la portée des articles 365 et 379 du Code d'instruction criminelle.

a) En effet, toute infraction donne essentiellement naissance à une action publique, et cette action doit être exercée tant qu'elle n'est pas légalement éteinte. Or, l'action publique était certainement recevable avant la condamnation prononcée contre l'inculpé; pourquoi cesserait-elle de l'être après cette condamnation? Qu'on ne dise pas que l'action publique n'a plus d'objet, du moment qu'il n'est plus permis au juge de prononcer une peine distincte à raison des crimes ou délits de gravité inférieure ou égale qui ont été cumulés; car l'objet de l'action publique est l'*application*, par le juge, de la peine légale, c'est-à-dire la *condamnation* du coupable, et non l'*application matérielle* ou l'*exécution* de cette peine. Décider que les crimes ou délits de gravité inférieure ou égale, une fois la peine la plus forte prononcée, ne pourront même pas être déférés aux tribunaux, serait contraire, et à l'intérêt des *parties lésées*, qui seraient privées, par ce système, du droit de porter leur action civile devant les tribunaux de répression; et à l'intérêt de la *société*, à laquelle il importe que le vrai coupable soit reconnu; et à l'intérêt de l'*accusé*, qui a le droit de demander sa mise en jugement, quand il prétend que l'accusation, qui pèse sur lui, est sans fondement. Si donc on résolvait la question uniquement d'après les principes généraux du droit, tous les crimes ou délits cumulés pourraient être déférés *ensemble* ou *séparément* aux tribunaux; mais ceux-ci, dans le cas où le fait poursuivi devant eux serait moins grave que celui qui a été déjà l'objet d'une poursuite, devraient *condamner* le coupable à la peine attachée à ce fait, en décidant, par application de l'article 365 C. inst. cr., que cette peine s'absorbera, au point de vue de son *exécution*, dans celle antérieurement prononcée, si celle-ci peut être exécutée.

b) Ce principe était consacré par la loi du 29 septembre 1791, qui, prévoyant l'hypothèse où, pendant les débats, l'accusé était inculpé d'un autre fait non prévu dans l'acte d'accusation, disposait *expressément* qu'il pourrait encore être poursuivi pour raison du nouveau fait; mais que, s'il était déclaré coupable du second délit, il n'en subirait la peine, qu'autant qu'elle serait plus forte que celle du premier, et que, dans ce cas, il serait sursis à l'exécution du jugement. Seulement, la décision de la question de savoir s'il y avait lieu de surseoir à l'exécution du jugement était tacitement abandonnée, par la loi de 1791, à l'appréciation des officiers du ministère public. Ce système présentait, en ce point, quelques inconvénients, car il laissait le ministère public libre de faire ou de ne pas faire exécuter une décision de justice. Aussi, le Code de l'an IV chargea le tribunal criminel d'ordonner lui-même des poursuites nouvelles et de faire surseoir à l'exécution de la peine prononcée, si le second fait emportait une peine plus forte que le premier. Cette disposition a été reproduite, avec certaines modifications, par le Code d'instruction criminelle, qui, dans l'hypothèse dont il s'agit, enjoint à la cour d'assises d'ordonner des poursuites et au procureur général de surseoir à l'exécution de la première condamnation, jusqu'à ce qu'il ait été statué sur le second procès. Si donc des poursuites doivent être ordonnées par la cour d'assises, dans le cas où le fait nouvellement manifesté mérite une peine plus grave que le premier, « c'est uniquement à cause du sursis, qui en est la conséquence, et que l'arrêt de la cour est destiné à rendre obligatoire et à justifier[1] ».

[1] J'emprunte cette observation à M. Haus, t. II, n° 1269.

Mais, dans le cas où le second fait est moins grave que le premier, le ministère public peut et doit intenter de nouvelles poursuites, qui n'ont pas besoin d'être ordonnées, parce qu'il n'y a pas lieu de suspendre l'exécution du premier arrêt ou du premier jugement[1].

SECTION II.

De la prescription pénale[2].

409. On distingue, en droit civil, deux sortes de prescriptions : la prescription à l'effet d'acquérir (*usucapion*), la prescription à l'effet de se libérer (*prescription* proprement dite); mais, en droit pénal, toute prescription est *libératoire*. Les droits, que la prescription pénale est destinée à éteindre, sont, ou les droits d'*action*, qui prennent naissance dans l'*infraction*, ou les droits d'*exécution*, qui prennent naissance dans la *condamnation*. La prescription, en matière criminelle,

[1] La jurisprudence, sur cette question, a passé par deux phases principales. *a*) Elle paraît avoir tout d'abord admis l'extinction de l'action publique par l'épuisement de la pénalité. Comp. : Cass. 14 juill. 1832 (S. 33, 1, 154). Ce système a trouvé d'énergiques défenseurs dans la doctrine : Mangin, t. II, nos 457 et 458; Le Sellyer, *op. cit.*, t. I, no 356; Paul Collet, *Rev. crit.*, 1867, t. XXXI, p. 385. *b*) Plus tard, la jurisprudence admit le système contraire : Cass. 17 juill. 1841 (S. 41, 1, 883); 3 janv. 1867 (S. 67, 1, 461); 13 février 1880 et 29 juillet 1880 (S. 81, 1, 233); système qui est suivi par la majorité des auteurs; Ortolan, t. II, nos 1818 et suiv.; Faustin Hélie, t. II, nos 1092 et suiv.; Haus, t. II, nos 1266 et suiv.; Bertauld, p. 332 et 333. Cependant, il semble résulter de certains arrêts que si l'épuisement de la pénalité n'éteint pas l'action publique, il met obstacle à une nouvelle *condamnation pénale*. Comp. Cour d'assises de la Seine, 30 août 1880 (S. 81, 2, 17), rendu dans l'espèce suivante : un individu, condamné à la peine de mort, obtient, sur un recours en grâce, une commutation de la peine de mort en la peine des travaux forcés à perpétuité. Il est, un peu plus tard, poursuivi pour un autre crime antérieur à la première condamnation; déclaré coupable par le jury, il est, d'après la loi, passible de la peine de mort : doit-il être condamné à mort, parce que cette peine est plus grave que celle qu'il subit, c'est-à-dire celle des travaux forcés? Doit-il être absous, sauf condamnation aux frais du procès, parce que la peine dont il est menacé est absorbée dans la peine égale qu'il a déjà encourue? C'est dans ce dernier sens que s'est prononcée la cour d'assises. Par application des principes exposés, je me prononcerai en sens contraire. Comp. la note de M. Labbé sous cet arrêt. Cette hypothèse, qui n'avait pas été prévue par les auteurs, démontre quelle importance ont souvent, au point de vue du droit, des questions qui paraissent être seulement des questions de mots.

[2] Bibliographie : Brun de Villeret, *Traité théorique et pratique de la prescription en matière criminelle*, Paris, 1863; Cousturier, *Traité de la prescription en matière criminelle*, Bruxelles, 1849; Hoorebecke, *Traité des prescriptions en matière pénale*, Bruxelles, 1847; Coulon, *Prescription de l'action civile* (*La France judiciaire*, t. I, p. 488).

produit donc, quand elle éteint l'action publique, des effets analogues à ceux de l'*amnistie*, et, quand elle met obstacle à l'exécution de la condamnation, des effets analogues à ceux de la *grâce*. Et ces effets ont leur cause, non dans un *acte du pouvoir social*, mais dans le *laps de temps* qui s'est écoulé depuis que l'infraction a été commise ou depuis que la condamnation est devenue irrévocable. Ainsi, par ce fait seul qu'un inculpé ou un condamné a possédé l'impunité pendant un certain temps, cette impunité lui demeure acquise. Comment justifier cette puissance du temps sur l'infraction ou sur la condamnation? Le véritable motif de la prescription pénale tient aux bases mêmes du droit de punir. L'exercice de ce droit est dominé par deux principes: la *justice* absolue et l'*utilité* sociale. Si le premier semble condamner la prescription, le second, au contraire, la justifie. En effet, le châtiment, trop éloigné du délit ou de la condamnation, devenant inutile, puisque le souvenir du fait coupable est effacé et que le besoin de l'exemple a disparu, le droit même de punir cesse d'exister pour la société. C'est donc l'oubli *présumé* de l'infraction non jugée qui libère le coupable des conséquences de l'infraction; c'est l'oubli *présumé* de la condamnation prononcée qui le libère des conséquences de la condamnation. La *cessation de la raison de punir* légitime et explique ainsi, et la prescription de l'action publique, et la prescription de la peine. Cette présomption est fondée, comme toutes les présomptions, sur l'observation des faits habituels : c'est, en même temps, une présomption invincible, parce que la loi l'a établie dans un but élevé d'utilité sociale[1].

410. Tel est bien le fondement de la prescription pénale, et le législateur en a tiré deux conséquences dans les articles 635 à 643 C. inst. cr., qui contiennent son système sur la prescription : 1° Le souvenir du fait coupable et le besoin de la répression se conservant plus longtemps à l'égard des grands crimes qu'à l'égard des délits infé-

[1] Pour justifier la prescription en matière pénale, l'orateur du gouvernement, Réal, et le rapporteur du Corps législatif, Louvet, ont prétendu qu'elle était fondée sur le principe d'*expiation*. Le coupable serait suffisamment puni par les remords qui l'ont agité et les angoisses qui ont tourmenté sa vie pendant de longues années. Ce motif supposerait d'abord la perpétration d'un grand crime; il supposerait également la preuve de l'existence du remords de la part de celui qui invoque la prescription. V. Ortolan, t. II, n° 1833; Haus, t. II, n° 1319. — On a fait remarquer également que le temps, en amenant le dépérissement des preuves de la culpabilité et surtout de la non-culpabilité, justifiait la prescription. Mais ce motif ne peut évidemment rendre compte de la prescription de la peine, celle-ci résultant d'une condamnation écrite, dont il reste trace. Il ne peut également justifier les prescriptions qui s'accomplissent

rieurs, la durée de la prescription pénale varie suivant le plus ou moins de gravité des infractions ou des condamnations. 2° De plus, comme l'infraction prouvée laisse nécessairement plus de traces que l'infraction qui n'a pas été judiciairement constatée, la durée de la prescription de la peine est plus longue que la durée de la prescription de l'action.

411. La prescription pénale, étant fondée sur l'intérêt de la société et non sur l'intérêt de l'inculpé ou du condamné, est d'*ordre public*. Ce caractère lui est, du reste, commun avec toutes les autres causes extinctives de l'action publique ou de la peine; si on le remarque particulièrement en elle, c'est qu'elle diffère essentiellement, en ce point, de la prescription du droit civil, qui a été organisée, avant tout, dans l'intérêt du possesseur ou du débiteur. Il suit de là que la prescription pénale est acquise à l'inculpé ou au condamné de plein droit, à son insu et malgré lui. Ce principe est fécond en conséquences. *a*) D'abord, l'inculpé ou le condamné ne peut renoncer à la prescription acquise, et demander, soit à être jugé, soit à être puni. L'article 641 C. inst. cr., fait une application de cette règle, lorsqu'il décide que, en aucun cas, « *les condamnés par défaut ou par contumace, dont la peine est prescrite, ne pourront être admis à se présenter pour purger le défaut ou la contumace* ». *b*) La prescription acquise doit être suppléée d'office, soit par les juridictions d'instruction ou de jugement chargées d'examiner la recevabilité de l'action publique, soit par les magistrats chargés de faire exécuter les condamnations contradictoires ou par défaut, soit enfin par les juges, dans le cas où le condamné par contumace est arrêté ou se représente. *c*) Enfin, le moyen de défense tiré de la prescription peut être opposé en tout état de cause, devant les juridictions d'instruction et les juridictions de jugement, en première instance et en appel, et même, pour la première fois, devant la Cour de cassation[1].

dans un bref délai et qui sont les plus fréquentes. Tout au plus, peut-on reconnaître que les difficultés de recueillir les preuves du délit au bout d'un certain temps doivent influer sur les délais de la prescription. — Du reste, quelques criminalistes ou publicistes, tels que Bentham, Servan, Zachariæ, ont nié la légitimité de la prescription pénale en faisant remarquer qu'une pareille institution répugnait à la nature de la peine, conséquence nécessaire et inévitable du délit, et qu'elle était périlleuse pour l'ordre social, puisqu'elle laissait espérer l'impunité et excitait, par cela même, à la perpétration des crimes. Comp. : CARRARA, *op. cit.*, § 714 et 715.

[1] Ce moyen pourrait même être accueilli par la juridiction saisie de la connaissance de l'affaire par suite d'un renvoi de la Cour suprême : Cass., 5 juin 1830 (S. 31, 1,

412. Trois points doivent être examinés à propos de chacune des prescriptions pénales : son *étendue;* sa *durée;* ses *effets.*

I. DE LA PRESCRIPTION DE L'ACTION PUBLIQUE.

413. Étendue de la prescription de l'action publique. — La prescription s'applique à toutes les infractions, car il n'en est point dont le temps n'efface le souvenir. Aussi : *a*) Pas de crimes imprescriptibles, si graves soient-ils. C'est là une règle nouvelle, qui n'existait ni dans le droit romain, ni dans notre ancien droit, qui n'est même pas admise par toutes les législations étrangères. *b*) Par conséquent, la prescription de droit commun s'applique, en l'absence de dispositions contraires, à toutes les infractions, qu'elles soient prévues par le Code pénal ou par des lois spéciales, qu'elles soient jugées par les tribunaux ordinaires ou par des tribunaux exceptionnels[1]. *c*) Enfin, par son fondement même, la prescription doit échapper et échappe, en effet, dans notre droit, à toute condition restrictive de la nature de celles que nous voyons consacrées par certaines législations étrangères[2].

414. Délais de la prescription de l'action publique. — Pour déterminer le délai de la prescription, il faut examiner trois choses : ce *délai en lui-même;* son *point de départ;* les *causes qui peuvent le prolonger.*

415. I. La durée, que notre législation assigne à la prescription de l'action publique, est mise en rapport avec la *gravité* des faits punissables. Elle est fixée à *dix ans* pour les *crimes,* à *trois ans* pour les *délits,*

52); Brun de Villeret, *op. cit.,* n° 78. Toutefois, il est de jurisprudence constante que l'exception de prescription, soulevée pour la première fois par le prévenu devant la Cour de cassation, ne doit être accueillie qu'autant qu'elle résulte soit des constatations du jugement ou de l'arrêt attaqué, soit de la citation donnée au prévenu. La Cour de cassation ne peut, en effet, rentrer dans l'examen des faits du procès. Comp. : Cass., 6 juillet 1878 (S. 78, 1, 486) et la note; 13 février 1880 (S. 80, 1, 485); 3 juillet 1880 (S. 81, 1, 482).

[1] Ainsi, il a été jugé, à bon droit, que l'article 640 C. inst. cr. était applicable aux contraventions de grande voirie de la compétence des conseils de préfecture : Cons. d'État, 29 déc. 1870 (D. 72, 3, 36).

[2] Que le délinquant, par exemple, n'ait retenu aucun profit du délit; qu'il ait, autant que possible, réparé le préjudice; qu'il n'ait commis, durant le délai voulu pour prescrire, aucun autre crime, ni aucun autre délit. Ces restrictions, qu'on retrouve dans la législation autrichienne et dans le projet de C. p. italien, se comprendraient seulement si la prescription se justifiait par le repentir présumé du coupable.

à *un an* pour les *contraventions* (C. inst. cr., art. 637, 638, 640)[1]. Cette durée dépend donc de la *qualification* du fait punissable, et cette qualification a pour base la nature de la peine *portée par la loi* contre ce fait. En conséquence, lorsque le jury a déclaré le crime *excusable*, l'accusé peut invoquer, et la cour doit même admettre d'office la prescription, si trois années se sont écoulées, sans poursuites, depuis que l'infraction a été commise. Dans cette hypothèse, en effet, c'est la loi elle-même qui punit de peines correctionnelles l'infraction, qui, dès lors, n'est plus qu'un *délit*. La même règle sera appliquée par les juridictions d'instruction, dans les cas où elles ont la faculté d'apprécier les excuses, par exemple, si l'on suppose qu'un crime, commis depuis plus de trois ans, soit reproché à un mineur de seize ans. Mais quand la cour d'assises ou le tribunal correctionnel, admettant des *circonstances atténuantes*, déclare qu'il y a lieu de commuer en emprisonnement une peine criminelle ou de réduire à des pénalités de police les peines correctionnelles portées par la loi, les délais de la prescription restent néanmoins fixés à dix ans ou à trois ans, car la peine correctionnelle, qui est alors prononcée, n'est pas édictée *par la loi*, elle est substituée *par le juge* à la peine légale[2].

[1] Dans aucune législation criminelle de l'Europe, à l'exception de la législation belge, le délai de la prescription n'est aussi court que dans la législation française. En Autriche, l'action est imprescriptible pour les crimes punis de la peine capitale et elle se prescrit par vingt ans pour les crimes punis d'une peine perpétuelle. En Allemagne, le délai est de vingt ans pour les crimes punis de la peine capitale, conformément à la tradition romaine (L. 12, C., *Ad legem Corneliam de falsis*); pour d'autres, il est de quinze ans. En Italie, le projet de Code pénal le porte à vingt ans pour l'action publique résultant d'un crime. La loi belge du 17 avril 1878 a reproduit les dispositions du Code d'instruction criminelle, sauf en ce qui concerne les contraventions. Aux termes de l'article 23 de cette loi, l'action publique et l'action civile résultant d'une contravention « seront prescrites après six mois révolus... ». A la différence des législations européennes, la législation des États-Unis réduit la prescription à trois ans pour tous les crimes qui n'entraînent pas peine capitale. Comp. : Brun de Villeret, *op. cit.*, nos 64 à 68.

[2] Comp. : Ortolan., t. II, no 1856. Cette question est, du reste, vivement controversée. Certains auteurs s'attachent, pour déterminer la durée de la prescription, à la qualification même de l'infraction : ils soutiennent que ni l'excuse légale ni les circonstances atténuantes ne modifient le caractère du délit. Dans ce sens : Brun de Villeret, *op. cit.*, nos 195 à 197; Rodière, *op. cit.*, p. 40; Le Sellyer, *Actions publique et privée*, t. II, no 544; Bertauld, p. 621 et 622; Villey, p. 251. — D'autres, par une exagération contraire, décident que c'est la peine, dont le fait est passible dans chaque cas particulier, qui seule détermine la durée de la prescription; peu importe que la peine soit édictée par la loi même, ou que le juge ait la faculté de la substituer à la peine légale. Dans ce sens : Faustin Hélie, t. II, no 1057; Labroquère, *Rev. crit.*, 1861, t. XIX, p. 167; Cousturier, *op. cit.*, no 113; Haus, t. II, nos 1330 et 1331; Cass. belge, 1er octobre 1881 (S. 83, 4, 1).

416. L'article 643 C. inst. cr., annonce que « *les dispositions du présent chapitre ne dérogent point aux lois particulières relatives à la prescription des actions résultant de certains délits ou de certaines contraventions* ». Les délais des prescriptions particulières sont généralement plus *courts* que ceux des prescriptions ordinaires. Ainsi, *a*) les délits ruraux, autres que ceux prévus par le Code pénal, restent soumis à la prescription fixée par la loi des 28 septembre-6 octobre 1791, c'est-à-dire à la prescription d'un mois à compter du jour où ils ont été commis. *b*) Les délits forestiers, commis dans les bois soumis au régime forestier, et qui ont été constatés par un procès-verbal, se prescrivent par trois mois ou par six mois, selon que les prévenus sont ou non désignés dans le procès-verbal (C. forest., art. 185 et 186). *c*) Les délits de pêche fluviale sont soumis à la même prescription que les délits en matière forestière (L. du 15 avril 1829, art. 62 et 63). *d*) Les délits de chasse se prescrivent, dans tous les cas, par trois mois (L. du 3 mai 1844, art. 29). *c*) L'action publique et l'action civile résultant des crimes, délits et contraventions prévus par la loi sur la presse du 29 juillet 1881, se prescrivent après trois mois révolus, à compter du jour où ils ont été commis, ou du dernier acte de poursuites, s'il en a été fait (L. du 29 juillet 1881, art. 65) [1]. *d*) Les contraventions à la loi du 30 juin 1881 sur la liberté de réunion se prescrivent par six mois.

417. II. La prescription doit courir du jour même où le fait punissable a été commis; car, c'est à dater de ce jour que le temps commence son œuvre. Quelques législations ont admis que la prescription ne pouvait commencer tant que l'infraction restait ignorée [2]. Mais ce système méconnaît le fondement de la prescription pénale, qui n'est pas une peine contre la négligence du ministère public, mais une simple conséquence du temps, dont la marche efface nécessairement le souvenir de l'infraction, à compter du jour où elle a été commise [3].

Ce délai de prescription se compte par *jours*, et non par heures ou de moment à moment. Les articles 637 et 640 portent, en effet, « *à compter du jour* », et non « *à compter de l'heure* ». Ce point est cer-

[1] Comp. sur les variations des lois sur la presse en ce qui concerne les règles de la prescription : G. Rousset (*Rev. crit.*, 1863, t. XXXIII, p. 1).

[2] Cette règle était consacrée par les Codes de l'époque intermédiaire (C. p. de 1791, 1re partie, t. VI, art. 25; C. du 3 brumaire an IV, art. 9 et 10). Elle s'expliquait par la brièveté des délais de poursuite. : Comp. Brun de Villeret, *op. cit.*, nos 54 et 55.

[3] Comp. : Ortolan, t. II, no 1857.

tain : mais il fait précisément la difficulté de la question de savoir s'il faut compter le jour de l'infraction (*dies a quo*) dans le délai marqué pour la prescription, ou s'il faut, au contraire, l'en exclure. Étant admis que la prescription commence à courir du jour de la perpétration du fait punissable, et que le délai de la prescription se compte par jours et non par heures, il faut décider que le *dies a quo* forme un tout indivisible, qui sert de point de départ à l'*exercice*, comme à l'*extinction* de l'action publique. En comprenant ce jour en totalité dans le délai de la prescription, on fait commencer la prescription, non pas *avant*, comme on l'a prétendu, mais *en même temps* que l'action publique. C'est évidemment le système que consacrent les articles 637 et 640, d'après lesquels l'action publique se prescrit à compter du jour du crime ou du délit, et non pas à compter du lendemain.[1] Bien entendu, le dernier jour du terme doit être accompli pour que le délai de la prescription soit achevé.

L'infraction se prescrit donc à compter du jour où elle a été commise, c'est-à-dire où elle a pris fin, car il est certain que la prescription ne peut courir tant que dure l'infraction. Toute la question et de savoir à quel moment on doit la considérer comme accomplie, ce qui peut être douteux, lorsqu'il s'agit, soit d'infractions *continues*, soit d'infractions *collectives*. Les premières se composent d'un fait unique qui, dès qu'il est accompli, se prolonge sans interruption, et non pas d'une suite de faits distincts et séparés : aussi, la prescription de l'action publique ne peut commencer à courir que du moment où cet état permanent de criminalité est venu à cesser, car c'est alors seulement que le délit est terminé[2]. Les secondes se composent d'actes répétés dont aucun, pris isolément, n'est punissable; par conséquent, aucun de ces actes ne peut être soumis séparément à la prescription pénale,

[1] Dans ce sens : Faustin Hélie, t. II, nº 1067; *Pratique criminelle*, t. I, nº 1070 ; Le Sellyer, *op. cit.*, nº 516; Brun de Villeret, *op. cit.*, p. 122. — En sens contraire : Ortolan, t. II, nºs 1859 et suiv. (remarquable dissertation); Trébutien, t. II, p. 143 et 145; Villey, p. 252; Cass., 2 février 1865 (S. 65, 1, 329). — Les législations européennes sont divisées sur cette question. Ainsi, le Code d'instruction criminelle autrichien décide, par un texte général, qu'on ne doit pas compter, dans un délai, le jour où il commence à courir (art. 6). La loi belge du 17 avril 1878 dispose, au contraire, dans son article 24, « *que le jour où l'infraction a été commise est compris dans le délai de la prescription* ». Comp. : Haus, t. II, nº 1335.

[2] Dans ce sens : Ortolan, t. II, nºs 748 et 1863; Cousturier, *op. cit.*, nº 105; Haus, t. II, nº 1337. Un seul auteur, à ma connaissance, a contesté ce point, c'est Nypels, *Code pénal interprété*, art. 371, nº 4; art. 434, nº 1. Comp. : Cass., 30 janv. 1877 (S. 82, 1, 41).

qui ne s'applique qu'à leur ensemble, c'est-à-dire au *délit d'habitude*. Sans doute, chacun de ces actes est un élément du délit, mais il n'est pas le délit même, et la prescription ne commence à courir qu'à compter du jour où le délit est accompli. Ainsi, lorsque les faits ont été assez nombreux pour constituer l'habitude, c'est à la date du dernier fait que court le délai de prescription; et, dès que la prescription est accomplie, tous les faits précédents sont purgés. A la vérité, le délit peut se renouveler; mais il faut alors une série de faits nouveaux, qui constituent l'habitude par leur réunion même, et indépendamment des faits couverts par la prescription[1].

418. III. On sait quelles différences le droit civil établit entre la *suspension* et *l'interruption* de prescription. La prescription est suspendue, lorsque le cours en est arrêté pendant un temps plus ou moins long; elle est interrompue, lorsque le cours en est brisé à un

[1] L'application de la prescription aux délits d'habitude, spécialement au délit d'usure, a beaucoup préoccupé les auteurs et la jurisprudence. On peut compter jusqu'à trois systèmes sur cette question. *a*) Le premier décide que la prescription s'applique à tous les faits constitutifs du délit d'habitude qui remontent au delà de trois ans. Il n'admet pas qu'on distingue entre les délits qui se composent de plusieurs faits et ceux qui sont constitués par un seul fait. Pour que la poursuite soit possible, il faut que le délit entier soit accompli depuis moins de trois ans. Les faits, au delà de cette limite, n'ont plus, aux yeux de la loi, d'existence; on ne saurait en tenir compte. Dans ce sens : Faustin Hélie, t. II, n°s 689, 690; Le Sellyer, *Actions publique et privée*, t. II, n° 471. *b*) Le second système décide, au contraire, avec nous, que les faits, pris isolément, ne constituant pas un délit, aucun de ces faits ne peut être isolément soumis à la prescription. Le délit est en voie de s'accomplir, il n'est pas encore accompli. Mais il en tire cette conséquence que, pourvu que le dernier fait isolé ne soit pas couvert par la prescription, on peut rattacher à ce fait tous les faits antérieurs, quelle que soit leur date. Ce système, qui confond, quant aux règles de la prescription, le délit *continu* et le délit *d'habitude*, paraît être adopté par la jurisprudence : Cass., 21 oct. 1841 (S. 41, 1, 984); Cass., 14 nov. 1862 (*Bull.*, n° 15). Dans le même sens : Brun de Villeret, *op cit.*, n°s 170 et suiv. *c*) Enfin, d'après un troisième système, qui n'est qu'une modification du précédent, on peut rattacher, au fait qui ne remonte pas à plus de trois ans, les faits antérieurs, pourvu qu'ils ne soient pas séparés par un intervalle de plus de trois années. Nous nous rallions à cette opinion. Sans doute, le délai de trois ans ne peut être considéré comme un délai de prescription, puisque la prescription ne s'applique pas aux faits particuliers qui composent le délit d'habitude; mais, s'il s'est écoulé plus de trois ans entre les deux faits isolés, l'intervalle est assez long pour exclure l'habitude et, par conséquent, le délit. Dans le sens de cette opinion : Villey, p. 252; Bertauld, p. 612; Haus, t. II, n° 1340. La loi du 19 déc. 1850, dans son art. 3, fournit un argument à l'appui de cette opinion. Sur les difficultés relatives au point de départ de la prescription pour le délit de *dénonciation calomnieuse* : Le Sellyer, *op. cit.*, t. II, n° 472; Faustin Hélie, t. II, n° 1069; Brun de Villeret, *op. cit.*, n° 189; pour *l'abus de confiance* : Blanche, t. VI, n°s 270 et 271; Cass., 21 janv. 1870 (S. 71, 1, 176).

moment donné, de sorte que le temps antérieur à ce moment ne peut plus être compté, comme utile, à l'accomplissement de la prescription. Ces différences se comprennent, si on les rattache aux causes qui interrompent ou suspendent le cours de la prescription. L'interruption étant fondée sur une reconnaissance du droit prescrit, émanée de celui qui prescrit, ou sur une interpellation adressée à celui qui était en voie de prescrire, doit anéantir le temps de prescription déjà écoulé. La suspension résultant, au contraire, d'un obstacle de droit ou de fait, qui empêche le propriétaire ou le créancier de veiller à la conservation de ses droits, doit arrêter la marche de la prescription, mais non pas obliger à recommencer le chemin déjà parcouru.

Existe-t-il des causes d'interruption ou de suspension de la prescription de l'action publique? La question doit être divisée.

419. A. Si les art. 637, 638 et 640 C. inst. cr. ne prononcent pas le mot *d'interruption*, il est néanmoins certain qu'ils organisent un moyen d'anéantir le temps de prescription qui a déjà couru au profit d'un inculpé. Mais la lecture de ces textes suggère tout d'abord une double remarque. 1° Tandis que la prescription de l'action publique, *en matière criminelle* et *correctionnelle*, est interrompue par des actes de poursuite ou d'instruction; *en matière de simple police*, au contraire, les actes de poursuite ou d'instruction ne sont pas interruptifs par eux-mêmes, il faut qu'un jugement de condamnation les ait suivis dans l'année de la contravention. 2° Tandis qu'en *matière civile*, la prescription n'est interrompue que par une citation en justice, un commandement ou une saisie, signifiés à celui qu'on veut empêcher de prescrire, c'est-à-dire par un acte de poursuite (C. civ., art. 2244, 2245); un simple acte d'instruction suffit pour interrompre la prescription des *crimes* et des *délits*, et, *en matière de contraventions*, bien loin qu'un acte d'instruction soit suffisant, un acte de poursuite ne l'est même pas, il faut un jugement de condamnation.

Il résulte de là, tout d'abord, que le système de l'interruption de prescription en matière pénale est différent de celui qui est organisé pour la prescription civile. De plus, en ce qui concerne les règles de l'interruption de la prescription pénale, il faut soigneusement distinguer les crimes et délits d'une part, et les contraventions d'autre part.

a) La prescription de l'action publique, en matière criminelle et correctionnelle, est interrompue par des *actes de poursuite* ou *d'instruction*. Les actes par lesquels le ministère public exerce l'action publique, ceux par lesquels la partie civile la met en mouvement sont des actes de poursuite. Mais on ne peut attribuer ce caractère, ni aux réserves faites par le ministère public de poursuivre, puisqu'elles ne mettent pas l'action publique en mouvement; ni aux dénonciations et simples plaintes, qui n'ont pour objet que de provoquer des poursuites; ni aux actes émanés des prévenus, accusés ou condamnés, qui sont des actes de défense[1]. Les actes, qui tendent à éclairer l'autorité judiciaire, en recherchant et réunissant les éléments de preuves, tels qu'un transport sur les lieux, une exhumation, une perquisition, une saisie d'objets, un interrogatoire de témoins, un procès-verbal et même une ordonnance de non-lieu[2], sont des actes d'instruction.

Pour que la prescription soit interrompue par un acte de poursuite ou d'instruction, il faut que l'acte soit valable en lui-même; car un acte nul ou annulé ne peut produire d'effet. La validité d'un acte de poursuite ou d'instruction suppose qu'il émane d'un officier public compétent soit *ratione materiæ*, soit *ratione loci*, et qu'il a été accompli avec toutes les formalités substantielles[3]. Mais un acte de poursuite, régulier en la forme, émanant d'un fonctionnaire ayant qualité pour le faire, produit l'effet interruptif, malgré l'incompétence du juge devant lequel il est posé. En effet, l'incompétence du juge ne peut et ne doit invalider que les actes dont il est lui-même l'auteur[4].

Les effets de l'interruption de la prescription de l'action publique en matière criminelle et correctionnelle sont les suivants :

1° L'interruption rend inutile le laps de temps qui s'est écoulé déjà, de sorte qu'une nouvelle prescription doit recommencer. Mais on sait que l'application des actes interruptifs se fait, en droit civil, d'une manière indéfinie; en est-il de même en matière pénale? L'article 637, je l'ai déjà constaté, ne prononce pas le mot d'*interruption*, il nous dit seulement que « l'action publique et l'action civile..., se

[1] Comp. : Faustin Hélie, t. II, nos 1077 et 1078; Le Sellyer, *op. cit.*, nos 476, 484 à 489; Brun de Villeret, nos 206 et suiv.; Haus, t. II, no 1246, Cousturier, *op. cit.*, no 32.

[2] Dans ce sens : Cass., 28 janv. 1870 (S. 70, 1, 280); 12 avril 1873 (S. 73, 1, 346).

[3] Comp. : Mangin, t. II, nos 343 et suiv.; Brun de Villeret, *op. cit.*, nos 224 et 225; Sourdat, *op. cit.*, t. I, no 391; Le Sellyer, *op. cit.*, t. II, nos 499 et 500; Faustin Hélie, t. II, no 1079; *Pratique criminelle*, t. I, no 1074. La Cour de cassation a tiré de cette règle des conséquences très-juridiques dans un arrêt du 3 juillet 1881 (S. 81, 1, 481) et la note.

[4] Argument des art. 2246 et 2247 C. civ. — *Sic*, Cass., 5 mai 1865 (S. 65, 1, 426); Brun de Villeret, nos 216 et suiv.; 221 et suiv.; Faustin Hélie, t. II, nos 1079, 1080. Il faut remarquer, du reste, que le juge, mal à propos saisi, n'est pas tenu de prononcer la nullité de la poursuite : il doit se borner à déclarer son incompétence (C. inst. cr., art. 192 et 193).

prescriront après dix années révolues à compter du jour où le crime aura été commis, si *dans cet intervalle* il n'a été fait aucun acte d'instruction ou de poursuite ». Il faut conclure, sans difficulté, de ce texte que l'acte interruptif, accompli dans le délai de dix ans qui suit le crime, efface tout le temps de prescription qui a déjà couru, et qu'une prescription *nouvelle* doit recommencer. Mais il s'agit de savoir si cette prescription nouvelle peut être interrompue elle-même par un nouvel acte de poursuite ou d'instruction, et ainsi de suite indéfiniment. Les textes ne se prêtent pas à un système d'interruptions indéfinies, car ils semblent n'attacher d'effet interruptif aux actes de poursuite ou d'instruction que s'ils se produisent *dans les dix ans ou dans les trois ans du crime ou du délit.* Si donc on prend à la lettre les articles 637 et 638, la prescription, ne pouvant être interrompue que par des actes de poursuite ou d'instruction faits dans le premier délai de dix ans ou de trois ans, serait acquise si, dans un second délai de dix ans ou de trois ans, l'affaire n'était pas irrévocablement jugée. Ainsi, la durée de l'action publique, en matière de crimes ou de délits, ne pourrait dépasser vingt ans ou six ans. Ce doublement de délai, comme l'effet le plus prolongé de l'interruption de prescription, est certainement suffisant pour assurer la répression des infractions; et un système d'interruptions indéfinies serait contraire au fondement même de la prescription pénale. De plus, il remettrait au ministère public le pouvoir arbitraire de laisser ou non prescrire une action pénale contre qui il lui plairait. Aussi le Code pénal de 1791 et le Code de brumaire an IV[1] n'admettaient d'interruptions que dans la première période qui suivait le jour où l'existence de l'infraction avait été connue ou constatée. Rien n'indique, dans les textes du Code d'instruction criminelle, que ce système ait été abandonné[2]. Pour soutenir,

[1] C. p. de 1791, tit. VI, art. 2, § 1; C. de brumaire an IV, art. 9 et 10.

[2] Le système que nous adoptons était soutenu par la majorité des auteurs belges. V. Haus, t. II, n° 1344; Cousturier, *op. cit.*, n°s 18 et suiv. Il avait été cependant repoussé par la jurisprudence belge : Cass. belg., 16 avril 1860; Bruxelles, 13 mars 1873. Mais il a été adopté législativement par l'art. 26 de la loi belge du 17 avril 1878, ainsi conçu : « *La prescription ne sera interrompue que par les actes d'instruction ou de poursuite faits dans les délais de dix ans, trois ans ou six mois, à compter du jour où a été commis le crime, le délit ou la contravention* ». — En France, à l'exception de quelques auteurs : Ortolan, t. II, n° 1870; Labroquère, *Rev. crit.*, 1861, t. XIX, p. 169, la doctrine presque toute entière admet, contrairement à notre opinion, le système des interruptions indéfinies : Le Sellyer, *op. cit.*, t. II, n° 478; Brun de Villeret, *op. cit.*, n° 202; Villey, p. 257. Comp. sur les inconvénients en législation de ce système d'interruptions indéfinies : Carrara, *op. cit.*, § 714, n° 1; § 718.

comme on le fait généralement, que des actes de poursuite ou d'instruction, successivement renouvelés, peuvent indéfiniment retarder l'accomplissement de la prescription, il faut s'appuyer sur les principes du droit civil, et appliquer à l'interruption de l'action publique les règles de l'interruption civile. Mais c'est entrer dans une voie fausse et dangereuse. D'abord, la prescription pénale est fondée sur un tout autre motif que la prescription civile; celle-ci est une peine contre la négligence du propriétaire ou du créancier; celle-là, une conséquence du temps qui met en oubli l'infraction. Or, dans un système d'interruptions successives, on arriverait, en droit, à reconnaître la possibilité d'une poursuite, alors qu'en fait le souvenir de l'infraction serait certainement effacé. De plus, les règles sur l'interruption de la prescription pénale sont bien différentes des règles sur l'interruption de la prescription civile : ainsi, en matière pénale, un simple acte d'instruction a le même effet qu'un acte de poursuite. Les systèmes d'interruption n'ont donc aucune analogie. En droit civil enfin, il y a un correctif aux inconvénients de ces interruptions indéfinies de prescriptions résultant de poursuites commencées : c'est que l'effet interruptif de l'acte de poursuite est anéanti par la discontinuation de la procédure pendant trois ans, c'est-à-dire par la péremption d'instance. Ce remède n'existe pas en droit pénal[1].

2° Les actes de poursuite ou d'instruction ont un effet *absolu*[2] et un caractère *impersonnel;* ils interrompent la prescription, bien qu'ils soient dirigés contre une *personne incertaine*[3]; ils l'interrompent bien qu'ils *n'aient pas été notifiés à l'inculpé;* ils l'interrompent contre tous les inculpés, bien qu'ils n'aient été dirigés que contre *un seul* (C.

[1] La péremption d'instance, prévue et réglée par les articles 397 et suivants du Code de procédure civile, n'est pas applicable en matière criminelle. D'une part, les règles de procédure organisées par ce Code sont incompatibles avec les formes de la procédure criminelle (V. notamment l'art. 400 C. pr. civ., aux termes duquel la prescription est demandée par acte d'avoué à avoué). D'autre part, la prescription a pour fondement une présomption d'abandon d'instance, inapplicable en matière criminelle, puisque le ministère public, qui reste toujours partie poursuivante, ne peut abandonner l'instance. Comp.: Cass., 28 nov. 1857 (S. 58, 1, 171); 18 mars 1880 (S. 81, 1, 483). Comp. : BRUN DE VILLERET, *op. cit.*, n° 228.

[2] Cette règle est générale, puisqu'elle est fondée sur la nature même de la prescription pénale. Elle s'applique donc aux délits dont la prescription est plus courte que la prescription ordinaire : Cass., 3 juill. 1880 (S. 81, 1, 481) et la note. Comp. : BRUN DE VILLERET, *op. cit.*, n° 455; FAUSTIN HÉLIE, t. II, n° 1084; *Pratique criminelle*, t. I, n° 1075.

[3] C'est là un point généralement admis. Comp. : Cass., 3 juill. 1880 (S. 81, 1, 481); MANGIN, *op. cit.*, t. II, n° 345.

inst. cr., art. 637 et 640) [1]. En effet, tout acte de poursuite ou d'instruction, en vertu d'une présomption légale, conservant judiciairement le souvenir du délit et, par conséquent, le besoin de l'exemple, doit arrêter le cours de la prescription, à l'égard de toutes les personnes qui ont participé à l'infraction, alors même qu'elles seraient encore inconnues ou qu'elles n'en auraient pas été averties [2].

3° L'acte de poursuite ou d'instruction, a pour effet de donner un nouveau cours à la prescription, mais il ne peut en modifier la durée : en un mot, l'acte interruptif proroge la prescription pour une nouvelle période de temps égale à celle qui est fixée par la loi qui régit l'infraction [3].

b) Les règles qui viennent d'être exposées ne s'appliquent point aux *contraventions de police* : la prescription de l'action publique résultant de ces contraventions n'est interrompue par aucun acte de poursuite ou d'instruction; elle n'est interrompue que par une *condamnation*. Si le jugement est susceptible d'appel, — et la loi ne

[1] Suffit-il pour interrompre la prescription d'une infraction, que cette infraction ait été découverte dans le cours d'une procédure, même étrangère à cette infraction? Je le croirais volontiers. *Sic*, Cass., 26 juin 1840 (S. 40, 1, 731); Haus, t. II, n° 1344 *bis*. En sens contraire : Trébutien, t. II, p. 155. Comp. : Brun de Villeret, *op. cit.*, n° 249.

[2] L'art. 48 du C. p. allemand contient une disposition contraire : « *L'interruption n'a lieu qu'à l'égard de celui des inculpés contre lequel l'acte a été dirigé* ». Comp. : Carrara, *op. cit.*, § 718, p. 401 ; Morin, *Répert.*, v° *Prescriptions*, n° 26; Bertauld, p. 606.

[3] Ce principe, incontestable en matière ordinaire, doit également s'appliquer aux prescriptions de courte durée. La Cour de cassation paraît admettre cependant une opinion contraire. D'après elle, dans le silence de la loi sur le temps requis pour la prescription des poursuites auxquelles donnent lieu les délits soumis à des prescriptions *particulières*, il faut nécessairement se reporter aux dispositions générales du Code d'instruction criminelle; or, aux termes des art. 637 et 638 la prescription en matière correctionnelle ne peut être acquise que lorsque les poursuites ont été interrompues pendant trois ans. En conséquence, lorsqu'un délit de chasse, par exemple, aura été poursuivi dans le délai de trois mois, l'action publique ne pourra plus s'éteindre que par la discontinuation des poursuites pendant trois années. Cette doctrine est dénuée de fondement. En effet, si l'acte interruptif des prescriptions particulières a quelquefois pour effet, en matière civile, de prolonger le temps de la prescription, c'est qu'il emporte *novation* et modifie le titre même du droit de celui contre qui courait la prescription (Comp., par exemple, C. com., art. 189). Mais on ne comprendrait pas qu'un acte de poursuite ou d'instruction puisse avoir pour résultat, en matière pénale, de changer le caractère de la prescription primitive et de lui substituer la prescription ordinaire, puisqu'il ne modifie pas le caractère propre de l'infraction qui seul, a motivé une abréviation de délai. La Cour de cassation, après être revenue sur sa jurisprudence primitive : Cass., 28 juill. 1870 (S. 71, 1, 271), l'a confirmée dans un arrêt du 13 avril 1883. V. Albert Desjardins, *Rev. crit.*, 1884, p. 82.

donne le droit d'appeler d'un jugement de police, que dans le cas de condamnation, et il ne l'accorde qu'aux parties condamnées [1], — la prescription commence à courir à compter de la notification de l'appel qui en a été interjeté (C. inst. cr., art. 640). Ainsi, non-seulement les procès-verbaux, les saisies, les enquêtes, mais les jugements interlocutoires même, ne conserveraient pas l'action; le tribunal doit statuer définitivement, soit dans l'année de la contravention, soit dans l'année de la notification de l'appel [2]. Mais le Code d'instruction criminelle présente une grave lacune sur les effets du pourvoi en cassation et de la cassation des jugements de simple police, en ce qui concerne la prescription de l'action publique [3]. Aux termes de l'article 172 C. inst. cr., il n'y a que les parties condamnées qui peuvent interjeter appel des jugements de police; les effets de cet appel sur la prescription sont réglés par l'article 640. Mais, aux termes de l'article 177 : « *Le ministère public et les parties pourront, s'il y a lieu, se pourvoir en cassation contre les jugements rendus en dernier ressort par le tribunal de police, ou contre les jugements rendus par le tribunal correctionnel, sur l'appel des jugements de police* ». Si donc le prévenu peut se pourvoir contre les jugements qui l'ont condamné, le ministère public et la partie civile peuvent aussi se pourvoir contre les jugements qui renvoient d'instance le prévenu. Mais il peut arriver que, quand la Cour de cassation

[1] Article 172 Code d'instruction criminelle. Les parties condamnées, c'est-à-dire le prévenu ou les personnes civilement responsables. Ainsi, en matière de *contraventions*, les articles 172 et 640 combinés établissent une exception à la règle d'après laquelle les actes de défense ne sont pas interruptifs de prescription : l'appel du condamné, qui est un acte de défense, prolonge d'une année la durée de la prescription.

[2] D'après l'article 174 C. inst. cr., le délai de l'appel d'un jugement de police ne court qu'à compter de la *signification* de ce jugement à la personne ou au domicile. Le ministère public et la partie civile demeurent-ils maîtres de faire signifier le jugement quand il leur plaît, ou doivent-ils le notifier dans un temps déterminé au condamné, après lequel la prescription sera acquise? La question nous paraît très simple. Puisque c'est par une année que se prescrivent les contraventions non suivies d'un jugement de condamnation; que c'est encore par une année que s'éteignent les actions pour la poursuite, lorsqu'il a été interjeté appel du jugement de condamnation en premier ressort, il nous semble que ce doit être aussi par une année que se prescrira la poursuite, après un jugement qui n'aura pas été signifié. Dans ce sens : Mangin, t. II, n° 361; Trébutien, t. I, p. 360; Brun de Villeret, n° 239; Cousturier, n°s 22 et 71. — En sens contraire : Le Sellyer, *op. cit.*, t. II, n° 514. Comp. : Cass., 28 juin 1845 (D. 45, 1, 311).

[3] Comp. : Valabrègue, *De l'influence du pourvoi en cassation sur la prescription de l'action publique en matière de contraventions de simple police* (*Rev. prat.*, t. XLVIII, p. 82).

est en mesure de se prononcer, il se soit écoulé plus d'un an depuis l'existence de la contravention ou depuis l'appel du jugement qui a été cassé, comme il peut arriver que, la Cour de cassation ayant prononcé dans ces délais, le tribunal de renvoi ne prononce qu'après qu'ils sont expirés. La prescription, dans ces différents cas, sera-t-elle acquise à l'inculpé[1]? La question est très-délicate. Il est certain que le Code d'instruction criminelle n'enjoint pas formellement à la Cour de cassation, comme il enjoint au tribunal de police ou au tribunal d'appel, de statuer sur la contravention dans un délai déterminé. Mais l'effet légal d'un recours en cassation régulièrement formé ou d'une cassation prononcée étant de conserver l'action publique, cette action ne peut être prolongée au delà d'un an, à compter du jour où la contravention a été commise, que si la loi donne au pourvoi ou à la cassation un effet soit *interruptif* soit *suspensif*. Or, nulle part elle n'attribue au pourvoi en cassation ou à la cassation l'effet d'interrompre ou de suspendre la prescription. La loi veut que les infractions peu graves soient définitivement jugées dans le délai d'un an, et l'appel seul des parties condamnées a pour effet de prolonger ce délai.

420. B. La prescription de l'action publique peut-elle être suspendue? D'après le droit civil, la prescription est suspendue par un certain nombre de circonstances, qui forment autant d'obstacles de droit ou de fait à l'exercice d'une action, et qui expliquent, aux yeux de la loi, l'inertie d'un propriétaire ou d'un créancier. Mais aucun texte du Code ne suppose que la prescription de l'action publique puisse être suspendue. Il nous est permis de conclure du silence de la loi que, quelles que soient les causes qui empêchent le ministère public de poursuivre une infraction, le temps de son inaction

[1] Les systèmes, auxquels cette question a donné lieu, sont assez nombreux : on n'en compte pas moins de quatre : 1° D'après le premier, auquel je me rallie, le pourvoi n'est ni suspensif, ni interruptif : il n'est pas suspensif, puisque je ne reconnais pas de causes de suspension de la prescription, et que, du reste, il n'existe, dans ce cas, aucune impossibilité d'agir; il n'est pas interruptif, puisque l'article 440 n'attache d'effet interruptif qu'à l'appel. On trouvera d'excellents développements sur ce système dans l'ouvrage de Haus, t. II, n° 1347; 2° D'après le second, le pourvoi n'est pas interruptif, il est suspensif; 3° D'après le troisième, le pourvoi serait interruptif, mais non suspensif; 4° D'après le quatrième, qui est celui de la Cour de cassation, le pourvoi serait à la fois interruptif et suspensif; Cass., 21 juin 1879 (S. 79, 1, 89); 16 avril 1880 (S. 81, 1, 137). Dans une note sous cet arrêt, M. Villey fait remarquer, avec raison, que « la théorie de la Cour suprême se fonde plutôt sur des nécessités pratiques et sur des arguments d'inconvénient, que sur des raisons juridiques bien solides ». Comp. Brun de Villeret, *op. cit.*, n° 316; Bertauld, p. 616; Le Sellyer, *op. cit.*, t. II, n° 512; Mangin, *op. cit.*, t. II, n° 362.

forcée ne doit pas être déduit du temps utile pour prescrire. Ce système est, du reste, rationnel; car, si la prescription de l'action publique admet nécessairement, dans un acte de poursuite ou d'instruction, une cause d'interruption, puisqu'il est impossible qu'une action se prescrive lorsqu'elle est exercée, on ne voit pas comment elle admettrait des causes de suspension. En effet, bien que le ministère public se trouve, par suite d'un empêchement de droit ou de fait, dans l'impossibilité d'exercer l'action publique, le temps n'en continue pas moins à effacer peu à peu le souvenir de l'infraction, et la peine, qui serait appliquée après le délai fixé pour la prescription, cesserait d'être légitime, parce qu'elle ne serait plus nécessaire au maintien de l'ordre social et utile par ses effets.

On est généralement d'accord pour admettre qu'un *obstacle de fait*, qui empêche le ministère public d'agir, est impuissant à suspendre le cours de la prescription pénale. Ainsi, l'infraction est restée cachée; un Français, après avoir commis un crime hors du territoire, se tient éloigné de son pays; ou bien la guerre, des inondations interrompent la marche régulière de la justice; le prévenu devient fou : malgré ces circonstances, la prescription de l'action publique continue à courir, et s'accomplit par le laps de temps fixé par la loi, alors même que l'obstacle aurait subsisté pendant tout ce temps[1].

La question est plus délicate, en ce qui concerne l'effet d'un *obstacle de droit;* car, dans ce cas, c'est la loi elle-même qui suspend la poursuite, et il semble contradictoire qu'elle la suspende et la frappe en même temps de prescription, parce qu'elle n'est pas exercée[2]. Mais cette contradiction est plus apparente que réelle. En effet, la prescription extinctive étant fondée, en matière civile, sur une présomption de libération tirée de l'inaction du créancier, il est naturel qu'elle soit suspendue quand la loi elle-même empêche le créancier d'agir. Mais il n'est pas question de punir, par la prescription pénale, l'inaction du ministère public, ou d'admettre que, s'il n'a pas intenté l'action publique, c'est qu'il y a renoncé; il s'agit seulement de savoir si le temps qui s'est écoulé n'a pas effacé le souvenir de l'infraction et

[1] La Cour de cassation a cependant décidé, dans un arrêt du 8 déc. 1871 (D. 71, 1, 358), que la prescription était suspendue si, par suite d'un cas de force majeure (dans l'espèce, d'une invasion), le cours de la justice avait été interrompu. Comp., du reste, sur la question générale : Brun de Villeret, *op. cit.*, nos 257 à 261 ; Mangin, *op. cit.*, no 334.

[2] Cette objection est faite par Mangin, *op. cit.*, no 335 ; par Brun de Villeret, *op. cit.*, no 265.

rendu ainsi inutile la répression de celle-ci. Or, en quoi un obstacle de droit, qui empêche le ministère public d'agir, raviverait-il le souvenir de l'infraction et rendrait-il nécessaire la répression? Je crois donc, malgré les divergences de la doctrine et de la jurisprudence sur la question, qu'il faut déclarer l'action publique éteinte, lorsqu'elle n'a pas été exercée dans le délai fixé, quelle que soit la cause qui ait mis obstacle à la poursuite. Ainsi, la prescription ne sera pas suspendue par la nécessité, pour le ministère public, de demander une autorisation de poursuites; ou d'attendre une plainte préalable; ou de faire juger une question préjudicielle; ou de surseoir jusqu'au résultat d'une procédure de conflit[1].

421. Effets de la prescription de l'action publique. — La prescription de l'action publique, étant fondée sur l'oubli présumé de l'infraction après qu'un certain temps s'est écoulé depuis sa perpétration, doit produire les mêmes effets que l'amnistie. De même que l'amnistie, la prescription efface le caractère délictueux du fait. En conséquence, le ministère public ne doit pas poursuivre une infraction prescrite; et le juge, si elle est poursuivie, doit déclarer l'action publique non recevable sans pouvoir examiner la culpabilité du prévenu ou de l'accusé[2]. Tout tribunal de répression, avant de passer à l'examen du fond, est donc obligé de s'assurer que le fait dont il est saisi n'est pas couvert par la prescription. Aussi, la constatation de la date est un des éléments essentiels de la prévention, et le ministère public, dans toute poursuite, n'a pas seulement à prouver l'existence du fait délictueux, il faut encore qu'il établisse que son action a été intentée en temps utile[3].

[1] En ce sens : Ortolan, t. II, n° 1871; Haus, t. II, nos 1358 à 1361. La jurisprudence est en sens contraire; et, en ce point, elle est conforme à l'opinion de la majorité des auteurs : Faustin Hélie, t. II, nos 698, 699; Villey, p. 259; Le Sellyer, *op. cit*, t. II, n° 518; Brun de Villeret, n° 307. — L'art. 27 de la loi belge du 17 avril 1878 a consacré le système des jurisprudences française et belge : « *Dans le cas de renvoi devant le tribunal civil ou devant l'autorité administrative pour la décision d'une question préjudicielle, la prescription sera suspendue* ». Voir l'explication et la critique de cette disposition dans Haus, t. II, nos 1361 à 1366. La loi belge s'inspire de l'art. 69 du Code pénal allemand, ainsi conçu : « *Si le commencement ou la continuation de la poursuite dépend de la décision d'une question préjudicielle qui doit être résolue dans une autre procédure, la prescription reste suspendue jusqu'à la clôture de cette procédure* ».

[2] Il faut remarquer, en effet, que lorsque l'action publique est éteinte, le juge, qui ne peut plus *condamner* le prévenu, ne peut pas non plus l'*acquitter*. *Qui non potest condemnare non potest absolvere*. Comp. : Brun de Villeret, *op. cit.*, n° 74.

[3] Bien entendu, la date de l'infraction peut n'être indiquée qu'approximativement,

II. DE LA PRESCRIPTION DE LA PEINE.

422. Étendue de la prescription. — Les peines, portées par les arrêts ou jugements rendus par une juridiction soit ordinaire, soit exceptionnelle, s'éteignent, lorsqu'elles sont restées sans être exécutées pendant un certain temps. Ici, ce n'est pas le droit de *poursuite*, c'est le droit d'*exécution* pénale qui, faute d'avoir été exercé dans le délai fixé pas la loi, s'éteint par la prescription. Aussi, la prescription ne peut s'appliquer qu'à des peines qui ont besoin d'être exécutées. Mais les peines qui produisent leurs effets, indépendamment de tout autre acte, dès que la condamnation est devenue irrévocable, ne sont pas susceptibles de s'éteindre par la prescription. Examinons le cercle de la prescription pénale, au double point de vue des peines auxquelles elle s'applique et des peines qui lui survivent.

a) La prescription s'applique aux *peines corporelles*, aux *peines privatives de liberté* et aux *peines pécuniaires*. En ce qui concerne ces dernières, on pourrait cependant hésiter. En effet, la *confiscation* et l'*amende* sont des peines, dont l'effet légal, qui est de créer une dette ou de transférer une propriété, se produit par le seul fait de la condamnation, et affecte, passivement, dès que celle-ci est devenue irrévocable, le patrimoine du condamné. En résulte-t-il que ces peines soient soustraites à la prescription? Nullement. Il en est de l'amende et de la confiscation, ce qu'il en est de toute autre créance, qui se prescrit si le créancier reste un certain temps sans en poursuivre le recouvrement, avec cette différence toutefois, que le droit d'exécuter l'amende ou la confiscation, ayant son origine dans une *condamnation pénale*, se prescrit, non par trente ans, mais par vingt ans, cinq ans ou deux ans, selon que la condamnation est prononcée pour crime, délit ou contravention. Ainsi, l'amende pénale et la confiscation répressive, bien qu'elles constituent des charges civiles, n'en conservent pas moins leur caractère de peines, et se prescrivent, qu'elles aient été prononcées par un tribunal de répression ou par toute autre juridiction, qu'elles soient dues par le condamné ou par les héritiers de

car elle n'est exigée qu'au point de vue de la prescription. Mais il est également évident que la poursuite n'aurait aucune base si l'époque de la perpétration du délit était impossible à déterminer.

celui-ci, si, dans les délais de la prescription pénale, la condamnation n'a pas été exécutée sur les biens du débiteur[1].

b) Sont imprescriptibles, au contraire, les peines qui consistent dans la privation de certains droits, dans des incapacités juridiques prononcées par le juge ou attachées par la loi à certaines condamnations. D'où une double conséquence : 1° La prescription de la peine principale ne peut libérer le condamné des incapacités et déchéances qu'il a encourues. Le Code civil (art. 32) le décidait formellement pour la mort civile, et ce n'était que l'application d'un principe général. Cependant, en ce qui concerne l'interdiction légale, cette incapacité étant attachée par la loi à la *durée* de la peine principale, la prescription de celle-ci a pour effet d'éteindre celle-là[2]. Mais on avait soutenu à tort qu'il en était de même de la surveillance de haute police. La loi du 23 janvier 1874 a fait cesser toute difficulté à ce sujet, en décidant formellement, dans l'art. 48 C. p., que la prescription de la peine ne libère pas le condamné de la surveillance à laquelle il est soumis. Aujourd'hui toutefois, la surveillance de la haute police ne devant jamais être perpétuelle, la loi limite sa durée à vingt ans, au cas de prescription d'une peine perpétuelle. 2° Il peut arriver, en fait, que le condamné, quoique frappé de dégradation civique, par exemple, se soit établi dans une localité où ses antécédents étaient ignorés, que, là, il ait vécu, exerçant pendant vingt ans, pendant trente ans même, les droits que sa condamnation lui avait enlevés. Il se peut qu'il ait pris part aux élections législatives, qu'il ait tenu une école, etc. Mais cette *possession d'un état* qu'il a perdu est impuissante à le lui faire recouvrer. L'état des personnes ne peut pas plus s'acquérir qu'il ne peut se perdre par prescription.

423. Durée de la prescription de la peine. — I. Des articles 635, 636, 639 C. inst. cr., résulte une double règle. *a*) La prescription de la peine est plus longue que la prescription de l'action; elle est, en général, du double. *b*) La durée de la prescription est proportionnée à la gravité de la peine prononcée; elle est de *vingt* ans, *cinq* ans, *deux* ans, selon qu'il s'agit de condamnations en matière criminelle, de police correctionnelle ou de simple police[3].

[1] Ce principe est certain. Il résulte, par un *a contrario* décisif, de l'article 642 C. inst. cr., aux termes duquel les seules condamnations *civiles*, prononcées par les arrêts ou les jugements rendus en matière criminelle, correctionnelle ou de police, se prescrivent d'après les règles établies par le Code civil.

[2] *Sic*, Bertauld, p. 640. *Contra*, Villey, p. 542.

[3] Le délai de vingt ans, qui est celui de la prescription criminelle, est calculé sur

D'où une question capitale : La durée de la prescription dépend-elle de la qualification qui est donnée au fait punissable par le jugement ou l'arrêt de condamnation? ou bien de la peine réellement prononcée? De ces expressions des articles 635 et 636 : « Les peines portées *par les arrêts ou jugements rendus en matière criminelle*, etc... Les peines portées *par les arrêts ou jugements rendus en matière correctionnelle...* », la jurisprudence a conclu que c'est la *qualification* du fait sur lequel ont porté les arrêts ou jugements, et non la peine prononcée, qui détermine la durée de la prescription. En conséquence, elle ne tient aucun compte, pour modifier la durée de celle-ci, des abaissements de peines motivés par l'admission d'une excuse légale ou par celle des circonstances atténuantes. Mais c'est exagérer la portée de ces textes. Dans le langage de la loi, ces expressions : peines *en matière criminelle* ou *en matière correctionnelle*, sont synonymes de ces expressions, peines *criminelles*, peines *correctionnelles*. Et, puisque c'est le droit d'exécuter la peine, qui est éteint par la prescription, il est rationnel de se préoccuper seulement, pour fixer la durée de celle-ci, de la peine elle-même, telle qu'elle a été prononcée par le juge. Si donc un fait, bien que qualifié crime, n'est puni que d'une peine correctionnelle, par suite de l'admission d'une excuse ou par suite d'une déclaration de circonstances atténuantes, la prescription durera cinq ans et non vingt ans[1].

424. II. Logiquement, il faut placer le point de départ du délai de la prescription de la peine au jour où la condamnation est devenue *irrévocable;* c'est à cette date, en effet, qu'est né le droit d'exécution; c'est donc à cette date que la prescription de l'*action publique* cesse et que la prescription de la *peine* doit commencer à courir. La loi part, en effet, de ce principe, dans l'application duquel elle apporte, du reste, quelques tempéraments favorables au condamné. Pour com-

le maximum des peines criminelles temporaires. Le délai de cinq ans, qui est celui de la prescription correctionnelle, est aussi calculé sur le maximum ordinaire de l'emprisonnement correctionnel. — Le Code pénal belge de 1867 a conservé le délai de vingt ans pour la prescription criminelle, le délai de cinq ans pour la prescription correctionnelle, mais il double ce dernier délai, et le porte à dix ans, si la peine prononcée dépasse trois années : Art. 92. Comp., sur cette modification, qui ne nous paraît pas bien justifiée : Haus, t. II, n° 1038.

[1] En ce sens : Ortolan, t. II, n° 1896; Haus, t. II, n°s 1029 et 1030. — En sens contraire : Faustin Hélie, *Pratique criminelle*, t. I, n° 1077, et les arrêts de jurisprudence qu'il cite; Villey, p. 514 ; Brun de Villeret, *op. cit.*, n°s 415 à 417; Bertauld, p. 622; Rodière, *op. cit.*, p. 536. Quelque opinion qu'on adopte sur la question, il est certain qu'une commutation de peine est sans effet sur la durée de la prescription.

prendre son système, nous avons, avec les art. 635, 636 et 639, à distinguer la prescription des *peines criminelles*, de la prescription des *peines correctionnelles et de police*.

A. En matière *criminelle*, les vingt années se comptent à partir de la *date* des *arrêts* ou *jugements* (C. inst. cr., art. 635, § 1).

La prescription des peines criminelles, comme la prescription de toute peine, suppose une condamnation *irrévocable*, en vertu de laquelle l'exécution peut avoir lieu. Or, l'arrêt de condamnation n'est irrévocable et, par conséquent, n'est susceptible d'exécution que lorsqu'il a acquis force de chose définitivement jugée. Tant qu'il n'a pas ce caractère, l'arrêt doit être considéré comme un *acte d'instruction*, qui laisse subsister l'action publique, et qui a seulement pour effet d'interrompre la prescription de celle-ci. Ce n'est donc pas à la prescription de la *peine*, c'est à la prescription de *l'action* qu'un arrêt de condamnation, qui n'est pas définitif, sert de point de départ. Ce principe s'applique aux *condamnations contradictoires*, mais il ne s'applique pas aux *condamnations par contumace*, prononcées par les cours d'assises. Reprenons ces deux propositions.

a) Si l'arrêt de condamnation est *contradictoire*, l'action publique subsiste, tant que dure le délai du pourvoi en cassation, et, s'il y a pourvoi, tant qu'un arrêt de la Cour de cassation n'est pas intervenu pour le rejeter. Du reste, le pourvoi formé par le ministère public, étant un *acte de poursuite*, produit un effet interruptif sur la prescription de l'action. Mais dès que la condamnation est devenue irrévocable, l'action publique est éteinte , et la prescription de la peine qui n'est pas exécutée commence à courir, en remontant *au jour de l'arrêt*. En effet, par l'expiration du délai du pourvoi, l'arrêt est devenu en quelque sorte irrévocable à compter du jour où il a été rendu. En conséquence, si le condamné invoque la prescription de la peine criminelle qui a été prononcée contre lui, il n'aura pas à décompter, du temps requis par la loi, les quelques jours qui lui sont donnés pour se pourvoir en cassation, ni le temps qu'a duré ce pourvoi.

b) La loi n'applique pas ces principes en matière de contumace. Quoique provisoire, la condamnation a pour effet d'arrêter la prescription de *l'action publique* et de faire courir la prescription de la *peine*, à compter du jour où elle est prononcée (C. inst. cr., art. 476 et 635 combinés). Si donc dix ans seulement se sont écoulés depuis la date de l'arrêt de contumace jusqu'au jour de la représentation volontaire ou forcée du condamné, celui-ci ne peut pas invoquer la prescription de l'action publique pour se prétendre libéré. Cette solution, qui est certaine, est une solution d'équité, mais non de principe. La loi n'a pas voulu que la situation du contumax, rebelle à la loi, fût plus favorable que celle du condamné qui s'est présenté devant la justice. Or, si les règles du droit commun étaient applicables au contumax, celui-ci serait libéré des conséquences de son crime par une absence de dix ans; tandis que l'individu, condamné contradictoirement à une peine criminelle, qui serait parvenu à s'évader après sa condamnation, aurait besoin de vingt ans pour prescrire.

Lorsque, après avoir été condamné par contumace à une peine criminelle, l'accusé, jugé contradictoirement, n'est reconnu coupable que d'un *délit*, il serait, sans doute, équitable de lui permettre d'invoquer le bénéfice de la prescription, si cinq années s'étaient écoulées depuis la condamnation, en donnant, à la déclaration du jury, un effet rétroactif au jour où la condamnation a été prononcée[1]. C'est, en effet, ce que décide la jurisprudence. Mais cette solution de faveur n'est pas motivée par la rigueur des principes : car la peine, prononcée par l'arrêt de contumace, était soumise à la prescription de vingt ans, et, en bonne logique, il est évident que la prescription de cinq ans n'a pas pu éteindre la peine correctionnelle avant que celle-ci ait été prononcée.

B. La durée de la prescription des peines correctionnelles ou des peines de simple police est de cinq ans ou de deux ans. Quel est le point de départ de ce délai? c'est-à-dire à quel moment la prescription de la *peine* est-elle substituée à la prescription de l'*action?*

a) Si le jugement de condamnation est en *dernier ressort* et *contradictoire*, c'est à la date de la sentence que commence à courir la prescription; ainsi, le condamné, qui invoque la prescription, n'a pas à déduire, du délai de cinq ans ou de celui de deux ans qui s'est écoulé depuis la condamnation, le délai qui est accordé par la loi pour le pourvoi en cassation, ni la durée du pourvoi, si un pourvoi a été formé. C'est la même règle que pour la prescription en matière criminelle (C. inst. cr., art. 635, 636, 639).

b) Si le jugement contradictoire de condamnation a été rendu en *première instance*, la prescription commence à courir du jour où le jugement ne peut plus être attaqué par la voie de l'appel, c'est-à-dire

[1] *Sic*, Cass., 9 février 1854 (S. 54, 1, 277); cour d'assises de la Moselle, 4 déc. 1867 (S. 68, 2, 189). Comp. : Bertauld, p. 623 et 624 ; Haus, t. II, n° 1037; Hoorebeke, *op. cit.*, n° 209; Brun de Villeret, *op. cit.*, n°s 106, 107 et 482.

du jour où il a acquis force de chose jugée. Ici, en effet, il ne peut être question du délai d'un pourvoi en cassation, cette voie de recours n'étant pas ouverte contre un jugement en premier ressort.

c) Mais, en matière correctionnelle et de police, le prévenu peut être condamné ***par défaut***. Quel est le point de départ de la prescription? Dans le silence de la loi, je crois que la question doit être résolue par des distinctions, dont les unes sont puisées dans le texte, les autres dans l'esprit de la loi[1]. 1° Lorsqu'un jugement par défaut, rendu en premier ressort, est signifié au condamné, la peine, prononcée par ce jugement, se prescrit à compter de l'expiration du délai d'appel, qui est plus long que celui de l'opposition, et qui commence à courir en même temps que ce dernier, c'est-à-dire à partir de la signification du jugement. Ce premier point ne soulève aucune difficulté. 2° Si le jugement de condamnation, prononcé par défaut, est en dernier ressort, il nous paraît évident que la prescription de la peine ne peut commencer, tant que la condamnation n'est pas devenue irrévocable, c'est-à-dire tant que les voies de l'opposition et du recours en cassation sont ouvertes au condamné. Jusque-là, il ne doit être question que de la prescription de l'action. Mais, dès que le jugement ou l'arrêt est devenu irrévocable, la prescription de la peine qui n'est pas exécutée prend cours, et alors son point de départ remonte au jour du jugement ou de l'arrêt en dernier ressort. 3° Enfin, lorsque la partie poursuivante a laissé s'écouler trois ans, sans faire signifier le jugement correctionnel rendu par défaut, ou lorsqu'une année s'est écoulée depuis le jugement rendu en matière de simple police, sans qu'il ait été notifié, les *actions publiques*, nées du *délit* ou de la *contravention*, sont éteintes par l'expiration du délai de prescription, et les auteurs et les complices de l'infraction se trouvent désormais à l'abri de toute poursuite[2].

La prescription de la peine, comme la prescription de l'action, se compte par jours, c'est-à-dire *date* par *date*, et non par heures. Il ne suffit pas que le dernier jour soit commencé; il faut qu'il soit accompli. Le jour fixé par la loi comme point de départ de la prescription (*dies a quo*) est compris dans le délai de celle-ci. C'est ce que nous

[1] Sur la question et en sens contraire : Rodière, *op. cit.*, p. 544.

[2] Il est d'abord évident que les jugements par défaut, rendus par un tribunal de répression, ne se périment pas pour défaut de signification dans les six mois, aux termes de l'art. 156 C. pr. civ. *Sic*, Cass., 9 janv. 1880 (S. 82, 1, 485). Par conséquent, ils peuvent être signifiés tant que l'action publique est conservée, c'est-à-dire pendant trois ans ou un an.

avons démontré pour la prescription de l'action publique. Les mêmes règles sont applicables à la prescription de la peine.

425. III. Le Code ne prévoit aucune cause d'interruption ou de suspension de prescription : et ce silence suffit pour que nous nous en tenions, sur ce point, à l'observation des principes rationnels, dont nous rechercherons simplement l'application.

A. Les peines se prescrivent, parce qu'elles n'ont pas été exécutées dans les délais fixés par la loi. De là, résulte une double conséquence : la prescription doit être nécessairement interrompue par la mise à exécution de la peine; mais elle ne peut être interrompue que par cette mise à exécution. En effet, c'est le droit d'exécuter la condamnation qui est menacé d'extinction par la prescription ; c'est donc ce droit même qui doit être exercé, dans les délais de deux ans, de cinq ans ou de vingt ans, pour que la prescription soit interrompue[1].

Appliquons ce principe aux diverses peines qui peuvent être prononcées par un arrêt ou un jugement de condamnation.

a) Ainsi, il ne suffirait pas, pour interrompre la prescription de la *peine de mort*, d'arrêter le condamné, et même de donner des ordres pour mettre à exécution la sentence; si, avant l'expiration des vingt ans qui suivent l'arrêt de condamnation, l'exécution elle-même n'avait pas eu lieu, la prescription serait acquise.

b) En matière d'*amende* ou de *confiscation*, le cours de la prescription ne serait pas arrêté par le commandement fait au condamné de payer l'amende ou de remettre les objets confisqués, mais seulement par un acte d'exécution, paiement, saisie mobilière ou immobilière, contrainte par corps. Si la saisie ou le paiement n'avait produit qu'une partie de l'amende, une nouvelle prescription, qui s'accomplirait par vingt ans, cinq ans, deux ans, suivant que l'amende aurait été prononcée en matière criminelle, correctionnelle ou de simple police commencerait à courir pour ce qui resterait dû[2].

c) S'agit-il de *peines privatives de liberté ?* la prescription n'est pas interrompue par de simples significations, affiches, publications, vi-

[1] D'après l'art. 70 du Code pénal allemand, la prescription « est interrompue par *tout acte de l'autorité compétente tendant à faire exécuter la peine*, ainsi que par l'arrestation du condamné ». D'après l'article 109 du projet de Code pénal italien, « la prescription est interrompue par tout acte tendant à l'exécution de la peine et par *l'accomplissement d'un nouveau crime ou délit de même nature* ». L'art. 96 du Code pénal belge de 1867 porte en termes généraux : « La prescription de la peine sera interrompue par l'*arrestation du condamné* ».

[2] Comp. : Faustin Hélie, t. VIII, n° 4118 ; Ortolan, t. II, n° 1906.

sites domiciliaires, procès-verbaux de perquisitions. Mais une arrestation, opérée dans les délais fixés par la loi, serait suffisante pour que la prescription cesse de courir, sans qu'il soit nécessaire que le condamné ait été conduit dans l'établissement où il doit subir sa peine. En effet, l'arrestation, opérée en vertu de la condamnation pénale, est le premier acte d'exécution de celle-ci.

En ce qui concerne les peines privatives de liberté, nous devons suivre l'application de ces règles, en distinguant deux hypothèses.

Dès le principe, une condamnation à une peine privative de liberté n'a pas été exécutée, soit que l'accusé ou le prévenu ait été condamné par contumace ou par défaut, soit qu'il ait pris la fuite après la condamnation contradictoire, mais avant son exécution. Lorsque, dans le délai de vingt ans, de cinq ans ou de deux ans, le condamné est arrêté, la prescription de la peine cesse, en principe, de courir, puisqu'il est impossible tout à la fois de prescrire la peine et de la subir. Mais cette arrestation produit-elle les effets de l'*interruption* de prescription? C'est-à-dire a-t-elle pour résultat de rendre inutile, à l'effet de prescrire, tout le temps qui s'est écoulé jusqu'au jour de l'arrestation, de telle sorte que si le condamné s'évade, la prescription, qui courra à compter de son évasion, sera une prescription *nouvelle*, nécessitant un délai franc de vingt ans, de cinq ans ou de deux ans? En s'attachant à la lettre des articles 635, 636 et 639, il semble que la prescription de la peine ne peut avoir d'autre point de départ que la date de l'arrêt ou du jugement. Mais cette interprétation littérale conduit à une conséquence qui suffit pour la condamner. Supposons, en effet, qu'un individu, frappé de la peine des travaux forcés à perpétuité, s'évade à une époque où il s'est écoulé plus de vingt ans depuis la condamnation; si la prescription qui va commencer contre le droit d'exécuter la peine a pris cours à la date de l'arrêt de condamnation, l'autorité n'a plus le droit de reprendre cet évadé, car la peine se trouve instantanément prescrite. Il faut donc laisser de côté les textes, muets sur la question, et admettre de deux choses l'une : ou que l'exécution de la peine produit, tant qu'elle dure, une *suspension*; ou bien qu'elle a pour résultat une *interruption* proprement dite de prescription. C'est ce dernier effet que nous donnons à l'acte d'exécution.

D'après la rigueur des principes, la prescription de la peine ne sera pas susceptible d'être interrompue dans le cas de condamnation par contumace. En effet, l'arrestation du condamné n'a pas pour but de faire subir une peine qui ne peut être exécutée, mais bien d'anéantir un arrêt de condamnation rendu sous condition résolutoire. L'arrestation n'est donc qu'une mesure préventive, nécessaire pour soumettre l'accusé à des débats contradictoires. Si donc celui-ci s'évade de nouveau, avant d'avoir été jugé contradictoirement, son évasion fait revivre l'arrêt de condamnation, et la prescription de la peine recommence ou plutôt continue à courir, à compter de la date de cet arrêt[1].

Si le condamné à une peine privative de liberté, après avoir subi une partie de sa peine, parvenait à s'évader, la prescription, pour la portion de peine qu'il lui reste à subir, commencerait à courir du jour de l'*évasion*, et non du jour de l'arrêt ou du jugement. La loi ne le dit pas, mais il est certain que la prescription ne peut éteindre le droit d'exécution pénale pendant que ce droit est exercé. Cette règle, dont le principe n'est contesté par personne, conduit cependant à des conséquences injustes. N'est-il pas contraire à l'équité de voir, par exemple, le condamné aux travaux forcés, qui, pendant vingt ans, est parvenu à échapper à l'exécution de sa peine, dans une situation plus favorable, au point de vue de la prescription, que le condamné qui s'évade après en avoir subi la plus grande partie?

B. Quelle que soit la cause qui empêche l'exécution de la peine, la prescription *commence* et *continue* de courir. Il n'existe pas de cause de *suspension* de la prescription de la peine. C'est, par application de ce principe, que le Code décide que les peines, prononcées en dernier ressort, se prescrivent à compter de la date de l'arrêt ou du jugement de condamnation, bien que l'*exécution* en soit suspendue pendant le délai et pendant la durée du pourvoi en cassation.

426. Effets de la prescription de la peine. — Nous avons comparé les effets de la prescription de l'action publique à ceux de l'amnistie; nous pouvons comparer les effets de la prescription de la peine à ceux de la grâce. Comme la grâce, quand le décret procède par remise de peine, la prescription met obstacle à l'exécution des peines prononcées par la condamnation, mais elle laisse subsister cette condamnation elle-même qu'elle rend définitive. Toutefois, à deux points de vue, le condamné, qui a obtenu sa grâce, est traité plus favorablement que le condamné qui a prescrit sa peine : 1° Le premier peut obtenir une réhabilitation qui est nécessairement refusée au second;

[1] Cette solution, qui nous paraît commandée par les principes rigoureux du droit, donne à l'individu condamné par contumace une situation plus favorable, au point de vue de la prescription, qu'à l'individu condamné contradictoirement.

2° Le condamné pour crime, qui a prescrit sa peine, ne peut, aux termes de l'article 635, § 2, « résider dans le département où demeurent, soit celui sur lequel ou contre la propriété duquel le crime a été commis, soit ses héritiers directs ». Le gouvernement peut assigner au condamné le lieu de sa résidence. La loi du 23 janvier 1874 sur la surveillance de la haute police n'a pas abrogé les §§ 2 et 3 de l'article 635. Le gouvernement a, d'après ce texte, le droit, dans ce cas, de substituer l'assignation de résidence aux mesures autorisées par l'article 44 du Code pénal. Ce droit ne sera pas limité à une durée de vingt ans, et la grâce ne pourrait l'enlever au gouvernement.

427. De la prescription des condamnations civiles. — Les condamnations prononcées par les tribunaux de répression sont de deux sortes, *pénales* et *civiles*. Le droit d'exécuter les unes, comme celui d'exécuter les autres, est soumis à la prescription, s'il n'est pas exercé dans un certain délai. Mais le fondement de la prescription n'est pas le même dans les deux cas. Si le créancier de condamnations civiles ne peut plus, au bout d'un certain temps, les faire exécuter, c'est que son inaction prolongée emporte présomption d'abandon de droit. Si le ministère public ne peut plus, au bout d'un certain temps, faire exécuter une condamnation pénale, c'est que le temps, ayant effacé le souvenir de l'infraction, il ne serait plus utile à la société de faire subir la peine. Rationnellement, les deux prescriptions doivent donc être soumises à des règles différentes, et l'art. 642 C. inst. cr. est conforme aux principes du droit, en déclarant que les condamnations civiles, portées par les arrêts ou les jugements rendus en matière criminelle, correctionnelle ou de police, se prescrivent par trente ans, à compter du jour où elles sont devenues irrévocables. Quelle est l'étendue de la règle? Quel est le point de départ de la prescription? *a*) On entend par *condamnations civiles*, celles qui ont pour objet d'indemniser les parties du préjudice que leur a causé l'infraction; telles sont les condamnations aux restitutions, aux dommages-intérêts et aux frais prononcées au profit des parties civiles, et la condamnation aux frais prononcée au profit de l'État[1]. *b*) La prescription

[1] Les condamnations aux frais prononcées au profit de l'État ont, en effet, le caractère de condamnations civiles et se prescrivent par trente ans. C'est ce qui résulte du rapprochement des art. 635, 636 et 639, avec l'art. 642 du C. d'instr. cr. Comp. dans ce sens : Faustin Hélie, t. VIII, p. 607; Cass., 23 janv. 1828. Inst. min. just., approuvée par le min. des finances du 20 sept. 1875 (art. 245). En sens contraire : E. Loison, *De la prescription applicable à la condamnation aux frais en matière criminelle* (*La Loi*, n° du 16 juin 1881).

commence à courir du jour où la décision, qui prononce des condamnations civiles, est devenue *irrévocable*. Pour les jugements ou arrêts contradictoires ou par défaut, aucune difficulté ne se présente. Mais pour les arrêts prononcés par contumace, il faut déterminer à quelle époque naît le droit d'exécuter les condamnations civiles qu'ils prononcent, pour déterminer, par voie de conséquence, à quelle époque ce droit commence à s'éteindre par prescription s'il n'est pas exercé. Lorsque les délais de la prescription de la peine sont expirés, sans que la représentation volontaire ou forcée du contumax ait eu lieu, la condamnation devient irrévocable : et alors, sans aucun doute, la partie civile, qui a obtenu des dommages-intérêts, a le droit de faire exécuter, à son profit, l'arrêt qui les prononce : d'une part, en effet, la prescription pénale ne lui est pas opposable (C. inst. cr., art. 642); d'autre part, le titre, en vertu duquel elle agit, est désormais définitif. Mais la partie civile peut-elle, pendant les délais de la prescription de la peine, alors que la condamnation n'est pas irrévocable, faire saisir et vendre les biens du contumax et se faire colloquer, dans une contribution ou un ordre ouvert sur ces biens? Je n'hésiste pas à lui reconnaître ce droit. A la vérité, tout arrêt de contumace est provisoire; la représentation ou l'arrestation du condamné l'anéantit de plein droit, et il ne devient irrévocable que par l'expiration du délai de la prescription. Aussi l'exécution des condamnations *pénales*, au moins des condamnations *corporelles*, est suspendue; mais il n'en est pas de même à l'égard des condamnations *civiles*. Quant à ces dernières, l'arrêt doit être considéré comme une décision rendue sous une *condition résolutoire*, celle de la représentation ou de l'arrestation du condamné dans un délai déterminé; et cette condition ne suspend point *l'exécution* de l'arrêt, elle oblige seulement la partie civile à restituer ce qu'elle a reçu dans le cas où l'événement conditionnel se réalise[1]. Si cette manière de voir est admise, il en résulte que les condamnations civiles prononcées par contumace commencent à se prescrire à la date de l'arrêt, car, dès ce jour, elles peuvent être exécutées par la partie civile.

[1] V. sur cette question, mon article : *Questions pratiques sur la contumace* (*Rev. crit.*, 1878, p. 369 à 383). — L'art. 96 du Code pénal belge a prévu la question et l'a résolue dans le sens indiqué : il décide, en effet, que les condamnations civiles se prescriront, « *à compter de la date de l'arrêt, si elles ont été prononcées par contumace* ». Comp. : Haus, t. II, n° 1027.

CHAPITRE II.

DE L'EXTINCTION DE L'ACTION CIVILE.

428. Les causes d'extinction de l'action civile ne sont pas nécessairement les mêmes que celles de l'action publique : d'une part, certains faits qui éteignent l'action civile n'éteignent pas l'action publique; d'autre part, certains autres qui éteignent l'action publique n'éteignent pas l'action civile; enfin, il y a des causes qui éteignent tout à la fois l'action civile et l'action publique. Ainsi, l'action civile s'éteint par une *transaction*, par un *désistement*, et ces modes d'extinction sont, en principe, étrangers à l'action publique. A l'inverse, le *décès du prévenu* et *l'amnistie*, qui éteignent l'action publique, laissent subsister l'action civile. La *chose jugée* et la *prescription* sont, au contraire, des causes d'extinction communes. Réservant ce qui concerne la chose jugée, je ne traiterai, en ce moment, que de la prescription, en distinguant deux hypothèses.

429. I. **De la prescription de l'action civile avant toute extinction de l'action publique.** — Notre Code, suivant en cela les précédents législatifs, a associé, quant à la prescription, le sort de l'action civile à celui de l'action publique : la prescription, pour l'une et pour l'autre de ces deux actions, a le même point de départ, le jour de l'infraction; elle a la même durée, dix ans, trois ans, un an; et les actes qui interrompent le cours de l'une d'elles ont le même effet à l'égard du cours de l'autre (C. inst. cr., art. 637, 638, 640). Cette assimilation de l'action civile à l'action publique est difficile à justifier, car la prescription de l'action civile étant fondée sur l'inaction prolongée du créancier, la prescription de l'action publique sur l'oubli présumé de l'infraction après un certain temps, il semble qu'il serait plus rationnel de soumettre l'une aux règles du droit civil et l'autre à celles du droit pénal. D'autant plus, que l'unité, établie par la loi entre les deux prescriptions, conduit à cette conséquence singulière, que, pour avoir violé tout à la fois la loi pénale et la loi civile, l'agent d'un fait dommageable se trouve dans une situation plus favorable, au point de vue de la prescription, que s'il avait seulement porté atteinte à des intérêts privés. En effet, tandis que, dans le premier cas, l'action en dommages-intérêts, à laquelle il est soumis, dure un an, trois ans ou dix ans, elle dure uniformément trente ans dans le second; de sorte que la durée de la prescription est souvent en raison inverse de la gravité du fait dommageable.

Mais le système de l'assimilation, qui ne se justifie pas rigoureusement, s'explique, comme une nécessité d'ordre public, par une double considération[1]. *a*) Si la prescription de l'action civile était plus longue que celle de l'action publique, on pourrait voir la partie lésée faire déclarer le défendeur coupable d'une infraction et obtenir contre lui une condamnation à des dommages-intérêts à ce titre, alors que le ministère public serait impuissant à le poursuivre. Le scandale, qui résulterait d'une déclaration judiciaire de culpabilité, devant laquelle la justice pénale resterait impuissante et désarmée, est le premier motif qui donne à l'obligé en vertu d'une infraction la garantie d'une prescription plus courte qu'à l'obligé en vertu soit d'un contrat soit d'un délit ou quasi-délit civil[2]. *b*) De plus, le législateur veut, dans l'intérêt général, faire de la partie lésée, qui est la première informée de l'infraction et mieux en état que tout autre d'en désigner l'auteur, l'auxiliaire le plus actif de la partie publique; et, dans ce but, il déclare l'action civile non recevable, si elle est exercée après l'expiration des délais, relativement courts, fixés pour la prescription de l'action publique.

Le principe, en vertu duquel l'action publique et l'action civile sont complètement assimilées entre elles en ce qui concerne la prescription, s'applique, que l'action civile soit portée devant les *tribunaux de répression*, accessoirement à l'action publique, ou qu'elle soit portée séparément, et comme action principale, devant les *tribunaux civils*. En effet, la durée de la prescription d'une action ne peut dépendre de la nature des juridictions qui sont saisies de celle-ci, mais de la nature même de cette action. Restreindre l'application des art. 637, 638 et 640, qui assimilent l'action publique et l'action civile en ce qui concerne la durée de la prescription, au cas où l'action civile est portée

[1] Cette assimilation de l'action civile à l'action publique, au point de vue des règles de la prescription, n'existe ni dans la législation allemande, ni dans la législation russe. On la retrouve dans la législation italienne; et elle a été maintenue, malgré de vives critiques, dans la loi belge du 17 avril 1878. Voir l'*Annuaire de législ. étrang.*, 1879, p. 455.

[2] « On ne peut obtenir la réparation de l'accusé, dit Muyart de Vouglans, sans le convaincre de son crime; on ne peut le condamner, sans se mettre dans la nécessité de le punir ».

devant les tribunaux de répression, ce serait rendre inutiles ces textes, car il est bien certain que l'action publique prescrite, l'action civile, qui en est l'accessoire devant les tribunaux de répression, ne pourrait être portée devant eux. Si donc ces mots « *action civile* » ont un sens dans les art. 637, 638, 640, ils n'ont et ne peuvent avoir d'autre sens que celui-ci : savoir qu'après la prescription de l'action publique, la partie lésée n'aura pas d'action civile, non-seulement devant les tribunaux de répression, cela était évident, quand même la loi ne l'aurait pas dit, mais même devant les tribunaux civils, ce qui avait besoin d'être expliqué. Aussi, l'art. 2 C. inst. cr., est formel pour repousser toute distinction; il dispose, en effet, que l'action civile s'exerce contre le prévenu et contre ses *représentants*, et qu'elle s'éteint par la prescription, ainsi qu'il est réglé au livre II, titre VII, chap. v, *De la prescription*. L'action civile s'éteint donc d'après les règles des art. 637, 638 et 640, même quand elle est exercée contre les représentants du prévenu : or, contre les *représentants du prévenu*, c'est-à-dire, ses héritiers, l'action civile ne peut être portée que devant les tribunaux civils. Enfin, l'art. 642 vient fournir un argument *a contrario* qui n'est pas sans valeur [1].

[1] Si je m'arrête sur cette démonstration, ce n'est pas que je considère le principe comme douteux; il fait partie, pour moi, du *jus incontroversum*, car les textes cités ne peuvent avoir de sens que si on admet que la prescription établie par le droit criminel s'applique à l'action civile, alors même que celle-ci est intentée devant les tribunaux civils. Mais quelques criminalistes ont essayé de démontrer que la prescription pénale était seulement extinctive de l'action civile portée devant les tribunaux de répression. Comp. : Bertauld, p. 652; Grellet-Dumazeau, *De la diffamation*, n°s 298 et suiv.; Paul Collet, *Rev. crit.*, 1868, t. XXXIII, p. 1. Comment expliquer la résistance d'excellents esprits à des textes formels? C'est que la raison, si on la consulte seule, ne semble pas ratifier la solution de la loi. Mais les motifs sur lesquels est fondée l'assimilation de la prescription des actions civile et publique avait fini par faire prévaloir cette assimilation dans notre ancien droit. Jousse, l'atteste (t. I, p. 600); il rappelle même que, lors de l'arrêt du Parlement de Paris de l'année 1600, le premier président avertit les avocats de ne plus douter de cette règle. Le C. de brumaire avait adopté la même solution d'une manière formelle (art. 9 et 10). En présence de ces précédents et des textes, s'il est permis de discuter sur les conséquences de la règle, il n'est pas permis, sans commettre une véritable erreur, de la contester. Du reste, le Code militaire paraît avoir adopté la distinction que je repousse, par rapport aux délits et aux crimes dont la connaissance appartient aux conseils de guerre, et par rapport aux contraventions de police, dont la répression est laissée à l'autorité militaire (art. 271). C'est, du moins, ce que l'on peut induire de l'art. 184 qui ne rend les dispositions du Code d'instruction criminelle sur la prescription applicable qu'à l'*action publique*. Il semble, par conséquent, que l'action civile, que ce Code détache de l'action publique et qui doit toujours être portée devant les tribunaux civils, reste soumise à la prescription trentenaire. *Sic*, Molinier, *Études juridiques et pratiques sur le Code de justice militaire* (1860, Toulouse), p. 96.

430. Mais l'action civile, que la loi soumet à la prescription pénale, est l'*action en réparation du dommage causé par une infraction* (C. inst. cr., art. 1er). La prescription de dix ans, de trois ans ou d'un an ne s'applique donc qu'à l'action qui a, pour unique *cause*, une infraction, et, pour *objet* exclusif, la réparation du dommage résultant de cette infraction (C. civ., art. 2262). Cette formule va nous permettre de déterminer l'*étendue* et les *limites* du système de l'assimilation entre la prescription de l'action publique et celle de l'action civile.

a) *Son étendue.* — Toute action en réparation du dommage causé par une infraction, qu'elle soit dirigée contre les *auteurs mêmes*, ou contre les *personnes civilement responsables de l'infraction*, se prescrit par dix ans, par trois ans ou par une année. On a cependant contesté cette solution à l'égard des personnes civilement responsables, en faisant remarquer que l'action, dirigée contre elles, ne dérivait pas d'une *infraction*, mais d'un *quasi-délit civil*. En effet, l'infraction, que commet la personne qu'un tiers est légalement chargé de surveiller, n'aurait probablement pas été commise, si la surveillance de ce tiers eût été plus active et plus assidue. La loi fait de cette surveillance un *devoir civil*; elle en présume le défaut ou l'insuffisance quand elle n'est pas efficace, et, sur le fondement de cette présomption légale, elle reconnaît, comme tenu d'un *quasi-délit*, celui qu'elle déclare responsable à raison du fait d'autrui. L'action en responsabilité, ne dérivant pas de l'infraction, doit donc être soumise à la prescription civile[1]. Mais cette opinion très-ingénieuse, outre qu'elle rendrait possible la poursuite de la personne civilement responsable du fait délictueux, quand celle-ci ne pourrait plus exercer de recours contre l'auteur de ce fait, irait contre le but de la loi, qui ne permet plus la constatation judiciaire du délit après les délais de la prescription pénale[2]. C'est précisément à raison du but de la loi, qu'il ne suffirait pas à la partie lésée, pour échapper à la prescription pénale, de déguiser son action, en isolant l'acte dommageable, dont elle demande la réparation, de tout caractère délictueux, et, par exemple, dans une

[1] Dans ce sens : BEUDANT, en note sous les arrêts de la Cour de cassation du 13 mai 1868 et du 12 janv. 1869 (D. 69, 1, 217). La dissertation de M. BEUDANT est reproduite par LE SELLYER, *Actions publique et privée*, t. II, n° 556; D., *Rép.*, v° *Prescription*, n° 133; COLLET, *Rev. crit.*, 1868, p. 1.

[2] La jurisprudence est fixée dans ce sens : Cass., 1er mai 1876 (S. 76, 1, 445); 10 janvier 1877 (S. 77, 1, 270). Les auteurs sont également d'accord sur cette question : HAUS, t. II, n° 1433; VILLEY, p. 266; LE SELLYER, *op. et loc. cit.*

action en rescision de convention, de qualifier de dol, des manœuvres qui constituent, en réalité, une escroquerie, un abus de confiance ou un faux. Comment pourrait-il dépendre de la partie lésée, en donnant au fait la couleur d'un délit ou quasi-délit civil, d'obliger le défendeur à accepter cette qualification et le juge à l'admettre? On a, il est vrai, prétendu que le défendeur ne devait pas être recevable à s'accuser d'une infraction pour faire tomber la demande : *Nemo auditur propriam turpitudinem allegans;* mais l'objection n'est pas fondée, car, en opposant la prescription, le défendeur ne reconnaît pas nécessairement l'existence des faits qu'on lui impute, il se borne à soutenir qu'en les supposant prouvés, l'action serait prescrite. De plus, si l'on admet que la prescription de l'action civile, comme celle de l'action pénale, est d'ordre public, il faut donner au juge le droit de qualifier lui-même les faits d'où découle la demande, pour suppléer le moyen tiré de la prescription[1].

b) Ses limites. — Les limites d'application de la règle qui solidarise la prescription de l'action civile à celle de l'action publique sont de deux natures : 1° Toute action, qui ne tire pas son origine exclusive de l'infraction, mais qui a sa cause dans un droit préexistant, demeure soumise à la prescription ordinaire. D'une part, le fait délictueux laisse subsister tous les droits qui existaient avant lui et en dehors de lui, et l'action, qui a sa base dans ces droits, doit échapper à la prescription pénale parce qu'elle ne naît pas du délit, alors même que, sans le délit, elle n'eût pas été exercée. D'autre part, le juge, pour examiner la prétention du demandeur, n'a pas nécessairement à rappeler le souvenir de l'infraction, puisque l'action que celui-ci intente a sa base dans un droit antérieur. Ainsi, le propriétaire volé peut, même après que le vol est prescrit, exercer son action en revendication; le déposant peut, après la prescription de l'abus de confiance, exercer l'action née du dépôt[2]. 2° Il en est de même des actions qui, bien que nées du délit, n'ont cependant pas pour objet direct la réparation du dommage qu'il a causé. Telles sont les actions en désaveu ou en séparation de corps, fondées sur l'adultère; l'action ouverte contre l'héritier, et tendant à le faire déclarer indigne de succéder pour avoir donné ou tenté de donner la mort au défunt. Ces actions

[1] *Sic*, HAUS, t. II, nos 1435 et 1436; FAUSTIN HÉLIE, t. II, n° 1111; Cass., 4 mars 1877 (S. 78, 1, 97).

[2] Jurisprudence constante : Cass., 27 août 1867 (D. 67, 1, 489); Douai, 18 août 1873 (D. 74, 2, 387); Bordeaux, 4 juin 1874 (D. 75, 2, 75).

échappent à la prescription pénale, parce que ce ne sont pas des actions civiles dans le sens que donne à ce mot le Code d'instruction criminelle (art. 1er)[1].

431. La durée de la prescription de l'action civile peut-elle être prolongée par un fait soit interruptif soit suspensif? L'*indivisibilité* des deux prescriptions conduit à cette conséquence, que toute cause, qui interrompt ou suspend la prescription de l'une de ces actions, interrompt ou suspend la prescription de l'autre, mais que, à l'inverse, un fait ne peut être interruptif ou suspensif de l'une de ces prescriptions sans être interruptif ou suspensif de l'autre. Ceci posé, on est d'accord pour reconnaître que les actes de poursuite ou d'instruction, faits par la partie publique, interrompent la prescription des deux actions[2]. Mais quel est l'effet des actes *d'instruction* ou de *poursuite* posés par la partie civile? C'est sur ce point que portent les difficultés. Les uns soutiennent que tout acte de poursuite ou d'instruction de la partie lésée, posés même devant la juridiction civile, tels qu'une assignation ou une enquête, conservent à la fois l'action civile et l'action publique; d'autres, que pareils actes conservent seulement l'action civile, laquelle survit ainsi à l'action publique[3]. Mais les deux actions étant

[1] La combinaison de cette double règle peut aider à résoudre une question qui a eu, pendant quelque temps, un intérêt d'actualité. Une société anonyme a été constituée contrairement aux prescriptions de l'art. 1er de la loi du 24 juillet 1867 : par exemple, la souscription de la totalité du capital social et le versement, sur chaque action, du quart au moins des actions souscrites, n'ont pas été faits. C'est là une infraction punie d'une peine correctionnelle (art. 45). Une double action est ouverte aux intéressés : une action en *nullité* de la société; une action en *responsabilité* contre les fondateurs. Supposons qu'il se soit écoulé plus de trois ans depuis la constitution de la société : un actionnaire sollicite du tribunal de commerce la nullité de la société et des dommages-intérêts contre les fondateurs. Cette double demande est-elle irrecevable, comme ayant été formée plus de trois ans après le délit qui lui donne naissance? Je distinguerai : en admettant que l'action en nullité de la société puisse se prescrire — ce qui est très-douteux — il est certain qu'elle échappera à la prescription pénale, car elle n'a pas le caractère d'action civile au sens propre du mot. Je croirais, au contraire, que l'action en responsabilité, naissant du délit même et ne pouvant trouver sa base dans aucun contrat préexistant, devrait être déclarée prescrite. Comp. sur la question : Labbé, *Journal des sociétés*, 1881, t. II, p. 169; Rousseau, *Questions nouvelles sur les sociétés* (1882), *Question* 9, p. 135. En sens contraire : Cass., 4 juin 1883.

[2] Villey, *Rev. crit.*, 1875, p. 87.

[3] Comp. : Le Sellyer, *op. cit.*, t. II, n° 480; Hoorebeke, *op. cit.*, p. 126; Labroquère, *op. cit.*, p. 171. La loi belge du 17 avril 1878 a formellement consacré le premier système dans son art. 25, ainsi conçu : « *Les actes qui interrompent la prescription de l'action publique interrompent aussi la prescription de l'action civile, et réciproquement* ».

associées, au point de vue de la prescription, les textes s'opposent à ce que l'action civile survive à la prescription de l'action publique. Ainsi, se trouve écarté le second système. Reste le premier, que je repousse également. En effet, les actes de poursuite de la partie lésée ne peuvent interrompre la prescription de l'action civile que s'ils interrompent, en même temps, la prescription de l'action publique [1]. Or, l'article 637 ne semble reconnaître d'effet interruptif aux actes de poursuite ou d'instruction que s'ils sont posés devant la juridiction répressive, soit par la partie publique, soit même par la partie lésée : en effet, la prescription est interrompue, « *même à l'égard des personnes qui ne seraient pas impliquées dans l'acte de poursuite ou d'instruction* [2] », ce qui suppose bien un acte de poursuite ou d'instruction posé devant la juridiction répressive, puisque les actes de poursuite, en matière civile, n'ont pas ce caractère absolu et impersonnel. Est-ce à dire que l'acte de poursuite de la partie lésée, impuissant comme acte interruptif, soit sans effet pour conserver l'action civile? Je ne le pense pas, car, de deux choses l'une : — ou l'action intentée ira jusqu'au bout, et le tribunal devra rendre sa décision, encore que les délais de la prescription soient expirés en cours d'instance, car, la recevabilité d'une action doit être appréciée au jour de la demande [3]; — ou l'action s'arrêtera, et alors la procédure sera considérée comme non avenue par application des règles de la prescription [4].

Par application du principe que j'ai posé, il n'existe pas plus de causes de suspension de l'action civile que de causes de suspension de l'action publique [5].

432. L'effet de la prescription de l'action civile est d'opposer une

[1] Ainsi, la Cour de cassation a décidé que l'action en dommages-intérêts de la partie lésée n'a pas pour effet d'interrompre la prescription de l'action publique, notamment en matière de délits ruraux : 28 juillet 1870 (D. 71, 1, 184).

[2] V. Metz, 30 mars 1870 (D. 70, 2, 111); Cass., 4 avril 1873 (D. 73, 1, 221); Laboquère, *op. cit.*, p. 170; Rodière, *op. cit.*, p. 39.

[3] Je suis obligé de reconnaître que, dans ce cas, l'existence de l'infraction pourra être judiciairement constatée, à un moment où l'action publique étant prescrite, la répression sera impossible : mais le demandeur ne peut être rendu responsable des lenteurs de la justice : *actiones, quæ tempore pereunt, semel inclusæ judicio salvæ permanent*. Du reste, le ministère public, averti par l'exercice utile de l'action civile, a pu et dû poursuivre. S'il ne l'a pas fait, il est en faute, et cette faute ne peut pas éteindre le droit de la partie lésée.

[4] V. Brun de Villeret, *op. cit.*, n° 371.

[5] Ainsi l'état de minorité de la partie lésée ou de ses héritiers ne peut suspendre la prescription de l'action civile : Lyon, 17 juin 1842 (S. 42, 2, 443); Dijon, 27 juin 1866 (D. 66, 2, 152); Cass., 1er février 1882 (S. 82, 1, 155).

fin de non-recevoir absolue contre l'action. Il résulte, en effet, de l'assimilation établie par le législateur entre la prescription de l'action civile et celle de l'action publique, que la prescription de l'action civile est d'ordre public, qu'elle doit être suppléée d'office, même par le juge civil, que le défendeur n'a pas la faculté d'y renoncer lorsqu'elle lui est acquise[1], et qu'elle peut être proposée pour la première fois devant la Cour de cassation[2]. Mais la prescription, éteignant les actions auxquelles le délit a donné naissance, laisse subsister ce délit même : elle n'empêche donc pas de faire valoir, par voie d'*exception*, les faits qui auraient servi de base à l'action civile, si elle eût été intentée en temps utile. Ainsi, l'individu, qui est poursuivi en vertu d'un titre obtenu au moyen d'une escroquerie, est toujours recevable à opposer, pour faire tomber la demande, les manœuvres délictueuses dont il a été victime[3].

433. II. **De la prescription de l'action civile après l'extinction de l'action publique.** — Du fondement que nous avons assigné à la règle qui solidarise l'action civile et l'action publique, au point de vue de la prescription, résulteraient rationnellement deux conséquences : 1° L'action publique étant éteinte par prescription, l'action civile serait éteinte avec elle et ne pourrait jamais lui survivre; 2° L'action publique étant éteinte par toute autre cause, l'action civile survivrait et demeurerait soumise, non plus aux règles du droit criminel, mais aux règles du droit civil. La première proposition est certaine; la seconde, acceptée par quelques auteurs[4], n'est pas complètement exacte. Les causes d'extinction de l'action publique, autres que la prescription, sont : la *chose jugée*, l'*amnistie*, le *décès* du prévenu : le principe, d'après lequel l'action civile s'éteint par la *prescription pénale*, s'applique-t-il encore lorsque l'un de ces faits a éteint l'action

[1] Dans ce sens : Haus, t. II, n° 1433; Paris, 24 février 1855 (D. 56, 2, 71). — En sens contraire : Cass., 28 février 1860 (S. 60, 1, 106). Il est certain que, sous l'empire du Code de brumaire an IV, le juge civil, de même que le juge criminel, se trouvait obligé de déclarer d'office l'existence de la prescription (art. 10, *in fine*).

[2] Que l'action civile ait été introduite devant la juridiction criminelle en même temps que l'action publique, ou qu'elle soit pendante devant les tribunaux civils. Si la première partie de la proposition est généralement admise (Le Sellyer, *op. cit.*, n° 444; Sourdat, *op. cit.*, n° 406); la seconde est généralement repoussée. Comp. : Cass., 18 février 1860, déjà cité, et la note. Sur la question, V. Brun de Villeret, n° 361; Cousturier, *op. cit.*, n° 87.

[3] *Quæ temporalia sunt ad agendum perpetua sunt ad excipiendum.* Sur la règle : Aubry et Rau, t. VIII, § 771, p. 425.

[4] Villey, *Revue critique*, 1875, p. 81.

publique, en laissant subsister l'action civile? Il faut distinguer, je crois, deux ordres d'hypothèses.

a) Le mode d'extinction de l'action publique, tout en laissant subsister l'action civile, a-t-il pour conséquence de modifier le caractère du fait qui lui donne naissance? l'action en dommages-intérêts se prescrira par trente ans (C. civ., art. 2262). C'est ainsi que, s'il est intervenu, devant la juridiction répressive, une ordonnance de non-lieu ou un acquittement éteignant définitivement ou provisoirement l'action publique, mais n'empêchant pas la partie lésée de former une demande en dommages-intérêts devant les tribunaux civils, la prescription ordinaire de trente ans sera seule applicable. Le fait, étant provisoirement ou définitivement dépouillé de tout caractère délictueux, l'action en dommages-intérêts qui en résulte est, en effet, une action civile ordinaire qui dure trente ans, à partir, non de l'ordonnance de non-lieu ou de l'acquittement, mais à partir du jour où le fait dommageable a eu lieu[1]. De même, si une loi d'amnistie efface le caractère délictueux de l'infraction, sans déclarer l'action civile éteinte, la même solution devra être adoptée.

b) Mais je crois, au contraire, qu'en cas de *condamnation*, de *décès* du prévenu, l'action civile, qui subsiste, reste soumise à la prescription pénale. Il suffit, en effet, que l'action résulte d'un fait punissable et ait pour objet la réclamation de dommages-intérêts, pour qu'elle se prescrive conformément aux règles du droit criminel : or, les causes d'extinction de l'action publique, que je viens de prévoir, ne modifient, en aucune sorte, le caractère délictueux du fait générateur de l'action civile. Aussi, l'article 2 C. inst. cr., nous indique que la prescription, établie par les articles 637, 638 et 640, s'applique à l'action civile, alors même que celle-ci est intentée, après le *décès* du prévenu, contre ses représentants. A plus forte raison, doit-il en être ainsi lorsqu'elle est exercée, après un jugement de condamnation, qui a judiciairement constaté le caractère délictueux du fait qui lui sert de base[2].

[1] Sauf l'effet suspensif de l'instance criminelle (C. inst. cr., art. 3). Comp. : LE SELLYER, *op. cit.*, n° 483.

[2] La jurisprudence est fixée en ce sens : Cass., 4 déc. 1877, deux arrêts (S. 78, 1, 419). Comp. : BRUN DE VILLERET, n°s 335 et 339; LE SELLYER, *op. cit.*, n°s 482 et 556. — Cette solution a été combattue par M. VILLEY, dans un remarquable article, déjà cité (*Rev. crit.*, 1875, p. 81); par LABROQUÈRE (*Rev. crit.*, 1861, t. XIX, p. 165). Comp. : Nîmes, 27 mars 1833 (S. 33, 2, 243); Grenoble, 13 juin 1839 (D. 40, 2, 153); RODIÈRE, *op. cit.*, p. 40.

LIVRE SECOND.

DE L'INSTRUCTION.

TITRE PREMIER.

NOTIONS GÉNERALES SUR LA COMPÉTENCE ET LES PREUVES.

434. Après avoir étudié le début du procès pénal par l'exercice d'une action, nous allons le suivre dans ses deux phases : l'instruction et le jugement. Mais, auparavant, nous devons donner quelques notions préliminaires sur deux théories qui n'appartiennent, à vrai dire, en propre, à aucune partie de la procédure, mais vers lesquelles toutes convergent : la théorie de la *compétence* et celle des *preuves*.

I. NOTIONS GÉNÉRALES SUR LA COMPÉTENCE.

435. La compétence est la mesure du pouvoir, c'est-à-dire la capacité d'exercer tel pouvoir en un cas particulier. Cette expression s'emploie spécialement de l'exercice du pouvoir judiciaire. Les règles de la compétence sont générales ou spéciales.

436. Règles générales. — Si toute juridiction a le droit de statuer, à l'exclusion de toute autre, dans les limites qui lui sont tracées par la loi, aucune juridiction n'a le pouvoir de juger en dehors de ces limites : *nemo judex neque ultra neque supra fines juridictionis suæ.* Hors de ces limites, le juge est incompétent, soit d'une manière absolue, soit d'une manière relative. Mais, *absolue* ou *relative*, l'incompétence est toujours d'*ordre public* en matière pénale, c'est-à-dire qu'elle peut être opposée en tout état de cause par les parties, et doit être suppléée d'office par les agents ou les juges qui la reconnaissent. D'où il suit que l'examen de la question de compétence doit précéder toute autre question. Lorsqu'elle est soulevée par les parties, l'exception, qui en résulte, prend le nom de *déclinatoire d'incompétence.*

Toute autorité, toute juridiction est, en principe, juge de sa propre compétence, sauf, pour les parties, le droit de relever appel ou de former un pourvoi contre la décision sur la compétence. Parmi les juridictions, il en est une cependant, la *cour d'assises*, qui, *régulièrement saisie*, ne peut se déclarer incompétente sur le fond du procès pénal.

437. Engagée entre deux autorités, la question de compétence donne lieu, soit à un *conflit d'attribution*, soit à un *conflit de juridiction*.

438. *a*) L'autorité judiciaire ne peut connaître des actes de l'administration : si elle est saisie d'un acte administratif ou prétendu tel, l'administration a le droit d'élever le conflit d'attibution pour revendiquer la connaissance de l'acte, et l'autorité judiciaire est tenue de surseoir. (O. 1er juin 1828, art. 12). Le tribunal des conflits décide si le conflit a été valablement élevé et juge ainsi le procès de compétence engagé entre l'autorité judiciaire et l'autorité administrative. Aux termes de l'article 1er de l'ordonnance du 1er juin 1828, le conflit ne peut être élevé en matière criminelle, et, aux termes de l'article 2, le conflit ne peut être élevé en matière correctionnelle que dans les deux cas suivants : 1° le cas où la répression du délit est attribuée par la loi à l'autorité administrative, par exemple, en matière de voirie, de police de roulage, de servitudes militaires; 2° le cas où le jugement à rendre dépend d'une question préjudicielle du ressort de l'autorité administrative. Est-ce à dire que le principe de la séparation des deux autorités administrative et judiciaire ne s'impose pas aux tribunaux de répression? Nullement; mais ce principe n'est pas toujours sanctionné par la procédure du conflit. C'est à l'autorité judiciaire elle-même qu'est remis le soin de surseoir, si le jugement criminel dépend d'une question préjudicielle du ressort de l'autorité administrative[1]. Le législateur a pensé que, dans les poursuites criminelles qui touchent à l'honneur, à la liberté, peut-être même à la vie des citoyens, il devait laisser à l'autorité judiciaire, sa complète indépendance et proscrire toute intervention de l'administration ayant pour but d'interrompre ou de suspendre le cours de la justice pénale. De quelque manière que soient saisies les autorités judiciaires pénales, le conflit n'est possible que dans les termes de la loi. Toute action, intentée régulièrement et valablement devant elles, a pour effet de provoquer, de leur

[1] Si donc il surgit, dans un procès criminel, une question administrative, la cour d'assises doit surseoir, sous peine de voir son arrêt annulé par la Cour suprême. Comp. : Cass., 3 août 1855 (S. 55, 1, 766); Aucoc, *Conf. sur le droit adm.*, t. I, n° 401.

part, l'application de la loi pénale, application qui ne peut être entravée par une intervention administrative[1].

439. *b*) Le *conflit de juridiction*, qui s'élève contre deux autorités du *même ordre*, est *positif* ou *négatif*, suivant que, par suite d'une contrariété de décisions émanées de juridictions différentes, plusieurs juges sont saisis de la même affaire et croient devoir en retenir la connaissance, ou, à l'inverse, une affaire se trouve sans juges qui croient devoir en connaître. Le conflit n'existe qu'autant que ces décisions ne peuvent plus être rétractées ou réformées par les voies de l'opposition ou de l'appel ou même par la voie d'un pourvoi en cassation ordinaire. Il y a lieu alors à un *règlement de juges* (C. inst. cr., art. 525 à 541). D'après la loi du 27 novembre 1790, c'était le tribunal de cassation, supérieur à toutes les autorités judiciaires, qui était investi du droit de vider le conflit, et de déterminer l'autorité compétente. Le Code d'instruction criminelle suit, en principe, le même système. Mais l'article 540 fait une certaine part de compétence, soit à la cour d'appel, soit au tribunal correctionnel, dans le cas où les deux autorités en conflit ressortissent de la même cour ou du même tribunal. Hors des cas formellement exprimés dans cette disposition, c'est la Cour de cassation qui se prononce toujours sur les règlements du juge. La demande peut être formée par toute partie qui y a intérêt, le prévenu, la partie civile, le ministère public. Mais les juges, entre lesquels le conflit existe, ne pourraient pas provoquer le règlement de leur compétence, l'autorité judiciaire n'agissant jamais spontanément. La demande se forme et s'instruit sommairement, sur simples mémoires. Les

[1] Je me prononce ainsi sur une double question. *a*) Le conflit peut-il être élevé, dans tous les cas, sur l'*action civile*, résultant d'un crime ou d'un délit, et portée devant les tribunaux civils ? Sans aucun doute : ni les motifs de l'ordonnance de 1828, ni son texte ne s'y opposent. Dans ce sens : Conseil d'État, 9 février 1847 (S. 47, 2, 378); H. Collignon, *Des conflits d'attribution*, p. 78. Voir cependant Desjardins (*Rev. crit.*, 1881, p. 186 et 187). *b*) Le conflit est-il recevable sur la plainte, avec constitution de partie civile, de la personne lésée par un crime devant le magistrat instructeur ? Toute la question se ramène à savoir quel est l'effet de cette plainte. Si l'on décide, comme nous l'avons fait, qu'elle met en mouvement l'action publique, et que le juge d'instruction peut et doit informer, il faut *nécessairement* refuser à l'autorité administrative, le droit d'élever le conflit; et, si elle l'élève, le tribunal des conflits doit annuler l'arrêté du préfet. Nous sommes *en matière criminelle*, et le texte, ainsi que les motifs de l'ordonnance de 1828, impose cette solution. En sens contraire cependant : Tribunal des conflits, 22 décembre 1880 (S. 82, 3, 57); 29 janvier 1881 (S. 82, 3, 74); 12 mars 1881 (S. 82, 3, 75); 2 avril 1881 (S. 83, 3, 1) et la note. Mais voir : A. Curet, *Du conflit en matière criminelle* (*La France judic.*, 1881, t. 1, p. 385 à 396).

parties privées, qui auraient à tort recouru à cette voie, peuvent être frappées d'une amende de 300 francs au plus (C. inst. cr., art. 541).

440. Règles spéciales. — La compétence de toute autorité qui concourt à la répression, des officiers de police judiciaire, comme des juridictions d'instruction et des juridictions de jugement, doit être examinée sous un triple aspect : *ratione materiæ*, *personæ*, *loci*.

441. I. Au premier point de vue, la compétence est générale et s'applique à toute infraction (C. inst. cr., art. 22 et 63).

a) Le procureur de la République est compétent pour poursuivre, le juge d'instruction est compétent pour instruire, dans les limites de l'arrondissement, *tous les crimes* et *tous les délits*. Le commissaire de police est compétent, dans les limites du canton, pour rechercher et poursuivre *toutes les contraventions* de simple police.

b) Les juridictions d'instruction sont compétentes pour *qualifier toutes les infractions* et en renvoyer les auteurs présumés devant qui de droit.

c) La compétence *ratione materiæ* des juridictions ordinaires de jugement varie avec la gravité du fait punissable. On conçoit, en effet, que plus l'infraction est grave, plus le législateur a dû, soit dans l'intérêt du prévenu, soit dans celui de la société, exiger de garanties, et dans la composition des tribunaux, et dans la procédure à suivre devant eux. Or, la gravité de l'*infraction* se reconnaît à la gravité de la *peine* dont le fait est frappé par la loi; il y a donc des tribunaux chargés d'appliquer les peines afflictives ou infamantes, d'autres chargés d'appliquer les peines correctionnelles, d'autres enfin chargés d'appliquer les peines de simple police. La division des infractions, faite par l'article 1er du Code pénal, est surtout utile pour fixer la compétence. On reconnaît quel ordre de tribunaux il faut saisir, en déterminant la peine qui est prononcée *par la loi* contre l'infraction.

442. II. En principe, les autorités pénales sont compétentes pour connaître de toutes les infractions, *sine acceptione personarum*. La qualité du prévenu modifie cependant les règles ordinaires de la compétence dans quelques cas : 1° S'il s'agit de militaires et de marins, qui sont justiciables des tribunaux militaires et maritimes. Pour fixer les attributions de ces tribunaux, deux systèmes ont été successivement suivis. Le système ancien, consacré par les législations du temps passé fait reposer la compétence des tribunaux militaires, tout à la fois sur la qualité de militaire et sur la nature de l'infraction. Le système nouveau attribue aux tribunaux militaires la connaissance de tous les délits militaires ou communs commis par des militaires. Dans ce système, les juges militaires appliquent à la fois les lois pénales militaires et les lois pénales ordinaires. 2° Certains magistrats et fonctionnaires ont une garantie, qui consiste dans l'établissement d'une autorité plus élevée qui doit juger le fait, s'il ne constitue qu'un *délit*, et l'instruire, s'il s'agit d'un *crime;* 3° Enfin, les mineurs de seize ans sont justiciables du tribunal correctionnel pour les crimes qu'ils commettent.

443. III. Tandis que, pour les *contraventions*, la compétence *ratione loci* est exclusivement celle du *lieu* de l'infraction, tandis que les agents de la police judiciaire, dans le *ressort* desquels elles ont été commises, ont seuls qualité pour agir et le tribunal de simple police pour juger; en matière criminelle ou correctionnelle, les articles 23 et 63 établissent, l'un, pour le procureur de la République, l'autre, pour le juge d'instruction, une triple compétence, qui détermine celle de la juridiction de jugement. Sont également compétents : le procureur et le juge du *lieu* du délit, ceux de la *résidence* du prévenu, et ceux du lieu *où il pourra être trouvé*. Ainsi, pour mieux assurer la répression des crimes et délits, la loi établit le principe de la *concurrence*.

a) La compétence du magistrat du *lieu* du délit (*forum delicti commissi*) est la plus naturelle de toutes. Le délit doit être poursuivi, jugé et châtié, là où il a été commis. Pour déterminer le *lieu* de l'infraction, on considère les faits qui la *constituent*, sans se préoccuper des actes qui l'ont préparée ou des conséquences qui l'ont suivie. C'est donc le lieu où *s'exécute* le délit qui est attributif de compétence. En matière d'infractions *continues*, le procureur et le juge des différents arrondissements où elles se sont continuées sont compétents pour les instruire. Dans le délit *collectif* ou *d'habitude*, on ne peut rigoureusement réputer *lieu* du délit que celui dans lequel se sont produits assez de faits pour constituer l'habitude. Si donc les faits commis sur chaque territoire sont insuffisants pour constituer le délit, s'ils n'en forment qu'un élément, la compétence ne doit appartenir qu'au juge du domicile[1].

b) Après la compétence du magistrat du lieu du délit, la loi place celle du magistrat du lieu de la *résidence*[2] du prévenu (*forum do-*

[1] Sur tous ces points : BERRIAT-SAINT-PRIX, 2e partie, *Trib. corr.*, t. I, n° 193.

[2] Remarquons que ce n'est pas au *domicile*, mais à la *résidence* que la compétence est attribuée.

micilii), qui est véritablement, comme le disait Ayrault, le juge naturel de celui-ci.

c) La loi attribue enfin compétence au magistrat du lieu *où le prévenu pourra être trouvé* (*forum deprehensionis*). Il est, en effet, nécessaire que le magistrat du lieu où la présence du prévenu est constatée, puisse procéder aux actes d'instruction. Le lieu de la capture ne doit s'entendre que du lieu où le prévenu a pu être saisi et remis entre les mains de la justice ; mais le lieu où le prévenu était déjà en état de détention, par le fait d'une accusation étrangère à celle qui suscite de nouvelles poursuites, ne saurait être attributif de compétence, comme le lieu de la capture : en effet, la compétence du lieu de la capture est fondée : 1° sur la nécessité de pouvoir ordonner l'arrestation du prévenu ; 5° sur l'utilité de prescrire les mesures urgentes que réclame l'instruction. Aucun de ces motifs ne se rencontre lorsque le prévenu est déjà sous la main de justice[1].

444. Dans un système, qui donne, à plusieurs autorités pénales, compétence pour rechercher, poursuivre et instruire le même crime ou le même délit, des conflits peuvent se produire. Le Code de l'an IV avait établi, pour les empêcher, un système très-simple (art. 77, 78, 79). Des diverses autorités compétentes, celle qui avait été la première saisie, par la délivrance d'un *mandat d'amener*, gardait la compétence. Si, par extraordinaire, ces diverses autorités se trouvaient saisies le même jour, ce Code avait établi un ordre de préférence. Le droit de *prévention* appartenait au magistrat du lieu du délit sur celui du domicile, au magistrat du domicile sur celui du lieu de la capture. Le Code d'intruction criminelle ne contient, sur ce point, aucune disposition. Mais il est un principe de droit commun auquel il se réfère nécessairement; c'est qu'entre plusieurs magistrats, également compétents pour connaître d'une même affaire, préférence est due à celui qui a prévenu les autres. De quel droit, en effet, les autres viendraient-ils lui enlever une affaire dans laquelle il fonctionne valablement? Or, le magistrat ne peut être réputé saisi que par l'acte qui a pour but de forcer l'inculpé à se présenter devant lui, qui le met sous la main de justice, c'est-à-dire par la délivrance d'un mandat d'amener. C'est donc au juge d'instruction qui délivre le premier ce mandat que doit rester l'affaire. Si plusieurs l'ont délivré le même jour, il y

[1] Faustin Hélie, t. IV, n° 1863 ; Amiens, 18 janv. 1877 (S. 77, 2, 164). En sens contraire : Le Sellyer, *De la compétence et de l'organisation des tribunaux répressifs*, t. II, n° 812.

a lieu à *règlement de juges*, et l'autorité, chargée de se prononcer sur le conflit, statuera en ne consultant que les intérêts d'une bonne administration de la justice.

445. Les règles de la compétence *ratione loci* reçoivent quelques restrictions ou exceptions dans certains cas spéciaux : 1° dans le cas d'infractions commises en pays étranger (C. inst. cr., art. 6) ; 2° dans certaines instructions spéciales, par exemple, celle de l'article 518, C. inst. cr., et dans le cas de renvoi après cassation (C. inst. cr., art. 427 et 429); 3° enfin, dans le cas de délits connexes et indivisibles. Cette dernière hypothèse, dont il est question dans les articles 226, 227, 307, 526, demande seule quelques explications.

La *connexité* et l'*indivisibilité* ne doivent pas être confondues[1].

446. La *connexité* suppose que des délits distincts, commis, soit par le même agent, soit par des agents différents, sont unis par un certain lien, qui rend parfois nécessaire, et, dans tous les cas, utile, une *jonction de procédure*. Le lien de la connexité peut tenir à diverses causes, dont les plus fréquentes sont prévues par l'article 227. 1° Ainsi, les délits sont connexes, « *lorsqu'ils ont été commis en même temps par plusieurs personnes réunies* ». Par exemple, dans une rixe, plusieurs personnes se jettent ensemble sur un individu et le blessent ou le tuent. Il n'est pas nécessaire que ces personnes agissent d'entente; l'unité de temps, l'unité de circonstances déterminantes ou occasionnelles, tels sont, dans ce cas, les titres de la connexité. 2° Sont encore connexes, les délits qui ont été commis « *par différentes personnes, même en différents temps et en divers lieux, mais par suite d'un concert formé à l'avance entre elles* ». Dans ce cas, c'est l'unité du but qui forme le lien de la connexité. Par exemple, une bande de voleurs, après s'être concertée, se disperse, pour aller, dans différents lieux, exercer sa criminelle industrie. 3° Les délits sont encore connexes, lorsque le coupable ou les coupables « *ont commis les uns pour se procurer les moyens de commettre les autres, pour en faciliter, pour en consommer l'exécution, ou pour en assurer l'impunité* ». Cette forme de connexité, qui est à la fois la plus fréquente et la plus étroite, dérive du lien logique existant entre plusieurs délits qui sont effets et causes, les uns des autres.

Tels sont les cas de connexité énumérés par l'article 227 : assuré-

[1] V. cependant : Cass., 24 avril 1874 (S. 75 1, 141). Comp. : VILLEY (*Rev. prat.*, 1875, p. 25); LESPINASSE (*Rev. crit.*, 1874, p. 625).

ment ce sont les plus saillants. Mais les prévisions de cet article sont *indicatives* et non *limitatives;* elles n'empêchent pas de considérer comme connexes des délits qui se rattachent entre eux, par des circonstances de fait autres que celles que prévoit le texte, lorsque ces circonstances rendent nécessaire l'unité de la poursuite[1].

De ce que plusieurs délits sont unis entre eux par le lien de la connexité, il est facile de conclure que l'instruction faite pour l'un éclairera l'instruction à faire pour l'autre; que le magistrat instructeur et le juge, en appréciant l'un, apprécieront d'autant mieux l'autre. La connexité a donc, pour conséquence immédiate, une *jonction de procédure*, et, pour conséquence plus éloignée, une *prorogation de compétence*. En effet, il arrive souvent que, par suite de la nature ou de la gravité des infractions, par suite des lieux dans lesquels elles ont été commises, la connaissance de chaque infraction connexe doive appartenir à des magistrats différents : il faut alors nécessairement, pour que la jonction des procédures puisse avoir lieu, que la règle ordinaire des compétences soit changée, et que le même juge, compétent pour une des infractions, soit appelé à connaître des autres. Le Code d'instruction criminelle ne s'est occupé des effets de la connexité et de la prorogation de juridiction qui en résulte, que lorsqu'il s'agit, pour la chambre des mises en accusation de la cour d'appel, de statuer, par un seul et même arrêt, sur les délits connexes, dont les pièces se trouvent, en même temps, produites devant elle (C. inst. cr., art. 226). Mais si la loi désire que les délits connexes soient liés dans les mêmes *débats*, elle doit, à plus forte raison, désirer qu'ils soient liés dans la même *instruction*.

447. Des délits sont nécessairement connexes s'ils sont indivisibles; mais des délits connexes ne sont pas nécessairement indivisibles. Tandis que la *connexité* suppose des délits *distincts*, commis, soit par la même personne, soit par plusieurs personnes, l'*indivisibilité* suppose une infraction *unique*, mais commise par différentes personnes. Les actes de participation à un même crime ou un même délit, unis entre eux par un lien commun qui les rattache au fait principal, ne forment qu'une seule infraction, lors même qu'ils sont divisés par la succession du temps et des localités. L'indivisibilité de l'infraction entraîne l'indivisibilité de la procédure. Les codélinquants, coauteurs ou complices, *doivent* donc être poursuivis par les mêmes

[1] Comp. : Faustin Hélie, t. V, n° 2365.

magistrats et traduits devant la même juridiction, à moins qu'un obstacle de fait ou de droit n'empêche de les comprendre tous dans la même poursuite, ce qui a lieu, par exemple, si l'un d'eux est décédé, en fuite ou resté inconnu, ou si, à son égard, le fait délictueux ne donne pas ouverture à l'action publique.

La conséquence pratique de cette distinction entre l'indivisibilité et la connexité, c'est que, en matière de simple connexité, la jonction de procédure et, s'il y a lieu, la prorogation de compétence est, non pas obligatoire, mais *facultative*[1], tandis que, en matière d'indivisibilité, elle est *forcée*.

448. Des difficultés spéciales s'élèvent, lorsque des faits, qui constituent des délits distincts, mais connexes, se trouvent placés dans les attributions de divers ordres de juridiction : par exemple, lorsque certains faits sont de la compétence des tribunaux ordinaires, tandis que certains autres appartiennent à la catégorie de ceux qui devraient être jugés par des tribunaux d'exception, s'ils étaient l'objet d'une poursuite particulière[2]. Il y a alors trois principes à poser : 1° Le lien, qui unit intimement des délits divers par les circonstances de temps, de lieu, de causalité, équivaut à l'*unité de l'infraction*, et exige, comme elle, l'*unité de poursuite et de jugement*. 2° Cette nécessité de réunir les poursuites, a pour puissance d'opérer une *prorogation de la juridiction* de celui des deux tribunaux qui devra être saisi du tout. 3° Lorsqu'il y a concurrence entre une juridiction spéciale et une juridiction ordinaire, la juridiction *spéciale* doit obtenir la préférence toutes les fois qu'elle est plus élevée que la juridiction ordinaire : si la juridiction spéciale est moins élevée ou est égale, c'est devant la juridiction *ordinaire* que l'affaire doit être portée pour tous les faits et pour tous les prévenus. Ainsi, le magistrat, qui est justiciable de la première chambre de la cour pour les délits correctionnels qui lui sont reprochés (C. inst. cr., art. 479), attire, devant cette juridiction exceptionnelle, ses complices qui n'ont pas la même qualité. Ainsi encore, la personne, justiciable des tribunaux ordinaires, entraîne son complice, militaire ou marin, devant le tribunal correctionnel ou devant la cour d'assises (C. just. m. de 1857, art. 76).

[1] Comp. : Cass., 8 août 1873 (*Bull.*, nos 225 et 226); ORTOLAN, t. I, nos 1248 et 1251; FAUSTIN HÉLIE, t. V, nos 2368, 2369 et 2371; LE SELLYER, *De la compétence*, t. II, no 1124.

[2] Sur les questions et en sens divers : FAUSTIN HÉLIE, t. V, nos 2375, 2376, 2381; LE SELLYER, *De la compétence*, t. II, no 1111; VILLEY, p. 174.

II. NOTIONS GÉNÉRALES SUR LES PREUVES[1].

449. En matière criminelle, on comprend, sous le nom de preuves, tout moyen destiné à rendre constant pour le juge soit la réalité du délit, soit la culpabilité de l'auteur. En ce qui concerne les règles des preuves, notre législation a successivement oscillé entre le système dit des *preuves légales* et celui des *preuves de conviction*.

Le premier consiste à rechercher la vérité par des procédés techniques, et à la tenir pour démontrée, par la réunion de circonstances dont le concours entraîne forcément la conviction du juge, et, en l'absence desquelles, il doit se déclarer non convaincu. Ce système, qui est celui de la procédure inquisitoire, a atteint sa perfection dans l'ordonnance de 1670[2]. Le second, qui est celui de la procédure accusatoire, consiste à établir un fait par tous les moyens propres à en démontrer l'existence et à laisser le juge entièrement libre de déclarer que sa conviction est formée ou qu'elle ne l'est pas. Aucune règle légale ne pouvant mesurer à l'avance la valeur de chaque preuve, l'appréciation libre de la conscience du juge est le seul *criterium* qu'une législation rationnelle doive reconnaître. Mais, il est nécessaire de poser des règles légales pour déterminer soit les procédés de *recherche* des preuves dans l'instruction préparatoire, soit les procédés d'*administration* des preuves dans l'instruction définitive. C'est à l'étude de cette double réglementation que se ramène aujourd'hui la théorie des preuves en matière criminelle. Ainsi, l'autorité pénale est libre, pour former sa conviction, de croire ou de ne pas croire à la preuve fournie, mais elle est assujettie à des règles fixes dans la méthode à employer pour recueillir et administrer la preuve. Tels sont les deux principes qu'il nous faut développer.

450. I. Le premier a été formulé par la Constituante, dans une sorte d'instruction aux jurés, qui est passée dans le Code de l'an IV, et, de ce Code, dans l'article 342 de celui de 1808[3]. Bien qu'adressée

[1] BIBLIOGRAPHIE : BENTHAM, *Preuves judiciaires* (1830, 2 vol.); BONNIER, *Traité théorique et pratique des preuves* (4e édit., 1873, 2 vol.); MITTERMAIER, *De la preuve en matière criminelle*, trad. ALEXANDRE (Paris, 1848).

[2] Comp. : ESMEIN, *op. cit.*, p. 260 et suiv.

[3] « La loi ne demande pas compte aux jurés des moyens par lesquels ils se sont convaincus ; elle ne leur prescrit point de règles desquelles ils doivent faire particulièrement dépendre la plénitude et la suffisance d'une preuve ; elle leur prescrit de

aux jurés, la règle s'applique également aux juges correctionnels et de police, avec cette différence que, tandis qu'il est enjoint aux juges d'exposer les raisons de leur conviction, puisque tout jugement doit être motivé, cette obligation ne pèse pas sur les jurés, dont le verdict est pur et simple. Ce système des preuves de conviction est étranger au droit civil. Il résulte implicitement, en effet, de l'art. 316 C. civ. : 1° que le juge ne peut admettre, en matière civile, d'autres modes de preuve que ceux admis par la loi; 2° que chacun de ces modes de preuve, il ne peut les admettre que dans les cas et sous les conditions qu'elle détermine; c'est ainsi que la preuve testimoniale, à la différence de la preuve littérale, qui est admise dans tous les cas, n'est admise, au contraire, que dans certains cas définis.

Est-ce à dire que le système des preuves dépende de la nature de la juridiction devant laquelle il y a lieu de les administrer? Nullement : il dépend de la nature du fait à prouver. Et il faut décider que, devant les juridictions criminelles, la preuve par témoins n'est admise que, conformément aux règles du Code civil, quand le délit a consisté dans la dénégation, l'abus ou la suppression d'un état de choses dont la preuve testimoniale est interdite.

Par exception, nos lois organisent, à l'égard d'un grand nombre de *délits* et surtout de *contraventions de police*, un système de preuves légales, résidant dans les procès-verbaux, dont les uns font foi jusqu'à preuve contraire, les autres jusqu'à inscription de faux (C. inst. cr., art. 154).

451. II. La loi, qui ne demande pas compte aux autorités pénales des moyens par lesquels elles se sont convaincues, leur trace, au contraire, des règles fixes dont elles ne doivent pas s'écarter dans les procédés, soit de recherche, soit d'administration des preuves. Mais, par une exception remarquable, le président de la cour d'assises a un pouvoir discrétionnaire pour arriver à la découverte de la vérité, c'est-à-dire qu'il n'est pas soumis aux règles ordinaires concernant la recherche et l'administration des preuves (C. inst. cr., art. 268 et 269).

s'interroger eux-mêmes dans le silence et le recueillement, et de chercher, dans la sincérité de leur conscience, quelle impression ont faite, sur leur raison les preuves rapportées contre l'accusé, et les moyens de sa défense. La loi ne leur dit point : *Vous tiendrez pour vrai tout fait attesté par tel ou tel nombre de témoins;* elle ne leur dit pas non plus : *Vous ne regarderez pas comme suffisamment établie toute preuve qui ne sera pas formée de tel procès-verbal, de telles pièces, de tant de témoins ou de tant d'indices;* elle ne leur fait que cette seule question qui renferme toute la mesure de leurs devoirs : *Avez-vous une intime conviction?* »

452. Il s'agit toujours, pour arriver à la conviction du juge, d'établir deux points : 1° un délit a été commis; 2° le prévenu en est l'auteur. De là une première division des preuves, en preuves *génériques*, servant à constater le *corps du délit*, et en preuves *spécifiques*, servant à constater la *culpabilité de l'accusé*. Tous les modes de preuves, employés dans ce double but, peuvent se ranger en quatre catégories : la preuve *testimoniale* (témoins), la preuve *vocale* (aveu), la preuve *instrumentale* (écrits), la preuve *conjecturale* (présomptions). Pour arriver à rassembler et à administrer ces divers modes de preuves, l'autorité pénale doit se livrer à diverses opérations. Les plus fréquentes sont : l'*interrogatoire*, l'*enquête*, les *procès-verbaux*, les *constatations matérielles*, l'*expertise*... etc., dont la loi a réglé la *forme*, mais non la *force probante*.

TITRE II.

LA POLICE JUDICIAIRE[1].

453. L'expression de *police judiciaire* est employée, tantôt dans un sens large, tantôt dans un sens restreint. 1° Dans un sens large, on entend par là toute l'œuvre de la justice criminelle, jusqu'au jour où se réunit la juridiction de jugement. C'est, en ce sens, que l'article 8 du Code d'instruction criminelle confie à la police judiciaire la triple mission de *rechercher* les infractions (*actes de recherche*), d'en *rassembler* les preuves (*actes d'instruction*) et d'en *livrer* les auteurs aux tribunaux chargés de les punir (*actes de poursuite*). 2° Mais, dans un sens restreint, l'expression *police judiciaire* s'oppose à celle d'*instruction* et, quoique la loi n'ait pas déterminé avec assez de précision les limites qui séparent le domaine de l'une de celui de l'autre, on peut poser, en règle, qu'il appartient à la police judiciaire d'accomplir tous les actes qui précèdent le premier exercice de l'action publique, et qui ont pour but d'éclairer non pas le *juge*, mais le *ministère public*. Le jour où le ministère public saisit le juge d'instruction, le jour où, sans user de cette faculté, il saisit directement la juridiction de jugement, ce jour-là, le rôle de la police judiciaire finit, le rôle de l'instruction commence. Mais, pour que le ministère public se décide à agir, il faut que quelques indices lui révèlent l'existence de l'infraction. Porter ces indices à sa connaissance, telle est l'œuvre de la police judiciaire. De là, il est facile de conclure que, du moment où le juge d'instruction, du moment où la juridiction de jugement sont saisis, la police judiciaire est sans pouvoir et sans droit pour faire un acte d'instruction. Mais, auparavant, elle peut se livrer à divers actes de *recherches*, au moyen d'*enquêtes*, *d'expertises officieuses*, de nature à éclairer le ministère public. La loi n'a déterminé ni les conditions, ni les formes de ces actes; elle indique simplement les agents qui en sont chargés.

[1] Bibliographie : Mangin, *Traité de l'instruction écrite et du règlement de la compétence en matière criminelle*, ouvrage revu par Faustin Hélie, 1847, 2 vol.

I. ORGANISATION DE LA POLICE JUDICIAIRE.

454. Les divers actes, que suppose l'exercice de la police judiciaire, en prenant ce mot dans un sens large, ne sont pas accomplis par des *particuliers*, comme dans la procédure accusatoire, mais par des *agents officiels*, désignés, dans la rubrique du Code, sous *le nom* d'*officiers de police judiciaire*, et dont l'article 9 donne l'énumération, du moins quant aux principaux. Ce sont, dans l'ordre même de la loi : les *gardes champêtres* et les *gardes forestiers ;* les *commissaires de police ;* les *maires* et *adjoints* de maire; les *procureurs de la République* et leurs *substituts ;* les *officiers de gendarmerie;* les *juges d'instruction.* Quant aux *commissaires généraux* de police, que mentionne l'article 9, ils ont été supprimés par un décret du 28 mars 1815. Tous ces officiers de police judiciaire n'ont pas les mêmes attributions ni la même étendue de pouvoir, et il y a lieu, suivant les termes mêmes de l'article 9, de faire, entre eux, des « *distinctions* ».

a) En matière *criminelle* et *correctionnelle*, en effet, la police judiciaire est dirigée, dans chaque *arrondissement*, par le juge d'instruction et le procureur de la République (C. inst. cr., art. 22, 59 et 60). La loi associe aux pouvoirs de ce dernier, en les qualifiant d'*auxiliaires du procureur de la République*, les juges de paix, les commissaires de police, les maires et adjoints de maire, les officiers de gendarmerie (C. inst. cr., art. 48 et 50). Ceux-ci peuvent, dans les mêmes cas que le procureur de la République, — les juges de paix, dans les limites de leur *canton*, les maires et adjoints, dans les limites de leur *commune*, les commissaires de police et les officiers de gendarmerie, dans les limites de la *circonscription qui leur est assignée*, — faire les actes de police judiciaire de la compétence de ce magistrat, soit qu'ils prennent l'initiative de ces actes, en l'absence du procureur de la République, soit qu'ils aient été expressément délégués par lui pour les faire.

b) En matière de *contraventions*, la police judiciaire est exercée par les commissaires de police, et, à défaut *de* ou *du* commissaire de police, par les maires ou adjoints de maire. Le commissaire de police est légalement présumé empêché par cela seul qu'il n'est pas présent pour constater la contravention (C. inst. cr., art. 11).

A côté de ces fonctionnaires, la loi a placé des agents, préposés, soit à la recherche des délits de droit commun commis dans certains lieux, soit à la recherche de certaines infractions spéciales. Ainsi, les gardes champêtres des communes et des particuliers, entre lesquels la loi ne distingue pas (C. inst. crim., art. 20), sont chargés de rechercher, en vertu d'un pouvoir propre, chacun dans le territoire pour lequel il est assermenté, les délits et les contraventions portant atteinte aux *propriétés rurales* et *forestières* (C. inst. cr., art. 16). Les gardes forestiers sont spécialement préposés à la garde des propriétés forestières, non-seulement de celles qui sont soumises au régime forestier (C. for., art. 1 et 59), mais de celles qui sont en dehors de ce régime (C. inst. cr., art. 16). Ils sont encore chargés de constater les contraventions et les délits ruraux et forestiers dans le territoire pour lequel ils sont assermentés, c'est-à-dire dans l'arrondissement (C. for., art. 160). Ainsi encore, les agents du service actif des contributions indirectes sont investis, par diverses lois, du droit de constater les contraventions sur les boissons, les tabacs, les cartes à jouer, les sels, les poudres à feu, la garantie des matières d'or et d'argent, les sucres, les droits de navigation, etc.

455. Tous les officiers de police judiciaire, énumérés par l'article 9, même les juges d'instruction, sont soumis à la double surveillance du procureur général et de la cour d'appel (C. inst. cr., art. 9 et 279). Le procureur général exerce cette surveillance, soit par voie d'*avertissement*, directement adressé à l'officier de police judiciaire, soit par voie de *dénonciation* à la cour, qui use alors, s'il y a lieu, de ses pouvoirs disciplinaires (C. inst. cr., art. 280 et 281). Mais le procureur général n'a pas lui-même la qualité d'officier de police judiciaire[1]; il n'en remplit les fonctions que par exception, dans certains cas déterminés par la loi (art. 480, par exemple). La police judiciaire est exercée, sous l'autorité suprême de la cour d'appel, à laquelle aboutissent toutes les opérations de l'instruction (C. inst. cr., art. 9), pour y recevoir une solution définitive.

[1] Faustin Hélie, t. III, p. 108; Cass., 1er juillet 1813. L'art. 55 C. pr. pén. italien dit au contraire : « Les actes qui sont de la compétence du procureur du Roi peuvent être exercés par le procureur général de qui il dépend, quand celui-ci l'estime convenable ».

II. DE L'EXERCICE DE LA POLICE JUDICIAIRE.

456. La police judiciaire s'exerce différemment, d'une part, en matière de crimes et de délits, et, en matière de contraventions, d'autre part.

I. En matière de *crimes* et de *délits*, la police judiciaire a pour objet la *recherche* de ces infractions et de leurs auteurs, l'*instruction préparatoire*, l'*arrestation* et la *détention préventive des inculpés*. Ces trois fonctions sont confiées, dans les cas ordinaires, la première, au procureur de la République ou à ses auxiliaires; les deux autres, au juge d'instruction. La recherche de l'infraction comprend d'abord les actes d'investigation[1], auxquels se livre le procureur de la République, soit par lui-même, soit par ses officiers auxiliaires, qui, répandus sur tous les points de l'arrondissement, ont pour mission de découvrir les crimes et les délits qui se commettent dans leur circonscription; elle comprend encore le droit de recevoir les dénonciations, les plaintes, les procès-verbaux et tous les actes qui ont pour objet de révéler l'existence de crimes ou de délits. Le procureur de la République apprécie les faits qui sont parvenus à sa connaissance, et, s'il estime qu'il y a lieu de poursuivre, il requiert le juge d'informer, ou il traduit directement le prévenu, au moyen d'une citation, devant le tribunal correctionnel. Le procureur de la République est donc investi d'une double fonction : officier de police judiciaire, il a le droit de *recherche;* officier du ministère public, il a le droit de *poursuite*. Mais le juge d'instruction a seul, dans les cas ordinaires, le droit d'*instruire* les affaires criminelles et correctionnelles, ce qui comprend la constatation et la vérification officielle du fait délictueux, ainsi que toutes les circonstances qui sont de nature à en révéler l'auteur ou les auteurs. Pour cela faire, l'interrogatoire de l'inculpé ou des témoins, des visites domiciliaires, la saisie des papiers ou autres objets utiles à la manifestation de la vérité, peuvent être nécessaires. Le juge d'instruction procède à ces divers actes, dans une *instruction* écrite et secrète, que l'on qualifie de *préparatoire*, par opposition à l'*instruction définitive*, orale et publique, qui se fait à l'audience de la juridiction chargée de statuer sur le sort de l'accusé

[1] Comp.: G. Leloir, *Des enquêtes officieuses en matière criminelle* (*La France judic.*, 1883, p. 181 à 195).

ou du prévenu. L'instruction préparatoire, qui est une complication de la procédure, introduite à titre de garantie contre la témérité des poursuites, est *indispensable* en fait de crimes et *inutile* en fait de contraventions; dans les affaires correctionnelles, elle est *facultative;* les délits peuvent être déférés directement par le ministère public aux tribunaux chargés de les punir. Le juge d'instruction est seul compétent, dans les affaires ordinaires, pour décerner, contre les inculpés, un mandat d'*amener*, en vertu duquel ils sont contraints par corps à comparaître devant lui à l'effet d'être interrogés; et c'est encore lui, qui, seul, en principe, peut les constituer en état de détention préventive, au moyen d'un mandat soit de *dépôt*, soit d'*arrêt*.

Ainsi, le droit de *rechercher* et de *poursuivre* est, en principe, distinct, en matière correctionnelle et criminelle, du droit d'*instruire :* le procureur de la République a le droit de rechercher et de poursuivre les crimes et les délits; mais il n'a pas le pouvoir de faire des actes d'instruction, ni celui d'ordonner l'arrestation ou la détention préventive des inculpés. D'un autre côté, le juge d'instruction ne peut se saisir d'office d'une affaire; il doit attendre une réquisition du procureur de la République. Mais cette séparation des deux pouvoirs, nettement établie dans les cas ordinaires, n'existe pas dans le cas de flagrant délit et dans les cas assimilés au flagrant délit (C. inst. cr., art. 41).

II. En matière de *contraventions*, l'exercice de la police judiciaire, pour la *recherche*, la *constatation* et la *poursuite* des infractions, est confié au commissaire de police et, à son défaut, au maire ou adjoint de maire. Ce fonctionnaire réunit donc le pouvoir de *constater* au pouvoir de *poursuivre* les contraventions. Du reste, aucune instruction préparatoire n'a lieu; lorsqu'elle se présente exceptionnellement en matière de simple police, c'est parce que le fait, mal apprécié, au début, a été considéré comme un crime ou un délit et réduit, par suite de l'instruction, aux proportions d'une simple contravention. Mais, en règle générale, le commissaire de police saisit *directement* le tribunal de simple police, devant lequel il exerce les fonctions du ministère public; de sorte que, en matière de police, les parties se présentent devant le tribunal, alors qu'il n'y a d'autre instruction préalable que les constatations de la police. L'information a lieu à l'audience publique et contradictoire. Le ministère public fait l'instruction à charge; le prévenu fait l'instruction à décharge, et le juge prononce (C. inst. cr., art. 153).

III. DES POUVOIRS DE POLICE JUDICIAIRE DES PRÉFETS[1].

457. La loi a investi les préfets, dans leur département respectif, et le préfet de police, à Paris, d'un double droit : 1° celui de *requérir* les officiers de police judiciaire, de faire tous les actes nécessaires à l'effet de constater les crimes, les délits et les contraventions; 2° celui de *faire personnellement* ces actes (C. inst. cr., art. 10). Ainsi, non-seulement les préfets, agents administratifs, peuvent donner des ordres aux officiers de police judiciaire, mais ils peuvent eux-mêmes procéder à une instruction et, cumulant des fonctions en général séparées, se constituer juges d'instruction et procureurs de la République. Leur pouvoir ne trouve de limites ni dans la nature des actes à faire, ni dans la nature de l'infraction à instruire. Les préfets peuvent donc procéder eux-mêmes à des perquisitions domiciliaires et à des saisies chez le prévenu ou chez des tiers, même dans les bureaux de l'administration des postes; ils peuvent mettre en état d'arrestation le prévenu par mandat de dépôt, le faire citer devant eux par mandat d'amener, et ces droits leur appartiennent, que l'infraction soit ou non politique, qu'elle soit ou non flagrante[2]. Lorsque les actes d'instruction sont complets, le préfet apprécie s'il convient de donner suite à l'affaire, et, s'il ne peut saisir les tribunaux de répression, il peut, du moins, réquérir, dans ce but, chacun des officiers de police judiciaire de faire ce qui le concerne. En confiant à un fonctionnaire de l'ordre administratif, qui ne relève que du ministre de l'intérieur et ne répond de ses actes que devant lui, la faculté d'opérer des perquisitions et des saisies dans le domicile des citoyens, de confisquer, temporairement au moins, leur fortune et leur liberté, sans mandat d'aucune sorte de l'autorité judiciaire, et d'agir, hors le cas de flagrant délit, sans s'en-

[1] COMBARIEU, *Des pouvoirs de police des préfets* (*Rev. gén. d'administration*, 1883, p. 5).

[2] Il paraît résulter des travaux préparatoires, que le législateur n'a entendu attribuer ces fonctions aux préfets qu'en cas de flagrant délit (LOCRÉ, t. XXV, p. 102 et suiv.). Mais il faut reconnaître que le texte de l'article 10 dépasse la pensée du législateur, car ce texte ne fait aucune distinction. Aussi la jurisprudence a-t-elle décidé, à diverses reprises, que le préfet de police, à Paris, et les préfets, dans les départements, étaient investis, même hors le cas de flagrant délit, de toutes les attributions du juge d'instruction. V. Cass., 21 nov. 1853 (D. 53, 1, 279); Cass., 16 août 1862 (S. 63, 1, 221); 19 janv. 1866 (S. 66, 1, 87); Lyon, 23 juillet 1872 (D. 74, 2, 201). VIVIEN, *Études administratives*, t. II, p. 191.

tourer d'aucune des formalités protectrices dont le ministère public lui-même ne saurait légalement se départir, le Code a introduit, dans notre organisation judiciaire, une anomalie, que rien aujourd'hui ne justifie, et qu'il serait urgent de faire disparaître pour rentrer dans les principes qui interdisent aux administrateurs toute immixtion dans les fonctions judiciaires [1].

III. LA RECHERCHE DE L'INFRACTION.

458. La police judiciaire a besoin d'être informée de l'existence de l'infraction pour pouvoir mettre en mouvement l'action publique et procéder à des actes d'instruction. Celui du juge d'instruction ou du procureur de la République, qui est le premier avisé, en matière de crimes ou de délits, communique à l'autre (C. inst. cr., art. 11, 22, 27, 64, 249, 274, 275). Du reste, la loi multiplie les sources d'informations autour de ces deux fonctionnaires. D'une part, il existe, dans chaque commune, dans chaque canton, dans chaque arrondissement, des agents de la police judiciaire, auxiliaires du procureur de la République, qui lui transmettent des rapports, des avertissements, des procès-verbaux. D'autre part, le procureur de la République et le juge d'instruction, indépendamment des bruits publics, des rapports ou procès-verbaux des agents de la police judiciaire, peuvent être avisés de l'existence d'une infraction par une dénonciation, une plainte, une constitution de partie civile.

[1] Dans le projet de loi, tendant à réformer le Code d'inst. cr., l'article 10 était ainsi conçu : « *Le préfet de police, à Paris, pourra faire personnellement ou requérir les officiers de police judiciaire, chacun en ce qui le concerne, de faire tous actes nécessaires à l'effet de constater les crimes, délits et contraventions, et d'en livrer les auteurs aux tribunaux chargés de les punir, conformément à l'article* 8 *ci-dessus* ». Ainsi, se trouvait consacrée la suppression si souvent réclamée des pouvoirs de police judiciaire conférés aux préfets des départements. La commission extraparlementaire, qui a préparé le projet, allait même plus loin, car elle proposait la suppression pure et simple de l'article 10. Le gouvernement n'a pas cru pouvoir s'associer à cette proposition. « Il a pensé qu'elle aurait pour effet d'affaiblir considérablement l'action publique dans un milieu où il importe au contraire d'en fortifier tous les ressorts, et, tout en donnant son adhésion au projet, en tant qu'il enlève aux préfets des départements les attributions judiciaires que leur conférait la disposition du Code de 1808, il demande de maintenir ces attributions au profit du préfet de police à Paris ». Le projet, adopté par le Sénat, précise, du reste, les attributions du préfet de police : 1° en l'obligeant, quand il fait un acte de police judiciaire, à se conformer aux règles et aux formes qui sont prescrites par le Code d'inst. cr.; 2° en limitant son droit de réquisition aux officiers de police judiciaire autres que le procureur de la République et ses substituts et le juge d'instruction.

459. Les dénonciations, les plaintes, les constitutions de partie civile. — La *dénonciation* est un acte par lequel on signale à la justice une infraction à la loi pénale. Lorsque la dénonciation émane de la partie lésée, elle prend le nom plus spécial de *plainte*. Lorsque le plaignant, non content de désigner l'auteur de l'infraction à la justice, réclame contre lui des dommages-intérêts et saisit de sa demande le juge de l'action publique, on dit qu'il se *constitue partie civile*. Ainsi, d'une part, il existe une profonde différence entre celui qui se porte partie civile et celui qui est simplement dénonciateur ou plaignant, en ce sens que ce dernier ne réclame rien au point de vue de son intérêt personnel, et, par conséquent, n'est pas, comme la partie civile, associé à la poursuite. D'autre part, le plaignant, qui ne se constitue pas partie civile, ne diffère du dénonciateur que de nom. Dans l'ancien droit, la plainte était jointe aux pièces de la procédure, tandis que la dénonciation restait secrète : mais cette différence a disparu; aujourd'hui, la dénonciation, comme la plainte, demeure annexée au dossier. Je me demanderais successivement, à l'occasion des dénonciations, des plaintes, et constitutions de partie civile : quelles personnes ont le droit et même le devoir de les faire; quels officiers sont compétents pour les recevoir; quelles formes doivent être suivies; enfin quels effets en résultent.

I. La dénonciation est une déclaration, faite à l'autorité compétente, d'une infraction à la loi pénale, avec ou sans désignation de l'auteur. La dénonciation est officielle ou privée, adressée par un fonctionnaire (C. inst. cr., art. 29), ou par un particulier (C. inst. cr., art 30). Mais, ni dans l'un ni dans l'autre cas, on ne suppose l'auteur de cet avis *personnellement* atteint par le fait délictueux. Ces deux classes de dénonciations sont reproduites du Code de brumaire, qui distinguait la dénonciation *officielle* et la dénonciation *civique*, et établissait, entre elles, des différences qui ont subsisté. Ainsi, la dénonciation des fonctionnaires, auxquels la loi commande de donner avis de tout crime ou délit dont ils ont connaissance dans l'exercice de leurs fonctions, est plus spécialement prescrite; cette obligation a une sanction dans la responsabilité du fonctionnaire vis-à-vis de ses supérieurs hiérarchiques et dans les diverses pénalités disciplinaires qui peuvent l'atteindre. Pour le particulier, rien de semblable; depuis 1832 du moins, nos lois ne font, dans aucun cas, une obligation juridique de dénoncer les coupables [1]. Mais, d'autre part, la dénonciation privée, à la différence

[1] Les art. 103 et suiv. ont été abrogés. Sur ces points : Tissot, *op. cit.*, t. II, p.

de la dénonciation officielle, peut donner lieu, en cas de calomnie, à une responsabilité pénale, outre la responsabilité civile qu'elle fait encourir, si elle est irréfléchie ou téméraire, tandis que les fonctionnaires ne peuvent être attaqués que par la voie de la prise à partie (C. inst. cr., art. 358). La dénonciation, émanée d'une personne privée, témoin du délit, doit être rédigée par elle ou par un fondé de procuration spéciale, ou, en sa présence, par le procureur de la République, conformément à l'article 31, qui impose deux conditions : *l'authenticité* et *l'écriture*, tandis que les fonctionnaires ne sont pas soumis à l'emploi des formes de la dénonciation et peuvent instruire le ministère public par voie de simple avis verbal, de simple lettre.

Les dénonciations doivent être faites, soit au procureur de la République (C. inst. cr., art. 30), soit à ses auxiliaires, ainsi qu'il résulte des articles 48 et 50. Aucun texte ne mentionnant le juge d'instruction comme compétent à cet égard, alors que, pour les plaintes, la loi dit formellement qu'elles peuvent lui être adressées (C. inst. cr., art. 63), il faut conclure que ce magistrat n'a pas qualité pour recevoir les dénonciations.

II. La plainte diffère de la dénonciation, comme l'espèce du genre. C'est une révélation adressée à la justice, non plus par un simple témoin, mais par la personne ou au nom de la personne à laquelle le fait délictueux a causé un préjudice. Aussi, la loi du 29 septembre 1791 la qualifiait-elle de *dénonciation du tort personnel*. La différence essentielle entre la plainte et la dénonciation, c'est la faculté pour le plaignant de se constituer partie civile. La partie civile est un plaignant qui demande réparation du dommage qu'il a éprouvé et se constitue *partie* au procès pénal (C. inst. cr., art. 63 et 66). Les Codes de 1791 et de l'an IV avaient confondu la plainte et la constitution de partie civile, et tout plaignant qui, dans les vingt-quatre heures, ne s'était pas désisté, était, par cela même, réputé partie civile. Notre Code, reprenant les traditions de notre ancien droit, a consacré un système tout contraire, en disant, dans l'article 66 : « *Les plaignants ne seront réputés parties civiles s'ils ne le déclarent formellement, soit par la plainte, soit par acte subséquent, ou s'ils ne prennent, par l'un ou par l'autre, des conclusions en dommages-intérêts* ».

III. Ainsi, la plainte peut être un acheminement à la constitution

585; Koenigswarter, *Rev. étrang. et franc. de législ.*, t. VI, p. 96 et suiv., 274 et suiv.

de partie civile, mais elle n'est pas cette constitution et en diffère à plusieurs points de vue : 1° De celui qui se porte partie civile, on doit exiger la capacité qui est nécessaire pour intenter toute action civile mobilière. Mais, pour déposer une plainte, la capacité d'ester en justice n'est pas requise, et toute personne, même incapable, même étrangère, doit être admise, sans condition, à porter plainte d'une infraction, sauf au ministère public à y avoir tel égard que de droit[1]; 2° La forme de la plainte est la même que celle de la dénonciation, l'article 65 ne faisant que renvoyer à l'article 31. Cette forme n'admet aucune modification par la seule raison que le plaignant entend se constituer partie civile; il suffit que cette constitution soit faite, d'une *manière expresse*, soit par une déclaration positive dans la plainte, soit par des conclusions en dommages-intérêts prises à l'audience; 3° Les plaintes peuvent être adressées au procureur de la République, à ses auxiliaires, ou au juge d'instruction (Code inst. cr., art. 62 et 64). La constitution de partie civile, avant toute poursuite, lorsque la victime de l'infraction ne peut pas ou ne veut pas agir par voie de citation directe devant le tribunal, est faite dans une plainte adressée au juge d'instruction (C. inst. cr., art. 63); 4° La plainte peut donner lieu à une responsabilité, tout à la fois *civile* et *pénale*, lorsqu'elle est calomnieuse, *civile* seulement, lorsqu'elle est irréfléchie et téméraire. La constitution de partie civile fait encourir, en outre, la condamnation aux frais de la procédure, suivant des distinctions que nous indiquerons; 5° Pour éviter cette grave responsabilité, l'article 66 accorde, à la partie civile, vingt-quatre heures pour se désister. Mais ce désistement, qui fait disparaître la qualité de partie civile, et la responsabilité quant aux frais postérieurs à la signification de l'acte qui le contient, laisse subsister celle de plaignant, qui expose à une responsabilité civile et pénale, responsabilité à laquelle il n'est pas pas possible d'échapper par un désistement; 6° Enfin, j'ai décidé que le juge d'instruction est libre de rester dans l'inaction, s'il ne se trouve en présence que d'une dénonciation ou d'une simple plainte, mais qu'il doit agir, s'il y a constitution formelle de partie civile.

460. Des rapports et procès-verbaux[2]. — Les fonctionnaires,

[1] Cass., 5 février 1857 (S. 57, 1, 391). En sens contraire : MANGIN, *Inst. cr.*, t. I, n° 53. Sur la question : GUYO (*Rev. crit.*, 1857, p. 308); FAUSTIN HÉLIE, t. II, n° 801.

[2] BIBLIOGRAPHIE : MANGIN, *Traité des procès-verbaux en matière de délits et de contraventions*, 1839.

qui ont qualité pour rechercher et constater les infractions à la loi pénale, peuvent dresser des actes, destinés à relater exactement les faits dont ils ont été témoins, actes qu'on appelle *procès-verbaux*, bien qu'ils consistent dans un rapport écrit[1]. Mais il ne faudrait pas croire que les infractions ne puissent être poursuivies que si elles sont constatées par le procès-verbal d'un agent de la police judiciaire. C'est le principe contraire qui domine notre législation. Les procès-verbaux ne constituent pas, en effet, le *titre* de l'action publique; ils ne sont que des *charges* ou des *preuves* à l'appui de celle-ci (C. inst. cr., art. 154, 189, 342). Du reste, nous aurons occasion d'expliquer que les procès-verbaux, lorsqu'il en a été rédigé, n'ont pas tous la même force probante; les uns ne valent que comme simples renseignements; les autres font foi jusqu'à preuve contraire; les autres, enfin, jusqu'à inscription de faux. Quelquefois, par exception, le procès-verbal devient la *base* nécessaire de la poursuite; de telle sorte que, si un procès-verbal n'a pas été rédigé, aucune poursuite n'est possible, et que si le procès-verbal rédigé est annulé, la poursuite tombe nécessairement avec le procès-verbal. Il en est ainsi notamment, en matière de contributions indirectes, de douanes, de garantie d'or et d'argent et de vérification des poids et mesures.

Il suit de là, qu'au point de vue de leur *but*, la loi reconnaît deux espèces de procès-verbaux : ceux qui ne sont pas nécessaires à l'exercice de l'action, ce qui est le cas ordinaire, et ceux qui, par exception, forment le seul titre de la poursuite; qu'au point de vue de leur *force probante*, elle en reconnaît de trois espèces : les uns, destinés à servir de simples renseignements, les autres, faisant foi jusqu'à preuve contraire, d'autres enfin, jusqu'à inscription de faux. Ces distinctions si caractéristiques n'ont pas été prises pour base des formes diverses dont les procès-verbaux doivent être revêtus. Comme il eût été difficile de soumettre à des règles fixes la constatation d'infractions très-variées dans leur nature, la loi ne détermine par les formalités des procès-verbaux d'après une pensée d'ensemble; elle les décrit, d'une manière spéciale, pour chaque matière. Seulement, les procès-verbaux étant des actes de même nature, il y a certaines formes qui s'appliquent à tous ou presque tous, et qui se rapportent, au *délai* dans lequel doit

[1] « L'origine de cette dénomination tient à ce que, dans le principe, les officiers le plus habituellement chargés de faire rapport des faits en justice, les sergents, étant illettrés, donnaient une déclaration purement orale ». Bonnier, *Traité des preuves*, t. II, n° 576.

être rédigé le procès-verbal, à l'*écriture*, à la *date*, à la *signature*, aux *énonciations* qu'il doit contenir, à son *affirmation* et à son *enregistrement*. On consultera les ouvrages spéciaux pour ces formalités, dans le détail desquelles nous ne pouvons pas entrer.

461. Quelle est la base de l'autorité plus ou moins étendue des procès-verbaux ? C'est, avant tout, la *nature* de l'infraction qu'ils constatent. S'agit-il d'une infraction, dont il ne soit possible de faire preuve que par un procès-verbal qui la saisit au moment où elle se commet, la loi donne au procès-verbal une autorité plus grande que dans d'autres cas. Ainsi, le pouvoir de constater certains faits jusqu'à inscription de faux ou jusqu'à preuve contraire n'est point mesuré sur la position hiérarchique des officiers de police judiciaire, mais sur la caractère des infractions qu'ils sont chargés de surveiller. Ce n'est pas parce que les gardes forestiers, les agents du service actif des contributions indirectes ou des douanes, etc., inspirent au législateur une confiance plus grande que les juges d'instruction, les commissaires de police ou les officiers de gendarmerie, que leurs procès-verbaux ont une autorité plus étendue. Cela tient uniquement au caractère fugitif des infractions, en matière forestière, en matière de contributions indirectes ou de douanes, qui n'admettent guère d'autres preuves que celles tirées des procès-verbaux.

1° En matière de *crimes* ou de *délits de droit commun*, c'est-à-dire de délits prévus par le Code pénal, les procès-verbaux, quels que soient les agents qui les ont dressés, ne sont que des documents de la cause, susceptibles d'être débattus, tout aussi bien que les témoignages oraux, et qui n'entraînent, à aucun degré, la conviction du juge (C. inst. cr., art. 342). Suivant les termes d'un arrêt de principe de la Cour de cassation, du 22 octobre 1818, « *tout accusé d'un crime ou délit prévu par le Code pénal est toujours, et nonobstant tous procès-verbaux dressés pour constater le fait, admissible à prouver sa non-culpabilité* ».

2° En matière de *contraventions de police*, et de certains *délits*, dont la constatation appartient à des officiers qui ont reçu de la loi une *délégation spéciale* pour les rechercher, les procès-verbaux font foi jusqu'à preuve contraire (C. inst. cr., art. 154). Ces délits et contraventions se commettent le plus souvent sans témoins ; et, lors même que l'infraction aurait eu lieu en présence de témoins, il serait difficile et onéreux de les déranger pour des faits de si peu d'importance.

3° Enfin, en matière d'infraction aux lois des *douanes*, des *contri-*

butions *indirectes*, des *octrois*, des *eaux et forêts*, les procès-verbaux, rédigés sous certaines conditions, font foi jusqu'à inscription de faux. Il s'agit, en effet, d'infractions qui laissent peu de traces, qui consistent surtout dans la lésion d'intérêts publics, qu'il est essentiel de protéger, et à l'égard desquels la masse populaire a peu de soucis et peu de scrupules.

462. Quand les procès-verbaux font foi en justice, il importe de déterminer : 1° de quels faits ils font foi; 2° comment le prévenu peut en détruire la force.

a) Le principe essentiel sur la foi des procès-verbaux, c'est qu'ils ne prouvent que les *faits matériels, relatifs aux délits et contraventions qu'ils constatent.* Telles sont les expressions de l'article 176 C. for., que l'on rencontre dans l'article 53 de la loi sur la pêche fluviale du 15 avril 1829, expressions qui ont été introduites dans ces deux lois pour consacrer une jurisprudence depuis longtemps établie. Les difficultés nombreuses que soulève la foi due aux procès-verbaux se ramènent donc toutes à cette question : que faut-il entendre par *faits matériels?* Il est certain d'abord que si le procès-verbal constate, à côté et en dehors de l'infraction, d'autres faits, tels que : actes de rébellion, voies de fait, injures, le procès-verbal ne fera pas foi de ces faits. Ce sont là, des délits de droit commun, que l'agent n'a plus aucun pouvoir spécial pour constater. Mais, parmi les faits qui se rattachent à l'infraction, on ne doit considérer comme matériels que ceux dont l'officier, rédacteur du procès-verbal, a été personnellement témoin dans l'exercice de ses fonctions, qu'il affirme avoir vus, avoir entendus, *quorum notitiam et scientiam habuit, propriis sensibus.* Lorsque l'officier public ne fait, au contraire, que constater le résultat d'une appréciation personnelle, il ne mérite pas plus de crédit que tout autre témoin[1]. De même, les faits qu'il rapporte sur le témoignage d'autrui ne peuvent valoir qu'à titre de renseignement.

Les rédacteurs des procès-verbaux ont le droit de recueillir les *aveux* et *déclarations* de l'inculpé. Ces aveux, ces déclarations sont des faits matériels; et lorsque l'officier public affirme, dans son procès-verbal, les avoir entendus, c'est comme s'il affirmait avoir vu un fait extérieur. Si donc, l'inculpé nie qu'il ait fait tel aveu ou telle dé-

[1] Ainsi, lorsque les préposés de l'octroi affirment que du bois entré dans une ville est du bois de chauffage et non du bois de construction, leur appréciation peut être l'objet d'une expertise; Cass., 24 avril 1880 (S. 80, 1, 487). V. Cass., 5 août 1880 (S. 81, 1, 392).

claration, il devra employer, suivant les cas, pour faire tomber la *réalité* de cet aveu ou de cette déclaration, soit la voie de l'inscription en faux, soit la preuve contraire. Mais il ne faut pas oublier qu'en matière criminelle l'aveu du délit n'est pas le délit même, et que l'inculpé doit être toujours admis à faire tomber, par tous les moyens, non, sans doute, la *réalité* de l'aveu, mais sa *sincérité;* qu'il peut prétendre, par exemple, et démontrer, par tous les modes de preuve, que cet aveu est le résultat d'une erreur ou d'une contrainte.

b) Par quels procédés, l'inculpé peut-il ébranler la foi qui s'attache au procès-verbal?

Les procès-vebaux des agents qui doivent être crus jusqu'à inscription de faux, sont investis d'une autorité absolue. La loi attache à leur contenu, en ce qui concerne les faits matériels qu'ils constatent, non-seulement une présomption de vérité, mais toute la force d'une preuve légale; ils excluent toute preuve contraire, soit testimoniale, soit écrite; alors même que les assertions du procès-verbal paraîtraient mensongères ou tout au moins exagérées, les juges sont tenus de faire, de ses assertions, la *base* de leur jugement. La *fausseté* de l'affirmation de l'officier public doit être spécialement établie par la procédure périlleuse de l'inscription en faux (C. pr. civ., art. 214 à 251). Les faits constatés par le procès-verbal étant tenus pour vrais jusqu'à inscription de faux, il reste, néanmoins, au tribunal une triple mission : 1° vérifier si le procès-verbal a été dressé régulièrement par l'officier public et dans les limites de ses attributions; 2° si les faits constatés à la charge de l'inculpé constituent la contravention ou le délit poursuivi; 3° si les conditions de la culpabilité existent. L'inculpé est toujours recevable, en effet, à alléguer, soit son état mental, soit la force majeure ou la contrainte, même contre un procès-verbal faisant foi jusqu'à inscription de faux[1].

Quelles sont les preuves que l'on peut opposer aux procès-verbaux qui ne font pas foi jusqu'à inscription de faux? D'ordinaire, toutes les fois que tel ou tel document admet la preuve contraire, cette preuve peut se faire par tous les moyens propres à convaincre l'esprit du juge. Mais, ici, le procès-verbal a le caractère d'une *preuve légale,* susceptible d'être combattue par des moyens déterminés qui n'ont pas été laissés à la discrétion du juge. Il faut, aux termes de l'article 154

[1] Comp. : BONNIER, *op. cit.*, t. II, n° 597, et l'espèce qu'il cite en note sous ce paragraphe.

C. inst. cr., « des preuves contraires, soit *écrites*, soit *testimoniales* », s'élevant contre la vérité des faits énoncés au procès-verbal. La loi veut donc, — c'est ce qui semble résulter de son texte et de son esprit, — que le juge ne puisse substituer son appréciation personnelle à la preuve résultant d'un procès-verbal, non combattu par des preuves écrites ou testimoniales; elle veut qu'il ne puisse s'attacher ni aux dénégations du prévenu, ni à la notoriété publique, ni aux présomptions de fait[1].

[1] Bonnier, *op. cit.*, t. II, nº 599; Faustin Hélie, t. III, nºs 1461 et suiv; Cass., 17 nov. 1881 (S. 84, 1, 85).

TITRE II.

DE LA POURSUITE ET DE L'INSTRUCTION.

463. L'infraction signalée à l'autorité compétente, il peut y avoir lieu à une *instruction préparatoire*. La procédure, qui s'ouvre alors, et dont l'objet unique est d'éclairer les juridictions qui se prononcent sur la mise en prévention ou en accusation, a trois caractères saillants : 1° elle est *écrite :* l'interrogatoire de l'inculpé, les dépositions des témoins sont recueillis dans des procès-verbaux qui passent seuls sous les yeux des juridictions d'instruction; 2° elle est *secrète*, non-seulement vis-à-vis du public, mais encore à l'égard de l'inculpé et des témoins qui ne sont pas nécessairement confrontés, soit avec l'inculpé, soit entre eux; 3° elle *n'est pas contradictoire ;* tandis que le ministère public, partie poursuivante, peut, à toute époque, prendre connaissance des pièces de la procédure, l'inculpé reste à l'écart, il n'est pas averti des charges qui pèsent sur lui, il ne peut ni les examiner, ni les contrôler; aucun défenseur ne lui est donné. Le seul droit que la loi reconnaisse, soit au prévenu, soit à la partie civile, est celui de fournir à la chambre d'accusation, tels mémoires qu'ils estiment utiles, sur des charges qu'ils ignorent légalement (art. 217).

464. Le secret de l'instruction préparatoire dure certainement jusqu'à la décision des juridictions d'instruction : mais se prolonge-t-il au-delà? Le dossier de l'instruction, l'ordonnance ou l'arrêt qui l'ont suivie peuvent être utiles à consulter, soit pour le prévenu, qui a bénéficié d'une ordonnance ou d'un arrêt de non-lieu dont il veut publier le texte, soit pour la partie civile, qui a l'intention de puiser, dans ces pièces, les éléments ou les documents d'un procès civil. Le ministère public, exécuteur des décisions judiciaires, a certainement le droit d'ordonner la communication du dossier et de la décision : mais, nulle part, la loi ne lui en impose l'obligation.

465. Le projet de loi, présenté, au nom du Gouvernement, le 27 novembre 1879, voté par le Sénat, dans sa séance du 5 août 1882, actuellement soumis à la Chambre, maintient les deux premiers caractères de la procédure d'instruction préparatoire : il modifie le troisième : l'instruction préparatoire reste secrète et écrite ; mais elle devient contradictoire. Le prévenu peut être assisté d'un conseil, et il participe, avec ce conseil, aux actes de l'instruction. C'est sur la mesure dans laquelle il convient d'admettre cette participation qu'existent des divergences entre le projet du Gouvernement, et le texte adopté par le Sénat[1].

CHAPITRE PREMIER.

DES OPÉRATIONS DE LA POURSUITE ET DE L'INSTRUCTION.

I. SÉPARATION DES POUVOIRS D'INSTRUCTION ET DE POURSUITE.

466. L'instruction préparatoire est confiée aux efforts combinés de deux magistrats, le procureur de la République et le juge d'instruction, dont l'un *requiert*, tandis que l'autre *ordonne* toutes les mesures propres à la découverte de la vérité. Un principe fondamental domine toute cette procédure : c'est celui de la séparation, dans les cas ordinaires, des pouvoirs du procureur de la République et du juge d'instruction[2]. Le premier, ayant mission de *poursuivre* les crimes et délits, peut seul faire les actes de poursuite, mais n'en peut pas faire d'autres, et le second, chargé d'*instruire*, ne peut procéder qu'à des actes d'instruction, mais a seul qualité pour les faire.

On peut ramener à cinq les principes qui régissent les rapports de ces deux magistrats.

1° Le juge d'instruction ne doit ni *commencer*[3], ni *terminer* une instruction, sans *réquisition écrite* préalable du procureur de la République

[1] Comp. : Léveillé, *De la réforme du Code d'instruction criminelle* (1882) ; G. Leloir, *Observations sur la réforme projetée du Code d'instruction criminelle* (*La France judiciaire*, 1884, p. 249).

[2] Cette règle, destinée à garantir les droits des citoyens, a été posée par la loi du 7 pluviôse an IX et n'a passé dans le Code d'inst. cr. de 1808 qu'après une discussion approfondie.

[3] Il peut cependant agir, sans réquisitoire introductif du procureur de la République : 1° en cas de flagrant délit, ce qui est certain ; 2° et, ce qui est contesté, lorsque, saisi par une plainte contenant constitution de partie civile et que celui-ci lui a renvoyé avec des conclusions d'abstention, il estime qu'il est de son devoir d'instruire

blique (C. inst. cr., art. 61, 70, 47, 53, 54, 127). En effet, le juge d'instruction, est à la fois juge et officier de police judiciaire; or, comme *juge*, il ne peut se saisir lui-même, car ce serait exercer le droit de poursuite et usurper l'action publique qui ne lui est pas confiée; et il ne peut se prononcer sans prendre l'opinion du ministère public, auquel la loi attribue un droit d'intervention et de contrôle dans l'instruction.

2° Une fois saisi, le juge d'instruction peut procéder, en principe, à tous les actes de ses fonctions sans attendre une réquisition nouvelle du procureur de la République. L'article 61 semble, il est vrai, imposer au juge l'obligation de ne faire « *aucun acte d'instruction ou de poursuite qu'il n'ait donné communication de la procédure au procureur de la République* ». Mais une telle exigence, qui rendrait difficile la marche de l'instruction, et ferait du juge une sorte de commis agissant sous les ordres du procureur de la République, n'est pas admissible. La dernière partie de l'article 61 en explique les premiers mots. Elle donne au juge d'instruction le droit de décerner le mandat d'amener et le mandat de dépôt, sans intervention du parquet. Les articles 87 et 88 l'autorisent à faire, seul et d'office, les perquisitions domiciliaires, à saisir les objets utiles à la manifestation de la vérité. Ce double droit de *saisie* et d'*arrestation* représente précisément les attributions les plus graves du juge d'instruction, et la loi, en les lui concédant, a nettement affirmé son indépendance d'action. Ainsi, les réquisitions du procureur de la République sont indispensables aux deux points extrêmes de la procédure : au début, pour la mettre en mouvement, et, à la fin, pour y statuer (C. inst. cr., art. 53, 54, 64, 70, 127); mais, entre ces deux points extrêmes, le juge d'instruction peut se mouvoir en toute liberté, sans que la communication de la procédure, en l'état où elle se trouve, au procureur de la République, soit indispensable à sa régularité, et sans qu'il ait besoin de réquisitions nouvelles pour étendre la procédure aux coauteurs et complices. La loi fait cependant exception pour la délivrance du mandat d'arrêt, qui doit être précédée des conclusions du procureur de la République (art. 94, § 2).

3° Le juge d'instruction n'est pas obligé de suivre les errements

sur le fait signalé, sauf opposition du procureur devant la chambre d'accusation. Comp. : Boullaire, *Des droits respectifs du juge d'instruction et du ministère public au cours d'une information criminelle* (*Gazette des tribunaux*, 8 juin 1881); Rodière, *op. cit.*, p. 75.

d'instruction demandés par le réquisitoire : il a la direction de la procédure et en est le juge[1].

4° Le juge d'instruction, saisi par les réquisitions du procureur de la République, peut-il refuser d'informer? Par une conséquence du principe de la séparation des pouvoirs d'instruction et de poursuite, le juge, n'ayant aucun droit sur la poursuite, ne pouvait, avant la loi du 17 juillet 1856, opposer un tel refus, car c'eût été déclarer le réquisitoire et, par suite, l'action publique dénuée de fondement; ce droit n'appartenant qu'à la chambre du conseil, c'est-à-dire à une juridiction. Mais la loi de 1856, qui a supprimé la chambre du conseil pour transférer ses pouvoirs au juge d'instruction, autorise ce magistrat, en lui donnant ainsi un droit de juridiction, à statuer lui-même, au seuil de l'information, sur les exceptions qu'il voit dans la procédure, après les avoir signalées au procureur de la République, lequel communique ses conclusions (C. inst. cr., art. 127 et 128). Si donc le fait ne paraît pas au juge constituer un crime ou un délit, si l'action publique est suspendue par une question préjudicielle, si elle est arrêtée par l'absence d'une plainte nécessaire, si elle est éteinte par la prescription, le juge n'est pas tenu d'ouvrir une information.

5° Des conflits peuvent naître entre le procureur de la République et le juge d'instruction, soit dans l'hypothèse où le juge d'instruction refuse d'informer, soit dans celle où il refuse de faire un acte d'instruction requis par le ministère public. Par quel procédé y mettre fin? Le Code ne s'expliquait pas sur ce point. On admettait généralement, au profit du procureur de la République, un droit d'appel des ordonnances du juge d'instruction. Ce droit a été reconnu et réglementé par la loi du 17 juillet 1856, qui supprime la chambre du conseil et qui transporte les pouvoirs de cette chambre au juge d'instruction. Aux termes de l'art. 135, le procureur de la République « *pourra former opposition, dans tous les cas, aux ordonnances du juge d'instruction* ». Cette voie de recours, dont je m'occupe plus loin, mal à propos qualifiée d'*opposition*, puisqu'elle est un véritable appel, est portée devant la chambre des mises en accusation.

467. Les deux opérations principales de l'instruction consistent. 1° à rechercher les infractions et leurs auteurs (*instruction*); 2° à

[1] L'article 87, disant impérativement que le juge d'instruction se *transportera*, s'il en est requis, dans le domicile du prévenu, pour y faire la perquisition des papiers de celui-ci, certains auteurs en ont conclu que le juge ne pouvait refuser le transport demandé par le ministère public.

s'assurer de la personne des inculpés (*arrestation* et *détention préventive*).

II. DE L'INSTRUCTION.

468. Instruire une affaire pénale, c'est rechercher tout ce qui tend, d'une part, à établir l'existence de l'infraction; d'autre part, à découvrir quel en est l'auteur. Trois groupes d'opérations sont, en général, nécessaires pour cela : 1° les *constatations judiciaires*; 2° l'*audition des témoins*; 3° l'*interrogatoire de l'inculpé*. L'ordre, que doit suivre le juge dans ces diverses opérations, n'est pas prescrit par la loi : il varie donc suivant la nature de l'affaire.

469. Des constatations judiciaires. — Pour constater les traces matérielles de l'infraction, le *corps du délit*, les moyens ordinaires consistent dans le *transport sur les lieux*, les *expertises*, les *perquisitions domiciliaires*, les *saisies*.

470. *a*) Dans tout *transport sur les lieux*, sauf en cas de flagrant délit (C. inst. cr., art. 39), le juge d'instruction doit être accompagné du procureur de la République et du greffier (art. 62). Ce n'est pas qu'en cas de refus du procureur de la République, il ne puisse procéder seul, puisqu'il est légalement saisi[1]; mais la présence du greffier est, au contraire, indispensable, car c'est le greffier qui dresse, sous la dictée du juge, le procès-verbal de *constat*.

471. *b*) Le juge d'instruction peut ordonner des *expertises* (C. inst. cr., art. 43, 44, 59). Dans nombre d'affaires, c'est là un procédé d'instruction indispensable[2]. La loi exige que les experts prêtent serment de faire leur rapport et de donner leur avis en leur honneur et conscience (art. 44).

472. *c*) L'*inviolabilité du domicile* est un principe sanctionné par le Code pénal lui-même, qui prononce diverses peines, dans l'article

[1] Faustin Hélie, t. IV, nos 1620 et 1789.

[2] Sur l'expertise, comp. : Faustin Hélie, t. IV, nos 1891 et suiv.; Beudant (*Rev. prat.*, t. XV, p. 163); Devergie (*Rev. gén. du droit*, t. II, 1878, p. 614; t. III, 1879, p. 3, 55, 151). L'expertise, pas plus que les autres opérations de l'instruction, n'est contradictoire. L'inculpé a, du reste, la faculté de faire procéder à une contre-expertise. Sur ces points : Dubrac, *Traité de jurisprudence médicale* (1883), p. 187, 189. L'expert, requis par un officier de police judiciaire compétent, peut-il refuser d'obtempérer à la réquisition? La Cour de cassation a décidé que le refus, par un officier de santé, de déférer à la réquisition qui lui est faite afin de procéder, en cas de flagrant délit, à la visite d'un cadavre, était passible de la peine de simple police édictée par l'art. 475, n° 12 C. p. : 20 fév. 1867 (D. 57, 1, 259); 18 déc. 1875 (D. 78, 1, 462).

184, « contre tout fonctionnaire..., qui, agissant en sa dite qualité, se sera introduit dans le domicile d'un citoyen contre le gré de celui-ci, hors les cas prévus par la loi, et sans les formalités qu'elle a prescrites ». Pour qu'une perquisition ait lieu dans le domicile *privé* d'un citoyen, contre sa volonté, deux conditions sont exigées par la loi : qu'elle soit faite par l'autorité compétente; dans un cas prévu par la loi, et avec les formalités qu'elle prescrit.

1° La loi, dans les articles 87 et 88, attribue au juge d'instruction seul, dans les cas ordinaires, le droit d'opérer des perquisitions domiciliaires. Son pouvoir ne trouve de limites ni dans le *caractère* du fait, ni dans la *date* de sa perpétration, ni dans la *nature* des lieux, ni enfin dans l'*objet* spécial des recherches. Mais si le pouvoir du juge d'instruction est illimité, ce pouvoir, hors le cas de flagrant délit, n'appartient qu'à lui seul. S'ensuit-il que le juge d'instruction doive faire, *en personne*, les visites ou perquisitions domiciliaires. Ne peut-il, par une ordonnance ou mandat de perquisition, déléguer l'exercice de son droit à quelque officier de police, auxiliaire du procureur de la République? C'est une question que j'examinerai plus loin.

2° Quelles règles le juge d'instruction doit-il suivre dans l'exercice de son droit de perquisition? La première, qui nous paraît résulter de l'ensemble des textes, c'est la nécessité d'une *prévention*, c'est-à-dire d'un délit constaté et d'une instruction commencée : les visites domiciliaires ne sont pas des mesures de police pour la *recherche des délits*, mais des mesures d'instruction pour la *réunion des preuves*. Ce qui le prouve, c'est qu'aux termes des articles 89 et 39 combinés, l'opération doit être faite *contradictoirement* avec le prévenu présent, quand celui-ci a été arrêté : telle est la seconde règle. Une troisième règle à noter, c'est que la visite domiciliaire ne doit avoir lieu que pendant le jour; nul ne peut s'introduire, pendant la nuit, dans la maison d'un citoyen, si ce n'est en cas d'incendie, d'inondation ou de réclamation faite de l'intérieur de la maison (L. 22 frim. an VIII, art. 76); toutefois, la visite, commencée pendant le jour, peut être continuée pendant la nuit[1].

473. *d*) Le but d'une perquisition domiciliaire peut être double : *arrêter* le *prévenu* qui se cache; *rechercher* et *saisir* les *papiers*, *effets* et, généralement, *tous les objets utiles à la manifestation de la vérité*.

[1] Sur ce qu'il faut entendre par *nuit* : C. pr. civ., art. 1037; D. 4 août 1806, art. 1er; O. 29 oct. 1830, art. 181.

L'article 87 suppose même que cette recherche des pièces à conviction est l'unique objet des visites domiciliaires. C'est qu'en effet le juge d'instruction n'aura jamais besoin de se transporter en personne au domicile du prévenu pour procéder à son arrestation : la loi lui donne le droit de décerner un *mandat d'arrêt*, et ce mandat emporte *droit de perquisition* pour tous les agents de la force publique qui en sont les exécuteurs. La perquisition, qui sera faite par le juge d'instruction, est celle dont il est question dans l'article 87, et qui est destinée à la *recherche* et à la *saisie* des pièces à conviction. Ce droit de saisie est établi par les articles 35 et 37 pour le procureur de la République, en cas de flagrant délit, textes que l'article 89 rend communs au juge d'instruction dans les cas ordinaires : on verra, en lisant ces textes, quels objets peuvent être saisis et quelles sont les formes de la saisie.

La saisie des *papiers* seule soulève quelques difficultés, et encore lorsqu'ils sont en la possession des tiers. En effet, si les papiers se trouvent en la possession du prévenu, les pouvoirs du juge d'instruction sont sans limites. Sans doute, il ne doit saisir que ceux qui peuvent être utiles à la manifestation de la vérité, *les pièces à conviction* ou *à décharge*, mais c'est à lui seul qu'il appartient de faire un choix. Lorsque des papiers utiles à la prévention sont en la possession d'un tiers, le juge d'instruction, en principe, a les mêmes pouvoirs. Le détenteur ne peut s'opposer à la saisie, en prétendant que ces papiers lui appartiennent et qu'il a quelque intérêt à les conserver (C. inst. cr., art. 88 et 89). Mais, lorsqu'il affirme en être le *dépositaire*, et ne pouvoir s'en dessaisir sans violer une *obligation*, le juge d'instruction peut-il passer outre? La question a été prévue par la loi en matière de faux (C. inst. cr., art. 452 et 454). Elle se posera particulièrement pour les papiers déposés dans les études de notaires ou d'avoués, dans les cabinets d'avocats, ou pour les lettres confiées à l'administration des postes.

1° L'article 22 de la loi du 25 ventôse an XI, sur le *notariat*, porte que les notaires ne peuvent se dessaisir d'aucune minute, *« si ce n'est dans les cas prévus par la loi »*; et l'article 23 ajoute qu'ils ne peuvent, *« sans l'ordonnance du président de première instance, délivrer expédition ni donner connaissance des actes à d'autres qu'aux parties intéressées »*. Il résulte donc de ces textes que l'obligation de garder secrets les actes reçus ou déposés dans leurs études, est, pour les notaires, une obligation relative : il appartient à la *justice* ou à la *loi* d'en poser les limites. Je n'hésite donc pas à dire, surtout en présence des articles 452 et 454 Code instr. cr., que la fin de non-recevoir, opposée aux perquisitions d'un juge d'instruction dans l'étude d'un notaire, n'aurait aucun fondement[1]. Mais ce que je dis des *actes* reçus par un notaire ou déposés dans son étude, je ne le dirai pas des *papiers* conservés par lui à titre confidentiel. La jurisprudence dispense le notaire de témoigner en justice, sur les faits qui lui ont été confiés à titre confidentiel, comme conseil des parties : or, les confidences écrites ont droit à la même inviolabilité que les confidences orales (arg. de l'art. 378 C. p.).

2° Le cabinet d'un avocat ou d'un avoué n'est, pas plus que l'étude d'un notaire, à l'abri d'une perquisition domiciliaire. Mais, le juge peut-il saisir, pour les besoins de l'instruction, les lettres et papiers, déposés chez un avoué ou un avocat, *en cette qualité*, par un prévenu qui l'a chargé du soin de sa défense ? Non certes, car la procédure criminelle est dominée par le principe de la liberté de la défense, et la justice doit laisser entière cette liberté[2].

3° L'inviolabilité du secret des lettres, reconnue par notre ancienne jurisprudence, fut solennellement proclamée par l'Assemblée constituante dans le décret des 10-14 août 1790 : « Le secret des lettres est inviolable, et, *sous aucun prétexte*, il ne peut y être porté atteinte ni par les corps, ni par les individus ». Ce principe met, à notre avis, un obstacle insurmontable à la saisie, dans les bureaux de l'administration des postes, sur ordonnance ou mandat du magistrat instructeur, des lettres dont la connaissance est présumée utile à l'instruction[3]. Nous ferions cependant exception pour les lettres adressées au prévenu, qui, dès qu'elles sont envoyées, deviennent sa propriété.

474. De l'audition des témoins. — Dans la section qui traite des *fonctions du juge d'instruction*, un paragraphe spécial est consacré à l'audition des témoins. La pratique et la loi conservent encore à cette opération la vieille dénomination de l'ancienne jurisprudence : on l'appelle *information* (art. 76). Elle a pour but de *préparer* le procès pénal; mais, bien que son but soit restreint, ses formes offrent si peu de garanties, que l'on comprend encore le jeu de mots du premier président de Thou : on l'appelle information, disait-il, « *parce*

[1] Faustin Hélie, t. IV, n° 1817.

[2] Faustin Hélie, t. IV, n° 1818.

[3] La jurisprudence donne cependant ce droit de saisie, non-seulement au juge d'instruction, mais au préfet de police : Cass., 21 nov. 1853 (S. 53, 1, 776). V. sur ce point, l'admirable plaidoirie de Berryer, *Œuvres*, t. II, p. 330.

que la preuve qu'on en tire est preuve sans forme et qui n'a pas toutes ses parties entières pour y croire et asseoir un bon jugement ». Cette critique avait d'autant plus de raison d'être dans notre ancien droit, que les juges de la culpabilité examinaient les causes sur les procès-verbaux de l'information, sans entendre les témoins à l'audience. Il n'en est plus de même aujourd'hui. L'information, qui se retrouve dans notre droit criminel, va servir d'élément à la conviction des juridictions d'instruction, mais non à celle des juridictions de jugement. Aussi la jurisprudence a-t-elle décidé, en se fondant sur le caractère *provisoire* de la déposition, qu'une déclaration mensongère, devant le juge d'instruction, ne saurait constituer le crime de faux témoignage (C. p., art. 361)[1], et que la prestation de serment, de la part des témoins entendus dans une instruction, n'est pas prescrite à peine de nullité[2].

1° Les témoins entendus doivent être *cités*, ils ne pourraient se présenter spontanément. Le juge remet au procureur de la République une ordonnance, appelée *cédule*, et, c'est à la requête de ce dernier, que les témoins sont cités soit par un huissier, soit, le plus souvent, par un agent de la force publique. Les témoins sont *légalement* dans l'ignorance du fait sur lequel ils doivent déposer, car la citation ne fait pas connaître le but de l'information. Il est du devoir du juge d'instruction de faire citer tous les témoins indiqués par le procureur de la République, tandis qu'il ne doit citer, parmi ceux indiqués par la partie civile ou le prévenu, que ceux qu'il suppose devoir donner quelques renseignements utiles. Comme il s'agit seulement de préparer le procès pénal, le juge a, sans nul doute, la faculté de faire entendre les personnes que les articles 156 et 322 déclarent incapables de déposer dans l'instruction définitive. Les enfants, aux termes de l'article 79, peuvent également être cités devant le juge d'instruction; mais, au-dessous de quinze ans, ils ne seront entendus que par forme de déclaration et sans prestation de serment.

2° Aux termes de l'article 73, les témoins « *seront entendus séparément, et hors de la présence du prévenu, par le juge d'instruction, assisté de son greffier* ». Il n'est pas interdit au juge de confronter les témoins, soit entre eux, soit avec le prévenu. Cette confrontation n'est pas *nécessaire*, mais elle est *facultative*. La partie civile et le procureur

[1] V. CHAUVEAU et HÉLIE, t. IV. n° 1619; BLANCHE, t. V, n° 566; RODIÈRE, *op. cit.*, p. 83.

[2] Cass., 14 juin 1866 (S. 67, 1, 189).

de la République pourraient-ils assister à l'audition des témoins? Les dépositions étant faites « *hors de la présence du prévenu* », il semble que, par une réciprocité bien juste, elles dussent être faites hors de la présence de ses adversaires. L'ancien droit contenait, en effet, des dispositions formelles dans ce sens. Mais notre jurisprudence, qui admet la même règle pour la partie civile, refuse de l'étendre au ministère public. L'article 80, en disposant que l'amende doit être prononcée contre le témoin défaillant, sur les conclusions du procureur de la République, suppose implicitement que celui-ci est présent ou, du moins, qu'il peut être présent à l'audition des témoins. Avant d'être entendu, chaque témoin représente la citation qui lui a été donnée (art. 74); puis, il prête serment de dire toute la vérité, rien que la vérité. Le juge d'instruction lui demande ses nom, prénoms, âge, état, profession, demeure, s'il est domestique, parent ou allié des parties, et à quel degré (art. 75). Après quoi, il l'*écoute* et l'*interroge*, sans qu'aucune disposition légale prescrive au juge la méthode qu'il doit suivre dans cette audition et cet interrogatoire. Le greffier dresse, sous la dictée du juge, le procès-verbal de chaque déposition, qui est signé par lui, par le juge et par le témoin, après qu'il a été donné à celui-ci lecture de sa déposition et qu'il a déclaré y persister : si le témoin ne sait ou ne veut signer, il en est fait mention (art. 76). Chaque page du cahier d'information doit être signée par le juge et par le greffier. Les formalités prescrites par les articles 74, 75, 76 pour l'audition des témoins ne le sont pas à peine de nullité : leur omission entraîne simplement, de plein droit, une amende de 50 francs contre le greffier, et, s'il y a lieu, c'est-à-dire en cas de dol, une prise à partie contre le juge d'instruction. Il n'est accordé au témoin une indemnité, taxée par le juge d'instruction, que sur sa demande (C. inst. cr., art. 82 ; D. 18 juin 1811, art. 90 et suiv.; D. 7 avril 1813, art. 1 et suiv.).

475. Telle est la marche régulière de l'information. Nous l'avons jusqu'ici dégagée de tout incident : mais il peut arriver que des témoins refusent de se présenter ou de déposer. Or, toute personne, citée en justice pour rendre témoignage, a deux obligations à remplir : « *comparaître* », c'est-à-dire se présenter en personne devant le juge d'instruction ; « *satisfaire à la citation* », c'est-à-dire déposer de tous les faits et circonstances qui sont à sa connaissance et qui importent à la manifestation complète de la vérité (art. 80).

a) La première obligation incombe à toute personne. Faute par le témoin de comparaître, le juge d'instruction peut, sur les conclusions du procureur de la République, sans autre formalité ni délai, et sans appel, prononcer contre lui une amende qui n'excédera pas cent francs, et ordonner qu'il sera contraint par corps à venir donner son témoignage (art. 80). Le témoin, ainsi condamné à l'amende sur le premier défaut, et qui, sur la seconde citation, produit devant le juge d'instruction des excuses légitimes, peut, sur les conclusions du procureur de la République, être déchargé de l'amende (art. 81).

Les excuses, que peuvent présenter les témoins cités à comparaître, doivent être fondées sur une *impossibilité* d'obéir à la citation. Faut-il une impossibilité physique? une impossibilité morale est-elle suffisante? La loi, à cet égard, laisse au juge d'instruction un large pouvoir d'appréciation pour décider, suivant les circonstances, si, en dehors de l'absence ou de la maladie, ou d'une cause analogue d'empêchement physique, des occupations urgentes ou des soucis d'une nature quelconque sont des motifs suffisants d'excuse. Le témoin, qui invoque un empêchement causé par la maladie, doit adresser au juge d'instruction le certificat d'un officier de santé constatant son état (art. 83).

Si la déposition d'un témoin, dans l'impossibilité d'obéir à la citation est indispensable, il est prescrit au juge d'instruction de se transporter à son domicile, s'il habite dans le canton de la justice de paix du domicile du juge d'instruction; et, au cas où le juge habiterait hors du canton, une commission rogatoire doit être adressée au juge de paix du lieu de son habitation (art. 83). Dans le cas où le témoin résiderait hors de l'arrondissement du juge d'instruction, celui-ci doit requérir le juge d'instruction de l'arrondissement où réside le témoin de recevoir sa déposition (art. 84, 85, 86).

b) Le témoin, qui a comparu, doit « satisfaire à la citation », c'est-à-dire révéler à la justice les faits dont il a connaissance, et la sanction, en cas de refus de sa part, est toujours une amende, prononcée par le juge d'instruction, sans appel. Mais tout témoin est-il tenu de déposer sur des faits dont il avoue, du reste, avoir connaissance? Grave question, qui se pose, dans les mêmes termes, pour toute audition de témoins, dans l'instruction, soit préparatoire, soit définitive.

La justice est la dette de la société tout entière, et comme la justice ne peut être rendue que si elle s'appuie sur des preuves et surtout des preuves testimoniales, l'obligation de déposer en justice est une obligation sociale, qui, à ce titre, doit être sanctionnée. On ne saurait s'affranchir de cette obligation par des considérations personnelles d'amitié, d'intérêt [1], et même par la nécessité de respecter des engagements privés [2]. Mais, si tel est le principe, il est des cas où une personne, citée en témoignage, doit s'abstenir de répondre, c'est lorsqu'elle n'a eu connaissance des faits qu'à raison du ministère qu'elle remplit ou de la profession qu'elle exerce, et que ce ministère ou cette profession commandent le secret. En effet, le devoir de déposer en justice cesse d'être obligatoire, dans les cas où on ne pourrait contraindre à l'accomplir sans troubler l'ordre social, par la violation d'un devoir plus impérieux encore. C'est ainsi qu'il est admis que les parents, dont les dépositions ne seront pas reçues à l'audience, si la partie publique ou l'accusé s'y opposent, quoique régulièrement cités devant le juge d'instruction, peuvent refuser de déposer (C. inst. cr., art. 156 et 192). Or, indépendamment des devoirs de famille, la société reconnaît des *devoirs professionnels*, qui s'opposent, dans certaines circonstances, à ce que les dépositaires, par état ou par profession, des secrets qu'on leur confie, cités comme témoins, les révèlent à la justice [3]. Il en est ainsi : 1° des médecins, chirurgiens, officiers de santé,

[1] Il a été jugé que le témoin, cité en matière répressive, ne peut se refuser à déposer sur certains faits, sous prétexte que la révélation de ces faits pourrait le rendre passible de poursuites pour complicité : Cass., 6 février 1863 (S. 63, 1, 279); 2 déc. 1864 (S. 65, 1, 152). N'est-ce pas une déduction extrême du principe posé au texte? et la solution contraire de la cour de Bordeaux du 6 juin 1851 (S. 51, 2, 728) n'est-elle pas plus exacte? Comp. Trébutien, t. II, p. 240. Le Code d'instruction criminelle autrichien de 1873, contient une disposition, ainsi conçue : « *Un témoin ne peut être contraint de déposer ou de répondre à une question, quand sa déposition causerait un préjudice matériel ou moral, direct et important, soit à sa fortune ou à sa personne, soit à la personne ou à la fortune d'un des siens, à moins que l'affaire ne soit particulièrement grave* » (art. 153). Comp., dans le même sens, l'art. 55 du Code de proc. cr. allemand de 1877.

[2] La Cour de cassation a fait une application de cette règle dans la célèbre affaire Madier de Montjau : elle a décidé qu'un serment, prêté volontairement, hors la nécessité de fonctions civiles ou religieuses, ne peut être un motif légitime de refuser à la justice les révélations qu'elle requiert dans l'intérêt de la société : 30 nov. 1820 (S. 20, 1, 333).

[3] Cela est si vrai que la loi elle-même a sanctionné, dans l'art. 378 du Code pénal, l'obligation, pour certaines personnes, de garder le secret professionnel. Ce texte, du reste, résout une question distincte de la question qui nous occupe, car il se borne à punir les révélations indiscrètes commises par des médecins, chirurgiens, etc., et on ne pourrait l'appliquer, comme l'indiquent et les termes et l'esprit de la loi, aux révélations provoquées par la justice elle-même. Mais si la révélation d'un secret professionnel à la justice n'est pas un délit (Legraverend, *op. cit.*, t. I, p. 281), il me paraît certain que la non-révélation de ce secret ne saurait être non plus un délit.

pharmaciens, sages-femmes[1]; 2° des prêtres[2]; 3° des avocats, avoués, agréés[3]; 4° des notaires[4]. Les diverses personnes, que je viens d'énumérer, ne sont certainement dispensées ni de *comparaître* comme témoins, ni de *prêter serment* à ce titre. Elles ne peuvent uniquement s'abriter derrière leur profession, pour se refuser à répondre, si elles sont interrogées par la justice. La dispense de déposer s'étend seulement aux faits qui leur ont été confiés ou dont elles ont eu connaissance dans l'*exercice de leur profession*; mais elle s'étend à tous ces faits, sans qu'il soit nécessaire que leurs clients aient exigé, pour ces faits, ainsi que le veulent certains arrêts, l'obligation du secret[5]. La circonstance seule que c'est, en leur qualité, qu'on s'adresse à ces diverses personnes, implique, en effet, pour elles, l'obligation de garder le secret, et il n'est pas nécessaire, qu'à côté de la loi du secret professionnel qui s'impose, intervienne, entre ces personnes et leurs clients, un contrat spécial[6].

476. De l'interrogatoire de l'inculpé. — L'interrogatoire de l'inculpé, établi, suivant les expressions de Jousse, tant pour la *conviction* de l'inculpé que pour sa *défense*, est et doit être une formalité substantielle de l'instruction préparatoire (C. inst. cr., art. 91, 93). La loi étant muette sur les formes à observer, on suit, on pratique, les dispositions qu'elle prescrit pour l'audition des témoins, avec cette différence que l'inculpé n'est pas, comme dans notre ancienne législation, obligé de prêter serment de dire la vérité : on ne le met pas dans l'alternative de s'accuser ou de se parjurer. Du reste, l'interrogatoire, amenât-il un aveu, n'a pas plus de valeur que l'audition des témoins : devant la juridiction de jugement, le prévenu ou l'accusé sera de nouveau interrogé, oralement et publiquement.

[1] Cass., 26 juillet 1845 (S. 45, 1, 577). Comp. : Faustin Hélie, t. IV, n° 1847; Hémar, *Rev. crit.*, 1869, p. 365, 513.

[2] Cass., 30 nov. 1810 (*Jour. du Pal.*, t. VIII, p. 668); Angers, 31 mars 1841 (S. 41, 2, 246). Comp. Faustin Hélie, t. IV, n°s 1850 et suiv.

[3] Cass., 24 mai 1862 (S. 62, 1, 995), pour les avocats; 6 janvier 1855 (S. 55, 1, 155), pour les avoués; 17 décembre 1858 (S. 59, 1, 454). Comp. Derouet, *Rev. prat.*, t. XXXV, p. 211.

[4] Cass., 10 juin 1853 (S. 53, 1, 379), et le rapport de M. Faustin Hélie; Cass., 7 avril 1870 (S. 70, 1, 277).

[5] Cour d'assises de la Seine du 10 avril 1877 (S. 79, 2, 48). Ajout., dans le même sens : Cass. belge, 5 février 1877 (S. 78, 2, 21). Ajout. Dubrac, *Traité de jurisprudence médicale* (1882), p. 163.

[6] Lire, sur tous ces points, l'intéressant ouvrage de Muteau, *Du secret professionnel, de son étendue et de la responsabilité qu'il entraîne*, 1870.

III. DE L'ARRESTATION ET DE LA DÉTENTION PRÉVENTIVES.

477. A l'effet d'assurer la marche de l'instruction, il faut appeler ou contraindre l'inculpé à se présenter devant le juge pour être interrogé sur l'infraction dont il est prévenu; et le mettre sous la main de la justice pour qu'il n'échappe pas à son action. Mais ce double résultat ne saurait être atteint sans l'emploi de mesures qui aboutissent à le priver temporairement de sa liberté. La loi a minutieusement gradué, dans leur forme et dans leur emploi, les actes légaux, au moyen desquels il peut être fait exception, pour les besoins de l'instruction préparatoire, aux droits de liberté individuelle (C. inst. cr., art. 91 à 125). Ces actes, appelés *décrets* sous l'ancienne législation, portent aujourd'hui le nom de *mandats*.

Dans le sens du Code d'instruction criminelle, le *mandat est un acte, par lequel le fonctionnaire compétent ordonne, soit la comparution, soit l'arrestation d'un individu, contre lequel s'élèvent des soupçons de crime ou de délit.*

1° Le fonctionnaire, *compétent* pour décerner un mandat, est, en général, le juge d'instruction. Dans certains cas cependant, nous voyons des mandats délivrés, soit par le procureur de la République (art. 40 et 100), soit par un préfet (art. 10), soit même par un tribunal entier (art. 193 et 214).

2° Les divers mandats ne peuvent être employés qu'en cas de prévention de *crime* ou de *délit*. En matière de *contravention*, en effet, il n'y a lieu ni de faire *comparaître* l'inculpé pour l'interroger, puisque toute l'instruction se fait à l'audience, ni de l'*arrêter* pour l'empêcher de se soustraire à la justice, puisqu'à raison du peu de gravité de l'infraction, ce danger n'existe pas.

3° Ces mandats sont de deux espèces. Les premiers, dont le but unique est de faire comparaître l'inculpé devant le juge d'instruction, et qui, en général, doivent nécessairement précéder les autres, sont au nombre de deux : le *mandat de comparution*, simple assignation à comparaître, et le *mandat d'amener*, qui donne à l'agent chargé de l'exécuter le droit d'employer la force, s'il est nécessaire. Deux mandats, le *mandat de dépôt* et le *mandat d'arrêt*, font partie de la seconde catégorie : ils ont pour but de constituer le prévenu en état de détention préventive : l'incarcération de celui-ci en est la conséquence immédiate.

478. De ces quatre mandats, il en est trois, les *mandats de comparution*, d'*amener* et d'*arrêt*, que le Code d'instruction criminelle trouva organisés et réglementés par le Code de brumaire. Quant au *mandat de dépôt*, ce fut une loi du 7 pluviôse an IX qui l'introduisit pour des cas particuliers et pour des magistrats qu'elle instituait. Si la gradation entre les mandats de comparution, d'amener et d'arrêt est fort exactement tracée par le Code d'instruction criminelle, il n'en est pas de même de la gradation entre les mandats de dépôt et d'arrêt. Aujourd'hui surtout, depuis que la loi du 14 juillet 1865 a permis au juge d'instruction de donner main-levée, à toute époque, des mandats d'arrêt ou de dépôt, il est difficile d'indiquer dans quels cas ils doivent être employés : ils ont le même but, le même mode d'exécution; la même autorité y est attachée; ils ne peuvent être levés qu'en suivant la même procédure. Cependant, les garanties qu'ils offrent sont différentes. Seul, le mandat d'arrêt doit porter l'indication du fait pour lequel il est décerné et la citation de la loi qui déclare que ce fait est un crime ou un délit. Le mandat d'arrêt est donc le plus solennel de tous les mandats.

479. Quels que soient leur nom et leur but, les différents mandats sont soumis à des règles générales qu'il importe de détacher.

a) D'abord, ils doivent être signés par le magistrat qui les a décernés et munis de son sceau (art. 95 et 96), formalité qui est une garantie de l'authenticité de l'acte.

b) Ils doivent être datés. Sans doute, les textes ne formulent pas expressément cette exigence, mais ils la supposent, puisque la délivrance du mandat est parfois le point de départ de certains délais (art. 100).

c) Ils doivent désigner celui qui en est l'objet aussi clairement que possible (art. 95, § 2). Sans doute, l'instruction peut procéder contre un inconnu, mais à la condition de donner un signalement assez précis pour qu'il soit possible de le reconnaître.

d) Ils sont notifiés au prévenu par un huissier ou un agent de la force publique qui doit en laisser copie (art. 97). La remise de la copie est une formalité substantielle.

e) Les mandats sont exécutoires dans toute l'étendue de la République (art. 98).

L'inobservation des formalités prescrites est punie d'une amende de cinquante francs au moins contre le greffier, et, s'il y a lieu, d'injonction au magistrat qui a délivré le mandat, même de prise à partie, s'il y échet. Le mandat serait, du reste, nul, s'il manquait d'une formalité substantielle.

480. L'interrogatoire de l'inculpé est, en général, le premier acte de l'instruction préparatoire. La loi donne deux moyens au juge d'instruction pour faire comparaître l'inculpé devant lui afin de l'interroger : le mandat de comparution et le mandat d'amener.

a) Le *mandat de comparution*, qui est le plus discret de tous les mandats, est l'ordre donné à l'inculpé de comparaître, à jour et heure fixes, devant le juge d'instruction, pour y donner les explications qui lui seront demandées. C'est une sorte de citation à comparaître. L'ordonnance de 1670 le qualifiait de « *décret d'assigné pour être ouï* »; dans le projet de loi tendant à modifier le Code d'instruction criminelle, l'expression « *mandat de comparution* » a été remplacée par le terme plus exact « d'*assignation à comparaître* ». Ce mandat est, en effet, notifié par un huissier ou un agent de la force publique, qui est sans droit pour exercer une contrainte contre l'inculpé.

D'après le Code, le mandat de comparution ne pouvait être décerné que contre les individus qui étaient à la fois *domiciliés*, c'est-à-dire, qui avaient une résidence fixe, et prévenus de *simples délits*. Si l'une de ces conditions faisait défaut, le juge devait débuter par un mandat d'amener. Depuis 1865, l'emploi du mandat de comparution est toujours *facultatif* au début de l'instruction (art. 91). La délivrance du mandat d'amener ne devient *obligatoire* que si l'inculpé ne se présente pas. De deux choses l'une, en effet : ou l'inculpé comparaît, et alors le mandat a produit tout son effet; le juge procède alors à l'interrogatoire, sauf à prendre, après, toutes les mesures qu'il juge nécessaires; ou l'inculpé fait défaut, et le juge doit alors décerner contre lui un mandat d'amener (art. 91). »

b) Le *mandat d'amener* contient l'ordre donné par le juge d'instruction à tous agents de la force publique d'amener devant lui un individu pour y être entendu sur les inculpations dont il est l'objet. Le porteur de ce mandat peut employer, au besoin, la force publique du lieu le plus voisin; elle est tenue de marcher sur la *réquisition* qui y est contenue (art. 99).

481. Ainsi, les mandats de comparution et d'amener ont un *but* commun, puisqu'ils sont destinés l'un et l'autre à mettre l'inculpé en présence du juge. Mais ils se distinguent l'un de l'autre par des *caractères* et des *effets* différents. Le mandat de comparution n'est, à vrai dire, qu'une sorte d'invitation adressée à l'inculpé de se rendre devant le juge, à jour et heure fixes. Non-seulement l'agent porteur du mandat d'amener est sans qualité pour requérir la force publique, mais encore il serait sans qualité pour obliger l'inculpé à le suivre immédiatement. Le caractère du mandat d'amener est tout autre; il emporte force coërcitive. Expliquons bien en quel sens. L'officier, porteur du mandat, ne se présente pas au domicile de l'inculpé, entouré de la force publique; mais il peut requérir son aide, si l'inculpé refuse de le suivre devant le juge d'instruction, ou si, après avoir déclaré qu'il est prêt à obéir, il tente de s'évader. De cette différence dans les caractères de ces deux mandats, résulte cette conséquence que le juge d'instruction doit apprécier, en tenant compte des circonstances, s'il convient de procéder par mandat d'amener ou par mandat de comparution. Si le fait ne doit pas entraîner la peine d'emprisonnement, le mandat de comparution doit seul être employé (art. 131). Dans tous les autres cas, quelle que soit la peine, le juge a un pouvoir discrétionnaire; toutefois, dans le cas prévu par l'article 113, § 2, il paraît conforme à l'esprit de la loi de ne débuter que par un mandat de comparution. Quant aux effets de ces deux mandats, l'article 93 les précise : l'inculpé, appelé par mandat de comparution, doit être interrogé de suite; l'inculpé sous mandat d'amener, doit l'être dans les vingt-quatre heures au plus tard. Ainsi, tandis que le mandat de comparution n'emporte aucune mesure de détention, le mandat d'amener emporte voie de contrainte au besoin, et mesure de détention de courte durée[1].

Par son caractère et ses effets, le mandat d'amener est un acte de *poursuite*, puisqu'il tend à mettre l'inculpé sous la main de justice, à raison du fait qui lui est imputé. C'est par ce mandat, en conséquence, que le juge d'instruction se trouve saisi.

Le mandat d'amener, comme tout autre mandat, est exécutoire dans

[1] La loi n'a déterminé ni le lieu ni le mode d'exécution de cette détention préventive à l'interrogatoire. Dans la pratique, le juge ne fait subir au prévenu qu'un interrogatoire sommaire, dit *de forme*, portant sur son identité et sur la nature du fait qui lui est reproché. Il interrompt alors l'interrogatoire pour le reprendre plus tard, et, s'il estime qu'il y a des charges suffisantes, il décerne contre l'inculpé un mandat d'arrêt ou de dépôt, c'est-à-dire un mandat ayant pour objet de le faire détenir jusqu'à ce qu'il ait été statué sur ces charges. La lettre de la loi se trouve ainsi satisfaite.

toute l'étendue de la France. Quant aux formalités de l'exécution, je renvoie aux art. 99 et 100.

482. L'inculpé a comparu devant le juge; il a été interrogé d'une manière sommaire. Même en matière criminelle, l'instruction peut se développer jusqu'à l'arrêt de mise en accusation et l'ordonnance de prise de corps qui le termine, sans qu'il y ait *détention préventive*. La loi du 14 juillet 1865 a donné, dans tous les cas, au juge d'instruction, un pouvoir discrétionnaire pour constituer l'inculpé en état de détention préventive, lorsque le fait poursuivi est de nature à emporter la peine d'emprisonnement correctionnel ou une peine afflictive ou infamante. Aujourd'hui donc, la détention préventive n'est jamais *obligatoire* pendant l'instruction. Quels sont les motifs qui porteront le juge à l'employer? 1° Le premier, c'est d'empêcher l'inculpé de se soustraire à la justice. Avec la faculté de fuir, la juridiction et la pénalité sont en effet illusoires. 2° Le second, c'est de l'empêcher d'entraver l'instruction dont il est l'objet, de corrompre les témoins, de divertir les preuves. Il y a un intérêt, sans doute, à se garantir contre ces manœuvres; mais cet intérêt n'est pas toujours suffisant pour qu'on y sacrifie la liberté d'un individu qui n'est encore que soupçonné. 3° Enfin, la détention préventive est souvent employée pour faciliter la marche de l'instruction. L'inculpé est mis sous la main du juge, qui peut, à chaque instant, l'interroger, le confronter avec les témoins, ou ses coprévenus. Mais des considérations de commodité ou de convenance ne sont pas de nature à justifier cette mesure.

Si le juge d'instruction estime que des présomptions de délit ou de crime s'élèvent contre l'inculpé et qu'il y aurait danger à le laisser en liberté, la loi lui donne deux moyens pour le constituer en état de détention préventive; il peut décerner, soit un mandat de dépôt, soit un mandat d'arrêt. La dénomination de *mandat de dépôt* indique une détention provisoire qui peut cesser avant la fin de l'instruction; la dénomination de *mandat d'arrêt* une détention, au caractère définitif, qui ne doit cesser qu'avec l'instruction elle-même. C'était bien, en effet, avec cette opposition au mandat d'arrêt, que le mandat de dépôt, inconnu du Code de brumaire, avait été créé par la loi du 7 pluviôse an IX. Mais le Code de 1808, qui empruntait le mandat d'arrêt au Code de l'an IV, le mandat de dépôt à la loi de l'an IX, ne marquait pas, d'une manière formelle, cette opposition, dans son article 94. Ces deux mandats devaient-ils s'appliquer à des situations différentes? La détention préventive qui en résultait avait-elle le même caractère?

Ces questions, embarrassantes dans le silence de la loi, divisaient les interprètes. La loi du 4 avril 1855 rectifia l'art. 94, de manière à rétablir, dans les effets de ces deux mandats, les différences qu'indique leur dénomination. Le mandat de dépôt emportait voie de contrainte et détention préventive; mais cette détention était provisoire; le juge d'instruction avait le pouvoir, dans le cours de l'instruction, quelle que fût la nature de l'inculpation, de donner main-levée du mandat de dépôt, sur les conclusions du procureur de la République. Il n'en était pas de même du mandat d'arrêt, en ce sens que la détention, qui en résultait, avait un caractère définitif. Or, la loi du 14 juillet 1865 a étendu au mandat d'arrêt le caractère *révocatoire* du mandat de dépôt, de sorte qu'aujourd'hui, malgré des différences de forme et de nom, ces deux mandats sont assimilés dans leurs effets, Et comme le mandat de dépôt est plus simple dans sa forme, que le salaire de l'huissier qui l'exécute est moins élevé, on délaisse, dans la pratique, le mandat d'arrêt pour n'employer que le mandat de dépôt. Ce dernier n'était cependant, d'après la loi du 7 pluviôse an IX, qu'une mesure provisoire pour les cas d'urgence. C'est avec ce caractère qu'il a passé dans le Code de 1808 (art. 61, 86, 100), et on le détourne de son but lorsqu'on le substitue au mandat d'arrêt.

Sous le bénéfice de cette observation, je signale, entre les mandats de dépôt et d'arrêt, les différences suivantes : 1° Le mandat d'arrêt exige trois formalités, qui ne sont pas exigées pour le mandat de dépôt : il doit être précédé des conclusions du procureur de la République (art. 94); contenir l'énonciation du fait pour lequel il est décerné; enfin, la citation de la loi qui déclare que ce fait est un crime ou un délit (art. 96). Le mandat de dépôt n'est assujetti qu'aux formalités ordinaires des mandats, c'est un ordre pur et simple de recevoir et conserver l'inculpé dans la maison d'arrêt. 2° Par ses formes spéciales, le mandat d'arrêt appartient aux décisions judiciaires. La loi veut, en effet, que le ministère public donne ses conclusions avant qu'il soit décerné, et que le juge, qui rend l'ordonnance, la motive, en qualifiant le fait reproché au prévenu : c'est un véritable jugement préparatoire. En conséquence, le mandat d'arrêt ne peut être décerné que par des magistrats qui ont le caractère de juges : le juge d'instruction, le conseiller rapporteur de la chambre des mises en accusation, en cas d'évocation, etc. Mais ce droit n'appartient ni au procureur de la République, à qui la loi donne, au contraire, dans certains cas, la faculté de décerner un mandat de dépôt (C. inst. cr., art. 100; L. 20 mai 1863, art. 1er), ni aux préfets. Du reste, les mandats de dépôt et d'arrêt ne peuvent être décernés que contre des individus prévenus de faits qui entraînent au moins l'emprisonnement correctionnel, et qu'après qu'ils ont subi un interrogatoire, ou qu'ils ont été mis en demeure de le subir par un mandat d'amener (art. 94, § 1) : sous ce rapport, leur condition est la même. 3° La manière de procéder à l'exécution des mandats d'arrestation est assez simple. Elle est réglée par les articles 107, 108, 110 et 111. L'article 109 est spécial au mandat d'arrêt : si le prévenu ne peut être saisi, on notifie le mandat à sa dernière habitation et on dresse un procès-verbal de perquisition (D. 18 juin 1811, art. 75).

483. Nous connaissons le *but* de la détention préventive, les *moyens* qui servent à la constituer. Lorsqu'elle devient et reste nécessaire, deux choses sont surtout à faire : — restreindre sa durée; — accommoder son régime à la situation légale du détenu [1].

a) Pour restreindre la durée de la détention préventive, le moyen unique consiste à accélérer la procédure. A cet effet, le législateur a rendu, depuis la promulgation du Code, deux lois importantes : la loi du 17 juillet 1856, qui a supprimé la chambre du conseil, et la loi du 20 mai 1863, sur les flagrants délits. Le même esprit a encore inspiré la loi du 14 juillet 1865, dans ses dispositions sur la mise en liberté provisoire. Ni en droit, ni en fait, la procédure d'information préparatoire n'est longue. La loi n'a pas multiplié les formalités; elle ne prescrit que celles qui peuvent servir de garanties à l'inculpé. D'un autre côté, nos magistrats ont conscience de leur mission : ils accélèrent, autant qu'ils le peuvent et que la nature de l'affaire le permet, la marche de l'information. A ce premier point de vue, peu de choses restent à faire.

b) Nous savons également que la loi du 5 juin 1875 a pourvu à l'organisation de la détention préventive, en y appliquant le régime de la séparation individuelle de jour et de nuit.

Cette heureuse innovation, quand elle sera partout appliquée par la transformation des prisons départementales en prisons cellulaires, permettra d'user plus rarement, dans l'information, d'un procédé d'instruction qui aggrave la détention préventive : je veux parler de

[1] Sur la détention préventive, comp. la loi belge du 24 avril 1874 (*Annuaire de la Soc. de légis. étrang.*, 1875, p. 411); les articles 183 à 190 du Code d'instruction criminelle autrichien; les articles 112 à 132 du Code de procédure criminelle allemand de 1877.

la *mise au secret*, que le Code appelle, par euphémisme, *interdiction de communiquer*. Lorsque le prévenu a été incarcéré dans la maison d'arrêt, en vertu d'un mandat d'arrêt ou d'un mandat de dépôt, le juge d'instruction peut encore lui interdire toute communication, soit verbale, soit écrite, soit par lettres, soit de personne à personne. La légalité de ce procédé d'instruction, que l'on fondait sur les dispositions des articles 613 et 618 du Code d'instruction criminelle, est aujourd'hui confirmée par le dernier § de l'article 613, ajouté par la loi de 1865, et ainsi conçu : « *Lorsque le juge d'instruction croira devoir prescrire, à l'égard d'un inculpé, une interdiction de communiquer, il ne pourra le faire que par ordonnance qui sera transcrite sur le registre de la prison. Cette interdiction ne pourra s'étendre au delà de dix jours; elle pourra toutefois être renouvelée. Il en sera rendu compte au procureur général* ».

Cette pratique de l'instruction préparatoire est en usage dans un double but : celui d'empêcher le prévenu de faire disparaître les preuves de sa culpabilité, de l'empêcher de s'entendre avec ses complices, de lui enlever enfin la possibilité de corrompre les individus, qui pourront plus tard être appelés à déposer contre lui; et aussi, celui d'amener le prévenu à des aveux, par les tortures de l'isolement absolu[1]. Sans doute, le juge d'instruction peut user, avec fermeté, de ce moyen, lorsqu'il le croit nécessaire à la découverte de la vérité; mais il ne doit pas le faire dégénérer en une sorte de pression morale destinée à « *enlever des aveux* » : le seul but légitime que puisse viser le juge qui l'emploie, c'est d'empêcher toute communication dangereuse pour l'instruction[2].

[1] « L'interrogatoire, pour un magistrat habile, c'est la moitié de l'instruction; c'est plus encore, avec le secret qui est le levier le plus puissant pour *enlever un aveu*, toujours désirable... Le secret est un expédient presque toujours irrésistible; il suppléerait, au besoin, à l'insuffisance même du juge d'instruction ». DUVERGER, *Manuel des juges d'instruction*, t. II, p. 441. Les juges d'instruction réussissent, en effet, quelquefois à enlever des aveux de l'espèce de ceux faits par la femme Gardin : arrêt de la cour d'assises du Nord du 13 août 1861, condamnant Rosalie Doize, femme Gardin, pour crime de parricide, *avoué dans l'instruction préparatoire;* cassation sur pourvoi en révision, et acquittement subséquent, les vrais coupables ayant été reconnus et condamnés.

[2] A la théorie de la détention préventive, se rattachent deux questions, à mon avis, distinctes : *a*) L'individu, acquitté après avoir subi une détention préventive, doit-il être indemnisé par la société du préjudice qu'il a subi? Toute réparation sociale implique l'idée d'une faute commise par la société dans l'exercice de son droit. Or, comment affirmer que la société soit en faute? Le renvoi de la poursuite ne signifie pas toujours que le prévenu est innocent; le plus souvent, s'il n'a pas été

484. En supposant le prévenu sous le coup d'un mandat d'arrêt ou de dépôt, la détention préventive, qui en résulte, peut cesser de trois manières. 1° D'abord, lorsque l'instruction sera clôturée, par une ordonnance ou un arrêt de non-lieu, c'est-à-dire par une décision qui renverra le prévenu de la poursuite, la détention préventive cessera avec les causes qui l'ont amenée. 2° Même dans le cours de l'instruction, le juge pourra, sur les conclusions *conformes* du procureur de la République, et quelle que soit la nature de l'inculpation, donner *spontanément* main-levée de tout mandat de dépôt ou d'arrêt, à la charge, par l'inculpé, de se représenter à tous les actes de la procédure et pour l'exécution du jugement aussitôt qu'il en sera requis (art. 94, § 3). 3° Enfin, la détention préventive pourra être provisoirement suspendue, sur l'initiative même de l'inculpé, formant une requête à fin d'élargissement.

La détention préventive, en effet, a un tempérament, depuis longtemps connu dans le droit romain comme dans notre ancienne jurisprudence, que le droit intermédiaire avait reproduit, et que notre Code d'instruction a maintenu et organisé dans le chapitre VIII du livre Ier, intitulé : *De la liberté provisoire et du cautionnement*[1]. La loi du 14 juillet 1865, dont le texte est incorporé au Code d'instruction criminelle, a considérablement amélioré les règles de la loi sur ce point[2].

reconnu coupable, il le doit à l'insuffisance des charges. A moins d'établir des acquittements de deux sortes — ce qui aurait bien des inconvénients, — je crois qu'on ne peut songer à condamner l'État à des dommages-intérêts pour le préjudice qu'il a causé au détenu acquitté. Comp. : BONNEVILLE, *De l'amélioration de la loi criminelle*, p. 486 à 506; DECOURTEIX, *Rev. gén. du droit*, 1880, p. 161. L'édit. de 1788 accordait aux accusés absous une réparation d'honneur : ESMEIN, *op. cit.*, p. 403. *b*) La durée de la détention préventive doit-elle être imputée, soit de plein droit, soit facultativement, par le juge, sur la durée de la condamnation? Nous verrons plus loin comment cette question est résolue par notre droit positif. En législation, l'imputation s'impose. Si l'on considère la détention préventive, en elle-même, comme un *fait*, on ne peut nier que ce soit une peine : pourquoi donc ne pas l'imputer, soit en totalité, soit en partie, sur la durée de la condamnation? En vain, objecterait-on, comme on le faisait dans la discussion de la loi de 1865, qu'un semblable système conduirait forcément à accorder des dommages-intérêts à l'accusé acquitté? Je ne vois pas de lien nécessaire entre les deux questions. Comp. : DECOURTEIX, *L'imputation de la détention préventive sur la peine* (Paris, 1882); ORTOLAN, t. II, n° 2222; FAUSTIN HÉLIE, t. IV, n° 1948.

[1] BIBLIOGRAPHIE : PICOT, *Recherches sur la mise en liberté sous caution* (*Rev. crit.*, 1862, t. XXI, p. 163, 530; 1863, t. XXII, p. 233; t. XXIII, p. 333, 410).

[2] Comp. sur les *desiderata* que la loi de 1865 a réalisés : BONNEVILLE, *op. cit.*, p. 135 et suiv.

485. L'idée fondamentale de la loi de 1865, c'est que la liberté provisoire d'un inculpé, placé sous le coup d'un mandat d'arrêt ou de dépôt, est une *faveur*, qu'il appartient au juge d'instruction d'accorder ou de refuser. Toute instruction préparatoire peut, en effet, marcher sans qu'il y ait lieu à détention préventive, non-seulement en fait de police correctionnelle, mais même en fait de crime, jusqu'à l'arrêt de mise en accusation. Ainsi, le juge d'instruction est armé d'un pouvoir discrétionnaire pour constituer les inculpés en état de détention préventive, comme pour les mettre en liberté provisoire. Il dispose souverainement de leur liberté. Cette faculté d'élargissement, qui résulte de la loi de 1865, appartient au juge d'instruction en deux sens, qu'il faut bien noter.

D'abord, « *en toute matière* », il a le droit d'accorder comme de refuser la demande de mise en liberté provisoire, après avoir pris les conclusions *préalables* — la loi n'exige pas les conclusions *conformes* — du procureur de la République (art. 113, § 1). Ainsi, la liberté provisoire peut être accordée aujourd'hui librement, sans aucune des restrictions qu'y apportaient les anciens articles 113, 115 et 126, à l'égard des individus poursuivis pour *crimes*, des *vagabonds* ou *repris de justice*, et de ceux qui, après y avoir été admis une fois, auraient manqué à leurs engagements.

En second lieu, et d'après le Code de 1808, la liberté provisoire ne pouvait être accordée que sous la garantie d'un *cautionnement* préalable. Sans doute, aux termes d'un décret du 23 mars 1848, le juge d'instruction avait la faculté, en abaissant indéfiniment le taux de ce cautionnement, de rendre cette garantie complètement illusoire, mais le principe en subsistait toujours. Aujourd'hui, la liberté provisoire peut être accordée *sans caution*, et ce n'est que comme garantie secondaire, que la loi autorise le juge, quand il le croit utile, à subordonner l'élargissement de l'inculpé à l'obligation de fournir un cautionnement. Il n'est donc plus exact de dire, comme on le disait sous l'empire du Code : « *liberté provisoire, sous caution* »; il faut dire : « *liberté provisoire, avec ou sans caution* ».

486. Ainsi, la loi de 1865 supprime tous les obstacles élevés par la législation antérieure : quelle que soit la nature de l'inculpation, quelle que soit la situation de l'inculpé, qu'il puisse ou ne puisse pas fournir un cautionnement, elle ne met, entre la liberté et le prévenu, qu'une barrière : la *volonté* de la juridiction compétente. Cependant, cette faculté absolue d'accorder ou de refuser la demande de l'inculpé souffre exception dans deux hypothèses; dans la première, la liberté provisoire ne pourrait être refusée; dans la seconde, elle ne pourrait être accordée.

Première hypothèse. — L'article 113, §§ 2 et 3 édicte, en faveur des inculpés de *délits* passibles d'un emprisonnement inférieur à deux ans, la mise en liberté *de droit*, sans cautionnement préalable à fournir, cinq jours après l'interrogatoire. Le pouvoir du juge d'instruction est, dans ce cas, soumis à une double limitation : d'une part, il n'aurait pas la faculté de refuser la liberté provisoire; de l'autre, il n'aurait pas celle d'exiger un cautionnement[1]. Mais ce droit de l'inculpé à la liberté provisoire est subordonné à la réunion de trois conditions : *a*) Il ne s'exerce que *cinq jours* après l'interrogatoire, c'est-à-dire *six jours* au plus après l'arrestation[2]. Si le juge reconnaissait, du reste, même avant l'expiration du délai fixé par la loi, l'inutilité de la détention préventive, il ne devrait pas attendre l'échéance de ce délai pour accorder la liberté provisoire. *b*) La seconde condition, c'est que le prévenu soit *domicilié*. La mise en liberté provisoire oblige, en effet, celui-ci à se représenter à tous les actes de la procédure. Or, cette obligation n'ayant pas pour garantie l'appréciation libre du juge, doit en avoir une autre dans un *domicile*, c'est-à-dire dans une résidence fixe, un lien de famille et de travail, qui rattache le prévenu à un lieu déterminé. *c*) Enfin, la loi exclut du bénéfice de la liberté provisoire de droit « les prévenus déjà condamnés pour crime, ou ceux déjà condamnés à un emprisonnement de plus d'une année », c'est-à-dire les individus en état de récidive légale.

Deuxième hypothèse. — En matière criminelle, la mise en liberté provisoire a un terme *nécessaire*, qui est marqué par la loi, dans l'ar-

[1] Cette disposition est une des innovations les plus heureuses de la loi de 1865. Une opinion très fortement soutenue au Corps législatif, en 1865, demandait même que le droit absolu à la liberté provisoire fût reconnu au profit de tous les prévenus de faits qualifiés délits. Mais on fit remarquer que cette mesure de précaution, — la détention préventive, — était quelquefois nécessaire, même en matière correctionnelle, si, à raison de la gravité du délit, le prévenu pouvait être soupçonné de vouloir se dérober à la justice. Toutefois, lorsque le *maximum* de la peine est inférieur à deux ans, ajoutait-on, le danger d'une fuite n'est guère à redouter. Comment croire, en effet, que, pour échapper à une telle prévention, l'inculpé, qui a un domicile, va quitter son pays, abandonner sa famille, briser ses relations, perdre peut-être ses moyens d'existence? Cette opinion intermédiaire et très-sage a prévalu.

[2] Il a été, en effet, reconnu, dans la discussion de la loi de 1865, que l'interrogatoire, qui est le point de départ du délai de l'article 113, est celui qui doit avoir lieu dans les vingt-quatre heures de la date du mandat d'amener.

ticle 126 : c'est l'ordonnance de prise de corps qui termine l'arrêt de mise en accusation. Cet acte élève contre l'accusé un préjugé si grave « qu'il serait téméraire de lui laisser le choix d'attendre son jugement ou de s'y dérober ». Cette détention préventive nécessaire, imposée dans tous les cas, durera, depuis que l'ordonnance de prise de corps sera devenue définitive, jusqu'à la décision qui prononcera sur l'accusation, c'est-à-dire jusqu'à l'arrêt de la cour d'assises, ou le rejet du pourvoi formé contre cet arrêt, ou jusqu'à l'arrêt qui statuera, après cassation, sur renvoi. Cette disposition aboutit donc à rendre obligatoire, quelquefois pendant de longs mois, une détention préventive, qui, souvent, en fait, n'est pas justifiée[1].

487. La loi exige, dans l'article 113, la réunion de trois conditions pour que la liberté provisoire puisse être accordée. 1° Elle veut, d'abord, que le juge ne statue que « sur la demande de l'inculpé »; 2° ensuite, que la mise en liberté ne soit accordée que « sur les conclusions du procureur de la République ». La situation est donc toute différente de celle qui est prévue par l'article 94. Lorsque le juge statue *sur la demande de l'inculpé,* s'il doit prendre les conclusions du procureur de la République, il n'est pas lié par ces conclusions et se prononce en toute liberté. Dans le cas de l'article 94, le juge, qui veut user de la faculté qui lui appartient de donner main-levée d'un mandat d'arrestation, en dehors de toute provocation de l'inculpé, ne fait qu'un acte d'instruction, et la loi a pu subordonner cet acte à l'assentiment néces-

[1] Il paraît difficile de soutenir qu'une cour d'assises puisse accorder la liberté provisoire à un accusé dont elle renvoie l'affaire à une autre session. Au point de vue pratique, rien ne serait plus désirable que de reconnaître à la cour d'assises une telle faculté, mais les termes de la loi sont impératifs pour la lui refuser. Dans ce sens : Cass., 9 nov. 1882 (S. 83, 1, 46) et arrêts antérieurs. — En sens contraire, pour le cas de renvoi d'une session à une autre : Cour d'assises de Saône-et-Loire, 25 juin 1867 (D. 68, 2, 65); Cour d'assises de l'Aveyron, 11 mars 1871 (D. 71, 2, 65); Cour d'assises de la Haute-Vienne, 5 février 1872 (D. 72, 2, 93). Comp. sur la question : Decourteix, *La liberté provisoire...*, *Revue générale du droit...*, 1880, p. 159. — Un décret du gouvernement de la Défense nationale du 30 sept. 1870, porte que, pendant la suspension des assises du département de la Seine, les présidents des cours d'assises sont autorisés à prononcer, après examen, et le ministère public entendu, la mise en liberté provisoire des accusés renvoyés devant ladite cour (D. 70, 4, 94). Le projet de loi tendant à réformer le Code d'instruction criminelle modifie l'article 126, en donnant, soit à la cour d'assises, pendant la durée de la session, soit à la chambre d'accusation, le droit de mettre en liberté provisoire l'accusé, même après que l'arrêt de renvoi est devenu définitif. C'est la seule réforme importante proposée au système de 1865 par le projet. Cette réforme avait déjà fait l'objet d'une proposition de loi, déposée par M. Laborde au Sénat, dans la séance du 17 juin 1879 (*Jour. off.*, 19 juillet 1879).

saire du procureur de la République. 3° Enfin, pour obtenir la liberté provisoire, l'inculpé doit prendre l'engagement d'honneur de se représenter à tous les actes de la procédure.

488. Sauf dans le cas où la mise en liberté provisoire est de droit, le juge peut imposer au prévenu l'obligation de fournir un cautionnement. L'inculpé n'acquiert ainsi qu'une liberté *conditionnelle :* l'objet de cette mesure consiste à remplacer la garantie de l'emprisonnement par celle du cautionnement, à substituer une sûreté à une autre, en un mot, à changer le gage de la justice. Du caractère qu'affecte le cautionnement, nous devons conclure : — qu'il ne peut être exigé que dans le cas où la détention préventive est jugée nécessaire; — et qu'il doit alors remplacer, pour la justice, la garantie qui résulterait de cette détention préventive elle-même. La première proposition ne nous arrêtera pas. Il est évident, en effet, que si l'inculpé, à raison de sa situation, de ses relations de famille, des liens qui le rattachent à son pays, ou du peu de gravité de l'infraction, ne peut être soupçonné de vouloir fuir la justice, sa mise en liberté pure et simple doit être ordonnée. Aussi, quand la liberté provisoire est de droit, elle est de droit sans cautionnement. La seconde proposition nous arrêtera davantage. Il paraît impossible, en effet, au premier abord, d'organiser le cautionnement de façon qu'il puisse garantir la représentation de l'inculpé, comme le ferait la garde de sa personne. Tout ce qu'on peut faire, c'est de tenir compte, en le fixant, de la *gravité* du fait imputé au prévenu et des *moyens pécuniaires* de celui-ci, et de proportionner le chiffre du cautionnement à ces deux éléments. En conséquence, le cautionnement doit être variable : c'est sa *mobilité* qui fait son égalité et sa puissance : son *égalité*, parce qu'elle permet aux pauvres comme aux riches d'invoquer le bénéfice de la liberté provisoire sous caution; sa *puissance*, car en proportionnant son chiffre aux ressources du prévenu, on peut arriver à faire du cautionnement une garantie presque certaine de sa représentation en justice.

Trois innovations importantes, relatives, l'une à la *fixation* du cautionnement, l'autre au *mode* de *cautionnement*, la dernière à son *affectation*, ont été réalisées par la loi du 14 juillet 1865.

Fixation du cautionnement. — L'ancien article 119 fixait le *maximum* du cautionnement au double de l'amende encourue par le délit ou au triple du dommage éprouvé, son *minimum* à cinq cents francs. Ce procédé de fixation présentait un double inconvénient : le minimum était trop élevé et le maximum trop bas. Un décret du 23 mars 1848, en abaissant indéfiniment le taux du cautionnement, fit disparaître tout *minimum*. La loi du 14 juillet 1865 a supprimé tout *maximum*. Le chiffre du cautionnement est aujourd'hui fixé par la juridiction compétente avec un pouvoir absolu d'appréciation.

Mode de cautionnement. — La loi de 1865 reconnaît, comme le faisait, du reste, le Code, deux modes de cautionnement : le cautionnement *réel*, en espèces, consistant dans la consignation d'une somme d'argent soit par l'inculpé, soit par un tiers ; le cautionnement *personnel*, fourni par un tiers qui prend l'engagement, au greffe, de faire représenter l'inculpé à toute réquisition, ou, à défaut, de verser la somme déterminée (art. 120). Mais, tandis que, d'après l'ancien article 117, cet engagement devait être accompagné d'une affectation hypothécaire, il est aujourd'hui dégagé de cette exigence : il peut ne plus consister que dans la garantie personnelle de celui qui le prend.

Affectation du cautionnement. — Le but de cautionnement est double : il sert, en effet, à garantir tout à la fois la représentation de l'inculpé et le paiement des frais et amendes. En partant de ce point de vue, le nouvel article 114 a fort judicieusement divisé le cautionnement en deux parties, dont les sommes respectives doivent être fixées par l'ordonnance de mise en liberté provisoire. Une part garantit la représentation de l'inculpé à tous les actes de la procédure et pour l'exécution du jugement. Elle est acquise, au fisc, à titre de clause pénale, par cela seul que l'inculpé a manqué à l'engagement de se présenter. Mais, par une exception remarquable aux règles absolues de la clause pénale, la loi réserve aux cours et tribunaux la faculté d'en ordonner la restitution en cas de renvoi de poursuite, d'absolution ou d'acquittement. Une autre part du cautionnement garantit le paiement, dans l'ordre suivant : 1° des frais faits par la partie publique; 2° de ceux avancés par la partie civile; 3° des amendes. Elle doit toujours être restituée, en cas de renvoi de poursuite, d'absolution ou d'acquittement, et même, en cas de condamnation, le reliquat qui existe, les frais et amendes payés (art. 123).

489. La mise en liberté provisoire, avec ou sans caution, a toujours pu être demandée et accordée *en tout état de cause*. Mais, avant 1865, cette disposition générale était interprétée de deux manières bien différentes. Quelques-uns pensaient que, seules, la *chambre du conseil*, remplacée par le *juge d'instruction*, et la *chambre d'accusation* avaient le droit d'accorder ou de refuser la liberté provisoire. D'autres, plus exactement, affirmaient que la *juridiction compétente pour connaître de l'infraction,* quelle qu'elle fût, pouvait statuer sur ce point à partir du moment où elle était saisie. C'est ce dernier système, déjà suivi en jurisprudence, qu'est venu consacrer le nouvel article 116. Au juge d'instruction seul il appartient, pendant l'information, de mettre l'inculpé en liberté provisoire, cette mesure pouvant être considérée comme un acte de l'instruction. Mais, quand le juge s'est dessaisi par une ordonnance de renvoi, ce droit passe à la juridiction saisie du fond, c'est-à-dire à la *chambre des mises en accusation*, au *tribunal correctionnel,* à la *chambre correctionnelle de la cour* (art. 116, § 1). Si l'affaire est pendante devant la Cour de cassation par suite d'un pourvoi, comme cette Cour ne juge pas le fond de l'affaire, c'est à la juridiction dont la décision est attaquée par le pourvoi qu'il faut s'adresser (art. 116, § 2)[1].

490. La demande de mise en liberté provisoire se fait par simple requête adressée à la juridiction compétente et déposée au greffe. Il est statué, sur cette requête, soit par le juge d'instruction, soit en chambre du conseil, le ministère public entendu. L'inculpé peut fournir, à l'appui de sa demande, des observations écrites (C. inst. cr., art. 117). D'après l'article 118, la demande de mise en liberté provisoire, formulée par un inculpé, doit être notifiée à la partie civile, à son domicile ou à celui qu'elle aura élu. La partie civile pourra, dans le délai de vingt-quatre heures, à partir du jour de la notification, présenter des observations écrites[2].

La décision, prononcée sur une demande de mise en liberté provi-

[1] Il en est particulièrement ainsi quand l'accusé se pourvoit contre un arrêt de la chambre des mises en accusation qui le renvoie devant la cour d'assises. Dans ce cas, la mise en liberté provisoire peut être accordée, puisque l'arrêt de mise en accusation n'est pas encore définitif, mais seulement jusqu'à ce qu'il ait été statué sur le pourvoi, dont le rejet amène nécessairement l'exécution immédiate de l'ordonnance de prise de corps : Cass., 23 avril 1868 (D. 68, 1, 409); 13 juin 1872 (D. 72, 1, 157); 8 juin 1872 (D. 72, 1, 381).

[2] Cette disposition, reproduction exacte de l'ancien article 116, se comprenait facilement sous une législation où la liberté provisoire n'était accordée que moyennant une caution et dans laquelle le dommage causé par le délit, les réparations civiles, étaient un des éléments qui servaient de base à la fixation du cautionnement. Mais, aujourd'hui, le cautionnement n'est exigé qu'en vue de l'intérêt public : dès lors, la règle de l'article 118 devient inutile : à quoi bon faire part à un individu d'un événement qui ne l'intéresse en rien? Pourquoi, dans ce seul cas, prévenir la partie civile, lorsque le magistrat instructeur peut, en toute circonstance, renvoyer un individu purement et simplement en liberté, donner main-levée d'un mandat d'arrestation, sans qu'il y ait jamais lieu de prévenir les personnes intéressées à la poursuite?

soire, est un véritable jugement : aussi est-elle soumise à toutes les voies de recours par lesquelles on peut ordinairement faire réformer un jugement. L'opposition ou appel est ouvert contre elle, l'article 119 le dit formellement : « *L'opposition ou appel devra être formé dans un délai de vingt-quatre heures, qui courra, contre le procureur de la République, à compter du jour de l'ordonnance ou du jugement, et contre l'inculpé ou la partie civile, à compter du jour de la notification. L'opposition ou appel sera consigné sur un registre tenu au greffe à cet effet* ».

491. La liberté provisoire, quand elle n'est pas *de droit*, peut être retirée : 1° lorsque des circonstances nouvelles et graves l'exigent (art. 115); 2° lorsque l'inculpé est constitué en défaut de se représenter (art. 125). Nous savons également qu'elle cesse de plein droit, par l'effet de l'ordonnance de prise de corps, lorsque l'inculpé est renvoyé en état d'accusation devant la cour d'assises.

IV. DE LA DÉLÉGATION DES FONCTIONS D'INSTRUCTION.

492. Les deux magistrats, qui agissent de concert dans l'œuvre de l'instruction, peuvent-ils déléguer leurs fonctions, par commissions rogatoires, à l'un quelconque des officiers de police judiciaire, leurs collègues ou leurs subordonnés? Ces délégations sont *forcées*, par application des règles de la compétence territoriale, si l'acte de recherche ou d'instruction doit être accompli en dehors de l'arrondissement où le procureur de la République et le juge d'instruction exercent leurs fonctions. C'est alors par voie de réquisition de collègue à collègue que se produisent ces délégations (C. inst. cr., art. 84, 85, 90, 103). Elles sont *facultatives*, si l'acte doit se faire dans l'arrondissement même où l'information est ouverte, mais que le juge d'instruction ou le procureur de la République n'y procèdent pas eux-mêmes pour éviter des déplacements et des pertes de temps. Le droit du procureur de la République de déléguer un de ses auxiliaires aux actes de recherche ou d'instruction dont il est chargé, résulte incontestablement des articles 52 et 49 du Code. Le même droit est reconnu au juge d'instruction, relativement à l'audition des témoins, dans les articles 83 et 84. Ces dispositions doivent-elles être généralisées? Faut-il reconnaître, au profit du magistrat chargé de l'instruction, un droit absolu de délégation? Trois opinions ont été soutenues sur ce point[1].

a) La première, suivie dans la pratique, admet la légalité de ces délégations pour les divers actes de l'instruction, même pour les plus graves, tels que les perquisitions domiciliaires, les saisies, etc., à tout officier de police judiciaire, auxiliaire du procureur de la République. Les arguments, à l'appui de cette opinion, ont été résumés par la Cour de cassation dans un arrêt du 6 mars 1841. Cet arrêt décide que l'article 83, qui spécifie un cas où le juge d'instruction peut déléguer un juge de paix pour entendre des témoins, n'est pas *limitatif;* que si les articles 87, 88, 89 et 90 déterminent la marche à suivre par le juge d'instruction pour la perquisition des papiers, effets ou autres objets utiles à la manifestation de la vérité, ces articles ne lui interdisent pas de déléguer, pour cette perquisition, un ou plusieurs juges de paix de son arrondissement; qu'on ne saurait comprendre que le juge d'instruction n'eût pas cette faculté, quand l'article 52 l'accorde au procureur de la République pour le cas de flagrant délit; qu'un système contraire entraverait la marche de la justice; qu'il en résulterait de graves inconvénients, là où la découverte de la vérité exige des perquisitions simultanées et sur plusieurs points éloignés les uns des autres[2].

b) D'après un second système, diamétralement opposé, la délégation des fonctions d'instruction n'est possible que dans les cas limitativement déterminés par la loi, et au profit de l'officier de police judiciaire qu'elle désigne. Ce système a d'abord pour lui la tradition : car, dans notre ancien droit, il était de règle, au témoignage de Jousse, que « *les délégations n'ont pas lieu en matière criminelle* », sauf dans quelques cas limitativement déterminés. Le Code de 1808 parait avoir procédé de même, car, s'il établit formellement dans l'article 83, le droit du juge d'instruction de commettre un juge de paix pour recevoir les dépositions de témoins, il garde le silence sur le droit de délégation pour les autres opérations de l'instruction. Or, l'argument, que la Cour de cassation tire de l'article 52, ne saurait être invoqué pour autoriser un droit général de délégation. D'une part, l'article 52, qui permet au procureur de la République de charger un officier de police auxiliaire de partie des actes de sa compétence, statue dans le

[1] Comp. : LEHMAN, *Commissaire de police, délégation par le juge d'instruction* (*Rev. prat.*, t. XII, p. 530).

[2] Comp. : Cass., 16 janvier 1869 (S. 69, 1, 433); 13 juin 1872 (D. 72, 1, 157); 8 juin 1872 (D. 72, 1, 381).

cas de flagrant délit, c'est-à-dire dans un cas où les règles ordinaires de l'instruction sont suspendues. D'autre part, le procureur de la République ne fait ici que déléguer à ces officiers un droit qui leur appartient déjà en vertu l'article 49, et si l'on étend par analogie l'article 52 au juge d'instruction, ce magistrat pourra déléguer aux perquisitions, non-seulement des juges de paix, comme l'article 83 l'y autorise limitativement, mais encore des officiers de gendarmerie et des commissaires de police. Ajoutons enfin que l'article 89, qui déclare communes au juge d'instruction les dispositions de plusieurs articles, relatifs aux opérations du ministère public en cas de flagrant délit, ne mentionne pas cet article 52.

c) Une opinion intermédiaire a été proposée[1]. Elle paraît concilier heureusement les nécessités du service judiciaire et le respect scrupuleux de la légalité. Les articles 83 et 84 ne sont pas absolument limitatifs; mais il doivent servir d'exemple. Le juge d'instruction peut déléguer les actes analogues à l'audition des témoins, c'est-à-dire les actes qui servent à *constater* l'infraction, tels qu'un transport sur les lieux; mais il ne peut pas déléguer les opérations qui supposent une *appréciation personnelle*, une *contrainte*, une *lésion*, tels que les perquisitions domiciliaires, les saisies, les mandats[2].

V. DE LA POURSUITE ET DE L'INSTRUCTION EN CAS DE FLAGRANT DÉLIT.

493. Dans les cas de délit flagrant ou réputé flagrant (art. 41), le principe de la séparation des pouvoirs d'instruction et de poursuite reçoit une exception notable. En effet, l'intérêt public commande que l'on s'empresse de recueillir les preuves et les indices de l'infraction que le moindre retard pourrait faire disparaître, et que l'on s'assure promptement de la personne de l'inculpé. Aussi, le procureur de la République et ses officiers auxiliaires exercent, par exception aux règles générales, les attributions du juge d'instruction, en procédant aux premiers actes d'information et à l'arrestation de l'inculpé. D'un

[1] Faustin Hélie, t. IV, nos 1900 à 1905.

[2] Du reste, les mandats étant exécutoires dans toute l'étendue du territoire, déléguer le droit de les décerner serait vraiment trop singulier. — Le projet de loi, tendant à réformer le Code d'instruction criminelle, statue expressément, dans les art. 153 et 154, sur la question qui nous occupe. Il consacre le droit de délégation, mais en le limitant, soit au point de vue des actes, soit au point de vue des personnes.

autre côté, le juge d'instruction peut commencer l'information, sans en avoir été requis par le procureur de la République. De plus, toute personne (agent de la force publique, ou particulier), est tenue d'arrêter, même sans mandat d'amener, le coupable surpris en flagrant délit ou dans les cas assimilés au flagrant délit (art. 106). D'après le Code d'instruction criminelle, le procureur de la République, les auxiliaires de ce magistrat et le juge d'instruction n'avaient ces attributions exceptionnelles que si le fait paraissait être de nature à emporter une *peine criminelle* (C. inst. cr., art. 32 et 40; D. 1er mars 1854, art. 230). Mais la loi du 20 mai 1863, que j'étudierai plus loin, a étendu ces attributions au cas de *délit* flagrant. Elle a modifié également les articles 106 et 40 du Code d'instruction criminelle.

Les articles 46 et 49 assimilent au flagrant délit le cas où un chef de maison requiert le procureur de la République ou un de ses auxiliaires de constater un crime ou un délit, même non flagrant, commis dans l'intérieur de la maison. Si le crime ou délit était flagrant, le procureur de la République et ses auxiliaires pourraient agir sur les demandes de secours adressées de l'intérieur par toute autre personne que par le chef de cette maison; ils agiraient alors, non plus en vertu de l'article 46, mais des articles 32 et suivants.

494. Attributions du procureur de la République en cas de flagrant délit. — Ces attributions exceptionnelles se rapportent à trois sortes d'actes.

a) Constatation du corps du délit. — Le procureur de la République, averti du flagrant délit, doit se transporter sur les lieux, sans aucun retard, pour y dresser les procès-verbaux nécessaires à l'effet de constater le corps du délit, son état, l'état des lieux, et pour recevoir les déclarations des personnes qui auront été présentes ou qui auraient des renseignements à fournir. Il donne avis de son transport au juge d'instruction, sans être toutefois tenu de l'attendre (art. 32). Il reçoit ensuite les déclarations des personnes présentes ou qui auraient des renseignements à donner, des parents, des voisins, des amis (art. 33). Mais il ne peut faire citer de témoins devant lui; ce droit n'appartient qu'au juge d'instruction. On sait combien il est important de saisir les premières impressions, avant qu'aucune influence extérieure ait pu les modifier. Aussi, la loi donne au procureur de la République le droit de défendre à qui que ce soit de sortir de la maison ou de s'éloigner du lieu jusqu'après la clôture de son procès-verbal. Tout contrevenant à cette défense est, s'il peut être saisi, déposé dans la maison d'arrêt. La peine, encourue pour la contravention, est prononcée par le juge d'instruction, sur les conclusions du procureur de la République, après que le contrevenant a été cité et entendu, ou, par défaut, s'il ne comparaît pas, sans autre formalité ni délai, et sans opposition ni appel. La peine ne peut excéder dix jours d'emprisonnement et cent francs d'amende (art. 34). Procès-verbal doit être dressé de cette information sommaire.

b) *Arrestation de l'inculpé.* — Nous avons distingué l'arrestation provisoire et la détention préventive. L'arrestation provisoire est une mesure de prudence contre la fuite du présumé coupable; il ne s'agit pas encore de faire incarcérer le prévenu. La détention préventive est un acte réfléchi, qui met l'inculpé sous les verrous et le prive de sa liberté d'une manière absolue. En principe, le procureur de la République n'a que le droit d'*arrestation provisoire* et ne peut constituer en état de détention préventive. L'article 40 décide que le procureur de la République, en cas de crime flagrant, fera *saisir* les prévenus présents contre lesquels il existerait des indices graves. Si le prévenu n'est pas présent, le procureur de la République rendra une ordonnance à l'effet de le faire comparaître. Cette ordonnance sera un *mandat d'amener*. Le procureur de la République interrogera sur-le-champ le prévenu conduit devant lui. La loi du 20 mai 1863 a même donné à ce magistrat le droit de retenir l'inculpé sous mandat de dépôt, en cas de *délit* flagrant (art. 1er).

c) *Visites domiciliaires; saisies.* — Le procureur de la République peut procéder à des visites domiciliaires, mais seulement dans le *domicile du prévenu* (art. 36); opérer la saisie des pièces à conviction ou à décharge (art. 35, 37, 38 et 39); ordonner des expertises (art. 40).

Les auxiliaires du procureur de la République ont, en cas de flagrant délit, les mêmes attributions que ce magistrat, soit qu'ils agissent d'office, en son absence, soit qu'ils reçoivent de lui une délégation expresse (art. 49 à 54).

495. Attributions du juge d'instruction en cas de flagrant délit. — Le juge d'instruction qui, en règle générale, ne peut agir que s'il est saisi et n'a pas le droit d'informer d'office, doit, au contraire, « dans tous les cas réputés flagrant délit », ouvrir directement l'information (art. 59).

CHAPITRE II.

DE LA CLÔTURE DE L'INSTRUCTION.

I. NOTIONS GÉNÉRALES.

496. Dès que l'instruction est achevée, le rôle de la justice commence. La justice pénale comprend deux ordres de juridiction. Les *juridictions d'instruction,* qui forment le premier, ont une double question à résoudre : 1° Elles apprécient l'œuvre de l'instruction, et se prononcent sur le point de savoir s'il existe, à la charge de l'inculpé, des *présomptions graves* qui obligent à le traduire devant la juridiction de jugement; 2° Cette première question résolue contre l'inculpé, elles déterminent la juridiction de jugement compétente pour connaître de l'affaire. Leurs décisions n'aboutissent jamais à une *condamnation :* à la suite d'une instruction écrite et secrète, si l'inculpé peut être *absous*, il ne peut être *condamné;* c'est pourquoi les décisions de ces juridictions intermédiaires, ou sont absolutoires, ou sont simplement préparatoires. Les *juridictions de jugement* se prononcent sur la recevabilité de l'action publique, sans être liées, du reste, par la décision des juridictions d'instruction, et, si l'action publique est recevable, sur la culpabilité ou la non-culpabilité du prévenu ou de l'accusé. Leurs décisions sont des *acquittements*, des *absolutions* ou des *condamnations*. Devant les juridictions de jugement, si les *preuves* seules de la culpabilité peuvent motiver une *condamnation*, devant les juridictions d'instruction, des *présomptions* sont suffisantes pour décider une mise en *prévention* ou en *accusation*. Il existe, en effet, entre la condamnation et la prévention, toute la différence qui sépare la certitude de la probabilité : les juridictions de jugement se demandent si le prévenu ou l'accusé est coupable; les juridictions d'instruction, s'il existe des charges suffisantes pour rendre vraisemblable l'inculpation. Les juridictions de jugement ne jouent donc pas le rôle de tribunaux d'appel vis-à-vis des juridictions d'instruction. Ces dernières ont été constituées pour arrêter, dès le début, les accusations téméraires ou irréfléchies; ne renvoyant l'inculpé devant les juges de la culpabilité qu'autant qu'il existe des *charges sérieuses*, elles évitent la comparution en justice, toujours très-pénible, même pour ceux qui sont acquittés, et sauvegardent les intérêts de la société, qui verrait diminuer l'autorité de la justice, si les poursuites, qu'elle commence, aboutissaient à des acquittements nombreux.

Introduit ainsi à titre de garantie de la liberté civile, l'examen des juridictions d'instruction n'est pas le préliminaire obligé de toute poursuite. Une décision de ces juridictions n'intervient, en effet, qu'après l'instruction préparatoire, et pour lui donner une solution; or, l'instruction préparatoire, qui est *indispensable* en matière criminelle, est *inutile* en matière de simple police, et *facultative* en matière correctionnelle. Elle ne doit avoir lieu, dans ce dernier cas, que lorsque l'importance ou les difficultés de l'affaire le réclament; les délits, comme les contraventions, pouvant être déférés directement, par le ministère public ou la partie civile, aux tribunaux compétents pour en connaître.

497. Comment organiser les juridictions chargées de contrôler l'instruction et de se prononcer sur la mise en prévention ou en accusation? Notre législation moderne a varié dans la solution de cette question. De 1791 à 1811, elle a confié cette mission à des *juges* et à des *jurés*; depuis 1811, à des *juges* seulement.

a) L'Assemblée constituante, qui avait répudié la procédure secrète dans l'instruction définitive, l'avait conservée dans l'instruction préalable. L'officier de police (juge de paix, ou officier de gendarmerie) recevait les plaintes, entendait les témoins, décernait les mandats, puis transmettait l'instruction commencée au magistrat, directeur du jury, qui la complétait, statuait sur les incidents, dressait l'acte d'accusation et présidait lui-même un *jury* dit d'*accusation*, composé de huit membres. Ce jury décidait, à huis-clos, sur les *pièces écrites* de l'instruction, et les *dépositions orales* des témoins, s'il y avait lieu ou non de poursuivre. L'institution du jury d'accusation, empruntée à l'Angleterre, comme celle du jury de jugement, par la loi du 16 septembre 1791, fonctionna, modifiée par le Code de brumaire, jusqu'à la promulgation du Code de 1808. Elle fut supprimée à cette époque, comme donnant trop de garanties à la défense, pas assez à l'accusation[1].

[1] La mission d'un jury d'accusation a un double objet, pour ainsi dire contradictoire : provoquer la répression, dans l'intérêt de la société; dans l'intérêt de la défense, arrêter l'accusation. Or, des citoyens, investis temporairement des fonctions de jurés, sont assez favorables à la défense, d'abord parce qu'ils n'ont aucune préven-

b) Le Code d'instruction criminelle remplaça cette organisation par des juridictions, dont tous les éléments furent puisés dans les tribunaux d'arrondissement et dans les cours d'appel, et qui se composaient du *juge d'instruction*, de la *chambre du conseil* et de la *chambre des mises en accusation*. La chambre du conseil ayant été supprimée par la loi du 17 juillet 1856, il reste, pour statuer sur l'instruction, le juge d'instruction et la chambre d'accusation.

La chambre du conseil était la chambre même du tribunal dont faisait partie le juge chargé de l'instruction. Elle statuait sur toutes les affaires dont le juge d'instruction, aussitôt que la procédure était complète, lui faisait le rapport. Elle y statuait, pour apprécier si le fait incriminé constituait un crime, un délit ou une contravention; s'il existait, contre l'inculpé, des charges suffisantes pour que la procédure fût continuée; et, dans le cas où il y avait lieu de suivre, à quelle juridiction le jugement en appartenait. Ainsi, dans ce système, la loi ne conférait pas à un seul juge le pouvoir de prononcer sur la mise en prévention et sur la compétence; le juge instruisait, mais n'appréciait pas; le tribunal appréciait les résultats de l'instruction, mais n'instruisait pas.

C'étaient là des distinctions de pouvoir artificielles; presque toujours, l'influence du juge d'instruction était prépondérante et même exclusive : ses collègues ne se réunissaient que pour contresigner ses conclusions[1]. La loi du 17 juillet 1856, en supprimant le rouage de la chambre du conseil, a eu pour but de donner à l'organisation judiciaire plus de simplicité, à la procédure plus de célérité, et d'arriver ainsi à réduire la durée des détentions préventives. Peut-être eût-il été préférable, au lieu de supprimer cette juridiction, de la réorganiser? L'institution de la chambre du conseil serait une garantie pour l'inculpé, si cette chambre constituait une juridiction *indépendante* du juge d'instruction. Avec ce caractère, que propose de lui donner le projet de loi tendant à réformer le Code d'instruction criminelle, elle servirait d'utile contre-poids aux pouvoirs aujourd'hui excessifs du juge.

tion et, de plus, parce qu'ils sont portés à ne pas se contenter de *présomptions* de culpabilité, mais à exiger des *preuves certaines*, pour mettre en accusation. Par cela même, des jurés sont impuissants à sauvegarder les intérêts de la société dans l'accusation. L'Angleterre, à laquelle a été empruntée le jury d'accusation, paraît, du reste, de plus en plus, abandonner cette institution.

[1] *De la juridiction de la chambre du conseil en matière d'instruction criminelle* (*Rev. crit.*, 1876, p. 327).

II. DU JUGE D'INSTRUCTION.

498. Organisation. — Les quatre règles suivantes résument l'organisation de cette première juridiction : 1° Le juge d'instruction est un des juges du tribunal d'arrondissement. Il est nommé, pour trois ans, par décret et peut être indéfiniment continué dans ses fonctions (C. inst. cr., art. 55). Ce magistrat qui, par ses pouvoirs redoutables, est la plus haute expression du ministère pénal, dépend donc du pouvoir exécutif comme *chargé de l'instruction*, mais il en est indépendant comme *juge*. Cependant, les fonctions de l'instruction peuvent être confiées à un juge suppléant (art. 56), c'est-à-dire à un magistrat qui, la plupart du temps, manquera d'autorité, d'expérience et d'indépendance. 2° En principe, il n'y a qu'un juge d'instruction par arrondissement. Mais les nécessités d'une justice rapide en ont fait établir plusieurs dans les centres importants (art. 55). C'est ainsi qu'à Paris, le service de l'instruction comprend aujourd'hui sept juges titulaires et cinq suppléants, trois, à Lyon. 3° Dans les villes où il n'y a qu'un juge d'instruction, l'article 56 confère au tribunal un pouvoir exceptionnel, puisque la délégation de l'instruction appartient, en principe, au pouvoir exécutif, celui de désigner l'un des juges pour remplacer le juge d'instruction, absent, malade ou autrement empêché. 4° Il est interdit au juge d'instruction de concourir au jugement dans les affaires instruites par lui, mais en matière criminelle seulement (C inst. cr , art. 257)[1].

499. Attributions. — Le juge d'instruction, après avoir provoqué les conclusions du procureur de la République, en lui transmettant les pièces du dossier, doit, s'il estime la procédure complète, rendre une ordonnance de règlement qui *épuise* définivement ses pouvoirs et le *dessaisit* de l'affaire (C. inst. cr., art. 127).

500. A. Avant tout, il vérifie sa compétence, et, s'il est incom-

[1] Le projet de réforme du Code d'inst. cr., contient, au point de vue de l'organisation de la première juridiction d'instruction, une double innovation. La première a pour objet d'abroger les dispositions de la loi du 17 juillet 1856, qui permettent de prendre les juges d'instruction parmi les juges suppléants (Sur les inconvénients de cette loi : de FOLLEVILLE, *De la délégation des fonctions de l'instruction aux juges suppléants*). La seconde consiste à interdire au juge d'instruction de siéger à la chambre du conseil, rétablie par le projet, et de concourir au jugement dans les affaires instruites par lui. De grandes difficultés d'exécution peuvent résulter de ces deux innovations, dont le principe, n'a, du reste, pas besoin d'être défendu.

pétent *ratione materiæ, personæ vel loci*, il le déclare, même d'office.

501. B. Il peut rendre une ordonnance de non-lieu, motivée, ainsi que l'exige l'article 128, soit en droit, soit en fait. *En droit*, il décidera, par exemple, que les faits incriminés ne sont pas prévus et punis par la loi, que l'action publique n'est pas recevable à raison de causes qui la suspendent ou qui l'éteignent, que l'infraction ne réunit pas les éléments matériels ou moraux nécessaires à son existence. C'est ainsi que le juge d'instruction doit examiner si l'infraction est pénalement imputable à son auteur; s'il existe des causes qui puissent justifier l'acte, telles que la légitime défense, l'ordre de la loi avec commandement de l'autorité légitime. Mais, le juge d'instruction n'a pas à tenir compte des circonstances qui rendent l'infraction excusable. Il doit laisser ce soin aux juridictions qui auront à juger les degrès de la culpabilité. Néanmoins, si l'excuse appartient à la classe de celles qui modifient la compétence des juridictions de jugement, il est chargé de l'apprécier. De même, il n'a à se préoccuper des circonstances aggravantes qu'autant qu'elles changent la qualification des faits, jamais des circonstances atténuantes. *En fait*, l'ordonnance de non-lieu peut être motivée sur ce qu'il n'existe pas de *charges* ou *d'indices* suffisants pour rendre vraisemblable la culpabilité.

L'ordonnance de non-lieu, si elle n'est pas attaquée en temps utile, acquiert autorité de chose jugée et fait obstacle à de nouvelles poursuites, à moins qu'il ne survienne de nouvelles charges (C. inst. cr., art. 246 et 247 par analogie). Si l'inculpé avait été arrêté, il serait mis en liberté.

502. C. Lorsque le juge d'instruction a reconnu que le fait est punissable, qu'il existe des charges suffisantes pour que l'inculpé soit mis en prévention, il lui reste à déterminer la marche que suivra l'affaire. Trois hypothèses peuvent se présenter, suivant que le fait paraît constituer une *contravention*, un *délit* ou un *crime*.

a) Dans le premier cas, il doit, aux termes de l'article 129, renvoyer l'inculpé devant le tribunal de simple police, et ordonner sa mise en liberté, au cas où il serait en état d'arrestation. Son ordonnance désigne alors le tribunal de simple police compétent *ratione loci*, car le juge d'instruction a le droit de renvoyer devant *tous* les tribunaux de police de son ressort. L'inculpé sera ultérieurement appelé devant ce tribunal par citation du ministère public ou de la partie civile.

b) Si le fait est reconnu de nature à être puni de peines correctionnelles, le juge d'instruction renverra le *prévenu* devant le tribunal de police correctionnelle, et si le délit peut entraîner la peine de l'emprisonnement, celui-ci demeurera provisoirement en état de détention préventive (art. 136). Si, au contraire, la peine encourue n'est que d'une amende, le prévenu sera mis en liberté, sous la condition de se représenter, à jour fixe, devant le tribunal compétent (C. inst. cr., art. 130 et 131). A défaut de renvoi à jour fixe, le prévenu n'est obligé de se présenter que sur citation régulière.

c) Lorsque le juge d'instruction estime que le fait est de nature à être puni de peines afflictives ou infamantes, et que la prévention est suffisamment établie, il doit ordonner le renvoi des pièces, non devant la cour d'assises qui est compétente pour juger les crimes, mais devant la chambre des mises en accusation. Cette seconde juridiction d'instruction prononcera alors souverainement et rendra soit un arrêt de non-lieu, soit un arrêt de renvoi devant la cour d'assises. Le législateur a considéré que, dans ce cas, les peines encourues par l'inculpé sont assez graves pour nécessiter un surcroît de précaution : il a, en conséquence, exigé un second examen des charges de l'instruction (C. inst. cr., art. 134 et 135).

503. Toutes les ordonnances de clôture de l'instruction sont soumises à des formes générales précisées par l'article 134. Elles doivent être inscrites à la suite du réquisitoire du procureur de la République, contenir les nom, prénoms, âge, lieu de naissance, domicile et profession du prévenu, l'exposé sommaire et la qualification légale du fait qui lui est imputé et la déclaration qu'il existe ou qu'il n'existe pas de charges suffisantes. Elles peuvent être attaquées devant la chambre des mises en accusation, dans des conditions que nous déterminons plus loin.

III. DE LA CHAMBRE DES MISES EN ACCUSATION.

504. Organisation. — La chambre des mises en accusation, second degré et degré souverain dans les juridictions d'instruction, est une section de la cour d'appel. Elle ne peut statuer qu'au nombre de cinq conseillers au moins, y compris le président. Elle se réunit au moins une fois par semaine (C. inst. cr., art. 218; L. 20 avril 1810, art. 5; D. 6 juillet 1810; O. des 11 oct. 1820 et 6 août 1844; L. 30 août

1883, art. 1). Les magistrats, qui la composent, y étaient, dans le principe, exclusivement attachés; mais, aux termes de l'ordonnance du 5 août 1844, et du décret du 12 juin 1880, ils font, en outre, le service des autres chambres[1]. La chambre d'accusation avait un président spécial; il a été supprimé par la loi du 5 juillet 1873. Le procureur général, dans les affaires qu'il juge graves, peut demander la réunion de la chambre des mises en accusation et des appels de police correctionnelle. Lui seul peut provoquer cette mesure, d'accord avec le premier président; elle ne peut lui être refusée (D. 6 juillet 1810, art. 3)[2].

505. Attributions. — La chambre des mises en accusation exerce des pouvoirs très-distincts, mais qui se rapportent tous à l'instruction.

1° Comme *juridiction d'instruction*, elle statue sur la procédure, en prononçant la mise en accusation ou l'élargissement des inculpés, renvoyés devant elle sous prévention de *crime*. A ce titre, son intervention marque une phase régulière de la procédure criminelle préliminaire. Elle ne peut pas ne pas être saisie; elle est un organe nécessaire.

2° Comme *juridiction d'appel en matière d'instruction*, elle est chargée de statuer sur les *oppositions* portées devant elle, soit par le prévenu, soit par le procureur de la République, contre les ordonnances en premier ressort du juge d'instruction. Elle n'est, en pareil cas, saisie qu'*accidentellement*, à raison des incidents qui peuvent se produire au cours de l'instruction, ou des recours qui peuvent s'exercer après sa clôture.

3° Comme *juridiction souveraine*, elle peut, d'office, *évoquer* les affaires, que le ministère public néglige de poursuivre, ou dont la poursuite et l'instruction sont déjà commencées (C. inst. cr., art. 235).

[1] D. du 12 juin 1880 : « L'art. 1er de l'ordonnance du 5 août 1844, portant que les membres de la chambre des mises en accusation feront, en outre, le service des autres chambres, est modifié en ce sens que ces magistrats pourront désormais, suivant l'intérêt du service, être attachés à une même chambre ou répartis entre les autres chambres de la cour. » L. du 30 août 1883, sur la réforme de l'organisation judiciaire, art. 2 : « Outre les chambres dont le nombre est ainsi déterminé, les cours comprendront une chambre d'accusation constituée conformément au décret du 12 juin 1880. »

[2] Le procureur général près de la Cour d'appel de Paris a usé de ce droit dans l'affaire du manifeste du prince Napoléon.

4° Enfin, comme compagnie judiciaire gardienne des intérêts des prévenus et de la justice, la cour exerce, soit d'office, soit sur les réquisitions du procureur général, un droit de *surveillance* et un pouvoir de *discipline* sur les officiers de police judiciaire et sur la marche de la procédure d'instruction (C. inst. cr., art. 249, 250, 281).

506. Le procureur général, qui exerce le droit de poursuite devant la chambre des mises en accusation, est tenu de mettre l'affaire en état dans les cinq jours de la réception des pièces et de faire son rapport dans les cinq jours suivants (C. inst. cr., art. 217). Ces délais, qui ne sont pas prescrits à peine de nullité, peuvent être abrégés ou retardés, si la nature de l'affaire l'exige. Pendant ces délais, la partie civile et le prévenu ont la faculté de fournir des mémoires, sans que le rapport puisse être retardé et sans qu'ils aient le droit d'exiger communication de la procédure (C. inst. cr., art. 278, § 2). La loi ne prescrit même pas au procureur général de les aviser du jour où le dossier a été transmis ou déposé au greffe de la cour. Saisie par le rapport écrit et signé du procureur général, la chambre d'accusation statue sur les pièces, sans entendre le prévenu ou les témoins (art. 222 à 225). Si elle estime que la procédure est incomplète, elle ordonne un supplément d'instruction, par *arrêt de plus ample informé*, en désignant, pour la faire, soit un de ses membres, dans l'hypothèse d'évocation (art. 235), soit le juge d'instruction du tribunal de première instance (art. 228). Le magistrat, ainsi délégué, transmet l'instruction, quand elle est complète, au procureur général, qui doit faire son rapport dans les cinq jours, conformément au droit commun dans lequel on rentre. Si la procédure est complète, la cour rend une décision que peut être, soit un arrêt de non-lieu, soit un arrêt de renvoi devant le tribunal de police simple ou correctionnelle, soit un arrêt de mise en accusation. Ces arrêts sont signés par chacun des juges qui les ont rendus; il y est fait mention, à peine de nullité, tant de la réquisition du ministère public, que du nom de chacun des juges (art. 234).

a) L'arrêt de non-lieu est motivé sur ce que le fait n'est pas ou n'est plus punissable, ou sur ce qu'il n'y a pas d'indices suffisants de culpabilité : il doit ordonner la mise en liberté du prévenu, « ce qui sera exécuté sur-le-champ », dit l'art. 239.

b) Si le fait ne constitue qu'un délit ou qu'une contravention, la chambre renvoie le prévenu devant le tribunal compétent, et ordonne sa mise en liberté, en cas de contravention ou de délit n'emportant pas la peine de l'emprisonnement (art. 230).

c) Si le fait constitue un crime, elle rend un arrêt de mise en accusation et renvoie le prévenu, qui prend désormais le titre d'*accusé*, devant la cour d'assises (art. 221, 231, 232). Cet arrêt contient : 1° les motifs de l'accusation ; 2° le dispositif, qui doit énoncer et spécifier, à peine de nullité, les faits incriminés et leur qualification légale; 3° l'ordonnance de prise de corps; 4° l'ordre de conduire l'accusé dans la maison de justice établie près la cour d'assises devant laquelle il est renvoyé (art. 233).

La chambre des mises en accusation statue en dernier ressort : ses arrêts ne peuvent être attaqués que par un pourvoi en cassation.

LIVRE TROISIÈME.

DU JUGEMENT.

TITRE PREMIER.

DES JURIDICTIONS DE JUGEMENT.

CHAPITRE PREMIER.

NOTIONS GÉNÉRALES.

507. Les juridictions de jugement se divisent en deux grandes catégories : les unes sont des *juridictions ordinaires;* les autres, des *juridictions d'exception.* Les premières, dont il sera exclusivement question, comprennent, en matière pénale, les tribunaux de police, les tribunaux correctionnels, les cours d'assises. La procédure à suivre devant elles se décompose en quatre périodes : l'affaire est, en effet, portée devant le tribunal (*saisine*); elle est liée entre les parties (*contradiction*); elle est instruite (*instruction*); elle est jugée (*jugement*).

508. I. La juridiction est *saisie,* lorsque le procès lui est déféré, de manière qu'elle se trouve dans le *droit* et dans l'*obligation* de prononcer sur l'affaire, soit par une décision rendue au fond, soit, le cas échéant, par une décision d'incompétence [1]. En principe, un tribunal ne se saisit pas lui-même : c'est un rouage qui ne peut fonctionner que lorsqu'il est mis en mouvement par l'exercice d'une action, de sorte qu'il faut toujours examiner : 1° comment un tribunal est saisi; 2° de quoi il est saisi.

509. A. Sous le rapport du mode de saisine, il existe des différences entre les tribunaux de police simple ou correctionnelle et les cours d'assises.

[1] Le tribunal, valablement saisi, ne peut, sous aucun prétexte, refuser de statuer; il ne peut donc ni renvoyer l'affaire devant le juge d'instruction, ni charger ce magistrat de quelque mesure d'instruction.

a) Ordinairement, le tribunal de simple police est saisi par voie de *citation directe*, donnée à la requête, soit du ministère public, soit de la partie lésée. Il le serait même par la *comparution des parties* sur simple avertissement (C. inst. cr., art. 145, 146, 147). Exceptionnellement, il peut être saisi à la suite d'un renvoi du juge d'instruction ou de la chambre d'accusation, dans le cas assez rare où le fait, s'étant présenté d'abord sous les apparences d'un crime ou d'un délit, a provoqué une information et une décision des juridictions d'instruction[1].

b) En matière de délits, l'instruction préparatoire est *facultative* : le tribunal correctionnel est donc saisi, soit par une *citation directe* à la requête du ministère public ou des parties civiles, soit en suite d'une *ordonnance* ou d'un *arrêt de renvoi* du juge d'instruction ou de la chambre d'accusation. Il peut aussi l'être sur-le-champ, même par citation verbale, dans le cas de la procédure sommaire contre les flagrants délits.

c) La cour d'assises, au contraire, ne peut pas être saisie, en principe, par citation directe, ni de la partie lésée, ni du ministère public; elle ne peut l'être qu'en vertu d'un *arrêt de mise en accusation*. Une instruction préparatoire et une décision des juridictions d'instruction sont donc, en l'état ordinaire de la procédure, le préliminaire obligé de toute poursuite en cour d'assises.

Ainsi, tandis que la victime, soit d'une contravention, soit d'un délit, peut donner directement citation, *en son propre nom*, devant le tribunal, soit de simple police, soit de police correctionnelle, et, quoique n'exerçant pas l'action publique, saisir cependant de celle-ci la juridiction pénale, la victime d'un crime ne peut que provoquer une instruction préparatoire. Les abus, auxquels ce droit de citation directe de la partie lésée est de nature à donner lieu, sont corrigés, en pratique, par la *responsabilité* qu'elle encourt au double point de vue des *frais* et des *dommages-intérêts*, responsabilité, du reste, illusoire, si la partie civile est insolvable.

Toutes les fois que le ministère public et la partie lésée ont le choix entre la poursuite par citation directe et la poursuite par instruction préparatoire, ils ne peuvent évidemment pas, une fois engagés dans l'une de ces voies, se désister pour suivre l'autre.

510. B. La juridiction ne doit statuer que sur le fait dont elle est régulièrement saisie. D'où il suit d'abord qu'un tribunal a bien

[1] Jurisprudence constante : Cass., 9 nov. 1878 (S. 79, 1, 439); Alger, 12 mai 1881 (S. 82, 2, 64); Cass., 16 déc. 1882 (S. 83, 1, 91).

le droit de donner à ce fait une qualification différente de celle qui est indiquée dans l'assignation, mais à la condition de baser la condamnation sur le *fait même*, relevé dans la prévention, et non sur un fait nouveau, révélé par l'audience[1]. D'où résulte ensuite que la *reconvention* n'a pas lieu en matière pénale. En effet, du principe qu'une juridiction répressive ne peut être saisie de la connaissance d'une infraction que par une citation, une ordonnance ou un arrêt de renvoi, il suit que de simples conclusions ne suffisent pas pour donner à la partie civile le rôle de *prévenu* dans l'instance.

511. II. Le procès pénal est essentiellement *contradictoire* : il suppose la présence des parties, aux débats, et devant le juge, dans une situation et avec des armes égales. Comment cette contradiction est-elle organisée?

a) La loi exige d'abord la présence effective et continuelle aux débats d'un membre du ministère public. Aucune juridiction pénale n'est complète sans son ministère public : aucune procédure n'est valable sans son intervention.

b) Elle exige ensuite la présence de la partie poursuivie au procès pénal. Deux principes, à ce point de vue, dominent la procédure. Le premier, c'est que le prévenu ou l'accusé est tenu d'obéir à la citation qui lui est donnée et de se présenter en justice. Le second, c'est qu'il ne peut être définitivement condamné sans avoir été entendu. Comment ces deux principes ont-ils été sanctionnés devant chaque ordre de tribunaux? 1° Le prévenu, cité devant le *tribunal de simple police*, n'est jamais en état de détention préventive (C. inst. cr., art. 129, 230). Pour que le débat soit lié *contradictoirement*, il doit *comparaître*, soit en personne, soit par un fondé de procuration spéciale (art. 152), et se *défendre*. Mais le jugement prononcé par défaut, après citation, est régulièrement rendu et devient exécutoire, si le prévenu n'y forme pas opposition dans le délai de trois jours, à partir de la signification qui doit lui en être faite. 2° *En matière correctionnelle*, le prévenu peut être ou ne pas être en état de détention préventive. Dans le premier cas, il est déjà sous la main de justice : le défaut faute de comparaître est donc impossible de sa part. Mais il peut ne pas se défendre, dé-

[1] *Sic*, Cass., 5 juin 1835 (S. 35, 1, 860); Rennes, 5 mars 1879 (S. 81, 2, 228). Cependant, si, devant le tribunal correctionnel ou le tribunal de simple police, la partie civile, comparaissant, consentait à être jugée sur le fait qui lui est reconventionnellement reproché par le prévenu, le tribunal aurait le droit de statuer. Devant ces tribunaux, en effet, la saisine peut résulter de la *comparution volontaire* des parties.

clarer faire défaut, et le débat n'est pas lié contradictoirement. Dans le second cas, le prévenu doit comparaître, soit en personne, soit par avoué, suivant que le délit est ou non de nature à entraîner la peine d'emprisonnement (art. 185); de plus, il doit se défendre. Sans doute, le jugement est régulièrement rendu contre le prévenu qui ne comparaît pas, ou qui, comparaissant, ne se défend pas; mais ce jugement peut être anéanti par une opposition formée dans les cinq jours de sa signification (art. 187). 3° L'accusé, renvoyé devant la *cour d'assises*, à raison d'un crime, est sous le coup d'une ordonnance de prise de corps. Il n'a donc point la faculté de faire défaut. La loi, du reste, lui impose un défenseur. S'il se soustrait à l'autorité judiciaire, il est déclaré en *état de contumace* et jugé, sans assistance de jurés, par la cour d'assises seule. Mais la condamnation, ainsi prononcée, ne peut jamais être exécutée, au moins sur la personne du condamné.

c) Le droit de défense n'est formulé nulle part dans un texte général; mais la jurisprudence n'hésite pas à y voir un droit essentiel, dont la violation, même dans les cas où la loi est muette, est une cause de nullité de la procédure. Ce droit a surtout besoin d'être organisé lorsque le résultat du débat peut être plus grave pour l'inculpé: le *prévenu* a toujours la faculté d'être assisté d'un défenseur; l'*accusé* doit *toujours* en avoir un : de là, l'obligation, pour le président des assises, de lui en désigner un d'office, à peine de nullité de la procédure, s'il n'en est pas déjà pourvu (art. 294).

512. III. Devant les juridictions de jugement, l'*instruction* a toujours deux caractères : elle est *publique* et *orale*.

513. *a*) La *publicité* des débats est un principe général, dont nous retrouvons l'application devant toutes les juridictions de jugement, et qui a été consacré par toutes nos constitutions. On comprend que cette publicité peut être double : à *l'audience*; et, en dehors de l'audience, par la *voie de la presse*.

A l'audience, la publicité est prescrite, *à peine de nullité*, pour toutes les juridictions, par les articles 153, 190 et 309 C. inst. cr., et par l'article 7 de la loi du 20 avril 1810. A ce principe, il existe une exception, qui nous vient de notre ancienne jurisprudence, et qui, supprimée temporairement par la législation intermédiaire, a été rétablie par l'article 87 du Code de procédure et généralisée par les chartes de 1814 et de 1830 et par la constitution du 4 novembre 1848 : c'est la mesure du *huis-clos*. L'article 81 de la constitution de 1848, texte encore aujourd'hui en vigueur, est ainsi conçu : « *Les débats sont publics, à moins que la publicité ne soit dangereuse pour l'ordre ou les mœurs et, dans ce cas, le tribunal le déclare par un jugement* ». Ainsi, en principe, les débats sont publics, à peine de nullité; par exception, il peut en être autrement ordonné dans l'intérêt de l'ordre et des mœurs. Le *huis-clos* est déclaré par un *jugement* ou un *arrêt* public et motivé[1], rendu, soit d'office, soit sur les réquisitions du ministère public, soit sur les conclusions mêmes de l'accusé ou du prévenu. Mais cette mesure doit être restreinte à la totalité ou à une partie des débats : le *huis-clos* commence et finit avec eux : tout ce qui, dans l'audience, est en dehors des débats, demeure sous la règle de la publicité; par exemple, l'acte d'accusation, les arrêts ou les jugements, même statuant sur des incidents contentieux[2], doivent être lus ou prononcés publiquement, toutes portes ouvertes[3].

Une publicité, dans l'état de nos mœurs, plus étendue que celle de l'audience, est la publicité qui est donnée aux débats par la voie de la presse. Est-il permis de rendre compte dans les journaux, des procès criminels? Cette publicité, n'étant que la suite et l'extension de la publicité de l'audience, est, en principe, parfaitement licite. Mais, il existe à cette règle, des restrictions *légales* et des restrictions *judiciaires*. L'art. 39 de la loi du 29 juillet 1881 interdit « *de rendre compte des procès en diffamation où la preuve des faits diffamatoires n'est pas autorisée* ». La plainte seule peut être publiée par le plaignant. On remarquera que cette loi a laissé, en dehors de l'interdiction, les procès pour outrages ou injures, dont parlait la loi du 27 juillet 1849 (art. 11). Par contre, elle s'est assimilée une disposition du décret du 17 juillet 1852, qui permettait aux tribunaux d'interdire le compte rendu des affaires correctionnelles, civiles ou criminelles, mais en limitant cette interdiction aux seules affaires *civiles*. L'art. 39 n'autorise donc pas les tribunaux à interdire le compte rendu des procès en matière criminelle ou correctionnelle, sauf le cas ou le huis-clos, ayant été requis et ordonné, l'interdiction résulte, de plein droit, de cette circonstance. Du reste, qu'elle soit légale ou qu'elle soit

[1] Sur ce principe : Cass., 11 janv. 1867 (S. 67, 1, 267); 3 janvier 1880 (S. 80, 1, 285). La juridiction a le droit d'ordonner le huis-clos dans la mesure qu'elle juge utile : Cass., 2 juin 1881 (S. 82, 1, 335).

[2] Comp. : Cass., 2 sept. 1880 (S. 81, 1, 288); 13 août 1881 (S. 81, 1, 487); 20 mai 1882 (S. 83, 1, 95).

[3] Comp. : ORTOLAN, t. II, n° 2286; FAUSTIN HÉLIE, t. VII, nos 3403 et suiv.; Cass., 9 oct. 1879 (S. 80, 1, 233). Sur certains inconvénients de cette règle : BONNEVILLE, *De l'amélioration de la loi criminelle*, t. I, p. 405.

judiciaire, l'interdiction ne s'applique pas à ce qui est en dehors des débats, par exemple, au jugement ou à l'arrêt, qui peut toujours être publié (L. 29 juillet 1881, art. 39).

514. *b*) L'*oralité* de l'instruction exprime cette idée que toute preuve doit être soumise à la connaissance du juge dans sa source originaire et immédiate. Même dans le cas où une information a eu lieu, la juridiction de jugement ne se prononce donc pas sur la lecture des procès-verbaux écrits de cette information : elle doit entendre, à l'audience, *l'accusé*, les *experts*, les *témoins*. Cependant, en vertu de ses pouvoirs discrétionnaires, le président de la cour d'assises peut donner lecture aux jurés des procès-verbaux de l'information, pour suppléer aux dépositions des témoins ou les contrôler. Mais il n'a cette faculté, si le témoin est présent, qu'après avoir reçu sa déposition orale [1].

515. IV. Le mot de *Jugement*, qui est souvent employé pour désigner toute décision rendue par un tribunal sur un point soumis à son appréciation, ne s'applique, dans son sens technique, qu'aux décisions des tribunaux de police correctionnelle ou de simple police; les décisions rendues par les cours sont qualifiées d'*arrêts*, aux termes du sénatus-consulte du 26 floréal an XII. En effet, étant définitives, au moins au point de vue du fait, elles *arrêtent* l'action engagée. La réponse du jury aux questions qui lui sont posées s'appelle le *verdict* (*vere dictum*).

Les jugements, en matière pénale comme en matière civile, se classent en plusieurs catégories, dont voici les principales.

a) On oppose tout d'abord aux jugements *définitifs*, les jugements d'*avant faire droit*. Les premiers sont ceux qui terminent le procès, au moins devant la juridiction qui les a rendus. Les seconds, les jugements par lesquels la juridiction, avant de vider le fond du procès, ordonne quelque mesure préalable. Les jugements d'*avant faire droit* se divisent eux-mêmes, en jugements *préparatoires*, *interlocutoires* et *provisoires*. Le jugement provisoire est celui par lequel le tribunal pourvoit à certains intérêts qui resteraient en souffrance ou se trouveraient compromis pendant le cours de l'instruction de l'affaire : on peut citer, à titre d'exemple, la décision par laquelle le tribunal correctionnel ou la chambre des appels de police correctionnelle accorde la liberté provisoire au détenu. Les jugements prépara-

[1] Comp. : Cass., 7 sept. 1882 (S. 82, 1, 438).

toires et les jugements interlocutoires ont cela de commun qu'ils ont les uns et les autres pour objet d'ordonner une mesure d'instruction, comme un apport de pièces, une expertise; ce qui les sépare et les distingue, c'est que les premiers *ne préjugent point* le fond, tandis que les seconds *le préjugent* (C. pr., art. 452). Cette distinction des jugements préparatoires et interlocutoires, qui est capitale dans la procédure civile, est moins importante dans la procédure pénale, car il est généralement admis, à tort selon nous, que le juge reste libre, tant qu'il n'a pas rendu une décision définitive, de revenir sur l'admission ou le refus d'une preuve. La distinction entre les jugements d'avant dire droit et les jugements définitifs est importante, surtout pour les règles de l'appel ou du pourvoi en cassation.

b) Sous le rapport des voies de recours, dont la décision est susceptible, on distingue si elle peut ou non être attaquée par les voies ordinaires, c'est-à-dire par l'opposition et par l'appel. Le jugement est *contradictoire*, lorsqu'il ne peut plus être attaqué devant le tribunal qui l'a rendu; il est *par défaut*, lorsqu'il est permis de le faire rétracter, la partie qui s'en plaint ne s'étant pas présentée ou ne s'étant pas défendue. En ce qui concerne l'appel, le jugement est en *premier* ou *dernier ressort*, suivant qu'il est ou non susceptible de cette voie de recours.

516. Les règles générales sur la *validité* du jugement sont relatives : à la composition de la juridiction, aux délibérations et au vote, aux motifs de la décision, à sa rédaction, à son prononcé.

a) Il est d'abord nécessaire, pour la validité de la décision, que la juridiction ait été *légalement composée*. Un nombre *minimum* de juges est exigé par la loi, à peine de nullité : trois, au tribunal correctionnel; cinq, à la chambre correctionnelle de la cour d'appel. Si ce nombre était dépassé, pourvu que les conseillers et les juges aient siégé en nombre impair, le jugement ou l'arrêt ne serait pas nul, sauf en ce qui concerne la cour d'assises où le nombre de trois magistrats et de douze jurés est fixé d'une manière invariable (L. 30 août 1883, art. 1 et 4; C. inst. cr., art. 252 et 394). Il est nécessaire, à peine de nullité, que chacun des juges ou des jurés ait assisté à toutes les audiences de la cause (L. 20 avril 1810, art. 7). La juridiction ne serait pas complète sans la présence du ministère public : mais les membres d'un même parquet peuvent se remplacer l'un l'autre. Enfin, le greffier entre également, comme partie nécessaire, dans l'organisation de chaque juridiction.

b) La délibération des juges et leur vote ont lieu *secrètement*, en chambre du conseil, ou bien à voix basse, si c'est à l'audience (C. inst. cr., art. 369; L. 8 août 1849, art. 3; D. 22 mars 1852, art. 8).

c) Les jugements et arrêts doivent être *motivés*. Cette obligation est une maxime fondamentale consacrée, dans des termes généraux, par l'article 7 de la loi du 20 avril 1810. Il ne faudrait donc pas s'arrêter aux expressions trop étroites de l'article 163 C. inst. cr., qui paraissent n'exiger de motifs que pour les jugements de condamnation. On ne fait exception, dans notre jurisprudence pratique, que pour les jugements de pure instruction, qui ne font grief à aucune des parties, et qui ne constituent que des mesures préparatoires, ordonnées par le juge pour accomplir sa mission. Du reste, le verdict du jury n'est pas motivé.

d) Les jugements et arrêts doivent être rédigés conformément aux articles 163 et 164, 195 et 196, 369 et 370 C. inst. cr. Tous les jugements et arrêts, qui portent *condamnation* à une peine, doivent contenir le texte de la loi appliquée, afin que, par la lecture seule de la décision, on puisse savoir si la peine qui a été appliquée est bien celle prononcée par la loi (C. inst. cr., art. 163, 165, 369). En comparant ces dispositions, on remarque deux différences essentielles et cependant peu justifiées : 1° l'insertion du texte de la loi dans la décision est obligatoire pour toutes les juridictions pénales; mais la sanction du défaut d'insertion n'est pas la même pour toutes : dans les jugements de simple police, c'est la nullité; en police correctionnelle et en cour d'assises, une simple amende contre le greffier; 2° les articles 195 et 369 font expressément, au président de la juridiction, en matière correctionnelle et criminelle, l'obligation de lire à l'audience le texte de la loi appliquée, sans toutefois indiquer de sanction pour l'omission de cette formalité. L'article 163 ne reproduit pas la même exigence pour le juge de simple police. Les jugements et arrêts sont rédigés en *minute*. Lorsqu'il s'agit de les exécuter, il en est délivré une *expédition*, qui contient la formule exécutoire. Les jugements doivent être signés par tous les juges qui ont concouru à les rendre (C. inst. cr., art. 164, 196, 370). La loi n'exige pas expressément la signature du greffier, mais il est indispensable que sa présence soit constatée d'une manière quelconque, car il entre dans la composition de la juridiction.

e) Sauf devant la cour d'assises, où l'arrêt est rendu à l'audience même et de suite, les articles 153 et 193 décident que le jugement en matière de police simple ou correctionnelle, sera rendu à l'audience même ou à l'audience qui suivra celle où l'instruction sera terminée[1].

517. Les tribunaux sont armés de pouvoirs nécessaires pour faire respecter la dignité de leurs audiences soit par le public, soit par les parties. Les règles de compétence, de procédure et de répression, établies à ce sujet, varient suivant le rang du tribunal, la gravité de l'infraction, sa nature (C. inst. cr., art. 181, 504 à 508). Deux hypothèses sont possibles. *a*) Si quelqu'un des assistants donne des signes publics d'approbation ou d'improbation, ou excite du tumulte, le président, qui a la police de l'audience, le fait expulser[2]; s'il insiste ou rentre dans la salle, le président donne l'ordre de l'arrêter et de le conduire dans la maison d'arrêt, dont les gardiens, sur le vu de cet ordre, le reçoivent et le gardent pendant vingt-quatre heures (art. 504). Cette mesure est prise sans jugement; elle n'a aucun caractère pénal et ne figure pas sur le casier judiciaire. *b*) Si le fait de trouble est accompagné de *contraventions* ou de *délits* qualifiés, les peines sont prononcées, séance tenante[3], par la cour, le tribunal correctionnel ou le juge de simple police, en présence de qui les faits ont été commis : les peines de simple police, sans appel; les peines correctionnelles, à charge d'appel, si elles ont été prononcées par un tribunal de première instance ou par un tribunal de police (art. 505)[4]. Si le trouble d'audience est accompagné de *faits criminels*, il faut distinguer suivant qu'il se produit à l'audience d'un tribunal de simple police ou d'un tribunal correctionnel, ou bien à celle de la cour d'appel ou de la cour de cassation : dans le premier cas, le tribunal fait arrêter l'inculpé, dresse procès-verbal des faits, et renvoie l'inculpé, avec les pièces, devant les juges compétents; dans le second cas, la cour procède elle-même au jugement, sans désemparer (art. 506 à 508)[5].

[1] Cette latitude, qui a pour résultat de prolonger la détention préventive, est encore aggravée, si l'on décide, avec la doctrine et la jurisprudence, que ces délais ne sont pas impartis à peine de nullité. La présence des parties poursuivies n'est même pas nécessaire au prononcé du jugement, dont le jour n'a pas besoin d'être indiqué à peine de nullité. Comp. : FAUSTIN HÉLIE, t. VI, n°s 2950 et 2856.

[2] L'ordre d'expulsion est un acte de pouvoir discrétionnaire que le juge fait sous sa responsabilité : les conclusions du ministère public ne sont pas nécessaires et l'individu expulsé ne peut exercer aucun recours.

[3] Sur les difficultés : FAUSTIN HÉLIE, t. VI, n° 2829.

[4] S'il s'agit d'un outrage aux magistrats, la loi prononce un emprisonnement de deux à cinq mois, suivant que l'outrage a été commis par paroles ou seulement par gestes ou par menaces (C. inst. cr., art. 505 ; C. p., art. 222 et 223).

[5] Comp. : FAUSTIN HÉLIE, t. VIII, n°s 3588 et suiv.

CHAPITRE II.

DES TRIBUNAUX DE SIMPLE POLICE[1].

518. L'importance de ces juridictions se mesure, non sur la *gravité*, mais sur le *nombre* même des infractions qu'elles ont à juger. Ces infractions, très-variées dans leur nature, se rattachent presque toutes aux nécessités de la vie en commun, à cet ensemble d'intérêts sociaux qu'on appelle la *police*.

519. Organisation des tribunaux de police. — Ce fut la loi des 17-22 juillet 1791 qui établit des tribunaux, dits de police municipale, composés de trois officiers municipaux de la commune, nommés par le conseil municipal. La compétence de ces tribunaux ne fut pas réglée par un principe général; elle résultait de textes isolés, et avait une assez grande étendue d'application. Cette juridiction n'ayant pas fonctionné avec régularité, la Constitution du 5 fructidor an III et le Code de brumaire (art. 151) transportèrent la connaissance, *en dernier ressort*, de toutes les infractions, dont la peine n'excédait pas trois journées de travail ou trois journées d'emprisonnement, au juge de paix, assisté de deux assesseurs, élus pour trois ans, lesquels furent postérieurement supprimés par la loi du 29 ventôse an IX.

Le Code de 1808 fit une sorte de transaction entre les deux systèmes que la législation intermédiaire venait d'essayer. Au lieu d'opter entre le tribunal de police municipale, créé par l'Assemblée constituante, et le tribunal de police du juge de paix, créé par la Convention, il les maintint l'un et l'autre, avec une compétence parallèle. Dans son système, il existait, en effet, deux tribunaux de police : celui du *juge de paix*, dans le *canton*, et celui du *maire*, dans chaque *commune non chef-lieu de canton*.

a) La juridiction, ainsi attribuée au maire, venait rompre, dans notre organisation judiciaire, l'unité qui existe entre la justice civile et la justice pénale. Elle avait, de plus, le grave inconvénient d'investir le maire de deux pouvoirs peu compatibles, en le constituant

[1] BIBLIOGRAPHIE : Ch. BERRIAT-SAINT-PRIX, *Traité de la procédure des tribunaux criminels*, 1re partie : *Simple police* (1851).

à la fois appréciateur et juge de la désobéissance à ses ordres : d'un côté, en effet, le maire a le droit de faire des arrêtés de police, et, de l'autre, on l'investissait du droit de juger les contraventions aux arrêtés qu'il avait faits. En pratique, du reste, la concurrence, que le Code d'instruction criminelle avait voulu établir entre la juridiction des juges de paix et celle des maires, n'existait pas, car les maires s'abstenaient, en fait, d'exercer leur pouvoir. Aussi, la loi du 27 janvier 1873, qui a supprimé la juridiction des maires, en attribuant exclusivement au juge de paix la connaissance des contraventions de police, a surtout donné satisfaction à des critiques théoriques [1]

b) Aujourd'hui, la même juridiction qui, sous le nom de *justice de paix*, occupe le dernier rang, dans l'organisation de la justice civile, sous le nom de *tribunal de simple police*, occupe aussi le dernier rang dans l'organisation de la justice pénale.

520. Un juge, siégeant au chef-lieu de chaque canton, qualifié, au civil, de *juge de paix* [2], au pénal, de *juge de simple police*, prononce seul, sans assesseurs, sur l'action publique et l'action civile qui naissent des contraventions de police (C. inst. cr., art. 138, 141, 142, 143). Il peut être remplacé par des suppléants (L. 27 ventôse, an XI, art. 3). Le tribunal de paix et le tribunal de police, bien que tenus par le même magistrat, n'ont rien de commun. Dès lors, celui-ci, ne saurait, *ipso facto* et séance tenante, se transformer de magistrat de police en magistrat de paix, et réciproquement. Quand une ville contient plusieurs cantons, il n'y a qu'un seul tribunal de police, mais les juges de chaque canton y siègent par voie de roulement (D. 10 août 1810, art. 37 à 42). Les fonctions du ministère public sont remplies par le commissaire de police, et, en cas d'empêchement, ou s'il n'y a point de commissaire de police, par le maire ou son adjoint

[1] Cette loi a eu un double but : 1° celui de rétablir l'unité de juridiction dans chaque canton, en enlevant aux maires la connaissance de certaines contraventions; 2° celui d'assurer un meilleur recrutement du ministère public, cet élément essentiel de toute juridiction répressive, en laissant aux procureurs généraux une plus grande liberté dans le choix des personnes désignées pour en exercer les fonctions.

[2] Le juge de paix a des attributions extraordinaires, qui s'exercent en dehors de toute instance et se réfèrent aux matières les plus diverses. En ce qui concerne le criminel, le juge de paix est officier de police judiciaire; il lui appartient aussi d'ordonner l'arrestation, dans son domicile, du condamné soumis à la contrainte par corps pour le paiement des frais de justice criminelle et des amendes, restitutions et dommages-intérêts prononcés par les tribunaux civils ou criminels à raison d'un crime, d'un délit ou d'une contravention (C. pr. civ., art. 782; L. 22 juin 1867, art. 1, 2, 5; L. 19 déc. 1871, art. 1).

(C. inst. cr., art. 114). Le greffier de la justice de paix fait le service du tribunal de police (C. inst. cr., art. 141).

521. Compétence des tribunaux de police. — La compétence du tribunal de police est déterminée par les trois règles suivantes :

a) *Ratione materiæ*, il connaît de l'action publique et de l'action civile, quel que soit le chiffre des dommages-intérêts réclamés, naissant de toutes les *contraventions de police*, c'est-à-dire de toutes les infractions dont la peine n'excède pas une amende de quinze francs, ou un emprisonnement de cinq jours (art. 137)[1], sauf pour les contraventions forestières poursuivies à la requête de l'administration (C. inst. cr., art. 139, § 4[2]; C. forest., art. 171 et 190); les contraventions à la police de la médecine et de la chirurgie (L. 19 ventôse an XI, art. 35 et 36), qui sont de la compétence des tribunaux correctionnels; et les contraventions relatives à la grande voirie, aux servitudes militaires, qui appartiennent à la juridiction des conseils de préfecture (L. 29 floréal an X, art. 1er; L. 15 juillet 1845, art. 11; L. 30 mai 1851, art. 47).

b) *Ratione personæ*, la compétence du tribunal de simple police s'étend à toutes personnes, à l'exception des militaires[3]. Il exerce même, à ce point de vue, une compétence plus étendue que celles qu'exercent les tribunaux correctionnels; car, les privilèges de juridiction, attachés à la qualité de certaines personnes, n'existent pas en matière de contraventions, déférées aux tribunaux de police.

c) *Ratione loci*, toutes les contraventions, commises dans l'étendue du canton, quel que soit le lieu du domicile ou de la résidence des contrevenants, sont portées devant le tribunal de police du lieu où elles ont été commises (C. inst. cr., art. 138). La règle générale posée par les articles 23, 63 et 69, qui déclarent également compé-

[1] Il arrive quelquefois que le fait qualifié *contravention* est puni d'une amende indéterminée. Si l'amende est complètement indéterminée, elle ne devra pas excéder l'amende de simple police et le tribunal de simple police sera compétent. Mais si l'amende doit être calculée sur une base variable, par exemple, le dommage causé par l'infraction (L. 28 sept. 1791, tit. II, art. 10, 13, 16, 26, 28 et 33), le tribunal de police cesse d'être compétent : il ne peut, en effet, déterminer lui-même la valeur du dédommagement ni en ordonner l'estimation préalable pour régler sa compétence. Les parties, qui n'ont pas qualité pour fixer à leur gré, la quotité de la peine et, par là, l'ordre des juridictions, n'ont pas la faculté, pour échapper à l'incompétence, d'évaluer elles-mêmes le dommage.

[2] Cet article a, du reste, été abrogé par la loi du 27 janvier 1873.

[3] La connaissance et la répression de ces contraventions sont réservées aux autorités militaires (C. de just. mil. de 1857, art. 271).

tents le juge du lieu du délit, celui de la résidence du prévenu et celui du lieu où le prévenu peut être saisi, n'est pas applicable aux tribunaux de police : il n'y a point de concurrence, en cette matière, entre les juges. On a pensé, sans doute, que les contraventions, qui sont, pour la plupart, des infractions à des arrêtés locaux, seraient mieux jugées là où elles ont été commises; et que les indemnités, allouées aux témoins, si le domicile du prévenu pouvait déterminer la compétence, entraîneraient des frais hors de proportion avec la modicité des peines encourues. La compétence exclusive attribuée au juge du lieu de la contravention n'a, du reste, aucun inconvénient pour le prévenu qui a son domicile ailleurs, puisque celui-ci n'est pas tenu de comparaître en personne devant le tribunal de police et peut *toujours* se faire représenter par un fondé de procuration spéciale.

522. Procédure devant les tribunaux de police. — Il y a lieu de déterminer : 1° comment l'affaire est portée devant le tribunal; 2° comment elle y est instruite.

523. A. Régulièrement, le tribunal de police est saisi de deux manières :

a) D'abord, par voie de *citation* donnée à la requête soit du ministère public près le tribunal de police, soit de la partie civile, et énonçant les faits qualifiés (art. 145). Cette citation est notifiée par un huissier de la justice de paix; il en est laissé copie aux parties citées, c'est-à-dire au prévenu et à la personne civilement responsable[1]. Le délai de comparution ne peut être moindre de vingt-quatre heures, mais il suffit. On peut donc assigner la *veille* pour le *lendemain*, pourvu que l'heure de l'audience soit plus avancée, dans la journée, que l'heure de la citation[2]. Ce délai est augmenté d'un jour par trois myriamètres, sans qu'il soit tenu compte des fractions de myriamètre. Il peut aussi être abrégé : d'après l'article 146, le juge de paix a la faculté, dans

[1] L'article 145 dit : « *ou* à la personne civilement responsable », ce qui a porté quelques auteurs et quelques arrêts à prétendre que la partie civile pouvait citer les personnes civilement responsables de l'infraction devant le tribunal de police, sans citer, en même temps, le prévenu. Mais cette opinion, qui est contraire à l'article 3 du Code d'instruction criminelle, ne s'appuie que sur une erreur de rédaction. Il est évident, en effet, que la forme alternative de la phrase de l'article 145 n'est pas exacte; elle ferait supposer qu'il suffit que la copie de la citation soit remise, soit au prévenu, soit à la personne civilement responsable : il est cependant évident qu'elle doit être remise à l'un et à l'autre, puisque l'un et l'autre sont personnellement appelés devant le tribunal.

[2] Cass., 17 déc. 1864 (S. 65, 1, 246).

les cas urgents, d'accorder aux parties le droit de faire citer à *bref délai*, c'est-à-dire d'heure à d'heure.

b) Les parties peuvent également *comparaître volontairement*, sur *simple avertissement* (art. 147). Cet avertissement, qui remplace la citation, n'est autre chose qu'une citation dénuée de toute forme d'exploit ou de notification. Il est donné, soit par lettre, soit par un simple avis, soit même verbalement, et transmis par le garde champêtre de la commune ou par l'appariteur de police. Cette forme économique de citation est d'ailleurs purement *facultative :* le ministère public et la partie civile peuvent toujours, s'ils craignent que le prévenu ne comparaisse pas sur simple avertissement, prendre immédiatement la voie de la citation. Une citation régulière est, en effet, nécessaire pour qu'un jugement par défaut puisse être obtenu, soit contre le prévenu ou les personnes civilement responsables, soit à leur profit.

c) Exceptionnellement enfin, le tribunal de police peut être saisi ensuite du *renvoi* que prononcent, tantôt le juge d'instruction ou la chambre des mises en accusation (art. 129, 230), tantôt le tribunal correctionnel (art. 192), tantôt la chambre criminelle de la Cour de cassation (art. 427).

524. B. En matière de simple police, toute l'instruction a lieu à l'audience. Le prévenu n'est point tenu de comparaître en personne; il peut se faire représenter (art. 152). C'est la conséquence du principe d'après lequel il n'y a, en cette manière, ni détention préventive, ni instruction préalable. Si la partie comparait en personne, elle peut se défendre elle-même, ou se faire assister d'un défenseur. Si elle ne comparaît pas en personne, elle doit se faire représenter par un fondé de procuration spéciale [1].

Deux questions se posent, pour le tribunal de police, comme pour toute autre juridiction.

a) Quels sont les modes de preuve qu'il peut admettre? L'article 154 porte que : « *Les contraventions seront prouvées, soit par procès-verbaux ou rapports, soit par témoins, à défaut de rapports et procès-*

[1] Sur ce point : Cass., 23 févr. 1877 (S. 77, 1, 286) ; 29 nov. 1878 (S. 79, 1, 440). Le juge de police aurait-il le droit, que l'art. 185 accorde expressément au tribunal correctionnel, d'ordonner la *comparution personnelle du prévenu ?* Je le crois, car la comparution personnelle est un mode d'instruction, que toute juridiction doit avoir le droit d'ordonner. Mais le défaut de comparution n'empêcherait pas le débat d'être contradictoirement lié, si le prévenu était, du reste, représenté par un fondé de procuration spéciale.

verbaux, ou à leur appui ». Il résulte de ce texte : 1° que la loi, en indiquant les *procès-verbaux* ou *rapports* et les *témoignages*, qui sont les preuves les plus communes des contraventions, n'a entendu exclure aucun autre moyen de preuve ; d'où il suit que le juge de police peut chercher sa conviction dans les *aveux* du prévenu, dans des *expertises*, dans des *visites de lieux*[1] ; 2° que la loi a donné au juge, qui s'appuie sur une des preuves énumérées par le texte, le droit de l'apprécier et de se prononcer, d'après cette appréciation, dans la plénitude de sa liberté. Ces deux conséquences reçoivent cependant une limitation formelle, dans les cas nombreux où les contraventions sont constatées par des procès-verbaux auxquels la loi donne une force légale (art. 154, § 2).

b) Quelles sont les règles de l'administration des preuves devant le tribunal de police ? D'après l'article 153, le premier acte de l'instruction consiste dans la lecture des procès-verbaux, s'il y en a, ou de la citation ; le second, dans l'audition des témoins. On entend, d'abord, les témoins qui sont produits par le ministère public ou la partie civile, puis ceux qui ont été *cités* ou *amenés* par le prévenu. Les ascendants et descendants du prévenu, ses frères et sœurs ou alliés au même degré, son conjoint, ne peuvent être entendus comme témoins, si les parties s'opposent à l'audition (art. 156). La partie civile ne peut témoigner, pas plus que l'officier du ministère public ou le greffier[2] : c'est un principe général, en effet, que nul ne peut être à la fois juge ou partie, ou officier remplissant une fonction dans le débat, et témoin dans la même affaire[3].

Les témoins, avant de déposer, prêtent serment. L'article 155 porte : « *Les témoins feront à l'audience, sous peine de nullité, le serment de dire toute la vérité, rien que la vérité, et le greffier en tiendra note, ainsi que de leurs noms, prénoms, âge, profession et demeure, et de leurs principales déclarations* ». De ce texte, la jurisprudence a conclu : 1° que tous les témoins, sans distinction, les témoins régulièrement cités, comme ceux qui n'ont été qu'avertis ou directement amenés par les parties à l'audience, doivent prêter serment[4] ; 2° que la for-

[1] Sur le principe : Cass., 29 mars 1878 (*Bull. cr.*, n° 86) ; 11 déc. 1879 (S. 80, 1, 439).

[2] Cass., 12 déc. 1874 (*Bull.*, n° 307).

[3] La qualité de *plaignant* n'est pas, à elle seule, un motif légal de reproche (C. inst. cr., art. 323). Comp. Cass., 1er juillet 1876 (*Bull.*, n° 155). Il en est de même de la qualité de *domestique* : Cass., 23 février 1877 (S. 77, 1, 286).

[4] Le juge de police, de même que le président du tribunal correctionnel, à la

mule de ce serment : « *dire toute la vérité, rien que la vérité* », est sacramentelle [1]; 3° que cette formalité doit être constatée, soit dans le jugemennt lui-même, soit, à défaut de jugement, dans les notes d'audience, dont la tenue est prescrite au greffier.

Après les témoignages, la partie civile prend ses conclusions; le prévenu présente sa défense; le ministère public résume l'affaire et donne ses réquisitions [2]. Le prévenu doit toujours avoir la parole le dernier, s'il la demande : le respect du droit de défense l'exige ainsi [3].

525. L'instruction terminée, le juge prononce sur la prévention dont il est saisi, soit immédiatement, soit à une audience ultérieure. Mais, tant qu'il n'a pas prononcé, le débat ne peut être considéré comme clos et le juge ne saurait légalement refuser de statuer sur les conclusions nouvelles et les réquisitions des parties [4].

526. Jugements de police. — Les jugements, par lesquels le tribunal de police statue sur l'affaire dont il est saisi, doivent être considérés, soit au point de vue de leur *objet*, soit au point de vue des *voies de recours* dont ils sont susceptibles.

527. A. Si l'on considère leur objet, le juge de police peut rendre, en dehors des jugements d'instruction, *préparatoires* ou *interlocutoires*, des jugements d'*incompétence*, de *relaxe*, ou de *condamnation*, qui terminent l'affaire engagée devant lui.

a) L'art. 160 ne paraît donner au juge de police le droit de se déclarer incompétent que si le fait, dont il est saisi, est « *un délit qui emporte une peine correctionnelle ou plus grave* » : mais cette disposition n'est qu'indicative : le tribunal doit, en effet, se dessaisir, même d'office, toutes les fois qu'il se reconnaît incompétent *ratione materiæ, personæ, loci,* et renvoyer les parties à se pourvoir devant qui de droit.

b) Si le fait ne présente ni délit ni contravention, ou si l'action

différence du président des assises, ne peut entendre de témoins sans serment, et à titre de renseignement : il n'a pas, en effet, le *pouvoir discrétionnaire,* qui appartient au président de la cour d'assises : Cass., 15 janv. et 11 fév. 1870 (*Bull.*, nos 9 et 39); 17 juillet et 28 août 1874 (*Bull.*, nos 207 et 248); 28 juillet 1875 (*Bull.*, no 180).

[1] Les arrêts, sur ce point, sont très-nombreux : je cite les plus récents : Cass., 6 février 1874 (*Bull.*, no 39); 4 déc. 1875 (S. 76, 1, 485); 19 janv. 1874 (*Bull.*, no 16); 28 août 1874 (*Bull.*, no 251); 3 juin 1875 (*Bull.*, no 170); 12 et 27 nov. 1875 (*Bull.*, nos 313 et 36); 25 nov. 1876 (*Bull.*, no 229).

[2] Est nul le jugement de simple police rendu et prononcé hors la présence du ministère public : Cass., 27 juillet 1878 (S. 79, 1, 288).

[3] Comp. : Ortolan, t. II, no 2308.

[4] Cass., 2 juin 1865 (S. 66, 1, 38).

publique n'est pas ou n'est plus recevable, le tribunal doit *annuler* la citation et tout ce qui a suivi, renvoyer le prévenu de la poursuite, et statuer, par le même jugement, sur les dommages-intérêts (art. 159). De quels dommages-intérêts s'agit-il? Deux hypothèses se présentent à l'esprit : les dommages-intérêts peuvent être réclamés, ou par le *prévenu*, à raison du préjudice que lui a causé une poursuite mal fondée, ou par la *partie civile*, à raison du préjudice que lui a causé le fait incriminé. Le tribunal de police, comme toute autre juridiction répressive, est certainement compétent pour accorder au prévenu, renvoyé d'instance, des dommages-intérêts. A la vérité, l'action qu'il exerce contre le plaignant est purement civile. Mais il eût été trop onéreux de contraindre un citoyen, déjà injustement poursuivi, à recommencer une instance devant les tribunaux civils; et comme le tribunal, saisi de la prévention, a, sous les yeux, les éléments nécessaires pour apprécier s'il y a eu imprudence ou méchanceté dans la poursuite, une attribution spéciale lui a été conférée pour statuer sur les dommages-intérêts réclamés par le prévenu. Au contraire, le tribunal ne pourrait pas prononcer des dommages-intérêts au profit de la partie civile, car, en relaxant le prévenu, il a reconnu, par cela même, que le fait n'était pas une contravention et qu'il en a été incompétemment saisi. Dans ce cas la partie civile doit être condamnée aux frais (C. inst. cr., art. 162; D. 18 juin 1811, art. 157), liquidés par le jugement. Mais le ministère public, qui agit au nom de la société, ne doit, dans aucun cas, y être condamné.

c) Si le prévenu est convaincu de contravention de police, le tribunal prononce la peine, c'est-à-dire les diverses condamnations pénales que le juge, dans les limites de la loi, croit devoir appliquer. Puis, par le même jugement, il statue sur l'action civile, si elle a été exercée, c'est-à-dire sur les demandes en restitutions et en dommages-intérêts (art. 161)[1]. Le jugement de condamnation doit, dans tous les cas, statuer sur les dépens. Aux termes des art. 156 et 157 du décret du 18 juin

[1] Les restitutions et dommages-intérêts prennent souvent, en matière de police, un caractère particulier : toutes les fois que la contravention consiste dans l'exécution de travaux faits en infractions aux règles de la voirie, ou dans l'inexécution de travaux dont la charge peut être légalement imposée à certaines personnes, le dommage réside dans ces travaux mêmes, et la réparation consiste dans la destruction des uns et l'exécution des autres. Aussi, la jurisprudence décide que le jugement, qui prononce une amende, à raison de la contravention, ne peut se dispenser d'en faire cesser l'effet, en ordonnant, suivant les expressions de l'édit de 1607, la destruction de la *besogne mal plantée*. Comp. : Cass., 27 février 1877 (D. 77, 1, 488).

1811, auxquels la jurisprudence a reconnu force de loi, la condamnation aux frais est prononcée *solidairement* contre les auteurs et complices et contre les personnes responsables du même fait; et les parties civiles, *lors même qu'elles n'ont pas succombé*, sont tenues des frais d'instruction, expédition et signification des jugements vis-à-vis de l'État, sauf leur recours, bien souvent illusoire, contre les parties condamnées.

528. B. Au point de vue des voies de recours dont la décision est susceptible, on distingue, si elle peut ou non être attaquée par les voies ordinaires, c'est-à-dire par l'opposition et l'appel. Le jugement de simple police est *contradictoire*, lorsqu'il ne peut plus être critiqué devant le tribunal qui l'a rendu; il est *par défaut*, lorsqu'il est permis de le faire rétracter par le juge même qui l'a prononcé. En ce qui concerne l'appel, le jugement de simple police est *en premier* ou *en dernier ressort*, suivant qu'il est ou non passible de cette voie de recours.

CHAPITRE III.

DES TRIBUNAUX CORRECTIONNELS.

529. L'institution des tribunaux correctionnels répond au second terme de la triple division des infractions, en contraventions, délits et crimes. Ils sont établis pour juger les faits que la loi qualifie *délits*, comme les tribunaux de police sont établis pour juger les *contraventions*.

I. ORGANISATION DE LA JURIDICTION CORRECTIONNELLE.

530. Les délits de police correctionnelle peuvent subir deux degrés de juridiction.

531. Tribunaux correctionnels du premier degré. — Par application du principe de l'unité de la justice civile et de la justice pénale qui domine notre organisation judiciaire, ce sont les tribunaux d'arrondissement qui, au civil, comme au correctionnel, sont tribunaux de première instance (art. 179). Lorsque ces tribunaux ne sont composés que de trois ou quatre juges, et, par conséquent, n'ont qu'une chambre, les mêmes juges siègent, à certains jours, tantôt comme juges correctionnels, tantôt comme juges civils. Dans les tribunaux dont le personnel est plus nombreux, et qui se divisent en deux ou plusieurs chambres, une de ces chambres, ou plus, s'il le faut, connaît des affaires correctionnelles (D. 18 août 1810, art. 3)[1]. Un roulement doit avoir lieu chaque année, entre les juges, de manière qu'ils passent consécutivement dans les diverses chambres (D. 30 mars 1808, art. 50; D. 21 octobre 1870). Aucune disposition semblable à celle de l'article 257, qui interdit au juge d'instruction de siéger à la cour d'assises dans les affaires qu'il a instruites, n'existe en matière correctionnelle. Aussi, la jurisprudence autorise le juge d'instruction à connaître des affaires qu'il a lui-même renvoyées au tribunal correctionnel[2]. Il était nécessaire, en effet, de ne pas marquer d'incompatibilité entre les fonctions de juge d'instruction et celles de juge correctionnel, dans une organisation judiciaire, où les tribunaux d'arrondissement ne sont souvent composés que de trois juges, parmi lesquels se trouve nécessairement compris un juge d'instruction[3].

Le tribunal ne peut délibérer valablement, au correctionnel comme au civil, qu'au nombre *minimum* de trois juges (C. inst. cr., art. 180; L. 30 août 1883, art. 4). En cas d'empêchement d'un juge, il est remplacé, ou par un juge suppléant, ou, à défaut, par un avocat ou un avoué, suivant l'ordre du tableau (D. 30 mars 1808, art. 49). Lorsque les membres d'un tribunal, siégeant dans une affaire, sont en nombre pair, le dernier des juges, dans l'ordre du tableau, doit, à peine de nullité, s'abstenir (L. 30 août 1883, art. 4).

Le tribunal n'est constitué que par la présence d'un membre du ministère public et par celle du greffier.

532. Tribunaux correctionnels du second degré. — D'après le

[1] A Paris, le tribunal est composé de onze chambres. Le service correctionnel est fait par les huitième, neuvième, dixième et onzième chambres. A Lyon, le tribunal est composé de quatre chambres, c'est la quatrième qui fait le service correctionnel.

[2] V. les deux arrêts de principe de la Cour de cassation du 30 octobre 1812 et du 23 mars 1860. Cette jurisprudence est certainement fondée en droit, mais, en fait, il est difficile au juge d'instruction d'apporter une impartialité à l'abri du soupçon dans l'examen d'une affaire qu'il a renvoyée lui-même au tribunal correctionnel. Aussi ne peut-on qu'approuver la disposition du projet de loi tendant à réformer le Code d'instruction criminelle, ainsi conçue : « *Pour les affaires qu'il a instruites, le juge d'instruction ne peut concourir au jugement* »... (art. 32). Cette disposition suppose, du reste, une nouvelle organisation judiciaire, dans laquelle les tribunaux composés de trois juges seraient appelés à disparaître.

[3] Il a même été décidé que le juge d'instruction peut remplir, dans l'affaire qu'il a instruite, les fonctions de ministère public : Rennes, 7 août 1878 (S. 79, 2, 211). V. les remarquables conclusions de M. Baudoin, dans cette affaire.

Code d'instruction criminelle (art. 200), l'appel des jugements des tribunaux correctionnels était porté au tribunal du chef-lieu du département, et, quant à ce dernier, au tribunal du chef-lieu du département voisin ou à la cour. Aujourd'hui, d'après une loi du 13 juin 1856, motivée principalement par les changements survenus, depuis 1810, dans les moyens de transport, *tous* les appels se portent, du tribunal de police correctionnelle, à la *cour d'appel*, dont une section statue sous le nom de *chambre des appels de police correctionnelle* (C. inst. cr., art. 201 ; L. 20 avril 1810, art. 40). Le nombre de conseillers, pour les arrêts à rendre par cette chambre, doit être de cinq au moins. A ce point de vue, aucune différence n'existe, depuis la loi du 30 août 1883, entre le jugement des affaires civiles et celui des affaires correctionnelles (art. 1er). Lorsque les membres de la cour siégeant dans une affaire seront en nombre pair, le dernier des conseillers dans l'ordre du tableau devra s'abstenir.

II. DE LA COMPÉTENCE DES TRIBUNAUX CORRECTIONNELS.

533. Les tribunaux correctionnels connaissent de toutes les infractions, qu'elles soient qualifiées *délits* ou *contraventions*, que la loi punit de *peines correctionnelles*, c'est-à-dire d'un emprisonnement de plus de cinq jours et d'une amende de plus de quinze francs (art. 179).

La compétence des tribunaux correctionnels doit être considérée sous ses trois rapports nécessaires.

534. *Ratione materiæ*, les tribunaux correctionnels connaissent, en première instance, de tous les *délits*, c'est-à-dire de tous les faits punis de peines correctionnelles, en appel, des *contraventions de police.*

Cette règle reçoit une triple exception. D'abord, la juridiction correctionnelle connaît, dans certains cas, en premier ressort, de *contraventions* passibles de peines de police.

D'un autre côté, elle connaît également, dans d'autres cas, de faits qui sont qualifiés *crimes* par la loi.

Enfin, un certain nombre de *délits* sont soustraits à sa juridiction et attribués, soit aux cours d'assises, soit aux juridictions administratives, soit aux tribunaux civils.

a) La juridiction correctionnelle est compétente, on le sait, pour connaître des contraventions forestières, poursuivies à la requête de l'administration (C. inst. cr., art. 139; C. forest., art. 171); des contraventions à la police de la médecine et de la chirurgie (L. 19 ventôse an XI, art. 35 et 36), etc. Ces différentes contraventions, lors même qu'elles ne sont passibles que d'une amende de police, sont déférées par la loi aux tribunaux correctionnels, à raison de la *nature* même de l'infraction.

b) Les tribunaux correctionnels, aux termes de l'article 68 Code pénal, sont compétents pour juger certains *crimes* commis par les mineurs de seize ans.

c) Enfin, il est des infractions qui sont qualifiées *délits* par la loi, mais qui sont néanmoins distraites de la compétence générale des tribunaux correctionnels. Cette exception a pour motif le caractère spécial de ces infractions. Ainsi, les délits de presse, étant des délits d'opinion, sont attribués au jury (L. 29 juillet 1881, art. 45). Les contraventions en matière de grande voirie sont attribuées au conseil de préfecture. Les tribunaux civils connaissent : 1° du délit d'adultère commis par la femme, lorsqu'il est constaté dans une instance en séparation de corps dirigée contre elle (C. civ., art. 308); 2° des délits et contraventions relatifs à la tenue des registres de l'état civil, faits prévus par les articles 50, 53, 156, 192 et 193 du Code civil; 3° des contraventions aux lois sur le timbre et l'enregistrement (L. 13 brumaire an VII, art. 32; L. 22 frimaire an VII, art. 65).

535. *Ratione personæ*, la compétence des tribunaux correctionnels admet plusieurs exceptions motivées par la qualité des personnes prévenues de délits. Sans revenir sur celle que concerne les militaires, j'insiste sur la nature et l'étendue de l'exception des articles 479 et suivants du Code d'instruction criminelle.

Certains magistrats et fonctionnaires sont traduits directement, à raison des *délits* qu'ils commettent, devant la première chambre de la cour d'appel; mais les uns ne sont traduits devant cette juridiction privilégiée qu'à raison des délits commis *dans l'exercice de leurs fonctions* seulement; les autres y sont amenés à raison des délits commis, non-seulement *dans l'exercice de leurs fonctions*, mais encore *hors de ces fonctions*.

Les fonctionnaires, qui doivent être compris dans la première catégorie, sont : 1° les membres des tribunaux de commerce; 2° les officiers de police judiciaire désignés dans l'article 9 du Code d'instruction criminelle; 3° les officiers chargés du ministère public près les tribunaux de police (art. 483). Les faits reprochés à ces fonctionnaires sont réputés commis dans l'exercice de leurs fonctions, lorsqu'ils constituent un emploi illégal ou frauduleux du pouvoir qu'elle confère[1].

Sont justiciables, au contraire, de la juridiction de la cour d'appel, à raison des délits qu'ils ont commis, *soit pendant l'exercice, soit même en dehors de leurs fonctions :* 1° les juges de paix, et leurs suppléants[2]; 2° les membres des tribunaux correctionnels ou de première instance, y compris les juges suppléants; 3° les officiers chargés du ministère public près de ces tribunaux; 4° les fonctionnaires énumérés par l'article 10 de la loi du 20 avril 1810, c'est-à-dire les grands officiers de la Légion d'honneur, les généraux commandant une division ou un département, les archevêques, les évêques, les présidents de consistoire, les membres de la Cour de cassation, de la Cour des comptes et des cours d'appel. Dans ces divers cas, ce n'est plus seulement la *fonction* que la loi protège, c'est la *personne* même du fonctionnaire (art. 479).

La juridiction exceptionnelle de la cour d'appel ne s'applique qu'aux *délits* (art. 479 et 483); pour les *contraventions*, on reste dans le droit commun, et les fonctionnaires, désignés dans les art. 479 et 483, sont justiciables des seuls tribunaux de police. Mais que faut-il décider lorsque les contraventions ont été attribuées, par une disposition spéciale de la loi, à la juridiction correctionnelle? Supposons, par exemple, que des contraventions en matière forestière, de la compétence des tribunaux correctionnels, aient été commises par un garde forestier; ce garde doit-il être poursuivi devant la chambre civile de la cour d'appel? La solution affirmative, adoptée par la Cour de cassation[3], me laisse des doutes. En effet, les articles 479 et 483, qui dérogent au droit commun, en organisant une juridiction pénale privilégiée, doivent être strictement restreints dans leurs termes : or, ces deux articles ne donnent compétence à la cour d'appel que pour les délits « *emportant une peine correctionnelle* ».

536. *Ratione loci*, la compétence de la juridiction correctionnelle est déterminée par celle du procureur de la République et du juge d'instruction : sont compétents, par conséquent, le tribunal du lieu où le délit a été commis, celui de la résidence du prévenu et celui du lieu où le prévenu aura été trouvé.

[1] Comp. : Faustin Hélie, t. VI, n° 2802; Nancy, 27 janv. 1875 (S. 75, 2, 47); Grenoble, 9 mars 1872 (S. 73, 2, 44); Bordeaux, 13 juin 1878 (S. 80, 2, 7).

[2] Sur les suppléants des juges de paix : Cass., 13 juillet 1848 (*Bull.*, n° 219).

[3] Cass., 9 avril 1842 (*Bul.*, n° 84).

III. DE LA PROCÉDURE DEVANT LES TRIBUNAUX CORRECTIONNELS.

537. De la procédure dans les cas ordinaires. — Cette procédure doit être examinée au double point de vue : 1° du mode de saisine ; 2° de l'instruction à suivre devant le tribunal correctionnel.

538. I. Comment le tribunal correctionnel est-il saisi? L'article 182, qui répond à cette question, indique deux règles générales : c'est que le tribunal est saisi, soit par le *renvoi* que lui font les juridictions chargées de l'instruction, soit par la *citation directe* des parties. Il faut ajouter qu'il est un troisième mode de procéder, dont l'article 182 ne parle pas, c'est la *comparution volontaire* des parties.

A. Le renvoi devant le tribunal correctionnel par le juge d'instruction ou la chambre des mises en accusation est prévu par les art. 130 et 230. Dans ce cas, le prévenu doit être assigné à la requête du procureur de la République pour l'une des plus prochaines audiences, au délai ordinaire de trois jours (art. 132, § 2).

B. La voie de la citation directe peut être employée, aux termes de l'article 182, soit par la *partie civile,* soit par le *ministère public,* soit par les *administrations publiques* dans les procès qui intéressent l'État.

a) La citation directe de la partie civile n'est qu'une forme, ou plutôt une sanction de son droit de plainte. Elle doit contenir élection de domicile dans la ville où siège le tribunal. Le défaut de cette élection n'entraîne au surplus aucune déchéance contre la partie civile ; il en résulte seulement que celle-ci ne peut opposer le défaut de signification des actes qui doivent lui être notifiés (art. 183). Le ministère d'un avoué n'est nullement nécessaire, mais il est, bien entendu, *facultatif* devant le tribunal correctionnel.

b) Dans les mains du ministère public, le droit de citation directe est un moyen d'accélérer l'expédition des affaires. Le procureur de la République usera de la voie de la citation directe, préférablement à celle de l'instruction préparatoire, quand l'affaire sera très-simple et qu'il n'y aura aucune incertitude, « soit sur l'existence ou le caractère du délit, soit sur la désignation des prévenus et des témoins[1] ».

c) En matière fiscale, la citation directe est la *forme unique* de la

[1] Cir. minis. just., 23 sept. 1812 (D. A., *Inst. cr.*, n° 916).

poursuite. En effet, toute l'instruction se ramène à la rédaction des rapports et procès-verbaux qui constatent les contraventions : il ne reste donc plus, après la constatation faite, qu'à citer directement les contrevenants devant le tribunal correctionnel. L'article 182 ne mentionne, comme ayant le droit de citation directe, que l'administration forestière, mais le même droit appartient aux administrations des contributions indirectes et des douanes, et à l'administration des postes.

C. Le Code ne parle pas de la comparution volontaire des parties comme mode de saisine du tribunal correctionnel, mais cette forme de procéder est admise par la jurisprudence, comme permettant au tribunal de statuer promptement sur l'action publique sans léser aucun intérêt. Cette comparution a lieu en cas d'accord entre les parties ou sur simple avertissement du ministère public[1].

539. Les formes de la citation en police correctionnelle sont assez simples. Elle est donnée à la requête d'une personne ayant qualité, c'est-à-dire à la requête soit du ministère public, soit des parties lésées, soit des administrations fiscales. Elle doit énoncer les faits (art. 183)[2]. C'est l'application de la règle générale, posée par l'article 61 C. pr. civ., d'après laquelle tout exploit d'ajournement contient l'objet de la demande. Elle doit être datée, et indiquer, d'une manière précise, les noms et demeures du prévenu ou des personnes civilement responsables à qui elle est donnée. La notification de la citation est faite par le ministère des huissiers, conformément aux règles tracées par le Code de procédure civile.

540. Les délais de comparution sont fixés par l'article 184, ainsi conçu : « *Il y aura au moins un délai de trois jours, outre un jour par trois myriamètres, entre la citation et le jugement, à peine de nullité de la condamnation qui serait prononcée par défaut contre la personne citée. Néanmoins, cette nullité ne pourra être proposée qu'à la première audience, et avant toute exception et défense* ». Plusieurs différences séparent cette disposition de celle de l'article 146. Devant le tribunal de police, le délai de comparution n'est que de *vingt-quatre heures;* en matière correctionnelle, il est de *trois jours.* En matière de police, le délai de vingt-quatre heures peut être *abrégé,* en vertu

[1] Cette jurisprudence est très-ancienne V. Cass., 28 avril 1822; Cass., 16 juin 1881 (*Bull.* n° 152). Comp.: Faustin Hélie, t. VI, n° 2818.

[2] Il n'est pas nécessaire que la citation contienne l'indication de la loi dont on demande l'application. Comp. : Cass., 24 mai 1879 (S. 80, 1, 137); Faustin Hélie, t. VI, n° 2822. Il en est autrement en matière de presse (L. 29 juillet 1881, art. 60, § 3).

de l'autorisation du juge de paix. L'article 184, n'ayant pas reproduit cette abréviation facultative, il faut en conclure qu'en matière correctionnelle, le prévenu ne peut, en aucun cas, être privé du délai qui a été jugé par la loi nécessaire pour préparer sa défense. Enfin, tandis qu'en matière de police, l'article 146 prononce la nullité tant de la citation donnée au mépris du délai légal, que du jugement qui serait rendu par défaut; en matière correctionnelle, l'article 184 ne prononce pas l'annulation de la citation, mais seulement du jugement. Cette citation reste donc debout et constitue un *acte de poursuite* qui a pour conséquence d'interrompre la prescription. Le délai est de *trois jours francs*. La loi porte, en effet : « Il y aura *au moins* un délai de trois jours ». Ainsi, par application de l'article 1033 C. pr. civ., le jour de la signification et celui de l'échéance ne seront pas comptés dans le délai fixé pour la citation.

541. II. Le prévenu doit-il comparaître en personne? Aux termes de l'article 185, il y a lieu de distinguer si le délit emporte ou n'emporte pas la peine d'emprisonnement. Dans le premier cas, le prévenu est tenu de comparaître en personne, au moins en ce qui concerne l'examen du fond de l'affaire[1]. Bien entendu, ainsi que le déclare l'article 186, il conserve le droit de faire défaut et le tribunal ne peut exercer contre lui, d'autre moyen de coercition que celui qui consiste à le juger. Dans le second cas, le prévenu peut se faire représenter par un avoué, mais le tribunal a la faculté d'ordonner sa comparution en personne. En effet, l'interrogatoire du prévenu étant à la fois un moyen d'instruction et un moyen de défense, il appartient toujours au tribunal de faire comparaître l'inculpé, s'il juge son interrogatoire utile pour arriver à la découverte de la vérité[2].

Aucun texte ne suppose et ne prescrit la présence d'un défenseur en matière correctionnelle. Ce n'est qu'en matière criminelle, que l'accusé, aux termes des articles 294 et 295, doit être *nécessairement* assisté d'un conseil et qu'à défaut d'un choix de sa part, il lui en est

[1] Je crois, en effet, que le prévenu pourrait se faire représenter pour l'examen des questions préalables, indépendantes du fond de l'affaire : Cass., 11 févr. 1876 (*Bull.*, n° 46); Faustin Hélie, t. VI, n° 2856.

[2] Dans le cas où le délit n'étant pas de nature à entraîner peine d'emprisonnement, le tribunal a ordonné la comparution personnelle du prévenu, celui-ci ne comparaissant pas personnellement, mais se faisant représenter, le jugement serait-il contradictoire ou par défaut? Nous estimons que la comparution, n'étant qu'une mesure d'instruction, n'est pas nécessaire pour lier contradictoirement l'instance. La question est discutée. Comp. en sens contraire : Ortolan, t. II, n° 2339.

désigné un *d'office*. Devant les tribunaux correctionnels, l'assistance d'un défenseur n'est qu'une faculté laissée au prévenu [1].

L'ordre de l'instruction à l'audience est tracé par l'article 190, mais non pas d'une manière tellement impérative qu'il ne puisse être et ne soit, en effet, modifié sur certains points. C'est, du reste, au président de la juridiction, chargé de diriger les débats, qu'il appartient d'en déterminer la marche.

En pratique, après l'appel de l'affaire, des parties, des témoins et des experts s'il y en a, il est donné lecture des procès-verbaux ou rapports, et l'on y ajoute, au besoin, celle soit de la citation, soit de l'ordonnance du juge d'instruction, ou de l'arrêt de la chambre d'accusation, ou de l'arrêt de la Cour de cassation qui a saisi le tribunal.

Dans l'usage, l'exposé préliminaire, que doivent faire le ministère public et la partie civile des motifs et du but de la poursuite, aux termes de l'article 190, n'a lieu que dans les affaires importantes et compliquées.

Après l'appel des témoins, on passe à l'administration de preuves, ce qui est la partie la plus importante de la procédure.

L'*interrogatoire* du prévenu, que l'article 190 place après les témoignages, a lieu ordinairement avant. Il n'est pas prescrit à peine de nullité [2].

Les formes de l'*audition* des témoins devant la juridiction correctionnelle sont les mêmes que devant la juridiction de simple police (art. 189). Nous n'avons donc qu'à renvoyer à ce que nous avons déjà dit.

L'examen des preuves terminé, on passe aux conclusions et plaidoiries. Dans la pratique, on donne la parole : 1° à la partie civile, pour le développement de ses moyens et conclusions; 2° au ministère public, pour ses réquisitions; 3° à la défense, pour ses plaidoiries. Le prévenu doit toujours avoir la parole le dernier, s'il la demande. Cet ordre n'est pas, en tout point, celui indiqué par l'article 190, mais rien n'empêche qu'il soit suivi, puisque l'ordre énoncé par cet article n'est pas prescrit à peine de nullité.

[1] Mais la loi du 22 janvier 1851, sur l'*assistance judiciaire*, prescrit au président du tribunal correctionnel de désigner un défenseur d'office aux prévenus poursuivis à la requête du ministère public ou détenus préventivement, *lorsqu'ils en font la demande et que leur indigence est constatée* (art. 29).

[2] En sens contraire cependant : Faustin Hélie, t. VI, n° 2906; *Pratique criminelle*, t. I, n° 469.

L'article 189 veut que le greffier tienne note des déclarations des témoins et des réponses du prévenu et que ces notes soient visées par le président, dans les trois jours du jugement.

Le débat, devant le tribunal correctionnel, comme devant le tribunal de police, n'est clos que par la prononciation du jugement[1].

542. De la procédure sommaire devant les tribunaux correctionnels en cas de délits flagrants. — La loi du 20 mai 1863[2], qui a pour rubrique *loi sur l'instruction des flagrants délits devant les tribunaux correctionnels*, a eu pour but d'accélérer la poursuite et le jugement de ces délits et d'abréger ainsi la détention préventive. Elle tend à ce résultat : 1° en élargissant les attributions du procureur de la République ; 2° en abrégeant les formes et les délais des citations devant les tribunaux correctionnels. Pour comprendre les innovations qu'elle a apportées dans la procédure ordinaire, voyons d'abord ce qui se passait, avant sa promulgation.

Un délit était-il saisi au moment où il se commettait ou venait de se commettre? le coupable, arrêté par un agent de la force publique, était d'abord conduit au commissariat de police : là, avait lieu une instruction sommaire, dans le but d'examiner le dossier et l'identité de l'inculpé ; après quoi, celui-ci était traduit au parquet du procureur de la République ; ici, de deux choses l'une : ou le magistrat le faisait citer, au délai de trois jours, devant le tribunal, ou il saisissait de l'affaire le juge d'instruction et provoquait une information préparatoire. Dans ce dernier cas, — le plus fréquent, parce que le prévenu étant récidiviste, sans famille et sans domicile, il y avait lieu de le mettre sous mandat de dépôt, — les procès-verbaux étaient examinés par le juge ; le prévenu interrogé ; les témoins entendus ; puis, l'instruction clôturée par une ordonnance de renvoi devant le tribunal cortionnel, en vertu de laquelle le prévenu et les témoins étaient de nouveau cités. Que de délais, que de complications, dans une affaire si simple! L'agent, qui a arrêté l'inculpé, a constaté le fait ; les témoins sont prêts à en déposer ; les preuves sont accablantes ; le plus souvent,

[1] Cass., 18 mai 1870 (S. 70, 1, 274).

[2] Sur cette loi : G. Rousset, *Application de la loi sur l'instruction des flagrants délits* (*Rev. crit.*, t. XXVII, p. 97) ; Jacques (*Rev. crit.*, t. XVII, p. 49); Derome, *Considérations sur la loi relative à l'instruction des flagrants délits devant les tribunaux correctionnels* (1864, in-8°). Sur l'application de cette loi à Paris : Circ. du proc. de la République près le tribunal de la Seine, du 20 avril 1880 (*Bull. soc. des prisons*, 1880, p. 683).

toute dénégation serait inutile, elle aggraverait la situation de l'inculpé ; aussi celui-ci fait des aveux : pourquoi alors une instruction? une procédure? pourquoi ces témoins cités deux fois, deux fois dérangés, quand la présentation immédiate de l'inculpé à la barre du tribunal correctionnel et une instruction orale seraient suffisantes ? En supprimant tous ces délais, tous ces détours, on agirait dans l'intérêt des inculpés qui, innocents ou coupables, subiraient peu ou point de détention préventive. Tel a été précisément l'objet de la loi du 20 mai 1863, qui, inspirée par l'exemple de ce qui se fait depuis longtemps en Angleterre, a voulu créer, comme on l'a dit dans la discussion, une *juridiction subite*, ou, plus exactement, une *procédure accélérée*, en cas de *délit* flagrant.

543. En effet, tandis que le Code d'instruction criminelle n'ouvrait au procureur de la République, que la voie de la citation directe à trois jours ou celle de l'instruction préparatoire, la loi du 20 mai 1863 lui ouvre deux voies nouvelles : la *traduction directe*, et sans citation, de l'inculpé, devant le tribunal; la citation directe et d'urgence, au *délai d'un jour*. Mais, pour qu'il puisse y avoir lieu à cette procédure sommaire, trois conditions sont nécessaires : 1° il faut que le fait soit un délit ordinaire, non un délit politique ou de presse, non un délit dont la procédure soit réglée par des lois spéciales (art. 7); 2° que le fait soit saisi en état de flagrant délit, et il a été entendu, dans le rapport et la discussion de la loi de 1863, qu'on entendait s'en référer, sur ce point, à la définition du flagrant délit donnée par l'article 41 C. inst. cr.; 3° enfin, que l'inculpé ait été arrêté.

Lorsque ces trois conditions se rencontrent, la marche de la procédure est ainsi tracée par la loi : L'inculpé, arrêté en état de flagrant délit, n'est pas traduit directement devant le tribunal, ainsi que cela a lieu en Angleterre; il est conduit d'abord au parquet; la loi a vu, dans cette comparution devant le procureur de la République, une garantie contre la légèreté de l'arrestation. Mais l'intervention du juge d'instruction est supprimée; c'est au procureur de la République, partie poursuivante, à rassembler ses preuves, à interroger le prévenu, les agents qui l'ont arrêté, à faire, en un mot, une instruction préparatoire sommaire. S'il juge utile de recourir à la procédure abrégée de la loi nouvelle, et s'il traduit, par conséquent, l'inculpé à l'audience du jour même ou à celle du lendemain, le procureur de la République peut décerner un mandat de dépôt (art. 1er). C'est là une exception aux règles ordinaires, puisque, dans le droit commun, il n'appartient qu'au juge d'instruction de décerner un mandat de cette espèce[1].

Si le tribunal tient une audience, le procureur de la République traduit l'inculpé sur-le-champ. S'il n'y a point d'audience, il le fait citer, *par exploit*, pour l'audience du lendemain[2]. Le tribunal est, au besoin, spécialement convoqué (art. 2).

Les témoins peuvent être verbalement requis de venir déposer à l'audience par tout officier de police judiciaire ou agent de la force publique. Ils sont tenus de comparaître sous les peines portées par l'article 157 du Code d'instruction criminelle (art. 3).

La loi de 1863, en organisant cette procédure sommaire, s'est préoccupée, comme elle le devait, de l'intérêt de la défense : le tribunal, aux termes de l'article 4, est *obligé*, si l'inculpé le demande, de lui accorder un délai de *trois jours* au moins pour préparer sa défense, délai pendant lequel il restera, s'il n'en est autrement ordonné par le tribunal, sous mandat de dépôt.

Aux termes de l'article 6, l'inculpé acquitté doit être mis immédiatement en liberté, nonobstant appel. Il était fait, dans ce texte, exception, dans l'intérêt de l'inculpé, et à cause du caractère exceptionnel de la poursuite, aux règles ordinaires, d'après lesquelles la mise en liberté, après acquittement en police correctionnelle, était suspendue pendant trois jours pour attendre l'appel du ministère public. Mais cette exception est devenue la règle générale depuis la loi du 14 juillet 1865, qui a modifié l'article 206 du Code d'instruction criminelle. Nous nous occupons plus loin de cette modification.

Si l'affaire n'est pas en état de recevoir jugement, le tribunal en ordonne le renvoi pour plus ample information, à l'une des plus prochaines audiences, et, s'il y a lieu, met l'inculpé provisoirement en liberté, avec ou sans caution (art. 6)[3].

[1] La loi du 13 mai 1863 permet au ministère public de délivrer un mandat de dépôt, mais elle ne lui en fait pas une obligation, comme on le croit généralement dans la pratique.

[2] Il serait préférable de donner au procureur de la République le droit de traduire l'inculpé à la plus prochaine audience. V. sur ce point : Brégeault, *Le mandat de dépôt décerné par le procureur de la République et par le tribunal de police correctionnelle* (*La Loi*, n° du 29 juillet 1881).

[3] Le tribunal correctionnel, auquel un fait est déféré comme flagrant délit, ne peut, lorsque le caractère de flagrant délit ne lui paraît pas suffisamment établi, se dessaisir de la prévention et renvoyer le procureur de la République à se pourvoir ainsi qu'il avisera, il doit ordonner le renvoi de l'affaire à l'une des prochaines audiences, conformément à l'article 5. Dans ce sens : Angers, 23 juin 1863; Rennes, 25 juin 1863 (S. 63, 2, 229).

IV. DES JUGEMENTS RENDUS PAR LES TRIBUNAUX CORRECTIONNELS.

544. En matière correctionnelle, comme en matière de simple police, les jugements, par lesquels le tribunal statue sur l'affaire dont il est saisi, doivent être considérés, au point de vue de leur *objet* et au point de vue des *voies de recours* dont ils sont susceptibles.

545. A. Si l'on considère leur *objet*, le tribunal correctionnel peut rendre, en dehors des jugements d'instruction, préparatoires ou interlocutoires, des jugements d'*incompétence*, de *relaxe* ou de *condamnation*.

a) Le tribunal vérifie, d'office, sa compétence *ratione loci* et *ratione personæ*. S'il reconnaît son incompétence à ces deux points de vue, il la déclare purement et simplement, et ne peut décerner, contre le prévenu, aucun mandat, puisque sa juridiction lui est complètement étrangère. Le tribunal correctionnel doit encore examiner la nature de l'infraction à l'effet de savoir s'il est compétent, *ratione materiæ*, pour statuer sur elle. Si le fait est reconnu être un *crime*, le tribunal, dont la limite de pouvoir est dépassée, se déclare incompétent; il renvoit devant le juge d'instruction compétent, s'il a été saisi par voie de citation directe. S'il l'a été par ordonnance du juge d'instruction ou par arrêt de la chambre d'accusation, il se borne à déclarer son incompétence, car il violerait, en renvoyant devant la juridiction d'instruction, l'autorité qui s'attache à l'ordonnance ou à l'arrêt[1]. Il peut, dans ces deux cas, mettre le prévenu sous mandat de dépôt ou mandat d'arrêt (art. 193). Mais si le fait est reconnu n'être qu'une *contravention*, le tribunal doit-il se dessaisir d'office? Nullement, car l'incompétence du tribunal correctionnel, dans ce cas, n'a aucun caractère absolu, puisque ce tribunal peut être saisi, comme juge d'appel, de la connaissance des contraventions; on conçoit donc que, pour ces infractions d'une gravité minime, les parties soient autorisées par la loi à renoncer au premier degré de juridiction. Aussi, l'article 192 dispose que si « *le fait n'est qu'une contravention de police, et si la partie publique ou la partie civile n'a pas demandé le renvoi, le tribunal appliquera la peine et statuera, s'il y a lieu, sur les dommages-intérêts* ». Seulement, on ne voit aucune bonne raison pour ne pas donner au prévenu le même droit qu'au ministère public et à la partie civile.

[1] Il y a lieu alors à règlement de juge.

Aussi, la jurisprudence est-elle portée à interpréter restrictivement l'article 192 et à faire une distinction que nous croyons équitable et fondée. Toutes les fois que le caractère de *contravention* résulte des termes mêmes de la citation, le prévenu peut opposer l'exception d'incompétence *in limine litis*, et le tribunal doit se dessaisir[1]; si on ne reconnaissait pas ce droit au prévenu, il appartiendrait, en effet, au ministère public et à la partie civile de le priver, malgré lui, du premier degré de juridiction. Mais lorsque c'est seulement par les débats, que le fait perd le caractère de *délit* pour prendre celui de *contravention*, on applique l'article 192, qui ne paraît viser que cette hypothèse.

b) Le tribunal correctionnel, quand le fait n'est pas une infraction, ou quand le prévenu n'en est pas reconnu coupable, prononce son renvoi des fins de la prévention. L'article 191, qui statue sur ce point, ne fait que reproduire les dispositions que l'article 159 a déjà édictées en matière de police. Toutes nos observations, relatives à la forme de l'acquittement, aux dommages-intérêts réclamés par le prévenu ou contre lui, à la charge des frais, doivent recevoir ici leur application.

c) Enfin, si le fait constitue un délit, le tribunal applique la peine prononcée par la loi et statue sur les dommages-intérêts réclamés par la partie civile (art. 194 et 195). Il n'est nullement lié par la qualification donnée dans la citation ou dans l'ordonnance ou l'arrêt[2]; saisi d'un fait, il peut et doit l'envisager dans ses rapports avec toutes les lois pénales et lui donner la qualification qui lui appartient.

546. B. Au point de vue des voies de recours dont ils sont susceptibles, les jugements, rendus en matière correctionnelle, se divisent en *jugements contradictoires* et *par défaut*, et en *jugements en premier* et *jugement en dernier ressort*.

[1] Cette jurisprudence est ancienne : Cass., 8 mars 1839 (S. 39, 1, 431) ; 4 mai 1843 (S. 44, 1, 172) ; VILLEY, p. 348 ; RODIÈRE, *op. cit.*, p. 354 ; LE SELLYER, *De la compétence*, t. I, nº 42.

[2] Sur ce point : Cass., 28 nov. 1873 (*Bull.*, nº 293); 21 juillet 1877 (S. 78, 1, 239).

CHAPITRE IV.

DES COURS D'ASSISES[1].

547. A la différence des tribunaux de police simple ou correctionnelle, la cour d'assises n'est pas une juridiction *permanente ;* elle se constitue à certaines époques et tient des sessions pour statuer sur les affaires criminelles en état d'être jugées; elle se dissout, aussitôt que le rôle de ces affaires est terminé. Ce n'est pas non plus une de ces juridictions *simples*, dont tous les membres siègent, délibèrent et décident en commun sur l'ensemble du procès pénal : elle se compose, en effet, de deux éléments : de *citoyens*, formant le *jury*, juges de la culpabilité des accusés; de *magistrats*, formant la *cour*, juges de l'application de la peine. Tous fonctionnent par commission : le jury, pour chaque affaire; la cour, pour toute la session[2].

I. DE L'ORGANISATION DES COURS D'ASSISES.

548. Notions générales sur l'organisation et la composition des cours d'assises. — La cour d'assises n'étant ni une juridiction *permanente* ni une juridiction *simple*, il y a lieu d'examiner les conséquences qui résultent de ces deux caractères.

549. I. Dans quel *lieu* siège la cour d'assises? A quelles *époques* se réunit-elle? Quelle est la *durée* de sa session?

[1] BIBLIOGRAPHIE : CUBAIN, *Traité de la procédure devant les cours d'assises*, 1855; de FREMINVILLE, *De la procédure criminelle devant le jury*, 1855; Marcel de SERRES, *Manuel des cours d'assises*, 3 vol., 1823-1824; NOUGUIER, *La cour d'assises*, 4 tomes, en 5 vol., 1860-1870.

[2] Depuis quelques années, un mouvement, dont l'Allemagne a donné le signal, se produit pour l'établissement, en matière pénale, de tribunaux mixtes (*Schoffengerichte*), composés, en partie de magistrats de profession, en partie de personnes étrangères à la magistrature, de citoyens, siégeant, délibérant et décidant en commun avec les magistrats, au lieu de statuer séparément, comme le jury actuel, sur certains points du procès pénal (V. BUFNOIR, *Des tribunaux d'échevins en Allemagne*, *Bull. soc. légis. comp.*, 1873, p. 262). En réunissant juges et jurés en une seule juridiction, on concilie, le principe de la participation de simples citoyens à la juridiction pénale, avec la nécessité de ne pas séparer, pour en donner la connaissance à des juges distincts, les éléments presque inséparables du procès pénal, le fait et le droit. Comp. BEUDANT, *op. cit.*, p. 284 : « Supprimer la distinction du fait et

A. Il existe une cour d'assises dans *chaque département* (C. inst. cr., art. 251)[1]. Elle se réunit au siège de la cour d'appel, pour le département où est située cette cour; pour les autres, ordinairement[2] au chef-lieu (L. 20 avril 1810, art. 17, modifiant l'art. 258). Du reste, s'il y avait utilité, elle pourrait se tenir exceptionnellement en quelque lieu du même département, autre que le lieu habituel de sa session (C. inst. cr., art. 258), pourvu que ce lieu fût le siège d'un tribunal.

B. D'après la loi de 1791, des assises devaient être réunies tous les mois; mais l'expérience a démontré que les affaires criminelles étaient, dans la majeure partie des départements, trop peu nombreuses pour exiger une session mensuelle, et le Code de 1808 (art. 259) a décidé qu'il y aurait une session « *tous les trois mois* » seulement.

L'article 250, qui donnait au président de la cour d'assises le droit de fixer le jour où les assises doivent s'ouvrir, a été modifié par l'article 20 de la loi du 20 avril 1810, qui transmet ce droit au *premier président de la cour d'appel*. L'article 21 ajoute que, lorsque la cour d'assises doit se tenir dans un lieu autre que celui où elle siège habituellement, l'époque de l'ouverture est déterminée par l'arrêt de la cour, toutes chambres réunies, qui ordonne la translation.

C. Les assises se prolongent tout le temps nécessaire à l'expédition des affaires : c'est le nombre et l'importance des causes dont elles sont saisies qui détermine leur durée. Il est néanmoins admis, dans la pratique de la chancellerie, pour ne pas imposer aux mêmes jurés de trop lourdes occupations, que chaque session ne doit pas se prolonger au-delà de quinze jours, et que, si le rôle n'est pas épuisé dans ce laps de temps, une seconde session doit s'ouvrir, dans le même trimestre, pour l'expédition des affaires en cours.

du droit, appeler juges et jurés à délibérer et à prononcer en commun..., serait une réforme bien moins radicale qu'on ne serait tenté de le croire au premier abord ». Les divers projets de loi sur l'établissement du jury en matière correctionnelle, réaliseraient, s'ils étaient adoptés par les Chambres, cette participation, dans le même jugement, de jurés et de magistrats. Mais quand on présente cette organisation comme un retour à la législation de l'Assemblée constituante de 1789, on commet une erreur historique.

[1] On a proposé souvent de réduire le nombre des cours d'assises : une seule serait suffisante par ressort de cour d'appel. V. Frémont, *De la réduction du nombre des cours d'assises et de leur centralisation au chef-lieu de la cour d'appel.* (*Rev. crit.*, t. XVIII, 1861, p. 41); dans le même sens, article anonyme dans le journal *La Loi*, n° du 22 avril 1882.

[2] Par exception, dans les départements de la Marne, de la Meuse, du Nord, du Pas-de-Calais, de Saône-et-Loire, de la Loire, les assises se tiennent, non point au chef-lieu, mais à Reims, Saint-Mihiel, Douai, Saint-Omer, Châlon, Montbrison.

On appelle, précisément, *assises extraordinaires*, celles qui sont convoquées, soit lorsque les assises ordinaires, trop chargées d'affaires, n'ont pas suffi à épuiser le rôle du trimestre, soit lorsque, après la clôture des assises ordinaires, quelque affaire grave, récemment mise en état, exige un prompt jugement (C. inst. cr., art. 257 et 371; L. 20 avril 1810, art. 19). Elles prennent le même personnel de magistrature que celui de l'assise ordinaire précédente. Le droit de les convoquer appartient au premier président de la cour d'appel[1].

550. II. La cour d'assises n'est point une juridiction simple. Elle est composée : 1° d'un président; 2° de deux juges assesseurs; 3° de douze jurés; 4° d'un membre du ministère public; 5° d'un greffier. Il est facile de distinguer, dans cette composition, deux éléments : l'un qui est formé de magistrats, l'autre qui est formé de citoyens. Après avoir étudié séparément la composition de ces deux éléments, nous examinerons comment ils se combinent pour former la juridiction.

551. De la magistrature. — Le principe de l'unité de la justice pénale et de la justice civile, qui domine notre organisation judiciaire, se manifeste dans la juridiction la plus élevée du droit criminel. C'est, en effet, la cour d'appel qui tient les assises dans tous les départements de son ressort et qui a, suivant l'expression du rapporteur de la loi du 20 avril 1810, la *présidence du jury*.

A. La présidence des assises, qui n'est plus, dans notre organisation judiciaire actuelle, une fonction permanente, est déléguée, pour toutes les sessions d'un trimestre, à un magistrat, spécialement désigné à cet effet, qui est toujours, quel que soit le lieu où s'ouvre la session, un *conseiller de la cour d'appel du ressort* (C. inst. cr., art. 252 et 253). Il y a exception à cette règle, quand l'un des assesseurs, dans l'un des départements où ne siège pas la cour d'appel, remplace le président empêché.

C'est au ministre de la justice qu'il appartient de désigner le conseiller qui est chargé de présider les assises. Il doit faire cette délé-

[1] L'ordonnance du premier président portant fixation du jour de l'ouverture de la session, ou l'arrêt de la cour qui indique ce jour, est publié dans tout le ressort, suivant des formes spéciales précisées par l'article 22 de la loi du 20 avril 1810 et l'article 88 du décret du 6 juillet de la même année. Il s'agit là d'une mesure administrative, étrangère aux débats et à la procédure, ainsi qu'aux droits de la défense, dont l'inobservation ne pourrait, par conséquent, donner ouverture à cassation.

gation pendant la durée d'une assise pour le trimestre suivant. S'il n'a pas usé de sa prérogative, c'est au premier président de la cour d'appel qu'il appartient de faire la désignation, dans la huitaine du jour de la clôture de l'assise (L. 20 avril 1810, art. 16; D. 6 juillet 1810, art. 79). Si donc le droit du ministre de choisir le président des assises n'est pas limité, quant à son *étendue*, il l'est, quant au *délai* dans lequel il doit s'exercer. Il expire à la clôture de chaque assise, en ce qui concerne le président de l'assise suivante; et, dès que la session est close, sans que la nomination ait été faite, il appartient au premier président d'y procéder. Celui-ci, du reste, a toujours le droit, même dans le cas où le ministre de la justice a usé de sa prérogative, de venir présider lui-même, soit une seule affaire, soit toutes les affaires de la session.

Si le président des assises se trouve, par suite de quelque empêchement, dans l'impossibilité de remplir ses fonctions, il faut pourvoir à son remplacement, qui s'opère différemment, suivant l'époque où se manifeste l'empêchement. Si l'empêchement survient, avant la notification faite à chaque juré de l'extrait de la liste le concernant, notification prescrite par l'article 389 C. inst. cr., il doit être procédé à la délégation d'un nouveau président soit par arrêté du ministre de la justice, soit par ordonnance du premier président. Si l'empêchement ne survient que depuis la notification faite aux jurés, le remplacement s'opère de la manière prescrite par l'article 263, c'est-à-dire que le président est remplacé par le plus ancien des juges de la cour nommés ou délégués pour l'assister, à défaut, par le président du tribunal[1]. C'est le système de substitution par ordre hiérarchique.

B. En Angleterre, les assises sont tenues par un magistrat *unique*, qui préside et dirige le jury. En France, le président a des assesseurs qui composent, avec lui, la juridiction, désignée par cette expression : *la cour*, quand on l'oppose au *jury*. Trois points distincts doivent être examinés au sujet de ces assesseurs : 1° leur nombre;

[1] Toutefois, il résulte d'une jurisprudence, qui s'est affirmée par des nombreux arrêts, que l'article 263 n'aurait indiqué qu'un mode *facultatif* de remplacement, que ce mode ne serait applicable qu'au cas où, ni le ministre, ni le premier président n'useraient de leur droit de nomination : Cass., 27 mai 1852 (S. 52, 1, 857). La jurisprudence la plus récente, tout en maintenant cette interprétation, qui ne paraît pas bien fondée, reconnaît que le mode de remplacement, indiqué par l'article 263, devient tout au moins *obligatoire* à partir de l'ouverture de la session : Cass., 13 mars 1869 (S. 69, 1, 337).

2° leur désignation; 3° le mode de leur remplacement dans les cas d'empêchement.

a) Le Code de 1808 fixait à *cinq* le nombre des magistrats siégeant en qualité de juges à la cour d'assises, savoir : un président et quatre assesseurs. Les attributions de la cour d'assises ayant subi, depuis la promulgation du Code, une réduction proportionnelle à l'extension des pouvoirs donnés au jury, ce nombre a été diminué par une loi du 4 mars 1831. Aujourd'hui, la cour d'assises se compose de *trois* juges, dont un président (C. inst. cr., art. 252 et 253).

b) Le principe que c'est la cour d'appel qui tient les assises, se manifeste dans la composition de ce personnel. Au lieu où siège la cour d'appel, trois conseillers forment la cour d'assises. Dans les autres départements, le président est nécessairement un conseiller; les deux assesseurs peuvent être deux conseillers, ou bien, — et c'est le plus ordinaire, — deux juges, pris parmi les membres du tribunal de première instance du lieu où siège la cour d'assises. Enfin, si les circonstances l'exigeaient, la première chambre de la cour pourrait, en vertu d'un arrêt rendu, toutes chambres assemblées, sur la réquisition du procureur général, se réunir à la cour d'assises pour le débat et le jugement d'une affaire (D. 6 juillet 1810, art. 93).

Les assesseurs de la cour d'assises sont nommés, soit par le ministre, soit par le premier président, suivant les distinctions déjà faites pour la nomination du président.

c) La loi a prévu les cas d'empêchement des assesseurs, comme elle a prévu ceux du président. Il faut, pour déterminer le mode de remplacement, distinguer entre les assises du chef-lieu de la cour d'appel et celles des autres départements. 1° Dans les assises du chef-lieu, le remplacement s'opère de deux manières : ou par une nouvelle délégation du premier président, si l'empêchement se produit avant la notification faite aux jurés en exécution de l'article 389; ou par l'adjonction du conseiller le plus ancien, si elle ne se produit que depuis cette notification (C. inst. cr., art. 247; L. 20 avril 1810, art. 16). 2° Dans les départements où ne siège pas la cour d'appel, le remplacement des assesseurs se fait, suivant les époques, soit par le premier président, soit par le président des assises. Jusqu'au jour de l'ouverture de la session, il appartient au premier président de désigner les juges qui remplacent les assesseurs empêchés. Après, ce droit passe au président de la cour d'assises (C. inst. cr., art. 253).

L'article 257 défend, à peine de nullité, que le juge d'instruction, qui aurait déjà fonctionné en cette qualité dans l'affaire, ou les conseillers, qui auraient déjà voté sur la mise en accusation, puissent siéger, dans cette même affaire, à la cour d'assises, soit comme président, soit comme assesseurs. Il serait à craindre, s'il en était autrement, que les préventions ou les convictions formées dans le cours des opérations d'instruction ne suivissent, à l'audience, celui qui a fait ses opérations. L'incompatibilité établie par la loi est donc une garantie de l'impartialité du juge.

C. La cour d'assises, comme toutes les juridictions répressives, n'est constituée que par la présence d'un magistrat du ministère public. Ces fonctions sont remplies, au chef-lieu de la cour d'appel, soit par le procureur général, soit par un des avocats généraux, soit par un des substituts du procureur général (C. inst. cr., art. 252). Elles le sont, dans les autres départements, par le procureur de la République près le tribunal ou l'un de ses substituts. Toutefois, le procureur général a toujours le droit de remplir lui-même les fonctions du ministère public près les cours d'assises de ces départements ou de les déléguer à ses substituts (C. inst. cr., art. 263, 265, 271, 284). Le procureur de la République ne siège, en effet, aux assises que comme *substitut du procureur général*, et sans pouvoir propre.

D. Le principe, suivant lequel à chaque juridiction est attaché un greffier pour constater les actes du juge et tenir le dépôt de ses minutes, s'applique naturellement à la cour d'assises. Les fonctions de greffier sont remplies, devant cette juridiction, dans les départements où siègent les cours d'appel, par le greffier de la cour d'appel ou par l'un de ses commis assermentés (C. inst. cr., art. 252), dans les autres départements, par le greffier du tribunal ou l'un de ses commis assermentés (art. 253).

552. Du jury[1]. — Les *jurés* sont des citoyens, constitués juges,

[1] Sur l'institution du jury : FAUSTIN HÉLIE, t. VIII, nos 3124 et suiv.; 3134 et suiv.; OUDOT, *Théorie du jury*, 1843 ; AIGNAN, *Histoire du jury*, 1882; MITTERMAIER, *Ehrfahrungen über die Wirksamkeit der Schwurgerichte in Europa und America* (Erlangen, 1864). V. compte rendu intéressant de ce dernier ouvrage : *Rev. crit.* : 1865, p. 88. — Pour le droit étranger : Jury allemand (*Annuaire de légis. étrang.*, 1873, p. 330 ; 1875, p. 79 et 206) ; Jury autrichien (Loi du 23 mai 1873 : *Annuaire...*, 1874, p. 247 et suiv.; VAINBERG, *Bull. de la société de légis. comp.*, 1875, p. 61); Jury italien (Loi du 8 juin 1871, *Annuaire...*, p. 357 ; DUBOIS, *Revue critique*, 1871, p. 758); Jury anglais (*Annuaire...*, 1872, p. 4 ; 1873, p. 3 ; 1874, p. 3 ; SAMUELY, *Le jury anglais*, *Rev. gén. du droit.*., 1882, p. 38 à 43); Jury américain (*Annuaire*, 1873, p. 67, 116, 118).

en leur conscience et sous la foi du serment (de là leur nom de *jurés*), de la culpabilité ou de la non-culpabilité des accusés. La réunion des jurés compose le *jury*.

L'idée du jury est aussi ancienne que la justice, si on la considère dans son principe abstrait : *le jugement par de simples citoyens*; mais son organisation pratique varie suivant les doctrines politiques de chaque siècle et de chaque pays. Le jury français paraît avoir une double origine : les lois et coutumes des époques barbare et féodale en contenaient le germe; les lois et coutumes anglaises en présentaient une formule complète et une longue expérience. C'est à l'Angleterre, en effet, que l'Assemblée constituante emprunta cette institution[1], qui, depuis 1791, est toujours restée debout dans nos lois malgré les attaques dont elle a été si souvent l'objet. Par elle, les citoyens participent *directement* à l'administration de la justice, sans apporter, dans l'accomplissement de cette mission, les habitudes d'esprit de juges permanents et la dépendance, vis-à-vis du pouvoir, de fonctionnaires publics. Mais, avec elle, la répression devient inégale et variable de département à département, de session à session, d'affaire à affaire; elle manque d'énergie et de mesure dans tous les procès où sont en jeu des préjugés ou des passions populaires. Ce sont là les écueils de toute justice sans *tradition*, sans *responsabilité*, et à laquelle ne s'imposent, comme contre-poids, ni l'obligation de *motiver* la décision, ni le *contrôle d'une juridiction supérieure*, chargée de la réviser. On a, dans ces derniers temps, attaqué, au nom de la science pénale, le dogme de la justice populaire[2], et, sans m'associer à toutes les critiques qui en ont été faites, je crois que l'institution du jury est appelée à se transformer ou à disparaître.

Depuis que le jury existe dans notre pays, son organisation et sa compétence ont été successivement modifiées par presque tous les régimes politiques. Les lois sur le jury se sont succédé, apportant chacune un système divers, chacune faisant dépendre l'aptitude aux fonctions de juré d'une condition nouvelle, chacune étendant ou restreignant, suivant les tendances du moment, la compétence du jury. Nous ne suivrons pas ce long travail de législation. La loi actuelle

[1] Comp. : Esmein, *op. cit.*, p. 417 et suiv.

[2] Comp. : Enrico Ferri, *Cenni critici sulla giuria in Italia* (Venise, 1880); *I nuovi orizzonti*, p. 127 à 137; Stephen, *History of the criminal Law of england* (V. analyse de cet ouvrage : *Bull. Soc. légis. comp.*, 1884, p. 105).

sur le jury, qui porte la date du 21 novembre 1872, se trouve placée entre les dispositions du décret du 7 août 1848, remises momentanément en vigueur par le décret du 4 octobre 1870, et la loi du 3 juin 1853. Elle s'est proposée de garantir, mieux que le décret de 1848, l'*intelligence* du jury, mieux que la loi de 1853, son *indépendance*[1]. Deux principes dominent et résument ses dispositions : la mission de juré est considérée comme une fonction et non comme un droit; mais, à l'élément électif de 1848 et à l'élément administratif de 1853, est substitué, pour présider à la formation des listes du jury, l'élément judiciaire, combiné, dans une juste proportion, avec l'élément électif[2]. Cette double réforme porte sur les deux questions que soulève toute organisation du jury.

Le jury se recrute, en effet, par une double opération : il faut d'abord déterminer quels sont les citoyens aptes à en remplir les fonctions : il faut ensuite établir un mode de désignation de ceux qui, parmi ces citoyens, formeront, pour chaque affaire, le jury de jugement. D'où : 1° une *question générale :* quelles sont les personnes qui peuvent être appelées aux fonctions de juré? 2° une *question spéciale à chaque affaire :* comment se forme le jury de jugement?

553. I. Quelles sont les personnes aptes, en général, à remplir les fonctions de juré? Il existe, sur la réponse à faire à cette question, deux systèmes, entre lesquels le législateur a successivement oscillé. Le ministère du juré peut être considéré comme un *droit civique* ou comme une *fonction judiciaire*. Ce qui caractérise le premier système, c'est qu'il confond le droit d'être juré avec celui d'être électeur et voit deux formes d'exercice du même droit, dans ces deux modes d'intervention de l'individu dans les rouages du gouvernement représentatif.

[1] Cette loi a été présentée par M. DUFAURE, alors ministre de la justice. Je relève, dans l'exposé des motifs, cette phrase, qui en caractérise l'esprit : « Nous considérons qu'être juré n'est pas un droit, mais l'exercice d'une haute et difficile fonction, et que la condition *sine quâ non* pour en être investi est d'être réellement capable de la bien remplir ». Pour le texte de cette loi et les documents législatifs, voir : D. 1872, 4, 132. Comp. : BARBIER, *Lois du jury, compétence et organisation,* 1872.

[2] L'intervention de la justice, représentée par le juge de paix, dans le canton, et le président du tribunal, dans l'arrondissement, pour la formation des listes du jury, fut, à l'Assemblée nationale, l'objet des plus vives critiques : on prétendit que le jury, dans ce système, ne serait plus qu'une annexe de la magistrature. L'auteur du projet, M. DUFAURE, défendit vaillamment et, à notre avis, victorieusement son œuvre. Nous croyons, en effet, que l'organisation de 1872 est la meilleure que la législation française ait essayée jusqu'à ce jour; qu'il nous soit permis de faire des vœux pour que cette organisation soit désormais à l'abri des fluctuations de la politique.

C'est dans cet esprit qu'ont été rédigées les lois du 2 mars 1827, du 29 avril 1831 et le décret du 7 août 1848. Le second système ne considère pas l'admissibilité aux fonctions de juré comme constituant un droit pour les citoyens ; il n'appelle à les remplir que ceux qui ont été reconnus capables par des commissions diversement composées. C'est dans cet esprit qu'ont été rédigées les lois du 4 juin 1853 et du 21 novembre 1872.

Dans ce système, le législateur se borne à déterminer les personnes qui *peuvent* et non celles qui *doivent* être portées sur les listes du jury. Le titre Ier de la loi du 21 novembre 1872 ramène, à trois principales, les « *conditions requises pour être juré* » : 1° avoir l'âge de trente ans accomplis[1] ; 2° jouir des droits politiques, civils et de famille ; 3° n'être dans aucun des cas d'incapacité ou d'incompatibilité prévus par la loi (art. 1er).

L'*incapacité*, qui est, bien entendu, l'exception, est l'inaptitude d'être juré, soit dans un procès quelconque, soit dans une affaire déterminée. Dans le premier cas, l'incapacité est *absolue ;* elle est *relative*, dans le second. L'incapacité absolue est *légale* ou *naturelle*, suivant qu'elle résulte d'une sorte d'indignité, ou qu'elle a sa raison d'être dans une impossibilité de remplir les fonctions de juré. Seules, les causes d'incapacité légales, absolues ou relatives, sont énumérées par les art. 2 et 4 de la loi de 1872[2] et par l'art. 3 de la loi du 21 avril

[1] Mais le défaut d'âge ne serait une cause de nullité qu'autant que le juré n'ayant point l'âge requis aurait pris part au jugement ou du moins aurait figuré sur une liste de session réduite à trente noms, ce qui est, comme nous le verrons, le *minimum* de noms que doit contenir cette liste (art. 19). Comp. : Faustin Hélie, t. VII, n° 3168; Nouguier, t. II, nos 1336, 1239 et suiv.; Le Sellyer, *De la compétence...*, t. I, n° 220. V. Cass., 12 avril 1877 (*Bull.*, n° 99).

[2] Art. 2. Sont incapables d'être jurés : 1° Les individus qui ont été condamnés soit à des peines afflictives ou infamantes, soit à des peines infamantes seulement ; — 2° Ceux qui ont été condamnés à des peines correctionnelles pour faits qualifiés crimes par la loi ; — 3° Les militaires condamnés au boulet ou aux travaux publics (C'est la reproduction textuelle du § 3 de l'art. 2 de la loi du 3 juin 1853. Ce texte n'a donné lieu à aucune observation ; cependant, il appelle l'attention à deux points de vue : 1° La peine du boulet, qui s'ajoutait, pour les militaires, à la liste des peines criminelles, est supprimée depuis la promulgation du C. de just. milit. de 1857, art. 187. La disposition de la loi de 1872 ne pourra donc recevoir d'application qu'en cas de condamnation au boulet prononcée antérieurement au 9 juin 1857 ; 2° Quant à la peine des travaux publics, elle est une de celle que le C. de just. mil. réserve aux *délits*) ; 4° Les condamnés à un emprisonnement de trois mois au moins ; toutefois, les condamnations pour délits politiques ou de presse n'entraîneront que l'incapacité temporaire dont il est parlé au § 11 du présent article ; — 5° Les condamnés à l'amende ou à l'emprisonnement, quelle qu'en soit la durée, pour vol, es-

1873[1]. La jurisprudence pratique ajoute, aux causes d'incapacité légale, certaines causes d'incapacité naturelles, telles que la surdité constatée, la cécité absolue, l'ignorance de la langue française, etc.

Les causes d'*incompatibilité* sont écrites dans l'article 3 de la loi de 1872[2] et dans l'article 392 C. inst. cr.[3]. Il faut remarquer que la violation des règles sur l'incapacité ou l'incompatibilité entraîne seulement l'annulation des déclarations de *culpabilité*, auxquelles aurait concouru le juré incapable : le verdict négatif demeure acquis à l'accusé (art. 1er).

croquerie, abus de confiance, soustraction commise par des dépositaires publics, attentat aux mœurs, prévus par les articles 330 et 334 C. p., délit d'usure; les condamnés à l'emprisonnement pour outrage à la morale publique et religieuse, attaque contre le principe de la propriété et les droits de famille, délits commis contre les mœurs par l'un des moyens énoncés dans l'article 1er de la loi du 17 mai 1819, pour vagabondage ou mendicité, pour infraction aux dispositions des articles 60, 63 et 65 de la loi sur le recrutement de l'armée et aux dispositions de l'article 423 du Code pénal, de l'article 1er de la loi du 27 mars 1851, et de l'article 1er de la loi des 5-9 mai 1855; pour les délits prévus par les articles 134, 142, 143, 174, 215, 305, 345, 362, 363, 364 § 3, 365, 366, 387, 389, 399 § 2, 400 § 2, 419 du Code pénal; — 6° Ceux qui sont en état d'accusation ou de contumace; — 7° Les notaires, greffiers et officiers ministériels destitués; — 8° Les faillis non réhabilités dont la faillite a été déclarée soit par les tribunaux français, soit par un jugement rendu à l'étranger, mais exécutoire en France; — 9° Ceux auxquels les fonctions de juré ont été interdites en vertu de l'article 396 du Code d'instruction criminelle ou de l'article 42 du Code pénal; — 10° Ceux qui sont sous mandat d'arrêt ou de dépôt; — 11° Sont incapables, pour cinq ans seulement, à dater de l'expiration de leur peine, les condamnés à un emprisonnement de moins de trois mois pour quelque délit que ce soit, même pour délit politique ou de presse; — 12° Sont également incapables les interdits, les individus pourvus d'un conseil judiciaire, ceux qui sont placés dans un établissement public d'aliéné, en vertu de la loi du 30 juin 1838.

Art. 4. Ne peuvent être jurés, les domestiques et serviteurs à gage; ceux qui ne savent pas lire et écrire en français. — Jugé que cette incapacité d'être juré qui atteint les domestiques et serviteurs à gage ne peut pas être étendue aux *régisseurs* : Cass., 14 juin 1875 (D. 76. 1. 142).

[1] Aux termes de ce texte, tout individu, condamné deux fois pour délit d'ivresse, ne peut être juré.

[2] Art. 3. Les fonctions de juré sont incompatibles avec celles de député, de ministre, membre du Conseil d'État, membre de la Cour des comptes, sous-secrétaire d'État, ou secrétaire général d'un ministre, préfet et sous-préfet, secrétaire général de préfecture, conseiller de préfecture, membre de la Cour de cassation ou des Cours d'appel, juge titulaire ou juge suppléant des tribunaux civils et des tribunaux de commerce, officier du ministère public près les tribunaux de première instance, juge de paix, commissaire de police, ministre d'un culte reconnu par l'État, militaire de l'armée de terre ou de mer en activité de service et pourvu d'emploi, fonctionnaire ou préposé du service actif des douanes, des contributions indirectes, des forêts de l'État et de l'administration des télégraphes, instituteur primaire communal.

[3] Art. 392. Nul ne peut être juré dans la même affaire où il aura été officier de police judiciaire, témoin, interprète, expert ou partie, à peine de nullité.

Les causes de dispense sont énumérées dans l'article 5 de la loi de 1872[1].

554. II. Comment se forme, pour chaque affaire, le jury de jugement? Le jury, qui constitue le second élément de la cour d'assises, est une commission de *douze citoyens* (art. 394), choisie ou désignée parmi les personnes aptes à remplir les fonctions de juré. Le procédé, organisé pour arriver à déterminer ces douze hommes, est la partie la plus importante et la plus difficile d'une loi sur le jury, car l'impartialité de la juridiction va en dépendre. En effet, choisi de telle manière et sans garantie, le jury sera la plus détestable de toutes les justices, la justice par *commission;* choisi de telle autre, il sera la moins imparfaite de toutes, la justice rendue par des citoyens qui sont les égaux de l'accusé et qui n'apportent aucun parti pris dans l'examen des charges qui pèsent sur lui. Ainsi, la garantie de l'accusé et de la société consistent dans le discernement qui préside à l'organisation du jury.

En 1808, on n'avait maintenu le jury de jugement qu'après de longues hésitations, et on lui donna une organisation telle, que mieux eût valu la justice par magistrats permanents et inamovibles. Le système actuel, bien supérieur, a été introduit par la loi du 2 mai 1827; il a été amélioré par le décret du 7 août 1848 et par la loi du 4 juin 1853, modifiée elle-même par la loi du 21 novembre 1872.

555. Trois opérations sont prescrites pour arriver à la constitution du jury qui siège aux assises : la formation de la *liste annuelle;* la formation de la *liste trimestrielle* ou *de session;* la formation de la *liste du jugement.* Nous devons successivement décrire les procédés employés pour arriver à les établir.

a) Il est formé, *chaque année*, une liste des citoyens, parmi lesquels sont puisés les jurés qui feront le service de toutes les sessions d'assises qui s'ouvriront dans l'année.

Cette liste comprend : pour le département de la Seine, 3,000 jurés; et, pour les autres départements, un juré par 500 habitants, sans toutefois que le nombre puisse être inférieur à 400 ni supérieur à 600. Elle ne peut comprendre que des citoyens ayant leur domicile dans le département (art. 6 et 7).

Le nombre des jurés, pour la formation de la liste annuelle, est

[1] Art. 5. Sont dispensés des fonctions de juré : 1° les septuagénaires; 2° ceux qui ont besoin pour vivre de leur travail manuel et journalier; 3° ceux qui ont rempli lesdites fonctions pendant l'année courante et l'année précédente.

réparti, par arrondissement et par canton, proportionnellement au tableau officiel de la population. Cette répartition est faite par arrêté du préfet, pris, sur l'avis conforme de la commission départementale, et, pour le département de la Seine, sur l'avis conforme du conseil général, au mois de juillet de chaque année. A Paris, la répartition est faite entre les arrondissements et les quartiers. En adressant au juge de paix l'arrêté de répartition, le préfet lui fait connaître les noms des jurés du canton désignés par le sort pendant l'année courante et pendant l'année précédente (art. 7).

La formation de cette liste annuelle est confiée à deux commissions[1], et est le résultat de leur travail successif. La première, existant dans chaque *canton* (à Paris, dans chaque *quartier*), est composée des maires des communes, convoqués par le juge de paix et siégeant sous sa présidence; elle dresse, pour le canton, une liste *préparatoire*, contenant un nombre de noms double de celui fixé pour le contingent du canton et qui doit figurer sur la liste définitive (art. 8 et 9). La seconde, établie, dans chaque *arrondissement*, est composée du président du tribunal civil, présidant avec voix prépondérante, des juges de paix et des conseillers généraux de chaque canton (art. 11), dresse la liste annuelle *définitive* (art. 13). Cette commission, qui se réunit au chef-lieu judiciaire de l'arrondissement, au plus tard dans le courant de septembre, sur la convocation faite par le président du tribunal civil, est investie d'une double faculté : d'abord, elle a le droit de porter, sur la liste définitive, et dans la proportion d'un quart, les noms d'hommes capables, omis sur la liste cantonale; de plus, elle peut élever ou abaisser, pour chaque canton, le contingent proportionnel fixé par le préfet, sans toutefois que la réduction ou l'augmentation puisse excéder le quart du contingent du canton, ni modifier le contingent de l'arrondissement (art. 13). La commission, qui siège dans l'arrondissement où se tiennent les assises, est, de plus, chargée de dresser une liste spéciale de jurés suppléants, pris parmi les habitants du chef-lieu des assises, et composée de cinquante noms, sauf à Paris, où ce chiffre est porté à trois cents (art. 15).

La liste de l'arrondissement, définitivement arrêtée, est signée séance tenante. Elle est transmise, avant le 1er décembre, au greffe de

[1] Dans la composition de ces commissions, la loi de 1848 faisait prédominer l'élément *électif*; la loi de 1853, l'élément *administratif*; la loi de 1872, l'élément *judiciaire*.

la cour ou du tribunal chargé de la tenue des assises (art. 14). Le premier président de la cour d'appel ou le président du tribunal chef-lieu d'assises dresse, dans la première quinzaine de décembre, la liste annuelle du département, par ordre alphabétique, conformément aux listes d'arrondissement. Il dresse également la liste spéciale des jurés suppléants (art. 19).

b) La liste des jurés, pour chaque session, est formée, par la voie du tirage au sort, sur la liste annuelle. Dix jours au moins avant l'ouverture des assises, d'après la loi du 31 juillet 1875, modifiant, sur ce point, la loi de 1872, le premier président de la cour d'appel ou le président du tribunal chef-lieu d'assises, dans les villes où il n'y a pas de cour d'appel, tire au sort, en audience publique de la première chambre de la cour ou du tribunal, sur la liste annuelle, les noms des *trente-six jurés* qui forment la liste de session (art. 18). Il tire, en outre, les noms de *quatre jurés suppléants* sur la liste spéciale. Si les noms d'un ou de plusieurs jurés ayant rempli lesdites fonctions pendant l'année courante ou pendant l'année précédente viennent à sortir de l'urne, ils doivent être immédiatement remplacés, sur la liste de session, par les noms d'un ou de plusieurs autres jurés, tirés au sort.

Ces opérations diverses sont constatées par un procès-verbal, dont la minute, signée du président et du greffier, est expédiée, avec la liste du jury de session, et transmise immédiatement, par le procureur général ou par le procureur de la République, au préfet, pour être notifiée aux jurés de service. Semblable envoi est fait au président des assises.

La liste entière des jurés appelés à siéger pendant une session n'est pas envoyée aux citoyens qui la composent, mais le préfet notifie à chacun d'eux l'*extrait* de la liste le concernant. Cette notification est faite par un huissier ou un gendarme, huit jours au moins avant celui où la liste doit servir. Ce jour est mentionné dans la notification, laquelle contient aussi une sommation de se trouver au jour indiqué sous les peines portées par la loi (art. 389).

Tout juré, qui ne s'est pas rendu à son poste sur la citation qui lui a été notifiée, ou qui, s'y étant rendu, s'est retiré avant l'expiration de ses fonctions, sans une excuse jugée valable par la cour, est considéré comme défaillant. Il est condamné à une amende de cinq cents francs, pour la première fois, cas où la peine peut être réduite à deux cents francs, en vertu de l'article 20 de la loi du 21 novembre 1872; de mille francs pour la seconde, et de quinze cents francs pour la troisième. Cette dernière fois, il est, de plus, déclaré incapable d'exercer à l'avenir les fonctions de juré (art. 356). Les excuses peuvent être, soit des excuses de fait, consistant dans l'impossibilité de venir ou de rester, soit des excuses de droit, comme celles que peuvent invoquer les domestiques, les individus qui ne savent pas lire et écrire en français, ceux qui ont rempli les fonctions de juré pendant l'année courante ou l'année précédente (C. inst. cr., art. 281, 397, 398; L. 21 novemb. 1872, art. 4 et 5). Dans tous les cas, c'est la cour qui prononce souverainement sur la validité de l'excuse proposée, après avoir entendu le ministère public en ses réquisitions.

556. Constitution de la cour d'assises. — Après avoir étudié séparément les deux éléments qui composent la cour d'assises, il faut voir comment ils se combinent pour former la juridiction.

L'élément pris dans la magistrature reste toujours le même pendant la durée de la session. Le jury, au contraire, est formé pour chaque affaire. C'est la cour qui s'adjoint le jury et procède, s'il y a lieu, à sa formation.

La session est ouverte : on arrive à une affaire portée au rôle; de deux choses l'une : ou l'accusé est en fuite, ou il se présente. Lorsque l'accusé est en état de contumace, c'est-à-dire qu'il n'a pu être arrêté et ne comparaît pas volontairement, la cour ne procède pas à la constitution du jury; elle se forme en juridiction séparée pour le juger. Mais l'accusé est présent : il y a lieu, au contraire, pour la cour, de s'adjoindre le jury. L'opération est complexe : elle nécessite, en effet : 1° l'appel du nom des jurés de session; 2° le dépôt de ces noms dans l'urne; 3° le tirage au sort; 4° les récusations. Nous allons examiner chacune de ces opérations.

Le greffier se lève et fait l'appel des jurés portés sur la liste de session, titulaires et suppléants. Il est pris note de ceux qui ne répondent pas ou qui produisent une excuse. L'appel terminé, le ministère public s'explique sur les excuses ou incompatibilités que font valoir les jurés défaillants, ou ceux qui ont comparu, mais qui veulent se faire dispenser. Il prend des réquisitions, s'il y a lieu, contre ceux qui ne se sont pas présentés et n'ont point fait parvenir d'excuse, ou, du moins, d'excuse valable.

La loi a dû prévoir l'hypothèse où le nombre des défaillants parmi les jurés serait tel qu'il n'en resterait plus un assez grand nombre pour que le tirage au sort présentât des garanties suffisantes à l et à la société. Le nombre *minimum*, reconnu indispensable par la loi, est de *trente*[1]. Lorsque, par l'effet des radiations diverses qu'elle a prononcées, le nombre des jurés titulaires se trouve réduit au-dessous de trente, la cour ordonne qu'il sera complété par les jurés suppléants (C. inst. cr., art. 393; L. 21 nov. 1872, art. 19). Ce nombre de trente ne doit pas être dépassé; l'intervention d'un suppléant qui porterait la liste à *trente et un* serait une cause de nullité. Si, tous les suppléants appelés, la liste se trouve encore inférieure à trente noms, il y a indispensablement lieu à un tirage complémentaire; il est fait par le président, à l'audience et publiquement (L. 21 nov. 1872, art. 19), dans une urne, où sont placés les noms des jurés de la ville, étrangers à la liste annuelle et portés sur la liste supplémentaire dont nous avons parlé.

Les accusés, ni leurs conseils, n'assistent aux opérations relatives à la formation du jury de session; ils n'ont pas le droit d'y être entendus.

C'est aussi, à l'audience, que la cour, dans les procès qui paraissent de nature à entraîner de longs débats, ordonne, s'il y a lieu, qu'indépendamment des douze jurés de jugement, il en sera tiré un ou deux autres qui assisteront aux débats pour remplacer ceux des premiers qui se trouveraient indisposés. Ce remplacement s'effectue suivant l'ordre dans lequel ces jurés supplémentaires auront été appelés par le sort (art. 394). Dans le même cas, la cour peut s'adjoindre un conseiller ou un juge supplémentaire, pour remplacer l'assesseur qui viendrait à être empêché (L. 25 brumaire an VIII, art. 4). C'est le président qui désigne l'assesseur supplémentaire (art. 253).

La liste de session, ainsi arrêtée, la cour se retire, et il est procédé, par le président, assisté du greffier, dans la chambre du conseil, au tirage au sort du jury de jugement, en présence des jurés non excusés et non dispensés, de l'accusé et du procureur général (art. 399).

D'abord, le président demande aux accusés leurs noms pour constater leur identité, ensuite, le greffier appelle les jurés maintenus sur la liste de service. Le nom de chaque juré, au fur et à mesure qu'il répond à l'appel, est déposé dans une urne par le président (art.

[1] Il a été souvent jugé que le concours d'un juré incapable à la formation du tableau du jury de jugement n'entraînait pas la nullité des débats, si la liste comprenait plus de trente jurés, aptes à connaître de l'affaire : Cass., 6 janvier 1881 (S. 84, 1, 139).

399). Avant de commencer le tirage, le président avertit l'accusé, en l'interpellant par son nom, du nombre de récusations que la loi lui donne le droit d'exercer, qui varie suivant le nombre de jurés présents. Le président tire ensuite et successivement les noms des douze jurés qui doivent former le jury de jugement. C'est à ce moment que s'exerce le droit de récusation.

La récusation, garantie de l'impartialité du juge, est de l'essence de toute juridiction. En droit, en distingue la récusation *péremptoire* et la récusation *motivée*. La première constitue, au profit de celui qui l'exerce, un droit souverain et absolu; elle enlève, du reste, tout caractère fâcheux à l'exercice du droit et supprime la possibilité même d'une contestation. C'est elle qu'admet le Code d'instruction criminelle pour les *jurés* (art. 399); il réserve la récusation motivée pour les *juges*. De ce que la récusation est péremptoire en ce qui concerne la formation du jury, certains ont voulu en conclure, à tort, qu'elle devrait être *spontanée*, et que, dès lors, si la pensée de l'exercer, au lieu d'appartenir en propre aux parties, leur avait été suggérée, la récusation serait irrégulière[1].

Comment s'exerce le droit de récusation et quelle est son étendue? Le système de la loi est assez simple. *L'accusé* ou son *conseil* d'abord, le *ministère public* ensuite[2], et à mesure que les noms sortent de l'urne, récusent tels jurés qu'ils jugent à propos (art. 399). L'accusé et le ministère public peuvent exercer un nombre *égal* de récusations; cependant, si les jurés présents sont en nombre impair, l'accusé peut exercer une récusation de plus (art. 401). Si l'une ou l'autre des parties n'exerce pas son droit, cette abstention n'autorise pas l'adversaire à exercer un nombre plus grand de récusations que celui que la loi lui accorde. S'il y a plusieurs accusés, ils peuvent se concerter pour exercer leurs récusations; ou bien les exercer séparément, sans dé-

[1] Sur les récusations de complaisance, comp. Berriat Saint-Prix, *Le jury en matière criminelle*, n° 128; Cass., 6 février 1834 (S. 34, 1, 362). En présence de l'abus des récusations de complaisance, certains esprits, enclins aux solutions extrêmes, ont proposé de supprimer le système de récusations péremptoires en ce qui concerne le jury. V. par exemple : Du Boys, *Histoire du droit criminel en France*, t. II, p. 553; avec le système suivi, dit cet auteur, « *le jury est décapité de ses membres les plus distingués* ». Comp. : Beudant, *op. cit.*, p. 61; Lacuisine, *De l'administration de la justice criminelle*, p. 95.

[2] Le droit de récusation n'appartient pas à la partie civile, même dans un procès de presse provoqué par la plainte de cette partie. Cette solution, qui est l'application pure et simple de l'art. 399, est certainement regrettable. *Sic*, Cass., 8 déc. 1881 (S. 82, 1, 237); Nouguier, t. II, n° 1370; Faustin Hélie, t. VII, n° 3257.

passer, en aucun cas, le nombre de récusations indiqué (art. 402). S'ils ne se concertent pas, le sort règle entre eux le rang dans lequel ils font leurs récusations (art. 403 et 404).

Le jury de jugement est formé à l'instant où il est sorti de l'urne douze noms de jurés non récusés; plus, les noms des suppléants, s'il y en a eu d'adjoints par la cour. Le *chef du jury* est le premier juré désigné par le sort ou celui que les autres jurés voudront désigner eux-mêmes, du consentement de celui-ci (art. 342). Ce remplacement du chef du jury peut être effectué, soit immédiatement après le tirage, soit au cours des débats, soit dans la chambre et pendant la délibération du jury.

Lorsque le tableau du jury de jugement est ainsi formé, les jurés se rendent à la salle d'audience, où ils se placent, dans l'ordre résultant de la liste du tirage, sur des sièges séparés du public, des parties et des témoins, disposés sur deux rangs en face des accusés (art. 309). La cour prend alors séance, et procède immédiatement à l'examen de l'accusé (art. 405).

II. DE LA COMPÉTENCE DE LA COUR D'ASSISES.

557. La cour d'assises étant une juridiction composée d'éléments complexes, nous devons examiner : 1° sa compétence comme juridiction; 2° les rapports et le rôle des divers éléments qui se combinent pour la former.

558. Compétence de la cour d'assises comme juridiction. — La compétence de la cour d'assises doit être considérée sous ses trois rapports nécessaires.

559. I. A. A raison du *fait*, la limitation de la compétence de la cour d'assises aux infractions les plus graves, aux *crimes*, est un principe qui, n'a jamais varié dans notre législation, depuis l'introduction du jury en France. On a réclamé souvent, il est vrai, l'application du jury au jugement des affaires correctionnelles, en faisant observer que les *délits* ne sont séparés des *crimes* que par une ligne de démarcation conventionnelle et arbitraire. Mais le législateur a toujours reculé devant cette solution, soit qu'il ait craint que la multiplicité des délits n'imposât aux citoyens une charge trop lourde, soit qu'il ait craint que la lésion de l'intérêt social apparaissant moins clairement dans les délits que dans les crimes, la répression de ces infractions par des jurés ne fût insuffisante. Pour faire disparaître ces objections à l'extension de la compétence du jury, il suffirait : 1° de répartir entre un plus grand nombre de citoyens l'administration de la justice; 2° de donner aux tribunaux de police la connaissance de tous les petits délits dont la répression n'intéresse pas gravement l'honneur et la liberté des personnes. Cette double réforme suppose réalisées, la suppression des tribunaux correctionnels et une modification profonde dans les règles de l'incrimination et de la pénalité, c'est-à-dire une refonte complète de notre droit criminel. Aussi, n'a-t-elle aucune chance d'être adoptée [1].

Il est, du reste, une classe de délits qui semble appartenir essentiellement au jury, ce sont les *délits de presse*, qui ont un caractère politique [2]. Pour les qualifier et les punir, il s'agit, en effet, d'apprécier et de déterminer les limites qui séparent le droit de discuter librement les actes et les doctrines du pouvoir, et l'abus de ce droit. Le jury seul, avec ses sentiments et ses instincts, qui sont ceux de la société dont il est l'expression, peut dire, avec compétence, où s'arrête la critique, où commence l'outrage; il est, du reste indépendant du pouvoir, presque toujours attaqué par le délit. Aussi, à toutes les époques de liberté, le législateur a donné ou rendu au jury la connaissance de ces infractions. La loi du 29 juillet 1881, sur la liberté de la presse, constitue la cour d'assises *juridiction de droit commun* pour les *crimes* et *délits* qu'elle prévoit (art. 45). Les exceptions qu'elle apporte à cette compétence sont énumérées par les §§ 2 et 3 de l'article 45. La principale concerne le délit de diffamation envers les particuliers qui est du ressort du tribunal correctionnel.

B. Les cours d'assises, formant la juridiction de droit commun en matière criminelle, sont compétentes à l'égard de toutes personnes,

[1] Une proposition de loi de M. Versigny, ayant pour objet l'institution d'assises correctionnelles, a été prise en considération par la Chambre des députés dans la séance du 22 janvier 1879. Elle a été renouvelée le 19 janvier 1882. Le Gouvernement, à son tour, a déposé un projet analogue, le 10 mars 1883. Comp. Albert Favre et Henry Coulon, *Étude pratique sur l'application du jury en matière criminelle, suivie d'un projet de loi* (Paris, 1881).

[2] Les *délits politiques* en général devraient rentrer dans la compétence de la cour d'assises. C'était, en effet, ce que décidait un décret du 27 octobre 1870, rendu par la délégation du gouvernement de la Défense nationale siégeant à Tours. Mais ce décret n'a pas été régulièrement promulgué. Aussi, la jurisprudence a décidé, avec raison, que les délits électoraux, par exemple, qui sont essentiellement des délits politiques, restent dans les attributions des tribunaux correctionnels : Cass., 30 déc. 1871 (D. 71, 1, 367).

sauf les militaires et les mineurs de seize ans, dans les cas prévus par l'article 68 du Code pénal.

C. A raison du *lieu*, la compétence des cours d'assises est déterminée par celle des articles 23 et 63 du Code d'instruction criminelle.

560. II. Bien que telle soit sa compétence normale, il est admis, depuis longtemps, par la jurisprudence, que la cour d'assises est investie de la *plénitude de la juridiction* en matière criminelle, c'est-à-dire qu'elle peut connaître, lorsqu'elle s'en trouve *régulièrement saisie par l'arrêt de renvoi*, de *tous les faits punissables*, quelle que soit la qualification de ces faits, et lors même qu'ils seraient attribués par la loi à une juridiction spéciale; qu'elle doit également maintenir sa compétence, lorsqu'elle reconnaît, d'après les débats, qu'elle n'est pas le juge du lieu du crime, du domicile de l'accusé ou du lieu de son arrestation. Cette solution s'appuie sur deux motifs : 1° d'abord, sur le texte des articles 271 et 365 Code inst. cr.; 2° puis, sur cette considération que la cour d'assises, par son organisation même, est la juridiction qui offre le plus de garanties à l'accusé et à la société [1].

Mais, si la cour d'assises n'est pas juge de sa compétence, *quant à l'affaire qui lui est renvoyée par l'arrêt de mise en accusation*, elle l'est certainement quant aux *incidents* et aux *fins de non-recevoir* qui pourraient surgir dans l'affaire. C'est ainsi qu'elle devrait reconnaître l'existence d'une question préjudicielle soit à l'action soit à la poursuite, se dessaisir, dans le premier cas, surseoir à statuer, dans le second.

561. Compétence respective des divers éléments qui composent la cour d'assises. — Tous les éléments, qui composent la cour d'assises, concourent à l'accomplissement de l'œuvre commune; mais de qu'elle manière? et dans quelles limites? Quels sont les pouvoirs respectifs du président seul? du président, réuni à ses assesseurs? des jurés?

562. I. Les attributions respectives du jury et de la cour doivent être étudiées : 1° pendant les débats, 2° après leur clôture.

A. Pendant les débats, les jurés ont une attitude toute passive; leur rôle consiste à écouter, afin de puiser leur conviction dans les débats. Ils n'en ont pas d'autre, jusqu'au moment où ils entrent dans la

[1] Faustin Hélie (t. VIII, n° 3070) : « Elle est la juridiction générale et ordinaire du pays, et si ces attributions sont limitées au jugement des crimes, ce n'est pas par défaut de pouvoir, mais pour ne pas embarrasser son prétoire de faits minimes, et parce que ces faits exigent une plus prompte expédition ».

chambre de leur délibération pour composer leur déclaration. Bien entendu, — et ceci résulte de l'article 319, — ils peuvent demander la parole au président pour obtenir des témoins ou des accusés les renseignements ou les éclaircissements dont ils auraient besoin. Ils peuvent prendre des notes, aux termes de l'article 328, sur les points qui leur paraissent importants. Mais ils doivent s'abstenir de toute *manifestation d'opinion* et de toute *communication extérieure*. Ces deux obligations résultent de la formule même du serment que leur fait prêter le président de la cour d'assises (art. 312). Une opinion, émise par un juré sur un point contesté du débat, pourrait suffire à motiver le renvoi de l'affaire à une autre session; elle pourrait aussi, si elle était constatée, amener la cassation de l'arrêt [1]. Quant à l'interdiction de toute communication, elle ne vicie la procédure et ne peut entraîner une nullité, que sous les conditions suivantes : 1° il faut que la communication porte sur les faits du procès, et soit de nature à exercer quelque influence sur l'esprit du juré; 2° qu'elle soit volontaire de la part du juré; 3° qu'elle soit régulièrement constatée par le procès-verbal des débats [2].

La cour d'assises exerce, pendant les débats, le pouvoir de *juridiction;* elle statue, par arrêt motivé, les parties et le ministère public entendu, sur tous les incidents qui ont un *caractère contentieux*, sur toutes les réquisitions du ministère public et les conclusions des parties. Son intervention se manifeste, avant l'arrêt définitif qui dessaisit la juridiction, spécialement dans les hypothèses suivantes :

1° Lorsqu'elle prononce sur les excuses et les dispenses des jurés, sur l'appel des jurés complémentaires, sur l'adjonction, soit des jurés suppléants, soit d'un ou de deux juges supplémentaires;

2° Lorsqu'elle statue sur l'expulsion de l'accusé de l'audience, conformément à l'article 10 de la loi du 9 septembre 1835, dans le cas où, par ses clameurs, il entrave la marche de la justice;

3° Lorsqu'elle prononce le renvoi d'une affaire à une autre session; il est, de principe, en effet, que la cour d'assises peut renvoyer l'affaire à la session suivante, lorsqu'un événement imprévu se produit qui est de nature à motiver ce renvoi (art. 406) [3]; cette faculté, qu'elle

[1] Comp. : NOUGUIER, t. IV, n°s 3110 et suiv.; FAUSTIN HÉLIE, t. VII, n° 3422; Cass., 6 janvier 1876 (*Bull.*, n° 7); 19 juillet 1877 (S. 77, 1, 388).

[2] Comp. : FAUSTIN HÉLIE, t. VII, n°s 3427 à 3433; NOUGUIER, t. IV, n°s 3107 et 3108; Cass., 21 juillet 1843 (*Bull.*, n° 318); 14 déc. 1876 (S. 77, 1, 95).

[3] Sur l'exercice de ce droit, voir : Cass., 13 février 1868 (D. 69, 1, 259); 4 avril 1874 (D. 74, 1, 400); 31 mars 1877 (S. 77, 1, 334).

exerce souverainement, est distincte de celle que le président seul peut exercer avant la formation du jury de jugement;

4° Lorsqu'elle statue sur les demandes de l'accusé et les réquisitions du ministère public, tendant à user d'une faculté ou d'un droit accordé par la loi (art. 408);

5° Lorsqu'elle rend arrêt sur les actes même du président, par suite de l'opposition à l'une de ces ordonnances ou de la réclamation contre le refus fait par lui d'obtempérer à une réquisition.

B. Après les débats, quelle est la compétence respective du jury et de la cour dans l'examen des divers éléments du procès pénal? Une juridiction de répression a toujours trois questions à résoudre : L'action publique est-elle recevable? Si elle est recevable, le prévenu ou l'accusé est-il coupable? S'il est coupable, quelle peine doit-on lui appliquer? Mais tandis que, en matière de police simple et correctionnelle, la mission de statuer sur la *recevabilité de l'action publique*, celle de statuer sur la *culpabilité* et celle de statuer sur l'*application de la peine* sont réunies; en matière criminelle, elles sont séparées; la seconde est confiée au jury; la première et la troisième, à la cour d'assises. Ainsi, le jury est chargé d'apprécier la *culpabilité* de l'accusé, non-seulement en ce qui concerne le *fait principal*, mais encore en ce qui concerne les *circonstances accessoires* qui peuvent l'atténuer ou l'aggraver. Il est donc appelé à juger toutes les questions que soulève la vérification, soit des éléments constitutifs du fait principal, soit des circonstances aggravantes ou atténuantes, à moins qu'elles ne soient soustraites à sa compétence par une disposition expresse et formelle de la loi. A l'inverse, la cour d'assises est chargée de statuer sur tous les incidents contentieux que soulève la *recevabilité de l'action publique*, elle est encore chargée d'*appliquer la peine* en conséquence de la déclaration du jury.

Il est certain que les questions, qui rentrent dans le problème de la *culpabilité*, sont, en général, des questions de *fait*; les questions, que soulève l'*application de la peine* ou la *recevabilité de l'action publique*, des questions de *droit*, et il est vrai de dire, en se plaçant à ce point de vue général, que la cour est surtout *juge du droit* et le jury *juge du fait*. Il a même été dans les idées des législateurs de 1791 et de l'an IV, qui ont introduit le jury en France, de séparer absolument les questions de fait des questions de droit, en réservant la solution des premières au jury, celle des secondes à la cour : le jury devant statuer sur le fait, sans se préoccuper de la peine, et la cour appliquant une peine, toujours fixe, aux faits déclarés constants par le jury. Mais la pratique a condamné cette théorie et démontré que la distinction absolue du fait et du droit était une chimère, et il a fallu, peu à peu, rendre légale et possible l'influence réciproque du fait et du droit, en permettant, soit au jury de se préoccuper de la répression, soit à la cour d'examiner le fait pour y puiser les éléments d'une application éclairée et intelligente de la loi.

Intervention de la cour dans l'examen du fait. — La cour applique la peine, en conséquence du verdict du jury : tel est son rôle. Cette mission, elle pouvait et devait la remplir, dans le système des lois de 1791 et de l'an IV, sans qu'elle eût à se préoccuper de la *culpabilité*, c'est-à-dire sans qu'elle eût à entrer dans l'examen des faits du procès. Le législateur de ces époques, voulant interdire au juge du droit toute appréciation du fait, s'était ingénié de tout prévoir, de tout définir, de suivre les infractions dans toutes les circonstances qui les aggravent ou les atténuent, pour adapter, à chaque cas prévu, une *peine fixe et invariable.* L'application de la loi devenait ainsi une simple opération matérielle. Tout autre est le système du Code d'instruction criminelle. Aujourd'hui, la cour est investie du droit de *proportionner la peine à la culpabilité*, soit par l'établissement d'un *minimum* et d'un *maximum*, entre lesquels elle peut se mouvoir, soit par l'institution des *circonstances atténuantes*, qui lui permet de descendre, d'un ou de deux degrés, dans l'échelle des peines. Ainsi, sortie du rôle secondaire que lui avait fait la législation de 1791, la cour n'est plus une simple machine d'application, et, pour éclairer son option dans les limites variables de la peine, il faut qu'elle examine la culpabilité et l'apprécie, en dehors des éléments généraux qui lui sont fournis par le verdict.

Intervention du jury dans l'application de la loi. — Dans toute disposition pénale, on retrouve deux choses : le *précepte* et la *sanction*, c'est-à-dire la définition du délit et la peine à appliquer au délit. Par suite, deux questions se posent dans un procès pénal : tel délit a-t-il été commis? Quelle peine faut-il lui appliquer? Le jury intervient-il dans l'examen de ces deux questions?

a) Est-ce au jury qu'il appartient de décider si le *fait*, dont l'accusé est prévenu, *rentre ou non dans la définition du délit*, telle qu'elle est formulée par la loi? Il semble qu'il ne puisse y avoir de doute à cet égard. En effet, la criminalité d'un fait résulte de sa conformité avec la définition de la loi pénale : la déclaration de culpabilité est donc forcément inséparable de la constatation des éléments légaux de l'infraction, c'est-à-dire de la *qualification*. Par application de cette idée rationnelle, ce que les articles 241, 337, 338 et 342 C. inst. cr., semblent déférer au jury, ce n'est pas seulement le fait, indépendamment de sa *qualification légale*, c'est le *crime*, c'est-à-dire le fait qualifié par la loi. « La question résultant de l'acte d'accusation — porte l'article 337 — sera posée en ces termes : L'accusé est-il coupable d'avoir commis tel *meurtre*, tel *vol* ou tel autre *crime?* » Le jury, d'après cette formule, ne serait donc pas seulement appelé à déclarer si tel fait est constant, mais si tel fait constitue le crime qui fait l'objet de l'accusation. La jurisprudence cependant, après de longues hésitations, a fini par refuser au jury toute compétence sur ce point, en réservant à la cour, après le prononcé du verdict sur l'*existence des faits*, le droit d'en fixer la *qualification*. Elle s'appuie sur les précédents historiques des lois de 1791 et de l'an IV et sur certains textes, mal interprétés, du Code de 1808. Mais elle est obligée, dans l'application, de tenir compte d'une distinction, pleine de contradiction et d'incertitude. D'après cette jurisprudence, en effet, dans le cas où la qualification légale du fait peut être séparée de ses éléments constitutifs, c'est sur ces derniers seulement que le jury doit être interrogé, à peine de nullité. En matière de faux, par exemple, le jury est appelé à se prononcer sur la fabrication ou l'altération coupable de certains actes, et c'est à la cour à juger si ces faits constituent un faux et quelle espèce de faux[1]. En matière de crime commis par un fonctionnaire public, le jury est interrogé, en fait, sur la qualité de l'accusé, et c'est à la cour d'assises seule qu'il appartient de décider, en droit, si cette qualité confère à l'accusé la qualité de fonctionnaire public. En d'autres termes, quand l'infraction, ou la circonstance légale qui la modifie, est définie par la loi, on doit comprendre, dans la question posée au jury, les éléments de la définition et non le terme défini[2]. Mais ce procédé n'est pas toujours applicable : il est des cas nombreux où la question de droit et celle de fait se confondent, de sorte qu'il est impossible de séparer la qualification du crime de ses éléments constitutifs. Il faut alors abandonner au jury la solution de la question de droit. Par exemple, dans une accusation de *vol*, la question de savoir si la chose soustraite

[1] Comp. : *Du faux en matière criminelle, jurisprudence et formules, par un président d'assises* (Paris, 1865), p. 3.

[2] V. Cass., 31 mars 1882 (S. 84, 1, 137); 2 août 1878 (S. 79, 1, 44); FAUSTIN HÉLIE, t. VIII, n°s 3616, 3698 et suiv. : NOUGUIER, *op. cit.*, t. IV, n°s 2647 et suiv.

appartient à l'accusé, dans une accusation de *banqueroute*, celle de savoir si l'accusé est commerçant, dans une accusation de *parricide*, si tel individu est le fils de tel autre sont nécessairement posées en droit, et le jury est implicitement appelé à décider que tel fait constitue tel crime. Je pense, pour ma part, que le jury doit, dans tous les cas, être compétent pour se prononcer sur la qualification, rationnellement inséparable de la culpabilité. Il convient, sans doute, dans les cas où l'on peut distinguer, au moyen de l'analyse, les deux éléments de la question, pour faciliter au jury l'accomplissement de sa mission, de rédiger les questions *en fait*, c'est-à-dire de ramener à des expressions ou énumérations de fait, les diverses conditions légales déterminées par la loi, de sorte que nous retrouvons, à ce point de vue, la double formule que contenait l'édit du préteur, les *actiones in jus* et les *actiones in factum conceptæ*. Mais ce n'est là qu'une règle de *convenance*, concernant la rédaction des questions, et non une règle de *compétence*, qui s'imposerait, à peine de nullité, à la cour d'assises, ainsi que le décide la jurisprudence.

b) Le jury peut-il se préoccuper, en prononçant son verdict, de la peine qui en sera la conséquence? Tout l'équilibre du système des lois de 1791 et de l'an IV reposait sur cette idée que la décision du fait devait être prise sans *préoccupation de la peine* par un pouvoir, le jury, que la perspective du châtiment ne pouvait influencer. Aussi, le Code de brumaire ne faisait-il qu'enregistrer une disposition conforme à l'esprit général de la législation, quand, précisant les devoirs des jurés, il disait : les jurés « *manquent à leur premier devoir, lorsque, pensant aux dispositions des lois pénales, ils considèrent les suites que pourra avoir, par rapport à l'accusé, la déclaration qu'ils ont à aire* ». Dans ce système, il n'était évidemment pas permis au défenseur d'appeler l'attention des jurés sur la peine que leur premier devoir était d'oublier. En citant le texte de la loi pénale, qui défend et punit l'infraction, en le commentant, le défenseur manquait au respect dû à la loi, et devait être l'objet d'un avertissement de la part du président des assises. C'était un système chimérique et insensé, car prescrire aux jurés de ne pas penser à la peine qui doit être la conséquence de leur verdict, c'est leur tracer un devoir impossible à remplir. Le Code d'instruction criminelle a cependant reproduit, dans l'article 342, les dispositions du Code de brumaire : faut-il donc admettre aujourd'hui les conséquences qui résultaient de ce système de législation? Nullement, car un fait nouveau s'est produit depuis 1808.

Le jury a reçu, en 1832, le droit de contrôler les incriminations de la loi pénale, et de réviser la fixation taxative des peines, dans les limites des circonstances atténuantes. La réforme de 1832 a donc virtuellement abrogé l'article 342 Code instr. cr., au moins dans la partie qui défend aux jurés de se préoccuper des suites de leur déclaration [1].

563. II. C'est au président de la cour d'assises qu'appartient, soit *avant*, soit *pendant les débats*, le rôle le plus actif. La loi, en effet, lui a confié quatre fonctions distinctes :

Un pouvoir d'*instruction* supplémentaire, antérieurement aux débats, pouvoir qui fait l'objet des articles 303 et 306;

Un pouvoir de *police* de l'audience, dont il est question dans l'article 267, pouvoir en vertu duquel il peut prendre, comme tout président d'une juridiction, les mesures nécessaires pour le maintien de l'ordre [2];

Un pouvoir de *direction* des débats, pouvoir, en vertu duquel il détermine l'ordre dans lequel se dérouleront les divers actes de la procédure, rejette tout ce qui tendrait à prolonger les débats sans donner plus de certitude dans la preuve [3];

Enfin, un pouvoir *discrétionnaire* [4] pour arriver à la manifestation de la vérité. Ce pouvoir, qui est spécial au président de la cour d'assises, fait l'objet de l'article 268. Aux termes de ce texte : « *Le président est investi d'un pouvoir discrétionnaire, en vertu duquel il pourra prendre sur lui tout ce qu'il croira utile pour découvrir la vérité, et la loi charge son honneur et sa conscience d'employer tous ses efforts pour en favoriser la manifestation* ». Nous avons à déterminer l'*étendue* de ce pouvoir discrétionnaire, son *mode d'exercice* et ses *caractères*. *a*) *Discrétionnaire*, ne veut pas dire *arbitraire* ou *illimité*, « mais, au contraire, pouvoir dont le président ne doit user qu'avec réserve, et qui est abandonné à sa propre *discrétion* [5] » : ce pouvoir

[1] M. Beudant a consacré, à l'examen de cette question, une monographie dont je recommande la lecture, car elle est, à mon sens, la meilleure étude qui ait été écrite en France, sur le rôle respectif du jury et de la cour : *De l'indication de la loi pénale dans la discussion devant le jury* (1861).

[2] Sur ce pouvoir de police : Faustin Hélie, t. VII, nos 3276-3280 ; Ortolan, t. II, no 2077.

[3] Sur ce pouvoir de direction des débats : Faustin Hélie, t. VII, nos 3281 et 3282.

[4] Le pouvoir discrétionnaire du président de la cour d'assises est nécessaire, puisque la cour d'assises n'a pas la faculté de surseoir pour ordonner, d'office ou sur la demande des parties, la comparution régulière de nouveaux témoins ou l'accomplissement de tous actes d'instruction supplémentaire.

[5] Ortolan, t. II, no 2084. Comp. : Faustin Hélie, t. VII, no 3284.

trouve d'abord une première limite, dans les dispositions impératives ou prohibitives de la loi [1]; une seconde, dans son but même : il n'est accordé que pour la manifestation de la vérité. Les décisions prises par le président, en vertu de ce pouvoir, ne doivent donc avoir trait qu'au développement de la preuve. Tous les actes, faits pour un autre motif, tendant à un autre but, pourraient constituer des excès de pouvoir et motiver une annulation de la procédure. *b*) Après avoir posé le principe du pouvoir discrétionnaire dans l'article 268, la loi en indique, dans l'article 269, les principales applications. Le président « *pourra, dans le cours des débats, appeler, même par mandat d'amener, et entendre toutes personnes, ou se faire apporter toutes nouvelles pièces qui lui paraîtraient, d'après les nouveaux développements donnés à l'audience, soit par les accusés, soit par les témoins, pouvoir répandre un jour utile sur le fait contesté. — Les témoins ainsi appelés ne prêteront point serment, et leurs déclarations ne seront considérées que comme renseignements* ». Cette disposition n'est pas *limitative* [2], mais elle indique, par forme d'exemple, que le mode d'exercice du pouvoir discrétionnaire se rapporte surtout à deux objets : l'audition de toutes personnes [3]; la lecture de toutes pièces [4]. *c*) Le pouvoir discrétionnaire a deux caractères, qui résultent du texte même qui l'attribue au président de la cour d'assises; il est *facultatif* et *incommunicable*. Facultatif [5], en ce sens que le ministère public ni l'accusé n'ont, à l'égard du pouvoir discrétionnaire, aucun droit d'*opposition* ou de *réquisi-*

[1] Ainsi, le président ne pourrait porter atteinte aux droits de la défense, ordonner le huis-clos, donner lecture de la déposition écrite d'un témoin présent à l'audience, avant qu'il ait fait sa déposition orale. Sur ce dernier point : Cass., 7 sept. 1882 (S. 82, 1, 438).

[2] Comp. : Faustin Hélie, t. VII, nos 3291 et suiv.; Nouguier, *op. cit.*, t. III, nos 2374 et suiv. V. Cass., 24 janvier 1878 (S. 78, 1, 423); 26 juin 1879 (S. 80, 1, 288).

[3] Ainsi, le président peut faire entendre, à titre de simples renseignements, et sans prestation de serment, les personnes dont la loi prohibe le témoignage (art. 321). Comp.: Cass., 20 mars 1856 (S. 57, 1, 160); 4 avril 1878 (S. 80, 1, 287).

[4] Ainsi, le président peut donner lecture au jury des dépositions écrites des témoins non présents à l'audience; Cass., 12 oct. 1876 (S. 79, 1, 184). Cependant, un texte formel du Code de brumaire, l'article 365, l'interdisait. Bien que les rédacteurs du Code de 1808 n'aient pas reproduit la règle, ils n'avaient pas l'intention de la supprimer. Cela résulte de l'article 477, relatif à la procédure de contumace, qui, prévoyant le débat contradictoire qui intervient quand une contumace est purgée, déclare que, si « des témoins *ne peuvent être produits aux débats, leurs dépositions écrites seront lues à l'audience* ». En effet, si cette lecture eût été possible d'après le droit commun, l'article ne l'aurait pas permise dans ce cas spécial?

[5] Sur la règle et ses conséquences : Faustin Hélie, t. VII, nos 3297 et 3298; Nouguier, t. III, nos 2334 et suiv.

tion; toutefois, si les parties ne peuvent requérir l'exercice du pouvoir discrétionnaire, ou s'y opposer, il leur est permis de provoquer, sous forme de simples observations, les mesures qui leur semblent utiles pour la manifestation de la vérité. Incommunicable, en ce sens qu'il s'exerce sans contrôle ni partage. La loi charge l'honneur et la conscience du président *seul* de l'emploi qu'il va faire de son pouvoir. La cour n'a donc le droit de s'immiscer dans l'exercice de ce pouvoir, ni de son propre mouvement, ni sur la provocation des parties, ni même sur l'invitation du président et de son consentement. Dans le cas où des conclusions sont prises par les parties à l'occasion d'un acte du pouvoir discrétionnaire, la cour d'assises doit, sans doute, intervenir, mais elle intervient uniquement pour déclarer qu'à raison même de la mesure ordonnée ou refusée, elle n'a pas à s'immiscer dans l'exercice fait par le président de son pouvoir discrétionnaire; en d'autres termes, la cour se borne à donner acte de la demande, en déclinant sa compétence pour y faire droit[1].

III. PROCÉDURE DE LA COUR D'ASSISES.

564 Régulièrement, la cour d'assises ne doit être saisie que par l'acte d'accusation, dressé par le procureur général, en exécution de l'arrêt de renvoi (art. 241 et 271). Une instruction préparatoire et une décision des juridictions d'instruction étant les *préliminaires nécessaires* de toute mise en accusation, la cour d'assises, à la différence des autres juridictions, ne peut donc être saisie par voie de *citation directe*, donnée à la requête soit du ministère public, soit de la partie civile. Mais ce principe est-il sans exception? En matière de *crimes* et de *délits* commis par la voie de la presse, le ministère public et la partie civile ont le droit, soit de saisir le juge d'instruction, soit de poursuivre, sans décision de renvoi, par citation directe (L. 29 juillet 1881, art. 47, 48, 50).

565. Quelles sont les formalités à remplir pour mettre l'affaire en état devant la cour d'assises? quelles sont les règles de la procédure à l'audience, soit pendant les débats, soit après leur clôture? L'examen de ces questions doit être précédé d'une observation préliminaire.

[1] Comp. : Cass., 5 avril 1861 (S. 61, 1, 743).

La procédure, que nous allons décrire, est riche en formalités. Ces formalités sont-elles prescrites à peine de nullité? Quelle est, en d'autres termes, la sanction de la loi, quand un acte qu'elle ordonne a été omis ou mal fait? Les magistrats peuvent d'abord, s'ils ne sont pas encore dessaisis, le refaire et le régulariser, à la condition qu'ils soient encore dans les délais légaux. Ce n'est qu'autant qu'ils oublient d'user, ou qu'ils ne peuvent pas user de cette faculté, que se pose la question qui nous occupe. Dans les premières années qui suivirent la promulgation du Code, on avait pensé qu'une nullité ne pouvait être prononcée qu'en vertu d'un texte sanctionnant expressément par cette peine les formalités prescrites. Mais la jurisprudence admet, aujourd'hui, des cas d'annulations possibles, à côté des cas prévus par la loi. Elle sépare les formalités *substantielles*, des formalités *secondaires*, et annule la procédure si une formalité, appartenant à la première catégorie, a été omise ou mal faite. Sont considérées comme formalités substantielles, les formalités introduites dans un intérêt d'ordre public et auxquelles les parties ne peuvent renoncer. Le germe de cette théorie se trouve dans l'article 408 du Code d'instruction criminelle.

566. Procédure antérieure à l'audience. — Les actes de procédure, antérieurs à l'audience, ont un caractère commun : ils sont destinés à mettre l'affaire en état d'être jugée. Mais les uns tiennent à l'*exercice de l'action publique*, les autres, à l'*instruction de l'affaire;* les premiers sont exclusivement confiés au procureur général; les seconds, au président de la cour d'assises.

567. I. *Actes de procédure qui doivent être faits par le procureur général.* — L'article 272 dispose que le procureur général « apportera tous ses soins à ce que les actes préliminaires soient faits et que tout soit en état, pour que les débats puissent commencer à l'époque de l'ouverture des assises ». Ces actes préliminaires sont au nombre de sept.

a) Le procureur général est d'abord tenu de rédiger un *acte d'accusation* (art. 241). Cet acte expose : 1° la nature du délit qui forme la base de l'accusation; 2° le fait et toutes les circonstances qui peuvent aggraver ou diminuer la peine; le prévenu doit y être dénommé et clairement désigné. L'acte d'accusation est terminé par le résumé suivant : *En conséquence, N... est accusé d'avoir commis tel meurtre, tel vol, ou tel autre crime, avec telle ou telle circonstance.* Il faut donc distinguer, dans l'acte d'accusation, deux parties bien différentes : la partie *littéraire*, c'est-à-dire l'exposé des faits tels que l'accusation les présente, avec l'enchaînement des raisonnements qui tendent à démontrer la culpabilité de l'accusé; la partie *légale*, c'est-à-dire les conclusions de l'accusation. C'est l'arrêt de renvoi devant la cour d'assises qui doit servir de modèle à ces conclusions; elles ne peuvent contenir rien de plus, rien de moins. En effet, si le procureur général ajoutait un chef nouveau à l'accusation portée par l'arrêt de renvoi, il saisirait directement de ce chef d'accusation la cour d'assises; ce qu'il ne peut faire, puisqu'il n'a pas le droit de citation directe devant cette juridiction (art. 271). S'il retranchait, au contraire, un chef d'accusation, il n'exécuterait pas l'arrêt de renvoi, qu'il a mission de faire vider tout entier par la cour d'assises, aux termes de l'article 271.

L'acte d'accusation ne peut être rendu public qu'à l'audience; jusque-là, il ne doit être connu que de l'accusé. Sans doute, la publicité prématurée de cet acte ne serait pas une cause de nullité de la procédure; mais elle pourrait constituer un délit spécial : l'article 38 de la loi du 29 juillet 1881 prononce, en effet, pour le seul fait matériel de cette publication, une amende de 50 à 1,000 francs.

b) L'arrêt de renvoi et l'acte d'accusation doivent, par les soins du procureur général, être *notifiés* à l'accusé (art. 242). Cette formalité, qui, dans la procédure suivie devant la cour d'assises, remplace la *citation*, puisqu'elle est destinée, comme elle, à donner connaissance à l'accusé des résultats de l'information et de l'accusation contre laquelle il aura à se défendre, est une formalité *substantielle ;* son omission emporte nullité de la procédure.

c) Dans les vingt-quatre heures, qui suivent cette signification, les pièces du procès doivent être envoyées, par les soins du procureur général, au greffe du tribunal où se tiendront les assises, si ce tribunal n'est pas au siège de la cour d'appel (art. 291 et 292).

d) Dans le même délai, l'accusé détenu doit être transféré, par ordre du procureur général, dans la maison de justice du lieu où siège la cour d'assises (art. 292). Cette mesure et la précédente ont un caractère administratif, et leur inobservation n'emporte pas nullité de la procédure.

e) Il doit être délivré gratuitement aux accusés une copie, mais une seule pour eux tous, s'ils sont plusieurs dans la même affaire, des procès-verbaux constatant le délit et des déclarations écrites des témoins entendus dans l'instruction (art. 305)[1]. La loi n'indique pas au procureur général dans quel délai il notifiera ces pièces à l'accusé; mais il est évident que cette notification doit être faite assez à temps pour que l'accusé puisse préparer sa défense.

f) Les noms des témoins à charge ou à décharge, que le procureur général, la partie civile ou l'accusé se proposent de faire entendre, doivent être notifiés, à l'accusé, par le procureur général ou la partie civile, et au procureur général, par l'accusé, *vingt-quatre heures* au moins avant l'examen du témoin en cour d'assises (art. 315)[2]. Toute autre personne ne pourra être entendue qu'à titre de renseignement, sans prestation de serment, et en vertu du pouvoir discrétionnaire du président de la cour d'assises.

g) Enfin, la liste des jurés de session doit être également notifiée à chacun des accusés, à la requête du procureur général, la veille du jour déterminé pour le tirage au sort des jurés dans l'affaire qui le concerne (art. 395). La loi ne dit pas *vingt-quatre heures*, mais la *veille*. Ce délai a paru suffisant pour permettre à l'accusé de combiner ses récusations, insuffisant pour lui permettre d'agir ou de faire agir sur les jurés. Aussi, l'article 395 ajoute-t-il que la « *notification sera nulle, ainsi que tout ce qui aura suivi, si elle est faite plus tôt ou plus tard* ». Mais, il faut reconnaître que la nullité, en cas de notification anticipée, ne peut plus être considérée comme sérieuse, depuis la loi du 2 mars 1827 : la liste du jury de session, étant tirée au sort, en *audience publique*, sur la liste annuelle et publiée par les journaux, sera connue de l'accusé ou pourra être connue de lui, même avant la notification officielle. Il y aurait, au contraire, nullité, si la notification était faite tardivement. Comme cette notification est une formalité substantielle et d'ordre public, puisqu'elle a pour but de permettre à l'accusé de combiner ses récusations, l'omission du nom d'un des jurés, ou des erreurs de nature à produire une confusion de personnes, seraient des motifs suffisants de nullité de la procédure[3].

568. II. *Actes de procédure qui doivent être faits par le prési-*

[1] V. proposition de loi portant modification de l'article 305 (*Jour. off.* du 19 juillet 1879).

[2] Si le débat dure plusieurs jours, la Cour de cassation admet, dans sa dernière jurisprudence, que la liste des témoins peut être notifiée au *cours même des débats*, pourvu qu'elle le soit vingt-quatre heures au moins avant leur audition : FAUSTIN HÉLIE, t. VII, n° 3392; NOUGUIER, t. II, n°s 637 et 638. C'est donner satisfaction au texte, mais non à l'esprit de la loi.

[3] Cass., 21 mai 1878 (S. 79, 1, 96); 12 août 1880 (S. 81, 1, 230).

dent de la cour d'assises. — Il y a une autre formalité, préalable au débat : c'est l'*interrogatoire de l'accusé* dans la maison de justice où il est détenu ; mais elle est une mesure d'*instruction* et non d'*exercice de l'action publique*. A ce titre, la loi confie au président de la cour d'assises la mission de l'accomplir. Mais celui-ci peut déléguer, à sa place, un juge du tribunal chef-lieu d'assises, qui ne doit pas être nécessairement un de ses assesseurs (C. inst. cr., art. 266, 293 ; D. 6 juillet 1810, art. 91).

Cette formalité se rapporte à trois points essentiels : 1° Elle met le président à même de se mieux éclairer sur l'affaire, soit pour la meilleure direction des débats, soit pour les suppléments d'instruction qui pourraient être nécessaires. Le droit du président ou du juge qui le remplace d'ordonner un supplément d'instruction est formellement reconnu par l'article 303. Ce texte ne traite, il est vrai, que de l'audition de nouveaux témoins ; mais la jurisprudence décide, avec raison, qu'il peut être procédé à tout autre acte d'instruction, par exemple, à une expertise, à une visite de lieux, etc.[1]. 2° Cette formalité permet au président de s'assurer que l'accusé est pourvu d'un défenseur, et, s'il n'en a pas choisi, de lui en désigner un d'office (art. 294 et 295). L'accusé déclarât-il n'en point vouloir ou se proposer d'en choisir un, le président ne peut se dispenser, à peine de nullité de tout ce qui suivra, de faire cette nomination. Mais si l'accusé choisit postérieurement un défenseur, la nomination faite par le président sera non avenue. L'article 295 limite aux avocats et avoués du ressort de la cour d'appel le cadre dans lequel le défenseur peut être choisi ; une ordonnance du 27 août 1830 a admis à plaider, devant toutes les cours et tous les tribunaux de France, sans qu'il soit besoin d'aucune autorisation, tout avocat inscrit au tableau de n'importe quel ressort (art. 4) ; mais cette ordonnance, réservant formellement le cas prévu par l'article 295, cette faculté ne s'étend pas à la plaidoirie en cour d'assises : pour le choix d'un avocat hors du ressort, il faut l'autorisation préalable du président, qui, du reste, n'est jamais refusée en pratique[2]. 3° Enfin, cette formalité a pour but d'avertir l'accusé qu'il a *cinq jours* pour se pourvoir en cassation contre l'arrêt de mise en accusation, dans les cas où la loi donne ouverture à ce recours (art. 296)[3].

[1] Comp. : Faustin Hélie, t. VII, n° 3363 ; Nouguier, t. II, n°s 832 et suiv.

[2] Comp. : Cass., 23 déc. 1875 (S. 76, 1, 143).

[3] Cette formalité est d'une extrême importance, comme toutes celles qui touchent

On comprend, par cette énumération, que l'interrogatoire de l'accusé soit une formalité essentielle, dont l'accomplissement doit être constaté, à peine de nullité, par un procès-verbal signé du président, du greffier et de l'accusé [1]. La place, que doit occuper l'interrogatoire, dans la procédure intermédiaire, entre l'arrêt de mise en accusation et l'ouverture des débats, est déterminée par les articles 293 et 296. Il doit y être procédé, au plus tard, *vingt-quatre heures* après l'arrivée de l'accusé dans la maison d'arrêt, et, au plus tôt, *cinq jours* avant l'ouverture des débats. Il y aurait *irrégularité*, mais non *nullité* à procéder à l'interrogatoire plus tôt ou plus tard, pourvu qu'il s'écoulât au moins *cinq jours pleins* entre l'interrogatoire et l'ouverture des débats.

A partir de l'interrogatoire fait par le président de la cour d'assises, les communications de l'accusé et de son conseil sont de droit. Nous sortons de la procédure secrète et nous entrons dans la procédure publique.

Le président de la cour d'assises, qui est exclusivement [2] chargé de l'instruction dans la procédure intermédiaire, statue, à ce titre, sur les demandes en renvoi d'une session à une autre, qui sont formées par le procureur général ou l'accusé. Il peut même, d'office, prononcer ce renvoi (art. 306). C'est également lui qui ordonne la jonction ou la disjonction des poursuites (art. 307 et 308). Mais, dès que la cour d'assises est saisie, elle devient également compétente pour statuer sur la jonction et la disjonction des poursuites, et elle devient seule compétente pour statuer sur les demandes en renvoi.

569. Procédure des débats. — Les débats vont s'ouvrir : la cour et les jurés ont pris séance. L'accusé doit comparaître libre, c'est-à-dire sans liens, sans fers, sans pression ou violences corporelles contre sa personne, et seulement accompagné de gardes pour l'empêcher de s'évader (art. 310). Mais : 1° l'accusé, quoique sous la

aux droits essentiels de la défense. L'ouverture des débats, avant l'expiration du délai du pourvoi contre l'arrêt de renvoi et sans le consentement exprès de l'accusé, entraîne nullité : Cass., 11 juillet 1872 (S. 73, 1, 94) et la note; 29 mai 1876 (*Bull.*, n° 124). Mais l'accusé peut consentir à être jugé sans délai, et sa renonciation est irrévocable : Cass., 6 juin 1867 (S. 68, 1, 84); 27 juillet 1876 (S. 78, 1, 185).

[1] Cass., 6 janv. et 30 mai 1872 (*Bull.*, n°s 8 et 127); 10 oct. 1872 (S. 72, 1, 396); 28 janv. et 25 fév. 1875 (*Bull.*, n°s 35 et 63).

[2] Les officiers du ministère public près les cours d'assises ne peuvent faire aucun acte d'instruction dans les affaires renvoyées devant ces cours : ce droit n'appartient qu'au président de la cour d'assises : Cass., 12 février 1880 (S. 81, 1, 140) et la note.

main de justice, refuse de comparaître; 2° ou bien, comparaissant, il met obstacle au libre cours de la justice, par des clameurs ou par tout autre moyen propre à causer du tumulte. Cette double hypothèse n'avait pas été prévue par le Code d'instruction criminelle : on sentit le besoin de combler cette lacune dans les premières années qui suivirent la révolution de 1830. Les procès de presse et les procès politiques excitaient alors de telles passsions, qu'on vit des accusés refuser de comparaître, faire résistance à la force publique, pousser des clameurs à l'audience, user de violences systématiques. La loi du 9 septembre 1835 introduisit, dans ses articles 8 à 12 des règles exceptionnelles à ce sujet, règles qui sont déclarées, par l'article 12, applicables au jugement de tous les crimes et délits et devant toutes les juridictions. — Dans la première hypothèse, régie par les articles 8 et 9, c'est-à-dire dans celle où l'accusé détenu *refuserait de comparaître*, sommation d'obéir à la justice lui est faite par un huissier commis à cet effet par le président de la cour d'assises, et assisté de la force publique. L'huissier dresse procès-verbal de la sommation et de la réponse de l'accusé. Si celui-ci n'obtempère pas à la sommation, le *président* peut ordonner qu'il soit amené par la force devant la cour : il peut également, après lecture faite à l'audience du procès-verbal constatant sa résistance, ordonner que, nonobstant son absence, il soit passé outre aux débats. Dans ce cas, après chaque audience, il lui est, par le greffier de la cour d'assises, donné lecture du procès-verbal des débats, et il lui est signifié copie des réquisitoires du ministère public, ainsi que des arrêts rendus par la cour, qui sont tous réputés *contradictoires*. — Dans la seconde hypothèse, c'est-à-dire dans celle où l'accusé, par des *clameurs ou par tout autre moyen*, *trouble l'audience*, la *cour* a le droit, aux termes de l'article 10, de faire retirer l'accusé de l'audience et de le faire reconduire en prison. La procédure a lieu conformément à ce que nous avons dit plus haut.

570. Le président, si l'accusé est présent, lui adresse les questions préliminaires, sur son nom, ses prénoms, son âge, sa profession, sa demeure et le lieu de sa naissance, questions qui ont pour but de constater son identité (art. 310). Il donne au conseil de l'accusé l'avertissement « qu'il ne peut rien dire contre sa conscience ou contre le respect dû aux lois, et qu'il doit s'exprimer avec décence et modération » (art. 311). Enfin, — et c'est ici une opération substantielle, exigée à peine de nullité, — il fait prêter, dans les termes de l'article

312, le serment aux jurés, ce qui achève de les constituer dans leur pouvoir[1].

L'avertissement donné par le président à l'accusé d'être attentif à ce qu'il va entendre est suivi de la lecture par le greffier de l'arrêt de renvoi et de l'acte d'accusation (art. 313). L'article 315, § 1, place ici un exposé du sujet d'accusation par le procureur général, exposé inutile, car il fait double emploi avec l'acte d'accusation, et dont on se dispense avec raison dans la pratique, le procureur général se bornant à se référer aux développements contenus dans l'acte d'accusation.

On procède ensuite à l'appel des témoins *régulièrement* cités à la requête du procureur général, de la partie civile, de l'accusé. Cet appel est fait à haute voix par un des huissiers ou le greffier (art. 315, § 2). Un incident peut alors se produire : un témoin régulièrement cité ne comparaît pas. Si la partie, à la requête de laquelle il a été appelé, insiste sur la nécessité de son témoignage, et s'il paraît, en effet, à la cour que son audition est nécessaire, ou du moins très-utile à la cause, la cour peut renvoyer l'affaire à une autre session (art. 354). Dans ce cas, tous les frais de citation, actes, voyages de témoins, et autres, ayant pour objet de faire juger l'affaire, seront à la charge de ce témoin, et il y sera contraint, même par corps, sur la réquisition du procureur général, par l'arrêt qui renvoie les débats à la session suivante. Le même arrêt ordonnera, de plus, que ce témoin sera amené par la force publique devant la cour pour y être entendu. Et, néanmoins, dans tous les cas, le témoin qui ne comparaîtrait pas, ou qui refuserait soit de prêter serment, soit de faire sa déposition, sera condamné à une amende qui n'excèdera pas cent francs (art. 355). La voie de l'opposition est ouverte contre ces condamnations, dans les dix jours de la signification qui en aura été faite au témoin condamné ou à son domicile, outre un jour par cinq myriamètres; il est fait droit à l'opposition, si le témoin prouve qu'il a été légitime-

[1] La formule du serment, composée du discours du président et de la réponse de chaque juré, constitue un *tout indivisible*, dont l'observation est formellement prescrite à peine de nullité. Le serment a un caractère religieux. Le juré, qui se refuse à prêter serment dans la forme légale ou qui y met une restriction, se rend coupable du délit de refus de service prévu par l'article 396. Mais il ne peut être condamné à des dommages-intérêts au profit de l'accusé. Comp., sur tous ces points : *Journ. de droit criminel*, art. 10883, 10884, 10895; Cass., 20 mai 1882 (S. 84, 1, 41), avec la note où se trouvent indiqués les divers projets ou propositions de lois dont les chambres ont été saisies dans ces derniers temps et qui tendent à modifier le caractère du serment.

ment empêché, ou que l'amende prononcée contre lui doit être modérée (art. 356).

Le président ordonne ensuite aux témoins de se retirer dans la chambre qui leur est destinée. Ils n'en sortent que pour déposer. Le président prend des précautions, s'il en est besoin, pour empêcher les témoins de conférer entre eux du délit et de l'accusé, avant leur déposition. C'est là une disposition réglementaire, dont l'inobservation n'est pas sanctionnée par la nullité de la procédure.

571. Après quoi, a lieu, dans la pratique, *l'interrogatoire de l'accusé*. Aucune disposition de la loi ne le prescrit : dans le système de notre Code, en effet, l'accusé n'est soumis à aucun interrogatoire préalable et nécessaire; il assiste aux dépositions des témoins; il a le droit de débattre leur témoignage, de leur adresser des questions par l'organe du président; mais il n'est tenu de donner ses explications ou de faire connaître son système de défense qu'après que les dépositions sont terminées; en un mot, sa défense ne précède pas le débat, elle le suit. C'est en vertu de son pouvoir discrétionnaire que le président des assises procède à cet interrogatoire, qui, avec l'esprit qui anime la plupart de nos présidents d'assises, a plus d'inconvénients que d'avantages[1]. Du reste, l'accusé aurait le droit de se refuser à répondre, sans que son refus puisse interrompre l'audience.

572. Après l'interrogatoire, vient l'audition des témoins, qui a lieu, *oralement*, à la barre de la cour d'assises (art. 31, *in fine*).

Les témoins à charge sont d'abord entendus, puis les témoins à décharge (art. 321). En ce qui concerne les causes de reproche, d'excuse ou de dispense, l'obligation du serment et les restrictions qu'elle comporte, il nous suffit de renvoyer aux articles 317 à 334 du Code d'instruction criminelle. Mais nous faisons observer que la formule du serment, indiquée par l'article 317 : *de parler sans haine et sans crainte, de dire toute la vérité, rien que la vérité*, en ce qui concerne le premier membre de phrase, est spéciale à la cour d'assises : on sait que cette formule est sacramentelle : un mot omis, un mot changé, et la nullité existe. Le législateur, après avoir déterminé rigoureusement la formule du serment que le président doit lire à haute voix au témoin afin que celui-ci y réponde, n'a imposé à cette réponse aucune forme légale. Nous avons déjà dit comment les

[1] Dans la procédure anglaise, chaque témoin est directement interrogé : 1° par l'avocat de la poursuite (*examination* in chief) ; 2° par le chef du jury; 3° par l'avocat de l'accusé (*cross examination*) Comp. Prins, *op. cit.*, p. 34.

témoins déposaient (art. 317, 319, 320, 323, 325, 326, 327). La loi a prévu le cas où un faux témoignage serait découvert et l'a réglé dans les articles 330 et 331. Les témoins entendus doivent demeurer dans l'auditoire pendant la durée des débats, à la disposition de la cour d'assises, à moins que le président ne leur donne, du consentement de toutes les parties, l'autorisation de se retirer (art. 320).

573. Après l'audition des témoins, ont lieu le réquisitoire et les plaidoiries, dont l'ordre, purement réglementaire, est déterminé par l'article 335. Cet article contient néanmoins une disposition substantielle; celle qui veut que l'accusé ou son conseil aient toujours la parole les derniers. Si donc, la défense ayant réclamé la parole, elle lui avait été refusée, la procédure serait frappée de nullité. Le devoir du défenseur est de discuter les faits pour établir la non-culpabilité ou les atténuations de la culpabilité. L'accusé est toujours libre de plaider *coupable* ou *non coupable.* Aucune question préalable ne lui est posée à ce sujet. La liberté de la défense n'autorise pas l'abus (art. 311). Aussi le président peut interdire au défenseur toute attaque contre la constitution et les lois du pays; il peut l'arrêter, s'il discute devant le jury des questions étrangères à celles que le jury doit résoudre. Mais il ne peut lui interdire de faire connaître au jury les conséquences pénales qu'aurait son verdict, et de chercher, dans la peine, un motif d'acquittement ou d'atténuation.

574. Procédure après la clôture des débats. — Lorsque les plaidoiries sont terminées, le président prononce la clôture des débats (art. 335). C'est là une disposition particulière à la procédure devant la cour d'assises. Toutefois, les débats peuvent être rouverts jusqu'au jugement, par ordonnance du président, ou, en cas de contestation, par arrêt de la cour. Trois faits importants doivent être maintenant l'objet de notre examen : 1° la position des questions; 2° la remise des pièces au jury, avec les avertissements qui doivent accompagner cet acte; 3° le vote et la délibération du jury. Ces opérations sont en dehors des débats; si bien que, pour les affaires dans lesquelles le huis-clos a été ordonné par la cour, les portes de l'audience doivent être ouvertes, au moment où commence cette période de la procédure. Ici se plaçait, avant la loi du 19 juin 1881, qui l'a aboli[1], le *résumé*, que le président de la cour d'assises

[1] Le résumé était contemporain de l'institution du jury. Sur la législation comparée : Amiaud, *Bull. Soc. législ. comp.*, 1881, p. 427 à 432.

devait faire des débats, résumé *inutile*, s'il n'ajoutait rien à la défense ou à l'accusation, *dangereux*, s'il y ajoutait quelque chose. D'après le nouvel article 336 : « *Le président, après la clôture des débats, ne pourra, à peine de nullité, résumer les moyens de l'accusation et de la défense. Il rappellera aux jurés les fonctions qu'ils auront à remplir et il posera les questions ainsi qu'il sera dit ci-après*[1] ». La loi du 19 juin 1881 interdit donc, quand les débats sont terminés, tout ce qui peut, directement ou indirectement, sous forme d'explication ou d'appréciation, constituer un résumé, même partiel, des charges de l'accusation ou des moyens de la défense[2].

575. *De la position des questions au jury.* — Dans le système français, on prépare la déclaration du jury, car on lui pose des questions, auxquelles il n'aura à répondre que par un *oui* ou par un *non* pour former son verdict. Dans le système anglais, au contraire, c'est le jury qui compose lui-même sa déclaration, comme un juge sa décision, avec faculté, pour le magistrat président des assises, de le renvoyer dans la chambre de ses délibérations, jusqu'à ce qu'il en rapporte une décision régulière. Le système français est plus pratique; il est plus conforme aux aptitudes des jurés, qui ne sont pas, comme les magistrats, habitués à formuler leur décision. Mais on comprend l'importance qui s'attache, dans ce système, à la position des questions; et, de même que la rédaction de la *formula judicii*, c'est-à-dire de l'instruction adressée par écrit au juge et fixant l'objet du litige, était, pour le magistrat romain, la partie la plus délicate de sa mission, de même la rédaction par écrit des questions à poser au jury n'est pas la moins délicate des fonctions du président des assises.

C'est à lui, en effet, qu'il appartient, à titre de *directeur* des débats, de formuler les questions, sauf à la cour à statuer, par arrêt, sur les incidents qui s'élèvent à propos de leur position (art. 336).

Trois points doivent être successivement examinés : quelles questions doivent ou peuvent être posées au jury? dans quelle forme? dans quel ordre?

576. I. Quelles sont les questions qui doivent ou qui peuvent être posées au jury? L'acte qui sert de *type* et de *régulateur* à la position des questions, est l'*arrêt de mise en accusation*, ou, si l'on

[1] V. Sirey, *Lois annotées*, 1881, p. 193.
[2] *Sic*, Cass., 4 mars 1882 (S. 82, 1, 238).

veut, l'*acte d'accusation*, qui, lui-même, doit être modelé sur l'arrêt de renvoi (art. 271 et 371). En effet, c'est par cet acte que la cour d'assises est saisie de l'accusation, et il est de principe que l'acte qui saisit une juridiction fixe et limite sa compétence[1].

D'où trois conséquences :

1° Tous les chefs contenus dans l'arrêt de renvoi, soit sur le fait principal, soit sur les circonstances qui l'aggravent ou l'atténuent, doivent être l'objet d'une *déclaration* du jury. L'accusation, dont la cour d'assises est saisie, est, en effet, prononcée par cet arrêt et ne peut être purgée que par l'entière et complète appréciation de toutes les charges et de toutes les circonstances qu'il relève. Les questions posées au jury sont donc, avant tout, la *reproduction des conclusions de l'arrêt de renvoi;* ce qui ne veut pas dire qu'elles doivent en être la reproduction *littérale;* mais il faut qu'elles n'altèrent ni la qualification légale, ni la substance de l'accusation[2]. L'arrêt de renvoi dit *quelles* questions doivent être posées; il n'indique pas nécessairement, en effet, *comment* elles doivent l'être.

2° A l'inverse, l'accusé ne peut, en principe, être jugé sur des faits autres que ceux portés dans l'arrêt de renvoi. Si un fait *nouveau* surgit au débat, la cour d'assises, qui n'est pas plus compétente que toute autre juridiction pénale pour se saisir elle-même, ne peut en faire l'objet d'une accusation. La loi des 16-29 septembre 1791 (tit. VII, art. 37) posait ce principe en ces termes : « *Le jury ne pourra donner de déclaration sur un délit qui ne serait pas porté dans l'acte d'accusation, quelle que soit la déposition des témoins* ». Cependant l'article 21 du même titre ajoutait une restriction, qui a été en s'élargissant sous l'empire du Code de brumaire an IV et que le Code d'instruction criminelle de 1808 a implicitement maintenue, si bien qu'il se dégage de la combinaison des articles 338, 339, 340, 361 et 379 une troisième règle, qu'il importe de rapprocher de la seconde, car elle en est, pour ainsi dire, l'explication.

3° Les faits nouveaux, qui ne peuvent être l'objet d'une question au jury, sont les faits *indépendants du fait de l'accusation*, n'exerçant

[1] Comp. : FAUSTIN HÉLIE, t. VIII, nos 3624 et 3625; NOUGUIER, t. IV, nos 2670 et suiv.; ORTOLAN, t. II, no 2315.

[2] Comp., pour la latitude qui est donnée au président de la cour d'assises dans la position des questions résultant de l'acte d'accusation : Cass., 24 avril 1873 (D. 73, 1, 319); 6 janvier 1870 (D. 70, 1, 381), espèce délicate; 6 janvier 1876 (S. 76, 1, 48); FAUSTIN HÉLIE, t. VIII, nos 3662 à 3666; NOUGUIER, t. IV, nos 2875 et suiv.

sur lui aucune influence, soit pour l'aggraver, soit pour l'atténuer; mais les faits, qui se produisent dans les débats, *peuvent*, au contraire, être l'objet d'une question spéciale, lorsqu'ils ne sont que la *modification*, l'*aggravation* ou l'*atténuation* de l'accusation elle-même [1]. Quelles sont les questions qui peuvent être ainsi subsidiairement posées, quoique les faits qui les concernent ne soient pas compris dans l'acte d'accusation? C'est un point qu'il faut éclaircir.

a) Le président doit examiner si les débats ont fait surgir quelques circonstances nouvelles qui *modifient* l'accusation et la présentent soit avec une autre face, soit avec d'autres caractères; et il doit alors, s'il constate ces faits ou ces points de vue nouveaux, poser des *questions subsidiaires*. Ainsi, dans une accusation de meurtre, il peut y avoir lieu de poser la question de savoir si l'accusé est coupable d'avoir volontairement porté des coups et fait des blessures et si ces coups et blessures, portés sans intention de donner la mort, l'ont cependant occasionnée; dans une accusation de viol ou de tentative de viol, une question d'attentat à la pudeur avec violence; dans une accusation d'incendie de la maison d'autrui, celle d'incendie de sa propre maison assurée; dans une accusation de vol domestique, celle d'abus de confiance; dans une accusation de meurtre consommé, une question de meurtre tenté; dans une accusation de fabrication de faux, une question d'usage de faux, etc. Dans toutes ces hypothèses, la question subsidiaire n'étant qu'une modification du fait même de l'accusation, la faculté de la poser ne soulève aucune difficulté. Dans d'autres, l'hésitation est, au contraire, permise : ainsi, dans une accusation d'attentat aux mœurs, peut-on poser une question subsidiaire d'outrage public à la pudeur? La difficulté vient ici, de ce que l'outrage public à la pudeur est moins une *modification* de l'attentat aux mœurs, qu'une *circonstance* de ce crime. Néanmoins, la jurisprudence n'exige pas que le fait posé en question subsidiaire soit une modification du fait principal; il suffit qu'il s'y rattache comme corollaire, comme circonstance; qu'il soit, en un mot, compris, sous un point de vue quelconque, dans le fait même de l'accusation [2].

[1] Ces questions subsidiaires (*adjectiones formulæ*) sont nécessaires dans tout système où la séparation est établie entre les magistrats et les jurés. Dans la procédure romaine, il y avait lieu également à des *adjectiones*, mais elles étaient insérées, à l'avance, dans la *formula judicii*. Aujourd'hui, ces modifications peuvent être insérées à l'audience, parce que les magistrats et les jurés siègent ensemble.

[2] Comp. : Faustin Hélie, t. VIII, n°s 3650-3655; Nouguier, t. IV, n°s 2767 et suiv.;

b) Le président doit, aux termes de l'article 338, soumettre aux jurés les *circonstances aggravantes*, non mentionnées dans l'arrêt de renvoi, qui résultent des débats. Il peut le faire, encore que ces circonstances constituent, par elles-mêmes, des crimes ou délits, à la condition qu'elles constituent, en même temps, des circonstances aggravantes du crime qui fait l'objet de l'accusation : ainsi, dans une accusation de meurtre, il peut poser, comme résultant des débats, soit une question de vol, soit une question d'attentat à la pudeur qui aurait précédé ou suivi l'homicide.

c) Le président, après avoir examiné s'il résulte du débat des circonstances aggravantes, doit vérifier également s'il a surgi, du même débat ou de la défense, des *faits justificatifs* ou *atténuants*. Pour les premiers, nous savons que si le président a la faculté d'en faire l'objet d'une question spéciale, ce n'est pas, pour lui, une obligation; la question générale de culpabilité suffit, en effet, pour permettre au jury de tenir compte de toutes les *causes de justification*, telles que la légitime défense, l'ordre de la loi avec commandement de l'autorité légitime, et de toutes les *causes de non-imputabilité*, telles que la démence, la contrainte, la bonne foi. Il en est autrement des faits d'*excuse*. L'article 339, rectifié par la loi du 28 avril 1832, déclare que : « *Lorsque l'accusé aura proposé comme excuse un fait admis comme tel par la loi, le président devra, à peine de nullité, poser la question ainsi qu'il suit : Tel fait est-il constant?* » D'où il suit que tout fait d'excuse, *allégué par la défense*, doit, *à peine de nullité*, être soumis au jury, s'il est admis comme tel par la loi, sans que la cour ait le droit d'apprécier s'il résulte ou non des débats. Mais, lorsque les faits proposés par l'accusé ne rentrent pas dans les termes de la loi et n'ont pas les caractères d'une excuse légale, la cour d'assises doit déclarer qu'ils ne seront pas soumis au jury. Ainsi, par exemple, dans une accusation de meurtre, où l'accusé propose, comme excuse, l'état d'ivresse dans lequel il se trouvait au moment du crime.

Les questions, résultant des débats, sont posées, soit d'office par le président, soit sur la demande du ministère public ou de l'accusé. Lorsqu'une question de cette nature est posée, il est nécessaire de constater, dans la feuille remise aux jurés, qu'elle résulte des débats et

nos 2777 et suiv. Ainsi, à propos d'une accusation d'infanticide, le président peut-il poser une question alternative d'avortement ou de suppression d'enfant, ou de suppression d'état? La question est discutée.

l'accusé doit en être averti avant leur clôture, pour qu'il puisse présenter ses observations.

577. II. Comment les questions sont elles posées au jury? Théoriquement, le grand vice à éviter dans la rédaction des questions est celui de la *complexité :* il s'agit, en effet, pour le jury, de formuler sa déclaration par une *affirmation* ou une *négation*, un *oui* ou un *non;* il faut donc que chaque question qui lui est faite n'en comprenne pas deux ou plusieurs. Or, la culpabilité se compose de divers éléments, matériels ou moraux; de plus, des circonstances accessoires, souvent fort nombreuses, peuvent l'aggraver ou l'atténuer : le jury sera-t-il interrogé par une question *unique*, comprenant tous ces éléments, tous ces faits? Sera-t-il interrogé, au contraire, *distinctement*, sur chacun d'eux? En ce qui concerne cette difficulté, notre législation a suivi successivement trois systèmes.

1° D'après la loi de 1791, les questions devaient être posées au jury de manière à ce que chaque réponse n'impliquât qu'une appréciation *unique* et que la déclaration fût *circonstanciée*. Pour arriver à ce résultat, deux ordres de questions étaient nécessairement posées, les unes sur la *matérialité* du fait, les autres sur sa *moralité*. Sur la matérialité, on demandait : *Tel fait est-il constant? L'accusé en est-il l'auteur?* Sur la moralité : *L'accusé a-t-il agi volontairement? A-t-il agi avec intention?* Le Code de brumaire, lié à cet égard par l'article 250 de la constitution de l'an III, adopta le même système et en précisa les règles. Sous son empire, pour éviter toute complexité, les faits étaient savamment analysés et décomposés dans leurs éléments les plus simples. L'épreuve de l'expérience parut être défavorable à ce système : il mit en lumière deux vices. 1° Les jurés faisaient abus des réponses négatives aux questions intentionnelles, pour écarter, en vue de la pénalité, des poursuites, parfaitement établies. 2° De plus, le nombre, souvent considérable des questions, jetait de la confusion dans leur esprit, d'où des réponses incohérentes ou contradictoires.

2° Pour éviter ces inconvénients, on crut devoir réunir, dans une question *unique* et *complexe*, non-seulement le fait matériel et la culpabilité de l'agent, mais encore le fait, avec toutes les circonstances comprises dans l'accusation. C'est le système des *questions complexes*, mode de procéder, qui, admis d'abord exceptionnellement par la loi du 12 ventôse an VIII, relative aux émigrés, fut rendu commun à tous les procès criminels par les articles 337 et suivants du Code de 1808[1].

Si le système des questions simples avait abusé de la méthode analytique, celui des questions complexes abusa de la méthode synthétique. Le premier rendait difficile, par ses complications même, l'œuvre de la justice : le second, en la simplifiant, mettait le jury dans l'impossibilité de toujours déclarer sa pensée et la cour de la connaître avec exactitude. Il pouvait arriver que le jury, convaincu sur un point, ne le fût pas sur un autre. Or, il était renfermé dans une alternative: s'il répondait oui, il allait au delà de sa conviction, en affirmant des circonstances dont il doutait; s'il répondait non, il restait en deçà. Sa réponse, quelle qu'elle fût, devait avoir pour résultat, ou une impunité fâcheuse, ou une sévérité excessive. La jurisprudence corrigea la loi; elle permit aux présidents d'assises de diviser les questions, et ceux-ci usèrent partout de cette faculté. La loi du 9 septembre 1835 établit, quant au chiffre de la majorité, une distinction entre le fait principal et les circonstances aggravantes : il devint, dès lors, *légalement* impossible de confondre, dans une même question, le fait principal et les circonstances aggravantes. Ainsi se trouva fondé, par voie de conséquence, un système, qui fut consacré directement par la loi du 13 mai 1836.

3° Le mode de division, qui est la conséquence de cette loi, s'écarte, à la fois, du système de prohibition absolue des questions complexes, que les lois antérieures au Code avaient établi, et du système de complexité introduit par le Code. La complexité, proscrite par la loi, est celle qui renferme, ou l'énonciation de *plusieurs faits punissables*, ou d'un *fait punissable* et, *en même temps, d'un fait* qui *atténue, modifie* ou *aggrave* la criminalité, c'est encore celle qui s'applique cumulativement à *plusieurs individus*. Mais tous les *éléments constitutifs*, de l'infraction, l'*élément matériel* aussi bien que l'*élément moral*, sont réunis dans une question unique et générale, la culpabilité ne résultant que de l'affirmation sur tous ces éléments réunis. Il n'y a donc complexité, interdite par la loi, qu'autant que la même question contient deux faits pouvant donner lieu à deux réponses distinctes et qui, diversement appréciés, sont de nature à conduire à des conséquences différentes. Dans cette hypothèse, il y aura nullité. Mais, à

[1] Art. 337. La question résultant de l'acte d'accusation sera posée en ces termes. « L'accusé est-il coupable d'avoir commis tel *meurtre*, tel *vol* ou tel autre *crime, avec toutes les circonstances comprises dans l'acte d'accusation?* »

l'inverse, la division, soit du fait principal, soit d'une même circonstance aggravante, en plusieurs questions, est facultative, à la condition que l'accusation, telle qu'elle résulte de l'arrêt de renvoi ou des débats, n'en éprouve aucune modification.

Nous devons rechercher les conséquences de cette double règle.

A. La question est complexe et, par conséquent, entachée de nullité, quand elle réunit *deux chefs d'accusation* distincts et indépendants l'un de l'autre : par exemple, l'homicide commis sur plusieurs personnes différentes, dans la même scène. La division des chefs principaux est, du reste, nécessaire, non-seulement à l'égard des *auteurs*, mais même à l'égard des *complices* compris dans la même accusation. Ce qui exclut à la fois les questions *cumulatives* et les questions *alternatives*.

a) Les questions *cumulatives* : — On donne ce nom aux questions qui comprennent deux faits distincts ou deux circonstances distinctes d'un même fait. Or, dès qu'une question comprend deux termes, le jury ne peut nier l'un sans nier l'autre, affirmer l'un sans affirmer l'autre : dès lors, se trouvant dans l'impossibilité de faire connaître exactement son opinion, il arrive presque nécessairement à une abstention, c'est-à-dire à une déclaration négative. Il est facile de comprendre, par des exemples, les inconvénients que présentent les questions cumulatives. Supposons qu'un individu soit accusé de faux et d'abus de confiance, au préjudice de la même personne : le président, estimant que le faux n'a été qu'un moyen de commettre l'abus de confiance, pose une question unique, comprenant ces deux faits; cette question est cumulative et, par conséquent, entachée du vice de complexité : car, si le jury estime que le faux est prouvé et que l'abus de confiance ne l'est pas, sa réponse, quelle qu'elle soit, affirmative ou négative, ne peut présenter à la justice la garantie d'un bon jugement[1]. Serait encore viciée, par application du même principe, la question unique, qui énoncerait plusieurs attentats à la pudeur, commis par le même individu, sur plusieurs jeunes filles.

b) Les questions *alternatives* : — On donne ce nom à celles qui comprennent deux questions distinctes, réunies par la conjonctive *ou*; par exemple, celle de savoir si l'accusé est auteur *ou* complice. L'inconvénient de ces questions, c'est que la majorité peut se former de

[1] V. sur cette hypothèse : Cass., 2 janv. 1874 (D. 76, 5, 142). Comp. : Cass., 31 mai 1867 (D. 69, 5, 104); 20 février 1873 (D. 73, 1, 167); 24 juin 1880 (S. 81, 1, 331).

deux minorités répondant affirmativement sur des parties différentes de la question alternative, de telle sorte que la déclaration du jury, qui se prononce sur une question alternative, laisse nécessairement subsister une incertitude. Le jury, qui répond *oui*, a-t-il affirmé les deux membres de l'alternative? n'en a-t-il affirmé qu'un seul? et lequel? Il est impossible de le savoir. Cependant, la jurisprudence tolère cette forme alternative de question sous certaines conditions. Elle admet, en thèse générale, qu'une question peut comprendre, sous une forme alternative, deux faits distincts, lorsque chacun de ces faits constitue, à un degré égal, la *même criminalité* et entraîne la *même peine*. Ainsi, en matière de banqueroute, la question alternative de savoir si l'accusé a détourné *ou* dissimulé son actif, a été considérée comme régulière, le détournement *ou* la dissimulation constituant le crime et justifiant l'application de la peine[1]. Il me semble difficile d'approuver cette jurisprudence. Supposons, en effet que *quatre jurés* soient d'avis que l'accusé a dissimulé son actif, *quatre* autres qu'il l'a détourné, *quatre* enfin qu'il ne l'a ni dissimulé ni détourné : s'il n'y a qu'un seul vote, par suite de la forme alternative donnée à la question, l'accusé sera condamné; s'il y en a deux, il sera acquitté. Et comme il est toujours impossible de savoir, avec ce procédé d'interrogation, à quelle branche de la question s'applique le vote, cette forme ne doit jamais être employée.

B. La question est encore complexe, quand elle s'applique à *plusieurs accusés* à la fois. On doit donc, à peine de nullité, poser une question séparée, relativement à chacun des accusés, en ce qui concerne soit le fait principal, soit chacune des circonstances aggravantes de ce fait[2]. Toutefois, il n'est pas nécessaire de poser, sur les circonstances aggravantes, autant de questions qu'il y a d'accusés, lorsque ces circonstances sont des *faits matériels*, qui ne peuvent pas exister à l'égard de l'un des auteurs du crime, sans exister à l'égard des autres[3]. Ainsi, par exemple, si plusieurs individus sont accusés d'un

[1] Cass., 14 nov. 1878 (*Bull.*, n° 176). C'est ainsi encore que la jurisprudence admet que l'on peut poser la question de savoir si l'accusé est auteur *ou* complice, lorsque le fait de complicité est puni de la même peine que le fait de coopération directe. Comp. : Faustin Hélie, t. VIII, n°s 3713 à 3716; Nouguier, t. IV, n° 2939.

[2] Comp., pour les applications : Cass., 23 mai 1873 (*Bull.*, n° 141); 24 février 1876 (S. 77, 1, 93).

[3] Comp., pour les applications : Cass., 4 avril 1863 (S. 63, 1, 407); 29 janvier 1874 (*Bull.*, n° 31); 24 février 1876, déjà cité à la note précédente; 7 juin 1877 (S. 78, 1, 239); 23 août 1877 (*Bull.*, n° 201).

vol, commis la nuit, sur un chemin public, après avoir posé, à l'égard de chacun des coaccusés, une question distincte de culpabilité sur le fait principal, il suffit d'ajouter, sous une forme abstraite : « *Ce fait a-t-il été commis la nuit? A-t-il été commis sur un chemin public?* »

C. La question est entachée de complexité, toutes les fois qu'elle réunit, avec le fait principal, *une* ou *plusieurs circonstances aggravantes.* C'est à ce point de vue, qu'on voit l'importance de la distinction des *éléments constitutifs* d'une infraction, qui doivent figurer dans la question principale de culpabilité, et des *circonstances aggravantes*, qui doivent, au contraire, en être séparées. Ainsi, par application de cette règle, la question unique de culpabilité suffit pour mettre le jury en demeure d'examiner tous les faits justificatifs et toutes les causes de non-imputabilité, et il ne doit être posé aucune question relativement à ces faits ou à ces causes. Mais si rien n'*oblige* la cour à poser une question distincte sur la démence, la contrainte, la légitime défense, etc., alléguées par l'accusé, rien ne lui *défend* non plus de le faire, *la division des éléments constitutifs est donc facultative*[1].

D. La question est entachée de complexité, quand elle réunit *deux circonstances aggravantes.* Ainsi, non-seulement ces circonstances doivent être séparées du fait principal, mais il faut encore que chacune d'elles, puisqu'elle constitue un fait distinct, fasse l'objet d'une question séparée. Serait nulle, par application de cette règle, la question qui, dans une accusation de *meurtre*, réunirait la circonstance aggravante de *préméditation* et celle de *vol concomitant;* ou qui réunirait celle de *préméditation* avec celle de *guet-apens.*

E. Enfin, la question serait complexe, si elle réunissait un *fait d'excuse* ou une question de *discernement*, soit avec le *fait principal*, soit avec une *circonstance aggravante.*

[1] Par exemple, la Cour de cassation considère, contrairement à mon opinion, la qualité d'ascendant de l'accusé, chez la victime d'un meurtre, comme *constitutive* du crime de parricide; mais elle a, néanmoins, décidé, par plusieurs arrêts de rejet, que la question sur la qualité d'ascendant avait pu être posée à part, sans nullité, par le président de la cour d'assises : Cass., 6 janv. 1870 (D. 78, 1, 381) et la note. De même, il a été jugé que, en matière d'*infanticide*, la circonstance d'enfant nouveau-né, qui, aux termes de la jurisprudence, et contrairement à notre opinion, est constitutive du crime, peut être comprise dans une question distincte de la question relative au fait principal : Cass., 11 mars 1870 (*Bull.*, n° 62); 4 mars 1875 (D. 76, 1, 508).

578. II. Dans quel ordre sont posées les questions? Le président pose les questions dans l'ordre déterminé par la loi (art. 337, 338, 339, 340) qui, du reste, n'a rien de *substantiel*. Il sépare les chefs d'accusation, et pose, pour chaque chef, d'abord une question sur le *fait principal*, ensuite, sur les *circonstances aggravantes*, puis, sur les *faits d'excuse*, enfin, sur les *faits subsidiaires*.

Supposons, par exemple, que Pierre, mineur de seize ans, soit renvoyé devant la cour d'assises, sous l'accusation d'assassinat, et qu'il y ait lieu de poser, comme résultant des débats, la question de savoir s'il a simplement commis un homicide par imprudence : les questions seront généralement posées dans l'ordre suivant :

1° La première portera sur le *fait principal*, et comprendra tous les éléments constitutifs de ce fait[1]. Ici, le fait principal, dont Pierre est accusé, est un *meurtre*, crime défini par l'article 295 C. p. et se composant de deux éléments : 1° l'homicide; 2° la volonté ou plutôt l'intention de tuer. Le jury sera donc interrogé ainsi : *Pierre est-il coupable*[2] *d'avoir, en janvier* 1884, *commis volontairement un homicide sur la personne de Jacques?*

2° Les questions suivantes porteront sur *chacune des circonstances aggravantes* du crime : ici, ces circonstances sont au nombre de deux : la préméditation et le guet-apens. D'où, deux questions distinctes : *Cet homicide a-t-il été commis avec préméditation? A-t-il été commis de guet-apens?*

3° Les questions suivantes porteront sur les *excuses*, avec la double nécessité, et de poser autant de questions séparées qu'il y a d'excuses distinctes, et d'énoncer clairement, dans la question, les éléments constitutifs de l'excuse, d'après la disposition de la loi qui l'établit.

4° Viendra ensuite la question de *discernement* pour les mineurs de seize ans. Ici, elle sera formulée de la manière suivante : *Cet homicide a-t-il été commis avec discernement?*

5° Enfin, on posera, comme question résultant des débats, la *ques-*

[1] Sur les questions spéciales à chaque infraction, comp. : BLANCHE, sous chaque article du Code pénal; NOUGUIER, t. IV, *in fine;* ROLLAND DE VILLARGUES, *Formulaire*, à la suite de ses Codes annotés.

[2] La disposition de l'article 337 C. inst. cr. n'est, du reste, qu'indicative du mode suivant lequel les questions doivent être posées au jury ; mais si la formule : « L'accusé est-il *coupable...?* » n'a rien de sacramentel, du moins est-il nécessaire que les expressions contenues dans la question posée soient, au point de vue de l'intention criminelle, absolument équivalente à celle de culpabilité. Comp. : Cass., 27 mai 1879 (S. 80, 1, 439); 13 janv. 1881 (S. 83, 1, 137).

tion subsidiaire d'homicide par imprudence, pour le cas où la qualification donnée au fait dans la question principale serait écartée par le jury : *Ledit Pierre est-il coupable d'avoir, à la même époque, par imprudence ou négligence, involontairement causé la mort de Jacques?*

Si l'accusation comprenait plusieurs chefs principaux, chacun d'eux pourrait donner lieu à la même série de questions. De même, pour chaque accusé.

579. Les questions doivent être posées *par écrit* (art. 341 et 345), sauf la question relative aux circonstances atténuantes. Mais il n'est pas prescrit, à peine de nullité, qu' lles soient signées du président et du greffier. L'accomplissement de cette formalité a, du reste, toujours lieu, comme étant conforme à l'esprit de la loi. Elles sont lues publiquement au jury et en présence de l'accusé, ou, si elles sont trop nombreuses pour que lecture en soit faite, il faut, au moins, qu'il en soit donné connaissance à l'accusé, « puisque, sans cette lecture ou cette connaissance, l'accusé ne pourrait exercer le droit que la loi lui confère de présenter des observations » sur leur rédaction[1].

580. *Avertissements donnés par le président aux jurés.* — Les questions posées, le président, avant que les jurés se retirent pour délibérer, leur donne plusieurs avertissements sur le mode de leur délibération. Ces avertissements ont pour objet : 1° le vote du jury au scrutin secret; 2° la majorité à laquelle doit se former sa décision; 3° l'examen des circonstances atténuantes qui peuvent exister en faveur de l'accusé; 4° les formes de la délibération du jury (art. 341). Nous devons insister seulement sur le troisième avertissement, celui relatif aux circonstances atténuantes.

Les circonstances atténuantes, à la différence des excuses, qui résultent de faits déterminés et qualifiés par la loi, échappent, par leur nature même, à toute question *précise :* on ne peut donc interroger le jury que sur leur *existence*. Mais, ce qu'il importe de remarquer, c'est que, dans notre législation, l'existence même de ces circonstances n'est pas l'objet d'une question *générale*, posée *par écrit*. Le président est seulement tenu, *à peine de nullité*, d'avertir le jury, aux termes de l'article 341, que s'il pense, « *à la majorité, qu'il existe, en faveur d'un ou de plusieurs des accusés reconnus coupables, des circonstances atténuantes, il doit en faire la déclaration en ces*

[1] Cass., 5 février 1857 (S. 57, 1, 499). Sur la question : FAUSTIN HÉLIE, t. VIII, n° 3722.

termes : A la majorité, il y a des circonstances atténuantes en faveur de l'accusé ». De sorte que les jurés se posent eux-mêmes la question dans la chambre de leurs délibérations; et, s'ils estiment que l'accusé n'y a pas droit, ils traduisent leur refus par le silence. Pourquoi ? Le législateur de 1832, qui organisait le système des circonstances atténuantes en toute matière criminelle et enlevait à la cour, pour le donner au jury, l'examen de leur existence, avait voulu que la déclaration du jury, relative à ces circonstances, fût absolument *spontanée*, qu'elle n'eût pas le caractère d'une réponse de style à une question faite d'avance. Mais cette première considération, pour expliquer la règle dont nous nous occupons, n'a plus de portée, depuis que l'article 1er de la loi du 13 mai 1836 a imposé au chef du jury l'obligation, en cas de déclaration de culpabilité, de poser lui-même la question des circonstances atténuantes au jury dans la chambre des délibérations. On s'explique cependant encore que cette question ne soit pas *écrite;* car, avec ce système, en cas de non-admission, par la majorité, des circonstances atténuantes, le jury n'a rien à dire, tandis qu'une déclaration négative, qui eût été nécessaire si la question avait été posée par écrit, aurait pu porter le coup de grâce à l'accusé et influencer défavorablement l'application de la peine[1].

581. D'après l'article 341, modifié par la loi du 9 juin 1853, le président doit remettre au jury, en la personne de son chef, les procès-verbaux qui constatent le délit et les pièces du procès, autres que les déclarations écrites des témoins. L'inobservation de cette formalité et le défaut de remise des pièces n'entraîneraient, au surplus, aucune nullité, si l'accusé n'avait pas réclamé cette remise : en principe, en effet, le débat est *oral*, les jurés forment leur conviction sur les témoignages produits à l'audience et non sur les pièces écrites du procès.

582. *Délibération et vote du jury.* — Les jurés se retirent dans la chambre de leurs délibérations, et ils ne doivent en sortir qu'après avoir formé leur déclaration. L'entrée n'en peut être permise, pendant cette délibération, pour quelque cause que ce soit, que par le *président* et par écrit. Ce magistrat est tenu de donner au chef de service l'ordre spécial et par écrit de faire garder les issues de la chambre

[1] Bien entendu, la déclaration du jury sur l'existence des circonstances atténuantes doit, quand il y a plusieurs accusés, être spéciale, distincte et personnelle pour chacun d'eux : Cass., 12 août 1880 (S. 81, 1, 237).

des jurés[1]. La cour peut punir le juré contrevenant d'une amende de cinq cents francs au plus. Tout autre, qui a enfreint l'ordre ou ne l'a pas fait exécuter, peut être puni d'un emprisonnement de vingt-quatre heures (art. 343). Du pouvoir conféré au président d'autoriser, sous sa responsabilité personnelle, les communications des jurés avec le dehors, la jurisprudence a conclu que ce magistrat avait le droit, lorsqu'il y était invité par le chef des jurés, au nom de ses collègues, de pénétrer en personne, *hors la présence de l'accusé et du ministère public*, dans la chambre des délibérations, afin de fournir au jury les explications qui lui seraient demandées[2].

Avant de commencer la délibération, le chef du jury donne lecture de l'instruction qui forme le texte de l'article 342, instruction imprimée sur un carton déposé sur la table du jury, et, en outre, affichée en gros caractère, dans le lieu le plus apparent de la chambre des délibérations. Elle est relative aux devoirs et aux droits des jurés.

C'est le chef du jury qui dirige la délibération et le vote : la discussion, avant le vote, est de droit (D. 6 mars 1848, art. 5). Le jury est lié par les questions qui lui sont posées : il doit y répondre par un *oui* ou par un *non*, et il commettrait un *excès de pouvoir* s'il modifiait les termes de l'accusation, ou s'il motivait son verdict. Le vote a lieu au scrutin secret (L. 13 mai 1836; C. inst. cr., art. 345), par bulletins écrits et par scrutins distincts et successifs, sur le fait principal d'abord, et, s'il y a lieu, sur chacune des circonstances aggravantes, sur chacun des faits d'excuse légale, sur la question de discernement, et enfin, sur la question des circonstances atténuantes, que le chef du jury est tenu de poser, en cas de déclaration affirmative sur la culpabilité (L. 13 mai 1836, art. 1er). Quant aux questions subsidiaires, posées comme résultant des débats, elles ne doivent être examinées que lorsque les questions principales, dont elles sont destinées à prendre la place, ont été résolues négativement.

[1] Jugé que c'est là une disposition réglementaire, dont l'inobservation n'emporte pas nullité : Cass., 26 déc. 1874 (D. 75, 1, 287).

[2] Comp. sur ce point : Ortolan, t. II, n° 2322; Faustin Hélie, t. VIII, n° 3745; Nouguier, t. IV, nos 3113 et suiv.; Cass., 15 juin 1876 (*Bull.*, n° 133). D'après le Code d'instruction criminelle autrichien, le président, dans ce cas, doit être accompagné du greffier, de l'accusateur et de l'accusé (art. 327). Cette disposition est excellente, car elle prévient les inconvénients qu'ont bien souvent en pratique ces communications. Le Code de procédure pénale italien a une disposition analogue, sauf que l'accusé n'assiste pas à l'entrevue; il est représenté par son défenseur. Comp. : Marcy, *op. cit.*, t. I, p. 384.

583. Quel est le nombre de voix nécessaire pour former la décision du jury? On conçoit qu'une législation puisse exiger, pour la déclaration de culpabilité, soit l'*unanimité des voix*, soit une *majorité considérable*, soit enfin la *majorité simple*. Nous avons suivi successivement ces trois systèmes, pour nous arrêter à la loi si logique et si raisonnable de la simple majorité. L'article 347, modifié par la loi du 9 juin 1853, décide, en effet, que : « *La décision du jury tant contre l'accusé que sur les circonstances atténuantes, se forme à la majorité* ». Il importe de voir le jeu de cette règle, à propos de chacune des questions qui sont posées au jury.

a) Sur le *fait principal* : « X... est-il coupable d'avoir, à telle date, volontairement donné la mort à N...? » Le dépouillement du scrutin donne, je suppose, six bulletins *Oui*, six bulletins *Non* : la majorité n'étant pas acquise *contre* l'accusé, le chef du jury écrit, en marge de la question : *Non*. Pour la déclaration de culpabilité, il faudra donc *sept voix ou plus*, et le chef du jury écrira alors : *Oui, à la majorité*.

b) Sur les *circonstances aggravantes* : « Cet homicide a-t-il été commis avec préméditation? » On suivra la même règle : la déclaration affirmative, étant défavorable à l'accusé, ne pourra être prise qu'à la majorité.

c) Il en est de même de la question de *discernement*, en ce qui concerne le mineur de seize ans.

d) Quant aux questions d'excuse, par exemple : « X... a-t-il été provoqué par des violences graves contre sa personne? » Si sept voix ou plus repoussent le fait que l'accusé allègue à sa décharge, le chef du jury écrit : *Non, à la majorité*. S'il y a six voix ou davantage pour l'affirmative, il met simplement : *Oui*. Ici, en effet, la *négative*, étant contraire à l'accusé, ne peut être déclarée qu'à la majorité de sept voix, tandis que l'*affirmative*, lui étant favorable, peut être déclarée par l'égalité des suffrages, ou six voix seulement.

e) Pour les *circonstances atténuantes*, s'il y a sept *Oui*, nombre suffisant, comme la question, sur ce point, n'est pas écrite, il faut énoncer la substance même de la déclaration; le chef du jury écrit : *A la majorité, il y a des circonstances atténuantes en faveur de l'accusé*. On se demande parfois comment les circonstances atténuantes étant favorables à l'accusé, l'égalité de voix ne suffit pas pour les admettre, comme elle suffit pour l'admission des faits d'excuse. Il est facile de comprendre que le législateur, craignant qu'il n'y eût abus dans les déclarations de circonstances atténuantes, si le simple partage équivalait à une déclaration favorable, ait exigé la majorité, afin que la décision affirmative fût le résultat d'une volonté certaine du jury, et non d'un doute de sa part. D'autant plus, que l'atténuation étant une modification essentielle de la criminalité qui a été reconnue par le jury, il faut une majorité pour en déclarer l'existence[1].

En résumé, il y a des déclarations dans lesquelles la *majorité* est nécessaire : ce sont celles relatives à l'*affirmation* de la culpabilité et des circonstances aggravantes, à la *négation* des faits d'excuse, à l'*affirmation* de l'existence des circonstances atténuantes. Le chef du jury doit indiquer alors, *à peine de nullité*, que la déclaration a été prise à la majorité : *Oui, à la majorité; Non, à la majorité*. Du reste, dans aucun cas, le nombre de voix ne doit être exprimé, la décision fût-elle prise à l'unanimité (art. 347). Il ne faut pas, en effet, qu'on puisse faire de distinctions entre les verdicts.

584. La déclaration rédigée et signée par le chef du jury, les jurés entrent dans l'auditoire. La cour remonte sur son siège. Le président demande au chef du jury quel est le résultat de la délibération. Ce juré se lève, et, la main placée sur son cœur, il dit : — « Sur mon honneur et ma conscience, devant Dieu et devant les hommes, la déclaration du jury est... »; — puis il donne lecture des réponses du jury aux questions posées (art. 348). L'accusé n'est pas présent à cette lecture; mais son conseil a le droit d'y assister. La feuille du verdict, signée par le chef du jury, est remise au président qui la signe, et la fait signer par le greffier (art. 349).

IV. VERDICT DU JURY ET ARRÊT DE LA COUR.

585. Verdict irrégulier. — Le jury a rendu son verdict : la cour a deux points à examiner, avant de le prendre pour base de sa décision: s'il est *régulier* en la forme; et, seulement en cas de verdict affirmatif, si le jury *ne s'est pas trompé au fond*. Dans ces deux cas, elle exerce des pouvoirs exceptionnels, car ils ne consistent plus à appliquer le verdict, mais, au contraire, à l'annuler.

586. I. La jurisprudence admet d'abord[2], conformément au Code

[1] Lors de la discussion de la loi de 1832 à la Chambre des députés, il fut présenté un amendement qui avait pour objet de faire déclarer les circonstances atténuantes, par le jury, à la simple majorité. Comp. : CHAUVEAU, *Code pénal progressif*, p. 22. Il ne fut rejeté qu'à une faible majorité.

[2] Il faut remarquer deux choses : 1° Les bulletins qui n'expriment aucun vote, et

de brumaire an IV, qui contenait une disposition spéciale et formelle sur ce point (art. 414), que lorsque la déclaration du jury est *irrégulière, incomplète, contradictoire, obscure*, ou entachée d'*excès de pouvoir*, la *cour* et non le *président* seul[1], peut, par arrêt, l'*annuler*, et renvoyer le jury dans la chambre de ses délibérations pour en rapporter une nouvelle déclaration. Dans l'exercice de ce droit, la cour se trouve placée entre un double écueil : ou bien prendre pour base de sa décision, une déclaration irrégulière, qui expose son arrêt à la censure de la Cour de cassation; ou bien annuler une déclaration qui, si elle est régulière, constitue un droit acquis pour l'accusé et le ministère public. Jusqu'à quel moment cette mesure peut-elle être prise? et quels en sont les effets? Sur la première question, je crois que ce pouvoir doit être reconnu à la cour tant qu'elle n'a pas rendu arrêt sur la déclaration du jury[2]. Sur la seconde, une distinction me paraît nécessaire : ou bien les irrégularités du verdict portent sur sa *forme extrinsèque*, ou bien elles touchent au *fond de la déclaration*. Dans le premier cas, les jurés doivent, en conservant le résultat de la première délibération, se borner à faire disparaître l'imperfection matérielle dont elle est entachée. Dans le second, ils doivent ouvrir une nouvelle délibération, pour laquelle ils reprennent la plénitude de leur liberté[3].

587. II. Quand la déclaration est régulière ou régularisée, un autre pouvoir extraordinaire est donné à la cour, mais seulement en cas de verdict affirmant la culpabilité. Si la *majorité* de la cour, — avant la loi du 9 juin 1853, il fallait *l'unanimité*, — est convaincue que le jury, tout en observant les formes légales, s'est trompé au fond, par exemple, a déclaré coupable un individu qui était en état de démence au temps de l'infraction, elle peut surseoir au jugement et renvoyer l'affaire à une autre session, pour y être soumise à un nouveau jury, dont ne doit faire partie aucun des jurés qui ont pris part à la décla-

ceux que six jurés au moins déclarent illisibles sont comptés comme favorables à l'accusé. 2° Les ratures, les renvois, les surcharges, les interlignes, s'il y en a, doivent être approuvés. Ceux qui ne sont pas approuvés sont réputés non avenus, de sorte que, si la rature, le renvoi, la surcharge porte sur un point substantiel de la réponse, tel que le mot *oui*, ou les mots *à la majorité*, la déclaration est nulle (L. 13 mai 1836, art. 4).

[1] Comp. : BAZOT, *Rev. crit.*, 1861, t. XIX, p. 347.

[2] *Sic*, Cass., 3 juin 1880 (S. 81, 1, 238).

[3] On admet cependant généralement que la déclaration est irréfragable dès qu'elle a été lue en présence des accusés.

tion annulée. Nul n'a le droit de provoquer cette mesure. La cour ne peut l'ordonner que d'office, et une seule fois (art. 352)[1].

588. Verdict régulier. — Sauf ces hypothèses exceptionnelles, la déclaration du jury, une fois lue publiquement et remise par écrit au président des assises, l'accusé est introduit, et il est donné[2], à peine de nullité, lecture du verdict, par le greffier, en sa présence (art. 357). Alors commence la mission principale de la cour, qui consiste à appliquer la déclaration du jury : elle se prononce, dans tous les cas, sur l'action publique; sur les dommages-intérêts réclamés par l'accusé ou contre lui; enfin, sur les frais de justice. C'est à ces trois points de vue que nous allons étudier sa décision.

589. I. La déclaration du jury peut aboutir, en ce qui concerne l'action publique, à un *acquittement*, une *absolution* ou une *condamnation*[3].

A. L'accusé, *déclaré non coupable* par le jury, est acquitté par une *ordonnance* du président de la cour d'assises et mis immédiatement en liberté, s'il n'est retenu pour une autre cause (art. 360). Cette ordonnance acquiert *immédiatement* force de chose jugée, et la partie acquittée ne peut plus être reprise ni accusée à raison du même fait, pourvu que l'acquittement ait été *légalement* prononcé.

[1] Comp. Faustin Hélie, t. IX, n° 698. Une déclaration est *irrégulière*, quand elle n'est pas revêtue de toutes les formes exigées par la loi : par exemple, lorsque, en cas de déclaration de culpabilité, il n'y est pas fait mention qu'elle a été rendue à la majorité (Cass., 6 déc. 1867, D. 68, 1, 360). Elle est *incomplète*, si elle ne répond pas à toutes les questions posées; par exemple, si, après avoir écarté le fait principal, le jury a omis de s'expliquer sur une question subsidiaire (Cass., 28 juill. 1864, D. 68, 5, 114). Elle est *obscure*, si la réponse du jury laisse subsister un doute sérieux sur son intention, par exemple, si elle est faite à une question posée sous forme alternative. Elle est *contradictoire*, lorsque les décisions qu'elle contient sont inconciliables et destructives les unes des autres. Telles sont les déclarations, desquelles il résulte qu'un meurtre a été commis de guet-apens, mais sans préméditation (Cass., 20 juill. 1877, S. 78. 1, 283; Blanche, t. IV, n° 485). Enfin, la déclaration du jury est entachée d'*excès de pouvoir*, quand elle énonce un fait ou une circonstance sur lequel des jurés n'ont pas été interrogés : par exemple, les jurés, dans une accusation de meurtre, après avoir répondu négativement à la question de culpabilité, ajoutent, sans qu'une question subsidiaire leur ait été posée sur ce fait, que l'accusé est coupable d'un homicide par imprudence. Le jury est, en effet, lié par les questions qui lui sont posées : il doit y répondre par *oui* ou par *non*, sans avoir le droit de modifier l'accusation.

[2] Comp. Le Sellyer, *De la compétence*, t. I, nos 534 à 554. Cette disposition est d'une application fort rare.

[3] La distinction entre *l'absolution* et *l'acquittement* n'a été tracée que par le Code de 1808. Le Code de l'an IV employait encore l'expression d'acquittement (art. 432), pour désigner ce que l'art. 364 nomme absolution.

Si le verdict est affimatif, le procureur général requiert l'application de la loi (art. 362); l'accusé et son conseil, sur une interpellation du président[1], présentent leurs observations (art. 363). Ils peuvent plaider, non que le fait n'existe pas, mais seulement qu'il n'est pas prévu par la loi, ou qu'il ne mérite pas la peine requise, ou encore que l'action publique est éteinte : en un mot, ils ont la parole sur *l'application de la loi*. Puis, la cour délibère, et alors elle rend un *arrêt*, qui peut être, soit un arrêt *d'absolution*, soit un arrêt de *condamnation*.

B. Lorsqu'il n'y a pas lieu d'appliquer une peine à l'accusé *déclaré coupable*, soit parce que le jury a admis, à son profit, l'existence d'une excuse absolutoire, soit parce que le fait n'est pas prévu par la loi, soit parce qu'il ne donne pas ouverture à l'action publique, ou que celle-ci est éteinte, la cour prononce l'*absolution* de l'accusé[2]. L'absolution diffère de l'acquittement à quatre points de vue principaux : *a*) L'acquittement, ne nécessitant que l'enregistrement et la mise à exécution du verdict, est prononcé par *ordonnance* du président; l'absolution, exigeant une interprétation et une application contentieuses du verdict, l'est par *arrêt* de la cour[3]. *b*) Tandis que l'ordonnance d'acquittement, quand elle est rendue régulièrement, en vertu d'un verdict de non-culpabilité, ne peut être l'objet d'un *pourvoi utile* en cassation, l'arrêt d'absolution peut être attaqué par le ministère public au préjudice de l'accusé, qui ne doit pas être mis en liberté tant que le délai du pourvoi est ouvert (art. 409 et 410). *c*) L'acusé acquitté peut demander des dommages-intérêts contre ses dénonciateurs (art. 358); il n'en est pas de même de l'accusé absous. *d*) La jurisprudence met encore, entre l'acquittement et l'absolution, une différence essentielle, en ce qui concerne les frais de justice : elle permet de condamner aux frais du procès criminel l'accusé absous, tandis qu'une pareille condamnation ne peut jamais être prononcée contre l'accusé acquitté.

C. Enfin, si l'accusé, *déclaré coupable* par le jury, est *condamné*, le recours en cassation contre l'arrêt de condamnation est ouvert au

[1] Prescrite à peine de nullité : Cass., 18 août 1881 (S. 83, 1, 240).

[2] L'art. 364, qui est ainsi conçu : « La cour prononcera l'absolution de l'accusé, si le fait dont il est déclaré coupable n'est pas défendu par une loi pénale », ne prévoit qu'une des causes possibles d'absolution.

[3] Aussi, la jurisprudence exige un arrêt d'absolution, même en cas de déclaration négative de culpabilité, si le verdict peut donner lieu à une interprétation quelconque : FAUSTIN HÉLIE, t. VIII, n° 3798.

condamné, au ministère public et à la partie civile, mais seulement en ce qui concerne les intérêts civils de celle-ci. Aussi, le président des assises, après avoir prononcé l'arrêt de condamnation, avertit l'accusé de la faculté qui lui est donnée de se pourvoir en cassation, et du terme de *trois jours*, dans lequel l'exercice en est circonscrit par la loi (art. 371).

590. II. La cour d'assises peut avoir à prononcer, en second lieu, des *restitutions* et des *dommages-intérêts*.

A. Les restitutions s'appliquent, en général, aux objets qui ont été enlevés ou détournés et qui existent encore en nature. Si ces objets ont été saisis, la restitution peut en être ordonnée d'*office* par la cour d'assises, non-seulement au profit de l'une des parties engagées dans la cause, mais même au profit des tiers. Cette juridiction a ce pouvoir, aux termes de l'article 366, dans tous les cas, soit d'acquittement, soit d'absolution, soit de condamnation[1]. Si ces objets sont restés au pouvoir de la personne poursuivie, nous pensons que la restitution doit également en être ordonnée d'office, sans qu'il soit nécessaire que la victime de l'infraction figure dans l'instance comme partie civile, ou qu'elle y conclue formellement. Les termes de l'article 366 sont assez larges pour autoriser cette solution [2].

B. Les dommages-intérêts, ne peuvent être accordés par la cour d'assises, comme par toute autre juridiction, que s'ils sont *demandés* et dans la mesure même des *conclusions* des parties.

Il peut être dû des dommages-intérêts, soit par la personne poursuivie envers la partie civile, soit par la partie civile ou le dénonciateur envers la personne poursuivie à tort.

a) Dans la première hypothèse, la compétence de la cour d'assises, si la victime du fait poursuivi s'est constituée partie civile, est des plus étendues : cette juridiction peut accorder des dommages-intérêts, même en cas d'*acquittement* ou d'*absolution* de l'accusé, à la différence des tribunaux de simple police ou de police correctionnelle, qui ne peuvent statuer sur ce point qu'en cas de *condamnation* (art. 366).

b) Dans la seconde hypothèse, il faut supposer un acquittement.

[1] La jurisprudence, en l'absence de textes, ne reconnaît pas le même pouvoir aux tribunaux de police simple ou correctionnelle : ainsi, il a été jugé que le tribunal correctionnel, qui acquitte un prévenu de vol, est incompétent pour statuer sur une demande en revendication des objets détournés, alors même qu'ils seraient déposés au greffe : Cass., 25 février 1869 (S. 70, 1, 43).

[2] Comp. cependant : ORTOLAN, t. II, n° 2338 *bis*.

L'accusé, dans ce cas, a le droit de demander des dommages-intérêts contre ses dénonciateurs (art. 358). Aussi, peut-il forcer le procureur général à les lui faire connaître. L'article 359 lui prescrit de former sa demande avant le *jugement*, c'est-à-dire avant la décision de la cour : l'ordonnance d'acquittement n'étant pas un jugement, la demande pourrait être formée après. Si l'accusé connaît le dénonciateur avant la fin de la session, il est obligé de porter sa demande à la cour d'assises, sinon au tribunal civil (art. 359).

591. III. La cour d'assises doit enfin statuer sur les *frais de justice criminelle*, en appliquant les règles que j'indique plus loin.

592. Telle est, dans ses traits généraux, la marche de la procédure devant la cour d'assises. Deux points nous restent à indiquer, qui se rattachent à son ensemble.

a) La loi veut que la régularité de cette procédure soit constatée par un procès-verbal du greffier (art. 372), signé par lui et le président, procès-verbal qui ne peut être ni rédigé ni imprimé à l'avance. Dressé « *à l'effet de constater* », suivant les termes de l'article 372, « *que les formalités prescrites ont été observées* », le procès-verbal doit faire mention de toutes les *formalités* qui ont été accomplies, sans distinction de celles qui sont essentielles ou de celles qui sont accessoires. Mais le procès-verbal et les débats ne sont annulés que si le greffier a omis de constater des formalités prescrites à peine de nullité ou considérées comme substantielles. Dans ce cas, une jurisprudence, qui s'est affirmée par de nombreux arrêts, décide que toute formalité, dont le procès-verbal ne constate pas l'accomplissement, doit être réputée non accomplie, sans qu'on puisse suppléer au procès-verbal par aucune autre preuve. La loi interdit, à peine de nullité, de faire mention au procès-verbal, et des réponses des accusés, et du contenu des dépositions des témoins, sans préjudice toutefois de l'exécution de l'article 318, concernant les changements, variations et contradictions dans les dépositions des témoins.

b) L'article 353, qui s'applique à l'ensemble de la procédure devant la cour d'assises, prescrit que l'examen de l'accusé et les débats soient continués, « *sans interruption* », jusqu'après la déclaration du jury inclusivement. La continuité sans interruption signifie simplement qu'une fois l'affaire entamée, il ne doit pas être procédé à l'examen d'aucune autre affaire, ou à l'accomplissement d'autres actes; mais l'article 353 lui-même reconnaît la possibilité de *suspensions* d'audience, et, comme la loi n'en limite pas la durée, on n'a jamais hésité à admettre que l'affaire pouvait être, sans que nullité s'ensuivît, renvoyée au lendemain, ou même au surlendemain.

CHAPITRE V.

DES FRAIS DE JUSTICE.

593. I. **Notions générales.** — Toute poursuite criminelle, comme toute instance civile, donnant lieu à des dépenses de diverses sortes, que l'on désigne sous le nom de « frais » ou « dépens », il s'agit de savoir qui doit les payer. En matière civile, aux termes de l'article 130 C. proc., toute partie *qui succombe* est condamnée aux dépens, c'est-à-dire supporte d'abord les frais qui lui sont personnels, et, de plus, rembourse les frais avancés par l'adversaire et que la loi passe en taxe : rien n'est plus rationnel, car, dans un procès civil, les parties sont sur la même ligne; elles agissent dans leur propre intérêt; et l'issue de l'instance vient démontrer quelle est celle qui a eu tort, quelle est celle qui a eu raison dans le procès. Mais, en matière criminelle, la question ne se présente pas avec la même simplicité. D'une part, le demandeur dans l'instance est le ministère public qui agit, non dans un intérêt privé, mais dans un intérêt public : doit-il être condamné aux dépens s'il succombe? C'est là une première question, d'autant plus délicate à résoudre en législation, que l'action du ministère public est toujours désintéressée et que la signification d'un renvoi d'instance, au profit du prévenu, est souvent peu précise. D'autre part, l'auteur de l'infraction est, au procès pénal, un défendeur *forcé* : et, s'il ne peut échapper à l'action, il ne peut non plus éviter les frais, souvent considérables, que son adversaire juge nécessaires ou simplement utiles à la démonstration de sa culpabilité : doit-il, s'il succombe, voir la condamnation aux dépens s'ajouter, comme une aggravation, aux peines qui le frappent déjà? Enfin, l'intervention de la partie civile, qui donne au prévenu deux adversaires, en mettant en mouvement, tout à la fois, l'action civile et l'action publique, complique encore cette question de frais, puisqu'il faut déterminer qui les avancera et qui pourra les recouvrer des trois parties en cause dans l'instance.

Dans notre ancienne législation, les frais de *poursuite* étaient supportés, sans recours, par le roi, dans ses domaines, et les seigneurs, dans leurs justices : les amendes et les confiscations, dont le produit leur était attribué, avait précisément pour but de les en indemniser. Les frais de *défense* restaient, au contraire, à la charge de l'accusé, qui devait en faire l'avance toutes les fois, du moins, qu'il n'était pas insolvable. Cependant, s'il y avait une partie civile en cause, elle avançait les frais nécessaires à l'instruction du procès et à l'exécution des jugements, et n'avait de recours, en aucun cas, que contre le condamné. Le principe de cette législation fut maintenu par l'article 1er du décret des 20-27 septembre 1790, et confirmé par la loi du 20 nivôse an V et l'arrêté du 6 messidor an VI; mais il fut modifié par la loi du 18 germinal an VII. Cette loi, motivée sur ce qu'il était « instant de décharger le Trésor des frais de poursuite ou de procédure que la justice et la raison doivent mettre à la charge des condamnés », prescrivit, dans son article 1er, que « tout jugement d'un tribunal criminel, correctionnel ou de police, *portant condamnation à une peine quelconque* », prononcerait, en même temps, au profit du fisc, le remboursement des frais auxquels la poursuite et la punition des crimes et délits auraient donné lieu. Ce principe nouveau, alors vivement contesté, fut complété par l'article 4 de la loi du 5 pluviôse an XIII, portant qu'en toute affaire criminelle l'État ferait l'avance des frais, « du remboursement desquels ceux qui se seront portés parties civiles seront personnellement tenus, sauf, dans tous les cas, le recours des parties civiles contre les prévenus et les accusés qui auront été condamnés ». Ainsi, dans cette législation, le Trésor public, *qui faisait l'avance des frais, ne les gardait à sa charge, que lorsque le prévenu n'était pas condamné, ou qu'il n'y avait pas de parties civiles dans l'instance :* la responsabilité des parties condamnées et la responsabilité, sauf leur recours, des parties civiles, telle était la double source qui alimentait les dépenses de la justice criminelle. On retrouve ces dispositions dans les articles 162, 176, 194, 211 et 368 C. inst. cr., et dans l'article 157 du décret du 18 juin 1811, *portant règlement sur les frais de justice.* Mais, tandis que le Code d'instruction criminelle ne mettait les frais, à la charge des prévenus ou des parties civiles, que s'ils succombaient dans l'instance, le décret de 1811 modifia ces textes, en disposant, dans son article 157, que les parties civiles, « *soit qu'elles succombent ou non* », seraient personnellement tenues des frais; et la Cour de cassation déclara que cette disposition d'un décret, quoique dérogeant au Code d'instruction criminelle, avait un caractère obligatoire pour les tribunaux. La loi du 28 avril 1832, en ajoutant un second alinéa à l'article 368, a eu précisément pour but d'abroger, au moins dans les affaires soumises au jury, cette addition du décret de 1811.

Si donc l'on embrasse aujourd'hui, dans son ensemble, le système de notre loi concernant les frais de justice, tel qu'il résulte de ces textes, il se résume dans les propositions suivantes : 1° les frais de *poursuite* sont avancés par l'État, si la poursuite a lieu sur la demande du ministère public; par la partie civile, si elle a lieu à la requête de cette partie; 2° mais ces frais sont, de leur nature, *recouvrables* contre la partie qui succombe : le *condamné*, les *parties civiles*, ou les *personnes civilement responsables*; 3° et, en matière correctionnelle même, et de simple police, la partie civile doit être toujours condamnée aux dépens, sauf son recours contre le prévenu qui succombe; 4° les frais de *défense* sont avancés par le condamné, et ils ne peuvent être recouvrés que contre la partie civile, si elle succombe, mais non contre l'État. Le ministère public, qui le représente, ne doit jamais être condamné aux frais.

Les principes mêmes de ce système me paraissent rationnels. S'il est vrai que la justice criminelle, comme la justice civile, soit une dette de la société envers ses membres, c'est en ce sens seulement que le pouvoir social doit donner à chacun d'eux des juges et se charger de les payer. Aussi, serait-il injuste de faire retomber sur le condamné les frais *généraux* de la justice criminelle, tels que le traitement des magistrats, par exemple. Mais les frais *particuliers* du procès pénal, c'est-à-dire les dépenses indispensables à la vérification du fait et de la culpabilité de l'auteur, tels que les frais d'expertise, d'audition de témoins, etc., étant la conséquence nécessaire et directe de l'infraction, constituent un dommage spécial et distinct dont le coupable doit la réparation et dont il serait injuste de faire retomber les charges sur tous les membres du corps social. D'un autre côté, si la justice demande que l'accusé soit indemnisé des frais de défense, lorsqu'il résulte, avec évidence, des débats, qu'il n'a pas commis le fait qui lui est imputé, il faut remarquer deux choses: 1° le ministère public, à moins d'une faute personnelle, qui motiverait alors une prise à partie, n'a dû agir que s'il existait, contre le prévenu, des indices graves nécessitant une poursuite; 2° le renvoi d'instance ne signifie pas toujours que l'accusé est *innocent*, mais simplement qu'il n'est pas *coupable*, au point de vue pénal, du fait qui lui est imputé. Permettre à l'accusé acquitté de recouvrer ses frais de défense contre l'État, ce serait donc entraver l'action du ministère public au grand préjudice de l'intérêt social, en même temps qu'accorder des dommages-intérêts à un individu qui a motivé le plus souvent par une faute personnelle la poursuite dont il a été l'objet. Enfin, il est conforme à la justice que la partie lésée, qui ne s'est pas bornée à porter plainte, en laissant le ministère public juge de l'opportunité et de la direction des poursuites, mais qui est intervenue au procès, en l'intentant, par voie de citation directe, ou en joignant son action à l'action publique déjà intentée, soit condamnée, *mais seulement si elle succombe*, au remboursement des frais auxquels son intervention a donné lieu.

Ces idées générales indiquées, nous allons examiner les applications du système de la loi, en supposant : 1° l'hypothèse où le prévenu est seul en cause; 2° celle où il y a une partie civile.

594. II. Des frais quand le prévenu est seul en cause. — La poursuite peut aboutir à une *condamnation*, à un *acquittement*, à une *absolution*.

I. Dans le premier cas, deux principes sont posés par la loi. 1° L'accusé ou le prévenu, *condamné* à une peine quelconque, doit aussi être condamné *aux frais envers l'État* (C. inst. cr., art. 162, 194, 368). La jurisprudence applique cette règle avec la plus grande extension. Encore que la condamnation ne soit pas en rapport avec la poursuite, encore que, de plusieurs prévenus ou accusés d'une même infraction ou d'infractions connexes, les uns aient été condamnés, les autres acquittés, elle décide que la condamnation à *tous les frais* doit être la conséquence de la condamnation pénale[1]. En matière correctionnelle et de police, si, sur l'appel du ministère public seul, le jugement est confirmé, les frais de l'appel ne sont pas à la charge du condamné[2]. Il en est autrement, si, sur l'appel *a minima* du ministère public, la peine est aggravée par le juge supérieur. En cas d'appel formé par le condamné, c'est lui qui supporte les frais, et la juris-

[1] Pourvu, bien entendu, qu'il s'agisse d'une même accusation, ou, au moins, d'accusations connexes, de telle sorte que les frais de justice, avancés pour l'un des accusés, soient exposés pour les autres. Comp. : Blanche, t. I, n°s 326 et 327; Cass., 15 janv. et 18 nov. 1875 (*Bull.*, n°s 16 et 31).

[2] La Cour de cassation a abandonné, sur ce point, sa première jurisprudence qui mettait, contre toute justice, les frais à la charge du condamné : V. Blanche, t. I, n° 330.

prudence ne fait aucune distinction entre le cas où la condamnation est confirmée ou aggravée, et celui où elle est diminuée[1]. 2° En matière pénale, comme en matière civile, l'obligation de payer les frais de justice ne découle pas, comme une conséquence *accessoire*, de la *condamnation principale* : elle doit être *expressément* prononcée par le même jugement ou arrêt qui porte condamnation, et ne peut l'être que par ce même jugement ou arrêt[2]. Si le tribunal de répression avait omis de prononcer la condamnation aux dépens, et si son jugement ou son arrêt était devenu irrévocable, le bénéfice de cet oubli appartiendrait au condamné; et il ne pourrait y avoir lieu qu'à une cassation dans l'intérêt de la loi.

II. L'accusé *acquitté* ne doit pas être condamné aux frais avancés par la partie publique, mais il supporte toujours ses frais personnels, et ne peut les recouvrer contre le ministère public.

Les condamnés par défaut ou par contumace, qui, sur leur opposition ou sur examen contradictoire purgeant la contumace, sont acquittés, *peuvent*, s'il s'agit de défaillants, ou *doivent*, s'il s'agit de contumax, être condamnés aux frais de la poursuite par défaut ou par contumace, car ces frais ayant été exposés par leur faute, il est juste de les mettre à leur charge (C. inst. cr., art. 187, 478).

III. En cas d'*absolution*, l'accusé échappe à la peine, bien que trouvé coupable par la juridiction : doit-il être condamné aux frais de justice? Les articles 162, 194 et 368, en déclarant que la partie « *qui succombera* » devra être condamnée aux dépens, laissent la question incertaine. Dans un certain sens, en effet, l'accusé qui est absous succombe, puisqu'il est déclaré coupable; mais, dans un autre sens, il sort indemne de la poursuite, puisqu'il n'est frappé d'aucune peine. Aussi ne faut-il pas s'étonner des tâtonnements de la jurisprudence et de la doctrine sur cette question[3]. Tantôt, on a soutenu que le prévenu ou l'accusé, qui n'est condamné à aucune peine, ne pouvait être

[1] Il serait équitable, cependant, quand la peine prononcée par les premiers juges est réduite sur l'appel du condamné, que les juges d'appel ne puissent mettre à la charge du condamné qu'une partie des frais de l'appel ou même puissent l'en décharger complétement. Comp., du reste, sur ce point : BLANCHE, t. I, n° 239; CHAUVEAU et HÉLIE, t. I, n° 100.

[2] Si donc l'accusé ou le prévenu meurt avant que le jugement ou l'arrêt de condamnation soit devenu irrévocable, la condamnation aux frais ne peut être prononcée contre sa succession.

[3] Comp. par exemple : BLANCHE, t. I, n°s 328 et suiv.; on verra combien il est difficile de composer un ouvrage vraiment scientifique en voulant toujours suivre la jurisprudence. V. PARINGAULT, *Rev. hist.*, 1859, p. 408.

condamné aux dépens, tantôt, que, par cela seul que l'accusé était déclaré coupable, il devait en être tenu. Mais ces deux systèmes opposés sont trop absolus l'un et l'autre : chacun d'eux considère une seule des faces du procès pénal, qui doit être examiné dans son ensemble, pour résoudre la question de savoir quelle est, de l'accusé ou du ministère public, la partie qui succombe dans l'instance.

Résulte-t-il de l'issue du procès pénal que la poursuite a été faite à tort? les frais de justice criminelle ayant été exposés par la faute des parties poursuivantes et non par celle de l'accusé, celui-ci ne saurait être condamné aux dépens d'une instance qui n'aurait pas dû être commencée contre lui. C'est ainsi que la condamnation aux frais, qui frapperait un accusé, absous, soit parce que l'*action publique était éteinte* par la prescription[1], l'amnistie, la chose jugée, soit parce que les *faits poursuivis ne constituaient ni crime, ni délit, ni contravention*[2], serait illégale.

Résulte-t-il, au contraire, du procès que l'instance pénale, bien que n'aboutissant pas à une condamnation, devait *légalement* avoir lieu? l'accusé supportera les frais de justice. Ainsi, serait légitime, la condamnation aux frais qui frapperait un accusé échappant à la peine par application du *principe du non-cumul*, ou par l'effet d'une de ces *excuses absolutoires* qui exemptent de la peine principale. Ainsi encore, l'accusé, *acquitté comme ayant agi sans discernement,* devrait être condamné aux frais : en effet, d'une part, la question de discernement ne pouvant être examinée que par les juridictions de jugement, le procès pénal était nécessaire pour la faire résoudre; d'autre part, le mineur ayant été déclaré moralement coupable, cela suffit pour le rendre responsable des frais que le procès pénal a occasionnés.

595. Des frais quand il y a une partie civile en cause. — Une double recherche doit être faite dans ce cas.

a) La partie civile est-elle obligée, avant d'agir, de consigner au préalable les frais de justice? La question, se pose sous l'article 160 du décret du 18 juin 1811. Elle doit être résolue par des distinctions : 1° La personne lésée porte-t-elle plainte, en se constituant partie civile? il est alors certain qu'elle doit consigner préalablement les frais de la

[1] Dans le cas d'absolution, par suite d'une prescription acquise, la Cour de cassation a varié dans sa jurisprudence, considérant tantôt la condamnation aux dépens comme facultative, tantôt comme obligatoire : c'est sa dernière jurisprudence : BLANCHE, t. I, n° 341. Comp. : BRUN DE VILLERET, *op. cit.*, n°s 113 à 116.

[2] BLANCHE, t. I, n°s 338 et 339.

procédure par application de l'article 160, qui a eu pour but de protéger le fisc et les citoyens contre les plaintes légères ou irréfléchies[1]. 2° Mais le motif même de ce texte indique assez qu'il n'est pas applicable au cas où la personne lésée *intervient* et se porte partie civile au cours d'une poursuite intentée d'office par le ministère public[2]. 3° La partie lésée use du droit de *citation directe :* dans ce cas, est-elle soumise à l'obligation préalable de la consignation? je ne le crois pas non plus; car, en prenant l'initiative de la poursuite, elle fait elle-même l'avance de ses frais personnels ; et il ne serait pas juste de lui imposer une nouvelle obligation qui n'aurait d'autre résultat que d'entraver l'exercice d'un droit[3].

b) Dans quels cas la partie civile doit-elle être condamnée aux frais? Le Code de 1808 ne soumettait la partie civile au paiement des frais de justice criminelle que lorsqu'elle avait succombé. Mais le décret du 18 juin 1811 ordonna, dans son article 157, que la partie civile, *qu'elle succombe ou non*, serait personnellement tenue des frais de justice criminelle envers le trésor public, sauf son recours, s'il y avait lieu, contre les prévenus ou accusés qui seraient condamnés, et contre les personnes civilement responsables du délit. Cette règle subsiste toujours pour les procès en matière correctionnelle et de police; mais, pour les *affaires soumises au jury*, la loi de révision de 1832 l'a abrogée et est revenue, dans l'article 368, à la règle qui impose à la partie civile le paiement des frais de justice, seulement quand elle succombe. C'est donc seulement pour les matières *criminelles* qu'il importe d'examiner si la partie civile a oui ou non succombé.

Pour résoudre cette question, il faut distinguer quatre hypothèses: la solution, dans les deux premières, ne fait pas difficulté; elle est délicate, dans les deux dernières.

1° L'accusé est condamné, et la partie civile obtient des dommages-intérêts : il est certain que celle-ci ne peut être tenue des

[1] Sur ce point, aucun doute ne peut être soulevé. C'est au juge d'instruction, entre les mains de qui la plainte est déposée, qu'il appartient de fixer la somme à consigner.

[2] La question est cependant douteuse. V. dans ce sens : Cass., 8 juillet 1881 (S. 82, 1, 95); Faustin Hélie, t. IV, n° 1736; Mangin, *Traité de l'inst. écrite*, t. I, n° 63; Berriat Saint-Prix, *op. cit.*, t. II, n° 607.

[3] Sur ce point, on peut constater une variation dans la jurisprudence de la Cour de cassation. Elle a jugé d'abord que la partie civile, usant du droit de citation directe, devait préalablement consigner les frais : Cass., 14 juillet 1831 (S. 31, 1, 431). Dans le dernier état de sa jurisprudence, elle admet l'opinion contraire. Cass., 4 mai 1833 (Ch. réun.) (S. 33, 1, 433).

frais, ni envers l'accusé, ni envers le trésor public; car, si l'accusé succombe, elle, triomphe dans le procès. La condamnation à tous les dépens sera donc prononcée contre l'accusé.

2° L'accusé est acquitté ou absous, et la partie civile n'obtient pas de dommages-intérêts : il est vrai de dire, dans ce cas, qu'elle succombe : elle doit donc être condamnée aux frais, soit envers l'accusé, soit envers le trésor public.

3° L'accusé est acquitté ou absous, mais la partie civile obtient des dommages-intérêts contre lui : il est certain, d'abord, qu'elle ne succombe pas dans le procès sur l'action civile et que, quant à ce procès, elle doit obtenir la condamnation de l'accusé envers elle. Mais, quant au procès pénal, l'issue de la poursuite démontre qu'il a été fait à tort : doit-elle être condamnée aux frais envers le fisc? Nous répondrons qu'il est impossible de considérer comme succombant la partie qui a obtenu ce qu'elle demandait. Sans doute, il résulte de l'issue de l'instance, que la partie civile a porté son action devant une juridiction de répression qui, suivant les règles ordinaires de la compétence, ne devait pas en connaître; mais ce n'est pas elle qui a mis en mouvement le procès pénal, puisque la partie civile ne peut pas saisir directement la cour d'assises; elle s'est bornée à associer une action bien fondée à une poursuite faite à tort par le ministère public[1].

4° L'accusé est condamné, mais la partie civile n'obtient pas de dommages-intérêts : elle succombe dans le procès civil, et, par conséquent, elle ne peut obtenir de condamnation contre l'accusé; mais elle ne succombe pas dans le procès pénal, auquel elle s'est associée, et, par conséquent, elle ne peut être condamnée aux frais envers le trésor.

[1] La jurisprudence de la Cour de cassation est en sens contraire. Comp. : Blanche, t. I, n° 350.

TITRE III.

DES VOIES DE RECOURS CONTRE LES DECISIONS PENALES.

596. Le procès pénal est terminé lorsque la décision de la juridiction chargée de statuer sur l'action publique n'est pas attaquable ou ne peut plus être attaquée par les voies légales. Certaines décisions, telles que l'ordonnance d'acquittement d'un accusé en cour d'assises, ne sont pas susceptibles d'un recours utile (C. inst. cr., art. 360), elles sont donc irrévocables, par cela seul qu'elles ont été prononcées. Mais, en règle générale, les décisions des juridictions pénales, de même que les décisions des juridictions civiles, admettent des voies de recours, qui se divisent, dans la procédure civile comme dans la procédure pénale, en voies *ordinaires* et voies *extraordinaires*. Les premières ont pour but direct de faire juger de nouveau l'affaire : elles peuvent être suivies, sans que celui qui les invoque ait d'autre motif à faire valoir à l'appui de sa demande que le *mal jugé*. Les secondes ont pour but immédiat de faire juger, non pas l'affaire, mais la décision attaquée; elles supposent donc, dans cette décision, un *vice spécial*, tel que la violation des formes prescrites par la loi à peine de nullité. Cette distinction des voies de recours n'est pas purement théorique. Il est de principe, en effet, que les voies extraordinaires ne peuvent être employées qu'à défaut des voies ordinaires, ou lorsque celles-ci sont épuisées. Mais les unes et les autres ont, en matière pénale, un effet commun : elles suspendent de droit l'exécution de la décision contre laquelle elles sont ou peuvent être formées.

CHAPITRE PREMIER.

DES VOIES DE RECOURS ORDINAIRES.

597. Les voies ordinaires de recours sont l'opposition et l'appel.

a) L'*opposition* est un moyen de faire *rétracter* le jugement par le tribunal qui l'a rendu. Cette voie de recours est fondée sur cette idée, que celui, qui a été condamné pénalement, sans avoir été présent pour se défendre, ne peut pas être condamné irrévocablement et doit avoir un moyen facile de faire tomber la condamnation. L'opposition n'a pas lieu, quant aux décisions des juridictions d'instruction, puisque le droit de défense contradictoire n'est pas reconnu devant elles. Mais elle existe, quant aux décisions par défaut des juridictions correctionnelles et des juridictions de simple police. Le condamné par contumace, en cour d'assises, n'a pas besoin de cette voie de recours, puisque la condamnation n'est que provisoire, pendant les délais de la prescription de la peine, et qu'elle est anéantie, de *plein droit*, par son arrestation ou sa représentation.

b) L'*appel* est le recours d'une partie au juge supérieur, contre les griefs qu'elle prétend lui avoir été faits par le juge inférieur. L'institution de l'appel, sur l'utilité de laquelle on peut élever des doutes sérieux, surtout dans un pays où l'unité de jurisprudence est sauvegardée par l'établissement d'une Cour de cassation, suppose, du moins, une juridiction supérieure, offrant plus de garanties que celle qui a jugé en premier ressort. Chaque juridiction, devant laquelle l'affaire peut être portée, forme un degré. Dans notre ancien droit, le nombre des degrés de juridiction était multiple, souvent plusieurs appels successifs pouvaient avoir lieu : le nombre en a été réduit, en matière pénale, comme en matière civile, à un seul appel, ou deux degrés de juridiction. L'appel des tribunaux de simple police, lorsqu'il est possible, est porté devant les tribunaux correctionnels; celui des tribunaux correctionnels, devant les cours d'appel. Les cours d'assises jugent toujours en dernier ressort. L'appel des ordonnances du juge d'instruction, mal à propos qualifié par la loi d'*opposition*, est de la compétence de la chambre des mises en accusation.

I. DES RÈGLES DE L'OPPOSITION.

598. L'opposition est une voie de *rétractation*, applicable, dans certaines conditions, aux décisions des juridictions de jugement et à celles de la Cour de cassation (art. 418). Nous allons examiner : 1° Quelles personnes peuvent former opposition? 2° De quels jugements? 3° Dans quel délai? 4° Dans quelle forme? 5° Quels sont les effets de ce recours?

599. **Quelles personnes peuvent former opposition?** — Ce droit n'appartient certainement pas au *ministère public*, tout jugement est contradictoire en ce qui le concerne, puisqu'il est toujours représenté devant le tribunal. Des autres personnes en instance, on peut former deux groupes : 1° Le *prévenu* et les *personnes civilement responsables* ont certainement le droit de faire opposition à un jugement rendu par défaut (C. inst. cr., art. 149, 186, 208); 2° Mais en est-il de même de la *partie civile?* Si elle fait défaut devant un tribunal correctionnel ou devant un tribunal de police, la juridiction prononcera le renvoi pur et simple du prévenu : ce jugement sera-il susceptible d'opposition? Pour refuser cette voie de recours à la partie civile, on peut invoquer les textes et les principes : il est certain, en effet, que les articles 149 et 186 ne parlent de l'opposition qu'en ce qui concerne le prévenu; et que l'action civile ne peut être portée devant les tribunaux répressifs, qu'accessoirement à l'action publique; or, comme il a été statué sur l'action publique *contradictoirement*, cette action est éteinte par suite du renvoi d'instance du prévenu : accorder à la partie civile le droit de former opposition, ce serait donc lui permettre de saisir le tribunal de répression d'une action devenue purement civile. Mais si les textes ne s'expliquent pas sur le droit de la partie civile de former opposition, ils ne lui interdisent pas de le faire. Or, le silence de la loi ne doit pas être interprété contre elle, mais en sa faveur. La partie civile ne s'est pas présentée : il serait injuste de considérer le jugement comme contradictoire à son égard. Sans doute, le tribunal, en faisant droit sur l'opposition de la partie civile, ne pourra réformer le jugement que relativement aux intérêts civils; et non en ce qui concerne l'action publique, sur laquelle il a été statué contradictoirement. Mais il en est de même lorsqu'un tribunal d'appel est saisi par le seul appel de la partie civile (C. inst. cr., art. 202)[1].

600. Contre quels jugements l'opposition est-elle recevable? — Cette voie de recours n'est ouverte que contre les *jugements par défaut*. Quand le jugement a-t-il ce caractère? Les deux textes, qui s'occupent de la question, sont ainsi conçus, l'art. 149 : « *Si la personne citée ne comparaît pas au jour et à l'heure fixés par la citation*,

[1] Admettent le droit d'opposition de la partie civile : TRÉBUTIEN, t. II, p. 497; MASSABIAU, *op. cit.*, t. III, n° 3032 ; CARNOT, *op. cit.*, t. II, sur l'art. 187, p. 45; Cass., 29 floréal an IX ; 26 mars 1824; Paris, 20 nov. 1833 (S. 34, 2, 14); Paris, 22 avril 1853 (D. 53, 2, 256); Paris, 20 février 1882 (S. 82, 2, 255); Paris, 13 nov. 1883 (S. 83, 2, 216). En sens contraire : RODIÈRE, *op. cit.*, p. 357; MERCIER, *La partie civile est-elle admise à former opposition au jugement rendu en son absence?* (*La Loi*, n° du 3 avril 1882).

elle sera jugée par défaut », et l'art. 186 : « *Si le prévenu ne comparaît pas, il sera jugé par défaut* ». Il suit d'abord de ces textes que pour qu'il puisse être pris un jugement de défaut, il est nécessaire que le prévenu et la personne civilement responsable aient été régulièrement *cités ;* s'ils n'avaient reçu qu'un *avertissement* et qu'ils ne comparussent pas, il faudrait leur donner citation pour une prochaine audience, et ce n'est qu'après cette citation que le jugement pourrait être rendu[1]. Il serait certainement *par défaut*, si le prévenu ou la personne civilement responsable ne comparaissait pas, soit en personne, soit par un mandataire. Mais ce n'est pas la simple comparution qui rend le jugement *contradictoire*, c'est la contradiction de la défense avec la prévention : aussi, est-il admis, par une jurisprudence constante, que l'opposition est recevable lorsque le jugement a été rendu contre une personne comparaissant, mais ne se défendant pas[2]. Il suit de là qu'il faut distinguer, dans la procédure répressive, comme dans la procédure civile; deux espèces de défaut : le *défaut faute de comparaître* et le *défaut faute de se défendre*. Il y a défaut, faute de comparaître, lorsque le prévenu ne se présente point à l'audience ou aux audiences consacrées à l'affaire[3], et ne charge personne, même dans le cas où il peut régulièrement se faire représenter[4], du mandat de le remplacer. Il y a défaut, faute de se défendre, lorsque le prévenu comparaît devant le tribunal, mais refuse ou s'abstient de se défendre au fond[5].

601. Dans quel délai l'opposition doit-elle être formée? — Il faut distinguer, suivant que le jugement émane de la juridiction de police ou de la juridiction correctionnelle.

a) Le jugement par défaut, rendu par un tribunal de police, doit être *signifié* par huissier à la partie défaillante : cette signification, destinée à provoquer le droit d'opposition, détermine le délai dans

[1] Le tribunal ne pourrait juger, même pour acquitter le prévenu.

[2] Comp. sur les divers cas où un jugement peut être par défaut : Cass., 23 février 1867 (S. 67, 1, 362); 17 janv. 1868 (S. 68, 1, 422).

[3] Comp. : Lyon, 10 août 1881 (S. 82, 2, 125).

[4] Il est admis, avec raison, que, quelle que soit la gravité du délit, le prévenu peut toujours se faire représenter pour le jugement des questions préjudicielles : Faustin Hélie, t. VI, n° 2856; Cass., 11 fév. 1876 (*Bull.*, n° 46).

[5] Je dis, *au fond*, car le prévenu peut, après avoir posé des conclusions préjudicielles, par exemple, après avoir soulevé une exception d'incompétence, faire défaut si le tribunal rejette ses conclusions, et le jugement rendu sera *contradictoire* sur la compétence, *par défaut* sur le fond. Comp. : Caen, 19 février 1874 (S. 75, 2, 15).

lequel ce droit peut être exercé. Ce délai est de *trois jours*, outre un jour par trois myriamètres de distance (art. 151).

b) En matière correctionnelle, le délai donné à la partie défaillante pour former opposition est en principe de *cinq jours*, outre un jour par cinq myriamètres, à partir de la signification du jugement. En toute hypothèse, tant que la signification du jugement n'a pas eu lieu, le délai de l'opposition ne court pas (art. 187)[1]. Ce délai est-il suffisant? Pour répondre à cette question, nous n'avons qu'à suivre le développement de la procédure en matière correctionnelle. Supposons la citation, donnée en vertu de l'art. 182. Trois jours après, aux termes de l'art. 184, un jugement par défaut est prononcé contre le prévenu qui, peut-être, est absent : ce jugement est immédiatement signifié. Que l'absence se prolonge pendant cinq jours, à compter de la notification, le prévenu se trouvera déchu, à son retour, du droit de former opposition; il pourra encore, il est vrai, faire appel, aux termes de l'art. 203; mais que l'absence se prolonge cinq jours encore, et le droit d'appel n'existe plus : la condamnation devient *définitive*. Or, si l'on réfléchit qu'une telle condamnation peut porter jusqu'à cinq ans d'emprisonnement et plusieurs mille francs d'amende, on voit combien la déchéance du droit d'opposition, après ce délai fixe de cinq jours à partir de la signification, doit avoir, en certains cas, d'injustes conséquences. En matière civile, la loi prend des précautions minutieuses et multipliées pour s'assurer que la partie condamnée a eu connaissance du jugement par défaut; de plus, alors même que toutes les précautions auraient été prises, elle admet, en cas de défaut *faute de comparaître*, l'opposition jusqu'à l'exécution, et déclare le jugement périmé si cette exécution n'a pas lieu dans les six mois (C. proc. civ., art. 156 et 168). En matière correctionnelle, au contraire, la procédure, d'après le Code de 1808, n'offrait que deux garanties : la notification de la citation et celle du jugement par défaut. Or, toute notification, qui n'est pas faite *à personne*, n'établit qu'une simple présomption : il est possible que l'acte pour lequel elle intervient soit connu de la partie, comme il est possible qu'il ne le soit pas. Aussi la jurisprudence avait admis un tempérament à l'art. 187 : elle permettait au condamné par défaut, en prouvant l'impossibilité où il avait été de connaître sa condamnation, de frapper d'opposition

[1] L'opposition à un jugement par défaut est recevable tant qu'il n'a pas été régulièrement signifié, alors même que le condamné aurait volontairement commencé à exécuter le jugement : Cass., 11 février 1871 (S. 71, 1, 168).

le jugement, même signifié à domicile depuis plus de cinq jours. Ce tempérament, plus conforme à l'équité qu'au droit strict, a servi de point de départ à la disposition ajoutée à l'art. 187 par la loi du 27 juin 1866. Aux termes de ce texte, si la signification d'un jugement par défaut « *n'a pas été faite à personne, ou s'il ne résulte pas d'actes d'exécution du jugement que le prévenu en a eu connaissance, l'opposition sera recevable jusqu'à l'expiration des délais de la prescription de la peine* ». Le texte ne distingue pas entre le défaut faute de comparaître et le défaut faute de se défendre : tant que le tribunal estime, en fait, que le prévenu n'a pas eu connaissance personnelle de la notification, il peut déclarer l'opposition recevable[1].

602. Dans quelle forme l'opposition doit-elle être faite ? — Distinguons encore entre deux hypothèses : *a*) Les formes de l'opposition à un jugement de simple police sont indiquées par l'article 151 : elle est faite, soit par déclaration en réponse au bas de l'acte de signification, soit par acte signifié dans le délai légal. Dans ce dernier cas, la notification doit être faite, quoique la loi ne le dise pas, aux parties en cause dans l'instance, c'est-à-dire au ministère public et à la partie civile, s'il y en a une. Ces formes, du reste, supposent que le jugement par défaut a été signifié; s'il ne l'était pas encore, le défaillant pourrait déclarer verbalement son opposition à la barre du tribunal. *b*) Les formes de l'opposition ne sont pas les mêmes en matière correctionnelle. Il ne suffirait plus d'une simple déclaration en réponse au bas de l'acte de signification : il faut que l'opposition, qui doit d'abord être déclarée au greffe, quoique la loi n'exige pas expressément cette déclaration, soit *notifiée*, dans le délai légal, tant au ministère public qu'à la partie civile. C'est cette notification qui constitue la forme essentielle de cette voie de recours (art. 187).

603. Quels sont les effets de l'opposition ? — Un jugement par défaut, quel qu'il soit, n'est pas soumis, en matière répressive, à la péremption de l'article 156 C. proc. civ.[2]. Il peut être exécuté dans les délais de la prescription. L'opposition produit un double effet.

[1] M. Picot, dans un article de la *Revue critique* (1874, p. 839), pense que les jugements par défaut, même avec le correctif de la loi de 1866, sont toujours dangereux. Il propose de remplacer le système français par le système autrichien, qui ne permet pas de rendre de jugements par défaut, sauf à décerner contre l'inculpé un mandat d'arrêt, qui emporterait séquestre de ses biens. — On consultera, sur les modifications apportées à l'art. 187 par la loi du 27 juin 1866 : Bertrand, *Revue critique*, 1866, p. 394.

[2] *Sic*, Lyon, 10 août 1881 (S. 82, 2, 125).

a) *Un effet suspensif.* — Mais il est de règle, en matière pénale comme en matière civile du reste, que l'exécution d'un jugement ou d'un arrêt par défaut n'est pas arrêtée seulement par l'acte d'opposition; elle est suspendue pendant les délais mêmes donnés pour former ce recours. Toutefois, cette règle n'est applicable, en matière correctionnelle, qu'au délai ordinaire de *cinq jours*. La prolongation indéfinie du délai d'opposition, quand la signification du jugement de défaut n'a pas été faite à personne, n'arrête pas l'exécution du jugement, sauf au condamné à paralyser cette exécution par un acte formel d'opposition (art. 187). Nous voyons, dans ce cas, un jugement ou un arrêt, qui est *exécutoire*, bien qu'il ne soit pas *irrévocable*.

b) *Un effet extinctif.* — La première conséquence d'une opposition régulière est d'*anéantir* immédiatement le jugement par défaut. L'article 187 porte, en effet : « La condamnation par défaut sera *comme non avenue*, si le prévenu forme opposition à l'exécution du jugement ». La deuxième conséquence est d'emporter, *de droit*, citation à la première audience du tribunal ou de la cour qui a rendu le jugement[1], c'est-à-dire à la première des audiences données par le tribunal ou la cour, après l'expiration du délai de vingt-quatre heures ou du délai de trois jours, qui doit toujours s'écouler entre la date de la citation et celle de la comparution.

De deux choses l'une : ou l'opposant comparaît, ou il ne comparaît pas sur son opposition. Dans le premier cas, la cause et les parties sont remises dans le même état qu'avant le jugement, puisque ce jugement est anéanti : toutes les exceptions et défenses, que le procès comporte, peuvent être proposées, et le tribunal rend un nouveau jugement contradictoire, dans lequel il adopte, à son gré, ou modifie le dispositif du jugement de défaut. Il peut décharger le prévenu des condamnations prononcées, les diminuer, les maintenir, ou même les aggraver[2]. Dans le second cas, l'opposition doit être déclarée non recevable par un jugement de *débouté d'opposition* (art. 151 et 187).

[1] Il est inutile à la partie civile ou au ministère public de donner citation au prévenu qui a formé opposition.

[2] Le tribunal peut-il aggraver la peine, sur l'opposition du condamné qui comparaît pour soutenir son recours? Non, dit la jurisprudence belge : Cass. belge, 30 janv. 1882 (S. 82, 4, 25). L'opinion contraire semble prévaloir en France : Cass., 2 mars 1882 (S. 83, 1, 43). Cette différence entre l'opposition et l'appel résulte de ce que l'appel n'anéantit pas, de plein droit, la décision contre laquelle il est exercé, que l'opposition, au contraire, anéantit le jugement par défaut et remet la cause et les parties dans le même état qu'auparavant.

Le tribunal ne peut pas rentrer dans l'examen du fond : il statue, mais par jugement de défaut[1], sur l'opposition, pour la déclarer non avenue.

La partie ne pourrait former une nouvelle opposition contre le jugement qui l'a déboutée de la première, faute de comparaître. S'il en était autrement, il lui serait loisible, en ne se présentant jamais et en renouvelant indéfiniment ses oppositions, de rendre impossible le cours de la justice. En matière pénale, comme en matière civile, il est vrai de dire : *Opposition sur opposition ne vaut* (C. inst. cr., art. 150 et 188).

L'article 187, § 2, *permet* aux juges, en matière correctionnelle, de mettre, à la charge de l'opposant, « *les frais de l'expédition, de la signification du jugement par défaut et de l'opposition* ». Ces frais ont été exposés par sa négligence ; il est juste qu'il les supporte. Mais il faut conclure du motif de la loi que la condamnation aux frais ne pourrait être prononcée, si la citation, à la suite de laquelle le jugement par défaut a été prononcé, était irrégulière.

II. DES RÈGLES DE LA CONTUMACE[2].

604. L'accusé, qui ne s'est pas présenté devant la cour d'assises, ou qui, après s'être présenté ou avoir été saisi, s'est évadé avant le verdict[3], est en état de *contumace* (art. 465). La procédure à suivre contre lui a ses racines dans les coutumes germaniques et féodales[4]. 1° Elle débute par une *mise hors la loi*, qui frappe l'accusé régulièrement appelé à comparaître en justice et qui ne se présente pas; 2° elle aboutit à un *jugement*, qui n'est pas nécessairement une condamna-

[1] Le jugement de débouté d'opposition est certainement un jugement par défaut, bien qu'il ne soit pas susceptible d'opposition : il est rendu contre une partie qui ne se présente pas. Il faut en conclure que le délai de l'appel, en matière correctionnelle, ne court, vis-à-vis du prévenu, que du jour où ce jugement lui a été signifié et non [du jo]ur où il a été prononcé : Cass., 15 juin 1879 (S. 80, 1, 385).

[2] BIBLIOGRAPHIE : PISON, *Étude sur la contumace* (*Rev. de légis. anc. et mod.*, 1876, p. 161).

[3] Alors même que l'évasion aurait eu lieu au cours des débats, et même après leur clôture, la procédure ne pourrait être contradictoire, et l'affaire devrait être renvoyée pour qu'il soit procédé par voie de contumace. Comp. Cass., 19 janv. 1877 (S. 79, 1, 189). Dans cette affaire, les accusés s'étaient évadés *pendant la délibération du jury* : ils furent jugés *contradictoirement* par la Cour d'assises des Bouches-du-Rhône, dont l'arrêt, en date du 18 mai 1876, fut cassé dans l'intérêt de la loi.

[4] Comp. : ESMEIN, *op. cit.*, p. 61.

tion ; 3° elle laisse au condamné un moyen facile de *faire tomber la condamnation*, qui ne peut jamais être exécutée sur sa personne.

C'est en nous plaçant à ces trois points de vue, que nous allons étudier la procédure de *contumace*. Nous la comparerons ensuite à la procédure de *défaut*.

605. I. L'accusé doit être mis en demeure de comparaître devant la cour d'assises suivant certaines *formes* et dans certains *délais* : si ces formes ne sont pas accomplies, si ces délais ne sont pas observés, les conséquences de l'état de contumace ne peuvent se produire et il ne doit pas être procédé au jugement.

L'arrêt de renvoi devant la cour d'assises et l'acte d'accusation sont tout d'abord signifiés au domicile de l'accusé (C. inst. cr., art. 465). Un premier délai de dix jours lui est accordé pour se présenter. A l'expiration de ce délai, le président des assises ou le magistrat qui le remplace rend l'*ordonnance de contumace*. Cet acte contient l'ordre formel à l'accusé de comparaître, et il lui est donné un nouveau délai de dix jours pour le faire. L'ordonnance porte qu'à partir de l'expiration de ce délai, il sera déclaré rebelle à la loi, et que les conséquences de cet état, qui consistent en certaines incapacités et déchéances, commenceront à le frapper (art. 465).

Il importe que l'ordonnance de contumace, qui est une deuxième et solennelle assignation donnée à l'accusé, soit portée à sa connaissance. La loi prescrit, en conséquence, trois formalités, qui doivent être observées à peine de nullité (C. inst. cr., art. 466 et 470)[1]. 1° L'ordonnance est d'abord notifiée au domicile de l'accusé, conformément aux règles ordinaires de la procédure (C. proc. civ., art. 69). 2° Des affiches, contenant copie de l'ordonnance, sont apposées à la porte de ce même domicile, s'il est connu, à celle du maire de la commune, à la porte de l'audience de la cour d'assises. 3° L'ordonnance est publiée à son de trompe ou de caisse, dans la commune du domicile de l'accusé, et, s'il n'est pas connu, du chef-lieu des assises. Ces affiches et publications doivent avoir lieu le dimanche qui suit le jour où l'ordonnance a été rendue (art. 466).

[1] La jurisprudence, après avoir, dans divers arrêts, décidé que la publication valait notification de l'ordonnance, est revenue à une interprétation plus exacte des articles 466 et 470 : aujourd'hui, elle juge que la notification au contumax est une formalité distincte de la publication de l'ordonnance, et qui doit, comme cette dernière, être observée à peine de nullité : Cass., 29 juin 1833 (S. 33, 1, 789); 17 janv. 1862 (S. 62, 1, 211).

L'accusé, qui ne se présente pas dans ce délai, est en état de *contumace*, c'est-à-dire de rébellion à la loi, ce qui entraîne, comme conséquence, pour lui : 1° la suspension de l'exercice de ses droits de citoyen; 2° l'interdiction de toute action en justice, soit comme demandeur, ce qui est certain, soit même comme défendeur, ce qui est contesté; 3° enfin, le séquestre de ses biens, qui est confié à l'administration des domaines (art. 465)[1]. Cette sorte de *mise hors le droit*, particulière à la procédure de contumace, a pour but de contraindre indirectement l'accusé à obéir à la justice.

606. II. Le jugement a lieu, au plus tôt, après un délai de dix jours, qui court des publications qui ont été faites de l'ordonnance de contumace (art. 467). Il n'est, du reste, procédé à l'examen de l'affaire, à l'expiration de ce délai, qu'autant que la session est ouverte et que l'affaire vient à son tour de rôle.

La procédure par contumace a trois caractères qui la distinguent de la procédure contradictoire : 1° Le jugement a lieu, sans l'intervention ni l'assistance des jurés, par la *cour d'assises seule*, mais en audience publique[2]; 2° il est rendu, sur la lecture des pièces écrites de l'instruction, *sans déposition orale des témoins;* 3° et sans qu'aucun conseil puisse se présenter pour *défendre* l'accusé contumax, pas même pour soulever, en son nom, quelque moyen préjudiciel, tel que la prescription ou l'amnistie. Toutefois, l'article 469 admet les parents ou amis du contumax à justifier de l'impossibilité où se trouve ce dernier de se rendre à l'appel de la justice. Si la cour trouve l'excuse légitime, elle ordonne qu'il sera sursis au jugement pendant tel délai qu'elle fixera. La loi dit également qu'il pourra être *sursis* au séquestre : l'expression est inexacte, car le séquestre existe si l'ordonnance a reçu son exécution : ce n'est donc qu'une main-levée provisoire de cette mesure que peut accorder la cour d'assises. Si la cour rejette l'excuse, ou si aucune excuse n'est présentée, l'article 470 trace la marche de la procédure qui doit être suivie. On donne lecture de l'arrêt de renvoi devant la cour d'assises, de l'acte de notification de l'ordonnance ayant pour objet la représentation du contumax et enfin

[1] Aux termes de l'article 475 : « *Durant le séquestre, il peut être accordé des secours à la femme, aux enfants, au père ou à la mère de l'accusé, s'ils sont dans le besoin* ». Bien entendu, ce séquestre ne doit pas préjudicier au conjoint du contumax, au mari, par exemple, qui a la jouissance des biens dotaux ou des propres. Comp. : RODIÈRE, *op. cit.*, p. 320.

[2] Le Code de brumaire exigeait l'intervention du jury. Pour la justification de l'innovation du Code de 1808, v. les travaux préparatoires : LOCRÉ, t. XXVII, p. 172.

des procès-verbaux qui doivent en constater la publication et l'affiche; et la cour, sur les conclusions du procureur général, rend un arrêt, par lequel elle statue sur l'action publique et sur l'action civile, si elle a été exercée (art. 470). Sa mission est double : 1° Elle doit s'assurer que l'instruction de la contumace a été régulière, et, dans le cas de la négative, en prononcer la nullité, à partir du plus ancien acte nul; 2° Elle doit examiner la culpabilité et prononcer, soit l'*acquittement*, soit l'*absolution*, soit la *condamnation* de l'accusé. Le défaut de comparution du contumax n'est pas, en effet, à lui seul, un motif suffisant pour le condamner sans examen. Le décret du 4 thermidor an II, ordonnant qu'en vertu d'une *présomption légale*, l'accusé contumax fût toujours considéré comme coupable, est une de ces dispositions qu'expliquent, sans les justifier, les circonstances politiques au milieu desquelles elles ont été prises. Aujourd'hui, la cour d'assises peut acquitter l'accusé, reconnaître en sa faveur des faits justificatifs ou des excuses, et même, dans mon opinion, des circonstances atténuantes. Elle peut également refuser aux faits la qualification légale que l'arrêt de renvoi leur a donnée; par exemple, reconnaître que l'infraction ne constitue qu'un délit ou une contravention de police, cas, dans lesquels, elle reste, néanmoins, compétente pour juger[1].

L'arrêt d'*acquittement* et l'arrêt d'*absolution* produisent les mêmes effets que l'ordonnance d'acquittement et l'arrêt d'absolution qui interviennent à la suite d'une procédure contradictoire. L'exécution de l'arrêt de condamnation a lieu par effigie (art. 472). Ce qu'il importe d'examiner, ce sont les effets de l'arrêt de *condamnation* et les causes qui peuvent, soit l'anéantir, soit le rendre irrévocable.

607. III. L'organisation de la contumace, telle qu'elle est, en général, comprise, se présente, dans notre droit, avec des caractères contradictoires. Pendant les délais de la prescription de la peine, la condamnation ne pourrait être exécutée parce qu'elle ne serait pas irrévocable; et, lorsque la condamnation serait devenue irrévocable par l'expiration du délai de prescription, la peine ne pourrait plus être subie parce qu'elle serait prescrite. Manière de voir bizarre, et qui rend inexplicables les dispositions légales qui frappent le condamné par contumace à une peine afflictive de la dégradation civique, et, si la peine afflictive est perpétuelle, de la double incapacité de

[1] Comp. : LOCRÉ, t. XXVII, p. 158. Du reste, le droit d'acquittement reconnu à la cour d'assises à l'égard du contumax paraît être resté à l'état de précepte théorique. J'ai vainement cherché, dans les statistiques, trace d'acquittements prononcés.

disposer et de recevoir à titre gratuit, avant l'expiration des délais de la prescription[1]. Il est, en effet, bien singulier qu'une condamnation, qui n'est pas exécutoire, s'exécute cependant, par provision, dans certaines de ses parties. Pour ma part, je crois plus exact de considérer la condamnation par contumace comme rendue, non sous la *condition suspensive* de la non-comparution du condamné pendant les délais de la prescription, mais sous la *condition résolutoire* de sa comparution dans les mêmes délais. En un mot, pour moi, ce n'est pas l'expiration des délais de prescription qui fait produire à l'arrêt de contumace les effets dont il est susceptible; c'est, au contraire, la comparution du condamné qui anéantit rétroactivement les effets produits par cet arrêt. Ce point de vue me paraît être celui de la loi; car l'article 476 porte que, « *Si l'accusé se constitue prisonnier ou s'il est arrêté avant que la peine soit éteinte par prescription, le jugement rendu par contumace et les procédures faites contre lui depuis l'ordonnance de prise de corps ou de se représenter, seront anéantis de plein droit*[2] ».

C'est en me plaçant à ce point de vue, que je résoudrai les difficultés qui peuvent se présenter; 1° quant aux effets de l'arrêt de condamnation par contumace; 2° quant aux causes de cessation de ces effets.

A. Les effets de l'arrêt de contumace doivent être étudiés : 1° en ce qui concerne les *condamnations pénales* ou *civiles* qu'il prononce; 2° en ce qui concerne les *biens du contumax*, placés sous séquestre pendant l'instruction.

a) Même avant l'expiration des délais de prescription de la peine, l'arrêt rendu par contumace a les effets d'un arrêt contradictoire. Sans doute, il ne peut être exécuté sur la *personne* du condamné, car, dès que l'accusé se représente ou est saisi, l'arrêt est anéanti de plein droit; mais les condamnations à des *dommages-intérêts* peuvent être

[1] Comp. : ORTOLAN, t. II, n° 2339.

[2] Comp., pour le développement de cette théorie, mon article : *Questions pratiques sur la contumace* (*Rev. crit.*, 1878, p. 369). Rien d'étrange, du reste, à voir un jugement produire des effets qui, par l'événement d'une condition, peuvent être rétroactivement anéantis. Une situation analogue se présente, depuis la loi du 27 juin 1866 (C. inst. cr., art. 187 *in fine*), en ce qui concerne le jugement par défaut rendu en matière correctionnelle, après l'expiration du délai ordinaire d'opposition. Le jugement est exécutoire, quoiqu'il puisse être frappé d'opposition, s'il n'a pas été signifié « à personne, ou s'il ne résulte pas d'actes d'exécution du jugement que le prévenu en a eu connaissance ».

recouvrées par la partie civile et les *peines pécuniaires* exécutées à la requête du ministère public. L'arrêt a également des effets importants en ce qui concerne les *déchéances* ou *incapacités* de droit, telles que la dégradation civique et la double incapacité de disposer et de recevoir à titre gratuit. Je crois enfin que le conjoint du condamné par contumace à une peine infamante n'a pas besoin d'attendre l'expiration du délai de la prescription pour former une demande en *séparation de corps* basée sur cet arrêt[1]. Toutes ces solutions, dont la plupart sont contestées, se déduisent du caractère que je donne à l'arrêt de contumace.

b) En ce qui concerne les biens du contumax, l'arrêt, quelle que soit la nature de la condamnation, n'a d'autre effet que de *confirmer le séquestre* qui a été prescrit par l'ordonnance de contumace[2]. Mais cette solution a été contestée à deux points de vue. L'article 471 déclare, en effet, que *si le contumax est condamné*, ses biens seront, à partir de l'exécution de l'arrêt, *considérés et régis comme biens d'absents*. A prendre ces expressions à la lettre, il semblerait qu'on dût envoyer immédiatement les héritiers présomptifs du contumax en possession

[1] « *La condamnation de l'un des époux à une peine infamante*, nous dit l'art. 232 du Code civil, *sera pour l'autre époux une cause de divorce* », et, par conséquent, de séparation de corps (art. 306). Que cette disposition soit générale et s'applique aux condamnations par contumace comme aux condamnations contradictoires, personne n'en a jamais douté, le texte ne distinguant pas. Mais la loi ne nous dit pas quel sera le moment à partir duquel l'un des époux pourra demander la séparation de corps en se fondant sur une condamnation à une peine infamante prononcée par contumace contre son conjoint. Un point certain, c'est qu'après l'expiration du délai donné au condamné pour purger la contumace, son conjoint a le droit de provoquer la séparation de corps. Mais est-il obligé d'attendre ce délai pour introduire sa demande? Une opinion, qui paraissait jusqu'ici dominante en jurisprudence, retardait, en effet, jusqu'à cette époque l'exercice de l'action en séparation de corps. Comp.: Cass., 17 juin 1813; Paris, 6 août 1840 (D. v° *Séparation de corps*, n° 82). Dans le même sens : VALETTE, *Cours de Code civil*, t. I, p. 367; AUBRY et RAU, t. V, § 491, note 27 ; DEMOLOMBE, t. IV, n° 397; ALLEMAND, *Du mariage*, t. II, n° 1374. Un arrêt de la cour de Dijon a jugé le contraire, le 5 mai 1873 (D. 73, 1, 17). La Cour de cassation, saisie d'un pourvoi formé contre cet arrêt pour fausse application des art. 232, 261 et 306 C. civ., ne s'est pas prononcée, à notre grand regret, sur la question : « La Cour : — Attendu qu'*en supposant que la femme ne puisse fonder une demande en séparation sur la condamnation par contumace de son mari à une peine afflictive ou infamante, qu'après un délai de vingt années depuis cette condamnation*, l'arrêt attaqué contient deux catégories de faits sur lesquels il a admis la séparation....., rejette ». Du 14 mai 1872 (D. 73, 1, 18). Comp. mon article, cité à la note précédente.

[2] Comp. : PASCAUD, *Séquestre des biens du contumax* (*Rev. crit.*, 1879, p. 9); BERTAULD (*Rev. prat.*, t. VI, p. 99).

provisoire de ses biens : effectivement, certains auteurs ont soutenu que la condamnation prononcée avait pour effet de substituer le *régime de l'absence* au *régime du séquestre*. Mais cette opinion, repoussée, du reste, par la jurisprudence, exagère la portée de l'article 471. En disant, dans cette disposition, que les biens du contumax seraient considérés et régis comme biens d'absents, la loi n'a eu d'autre but que de déterminer *l'étendue des pouvoirs de gestion* de l'administration des domaines; et la preuve s'en trouve dans ces mots du texte : « *Le compte du séquestre sera rendu à qui il appartiendra* ». Cette manière de comprendre l'article 471 permet de résoudre une autre difficulté qui a été soulevée sur la portée de ce texte. Aux termes de la législation antérieure au Code de 1808, le séquestre, qui suivait la condamnation par contumace, et même la précédait, entraînait l'attribution à l'État des fruits et revenus des biens séquestrés : il n'existe plus, dans le Code d'instruction criminelle, de trace, du moins de trace expresse, de cette sorte de confiscation. Mais quelques auteurs ont pensé que l'article 471 attribuait à l'administration des domaines le gain d'une portion au moins des fruits et revenus des biens du contumax, conformément à l'article 127 du Code civil, et dans la proportion déterminée par cet article. Cette opinion est depuis longtemps abandonnée. L'article 471, qui lui sert d'appui, a simplement entendu, comme le démontrent les travaux préparatoires[1], limiter le droit de gestion de l'administration des domaines.

B. Si le contumax *meurt*[2] ou s'il laisse la *prescription* s'accomplir sans se représenter, la condamnation devient irrévocable. Mais si, avant la prescription de la peine, le contumax se constitue prisonnier, ou s'il est arrêté, le jugement et les procédures faites contre lui depuis l'ordonnance de prise de corps ou de se représenter sont anéanties de plein droit et il est procédé, dans la forme ordinaire, à de nouveaux débats. Les effets de la représentation volontaire ou forcée du contumax doivent donc être examinés au double point de vue de la *condamnation* prononcée par contumace, qui est anéantie, et de la *poursuite*, qui va recommencer.

a) L'arrêt de condamnation est d'abord *rétroactivement anéanti* et,

[1] Locré, t. XXVII, p. 173. Comp. : Rodière, *op. cit.*, p. 324.

[2] L'art. 31 C. civ. faisait cependant une distinction, suivant que le décès se produisait dans la période de cinq ans qui suivait la condamnation, ou après. Mais ce texte a été abrogé par la loi du 31 mai 1854.

avec lui, tous les effets qu'il a produits[1]. Cependant, si le condamné ne se représente que cinq ans après l'exécution par effigie, la double incapacité de disposer et de recevoir à titre gratuit, quand elle est encourue, a, pour le passé, des effets définitifs, que l'anéantissement de l'arrêt de condamnation ne pourrait effacer.

L'article 476 ne dit pas seulement que le jugement sera anéanti par la comparution du contumax, mais que les procédures faites contre lui, *depuis l'ordonnance de prise de corps ou de se représenter*, le seront également. L'annulation remonte-t-elle jusqu'à l'ordonnance de prise de corps, qui termine l'arrêt de la chambre des mises en accusation, ou simplement jusqu'à l'ordonnance de se représenter, qui constitue l'accusé en état de contumace? La loi nous indique, ce qui est contradictoire, à la fois l'une et l'autre date, comme point de départ de l'annulation. Mais il résulte évidemment de son esprit[2], qu'il faut restreindre l'annulation à la procédure faite depuis l'ordonnance de contumace; par conséquent, les actes antérieurs, notamment la notification de l'arrêt de renvoi et de l'acte d'accusation, demeurent valables[3]. On ne concevrait pas, en effet, que la représentation du condamné pût rétroagir sur des actes faits avant qu'il ne fût légalement contumax.

b) Lorsque l'accusé reparaît de gré ou de force, avant l'accomplissement de la prescription, l'arrêt par contumace étant anéanti, il doit être procédé à de nouveaux débats, « *dans la forme ordinaire* », c'est-à-dire, avec le concours du jury, et d'après les règles de la procédure en cour d'assises, quelle que soit la condamnation prononcée[4].

[1] Le condamné, qui purge sa contumace, peut-il répéter ce qui a été payé à la partie civile? Sur cette question délicate, comp. mon article, déjà cité : *Questions pratiques sur la contumace*. On y trouvera le texte d'un jugement fort intéressant du tribunal civil de Chaumont du 13 février 1878, qui se prononce sur un des côtés de la question. Comp. : Rodière, *op. cit.*, p. 327.

[2] On remarquera, en effet, qu'avant la suppression de la chambre du conseil, l'ordonnance de prise de corps était contenue dans l'acte par lequel, en cas de présomption de crime, cette chambre ordonnait de transmettre les pièces de la procédure à la chambre d'accusation. Si donc on avait pris à la lettre l'art. 476, on aurait annulé non-seulement tous les actes postérieurs à l'arrêt de la chambre des mises en accusation, mais cet *arrêt* lui-même : or, c'était là évidemment ce que la loi ne pouvait vouloir.

[3] Dans ce sens : Nouguier, t. II, nos 766, 767. C'est le système de la jurisprudence.

[4] Les expressions de l'art. 476 ont donné lieu à une difficulté très-pratique, et dont la solution a beaucoup embarrassé la jurisprudence. Il arrive souvent que le contumax, arrêté après un long temps depuis la condamnation, conteste son iden-

608. IV. On voit que l'organisation de la procédure par contumace et celle de la procédure par défaut sont dominées l'une et l'autre par le double principe : 1° que le prévenu ou l'accusé doit être tenu de comparaître, lorsqu'il est régulièrement cité en justice; 2° mais qu'il ne peut être définitivement condamné sans avoir été entendu. Seulement, dans la procédure par contumace, ce double principe est plus énergiquement sanctionné que dans la procédure par défaut.

a) Ainsi d'abord, si *l'accusé*, régulièrement mis en demeure de se représenter, n'obéit pas à la loi, il est frappé, avant tout jugement, de la suspension de l'exercice de ses droits de citoyen, de l'interdiction d'ester en justice; et ses biens sont mis sous séquestre. Rien d'analogue n'est organisé contre le *prévenu* qui ne comparaît pas devant les tribunaux de police simple ou correctionnelle; la seule sanction de son défaut consiste dans le droit, pour la juridiction de répression, de le juger malgré son absence.

b) Mais la condamnation, prononcée par la cour d'assises, pouvant avoir des conséquences plus graves que celle qui est prononcée par les tribunaux de police simple ou correctionnelle, l'arrêt de contumace devient plus difficilement définitif que le jugement ou l'arrêt par défaut. 1° Ainsi, d'abord, il faut un acte formel d'opposition pour anéantir les jugements ou arrêts par défaut, tandis que l'arrêt de contumace tombe, de plein droit, par la seule comparution volontaire ou forcée du contumax. 2° Le délai ordinaire pour l'opposition est très-court : trois jours en matière de police simple; cinq jours en matière de police correctionnelle; tandis que, quant aux arrêts par contumace, le délai pour faire tomber la condamnation n'est autre que le délai même de la prescription de la peine. 3° Enfin, le condamné par défaut est maître, en laissant passer le délai de l'op-

tité avec l'accusé qui a été déjà frappé par la justice. On a hésité sur le point de savoir si les articles 518 et 519, textes exceptionnels, relatifs à la *reconnaissance de l'identité des individus condamnés, évadés et repris*, et d'après lesquels la reconnaissance est faite par la *cour seule, sans assistance de jurés*, étaient applicables à la reconnaissance du contumax dont l'identité est contestée. La jurisprudence a résolu la question affirmativement, mais en déclarant tous moyens de défense réservés et, notamment, en donnant à l'accusé le droit de soutenir, lors même que les faits seraient constants, qu'il n'en est pas l'auteur. La cour suprême, en limitant, d'une part, le droit de la cour d'assises à la vérification de l'identité de l'individu mis en jugement avec l'accusé condamné par contumace, et en réservant, d'un autre côté, le droit du jury de déclarer que l'accusé n'est pas l'auteur des faits incriminés, nous paraît avoir fait une exacte conciliation entre les articles 518 et 519 et l'article 476. Comp. : Cass. (ch. r.), 5 août 1834 (S. 35, 1, 49); 4 nov. 1865 (S. 66, 1, 308). Comp. : Faustin Hélie, t. VIII, n° 3878; Rodière, *op. cit.*, p. 525; *Rev. de légis.*, t. I, p. 315.

position, ou même, pendant ce délai, en ne formant pas d'opposition, *d'acquiescer* à la condamnation; tandis que le contumax, par cela seul qu'il se représente ou qu'il est arrêté dans les délais de la prescription, fait tomber, qu'il le veuille ou non, la condamnation qui le frappe.

c) Il suit de là que jamais une condamnation par contumace ne peut être exécutée sur la personne du condamné et que, quant aux peines corporelles qu'elle prononce, elle a simplement un caractère comminatoire et de pure forme, tandis que la condamnation par défaut, dès qu'elle est devenue irrévocable par l'expiration du délai *ordinaire* de l'opposition, peut s'exécuter sur la *personne*, comme sur les *biens* du condamné.

d) Le défaillant, qui est acquitté sur l'opposition, n'est que *facultativement* condamné aux frais de la première instance (art. 187); tandis que l'article 478 met *toujours* à la charge du contumax les frais occasionnés par son défaut.

III. DE L'APPEL.

609. L'appel est une voie de réformation, ouverte contre certaines décisions des juridictions d'instruction et des juridictions de jugement.

610. **Opposition aux ordonnances du juge d'instruction.** — Le juge d'instruction ne forme qu'une juridiction d'instruction du premier degré. Il ne statue, sauf dans quelques cas exceptionnels (C. inst. cr., art. 34, 80 et 86), qu'en premier ressort. Ses ordonnances, soit de plein droit (en matière criminelle), soit sur l'opposition des parties, sont déférées à l'examen d'une juridiction supérieure, à laquelle toutes les questions, qui se rattachent à l'instruction, viennent aboutir, la chambre des mises en accusation. L'expression « *opposition* », dont se sert la loi pour qualifier cette voie de recours contre les ordonnances du juge d'instruction, est doublement inexacte. Dans son sens précis, l'opposition s'entend d'une voie de recours, au moyen de laquelle un individu, *condamné par défaut*, s'adresse aux mêmes juges qui ont rendu la sentence et leur en demande la *rétractation*. Or, d'une part, les ordonnances du juge d'instruction ne peuvent jamais être rendues par défaut, puisque la contradiction n'est pas organisée dans l'instruction préparatoire; et, d'autre part, le recours formé contre ces ordonnances est porté devant une juridiction supérieure à celle dont on critique l'œuvre. L'opposition est donc ici un véritable *appel*.

Dans *quels cas* et au profit de *quelles personnes* cette voie de recours est-elle ouverte? Cette question, à raison de l'insuffisance des textes, présentait des difficultés, jusqu'à la loi du 17 juillet 1856, qui a modifié l'article 135. Ce texte ne met pas sur la même ligne, au point de vue du droit d'opposition, le *prévenu*, le *ministère public* et la *partie civile*.

a) Le droit d'opposition appartient au *procureur de la République* et au *procureur général;* il leur appartient, « *dans tous les cas* », par conséquent, à quelques phases de la procédure et sur quelques questions que l'ordonnance ait été rendue. L'opposition est, en effet, pour le procureur de la République, un moyen de faire vider, par la chambre d'accusation, les conflits qui peuvent s'élever entre lui et le juge; elle est, pour le procureur général, la sanction directe de son droit de surveillance sur le juge d'instruction.

b) La partie civile peut former opposition à toute ordonnance qui fait « *grief à ses intérêts civils* », c'est-à-dire qu'elle a des droits aussi étendus que ceux du ministère public. La loi plaçant le ministère public et la partie civile sur la même ligne, formulant de la même manière leur droit d'opposition, il faut en conclure que les effets de leur opposition sont identiques. D'où il suit que la partie civile, qui forme opposition, agit à la fois dans l'intérêt de l'action civile et de l'action publique qu'elle conserve[1] : aussi, les pièces de la procédure seront nécessairement transmises au procureur général, dans tous les cas d'opposition, et l'affaire soumise à une révision.

c) Le prévenu ne peut former opposition que dans deux cas : 1° quand la mise en liberté provisoire lui est refusée (art. 114); 2° quand il a excipé de l'incompétence et que le juge s'est déclaré compétent (art. 539). Ces restrictions au droit d'opposition du prévenu, telles qu'elles résultent, d'une manière évidente, du nouvel article 135, étaient déjà consacrées par la jurisprudence, soit de la Cour de cassation, soit des cours d'appel. Pourquoi? C'est que le prévenu n'a vraiment *intérêt* à former opposition que dans les deux cas prévus par la loi. En effet, lorsque l'affaire est renvoyée, par le

[1] Comp. : Faustin Hélie, t. V, n° 2104; Cass., 29 mars 1878 (S. 79, 1, 93).

juge d'instruction, au tribunal correctionnel ou au tribunal de police, l'opposition serait inutile pour le prévenu; car l'ordonnance de renvoi laisse intacts les droits de celui-ci, qui peut les faire valoir devant le tribunal de renvoi. Que si le juge d'instruction, étant d'avis que le fait emporte une peine criminelle, a ordonné le renvoi de la procédure au procureur général, l'affaire doit être soumise de plein droit, et sans qu'il soit besoin d'une opposition, à la chambre des mises en accusation.

Le délai pour former opposition est de *vingt-quatre heures*, à compter du jour de l'ordonnance, ou de sa signification, ou de la communication qui en est donnée au prévenu détenu, suivant les cas (art. 135), c'est-à-dire que l'opposition peut être formée pendant toute la journée du lendemain qui suit cette date. Le délai est de *dix jours* pour le procureur général (art. 135 *in fine*)[1].

La loi n'a pas réglé les formes à suivre pour l'opposition. Une jurisprudence constante décide que, puisqu'elle constitue un véritable appel, elle doit être déclarée au greffe et notifiée à l'intéressé (C. inst. cr., art. 203).

Quant à ses effets, l'article 135 décide que l'inculpé détenu gardera prison jusqu'à ce qu'il ait été statué sur l'opposition, et, dans tous les cas, jusqu'à l'expiration du délai d'opposition. Par exception, la disposition de l'ordonnance, qui prononce la mise en liberté de l'inculpé, sera provisoirement exécutée pendant le délai supplémentaire de neuf jours qui est accordé au procureur général[2].

611. De l'appel des jugements de police simple et correctionnelle. — La décision de la cour d'assises est sans appel; c'est là un caractère qui lui a toujours appartenu. Il serait, en effet, difficile de donner à une juridiction le droit de réformer les verdicts de la justice populaire. Ce n'est donc pas pour les procès les plus graves que

[1] Sur l'opposition du procureur général, comp. : Cass., 11 février 1881 (S. 81, 1, 189) et le rapport de Dupré-Lasale; 19 mai 1881 (S. 84, 1, 48).

[2] La partie civile ne forme son opposition qu'à ses risques et périls : aussi l'article 136 dispose que « *la partie civile qui succombera dans son opposition sera condamnée aux dommages-intérêts envers le prévenu* ». Ces dommages-intérêts ont pour cause unique le fait même de l'opposition : ils sont donc indépendants de ceux qui peuvent être encore prononcés, au profit du prévenu, à raison de la témérité de la plainte. Il est de jurisprudence que la juridiction compétente pour accorder ces dommages-intérêts est la chambre des mises en accusation, qui doit, en rejetant l'opposition de la partie civile, les prononcer de plein droit, encore que le prévenu n'y ait pas formellement conclu. En ce sens : Faustin Hélie, t. V, n° 2121. En sens contraire : Bourges, 9 juin 1870 (S. 70, 2, 188).

l'appel est organisé en matière répressive, mais, au contraire, pour les moins importants. L'appel n'est ouvert, en effet, que contre les décisions des tribunaux de police et des tribunaux correctionnels.

J'examinerai successivement : 1° dans quels cas l'appel est ouvert et au profit de quelles personnes; 2° dans quel délai; 3° en quelle forme; 4° quels effets il produit; 5° comment il s'instruit.

612. I. Pour savoir dans quels cas et au profit de qui l'appel est ouvert, il faut distinguer, suivant qu'il s'agit de jugements rendus soit par le tribunal de police, soit par le tribunal correctionnel.

A. La législation intermédiaire déclarait, en dernier ressort, *tous* les jugements des tribunaux de police. Le Code de 1808, qui admet la faculté d'appel, contrairement à ces précédents, en restreint cependant l'application. Aux termes de l'article 172, en effet : « *Les jugements rendus en matière de police pourront être attaqués par la voie de l'appel, lorsqu'ils prononceront un emprisonnement*, *ou lorsque les amendes*, *restitutions et autres réparations civiles excéderont la somme de cinq francs*, *outre les dépens* ». Les termes *limitatifs* de ce texte indiquent : 1° à quelles *personnes* appartient le droit d'appel; 2° contre quels *jugements* il peut s'exercer.

a) La faculté d'appeler des jugements de police n'appartient qu'aux personnes contre lesquelles ces jugements ont prononcé, soit un emprisonnement, soit des amendes, des restitutions ou autres réparations civiles excédant la somme de cinq francs : elle peut donc être exercée, sans difficulté, par les *prévenus* et par les *personnes civilement responsables*, qui ont encouru l'une des condamnations prévues par la loi. Le droit d'appel des *parties civiles*, bien qu'il ait été contesté, ne nous semble pas moins certain[1]. En effet, la loi, pour ouvrir la voie de l'appel, exige trois conditions, qui sont nécessaires, mais suffisantes : 1° une condamnation personnelle à la partie qui appelle; 2° une condamnation qui, si elle est pécuniaire, ait pour objet soit une amende, soit une restitution, soit une réparation civile; 3° une condamnation qui excède cinq francs. Or, la partie civile, qui est condamnée à des dommages-intérêts envers le prévenu, par application de l'article 161, se trouve certainement dans ces conditions. Pourquoi lui refuserait-on le droit d'appeler? Mais l'article 172, qui contient une innovation, puisque la législation antérieure déclarait *en dernier ressort* tous les jugements

[1] *Sic*, Trib. correctionnel de Perpignan, 16 juin 1883 (*Droit*, n° du 27 oct. 1883); Cass., 6 déc. 1849. *Contra*, Le Sellyer, *op. cit.*, t. 1, n° 21.

de police, doit être restreint dans ses termes : la garantie du double degré de juridiction n'a été donnée qu'aux *parties* qui attaquent une *condamnation :* le *ministère public* n'étant pas, dans cette situation, n'a, dans tous les cas, d'autre recours à exercer contre les jugements de police que celui de la cassation[1]; le droit d'appel lui est refusé, que le prévenu soit acquitté, ou qu'il soit condamné à une peine jugée, par le ministère public, trop légère.

b) Pour déterminer la compétence en premier ressort du tribunal de simple police, ce n'est pas le montant de la *demande* qu'il faut considérer, comme en matière civile, mais le montant de la *condamnation*. En ce qui concerne l'*emprisonnement*, dans tous les cas, s'agit-il même d'une condamnation à un jour, et c'est la moindre, le jugement est en premier ressort. S'il s'agit de *condamnation pécuniaire*, il y aura faculté d'appel, dès que les condamnations prononcées, amendes, restitutions, réparations civiles, s'élèveront, additionnées ensemble, à plus de cinq francs, outre les dépens[2]. *Tous autres jugements*,

[1] Sur les difficultés : A. Desjardins, *Rev. crit.*, 1883, p. 99.

[2] Deux questions ont été soulevées à ce propos. *a*) Lorsque, par un seul et même jugement, il a été prononcé, sur plusieurs contraventions, des amendes inférieures à cinq francs, mais dont le total dépasse cette somme, y a-t-il possibilité d'appel? Je crois qu'il faut se baser sur la totalité des amendes prononcées pour fixer le ressort (art. 172) et que, par conséquent, le jugement est, dans ce cas, susceptible d'appel. Comp. : Le Sellyer, *op. cit.*, t. I, nº 20. *Sic*, Cass., 28 mars 1873 (D. 73, 1, 272); 2 août 1883 (*La France judic.*, 1884, p. 248). *b*) Un jugement, prononçant une condamnation à cinq francs d'amende, sera-t-il susceptible d'appel, à raison des décimes, que l'administration est autorisée à prélever, aux termes des lois de finances? Je ne le pense pas. En effet, l'article 172 du Code d'inst. cr. exige, pour la recevabilité de l'appel, que les amendes, restitutions et autres réparations civiles, prononcées par le jugement, excèdent la somme de cinq francs, *outre les dépens*. Le législateur a donc pris pour base de la faculté d'appel la *peine* prononcée et les *réparations* accordées à la partie lésée ; mais il a omis intentionnellement les condamnations ayant un *caractère fiscal*. Or, les décimes appartiennent à cette catégorie de condamations. On ne saurait, dès lors, admettre qu'un jugement, prononçant cinq francs d'amende, devienne susceptible d'appel, parce qu'à cette amende viennent s'adjoindre des décimes. Au surplus, ces droits sont essentiellement variables et temporaires, puisqu'ils ne sont perçus qu'en vertu d'une disposition de la loi annuelle des finances. Par suite même de ce caractère, le droit d'appeler serait, si la doctrine contraire était admise, soumis à toutes les fluctuations budgétaires. Dans le sens de mon opinion : Tribunal de Corbeil, 19 janv. 1877 (*Gaz. des trib.*, nº des 26-27 mars 1877). Comp. : un arrêt de la cour de Metz du 17 déc. 1868, où la question est simplement posée (S. 69, 2, 313). La Cour de cass. s'est prononcée sur une question voisine de la nôtre : elle a décidé que le montant de l'amende, dont le chiffre sert de base à la fixation de la contrainte par corps, doit être augmenté du décime et du double décime : Cass., 2 juin 1870 (S. 70, 1, 328); 16 janv. 1872 (S. 72, 1, 13). En présence de cette jurisprudence, il serait difficile à la Cour de cassation, si elle était saisie de la question qui nous occupe, de ne pas admettre la faculté d'appel.

même les jugements sur la compétence, sont en dernier ressort[1].

B. En matière correctionnelle, l'art. 199 C. inst. cr., qui est la reproduction de l'article 192 du Code de brumaire, pose ce principe général : « *Les jugements rendus en matière correctionnelle pourront être attaqués par la voie de l'appel* ». Ainsi, le législateur n'a pas exigé, pour ouvrir ce recours, comme il l'a fait en matière de police, la condition d'une *condamnation* à telle ou telle peine : il a pensé, avec raison, que *toutes les poursuites* avaient, en matière correctionnelle, une importance assez grande pour assurer *à toutes les parties* la garantie d'un double degré de juridiction.

a) Le droit d'appel est donc général : mais s'étend-t-il, sans restriction, à tous les *jugements*, aux jugements d'*avant faire droit*, comme aux jugements *définitifs?*

Le jugement est-il *définitif*, c'est-à-dire termine-t-il l'instance devant le tribunal? il est toujours sujet à appel, s'il est rendu « *en matière correctionnelle* ». Ces mots du texte font allusion à la règle écrite dans l'article 192, d'après laquelle le tribunal correctionnel statue *en dernier ressort*, lorsque le fait, qui lui a été déféré comme *délit*, ne constitue qu'une *contravention de police.* Mais pour que la règle s'applique, et que le jugement, rendu par le tribunal correctionnel, soit, en effet, en dernier ressort, il faut que le fait ait réellement le caractère d'une contravention; et qu'aucune des parties n'ait demandé le renvoi devant le tribunal de police. En effet, aux termes de l'art. 192, les tribunaux correctionnels ne peuvent juger en premier et dernier ressort que lorsque le renvoi de l'affaire n'ayant été demandé ni par le ministère public ni par la partie civile, le fait se réduit à une contravention de police : dans tous les autres cas, les jugements qu'ils rendent sont, de droit, sujets à appel, et l'article 453 C. pr. civ. qui, par identité de motifs, est applicable à la procédure répressive, soumet à l'appel les jugements qui, quoique qualifiés en dernier ressort, ont été rendus dans des cas où, d'après la loi, les juges ne pouvaient prononcer qu'en première instance et à la charge de l'appel[2]. Il faut, enfin, que la contravention soit de la com-

[1] Mais voir : Cass., 16 avril 1880 (S. 81, 1, 137) et la note.

[2] Si la cour, saisie de l'appel formé contre un jugement du tribunal correctionnel qui n'a vu dans le fait qu'une contravention, reconnaît que le fait a été bien qualifié par les premiers juges, elle doit décider que le jugement, ayant été rendu en dernier ressort, l'appel n'est pas recevable : Cass., 19 déc. 1865 (S. 66, 1, 310). Il a été jugé que, dans ce cas, le jugement est en dernier ressort, non-seulement sur la con-

pétence du tribunal de police et non de celle du tribunal correctionnel[1].

J'ai supposé *définitif* le jugement rendu en matière correctionnelle; mais que décider à l'égard des jugements d'*avant faire droit?* On sait combien d'incidents peuvent se présenter dans une instance : autoriser autant d'appels qu'il peut y avoir de décisions rendues à propos de ces divers incidents, ce serait compliquer l'instruction, et arrêter, à chaque pas, la marche de la procédure. En conséquence, le Code de procédure civile a, dans l'article 451, introduit une distinction fort raisonnable, entre les jugements *préparatoires* proprement dits, et les jugements d'instruction qui préjugent le fond, auxquels a été réservée la qualification d'*interlocutoires*. Il a décidé que l'appel des premiers ne pourrait être interjeté qu'après le jugement définitif et conjointement avec l'appel de ce jugement, et autorisé, au contraire, l'appel immédiat pour les seconds. Dans le silence du Code d'instruction criminelle, la jurisprudence a toujours décidé que ces dispositions « qui établissent le droit commun, doivent recevoir leur application de la part des tribunaux correctionnels[2] ». Ainsi, tandis que les jugements simplement préparatoires, rendus par les tribunaux correctionnels, ne peuvent être attaqués qu'avec le jugement sur le fond, les jugements interlocutoires, faisant *grief immédiat aux parties*, en préjugeant le fond de l'affaire, peuvent être attaqués, sans attendre le jugement définitif, dans les dix jours de leur prononciation

b) Quant aux *personnes* qui peuvent appeler, l'art. 202 ouvre cette faculté, non-seulement aux parties engagées dans l'instance correctionnelle, mais encore au procureur général qui exerce l'action publique devant la cour d'appel.

1° Le droit d'appel appartient, dans tous les cas, au *prévenu*. L'intérêt est la seule mesure de son action; ainsi, quoique renvoyé des fins de la plainte, le prévenu pourrait former appel du jugement qui, en l'acquittant, ne lui aurait pas alloué des dommages-intérêts qu'il

travention, mais encore sur la demande reconventionnelle du prévenu en dommages-intérêts : Cass., 14 mars 1874 (*Bull.*, n° 85).

[1] C'est ainsi que les tribunaux correctionnels ne statuent qu'à charge d'appel en ce qui concerne les infractions aux règlements sur la médecine et la pharmacie: Cass., 12 nov. 1842 (S. 43, 1, 650).

[2] Cass., 11 août 1826 (*Bull.*, n° 157). Comp. l'article 416, C. inst. cr. V. Le Sellyer, *op. cit.*, t. I, n° 55; Faustin Hélie, t. VI, n° 2988; Cass., 10 mai 1879 (S. 79, 1, 181); 27 mai 1880 (S. 81, 1, 280).

demandait contre la partie civile. Dans l'opinion générale, il aurait même le droit d'appel, s'il avait acquiescé au jugement[1].

2° La *partie civilement responsable* peut appeler, comme le prévenu. L'intérêt du prévenu et de la partie responsable, quoique le même au fond, s'exerçant sur un objet différent, l'un sur la peine, l'autre sur les dommages-intérêts, il s'ensuit que l'appel de l'un est indépendant de celui de l'autre. L'acquiescement de la personne responsable au jugement la rendrait certainement non recevable à appeler, son intérêt étant exclusivement civil.

3° L'appel de la *partie civile*, quoiqu'elle n'exerce qu'une action civile, est soumis aux seules formes et aux seules conditions du Code d'instruction criminelle : peu importe donc le chiffre des dommages-intérêts qu'elle avait demandé; son droit d'appel n'est pas surbordonné, comme devant les tribunaux civils, à la quotité de sa demande. Il peut s'exercer, soit contre le prévenu, soit contre la personne civilement responsable, soit contre tous les deux à la fois.

4° Les *administrations publiques*, qui participent, dans la mesure que nous avons déterminée, à l'exercice de l'action publique, ont un droit d'appel analogue à celui du ministère public.

5° Le droit d'appel, ouvert au *ministère public* en matière correctionnelle, est *général* et s'applique à tous les jugements qui statuent sur l'action publique; il est, du reste, *personnel* à chacun des magistrats désignés par l'article 202. Le *procureur de la République* peut donc saisir la cour d'appel, sans attendre les instructions de son chef hiérarchique, car, en appelant, il exerce un droit que la loi lui a personnellement délégué. Le *procureur général*, de son côté, peut exercer son droit d'appel, lors même que le procureur de la République aurait consenti à l'exécution du jugement[2].

613. II. Le délai général d'appel est le même pour les jugements de police et les jugements correctionnels, il est de *dix jours* (art. 174

[1] Comp : FAUSTIN HÉLIE, t. VI, n° 2995. Nous avons des doutes sur l'exactitude de cette solution. Le droit d'appel étant exercé par le prévenu dans *son intérêt*, celui-ci doit toujours avoir le droit d'y renoncer. Chose bizarre, du reste! on admet que le prévenu, condamné en simple police, n'a plus le droit d'appeler dès qu'il a acquiescé au jugement, et on lui donne ce droit en matière correctionnelle. Ces deux solutions ne sont-elles pas contradictoires?

[2] *Sic*, FAUSTIN HÉLIE, t. VI, n° 3000; *Prat. crim.*, t. I, p. 253. En sens contraire cependant, mais par erreur : ORTOLAN et LEDEAU, *op. cit.*, t. I, p. 26. Si les deux membres du ministère public ont exercé conjointement leur droit d'appel, la cour est tenue de statuer sur les deux appels.

et 203). Mais quel est son point de départ? En *matière correctionnelle*, ce délai court, pour les jugements contradictoires, à compter de leur *prononciation*, et sans augmentation, à raison des distances, et pour les jugements par défaut, à compter de leur *signification* à personne ou à domicile, outre un jour par trois myriamètres. En *matière de police*, la loi ne fait aucune distinction entre les jugements contradictoires et les jugements par défaut : pour les uns, comme pour les autres, le délai d'appel ne commence à courir que du jour de la *signification*[1]. La loi a pensé, sans doute, que le prévenu ayant toujours la faculté de se faire représenter devant le tribunal de police, il pourrait arriver qu'il n'eût pas personnellement connaissance d'un jugement, *même contradictoire*, prononcé contre lui.

Sur ce délai, il faut faire les observations suivantes : 1° Le délai d'appel n'est pas suspendu pendant les trois jours, ou les cinq jours, à partir de la signification d'un jugement, soit de police, soit correctionnel, que la loi laisse au défaillant pour former opposition : celui-ci a, pendant ce délai, le choix entre les deux voies de recours ; il peut négliger celle de l'*opposition* pour prendre immédiatement celle de l'*appel*. Il n'y a donc pas lieu de transporter, en matière répressive, la règle établie par l'art. 443 C. pr. civ., d'après laquelle le délai pour interjeter appel des jugements par défaut court seulement du jour où l'opposition n'est plus recevable. Ainsi, tandis que les délais d'appel et d'opposition sont *successifs* dans la procédure civile, ils sont *parallèles* dans la procédure pénale. 2° Le délai de dix jours n'est pas un délai franc. C'est ce qui résulte des termes mêmes des art. 174 et 203. L'appel ne peut donc être interjeté le onzième jour de la prononciation ou de la signification du jugement, alors même que le dixième se trouve être un jour férié[2]. 3° Il y a déchéance de l'appel, suivant les termes de l'art. 203, si la déclaration d'appeler n'a pas été faite dans les délais fixés par la loi. On a essayé de relever les parties de cette déchéance, lorsque leur appel est formé *incidemment* à un appel interjeté par une autre partie. Supposons, par exemple, que le prévenu, condamné à une peine légère et à des dommages-intérêts insignifiants, n'ait pas formé appel d'un jugement correctionnel, et que la

[1] Bien que l'art. 174 ne parle pas d'une augmentation, à raison des distances, la jurisprudence ajoute au délai de dix jours, en matière de police, un jour par trois myriamètres de distance (arg. de l'art. 203).

[2] *Sic*, Cass., 12 mai 1855 (D. 55, 1, 443); Nîmes, 29 juillet 1875 (S. 75, 2, 271); Bordeaux, 29 août 1883. Tous les jours sont *utiles* en matière criminelle.

partie civile, à la dernière heure du délai de dix jours, ait interjeté appel pour faire augmenter le chiffre des dommages-intérêts qui lui ont été alloués : le prévenu pourra-t-il, quoiqu'il ne se trouve plus lui-même dans le délai de l'art. 203, former un appel incident, en réponse et comme défense à l'appel principal? L'art. 443 C. pr. civ. se fondant sur ce que la renonciation à l'appel est un acquiescement tacite qui suppose la réciprocité, décide que l'appel, interjeté par une partie, ouvre à l'*intimé* le droit d'interjeter appel *en tout état de cause*. Mais cette règle n'est pas reproduite par le Code d'instruction criminelle, et il faut, dès lors, décider, que l'appel, en matière répressive, qu'il soit interjeté principalement ou incidemment, n'est valable qu'autant qu'il a été formé dans le délai de dix jours [1].

La règle, qui fixe à dix jours le délai d'appel, admet deux exceptions principales en matière correctionnelle. *a*) La première est prévue par l'art. 205 Code inst. cr., et concerne le procureur général, qui peut former son appel pendant *deux mois*, à compter du jour de la prononciation du jugement, ou, si le jugement lui a été notifié par l'une des parties, pendant *un mois*, à compter du jour de cette notification. *b*) La seconde est relative à la matière des *contributions indirectes*. Aux termes du décret du 1er germinal an XIII, l'appel doit être notifié « dans la *huitaine* de la *signification* du jugement ». Il résulte de cette disposition une double dérogation à la règle de l'art. 203 : d'abord, en ce qui concerne le délai d'appel, qui est réduit à huit jours; ensuite, en ce qui concerne le point du départ de ce délai, qui est toujours, à l'égard des jugements contradictoires, comme à l'égard des jugements par défaut, la date de la signification.

614. III. Quant aux formes de l'appel, il faut distinguer suivant qu'il s'agit d'un jugement de simple police ou d'un jugement correctionnel.

A. Les formes de l'appel ont donné lieu à quelques difficultés en matière de simple police. L'article 174, en disposant que l'appel « sera *suivi* et *jugé* dans la même forme que les appels des sentences des justices de paix », ne dit pas dans quelles formes il sera *interjeté*. Dans le silence de la loi sur ce point, l'appelant a le choix entre deux modes de procéder : il peut, ou bien se conformer au droit commun de la procédure criminelle et se contenter d'une simple déclaration au

[1] *Sic*, Cass., 12 mai 1855, déjà cité; Agen, 13 février 1879 (S. 81, 2, 111); Faustin Hélie, t. VI, n° 3009.

greffe du tribunal de police, ou bien signifier aux parties intéressées (ministère public, parties civiles) qu'il est appelant du jugement intervenu contre lui[1], avec citation devant le tribunal d'appel.

B. En matière correctionnelle, les formes de l'appel sont réglées par les articles 203 et 204. Le premier de ces textes décide que l'appel est formé par une *déclaration* faite, dans le délai de dix jours, au *greffe du tribunal qui a rendu le jugement.* Le second ajoute qu'une *requête contenant les moyens d'appel* pourra être remise, dans le même délai, au même greffe. La première formalité est *substantielle :* elle ne pourrait être remplacée par aucune autre, même par une notification aux parties contre lesquelles on veut former appel. Elle est faite soit par l'appelant, soit par un mandataire muni de sa procuration spéciale, soit par un avoué[2]. La seconde formalité est *facultative.* Sous le Code de brumaire, le dépôt de la requête, contenant les moyens d'appel, devait avoir lieu, aux termes de l'article 195, « à peine de déchéance de l'appel ». Mais l'article 204 n'a pas reproduit cette sanction.

Ces formes générales de l'appel admettent deux exceptions, l'une et l'autre fort importantes; la première concerne l'appel formé par le procureur général; la seconde, celui qui est formé en matière de contributions indirectes.

a) L'article 205 dispose que « *le procureur général près la cour d'appel devra notifier son recours soit au prévenu, soit à la personne civilement responsable du délit* ». La *notification* remplace, pour le procureur général, qui n'exerce pas ses fonctions auprès du tribunal correctionnel, la *déclaration* au greffe de ce tribunal. L'article 205 ne détermine aucune forme particulière pour cette notification. De là, on a conclu « que l'appel du procureur général est régulier..., par cela seul qu'il est établi que l'intimé en a été instruit par le fait du ministère public, dans le délai que détermine l'article 205, et qu'ainsi il a été mis à même de produire et faire valoir ses moyens de défense[3] ». Aussi est-il admis, comme une règle constante en jurisprudence, que le procureur général a le droit d'appeler *incidemment* à l'audience, le prévenu étant présent, et les délais n'étant pas expirés, du jugement déjà frappé d'appel soit par le prévenu, soit par la partie civile[4]. En

[1] Comp. : Cass., 22 nov. 1867 (S. 68, 1, 240); Faustin Hélie, t. VI, n° 2741.

[2] Un avocat, qui n'a pas de pouvoir spécial et écrit, est sans qualité pour interjeter appel : Colmar, 2 février 1864 (S. 65, 2, 128); Nîmes, 7 juin 1866 (S. 67, 2, 150).

[3] Cass., 15 mai 1812 (*Journ. du Pal.*, t. X, p. 450).

[4] Comp. : Cass., 15 mai 1869 (S. 71, 1, 111); 24 avril 1872 (S. 72, 1, 278).

d'autres termes, une notification *verbale* peut remplacer une signification par exploit d'huissier. Cette jurisprudence me paraît très-contestable[1].

b) La deuxième exception, relative à la matière des contributions indirectes, est prévue par l'article 32 du décret du 1er germinal an XIII, qui veut que l'appel soit interjeté par un acte notifié et contenant assignation à trois jours[2].

615. IV. L'appel produit deux effets : l'un, qui est de son essence même, c'est d'être *dévolutif*, c'est-à-dire de porter la connaissance de l'affaire au tribunal supérieur; l'autre, qui est, en quelque sorte, une sanction du premier effet, c'est d'être *suspensif*, c'est-à-dire d'arrêter l'exécution de la sentence contre laquelle l'appel a été ou peut être formé.

616. *Effet suspensif.* — Ce n'est pas seulement l'*appel interjeté*, comme en matière civile, c'est le *délai même d'appel* qui est suspensif en matière pénale (C. inst. cr., art. 203 et 173) : qu'il y ait ou non appel formé, le jugement ne peut être exécuté pendant ce délai : il suffit, en un mot, que l'appel soit possible, pour que tout acte d'exécution soit interdit[3].

Cette première règle est commune aux matières correctionnelles et

[1] Mais il est admis généralement que la simple réquisition du ministère public, en appel, tendant à l'application d'une peine, ne peut équivaloir à un appel régulièrement interjeté. En un mot, il est nécessaire que le ministère public déclare *formellement*, en présence du prévenu, qu'il interjette appel : Cass., 27 nov. 1858 (S. 59, 1, 275); 26 juillet 1878 (*Bull.*, no 167); 2 août 1878 (S. 80, 1, 41).

[2] L'appel, émis par simple déclaration au greffe, n'aurait pas pour effet de saisir la juridiction, qui devrait d'office se déclarer incompétente : Dijon, 31 janvier 1877 (S. 77, 2, 165) et la note; Cass., 5 juillet 1878 (S. 78, 1, 387); Aix, 1er septembre 1879 (S. 80, 1, 136); Comp. : Duplessis, *op. cit.*, nos 296 et 298.

[3] La raison de cette différence entre la procédure pénale et la procédure civile est facile à comprendre. En matière civile, l'exécution ne peut causer qu'un préjudice pécuniaire qu'on réparera sans peine. En matière pénale, l'exécution causerait souvent un préjudice irréparable. Tel est l'unique motif de cette différence, indiqué par presque tous les criminalistes. Évidemment, il est insuffisant; car il n'explique pas pourquoi la loi défend le recouvrement des amendes pendant les délais de l'appel, et pourquoi, en outre, la partie civile ne peut, pas plus que la partie publique, exécuter le jugement. Je pense que le sursis d'appel repose sur un motif d'ordre public. Ou la partie, contre laquelle le jugement serait exécuté, même en ce qui touche les peines pécuniaires, pourrait penser que cette exécution clot contre elle les délais d'appel; ou bien, au moment de cette exécution, elle serait tentée, pour la retarder, de faire appel, dans tous les cas, sans réfléchir que ce recours peut être inconsidéré, et engager, plus encore, non-seulement ses biens, mais sa personne. La loi a prévu ces deux dangers : aussi arrête-t-elle tout acte d'exécution pendant les délais de l'appel.

de police[1]. Il en est de même d'une seconde. On sait que l'*exécution provisoire*, nonobstant appel, des décisions rendues en premier ressort, est une institution importante de la procédure civile. Quelquefois, cette exécution est de droit, c'est-à-dire établie par la loi, sans qu'il soit besoin de la prononcer; le plus souvent, elle est ordonnée par le juge, tantôt en vertu d'une disposition impérative de la loi, tantôt d'une manière purement facultative (C. pr. civ., art. 439, 135, 136, 137). Rien de pareil n'existe en matière répressive. On ne trouve qu'un cas d'exécution provisoire, dans l'article 188, § 1 du Code d'instruction criminelle. L'hypothèse, à laquelle se réfère cette disposition, est celle d'un condamné par défaut en police correctionnelle qui, sur opposition, n'a point comparu à l'audience. On sait que le jugement de débouté d'opposition, qui intervient alors, n'est plus attaquable que par l'appel. La loi a pensé, dès lors, que les retards apportés par cette opposition, ayant eu surtout pour but de gagner du temps, le tribunal devait être autorisé, pour déjouer le calcul du prévenu, à accorder à la partie civile, à titre de provision, des dommages-intérêts, qui seront immédiatement exigibles, nonobstant appel.

En matière correctionnelle, l'étendue du sursis d'appel est différente, suivant que le jugement prononce une condamnation ou un renvoi d'instance.

a) Dans le premier cas, le sursis s'applique tant à la partie civile qu'à la partie publique, mais le délai n'est pas le même dans les deux cas. Dans le cas de condamnations civiles, le sursis d'exécution ne saurait se prolonger, s'il n'y a pas appel, au delà des dix jours énoncés dans l'article 203. Ce délai expiré, il est certain, en effet, que le jugement a acquis, en ce qui touche ces dispositions, force de chose jugée. Il n'en est point ainsi en ce qui concerne l'exécution des dispositions pénales : le délai de dix jours, pendant lequel l'article 203 ordonne le sursis, doit nécessairement se prolonger pendant tout le temps donné au procureur général pour frapper d'appel la décision[2].

b) Dans le second cas, la question de sursis ne se pose pas lorsque

[1] L'article 203 s'exprime ainsi en ce qui concerne le délai d'appel en matière correctionnelle : « *Pendant ce délai, et pendant l'instance d'appel, il sera sursis à l'exécution du jugement* ». L'article 173 dit simplement qu'en matière de simple police « l'*appel sera suspensif* ». Mais c'est une règle générale de la procédure pénale que tout recours possible suspend, de droit, l'exécution du jugement.

[2] Dans la pratique des parquets, on ne tient pas compte, cependant, du délai exceptionnel donné au procureur général pour former appel; le jugement est susceptible d'exécution le 11e jour qui suit sa prononciation ou sa signification.

le prévenu acquitté a comparu libre à l'audience[1]. Mais lorsqu'il est en état de détention préalable, est-il nécessaire qu'on attende, pour le mettre en liberté après acquittement, l'expiration de tous les délais d'appel? D'après le Code de 1808, la mise en liberté du prévenu acquitté était suspendue pendant le délai de *dix jours* donné au procureur de la République pour interjeter appel, mais non pendant le délai de *deux mois* accordé au procureur général. Cette disposition, fort dure, fut adoucie par la loi de révision de 1832, qui substitua le délai de *trois jours* au délai de dix jours, comme l'effet le plus prolongé du sursis dans ce cas. La loi du 20 mai 1863, *sur l'instruction des flagrants délits*, ordonna, dans son article 6, que, dans l'hypothèse prévue par la loi, le prévenu acquitté serait immédiatement, et nonobstant appel, mis en liberté. Cette disposition a été généralisée par la loi du 14 juillet 1865, *sur la mise en liberté provisoire* (art. 206 nouveau). Ainsi, ni le délai d'appel, ni l'appel lui-même n'ont aujourd'hui pour effet de suspendre l'élargissement du prévenu. Celui-ci est présumé innocent, puisqu'il est acquitté, et il serait injuste qu'il pût appartenir au ministère public de prolonger sa détention.

617. *Effet dévolutif.* — L'appel est dévolutif, en ce sens qu'il remet en question, devant la juridiction supérieure, tous les points de fait et de droit qui ont été jugés en première instance. Mais cette juridiction supérieure n'étant saisie que par l'appel, sa compétence est circonscrite par les termes mêmes de cet acte. De là, ce principe, reconnu par un avis du Conseil d'État du 12 novembre 1806, que le tribunal correctionnel ou la cour, ne peut, pas plus qu'aucune autre juridiction, statuer *ultra petita* : l'acte, qui saisit la juridiction d'appel, et les conclusions prises devant elle limitent sa compétence.

L'application de cette règle est simple en *matière de police*. L'article 172 n'ouvrant la faculté d'appeler qu'au condamné, il est certain que l'appel interjeté par le prévenu n'autorise pas le ministère public ou la partie civile à former un appel incident; le tribunal correctionnel peut donc, sur appel, maintenir la condamnation, la diminuer ou l'écarter, mais il ne peut pas l'*aggraver*.

Il n'en est pas de même *en matière correctionnelle*. Ici, toutes les parties sont mises sur la même ligne, en ce sens que toutes peuvent

[1] Le tribunal n'a pas la faculté, si le prevenu n'est pas en état de détention préventive, de décerner un mandat de dépôt, de sorte que le délai de sursis peut être mis à profit par l'inculpé pour échapper aux recherches du parquet. Comp. : J. Brégeault, *La Loi*, n° du 29 juillet 1881.

former appel dans leur *intérêt*. Pour savoir quelle est la compétence de la chambre correctionnelle de la cour, il faut donc examiner par qui cette chambre a été saisie.

Si la cour est exclusivement saisie par l'appel du *prévenu*, elle ne peut modifier le jugement que dans *son intérêt*, jamais à *son préjudice*. La raison en est que les pouvoirs de la cour trouvent naturellement leur limite dans l'appel qui la saisit, et que l'appel du prévenu est nécessairement restreint, le prévenu ne pouvant avoir pour but, en formant appel, que d'obtenir l'exemption ou la diminution des condamnations prononcées contre lui. D'où nous pouvons tirer les conséquences suivantes : 1° La cour ne peut aggraver le sort du prévenu en se déclarant incompétente, par ce motif que le fait constituerait un crime[1] ; 2° Elle ne peut, sur l'appel du prévenu, augmenter l'amende, même en diminuant la peine d'emprisonnement[2] ; 3° Elle ne peut pas non plus, sur l'appel du prévenu, augmenter le chiffre des dommages-intérêts accordés à la partie civile[3] ; 4° Mais elle peut vérifier la qualification donnée aux faits par les premiers juges, et lui en substituer une nouvelle quand il n'en doit résulter aucune aggravation de peine[4].

Si l'appel a été formé par la *partie civile* seule, il est restreint, ainsi que le dit l'article 202, « *aux intérêts civils* » de celle-ci. Il n'en saurait donc résulter ni condamnation pénale contre le prévenu, s'il a été renvoyé de la poursuite en première instance, ni aggravation de peine, s'il a été condamné : la cour ne peut que confirmer le juge-

[1] Cass., 12 déc. 1868 (S. 69, 1, 392) ; 26 juillet 1873 (S. 73, 1, 430) ; 15 février 1875 (*Bull.*, n° 55) ; 7 juillet 1876 (*Bull.*, n° 160). Mais il en serait autrement si le prévenu, soit parce qu'il croit trouver plus de garanties devant une autre juridiction, soit par tout autre motif, avait formellement conclu à l'incompétence : Cass., 22 juillet 1839 (*Bull.*, n° 495). Comp. sur ce point : FAUSTIN HÉLIE, t. VI, n° 3036.

[2] Cass., 18 juin 1858 (D. 59, 1, 60) ; 15 mars 1878 (S. 79, 1, 93). Par contre, elle pourrait, en supprimant tout à fait la peine d'emprisonnement, élever le taux de l'amende, car la gravité respective des peines se mesure non sur leur durée ou leur quotité, mais sur le rang qu'elles occupent dans l'échelle pénale : Cass., 26 février 1869 (S. 69, 1, 481).

[3] Mais elle peut, sans contrevenir aux règles de l'effet restreint de l'appel du prévenu, maintenir le chiffre des dommages-intérêts prononcés en première instance, alors même qu'elle ne retient que l'un des délits visés par le jugement dont est appel : Cass., 20 juillet 1878 (S. 80, 1, 89) et la note très-intéressante de M. VILLEY, sous cet arrêt.

[4] Comp. : Cass., 18 déc. 1874 (S. 75, 1, 136) ; Paris, 30 août 1877 (S. 80, 2, 332) ; Bourges, 11 mars 1881 (S. 81, 1, 239). V. également, sur une hypothèse délicate : Cass., 4 août 1882 (S. 84, 1, 169).

ment dont est appel en ce qui touche les intérêts civils, ou l'infirmer dans un sens favorable à la partie civile[1].

Mais, en supposant l'appel formé par le *ministère public* seul, la cour a le pouvoir, malgré l'abstention du prévenu, de le renvoyer de la poursuite ou d'atténuer la peine portée contre lui par le jugement attaqué[2]. En effet, la société, au nom de laquelle l'appel est interjeté dans ce cas, ne peut avoir qu'un but : faire rendre au prévenu bonne justice. L'appel du ministère public doit donc sauvegarder tous les intérêts engagés dans la poursuite, à l'exception toutefois de ceux de la partie civile.

En examinant les effets de chaque appel isolément, j'ai, par cela même, déterminé les effets des appels interjetés simultanément par plusieurs parties.

618. Pour résoudre la question de savoir comment la juridiction supérieure doit statuer sur la cause que lui défère l'appel, il faut distinguer trois hypothèses.

a) Les premiers juges ont statué, *sur le fond de l'affaire*, dans les limites de leur *compétence*, par un jugement et après une procédure *valables en la forme :* dans ce cas, le tribunal d'appel ne doit plus s'occuper que du *bien jugé*, pour prononcer la confirmation ou l'annulation du jugement attaqué. C'est l'hypothèse la plus ordinaire, en même temps que la plus simple.

b) Les premiers juges ont statué, *sur le fond de l'affaire*, mais par un jugement qui est *irrégulier :* le tribunal d'appel est-il saisi, tout à la fois, de la question de *forme* et de la question de *fond?* L'irrégularité peut naître, soit de l'incompétence des premiers juges, soit de l'omission ou de la violation des formes prescrites par la loi; les pouvoirs du tribunal d'appel ne sont pas les mêmes dans les deux cas : 1° Le *tribunal correctionnel*, qui annule pour *incompétence* un jugement du *tribunal de simple police*, ne peut pas connaître du fond;

[1] Comp. l'arrêt de Cass. du 2 août 1878, cité à la note précédente. Ajout. : Cass., 18 déc. 1874 (S. 75, 1, 136); Faustin Hélie, t. VI, n° 3039.

[2] Le principe, exprimé au texte, est incontesté. Comp.: Faustin Hélie, t. VI, n° 3043, et les monuments de jurisprudence qu'il cite. Cependant, certains auteurs (par exemple, Le Sellyer, *Actions publique et privée*, t. I, n° 129) ont prétendu que lorsque le ministère public avait formé appel *a minima*, comme il n'avait saisi la cour que dans le but d'obtenir une aggravation de peine, celle-ci ne pouvait pas acquitter le prévenu. Mais cette opinion, qui ne se soutient pas, en présence du motif rationnel qui donne à l'appel du ministère public un effet absolu, paraît définitivement condamné par la jurisprudence : Cass., 10 mai 1843 (S. 43, 1, 668); 27 déc. 1879 (S. 81, 1, 487).

il n'a pas, en effet, de compétence plus étendue que celle du tribunal de police dont la sentence lui est déférée; et sa juridiction est renfermée dans les mêmes limites (art. 174)[1]. La même règle est, en principe, applicable à la *cour*, saisie d'un appel formé contre un jugement du *tribunal correctionnel*. Si ce tribunal est reconnu incompétent, *ratione loci* ou *ratione personæ*, la cour infirme son jugement et renvoie les parties à se pourvoir devant qui de droit. S'il est reconnu incompétent parce que le fait constitue un *crime*, la cour décerne, s'il y a lieu, un mandat de dépôt ou d'arrêt, et renvoie le prévenu devant le fonctionnaire compétent, autre, toutefois, que celui qui aura rendu le jugement ou fait l'instruction (art. 214). Mais, si le fait ne constitue qu'une *contravention*, et que la partie publique et la partie civile n'aient pas demandé le renvoi (le prévenu n'a pas le même droit), la cour applique la peine et statue sur le fond, ainsi que pouvait le faire le tribunal correctionnel (art. 293 et 192). 2° Si l'irrégularité de la décision des premiers juges consiste dans l'*omission ou la violation des formes prescrites par la loi*, le tribunal d'appel doit-il, en annulant ce qui a été fait ainsi, renvoyer à statuer sur le fond devant un tribunal du même degré que celui qui a rendu le premier jugement, ou bien peut-il statuer lui-même sur le fond? Par un motif de simplification, le Code d'instruction criminelle décide, en matière correctionnelle au moins, dans l'article 215, que « si le jugement est annulé pour violation ou omission non réparée de formes prescrites par la loi à peine de nullité, la *cour statuera sur le fond*[2] ». Ainsi, pour prendre un exemple : en supposant qu'un jugement de tribunal correctionnel frappé d'appel soit annulé, parce que les témoins entendus en première instance n'ont pas prêté serment, la cour, en annulant le jugement, ne peut pas renvoyer l'affaire devant un tribunal correctionnel : elle *doit*, au contraire, statuer elle-même sur le procès.

c) Les premiers juges n'ont statué que sur un *incident*, *sans se prononcer sur le fond de l'affaire :* par exemple, ils ont déclaré surseoir à juger jusqu'après l'examen d'une question préjudicielle : un appel a été formé contre ce jugement interlocutoire : que peut on

[1] *Sic*, Cass., 21 août 1863 (S. 64, 1, 104).

[2] Je dis la « cour d'appel », car le tribunal correctionnel ne peut jamais être saisi d'un appel formé contre un jugement de simple police se prononçant seulement sur un incident. La première condition, en effet, pour que l'appel soit recevable en matière de police, c'est que le jugement porte *condamnation*.

doit faire le tribunal d'appel, s'il annule, pour mal jugé, la décision des premiers juges sur l'incident? Bien que cette hypothèse ne rentre pas absolument dans les prévisions de l'article 215, la jurisprudence décide que la cour d'appel[1], au lieu de renvoyer au juge du premier ressort la connaissance du fond, qui n'a pas encore été jugé, doit *évoquer*, c'est-à-dire appeler à elle l'affaire, en privant les parties du premier degré de juridiction. L'évocation, par cela seul qu'elle supprime une garantie judiciaire, a des périls sérieux pour la justice; et je crois que la jurisprudence a exagéré, dans un intérêt de simplification, pour éviter les renvois et diminuer les délais et les frais des instances correctionnelles, la portée de l'article 215.

L'évocation, dans tous les cas où elle a lieu, n'est point une mesure *facultative* : l'article 215 C. inst. cr., bien différent, à ce point de vue, de l'article 473 C. pr. civ., l'impose en termes absolument formels; c'est donc une mesure *obligatoire* pour le tribunal d'appel, qui encourrait la censure de la cour suprême, s'il ne retenait pas l'affaire dont il a été incidemment saisi[2].

619. V. En ce qui concerne l'instruction sur l'appel, il faut distinguer les matières de police, des matières correctionnelles.

A. Les appels contre les jugements de simple police seront suivis devant le tribunal correctionnel et jugés, dit l'article 174, « dans la même forme que les appels des sentences des justices de paix », c'est-à-dire sommairement, avec les différences qui existent entre la procédure civile et la procédure pénale (C. inst. cr., art. 175 et 176).

B. En matière correctionnelle, il faut examiner successivement : 1° quelles sont les formalités à remplir pour mettre l'affaire en état devant la cour; 2° quelles sont les règles de la procédure à l'audience.

a) Aussitôt que la déclaration d'appel est faite au greffe, quel que soit l'appelant, c'est au procureur de la République qu'il appartient de mettre le dossier en état, et de l'envoyer au greffe de la cour. C'est à la requête du ministère public près la cour, que sont citées, à trois jours, outre le délai des distances, toutes les parties, soit appelantes, soit intimées (art. 207). Aux termes de l'article 209, l'appel « sera jugé à l'audience, *dans le mois* » de la déclaration au greffe : mais ce

[1] Comp., pour la critique de cette jurisprudence, d'ailleurs constante : Faustin Hélie, t. IV, n°s 3048 et suiv.; Cass., 7 juin 1878 (S. 80, 1, 285).

[2] Comp. : Cass., 7 juin 1878, déjà cité; 1er juin 1861 (S. 61, 1, 309); Lyon, 10 août 1881 (S. 82, 2, 125).

délai est purement *réglementaire* et n'est pas prescrit à peine de déchéance[1].

b) L'instruction se fait à l'audience et publiquement, à peine de nullité (C. inst. cr., art. 209 et 211; L. 20 avril 1810, art. 7). Les formalités de cette instruction se groupent autour de quatre points : 1° La première consiste dans le *rapport* que fait, à l'audience, sur l'affaire, un des conseillers commis à cet effet par le président, ou le président lui-même (C. inst. cr., art. 209). Ce rapport, qui n'est point exigé pour le jugement des appels de simple police, est une forme particulière et substantielle de l'instruction des appels correctionnels, dont l'accomplissement doit être constaté à peine de nullité[2]; 2° La seconde est l'*interrogatoire du prévenu*, qui n'est pas obligatoire, mais facultatif[3]; 3° La troisième est la *déposition des témoins*. Mais il résulte des textes combinés des articles 201 et 190 que l'audition des témoins en *personne* est purement facultative et que le juge d'appel est souverain pour refuser d'entendre des témoins dont l'audition est réclamée, soit qu'ils aient été entendus en première instance, soit qu'ils ne l'aient pas encore été. La jurisprudence a, par de nombreux arrêts, consacré

[1] Déjà, sous le Code de brumaire an IV, l'appel devait, comme aujourd'hui, être jugé dans le mois; mais l'observation de cette formalité n'était pas exigée à peine de nullité. Le texte, en effet, paraissait formel, car l'article 199 de ce Code disait : « L'appel est jugé à l'audience, sur un rapport fait par l'un des juges, *à peine de nullité*. Ce rapport se fait dans le mois de la notification de l'appel ». La première phrase du texte prononçant la nullité, tandis que la seconde était muette sur la sanction de la disposition qu'elle renfermait, cette opposition démontrait que le législateur n'avait pas entendu prescrire, à peine de nullité, que l'appel fût jugé dans le mois. Or, l'article 209 répète, à peu près dans les mêmes termes, la disposition de l'article 199 du Code de brumaire : la formalité qu'il prescrit est donc aujourd'hui purement réglementaire, comme elle l'était sous l'empire de ce Code. En ce sens: Chambéry, 29 novembre 1879 (S. 80, 2, 83) et la note.

[2] Jurisprudence constante : Cass., 2 septembre 1880 (S. 82, 1, 487).

[3] Devant le tribunal de police correctionnelle, cet interrogatoire est prescrit par l'article 190; mais on admet généralement qu'étant une mesure d'instruction, la loi ne l'impose pas à peine de nullité : cela ressort du texte de l'article 190, qui se compose de deux paragraphes : dans le premier, la loi prescrit une formalité, celle de la publicité, à peine de nullité; dans le second, la loi parle de différentes mesures d'instruction, parmi lesquelles figure l'interrogatoire du prévenu, sans indiquer aucune sanction, en cas d'inobservation. De cette opposition, nous devons conclure que ces formalités ne sont par irritantes. A plus forte raison, cette conclusion est-elle fondée en appel : l'article 210 renvoie aux prescriptions de l'article 190, pour l'ordre et la forme suivant lesquels le ministère public, la partie civile et le prévenu doivent être entendus, mais sans parler de l'interrogatoire. Aussi, l'interrogatoire du prévenu, quoique usité, n'est que facultatif en appel. En sens contraire, cependant : Cass., 21 janvier 1879 (S. 80, 1, 43).

cette solution, que rend nécessaire l'éloignement, souvent considérable, de la cour d'appel du lieu de la résidence des témoins[1]. En appel, le jugement a donc lieu, en quelque sorte, *sur pièces*, c'est-à-dire sur les *notes sommaires*, tenues par le greffier, de la déclaration des témoins devant les premiers juges; 4° L'audition du ministère public et des parties a lieu dans l'ordre indiqué par l'article 190, auquel renvoie l'article 210. Ordinairement, l'intimé parle le premier, et le procureur général conclut.

Les règles, relatives à la rédaction et aux formes des jugements des tribunaux correctionnels, s'appliquent aux arrêts de la cour d'appel[2].

Ces arrêts, comme les jugements du tribunal correctionnel, peuvent être rendus par défaut. La voie de l'opposition est ouverte pour les faire rétracter; et l'article 208 C. inst. cr. renvoie simplement, en ce qui concerne la forme et les délais de cette opposition, aux règles déjà expliquées.

CHAPITRE II.

DES VOIES DE RECOURS EXTRAORDINAIRES.

I. NOTIONS GÉNÉRALES.

620. Il existe, dans la procédure civile, deux sortes de voies de recours extraordinaires : celles qui s'attaquent au *jugement* et celles qui s'attaquent au *juge*. Les voies de recours, qui ont le premier caractère, sont : la *tierce opposition*, la *requête civile*, le *pourvoi en cassation*. Les voies de recours, qui ont le second, sont : la *récusation*

[1] En ce sens : Cass., 27 avril 1866 (S. 67, 1, 138) et la note; 7 février 1879 (S. 79, 1, 142); 29 mars 1878 (S. 79, 1, 188). Sur les inconvénients de ce système d'instruction : Pascaud, *L'appel des jugements correctionnels et la loi du 13 juin 1856* (*Rev. crit.*, 1876, p. 407). Du reste, il a été jugé que, au cas où le jugement correctionnel frappé d'appel, ayant été rendu par défaut, il n'y a pas eu d'instruction en première instance, les juges d'appel ne peuvent se dispenser d'admettre le plaignant à prouver par témoins les faits constitutifs du délit imputé au prévenu : Cass., 24 juillet 1863 (S. 63, 1, 542).

[2] De même que la sentence des premiers juges, les arrêts de la cour doivent être motivés; mais il est admis, par la jurisprudence, que l'arrêt est suffisamment motivé lorsqu'il déclare adopter les motifs qui ont déterminé les premiers juges. Cette adoption pure et simple des motifs est très-fréquente en pratique. M. Faustin Hélie juge très-sévèrement ce procédé (t. VI, n° 3064).

et la *prise à partie*. En quoi consistent-elles? Sont-elles admises dans la procédure répressive? Ces deux questions préliminaires doivent être tout d'abord examinées.

621. I. La *tierce opposition* est l'action intentée par une personne non partie au jugement, afin d'en faire tomber les effets en tant qu'ils lui sont préjudiciables. La procédure criminelle ne connaît pas cette voie de recours. Elle donne, sans doute, aux personnes lésées par le délit ou civilement responsables du délit, le droit d'*intervenir* dans les instances liées devant les tribunaux de répression. Mais il ne faut pas conclure de là que les tiers intéressés, qui auraient pu intervenir et qui ne l'ont pas fait, soient recevables ensuite à former tierce opposition contre le jugement. Les tiers ne puisent leur droit d'intervention que dans l'existence d'une poursuite à laquelle ils ont intérêt et à laquelle ils apportent, en se présentant, de nouveaux éléments de preuve; mais ce droit cesse dès que le jugement est rendu, car ils ne pourraient exercer alors qu'une *action civile,* que les tribunaux de répression sont sans qualité pour juger, dès qu'elle est séparée de l'action publique[1].

La voie de la *requête civile* et celle du *recours en cassation* ne concernent plus les tiers, mais sont ouvertes, comme la voie de l'opposition et celle de l'appel, à ceux qui ont été parties dans l'instance. La requête civile tend à faire rétracter un jugement en dernier ressort par les juges mêmes qui l'ont rendu. Une voie de recours, qui offre une grande analogie avec la requête civile, existe dans la procédure répressive, c'est le *pourvoi en révision.* Mais il diffère de la requête civile à deux points de vue principaux : il est porté, non devant les juges qui ont rendu la sentence attaquée, mais devant la Cour de cassation; de plus, il n'est pas ouvert contre toutes les sentences, mais seulement contre celles qui *condamnent* un accusé ou un prévenu. Quant au recours en cassation, il existe, dans la procédure répressive comme dans la procédure civile, et s'exerce dans des conditions analogues.

II. On peut employer également, dans l'une et dans l'autre, la *récusation* et la *prise à partie :* mais ce ne sont pas là des voies de recours proprement dites, car elles s'attaquent au *juge* et non au *jugement*[2] : l'une est une mesure préventive, l'autre, une mesure répres-

[1] Comp. : Cass., 19 fév. 1835 (*Bull.*, n° 60) ; Faustin Hélie, t. V, nos 2647 et suiv.

[2] En ce qui concerne l'effet de la prise à partie sur les décisions judiciaires : A. Desjardins, *Rev. crit.*, 1877, p. 615.

sive, employées, dans des cas très-rares, soit contre un ou plusieurs magistrats individuellement, soit contre un tribunal entier.

A. La *prise à partie*[1] est une voie de recours absolument civile qui tend à obtenir la réparation du dommage qu'un magistrat[2] a occasionné, par sa faute, dans l'exercice de ses fonctions. La prise à partie, qui a le caractère d'une action en dommages-intérêts soumise à des conditions spéciales, est organisée et réglementée par le Code de procédure civile (art. 505 à 516); mais il est certain qu'elle est ouverte en justice pénale comme en justice civile. En effet, le Code d'instruction criminelle la donne, dans diverses dispositions, contre les juges d'instruction, contre les juges en général, et même contre les autorités constituées pour dénonciation injuste, après un acquittement en cour d'assises (art. 77, 78, 112, 164, 271, 358, 370).

B. La récusation peut s'adresser, soit à un ou plusieurs juges individuellement, c'est la *récusation* proprement dite; soit à une juridiction entière, c'est la *demande en renvoi d'un tribunal à un autre*[3].

a) Pour savoir : 1° qui peut être récusé et quels sont les motifs de récusation; 2° comment la récusation est poursuivie et jugée, il faut recourir aux articles 378 et suivants du Code de procédure civile[4]. En matière pénale, la récusation peut être dirigée contre les juges de police correctionnelle ou les conseillers d'appel, mais elle ne peut l'être contre les membres du ministère public. A l'égard du juge de police et du juge d'instruction, qui constituent à eux seuls des juridictions, il ne peut y avoir lieu qu'à demande en renvoi, non à récusation.

b) La demande en renvoi d'un tribunal à un autre est une sorte de récusation collective, dont le résultat, quand la requête est accueillie par la Cour de cassation, qui est seule compétente pour en connaître, est d'opérer une certaine interversion de la compétence *ratione loci*. La procédure en est réglée par le Code d'instruction criminelle, dans les articles 542 à 552. Les demandes en renvoi sont fondées sur l'une

[1] Comp. : Lespinasse, *De la prise à partie* (*Rev. crit.*, 1880, p. 588).

[2] Les règles de la prise à partie ne s'appliquent pas seulement aux juges proprement dits; elles s'étendent à tous ceux qui, par les fonctions dont ils sont investis, appartiennent à l'ordre judiciaire. Comp. : Cass., 4 mai 1880 (S. 81, 1, 79).

[3] Comp. : Bouniceau-Gesmon, *Du renvoi pour cause de suspicion légitime et de la récusation* (*Rev. crit.*, 1876, p. 497); Garsonnet, *op. cit.*, t. II, § CCXCIX.

[4] Il est généralement admis que les règles du Code de procédure sur la récusation et sur l'abstention des juges sont applicables en matière criminelle ou correctionnelle : Cass., 1er mai et 25 juillet 1879 (S. 80, 1, 236); Nîmes, 8 janv. 1880 (S. 80, 2, 77).

ou l'autre de ces deux causes : la *sûreté publique*, ou la *suspicion légitime*. Le motif tiré de la sûreté publique ne peut être apprécié que par le gouvernement : aussi, les demandes en renvoi fondées sur la sûreté publique sont formées par le procureur général à la Cour de cassation et celui-ci, en fait, n'agit que sur l'ordre formel du garde-des-sceaux (art. 542). Au contraire, les demandes, fondées sur la suspicion légitime, peuvent être intentées par les parties engagées dans l'instance, c'est-à-dire par le ministère public, le prévenu ou l'accusé, et les parties civiles (C. inst. cr., art. 542 à 544).

622. III. Le *pourvoi en révision* et le *pourvoi en cassation*, sont donc les deux seules voies de recours extraordinaires admises en matière répressive : l'une et l'autre sont portées devant la Cour de cassation.

L'Assemblée constituante, voulant établir l'unité politique du pays, et, pour arriver à ce but, l'unité de législation, chercha à réaliser l'unité de jurisprudence qui la complète et qui l'assure. Pour cela, elle institua un tribunal unique, chargé de ramener perpétuellement à l'exécution de la loi, les diverses parties de l'ordre judiciaire qui tendraient à s'en écarter, et de veiller à la conservation des lois et à leur application uniforme sur tout le territoire français. Après avoir décrété, le 24 mai 1790, que les « *jugements en dernier ressort* pourraient être attaqués par la voie de cassation », elle organisa, sous le nom de tribunal de cassation, une juridiction, qui devait être *unique*, pour pouvoir adopter et imposer une seule jurisprudence, et *sédentaire*, pour que le cours de la justice n'y fût jamais interrompu (D. 12-21 août 1790). En déclarant qu'en aucun cas et sous aucun prétexte, ce tribunal ne pourrait connaître du fond des affaires, elle posa la loi fondamentale du pourvoi en cassation (D. 27 nov.-1er déc. 1790, t. I, art. 3).

Lors de sa création, le Tribunal de cassation fut divisé en deux sections; l'une statuait, sous le nom de *bureau des requêtes*, sur l'admission des pourvois en matière civile et criminelle; l'autre, en toute matière aussi, sur les moyens produits à l'appui des requêtes admises. Mais, bientôt, la pratique même des affaires créa d'autres divisions; d'abord, la section de cassation se sépara en deux parties, dont l'une ne s'occupa plus que des affaires civiles, l'autre que des affaires criminelles; puis, la section des requêtes cessa de prononcer sur l'admissibilité des pourvois en matière criminelle. Le décret du 29 septembre 1793, éclairé par cette pratique, vint décider que « *la division en trois sections, adoptée par le Tribunal de cassation, serait maintenue provisoirement* ». La loi du 2 brumaire an IV admit cette division comme définitive, et ajouta : « La troisième section prononcera exclusivement sur les demandes en cassation en matière criminelle, correctionnelle et de police, *sans qu'il soit besoin d'un jugement préalable d'admission* ». Cette dernière disposition a été reproduite par l'article 456 du Code de 1808. Ainsi, — et c'est une observation essentielle, — l'organisation de la Cour de cassation n'est pas la même en matière criminelle et en matière civile. Les pourvois contre les jugements rendus en dernier ressort par les cours d'assises ou par toute autre juridiction pénale sont portés *directement* devant la section criminelle. La marche n'est plus aussi simple, quand il s'agit du pourvoi formé contre une décision rendue par un tribunal civil : l'affaire doit suivre alors une double filière. Il faut d'abord que le pourvoi soit admis par une première section, nommée *chambre des requêtes ;* ce n'est qu'autant qu'il est sorti victorieux de cette épreuve, qu'il est porté, devant une autre section, nommée *chambre civile,* où il est statué définitivement et contradictoirement sur l'affaire.

Le roulement des magistrats entre les diverses chambres, quoique prescrit par la loi du 27 ventôse an VIII (art. 66), n'est plus en usage à la Cour de cassation : il serait, en effet, contradictoire de poursuivre la fixité de la jurisprudence et de confier le soin de l'établir à un personnel mobile et incessamment renouvelé.

La chambre criminelle, comme les autres chambres, se compose de *seize* membres, le président compris; il faut *onze* membres au moins pour rendre un arrêt en matière criminelle comme en matière civile. En cas de partage, on adjoint, aux conseillers qui ont connu de l'affaire, cinq membres pris dans la même section, ou, subsidiairement, dans les autres, suivant l'ordre du tableau (L. 27 ventôse an VIII, art. 60 ; O. 15 janv. 1826, art. 3).

Près la Cour de cassation, un procureur général et six avocats généraux, sous sa direction, remplissent les fonctions du ministère public (L. 27 ventôse en VIII, art. 67; O. 15 janvier 1826, art. 43 à 50; O. 18-24 juillet 1846, art. 1er). Mais, à la différence du chef du parquet près les juridictions pénales, le procureur général près la Cour de cassation n'a pas, sauf dans des cas exceptionnels, l'exercice de l'action pour la répression des crimes, des délits et des contraventions. Il prend simplement, comme *partie jointe*, soit par lui-même, soit par ses avocats généraux, des conclusions dans toutes les affaires criminelles, correctionnelles et de police qui sont portées devant la Cour.

II. DU POURVOI EN CASSATION.

623. Le pourvoi en cassation a pour objet de faire décider si le jugement ou l'arrêt attaqué est conforme à la loi. La Cour n'a pas à se préoccuper des rapports du jugement ou de l'arrêt attaqué avec les faits du procès, mais seulement de ses rapports avec le droit. On distingue, du reste, trois sortes de pourvois en cassation : ceux qui sont formés par les parties engagées dans le procès et dans leur *intérêt;* ceux qui sont formés dans *l'intérêt de la loi* violée; enfin, ceux qui sont formés par le procureur général près la Cour de cassation, d'ordre du garde-des-sceaux, et qui tendent à l'*annulation* de tous actes judiciaires faits en contravention à la loi. Les deux premiers pourvois ne peuvent être formés que contre les jugements ou arrêts en dernier ressort; les derniers, contre tous actes judiciaires.

624. Conditions du pourvoi en cassation. — Le pourvoi en cassation est une voie de recours extraordinaire : il faut, avec les articles 407 et 416, en tirer cette conséquence que certaines *décisions* seulement peuvent être attaquées par certaines *personnes* et pour certains *motifs*.

A. Une décision judiciaire n'est susceptible d'un pourvoi en matière criminelle que lorsque les conditions suivantes se rencontrent : 1° il faut qu'elle ait le caractère d'un *jugement* ou d'un *arrêt*, c'est-à-dire qu'elle soit intervenue, sur un intérêt litigieux et pour trancher une contestation. Les actes judiciaires, qui n'ont pas ce caractère, ne peuvent être frappés d'un pourvoi que par le procureur général près la Cour de cassation, d'ordre du garde-des-sceaux (C. inst. cr., art. 441); 2° Il faut que le jugement ou l'arrêt attaqué ait été rendu en matière *criminelle*, *correctionnelle* ou *de police* (art. 407), car, s'il en était autrement, le pourvoi formé contre la décision, à supposer qu'il fût possible, devrait être porté devant la *chambre des requêtes* et non, *de plano*, devant la chambre criminelle; 3° Il faut que la décision attaquée soit *en dernier ressort* (art. 407). En effet, le recours en cassation n'étant pas un moyen de faire juger de nouveau l'affaire, mais un moyen d'obtenir l'annulation des jugements qui violent la loi, ce recours n'est recevable que contre les décisions qui ne peuvent plus être attaquées devant aucune des juridictions ordinaires[1]; 4° Il faut que le jugement ou l'arrêt soit *définitif* (art. 416). On oppose le jugement définitif au jugement d'avant faire droit. Il y a des jugements d'avant faire droit qui sont en dernier ressort; comme les jugements définitifs, ils peuvent contenir une fausse application de la loi. Pour savoir s'ils sont susceptibles ou non de pourvoi, il faut distinguer, entre les arrêts ou jugements simplement *préparatoires*, qui sont rendus pour l'instruction et tendent à mettre le procès en état de recevoir une solution définitive, et les jugements *interlocutoires*, par lesquels le tribunal ordonne une preuve, une vérification ou une instruction qui préjuge le fond. En ce qui concerne les premiers, le recours en cassation n'est ouvert qu'après l'arrêt ou jugement définitif et à la condition qu'on attaquera, en même temps, cet arrêt ou jugement : un pourvoi direct serait dilatoire, puisque le jugement ou l'arrêt simplement préparatoire ne fait pas grief aux parties. Pour les seconds, le pourvoi est immédiatement ouvert, s'ils sont, du reste, en dernier ressort.

B. La première condition, pour qu'une *personne* puisse se pourvoir en cassation, c'est qu'elle ait été *partie*, ou tout au moins représentée dans l'instance à la suite de laquelle a été rendue la décision en dernier ressort qui fait l'objet du pourvoi. On doit considérer comme parties, non-seulement le prévenu ou l'accusé, le ministère public, près la juridiction dont la décision est attaquée, la victime de l'infraction ou la personne qui en est civilement responsable, mais toute personne contre laquelle une *décision* est intervenue à l'occasion de l'instance principale. La seconde condition pour se pourvoir, c'est que le demandeur ait un *intérêt* quelconque à la cassation de la décision qu'il attaque. L'intérêt est, en effet, tout à la fois le fondement et la mesure de son action.

C. La Cour de cassation n'est pas un troisième degré de juridiction, un tribunal supérieur, investi du droit d'examiner les procès déjà jugés. La nature de son institution limite sa compétence à un double point de vue : 1° Elle ne connait pas des *faits de la cause*, elle les tient pour constants, tels que les juges du fond les ont rapportés; 2° Elle ne connait pas du fond des affaires, et, quand elle a cassé

[1] D'où trois conséquences : 1° si la décision est en premier ressort, le pourvoi en cassation n'est pas recevable pendant les délais d'appel (art. 407); 2° il ne l'est pas non plus, après l'expiration des délais d'appel, la décision, quoique inattaquable désormais, n'étant pas en dernier ressort (Cass., 23 sept. 1869, D. 71, 1, 356); 3° mais il peut être formé après l'expiration du délai d'opposition, contre une décision par défaut, d'ailleurs en dernier ressort. Comp. : Cass., 26 février 1882 (S. 83, 1, 95).

la décision qui lui est déférée, elle *renvoie le procès*, pour y être jugé, devant une juridiction ordinaire. Tous les cas d'ouverture à cassation peuvent se ramener à un type unique : *la violation de la loi*. Mais cette violation revêt bien des formes. Les articles 408, 410 et 411 en indiquent cinq, qui, bien que les plus fréquentes, ne sont certainement pas les seules. Si l'on veut, en effet, résumer, en une formule assez large pour les comprendre tous, les divers moyens invoqués à l'appui d'un pourvoi, on dira que la Cour de cassation doit examiner la décision qui lui est déférée à trois points de vue : le juge était-il compétent? a-t-il bien procédé? a-t-il bien appliqué ou bien interprété la loi? *an judex, an rite, an recte judicaverit?*

a) *Le juge était-il compétent? A-t-il commis un excès de pouvoir?* Il y a *incompétence*, lorsqu'un tribunal a connu d'une affaire, que la loi réserve à un autre tribunal. Il y a *excès de pouvoir*, lorsqu'il s'est arrogé des droits qui n'appartiennent à aucune juridiction.

b) *Les formes de procédure ont-elles été observées?* L'article 408 ne paraît ouvrir la voie du recours en cassation que si la forme qui a été violée ou qui a été omise est prescrite par la loi à peine de nullité; mais j'ai déjà dit qu'une jurisprudence très-ancienne avait divisé les formes de procédure, en formes *substantielles*, qui comprennent les règles relatives à la composition de la juridiction (L. 20 avril 1810, art. 7), nécessaires à l'instruction, au droit d'accusation et de défense, et en formes qui, bien qu'utiles, ne sont que *secondaires*, et dont l'inobservation ne compromet aucun intérêt essentiel; elle a attaché, *dans tous les cas*, comme sanction à l'omission des premières, l'annulation des procédures; elle s'est bornée à déclarer, dans ses arrêts, l'utilité des secondes, n'attachant de nullité à leur omission ou à leur violation, que si elle était expressément prononcée par la loi. Cette distinction est rationnelle; mais son application a rencontré de grandes difficultés; comment déterminer, en effet, la limite précise entre les formes principales et les formes secondaires? Deux tendances contraires se sont trouvées en opposition : d'un côté, on a été tenté, en se préoccupant des intérêts de la justice et des droits de la défense, de multiplier les causes de nullité; d'un autre côté, on a pu craindre de ralentir la marche de la répression, en la menaçant de trop de causes de déchéances. C'est ce dernier danger qui paraît avoir le plus préoccupé la jurisprudence de la Cour de cassation.

c) *La loi a-t-elle été violée, faussement appliquée ou interprétée?*

Pour vérifier si cette ouverture à cassation existe réellement, la Cour, sans apprécier l'affaire au fond, prend la déclaration de culpabilité faite par la juridiction, et la rapproche des termes de la loi pénale. Si la peine a été exactement appliquée aux faits reconnus constants, elle rejette le pourvoi; mais si, au contraire, ce n'est pas la peine édictée pour l'infraction qui a été appliquée au coupable de cette infraction, alors, en vertu de l'article 410, elle prononce l'annulation de la partie de la sentence relative à la peine. Toutefois, lorsque la peine prononcée est la même, non-seulement par sa nature, mais par sa quotité, que celle portée par le texte de la loi applicable, nul ne peut demander l'annulation de l'arrêt, sous prétexte qu'il y aurait erreur dans la citation du texte de la loi (art. 411 et 414). A plus forte raison, le condamné est sans intérêt à se plaindre de la fausse application de la loi pénale, quand l'erreur du juge a eu pour effet de le frapper d'une peine plus douce que celle édictée par la loi.

A côté des moyens de cassation, il nous faut dire un mot des fins de non-recevoir qui peuvent les faire repousser. Elles résultent de diverses causes :

1° Soit de ce que les nullités, invoquées pour fonder le pourvoi, ont été commises dans la procédure écrite et sont couvertes : il est de règle, en effet, que les nullités de l'instruction écrite ne peuvent vicier la condamnation fondée sur le débat oral, si ce n'est dans le cas où elles auraient servi de base au jugement, par exemple, la nullité d'un procès-verbal sur lequel se fonde la condamnation[1];

2° Soit de ce que les nullités n'ont pas été relevées par les juges du fond et ne peuvent plus l'être : il est de principe, en effet, que les nullités commises dans l'instruction de première instance, en matière de police simple et correctionnelle, et non proposées en appel, ne peuvent être invoquées comme moyens de cassation (L. 29 avril 1806, art. 2). Le motif de cette fin de non-recevoir, c'est que les imperfections commises en première instance ayant pu être réformées en appel, et ne l'ayant pas été, il n'y a pas lieu de venir au secours des parties qui se sont montrées négligentes[2];

3° Soit de ce que les nullités n'ont pas été constatées et ne peuvent être prouvées devant la Cour de cassation; car ce n'est pas le procès lui-même que la Cour de cassation examine, c'est le *jugement* du pro-

[1] Comp. : Faustin Hélie, t. VIII, n° 3994; Cass., 11 nov. 1875 (*Bull.*, n° 316).

[2] Comp. : Faustin Hélie, t. VIII, n° 3995; Cass., 29 mars 1878 (S. 79, 1, 91); 9 mai 1878 (S. 79, 1, 188).

cès : par conséquent, la cause ne peut être appréciée que dans les termes où elle a été jugée; on ne peut y joindre des questions qui n'ont pas été posées aux juges du fond. C'est par ce motif que la Cour de cassation doit écarter, comme non recevable, lorsqu'il est présenté pour la première fois devant elle, le moyen tiré de l'âge du prévenu;

4° Soit de ce que les nullités n'affectent que les motifs ou l'exécution, et non le dispositif des jugements et arrêts; il est évident, en effet, d'une part, que le dispositif constitue seul le jugement ou l'arrêt[1], et, d'autre part, que l'irrégularité de l'exécution n'empêche pas la régularité de la décision;

5° Soit, enfin, de ce que les moyens proposés attaquent l'appréciation même des faits, qui appartient souverainement aux cours ou tribunaux.

625. Procédure du pourvoi en cassation. — La procédure du pourvoi en cassation comprend l'examen de cette double question : 1° Comment le pourvoi est introduit; 2° Comment il est jugé.

626. I. Le *délai ordinaire* pour se pourvoir est de *trois jours francs,* à partir de la prononciation du jugement en dernier ressort ou de l'arrêt; telle est la règle de l'article 373, placée, il est vrai, au titre des affaires soumises au jury, mais qui, en l'absence d'aucun texte qui fixe d'autre délai, est considérée, avec raison, par la doctrine et la jurisprudence, comme générale et s'appliquant au pourvoi formé contre tous *jugements* ou *arrêts* et par *toutes personnes*[2]. La loi, qui fait courir le délai du pourvoi à partir de la *prononciation* de la décision attaquée, suppose naturellement cette prononciation faite en présence des parties : « trois jours francs après celui où son arrêt *lui aura été prononcé,* » porte l'article 373, à propos du condamné. Aussi, la jurisprudence décide, en s'appuyant sur cette restriction, que les trois jours francs, qui constituent le délai ordinaire du pourvoi, courent du jour où l'existence de la décision a dû être *légalement connue de la partie,* soit par sa prononciation, soit par l'indication précise du jour de sa prononciation, au cas de remise du prononcé de la sentence, soit par sa signification[3]. Au reste, il est admis, dans l'intérêt de la défense, que le pourvoi est recevable, même après l'expiration du délai, lorsqu'il est prouvé que c'est par un fait indé-

[1] Comp. : CARDOT, *Rev. crit.*, 1863, p. 452.

[2] Cass., 1er avril 1865 (D. 67, 1, 56).

[3] ORTOLAN, t. II, n° 2372; FAUSTIN HÉLIE, t. VIII, n° 3909. Comp. : Cass., 25 janvier 1873 (D. 73, 1, 168); 31 janv. 1873 (D. 73, 1, 44); 1er juin 1876 (*Bull.*, n° 130).

pendant de la volonté du demandeur que le recours a été tardivement formé[1].

Les formalités introductives du pourvoi se rapportent : 1° à la *déclaration du pourvoi;* 2° à la *consignation de l'amende;* 3° à la *mise en état.*

A. C'est au greffe du tribunal ou de la cour qui a rendu le jugement ou l'arrêt attaqué, que la déclaration du pourvoi doit être faite, sauf les cas de force majeure, que la Cour suprême se réserve d'apprécier; ce mode de recours, qui est essentiel, ne saurait être suppléé par des formalités que l'on supposerait devoir être équivalentes (art. 417)[2]. Le pourvoi, formé par le ministère public ou la partie civile, doit, outre la déclaration au greffe, être *notifié*, dans le délai de trois jours, à la partie contre laquelle il est dirigé, soit par le greffier, si cette partie est détenue, soit par un huissier, si elle est en liberté (art. 418).

Le demandeur *peut* joindre à son pourvoi une requête contenant ses moyens (art. 422), et, si c'est la partie civile, elle *doit* y joindre une expédition authentique de l'arrêt (art. 419).

Les pièces arrivent au greffe de la Cour de cassation par l'intermédiaire du ministre de la justice (art. 423 et 424).

B. Il ne suffit pas, pour qu'un pourvoi en cassation soit recevable, que la déclaration du recours ait été faite au greffe, dans les délais prescrits; il faut encore que la partie, qui veut se pourvoir, consigne *préalablement* une amende, qui sera perdue pour elle, si elle succombe dans son recours. Cette pénalité de procédure, dont l'origine se trouve dans les ordonnances d'août 1539 (art. 136), d'avril 1667 (tit. XXXV, art. 16), fut supprimée, *en matière pénale*, par la loi des 2-3 juin 1791. Mais, bientôt, la multiplicité des pourvois obligea la législation à remettre en vigueur les anciens règlements (L. 14 brumaire an V).

Le montant de l'amende qui doit être consignée est de cent cinquante francs, si le jugement ou l'arrêt est contradictoire, ou de moitié de cette somme, lorsqu'il s'agit d'un arrêt par contumace ou d'une décision par défaut.

[1] Faustin Hélie, t. VIII, n° 3910. Ainsi, est recevable, bien que formé après le délai légal, le recours qui n'a pas été formulé en temps utile, par suite du refus fait par le commis-greffier de recevoir la déclaration, sous prétexte qu'il n'était là que pour donner des signatures en l'absence du greffier : Cass., 8 juillet 1864 (D. 67, 5, 55). Comp. également : Cass., 3 juillet 1880 (S. 82, 1, 288).

[2] Comp. : Cass., 25 janv. 1877 (S. 77, 1, 437); 3 mars 1877 (*Bull.*, n° 76); 15 nov. 1877 (S. 79, 1, 45).

La loi apporte deux exceptions, dans l'article 420, à l'obligation de consigner une amende.

1° En premier lieu, les *condamnés* (et, par identité de motif, les *accusés*) en *matière criminelle* sont dispensés, non-seulement de la consignation préalable, mais encore du paiement de l'amende, lorsqu'ils succombent dans leur recours; c'est là une exception plus importante que la règle elle-même, puisqu'elle réduit son application aux seuls pourvois formés contre les jugements ou arrêts de police simple et correctionnelle.

2° En second lieu, « *les agents publics, pour les affaires qui concernent directement l'administration et les domaines ou revenus de l'État* », sont également exempts de la consignation préalable, et du paiement en cas de rejet de leur pourvoi.

Sont dispensés, non plus de payer l'amende lorsqu'ils succombent dans leur recours, mais de la consigner préalablement, deux catégories de personnes :

1° Les condamnés en matière correctionnelle et de police à une peine emportant privation de liberté;

2° Les personnes qui joindront à leur demande en cassation les deux pièces suivantes : un extrait du rôle des contributions constatant qu'elles paient moins de six francs, ou un certificat du percepteur constatant qu'elles ne sont point imposées; un certificat, délivré par le maire ou l'adjoint, constatant qu'elles sont, à raison de leur indigence, dans l'impossibilité de consigner l'amende (art. 420). Ce certificat devait autrefois être visé par le sous-préfet et approuvé par le préfet, à peine de nullité; il suffit, d'après la loi du 28 juin 1877, qu'il soit approuvé par le sous-préfet, ou, dans l'arrondissement du chef-lieu du département, par le préfet.

L'amende peut être consignée entre les mains du receveur de l'enregistrement soit du lieu où siège la juridiction dont le jugement est attaqué, soit du bureau établi près la Cour de cassation.

La consignation doit être prouvée *avant* le jugement. Il n'est pas nécessaire cependant que la quittance soit annexée à l'acte de pourvoi; mais, si la quittance n'est pas produite au moment où la Cour examine l'affaire, il y a déchéance du pourvoi, et toute consignation serait désormais inutile.

Une dernière condition est imposée au demandeur en cassation, condamné à l'emprisonnement, et qui n'a pu obtenir sa *liberté provisoire*, avec ou sans caution : c'est la *mise en état*, c'est-à-dire le fait de se constituer prisonnier. Comme la consignation d'une amende, la mise en état a son origine dans l'ancien droit; on la trouve imposée par l'ordonnance de Moulins de février 1566 (art. 70) et par le règlement du 18 juin 1738; la législation intermédiaire l'avait supprimée; mais le Code d'instruction criminelle l'a rétablie comme une garantie de l'exécution de la peine, en cas de rejet du pourvoi, et surtout comme un acte de soumission envers la justice : elle n'est pas moins en contradiction avec l'effet suspensif du pourvoi. La loi du 29 juin 1877 n'impose, du reste, cette mise en état qu'aux condamnés dont la peine excède six mois (art. 421).

La mise en état consiste, pour le demandeur, à se constituer prisonnier dans la maison de justice du lieu où la décision attaquée a été rendue (art. 421, § 2). Néanmoins, ajoutait le § 3 de l'ancien article 421, « lorsque le recours en cassation sera motivé sur l'incompétence, il suffira au demandeur, pour que son recours soit reçu, de justifier qu'il s'est actuellement constitué dans la maison de justice du lieu où siège la Cour de cassation ». Cette disposition, favorable aux condamnés, puisqu'elle leur permet de ne se constituer qu'un peu avant l'examen de leur pourvoi, a été étendue par la loi du 29 juin 1877, du cas de pourvoi pour incompétence, à tous les cas possibles de pourvoi.

627. II. La chambre criminelle, à la différence de la chambre civile, est directement saisie de l'examen du pourvoi, sans arrêt préalable d'admission (art. 426). Le droit d'intervention, qui existait devant l'ancien conseil du roi, origine de notre Cour de cassation, a été reconnu par la jurisprudence. Mais l'intervenant doit remplir deux conditions : il faut qu'il ait été *partie* au procès, et qu'il ait un *intérêt* appréciable à l'intervention. L'article 425, qui est une disposition purement réglementaire, fixe, pour le jugement du pourvoi, un délai d'un mois. L'instruction devant la Cour de cassation a fait l'objet d'une ordonnance du 12 janvier 1826. Ses formes sont très-simples, car la Cour n'ayant point à s'occuper de la preuve des faits, qu'elle doit tenir pour constants, et son intervention se bornant à vérifier si la loi a été exactement appliquée à ces faits, si les règles de la compétence ont été observées, et si les formes prescrites ont été accomplies, il lui suffit de la lecture des pièces, du rapport de l'un de ses membres, qui explique les questions posées devant elle, et d'une discussion orale sur ces questions par l'avocat du demandeur, celui du défendeur, s'il est intervenu, et, dans tous les cas, des conclusions du ministère public.

Les parties peuvent, si elles en obtiennent la permission de la Cour, présenter elles-mêmes leurs observations, à l'exception de la partie civile, qui doit, dans tous les cas, se faire représenter par un avocat à la Cour de cassation (art. 424).

628. Effets du pourvoi en cassation. — Le pourvoi a deux effets : il est *suspensif* et *dévolutif* : il arrête l'exécution de la décision attaquée et saisit la Cour de cassation de l'examen de cette décision.

a) Ainsi, d'abord, à la différence de ce qui a lieu en matière civile, le pourvoi, quoique n'étant qu'une voie de recours extraordinaire, et même le délai donné pour se pourvoir sont suspensifs (art. 373). Le jugement où l'arrêt, tant que le délai du pourvoi n'est pas expiré, et, après, tant que le pourvoi suit son cours, n'est susceptible d'aucune exécution[1]. Cette règle de l'effet suspensif souffre exception, comme nous le verrons, dans le cas prévu par l'article 301. La nécessité de la mise en état peut être également considérée comme une restriction à l'effet suspensif du pourvoi.

b) Le pourvoi a un effet dévolutif, dont il faut marquer les limites, suivant qu'il est formé par le condamné, par le ministère public ou par la partie civile.

Saisie exclusivement par le *condamné*, la Cour n'est compétente que pour statuer sur les chefs du jugement ou de l'arrêt qui lui sont déférés : la cassation peut être prononcée dans l'intérêt du demandeur, elle ne peut l'être à son préjudice[2]. En effet, le condamné dispose comme il l'entend de son droit d'attaquer la décision qui le frappe : il peut donc, si le jugement ou l'arrêt lui est en partie favorable, en partie défavorable, limiter son recours et, par suite, les pouvoirs du juge auquel il est porté, car celui-ci ne doit statuer que sur ce qui lui est demandé. De là, la maxime, qui a été formulée pour l'appel, et qui s'applique, par identité de motifs, au pourvoi en cassation : *tantum devolutum, quantum appellatum*. Mais, sur les chefs de l'arrêt ou du jugement dont la cassation est demandée, l'effet dévolutif est complet, en ce sens que la Cour peut et doit suppléer d'office les moyens d'annulation non relevés dans le pourvoi.

L'effet dévolutif du pourvoi est encore restreint, quand la Cour n'a

[1] Pour des applications de l'effet suspensif du pourvoi : Cass., 13 déc. 1862 (D. 72, 1, 478); 13 février 1864 (D. 67, 5, 130).

[2] Sur les applications de cette règle : Faustin Hélie, t. VIII, n° 4010; Cass., 21 janv. 1869 (D. 69, 5, 48).

été saisie que par la *partie civile*, car cette partie, ne pouvant agir que relativement à ses intérêts civils, ne saisit la Cour que des dispositions qui s'y rapportent.

Au contraire, le *ministère public* ne saurait limiter, par son pourvoi, le droit d'appréciation qui appartient à la Cour de cassation, au point de vue de l'application de la loi, sur le jugement ou l'arrêt : comme ce pourvoi est formé dans un intérêt général, et d'ordre public, il peut profiter, comme il peut nuire, au condamné non demandeur en cassation.

629. La Cour de cassation peut rendre, soit un arrêt de *déchéance*, quand le pourvoi n'est pas recevable, soit un arrêt de *rejet*, quand il est mal fondé, soit un arrêt de *cassation*, quand il est accueilli. Tous ces arrêts, qu'ils annulent la décision attaquée, ou qu'ils rejettent le pourvoi, doivent être motivés.

Les arrêts de déchéance et de rejet ont un double effet : 1° la sentence, contre laquelle le pourvoi a été formé, acquiert irrévocablement l'autorité de la chose jugée; il ne reste qu'à la faire exécuter (art. 438 et 439); 2° le rejet ou la déchéance du pourvoi entraîne, de plus, certaines condamnations contre la partie qui l'a formé (art. 436)[1].

L'arrêt de cassation, au contraire, loin de terminer la procédure, ordonne le plus souvent qu'elle sera recommencée à partir du plus ancien acte nul. Les conséquences secondaires de cet arrêt consistent : 1° dans la restitution de l'amende, au cas où il y a eu consignation (art. 437); 2° dans l'impression de l'arrêt au *Bulletin des arrêts de la Cour* (L. 17 nov. 1790, art. 22; L. 27 ventôse an VIII, art. 85); 3° dans sa transcription sur les registres de la juridiction dont la décision a été cassée.

En principe, les arrêts de la Cour de cassation ne sont susceptibles d'aucun recours (art. 438); toutefois, si l'acte de pourvoi n'a pas été notifié, conformément à l'article 418, on admet la partie, qui n'a pas été légalement appelée, à former opposition.

Nous venons de dire que les arrêts de déchéance ou de rejet ter-

[1] Jusqu'en ces derniers temps, les arrêts de rejet, rendus par la Cour, sur le pourvoi des condamnés en matière correctionnelle, ne contenaient, dans leur dispositif, ni condamnation des demandeurs aux frais, ni fixation de la durée de la contrainte par corps. Mais, en fait, les frais étaient toujours recouvrés contre la partie qui succombait. Aucune contestation ne paraît même s'être élevée contre cette pratique. Un arrêt de la chambre criminelle, rendu le 7 mai 1880, en prononçant formellement la condamnation aux frais, avec fixation de la durée de la contrainte par corps, n'a fait que sanctionner le fait antérieur, en se conformant à la loi : S. 81, 1, 45.

minaient la procédure : non-seulement la Cour est dessaisie, mais la décision attaquée acquiert la force de la chose irrévocablement jugée. Il n'est plus possible de l'attaquer par aucune voie de recours; il n'est plus permis de former un second pourvoi, même en le fondant sur des moyens nouveaux. L'arrêt de cassation, au contraire, loin de terminer la procédure, ordonne qu'elle sera recommencée à partir des actes annulés et sur les faits ou les points qu'il précise. Nous avons donc à examiner successivement, en nous arrêtant sur cette hypothèse : 1° quelle est l'étendue de la cassation; 2° quelles en sont les suites.

I. Quant à l'étendue de la cassation, il convient de distinguer entre les *matières criminelles*, d'une part, et les *matières correctionnelles et de police*, d'autre part.

En matière criminelle, il est de principe que la cassation est *partielle*, qu'elle se restreint au chef vicié par la nullité et qu'elle ne doit s'étendre plus loin qu'au cas d'indivisibilité, de connexité ou de relation nécessaire entre les divers chefs d'une même accusation. En matière correctionnelle et de police, au contraire, la cassation est, en général, *intégrale*, et ce n'est que, par exception, qu'elle se restreint à une partie du jugement ou de l'arrêt. Cette différence, qui résulte des termes opposés dont se sert la loi dans les articles 427 et 434 C. inst. cr., s'explique facilement. Dans une décision criminelle, il est facile de séparer d'abord la déclaration de culpabilité et l'application qui en est faite, puisque ces deux opérations sont confiées à des autorités différentes, l'une au jury, l'autre à la cour; il est également facile de séparer les différents chefs d'accusation, puisque chacun d'eux est l'objet d'une question spéciale. Mais il n'est pas aussi facile de faire ces distinctions en matière de police simple et correctionnelle : ici, le jugement ou l'arrêt est une œuvre unique, un tout complet, résultant d'une seule opération. Le plus souvent, on ne peut scinder les parties d'un même tout, et distinguer ce qui est protégé par l'autorité de la chose jugée, de ce qui est, au contraire, soumis à l'appréciation de la Cour de cassation. Aussi, en matière correctionnelle ou de police, la cassation est intégrale, à moins qu'il ne s'agisse de contraventions ou de délits tout à fait distincts et sans aucune connexité entre eux, ou de dispositions accessoires, comme celles qui sont relatives à la solidarité, ou à la contrainte par corps, ou aux frais de justice [1].

[1] Comp. : Cass., 23 janvier 1874 (D. 75, 1, 48); 7 mars 1868 (D. 68, 1, 56);

II. L'étendue de la cassation étant différente suivant les cas, les suites de la cassation sont également différentes. Il peut arriver, en effet, tout d'abord, que la cassation doive être prononcée *sans renvoi*, par exemple, si elle est prononcée sur le motif qu'il y avait prescription, amnistie, chose jugée, éteignant le droit d'action publique, ou que le fait, objet des poursuites, n'était, sous aucun rapport, punissable, ou que la partie, contre laquelle une peine a été prononcée, n'était pas poursuivie[1]. La cassation est également prononcée sans renvoi, si la Cour procède par *voie de retranchement;* par exemple, lorsque la nullité ne viciant qu'une disposition indépendante des autres, comme l'application d'une peine complémentaire illégalement prononcée, il n'y a lieu qu'à détacher cette disposition et à la mettre à néant. Dans tous les cas, le renvoi devant une juridiction ordinaire n'ayant aucun objet, l'arrêt de cassation termine l'instance, non que la cour fasse elle-même l'office de juge du fond, mais parce qu'il ne reste rien à juger.

Mais ce ne sont là que des hypothèses exceptionnelles. En règle générale, la Cour de cassation ne pouvant, « *sous aucun prétexte et en aucun cas, connaître du fond des affaires* », après avoir prescrit l'étendue et les limites de l'annulation dans son arrêt, ordonne le renvoi du *procès* et des *parties* aux juges qui doivent en connaître. Elle désigne, par une délibération spéciale, en chambre du conseil (art. 430), la juridiction que le renvoi saisit. Deux règles générales, posées par les articles 427 à 431, prescrivent : 1° que le renvoi soit fait à *d'autres juges* que ceux qui ont rendu le jugement ou l'arrêt annulé; 2° que les juges, saisis par le renvoi, soient de *même qualité*, c'est-à-dire du même degré que ceux qui sont dessaisis par l'annulation, si ce n'est, toutefois, au cas d'incompétence ou lorsqu'il s'agit d'un simple renvoi à fins civiles.

La compétence de la juridiction que désigne la Cour de cassation est déterminée par l'arrêt de renvoi; c'est, en effet, par cet arrêt qu'elle est saisie, et il est de principe que l'acte qui saisit un juge limite en même temps sa compétence. Les articles 431, 432, 433 et 434 font l'application de cette règle à divers cas.

630. Quand, après une première cassation, le second jugement

11 juillet 1867 (D. 68, 1, 48); 25 mars 1880 (S. 81, 1, 231); FAUSTIN HÉLIE, t. VIII, n° 4015.

[1] V. exemple curieux de cassation sans renvoi. Cass., 22 juillet 1880 (S. 82, 1, 89).

ou arrêt, rendu dans la *même affaire*, entre les *mêmes parties*, procédant en la *même qualité*, est l'objet d'un recours en cassation, fondée sur les *mêmes moyens* que le premier, ce fait même révèle un *conflit de jurisprudence* entre la *Cour de cassation* et le *tribunal de renvoi*. Pour le trancher, quatre systèmes ont successivement été essayés. Ce fut d'abord celui de l'interprétation législative; puis, celui de l'interprétation réglementaire par le Conseil d'État; puis, celui de l'interprétation judiciaire par le tribunal ou la cour de renvoi (C. inst. cr., art. 440; L. 16 septembre 1807; L. 30 juillet 1828). La loi du 1er avril 1839 (art. 1 et 2) consacre le système de l'interprétation judiciaire par la Cour de cassation, qui statue, sur le second pourvoi, toutes chambres réunies. Si le deuxième arrêt ou jugement est cassé par les mêmes motifs que le premier, la décision de la Cour de cassation a, dans l'affaire où elle intervient, l'autorité de la chose jugée : le tribunal ou la cour de renvoi doit se conformer à la décision de la Cour de cassation sur le *point de droit* jugé par elle.

631. Pourvoi en cassation dans l'intérêt de la loi. — Le pourvoi en cassation *dans l'intérêt de la loi* a pour unique objet de maintenir l'unité de la jurisprudence et l'exacte interprétation de la loi; ce pourvoi laisse au jugement ou à l'arrêt attaqué toute l'autorité de la chose jugée, il se borne à rectifier *théoriquement* les erreurs qu'il renferme. La seule sanction de la cassation, dans ce cas, consiste dans la transcription de l'arrêt ou du jugement sur les registres de la juridiction dont la décision a été cassée. Mais les parties ne pourraient se prévaloir de l'annulation, et le ministère public ne pourrait non plus s'appuyer sur l'arrêt de cassation pour remettre en question le point définitivement jugé. La cassation ne rétablit donc pas le *statu quo ante judicium*.

Les pourvois en cassation dans l'intérêt de la loi sont de deux sortes :

1° Ceux que peut former, au greffe de la cour d'assises, le ministère public, *partie au procès*, dans les vingt-quatre heures (art. 374)[1], contre une ordonnance d'acquittement.

2° Ceux que le procureur général près la Cour de cassation a le droit de former de son chef, dans les termes de l'article 442 du Code

[1] En principe, sauf le cas prévu par l'article 374, le droit de se pourvoir dans l'intérêt de la loi n'appartient qu'au procureur général près la Cour de cassation : Cass., 14 févr. 1880 (S. 81, 1, 240).

d'instruction criminelle. Ces pourvois ne s'appliquent qu'aux décisions qui auraient pu être attaquées *utilement* par les parties, c'est-à-dire à celles qui ont le caractère d'*arrêts* ou de *jugements en dernier ressort*, et seulement après que les délais du pourvoi utile sont expirés.

632. Pourvoi en annulation. — Le ministre de la justice, par l'intermédiaire du procureur général près la Cour de cassation, peut demander l'annulation de tous les actes judiciaires contraires à la loi. L'article 441 dispose, en effet : « *Lorsque, sur l'exhibition d'un ordre formel à lui donné par le ministre de la justice, le procureur général près la Cour de cassation dénoncera à la section criminelle des actes judiciaires, arrêts ou jugements contraires à la loi, ces actes, arrêts ou jugements pourront être annulés, et les officiers de police judiciaire ou les juges poursuivis, s'il y a lieu.....* »

La loi a voulu donner au garde-des-sceaux, chef suprême de la justice en France, le moyen de veiller, dans l'*intérêt public*, à ce que toutes les autorités, qui concourent à l'administration de la justice, fonctionnent dans les limites de leur compétence respective, à ce que, dans tous les actes de ces autorités, la loi soit observée et les formes respectées. Le caractère pour ainsi dire *gouvernemental* de ce recours nous est révélé par son origine même : il a été institué, en effet, par la Constitution du 3 septembre 1791 (tit. III, art. 27) et conservé par la Constitution du 5 fructidor an III, et par la loi du 27 ventôse an VIII sur l'organisation judiciaire[1].

Le droit de former ce pourvoi appartient exclusivement au ministre de la justice. Le procureur général près la Cour de cassation n'est, dans cette hypothèse, que son intermédiaire obligé : il agit, suivant les expressions passées en usage, d'*ordre du garde-des-sceaux*. Aussi, le ministre, qui défère à la Cour de cassation un acte judiciaire en vertu de l'article 441, doit énoncer les *moyens* qu'il invoque à l'appui de son pourvoi, et cette énonciation trace les limites dans lesquelles se renferme la compétence de la Cour : le procureur général ne pourrait d'office ajouter à ces moyens aucun *moyen nouveau*. Il ne lui appartient que de les développer et de les appuyer, dans ses conclusions, s'il juge à propos de le faire.

633. Le caractère même de ce recours nous indique son étendue et ses effets.

[1] Sur ce recours : Faustin Hélie, t. III, nos 1028 à 1037; t. VIII, nos 3908 et suiv.; Ortolan, t. II, no 2378; Trébutien, t. II, p. 549.

A. *Son étendue.* — Il n'est limité ni au point de vue des *actes* auxquels il s'applique, ni au point de vue des *conditions* dans lesquelles il s'exerce.

a) Ce recours est d'abord *général*, en ce sens qu'il s'étend à tous les *actes judiciaires* et s'applique à toutes les *juridictions*. 1° Ainsi, il n'est pas nécessaire qu'il s'agisse d'*actes* ayant le caractère de *jugements*, ni que les *jugements* soient *en dernier ressort*; une délibération illégale, une décision prise par voie générale et réglementaire, les motifs d'un jugement ou d'un arrêt, par exemple, en un mot, tous les actes judiciaires quelconques peuvent être l'objet d'une demande en annulation[1]. 2° De plus, le droit du ministre de la justice n'est pas limité aux actes des *juridictions ordinaires;* c'est une attribution générale, d'ordre public, qui n'admet aucune exception. L'article 82 du Code de justice militaire de 1857 et l'article 112 du Code de justice maritime de 1858 déclarent l'article 441 applicable aux tribunaux militaires et maritimes. Même le droit de dénoncer un jugement dans l'intérêt de la loi, accordé à un autre ministre, ne ferait pas obstacle à l'exercice de l'attribution générale que l'article 441 confère au garde-des-sceaux[2].

b) Ce recours s'exerce sans *conditions :* peu importe que la décision attaquée puisse être ou non l'objet d'un recours utile des parties; peu importe que celles-ci soient ou non dans les délais de l'appel ou du pourvoi[3].

B. *Ses effets.* — La question principale, que soulève l'article 441, consiste à savoir quel est l'effet de l'annulation provoquée d'après les ordres du garde-des-sceaux. Elle a été et elle est encore controversée. Ce ne sont pas seulement les auteurs qui diffèrent sur ce point; l'opposition existe même entre les arrêts de la Cour suprême, dont la jurisprudence a passé par des phases successives[4]. Entre le système

[1] Comp. : Cass., 13 juin 1879 (S. 79, 1, 385); 5 déc. 1879 (S. 80, 1, 93). Mais le pourvoi serait-il recevable contre des décisions, qui ont été annulées, soit en appel, soit sur opposition? La Cour de cassation l'a admis (7 déc. 1880, S. 81, 1, 281) : « Lorsque l'annulation a laissé subsister des motifs ou une doctrine erronée », il reste alors « un acte judiciaire qui appelle la surveillance du garde-des-sceaux ». Il me paraît difficile d'admettre qu'un arrêt, qui annule une décision, n'infirme pas, en même temps, les motifs et la doctrine de l'arrêt.

[2] Cass., 10 janv. 1857 (*Bull. cr.*, n° 19).

[3] V. une application délicate de cette règle dans un arrêt de cassation du 17 janv. 1878 (S. 81, 1, 486).

[4] On lira, dans Faustin Hélie, (t. III, nos 1031-1034), une excellente dissertation sur ces variations de la jurisprudence.

de la cassation dans le seul intérêt de la loi, et celui de la cassation réagissant sur les intérêts des plaideurs, la Cour suprême paraît s'être arrêtée, après bien des fluctuations, à un système mixte, dont voici la formule : les jugements peuvent et doivent être annulés avec effet, mais sans préjudice des droits acquis aux parties par la chose jugée[1]. Les difficultés se ramènent donc, dans ce système, à ces seuls points : déterminer dans quels cas, et en quoi, et par rapport à qui, il y a ou il n'y a pas droit acquis. Le but du recours en annulation et les termes dont se sert l'article 441, indiquent, ce semble, que l'annulation doit toujours profiter à l'accusé condamné, sans jamais pouvoir lui nuire, et qu'elle ne peut jamais être invoquée pour ou contre la partie civile. En effet, l'article 441, à la différence de l'article 442, ne reproduit pas, dans son texte, cette réserve que l'annulation n'aura lieu que dans l'intérêt de la loi, sans pouvoir exercer d'influence sur l'intérêt des parties. Le but même qu'a poursuivi le législateur, en ouvrant ce recours extraordinaire, nous démontre que le pourvoi est formé dans l'*intérêt public*, qui est plus large que l'*intérêt de la loi*. Or, l'intérêt public exige, en cas de pourvoi dirigé contre un jugeent ou contre un arrêt de *condamnation*, que l'annulation ait lieu d'une manière absolue et que le condamné ne subisse pas une peine que la Cour suprême juge avoir été illégalement prononcée. Mais, à l'inverse, la règle *non bis in idem* ne permet d'annuler soit l'acquittement, soit l'absolution passée en force de chose jugée, que dans l'intérêt de la loi.

634. Des diverses décisions susceptibles d'un pourvoi en cassation et de ses effets. — Après avoir indiqué les conditions générales du pourvoi en cassation, je dois en faire l'application aux diverses décisions des juridictions pénales. Cette étude me permettra de jeter un rapide coup d'œil sur des points déjà examinés, ou, tout au moins, indiqués, et de déterminer à quel moment une décision judiciaire devient *irrévocable* et épuise définivement les droits d'actions publique et civile.

Le procès pénal peut passer par deux ordres de juridictions : les juridictions d'instruction et les juridictions de jugement. Les premières sont représentées par le juge d'instruction et la chambre des

[1] C'est au procureur général Dupin, que revient l'honneur d'avoir fixé le sens et la portée de l'article 441 : Comp. : son *Réquisitoire* précédant l'arrêt du 22 août 1839 (S. 39, 1, 326). V. Cass., 20 juin 1851 (S. 51, 1, 542); 27 nov. 1867 (D. 70, 1, 317); 28 août 1873 (D. 75, 1, 399).

mises en accusation. Les secondes par les tribunaux de police simple et correctionnelle, et les cours d'assises.

635. *Quelles sont les décisions des juridictions d'instruction qui peuvent être l'objet d'un pourvoi en cassation?* — Le juge d'instruction est définitivement dessaisi soit par une ordonnance de non-lieu, soit par une ordonnance de renvoi au tribunal correctionnel ou au tribunal de simple police, soit par l'envoi des pièces, en cas de présomption de crime, au procureur général. La chambre des mises en accusation, saisie par le procureur général ou les parties, statue, soit par un arrêt préparatoire de plus ample informé, soit par un arrêt de non-lieu, soit par un arrêt de renvoi au tribunal de simple police ou de police correctionnelle, soit par un arrêt de mise en accusation devant la cour d'assises.

A. Les ordonnances du juge d'instruction, statuant sur la prévention, peuvent être attaquées par la voie de l'*opposition*, qui a tout le caractère de l'appel, et qui est portée devant la chambre d'accusation. Il en résulte que ces décisions, étant rendues en *premier ressort*, ne sont pas susceptibles, de la part du ministère public ou de la partie civile, d'un recours en cassation. Elles ne peuvent, non plus, être frappées d'un pourvoi par l'inculpé, la voie de la cassation lui étant fermée, comme celle de l'opposition, et par le même motif : *le défaut d'intérêt.*

Par exception, cependant, certaines ordonnances, déjà indiquées, étant en dernier ressort et faisant grief aux parties, peuvent être l'objet d'un recours utile en cassation.

B. Les arrêts de la chambre d'accusation, étant en dernier ressort, sont attaquables par la voie de cassation. Il s'agit seulement des arrêts rendus sur le fond : les chambres des mises en accusation peuvent, en effet, prononcer des arrêts *préparatoires*, pour ordonner soit l'apport de certaines pièces, soit un supplément d'instruction; mais ces arrêts n'étant pas définitifs ne peuvent être attaqués isolément.

Les chambres d'accusation rendent, sur le fond, des décisions de deux espèces : 1° des arrêts de *renvoi*, soit devant un tribunal de police simple ou correctionnelle, soit devant une cour d'assises; 2° des arrêts de *non-lieu*. Les règles du pourvoi diffèrent suivant la nature des arrêts, et selon qu'il s'agit du pourvoi formé contre l'*arrêt de renvoi devant la cour d'assises*, ou du pourvoi formé contre les *autres arrêts*.

a) Le Code d'instruction criminelle commence par établir, dans les articles 296, 298, 299 et 408, le droit au recours en cassation contre les arrêts de renvoi en cour d'assises, tant au profit de l'accusé qu'au profit du procureur général. A défaut de pourvoi dans le délai spécial indiqué par ces articles, l'arrêt, qui était en dernier ressort, ayant acquis l'autorité de la chose jugée, est irrévocable et couvre toutes les irrégularités de la procédure antérieure : l'article 408 n'ouvre, en effet, le pourvoi que contre cet *arrêt*, et non contre les *actes de cette procédure*, qui ne peuvent être attaqués isolément, mais seulement, s'il y a lieu, en attaquant l'arrêt lui-même.

L'article 299, modifié par la loi du 10 juin 1853, limite à quatre, les *causes* pour lesquelles le pourvoi contre l'arrêt de renvoi en cour d'assises peut être formé. Ces moyens de nullité sont : 1° l'incompétence; 2° si le fait n'est pas qualifié crime par la loi; 3° si le ministère public n'a pas été entendu; 4° si l'arrêt n'a pas été rendu par le nombre de juges fixés par la loi. Est-ce à dire que le pourvoi ne soit admissible que dans ces quatre cas? S'il en était ainsi, et si le texte était *limitatif*, il faudrait décider que, malgré la violation des règles les plus essentielles à la validité des jugements, l'absence de motifs, par exemple, le rejet des exceptions préjudicielles ou des fins de non-recevoir, l'arrêt ne pourrait être attaqué. Mais une solution, qui conduit à de telles conséquences, est inadmissible : aussi, la jurisprudence est arrêtée dans ce sens, que les restrictions de l'article 299 ne dérogent que, *quant au délai*, aux dispositions générales de la loi : ce qui n'empêche pas que, pour les autres vices emportant nullité, les arrêts de mise en accusation ne puissent être attaqués par l'une ou l'autre des parties, en la forme et dans les délais ordinaires[1].

Il existe donc, pour le pourvoi contre les arrêts de renvoi en cour d'assises de la chambre d'accusation, deux délais distincts, suivant la *cause* du pourvoi. 1° Fondé sur l'un des quatre moyens énumérés par l'article 299, il doit être déclaré dans les *cinq jours* qui suivront l'avertissement que le président des assises donne à l'accusé, aux termes de l'article 296. Ainsi, l'avertissement ayant été donné le 1er du mois, le pourvoi doit, au plus tard, être formé le 6. Le délai qui, pour le procureur général, est le même que pour l'accusé, court de l'interrogatoire de l'accusé par le président (art. 298). 2° Pour le recours fondé sur un moyen qui n'est pas compris dans l'énoncia-

[1] Comp. : Faustin Hélie, t. V, n° 2188.

tion de l'article 299, les parties ont *trois jours francs*, conformément à la règle générale de l'article 373[1].

Quant aux effets de ce pourvoi, une modification importante a été apportée au Code d'instruction criminelle par la loi du 10 juin 1853. La jurisprudence, interprétant l'ancien article 301, admettait que le pourvoi contre l'arrêt de renvoi, bien qu'il fût évidemment tardif, n'en avait pas moins pour effet de suspendre les débats sur le fond, conformément à la doctrine accréditée qu'il appartient à la Cour de cassation seule de juger de la recevabilité ou de la non-recevabilité des recours formés devant elle. Il arrivait, avec cette interprétation, que l'accusé était toujours le maître, même après le tirage au sort du jury, et, lorsque la composition de ce jury ne lui convenait pas, de faire renvoyer l'affaire à une autre session par un pourvoi tardif et formé sans cause sérieuse. C'est pour faire cesser cet abus que la loi de 1853 est intervenue. Aujourd'hui, d'après la nouvelle rédaction de l'article 301, le recours contre l'arrêt de renvoi ne produit d'*effet suspensif* que dans le cas où il est formé dans le délai légal et avant le tirage au sort du jury. Dans tout autre cas, il est procédé, nonobstant le pourvoi, à l'ouverture des débats et au jugement, et le pourvoi n'est soumis à la Cour de cassation qu'après l'arrêt définitif de la cour d'assises.

b) La chambre des mises en accusation formant le second degré des juridictions d'instruction, il en résulte que les arrêts qu'elle rend doivent pouvoir être attaqués par la voie de la cassation s'ils sont définitifs. On a cependant contesté que l'on pût se pourvoir contre tous les arrêts de la chambre d'accusation, en se fondant sur l'article 299, aux termes duquel « *la demande en nullité ne peut être formée que contre l'arrêt de renvoi et dans les quatre cas* » qu'il indique. Ces expressions étant limitatives, on en a conclu : 1° que, hors les quatre cas prévus, le recours contre les arrêts de renvoi était irrecevable, quels que fussent les vices et les irrégularités dont ils pouvaient être entachés; 2° qu'il était défendu de se pourvoir contre les arrêts de la chambre des mises en accusation, autres que les arrêts de renvoi devant la cour d'assises. Mais le vice de cette argumentation, qui est de vouloir faire de l'article 299 une règle générale, tandis qu'il constitue une disposition applicable seulement au pourvoi

[1] Comp. : Cass., 4 février 1864 (D. 67, 1, 409); 4 février 1865, *eod. loc.*; 27 nov. 1873 (D. 74, 1, 177).

tout spécial et plus favorisé dont il est question, a été depuis longtemps reconnu; et il est admis aujourd'hui que *tous les arrêts définitifs* de la chambre d'accusation, ceux rendus sur opposition aux ordonnances du juge d'instruction, les arrêts de non-lieu, les arrêts de renvoi devant le tribunal de police simple ou correctionnelle, peuvent être attaqués, en la *forme* et dans le *délai* ordinaire de trois jours, par l'une ou l'autre des *parties*, pour les *causes* générales de cassation que nous avons énumérées, toutes les fois qu'ils contiennent une disposition *définitive*, faisant grief à l'action publique et susceptible d'acquérir autorité de chose jugée[1].

636. *Quelles sont les décisions des juridictions de jugement qui peuvent être l'objet d'un pourvoi en cassation?* — Nous devons séparer les décisions qui sont rendues en matière de police simple et correctionnelle, de celles qui sont rendues en matière criminelle.

637. I. En matière correctionnelle et de police, les jugements et arrêts en dernier ressort, peuvent, lorsqu'ils sont définitifs, être attaqués par la voie du recours en cassation. Il en est ainsi des jugements rendus par le tribunal de simple police, sans appel, de ceux rendus, sur l'appel, par les tribunaux correctionnels, et des arrêts rendus, sur appel des jugements de police correctionnelle, par la cour (art. 177, 216). Le jugement ou l'arrêt, qui statue à la fois sur l'action publique et sur l'action civile résultant du même fait, se compose de deux décisions distinctes et séparées, dont l'une peut acquérir force de chose jugée, indépendamment de l'autre. Le pourvoi en cassation est donc ouvert à chacune des parties engagées dans l'instance, mais sans que le pourvoi formé par l'une d'elles puisse profiter ou nuire aux autres.

La cassation est en principe *intégrale* et porte sur l'ensemble du jugement ou de l'arrêt; et il y a lieu de renvoyer le procès pour être recommencé et les parties pour être jugées de nouveau devant une autre juridiction pénale. Cette règle de l'effet total de la cassation en matière de police simple et correctionnelle admet cependant quelques restrictions (art. 427).

638. II. En matière criminelle, il faut distinguer, pour savoir dans quels cas le pourvoi en cassation est ouvert et quels en sont les effets, les *décisions contradictoires*, des *décisions par contumace*.

[1] Comp. : Faustin Hélie, t. V, n°s 2290 à 2296. V. Cass., 31 déc. 1858 (S. 59, 1, 299); 17 février 1881 (S. 83, 1, 332).

A. La déclaration du jury peut aboutir, soit à un *acquittement*, soit à une *condamnation*, soit à une *absolution*.

a) L'accusé, déclaré non coupable par le jury, est acquitté par une *ordonnance du président de la cour d'assises* et mis en liberté, s'il n'est retenu pour une autre cause (art. 360). Cette ordonnance acquiert *immédiatement* force de chose jugée, et la partie acquittée ne peut plus être reprise ni accusée, à raison du même fait, pourvu que l'acquittement ait été légalement prononcé. L'acquittement a ce caractère, toutes les fois qu'il est la *conséquence d'une déclaration de non-culpabilité émanée du jury*. Il résulte, en effet, de l'article 409 du Code d'instruction criminelle et de l'article 1er de la loi du 21 novembre 1872, que l'ordonnance d'acquittement ne peut être l'objet d'un pourvoi *utile*, alors même que, dans la procédure qui a précédé le verdict, on aurait violé les formes substantielles ou prescrites à peine de nullité, ou que le jury aurait été irrégulièrement composé[1]. L'ordonnance d'acquittement n'est donc entachée d'illégalité que si le président des assises acquitte sans verdict, ou s'il fait une fausse application du verdict du jury. L'ordonnance d'acquittement entachée d'illégalité est annulée au *préjudice de l'accusé*. Si l'acquittement a été prononcé sans déclaration préalable du jury, l'accusé est renvoyé à une autre cour d'assises, devant laquelle il est procédé à de nouveaux débats sur le fond. Si le président a acquitté l'accusé déclaré coupable par le jury ou s'il a fait une fausse application d'un verdict de non-culpabilité[2], l'annulation ne frappe que l'ordonnance d'acquittement; l'affaire est renvoyée à une autre cour d'assises qui prononce sur la déclaration déjà faite par le jury, sans débat au fond.

L'accusé, déclaré coupable par le jury, est absous ou condamné, suivant les cas, par arrêt de la cour.

b) Lorsqu'il n'y a pas lieu d'appliquer une peine à l'accusé déclaré

[1] L'art. 360 et l'art. 409 sont contradictoires : mais l'art. 409, fruit d'une délibération postérieure, corrige ce qu'a d'inexact l'art. 360 : Faustin Hélie, t. II, nos 991 et 992. Comp. : Le Sellyer, *Actions publique et privée*, t. II, no 662; Griolet, *De l'autorité de la chose jugée*, p. 219-222.

[2] Ainsi, supposons que, dans une accusation de meurtre, l'accusé ayant été déclaré non coupable par le jury, le président, au lieu de se borner à l'acquitter purement et simplement, déclare que l'accusé est acquitté de l'accusation *d'avoir donné la mort à un tel*. Cette ordonnance serait irrégulière, parce qu'elle ferait une fausse application du verdict. Le jury a déclaré, en effet, non que l'accusé n'a pas commis l'homicide, mais qu'il n'est pas coupable du *meurtre*, ce qui est bien différent. En effet, nonobstant l'acquittement, l'accusé pourra être repris à raison du même fait, qualifié homicide par imprudence.

cependant coupable, la cour prononce l'absolution de l'accusé. L'arrêt d'absolution est susceptible, de la part du ministère public, d'un pourvoi en cassation, au préjudice de l'accusé. Si le pourvoi est accueilli, la cassation ne porte que sur l'arrêt d'absolution. La cour d'assises, à laquelle l'affaire est renvoyée, prononce un nouvel arrêt sur la déclaration déjà faite par le jury, déclaration qui est maintenue, ainsi que la procédure antérieure, fussent-elles entachées de nullité (art. 373, 410 § 2, 434).

Dans aucun cas, la partie civile ne peut poursuivre l'annulation d'une ordonnance d'acquittement ou d'un arrêt d'absolution. Mais, par exception, si l'arrêt a prononcé contre elle des condamnations civiles, supérieures aux demandes de la partie acquittée ou absoute, cette disposition de l'arrêt peut être annulée sur le pourvoi de la partie civile (art. 412).

c) Lorsque l'accusé, déclaré coupable par le jury, a été condamné, le recours en cassation contre l'arrêt de condamnation est ouvert à *toutes* les parties engagées dans l'instance, c'est-à-dire au condamné, au ministère public et à la partie civile, mais seulement en ce qui concerne les intérêts civils de celle-ci (art. 373, 410, 434). Sans parler des cas où les effets de la cassation sont restreints par les *termes* même du pourvoi et par la *qualité* du demandeur, on doit remarquer qu'ils le sont encore par les *moyens* sur lesquels s'appuie la cassation. Pour déterminer la portée de la cassation, quand elle est prononcée, il faut, en effet, distinguer deux hypothèses. *a*) L'arrêt peut être attaqué par le condamné ou par le ministère public pour fausse application de la loi pénale. De deux choses l'une, dans ce cas : lorsque le fait n'est passible d'aucune peine, la cour casse l'arrêt, sans prononcer de renvoi; au contraire, si la cour d'assises a appliqué une peine autre que celle qui est portée par la loi, l'arrêt est cassé, et le procès et les parties sont renvoyés à une autre cour d'assises, qui a pour mission unique d'appliquer la peine sur la déclaration déjà faite par le jury (art. 434). *b*) Le recours en cassation peut être exercé par le condamné et le ministère public pour violation des formes substantielles ou prescrites à peine de nullité. La Cour suprême, s'il y a lieu à cassation, annule l'arrêt de condamnation et ce qui l'a précédé, à partir du dernier acte dans lequel se rencontre la nullité. Il y a lieu, dans ce cas, à renvoi devant une autre cour d'assises pour de nouveaux débats, qui portent, soit sur le fond de l'affaire, si la nullité vicie la déclaration du jury ou la procédure antérieure, soit sur l'application de la peine seulement, si elle vicie la procédure postérieure à cette déclaration, qui est maintenue, ou l'arrêt même de condamnation (art. 434, combiné avec 408). La cassation ne peut être prononcée, en cas de pourvoi du condamné, que dans son intérêt : mais, toutes les fois que l'effet de la cassation est de nécessiter de nouveaux débats sur le fond, le résultat définitif du pourvoi peut tourner au préjudice du condamné, alors même que le ministère public ne s'est pas pourvu : en effet, l'arrêt et les débats étant annulés, l'affaire doit être examinée de nouveau par les juges de la culpabilité avec une complète liberté d'appréciation.

Lorsque l'accusé, à qui différents chefs d'accusation sont reprochés, un *meurtre* et un *vol*, par exemple, est *acquitté* sur un chef, *condamné* sur l'autre, un pourvoi utile peut être formé, en ce qui concerne la condamnation, mais il n'y a pas de recours utile possible contre l'acquittement (art. 409). Mais, lorsque les questions posées au jury, relatives au même chef d'accusation, ont été résolues, les unes en faveur de l'accusé, les autres contre lui, il y a, en principe, indivisibilité dans la cassation.

B. Nous savons que l'accusé contumax est jugé par la cour d'assises, sans le concours du jury. L'arrêt d'*acquittement*, prononcé par contumace, est définitif et ne peut être annulé que dans l'intérêt de la loi (art. 409, et argument tiré de l'article 476). L'arrêt, qui *absout* le contumax, peut être attaqué par le ministère public et annulé par la Cour de cassation, avec le même effet que l'arrêt d'absolution rendu sur la déclaration du jury. En cas de *condamnation* du contumax, le recours en cassation est ouvert au ministère public et à la partie civile, en ce qui regarde ses intérêts, mais non au condamné (art. 473). Celui-ci, en effet, n'a, pour faire tomber l'arrêt, qu'à se représenter dans les délais de la prescription de la peine.

III. DU POURVOI EN RÉVISION.

639. En conférant à la Cour de cassation, dans un intérêt d'ordre public, la mission de statuer sur les recours en annulation exercés par le procureur général, d'ordre du garde-des-sceaux, le législateur ouvre une voie exceptionnelle, destinée à réparer les *erreurs de droit* qui entachent les arrêts ou jugements et à remplacer le recours des parties, lorsque celles-ci ont omis ou négligé de se pourvoir : aussi, avons-nous conclu du but même de la loi que ce recours, s'il ne peut pas nuire aux parties qui ont droit acquis à la sentence, peut, du moins, profiter aux condamnés. Cependant, tout en se conformant aux prescriptions de la loi, le juge peut tomber dans une *erreur de fait*, en acquittant un coupable, ou en condamnant un innocent. S'il s'est trompé en faveur de l'accusé, la *chose jugée* fait acquérir à ce dernier un droit inviolable. Mais s'il s'est trompé à son préjudice, la maxime : *Res judicata pro veritate habetur*, peut-elle mettre un obstacle insurmontable à la manifestation de la vérité? En principe, le jugement passé en force de chose jugée doit recevoir ou continuer de recevoir son exécution, nonobstant la découverte des preuves les plus évidentes de l'innocence du condamné, sauf l'exercice du droit de grâce par le chef de l'État. Il n'appartient pas, en effet, aux agents du pouvoir exécutif d'entraver l'exécution d'une décision passée en force de chose jugée, sous le prétexte qu'elle est le résultat d'une erreur du juge. Toutefois, par dérogation au principe de l'irrévocabilité de la chose jugée, la loi admet, dans des cas exceptionnels et limités, un recours en *révision* de l'arrêt de condamnation, c'est-à-dire un nouvel examen *du fond* de cet arrêt.

Mais, pour que la *chose jugée* puisse être remise en question, il faut que l'arrêt, dont l'autorité y met obstacle, soit auparavant anéanti. La révision, de même que la *requête civile*, avec laquelle elle présente une grande analogie, comprend donc deux opérations distinctes : le *rescindant* et le *rescisoire*. La première, qui est toujours déférée à la chambre criminelle de la Cour de cassation, consiste à vérifier l'existence de la cause de révision et à annuler, s'il y a lieu, l'arrêt de condamnation. L'autre, qui devrait toujours rentrer dans les attributions des tribunaux ordinaires de répression, puisqu'elle soulève une question de culpabilité, a, pour objet d'examiner et de juger de nouveau le procès.

640. Dans notre ancien droit, rien ne venait limiter les demandes en révision. On admettait, comme pouvant donner ouverture à ce recours, *toutes les erreurs* qui viciaient une sentence criminelle. On affranchissait l'octroi des lettres de révision de toutes conditions de formes ou de délais. L'Assemblée constituante supprima le recours en révision, comme elle avait supprimé le recours en grâce. Ce contraste entre notre ancien droit et le droit nouveau s'explique. On remarque, en effet, que l'autorité de la chose jugée est d'autant plus inébranlable dans un pays, que l'organisation des juridictions et de la procédure pénale y donne de meilleures garanties contre les erreurs judiciaires. Dans notre ancien droit, où les accusés étaient jugés sur une instruction écrite, sur des preuves légales et par des juges permanents, les décisions judiciaires n'avaient pas le même caractère de certitude qu'elles ont aujourd'hui : aussi, le législateur, avec la conscience des vices de son système, avait dû affranchir de toute limite et de toute condition une révision, que rendait, du reste, toujours possible une procédure écrite, conservée et classée au greffe de chaque juridiction. Dans le droit nouveau, avec le débat public, oral, contradictoire, avec l'institution du jury, qui donnait à l'accusé des juges toujours impartiaux, le législateur avait, au contraire, rejeté un recours qui semblait une atteinte au principe de l'immutabilité des décisions du jury et qu'il était, du reste, difficile d'employer à la suite de la procédure orale.

Le Code de 1808 essayant, sur ce point, comme sur tant d'autres, une équitable transaction entre deux systèmes opposés, rétablit une procédure de révision, mais avec une application plus restreinte que dans notre ancien droit. Les articles 443 à 447, qui contiennent son système, ont été modifiés par la loi du 29 juin 1867 qui nous régit aujourd'hui.

641. Cette loi a maintenu les trois cas de révision prévus et définis dans les anciens articles 443 à 445, et n'en a point établi d'autres : les modifications qu'elle a introduites ont consisté à étendre les limites de leur application, en admettant la révision, d'une part, au profit des *condamnés correctionnels*, et, d'autre part, au profit des *condamnés décédés*. C'est à ces divers points de vue que nous allons nous placer pour étudier les conditions de la révision.

A. Aux termes de l'article 443, les cas de révision sont au nombre de trois : dans le premier, l'erreur a porté sur l'*existence* du crime; dans le second, sur l'*individualité* du condamné; dans le troisième, sur les *preuves* produites contre lui.

a) Après une condamnation pour homicide, des pièces sont représentées, propres à faire naître de suffisants indices sur l'existence de la prétendue victime de l'homicide; dans ce cas, la chambre criminelle de la Cour de cassation procède directement elle-même à des mesures d'instruction, ou charge, par commissions rogatoires, d'autres autorités d'y procéder (art. 445) : et, si l'existence de la prétendue victime est établie, postérieurement à l'arrêt de condamnation, elle casse cet arrêt.

b) Un individu a été condamné pour avoir commis un crime ou un délit. Un autre individu a été condamné, par un autre arrêt, pour le même fait, et il ressort, de chaque arrêt, que le crime ou le délit a été commis par une seule et même personne[1]. Les deux décisions judiciaires sont évidemment inconciliables, et la contradiction qu'elles présentent est la preuve de l'innocence de l'un ou de l'autre des deux condamnés : mais duquel? La révision, dans ce cas d'ouverture, exige toujours un examen du *fond* de l'affaire. Nous verrons que le droit d'y procéder appartient, tantôt à la Cour de cassation elle-même, tantôt à la juridiction pénale ordinaire qu'elle désigne.

c) Un des témoins entendus a été, postérieurement à la condamnation, poursuivi et condamné pour faux témoignage contre l'accusé ou le prévenu : si l'erreur de la condamnation ne résulte pas nécessairement, dans ce cas, d'un faux témoignage, depuis reconnu et puni, du moins, ce fait est assez grave pour faire craindre que l'accusé ait été victime d'une calomnie. Il est nécessaire, pour que, en ce cas, la demande en révision soit recevable : 1° que le faux témoignage ait été découvert *après la condamnation*; 2° que le témoin ait été *condamné* par un arrêt passé en force de chose jugée pour faux témoignage contre l'accusé. Si donc le témoin suspect est décédé, au cours de la poursuite en faux témoignage, s'il a prescrit contre l'action, la révision est impossible.

B. La loi de 1867 ouvre la révision, dans les trois cas que nous venons d'énumérer, en matière *correctionnelle* comme en matière criminelle. Déjà, la jurisprudence, malgré l'opposition presque unanime des auteurs, était entrée dans cette voie. Du reste, la révision ne peut avoir lieu, en matière correctionnelle, aux termes de l'article 444, § 2, que pour une condamnation « *à l'emprisonnement ou pour une condamnation prononçant ou emportant l'interdiction, soit totale, soit partielle, de l'exercice des droits civiques, civils et de famille* ». Ainsi, tous les jugements qui laissent une flétrissure, quelque légère qu'elle soit, peuvent être soumis à une révision[2].

[1] Comp., pour des exemples : Cass., 23 avril et 11 juin 1869 (S. 70, 1, 139 et 140); 18 avril 1878 (S. 78, 1, 435); 6 mai 1881 (S. 82, 1, 90),

[2] Le pourvoi en révision de deux condamnations correctionnelles, qui ont été prononcées pour le même délit et qui seraient inconciliables, n'est-il recevable, lorsqu'il est formé sur l'ordre du ministre de la justice, qu'autant que l'une et l'autre de ces

C. La loi de 1867, et c'est là sa principale innovation, admet la révision, même après le *décès* du condamné, alors qu'une procédure contradictoire, un débat complet et décisif ne sont plus possibles (art. 444)[1].

La voie de la révision est ouverte, dans les mêmes conditions, « quelle que soit la juridiction qui ait statué », qu'il s'agisse d'une juridiction ordinaire, comme une cour d'assises, ou d'une juridiction exceptionnelle, comme un conseil de guerre.

642. La révision, étant considérée comme un acte de haute administration, n'était admise, d'après le Code de 1808, qu'autant qu'elle était provoquée par le ministre de la justice. La loi du 29 juin 1867 a modifié, à ce point de vue encore, l'article 444, qui porte : « Le droit de demander la révision appartiendra : 1° *au ministre de la justice;* 2° *au condamné;* 3° *après la mort du condamné, à son conjoint, à ses enfants, à ses parents, à ses légataires universels ou à titre universel, à ceux qui en ont reçu de lui la mission expresse* ». Toutefois, la Cour de cassation n'est jamais saisie que par le procureur général, agissant comme intermédiaire forcé du ministre de la justice; mais l'intervention du ministre, qui est facultative quand elle s'exerce d'office, cesse de l'être quand elle s'exerce à la requête des parties intéressées (art. 444, § 3). C'est en ce dernier point que la législation du Code de 1808 a été modifiée.

condamnations, et non pas seulement l'une des deux, ont appliqué la peine de l'emprisonnement ou sont de nature à entraîner l'interdiction, soit totale, soit partielle, de l'exercice des droits civiques, civils et de famille? La question est posée, mais non résolue, dans un arrêt de la Cour de cassation du 20 février 1868 (D. 68, 1, 93).

[1] Cette disposition a permis à la fille de Lesurques de porter, en 1868, devant la chambre criminelle de la Cour de cassation, une demande en révision de l'arrêt du tribunal criminel de Paris du 13 thermidor an IV qui avait condamné son père à la peine de mort comme coupable d'avoir assassiné, de concert avec Couriol et Bernard, le courrier et le postillon de la malle de Paris à Lyon. Elle soutenait que cet arrêt était inconciliable avec les arrêts du 17 germinal an V, du 10 vendémiaire an VI, du 1er nivôse an IX et du 28 pluviôse an XII, qui avaient condamné, pour le même fait. Dutrochat, Vidal, Dubosc et Beroldy, attendu que, du rapprochement de ces décisions, il résultait que le crime avait été commis par cinq individus, et que, cependant, il était constant que, indépendamment de Bernard, condamné pour complicité, six personnes avaient été successivement poursuivies et condamnées, comme auteurs de ce crime. — Ce pourvoi a été rejeté : le droit exceptionnel de révision n'étant ouvert qu'autant que la Cour de cassation reconnaît préalablement et déclare que la condamnation qui lui est déférée se trouve en contradiction, non pas avec des dépositions de témoins et d'autres documents du procès, mais essentiellement avec une autre condamnation portant sur le même fait et qui soit inconciliable avec elle. Or, dans l'espèce qui était soumise à la Cour de cassation, cette contradiction ne paraissait pas exister : Cass., 17 déc. 1868 (D. 69, 1, 41).

La demande des parties privées n'est soumise à aucun délai fatal dans le premier cas de révision : en effet, la vie de la victime qu'on croyait homicidée est un fait matériel, toujours facile à vérifier, et, à quelque date qu'on l'établisse, il suffira pour faire tomber la condamnation dont l'erreur est ainsi démontrée. Mais cette demande doit, au contraire, dans les deux autres cas, être formée dans les *deux ans*, à partir de la deuxième des condamnations inconciliables ou de la condamnation du faux témoin (art. 444, § 4). En effet, le caractère inconciliable des deux arrêts ou la condamnation d'un faux témoin ne fait qu'autoriser un nouveau débat, où doivent se reproduire toutes les preuves antérieures qui militent en faveur de l'accusé ou contre lui : il ne faut pas que le temps puisse affaiblir ou faire disparaître ces preuves; et la loi a dû limiter à un délai fatal l'exercice de la demande en révision dans l'un et l'autre cas.

Les pièces sont transmises à la Cour, en cas de pourvoi en révision, comme en cas de pourvoi en cassation, par l'intermédiaire du ministre de la justice. L'article 444, § 5, dispose que, « *dans tous les cas, l'exécution des arrêts ou jugements dont la révision est demandée sera de plein droit suspendue sur l'ordre du ministre de la justice, jusqu'à ce que la Cour de cassation ait prononcé, et ensuite, s'il y a lieu, par l'arrêt de cette Cour statuant sur la recevabilité* ». Cette règle de l'effet *suspensif* du pourvoi en révision ne s'applique naturellement qu'au cas où les jugements ou arrêts sont en cours d'exécution; si le condamné a subi sa peine ou s'il est décédé, il ne peut être question de sursis.

643. La Cour de cassation doit d'abord examiner la *recevabilité du pourvoi*. Si le pourvoi n'est pas recevable, c'est-à-dire s'il ne rentre pas dans les cas de révision prévus par la loi, ou s'il n'a pas été formé dans les délais ou avec les formalités légales, la Cour de cassation rend un arrêt de rejet. Après avoir apprécié la recevabilité du pourvoi, la Cour doit apprécier la *recevabilité de l'action* : par exemple, examiner, dans le premier cas de révision, les preuves qui démontrent l'existence de la personne prétendue homicidée, postérieurement à la condamnation. Pour faire ces appréciations de fait, qui sortent de ses attributions ordinaires, la loi a dû investir la Cour de cassation du droit de procéder à toutes les mesures d'instruction, soit par elle-même, soit par commissions rogatoires (C. inst. cr., art. 445, § 1). Ces vérifications faites, la Cour prononce sur la recevabilité de l'action. Si cette action n'est pas recevable, elle rend un arrêt qui termine la procédure. Si cette action est recevable, de deux choses l'une : ou elle renvoie devant de nouveaux juges, en fixant les questions à résoudre, s'il peut être procédé à de nouveaux débats contradictoires (art. 445); ou bien elle statue, elle-même : 1° lorsqu'il ne peut être procédé, de nouveau, à des débats oraux entre toutes les parties, notamment en cas de décès, de contumace ou de défaut d'un ou de plusieurs condamnés, de prescription de l'action ou de celle de la peine (art. 446)[1]; 2° dans le cas prévu par le § 1er de l'article 443, si l'annulation de l'arrêt ne laisse rien subsister qui puisse être qualifié crime ou délit.

La révision, quand elle est admise, fait tomber l'arrêt ou le jugement de condamnation. Mais la juridiction, qui se prononce sur la révision, ne peut accorder, dans son jugement ou son arrêt, des *indemnités pécuniaires* à la victime de l'erreur judiciaire[2]. Elle puise seulement, dans l'article 1037 du Code de procédure civile, le droit d'ordonner, à titre de mesure réparatrice, l'affiche de cette décision dans tous les lieux où elle estime qu'il soit utile de la faire publier[3].

[1] Cette attribution exceptionnelle, dont la chambre criminelle est investie par la loi de 1867, est fort remarquable. On en a donné pour raison que le jury et les juges correctionnels sont habitués à se prononcer à la suite d'un débat oral et contradictoire; or, dans notre cas, le jugement ne peut avoir lieu que sur pièces. Mais si le caractère des preuves est modifié, il n'en est pas moins vrai que le fond du débat ne change pas, et qu'il s'agit toujours d'une question de *culpabilité*, qui rentre, par sa nature même, dans la compétence des juridictions ordinaires. Comp. : Faustin Hélie, t. VIII, n° 4053; Ortolan, t. II, n° 2083.

[2] Dans la discussion de la loi de 1867 devant le Corps législatif, il a été entendu que la restitution des frais de justice criminelle, auxquels l'accusé, reconnu innocent sur la procédure de révision, avait été condamné, serait de droit; mais les amendements, tendant à faire insérer dans la loi le principe d'une indemnité au profit de l'innocent injustement condamné, ont été repoussés. Comp. : Ortolan, t. II, n° 2386; Faustin Hélie, t. VIII, n° 4054; Bernard, *De la réparation des erreurs judiciaires* (*Rev. crit.*, 1870, pp. 261 et 481).

[3] *Sic*, Cass., 21 nov. 1868 (D. 69, 1, 386); 14 mai 1874 (D. 75, 1, 186).

TITRE IV.

LA SENTENCE ET SON EXÉCUTION.

644. La sentence irrévocable, qui termine le procès pénal, produit un double effet : un effet *négatif*, elle éteint, ou, plutôt, elle épuise, par la chose jugée, le droit d'*action*; un effet *positif*, elle fait naître le droit d'*exécution*.

CHAPITRE PREMIER.

DE L'AUTORITÉ DE LA CHOSE JUGÉE EN MATIÈRE PÉNALE.

645. Lorsqu'une décision judiciaire a traversé les diverses phases d'examen auxquelles elle est soumise, elle est couverte par une présomption de vérité, qui ne permet plus de remettre en question ce qui a été jugé.

Pour déterminer les limites de cette présomption, nous étudierons : 1° l'influence de la chose jugée au criminel sur l'action publique; 2° celle de la chose jugée au civil sur l'action publique; 3° celle de la chose jugée au criminel sur les intérêts civils.

SECTION PREMIÈRE.

De l'autorité de la chose jugée au criminel sur l'action publique.

646. Quelles sont les décisions qui produisent la chose jugée? Quels sont les effets de la chose jugée? A quelles conditions l'exception de chose jugée est-elle opposable?

647. I. **Des décisions qui produisent la chose jugée.** — Pour qu'une décision sur l'action publique ait force de chose jugée, il faut qu'elle *termine le procès*, c'est-à-dire qu'elle ne puisse *pas* ou ne puisse *plus* être attaquée par les voies légales; mais il n'est pas nécessaire qu'elle soit rendue conformément à la loi. En effet, un jugement peut être *irrégulier*, et cependant acquérir force de chose jugée : il suffit pour cela, que la loi ne donne aucun moyen de le faire réformer[1], ou que les voies de recours, qu'elle ouvre aux parties, leur soient fermées, parce qu'elles n'ont pas été suivies et ne peuvent plus l'être. Ainsi, il importe peu qu'une décision émane d'une juridiction illégalement composée ou incompétente, qu'elle contienne une fausse application de la loi pénale, qu'elle ait été rendue à la suite d'une procédure dans laquelle des formalités substantielles ou prescrites à peine de nullité ont été omises : si cette décision n'est pas attaquable ou ne peut plus être attaquée, elle a force de chose jugée, et l'action publique, qu'elle *épuise*, ne peut plus être exercée[2]. Cette observation faite, nous n'avons rien à ajouter de plus sur ce point, car nous savons quelles sont les décisions qui se prononcent sur l'action publique, et à quel moment elles deviennent irrévocables.

648. II. **Des effets de la chose jugée.** — Le procès pénal pouvant suivre deux ordres de juridiction, je dois me placer, pour étudier les effets de la chose jugée, au double point de vue des décisions des juridictions d'instruction et de celles des juridictions de jugement.

649. I. Les décisions des juridictions d'instruction, qui terminent la procédure engagée devant elles, se divisent, en ordonnances ou arrêts de *non-lieu*, ordonnances ou arrêts de *renvoi*. Voyons quels sont les effets des unes et des autres.

650. A. Si l'inculpé est renvoyé de toute poursuite par une ordonnance ou un arrêt de *non-lieu*, il ne peut plus être repris ni poursuivi à raison du même fait, quand même ce fait serait qualifié autrement, à moins qu'il ne survienne de nouvelles charges.

a) Ainsi, je dis d'abord que, tant qu'il ne survient pas de nouvelles charges, le *fait matériel*, reproché à l'inculpé, ne peut être l'objet d'une *incrimination* quelconque. En effet, les juridictions d'instruction, saisies d'une affaire, doivent la considérer sous toutes ses faces, l'examiner sous tous les rapports qu'elle peut avoir avec la loi

[1] Il en est ainsi de l'ordonnance d'acquittement (C. inst. cr., art. 360 et 409).

[2] C. inst. cr., art. 409; L. 21 nov. 1872 sur le jury, art. 1er. Comp. : Bordeaux, 25 juin 1858 (S. 58, 2, 545); Rouen, 18 avril 1878 (S. 80, 1, 148).

pénale. Elles ne rendent donc une décision de non-lieu, qu'autant que le fait, tel qu'il résulte de l'information, ne constitue ni un crime, ni un délit, ni une contravention imputable au prévenu; de sorte que, les choses demeurant en l'état, le *fait matériel*, qui a donné lieu à une décision de cette nature, ne saurait être poursuivi sous une autre qualification sans qu'il y ait échec à la chose jugée.

b) Mais de *nouvelles charges* surviennent : par exemple, des témoins, qui n'avaient pas été entendus dans l'instruction, affirment la culpabilité de l'inculpé : alors, on peut et on doit autoriser la reprise de la poursuite; car les charges nouvelles constituent, en s'ajoutant aux anciennes, un *nouvel état* de l'instruction, auquel ne s'applique plus la décision qui a été rendue.

Ainsi, les ordonnances ou arrêts de non-lieu n'ont qu'une *autorité provisoire*, et ne protègent l'inculpé que *conditionnellement*, tant qu'il ne survient pas de nouvelles charges. Ce principe n'est formulé par la loi que pour une hypothèse spéciale. D'après l'art. 246, C. inst. cr., le prévenu, « *à l'égard duquel la cour d'appel* (chambre des mises en accusation) *aura décidé qu'il n'y a pas lieu au renvoi à la cour d'assises, ne pourra plus y être traduit à raison du même fait, à moins qu'il ne survienne de nouvelles charges* ». Mais cette disposition s'étend à tous les cas auxquels s'applique le principe général qui lui sert de base. Aussi est-il reconnu, sans difficulté, que le *prévenu*, à l'égard duquel, soit la chambre d'accusation, soit le juge d'instruction, ont décidé qu'il n'y avait pas lieu de suivre, ne peut être mis en jugement devant aucune juridiction à raison du même fait, tant que les charges restent dans le même état.

Quelles conséquences pratiques devons-nous tirer de ce principe? Supposons qu'un homicide ayant été commis, l'individu, contre lequel une instruction a été ouverte à raison de ce fait, ait bénéficié d'une ordonnance ou d'un arrêt de non-lieu : cet individu n'est pas *acquitté*, l'action publique n'est pas *éteinte*, ni même *suspendue*. Les officiers de police judiciaire ont le droit et le devoir de reprendre ou, si l'on veut, de continuer l'information, lorsqu'ils estiment pouvoir découvrir de nouveaux indices de culpabilité. Mais l'ordonnance ou l'arrêt de non-lieu arrête la *poursuite* et la *mise en jugement* de celui qui en a bénéficié, tant qu'il ne survient pas de nouvelles charges. 1° Par conséquent, il ne peut être soumis à un interrogatoire; il ne peut être l'objet d'un mandat d'arrestation, ou de visites domiciliaires, que sur un réquisitoire écrit du procureur de la République, visant les charges nouvelles que ce magistrat prétend avoir été déjà découvertes[1]. 2° D'un autre côté, les juridictions d'instruction ne peuvent le renvoyer devant une juridiction de jugement, qu'en précisant et spécifiant, dans l'ordonnance ou l'arrêt de renvoi, les charges nouvelles qui paraissent résulter de la seconde instruction[2].

L'article 247 indique, du reste, d'une manière simplement *énonciative*, ce qu'on doit entendre par charges nouvelles. Ce sont, suivant les expressions de ce texte, « *les déclarations des témoins, pièces et procès-verbaux qui, n'ayant pu être soumis à l'examen de la cour d'appel, sont cependant de nature, soit à fortifier les preuves que la cour aurait trouvées trop faibles, soit à donner aux faits de nouveaux développements utiles à la manifestation de la vérité* ». Ainsi, on entend par nouvelles charges, les preuves concernant l'existence du fait matériel, de toutes les circonstances qui s'y rattachent, ainsi que de la culpabilité de l'auteur, qui, n'ayant pas été produites devant la juridiction d'instruction, n'ont pu être appréciées par elle, et exercer, par conséquent, une influence sur sa décision.

Les ordonnances ou arrêts de non-lieu des juridictions d'instruction sont ordinairement motivés, *en fait*, sur l'insuffisance des charges; mais ils peuvent déclarer, soit que le fait de la prévention n'est pas punissable, soit que l'action publique est éteinte, soit que le fait n'est pas pénalement imputable à l'inculpé. Les décisions motivées de cette manière n'ont, en principe, rien de plus définitif que les décisions motivées sur l'insuffisance des charges; l'autorité des unes et des autres est *provisoire*, car la survenance de nouvelles charges peut modifier l'aspect de l'affaire, au point de transformer, par exemple, en crime, en délit ou en contravention, ce même fait, qui, d'abord, avait paru indifférent au juge d'instruction ou à la chambre d'accusation. Cependant, si les ordonnances ou arrêts de non-lieu sont fondés sur un *motif indépendant des charges produites contre l'inculpé*, de sorte que la survenance de nouvelles charges ne puisse avoir aucune influence sur l'aspect de l'affaire, leur autorité est définitive. C'est ce

[1] Cass., 24 juillet 1874 (D. 75, 1, 188); 27 janv. 1870 (D. 70, 1, 442); 15 janv. 1875 (D. 75, 1, 284).

[2] Le prévenu, au bénéfice duquel est intervenu une ordonnance ou un arrêt de non-lieu fondé sur l'insuffisance des charges, a-t-il le droit, en présentant de nouvelles preuves directes, de faire reprendre l'instruction et d'obtenir une ordonnance ou arrêt de non-lieu, décidant qu'il n'y a lieu de suivre pour inexistence du délit? Je ne vois pas, je l'avoue, par quel moyen, il forcerait le magistrat instructeur à reprendre l'affaire. V. sur la question : VACCA (*Rivista penale*, 1880, t. XII, p. 168).

qui arrive, par exemple, si la décision déclare que l'action publique est éteinte et que, pour ce motif, il n'y a pas lieu de suivre. A la vérité, des circonstances, ignorées lors de la décision, et plus tard révélées, peuvent démontrer, par exemple, qu'il n'y avait pas chose jugée, ou que la loi d'amnistie, visée à tort, ne couvrait pas le fait poursuivi, mais ces circonstances ne sont pas de nouvelles charges; elles constituent simplement la révélation d'une *erreur* du juge, erreur, qui, étant couverte par la chose jugée, ne peut motiver ni la mise en jugement de l'inculpé, ni même la reprise de la poursuite. Toutefois, cette règle souffre exception, quand l'ordonnance ou l'arrêt de non-lieu a admis, comme couvrant le fait, une prescription moins longue que la prescription de dix ans : si de *nouvelles charges* surviennent, telles que la révélation d'une circonstance aggravante ignorée lors de la poursuite, et qu'elles modifient la nature du fait, de manière à donner le caractère de *crime* à ce qui n'était apparu que comme un délit, la décision, qui déclarait le délit *prescrit*, ne fera pas obstacle à la reprise de la poursuite contre le même fait qualifié *crime*.

651. B. Les ordonnances ou arrêts de renvoi *saisissent* les juridictions criminelles, correctionnelles ou de police, mais n'ont aucune influence sur le jugement de l'action publique. En un mot, les juridictions de jugement doivent former leur conviction, indépendamment de l'opinion qu'ont pu avoir les juges qui leur ont renvoyé l'affaire. Ce principe, qui n'est formulé nulle part d'une manière expresse, résulte de l'ensemble des dispositions de la loi. Il s'explique par une double considération. 1° Les juridictions d'instruction sont appelées à examiner s'il y a lieu ou non de mettre en prévention ou en accusation un inculpé; l'autorité, qui s'attache à la décision, par laquelle elles renvoient le prévenu ou l'accusé devant le tribunal de police simple ou correctionnelle ou devant la cour d'assises, est donc circonscrite par son *objet* même : elle a pour unique effet de saisir les tribunaux de répression. Sur ce point, il y a, sans doute, autorité de chose jugée, et le ministère public ne peut, ni s'abstenir de saisir ces tribunaux, ni en saisir d'autres. Mais il n'appartient pas aux juridictions d'instruction de juger la cause, puisqu'elles ne sont pas instituées dans ce but. 2° De plus, les décisions des juridictions d'instruction sont rendues sur des *charges*, des *présomptions*, après une instruction écrite, secrète, sans défense contradictoire, à laquelle la juridiction de jugement va susbtituer un débat oral, public et contradictoire. Ce serait rendre illusoires toutes les garanties de la procédure, que de donner à ces décisions une autorité quelconque sur les décisions des juridictions de jugement.

Le principe même de l'indépendance des tribunaux de répression, par rapport à l'ordonnance ou à l'arrêt de renvoi qui les saisit, n'est pas contesté. Mais il reste à l'appliquer.

L'ordonnance ou l'arrêt de renvoi pose et résout affirmativement quatre questions : L'action publique est-elle recevable? Le fait est-il une infraction, et quelle infraction? Est-il pénalement imputable à l'inculpé? Tel tribunal est-il compétent? Eh bien, sur aucun de ces points, la décision de la juridiction d'instruction n'entrave le droit de la juridiction de jugement, d'examiner et de résoudre dans un sens opposé les questions de *recevabilité* de l'action publique, de *qualification* du fait, de *culpabilité* et de *compétence*[1].

1° Ainsi, le juge d'instruction a renvoyé, devant le tribunal correctionnel, un individu, comme prévenu de vol, en écartant l'exception de *prescription* qui avait été invoquée dans l'instruction : le tribunal correctionnel a le devoir d'examiner, même d'office, l'exception rejetée et de l'admettre, si elle est fondée[2].

2° Ainsi encore, les juges ne sont pas liés par la *qualification* qu'a donnée au fait incriminé l'ordonnance ou l'arrêt de renvoi, et ils peuvent juger et condamner le prévenu pour *une autre infraction*, pourvu que la qualification nouvelle soit implicitement contenue dans les faits visés par l'ordonnance ou l'arrêt. Supposons même que l'inculpé ait contesté la qualification du fait incriminé, en prenant, devant la chambre d'accusation, des conclusions tendant à faire juger que, tel qu'il est incriminé par l'accusation, il ne constitue ni *crime* ni *délit*, si la chambre repousse cette exception, l'accusé, qui ne s'est pas pourvu, ou qui s'est pourvu, mais dont le pourvoi a été repoussé, sera encore admissible à venir soulever la même question devant la cour d'assises[3]. Vis-à-vis de la juridiction de renvoi, la qualification n'est

[1] *Sic*, Cass., 22 janv. 1881 (S. 82, 1, 142); Alger, 12 mai 1881 (S. 82, 2, 64). *Adde*, Faustin Hélie, t. V, n° 2315; t. VI, n° 2854.

[2] En sens contraire : Trébutien, t. II, p. 304. Mais le système de cet auteur aboutirait, s'il devait être admis, à donner aux décisions des juridictions d'instruction, qui ne sont rendues qu'à titre provisoire, le pouvoir d'investir les cours et tribunaux du droit de connaître d'un fait qui ne donne pas ou qui ne donne plus ouverture à l'action publique. Il n'appartient qu'aux juridictions de jugement de décider, d'une manière définitive, la question de savoir si l'action publique est ou n'est pas recevable.

[3] En sens contraire : Dramard, *De l'autorité des arrêts de mise en accusation en ce*

et ne peut être que *provisoire*. L'exception, soulevée par l'accusé dans l'instruction, a seulement pour but d'éviter une mise en accusation.

3° Ainsi encore, le tribunal correctionnel ou de police, auquel le prévenu a été renvoyé, peut et doit l'acquitter, si, par les débats, les juges ont acquis la conviction qu'il n'est pas coupable. L'arrêt de renvoi ne lie pas non plus le jury en ce qui concerne la culpabilité : celui-ci peut déclarer l'accusé non coupable du fait qui lui est imputé par l'arrêt de mise en accusation.

4° En ce qui concerne la compétence de la juridiction de renvoi, il faut faire une distinction essentielle entre les cours d'assises, d'une part, les tribunaux de police simple et correctionnelle, d'autre part. Si l'arrêt de renvoi, qui la saisit, ne lie pas la cour d'assises au point de vue de la *qualification* des faits, il la lie, du moins, au point de vue de la *compétence*, en ce sens que la cour d'assises, saisie par la chambre d'accusation, ne peut se refuser de juger, encore que le fait dégénérerait en délit ou en contravention, et qu'elle ne serait ni la cour d'assises du lieu du délit, ni celle du domicile de l'inculpé, ni celle du lieu de l'arrestation. Au contraire, les tribunaux de police correctionnelle ou de police simple, saisis par une ordonnance ou un arrêt de renvoi, ne sont pas liés par cet acte, qui est *indicatif* et non *attributif* de compétence vis-à-vis d'eux. La compétence est d'ordre public, et tout juge a le droit et le devoir de vérifier la sienne pour ne pas dépasser la mesure de son pouvoir. Alors même que l'ordonnance ou l'arrêt de renvoi aurait *expressément* écarté une circonstance, qui donnait au fait, soit le caractère d'un crime, soit celui d'un délit, je crois donc que le tribunal de police correctionnelle ou de police simple, doit se déclarer incompétent, si le fait, tel qu'il résulte des débats, prend le caractère, soit de crime, soit de délit. C'est sur l'instruction orale et contradictoire, en effet, et non sur l'instruction écrite et ses résultats, que les juridictions répressives forment leur conviction, tant au point de vue de la compétence, qu'au point de vue de la culpabilité (C. inst. cr., art. 160, 182, 192, 193)[1].

652. II. La loi attache à la chose jugée par les juridictions de jugement une *présomption de vérité*, qui ne permet plus de remettre en question ce qui a été irrévocablement décidé. Mais cette présomp-

qui concerne la qualification. Conséquences du défaut de pourvoi (*Rev. gén. du droit*, 1882, t. VI, p. 43 à 59).

[1] *Sic*, Cass., 22 janv. 1881 (S. 82, 1, 142). V. cependant : Le Sellyer, *op. cit.*, t. I, n° 57.

tion, qui est absolue en matière civile, devrait avoir des limites en matière pénale. On comprend, en effet, que la chose jugée fournisse à l'inculpé une exception péremptoire contre toute nouvelle poursuite : si donc l'inculpé a été acquitté, on comprend qu'il ne puisse plus être repris ni accusé en raison du même fait, quand même des preuves, nouvellement découvertes, constateraient sa culpabilité avec évidence; s'il a encouru une condamnation, qu'il ne puisse être poursuivi par le ministère public, soit à l'effet d'obtenir une double peine contre lui, soit dans le but de faire aggraver la peine prononcée : en effet, la maxime *non bis in idem* est une garantie sociale nécessaire. L'action publique doit être épuisée toutes les fois qu'elle a abouti à une sentence irrévocable. Mais, s'il est rationnel que la chose jugée en matière répressive protège les citoyens qui ont subi l'épreuve d'un jugement, il n'est pas juste qu'elle leur nuise. La peine n'est légitime, en effet, que si elle est méritée; et l'innocent, injustement condamné, prêt à démontrer qu'il n'est pas coupable, devrait, dans une législation rationnelle, être indéfiniment admis à réclamer l'infirmation de l'arrêt ou du jugement qui l'a frappé. Telles sont les solutions rationnelles; notre législation positive en a-t-elle tenu compte ?

Nulle part, le principe de l'irrévocabilité de la chose jugée n'est formulé par le Code d'une manière générale : les seuls textes, qui en contiennent l'application, c'est-à-dire les articles 246 et 360, le présentent comme une garantie, comme un moyen de défense, faisant obstacle à toute poursuite ultérieure dirigée contre l'individu qui aurait été renvoyé d'accusation, soit par la chambre des mises en accusation, soit par la cour d'assises. Mais il n'est pas douteux que le principe de l'irrévocabilité de la chose jugée soit admis dans notre législation, non-seulement dans l'*intérêt* des prévenus et accusés, mais encore à leur *préjudice*. Le législateur n'a pas cru utile de formuler, d'une manière expresse, une règle généralement reconnue; mais l'institution même de la procédure de révision ne peut laisser aucun doute sur son existence.

Trois moyens sont cependant donnés au condamné pour réparer les conséquences des erreurs judiciaires commises à son préjudice.

1° D'abord, les jugements et arrêts sont susceptibles d'*annulation*, au profit de ceux qui ont été condamnés d'une manière illégale, par suite d'une *erreur de droit*, sur le pourvoi du procureur général à la Cour de cassation, mais seulement d'après l'ordre donné par le garde-des-sceaux (C. inst. cr., art. 441).

2° Ces jugements ou arrêts sont encore susceptibles de *révision*, dans certaines circonstances et dans certaines conditions, au profit de ceux qui ont été condamnés par suite d'une *erreur de fait*.

3° Enfin, si ces deux moyens de recours ne suffisent pas, ou ne sont pas ouverts, il ne reste au condamné qu'à se pourvoir en *grâce* auprès du chef de l'État : mais l'exercice du droit de grâce laisse subsister la condamnation et les conséquences qui en résultent.

653. III. **De l'exception de chose jugée.** — De la chose définitivement jugée, résulte une *exception d'ordre public*, qui doit empêcher, si elle est prouvée, la mise en prévention ou en accusation, et arrêter la poursuite, à quelque degré qu'elle soit parvenue[1].

Mais, pour que la décision, invoquée comme créant un obstacle insurmontable à toute poursuite, produise cet effet, le concours de plusieurs conditions est indispensable. L'exception de chose jugée en matière répressive suppose, en effet, comme en matière civile, l'identité d'*objet*, l'identité de *cause* et l'identité de *personne*, entre l'action qui a abouti à une décision définitive et celle qu'on veut recommencer. J'examinerai successivement chacune de ces conditions.

654. I. L'*objet* d'une action, c'est la chose demandée : l'article 3 C. inst. cr., en définissant l'action publique « *celle qui a lieu pour l'application de la peine* », indique que la *punition* du coupable est l'objet de cette action. La vérification du point de savoir s'il y a identité d'objet entre deux actions ne présente aucune difficulté pratique en matière pénale, car, on ne conçoit guère qu'il puisse venir à l'esprit du ministère public de renouveler une poursuite, soit pour faire punir deux fois le coupable à raison du même fait, soit pour lui faire appliquer une peine plus forte que celle qui a été prononcée contre lui[2].

655. II. La *cause* de la demande, dans l'action publique, se trouve dans le *fait délictueux* qui est imputé à la personne poursuivie. L'autorité de la chose jugée, et, par conséquent, l'épuisement du droit

[1] Cette exception doit être suppléée d'office; elle peut être proposée en tout état de cause, même, pour la première fois, devant la Cour de cassation : Cass., 5 avril 1880 (S. 81, 1, 31); FAUSTIN HÉLIE, t. II, n° 986. Elle constitue une exception préalable, qui doit être jugée avant de continuer la poursuite.

[2] Les poursuites et les décisions disciplinaires ne font pas obstacle aux poursuites et aux décisions pénales à raison du même fait : l'objet des deux poursuites et des deux décisions n'étant pas le même. Comp. : ORTOLAN, t. III, n° 1788; LE SELLYER, *op. cit.*, t. II, n° 677; Cass., 21 déc. 1869 (D. 70, 1, 305); Conseil de rév. gard. nat., 7 janv. 1871 (D. 71, 3, 35).

d'action publique, ne se produit donc que lorsqu'il y a identité entre le fait délictueux déjà jugé et le fait délictueux poursuivi. Mais, la vérification de cette condition peut donner lieu à des difficultés, soit dans l'hypothèse de plusieurs faits délictueux successivement poursuivis, soit dans celle d'un fait unique, de nature à être envisagé sous différentes faces, qui est l'objet de poursuites successives.

A. *Première hypothèse.* — Pour que l'inculpé puisse opposer l'exception de chose jugée, il faut que le fait, à raison duquel il est poursuivi, soit celui-là même qui a motivé la poursuite antérieure. L'action publique peut donc être intentée contre la même personne, pour d'autres faits que ceux qui ont motivé une première poursuite, bien qu'ils soient unis avec ces faits par un lien commun, pourvu qu'ils constituent des infractions *distinctes :* mais elle ne peut pas être intentée, au contraire, si ces faits forment, avec le fait jugé, une infraction *unique*. Les applications de cette règle, dont le principe n'est pas contesté, donnent lieu à de nombreuses difficultés, en cas de délits *collectifs*, de délits *continus*, de délits *connexes*[1].

B. *Seconde hypothèse.* — Un même fait peut contenir *plusieurs infractions* indépendantes l'une de l'autre[2]; ou bien un même fait peut, suivant qu'on l'envisage sous telle ou telle face, constituer *telle* ou *telle infraction*[3]. Il s'agit alors de savoir si la décision, qui statue sur ce fait, couvre le *fait même*, en le purgeant de toutes les incriminations dont il est susceptible, ou bien si elle n'a force de chose jugée, que relativement à la *qualification* qui lui a été donnée dans le jugement. En d'autres termes, faut-il, pour que l'exception de chose jugée soit opposable, qu'il y ait identité de *fait* ou identité d'*incrimination* entre les deux poursuites?

J'ai déjà démontré que le prévenu, en faveur de qui une ordonnance ou un arrêt de non-lieu est intervenu, ne peut plus être repris ni remis en jugement à raison du même *fait*, envisagé sous une autre

[1] Sur ces difficultés : TRÉBUTIEN, t. II, p. 649; HAUS, t. II, nos 1299 à 1304; ORTOLAN, t. II, nos 1783 et 1787.

[2] Par exemple, si, dans l'intention de donner la mort à une femme enceinte, on lui administre du poison qui ne cause que l'avortement de la femme, l'avortement concourt avec un empoisonnement. Ainsi encore, lorsqu'un incendie a causé la mort d'une personne qui, à la connaissance de l'auteur, se trouvait dans les lieux incendiés, le même fait produit deux crimes différents, l'incendie et l'assassinat.

[3] Par exemple, un fait d'homicide peut être, soit un meurtre, soit un homicide par imprudence, soit le crime de coups et blessures ayant occasionné la mort sans intention de la donner.

qualification, tant qu'il ne survient pas de nouvelles charges. Par conséquent, la question que je pose s'élève seulement en ce qui concerne les décisions des juridictions de jugement. Pour l'examiner, comme pour la résoudre, il faut tenir compte, je crois, d'une distinction essentielle, entre les jugements ou arrêts rendus par les tribunaux de police simple et correctionnelle, les arrêts rendus par les cours d'assises et les ordonnances d'acquittement.

a) L'autorité des jugements ou arrêts rendus en matière de police simple ou correctionnelle s'applique au *fait même*, et non pas simplement à la *qualification* qui est donnée à ce fait dans la poursuite et le jugement : en effet, les tribunaux correctionnels ou de police, saisis de la connaissance d'un fait délictueux, soit par citation directe, soit par ordonnance ou arrêt de renvoi, doivent l'examiner sous toutes ses faces, l'apprécier sous tous les rapports qu'il peut avoir avec la loi pénale : leur décision, quelle qu'elle soit, ne laisse donc aucune place à une poursuite nouvelle. Par exemple, un individu a été traduit devant un tribunal correctionnel sous la prévention d'*homicide par imprudence :* s'il est *condamné*, le fait de *l'homicide* ne peut plus être l'objet d'une poursuite, quand même une circonstance, ignorée lors du jugement, imprimerait à ce fait le caractère d'un *meurtre* ou d'un *assassinat;* s'il est *renvoyé de la poursuite*, le fait de l'homicide est également purgé, vis-à-vis de lui, de toutes les incriminations auxquelles il pouvait donner lieu : car, le tribunal, saisi de la prévention, était dans le droit et dans l'obligation d'examiner toutes les circonstances du fait, toutes les qualifications dont il était susceptible, soit pour retenir l'affaire et se prononcer au fond, soit au moins pour se déclarer incompétent et renvoyer le procès à qui de droit. Si certains aspects, certains éléments du fait poursuivi ont été laissés de côté par le tribunal, il en doit être comme à l'égard des éléments de preuve qui ne surgiraient qu'après coup. Le ministère public avait le devoir de *tout poursuivre*, le tribunal, celui de *tout juger :* la sentence, devenue inattaquable, épuise *définitivement* de droit l'action publique.

b) En cour d'assises, le procès peut aboutir à une condamnation, une absolution ou un acquittement. Il est certain que l'autorité des *arrêts de condamnation* ou d *absolution*, rendus par la cour d'assises, est absolue, et que l'accusé, condamné ou absous, ne peut plus être poursuivi ni jugé à raison du même fait qualifié autrement. Lorsque le jury a déclaré l'accusé coupable, il est, en effet, du devoir de la cour d'assises, qui statue sur l'application de peine, d'examiner si le fait est prévu par une loi et par quelle loi. Que si, dans l'opinion de la cour, le fait n'est incriminé par aucune loi pénale, elle prononce l'absolution de l'accusé; sinon, elle le condamne à une peine, soit criminelle, soit correctionnelle, soit de police. Il est donc évident, puisque l'appréciation du fait, dans ses rapports avec l'ensemble de la législation pénale, a dû être l'objet de l'examen de la cour, que le *même fait*, à raison duquel l'accusé a été condamné ou absous, ne peut plus être repris sous une qualification différente. Mais la même règle, aux termes d'une jurisprudence constante, et que nous croyons fondée, n'est pas applicable en cas d'*acquittement*. La déclaration de non-culpabilité faite par le jury purge l'*accusation*, elle ne purge pas le *fait lui-même*. Il n'y a donc autorité de chose jugée que relativement au fait, *tel qu'il a été qualifié*, et non relativement au fait, *tel qu'il s'est passé*.

Ce principe demande à être démontré, car, si la pratique est unanime pour l'admettre, la doctrine est, au contraire, divisée[1].

c) On sait que le jury est obligé de répondre, par un *oui* ou par un *non*, aux *questions* qui lui sont posées; il commettrait un *excès de pouvoir*, s'il émettait spontanément une déclaration, ou s'il modifiait ou expliquait la déclaration qu'il émet. Dans ce système, ce qui est *décidé* par le jury, c'est simplement ce qui lui est *demandé*, de sorte que, pour déterminer l'autorité qui s'attache à son verdict, il faut examiner tout d'abord quelles questions lui sont posées. C'est unique-

[1] La jurisprudence de la Cour de cassation s'est affirmée, dans ce sens, par une série d'arrêts, dont le plus ancien remonte à 1812, et dont le plus notable est un arrêt du 25 nov. 1841, rendu contrairement aux conclusions du procureur général Dupin. V., dans les *Réquisitoires, plaidoyers et discours de rentrée* de M. Dupin, t. V, p. 39, le réquisitoire précédant cet arrêt. Comp., pour les arrêts plus récents : Cass., 14 août 1875, et (Ch. réunies), 10 janv. 1876 (S. 77, 1, 41). — Dans le sens de cette jurisprudence : Mangin, t. II, p. 360 et suiv.; Trébutien, t. II, p. 644 et suiv. — En sens contraire : Ortolan, t. II, nos 1788 et suiv., nos 2335 et suiv.; Faustin Hélie, t. II, nos 1012 et suiv.; Griolet, *De l'autorité de la chose jugée*, p. 266 et suiv.; Villey, p. 440 et suiv. — Le législateur belge a interprété l'article 360 de notre Code d'instruction criminelle dans le sens que nous lui donnons et que lui donnait, du reste, la jurisprudence belge. Aux termes d'une loi du 21 avril 1850 : « Toute personne acquittée légalement ne pourra plus être reprise ni accusée à raison du même fait *tel qu'il a été qualifié* ». Le législateur français a été plusieurs fois saisi de la question : V. la proposition de loi de M. Parent, ayant pour objet de modifier l'article 360 du Code d'instruction criminelle (*Journ. off.* du 17 février 1879). Cette proposition avait été déjà présentée en 1876 par le même député (*Journ. off.* du 30 mai 1876). Sur cette proposition, comp. : Gonse, *Modification des articles* 337 *et* 360 *C. inst. cr.* (*Rev. crit.*, 1875, p. 18).

ment dans le cercle de ces questions que se renferme sa compétence, et, par conséquent, l'autorité de sa déclaration. Or, d'après le Code de 1791 et celui de brumaire an IV, ce n'était pas seulement telle *incrimination* qui était soumise au jury, mais le *fait* même, dont la matérialité et la moralité devaient être l'objet de questions distinctes et successives. De plus, le président du tribunal criminel *était obligé*, aux termes des articles 373, 374 et 380 du Code de brumaire, de poser au jury, à peine de nullité, les questions qui pouvaient ressortir des circonstances du fait de l'accusation. On comprend, dans ce système de législation, que l'individu, ainsi acquitté, ne pouvait « plus être repris ni accusé à raison du *même fait* ». C'était, en effet, ce que décidait l'article 426 du Code de brumaire; et, dans ce texte, les mots : « *le même fait* » signifiaient, non la même *qualification* ou *accusation*, mais le même *fait matériel*, quelles que fussent les incriminations diverses qui pouvaient en dériver. L'article 360 du Code de 1808 a reproduit et répété les expressions de l'article 426 du Code de brumaire : mais ces expressions ne peuvent avoir, dans le Code de 1808, le sens qu'elles avaient dans le Code de l'an IV. En effet, le système de position des questions au jury a été modifié à un double point de vue : 1° en ce que les divers éléments de la culpabilité ne font pas l'objet de questions distinctes, mais sont réunis en une seule question, de sorte qu'on ne demande pas aux jurés si *tel fait* est constant, mais si l'accusé est *coupable* d'avoir commis *tel crime* (C. inst. cr., art. 337); 2° en ce que le président de la cour d'assises n'est pas tenu de soumettre aux jurés toutes les incriminations dont le fait est susceptible. Sans doute, sous le régime de notre législation, les jurés ne se bornent pas à prononcer sur le fait, tel que l'acte d'accusation l'a qualifié : ils *peuvent* être interrogés *subsidiairement* sur toutes les qualifications dont ce fait est susceptible d'*après les débats*, de sorte que deux espèces de questions leur sont faites : les unes, dont la position est prescrite par la loi à peine de nullité, sont les questions résultant de l'acte d'accusation; les autres, dont la position, purement *facultative*, est laissée à l'appréciation du président ou de la cour, sont les questions résultant des débats, telles que, dans une accusation de *meurtre*, la question d'*homicide par imprudence*, ou celle de *coups et blessures volontaires*, *ayant occasionné la mort*, *sans intention de la donner*. Mais, lorsque le président de la cour d'assises a omis de poser, comme résultant des débats, une question subsidiaire, et que l'accusé a été acquitté de l'accusation dirigée contre lui, l'acquittement purge, non le fait tel qu'il s'est passé, mais le fait tel qu'il a été qualifié; de sorte que la personne légalement acquittée peut être reprise à raison du même fait, qualifié d'une autre manière[1].

656. III. En matiere pénale comme en matière civile, la chose jugée n'a d'effet qu'à l'égard de la personne à laquelle elle s'applique : *Res inter alios judicata, aliis neque nocere neque prodesse potest.* En droit, le ministère public peut donc intenter des poursuites successives, à raison du même fait, quel qu'ait été le résultat de la première poursuite. Ainsi, bien qu'un individu ait été condamné pour tel *meurtre*, un autre individu peut être condamné pour le même crime, sans qu'il puisse invoquer la contradiction qu'il prétendrait exister entre la première condamnation et celle qu'on demande contre lui; sauf l'exercice de la révision, qui est précisément ouverte dans ce cas (C. inst. cr., art. 443, 552). Ainsi encore, lorsqu'un individu a été *acquitté*, un autre individu peut être mis en jugement comme auteur du même fait. Ces solutions sont certaines.

Mais une difficulté se présente dans le cas de coopération de plusieurs agents à la même infraction, soit comme auteurs, soit comme complices. Ce qui caractérise cette situation, c'est qu'il y a *unité de délit* et *pluralité d'agents.* Aussi, toutes les fois que cela est possible, les coauteurs et complices de l'infraction *doivent* être compris dans la même poursuite; mais, cependant, il peut y avoir impossibilité de le faire, par exemple, quand, parmi les coauteurs ou les complices, il en est qui sont en fuite ou restés inconnus. Supposons que les divers *prévenus* ou *accusés* soient traduits ensemble devant la juridiction pénale : il est certain que si l'un d'eux est renvoyé de toute poursuite, par le motif que le fait n'est pas prouvé, ou qu'il ne tombe pas ou ne tombe plus sous le coup de la loi pénale, les autres ne peuvent être condamnés à raison du même fait et dans la même instance. La con-

[1] Au moins devant le *tribunal correctionnel* ou le *tribunal de simple police.* Sans doute, rien n'empêcherait théoriquement, en admettant ce système, de reprendre le même fait, qualifié d'une autre manière et comme crime, devant un autre jury; mais, où prendrait-on, pour ce nouveau procès en cour d'assises, l'acte d'accusation? Le premier a dû être purgé en entier devant la cour d'assises qu'il avait saisie; et la chambre des mises en accusation n'en pourra pas rendre un second, puisqu'elle se trouve définitivement dessaisie, et que le *même fait*, qui a été l'objet de son arrêt, ne peut être repris que s'il survient de *nouvelles charges.* Comp. sur ce point : ORTOLAN, t. II, nº 2337. C'est ce qui explique qu'en pratique aucune poursuite, ayant abouti à un acquittement, n'ait été reprise, devant une cour d'assises, sous une autre qualification.

damnation étant juridiquement impossible dans ce cas, serait-il rationnel, serait-il juste, d'en admettre la possibilité en cas d'instances séparées? Nous ne le pensons pas. Ainsi, lorsqu'un individu, poursuivi pour une infraction, a été acquitté ou absous, par ce motif que le fait n'est pas constant, ou qu'il n'est pas ou n'est plus punissable, nous croyons que ce jugement peut être invoqué par les individus qui sont poursuivis, dans des instances séparées, comme coauteurs ou complices de ce *même fait.* La chose jugée au criminel, contradictoirement avec le représentant de la société et dans l'intérêt social, a un caractère de *vérité absolue.* Aussi, lorsque le moyen de défense est le même dans deux accusations successives, l'exception de chose jugée doit pouvoir être opposée par ceux-là mêmes qui n'ont pas été parties dans la première instance[1].

SECTION II.

De l'influence de la chose jugée au civil sur le jugement de l'action publique.

I. PRINCIPE.

657. Si les deux actions, qui naissent de l'infraction, l'action publique et l'action civile, peuvent être poursuivies en même temps et devant les mêmes juges, elles peuvent aussi l'être séparément, l'action publique devant les tribunaux de répression, l'action civile devant les tribunaux civils. Dans ce cas, lorsque le jugement de l'action civile a précédé la poursuite répressive, ce jugement n'a aucune autorité à l'égard de l'action publique, car il n'y a, entre les deux procès, ni identité d'objet, ni identité de cause, ni identité de parties. Les deux actions n'ont pas le même *objet :* l'action publique tend, en effet, à la punition du coupable, l'action civile à la réparation du dommage. Quoique nées du même fait, elles n'ont pas la même *cause juridique :* l'une naît du fait, considéré comme *délit pénal;* l'autre, du fait, considéré comme *délit* ou *quasi-délit civil.* Saisi de l'action publique, le tribunal se demande si la loi pénale a été violée; saisi de l'action civile, si le fait a causé un dommage. Or, un fait peut porter

[1] *Sic,* FAUSTIN HÉLIE, t. II, n° 1001; HAUS, t. II, n°s 1314 et suiv.; MANGIN, *op. cit.,* n° 400. En sens contraire : ORTOLAN, t. II, n°s 1800 et suiv.

préjudice à autrui sans être *délictueux*, comme il peut constituer un *délit* sans être *dommageable*. De plus, l'agent ne doit être, en principe, reconnu coupable, au point de vue pénal, que s'il a commis le fait avec *intention;* tandis que cette question importe peu, au point de vue de la responsabilité civile, qui a sa cause dans une simple *faute*, aussi bien que dans un *dol*. Enfin, les *personnes* sont différentes dans les deux actions. Dans l'action publique, le demandeur est le ministère public; c'est la partie privée, dans l'action civile. Il est vrai que l'auteur de l'infraction est également défendeur dans les deux instances, mais il y figure, dans l'une, comme un défendeur ordinaire, dans l'autre, comme un prévenu. Le tribunal de répression peut donc se prononcer sur l'existence du fait et la culpabilité de l'agent, avec la même liberté d'appréciation que si le tribunal civil n'avait pas statué (C. inst. cr., art. 451).

Toutefois, cette règle, dont le principe n'est pas contesté, souffre exception, lorsque la question décidée par le juge civil est préjudicielle à l'exercice ou au jugement de l'action publique.

II. DES QUESTIONS ET EXCEPTIONS PRÉJUDICIELLES[1].

658. Un tribunal de répression, compétent pour juger un fait délictueux, doit être également compétent pour juger tous les éléments qui le constituent : le juge de l'*action* est juge de l'*exception*. Quelquefois cependant, la loi exige qu'un des éléments de l'infraction soit examiné par un *autre juge*, dans une instance séparée, préalable soit à la *poursuite*, soit au *jugement* de l'infraction. Dans ce cas, il existe une *question* ou *exception* dite *préjudicielle*, qui se distingue de la *question* ou *exception préalable*, par deux caractères : en ce qu'elle a pour objet un fait de l'examen duquel dépend l'existence ou la non-existence de l'infraction : en ce qu'elle nécessite une instance distincte et séparée. Les questions, que le tribunal de répression doit décider *préalablement* au jugement même de l'infraction, comme les questions de prescription, de chose jugée, d'amnistie, ne sont pas des questions préjudicielles. Les unes et les autres, sans doute, ont un effet commun : elles rendent l'action publique irrecevable; mais, tandis que l'irrece-

[1] BIBLIOGRAPHIE : BERTAULD, *Questions et exceptions préjudicielles en matière répressive* (1856); HOFFMAN, *Traité théorique et pratique des questions préjudicielles en matière répressive selon le droit français* (3 vol., 1867).

vabilité de l'action publique est la *cause* des questions préalables, elle est simplement l'*effet* des questions préjudicielles.

La décision d'une question préjudicielle devant *juger* d'avance ou *préjuger* la décision du tribunal de répression, doit suspendre la poursuite de l'infraction dont l'existence dépend de sa solution. Quelquefois, une disposition formelle de la loi interdit même au ministère public d'intenter l'action publique avant la solution de la question préjudicielle. Hors ces cas, l'action peut être intentée; seulement, l'exception préjudicielle, lorsqu'elle est soulevée, suspend la poursuite, jusqu'à ce qu'elle soit résolue par la juridiction compétente. On voit, par là, qu'il existe des questions préjudicielles à *l'exercice de l'action publique*, et des exceptions préjudicielles au *jugement*. Ces dernières n'entraînent qu'un simple sursis à la poursuite, dont le tribunal de répression reste valablement saisi. Les premières, au contraire, créant un obstacle à l'action, qui serait mal intentée, si elle était commencée, devant la juridiction répressive, avant la solution de la question préjudicielle par la juridiction compétente. Si donc l'action publique est atteinte dans son indépendance par toute question préjudicielle, ce n'est pas de la même manière; elle ne peut être mise en mouvement, s'il y a question préjudicielle à l'action; elle ne peut aboutir, s'il y a question préjudicielle au jugement.

Suivant leur nature, on peut diviser les questions préjudicielles en deux grandes classes : les questions préjudicielles civiles; les questions préjudicielles administratives.

659. Questions préjudicielles civiles. — En matière civile, deux règles sont certaines : 1° Tout tribunal de répression, compétent pour statuer sur le procès dont il est saisi, est également compétent pour statuer sur les questions civiles dont dépend l'existence de l'infraction, lors même que ces questions seraient hors de sa compétence, si elles lui étaient proposées séparément; 2° Mais le tribunal de répression, appelé à résoudre, incidemment à une question criminelle, une question civile qui s'y rattache par un lien nécessaire, doit se conformer, dans la recherche et l'admission des preuves, aux règles imposées aux tribunaux civils.

La première règle se justifie par cette considération, que les tribunaux de répression ne pourraient pas remplir leur fonction, qui consiste à apprécier le caractère délictueux du fait incriminé, si on enlevait à leur connaissance un ou plusieurs éléments de cette infraction. Les limitations mêmes que la loi apporte à leur compétence, en ce qui concerne certaines questions civiles, indiquent assez, au surplus, le principe de cette compétence. Quelque justifiée que soit, du reste, au point de vue rationnel, la règle, formulée habituellement par cet adage : *le juge de l'action est juge de l'exception*, cette règle présente l'inconvénient sérieux d'appeler des juridictions, incapables par la nature même de leur composition ou de leurs attributions, à statuer sur des questions en dehors des matières faisant partie de leur compétence habituelle et à imposer leur solution à la juridiction civile. Mais ces inconvénients sont fort atténués, au point de vue pratique, par la réunion du pouvoir judiciaire dans les mêmes tribunaux, qui fonctionnent, à la fois, comme juridictions civiles et comme juridictions pénales, et par l'obligation, qui s'impose aux tribunaux de répression, de se conformer, dans le jugement des questions civiles, dont ils sont incidemment saisis, aux règles du droit civil sur les preuves. En principe, en effet, ces règles sont communes à toutes les juridictions, car c'est d'après la nature du fait à prouver et non d'après la nature de juridiction pevant laquelle la preuve est à faire, que ces règles ont été établies.

L'existence d'une question préjudicielle, constituant une exception aux règles de la compétence, doit résulter d'un texte formel. C'est le principe qu'il ne faut jamais perdre de vue.

660. Questions civiles préjudicielles à l'exercice de l'action publique. — Lorsqu'un délit de *suppression d'état de filiation* a été commis, l'exercice même de l'action publique est suspendu, tant que la question d'état n'a pas été définitivement jugée par les tribunaux civils. Mais, en matière de *banqueroute*, la déclaration de faillite par le tribunal de commerce n'est pas une condition préalable de la poursuite. J'examine successivement ces deux propositions.

661. I. Tout délit de suppression d'état suppose deux faits distincts : l'*existence* de l'état prétendu supprimé; la *suppression* même de cet état. Une poursuite en suppression d'état soulève donc deux questions, dont l'une est *civile* et l'autre *pénale*. Conformément à la règle posée, les juridictions répressives, compétentes pour statuer sur le délit de suppression d'état, ont qualité pour décider la question d'état soulevée par la poursuite, malgré son caractère civil. Mais, en matière de *filiation*, la loi fait exception à la règle[1] : elle réserve aux tribunaux civils le pouvoir de statuer sur les actions en réclamation

[1] Je dis : *en matière de filiation;* c'est ce qui résulte, en effet, de la place qu'occupent les articles 326 et 327 du Code civil dans le titre de la *Paternité et de la Filiation*, et dans le chapitre : *Des preuves de la filiation.*

de filiation (C. civ., art. 326); et, pour empêcher que ces actions ne soient portées, sous prétexte d'un délit de suppression d'état, devant les tribunaux de répression, elle ordonne, dans l'art. 327 C. civ., que « *l'action criminelle contre un délit de suppression d'état, ne pourra commencer qu'après le jugement définitif sur la question d'état* ».

Cette disposition a eu surtout pour objet, dans la pensée du législateur[1], d'empêcher la violation indirecte du principe qui défend de prouver la filiation par témoins, sans commencement de preuve par écrit, ou, du moins, sans présomptions graves de nature à y suppléer (C. civ., art. 323). L'existence de cette cause de suspension de l'action publique serait, en effet, complètement justifiée, si la preuve par témoins était indistinctement admise en matière répressive. Mais, les règles sur les preuves dépendent, en principe, de la nature des faits à prouver et non de la nature des juridictions saisies de ces faits. Les articles 326 et 327 C. civ. n'existeraient pas, les juridictions répressives, saisies d'une poursuite en suppression d'état de filiation, seraient tenues, pour établir l'existence de l'état prétendu supprimé, de se conformer à l'article 323 du Code civil. Les juridictions d'*instruction* devraient renvoyer l'inculpé du délit de suppression d'état de filiation, s'il n'y avait ni commencement de preuve par écrit, ni indices graves venant appuyer la réclamation d'état. Dans le cas où l'affaire serait portée devant les tribunaux correctionnels, ceux-ci devraient vérifier préalablement l'existence des conditions exigées par l'article 323 et déclarer l'action non recevable si ces conditions faisaient défaut. Tel était, en effet, le système primitif du projet de Code civil. Les articles 17 et 18 ouvraient la voie civile, seulement à l'enfant qui réclamait son état, mais réservaient au ministère public le droit d'intenter d'office l'action criminelle, *sur un commencement de preuve par écrit*. Si ce système

[1] M. Bertauld s'est attaché à démontrer que la véritable explication de l'article 327 n'était pas la préoccupation des périls d'une preuve testimoniale, et que le législateur, en édictant cette disposition, s'était surtout proposé d'assurer le repos des familles, « qu'il ne faut pas troubler par les poursuites indiscrètes, sous prétexte de l'affermir ». Nous aurions mauvais gré à ne pas reconnaître que cette considération a eu sa part d'influence dans la disposition de l'article 327 (V. Locré, t. VI, pp. 161, 162, 203 et 308). Mais, ce qui nous paraît résulter des travaux préparatoires, c'est que la préoccupation des périls de la preuve testimoniale a été la principale cause de l'article 327. Aussi nous ne croyons pas pouvoir admettre la distinction proposée par M. Bertauld entre les infractions qui *empêchent* et celles qui *détruisent* les preuves de la filiation, les premières seules donnant lieu à une question préjudicielle. Cette distinction, dont on ne trouve nulle trace dans la loi, n'est que la conséquence du motif trop exclusif donné par l'éminent jurisconsulte à l'article 327 du Code civil.

n'a pas prévalu, c'est pour éviter que l'issue de l'action publique ne préjugeât le jugement de la question de filiation, dont le tribunal de première instance et la cour d'appel ont seuls le droit de connaître (C. civ., art. 326).

Quand y a-t-il délit de suppression d'état de filiation? Dans quels cas et à quelles conditions l'action criminelle est-elle suspendue par la question d'état ? Telles sont les deux faces du problème que soulève l'art. 327 du Code civil.

662. A. La *suppression d'état de filiation* n'est pas un genre particulier de délit, comme l'*escroquerie*, le *meurtre* et le *vol;* elle résulte de toute infraction employée comme moyen de supprimer l'état d'un enfant. C'est donc le résultat d'une infraction qui sert à lui imprimer le caractère de délit de suppression d'état. Aussi ce délit n'a été spécialement incriminé par aucun texte du Code pénal, qui n'a même pas pris soin de le définir. A la vérité, le chap. 1er, sect. VI, du livre III du Code pénal est intitulé : *Des crimes et délits tendant à empêcher ou détruire la preuve de l'état civil d'un enfant*, etc. Mais, d'une part, les faits prévus par le § 1 de ce chapitre (art. 345 à 361), n'ont pas toujours pour objet de supprimer l'état de l'enfant. Et, d'autre part, des infractions qui ne sont pas comprises dans ce chapitre, telles que le faux, peuvent produire le même résultat, et prennent alors la qualification de délits de suppression d'état.

La filiation ne résulte pas d'une convention, que le consentement des parties suffit à former ou à détruire, elle a sa cause dans un fait physique et matériel : or, un crime, un délit peuvent bien avoir pour résultat de faire disparaître la preuve légale de la filiation d'un enfant, mais ils sont impuissants à le dépouiller de l'état qui lui est donné par sa naissance. Par délit de suppression d'état, il faut donc entendre le délit qui a pour effet de priver un enfant de la *preuve légale de sa filiation, soit en l'empêchant d'acquérir cette preuve, soit en lui enlevant la preuve acquise*. S'il n'est pas nécessaire, pour qu'il y ait délit de suppression d'état, que l'*intention* de produire ce résultat ait existé chez celui qui le commet[1], il faut, au moins, que ce *résultat* ait été produit par l'acte délictueux[2].

[1] Le délit de suppression d'état n'est pas toujours un délit *intentionnel*. Ainsi, la personne, qui, ayant assisté à un accouchement, s'abstient de le déclarer à l'officier de l'état civil (C. p., art. 346), peut avoir commis, par simple *négligence*, un délit de suppression d'état, si le résultat de cette abstention a été de priver l'enfant de la preuve légale de sa filiation.

[2] Par suite, la *tentative* de toute infraction, qui avait pour objet de priver un en-

a) De la suppression d'état de filiation légitime. — Toutes les fois qu'une infraction a pour résultat d'empêcher un enfant d'acquérir la preuve légale de sa filiation légitime ou de lui enlever la preuve acquise, elle peut être qualifiée de « délit de suppression d'état d'enfant légitime ». Or, comment se prouve la filiation légitime? Régulièrement par *titre*, c'est-à-dire, par acte de naissance, inscrit sur les registres de l'état civil, et, « *à défaut de titre*, par la *possession* constante de l'état d'enfant légitime » (C. civ., art. 317 et 320). A la vérité, quand un enfant n'a ni titre, ni possession d'état, la filiation légitime peut être prouvée exceptionnellement par *témoins*, pourvu qu'il y ait un commencement de preuve par écrit, ou que des présomptions ou indices résultant de faits dès lors constants soient assez graves pour en déterminer l'admission (C. civ., art. 323). Mais ce n'est pas là une preuve régulière; d'une part, elle peut faire défaut à l'enfant; d'autre part, sa valeur dépend de l'appréciation des juges. En conséquence, il y a délit de suppression d'état d'enfant légitime, toutes les fois qu'un enfant est dépouillé, par le résultat d'une infraction, de la preuve de sa filiation, au moyen de l'acte de naissance inscrit sur le registre de l'état civil ou de la possession d'état. Dans ce cas, en effet, l'enfant est obligé, pour faire reconnaître sa filiation, d'agir en *réclamation d'état*, en invoquant soit l'article 46, soit l'article 323 du Code civil; et, comme la chose jugée au criminel, si la poursuite du délit de suppression d'état était possible, aurait pour résultat de trancher la question de filiation et de faire *titre* pour l'enfant, la loi suspend cette poursuite, jusqu'à ce qu'il ait été prononcé sur la question d'état par les tribunaux civils, seuls compétents pour la résoudre.

Les faits, de nature à produire un délit de suppression d'état de filiation légitime, doivent être rangés en trois classes.

La première comprend les infractions qui entraînent toujours et nécessairement, lorsqu'elles sont *consommées*, une suppression d'état. Tel est le crime de faux, en tant qu'il a pour objet et pour résultat de donner à l'enfant un père ou une mère autre que son père ou sa mère légitime. Ce crime comprend : 1° les fausses déclarations faites à l'officier de l'état civil par les comparants (C. p., art. 147, § 4); 2° le faux, commis par cet officier dans la rédaction de l'acte de naissance, en dénaturant les déclarations qui lui sont faites (C. p., art. 146);

fant de la preuve légale de sa filiation, mais qui n'a pas abouti, n'est pas un délit de suppression d'état dans le sens de l'art. 327, et peut être poursuivie *de plano* devant la juridiction criminelle.

3° l'altération commise *ex post facto* sur les registres de l'état civil, dont l'effet est de supprimer le véritable état de l'enfant (C. p., art. 145 et 147). Dans ces trois cas, il y a délit de suppression d'état, alors même que l'enfant est en *possession* de l'état qui lui appartient par sa naissance. En effet, c'est *à défaut de titre* seulement, que la *possession d'état* est admise comme *preuve de filiation légitime*. S'il y a un acte de naissance, c'est ce titre qui décide, car il est la preuve par excellence de la filiation. Ce titre fait foi en faveur de l'enfant, alors même qu'il serait contredit par la possession d'état, mais aussi l'enfant ne peut invoquer la possession d'état contre son titre. Si donc la possession d'état n'est pas conforme à l'acte de naissance, c'est ce dernier qui prévaut.

La deuxième classe comprend lès infractions qui constituent une suppression d'état, seulement dans le cas où l'enfant n'a pas, en fait, la possession de l'état qui devrait lui appartenir par sa naissance. Tels seraient : 1° l'omission ou l'insuffisance de déclaration de la part des personnes qui ont assisté à l'accouchement (C. p., art. 346); 2° l'inscription de l'acte de naissance sur une simple feuille volante (C. p., art. 192)[1]; 3° la destruction, soit totale, soit partielle, des registres de l'état civil (C. p., art. 153, §§ 4 et 5); 4° le faux, soit des déclarants, soit de l'officier de l'état civil, soit des tiers, qui a pour objet de faire passer un enfant légitime comme né de père et mère inconnus. Dans ces cas, le crime ou le délit a bien pour résultat de priver l'enfant de la preuve régulière qu'il tirerait d'un acte inscrit sur les registres de l'état civil; mais, si la victime de l'infraction a la possession d'état d'enfant légitime, cette possession, n'étant pas contredite par un titre, forme une preuve complète en sa faveur. Les délits qui nous occupent ne suppriment donc la preuve de la filiation, qu'autant que l'enfant n'a pas une possession d'état, conforme à la filiation à laquelle il a droit.

La troisième classe comprend les infractions qui ont pour résul-

[1] Si l'officier de l'état civil constate la naissance sur une simple feuille volante, cet écrit ne fait pas preuve, car il ne constitue pas un acte de l'état civil, l'inscription sur le registre étant une condition essentielle pour l'existence de l'acte (C. civ., art. 319). Que la représentation de la feuille volante permette à l'enfant de recourir à la preuve testimoniale dans les termes de l'art. 46, ou dans les termes de l'art. 323, C. civ., — ce qui est discuté, — il n'en est pas moins certain que la négligence de l'officier de l'état civil aura empêché l'enfant d'acquérir la preuve de sa filiation par un acte de naissance, régulièrement inscrit sur les registres de l'état civil.

tat de priver l'enfant de la possession d'état, et qui suppriment la preuve de l'état, parce que la filiation n'est pas constatée par un acte de naissance inscrit sur les registres de l'état civil. Tels seraient : 1° les crimes d'enlèvement, de recélé et de suppression d'enfant (C. p., art. 345)[1]; 2° la substitution d'un enfant à un autre[2]; 3° la supposition d'enfant à une personne qui n'est pas accouchée, en tant, du moins, que cette supposition n'est pas imaginaire et a été accompagnée du fait matériel de l'introduction d'un enfant dans une famille à laquelle il n'appartient pas (C. p., art. 345)[3]. Dans ces trois cas, les infractions énumérées, qui ont fait disparaître la possession d'état, n'impliquent pas une suppression d'état, lorsque la filiation est constatée par un acte de naissance inscrit sur les registres de l'état civil. De deux choses l'une, en effet, — ou cet acte de naissance indique la véritable filiation de l'enfant, et cette preuve lui reste acquise, malgré le délit; — ou cet acte assigne à l'enfant une filiation qui n'est pas la sienne, et alors les délits qui nous occupent n'aboutissent pas à une suppression d'état, puisque la

[1] D'après certains auteurs, qui s'appuient sur les travaux préparatoires du Code pénal et sur l'intitulé même de la section sous laquelle l'art. 345 est placé, l'atteinte à l'état civil de l'enfant serait une circonstance *constitutive* de ces délits : Blanche, t. V, n°s 255 et suiv.; Hoffman, t. II, n°s 298 et 301; Le Sellyer, *De la compétence et de l'organisation des tribunaux répressifs*, t. II, n°s 665 et 666. Je ne crois pas cette opinion fondée. La moralité des infractions prévues par l'art. 345 consiste dans l'intention de cacher la naissance de l'enfant ou de le faire passer pour mort. Mais le motif qui détermine l'agent à commettre l'infraction est indifférent pour la loi. Ceux qui font passer pour mort un enfant *régulièrement inscrit* sur les registres de l'état civil, dans le but de faciliter un mariage, de se soustraire aux soins que réclame l'enfant, etc., n'en commettent pas moins les crimes d'enlèvement, de recélé ou de suppression d'enfant. Mais, dans ce cas, l'infraction n'ayant pas eu pour résultat de supprimer l'état pourra être poursuivie *de plano* par le ministère public. Dans ce sens : Bertauld, *Questions et exceptions préjudicielles*, n°s 14 et suiv.; Haus, *Dissertation sur la suppression d'enfant*, en appendice au tome I de ses *Principes*. D'après la jurisprudence la plus récente, l'art. 345, § 1 prévoit et punit deux ordres de faits : 1° la suppression de la personne d'un enfant ayant eu vie; 2° la suppression d'état d'un enfant ayant vécu. Et si le crime de suppression d'état ne peut motiver l'action publique qu'après le jugement de la question d'état, il en est autrement du crime de suppression d'une personne. Comp. : Cass., 4 déc. 1879 (S. 81, 1, 89); Cabrye, *De la suppression d'état* (*Rev. hist.*, 1875, p. 410).

[2] Comp.: Haus, t. II, n° 1235 et note 17; Cass., 20 nov. 1876 (S. 77, 1, 433), et la note de M. Villey.

[3] Cette supposition d'enfant est le plus souvent accompagnée de faux. On fait inscrire l'enfant sur les registres de l'état civil, comme né d'une femme qui n'est pas accouchée. Elle peut cependant résulter d'un simple fait d'introduction de l'enfant dans une famille, comme né d'une femme qui n'est pas accouchée. Sur cette infraction : Faustin Hélie, t. II, n° 850; Haus, t. II, n°s 1235, 1239 à 1242.

possession d'état, dont ils dépouillent l'enfant, étant contredite par l'acte de naissance, ne prouve pas la filiation.

b) De la suppression d'état de filiation naturelle. — L'enfant naturel a un état, lorsqu'il est *reconnu* par son père ou par sa mère. Mais, ce n'est pas l'acte de naissance qui prouve la filiation d'un enfant naturel, soit à l'égard du père, soit même à l'égard de la mère : c'est l'acte de reconnaissance inscrit ou non inscrit sur les registres de l'état civil (C. civ., art. 344). Il résulte de là, qu'on supprime l'état, ou plutôt la *preuve de l'état* d'enfant naturel, soit en empêchant l'enfant d'obtenir le titre qui devait prouver la reconnaissance, soit en lui enlevant le titre acquis. Dans la première hypothèse, rentre le faux de l'officier public qui dénature la substance d'une déclaration de reconnaissance. Dans la seconde, rentre l'altération, *ex post facto,* par un faux matériel, ou la destruction de l'acte de reconnaissance.

Nous n'hésitons pas à dire que cette suppression d'état ne peut être poursuivie, devant les tribunaux de répression, que lorsque la question d'état a été définitivement jugée par les tribunaux civils. Les art. 326 et 327 sont généraux dans leurs termes, et on ne saurait tirer argument, pour refuser de les appliquer à la filiation naturelle, de la place qu'ils occupent dans le chapitre II, intitulé : *Des preuves de la filiation des enfants légitimes,* car les motifs qui ont fait édicter l'exception de l'art. 327 s'appliquent à la filiation naturelle comme à la filiation légitime[1].

663. B. Tel est, dans toute son étendue, le cercle du délit de suppression d'état de filiation. L'art. 327 n'a certainement aucune application hors des limites de ce cercle, mais il ne faudrait pas croire qu'il s'applique nécessairement à tout délit qui rentre dans ce cercle, par cela seul qu'il est un délit de suppression d'état de filiation, soit légitime, soit naturelle. En effet, le but essentiel de l'art. 327 étant d'empêcher que la question de filiation soit préjugée par les tribunaux criminels, il faut décider : 1° que l'action publique contre un délit de suppression d'état est suspendue, toutes les fois que la chose jugée au criminel a pour résultat de trancher la question d'état; 2° mais qu'elle ne l'est pas, au contraire, toutes les fois que la chose jugée au criminel doit laisser intacte cette question même. Or, il est un

[1] Dans ce sens : FAUSTIN HÉLIE, t. II, n° 844; HOFFMAN, t. II, n°s 290 et suiv.; DEMOLOMBE, t. V, n°s 530 à 534; Cass., 29 mai 1873 (S. 73, 1, 485). En sens contraire : BERTAULD, *op. cit.*, n°s 35 et suiv.; LE SELLYER, *De la compétence et de l'organisation des tribunaux répressifs,* t. II, n° 670.

certain nombre d'infractions, qui impliquent bien une suppression d'état, mais dans lesquelles le fait délictueux n'est pas inséparablement lié à la question de filiation, de sorte qu'elles peuvent être poursuivies, sans que la filiation d'une *personne déterminée* soit mise en question. Pour ces infractions, l'action du ministère public aura libre cours, pourvu qu'il écarte de la poursuite tout ce qui tendrait à établir la *relation du fait punissable* avec la *filiation d'une personne déterminée.* Ainsi, la destruction, soit des registres de l'état civil, soit d'un ou de plusieurs actes de naissance ou de reconnaissance inscrits sur ces registres, peut être poursuivie, sans qu'on recherche quelle est la filiation de l'enfant ou des enfants dont l'état est supprimé par ce délit. Il en est de même de l'inscription de l'acte de naissance sur une feuille volante, ou du délit des personnes qui, ayant assisté à un accouchement, ont négligé de faire la déclaration prescrite par la loi. Ainsi encore, les infractions qui constituent à la fois des attentats contre la *personne* de l'enfant et une suppression de son état, telles que l'exposition, le délaissement, l'enlèvement, la suppression, le recélé d'enfant, pouvant être poursuivies et jugées, quel que soit l'état de l'enfant, et à quelques parents qu'il appartienne, seront déférées à la juridiction répressive par le ministère public, sans que celui-ci ait besoin d'attendre que la question de filiation soit jugée par les tribunaux civils. En un mot, pour que l'art. 327 s'applique, il s'agira toujours de savoir, non pas si la poursuite d'un délit de suppression d'état intéresse, de près ou de loin, la question d'état, mais bien si elle la soulève si directement que, en supposant qu'elle réussisse, elle constitue le *titre* même de l'état supprimé.

Pour déterminer dans quelle mesure la question de filiation suspend la poursuite du délit de suppression d'état, nous avons à distinguer deux hypothèses.

a) L'action en réclamation d'état est déjà intentée devant les tribunaux civils : dans ce cas, le ministère public et la partie lésée par le délit de suppression d'état ne peuvent certainement saisir le tribunal de répression de l'action publique ou de l'action civile, tant que la question d'état n'a pas été définitivement jugée par les tribunaux civils. De l'art. 327 résulte donc une dérogation à l'art. 3, § 2 C. inst. cr., et, tandis que, d'après le droit commun, c'est *le criminel qui tient le civil en état,* par inversion de la règle ordinaire, ici, c'est *le civil qui tient le criminel en état.*

b) L'action en réclamation d'état n'a pas été intentée devant les tribunaux civils : on ne doit certainement pas permettre à la partie lésée de porter une action en dommages-intérêts devant la juridiction répressive, avant que la question d'état ait été tranchée par les tribunaux civils, car ce serait l'autoriser à soumettre à la juridiction criminelle, par une voie détournée, la question d'état, dont la connaissance appartient exclusivement aux tribunaux civils. C'est là une atteinte à l'art. 3, § 1 C. inst. cr., qui permet à la partie lésée par une infraction d'opter entre la voie civile et la voie répressive. Mais le ministère public peut-il poursuivre d'office le délit de suppression d'état, lorsqu'il n'y a pas de contestation *actuelle* ou *probable* devant les tribunaux civils sur l'état prétendu supprimé ou supposé? Je ne le crois pas. On comprend, en effet, que si, dans cette hypothèse, l'action publique était recevable, la question d'état serait décidée implicitement par le tribunal répressif, alors que la loi en réserve la solution aux tribunaux civils. A la vérité, l'article 327, tel que je l'interprète, a pour effet, en matière de délit de suppression d'état de filiation, de paralyser l'action du ministère public, tant qu'il plaît à la partie lésée de ne pas saisir les tribunaux civils de la réclamation d'état. Mais le texte de l'article 327 est absolu, et les motifs qui l'ont inspiré ne laissent guère de doute sur la volonté du législateur de préférer l'impunité de certains crimes au danger d'abandonner à la justice répressive, particulièrement au jury, le soin de résoudre les difficultés que présente la décision des questions qui ont pour objet l'état de filiation[1].

664. II. La banqueroute, soit simple, soit frauduleuse, est l'état d'un *commerçant failli* qui a commis un dol ou une faute (C. com., art. 585 et 586; C. p., art. 402). Faut-il en conclure que la faillite doit avoir été préalablement déclarée par le tribunal de commerce, pour que la poursuite du crime ou du délit de banqueroute puisse avoir lieu? La jurisprudence et la doctrine sont, en général, d'accord pour repousser cette conclusion[2]. Si l'on admet, en effet, que la fail-

[1] MERLIN, v° *Question d'état*, § 2, a soutenu que l'article 327 ne suspendait l'action publique que lorsque l'action civile était intentée; mais que, dans le cas contraire, le ministère public pouvait poursuivre *de plano* la suppression d'état. Ce système, qui a été suivi par MARCADÉ, t. II, art. 327, n° 11; par LAURENT, *op. cit.*, t. II, n° 473; par BAUDRY-LACANTINERIE, *Précis de droit civil*, t. I, n° 720, est repoussé par une jurisprudence constante et par la presque unanimité des auteurs. Comp.: Cass., 30 nov. 1876 (S. 77, 1, 433).

[2] *Sic*, Cass., 23 déc. 1880 (S. 82, 1, 435); 10 août 1878 (S. 79, 1, 481). On trouvera, sous cet arrêt, une note de M. VILLEY, dans laquelle cette jurisprudence est examinée et discutée.

lite existe, sans intervention judiciaire, par le *seul fait* de la cessation de paiements et que le jugement du tribunal de commerce, qui la *déclare*, n'ait d'autre objet que d'ouvrir une procédure spéciale de liquidation[1], il faut décider que le fait même de la faillite peut être vérifié et constaté par la juridiction répressive, lorsqu'elle est saisie d'une infraction dont ce fait constitue un élément. En effet, la compétence de la juridiction répressive, pour apprécier les circonstances constitutives de l'infraction, est une règle à laquelle aucun texte ne fait exception en matière de banqueroute. Le ministère public n'ayant pas le droit de saisir d'une demande en déclaration de faillite le tribunal de commerce, il ne se peut pas, du reste, que des intérêts privés tiennent en suspens la répression d'un crime ou d'un délit.

665. Questions civiles préjudicielles au jugement de l'action publique. — Les questions civiles, qui s'élèvent le plus fréquemment devant les juridictions répressives, sont relatives, soit aux *droits réels*, soit aux *droits de créance*, soit à l'*état des personnes*. Quel est le devoir de ces juridictions, quand la solution du procès pénal dépend d'une de ces questions? Peuvent-elles juger cette question ou doivent-elles la renvoyer à l'examen des tribunaux civils? Dans le silence des textes, la jurisprudence, d'abord très-hésitante sur ce point, a senti le besoin de régler sa marche et de résumer, pour elle-même, dans un texte écrit, les principes qu'elle devait suivre. Un président de la Cour de cassation, M. Barris, résuma, le 3 novembre 1813, dans une note secrète[2], après discussion et approbation par la Cour, les principes régissant la matière des exceptions préjudicielles. En agissant ainsi, la Cour de cassation, violait peut-être la règle de l'article 5 du Code civil, car elle disposait par voie réglementaire et disait comment elle jugerait dans l'avenir? Quoi qu'il en soit, les principes de cette note n'ont reçu de consécration législative que sur un point (C. forest., art. 182; L. 15 avril 1829, art. 39), et il est certain aujourd'hui que les questions de propriété immobilière sont préjudicielles au jugement de l'action publique. Mais, sur tous les autres points, le silence de la loi laisse libre application au principe que le juge de l'action est juge de l'exception.

666. *Questions relatives aux droits réels.* — Toutes les fois que,

[1] Comp. : Thaller, *De la faillite des agents de change* (1883), n° 31.

[2] Cette note est reproduite par Mangin, t. I, n° 240; par Hoffman, t. I, p. 353, et par Le Sellyer, *De la compétence et de l'organisation des tribunaux répressifs*, t. II, n° 623. Elle a été approuvée par Merlin.

dans une poursuite relative à une infraction attentatoire aux propriétés immobilières, le prévenu ou l'accusé soutient qu'il avait le droit de faire ce qu'on lui reproche, en invoquant, comme moyen de défense, soit un droit de propriété ou tout autre droit réel, soit une possession légale[1], le tribunal de répression doit surseoir au jugement de l'action publique, jusqu'à ce que la question civile ait été jugée par les tribunaux civils. Mais, lorsque l'infraction, à raison de laquelle la poursuite est intentée, soulève une question de propriété mobilière, il n'y a lieu ni à sursis, ni à renvoi : la juridiction répressive décide la question de propriété mobilière, en statuant sur le fond de l'accusation ou de la prévention. Cette distinction fondamentale, déjà faite dans la note secrète de 1813, a été implicitement consacrée par l'article 182 du Code forestier et par l'article 39 de la loi du 15 avril 1829 : on est d'accord pour reconnaître que ces textes, bien que relatifs aux matières forestières et fluviales, sont l'expression d'un principe général, que le législateur a entendu consacrer dans une application spéciale, lorsque l'occasion s'est présentée à lui de le faire[2] (L. 23 juin 1857, art. 16).

Deux motifs justifient, dans le cas qui nous occupe, le renvoi à fins civiles. D'un côté, il ne convient pas que l'exercice de la juridiction pénale, dont la promptitude est l'une des qualités essentielles, soit entravé et prolongé par des incidents d'une nature absolument civile. D'un autre côté, les difficultés de procédure et de preuve, que l'on rencontre lorsqu'il s'agit d'une question de propriété immobilière, démontrent l'incompétence radicale des tribunaux de répression pour l'examiner et la résoudre.

Déterminons les *conditions* et les *effets* de cette exception préjudicielle certaine.

A. Ses conditions, telles qu'elles sont formulées par l'article 182 du Code forestier, sont au nombre de quatre. 1° Il faut que le prévenu oppose formellement l'exception. Le juge de répression, qui s'aperçoit qu'un droit de propriété ou un autre droit réel est engagé dans la cause, ne peut suppléer l'exception et ordonner d'office le sursis : *ultra petita non est judicandum*. Mais cette exception, constituant, au

[1] La possession légale peut légitimer l'acte, comme le droit de propriété : elle emporte, dans tousles cas, une présomption de propriété. Comp. : Faustin Hélie, t. VI, n° 2682; Hoffman, t. II, n°s 365 et suiv.

[2] *A contrario*, en matière mobilière : L. 5 juillet 1844, art. 46; L. 23 juin 1857, art. 16. Comp. : Cass., 4 avril 1865 (S. 66, 1, 35).

fond, un moyen de défense, peut être soulevée en appel, bien qu'elle ne l'ait pas été en première instance. 2° Le tribunal doit examiner si le moyen de défense est sérieux, ou s'il n'a pas pour seul but d'entraver la marche de la poursuite. Aussi, l'exception n'est-elle recevable qu'autant qu'elle est fondée, « *soit sur un titre apparent, soit sur des faits de possession équivalents* ». Sans doute, le tribunal de répression n'a pas qualité pour juger de la *validité* du titre produit, ou pour vérifier les faits de possession articulés; mais il peut et doit apprécier la *vraisemblance* des preuves fournies par le prévenu [1]. 3° Les titres produits ou les faits articulés doivent, en les tenant comme prouvés, enlever à la prévention tout caractère délictueux [2]. 4° L'exception doit être fondée sur un droit personnel au prévenu : celui-ci ne peut exciper du droit d'autrui, ni de l'absence de droit en la personne du plaignant [3].

B. Le tribunal, saisi de l'action publique, qui trouve que l'exception proposée n'est pas recevable, la rejette et passe outre au débat. Dans le cas contraire, le tribunal doit surseoir au jugement jusqu'à la décision définitive de la question préjudicielle. Mais à qui incombe l'obligation de faire décider cette question par la juridiction civile? L'article 182 est formel : c'est le *prévenu*, c'est-à-dire celui qui soulève l'exception préjudicielle, qui doit saisir la juridiction compétente, et cela, même lorsqu'il est en présence d'une partie civile : la loi l'oblige à prendre toujours le rôle de demandeur, et, par conséquent, à faire la preuve de son droit prétendu.

[1] Cass., 25 août 1877 (S. 78, 1, 288); 19 juillet 1878 (S. 81, 1, 47); 23 août 1879 (S. 81, 1, 185).

[2] Comp. : Cass., 2 août 1874 (S. 75, 1, 483); 5 déc. 1879 (S. 79, 1, 185).

[3] Cette règle demande quelques explications. La poursuite est-elle exercée à la requête du ministère public? Le prévenu ne pourrait pas exciper de ce que le véritable propriétaire ne se plaint pas ou de ce que le plaignant n'est pas le véritable propriétaire : l'action publique ne dépend en rien, quant à son exercice, de la plainte du propriétaire. La question présente plus de difficultés lorsque les poursuites ont lieu à la requête des particuliers. Le prévenu ne pourra-t-il pas, dans cette hypothèse, repousser l'action dirigée contre lui en excipant du défaut de qualité du plaignant? Nous n'hésitons pas à l'admettre, puisque l'article 1er du Code d'instruction criminelle, n'accorde l'action civile en réparation du préjudice causé par une infraction qu'à la partie qui a souffert un dommage et qu'aucune réparation ne peut être due à la personne n'ayant aucun droit sur l'immeuble objet de l'infraction. Mais cette exception, invoquée par l'inculpé, n'est pas une exception préjudicielle au sens vrai du mot, car elle n'en a aucun des caractères; elle constitue une fin de non-recevoir tirée de l'absence de qualité de celui qui réclame les réparations civiles, et sur laquelle le tribunal de répression est compétent pour se prononcer. Comp. Hoffman, t. II, n° 557.

En cas de renvoi à fins civiles, le jugement fixe un bref délai, dans lequel le prévenu, qui a élevé la question préjudicielle, devra saisir le juge compétent et justifier de ses diligences. Sans cette mesure, l'action publique serait indéfiniment paralysée par l'attitude passive du prévenu. Remarquons que la fixation de ce délai est obligatoire pour le tribunal. A l'expiration du délai, le prévenu est rappelé, à la requête du ministère public ou de la partie civile, pour rendre compte de ses diligences. Lorsqu'il a négligé de remplir l'obligation qui lui était imposée, le tribunal passe outre aux débats, le prévenu étant censé avoir renoncé à l'exception[1]. Si le prévenu produit un jugement, qui décide la question en sa faveur, le tribunal répressif, qui est lié par cette décision, doit le renvoyer d'instance sans dépens. Si le prévenu a succombé dans l'instance civile, le tribunal de répression statue sur l'action publique, comme si l'exception n'avait pas été proposée.

667. *Questions relatives aux conventions.* — Les questions relatives aux conventions s'élèvent devant la juridiction répressive dans deux circonstances. Tantôt l'infraction, qui fait l'objet de la poursuite, résulte de la *convention* même qui est contestée par le prévenu; ainsi, un individu est accusé de banqueroute pour avoir simulé des dettes; il conteste la simulation; un individu est poursuivi pour avoir habituellement fourni des valeurs à un taux excédant l'intérêt légal; il prétend que les obligations contractées ne renferment pas de stipulations usuraires. Tantôt l'infraction dépend d'un contrat antérieur, dont l'*existence* ou l'*interprétation* est contestée par l'une ou l'autre partie. Ainsi, il s'agit de l'un des délits prévus par l'article 408 C. p., de la violation d'un dépôt, de l'abus d'un prêt à usage, d'un gage, d'un mandat : le prévenu conteste l'existence du contrat dont dépend le délit. Dans ces deux hypothèses, les juridictions répressives ont certainement qualité pour trancher les questions relatives à l'existence ou à l'interprétation du contrat dont dépend l'infraction ou qui constitue l'infraction, en se conformant aux règles du droit civil sur les preuves.

668. *Questions relatives à l'état des personnes.* — En dehors du

[1] La loi ajoute cependant un tempérament : « Toutefois, en cas de condamnation, il sera sursis à l'exécution du jugement, sous le rapport de l'emprisonnement, s'il était prononcé; et le montant des amendes, restitutions et dommages-intérêts sera versé à la caisse des dépôts et consignations, pour être remis à qui il sera ordonné par le tribunal, qui statuera sur le fond du droit ».

délit de suppression d'état de filiation, les questions d'état, qui se rattachent à un crime ou à un délit, n'ont aucun caractère préjudiciel et ne suspendent ni la poursuite ni le jugement de l'action publique. Ce principe, qui, pour nous, est absolu, s'applique aux questions d'état de *filiation*, comme aux questions d'état de *mariage* et aux questions d'état de *nationalité*.

I. Nous croyons d'abord que les tribunaux de répression sont compétents pour résoudre, d'une manière au moins provisoire et seulement dans l'intérêt de l'action publique, les questions d'*état de filiation*, lorsqu'elles se présentent incidemment devant eux à l'occasion d'une poursuite dont ils sont saisis. Un individu est appelé comme témoin devant une juridiction répressive, et il est reproché à cause de sa parenté avec le prévenu ou l'accusé; un individu est accusé de parricide, et il prétend qu'il n'est pas l'enfant légitime ou naturel de la personne homicidée : dans toutes ces hypothèses, que nous pourrions multiplier, les tribunaux de répression décideront la question d'état, dont la solution est indispensable pour arriver à celle de la question pénale, mais en respectant les règles des preuves communes à toutes les juridictions[1].

II. Les questions d'*état d'époux* mettent toujours en jeu l'existence ou l'inexistence d'un mariage. Devant la juridiction répressive, elles peuvent se présenter, soit comme questions principales, supposant une réclamation d'état d'époux, soit comme questions incidentes, supposant une contestation de cet état.

A. La question d'état est *principale*, dans toute poursuite qui a pour objet un *délit de suppression d'état d'époux*, c'est-à-dire dans tout délit qui a détruit ou altéré l'acte de célébration du mariage, inscrit sur les registres de l'état civil. L'acte de mariage, telle est, en effet, la preuve *unique* du mariage, du moins vis-à-vis des époux. Eh bien, il est certain que la poursuite ou le jugement d'un délit de suppression d'état d'époux n'est suspendu, par aucune question préjudicielle. C'est ce qui résulte des articles 198, 199 et 200 du Code civil.

Du reste, la preuve du mariage a pu être supprimée de deux manières, et la situation des parties n'est pas la même dans les deux cas. *a*) A-t-elle été supprimée par la destruction totale ou partielle des

[1] Dans ce sens : Cass., 14 janvier 1879 (S. 79, 1, 189). L'article 326 du Code civil, en disant que les « *tribunaux civils seront seuls compétents pour statuer sur les réclamations d'état* », n'a pas dit « *seront seuls compétents pour statuer sur les questions d'état* ».

registres de l'état civil, sur lesquels était inscrit l'acte de célébration? l'action, tendant à faire rétablir cette preuve, sera portée, par les parties intéressées, ou conjointement avec l'action publique, devant le tribunal de répression, ou séparément, devant le tribunal civil. Dans cette hypothèse, en effet, le fait de la célébration du mariage peut être directement prouvé par témoins, dans les termes de l'article 46 du Code civil. *b*) Mais la situation des époux serait différente si la preuve du mariage avait été supprimée, soit par un faux commis sur les registres (C. p., art. 145, 146, 147, 173), soit par l'inscription de l'acte de mariage sur une feuille volante : dans ce cas, en effet, la preuve directe par témoins de la célébration du mariage ne serait pas admissible devant les tribunaux civils, et cette célébration ne pourrait être établie que par le résultat de ce que l'article 198 du Code civil appelle *« une procédure criminelle »*, c'est-à-dire par le résultat d'une action publique ou civile, intentée devant le *tribunal de répression,* soit par le ministère public, soit par les parties intéressées elles-mêmes[1]. Lorsque la juridiction répressive aura constaté la célébration légale du mariage et, par conséquent, l'état d'époux, l'inscription du jugement ou de l'arrêt sur les registres de l'état civil assurera la preuve du mariage, vis-à-vis de tous (C. civ., art. 198).

B. Les questions d'existence ou de validité de mariage peuvent s'élever *incidemment* devant les tribunaux de répression, soit lorsque la qualité d'époux, chez le prévenu ou l'accusé, est exclusive du délit même, comme dans le recel de personnes (C. p., art. 248) et dans le vol (C. p., art. 380), soit lorsque l'infraction qui fait l'objet des poursuites suppose, chez l'accusé ou le prévenu, la qualité d'époux, comme dans le délit d'adultère (C. p., art. 337 et 339)[2] ou dans le crime de bigamie (C. p., art. 340). Quelle que soit l'hypothèse, il faut reconnaître aux tribunaux de répression le droit de vérifier l'*exis-*

[1] Comment, par quelles personnes et sous quelles conditions pourra être intentée l'action tendant au rétablissement de la preuve du mariage? Ce sont là des questions délicates, que l'on trouvera examinées par les commentateurs du Code civil, à propos des articles 198, 199 et 200. L'auteur du crime ou du délit est-il vivant? l'action peut être intentée devant le tribunal de répression par le ministère public ou la partie lésée. Mais peut-elle l'être, par les intéressés devant le tribunal civil? Il semble résulter des articles 198 et 200 que le législateur a entendu proscrire ce procédé. L'auteur du crime ou du délit est-il décédé? « L'action sera dirigée au civil contre ses héritiers » par le ministère public seul, en présence des parties intéressées et sur leur dénonciation (art. 200). Sur tous ces points : BAUDRY-LACANTINERIE, *op. cit.*, t. I, nos 548 à 558.

[2] Comp. sur ce point : HECQUET DE ROQUEMONT, *Rev. crit.*, 1862, t. XXXII, p. 123.

tence ou la *validité* du mariage ou des mariages dont dépend l'existence ou l'inexistence de l'infraction[1].

III. Lorsque l'infraction dépend d'une question de *nationalité*, qui devient ainsi l'un des éléments constitutifs du délit, le tribunal de

[1] La question est délicate, surtout en cas de bigamie. Le crime de bigamie suppose l'*existence* d'un premier mariage, au mépris duquel un second a été contracté (art. 240). Il faut donc, avant tout, que les deux mariages, dont la coexistence forme le crime, aient été légalement célébrés. Cela ne suffit pas : il est évident, en effet, que le premier mariage doit être *valable*, car un mariage nul ne peut imposer aucun lien. Tout le monde est d'accord sur ce point. Mais la validité du second mariage n'est pas moins un élément constitutif du crime que la validité du premier. On a prétendu, à la vérité, que la nullité du second mariage ne couvrait point le crime, et qu'il suffisait, pour constituer la bigamie, que l'accusé ait cru contracter un mariage valable et que ce mariage ait été revêtu des formes extérieures exigées par la loi. Mais, on oublie qu'en matière pénale l'*intention* n'est rien sans le *fait* (Comp.: Hoffman, t. II, n° 492; Benech, *Rev. de légis.*, t. XIII, p. 133; Bertauld, *Questions préjudicielles*, p. 128). Aussi la nullité, soit du premier mariage, au mépris duquel une seconde union a été contractée , soit de la seconde union, met obstacle au crime de bigamie, dont l'existence suppose nécessairement un premier mariage valable, et un second, qui le serait aussi, si le premier n'existait pas. Lorsque l'accusé de bigamie prétend que l'un ou l'autre mariage n'a pas d'existence, il appartient, sans aucun doute, à la juridiction répressive, c'est-à-dire au jury, d'apprécier ce moyen de défense : en effet, l'article 198 Code civ., confère aux tribunaux de répression le pouvoir de statuer sur la célébration légale du mariage, et leur donne le droit de la constater. Mais si, tout en reconnaissant l'existence des deux mariages, l'accusé conteste la *validité* de l'un ou de l'autre, ce moyen de défense soulève-t-il une question préjudicielle? C'est un point qui divise les auteurs et la jurisprudence. On compte trois opinions principales : 1° La première distingue entre la nullité du premier mariage, qui constitue une question préjudicielle de la compétence des tribunaux civils, et la nullité du second, qui peut être soumise à la juridiction répressive : Mangin, t. II, nos 193 et 194; Chauveau et Hélie, t. IV, nos 1679 et 1680; Le Sellyer, *Compétence*, t. II, nos 678 et 679 ; Faustin Hélie, *Pratique criminelle*, t. II, n° 626; 2° La seconde donne compétence aux tribunaux civils sur les deux points : Blanche, t. V, nos 220 et 221 ; Hoffman, t. II, nos 471 à 479; Trébutien, t. II, p. 91; Rennes, 23 janv. et 27 août 1879 (S. 81, 2, 129) ; 3° La troisième soutient, au contraire, que le juge criminel est toujours compétent : Demolombe, *De la paternité*, n° 276; Bonnier, *op. cit.*, nos 233 et 235; Bertauld, *op. cit.*, n° 86. Cette opinion me paraît préférable. En effet, si l'existence et la validité du second mariage constituent la *bigamie*, c'est à la condition, qui doit être vérifiée au préalable, que le premier mariage existe et soit valable. Or, la juridiction répressive, qui est compétente pour vérifier tous les éléments constitutifs du crime, lorsque aucun texte ne la dépouille de ce droit, doit pouvoir apprécier la validité du premier mariage, comme la validité du second, puisque la validité de l'un, comme la validité de l'autre, est un élément constitutif du crime de bigamie. Qu'on n'oppose pas à cette solution les articles 188 et 189 du Code civil, étrangers à la question. Ces dispositions n'imposent pas à la juridiction criminelle l'obligation de renvoyer devant la juridiction civile les questions de validité du premier mariage; elles règlent simplement la marche de la procédure à suivre devant les *tribunaux civils*, lorsque le premier époux intente l'action en nullité pour bigamie : celui-ci doit *préalablement* faire vérifier le titre qui lui permet d'agir, c'est-à-dire la validité de son mariage.

répression est compétent pour l'examiner. C'est ainsi, par exemple, qu'en cas de poursuite pour contravention à un arrêté d'expulsion pris contre un étranger, si celui-ci se prétend français, le tribunal correctionnel pourra et devra examiner la question de nationalité, soulevée pour échapper à la peine encourue[1].

669. Questions préjudicielles administratives. — Les questions administratives, qui se rattachent à l'existence d'une infraction, sont-elles préjudicielles au jugement de cette infraction? Si elles ont ce caractère, par quel procédé l'autorité administrative fera-t-elle respecter ses attributions? Ces deux questions ont été souvent confondues; il importe, cependant, ici, comme dans bien des cas, de distinguer le *principe* même, de sa *sanction*.

I. Le principe même de la séparation des pouvoirs, dirigé contre les empiètements de l'autorité judiciaire, donna lieu, dans la législation de 1790, à une double prohibition : prohibition pour les tribunaux judiciaires de connaître des actes administratifs, prohibition de poursuivre les agents du gouvernement sans une autorisation préalable de l'administration. Ces deux interdictions étaient absolument distinctes; elles n'avaient ni le même caractère ni la même sanction; l'une était une règle de *compétence;* l'autre, une règle de *procédure*. De ces deux prohibitions, il en est une qu'a fait disparaître le décret de 1870, mais l'autre subsiste toujours. Tandis qu'une question civile ne peut être préjudicielle au jugement de l'action publique que si un texte lui reconnaît ce caractère, les questions administratives, qui se rattachent à l'existence de l'infraction, sont préjudicielles, en vertu de la règle qui ne permet pas aux tribunaux de constater les faits dont la vérification appartient à l'autorité administrative[2]. Le caractère préjudiciel de ces questions n'a pas besoin d'être spécialement déterminé par une loi, car le principe : *le juge de l'action est juge de l'exception,* ne s'ap-

[1] *Sic*, Cass., 7 déc. 1883 (D. 84, 1, 211).

[2] Les questions administratives, préjudicielles au jugement de l'action publique, n'étant pas déterminées par la loi, qui interdit simplement, et d'une manière générale, à l'autorité judiciaire de connaître des actes administratifs, peuvent, presque toutes, soulever des difficultés. V. des exemples de questions administratives, de nature à se présenter devant les tribunaux de répression, indiqués par : ORTOLAN, t. II, nº 2105; HAUS, t. II, nº 1192; FAUSTIN HÉLIE, t. II, p. 410. V. également : TOUTAIN, *Question préjudicielle en matière de crimes et délits commis par un comptable de deniers publics* (*Rev. gén. d'administration*, 1878, t. I, p. 564); BERTAULD, *op. cit.*, nº 70; BLANCHE, t. VI, nº 233; SERRIGNY, *Compétence administrative*, t. I, nº 167; Cass., 17 nov. 1842 (S. 43, 1, 75); 3 août 1855 (S. 55, 1, 766); 12 déc. 1874 (D. 75, 1, 387).

plique qu'aux questions qui rentrent dans les *attributions de l'autorité judiciaire* et non à celles qui les dépassent.

II. Si donc il s'élève, dans un procès pénal, une question, dont la solution appartienne exclusivement à l'autorité administrative, et qu'il soit indispensable de la vérifier avant de vider le fond du débat, le tribunal ne peut pas lui-même statuer, mais il doit renvoyer les parties à se pourvoir devant l'autorité administrative compétente et surseoir à se prononcer. Mais l'administration peut-elle élever le conflit, pour revendiquer la connaissance de l'affaire, si le tribunal se déclare compétent pour en connaître? La question doit être résolue, ainsi que nous l'avons dit, par une distinction, entre les matières criminelles, où le conflit est irrecevable, et les matières correctionnelles où le conflit est possible.

SECTION III.

De l'influence de la chose jugée au criminel sur les intérêts civils[1].

670. Lorsque l'action civile est exercée séparément de l'action publique, la question de savoir quelle influence le jugement de l'action publique exerce sur l'action privée, qui n'est pas encore jugée, a donné lieu à un débat célèbre entre Merlin et Toullier. Pour l'examiner et la résoudre, ces deux jurisconsultes, se plaçant l'un et l'autre *exclusivement* sur le terrain de l'article 1351 du Code civil, ont recherché s'il y avait, entre les deux actions, identité d'*objet*, identité de *cause*, identité de *personne*. Mais le droit commun, dont on trouve le principe dans l'article 1351, est sans application pour résoudre la question qui nous occupe. Je crois, avec Merlin, mais par des motifs différents de ceux qu'il a invoqués, que le jugement criminel a, sur l'action civile, née du même fait et non encore jugée, une influence nécessaire et forcée, en ce qui concerne les questions soulevées par l'action publique et expressément décidées par le jugement.

Deux considérations d'ordre public commandent cette solution, qui ne fait doute, aujourd'hui, ni en doctrine, ni en jurisprudence[2].

[1] BIBLIOGRAPHIE : BIDARD, *Étude sur l'autorité, au civil, de la chose jugée au criminel*, 1865.

[2] Comp. : Cass., 10 août 1878 (S. 79, 1, 481); 4 août 1882 (S. 84, 2, 169); Or-

a) Le ministère public, en poursuivant la répression d'une infraction, représente la société, et, par conséquent, chacun de ses membres : ce qu'il a fait juger, au point de vue de l'existence de l'infraction et de la culpabilité du prévenu ou de l'accusé, est donc jugé à l'égard de tous. D'autant plus, que l'autorité publique, partie dans tout procès criminel, a des moyens plus nombreux et plus étendus que n'en peuvent avoir les particuliers, agissant devant les tribunaux civils, pour établir l'existence de l'infraction et la culpabilité de l'auteur. Ce serait renverser l'ordre des juridictions et méconnaître l'institution et l'organisation des tribunaux de répression, établis pour constater l'existence des délits et en punir les auteurs, que de ne pas donner, à la chose jugée au criminel, une influence nécessaire et forcée sur les intérêts civils.

b) D'ailleurs, l'autorité, que la société réclame pour les arrêts de la justice pénale, et qui, seule, lui permet d'atteindre le but à la fois préventif et répressif qu'elle recherche, serait ébranlée, s'il était permis à un particulier de combattre et à un tribunal civil de contredire les décisions d'un tribunal de répression, dans un nouveau procès, qui, bien que tendant à un autre *but*, a pour objet le même *fait :* il serait déplorable, par exemple, qu'on pût faire déclarer, au civil, l'innocence d'un homme qui a péri sur l'échafaud, ou l'inexistence d'un faux, dont l'auteur a été condamné aux travaux forcés.

Ces considérations sont même tellement graves, que le législateur aurait pu subordonner l'exercice de l'action civile devant les tribunaux civils à un jugement préalable des tribunaux de répression sur l'action publique. S'il ne l'a pas fait, c'est qu'il aurait fallu, dans un système où l'action publique eût été *préjudicielle* à l'*exercice* même de l'action civile, donner à la partie lésée le droit de mettre en mouvement l'action publique devant toutes les juridictions pénales, même devant la cour d'assises, et qu'une telle faculté eût présenté de graves inconvénients.

Mais, pour assurer l'influence de la chose jugée au criminel sur l'action civile, le législateur ordonne, dans l'article 3 C. inst. cr., que l'exercice de l'action civile, intentée séparément, devant les tribunaux civils, soit suspendu, tant qu'il n'a pas été prononcé définitivement sur l'action publique, intentée avant ou pendant la poursuite de l'ac-

léans, 28 janv. 1880 (S. 82, 2, 57); Hoffman, *op. cit.*, t. I, nos 142 et suiv.; Le Sellyer, *Actions*, t. II, no 720. En sens contraire : Griolet, *Autorité de la chose jugée*, p. 321; Faustin Hélie, t. II, nos 1108 et suiv.

tion civile. Cette disposition, qui rend l'action publique *préjudicielle* au *jugement* de l'action civile, est la démonstration de notre principe; car, si la loi a voulu que l'instance criminelle tînt en suspens l'instance civile, c'est parce que le jugement sur l'action publique *doit* avoir une influence nécessaire, au point de vue du jugement à rendre sur l'action civile. Ce principe est, du reste, consacré par la loi, non en termes formels, mais *virtuellement*, dans un certain nombre de dispositions, qui n'en sont que des applications spéciales (C. civ., art. 198, 232, 261 et 727; C. inst. cr., art. 463).

671. Des conditions et des limites de l'influence de la chose jugée au criminel sur les intérêts civils. — Les considérations d'ordre public, qui attribuent à la chose jugée au criminel une autorité absolue sur les intérêts civils, ne s'appliquent, dans toute leur force, que lorsque les deux conditions suivantes se trouvent réunies : que la sentence émane d'une juridiction de jugement, et qu'elle statue sur le fond de l'action publique, c'est-à-dire sur l'existence de l'infraction et la culpabilité du prévenu ou de l'accusé.

a) Les ordonnances ou arrêts des *juridictions d'instruction* ne peuvent avoir aucune influence sur le jugement de l'action civile. D'une part, ces décisions sont rendues après une instruction écrite, secrète, dépourvue de contradiction, qui est suffisante, sans doute, pour autoriser la juridiction à prendre une décision *provisoire*, mais qui n'offre pas assez de garanties pour justifier une décision *définitive*. D'un autre côté, l'autorité de ces ordonnances ou arrêts est circonscrite par leur *objet* même, qui est de décider s'il y a lieu de mettre en prévention ou en accusation l'inculpé. Sur ce point, il y a chose jugée, en ce sens que le ministère public ne peut se dispenser de saisir la juridiction de renvoi : mais, sur tous les autres, il n'y a qu'une décision provisoire, susceptible d'être contredite par le résultat de débats publics et contradictoires. Ainsi, l'ordonnance du juge d'instruction et l'arrêt de la chambre d'accusation, portant qu'il n'y a pas lieu de suivre, n'ont aucun effet sur le jugement de l'action civile, quels que soient, du reste, les motifs sur lesquels ils seraient fondés[1].

[1] Cependant, certains auteurs distinguent entre le non-lieu, fondé sur l'insuffisance des charges, et le non-lieu, fondé sur ce que l'action publique est prescrite ou que le fait n'est pas prévu par la loi : dans ce dernier cas, ils attribuent à la décision une autorité absolue. Comp. dans ce sens : Le Sellyer, *op. cit.*, t. II, nº 140. Cette opinion est suffisamment réfutée par les motifs donnés au texte. Comp. sur la question : Cass., 17 juin 1867 (D. 68, 1, 17); Bruxelles, 31 mars 1874 (D. 75, 2, 72); Besançon, 22 fév. 1875 (D. 76, 2, 116); Cass., 12 déc. 1877 (S. 80, 1, 149).

Seulement, dans le cas où l'exercice de l'action devant les tribunaux civils aurait été suspendu, l'ordonnance ou l'arrêt de non-lieu mettrait un terme au sursis.

b) Je dis, de plus, que l'autorité attachée à la chose jugée au criminel suppose un jugement des tribunaux de répression, statuant sur le *fond* même de l'affaire, que la décision soit contradictoire, par défaut ou par contumace[1]. Mais le jugement, par lequel le tribunal se prononce, soit sur la recevabilité de l'action publique, soit sur un incident de procédure, soit sur l'existence d'une condition distincte de l'infraction et qui ne la constitue pas, est nécessairement circonscrit par son but restreint : il est rendu pour assurer la marche des débats, sans que le tribunal ait eu l'intention de trancher la question civile qui peut naître ultérieurement du fait accessoire qu'il a examiné. Ainsi, de ce que la cour d'assises a décidé que l'action du ministère public était ou n'était pas recevable, par suite de l'existence ou de l'inexistence de la qualité de Français chez l'auteur d'un crime commis à l'étranger, il n'en résulte nullement qu'au point de vue civil cette qualité existe ou n'existe pas.

Les *conditions*, que nous mettons à l'autorité du jugement criminel à l'égard des intérêts privés, déterminent les *limites* dans lesquelles cette autorité se renferme : elle ne s'applique qu'aux questions qui ont été *réellement* et *nécessairement* décidées par la juridiction répressive[2] et qui se rattachent : 1° à l'existence du fait qui forme la base commune de l'action publique et de l'action civile ; 2° à la qualification légale de ce fait ; 3° à la culpabilité ou à la non-culpabilité de l'accusé ou du prévenu. Ces faits ne pourront être désormais l'objet d'aucun examen, devant les tribunaux civils, qui devront se borner à les tenir pour constants et à en tirer les conséquences qu'ils comportent au point de vue des intérêts privés. Mais, en dehors de ces faits, la liberté d'appréciation de la juridiction civile sera complète.

Je vais expliquer ces formules, nécessairement un peu vagues.

672. De l'influence du jugement criminel sur les diverses actions civiles qui naissent de l'infraction. — L'influence du jugement criminel doit être examinée successivement, soit au point

[1] Comp. : Orléans, 22 juin 1880 (S. 82, 2, 51).

[2] L'autorité du jugement criminel est la même, que la juridiction qui a statué soit une juridiction ordinaire ou une juridiction exceptionnelle. V. Haus, t. II, n° 1424 *bis* ; Cass. belge, 4 juillet 1878 (*France judiciaire*, 1877, p. 463).

de vue de l'*action en réparation du dommage*, soit au point de vue des *autres actions civiles* qui naissent de l'infraction.

673. I. L'infraction, qui a donné naissance à l'action en réparation, peut être soumise, soit à la cour d'assises, soit au tribunal de police simple ou correctionnelle. Ces deux hypothèses ne doivent pas être confondues.

A. La poursuite a eu lieu devant la cour d'assises : le condamné, qui a été *déclaré coupable*, ne sera plus recevable à soutenir, devant aucune juridiction, soit que le fait n'existe pas, soit qu'il ne lui est pas imputable. L'*existence* de l'infraction, la *culpabilité* de l'accusé, ce sont là deux points définitivement jugés : il ne reste plus à la juridiction civile qu'à examiner si l'infraction a réellement causé un préjudice au demandeur et quelle est l'étendue de ce préjudice; sa compétence, même à ces deux points de vue, peut être limitée par la déclaration du jury, qui *évalue*, soit la chose qui a été l'objet de l'infraction, soit le préjudice qui est résulté de cette infraction.

L'accusé, *déclaré non coupable* par le jury, peut cependant être condamné à des dommages-intérêts par le juge civil, à raison du fait pour lequel il a été acquitté. Cette proposition ne saurait être contestée, car elle résulte tout à la fois des textes et des principes : 1° *Des textes :* l'article 358 C. inst. cr. autorise la cour d'assises à statuer sur les dommages-intérêts réclamés par la partie civile, même en cas d'acquittement de l'accusé : à plus forte raison, les tribunaux civils doivent-ils être investis des mêmes pouvoirs. 2° *Des principes :* en effet, le verdict du jury ne décide nullement que le fait n'existe pas ou que l'accusé n'en est pas l'auteur : il répond, par *oui* ou par *non*, à une question complexe, qui comprend à la fois l'existence du fait matériel, la perpétration de ce fait par l'accusé et la culpabilité de ce dernier. Il peut résulter simplement des termes de la déclaration du jury, en admettant même que l'accusé ait commis le fait, qu'il n'en est pas *coupable*, c'est-à-dire qu'il n'a pas agi dans une intention criminelle. Or, chacun de nous est responsable du dommage qu'il cause, non-seulement par son *dol*, mais encore par sa *faute*. Le demandeur en dommages-intérêts pourra donc soutenir, devant le tribunal civil ou devant la cour d'assises, tout à la fois que le fait existe et que l'accusé en est l'auteur. Si cette double preuve est fournie, le tribunal civil ou la cour d'assises fera droit à sa demande. Tout ce que l'on peut et doit exiger, c'est que le jugement de l'action privée puisse se concilier avec la déclaration du jury sur l'action publique, et qu'il ne contredise point ce que le jury a souverainement décidé. Or, au point de vue de la chose jugée, il n'y a d'acquis que ce qui est affirmé, et ce qui est affirmé, par le verdict du jury, c'est simplement que l'accusé n'est pas coupable, au point de vue pénal, du fait qui lui a été reproché[1].

B. Les jugements et arrêts des tribunaux de police simple et correctionnelle sont *motivés en fait* et *en droit*, aussi bien sur la déclaration de culpabilité, que sur l'application de la peine. Les décisions motivées, ne laissant planer aucune incertitude sur les points qui ont été décidés, il sera toujours facile au tribunal civil d'apprécier ce qui a été jugé par le tribunal de répression, dans les rapports que peut avoir ce jugement avec la demande qui lui est soumise. Si donc le défendeur a été reconnu coupable par le tribunal de répression, sa culpabilité ne peut être contestée devant le tribunal civil, quel que soit le motif sur lequel est fondée la décision. Lorsque le tribunal de répression a renvoyé le prévenu de la poursuite par l'un des motifs suivants : — le fait n'existe pas; — le prévenu n'en est pas l'auteur; — le juge civil doit tenir ces propositions pour constantes, et rejeter la demande en dommages-intérêts qui ne peut avoir désormais aucun fondement. « Mais, a-t-on dit, les *motifs* d'un jugement ne font pas partie de ce jugement; ils en font si peu partie, que la juridiction d'appel peut ne pas adopter les motifs des premiers juges, tout en acceptant leur jugement. Or, l'autorité de la chose jugée se restreignant au *dispositif* d'une décision, le juge civil doit être libre d'apprécier la demande en dommages-intérêts, sans avoir à tenir compte des considérants sur lesquels les premiers juges ont fondé le renvoi d'instance du prévenu[2] ». Cette objection n'a pas de portée. En effet, les juges de simple police ou de police correctionnelle sont appelés à statuer tout à la fois sur le fait et sur l'application de la peine : les déclarations, qui décident les questions de fait, desquelles dépendent l'acquittement ou la condamnation, ne peuvent être considérées comme

[1] Comp. : ORTOLAN, *Acquittement pénal, condamnation civile* (*Rev. prat.*, t. XVII, p. 385); EYSSAUTIER (*Rev. prat.*, t. XVIII, p. 5); BEUDANT, *Influence du criminel sur le civil* (*Rev. crit.*, 1864, t. XXIV, p. 492). Ces divers articles ont été publiés à propos de la célèbre affaire Armand. V. Cass., 7 mai 1864 (S. 64, 1, 508) et la note de M. LABBÉ. Comp. : LEFRANC DE PANTHOU (*Rev. prat.*, 1873, t. XXXV, p. 270).

[2] Comp., pour le développement de cette objection : VILLEY, p. 450, qui prétend que, dans aucun cas, le jugement qui prononce le renvoi du prévenu ne peut exercer d'influence au civil. En sens contraire : BERTAULD, *Questions préjudicielles*, n° 94; HOFFMAN, *op. cit.*, t. I, n° 162.

de *simples motifs* du jugement, pas plus qu'on ne pourrait considérer les *déclarations du jury*, comme de simples *motifs* des ordonnances d'acquittement ou des arrêts de condamnation ou d'absolution. En réalité, les déclarations d'un jugement correctionnel ou de police sur la culpabilité du prévenu font partie intégrante du dispositif de ce jugement, comme le verdict du jury fait partie intégrante de l'ordonnance d'acquittement du président ou de l'arrêt de condamnation ou d'absolution de la cour d'assises.

Si le tribunal de répression a simplement déclaré que le prévenu a agi *sans intention criminelle*, et que celui-ci ne soit renvoyé de la poursuite que pour ce motif, le tribunal civil pourra certainement le condamner à des dommages-intérêts, comme il pourrait le condamner, si le prévenu était renvoyé de toute poursuite pour *insuffisance de preuves*, ou parce que le fait *n'est pas prévu par la loi pénale*. Ainsi, un jugement du tribunal correctionnel, relaxant le prévenu d'une poursuite dirigée contre lui pour *escroquerie* ou *abus de confiance*, par ce motif que les faits imputés ne réunissent pas les caractères de ce délit, n'empêche pas que ces mêmes faits puissent être articulés et établis, devant la juridiction civile, à l'appui soit d'une demande en dommages-intérêts, soit d'une demande en nullité de convention pour dol.

674. II. Je viens d'examiner, dans ses rapports avec l'action en dommages-intérêts, l'autorité du jugement rendu au criminel; mais cette autorité s'étend, non-seulement à l'action en réparation, mais aux autres actions civiles qui peuvent naître de l'infraction, par exemple, à l'action en séparation de corps ou en désaveu, fondée sur l'adultère, à l'action en nullité du mariage, fondée sur la bigamie, à l'action en nullité de convention, fondée sur une escroquerie, etc. Si la constatation des faits, qui donnent ouverture à une action de cette espèce, résulte certainement et nécessairement d'un jugement criminel, la partie, qui fonde son action sur ces faits, est dispensée de les prouver, et le juge civil est obligé de les tenir pour constants.

Nous trouvons, dans la loi, des applications de cette règle. J'en cite deux.

a) L'article 463 du Code d'instruction criminelle porte que, lorsque « *des actes authentiques auront été déclarés faux en tout ou en partie, la cour ou le tribunal qui aura connu du faux ordonnera qu'ils soient rétablis, rayés ou réformés, et du tout il sera dressé procès-verbal* ». Je crois pouvoir conclure de cette disposition, que la condamnation pour faux en écriture établit l'existence du faux, non-seulement contre le condamné, mais encore contre les tiers. Ainsi, lorsque l'accusé a été condamné pour avoir fabriqué un faux testament, la pièce doit désormais être tenue pour fausse vis-à-vis de tous; elle ne peut plus être invoquée par les légataires, bien qu'ils n'aient pas été appelés au débat. A l'inverse, l'acquittement de l'accusé, poursuivi pour fabrication d'un faux testament, impliquant seulement la négation de l'intention criminelle de l'accusé, sans rien décider quant à la vérité du testament, n'empêche pas que toute personne intéressée puisse soutenir, devant les tribunaux civils, la fausseté de cette pièce.

b) L'arrêt, qui condamne un accusé pour avoir altéré ou détruit la preuve d'un mariage légalement célébré, en constate l'existence, au regard de toutes les parties intéressées, qu'elles aient ou qu'elles n'aient pas figuré dans l'instance criminelle; car, aux termes de l'article 198 C. civ., l'inscription de cet arrêt sur les registres de l'état civil assure au mariage, à compter du jour de sa célébration, tous les effets civils, tant à l'égard des époux, qu'à l'égard des enfants issus du mariage. Or, si les parties, qui ont figuré dans l'instance, étaient les seules, à pouvoir invoquer cet arrêt, il eût été inutile d'ordonner qu'il fût inscrit sur les registres de l'état civil, car les parties peuvent toujours, indépendamment de toute inscription, en obtenir une expédition.

675. En résumé, pour résoudre la difficile question de savoir quelle est l'autorité de la chose jugée au criminel, sur les intérêts civils, je crois qu'il faut s'écarter tout à la fois des systèmes qui exagèrent et de ceux qui restreignent cette autorité.

a) Ainsi, quelques auteurs décident que l'autorité de la sentence criminelle existe bien vis-à-vis du condamné ou des personnes qui ont été parties au procès pénal, mais qu'elle ne saurait exister vis-à-vis des tiers, qui n'ont pu faire valoir, dans l'instance criminelle, à laquelle ils n'ont pas été appelés, leurs moyens de défense[1]. Cette opinion ne tient aucun compte des motifs sur lesquels se fonde l'autorité du jugement criminel. En effet, la foi, que la société réclame pour les décisions des tribunaux répressifs, serait ébranlée, si elles étaient exposées au contrôle et au démenti des juridictions civiles, à l'occasion d'une action intentée par un tiers qui n'a pas été partie au procès criminel. Ne serait-il pas étrange, par exemple, qu'un individu pût

[1] Comp., par exemple : ORTOLAN, t. II, nº 2145.

obtenir d'un tribunal civil le bénéfice d'un legs, résultant d'un testament, qu'un tribunal de répression aurait déclaré faux? Ce que la société a fait juger doit être jugé à l'égard de tous : la décision, qu'elle a provoquée par l'action de ses mandataires, doit être considérée comme la *vérité* par tous les citoyens : il est naturel que le jugement appartienne à tous, par conséquent, que tous soient admis à s'en prévaloir et qu'on puisse l'opposer à tous.

b) A l'inverse, quelques auteurs étendent l'autorité de la chose jugée, au delà de ce qui concerne la conclusion finale du procès, c'est-à-dire la déclaration de culpabilité ou de non-culpabilité, à toutes les décisions prises par le tribunal de répression, quelle qu'en soit la nature. Je crois, au contraire, que lorsque le tribunal de répression vérifie l'existence d'une condition, distincte de l'infraction, et qui ne la constitue pas, il ne le fait que d'une manière sommaire, soit au point de vue de la marche plus rapide du procès, soit au point de vue de la recevabilité de l'action publique, tout en laissant entière la question civile qui peut naître du fait accessoire qu'il a examiné.

CHAPITRE II.

DE L'EXÉCUTION DE LA SENTENCE[1].

676. Le mode d'exécution d'une sentence pénale diffère, suivant qu'elle porte *acquittement* ou *absolution*, ou qu'elle prononce une *condamnation*.

I. DE L'EXÉCUTION DES SENTENCES PORTANT RENVOI D'INSTANCE.

677. Une sentence, qui prononce un renvoi d'instance, n'a besoin d'être exécutée que si le prévenu ou l'accusé est en état de détention préventive : c'est au ministère public à faire mettre celui-ci en liberté, à moins qu'il ne soit *légalement* détenu pour une autre cause (C. inst. cr., art. 197 et 376). Mais, pour savoir à quel moment la mise en liberté peut être ordonnée, il faut distinguer : 1° quand il s'agit d'une ordonnance de non-lieu, le prévenu doit garder prison jusqu'à ce qu'il

[1] BIBLIOGRAPHIE : BERRIAT SAINT-PRIX, *De l'exécution des jugements et arrêts, et des peines, en matière criminelle, correctionnelle et de police* (Paris, 1846).

ait été statué sur l'opposition et, dans tous les cas, jusqu'à l'expiration du délai ordinaire d'opposition (C. inst. cr., art. 135, § 7); 2° quand il s'agit d'un arrêt de non-lieu, le prévenu doit être mis en liberté sur-le-champ, nonobstant tout pourvoi en cassation (C. inst. cr., art. 229); 3° quand il s'agit d'une ordonnance d'acquittement en cour d'assises, comme cette ordonnance n'est susceptible d'aucun pourvoi utile, la mise en liberté a lieu immédiatement sur l'ordre du président (C. inst. cr., art. 358); 4° quand il s'agit d'un arrêt d'absolution de la cour d'assises, il est sursis à la mise en liberté pendant le délai du pourvoi, ou la procédure du pourvoi, s'il en a été formé (C. inst. cr., art. 373); 5° quand il s'agit d'un jugement de relaxe du tribunal correctionnel, la mise en liberté doit être ordonnée de suite, bien que le jugement puisse être utilement frappé d'appel (C. inst. cr., art. 206).

II. DE L'EXÉCUTION DES SENTENCES PORTANT CONDAMNATION.

678. Parmi les condamnations, il en est de deux catégories : celles qui doivent être *matériellement exécutées*, pour produire leurs effets propres; telles sont les condamnations à des peines *corporelles*, à des peines *privatives*, ou *restrictives de liberté*, à des peines *pécuniaires*, à des *restitutions* et *dommages-intérêts*; et celles qui produisent leurs effets de *plein droit*, dès que la sentence a acquis l'autorité de la chose jugée : telles sont les *incapacités* et *déchéances de droits*. Je traiterai successivement des unes et des autres, après avoir posé les règles générales qui gouvernent cette matière.

679. Règles générales de l'exécution des peines. — Les règles suivantes dominent l'exécution des peines.

I. Nulle peine ne peut être infligée, ni subie en France, qu'en vertu d'un arrêt ou d'un jugement irrévocable, émanant d'un tribunal français et ayant acquis l'autorité de la chose jugée par l'expiration des délais accordés pour se pourvoir, ou par l'épuisement de toutes les voies de recours. C'est là un principe fondamental qui doit être appliqué toutes les fois, du moins, que la loi n'y fait pas exception (C. p., art. 23 et 28; C. inst. cr., art. 173, 203, 373).

II. Le droit de faire exécuter la condamnation pénale n'appartient pas à la juridiction qui a rendu la décision, mais au ministère public. C'est lui seul qui peut prescrire le *mode*, le *moment* et les *mesures* d'exécution des peines, à la charge de se conformer aux dispositions de la loi et du jugement de condamnation (C. inst. cr., art. 165, 197, 376).

III. Mais le ministère public, qui fait exécuter ainsi les décisions rendues à sa requête, comme un plaideur le jugement qui lui attribue le gain du procès, n'est, pas plus qu'un plaideur ordinaire, investi du pouvoir de résoudre *lui-même* les incidents qui sont soulevés par le condamné à propos de cette exécution. Si celui-ci prétend que la décision prise à son égard par le ministère public n'est pas conforme aux prescriptions de la loi, ou aux dispositions du jugement de condamnation, la question prend un caractère *contentieux*, et sa solution doit appartenir aux tribunaux.

Mais à quels tribunaux? Ce point n'est réglé, en matière criminelle, par aucune disposition précise. La jurisprudence paraît poser en principe que la connaissance des incidents contentieux, qui s'élèvent à l'occasion de la mise à exécution des peines, appartient aux juges compétents pour décider le principal, c'est-à-dire à ceux qui ont statué sur l'action publique[1]. Il est tout simple, en effet, que le juge, dont la sentence est l'œuvre, statue sur les questions qui naissent à l'occasion de son exécution, et que, sachant ce qu'il a voulu décider, il puisse résoudre, mieux qu'un autre, les incidents auxquels sa décision a donné lieu. L'article 472 du Code de procédure civile fournit, du reste, à ce système, un argument d'analogie, en attribuant, en matière civile, la connaissance des difficultés naissant de l'exécution d'une sentence passée en force de chose jugée au tribunal qui l'a rendue.

Mais les impossibilités et les inconvénients qui résulteraient de l'adoption de ce système ne me permettent pas de l'adopter. Toutes les questions, que soulève le condamné à propos de l'exécution de la peine, sont urgentes à résoudre. Or, la sentence peut émaner d'une juridiction temporaire, comme la cour d'assises, et il est impossible de la reconstituer, après la clôture de la session, pour juger l'incident. Lors même qu'elle émane d'un tribunal correctionnel ou de

[1] Comp. : Cass., 17 janvier 1845 (S. 45, 1, 543); BLANCHE, t. I, nº 134. Voir cependant un arrêt du 17 décembre 1850 (S. 51, 1, 64), rendu conformément aux conclusions du procureur général Dupin, qui paraît donner au tribunal civil du lieu où le condamné est momentanément détenu et non au tribunal correctionnel du lieu où il doit subir sa peine, le droit de se prononcer sur les incidents contentieux que soulève l'exécution de l'emprisonnement. On a souvent exagéré la portée de cette décision, qui est une décision d'espèce.

simple police, le condamné, qui souvent est détenu hors du ressort de cette juridiction, serait obligé, s'il devait recourir à elle, de subir des délais qui entraveraient l'exercice de son droit[1]. Il convient donc, à mon avis, de faire décider la question par la juridiction *criminelle permanente* du lieu où se trouve le condamné, c'est-à-dire par le *tribunal correctionnel de l'arrondissement où il est détenu.* Sans doute, il est peu logique de donner à ce tribunal le droit d'interpréter un arrêt de cour d'assises ou de cour d'appel, mais il serait bien moins logique encore de donner, comme le fait une opinion intermédiaire, au *tribunal civil* du lieu où se trouve le condamné, le droit de se prononcer sur l'exécution des décisions répressives. Prétendre, ainsi qu'on l'a fait pour soutenir ce système, que les tribunaux civils ont la *plénitude de juridiction*, et que les autres tribunaux ne sont que des juridictions d'exception, c'est non-seulement commettre une erreur, mais encore se payer de mots : car les tribunaux civils et les tribunaux correctionnels ne sont que deux sections de la *même juridiction*, et la chambre civile ne peut avoir, pour interpréter les décisions pénales, un pouvoir plus étendu que la chambre correctionnelle.

IV. L'exécution d'une peine peut avoir lieu, soit *réellement,* soit *par effigie.* Dans notre ancien droit, où l'action de la justice demeurait secrète tant que durait la procédure, une grande publicité entourait, au contraire, l'exécution. Ainsi, les condamnés, qui parvenaient à se soustraire, par la fuite, à la peine de mort, étaient exécutés figurativement (*per effigiem*), au moyen d'une représentation du supplice prononcé par la sentence qu'ils avaient encourue[2]. Les autres condamnations s'exécutaient et étaient rendues publiques au moyen d'un écriteau, portant un extrait du jugement, que l'exécuteur des arrêts criminels suspendait à un poteau sur la place publique[3]. Ce dernier mode d'exécution fut consacré, pour toutes les condamnations par contumace qui prononçaient des peines criminelles, par la législation intermédiaire et par le Code d'instruction criminelle. Mais, en 1849, une certaine émotion populaire s'étant manifestée à Paris, lors de

[1] Aussi est-il admis généralement que, en cas d'*urgence*, le tribunal du lieu où l'exécution est requise et auquel est attaché l'officier du ministère public qui fait exécuter, peut ordonner des mesures provisoires, en réservant la connaissance du fond au tribunal ou à la cour qui a prononcé la condamnation et qui doit statuer définitivement (Argument de l'art. 554 C. pr. civ.).

[2] Comp. : Richer, *De la mort civile*, p. 158.

[3] Ord. de 1670, tit. XVII, art. 16.

l'exécution par effigie d'arrêts de condamnation rendus en matière politique, une loi du 2 janvier 1850 modifia l'article 472 C. inst. cr. Aux termes de ce texte, l'exécution a lieu aujourd'hui par de simples *modes de publicité*, à savoir : l'insertion d'un extrait de l'arrêt dans un des journaux du département du dernier domicile du condamné, et par trois affiches qui doivent être apposées : 1° à la porte du dernier domicile du condamné; 2° à celle de la maison commune du chef-lieu d'arrondissement; 3° à celle du prétoire de la cour d'assises. Les effets, qui étaient antérieurement attachés à l'exécution par effigie, sont désormais produits par l'accomplissement de ces formalités et à la date du dernier des trois procès-verbaux constatant les affiches [1].

680. Règles spéciales sur l'exécution de la peine de mort. — L'article 375 C. instr. cr., porte que l'exécution des arrêts de mort aura lieu dans les vingt-quatre heures qui suivront le moment où ils seront devenus définitifs. Mais ce texte n'est pas appliqué. Une circulaire ministérielle du 27 septembre 1830, ordonne aux procureurs généraux d'adresser, sur chaque condamnation capitale, un mémoire, qui est soumis, par le garde-des-sceaux, avec son rapport, au Chef de l'État. L'exécution n'a lieu qu'après une décision du Président de la République l'autorisant [2]. Aux termes de l'article 12 C. p., le mode d'exécution ordinaire est la décapitation [3]. Si la condamnation émane d'un conseil de guerre, le condamné est fusillé.

La mort n'est jamais aggravée par des tortures. Mais, pour un crime, le *parricide*, la loi ajoute au dernier supplice un certain appareil : le coupable, condamné à mort, est conduit sur le lieu de l'exécution, en chemise, nu-pieds, et la tête couverte d'un voile noir [4]. Il est exposé sur l'échafaud, pendant qu'un huissier fait au peuple lecture de l'arrêt de condamnation, et il est immédiatement exécuté à

[1] Comment accomplira-t-on les prescriptions relatives à l'insertion dans un journal et à l'affiche, si le condamné n'a ni domicile ni résidence? On fera l'insertion dans un journal du département où le crime a été commis, et on ne posera pas d'affiche au troisième lieu, puisqu'on ne le connaît pas.

[2] C'est, en réalité, la disposition de l'édit de 1788, que la pratique a reprise de nos jours. Comp. : Esmein, *op. cit.*, p. 403.

[3] L'instrument du supplice est la guillotine, du nom du docteur Guillotin, son inventeur (D. 20-25 mars 1792).

[4] On a souvent demandé la suppression de cet appareil spécial (Comp. : Chauveau et Hélie, t. I, n° 67; Bertauld, p. 237), réforme réalisée par le Code pénal belge de 1867. Le projet de loi sur l'exécution de la peine de mort, dont je parle plus loin, en propose la suppression.

mort (C. p., art. 13). Sous l'empire du Code pénal de 1810, le parricide devait même avoir le poing coupé, avant d'être mis à mort; la loi du 28 avril 1832 a supprimé cette mutilation inutile et barbare.

Aux termes de l'article 26 C. p., l'exécution « *se fera sur l'une des places publiques du lieu qui sera indiqué par l'arrêt de condamnation* »: Trois règles résultent de cette disposition : 1° L'arrêt de condamnation désigne la commune où doit avoir lieu l'exécution; tantôt, c'est la commune où le crime a été commis; le plus souvent, la commune où l'arrêt est prononcé[1]. Une circulaire ministérielle du 27 juin 1874 impose même aux magistrats du ministère public le devoir de demander formellement, lorsqu'ils requièrent l'application de la peine de mort, que le châtiment soit subi sur une des places publiques de la ville où la condamnation est prononcée. Ce serait, du reste, dans cette commune, que devrait se faire l'exécution, si l'arrèt de la cour d'assises était muet sur la question. Cette omission, qui ne serait pas un motif de cassation de l'arrêt, puisque la désignation de la commune, où l'exécution doit être faite, n'est pas prescrite à peine de nullité par l'article 26 du C. p., ne pourrait être suppléée, ni par un arrêt postérieur de la cour d'assises, qui est complètement dessaisie[2], ni par le procureur général, qui n'a d'autre mission que celle de faire exécuter la condamnation. 2° La cour d'assises a seulement le droit de désigner la commune où aura lieu l'exécution; mais le choix de la place publique, où doit être dressé l'échafaud, étant une mesure de police, appartient à l'autorité municipale. 3° L'exécution se fait nécessairement sur une *place publique*. Du reste, il existe, depuis quelque temps, un mouvement très accentué contre la publicité des exécutions capitales. Ce mouvement a eu un double résultat. En fait, dans la pratique, on applique la loi, dans sa lettre, plutôt que dans son esprit, en rendant la publicité aussi peu effective que possible[3]. En droit, plusieurs pays, notamment l'Angleterre, l'Allemagne, la Suède, une partie de États-Unis d'Amérique, ont substitué, à l'exécution sur une place publique, l'exécution dans l'enceinte de la prison[4].

[1] Chauveau et Hélie (t. I, p. 257), pensent que la cour d'assises ne peut désigner que l'une des communes de l'arrondissement où le crime a été commis, ou le lieu du jugement. — En sens contraire : Cass., 23 déc. 1826 (S. 26, 1, 489). Cette dernière solution me paraît plus exacte.

[2] Comp. : Cass., 3 août 1843 (S. 43, 1, 743).

[3] Comp. : Ortolan, t. II, n° 3295.

[4] C'est la disposition principale d'un projet de loi, proposé sous le ministère Du-

Il est défendu d'exécuter les condamnations à mort les jours de fêtes nationales ou religieuses et les dimanches (C. p., art. 25). Si une femme condamnée à mort se déclare, et s'il est vérifié qu'elle est enceinte, elle ne subira sa peine qu'après sa délivrance (C. p., art. 27). La loi du 23 germinal an III, dont la disposition n'a pas été reproduite par le Code pénal, ordonnait même qu'une femme enceinte ne fût pas mise en jugement.

Le corps du supplicié, autrefois jeté à la voirie, est aujourd'hui rendu à la famille, si elle le réclame, à la charge, par elle, de le faire inhumer sans aucun appareil (C. p., art. 14). La loi ne prétend pas éloigner le ministre du culte, interdire les cérémonies religieuses, qui accompagnent d'ordinaire les inhumations; mais elle ne veut pas de la pompe d'un convoi qui pourrait être une protestation scandaleuse contre la sentence et son exécution.

681. Règles spéciales sur l'exécution des peines privatives ou restrictives de liberté. — Les peines privatives de liberté s'exécutent à la requête du ministère public, mais le fait de l'exécution appartient à l'autorité administrative. Aussi, toute incarcération, comme toute mise en liberté d'un prisonnier, se constate sur un registre à ce destiné (C. inst. cr., art. 608 et 609). Cet acte constitue la prise en charge du détenu par l'administration, ou la décharge qui lui en est donnée.

Trois règles résument les dispositions de la loi, en ce qui concerne le *point de départ* et le *calcul de la durée* de ces peines.

I. Lorsqu'un condamné est en état de détention au moment du jugement, les peines afflictives et infamantes ou infamantes seulement, privatives on restrictives de liberté, le frappent, aussitôt que la condamnation devient *irrévocable* et qu'il se trouve être à la disposition de l'autorité pour les subir[1]. Le temps, utile pour la libération court,

faure, et déposé sur le bureau de la Chambre, le 20 mars 1879 (*Exposé des motifs* et *texte : Journal officiel* du 3 avril 1879). La publicité des exécutions à mort ayant été ordonnée tout à la fois à titre d'exemple et à titre de garantie, ne se prive-t-on pas, en la supprimant, de ce double avantage? V. la réponse à cette objection dans l'exposé des motifs du projet de loi. M. Bardoux a saisi le Sénat, dans la séance du 10 juin 1884, d'une proposition de loi analogue.

[1] La surveillance de la haute police, étant une peine de prévention plutôt que de répression, et frappant le libéré plutôt que le condamné, ne doit commencer, en principe, que du jour de la libération et non du jour de la condamnation. L'art. 47 C. p. le dit textuellement. Mais il est des hypothèses rares où la surveillance est prononcée soit principalement, soit accessoirement à une peine qui laisse le con-

de plein droit, à compter de cette date, si la peine est temporaire. Cette règle, formulée par l'art. 23 du Code pénal, a été généralisée par la loi de révision de 1832. Bien entendu, la loi suppose le condamné, déjà détenu; s'il est libre ou s'est évadé, la peine commencera à compter du jour de son écrou seulement (C. inst. cr., art. 608 et 609).

II. La condamnation frappe presque toujours en matière criminelle et souvent en matière correctionnelle un individu qui est déjà sous la main de justice : la *loi* doit-elle ou le *juge* peut-il tenir compte, dans le calcul de la durée de la peine, de la détention préalable subie par le prévenu? Cette détention n'est pas une peine sans doute, mais elle est une souffrance nécessaire, infligée au coupable à raison de l'infraction; si donc la rigueur des principes ne commande pas de l'imputer sur la peine, il est équitable, au moins, d'en tenir compte[1]. Le législateur de 1832 a considéré cependant qu'elle différait trop des peines criminelles privatives de liberté, telles que les travaux forcés et la réclusion, pour ordonner *l'imputation* de sa durée sur la durée de ces peines[2] : en *matière criminelle*, il n'en tient donc aucun compte. Mais, en *matière correctionnelle*, comme l'emprisonnement de garde et l'emprisonnement de peine diffèrent peu dans leur régime, et se subissent, en pratique, dans les mêmes prisons, l'art. 24, révisé en 1832, a ordonné que, dans certains cas, la détention préalable soit comptée comme une exécution anticipée de la peine prononcée. Pour comprendre le système de ce texte, il faut distinguer tout d'abord si le condamné est ou n'est pas en état de détention préventive, au moment où intervient la condamnation.

damné en liberté; dans ces cas, la surveillance aura pour point de départ, conformément à l'art. 23, le jour où la condamnation sera devenue irrévocable.

[1] Le C. p. belge de 1867, dans son art. 30, impute la détention préalable, à compter du jour de l'arrestation, sur la durée de la peine privative de liberté à laquelle le coupable a été condamné. Ce système me paraît exagéré; je lui préférerais le système de l'art. 35 du projet de Code pénal italien, suivant lequel le temps de la détention préventive est compté, d'après la gravité de la peine prononcée, pour la peine entière, pour la moitié de la peine, pour un tiers ou pour un quart. — L'art. 60 du C. p. allemand porte : « La détention préventive pourra être imputée, en « tout ou en partie, par le jugement de condamnation, sur la peine prononcée ». Ainsi, d'après la législation belge et la législation *italienne*, l'imputation est *obligatoire*; elle est *facultative*, d'après la législation allemande.

[2] « L'emprisonnement préalable diffère trop de la plupart des peines pour qu'on puisse l'assimiler avec elles et le précompter sur leur durée. Quel rapport y a-t-il, par exemple, entre l'emprisonnement préalable et les travaux forcés? » Rapport Dumon. Comp. : CHAUVEAU, *Code pénal progressif*, p. 139.

a) Lorsque le condamné n'est pas en état de détention préventive, la durée de la peine ne peut évidemment compter que du jour où elle commence à être subie, c'est-à-dire du jour où le condamné est arrivé dans la maison de correction. Sans doute, une arrestation préalable a dû être nécessaire si le condamné ne s'est pas constitué volontairement prisonnier, mais le temps qu'il a passé, par suite de cette mesure, dans des prisons autres que la maison de correction ne doit pas venir en diminution de la peine, cette mesure ayant été nécessitée par son fait[1].

b) Dans le cas contraire, la détention préventive se convertit en emprisonnement expiatoire, à partir du jugement ou de l'arrêt de condamnation, toutes les fois que le condamné ne s'est pas pourvu par *opposition*, *appel* ou *pourvoi en cassation*, ou que la peine a été *réduite* ensuite de son recours[2]. Si le condamné s'est pourvu inutilement, la durée de la peine court du jour du jugement ou de l'arrêt qui a confirmé la condamnation (C. p., art. 24)[3].

III. La durée des peines temporaires doit, en général, être calculée de *quantième* à *quantième*, en employant le calendrier grégorien, admis par la législation française, pour la mesure du temps légal[4]. Cependant, l'article 40 du Code pénal fait exception à la règle, en édictant que la condamnation à un seul mois de prison aura toujours une durée égale de trente jours[5].

[1] Comp. : BLANCHE, t. I, nos 174, 175 et 176.

[2] Comp. : Paris, 4 mars 1882 (S. 82, 2, 171).

[3] Sur les difficultés que cet article soulève, « article à refaire », dit ORTOLAN (t. II, no 1624), on lira : CABAT, *Du calcul de la durée des peines à l'usage des parquets* (Paris, 1876), p. 5. Comp. : CHAUVEAU et HÉLIE, t. I, nos 176 et suiv.; LAINÉ, *op. cit.*, no 380; VILLEY, p. 498. En cas de pourvois successifs : Cass., 3 juillet 1847 (S. 47, 1, 741). En cas de désistement de pourvoi ou d'appel : BLANCHE, t. I, nos 129 et 130.

[4] Sénatus-consulte du 22 fructidor an XIII; C. de com., art. 132.

[5] Dans ce sens : Aix, 15 octobre 1862 (S. 63, 2, 160) et la note; Cass., 14 janvier 1881 (S. 81, 1, 197). La question est cependant très-controversée; beaucoup d'auteurs, tout en admettant le principe que la durée des peines temporaires se calcule de quantième à quantième, en prenant les mois tels qu'ils sont dans le calendrier, prétendent que le législateur a fait exception à la règle, en ce qui concerne l'*emprisonnement correctionnel;* et que, au cas de condamnation, même à plusieurs mois d'emprisonnement, les *mois* doivent être comptés par intervalle de *trente jours*. Comp. : CABAT, *op. cit.*, no 26, p. 35; TRÉBUTIEN, 2e éd., t. I, no 353; LAINÉ, *op. cit.*, no 377. Ce qui me décide à adopter le système contraire, suivi par la Cour de cassation, c'est que l'article 40 étant, de l'avis de tous, exceptionnel, doit être interprété dans le sens où il s'écarte le moins d'une règle générale. Un autre mode de computation aurait, du reste, pour résultat d'établir une différence préjudiciable entre l'individu condamné à douze mois de prison et celui qui est condamné à un an.

682. Règles spéciales sur l'exécution des condamnations pécuniaires. — L'effet juridique des condamnations pécuniaires à l'amende, aux restitutions, aux dommages-intérêts et aux frais, qui est de créer une obligation ou de transférer une propriété, se produit du jour où la décision qui les prononce est devenue *irrévocable :* de ce jour-là, le droit qui en résulte est acquis et peut être recouvré contre toutes personnes : mais d'après quelles règles? Les condamnations pécunaires sont exécutées à la requête de la partie qui les a obtenues. Le recouvrement des amendes et des frais, prononcés au profit de l'État, est poursuivi, à la requête du ministère public, par les percepteurs des contributions directes, substitués aux receveurs de l'enregistrement, d'après la loi budgétaire du 29 décembre 1873 (art. 26). Le recouvrement des condamnations, prononcées au profit des parties civiles, est poursuivi à la requête de ces parties. S'il s'élève des difficultés contentieuses sur l'exécution, la solution doit toujours en appartenir aux *tribunaux civils ;* d'une part, en effet, les juridictions répressives ne peuvent être compétentes pour statuer sur l'action civile et ses conséquences que dans le cas où elles sont, en même temps, saisies de l'action publique (C. inst. cr., art. 3); d'autre part, elles ne peuvent pas non plus statuer sur les difficultés d'exécution des condamnations à l'amende, puisque ces condamnations perdent leur caractère pénal, dès qu'elles sont prononcées.

Les dettes, qui résultent de ces condamnations, ont pour gage les biens du condamné; et, à défaut de paiement volontaire, l'exécution en est procurée par les moyens que le droit commun fournit à tout créancier. Mais, en outre, elles sont munies de sûretés spéciales qui en garantissent le recouvrement. Ce sont : 1° des hypothèques et, pour les frais dus à l'État, un privilège; 2° la contrainte par corps; 3° la solidarité.

683. *Hypothèque et privilège.* — L'État, pour l'amende, la partie civile pour ses restitutions, dommages-intérêts et frais, ne subiront pas, sur le prix des biens du débiteur, le concours des créanciers chirographaires, car, aux termes de l'article 2128 C. civ., ils auront, comme tous les titulaires de créances constatées par jugement, une hypothèque générale, qui viendra à son rang d'inscription dans l'ordre ouvert sur le prix des immeubles présents et à venir du débiteur. Mais il arrivera fréquemment que les biens du condamné seront insuffisants pour couvrir les condamnations à l'amende, aux restitutions, aux dommages-intérêts et aux frais : les parties civiles et l'État viendront-ils alors en concours et subiront-ils, conformément aux principes de la *contribution*, une réduction proportionnelle au chiffre de leur créance? Nullement : l'article 54 nous dit qu'en cas de concurrence de l'amende avec les restitutions et les dommages-intérêts, « *ces dernières condamnations obtiendront la préférence* ». Quant aux frais de justice, la loi du 5 septembre 1807, accordant au Trésor public un privilège sur les meubles et immeubles des condamnés pour le remboursement des frais qui sont adjugés au fisc, ces frais sont payés par *privilège*, même avant le paiement des indemnités prononcées au profit de la partie civile. Mais, quand le Trésor public sera remboursé de ses avances, la partie civile aura également le droit de prélever ses frais de poursuite, avant qu'il puisse être question du paiement des amendes : nous avons vu, en effet, que la condamnation aux frais de justice était un des éléments de l'indemnité due à la partie lésée. C'est donc le cas d'appliquer à la créance, qui en résulte, le principe de l'article 54 C. p. En résumé, les créances, nées d'une infraction, sont classées entre elles, dans l'ordre suivant : 1° les frais dus à l'État; 2° les restitutions, dommages-intérêts et frais dus à la partie civile; 3° l'amende due à l'État.

684. *Solidarité.* — Aux termes de l'article 55 C. p. : « *Tous les individus condamnés pour un même crime ou pour un même délit seront tenus solidairement des amendes, des restitutions, des dommages-intérêts et des frais* ». Ce texte indique à la fois les *personnes* qui sont tenues solidairement et les *condamnations* pour lesquelles elles le sont. C'est à ce double point de vue qu'il faut l'étudier, mais après avoir déterminé d'abord la *raison d'être* et le *caractère* de cette solidarité.

I. Une obligation est dite solidaire entre les divers débiteurs qui en sont tenus, lorsque, d'après le titre qui la constitue, chacun d'eux est à considérer, dans ses rapports seulement avec les créanciers communs, comme débiteur de l'intégralité de la prestation. Est-il rationnel de donner, de plein droit, cette étendue à l'obligation des divers condamnés pour un même crime ou un même délit? Chacun de ceux qui ont participé au fait délictueux est, individuellement et en l'isolant des autres, l'auteur du dommage que ce fait a causé; on comprend que la partie qui a souffert du préjudice causé par *tous* et par *chacun* puisse demander à *tous* et à *chacun* la réparation intégrale de ce préjudice. La dette ne peut être divisée dès que le fait qui l'engendre est imputable à chacun des codélinquants. La solidarité est donc fondée en raison, pour les condamnations aux *restitutions*, aux *dommages-intérêts* et aux *frais*. Mais se justifie-t-elle aussi bien pour les condamnations à l'amende [1]? Évidemment non : l'amende est une peine et, comme toute peine, elle doit rester *personnelle* : pourquoi donc, en cas d'insolvabilité de l'un des coupables, faire retomber sur les autres l'amende à laquelle il a été condamné? Il ne viendrait jamais à l'esprit de personne, quand deux individus ont été condamnés, pour le même délit, à six mois de prison, de prolonger la détention de l'un du temps pendant lequel l'autre s'est soustrait à l'exécution de la peine : il ne saurait en être autrement de l'amende. Chacun des condamnés ne devrait régulièrement supporter que celle qu'il a personnellement encourue et qui a été prononcée contre lui [2].

Que résulte-t-il de ces observations? L'article 55 n'existerait pas, nous déclarerions cependant chacun des auteurs d'un même crime ou d'un même délit, tenu, *pour le tout*, de réparer le préjudice qu'il a causé par sa faute, mais non de payer *pour le tout* les amendes qui ont été prononcées, à raison de l'infraction, contre chacun des codélinquants : est-ce à dire que l'article 55 soit, tout à la fois, une disposition *mauvaise*, en ce qui concerne la solidarité des amendes, et une disposition *inutile*, en ce qui concerne la solidarité des réparations civiles? Nullement : car l'article 55 a pour objet de consacrer, au profit des créanciers, un recours vraiment solidaire contre les divers condamnés. Je m'explique. On sait que certains auteurs et la jurisprudence distinguent deux solidarités : l'une *parfaite*, organisée par les articles 1200 à 1216 du Code civ., l'autre *imparfaite* et désignée sous le nom d'obligation *in solidum*. Entre elles, existeraient certaines différences. Dans la première, les débiteurs seraient réputés

[1] Sur la question : Paringault, *De la solidarité des amendes dans la législation criminelle* (*Rev. hist.*, 1857, t. III, p. 561) ; Lainé, n° 478 ; Ortolan, t. II, n° 1584.

[2] Peut-être faut-il voir l'origine de cette solidarité en ce que, dans l'ancien droit, l'amende était moins une *peine*, qu'une *indemnité* pour frais de justice. — L'article 50 du Code p. belge n'établit la solidarité que par rapport aux restitutions, aux dommages-intérêts et aux frais. Comp. pour la critique de l'article 55 : Molinier (*Revue critique*, 1853, p. 157). — La solidarité, établie pour les amendes par l'article 55 du Code pénal, n'existe-t-elle qu'autant que les amendes sont égales et que leur somme totale ne dépasse pas le *maximum* autorisé pour le délit, à raison duquel elles ont été prononcées? L'article 55 est formel. La solidarité existera, même quand la somme totale des amendes dépassera le *maximum*, même encore si, parmi les délinquants, se trouve un récidiviste condamné au *maximum* en cette qualité. Mais s'il y a eu condamnation à des amendes, pour le même délit, par des jugements séparés, les individus condamnés séparément pour le même fait ne seront pas solidaires.

avoir reçu un mandat réciproque pour tous les actes ayant pour objet, non-seulement d'éteindre l'obligation, mais de la conserver et de la perpétuer; d'où résulterait que, aux termes de l'article 1206 C. civ., l'interpellation, faite par le créancier à l'un des codébiteurs tenu de cette manière, interromprait la prescription à l'égard des autres; que la mise en demeure de l'un d'eux mettrait les autres en demeure et donnerait cours aux intérêts, etc. Dans la seconde solidarité, ce mandat réciproque n'existerait pas pour les actes qui pourraient perpétuer l'obligation, et les effets précités ne seraient pas produits. Cette distinction, remarquons-le, n'existe nulle part dans la loi : aussi, la difficulté, pour ceux qui l'ont introduite, consiste à déterminer dans quels cas la solidarité est parfaite, dans quels cas elle est imparfaite. La solidarité *conventionnelle* serait, d'après ces auteurs, toujours parfaite, à moins que les parties n'en eussent disposé autrement. Mais, dans les hypothèses nombreuses de solidarité *légale*, y a-t-il solidarité parfaite, y a-t-il solidarité imparfaite? C'est ici que nous tombons dans des théories subtiles et arbitraires, et cela doit être dans une opinion qui fait des distinctions là où la loi n'en fait point. Ainsi, on se demande, sous l'article 55 C. p., si la solidarité qu'il établit est parfaite ou imparfaite, et on est loin d'être d'accord. Pour nous, il n'y a qu'une espèce de solidarité, une solidarité qui ne se présume pas sans doute, qui résulte d'une disposition expresse de la convention ou de la loi, mais qui produit toujours, lorsqu'elle existe, des effets identiques, déterminés par les articles 1200 et suiv. du Code civil. La solidarité légale, en un mot, est de la même nature que la solidarité conventionnelle, et la preuve en est que les effets de la solidarité sont énumérés par la loi immédiatement à la suite de l'article 1202, qui fait la distinction, quant aux sources de la solidarité, entre la solidarité légale et la solidarité conventionnelle. Sans doute, je reconnais qu'en mettant à part la solidarité stipulée par les parties et la solidarité établie par la loi, il peut se rencontrer, entre codébiteurs, des situations telles, que le juge soit autorisé, en vertu des seuls principes d'équité, à déclarer chacun d'eux obligé pour la totalité à une dette collective, parce qu'il manque de base pour diviser entre eux la condamnation, sans qu'il y ait lieu d'appliquer les autres effets de la solidarité indiqués par les articles 1205, 1206 et 1207. Mais ce que je veux dire, c'est que la solidarité *légale* est toujours la même, qu'elle produit toujours les mêmes effets, et que l'on n'a pas à se demander, quand la loi la prononce, comme dans l'article 55, si elle parfaite ou imparfaite.

II. L'article 55 nous dit que « *tous les individus condamnés pour un même crime ou un même délit seront tenus solidairement* ». Pour que ce texte puisse être appliqué, il faut donc la réunion de trois conditions : un *crime* ou un *délit;* la coopération de *tous* les débiteurs prétendus solidaires à cette infraction ; une *condamnation prononcée.*

a) L'article 55 est spécial aux amendes, restitutions, dommages-intérêts et frais, prononcés pour *crimes* ou *délits.* Il faut en conclure : 1° que la solidarité proprement dite ne peut s'appliquer aux amendes, restitutions et dommages-intérêts prononcés en matière de *contraventions;* 2° qu'elle ne peut s'appliquer non plus aux réparations civiles dues par les coauteurs d'un *délit* ou *quasi-délit civil*, ou même d'un *délit pénal amnistié.* L'article 1202 du Code civil dispose, en effet, que la solidarité ne se présume pas, qu'elle ne peut résulter que d'une convention expresse ou de la loi. Mais, de ce que la solidarité n'existe pas, en vertu de la loi, entre les auteurs d'une contravention pénale et d'un délit ou quasi-délit civil, il ne s'ensuit pas que les juges ne puissent déclarer chacun d'eux tenu *in solidum* de réparer tout le préjudice qu'il a causé par sa faute[1]; alors, du moins, qu'il y a impossibilité de déterminer la part de responsabilité qui lui incombe dans le fait dommageable; comme si, par exemple, plusieurs individus ont incendié, par imprudence, une récolte. Est-ce là une obligation solidaire? Non, car la solidarité ne peut résulter que de la convention ou de la loi (C. civ., art. 1202); c'est une simple obligation *in solidum*, dont l'unique effet est d'autoriser le créancier à demander le tout (*solidum*) à chaque débiteur[2].

b) Ainsi, la solidarité proprement dite n'atteint que les individus condamnés pour le *même* crime ou le *même* délit. Que doit-on entendre par là? Certainement, la solidarité s'applique aux coauteurs et complices d'une infraction, qualifiée crime ou délit. Mais on doit

[1] Il ne saurait être question ici des amendes, prononcées pour contravention : établir une obligation *in solidum*, entre les divers contrevenants, pour l'amende à laquelle chacun d'eux a été condamné, serait contraire à la fois à la raison et à la loi. *Sic*, Cass., 24 mars 1855 (S. 55, 1, 608); 3 avril 1869 (S. 70, 1, 259).

[2] La jurisprudence paraît admettre une véritable solidarité entre les auteurs d'un délit ou quasi-délit civil : c'est, du moins, ce que l'on peut conclure des motifs mêmes de divers arrêts. Cass., 25 juillet 1870 (S. 72, 1, 122); 9 déc. 1872 (S. 73, 1, 11); 23 mars 1875 (S. 75, 1, 155); 12 janv. 1881 (S. 82, 1, 23). V. Blanche, t. I, nos 422 et 423, qui paraît confondre l'obligation solidaire avec l'obligation *in solidum*.

même dire que les condamnés ont été jugés pour le même fait, lorsqu'ils l'ont été pour crimes ou délits connexes, en vertu des articles 226 et 227 C. inst. cr. L'idée d'une faute commune, qui explique et justifie, dans une certaine mesure, l'article 55, en commande l'application à ces crimes et délits, qui dépendent les uns des autres et ne forment, à vrai dire, que les parties d'un même tout[1].

c) La troisième condition, requise pour l'application de l'article 55, est l'existence d'une *condamnation* pour crime ou délit; condition nécessaire, car il faut bien que la participation de chacun des débiteurs prétendus solidaires au crime ou au délit soit judiciairement établie; mais condition suffisante, puisque la loi n'exige pas autre chose. On doit donc appliquer l'article 55 : 1° lors même que la condamnation aux dommages-intérêts pour crime ou délit serait prononcée par les tribunaux civils et non par les tribunaux de répression; car ce n'est point du caractère de la juridiction qui prononce la condamnation que dérive la solidarité, mais du caractère du fait pour lequel elle est prononcée[2]; 2° lors même que les accusés ou les prévenus seraient condamnés pour le même crime ou le même délit à des peines de nature différente, les uns à l'amende, les autres à l'emprisonnement, car la solidarité ne dépend pas de la culpabilité, essentiellement individuelle, des auteurs de l'infraction, mais de leur participation commune à sa perpétration.

III. Les condamnations pécuniaires, dont les individus condamnés pour un même crime ou un même délit sont tenus solidairement, sont les condamnations aux amendes, aux restitutions et dommages-intérêts et aux frais : *a*) Nous avons dit que l'*amende* était individuelle par suite même de son caractère pénal, c'est-à-dire que les tribunaux répressifs devaient prononcer autant d'amendes qu'il y a d'individus déclarés coupables du fait incriminé. Il ne faudrait pas croire que cette règle soit en contradiction avec celle de l'article 55. En effet, chaque condamné sera *personnellement* tenu de l'amende qui lui est directement appliquée, et *solidairement* responsable des autres amendes. *b*) Les tribunaux répressifs peuvent également déterminer la part afférente à chacun des condamnés dans les *restitutions* et *dommages-intérêts* prononcés en matière de crimes ou de délits : l'article 55 n'y met pas obstacle, car il ne règle que les rapports des condamnés avec

[1] Blanche, t. I, n° 419 et les arrêts nombreux qu'il analyse; Cass., 1er juillet 1880 (S. 81, 1, 237).

[2] Cass., 15 juin 1844 (S. 45, 1, 73).

le créancier commun, et non leurs rapports réciproques, qui restent sous l'empire des principes généraux de la responsabilité. *c*) L'article 156 du décret du 18 juin 1811, contenant règlement des frais pour l'administration de la justice en matière criminelle, de police correctionnelle et de simple police, décide que « la condamnation aux frais sera prononcée, dans toutes les procédures, *solidairement* entre tous les auteurs et complices du même fait ». Ce décret qui, aux termes d'une jurisprudence constante, est obligatoire pour les tribunaux, comme les autres décrets impériaux, étend la solidarité légale, que prononce l'article 55 du Code pénal, même aux frais avancés pour la poursuite des *contraventions*[1].

685. *Contrainte par corps*[2]. — Les personnes, condamnées à des amendes, des restitutions, des dommages-intérêts et des frais pour un crime, un délit ou une contravention, sont soumises à la contrainte par corps, quel que soit le chiffre des condamnations qui les frappent (C. p., art. 52). Cette voie rigoureuse d'exécution, qui a été supprimée par la loi du 22 juillet 1867, « *en matière commerciale, civile et contre les étrangers* », n'est donc aujourd'hui maintenue que pour *garantir le recouvrement des condamnations pécuniaires, prononcées à raison d'une infraction.* Dans cette application restreinte, la contrainte par corps a un double caractère : d'un côté, elle est un moyen d'exécution, une épreuve de solvabilité, employée contre les condamnés qui refusent de payer, en dissimulant leurs ressources; de l'autre, elle est une peine substituée à une autre peine qui ne peut être exécutée par suite de l'insolvabilité du délinquant. De ce double caractère, découlent les conséquences suivantes : *a*) La contrainte par corps doit être prononcée et peut être exécutée, dans les cas où elle est autorisée par la loi, *même contre des condamnés insolvables :* c'est ce qui résulte de l'article 10 de la loi de 1867, qui ordonne la mise en liberté des condamnés, qui justifient de leur insolvabilité, suivant l'article 420 C. inst. cr., mais seulement après qu'ils ont subi « la contrainte pendant la moitié de la durée fixée par le jugement ». Ceci démontre que la contrainte par corps n'est pas seulement une épreuve de solvabilité, mais aussi un moyen de frapper les individus qui causent un dommage à autrui, sachant qu'ils n'ont pas le moyen de le réparer. *b*) La contrainte par corps est un mode d'*exécution* des con-

[1] Comp. : Cass., 12 mai 1849 (S. 49, 1, 608).

[2] BIBLIOGRAPHIE : DARBOIS, *Traité théorique et pratique de la contrainte par corps en matière criminelle, correctionnelle et de police*, Paris, 1880.

damnations pécuniaires, mais non un mode de *libération* : et la dette, même l'amende, subsiste malgré que la contrainte par corps ait été exercée. Ce qui prouve que la contrainte par corps est destinée autant à garantir le paiement des condamnations prononcées à raison d'une infraction, qu'à substituer une peine corporelle à la peine pécuniaire qui n'est pas exécutée[1]. *c*) Mais la contrainte par corps ne peut être reprise, à raison de la même dette, contre le prévenu qui est revenu à meilleure fortune (art. 12), règle qui s'explique par le caractère pénal qu'il faut reconnaître à cette voie d'exécution.

Ayant ainsi déterminé le double caractère de la contrainte par corps[2], voyons à quelles conditions et contre qui elle s'exerce.

I. La contrainte par corps n'est maintenue qu' « en matière criminelle, correctionnelle et de simple police » : il faut donc, de toute nécessité, pour son application, que l'existence d'une *infraction*, à la charge du débiteur, soit « *reconnue* » par un tribunal de *répression*. Cette condition est à la fois nécessaire et suffisante : c'est ce qui résulte de l'art. 5 de la loi de 1867. Ainsi : 1° l'accusé ou le prévenu, renvoyé des poursuites par une juridiction *répressive*, n'est pas contraignable par corps, alors même qu'il aurait été condamné aux dépens de l'instance envers l'État, ou à des dommages-intérêts envers la partie civile[3];

[1] Le C. p. belge, à l'exemple d'autres législations, organise un emprisonnement *subsidiaire* à l'amende, qu'il ne faut pas confondre avec la contrainte par corps. Si l'amende n'est pas payée dans le délai légal, elle peut être remplacée, sur la réquisition du ministère public, par un emprisonnement dont la loi fixe la durée *maxima* (art. 40 et 41). Cet emprisonnement subsidiaire a, sans doute, pour but d'assurer le paiement de l'amende, mais il n'est pas simplement un mode d'exécution de cette dette, comme la contrainte par corps. « L'emprisonnement subsidiaire, dit HAUS (t. II, n° 777), assure le paiement de l'amende, comme la clause pénale garantit l'exécution de l'obligation principale ». Si donc le ministère public a jugé à propos de le requérir, et qu'il ait été subi, le condamné est libéré de l'amende. Comp. les articles 28 et 29 du C. p. allemand de 1870 et les articles 7 et 266 du C. d'inst. cr. autrichien de 1873, qui organisent un système analogue.

[2] Quel est le caractère prédominant de la contrainte par corps? Certains arrêts la considèrent comme un moyen de forcer le débiteur au paiement, et en tirent cette conséquence que le failli, ne pouvant payer, ne peut être soumis à la contrainte par corps. Comp. : DOMENGET, *Rev. prat.*, 1871, t. XXXII, p. 475; Paris, 27 juin 1881. D'autres la considèrent comme une mesure pénale et en tirent cette conséquence qu'il n'est plus possible de recourir à ce mode d'exécution dès qu'une loi d'amnistie est intervenue : Alger, 27 février 1882 (S. 83, 2, 17). Je crois qu'en attachant aux condamnations prononcées pour crimes ou pour délits la contrainte par corps, le législateur a eu moins en vue l'intérêt privé que l'intérêt public (V. l'exposé des motifs de la loi de 1867, S. *Lois annotées*, 1867, p. 166), et que la contrainte par corps a un caractère pénal prédominant.

[3] Aux *dépens*, par exemple, s'il est absous ; à *des dommages-intérêts*, par exemple,

2° l'individu, condamné à des dommages-intérêts par une juridiction *civile*, même à raison d'un fait dommageable qui est une infraction à la loi pénale, par exemple, à raison de l'abus d'un dépôt ou d'un mandat, n'est pas contraignable par corps, à moins que l'existence de l'infraction n'ait été reconnue au préalable par la juridiction criminelle (art. 5)[1].

Les condamnations, qui peuvent être exécutées par la voie de la contrainte par corps, sont *toutes les condamnations pécuniaires*. Le législateur de 1867, par un sentiment de générosité, avait supprimé cette forme d'exécution, en tant qu'elle garantissait le paiement des frais de justice. On reconnut bientôt quels inconvénients avait, pour les intérêts du fisc, une pareille réforme, et la loi du 19 décembre 1871, remit en vigueur, sur ce point, les dispositions de la loi du 13 décembre 1848 (art. 1 et 2).

Les décisions, qui constatent une infraction, et prononcent, en conséquence, une condamnation pécuniaire, doivent s'occuper de la contrainte par corps, non pour l'*autoriser*, car elle résulte de la loi, et les juges n'auraient pas le pouvoir d'en exempter le condamné, mais pour en *déterminer* la *durée*, qui est fixée par les tribunaux dans les limites autorisées par la loi. Ces limites, tracées par l'article 9 de la loi de 1867, sont basées sur le chiffre des condamnations dont on fait masse : le *minimum* le plus bas est de *deux jours*, le *maximum* le plus élevé de *deux ans*[2]. L'intervention de la justice en matière de contrainte par corps n'a pas d'autre objet. Il en résulte : 1° que la contrainte par corps, étant de droit, doit être prononcée d'office, en cas de condamnation à des dommages-intérêts, sans que la partie civile ait besoin d'y conclure formellement[3]; 2° qu'elle peut être prononcée par les juges d'appel, pour le recouvrement de l'amende, quoiqu'elle ait été omise par les premiers juges et qu'aucun appel n'ait été formé par le ministère public[4]; 3° que, l'arrêt ou le jugement de condamnation ne réglant pas la durée de la contrainte par corps,

en cour d'assises. Comp. : Cass., 8 nov. 1878 (D. 79, 1, 387) ; BLANCHE, t. I, nos 359-361.

[1] Comp. : Cass., 9 juin 1869 (S. 69, 1, 349).

[2] Comp. sur la durée de la contrainte par corps : NAQUET (*Rev. crit.*, 1872, p. 737). D'après la Cour de cassation, le montant de l'amende dont le chiffre sert de base à la durée de la contrainte doit être augmenté du décime et du double décime : Cass., 16 janv. 1872 (S. 72, 1, 13).

[3] Cass., 14 juillet 1853 ; BLANCHE, t. I, no 365.

[4] Cass., 14 juillet 1827 (S. 27, 1, 530); Riom, 13 nov. 1867 (S. 68, 2, 110).

les parties ont le droit de demander au tribunal ou à la cour, dont la juridiction n'est pas épuisée, puisqu'il n'a pas été statué sur ce point, le complément de leur décision[1].

II. La contrainte par corps, à raison de son caractère pénal, ne peut être exercée que contre les individus condamnés comme *auteurs* ou *complices* de l'infraction. C'est ce qui résulte implicitement de l'article 3 de la loi de 1867. *a*) Les personnes civilement responsables doivent donc y échapper[2], puisqu'elles sont obligées, en vertu de la loi, à réparer le dommage causé par un fait auquel elles n'ont pris aucune part : or, si les auteurs d'un délit civil, commis avec intention de nuire, ne doivent être, dans aucun cas, soumis à la contrainte par corps, comment les personnes civilement responsables d'un délit pénal y seraient-elles soumises? *b*) Les héritiers du contraignable par corps ne sont pas non plus sujets à cette voie d'exécution pour le recouvrement des amendes, restitutions, dommages-intérêts et frais, dont était tenu leur auteur. La contrainte par corps, étant prononcée à raison du caractère délictueux du fait qui a motivé la condamnation, constitue un moyen d'exécution et de répression exclusivement personnel.

Mais la contrainte par corps doit être prononcée contre tous les condamnés qui n'en ont pas été expressément exemptés par la loi. L'application de cette règle a été contestée dans un cas spécial, celui où un individu, condamné à mort ou à une peine perpétuelle, vient à obtenir sa grâce ou une commutation, ou bien se trouve libéré par la prescription. Un double motif, d'après la jurisprudence, s'oppose à ce que la cour d'assises prononce la contrainte par corps[3] : d'une part, une condamnation à une peine perpétuelle, tant qu'elle est subie, est inconciliable avec l'exécution de la contrainte par corps; d'autre part, il n'appartient pas à la juridiction de prévoir le cas où la peine n'est pas subie. J'incline à croire que rien ne s'oppose dans la loi à ce que la contrainte par corps soit prononcée, même dans ce cas.

Les exemptions de la contrainte par corps, consacrées formellement par les textes, se rattachent à deux ordres d'idées : l'âge du débiteur; ses relations de famille avec les créanciers. *a*) Ainsi, d'après l'article

[1] Cass., 11 mai 1836 (S. 36, 1, 784); 12 juin 1857 (S. 57, 1, 621). La Cour de cassation a décidé, dans un arrêt du 31 mai 1872, que, dans ce cas, c'était le minimum qui devait être appliqué.

[2] Comp. : Cass., 25 mars 1881 (S., 82, 1, 143).

[3] Comp. les nombreux arrêts cités par Blanche, t. I, n°s 386 et 387. La Cour de cassation a persisté dans cette jurisprudence depuis la loi de 1867. On lira, avec intérêt, les développements consacrés à cette question par Lainé, n° 462.

12, les tribunaux ne peuvent prononcer la contrainte par corps contre des individus âgés de moins de seize ans accomplis à l'époque des faits qui ont motivé la poursuite. La loi exempte de la contrainte, le mineur de seize ans, non parce que ce moyen d'exécution serait trop rigoureux à l'égard d'un jeune homme, mais parce que l'état de minorité de l'auteur atténue la gravité du fait dommageable. Ce qui prouve que tel est le motif de la loi, c'est que l'exemption profite au condamné, quel que soit son âge au jour de la condamnation et de l'exécution[1]. *b*) La loi du 17 avril 1832 avait réduit de moitié la durée de la contrainte par corps pour les personnes âgées de plus de soixante-dix ans. La loi de 1867, dans son article 14, a avancé l'âge et l'a fixé à soixante ans. *c*) Il y aurait une rigueur exagérée, et qui choquerait la bienséance, à voir un parent d'un degré rapproché exercer la contrainte par corps contre son parent : aussi la loi de 1867 nous indique que la contrainte par corps ne peut être *prononcée* ou *exercée* contre le débiteur, au profit : 1° de son conjoint; 2° de ses ascendants, descendants, frères ou sœurs; 3° de son oncle ou de sa tante, de son grand-oncle ou de sa grand'tante, de son neveu ou de sa nièce, de son petit-neveu ou de sa petite-nièce, ni de ses alliés au même degré.

686. Du point de départ et de la durée des peines privatives de droits. — Les déchéances ou les incapacités de droits, à la différence des peines privatives de liberté, produisent leurs effets, *ipso jure*, sans aucun acte extérieur d'exécution : la seule question qu'il y ait à examiner à leur égard est donc de savoir, non comment elles s'exécutent, mais quel est leur point de départ et quelle est leur durée. Pour la résoudre, il faut distinguer les déchéances *correctionnelles* des déchéances *criminelles*.

687. I. L'article 42 C. p. n'indique pas de quel jour l'interdiction *correctionnelle* de l'exercice des droits civiques, civils et de famille est encourue. Néanmoins, comme cette déchéance doit toujours être prononcée par le jugement ou l'arrêt, et qu'elle résulte ainsi de la condamnation elle-même, nous en conclurons qu'elle partira du jour où cette condamnation sera devenue définitive. Cette solution ne fait aucun doute dans le cas où la peine que l'interdiction accompagne est seulement l'amende (art. 113, 185). Mais si l'interdiction est jointe à l'em-

[1] L'article 6 de la loi belge de 1871, sur la contrainte par corps, n'a égard, pour dispenser le mineur de la contrainte par corps, qu'à l'âge du débiteur au moment de la poursuite.

prisonnement, il nous semble que, dans le silence de la loi, cette incapacité a lieu de plein droit, pendant que le condamné subit la peine principale, mais que le temps de sa durée, fixé par le jugement ou l'arrêt, ne commence son cours qu'au jour de la libération de la peine principale. Ainsi, l'individu condamné à cinq ans d'emprisonnement, avec interdiction des droits mentionnés dans l'article 42 pendant cinq ans, commence à être incapable au jour où sa condamnation devient irrévocable, mais le délai de cinq ans, par lequel il recouvre l'exercice de ses droits, commence seulement à courir du jour de la libération[1].

688. II. Si la loi ne s'est pas expliquée sur le point de départ de l'interdiction correctionnelle, elle indique, au contraire, celui des déchéances et des incapacités de droits *en matière criminelle.* Pour comprendre son système sur ce point, il faut distinguer, suivant que la condamnation, d'où peuvent résulter ces déchéances, est contradictoire ou par contumace.

689. *Condamnations contradictoires.* — La *dégradation civique*, étant attachée par la loi à la condamnation elle-même, doit produire ses effets du jour où cette condamnation est devenue irrévocable. Tel est le principe rationnel, dont l'article 28 C. p. fait l'application. La *double incapacité de disposer et de recevoir à titre gratuit*, qui s'ajoute, pour les condamnés à des peines perpétuelles, à la dégradation civique, a le même point de départ que cette déchéance (L. 31 mai 1854, art. 3), point de départ différent de celui de la mort civile, dont elle est cependant un débris, car, aux termes de l'article 26 C. civ., les condamnations contradictoires n'emportaient la mort civile que du jour de leur *exécution*, soit *réelle*, si le condamné était sous la main de justice, soit *par effigie*, s'il s'était évadé depuis l'arrêt.

Aux termes de l'article 29 C. p., *l'interdiction légale* est renfermée, quant à sa durée, dans les limites mêmes de la *durée de la peine principale*, à laquelle elle est attachée. Or, la durée des peines *temporaires*, en matière criminelle, compte du jour où la condamnation est devenue irrévocable (C. p., art. 23). C'est donc de ce jour-là que commence l'exécution de la peine principale, et, par conséquent, l'interdiction légale qui l'accompagne. De ce jour-là également, quoique la loi du 31 mai 1854 ne s'en explique pas, l'exécution des

[1] Comp. : Blanche, t. V, p. 277 ; Faustin Hélie, *Pratique criminelle*, t. II, p. 31 ; Molinier, *op. cit.*, p. 173, note 2.

peines *perpétuelles* est réputée commencer, au point de vue de l'interdiction légale.

Mais l'individu, qui s'est évadé après la condamnation définitive, reste-t-il sous le coup de cette incapacité? L'en dispenser, ce serait le faire bénéficier de sa rébellion : aussi ne faut-il pas hésiter à le soumettre à l'interdiction légale. Mais, pourrait-on objecter, l'interdiction légale ne frappe le condamné que « pendant la durée de la peine », et la peine n'est plus subie quand le condamné s'est évadé? Sans doute, elle n'est plus subie, mais elle *dure* encore, et peut être exécutée, et cela suffit pour que l'interdiction légale soit encourue. Aussi, l'article 30 C. p. dit-il que les biens du condamné ne lui seront remis « qu'après qu'il aura *subi* sa peine ».

690. *Condamnations par contumace.* — La *dégradation civique* est certainement la conséquence des condamnations par contumace, comme des condamnations contradictoires aux peines criminelles; aux termes de l'art. 28 C. p., elle date, « en cas de condamnation par contumace, *du jour de l'exécution par effigie* ».

La double *incapacité de disposer et de recevoir à titre gratuit* est également attachée par la loi du 31 mai 1854 aux condamnations par contumace à des peines perpétuelles. L'article 3 contient, à cet égard, une disposition très-précise, qui est empruntée aux dispositions du Code civil sur la mort civile (C. civ., art. 27) : « *Le présent article n'est applicable au condamné par contumace que cinq ans après l'exécution par effigie* ».

Pour appliquer ce texte, supposons qu'une condamnation par contumace à une peine perpétuelle ait été prononcée et exécutée par effigie : l'incapacité, pour le condamné, de disposer et de recevoir à titre gratuit ne sera pas immédiatement encourue; si donc le condamné vient à mourir dans le délai de cinq ans qui suivra cette exécution, il mourra, ayant conservé la pleine jouissance du droit de disposer et de recevoir à titre gratuit. Mais les cinq ans, à dater de l'exécution par effigie, sont expirés : l'incapacité est certainement encourue pour l'avenir; l'est-elle pour le passé? Nullement; ainsi, les donations, que le condamné aurait pu faire ou recevoir avant cette époque, s'exécuteraient pleinement; mais il n'en serait pas de même des dispositions testamentaires qu'il aurait prises, car l'incapacité spéciale, dès qu'elle est encourue, anéantit rétroactivement le testament du condamné fait en temps de capacité. Enfin, en supposant qu'un legs lui ait été laissé pendant cet intervalle, pour savoir s'il profitera au condamné, il faudra se demander si le testateur est décédé avant l'expiration du délai de cinq ans qui suit l'exécution par effigie, auquel cas la disposition testamentaire est valable, ou s'il est décédé après l'expiration de ce délai, auquel cas elle est nulle. Toutes ces déductions résultent de l'application littérale du texte : elles ne sont donc ni contestées ni contestables. Mais quelle sera, sur la capacité du condamné, l'influence des événements postérieurs, qui peuvent anéantir ou confirmer l'arrêt de condamnation? Si la peine vient à être *prescrite* par l'expiration d'un délai de vingt ans, à compter de la date de la condamnation, l'incapacité de l'article 3 est définitivement encourue. Aucun événement postérieur ne peut modifier la situation du condamné, puisque l'arrêt de contumace, d'où résulte la déchéance, est désormais irrévocable. Mais il peut arriver, soit que le condamné *purge sa contumace*, soit qu'il *décède*, dans le délai de la prescription de la peine : qu'arrivera-t-il dans ces deux hypothèses?

Si le condamné par contumace se présente ou est arrêté après les cinq ans révolus à compter de l'exécution par effigie, mais avant que la prescription de la peine soit accomplie, l'arrêt par contumace est certainement anéanti de plein droit : faut-il en conclure que tous les effets de la double incapacité de disposer et de recevoir à titre gratuit, produits depuis l'expiration des cinq ans, s'évanouissent immédiatement, aussi bien pour le *passé* que pour l'*avenir*? Ce ne serait là que l'application du droit commun (C. inst. cr., art. 476, § 1er). Mais il faut remarquer que, pour les incapacités résultant de la *mort civile*, les articles 29 et 30 C. civ. avaient apporté une exception unique aux principes généraux de la contumace. Ces textes décidaient, en effet, que la comparution du contumax, après les cinq ans qui suivaient l'exécution par effigie, aurait bien pour résultat de rendre définitivement la vie civile à l'accusé *pour l'avenir*, à compter de cette date, s'il était acquitté dans la procédure contradictoire, ou condamné à une peine n'emportant pas mort civile, mais que, *pour le passé*, les effets de la mort civile avaient été définitivement produits, en sorte qu'il en résultait, en faveur des tiers, de véritables droits acquis et incommutables.

Eh bien! la question, qui s'élève aujourd'hui, consiste à savoir si l'on doit appliquer, aux déchéances de l'article 3 de la loi du 31 mai 1854, les règles du droit commun (C. inst. cr., art. 476) ou les règles spéciales de la mort civile (C. civ., art. 30). C'est à cette dernière opinion que je me rattache. En conséquence, une fois le délai de cinq ans, à dater de l'exécution par effigie expiré, l'incapacité de donner et de recevoir à titre gratuit est, à mon avis, définitivement encourue pour le passé; l'accusé ne peut pas profiter des donations faites ou des legs échus à son profit, depuis l'expiration du délai de cinq ans qui a suivi l'exécution par effigie, jusqu'au jour de sa comparution. Si je pense, contrairement à l'opinion la plus généralement suivie, devoir écarter l'application du droit commun, c'est que l'incapacité de l'article 3 est un débris de la mort civile, maintenu par la loi de 1854, et qu'il résulte du rapprochement de l'article 3 avec les articles 25 et 27 du Code civil, que le législateur de 1854 a voulu emprunter au régime de la mort civile, d'une part, un de ses effets, l'incapacité de disposer et de recevoir à titre gratuit, et, de l'autre, le point de départ de cette incapacité. La déchéance, que crée ou plutôt que *maintient* l'article 3, remplace donc, aux *mêmes conditions*, la mort civile qu'abolit la loi de 1854.

Si le condamné est mort après les cinq ans qui suivent l'exécution par effigie, sans s'être représenté, la déchéance de l'article 3 se trouve également avoir été encourue d'une manière définitive, à compter de l'expiration des cinq ans.

Les condamnations par contumace à une peine criminelle afflictive entraînent-elles, comme les condamnations contradictoires, l'interdiction légale du condamné? Cette question, examinée spécialement pour le cas d'une condamnation à une peine perpétuelle, a donné lieu, dans la discussion de la loi du 31 mai 1854, à deux affirmations contradictoires : la négative a été soutenue, dans l'*exposé des motifs*, par M. Rouher, et l'affirmative, dans le *rapport* de la commission du Corps législatif, par M. Riché. Les mêmes controverses se retrouvent dans la doctrine[1]. Je crois, avec la majorité des auteurs, que l'*interdiction légale ne peut être la conséquence des condamnations par contumace.* Sans doute, l'article 29 du C. p. prononce l'interdiction légale contre « *quiconque* » aura été condamné à une peine afflictive temporaire, et l'article 2 de la loi de 1854 nous parle, en termes généraux, comme entraînant l'interdiction légale, des « *condamnations* » à des peines afflictives perpétuelles, sans distinguer entre les condamnations contradictoires et les condamnations par contumace. Mais l'article 29 C. p., auquel renvoie l'article 3, veut que l'interdiction légale n'existe

[1] DURANTON, *Rev. prat.*, t. V, p. 5; BERTAULD, *ibid*, t. III, p. 241; AUBRY et RAU, t. I, p. 316, texte et note 4; p. 318, texte et note 12; BLANCHE, t. I, n°s 146 et 147; VALETTE, *Cours de Code civil*, p. 30.

que *pendant la durée de la peine*, et, dès lors, ces dispositions ne peuvent s'appliquer aux condamnations par contumace, puisque celles-ci n'emportent jamais l'application de la peine matérielle[1]. Ce n'est pas tout : l'article 29 C. p. charge expressément « *un tuteur et un subrogé tuteur* » de gérer et d'administrer les biens du condamné : or, les biens du condamné par contumace sont mis sous *séquestre* : l'administration des domaines est chargée de les gérer et de les administrer : ce séquestre rend donc inutile, pour le but que se propose le législateur, l'interdiction légale. Sans doute, le *séquestre*, sans l'interdiction légale, enlève au condamné le droit d'administrer ses biens, en lui laissant le droit d'en disposer : mais pourquoi retirerait-on cette capacité au condamné qui n'est pas sous la main de la justice ? L'interdiction légale n'est pas classée parmi les déchéances : elle est une mesure de précaution, dans l'intérêt du régime pénitentiaire et, jusqu'à un certain point aussi, dans l'intérêt du condamné lui-même. Or, le but que le législateur a pu se proposer en la créant, en fait un accessoire des peines qui se subissent, et non des peines qui ne peuvent être exécutées[2].

[1] L'article 221 du Code civil dispose que, « lorsque le mari est frappé d'une condamnation emportant peine afflictive ou infamante, encore qu'elle n'ait été prononcée que par contumace, la femme, même majeure, ne peut, *pendant la durée de la peine*, ester en jugement, ni contracter, qu'après s'être fait autoriser par le juge; qui peut, en ce cas, donner l'autorisation, sans que le mari ait été entendu ou appelé ». Dans ce texte, le législateur emploie, il est vrai, l'expression : *pendant la durée de la peine*, dans un cas où il s'agit d'une condamnation par contumace. Mais on est obligé de reconnaître que ces mots, dans ce sens, sont inexacts et incorrects.

[2] Nous avons soutenu, il est vrai, que l'*évadé* restait sous le coup de l'interdiction légale : lui, non plus, ne subit pas sa peine, et il est dans la même condition, à ce point de vue, que le contumax. Dès lors, il ne doit pas exister de différences entre eux : ou bien tous les deux sont frappés d'interdiction légale, ou tous les deux échappent à cette incapacité. Nous ne croyons pas l'objection irréfutable : d'une part, les biens de l'évadé ne sont pas mis sous séquestre, comme les biens du condamné, et il y a place à l'organisation d'une tutelle; de l'autre, l'interdiction légale de l'évadé a eu un point de départ, le jour où l'arrêt est devenu irrévocable, car de ce jour-là a commencé la *durée* de la peine principale (C. p., art. 29 et 23), tandis qu'au cas de contumace, la peine ne peut commencer, puisque l'arrêt ne devient irrévocable que par la prescription de la peine. — Dans ce sens : Tribunal de la Seine, 24 juin 1879 (*Gaz. des trib.*, n° du 1er nov. 1879).

TABLE ALPHABÉTIQUE

DES

MATIÈRES

Les chiffres renvoient aux pages du volume.

A

B

C

D

G

H

I

J

S

T

U

V

BAR-LE-DUC, IMPRIMERIE CONTANT-LAGUERRE.

www.ingramcontent.com/pod-product-compliance
Lightning Source LLC
LaVergne TN
LVHW020957300926
849160LV00007B/175